Opera Omnia S. Thomæ

Tomus XI

Commentaria In Epistolas S. Pauli
Vol. II

[LATIN EDITION]

Ad Galatas – Ad Ephesios – Ad Philippenses
Ad Colossenses – 1 & 2 Thessalonicenses
1 & 2 Timotheum – Ad Titum – Ad Philemonem
Ad Hebræos

©Mediatrix Press MMXIV

Præoratio

Cum singuli de Summa Theologiæ S. Thomæ cognatus essent, generatim ignorarent de suis operibus alteris. Nos igitur iterum conati sunt imprimere ea Latine, pro doctoribus discipulisque, non solum ad linguam Latinam propagandam sed etiam Thomam legendam in originale, quæ est necessitas qui doctorem angelicum cognoscet.

Ita reformavimus et instruximus textas S. Thomæ ad legendum facile et intellegendum a lectore moderne, instruente in columnas, remanuimus fideles ad traditionem. Sperimus quia hæc nova editio Operum Omnium S. Thomæ erit proficua ad omnes laborantes in Philosophiam et Theologiam.

Mediatrix Press
Post Falls, Idaho
2014

Tabulum Capitulorum

Epistola Ad Galatas.. 1
    Prologus... 1
    Capitulus I... 1
    Capitulus II.. 17
    Capitulus III.. 36
    Capitulus IV.. 60
    Capitulus V... 84
    Capitulus VI.. 105

Epistola Ad Ephesios... 119
    Prologus... 119
    Capitulus I.. 120
    Capitulus II... 146
    Capitulus III.. 167
    Capitulus IV.. 186
    Capitulus V... 213
    Capitulus VI.. 231

Epistola Ad Philippenses 245
    Prologus... 245
    Capitulus I 245
    Capitulus II... 257
    Capitulus III 270
    Capitulus IV.. 281

Epistola Ad Colossenses... 292
    Prologus... 292
    Capitulus I 293
    Capitulus II... 311
    Capitulus III.. 325
    Capitulus IV.. 337

Prima Epistola ad Thessalonicenses............................ 341
    Prologus... 341
    Capitulus I.. 341
    Capitulus II... 346
    Capitulus III.. 353
    Capitulus IV.. 356
    Capitulus V... 364

Secunda Epistola ad Thessalonicenses......................... 373
    Prologus... 373
    Capitulus I.. 373
    Capitulus II... 379

- Prima Epistola ad Timotheum 397
  - Prologus 397
  - Capitulus I. 398
  - Capitulus II. 410
  - Capitulus III. 420
  - Capitulus IV. 432
  - Capitulus V. 443
  - Capitulus VI. 453

- Secunda Epistola Ad Timotheum 469
  - Prologus 469
  - Capitulus I. 469
  - Capitulus II. 478
  - Capitulus III. 492
  - Capitulus IV. 501

- Epistola Ad Titum 511
  - Prologus 511
  - Capitulus I. 513
  - Capitulus II. 525
  - Capitulus III. 535

- Epistola Ad Philemonem 545
  - Prologus 545
  - Capitulus Unicus 545

- Epistola Ad Hebræos 553
  - Prologus 553
  - Capitulus I 555
  - Capitulus II. 588
  - Capitulus III. 611
  - Capitulus IV. 623
  - Capitulus V. 639
  - Capitulus VI. 649
  - Capitulus VII. 665
  - Capitulus VIII. 682
  - Capitulus XI. 693
  - Capitulus X. 714
  - Capitulus XI. 736
  - Capitulus XII. 772
  - Capitulus XIII. 794

Epistola Ad Galatas

Prologus

Proœmium

Vetera, novis supervenientibus, proiicietis, Lev. XXVI, 10.

Hæc verba competunt præsenti epistolæ, in qua apostolus redarguit Galatas, qui intantum seducti fuerant a pseudo, ut simul servarent legalia et evangelium, quod apostolus improperat eis in verbis præmissis, dicens vetera, novis supervenientibus, proiicietis.

In quibus verbis innuit Dominus quadruplicem vetustatem. Prima vetustas est erroris, de qua Is. XXVI, 3: vetus error abiit, et hæc remota est per novitatem doctrinæ Christi.

Mc. I, 27: quæ est hæc nova doctrina? secunda vetustas est figuræ, de qua Hebr. VIII, 8: consummabo super domum David, et super Iuda testamentum novum, non secundum testamentum quod feci patribus eorum. Ubi primo ostendit primum testamentum esse vetustum, et hoc renovari per novitatem gratiæ, seu veritatis præsentiæ Christi. Ier. XXXI, 22: novum faciet Dominus super terram, etc..

Tertia est vetustas culpæ, de qua Ps. XXXI, 3: quoniam tacui (confitendo scilicet peccata mea), inveteraverunt, etc.. Et hæc renovatur per novitatem iustitiæ. Rom. VI, 4: in novitate vitæ ambulemus, etc..

Quarta est vetustas pœnæ. Thren. III, 4: vetustam feci pellem meam. Et hæc renovabitur per novitatem gloriæ, de qua novitate Is. Cap. Ult.: ecce ego creo cælum novum, etc.; Apoc. XXI, 21: dixit, qui sedebat in throno: ecce nova facio omnia.

Capitulus I

Lectio 1

Scribit ergo apostolus Galatis hanc epistolam, in qua ostendit, quod, veniente gratia novi testamenti, debet proiici vetus testamentum, ut impleta veritate deseratur figura, quibus duabus, scilicet gratia et veritate, adeptis, perveniatur ad veritatem iustitiæ et gloriæ. Acquiruntur autem illa duo, si observantia legalium dimissa, observantiæ evangelii Christi ferventer insistamus.

Ordo autem huius epistolæ congruus est, ut post duas epistolas ad Corinthios, in quarum prima agitur de sacramentis ecclesiæ, in secunda de ministris horum sacramentorum, necessarie sequatur epistola ad Galatas, in qua agitur de cessatione sacramentorum veteris testamenti.

Dividitur autem hæc epistola in duas partes, in salutationem, et epistolarem narrationem, ibi miror quod, etc..

In salutatione autem primo ponitur persona salutantis; secundo ponuntur personæ salutatæ, ibi ecclesiis Galatiæ, etc.; tertio bonum optatum, ibi gratia vobis, etc..

Circa primum, primo, ponitur persona

Commentaria in Epistolas S. Pauli

salutans principaliter, quæ describitur ex nomine et ex auctoritate.

Ex nomine quidem cum dicit Paulus, quod congruit humilitati suæ, quia interpretatur humilis. Unde dicitur I Cor. XVI, 9: ego sum minimus apostolorum, etc..

Item congruit officio suo, quia secundum alium modum interpretatur os tubæ, in quo specialiter est officium prædicationis significatum.

Is. LVIII, 1: quasi tuba exalta vocem tuam, etc..

Ex auctoritate autem describitur, cum dicitur apostolus. Ubi duo ponuntur, scilicet eius auctoritas, et auctoritatis origo.

Auctoritas, quia apostolus, qui idem est quod missus.

Sciendum est autem, quod apostolus in quibusdam epistolis scribit se servum, ostendens nomen humilitatis, ut in epistola ad Romanos; in quibusdam vero scribit se apostolum, ostendens auctoritatem suam. Cuius ratio est, quia Romani superbi erant, et ideo apostolus, ut inducat eos ad humilitatem, scribit se servum, in exemplum humilitatis.

Galatis vero, quia stulti erant et superbi, ut frangat eos, nominat se apostolum; et ideo hic ponit auctoritatem suam.

Originem autem auctoritatis suæ describit, cum dicit non ab hominibus, etc..

Et primo removet originem æstimatam; secundo assignat veram, ibi sed per Iesum Christum, etc..

Origo autem æstimata erat, quia intantum Galatæ seducti erant a pseudo, quod crederent apostolum non esse eiusdem auctoritatis qua alii apostoli erant, quia non fuit doctus a Christo vel conversatus cum eo, sed esset missus ab eis, quasi minister eorum.

Opinionem ergo istam removet, cum dicit non ab hominibus, etc..

Quidam enim mittebantur a toto collegio apostolorum et discipulorum. Et ideo ostendens se non esse ab eis missum, dicit non ab hominibus. Quidam enim mittebantur ab aliquo apostolorum speciali, sicut Paulus aliquando mittebat Lucam et Titum. Et ideo ostendens, quod nec sic missus sit, dicit neque per hominem, id est, per aliquem apostolorum in speciali, sed per spiritum sanctum, qui dicit, Act. XIII, 2: segregate mihi, etc..

Causa autem originis huius auctoritatis vera est Christus Iesus, et ideo dicit sed per Iesum Christum, et Deum patrem.

Hæc autem distinctio, cum dicit per Iesum Christum et Deum patrem, potest accipi, vel quantum ad personam patris, et personam filii, et tunc alius est in persona Deus pater, et alius Iesus Christus. Ab utroque autem missus est beatus apostolus Paulus ad prædicandum, et a tota trinitate, quia inseparabilia sunt opera trinitatis. Non fit autem mentio de persona spiritus sancti, quia cum sit unio et nexus duorum, positis personis duabus, scilicet patris et filii, intelligitur etiam spiritus sanctus.

Vel potest sumi distinctio prædicta quantum ad naturam assumptam, scilicet humanam, quia secundum naturam divinam non est distinctio inter Deum patrem et Iesum Christum. Et tunc missus est Paulus per Deum patrem, sicut per auctorem, et per Iesum Christum, sicut per ministrum. Rom. XV, 8: dico Iesum Christum ministrum fuisse, etc..

Quia vero Galatæ derogabant apostolo, quod non fuisset conversatus cum Christo sicut alii, nec missus ab eo, ideo in hoc specialiter magnificat se, quia illi fuerunt missi per Christum adhuc viventem in carne mortali, ipse vero a Christo iam glorificato missus est, ideo dicit qui, scilicet Deus pater, suscitavit eum, scilicet Iesum Christum, inquantum hominem, a mortuis. Quasi dicat: apostolus sum, non ab hominibus, scilicet collegio apostolorum, nec per hominem, scilicet Christum in mortali carne viventem, sed sum apostolus per Christum iam suscitatum et glorificatum. Rom. VI, 9: Christus resurgens a mortuis, etc..

Et quia præsens vita significatur per sinistram, futura vero per dexteram, inquantum ista est cælestis et spiritualis, illa vero temporalis, ideo Petrus, qui vocatus fuit a Christo adhuc in carne mortali posito, ponitur in bulla Papæ in sinistra parte; Paulus vero, qui vocatus fuit a Christo iam glorificato, ponitur in parte dextera.

Consequenter cum dicit et qui mecum sunt, etc., ponuntur personæ adiunctæ salutantes, quas describit a dulci familiaritate, quia mecum sunt, scilicet ad solatium et adiutorium.

Prov. XVIII, 19: frater qui iuvatur a fratre, etc.. Ps. CXXXII, 1: ecce quam bonum, etc..

Item ab inseparabili charitate, cum dicit fratres, Io. XIII, 35: in hoc cognoscent omnes, etc..

Item ab universalitate, cum dicit omnes; quod ideo addit, quia isti forte erant intantum seducti, quod dictum Pauli non reputarent.

Et ideo dicit omnes qui mecum sunt, ut ostendat eos testes esse veritatis suæ, et facile intelligant se errare, dum ab omnibus reprehenduntur.

II Cor. II, 6: sufficit illi qui eiusmodi est obiurgatio hæc, quæ fit a pluribus, etc..

Personas autem salutatas ponit, cum dicit ecclesiis Galatiæ, etc..

Ubi sciendum quod sicut in Glossa tangitur, Brennus dux Senonum olim congregato exercitu intravit Italiam, qua pertransita, venit in Græciam ante tempus Alexandri magni, ubi cum essent aliqui de gente sua remanentes, in una parte Græciæ miscuerunt se Græcis; unde illa provincia Gallogræcia dicta est; deinde illi Galatæ sunt appellati, quasi albi. Et licet Græci sint acuti ingenii, tamen illi Galatæ stulti erant et instabiles et ad intelligendum tardiores, sicut et indociles galli, unde originem traxerunt. Et ideo infra dicit eis: o insensati Galatæ, etc.. Istis ergo scribit epistolam hanc et isti sunt personæ salutatæ.

Consequenter cum dicit gratia vobis,

etc., ponit bona quæ eis optat. Et primo ponit ipsa bona optata; secundo ipsorum bonorum auctorem, ibi a Deo patre, etc..

Bona autem quæ eis optat sunt duo, in quibus omnia spiritualia includuntur.

Primum est gratia, quæ est principium vitæ spiritualis, cui in Glossa adscribitur remissio peccatorum, quæ est primum in vita spirituali. Nullus enim potest esse in vera vita spirituali, nisi prius moriatur peccato.

Secundum est pax, quæ est quietatio mentis in fine, quæ in Glossa dicitur esse reconciliatio ad Deum.

Et sic, dum optat principium et finem omnium bonorum spiritualium, includit apostolus tamquam inter duo extrema desiderium omnis boni eis proveniendum. Ps. LXXXIII, 12: gratiam et gloriam dabit Dominus.

II Cor. Cap. Ult.: gratia Domini nostri, etc..

Bonorum autem ipsorum auctor est Deus pater, et ideo dicit a Deo patre, etc.. Ubi primo ponitur bonorum causa; secundo causandi modus, ibi qui dedit; tertio gratiarum actio pro ipsis bonis, ibi cui est honor, etc..

Causa autem et auctoritas bonorum est Deus pater tamquam auctor, inquantum Deus, et tota trinitas, quæ dicitur Deus omnium per creationem. Sap. XIV, 3: tu autem, pater, gubernas, etc.. Et ideo dicit a Deo patre, etc..

Item auctor est Dominus Iesus Christus, sicut minister, et hoc inquantum homo. Rom. XV, 8: dico Iesum Christum ministrum, etc.. Et quod per Christum sit nobis gratia, patet Io. I, 17: gratia et veritas per Iesum Christum facta est, etc. Rom. V: iustificati gratis, etc.. Pax etiam est nobis per ipsum. Io. XIV, 27: pacem meam do vobis, etc..

Modus autem causandi huiusmodi bona ponitur, cum dicit qui tradidit, etc..

Ubi primo ponitur causa efficiens, quæ est mors Christi. Et quantum ad hoc dicit qui dedit semetipsum, etc., quasi dicat: ideo Christus est auctor gratiæ et pacis, quia ipse morti dedit se et sustinuit crucem. Unde ipsa mors Christi est causa efficiens gratiæ. Rom. V: iustificati gratis, etc., et Col. I, 20: pacificans quæ in cælis, etc.. Et dicit primo qui dedit, etc., id est, sponte se obtulit. Eph. V, 2: dilexit nos Christus, et tradidit, etc.. Hebr. II, 9: ut pro omnibus nobis gustaret mortem. Tit. II, 14: qui dedit semetipsum, etc..

Ex quo manifeste apostolus arguit contra eos, quod si mors Christi est sufficiens causa salutis nostræ, et in sacramentis novi testamenti, quæ efficaciam habent ex passione Christi, confertur gratia, quod sit superfluum simul cum novo testamento servari legalia, in quibus gratia non confertur, nec salus acquiritur, quia neminem ad perfectum adduxit lex, ut habetur Hebr. VII, 19.

Secundo ponitur finis et utilitas ipsorum bonorum quæ est causa finalis. Et est duplex: unus est ut liberemur a peccatis præteritis, et quantum ad hoc dicit pro peccatis nostris, scilicet præteritis delendis et expiandis, quod est initium nostræ salvationis.

Apoc. I, 5: dilexit nos, etc.. Alius finis est, ut liberaret nos a potestate mortis, et quantum ad hoc dicit ut eriperet nos de præsenti, etc.. Col. I, 13: eripuit nos a potestate, etc..

Et ponit tria, scilicet ut eriperet, inquit, de præsenti, et sæculo, et nequam.

Ut eriperet de præsenti, trahendo nos ad æterna, per desiderium et spem. De sæculo, id est, de conformitate huius mundi qui nos allicit, ut non ei conformemur. Rom. XII, 2: nolite conformari huic sæculo, etc.. Nequam, reducens nos ad veritatem iustitiæ.

Et dicitur sæculum nequam, non propter sui naturam, cum bonum sit creatum a Deo, sed propter mala quæ in eo fiunt, sicut illud Ephes. V, 16: dies mali sunt, etc.. Gen. XLVII, 9, dixit Iacob: dies peregrinationis vitæ meæ centum triginta annorum sunt, parvi et mali, etc..

Et licet hæc sint nobis per Christum, non tamen excluditur Deus pater. Et ideo ponitur, tertio, acceptatio divinæ voluntatis. Unde dicit secundum voluntatem Dei, et patris.

Patris, inquam, Christi per naturam, qua ab æterno procedit, ut verbum. Ps. II, 7: ego hodie genui te. Io. I, 1: in principio erat verbum, etc.. Item patris nostri per adoptionem.

Io. I, 12: dedit eis potestatem, etc..

Primo modo ly Deus pater, accipitur pro sola persona patris; secundo modo pro tota trinitate.

Et quia a Deo patre nostro, scilicet a tota trinitate, hæc omnia proveniunt nobis per Christum, ideo ipsi, scilicet toti trinitati, gloria, in se honor aliis sit vel est, in sæcula sæculorum, id est semper. Amen, est nota confirmationis.

Habes ergo, in summa, in salutatione prædicta auctoritatem apostoli, qua eorum superbiam frangit; virtutem gratiæ, qua eos ad observantiam evangelii provocat; et insufficientiam legalium, ut ab eis eos revocet.

Lectio 2

In superioribus præcessit salutatio, sequitur in sequentibus epistolaris narratio, in qua arguit apostolus eorum errorem; secundo eos monet ad correctionem, V cap., ibi state ergo, etc..

Errorem autem eorum arguit dupliciter, et per auctoritatem evangelici documenti, et per rationem veteris testamenti, III cap., ibi o insensati, etc..

Arguit autem errorem ipsorum, ostendendo auctoritatem evangelicæ doctrinæ.

Primo ostendendo ipsorum levitatem quantum ad levem dimissionem evangelicæ doctrinæ; secundo commendando auctoritatem ipsius doctrinæ evangelicæ: ut sic quanto dignius est quod dimittunt, tanto eorum error appareat maior, ibi notum enim vobis facio, etc..

Circa primum duo facit.

Primo enim exaggerat culpam;

secundo infligit pœnam, ibi sed licet nos, etc..

Culpam autem exaggerat et seductorum et seducentium, ibi nisi sunt, etc..

Circa primum tria facit.

Primo enim aggravat culpam seductorum ex animi levitate.

Unde dicit miror, quasi dicat: cum sciatis tot bona quæ dicta sunt provenire vobis per Christum, et quod cum fueritis ita bene instructi per me, tamen sic, id est, intantum et tam vehementer, ut videamini iam obliti, tam cito, id est, in tam brevi tempore, transferimini, ut alludat nomini. Galatia enim translatio dicitur. Quasi dicat: vos estis Galatæ, quia tam cito transferimini.

Eccli. XIX, 4: qui cito credit, levis est corde.

Secundo aggravat eorum culpam ex eo quod dimiserunt.

Si enim ratio recedit et transfertur a malo, commendabilis est et bene facit, sed quando recedit a bono, tunc est culpabilis. Et sic isti a bono translati erant. Et ideo dicit eis: et si mirandum sit quod tam cito et sic transferimini, addit tamen materiam admirationis, quod scilicet transferimini ab eo, scilicet a Deo, et fide eius, qui vos vocavit in gratiam Christi, id est, in participationem æterni boni, quam habemus per Christum. I Petr. II, 9: gratias agentes Deo, qui vos vocavit in admirabile lumen suum. Item II Petr. II, 21: melius erat eis viam veritatis non agnoscere, quam, etc..

Tertio aggravat eorum culpam ex eo ad quod conversi sunt, quia non sunt conversi ad bonum, sed ad malum.

Unde dicit in aliud evangelium, id est, veteris legis, quæ Annuntiatio bona est inquantum annuntiat quædam bona, scilicet temporalia et carnalia. Is. I, 9: si volueritis et audieritis me, etc.. Sed tamen non est perfecta et simpliciter, sicut evangelium; quia non annuntiat perfecta et maxima bona, sed parva et minima. Sed lex nova est perfecte et simpliciter evangelium, id est, bona Annuntiatio, quia annuntiat maxima bona, scilicet cælestia, spiritualia et æterna. Et licet sit aliud evangelium secundum traditionem pseudo, tamen secundum meam prædicationem non.

Est enim aliud in promissis, sed non est aliud in figura, quia idem continetur in veteri testamento et in novo: in veteri quidem ut in figura, in novo vero ut in re et expresse. Et sic est aliud evangelium quantum ad ea quæ exterius apparent, sed quantum ad ea quæ interius sunt et continentur, non est aliud.

Licet autem non sit aliud in se, tamen potest esse aliud ex culpa aliorum, scilicet seducentium. Et ideo eorum culpam exaggerans, dicit nisi sunt aliqui, scilicet seductores, qui vos conturbant, id est, puritatem sensus vestri, qua imbuti fuistis per fidei veritatem, obfuscant. Quia, licet idem contineatur quantum ad interiorem intellectum per vetus et novum testamentum, ut dictum est, tamen si post susceptionem novi testamenti reiteratur vetus, videtur ostendi quod novum non sit perfectum, et quod illud sit aliud ab isto. Et ideo dicit quod non est aliud, nisi sunt, etc., quia isti pseudo post fidei evangelicæ susceptionem cogebant eos circumcidi, ostendendo per hoc, quod circumcisio est aliquid aliud quam baptismus et efficit aliquid quod baptismus non potest efficere, et ideo isti conturbant vos. Infra V, 12: utinam abscindantur qui vos conturbant, etc..

Et vere conturbant, quia volunt convertere evangelium Christi, id est, veritatem evangelicæ doctrinæ in figuram legis, quod est absurdum et turbatio maxima.

In illud enim debet aliquid converti ad quod ordinatur; novum autem testamentum et evangelium Christi non ordinatur ad vetus, sed potius e contrario lex vetus ordinatur ad legem novam, sicut figura ad veritatem; et ideo figura converti debet ad veritatem, et lex vetus in evangelium Christi, non autem veritas in figuram, neque evangelium Christi in legem veterem: quod patet ex ipso usu loquendi. Non enim dicimus quod homo sit similis imagini hominis, sed potius e converso, imago est similis homini.

Ier. XV, 9: ipsi convertentur ad te, etc.; et Lev. XXVI, 10: novis supervenientibus, etc..

Consequenter post exaggerationem culpæ ponitur inflictio pœnæ, cum dicit sed licet, etc..

Et circa hoc duo facit.

Primo promulgat sententiam; secundo rationem sententiæ assignat, ibi modo enim hominibus, etc..

Circa primum duo facit.

Primo ostendit auctoritatem suæ sententiæ; secundo profert eam, ibi sicut prædixi, etc..

Ostendit autem auctoritatem suæ sententiæ multam esse, eo quod non solum in perversores et in seductores subditos, sed etiam in pares, sicut sunt alii apostoli, et etiam in superiores, sicut sunt Angeli, si huius criminis, scilicet conversionis evangelii in veterem legem, rei essent, efficaciam haberet.

Et ideo dicit: quia nostræ sententiæ auctoritas quam ego promulgo (quæ est excommunicatio), non solum in illos qui talia intendunt, efficaciam habet, sed licet nos, scilicet apostoli, aut Angelus, bonus vel malus, de cælo veniens evangelizet, præter quam quod evangelizatum est a nobis, anathema sit, id est, reus erit huius sententiæ, quam promulgamus.

Ad evidentiam autem dictorum tria inquirere oportet. Primo quid significat hoc nomen, anathema.

Circa quod sciendum est, quod anathema est nomen Græcum, et componitur ab ana, quod est sursum, et thesis, positio, quasi sursum positio. Et est ortum ex quadam antiqua consuetudine. Antiqui enim quando pugnabant, capiebant aliquando aliquam prædam ab hostibus, quam nolebant convertere in usum proprium, sed suspendebant illam in templis, vel in aliquo loco publico civitatis, quasi separatam a communi usu hominum, et omne tale sic suspensum nominabant Græci anathema; et ex hoc inolevit consuetudo, quod omne illud quod excludebatur ab usu communi, diceretur anathematizatum.

Unde dicitur Iosue VI, 17 de Iericho et omnibus quæ in ea sunt, quod Iosue mox anathematizavit ea. Et ideo etiam hoc in ecclesia inolevit, ut illi qui excluduntur a communi societate ecclesiæ, et a participatione sacramentorum ecclesiæ, dicantur anathematizati.

Secundo inquirenda est ratio eorum, quæ dicit licet nos aut Angelus, etc..

Ubi sciendum est, quod est triplex doctrina.

Prima est Philosophorum, qui ex ductu rationis propriæ in cognitionem suæ doctrinæ devenerunt. Quædam alia doctrina est, quæ est tradita per Angelos, sicut lex vetus.

Lex enim non est allata voluntate humana (sicut dicitur ad Gal. III, 19), sed per Angelos in manu mediatoris, ut dicitur infra III, 19. Quædam vero doctrina tradita est a Deo immediate, sicut doctrina evangelii. Io. I, 18: Deum nemo vidit unquam, etc.. Ad Hebr. I, 2: novissime diebus istis locutus est nobis in filio. Et post: quæ cum initium accepisset, etc..

Doctrina ergo quæ traditur per hominem potest mutari et revocari per alium hominem qui melius novit, sicut unus Philosophus reprobat dicta alterius; item per Angelum qui perspicacius videt veritatem. Doctrina etiam quæ traditur per Angelum posset forte removeri per alium Angelum superiorem, seu per Deum.

Sed contra doctrina quæ immediate a Deo traditur, non potest neque per hominem, neque per Angelum irritari. Et ideo si contingat quod homo vel Angelus diceret contrarium illi quæ per Deum tradita est, dictum suum non est contra doctrinam, ut per hoc irritetur et repellatur, sed potius doctrina est contra eum, quia ipse qui dicit, debet excludi et repelli a communione illius doctrinæ.

Et ideo dicit apostolus quod dignitas doctrinæ evangelicæ, quæ est immediate a Deo tradita, est tantæ dignitatis, quod sive homo, sive Angelus evangelizet aliud præter id, quod in ea evangelizatum est, est anathema, id est, abiiciendus et repellendus est.

Tertio solvere oportet obiectiones quæ circa hoc occurrunt. Quarum una est, cum par in parem non habeat imperium, et multo magis non habeat in superiorem, videtur quod apostolus non potuit excommunicare apostolos qui erant sibi pares, et minus Angelos qui sunt superiores. Matth. XI, 11: qui minor est in regno cælorum, maior est illo. Non est ergo anathema per hoc.

Ad hoc dicendum est, quod apostolus hanc protulit sententiam, non propria auctoritate, sed auctoritate evangelicæ doctrinæ, cuius minister erat, cuius doctrinæ auctoritas habet, ut quicumque contra illam dicunt, excludendi et repellendi sint. Io. X: sermo quem locutus sum, ille iudicabit eum in novissimo die, etc..

Alia quæstio est, quia ipse dicit, præterquam quod evangelizatum est. Ergo non debet aliquis docere, neque prædicare, nisi quod scribitur in epistolis et in evangelio.

Sed hoc est falsum, quia I Thess. III, 10 dicitur: ut compleamus ea quæ desunt fidei nostræ, etc..

Respondeo. Dicendum quod nihil aliud evangelizandum est, quam illud quod continetur in evangeliis, et in epistolis, et in sacra Scriptura implicite vel explicite. Nam sacra Scriptura et evangelium evangelizat esse credendum Christo explicite. Unde quidquid continetur in eis implicite, quod facit ad doctrinam eius, et ad fidem Christi, evangelizari et doceri potest. Et ideo cum dicit præter id, etc., id est, omnino alienum addendo.

Apoc. Cap. Ult.: si quis apposuerit ad hæc, aut addiderit, scilicet omnino alienum, apponat Deus super illum plagas scriptas in libro isto. Et Deut. IV: non addetis quidquam, etc., scilicet contrarium seu alienum, nec minuetis, etc..

Consequenter cum dicit sicut prædixi, etc., sententiam suam profert in malo, dicens: sicut prædixi de Angelis et apostolis, idem dico de seductoribus. Si quis seductor evangelizaverit præter id quod accepistis a me, anathema sit, id est, excommunicatus.

Et hæc est sententia quam profert.

Sed numquid ex hoc sunt excommunicati omnes hæretici? videtur quod non, quia dicitur Tit. III, 10: hæreticum hominem post primam et secundam correctionem devita, etc..

Respondeo. Dicendum est, quod hæreticus potest dici aliquis, vel quia simpliciter errat ex ignorantia, et ex hoc non est excommunicatus; vel quia errat ex pertinacia et alios nititur pervertere, et tunc incurrit in canonem latæ sententiæ.

Utrum autem ex tunc his verbis sententiam in hæreticos protulerit, dubium est. Cum tamen sententia iam lata sit contra hæreticos in Conciliis. Potest tamen dici quod forte hic ostenduntur excommunicatione digni.

Consequenter cum dicit modo enim hominibus, etc., ostendit rationem sententiæ.

Ubi primo ponit rationem ipsius sententiæ; secundo manifestat hic propositum, ibi an quæro, etc..

Posset enim aliquis dicere: quare sic excommunicas? forte aliqui sunt amici, vel alicuius auctoritatis, non ergo sic faciendum est. Ideo respondens apostolus, dicit: immo sic faciendum est, quia ea quæ modo dico, non sunt ad favorem hominum, sed ut placeam Deo, et hoc est quod dicit modo enim, id est, post conversionem, vel in ista epistola, suadeo hominibus, id est, tendit ad hoc appetitus meus, ut placeam hominibus, an Deo? quasi dicat: hæc quæ facio, ideo facio, ut complaceam soli Deo. I Thess. II, 4: loquimur non quasi hominibus placentes, sed Deo, etc.. Nec etiam loquimur auctoritate hominum, sed divina.

Quod autem non intendam placere hominibus, patet ex intentione et ex proposito meo. Nam ego non quæro hominibus placere, id est, non est intentionis meæ homines convertere, ut placeam hominibus tantum, sed propter honorem Dei.

Et hoc patet, quia si adhuc intenderem placere hominibus, ut olim placui, non essem servus Christi. Cuius ratio est, quia hæc sunt contraria. Ita dumtaxat, ut scilicet velim placere hominibus propter homines, non referendo illud in Deum. Si enim ideo intendam aliquando placere hominibus, ut eos traham ad Deum, non pecco. Sed si primo modo, non sum servus Christi. Is. XXVIII, 20: coangustatum est stratum, ita ut alter decidat, etc.. Matth. VI, 24: nemo potest duobus dominis servire, etc.. Ps. LII, 6: confusi sunt qui hominibus placent.

Lectio 3

Supra apostolus redarguit Galatas de levitate animi, eo quod sic cito dimiserant doctrinam evangelii, hic vero ipsius evangelicæ doctrinæ dignitatem ostendit.

Et circa hoc duo facit. Quia primo commendat auctoritatem doctrinæ evangelicæ secundum seipsam; secundo ex parte aliorum apostolorum, et sua simul, cap. II, ibi deinde post annos quatuordecim, etc..

Iterum prima pars dividitur in duas, quia primo proponit intentum; secundo manifestat propositum, ibi audistis enim, etc..

Circa primum duo facit.

Primo proponit quod intendit; secundo probat quod proponit, ibi neque enim, etc..

Intendens ergo commendare veritatem evangelicæ doctrinæ, dicit notum vobis, etc., quasi dicat: ita sum certus de auctoritate evangelii, quod non solum hominibus, immo etiam Angelis contrarium non crederem; sed eos si contrarii essent, anathematizarem.

Quam quidem certitudinem ex hoc habeo, quia magis credendum est Deo quam hominibus, seu Angelis. Et ideo cum ego habuerim illud evangelium a Deo, maximam certitudinem habere debeo et habeo.

Et ideo dicit notum enim vobis facio, fratres, evangelium, quod evangelizatum est a me vobis et aliis ecclesiis, quia non est secundum hominem, id est, secundum humanam naturam discordantem a regula seu revelatione divina.

Et sic ly secundum hominem, sonat in vitium.

I Cor. III, 3: cum enim sit inter vos zelus et contentio, etc.. Et sic accipit hic apostolus. Et ideo dicit non secundum hominem docentem me vel mittentem: quasi dicat: nullo modo potest hoc evangelium haberi ab homine, sed a Deo.

Et ideo subdit neque enim ego ab homine, etc., ubi duplicem modum acceptionis excludit. Primo quod non habuit ab homine auctoritatem evangelizandi, et quantum ad hoc dicit neque ab homine, scilicet puro, accepi illud, id est, auctoritatem evangelizandi evangelium, sed a Christo. Rom. X, 15: quomodo prædicabunt, nisi mittantur? Is. XLII, 6: dedi te in lucem gentium, etc.. Act.

IX, 15: *vas electionis est mihi iste*, etc..

Secundo, quod non accepit scientiam evangelizandi ab homine. Et ideo dicit *neque didici*, scilicet evangelium per hominem purum, sed per revelationem Iesu Christi, id est, per Iesum Christum omnia clare ostendentem.

I Cor. II, 10: *nobis autem revelavit Deus*, etc., Is. L, 5: *Dominus Deus aperuit mihi aurem*, etc.. Et ibid., 4: *Dominus dedit mihi linguam eruditam, ut sciam*, etc..

Hæc autem revelatio facta fuit apostolo, cum raptus fuit in Paradisum, ubi audivit arcana verba quæ non licet homini loqui, II Cor. XII, 4.

Consequenter cum dicit *audistis enim*, etc., probat propositum, scilicet quod non accepit ab homine evangelium, neque ante conversionem, neque post conversionem ad Christum, ibi *cum enim placuit*, etc..

Quod autem non acceperit ab homine ante conversionem suam, ostendit et per odium quod habebat ad fidem Christi et ad christianos, et per fervorem quem habebat ad Iudaismum, ibi *et proficiebam*, etc..

Dicit ergo: dico quod non accepi ab homine, et hoc ante conversionem meam, quod patet ex factis illius temporis, et ex odio quod habebam ad fidem. Nam vos ipsi audistis, infra eodem, *tantum autem auditum habebant*, etc., *conversationem meam aliquando, dum infidelis eram, in Iudaismo*, quo Iudaice vivebam. Et dicit, *meam*, quia hoc quod male facimus ex nobis est, ex Deo autem quidquid boni facimus.

Os. XIII, 9: *ex te perditio tua, Israel, tantummodo in me auxilium tuum*.

Istud scilicet audistis, quoniam supra modum, scilicet aliorum, quia non solum per se, sed provocabat principes ad hoc. Alii enim forte a principibus inducti persequebantur, sed iste eos inducebat. Act. IX, 1: *Saulus adhuc spirans minarum*, etc., *accessit*, etc.. Et quia non solum in Ierusalem, sed etiam per totam regionem. Unde accepit litteras in Damascum, etc.. Unde de eo potest intelligi illud quod dicitur Gen. XLIX, 27: *Beniamin lupus rapax*, etc.. *Persecutus sum ecclesiam Dei*, scilicet inquirendo christianos et fugando. I Cor. XV, 9: *non sum dignus vocari apostolus*, etc.. *Et expugnabam illam*, non quidem spiritualiter, quia corda fidelium non poteram a fide avertere, sed corporaliter affligendo eos pœnis corporalibus, et ponendo in carcere. Act. IX, 21: *nonne hic est qui*, etc., Ps. CXXXVIII, 1: *sæpe expugnaverunt me*, etc..

Sic ergo patet, per odium quod habebat ad fidem Christi ante conversionem, quod non accepit evangelium ab homine.

Patet hoc etiam per amorem et fervorem zeli, quem habuit ad Iudaismum, et hoc quantum ad profectum exteriorem.

Unde dicit *et proficiebam*, etc., ubi tria ponit quæ exprimunt profectus magnitudinem, quia supra multos, non supra paucos proficiebat, non supra senes ineptos ad profectum scientiæ, sed coætaneos, scilicet adolescentes

Commentaria in Epistolas S. Pauli

acutos et aptos ad profectum.

Thren. III, 27: bonum est viro, cum portaverit iugum ab adolescentia sua.

Item non supra coætaneos extraneos, quasi ignotæ linguæ, sed illos qui sunt in genere meo, scilicet Iudæorum. Act. XXII, 3: ego sum vir Iudæus, secus pedes Gamalielis eruditus, etc..

Item quantum ad zelum interiorem quem habebat ad legem. Et ideo dicit abundantius præ aliis æmulator existens, non solum legis, sed paternarum mearum traditionum, scilicet quas habent Iudæi licitas, quas boni patres addiderunt, ut dicitur in Glossa, quas quidem traditiones vocat suas, quia ita reputabat eas, ac si suæ fuissent. Phil. III, 5: secundum legem Pharisæus, secundum æmulationem persequens, etc..

Sed quæstio est super hoc quod dicit Glossa: boni patres addiderunt. Videtur quod non fuerint boni, quia Deut. IV, 2 dicitur: non addetis ad verbum quod ego loquor vobis, etc.. Ergo fecerunt contra mandatum Domini, addentes traditiones, et sic non fuerunt boni.

Dicendum est quod verbum illud Domini intelligendum est sic: non addetis aliquid contrarium, seu extraneum verbis quæ ego loquor, etc.. Addere autem aliqua quæ non sunt contraria, licuit eis, scilicet aliquos dies solemnes et alia similia, sicut factum est tempore Mardochæi, et tempore Iudith, in memoriam beneficiorum quæ a Deo recipiebant.

Contra, Matth. XV, 6, Dominus reprehendit eos, dicens: irritum fecistis mandatum Domini propter traditiones hominum. Non ergo sunt licitæ traditiones.

Respondeo. Dicendum est, quod non arguuntur, quod tenent traditiones hominum, sed quia propter traditiones hominum dimittunt mandata Dei.

Lectio 4

Postquam autem apostolus ostendit quod ipse non accepit ab homine evangelium ante suam conversionem, nunc hic probat quod non accepit ipsum ab homine post conversionem suam. Et circa hoc duo facit.

Primo ostendit quod non recepit evangelium ab homine tempore conversionis suæ; secundo quod nec etiam post conversionem suam, ibi deinde post annos tres, etc..

Circa primum duo facit.

Quia primo ostendit quod non accepit evangelium ab apostolis, neque didicit; secundo quod non ab aliis fidelibus, ibi sed abii in Arabiam, etc..

Circa primum tria facit.

Primo ostendit causam efficientem suæ conversionis; secundo finem, ibi ut revelaret, etc.; tertio modum, ibi continuo non acquievi, etc..

Circa primum notat causam suæ conversionis, quæ duplex est, scilicet beneplacitum Dei, quod est divina electio, et convertentis vocatio. Quantum ad primum dicit cum autem placuit, scilicet Deo, non quando volui ego, sed quando placitum fuit sibi, quia non est volentis neque currentis, etc., ut dicitur Rom. IX, 16. Ps. CXLVI, 11: beneplacitum est Domino, etc.. Phil. II, 13: Deus est qui operatur in nobis, etc..

Qui, scilicet Deus, me, scilicet rebellem I Cor. XV, 9: ego sum minimus apostolorum, etc., quoniam persecutus sum, etc.. Act. IX, 1: Saulus adhuc spirans minarum, etc..

Persecutorem: Saule, Saule, quid me persequeris, etc. Blasphemum I Tim. I, 13: qui fui blasphemus, etc..

Me, talem, inquam, segregavit ex utero matris meæ. Vel ad litteram: qui fecit me nasci ex ventre matris meæ.

Et vere dicitur Deus segregare ex utero, licet sit opus naturæ, quæ est quasi instrumentum Dei, quia opera etiam nostra attribuuntur Deo, sicut principali auctori, is. XXVI, 12: omnia enim opera nostra operatus es in nobis, etc., sicut et effectus principali agenti attribuuntur. Ideo dicitur Iob X, 11: pelle et carnibus vestisti me, etc.. Et ab hoc utero segregatus est ad iustificationem, quia eiusdem est iustificare, cuius est condere.

Ps. XXI, 11: de ventre matris meæ, etc..

Vel: ex utero matris meæ, scilicet synagogæ, cuius uterus est collegium Pharisæorum, qui nutriebant alios in Iudaismo. Matth. XXIII, 15: circuitis mare et aridam, ut faciatis, etc.. Sic ergo mater sua fuit synagoga. Cant. I, 5: filii matris meæ pugnaverunt contra me, etc.. Uterus eius sunt Pharisæi. Ex hoc ergo utero est segregatus per spiritum sanctum ad fidem evangelii. Rom. I, 1: segregatus in evangelium Dei.

Vel mater sua est ecclesia Christi; uterus eius, collegium apostolorum. Segregavit ergo Deus ipsum ab utero ecclesiæ, id est, a collegio apostolorum in officium apostolatus et prædicationis ad gentes, quando dixit apostolis, Act. XIII, 2: segregate mihi Barnabam et Paulum, etc..

Vocat autem synagogam matrem suam, quia Pharisæus erat, quasi magnus in ea, dum dicitur Pharisæus, et ex Pharisæis, quia zelator legis erat. Supra: abundantius autem æmulator, etc..

Quantum autem ad aliam causam dicit et vocavit, etc.. Est autem duplex vocatio.

Una est exterior, et sic dicit: vocavit me cælesti voce. Act. IX, 4: Saule, Saule, quid me persequeris? etc.. Vade in civitatem, etc..

Sic etiam alios apostolos vocavit.

Alia est interior, et sic vocavit per quemdam instinctum interiorem, quo Deus per gratiam tangit cor, ut convertatur ad ipsum, et sic vocavit a mala via in bonam, et hoc per gratiam suam, non nostris meritis.

Rom. VIII, 30: quos prædestinavit, hos et vocavit, etc.. Is. XLV, 13: suscitavit eum ad iustitiam, etc. Amos, V, 8: qui vocat aquas maris, etc..

Finis autem conversionis ponitur, cum dicit ut revelaret filium, etc., qui quidem finis est Christus.

Ordinatur autem conversio sua ad Christum dupliciter, scilicet facto, et sic dicit ut revelaret filium suum, id est, in eo quod circa me fecit, convertendo me et dimittendo peccata mihi, revelaret quanta sit mihi facta misericordia. I Tim. I, 15 s.: Christus Iesus venit in hunc mundum peccatores salvos facere, etc.. Sed ideo misericordiam Dei consecutus sum, quia ignorans, etc.. Sic ergo revelavit in eius conversione filium suum, et hoc inquantum filius dicitur gratia Dei. Item revelavit eum in eius operatione; unde dicebat ipse, Rom. XV, 18: non enim audeo aliquid loqui eorum, quæ per me non effecit Christus in obedientiam gentium, in verbo, in factis, et virtute, etc.. Et hoc inquantum filius virtus est Dei. Item revelavit eum in eius prædicatione; unde ipse dicebat, I Cor. I, 23: nos prædicamus, etc., usque et Dei sapientiam.

Et hoc inquantum filius eius dicitur Dei sapientia.

Item ordinatur ad Christum sua conversio verbo, et sic dicit ut evangelizarem illum in gentibus, quia, aliis apostolis evangelizantibus Christum Iudæis, Paulus de mandato Domini ivit ad gentes convertendas. Is. XLIX, 6: parum enim est mihi, ut sis mihi servus, etc., dedi te in lucem, etc.. Act. XIII, 47: sic enim præcepit, etc.. Infra: ecce testem populis dedi eum, ducem ac præceptorem gentibus.

Modus autem suæ conversionis est perfectus, et quantum ad effectum; unde dicit continuo non acquievi carni et sanguini, id est, statim ita perfecte fui conversus, quod omnis carnalis affectus recessit a me. Eccli. XI, 23: facile est enim in oculis Domini subito honestare pauperem.

Et accipitur hic caro et sanguis pro vitiis carnalibus. I Cor. XV, 50: caro et sanguis regnum Dei non possidebunt, etc.. Infra V, 17: caro concupiscit, etc.. Vel pro affectu et amore ad carnaliter sibi coniunctos. Matth. XVI, 17: caro et sanguis non revelavit tibi, etc.. Sic apostolus et vitia sua superavit, et suos Iudæos contempsit.

Item quantum ad intellectum; quia ita fuit instructus a Christo, quod non fuit ei necesse instrui ab apostolis. Et ideo dicit nec veni Ierosolymam, ut scilicet ab eis instruerer.

Item non fuit necesse instrui ab aliis fidelibus. Et ideo dicit sed abii in Arabiam, etc., quasi dicat: non ivi ad loca ubi erant alii fideles, ut me instruerent, sed ivi in Arabiam, ubi non erant edocti in fide, sed infideles. Et iterum reversus sum Damascum, scilicet ad parentes. Iob XXXVIII, 25: quis dedit vehementissimo imbri cursum, etc..

Sed contra dicitur Act. IX, 25 quod demiserunt eum de muro per sportam, etc.. Cum autem venisset Ierusalem, tentabat se iungere discipulis. Venit ergo Ierusalem.

Dicendum est quod venit, sed non ut instrueretur. Vel, melius, dicendum est quod non statim venit, sed post aliquod tempus, et ideo sequitur deinde post annos, etc..

Lectio 5

Postquam superius apostolus ostendit se non accepisse evangelium ab homine ante conversionem suam, nec tempore suæ conversionis, hic probat quod nec etiam post conversionem accepit ipsum ab homine; sed potius hic ostendit quomodo doctrina sua fuit ab hominibus approbata. Et circa hoc duo facit.

Primo enim manifestat quomodo doctrina sua fuit ab apostolis approbata; secundo ostendit qualiter fuit approbata ab aliis fidelibus, ibi deinde veni in partes, etc..

Et primo narrat factum; secundo confirmat veritatem dicti, ibi ecce coram Deo, etc..

Dicit ergo: licet non iverim ad apostolos, ut instruerer ab eis circa principium meæ conversionis, quia iam eram instructus a Christo, tamen ex affectu charitatis compulsus, post annos tres, scilicet conversionis meæ, veni Ierosolymam, quoniam iamdiu desideravi videre Petrum, non ut discerem ab eo, sed ut visitarem eum. Iob V, 24: visitans speciem tuam, etc.. Et mansi apud eum diebus quindecim, repertus ab eo, ut verax apostolus.

Et dicit diebus quindecim, quia numerus iste componitur ex octo et septem. Octonarius autem est numerus novi testamenti, in quo expectatur octava resurgentium; septenarius autem, numerus veteris testamenti, quia celebrat septimam diem. Mansit autem apud Petrum diebus quindecim, conferens cum eo de mysteriis veteris testamenti et novi.

Et ne credatur quod licet non sit instructus a Petro, esset tamen etiam instructus ab aliis, subdit quod nec ab aliis fuit instructus.

Unde dicit alium autem apostolorum, a quo instruerer, vidi neminem, id est nullum, nisi Iacobum fratrem Domini. Illum enim vidit in Ierusalem.

Circa istum Iacobum sciendum est, quod iste fuit episcopus Hierosolymorum, et fuit vocatus Iacobus minor, eo quod vocatus fuerat post Iacobum alium. Dicuntur autem multa de isto Act. XV, 13 ss.. Ipse etiam fecit epistolam canonicam.

Quare autem dicatur frater Domini, a diversis diversimode dicitur. Elvidius enim dicit, quod ideo dicitur frater Domini, quia fuit filius beatæ virginis. Dicit enim quod beata virgo Christum concepit et peperit, et post partum Christi concepit de Ioseph, et peperit alios filios. Sed hic error est damnatus et reprobatus. Item patet esse falsum, quia Iacobus non fuit filius Ioseph, sed Alphæi.

Alii vero dicunt, quod Ioseph ante beatam virginem habuit aliam uxorem, de qua habuit filium Iacobum et alios, qua mortua, accepit in uxorem beatam virginem, de qua natus est Christus, non tamen cognita a Ioseph, sed per spiritum sanctum, ut in evangelio dicitur. Quia ergo ex patre nominantur cognationes, et Ioseph putabatur pater Christi, ideo iste Iacobus, licet non fuit filius virginis, tamen vocabatur frater Domini. Sed hoc est falsum, quia si Dominus matrem virginem noluit nisi virgini commendare custodiendam, quomodo sustinuisset sponsum eius, virginem non fuisse, et sic perstitisse? ideo alii dicunt, et in Glossa tangitur, quod Iacobus iste fuit filius Mariæ Cleophæ, quæ fuit soror virginis.

Commentaria in Epistolas S. Pauli

Dicunt enim quod Anna mater beatæ virginis nupsit primo Ioachim, ex quo peperit Mariam, matrem Domini, quo mortuo, nupsit Cleophæ fratri Ioachim, ex quo peperit Mariam Cleophæ, et ex hac natus est Iacobus minor, Iudas et Simon, quo mortuo, dicitur quod nupsit adhuc cuidam tertio, qui vocatus est Salome, ex quo concepit et peperit aliam Mariam, quæ dicta est Salome, et de hac natus est Iacobus maior, et Ioannes, frater eius.

Sed huic opinioni dupliciter contradicit Hieronymus. Primo quia Salome non est nomen viri, ut etiam in Græco apparet, sed est nomen mulieris, quæ fuit soror beatæ virginis, et ex Zebedæo genuit Iacobum maiorem et Ioannem, sicut maria Cleophæ ex Alphæo genuit Iacobum minorem, Iudam et Simonem. Dicitur autem frater Domini iste Iacobus, specialiter inter alios suos consobrinos, et hoc propter duo, primo propter similitudinem effigiei, quia similis erat Christo in facie; et propter similitudinem vitæ, quia imitabatur Christum in moribus. Vel quia Alphæus pater eius fuit de cognatione Ioseph.

Et ideo quia Iudæi cognationis lineam texere solent a maribus, et Christus putabatur filius Ioseph, ut dicitur Lc. III, 23, ideo specialiter dictus est frater Domini, et non alii, qui solum ex matre coniuncti erant ei. Accipitur autem hic frater cognatione.

Nam in Scriptura fratres aliquando dicuntur natura. Matth. I, 2: Iacob autem genuit Iudam et fratres eius. Cognatione, sicut omnes consanguinei sunt fratres. Gen. XIII, 8: ne, quæso, sit iurgium inter te et me, fratres enim sumus. Gente, et sic omnes unius linguæ dicuntur fratres. Deut. XVII, 15: non poteris alterius gentis hominem regem facere, qui non sit frater tuus. Affectione, et sic omnes amici, et qui habent eumdem affectum dicuntur fratres. II Cor. II, 13: eo quod non invenerim Titum. fratrem meum, etc.. Religione, et sic omnes christiani qui habent unam regulam vitæ, dicuntur fratres. Matth. XXIII, 8: fratres estis, etc.. Ps. CXXXIII, 1: ecce quam bonum et quam iucundum habitare fratres in unum, etc.. Communiter autem omnes homines dicuntur fratres, quia ab uno Deo gubernati et educati. Mal. II, 10: numquid non unus est pater omnium nostrum, etc..

Consequenter cum dicit quæ autem scribo vobis, etc., confirmat per iuramentum quod dixerat, quasi dicat: ea quæ nunc scribo vobis de me, ecce in manifesto sunt, ita quod satis constat quia non mentior.

Et hoc dico, coram Deo, id est, teste Deo.

Iurat autem hic apostolus non ex levitate, sed ex necessitate istorum, quibus necessarium erat, ut crederent. Nisi enim hoc faceret, non crederent ei. II Cor. II, 17: coram Deo in Christo loquimur. Rom. I, 9: testis est mihi Deus, etc..

Quid ergo dicit Dominus: sit sermo vester, est, est; non, non; quod amplius est, a malo est? dicendum est, quod est a malo eius qui non credit, vel a malo pœnæ quo cogitur quis iurare.

Consequenter cum dicit deinde veni, etc., ostendit quomodo fuit approbatus ab aliis ecclesiis Iudææ. Ubi tria facit.

Primo ostendit ubi fuit conversatus, quia in cilicia. Unde dicit deinde veni in partes Syriæ et Ciliciæ, scilicet patriæ; unde etiam fuit raptus: quia dicitur Act. XXII, 3: erat autem Paulus a Tharso Ciliciæ, etc..

Secundo quomodo fuit cognitus ab eis, quia non facie, sed auditu tantum et fama.

Unde dicit eram enim ignotus facie ecclesiis Iudææ quæ erant in Christo, id est, in fide Christi. II Cor. VI, 8: sicut qui ignoti et cogniti. Unde patet quod ecclesiæ Iudææ non docuerunt me. Tantum enim auditum habebant, scilicet de me per famam, quoniam qui persequebatur, etc..

Tertio quomodo approbatus est ab eis, quia in mc glorificabant Deum, id est, in mea conversione magnificum probabant, qui gratia sua me convertit. Is. XLIII, 20: glorificabit me bestia, etc..

Capitulus II

Lectio 1

Postquam apostolus in præcedenti cap., commendavit auctoritatem evangelicæ doctrinæ secundum seipsam, nunc in isto cap. Commendat ipsam ex parte aliorum apostolorum et sua simul. Et circa hoc duo facit.

Primo commendat auctoritatem suæ doctrinæ ex approbatione aliorum apostolorum; secundo ex exemplo sui et aliorum apostolorum, ibi nos natura Iudæi, non ex gentibus, etc..

Circa primum duo facit.

Primo ostendit quod alii apostoli approbaverunt suam doctrinam; secundo ostendit quod libere reprehendit alios apostolos in his quæ contraria suæ doctrinæ dicebant, ibi cum venisset Petrus, etc..

Circa primum duo facit.

Primo agit de collatione quam habuit cum apostolis; secundo insinuat quid inde secutum sit, ibi sed neque Titus, etc..

Circa primum duo facit.

Primo ponit circumstantias ipsius collationis; secundo ponit ipsam collationem, ibi et contuli cum illis, etc..

Quantum ad primum tangit quatuor circumstantias, scilicet tempus, locum, testes, et motivum ipsius.

Describit autem tempus, cum dicit deinde post annos quatuordecim.

Sed contra est, quia apostolus fuit conversus primo anno post passionem Christi, et post tres ivit in Ierusalem, et sic sunt quatuor, et hic dicit post annos quatuordecim, iterum ivit in Ierusalem, et sic fiunt decem et octo; et tunc invenit Petrum in Ierusalem. Et hoc non potest esse, quia Petrus sedit in Antiochia septem annis; in Roma vero viginti quinque annis. Et sic essent duo de viginti, et septem (qui sunt viginti quinque anni) antequam iret Romam, et Romæ moratus est viginti quinque annis; ergo vixisset Petrus post passionem Christi

Commentaria in Epistolas S. Pauli

quinquaginta annis, quod est falsum: quia quadragesimo anno a passione Christi passus est Petrus Romæ, ut in historia habetur, quod fuit tempore Neronis.

Respondeo. Dicendum, quod cum dicitur deinde, etc., non est intelligendum quod post tres annos iterum elapsi sint quatuordecim anni, antequam iret in Ierusalem, sed quod anno quartodecimo suæ conversionis iterum ascendit. Nec sunt addendi supra istos quatuordecim, septem anni, quibus Petrus rexit ecclesiam Antiochenam, quia ante istos annos incepit regere. Et cum Antiochia sit prope Ierusalem, potuit esse ut aliquando Petrus ivisset in Ierusalem, et tunc Paulus invenerit eum ibi. Et sic colligitur ex historia, quod post annos quatuordecim Petrus venit Romam tempore Claudii imperatoris, et existens ibi viginti quinque annis, complevit numerum triginta novem annorum, et mortuus est quadragesimo anno post passionem Domini.

Dicit autem signanter, quatuordecim, ut ostendat, quod non indigebat apostolorum instructione, si quatuordecim annis fuit sine eis.

Locum vero describit, cum dicit Ierosolymam. Et dicit ascendi, quia in alto posita est. Ascendit autem Ierosolymam., ut ostenderet se concordare cum prophetia quæ dicit Is. II, 3: de sion exibit lex, etc..

Testes describit, cum dicit cum Barnaba, assumpto et Tito. Barnabas Iudæus erat, Titus vero gentilis. Cum eis ergo ascendit, ut haberet testes suæ doctrinæ, et ut in nullam partem, sive Iudæorum, sive gentilium, ostendat se declinare. Deut. XVII: in ore duorum vel trium stat omne verbum.

Motivum autem describit, cum dicit secundum revelationem Dei, id est, Deo revelante et præcipiente sibi quod ascenderet in Ierusalem. Ex hoc colligi potest quod omnes actus apostolorum et motus fuerunt secundum instinctum spiritus sancti. Iob XXXVII, 11: nubes spargunt lumen suum, etc..

Consequenter cum dicit et contuli, etc., agit de ipsa collatione, ubi tria facit.

Primo manifestat materiam super quam contulit; secundo personas cum quibus contulit; et tertio causam propter quam contulit.

Materia de qua contulit, fuit evangelium.

Et ideo dicit contuli cum illis evangelium Dei, etc.. Personæ cum quibus contulit sunt maiores et excellentiores inter apostolos seorsum autem cum his, etc..

Sed causa utilis et necessaria ne scilicet in vacuum, etc..

Quantum ad primum dicit ascendi Ierosolymam., ubi contuli cum illis, tamquam cum amicis et paribus, evangelium quod prædicavi in gentibus, non ut addiscerem, quia iam doctus eram a Christo, non ut certificarer, quia sic certus sum quod si Angelus diceret contrarium, non crederem, ut patet supra I cap..

Sed contuli propter duo, scilicet ad insinuandam unitatem doctrinæ meæ cum doctrina aliorum apostolorum. I Cor. I, 10: *idipsum dicatis omnes*, etc.. Contulit ergo cum eis quasi idem verbum cum eis, sed non pares habuit. Item ad vitandum calumniam aliorum. Apostolus enim quia non fuerat conversatus cum Christo, nec edoctus ab apostolis, sed statim post conversionem suam incepit praedicare quae erant odiosa Iudaeis, et specialiter de vocatione gentium, et quod non debebant servari legalia.

Sic ergo contulit evangelium.

Sed cum quibus hoc fecerit, ostendit subdens *seorsum autem his*, etc., quasi dicat: non cum omnibus, sed cum his qui erant inter alios alicuius auctoritatis et momenti, scilicet cum Petro, Iacobo et Ioanne et aliis magnis. Eccli. IX, 21: *cum sapientibus et prudentibus tracta*, etc.. Sed *seorsum*, etc., non quod turpia vel falsa cum eis tractaret vel conferret, sicut haeretici faciunt, sed quia sciebat ibi esse Iudaeos calumniantes, propterea quia de legalibus docuerat. Et ideo ne veritas pateret calumniae, cum illis seorsum contulit, qui non calumniarentur.

Prov. XXV, 9: *causam tuam tracta cum amico tuo, et secretum extraneo ne reveles*, etc..

Eccli. VIII, 21: *coram extraneo ne facias consilium*, etc..

Sic ergo patet et materia collationis et personae.

Sequitur causa, quae fuit scilicet *ne in vacuum currerem, aut cucurrissem*, id est, ne reputarer praedicasse inutiliter.

Vocat autem praedicationem suam, cursum, propter velocitatem suae doctrinae, quia in modico tempore a Ierusalem usque in Illyricum, et usque in Hispaniam praedicavit evangelium.

Unde posset dici de eo illud Ps. CXLVII, 15: *velociter currit sermo eius*, etc.; II Thess. III, 1: *fratres, orate pro nobis, ut sermo Domini currat*, etc..

Sed numquid dubitabat quod in vacuum curreret? dicendum est quod sibi non dubitabat, sed illis quibus praedicaverat, quia nisi ab illis firmiter teneretur sua doctrina, quantum ad illos in vacuum cucurrisset; et ideo voluit conferre cum eis, ut dum scirent auditores, quod doctrina sua concordaret cum doctrina aliorum apostolorum, et approbaretur ab eis, firmius eius doctrinam tenerent, et sic quantum ad eos non in vanum curreret.

I Cor. IX, 26: *ego sic curro non quasi in incertum*.

Consequenter cum dicit *sed neque Titus*, etc., ostendit quid secutum sit ex collatione cum apostolis habita. Et ponit tria quae inde secuta sunt, scilicet quod a sua sententia non recessit, et quod suae doctrinae nihil superadditum fuit, ibi *ab his autem qui videbantur*, etc..

Tertio quod sua doctrina approbata est, ibi *sed contra cum vidissent*, etc..

Circa primum duo facit.

Primo ostendit quod non recessit a sua sententia in quodam particulari; secundo ostendit quod etiam in nullo alio recessit ab ea, ibi *sed propter*

Commentaria in Epistolas S. Pauli

subintroductos, etc..

Dicit ergo: dico quod ita contuli cum eis de doctrina evangelii, quod ex hoc secutum est, quod doctrina mea et sententia firma permansit, scilicet de legalibus non observandis, sic quod gentiles non cogerentur ad servandum legalia, intantum quod neque Titus, qui mecum erat, cum esset etiam gentilis, compulsus est, rationibus eorum, circumcidi, sed susceptus est ab apostolis in societatem incircumcisus. Unde tunc data est sententia ab apostolis de legalibus non observandis, sicut habetur Act. XV, 28.

Ratio autem quare post passionem Christi non debent servari legalia, assignatur a Chrysostomo talis: manifestum est enim quod instrumentum quod fit de aliqua promissione seu fœdere tenet tantum quousque compleatur fœdus et promissio, quibus completis, instrumentum prædictum in hoc non tenet.

Circumcisio autem est quoddam instrumentum promissionis et fœderis inter Deum et fideles homines; unde et Abraham accepit circumcisionem in signum promissionis, ut dicitur Gen. XVII. Et quia Christi peracta passione, soluta fuit promissio et completum fœdus, ideo post passionem non tenet, nec valet circumcisio.

Sic ergo patet quod non recessit a sententia sua in hoc quod non permitteret circumcidi Titum.

Consequenter ostendit quod in nullo alio etiam recessit ab ea, cum dicit sed propter subintroductos, etc..

Littera autem ista est diversa in diversis et obscura, et legitur sic: tu dicis quod non permisisti circumcidi Titum., sed quare non permisisti? nonne alibi permisisti Timotheum, sicut legitur Act. XVI, 3? ad hoc potest sic respondere apostolus, quia tunc temporis, quando Timotheus fuit circumcisus, indifferens erat circumcisio, utrum scilicet servaretur vel non; sed modo cum ageretur de Tito, erat specialis quæstio de circumcisione, quam ego dicebam non debere servari. Unde si permisissem eum circumcidi, cum egomet diffinivissem quæstionem, fuisset factum in contrarium, nec licebat ultra de hoc movere quæstionem, vel facere difficultatem, utpote iam determinatam.

Et ideo dicit: dico quod non solum non permisi ipsum circumcidi ab illis, quibus neque ad horam cessimus subiectione, scilicet ut gentes subderentur legi. Et hoc propter subintroductos, a diabolo vel a Pharisæis, falsos fratres, qui se fingunt amicos. II Cor. XII: periculum in falsis fratribus.

Qui, scilicet fratres falsi, subintroierunt in locum ubi erant apostoli, latenter explorare, id est ad explorandam, libertatem nostram a peccato et lege. II Cor. III, 17: ubi spiritus Domini, ibi libertas. Rom. VIII, 15: non enim accepistis spiritum servitutis, etc..

Infra IV, 5: ut eos qui sub lege erant redimeret.

Quam, scilicet libertatem, habemus in Christo Iesu, id est per fidem Christi.

Infra IV, 31: non estis ancillæ filii, sed liberæ.

Et ad hoc subintroierunt ut in servitutem, legis et carnalium observantiarum, redigerent, sicut ante passionem Christi, quod non est faciendum, quia fundamentum aliud nemo potest ponere, etc., I Cor. III, 11.

Et hoc ut veritas evangelii permaneat apud vos, quasi dicat: in nullo cessimus eis propter hoc, ne scilicet occasionem daremus eis qui sine circumcisione dicebant vos non posse salvari, quod est contra veritatem evangelii quod prædicavi vobis.

Ambrosius autem aliter legit. Secundum præmissa enim habetur, quod ideo ad horam non cessit propter subintroductos.

Ex quo sequitur quod nisi fuissent subintroducti falsi fratres, cessisset eis de legalium observatione. Et ideo propter hoc non fuit, quia propter hoc non cessisset eis, sed propter ipsam veritatem.

Ideo dicit Ambrosius quod littera est falsa, et superfluit ibi neque. Unde vult quod non sit ibi neque. Et tunc est sensus: non permisi circumcidi Titum., sed Timotheum permisi circumcidi propter subintroductos falsos fratres, in loco ubi eram cum Timotheo et aliis, qui subintroierunt, etc.. Quod cum facere nequivissent, populum in seditionem contra nos incitare moliebantur. Quibus, scilicet falsis fratribus, propter hoc cessimus ad horam subiectionis, in facto circumcisionis, circumcidendo Timotheum ibi ut veritas evangelii permaneat, etc., quæ habet quod nec circumcisio aliquid confert, neque præputium, sed fides.

Fuit autem specialis causa quare Timotheus circumcisus fuit, et non Titus, quia Timotheus fuit ex patre gentili et matre Iudæa, Titus vero ex utroque parente gentili. Et sententia apostoli erat quod qui ex aliquo parente Iudæo nati fuerant, circumciderentur; qui vero totaliter ex gentilibus parentibus nati essent, nullo modo debeant circumcidi.

Lectio 2

Ostenso quod apostolus in nullo recessit a sententia sua in collatione prædicta, hic consequenter ostendit quod nihil suæ doctrinæ per alios apostolos superadditum fuit. Et circa hoc duo facit.

Primo enim describit conditionem apostolorum, nihil ei addere valentium; secundo prosequitur propositum, ibi mihi enim qui, etc..

Conditionem autem illorum describit ex tribus.

Primo ex auctoritate quam habebant in ecclesia, quæ est magna. Et quantum ad hoc dicit ab his autem, etc..

Littera defectiva est, unde debet suppleri sic ab his autem, scilicet Petro et Ioanne; quasi dicat: licet ad horam cesserim eis, nihil tamen accepi ab eis potestatis vel doctrinæ.

Et si ab his nihil accepi, multo minus ab aliis.

Sed notandum est quod hoc quod dicit

qui videbantur aliquid esse, si hoc intelligatur secundum gratiam Dei quæ in ipsis erat, sic verum est quod secundum hanc magni erant, quia quos iustificavit, hos et magnificavit, ut dicitur Rom. VIII, 30. Si vero intelligantur aliquid esse secundum seipsos, sic falsum est, quia secundum hoc nihil erant. Nam si secundum se aliquid esse viderentur, semper fuissent magni; quia quod per se inest, semper inest. Unde cum non fuerint semper magni, non secundum se videbantur aliquid esse.

Secundo describit eorum conditionem ex statu eorum ante conversionem, quam habuerunt in synagoga. Et hunc statum caute ostendit fuisse abiectum et vilem.

Unde dicit quales aliquando fuerint, quia rustici, pauperes, idiotæ, et sine litteris erant.

I Cor. I, 26: non multi sapientes secundum carnem, etc.. Sed quales fuerint nihil, id est non, mea interest, scilicet referre.

Et hoc forte introducit, ut considerantes statum quem illi habuerunt in synagoga (qui nullus fuit) et statum Pauli (qui magnus fuit), manifeste cognoscant quod Paulus in sententia quantum ad legalia sit eis præferendus, et præsertim cum Paulus in statu ecclesiæ Christi eis æquaretur, ita quod Paulus eos in statu synagogæ ante conversionem præcedebat, in statu post conversionem eis æqualis erat. Unde cum agebatur de synagoga, magis erat standum sententiæ Pauli, quam aliorum; sed cum de evangelio ageretur, standum erat sententiæ suæ sicut sententiæ aliorum.

Et sicut alii non erant magni per legalia, sed per Christum, sic et apostolus per Christum magnus erat in fide, et non per legalia.

Tertio describit eorum conditionem ex divina electione, et quantum ad hoc dicit Deus enim personam, etc., quasi dicat: ideo magni sunt, quia Deus eos magnificavit, non attendens ad merita vel demerita eorum, sed ad ipsum quod facere intendit. Et ideo dicit Deus personam hominis non accipit, id est, non considerat magnam vel parvam.

Sap. VI, 8: pusillum et magnum ipse fecit, etc.. Sed sine personarum acceptione ad salutem omnes vocat, non imputans illis delicta eorum, et hoc quia transierunt. II Cor. V, 17: vetera transierunt, etc.. Ps. XV, 4: nec memor ero nominum eorum, etc.. Et ideo dicit Petrus, Act. X, 34: in veritate comperi, quod non est personarum acceptio, etc..

Circa hoc sciendum est, quod accipere personam proprie est in aliquo negotio attendere, quasi regulam ipsius negotii, conditionem personæ nihil facientem ad negotium, puta, cum ideo do beneficium alicui, quia est nobilis, sive pulcher. Nobilitas enim seu pulchritudo, nil facit ad hoc, quod habeat beneficium. Si vero conditio personæ facit ad negotium, sic considerando illam conditionem in facto illo, non accipio personam; sicut si ideo do beneficium alicui, quia bonus est, et bene deserviet ecclesiæ, quia bene litteratus et honestus, non sum acceptor personæ. Nihil ergo est proprie accipere personam, quam considerare conditionem personæ, nil facientem ad negotium.

Cum ergo Deus in operibus suis et beneficiis nihil præexistens ex parte creaturæ respiciat, quia ipsum, quod est creaturæ, est effectus suæ electionis, sed respiciat solum quasi pro regula beneplacitum voluntatis suæ secundum quam omnia operatur, et non secundum aliquam conditionem personæ, ut dicitur Ephes. IV, 7, manifestum est quod non accipit personam hominis.

Consequenter descripta conditione eorum, ostendit propositum, scilicet quod nil ei addere potuerunt. Et ideo dicit mihi enim qui videbantur aliquid esse, nihil contulerunt, quasi dicat: licet essent magnæ auctoritatis, tamen nil addiderunt doctrinæ meæ nec potestati, quia, sicut supra dictum est neque ab homine accepi evangelium, neque per hominem didici.

Glossa autem aliter legit quales aliquando fuerunt, etc., quasi dicat: non pertinet ad me referre statum eorum ante conversionem, quales scilicet fuerunt, quia et hoc nihil refert, cum et ego fuerim ipsius ecclesiæ etiam persecutor, et tamen Deus suæ beneplacito voluntatis elegit me et magnificavit, et hoc quia Dominus personam hominis non acceptat.

Consequenter cum dicit sed e contra cum vidissent, etc., ostendit quomodo eius sententia sit approbata ab apostolis. Et circa hoc tria facit.

Primo ponit causam approbationis; secundo insinuat ipsam approbationem, ibi Iacobus et Cephas, etc..

Tertio addit quamdam conditionem approbationi interpositam, ibi tantum ut pauperes, etc..

Causam autem approbationis (quæ movit apostolos approbare sententiam apostoli) ponit duplicem, scilicet prædicationis officium apostolo iniunctum a Christo, et effectum iniuncti officii, ibi et cum cognovissent, etc..

Circa primum, primo ponit officium iniunctum quod movit eos ad approbandum; secundo officii manifestationem, ibi qui enim operatus est, etc..

Dicit ergo: dico quod illi qui videbantur aliquid esse, nihil mihi contulerunt, sed potius, contra opinionem adversariorum, qui ascenderant contra me in Ierusalem ad apostolos pro ipsa quæstione, me ipsi apostoli approbaverunt, et hoc cum vidissent quod creditum est mihi evangelium, id est, officium prædicationis, præputii, id est, iniunctum prædicare incircumcisis, scilicet gentibus. Ier. IX, 26: omnes gentes habent præputium, omnis autem domus, etc.. Sicut Petro commissa est auctoritas, ut prædicaret Iudæis tantum, et Paulo gentibus; sed postmodum et Petrus prædicavit gentibus, et Paulus Iudæis.

Sed quia aliquis posset dicere: unde constat nobis quod tibi sit commissum evangelium in gentibus? ideo interponens dicit, quod per operationes Christi. Sicut enim patet quod Petrus accepit evangelium a Christo propter mirabilia quæ Christus fecit per eum, ita patet quod ego ab ipso accepi propter miracula quæ Christus operatus est, et operatur in me.

Et ideo dicit qui operatus est Petro, etc., id est, qui Petrum fecit apostolum in Iudæa, scilicet Christus, ipse me fecit apostolum in gentibus. Et hæc est causa quæ movet eos.

Sed quia non sufficit iniunctio et auctoritas prædicandi, nisi homo per bonam scientiam et discretam eloquentiam ipsam exequatur, et per bonam vitam commendet, ideo addit usum suæ auctoritatis seu officii effectum, dicens et cum cognovissent gratiam Dei, etc.. Et est littera suspensiva, id est, cum vidissent quod gratiosa et fructuosa esset prædicatio mea, tunc Iacobus, et Cephas, et Ioannes, etc..

In quo notatur approbatio seu societas facta cum eis et Paulo. Et primo ponuntur personæ inter quas facta est societas, quæ sunt Iacobus, et Cephas, id est Petrus, et Ioannes. Et præmittitur Iacobus, quia erat episcopus Ierosolymorum, ubi hæc facta sunt. Ioannes autem iste fuit Ioannes evangelista, qui non deseruit Iudæam usque ad tempus Vespasiani.

Qui videbantur columnæ esse. Metaphorice dicitur hoc, id est sustentatio totius ecclesiæ.

Sicut enim totum ædificium sustentatur per columnas, ita per istos tota ecclesia Iudæorum sustentabatur et regebatur. Et de istis columnis dicitur in Ps. LXXIV, 4: ego confirmavi columnas eius, id est, apostolos ecclesiæ; can. V, 15: crura illius columnæ marmoreæ, quæ fundatæ sunt super bases aureas.

Isti, scilicet ex una parte, dederunt dextras societatis, id est, consenserunt in societatem, mihi et Barnabæ, in quo designantur personæ ex alia parte. Per hoc autem quod dederunt sibi dexteras, significatur quod per manus se acceperunt in signum coniunctionis et unitatem opinionis.

Secundo ostenditur societatis tenor seu conditio, cum dicitur ut nos in gentes, ipsi autem in circumcisionem, scilicet prædicarent; quasi dicat: facta fuit inter nos coniunctio et unio, ita tamen quod sicut omnes fideles obediunt Petro in circumcisione, id est, in ecclesia Iudæorum fidelium: ita omnes gentiles qui conversi fuerunt ad Christum, obedirent Barnabæ et Paulo.

Hoc tamen apposito, ut nos essemus memores pauperum Christi, qui scilicet vendiderant omnia bona sua, et pretium eorum ad pedes apostolorum posuerant, propter Christum pauperes effecti. Quod quidem sollicitus fui hoc idem facere, non minus affectus, quam ipsi qui ordinaverunt, sicut apparet Rom. XV, et I Cor. VI, et II Cor. VIII et IX.

Ratio autem quare consuetudo primitivæ ecclesiæ de venditione possessionum servabatur in ecclesia ex circumcisione, et non in ecclesia ex gentibus, hæc est, quia fideles Iudæi congregati erant in Ierusalem, et in Iudæa quæ destruenda in brevi a Romanis erat, ut postmodum rei probavit eventus; et ideo voluit Dominus ut ibi possessiones non reservarentur ubi permansuri non erant. Ecclesia vero gentilium firmanda erat et augenda, et ideo consilio spiritus sancti factum est, ut in ea possessiones non venderentur.

Lectio 3

Supra apostolus ostendit quod ipse nil utilitatis accepit ex collatione habita cum dictis apostolis, hic vero ostendit quod ipse aliis profuit. Et primo ostendit quomodo profuit Petro in corrigendo eum; secundo manifestat ea quæ dixit, ibi prius enim quam venirent, etc..

Dicit ergo: vere ipsi mihi nihil contulerunt, sed ego potius contuli eis, et specialiter Petro; quia cum venisset Petrus Antiochiam, ubi erat ecclesia gentium, ego restiti ei in faciem, id est, manifeste. Eccli. IV, 27: ne reverearis proximum in casu suo, nec retineas verbum, etc.. Vel in faciem, id est non in occulto, tamquam detrahens et timens, sed publice, et ut par ei. Lev. XIX, 17: non oderis fratrem tuum in corde tuo, sed publice argue eum, etc.. Et hoc ideo, quia reprehensibilis erat.

Sed contra: quia hoc fuit post acceptam gratiam spiritus sancti; sed post gratiam spiritus sancti nullo modo peccaverunt apostoli.

Respondeo. Dicendum quod post gratiam spiritus sancti nullo modo peccaverunt mortaliter apostoli, et hoc donum habuerunt per potentiam divinam, quæ eos confirmaverat.

Ps. LXXIV, 4: ego confirmavi columnas eius, etc.. Peccaverunt tamen venialiter, et hoc fuit eis ex fragilitate humana. I Io. I, 8: si dixerimus, quia peccatum non habemus, scilicet veniale, ipsi nos seducimus, etc..

Quod vero dicitur in Glossa: restiti ei tamquam par, dicendum est quod apostolus fuit pro Petro in executione auctoritatis, non in auctoritate regiminis.

Ex prædictis ergo habemus exemplum: prælati quidem humilitatis, ut non dedignentur a minoribus et subditis corrigi; subditi vero exemplum zeli et libertatis, ut non vereantur prælatos corrigere, præsertim si crimen est publicum et in periculum multitudinis vergat.

Consequenter cum dicit priusquam venirent, etc., manifestat ea quæ dixit. Et primo hoc quod dixit eum reprehensibilem esse; secundo vero hoc, quod dixit Petrum reprehendisse, ibi sed cum vidissem, etc..

Circa primum tria facit.

Primo ostendit quid Petrus sentiebat; secundo quid faciebat, ibi cum autem venisset, etc.; tertio quid inde sequebatur, ibi et simulationi eius, etc..

Dicit ergo circa primum, quod Petrus sentiebat legalia non esse servanda. Et hoc facto ostendebat, quia priusquam venirent quidam, Iudæi scilicet zelantes pro legalibus, a Iacobo, Ierosolymitanæ ecclesiæ episcopo, edebat, scilicet Petrus, cum gentibus, id est, indifferenter utebatur cibis gentilium; et hoc faciebat ex instinctu spiritus sancti, qui dixerat ei quod

Commentaria in Epistolas S. Pauli

Deus sanctificavit, tu ne commune dixeris, ut habetur Act. X, 15, ut ipse ibidem sequenti cap. Dixit Iudæis, qui contra eum insurrexerunt, quia cum incircumcisis comedisset, quasi rationem reddens.

Quid autem faciebat, ostendit hic Paulus dicens, quod cum erat cum Iudæis, subtrahebat se a consortio fidelium qui fuerant ex gentibus, adhærens Iudæis tantum, et congregans se cum eis.

Et ideo dicit cum autem venisset, scilicet a Iudæa, subtrahebat se Petrus a gentibus conversis, et segregabat se ab eis. Et hoc ideo, quia erat timens eos, qui ex circumcisione erant, id est, Iudæos, non quidem timore humano sive mundano, sed timore charitatis, ne scilicet scandalizarentur, sicut dicitur in Glossa. Et ideo factus est Iudæis tamquam Iudæus, simulans se cum infirmis idem sentire; sed tamen inordinate timebat, quia veritas numquam dimittenda est propter timorem scandali.

Quid autem ex hac simulatione sequebatur, subdit dicens, quod simulationi eius, scilicet Petri, consenserunt cæteri Iudæi, qui erant Antiochiæ discernentes cibos, et segregantes se a gentibus, cum tamen ante simulationem huiusmodi hoc non fecissent.

Et non solum illi consenserunt Petro, sed ita fuit illa simulatio in cordibus fidelium, ut etiam Barnabas, qui mecum erat doctor gentium, et contrarium fecerat et docuerat, duceretur ab eis in illam simulationem, subtrahens se ab eis, scilicet gentibus.

Et hoc ideo, quia, secundum quod dicitur Eccli. X, 2: qualis est rector civitatis, etc.. Et ibidem: secundum iudicem populi, etc..

Consequenter cum dicit sed cum vidissem, etc., manifestat ea quæ dixerat de reprehensione sua, qua Petrum reprehendit.

Et circa hoc tria facit.

Primo ponit causam reprehensionis; secundo reprehendendi modum; tertio reprehensionis verba.

Occasio autem reprehensionis est non levis, sed iusta et utilis, scilicet periculum evangelicæ veritatis. Et ideo dicit: sic Petrus reprehensibilis erat, sed ego solus, cum vidissem quod non recte ambularent illi qui sic faciebant ad veritatem evangelii, quia per hoc peribat veritas, si cogerentur gentes servare legalia, ut infra patebit.

Quod autem recte non ambularent, ideo est quia veritas, maxime ubi periculum imminet, debet publice prædicari, nec fieri contrarium propter scandalum aliquorum.

Matth. X, 27: quod dico vobis in tenebris, dicite in lumine. Is. XXVI, 7: semita iusti recta est, rectus callis iusti ad ambulandum.

Modus autem reprehendendi fuit conveniens, quia publicus et manifestus. Unde dicit dixi Cephæ, id est, Petro, coram omnibus, quia simulatio illa in periculum omnium erat. Tim. V, 20: peccantem coram omnibus argue. Quod intelligendum est de peccatis manifestis, et non de occultis, in quibus debet servari ordo fraternæ correctionis.

Cuiusmodi autem verba apostolus dixerit Petro, cum eum reprehenderet, subdit dicens si tu Iudæus cum sis, etc., quasi dicat: o Petre, si tu cum Iudæus sis, natione et genere, gentiliter et non Iudaice vivis, id est, gentium et non Iudæorum ritum servas, cum scias et sentias discretionem ciborum nihil conferre, quomodo cogis gentes, non quidem imperio, sed tuæ conversationis exemplo, iudaizare? et dicit cogis, quia secundum quod leo Papa dicit validiora sunt exempla quam verba.

In hoc ergo Paulus reprehendit Petrum, quod cum ipse esset instructus a Deo, cum Iudaice prius viveret, ne postea amplius cibos discerneret Act. X, 15: quod Deus sanctificavit, tu ne commune dixeris, ipse contrarium simulabat.

Sciendum est autem quod occasione istorum verborum, non parva controversia est orta inter Hieronymum et Augustinum.

Et secundum quod ex eorum verbis aperte colligitur, in quatuor discordare videntur.

Et primo in tempore legalium, quando scilicet servari debuerunt. Nam Hieronymus duo tempora distinguit, unum ante passionem Christi, aliud post passionem. Vult ergo Hieronymus quod legalia ante passionem Christi viva essent, id est, habentia virtutem suam, in quantum scilicet per circumcisionem tollebatur peccatum originale, et per sacrificia et hostias placabatur Deus. Sed post passionem non solum dicit ea non fuisse viva vel mortua, sed, quod plus est, ea fuisse mortifera, et quod quicumque post passionem Christi ea servavit, peccavit mortaliter.

Augustinus vero distinguit tria tempora.

Unum tempus ante passionem Christi, et concordans cum Hieronymo, dicit, isto tempore legalia viva fuisse. Aliud tempus est post passionem Christi immediate, ante gratiam divulgatam (sicut tempus apostolorum in principio), in quo tempore dicit Augustinus legalia mortua fuisse, sed tamen non mortifera Iudæis conversis, dummodo ipsa servantes, spem in eis non ponerent, ita quod etiam ipsi Iudæi ea servantes tunc non peccarent.

Si vero in eis spem posuissent, quicumque conversi ea servantes, peccassent mortaliter, quia si posuissent in eis spem, quasi essent necessaria ad salutem, quantum in eis erat, evacuassent gratiam Christi. Aliud tempus dicit esse post veritatem et gratiam Christi divulgatam, et in isto tempore dicit ea mortua et mortifera omnibus ea servantibus.

Ratio autem dictorum est, quia si Iudæi statim post conversionem fuissent prohibiti ab observantiis legalium, visum fuisset eos pari passu ambulare cum idololatris, qui statim ab idolorum cultura prohibebantur, et legalia non fuisse bona, sicut nec idololatriam.

Et ideo instinctu spiritus sancti permissum est, ut legalia modico tempore servarentur ea intentione quæ dicta est, ut per hoc ostenderetur legalia tunc bona fuisse.

Unde dicit Augustinus quod per hoc ostendebatur quod mater synagoga cum honore deducenda ad tumulum erat, dum non statim post passionem Christi legalia prohibita sunt. Quicumque vero non eo modo ipsa servaret, non honoraret matrem synagogam, sed eam extumularet.

Secundo discordant prædicti Hieronymus et Augustinus de observatione legalium quantum ad ipsos apostolos.

Hieronymus enim dicit quod apostoli numquam secundum veritatem servabant legalia, sed simulaverunt se servare, ut vitarent scandalum fidelium qui fuerant ex circumcisione.

Et hoc quidem modo dicit simulasse Paulum, quando persolvit votum in templo Ierosolymitano, ut habetur Act. XXI, 26; et quando circumcidit Timotheum, ut habetur Act. XVI, 3; et quando a Iacobo monitus quædam legalia suscepit, ut habetur Act. XV, 20. Et hoc quidem facientes non deludebant alios, quia faciebant hoc, non intendentes legalia servare, sed propter aliquas causas, sicut quod quiescebant in sabbato non propter observantiam legis, sed propter quietem. Item abstinebant ab immundis secundum legem, non propter observantiam legis, sed propter alias causas, utpote propter abominationem et aliquid huiusmodi.

Augustinus vero dicit quod apostoli servabant ipsa legalia, et hoc intendentes, sed tamen non ponentes in eis spem, quasi essent necessaria ad salutem. Et hoc quidem licebat eis, quia fuerunt ex Iudæis. Ita tamen quod hæc servarent ante gratiam divulgatam; unde sicut eo tempore alii Iudæi conversi sine periculo servare poterant, absque eo quod in eis spem ponerent, ita et ipsi.

Tertio discordant de peccato Petri.

Nam Hieronymus dicit in simulatione prædicta Petrum non peccasse, quia hoc ex charitate fecit, et non ex aliquo timore mundano, ut dictum est.

Augustinus vero dicit eum peccasse, venialiter tamen, et hoc propter indiscretionem quam habuit, nimis inhærendo huic parti (scilicet Iudæorum) ad vitandum eorum scandalum.

Et validius argumentum Augustini contra Hieronymum est, quia Hieronymus adducit pro se septem doctores, quorum quatuor, scilicet Laudicensem, et Alexandrinum, Origenem et Didymum excludit Augustinus, utpote de hæresi infames. Aliis vero tribus opponit tres, quos pro se et pro sua opinione habet, scilicet Ambrosium, Cyprianum, et ipsum Paulum, qui manifeste dicit, quod reprehensibilis erat Petrus. Si ergo nefas est dicere in Scriptura sacra aliquod falsum contineri, non erit fas dicere Petrum reprehensibilem non fuisse.

Et propter hoc verior est opinio et sententia Augustini, quia cum dictis apostoli magis concordat.

Quarto discordant in reprehensione Pauli. Nam Hieronymus dicit, quod

Paulus vere non reprehendit Petrum, sed simulatorie, sicut et Petrus simulatorie legalia servabat, ut scilicet sicut Petrus nolens scandalizare Iudæos simulabat se legalia servare, ita Paulus ut non scandalizaret gentes, ostendit sibi displicere quod Petrus faciebat, et simulatorie reprehendit, faciebantque hoc quasi ex condicto, ut utrisque fidelibus sibi subditis providerent.

Augustinus vero sicut dicit Petrum vere servasse legalia, ita dicit Paulum eum vere reprehendisse, et non simulatorie. Sed et Petrus quidem servando peccavit, quia inde erat scandalum apud gentiles, a quibus se subtrahebat.

Paulus vero non peccavit reprehendendo, quia ex eius reprehensione nullum scandalum sequebatur.

Lectio 4

Supra ostendit veritatem doctrinæ apostolicæ prædicatæ per eum ex auctoritate aliorum apostolorum, hic ostendit idem ex eorum conversatione et exemplo.

Et circa hoc duo facit.

Primo ostendit propositum per apostolorum conversationem; secundo adversantium obiectionem quod si quærentes iustificari, etc..

Circa primum tria facit.

Primo præmittit apostolorum conditionem; secundo insinuat eorum conversationem, ibi scientes autem quod non iustificatur, etc.; tertio intentam conditionem, ibi propter quod ex operibus legis, etc..

Conditio autem apostolorum et etiam ipsius Pauli hæc est, quod secundum naturalem originem ex Iudæis processerunt.

Et hoc est quod dicit nos, scilicet ego et apostoli alii, sumus natura, id est naturali origine, Iudæi, non proselyti. II Cor. XI, 22: Hebræi sunt, et ego, etc.. Et hæc est magna laus, quia, ut dicitur Io. IV, 22, salus ex Iudæis est.

Et non ex gentibus peccatores, id est, non sumus peccatores, ut gentes idololatræ et immundæ.

Sed contra est quod dicitur I Io. I, 8: si dixerimus quoniam peccatum non habemus, etc., ergo Iudæi sunt peccatores.

Respondeo. Dicendum est, quod aliud est peccantem esse, aliud peccatorem. Nam primum denominat actum, secundum vero promptitudinem, sive habitum ad peccandum. Unde Scriptura iniquos et gravibus peccatorum sarcinis oneratos peccatores appellare consuevit.

Iudæi ergo propter legem superbientes, quasi per eam coerciti a peccatis, gentes quæ sine fræno legis erant, et ad peccandum pronæ, peccatores vocabant. Eph. IV, 14: non circumferamur omni vento doctrinæ, etc..

Cum ergo dicat apostolus non ex gentibus peccatores, exponitur, id est, non sumus de numero peccatorum qui sunt inter gentiles, etc..

Commentaria in Epistolas S. Pauli

Consequenter cum dicit scientes autem quod non iustificatur homo, etc., ponit apostolorum conversationem, quæ quidem non est in legalibus, sed in fide Christi. Et circa hoc duo facit.

Primo exprimit rationem apostolicæ conversationis; secundo ponit ipsam apostolicam conversationem, ibi et nos in Christo, etc..

Erat ergo apostolica conversatio in fide, et non in legalibus. Cuius ratio est, quia licet fuerimus Iudæi natura et in legalibus nutriti, tamen scientes pro certo, quod non iustificatur homo ex operibus legis, id est, per opera legalia, nisi per fidem Iesu Christi, ideo deserentes illa conversamur in præceptis fidei. Rom. III, 28: arbitramur enim hominem iustificari per fidem sine operibus legis. Act. IV, 12: non est aliud nomen, etc..

Sed contra, Rom. Enim II, 13 dicitur: non enim auditores legis iusti sunt apud Deum, sed factores legis iustificabuntur, etc.. Videtur ergo quod ex operibus legis iustificetur homo.

Respondeo. Dicendum est, quod iustificari potest dupliciter accipi, scilicet iustitiam exequi, et iustum fieri. Primo autem modo homo iustificatur, qui opera iustitiæ facit. Non autem iustus fit aliquis nisi a Deo, per gratiam.

Sciendum est ergo, quod opera legis quædam erant moralia, quædam vero cæremonialia.

Moralia autem licet continerentur in lege, non tamen poterant proprie dici opera legis, cum ex naturali instinctu, et ex lege naturali homo inducatur ad illa. Sed cæremonialia dicuntur proprie opera legis. Quantumcumque ergo homo quoad executionem iustitiæ ex moralibus iustificetur, et etiam ex cæremonialibus, inquantum servare ea est opus obedientiæ, ut ad sacramenta pertineant, et sic accipitur secundum dictum apostoli ad Rom. II, 13.

Quantum tamen ad iustum fieri, ex operibus legis non iustificari homo per hæc videtur, quia sacramenta veteris legis non conferebant gratiam. Infra IV, 9: conversi estis ad egena elementa, id est, gratiam non conferentia, neque gratiam in se continentia. Sacramenta vero novæ legis, licet sint elementa materialia, non tamen sunt elementa egena, quia in se gratiam continent, unde et iustificare possunt. Si qui autem in veteri lege iusti erant, non erant iusti ex operibus legis, sed solum ex fide Christi, quem Deus proposuit propitiatorem per fidem, ut dicitur Rom. III, 20. Unde et ipsa sacramenta veteris legis non fuerunt nisi quædam protestationes fidei Christi, sicut et nostra sacramenta, sed differenter, quia illa sacramenta gratiam Christi configurabant quasi futuram; nostra autem sacramenta protestantur quasi continentia gratiam præsentem. Et ideo signanter dicit, quod ex operibus legis non iustificatur homo, nisi per fidem Iesu Christi, quia etsi olim aliqui servantes opera legis iustificarentur, non tamen hoc erat nisi per fidem Iesu Christi.

Ex hac autem scientia apostolorum quam habebant, quod iustificatio non est per operationem legis, sed per fidem Christi, concludit conversationem apostolorum eligentium fidem Christi et dimittentium opera legis.

Unde sequitur et nos in Christo Iesu credimus, quia, ut dicitur Act. IV, 12, non est aliud nomen datum, etc.. Unde sequitur ut iustificemur ex fide Christi. Rom. V, 1: iustificati ergo ex fide, etc..

Et ne aliquis credat quod simul cum lege Christi opera legis iustificent, subiungit et non ex operibus legis. Rom. III, 28: arbitramur enim iustificari hominem per fidem, etc..

Ex hoc concludit principale intentum, dicens quod si apostoli, qui sunt naturaliter Iudæi, non quærunt iustificari per opera legis, sed per fidem, quod non iustificatur omnis caro ex operibus legis, nec homo quicumque potest iustificari per opera legis. Sumitur enim hic caro pro homine, scilicet pars pro toto, sicut Is. XL: videbit omnis caro salutare Dei nostri.

Dicens autem propter quod, etc., concludit quasi a maiori. Magis enim videtur naturale vel rationabile de Iudæis, quod per opera legis, non per fidem, iustificarentur, quam alii; sed hoc non est: quare, etc..

Lectio 5

Postquam apostolus ostendit per conversationem apostolorum legalia non esse observanda, quod ipse dicebat, hic movet quæstionem in contrarium.

Et circa hoc tria facit.

Primo movet quæstionem; secundo solvit eam, ibi absit, etc.; tertio solutionem eius manifestat, ibi ego enim per legem, etc..

Primum dupliciter potest exponi secundum Glossam. Primo sic: posset enim aliquis dicere quod apostoli deserentes legem, veniendo ad fidem Christi peccassent. Sed ex hoc apostolus introducit quasi quoddam inconveniens, scilicet Christum esse auctorem peccati, eo quod homines ad suam fidem vocat. Et hoc est quod dicit quod, id est sed, si nos apostoli quærentes iustificari in ipso, id est, per ipsum, scilicet Christum, inventi sumus, id est, manifeste comprobemur, et ipsi apostoli peccatores propter legis dimissionem, numquid Christus est minister peccati? id est, inducens nos ad peccandum qui nos a statu legis ad suam fidem vocavit? infra IV, 4: factum sub lege, ut eos qui sub lege erant redimeret, scilicet ab onere legis.

Respondet apostolus absit, quia magis est minister iustitiæ. Rom. V, 19: per unius obedientiam iusti constituuntur multi.

I Petr. II, 22: qui peccatum non fecit, etc..

Et quod Christus non sit minister peccati abstrahens a lege veteri, patet, quia si ego ipse quæ destruxi, scilicet superbiam gloriantem de lege, iterum reædifico, volens redire ad gloriandum de lege, prævaricatorem meipsum constituo, resumens quæ destruxi.

II Petr. II, 22: canis reversus ad vomitum, etc.. Ios. II: maledictus homo qui redædificaverit Iericho.

Dicit autem quæ destruxi, non ipsam legem, ut Manichæi volunt, quia lex sancta est, Rom. VII, 12, sed superbiam de lege, de qua dicitur Rom. X, 3: quærentes suam iustitiam statuere, etc..

Si quis autem obiiciat quod cum ipse olim destruxerit fidem Christi, prævaricatorem se faciebat eam ædificans, patet responsio, quia fidem Christi conatus fuit quidem destruere, sed non prævaluit propter veritatem. Act. IX, 4: quid me persequeris? durum est tibi, etc.. Sed superbia legis vana erat, et ideo destrui poterat, et reædificanda non erat.

Secundo modo potest exponi, ut quod dicit inventi sumus et ipsi peccatores, referatur non ad dimissionem legis, sicut nunc expositum est, sed magis ad ipsam legis observantiam. Manifestum enim est quod quicumque quærit iustificari, profitetur se non esse iustum, sed peccatorem.

Est ergo sensus: si nos quærentes iustificari in Christo, ex hoc ipso quod quærimus nos iustificari, inventi sumus, id est, ratione comprobamur et ipsi peccatores fuisse, propter hoc quod legem observabamus, numquid Iesus Christus minister peccati est? ut scilicet mandaverit homines post suam passionem legalia observare, quod sine peccato fieri non potest.

Et attendendum est, quod hæc expositio procedit secundum opinionem Hieronymi, qui ponebat statim post passionem Christi legalia fuisse mortifera.

Tertio modo potest exponi, ut quod dicit inventi sumus et ipsi peccatores, pertineat quidem ad statum quo lex observabatur, non tamen quod ipsi offenderent propter legis observantiam, sed propter legis defectum, quæ peccatum auferre non poterat, ut sit sensus: si quærentes iustificari in ipso, inventi sumus et ipsi peccatores, id est, peccatum habentes, lege peccatum non auferente, secundum illud Rom. III, 9: causati sumus Iudæos et Græcos omnes sub peccato esse, numquid Iesus Christus peccati minister est, ut reducat nos ad observantiam legis, in qua sub peccato eramus? et hæc expositio procedit secundum expositionem Augustini.

Et respondet, secundum utramque expositionem, absit, quia ego destruxi legem carnaliter intellectam, spiritualiter iudicando et docendo.

Unde si iterum vellem ædificare carnalis legis observantias, essem prævaricator legis spiritualis.

Potest et quarto modo sic exponi.

Dixeram, hominem non iustificari ex operibus legis. Posset aliquis dicere, quod nec etiam per fidem Christi, quia multi post fidem Christi acceptam, peccant. Et hoc est quod dicit: si quærentes iustificari in Christo, id est, per fidem Christi, inventi sumus post fidem Christi susceptam etiam ipsi nos fideles peccatores, id est, in peccatis viventes, numquid Iesus Christus minister peccati est et damnationis, sicut minister veteris legis est minister peccati et damnationis? non quod lex induceret ad peccatum, sed occasionaliter, quia prohibebat peccatum, et non conferebat gratiam adiuvantem ad resistendum peccato. Unde dicitur Rom. VII, 8: occasione accepta, peccatum per mandatum, etc..

Sed Christus dat gratiam adiuvantem. Io. I, 17: gratia et veritas per Iesum Christum facta est. Unde nullo modo est minister peccati, nec directe, nec occasionaliter.

Lectio 6

Hic apostolus solutionem superius assignatam manifestat. Et primo ponit solutionis manifestationem; secundo concludit principale intentum, ibi non abiicio gratiam Dei, etc..

Sed attendendum est, quod apostolus inquirendo procedens, nullum dubium indiscussum relinquit. Et ideo verba eius licet videantur intricata, tamen si diligenter advertantur, nihil sine causa dicit, et hoc apparet in verbis propositis. Ubi tria facit: primo manifestat solutionem; secundo explicat solutionis manifestationem, ibi Christo confixus sum cruci, etc.; tertio removet dubitationem, ibi quod autem vivo, etc..

Quia ergo apostolus dixerat si enim quæ destruxi, etc., quod intelligitur de veteri lege, posset enim ab aliquo reputari legis destructor, et per consequens iniquus, secundum illud Ps. CXVIII, 126: dissipaverunt iniqui legem tuam, ideo apostolus vult ostendere quomodo legem destruat, et tamen non est iniquus, dicens ego enim per legem, etc..

Ubi sciendum est, quod quando aliquis dissipat legem per ipsam legem, talis est prævaricator legis, non iniquus. Dissipatur autem lex per legem, quando in lege datur aliquod præceptum locale seu temporale, ut scilicet lex illa tali tempore, seu tali loco servetur, et non alio, et hoc ipsum exprimatur in lege. Si quis tunc in illo tempore, seu in illo loco lege non utitur, destruit legem per ipsam legem, et hoc modo apostolus destruxit legem. Unde destruxi, inquit, quodammodo legem, tamen per legem, quia ego mortuus sum legi per legem, id est, per auctoritatem legis ipsam dimisi, quasi legi mortuus.

Auctoritas enim legis, per quam mortuus est legi, in multis sacræ Scripturæ locis habetur; Ier. XXXI, 31, tamen sub aliis verbis: confirmabo testamentum novum super domum Israel, etc.; Deut. XVIII, 15: prophetam suscitabit Dominus de fratribus vestris, etc.; et multis aliis locis; non est ergo transgressor apostolus legem destruendo.

Vel aliter: ego per legem, scilicet spiritualem, mortuus sum legi carnali. Tunc enim moritur legi, quando abiicit legem solutus a lege. Iuxta illud Rom. VII, 2: mortuo viro, soluta est mulier a lege viri. Inquantum vero apostolus subiectus erat legi spirituali, dicit se mortuum legi, id est, solutum a legis observatione. Rom. VIII, 2: lex spiritus vitæ, etc..

Alius modus dimittendi legem sine prævaricatione esse potest, quia videlicet lex aliqua quando est scripta in charta, tunc dicitur lex mortua, et quando est in mente legislatoris, tunc dicitur lex viva. Constat autem, quod si aliquis secundum verbum legislatoris operaretur contra legem scriptam, et solveret legem, et solveretur a lege mortua, et servaret legem vivam secundum imperium legislatoris.

Dicit ergo, secundum hoc, mortuus sum legi scriptæ et mortuæ, id est solutus sum ab ea, ut Deo vivam, id est, motus meos secundum dicta ipsius dirigam, et ad honorem eius ordiner. Lex enim statuta in scriptis aliquid tradit propter extraneos, et eos qui ab eo verbotenus audire non possunt; sed his qui coram eo sunt, non dicit eam scriptis, sed verbo tantum. A principio enim homines infirmi erant, ad Deum accedere non valentes. Et ideo necesse fuit eis præcepta legis in scriptis dare, ut per legem quasi per pædagogum manu ducerentur ad hoc, quod ab eo præcepta eius audirent, secundum quod dicitur infra III, 24: lex pædagogus noster fuit in Christo, etc.. Sed postquam habemus accessum ad patrem per Christum, ut dicitur Rom. V, 2, non instruimur per legem de mandatis Dei, sed ab ipso Deo.

Et ideo dicit: per legem manuducentem mortuus sum legi scriptæ, ut vivam Deo, scilicet ipsi factori legis, id est, ut ab ipso instruar et dirigar.

Consequenter cum dicit Christo confixus sum, etc., explicat quæ dixit.

Dixerat autem quod est mortuus legi, et quod vivit Deo. Et ista duo manifestat. Et primo quod sit mortuus legi, per hoc quod dicit Christo confixus sum cruci; secundo quod vivit Deo, cum dicit vivo ego, iam non ego, etc..

Et primum quidem potest exponi dupliciter.

Uno modo sicut in Glossa, sic: quilibet homo secundum carnalem originem nascitur filius iræ, Eph. II, 3: eramus enim natura filii iræ, etc.. Nascitur etiam in vetustate peccati, Bar. III, 11: inveterasti in terra aliena, etc.. Quæ quidem vetustas peccati tollitur per crucem Christi, et confertur novitas vitæ spiritualis.

Dicit ergo apostolus Christo confixus sum cruci, id est, concupiscentia seu fomes peccati, et omne huiusmodi, mortuum est in me per crucem Christi. Rom. VI, 6: vetus homo noster simul crucifixus est, etc.. Item ex quo cum Christo confixus sum cruci, et mortuus sum peccato, et Christus resurrexit, cum resurgente etiam resurrexi. Rom. IV, 25: traditus est, etc.. Sic ergo Christus in nobis renovat vitam novam, destructa vetustate peccati.

Et ideo dicit vivo autem, id est, quia Christo confixus sum cruci, vigorem bene operandi habeo, iam non ego secundum carnem, quia iam non habeo vetustatem quam prius habui, sed vivit in me Christus, id est, novitas, quæ per Christum nobis data est.

Vel aliter: homo quantum ad illud dicitur vivere, in quo principaliter firmat suum affectum, et in quo maxime delectatur.

Unde et homines qui in studio seu in venationibus maxime delectantur, dicunt hoc eorum vitam esse. Quilibet autem homo habet quemdam privatum affectum, quo quærit quod suum est;

dum ergo aliquis vivit quærens tantum quod suum est, soli sibi vivit, cum vero quærit bona aliorum, dicitur etiam illis vivere.

Quia ergo apostolus proprium affectum deposuerat per crucem Christi, dicebat se mortuum proprio affectui, dicens Christo confixus sum cruci, id est, per crucem Christi remotus est a me proprius affectus sive privatus. Unde dicebat infra ult.: mihi absit gloriari nisi in cruce Domini nostri, etc., II Cor. V, 14 s.: si unus pro omnibus mortuus est, ergo omnes mortui sunt.

Et pro omnibus mortuus est Christus, ut et qui vivunt iam non sibi vivant, sed ei, etc..

Vivo autem, id est, iam non vivo ego, quasi in affectu habens proprium bonum, sed vivit in me Christus, id est tantum Christum habeo in affectu, et ipse Christus est vita mea. Phil. I, 21: mihi vivere Christus est, et mori lucrum.

Consequenter autem cum dicit quod autem nunc vivo, etc., respondet dubitationi quæ poterat esse duplex ex præmisso verbo. Una est quomodo ipse vivit, et non est ille, scilicet qui vivit; secunda quomodo confixus est cruci. Et ideo hæc duo aperit.

Et primo primum, quomodo scilicet vivit, et non ipse vivit, dicens quod autem nunc vivo, etc..

Ubi notandum est, quod illa proprie dicuntur vivere, quæ moventur a principio intrinseco.

Anima autem Pauli constituta erat inter Deum et corpus, et corpus quidem vivificabatur et movebatur ab anima Pauli, sed anima eius a Christo. Quantum ergo ad vitam carnis vivebat ipse Paulus, et hoc est quod dicit quod autem nunc vivo in carne, id est, vita carnis; sed quantum ad relationem ad Deum, Christus vivebat in Paulo, et ideo dicit in fide vivo filii Dei, per quam habitat in me et movet me. Hab. II, 4: iustus autem meus ex fide vivit.

Et nota quod dicit, in carne, non ex carne, quia hoc malum est.

Secundo ostendit quod confixus est cruci, dicens: quia amor Christi quem ostendit mihi in cruce moriens pro me, facit ut semper ei configar. Et hoc est quod dicit qui dilexit me. I Io. IV, 10: ipse prior dilexit nos. Et intantum dilexit me, quod tradidit semetipsum pro me, et non aliud sacrificium. Apoc. I, 5: dilexit nos, et lavit nos a peccatis nostris in sanguine suo. Eph. V, 25: sicut Christus dilexit ecclesiam, et semetipsum tradidit pro ea, etc..

Sed attendendum est, quod ipse filius tradidit se, et pater tradidit filium, Rom. VIII, 32: qui proprio filio non pepercit, sed pro nobis omnibus tradidit illum; et Iudas tradidit eum, ut dicitur Matth. XXVI, 48: et totum una res est, sed non una intentio, quia pater ex charitate, filius ex obedientia simul et cum charitate, Iudas vero ex cupiditate et proditorie.

Consequenter cum dicit non abiicio gratiam Dei, infert conclusionem principalem. Et primo inducit conclusionem; secundo manifestat modum.

Commentaria in Epistolas S. Pauli

Dicit ergo: ex quo tantam gratiam recepi a Deo quod tradidit se, et ego vivo in fide filii Dei, non abiicio gratiam filii Dei, id est, non repudio, nec ingratum me exhibeo.

I Cor. XV, 10: gratia Dei in me vacua non fuit, etc..

Unde et alia littera habet. Non sum ingratus gratiæ Dei (Hebr. XII, 15: contemplantes ne quis desit gratiæ Dei), scilicet per ingratitudinem se indignum fatendo.

Modus autem abiiciendi et ingratitudinis est, si dicerem quod lex esset necessaria ad iustificandum. Et ideo dicit si enim per legem iustitia, ergo Christus gratis est mortuus, id est, si sufficiens sit lex, id est, opera legis sufficiunt ad iustificandum hominem, Christus sine causa mortuus est, et frustra, quia ad hoc mortuus est, ut nos iustificaret.

I Petr. III, 18: Christus semel pro peccatis nostris mortuus est, etc..

Quod si hoc per legem fieri posset, superflua fuisset Christi mors. Sed non gratis mortuus, nec in vacuum laboravit, ut dicitur is. XLIX, 4, quia per ipsum solum gratia iustificans et veritas facta est, ut dicitur Io. I, 17.

Si qui ante passionem Christi iusti fuerunt, hoc etiam fuit per fidem Christi venturi, in quem credebant, et in cuius fide salvabantur.

Capitulus III

Lectio 1

Supra confutavit apostolus vanitatem et mutabilitatem Galatarum per auctoritatem evangelicæ doctrinæ, ostendens suam doctrinam authenticam fuisse ab aliis apostolis, hic vero per rationem et auctoritatem ostendit hoc idem, scilicet quod legalia non sunt servanda. Et hoc dupliciter.

Primo ex insufficientia legis; secundo ex dignitate eorum qui ad Christum conversi sunt; et hoc IV cap., ibi dico autem: quanto tempore, etc..

Circa primum duo facit.

Primo præmittit obiurgationem; secundo prosequitur suam probationem, ibi hoc solum a vobis volo, etc..

Circa primum duo facit: primo obiurgat eos, ostendens eorum fatuitatem; secundo rationem obiurgationis assignat, ibi ante quorum oculos, etc..

Primo ergo eos de fatuitate obiurgat, vocans eos insensatos. Unde dicit o insensati, etc.. Insensatus autem proprie dicitur qui sensu caret. Sensus autem spiritualis est cognitio veritatis; qui ergo veritate caret, proprie insensatus dicitur. Matth. V: et vos sine intellectu estis. Sap. V, 4: nos insensati vitam istorum, etc..

Sed contra, Matth. V, 22 dicitur: qui dixerit fratri suo: fatue, etc.; sed fatuus idem est quod insensatus; ergo apostolus reus est Gehennæ ignis.

Sed dicendum est, ut Augustinus dicit, quod intelligendum est si dixerit sine causa, et animo vituperandi; sed apostolus ex causa dixit, et animo corrigendi. Unde dicitur in Glossa hoc dolendo dicit.

Secundo cum dicit quis vos fascinavit, etc., ostendit modum quo insensati erant effecti.

Ubi primo notandum est, quod insensatus fit aliquis multis modis. Vel quia non proponitur sibi aliqua veritas quam cognoscere possit; vel quia etsi proponatur sibi, tamen numquam eam acceptat; vel quia veritatem propositam et acceptam deserit, a via veritatis recedens; et tales erant isti Galatæ, qui veritatem fidei quam acceperant deserentes, veritatem propositam renuerunt. Supra I, 6: miror quod sic tam cito, etc.. Et ideo istum gradum insensationis in eis reprehendit, dicens quis vos fascinavit, etc..

Ad sciendum autem quid sit fascinatio, sciendum est, quod secundum Glossam fascinatio proprie dicitur ludificatio sensus, quæ per artes magicas fieri consuevit; puta cum hominem facit aspectibus aliorum apparere leonem vel cornutum, et huiusmodi.

Et hoc etiam per Dæmones potest fieri, qui habent potestatem movendi phantasmata, et reducendi ad principia sensuum, ipsos sensus immutando.

Et secundum hanc acceptionem satis proprie dicit apostolus quis vos fascinavit? quasi dicat: vos estis sicut homo ludificatus, qui res manifestas aliter accipit, quam sint in rei veritate: quia scilicet vos estis ludificati per deceptiones et sophismata, veritati non obedire, id est, veritatem manifestam, et a vobis receptam non videtis, nec obediendo recipitis. Sap. IV, 12: fascinatio nugacitatis obscurat bona. Is. V, 20: væ qui dicunt bonum malum, etc..

Alio modo accipitur fascinatio secundum quod aliquis ex aspectu malevolo læditur, et hoc maxime in vetulis quæ visu urenti et aspectu invido fascinant pueros, qui ex hoc infirmantur et vomunt cibum.

Huius causam volens assignare Avicenna in libro suo de anima dicit, quod materia corporalis obedit substantiæ intellectuali, magis quam qualitatibus activis et passivis in natura.

Et ideo ponit quod ad apprehensionem substantiarum intellectualium (quas vocat animas seu motores orbium) multa fiunt præter ordinem motus cæli et omnium corporalium agentium. Eodem modo dicit, quod quando anima sancta depurata est ab affectibus terrenorum, et a carnalibus vitiis, accedit ad similitudinem substantiarum dictarum, et obedit ei natura. Et hinc est quod aliqui sancti viri operantur quædam mira præter naturæ cursum; et similiter quia anima alicuius fœdata passionibus carnalibus, habet fortem apprehensionem in malitia, obedit ei natura ad transmutationem materiæ, in illis maxime in quibus materia habilis est: sicut in pueris teneris contingit. Et sic contingit, secundum eum, quod ex forti apprehensione vetularum, in malitiam immutatur puer et fascinatur.

Hæc autem positio satis videtur vera secundum opinionem Avicennæ. Nam ipse posuit formas omnes corporales in istis inferioribus influi a substantiis incorporalibus separatis, et quod agentia naturalia non habent se ad hoc nisi ut disponentia tantum.

Sed hoc quidem improbatur a Philosopho.

Agens enim oportet esse simile subiecto. Non fit autem forma tantum, nec materia, sed compositum ex materia et forma. Id ergo quod agit ad esse corporalium, oportet quod habeat materiam et formam. Unde dicit quod transmutare materiam et formam non potest, nisi id quod habet materiam et formam, et hoc quidem vel virtute, sicut Deus, qui actor est formæ et materiæ: vel actu, sicut agens corporeum. Et ideo materia corporalis quantum ad huiusmodi formas, nec Angelis, nec alicui puræ creaturæ obedit ad nutum, sed soli Deo, ut Augustinus dicit. Unde non est verum quod Avicenna dicit de huiusmodi fascinatione.

Et ideo dicendum, quod ad imaginationem seu apprehensionem hominis, quando fortis est, immutatur sensus, seu appetitus sensitivus: quæ quidem immutatio non est sine alteratione corporis et spirituum corporis, sicut nos videmus quod ad apprehensionem delectabilis movetur appetitus sensitivus ad concupiscentiam, et exinde corpus calefit. Similiter ex apprehensione timendi, frigescit.

Immutatio autem spirituum maxime inficit oculos, qui infecti rem per aspectum inficiunt, sicut patet in speculo mundo, quod ex aspectu menstruatæ inficitur. Sic ergo quia vetulæ obstinatæ in malitia et duræ sunt, ex forti apprehensione immutatur appetitus sensitivus, et ex hoc, sicut dictum est, infectio maxime fit a venis ad oculos, et ex oculis ad rem perspectam. Unde quia caro pueri mollis est, ad earum invidum aspectum inficitur et fascinatur.

Et quandoque quidem ad hunc effectum Dæmones operantur.

Dicit ergo quis vos fascinavit veritati non obedire? quasi dicat: vos aliquando obedistis veritati fidei, sed modo non; ergo estis sicut pueri, qui ex aliquo invido aspectu infecti, cibum receptum vomitis.

Rationem autem obiurgationis assignat, dicens ante quorum oculos, etc.. Quod potest tripliciter legi.

Uno modo, secundum Hieronymum, ut respondeat primæ acceptioni fascinationis; quasi dicat: dico vos fascinatos, quia ante quorum oculos, etc., id est proscriptio Christi, qui damnatus est in mortem, adeo vobis manifesta fuit, ac si ante oculos vestros fuisset, et in vobis crucifixus, id est, in intellectibus vestris erat crucifixio Iesu Christi, ita ut sciretis qualiter facta esset; unde si eam non videtis modo, nec obeditis, hoc contingit, quia estis ludificati et fascinati. Contra quod dicitur Cant. Cap. Ult.: pone me ut signaculum super cor tuum, etc..

Alio modo secundum Augustinum; quasi dicat: recte fascinati estis, quia veritatem quam recepistis, scilicet Christum, per fidem, in cordibus vestris evomitis sicut pueri. Et hoc quia ante oculos vestros, id est, in vestra præsentia, Iesus Christus proscriptus est, id est, expellitur et eiicitur de hæreditate sua, quod molestum deberet esse vobis; quia quem non deberetis pati quod ab aliis proscriberetur, et expelleretur, in vobis proscriptus est, id est, hæreditatem suam amisit in vobis, id est, vosipsos.

Et tunc hoc quod sequitur, scilicet crucifixus, legi debet cum pondere et ostensione doloris, quia hoc addidit, ut considerarent quo pretio Christus emerit possessionem, quam in eis amittebat, et ex hoc moverentur magis. Quasi dicat: Christus proscriptus est in vobis, scilicet qui crucifixus, id est, qui cruce sua et sanguine proprio acquisivit hanc hæreditatem. I Cor. VI, 20: empti enim estis pretio magno, etc.. I Petr. I, 18: non corruptibilibus auro vel argento, etc..

Tertio modo secundum Ambrosium, quasi dicat: vere fascinati estis, ante quorum oculos, id est, in quorum reputatione, scilicet secundum iudicium vestrum, Iesus Christus proscriptus est, id est, damnatus, non alios salvans. Et in vobis, id est, secundum quod vos intelligitis, crucifixus est, id est, mortuus tantum, non autem alios iustificans, cum tamen de eo dicatur, II Cor. Cap. Ult., quod si mortuus est ex infirmitate nostra, vivit tamen ex virtute Dei.

Potest, et quarto modo, exponi secundum Glossam, ut per hoc designet apostolus gravitatem culpæ eorum, quia in hoc quod Christum deserunt legem observantes, æqualiter quodammodo peccabant Pilato, qui Christum proscripsit, id est, damnavit. Ut dum insufficientem Christum credunt ad salvandum, similes in peccando crucifixoribus Christi sint, qui ipsum in ligno suspenderunt, morte turpissima condemnantes et afficientes. Aequalitas tamen est accipienda ex parte eius, in quem peccatur, quia in Christum Galatæ peccabant, sicut Pilatus et crucifixores Christi.

Lectio 2

Posita obiurgatione, consequenter apostolus procedit ad insufficientiam legis et virtutem fidei ostendendam. Et primo ostendit insufficientiam legis; secundo movet quæstionem et solvit, ibi quid igitur lex, etc..

Et circa primum duo facit.

Primo probat defectum legis et insufficientiam per ea quæ ipsi experti sunt; secundo per auctoritates et rationes, ibi sicut scriptum est.

Circa primum duo facit, quia primo probat propositum, experimento sumpto ex parte ipsorum; secundo probat idem, experimento sumpto ex parte ipsius apostoli, ibi qui ergo tribuit vobis, etc..

Circa primum duo facit.

Primo ostendit donum quod receperunt; secundo defectum in quem inciderunt, ibi sic stulti estis, etc..

Donum autem quod receperunt ostendit, quærendo ab eis unde illud receperunt.

Commentaria in Epistolas S. Pauli

Unde susceptum donum supponens, interrogans, quærit ab eis, dicens: quamvis fascinati et stulti sitis, tamen non tantum estis ludificati quin unum quod valde manifestum est, me docere possitis. Et ideo solum hoc volo a vobis discere, quia hoc solum sufficit ad probandum quod intendo: hoc, inquam, est, quia constat, quod spiritum sanctum accepistis; quæro ergo an accepistis illum ex operibus legis, an ex auditu fidei? ad quod sciendum est, quod in primitiva ecclesia, ex divina dispositione, ut fides Christi promoveretur et cresceret, statim post prædicationem fidei ab apostolis manifesta signa spiritus sancti fiebant super audientes.

Unde de Petro dicitur Act. X, 44: adhuc loquente Petro verba hæc, cecidit spiritus sanctus, etc.. Ipsi etiam Galatæ ad prædicationem Pauli manifeste spiritum sanctum acceperant.

Quærit ergo apostolus ab eis, unde habuerunt spiritum sanctum. Constat autem quod non per opera legis, quia cum essent gentiles, ante receptionem spiritus sancti legem non habebant; ergo habuerunt spiritum sanctum, id est, dona spiritus sancti ex auditu fidei. Rom. VIII, 15: non accepistis spiritum servitutis iterum in timore, qui scilicet dabatur in lege (unde et cum tremore lex data est), sed accepistis spiritum filiorum, qui datur per fidem, quæ est ex auditu, ut dicitur Rom. X, 17.

Si ergo hoc potuit fidei virtus, frustra quæritur aliud per quod salvemur, quia multo difficilius est de iniusto facere iustum, quam iustum in iustitia conservare. Si ergo fides de iniustis Galatis sine lege iustos fecerat, non est dubium, quod sine lege poterat eos in iustitia conservare. Magnum ergo erat donum, quod per fidem acceperant.

Consequenter cum dicit sic stulti estis, etc., ostendit defectum in quem prolapsi sunt. Et exaggerat duplicem defectum in eis apostolus, scilicet quantum ad dona quæ a Christo acceperant, et quantum ad mala quæ pro ipso pertulerunt, ibi tanta passi estis, etc..

Circa primum sciendum est quod isti Galatæ deserentes quod magnum erat, scilicet spiritum sanctum, adhæserunt minori, scilicet carnali observantiæ legis, et hoc stultum est. Et ideo dicit sic stulti estis, adeo ut cum cœperitis instinctu sancti spiritus, id est, initium perfectionis vestræ habueritis a spiritu sancto, nunc, dum perfectiores estis, consummamini carne, id est, quæratis conservari per carnales observantias legis, a qua nec initium iustitiæ potest haberi? Io. VI, 64: caro non prodest quicquam, etc.. Et sic ordinem pervertitis, quia via perfectionis est ab imperfecto tendere ad perfectum. Vos autem, quia e converso facitis, stulti estis.

Eccli. XXVII, 12: homo sanctus permanet in sapientia sicut sol, stultus ut luna mutatur.

Similes isti sunt his, qui incipiunt servire Deo cum fervore spiritus, postmodum deficiunt in carne; qui etiam assimilantur statuæ Nabuchodonosor, cuius caput aureum, et pedes lutei, Dan. II, 32. Et ideo dicitur Rom. VIII, 8: qui in carne sunt, Deo placere non possunt. Et infra VI,

8: qui seminat in carne, de carne metet corruptionem.

Consequenter cum dicit tanta passi estis, etc., exaggerat eorum defectum quantum ad mala quæ pro Christo pertulerunt.

Qui enim aliquid sine labore recipiunt, illud minus chare custodiunt; sed illud quod cum labore acquiritur vilipendere et non custodire stultum est. Isti autem cum labore et tribulatione magna, quam passi sunt a contribulibus suis propter fidem, receperunt spiritum sanctum. Et ideo dicit tanta passi estis sine causa, quasi dicat: non contemnatis tantum donum quod cum labore accepistis, alias illa, sine causa, id est sine utilitate, passi estis, quia hæc sustinuistis ut perveniretis ad vitam æternam. Rom. V, 3: tribulatio patientiam operatur, patientia autem probationem, probatio vero spem, etc..

Unde si præcluditis vobis aditum vitæ æternæ, deserentes fidem, quærentes conservari carnalibus observantiis, sine causa, id est inutiliter, passi estis.

Et hoc dico, si tamen sine causa. Quod ideo dicit, quia in eorum potestate erat pœnitere si vellent, quamdiu viverent. Ex hoc autem habetur, quod opera mortificata reviviscunt.

Sap. III, 11: labores eorum sine fructu, etc.. Gal. IV, 11: timeo autem ne sine causa laboraverim, etc.. Si vero accipiatur de malis qui non pœnitent, potest dici quod patiuntur sine causa conferente, scilicet vitam æternam.

Consequenter cum dicit qui ergo tribuit vobis, etc., probat propositum, experimento sumpto ex parte apostoli.

Possent enim dicere quod verum est nos recepisse spiritum sanctum ex auditu fidei, tamen propter devotionem quam ad legem habuimus, accepimus fidem quam prædicabas.

Et ideo dicit: non curo quicquid sit ex parte vestra, tamen illud quod ego feci, tribuens vobis ministerio meo spiritum sanctum, qui operatur in vobis virtutes, id est inter vos miracula, sed numquid facio hoc sic, ex operibus legis, an ex operibus fidei? non utique ex operibus legis, sed ex fide.

Sed numquid aliquis potest dare spiritum sanctum? Augustinus enim, XV de trinitate, dicit, quod nullus homo purus spiritum sanctum dare potest, nec ipsi apostoli dabant, sed imponebant manus super homines, et accipiebant spiritum sanctum. Quid ergo est quod hic dicit apostolus de se loquens qui tribuit vobis spiritum sanctum? respondeo. Dicendum est quod in datione spiritus sancti tria per ordinem se habentia occurrunt, scilicet spiritus sanctus inhabitans, donum gratiæ et charitatis cum cæteris habitibus, et sacramentum novæ legis, cuius ministerio datur. Et sic potest ab aliquibus tripliciter dari.

Ab aliquo enim datur sicut auctoritatem habente quantum ad tria prædicta, scilicet respectu spiritus sancti inhabitantis, respectu doni, et respectu sacramenti; et hoc modo spiritus sanctus datur a solo patre et filio secundum quod eius auctoritatem habent, non quidem dominii sed originis, quia ab utroque procedit.

Commentaria in Epistolas S. Pauli

Sed quantum ad gratiam seu donum, et quantum ad sacramenta spiritus sanctus dat etiam se, secundum quod datio importat causalitatem spiritus sancti respectu donorum ipsius; quia, ut dicit apostolus I Cor. XII, 11, ipse dividit singulis prout vult. Secundum autem quod in datione importatur auctoritas, non potest proprie dici spiritum sanctum seipsum dare.

Quantum vero ad sacramentum quod ministerio ministrorum ecclesiæ datur, potest dici quod sancti per ministerium sacramentorum dant spiritum sanctum.

Et hoc modo hic loquitur apostolus secundum quod tangitur in Glossa, tamen huiusmodi modus non est consuetus neque extendendus.

Dicit etiam Glossa quod facere miracula attribuitur fidei, quia ex hoc quod credit quæ supra naturam sunt, supra naturam operatur, et quia apostoli prædicabant fidem, quæ quædam rationem excedentia continebat, ideo oportebat ad eorum credulitatem aliqua testimonia adducere quod missi essent a Deo: quod rationem excedit.

Unde Christus dedit eis signum suum ad hoc ostendendum.

Est autem duplex signum Christi. Unum est quod est Dominus omnium; unde dicitur in Ps. CXLIV, 13: regnum tuum, regnum omnium sæculorum, etc.. Aliud est quod est iustificator et salvator, secundum illud Act. IV, 12: non est aliud nomen sub cælo datum hominibus, etc.. Dedit ergo eis duo signa: unum est quod facerent miracula, per quod ostenderent quod missi sunt a Deo Domino creaturæ omnis. Lc. X: dedit eis potestatem et virtutem super omnia Dæmonia, etc.. Aliud quod darent spiritum sanctum ministerio, per quod ostenderent, quod missi sunt ab omnium salvatore. Act. VIII, 17: tunc imponebant manus super eos, etc., et tunc cum imposuisset illis manus Paulus, spiritus sanctus venit super illos, etc..

Et de his duobus modis dicitur Hebr. II, 4: contestante Deo signis, et portentis, et variis virtutibus, et spiritus sancti distributionibus, secundum suam voluntatem.

Lectio 3

Supra probavit apostolus experimento virtutem fidei et insufficientiam legis, hic vero probat idem per auctoritates et rationes. Et primo probat virtutem fidei in iustificando; secundo in hoc ostendit legis defectum, ibi quicumque enim ex operibus legis, etc..

Primum autem probat utens quodam syllogismo.

Unde circa hoc tria facit.

Primo ostendit minorem; secundo maiorem, ibi providens autem Scriptura, etc.; tertio infert conclusionem, ibi igitur qui ex fide, etc..

Circa primum duo facit.

Primo proponit quamdam auctoritatem, ex qua elicit minorem; secundo concludit eam, ibi cognoscite ergo, etc..

Dicit ergo: vere iustitia et spiritus sanctus est ex fide, sicut scriptum est, Gen. XV, 6, et introducitur Rom. IV, 3, quod credidit Abraham Deo, etc..

Ubi notandum est quod iustitia consistit in redditione debiti, homo autem debet aliquid Deo, et aliquid sibi, et aliquid proximo.

Sed quod aliquid debeat sibi et proximo, hoc est propter Deum. Ergo summa iustitia est reddere Deo quod suum est. Nam si reddas tibi vel proximo quod debes, et hoc non facis propter Deum, magis es perversus quam iustus, cum ponas finem in homine.

Dei autem est quidquid est in homine, et intellectus et voluntas et ipsum corpus; sed tamen quodam ordine, quia inferiora ordinantur ad superiora, et exteriora ad interiora, scilicet ad bonum animæ; supremum autem in homine est mens. Et ideo primum in iustitia hominis est, quod mens hominis Deo subdatur, et hoc fit per fidem. II Cor. X, 3: in captivitatem redigentes omnem intellectum in obsequium Christi.

Sic ergo dicendum est in omnibus, quod Deus est primum principium in iustitia, et qui Deo dat, scilicet summum quod in se est, mentem ei subdendo, perfecte est iustus.

Rom. VIII, 14: qui spiritu Dei aguntur, hi filii sunt Dei.

Et ideo dicit credidit Abraham Deo, id est, mentem suam Deo per fidem subdidit.

Eccli. II, 6: crede Deo, et recuperabit te, etc., et infra qui timetis Dominum, credite illi, etc.. Et reputatum est ei ad iustitiam, id est, ipsum credere et ipsa fides fuit ei et est omnibus aliis sufficiens causa iustitiæ, et quod ad iustitiam reputetur ei exterius ab hominibus, sed interius datur a Deo, qui eos qui habent fidem, per charitatem operantem iustificat, eis peccata remittendo.

Ex hac autem auctoritate concludit minorem propositionem, dicens cognoscite ergo, etc., quasi dicat: ex hoc aliquis dicitur filius alicuius, quod imitatur opera eius; si ergo vos estis filii Abrahæ, opera Abrahæ facite, Io. VIII, 39. Abraham autem non quæsivit iustificari per circumcisionem, sed per fidem; ergo et illi qui quærunt iustificari per fidem, sunt filii Abrahæ.

Et hoc est quod dicit: quia Abraham iustus est ex fide, per hoc quod Deo credidit, et reputatum est ei ad iustitiam, ergo cognoscite, quod illi qui ex fide sunt, id est, qui ex fide credunt se iustificari et salvari, hi sunt filii Abrahæ, scilicet imitatione et instructione. Rom. IX, 8: qui filii sunt promissionis æstimantur in semine, etc.. Lc. XIX, 9 dicitur Zachæo: hodie huic domui salus a Deo facta est, eo quod et ipse sit filius Abrahæ, etc.. Et Matth. III, 9: potens est Deus de lapidibus istis, id est, de gentibus, suscitare filios Abrahæ, inquantum scilicet facit eos credentes.

Consequenter cum dicit providens autem Scriptura, etc., ponit maiorem, quæ scilicet est, quod Abrahæ prænuntiatum est quod in semine suo benedicerentur omnes gentes.

Et hoc est quod dicit providens autem Scriptura, inducens Deum loquentem Abrahæ dicit Gen. XII, 3, quod Deus prænuntiavit Abrahæ quod in te, id est, in his qui ad similitudinem tuam filii tui erunt imitatione fidei, benedicentur omnes gentes.

Matth. VIII, 11: multi venient ab oriente et occidente, etc..

Consequenter cum dicit ergo qui ex fide, etc., infert conclusionem ex præmissis.

Unde sic potest formari argumentum: Deus pater nuntiavit Abrahæ, quod in semine suo benedicerentur omnes gentes; sed illi qui quærunt iustificari per fidem, sunt filii Abrahæ; ergo qui ex fide sunt, id est, qui quærunt iustificari per fidem, benedicentur cum fideli, id est credente, Abraham.

Lectio 4

Supra ostendit apostolus virtutem fidei, hic consequenter ostendit defectum legis. Et primo per auctoritatem legis; secundo per humanam consuetudinem, ibi fratres, secundum hominem dico, etc..

Circa primum tria facit.

Primo ostendit damnum occasionaliter ex lege consecutum; secundo legis insufficientiam ad ipsum damnum removendum, ibi quoniam autem in lege, etc.; tertio Christi sufficientiam, qua ipsum damnum est remotum, ibi Christus autem nos redemit, etc..

Circa primum duo facit.

Primo proponit intentum; secundo probat propositum, ibi scriptum est enim: maledictus, etc..

Dicit ergo: quicumque enim, etc.. Nam quia dixerat quod qui ex fide sunt benedicentur, cum sint filii Abrahæ, posset quis dicere quod propter opera legis et propter fidem benedicuntur, et ideo, hoc excludens, dicit quicumque ex operibus legis sunt, sub maledicto sunt.

Sed contra. Antiqui patres fuerunt in operibus legis, ergo sunt maledicti, et per consequens damnati, quod est error Manichæi.

Ideoque hoc est sane intelligendum.

Et attendendum est quod apostolus non dicit: quicumque servant opera legis sub maledicto sunt, quia hoc est falsum pro tempore legis, sed dicit quicumque ex operibus legis, etc., id est, quicumque in operibus legis confidunt, et putant se iustificari per ea, sub maledicto sunt.

Aliud enim est esse in operibus legis, et aliud est servare legem; nam hoc est legem implere, et qui eam implet, non est sub maledicto.

Esse vero in operibus legis est in eis confidere et spem ponere. Et qui in eis hoc modo sunt, sub maledicto sunt, scilicet transgressionis, quod quidem non facit lex, quia concupiscentia non venit ex lege, sed cognitio peccati, ad quod proni sumus per concupiscentiam per legem prohibitam. Inquantum ergo lex cognitionem peccati facit, et non præbet auxilium contra peccatum, dicuntur esse sub maledicto, cum nequeant illud per ipsa opera evadere.

Sunt autem quædam opera legis cæremonialia, quæ in observationibus fiebant.

Alia sunt opera quæ pertinent ad mores, de quibus sunt mandata moralia. Unde secundum Glossam hoc quod hic dicitur quicumque ex operibus legis, etc., intelligendum est de operibus cæremonialibus, et non de moralibus.

Vel dicendum quod loquitur hic apostolus de omnibus operibus tam cæremonialibus quam moralibus. Opera enim non sunt causa quod aliquis sit iustus apud Deum, sed potius sunt executiones et manifestationes iustitiæ. Nam nullus per opera iustificatur apud Deum, sed per habitum fidei, non quidem acquisitum, sed infusum. Et ideo quicumque ex operibus iustificari quærunt, sub maledicto sunt, quia per ea peccata non removentur, nec aliquis quoad Deum iustificatur, sed per habitum fidei charitate informatum.

Hebr. XI, 39: hi omnes testimonio fidei, etc..

Consequenter cum dicit scriptum est enim, etc., probat propositum, et hoc primo quidem secundum Glossam ostenditur per hoc quod nullus potest legem servare hoc modo, quo lex præcipit Deut. XXVIII, 15, quod omnis qui non permanserit in omnibus quæ scripta sunt in libro legis, ut faciat ea, id est, qui non impleverit totam legem, sit maledictus. Sed implere totam legem est impossibile, ut dicitur Act. XV, 10: ut quid tentatis imponere iugum, quod neque nos, neque patres nostri portare potuimus? ergo nullus est ex operibus legis, quin sit maledictus.

Potest etiam accipi hoc quod dicitur scriptum est enim, etc., non ut probatio propositi, sed ut ostendatur eius expositio; quasi dicat: dico quod sunt sub maledicto, sub illo scilicet de quo dicit lex scriptum est enim: maledictus est omnis, etc.: ut intelligatur de peccato, id est, de maledicto.

Nam lex imperat bona facienda seu mala vitanda, et imperando obligat, sed non dat virtutem obediendi. Et ideo dicit maledictus, quasi malo adiectus, omnis, nullum excipiendo, quia, ut dicitur Act. X, 34, non est personarum acceptio apud Deum. Qui non permanserit usque in finem. Matth. XXIV, 13: qui perseveraverit usque in finem. In omnibus, non in quibusdam tantum, quia, ut dicitur Iac. II, 10, quicumque totam legem servaverit, offendat autem in uno, factus est omnium reus. Quæ scripta sunt in libro legis, ut faciat ea, non solum ut credat seu velit tantum, sed ut opere impleat. Ps. CX, 10: intellectus bonus omnibus facientibus eum.

Sancti autem patres etsi in operibus legis erant, salvabantur tamen in fide venturi, confidentes in eius gratia, et saltem spiritualiter legem implentes. Moyses enim, ut in Glossa dicitur, multa quidem præcepit, quæ nullus implere potuit ad domandam Iudæorum superbiam dicentium: non deest qui impleat, sed deest qui iubeat.

Sed hic est quæstio de hoc quod dicitur maledictus omnis, etc.. Dicitur enim Rom. XII, 14: benedicite, et nolite maledicere.

Respondeo. Dicendum est quod maledicere nihil aliud est quam malum dicere; possum ergo dicere bonum esse malum, et malum esse bonum, et rursum bonum esse bonum, et malum esse malum. Et primum quidem prohibet apostolus, dicens: nolite maledicere, id est, nolite dicere bonum esse malum, et e contra; sed secundum licet, et ideo cum vituperamus peccatum, maledicimus quidem, sed non dicendo bonum malum, sed dicimus malum esse malum. Et ideo licet peccatorem maledicere, id est, dicere eum esse malo addictum vel esse malum.

Consequenter cum dicit quoniam autem in lege, etc., ostendit insufficientiam legis non valentis ab illo maledicto eripere ex hoc quod iustificare non poterat. Ad quod ostendendum utitur quodam syllogismo in secunda figura, et est talis: iustitia est ex fide, sed lex ex fide non est; ergo lex iustificare non potest. Circa hoc ergo primo ponit conclusionem, cum dicit quoniam autem in lege nemo iustificatur; secundo autem maiorem, cum dicit quia iustus ex fide vivit; tertio minorem, cum dicit lex autem non est ex fide.

Dicit ergo: dico quod per legem maledictio inducta est, nec tamen ab illa maledictione lex eripit, quia manifestum est quod nemo in lege iustificatur apud Deum, id est per opera legis.

Circa quod intelligendum, quod illi qui negaverunt vetus testamentum, ex hoc verbo occasionem sumpserunt. Et ideo dicendum est quod nemo iustificatur in lege, id est per legem. Nam per eam cognitio quidem peccati habebatur, ut dicitur Rom. V, sed non habebatur per eam iustificatio. Rom. III, 20: ex operibus legis nullus iustificabitur.

Sed contra Iac. II, 21 dicitur: nonne Abraham ex operibus iustificatus est? respondeo. Dicendum est, quod iustificare potest accipi dupliciter: vel quantum ad executionem iustitiæ et manifestationem, et hoc modo iustificatur homo, id est, iustus ostenditur, ex operibus operatis. Vel quantum ad habitum iustitiæ infusum, et hoc modo non iustificatur quis ex operibus, cum habitus iustitiæ qua homo iustificatur apud Deum, non sit acquisitus, sed per gratiam fidei infusus.

Et ideo signanter apostolus dicit apud Deum, quia iustitia quæ est apud Deum, in interiori corde est: iustitia autem quæ est ex operibus, id est, quæ manifestat iustum, est apud homines. Et hoc modo apostolus accepit apud Deum. Rom. II, 13: non enim auditores, sed factores, etc.. Rom. IV, 2: si ex operibus Abraham iustificatus est, habet gloriam, sed non apud Deum, etc..

Sic ergo patet conclusio rationis, scilicet quod lex iustificare non potest.

Consequenter cum dicit quia iustus, etc., ponit maiorem, quæ est ex auctoritate Scripturæ, Hab. II, 4 et introducitur etiam Rom. I, 17 et ad Hebr. X, 38.

Circa quod notandum est, quod in homine est duplex vita, scilicet vita naturæ et vita iustitiæ. Vita quidem naturæ est per animam; unde anima a corpore recedente, corpus remanet mortuum. Vita vero iustitiæ est per Deum habitantem in nobis per fidem.

Et ideo primum quo Deus est in anima hominis, est fides. Hebr. XI, 6: accedentem ad Deum oportet credere. Eph. III, 17: habitare Christum per fidem, etc..

Et sic dicimus, quod in anima prima indicia vitæ apparent in operibus animæ vegetabilis: quia anima vegetabilis est, quæ primo advenit animali generato, ut Philosophus dicit. Ita quia primum principium quo Deus est in nobis, est fides, ideo fides dicitur principium vivendi. Et hoc est quod hic dicitur iustus meus ex fide vivit. Et intelligendum est de fide per dilectionem operante.

Minor autem ponitur ibi lex autem non est, etc..

Et primo ponitur ipsa minor; secundo probatur, ibi sed qui fecerit, etc..

Dicit ergo lex non est ex fide. Sed contra, lex mandat credere quod sit unus Deus, et hoc pertinet ad fidem; ergo lex habebat fidem. Quod autem sit unus Deus, mandatur Deut. VI, audi, Israel, Dominus Deus tuus, etc..

Respondeo. Dicendum est, quod hic loquitur de observationibus mandatorum legis, secundum quod lex consistit in mandatis et præceptis cæremonialibus, et dicit quod talis lex non est ex fide. Fides enim, ut dicitur Hebr. XI, 1, est substantia sperandarum rerum, argumentum non apparentium. Et ideo proprie implet mandatum de fide qui non sperat ex hoc aliqua præsentia et visibilia consequi, sed bona invisibilia et æterna.

Lex ergo quia promittebat terrena et præsentia, ut dicitur Is. I, 19: si volueritis et audieritis me, bona terræ comedetis, ideo non est ex fide, sed ex cupiditate potius, vel ex timore, secundum illos præcipue, qui carnaliter legem servabant. Aliqui tamen spiritualiter vivebant in lege, sed hoc non erat ex ea, sed ex fide mediatoris.

Et quod lex non sit ex fide, probat cum dicit sed qui fecerit ea, id est, opera legis, vivet in illis, scilicet vita præsenti, id est, immunis erit a morte temporali, et conservabitur in vita præsenti.

Vel aliter: dico quod lex non est ex fide, et hoc patet, quia qui fecerit, etc.; quasi dicat: præcepta legis non sunt de credendis, sed de faciendis, licet aliquid credendum annuntiet. Et ideo virtus eius non est ex fide, sed ex operibus; et hoc probat, quia Dominus quando voluit eam confirmare, non dixit: qui crediderit sed: qui fecerit ea, vivet in illis. Sed nova lex ex fide est. Mc.

Ult.: qui crediderit et baptizatus fuerit, etc..

Lex tamen est quoddam effigiatum et effectum ex fide, et ideo comparatur lex vetus ad legem novam, sicut opera naturæ ad opera intellectus. Nam in ipsis operibus naturæ apparent quædam opera intellectus, non quod res naturales intelligant, sed quia aguntur et ordinantur ab intellectu ut finem consequantur. Sic et in veteri lege aliqua continentur, quæ fidei sunt, non quod Iudæi ea prout erant fidei haberent, sed habebant ea in figura tantum fidei Christi, et protestatione, ex cuius fidei virtute salvabantur iusti.

Lectio 5

Posito damno a lege illato, et defectu legis ab illo eripere non valentis, hic consequenter ostendit virtutem Christi ab ipso damno liberantis. Et primo ostendit quomodo per Christum ab ipso damno liberamur; secundo quomodo etiam super hoc auxilium a Christo acquirimus, ibi ut in gentibus, etc..

Circa primum tria facit.

Primo enim ponit liberationis auctoritatem; secundo liberationis modum, ibi factus pro nobis, etc.; tertio testimonium propheticum, ibi quia scriptum est, etc..

Dicit ergo primo: quicumque servabant opera legis erant sub maledicto sicut dictum est, nec per legem liberari poterant.

Ideo necesse fuit aliquem habere, qui nos liberaret, et iste fuit Christus. Et ideo dicit Christus redemit nos de maledicto legis, etc.. Rom. VIII, 3: quod impossibile erat legi, etc., Deus mittens filium suum, scilicet Christum, etc.. Redemit, inquam, nos, scilicet Iudæos, pretioso sanguine suo, Apoc. V, 9: redemisti nos in sanguine, etc.. Is. XLIII, 1: noli timere, quia redemi te, etc.. De maledicto legis, id est, de culpa et pœna. Infra IV, 5: ut eos qui sub lege erant redimeret; Os. XIII, 14: de morte redimam eos.

Modum liberationis ponit cum dicit factus pro nobis maledictum. Ubi notandum quod maledictum est quod dicitur malum. Et secundum duplex malum potest dici duplex maledictum, scilicet maledictum culpæ et maledictum pœnæ. Et utroque modo potest hoc legi dupliciter factus est pro nobis maledictum.

Et primo quidem de malo culpæ. Nam Christus redemit nos de malo culpæ. Unde sicut redemit nos de morte mortuus, ita redemit nos de maledicto culpæ factus maledictum, scilicet culpæ; non quidem quod in eo peccatum esset aliquod, qui peccatum non fecit, nec dolus, etc., ut dicitur I Petr. II, 22, sed secundum opinionem hominum, et præcipue Iudæorum qui reputabant eum peccatorem. Io. XVIII, 30: si non esset hic malefactor, non tibi tradidissemus eum. Et ideo de hoc dicitur II Cor. V, 21: eum qui non noverat peccatum, fecit pro nobis peccatum.

Dicit autem maledictum, non maledictus, ut ostendat quod Iudæi eum sceleratissimum reputabant. Unde dicitur Io. IX, 16: non est hic homo a Deo, etc.; et Io. X, 33: de bono opere non lapidamus te, sed de peccato et de blasphemia.

Et ideo dicit factus est pro nobis maledictum, in abstracto; quasi dicat: factus est ipsa maledictio.

Secundo exponitur de malo pœnæ.

Nam Christus liberavit nos a pœna, sustinendo pœnam et mortem nostram: quæ quidem in nos provenit ex ipsa maledictione peccati. In quantum ergo hanc maledictionem peccati suscepit, pro nobis moriendo, dicitur esse factus pro nobis maledictum. Et est simile ei quod dicitur Rom. VIII, 3: misit Deus filium suum in similitudinem carnis peccati, id est, mortalis. Eum qui non noverat peccatum, scilicet Christum, qui peccatum non fecit, Deus scilicet pater, pro nobis fecit peccatum, II Cor. V, 21, id est fecit pati peccati pœnam, quando scilicet oblatus est propter peccata nostra.

Consequenter ponit Scripturæ testimonium cum dicit quia scriptum est: maledictus omnis, etc.. Et hoc Deut. XXVII.

Ubi sciendum, secundum Glossam, quod in deuteronomio, unde accipitur hoc verbum, tam in nostris, quam in Hebræis codicibus habetur: maledictus a Deo omnis, etc., quod quidem, scilicet a Deo, in antiquis Hebræorum voluminibus non habetur, unde creditur quod a Iudæis post passionem Domini appositum sit ad infamiam Christi.

Potest autem exponi auctoritas de malo pœnæ et de malo culpæ. De malo quidem culpæ sic maledictus omnis qui pendet in ligno, non propter hoc quod pendet in ligno, sed pro culpa pro qua pendet. Et hoc modo Christus æstimatus maledictus in cruce pendens, propter hoc quod maxime tali pœna punitus fuit. Et secundum hoc continuatur ad præcedentia. Dominus enim præcepit in deuteronomio, ut qui suspensus fuerit, in vespera deponatur; et ratio huius est, quia hæc pœna erat cæteris abiectior et ignominiosior. Dicit ergo: vere factus est pro nobis maledictum, quia ipsa mors crucis, quam sustinuit, sufficit ad maledictionem, hoc modo exponendo de malo culpæ, sed solum æstimatione Iudæorum, quia scriptum est maledictus omnis, etc..

De malo vero pœnæ sic exponitur maledictus omnis qui, etc., quia ipsa pœna est maledictio, scilicet quod sic mortuus est. Et est hoc modo exponendo vere maledictus a Deo, quia Deus ordinavit quod hanc pœnam sustineret, ut nos liberaret.

Consequenter cum dicit ut in gentibus benedictio, etc., ponit spem quam per Christum, super hoc quod per eum liberamur de maledicto, acquirimus, ut dicitur Rom. V, 16: non sicut delictum, ita et donum; immo multo maius, scilicet quia liberat a peccato, et confert gratiam.

Primo ergo ponit fructum, et quibus datur, dicens ut in gentibus benedictio Abrahæ, etc., quasi dicat: factus est pro nobis maledictum, non solum ut maledictionem removeret, sed ut in gentibus, quæ non sub maledictione legis erant, fieret benedictio Abrahæ promissa Gen. XXII, 18: in semine tuo benedicentur omnes gentes, etc.. Et hæc quidem benedictio facta est nobis, id est, impleta est, per Christum, qui est de semine Abrahæ, cui dictæ sunt promissiones et semini suo, qui est Christus, ut dicitur infra.

Commentaria in Epistolas S. Pauli

Quæ quidem benedictio et fructus est ut pollicitationem spiritus accipiamus, id est, promissiones quas spiritus sanctus facit in nobis, scilicet de beatitudine æterna, qui quasi arra et pignus nobis traditus ipsam nobis promittit, ut habetur Eph. I, 14 et II Cor. VI. Et quidem in pignore datur ad certitudinem.

Nam pignus est quædam certa promissio de re accipienda. Rom. V: non enim accepistis spiritum servitutis, etc., et infra: si filii, et hæredes.

Vel pollicitationem spiritus accipiamus, id est, spiritum sanctum, quasi dicat: accipiamus pollicitationem de spiritu sancto factam semini Abrahæ, Ioel II, 28: effundam de spiritu meo, etc.; quia per spiritum sanctum coniungimur Christo, et efficimur semen Abrahæ, et digni benedictione.

Secundo ostendit per quid proveniat nobis iste fructus, dicens per fidem, per quam quidem et hæreditatem æternam acquirimus. Ad Hebr. IX: accedentem ad Deum oportet credere quia est, et inquirentibus se remunerator sit. Per fidem etiam acquirimus spiritum sanctum, quia, ut dicitur Act. V, 32, Dominus dat spiritum sanctum obedientibus sibi, scilicet per fidem.

Lectio 6

Postquam apostolus probavit per auctoritates, quod lex non iustificat, nec ad iustificationem, quæ est per fidem, est necessaria, hic consequenter ostendit idem per rationes humanas.

Et circa hoc quatuor facit.

Primo humanam consuetudinem ponit; secundo assumit promissionem divinam, ibi Abrahæ dictæ sunt promissiones, etc.; tertio infert conclusionem, ibi hoc autem dico, etc.; quarto ostendit conclusionem sequi ex præmissis, ibi nam si ex lege, etc..

Dicit ergo: aperte quidem prius locutus sum secundum auctoritatem Scripturæ non allatæ voluntate humana, sed spiritu sancto, ut dicitur II Petr. I, 21; sed nunc secundum hominem dico, et secundum ea quæ humana ratio et consuetudo habet.

Ex quo quidem habemus argumentum, quod ad conferendum de his quæ sunt fidei, possumus uti quacumque veritate cuiuscumque scientiæ. Deut. XXI, 11: si videris in numero captivorum mulierem pulchram, et adamaveris eam, volueris que habere in uxorem, introduces eam in domum tuam, id est, si sapientia et scientia sæcularis placuerit tibi, introduces eam intra terminos tuos, quæ radet cæsariem, etc., id est, resecabit omnes sensus erroneos.

Et inde est quod apostolus in multis locis in epistolis suis utitur auctoritatibus gentilium, sicut illud I Cor. XV, 33: corrumpunt bonos mores, etc., et illud Tit. I, 11: Cretenses malæ bestiæ, etc..

Vel quamvis huiusmodi rationes vanæ sint et infirmæ, quia, ut dicitur in Ps. XCIII, 11: Dominus scit cogitationes hominum, quoniam vanæ sunt; tamen hominis confirmatum testamentum nemo spernit aut superordinat, quia nihil humanum tantam firmitatem habet sicut ultima voluntas hominis; sperneret autem illud aliquis, si diceret quod testamentum hominis confirmatum morte testatoris et testibus non valeret. Si ergo testamentum huiusmodi nemo spernit, dicens non esse servandum, aut spernit, aliquid mutando; multo magis testamentum Dei nullus spernere debet aut superordinare, infringendo illud, vel addendo vel diminuendo.

Apoc. Cap. Ult.: si quis apposuerit ad hæc, apponet Deus super illum plagas scriptas in isto libro, et si quis diminuerit de verbis prophetiæ huius, auferet Deus partem eius, etc.. Deut. IV, 2: non addetis ad verbum, quod vobis loquor, neque auferetis ex eo, etc..

Consequenter cum dicit Abrahæ dictæ sunt promissiones, etc., assumit promissionem divinam Abrahæ factam, quæ est quasi quoddam testamentum Dei. Et primo exponit hanc promissionem seu testamentum; secundo vero aperit veritatem testamenti, ibi non dicit: et seminibus, etc..

Dicit ergo primo Abrahæ dictæ sunt promissiones, quasi dicat: sicut testamentum hominis est firmum, ita promissiones divinæ firmæ sunt. Sed numquid Deus aliquas promissiones fecit ante legem? utique, quia Abrahæ, qui fuit ante legem, scilicet quod non falleret Deus, dictæ, id est, factæ sunt promissiones, et semini eius a Deo. Sed Abrahæ factæ sunt, ut cui erant implendæ, semini vero, ut per quod implerentur.

Dicit autem promissiones pluraliter, quia promissio de benedicendo semine multa continebat.

Vel quia frequenter idem, id est, æterna beatitudo sibi promissa est, sicut Gen. XII, 3, in te benedicentur universæ cognationes terræ; item XV, 5, suscipe cælum, et numera stellas, etc.; item eodem: semini tuo dabo terram hanc, etc.; item XXII, 18: benedicam tibi et multiplicabo semen tuum sicut stellas cæli.

Istæ ergo promissiones sunt quasi testamentum Dei, quia est quædam ordinatio de hæreditate danda Abrahæ et semini suo.

Veritatem autem testamenti aperit, cum dicit non dicit: et seminibus, etc..

Quam quidem aperit eodem spiritu quo testamentum conditum est. Et hoc patet ex verbis testamenti. Non, inquit, dicit et seminibus, quasi in multis, id est, sicut faceret, si de multis illud valeret, sed quasi in uno, quod est Christus, quia ipse solus est per quem et in quo omnes poterunt benedici.

Nam ipse solus et singularis est, qui non subiacet maledictioni culpæ, etsi maledictio pro nobis dignatus sit fieri. Unde dicitur in Ps. CXL, 10: singulariter sum ego, etc.. Item: non est qui faciat bonum, etc.. Eccle. VII, 29: virum de mille unum reperi, scilicet Christum, qui esset sine omni peccato, mulierem autem ex omnibus non inveni, quæ omnino a peccato immunis esset, ad minus originali, vel veniali.

Conclusionem autem infert consequenter cum dicit hoc autem

Commentaria in Epistolas S. Pauli

dico: testamentum, etc., ubi videamus per ordinem quid sit quod dicit.

Dicit ergo, quod hoc promisit Deus Abrahæ, sed hoc est testamentum, scilicet ista promissio de hæreditate adipiscenda. Ier. XXXI, 31: feriam domui Israel et domui Iuda fœdus novum, etc.. Confirmatum, quod ideo ponit, ut concordet cum præmissis. Nam supra dixerat testamentum hominis confirmatum, etc.. A Deo, scilicet qui promisit. Et confirmatum dico iureiurando. Gen. XXII, 16: per memetipsum iuravi, etc., Hebr. VI, 18: ut per duas res immobiles quibus impossibile est mentiri Deum, etc.. Hoc, inquam, testamentum lex non facit irritum, quæ quidem lex facta est, et data a Deo per Moysen.

Io. I, 17: lex per Moysen data est, etc., post quadringentos et triginta, etc.. Et quasi exponens quod dixerat, subiungit non irritum facit ad evacuandam promissionem.

Sic enim irritum fieret prædictum testamentum, si promissio facta Abrahæ evacuaretur, id est, in vacuum facta esset, quasi non sufficeret semen Abrahæ repromissum ad gentium benedictionem. Per Christum autem non sunt evacuatæ promissiones patribus factæ, sed confirmatæ. Rom. XV, 8: dico Iesum Christum ministrum fuisse circumcisionis, ad confirmandas promissiones patrum. Et II Cor. I, 20: quotquot enim promissiones Dei sunt, in illo est, etc..

Hoc autem quod dicitur post quadringentos et triginta annos, concordat ei quod habetur Ex. XII, 40: habitatio filiorum Israel, qua manserunt in Aegypto, fuit quadringentorum triginta annorum. Et Act. VII, 6: locutus est Dominus, scilicet Abrahæ, quia erit semen eius accola in terra aliena, et servituti eos subiicient annis quadringentis triginta.

Sed contra est quod dicitur gen. XV, 13: scito prænoscens, quod peregrinum futurum sit semen tuum, et servituti eos subiicient, et affligent eos annis quadringentis.

Respondeo. Dicendum quod si fiat computatio annorum a prima promissione facta Abrahæ, quæ legitur Gen. XII, usque ad exitum filiorum Israel de Aegypto, quando data est lex, sic sunt anni quadringenti triginta, sicut hic scribitur, et Ex. XII, et act. VII. Si autem incipiat computatio a nativitate Isaac de qua legitur Gen. XXI, sic sunt tantum quadringenti et quinque anni. Nam viginti quinque anni fuerunt a promissione facta Abrahæ usque ad nativitatem Isaac.

Abraham enim erat septuaginta quinque annorum quando exivit de terra sua, et facta est ei prima promissio, ut habetur Gen. XII.

Centenarius autem fuit, quando natus est Isaac, ut habetur ibidem cap. XXI. Quod autem a nativitate Isaac usque ad exitum filiorum Israel de Aegypto fuerint quadringenti quinque anni, probatur per hoc, quod Isaac fuit sexaginta annorum quando genuit Iacob, ut habetur Gen. XXV; Iacob autem erat centum triginta annorum quando intravit Aegyptum, ut habetur Gen. XXVII. Et sic a nativitate Isaac usque ad introitum Iacob in Aegyptum fuerunt centum nonaginta anni.

Ioseph autem fuit triginta annorum, quando stetit coram Pharaone, ut habetur Gen. XLI.

Et postea transierunt septem anni fertilitatis et duo sterilitatis, usque ad ingressum Iacob in Aegyptum, ut habetur XLV. Vixit autem Ioseph centum et decem annis, ut habetur Gen. Cap. Ult.. A quibus si subtrahantur triginta novem anni, remanent septuaginta et unus annus. Fuerunt ergo a nativitate Isaac usque ad mortem Ioseph ducenti et sexaginta unus annus. Fuerunt autem in Aegypto filii Israel post mortem Ioseph centum quadraginta quatuor annis, ut Rabanus dicit in Glossa. Fuerunt ergo a nativitate Isaac usque ad exitum filiorum Israel de Aegypto et legem datam quadringenti et quinque anni; Scriptura autem non curavit de minutis.

Vel potest dici, quod quinto anno Isaac expulsus fuit Ismael, et remansit solus Isaac haeres Abrahae, a quo tempore fuerunt quadringenti anni.

Deinde, cum dicit nam si ex lege, etc., ostendit quomodo sequatur ex praemissis, quod lex evacuaret promissiones, si lex necessaria esset ad iustificationem sive benedictionem gentium. Dicit ergo: vere promissio evacuaretur si lex necessaria esset. Nam si haereditas, scilicet benedictionis Abrahae, esset ex lege, iam non esset ex repromissione, id est, ex semine repromisso Abrahae.

Si enim semen promissum esset sufficiens ad haereditatem benedictionis consequendam, non fieret iustificatio per legem.

Destruit autem consequens, cum dicit Abrahae autem donavit Deus, etc., id est, promisit se daturum, quod ita certum erat ac si statim daret, per repromissionem, id est per semen repromissum. Non ergo est ex lege haereditas, id est benedictio, de qua dicitur I Petr. III, 9: in hoc vocati estis, ut benedictionem haereditate possideatis.

Lectio 7

Postquam ostendit apostolus et auctoritate Scripturae et consuetudine humana, quod lex iustificare non potuit, hic movet duas dubitationes et solvit. Secunda dubitatio incipit ibi lex ergo adversus promissa Dei, etc..

Circa primum tria facit.

Primo movet dubitationem; secundo solvit, ibi propter transgressiones, etc.; tertio quoddam in solutione positum manifestat, ibi mediator autem, etc..

Potest autem esse dubium ex praemissis tale: si lex iustificare non poterat, an esset omnino inutilis. Et hanc dubitationem movet, dicens quid igitur lex, etc., sit, id est, ad quid lex utilis fuit? et hanc punctuationem magis approbat Augustinus ut habetur in Glossa, quam aliam quae sibi primitus melior videbatur, ut distinguatur: quid igitur? et postea dicatur: lex propter transgressiones, etc..

Similis dubitatio proponitur Rom. III, 1 ubi sic dicitur: quid igitur amplius Iudaeo, etc..

Deinde cum dicit propter

Commentaria in Epistolas S. Pauli

transgressiones, solvit dubitationem motam, ubi quatuor facit.

Primo proponit legis utilitatem; secundo legis fructum, ibi donec veniret semen, etc.; tertio legis ministros, ibi ordinata per Angelos; quarto legis dominium, ibi in manu mediatoris.

Circa primum notandum est, quod lex vetus data est propter quatuor, secundum quatuor ex peccato consecuta, quæ enumerat Beda, scilicet propter malitiam, infirmitatem, concupiscentiam et ignorantiam.

Est ergo lex primo data ad reprimendam malitiam, dum scilicet prohibendo peccatum et puniendo, retrahebantur homines a peccato, et hoc tangit dicens propter transgressiones posita est lex, id est, ad transgressiones cohibendas: et de hoc habetur I Tim. I, 9: iusto lex non est posita, sed iniustis. Cuius ratio potest sumi a Philosopho in IV ethicorum.

Homines enim bene dispositi ex seipsis moventur ad bene agendum, et sufficiunt eis paterna monita, unde non indigent lege: sed, sicut Rom. II, 14 dicitur, ipsi sibi sunt lex, habentes opus legis scriptum in cordibus suis.

Sed homines male dispositi indigent retrahi a peccatis per pœnas. Et ideo quantum ad istos fuit necessaria legis positio, quæ habet coarctatívam virtutem.

Secundo, lex data est ad infirmitatem manifestandam.

Homines enim de duobus præsumebant.

Primo quidem de scientia, secundo de potentia. Et ideo Deus reliquit homines absque doctrina legis, tempore legis naturæ, in quo dum in errores inciderunt, convicta est eorum superbia de defectu scientiæ, sed adhuc restabat præsumptio de potentia. Dicebant enim non deest qui impleat, sed deest qui iubeat, ut dicitur in Glossa super illud Ex. XXIV: quicquid præceperit Dominus, faciemus, et erimus obedientes. Et ideo data est lex, quæ cognitionem peccati faceret, per legem enim cognitio peccati, Rom. III, 20. Quæ tamen auxilium gratiæ non dabat ad vitandum peccata, ut sic homo sub lege constitutus et vires suas experiretur, et infirmitatem suam recognosceret, inveniens se sine gratia peccatum vitare non posse, et sic avidius quæreret gratiam. Et hæc etiam causa potest ex his verbis accipi, ut dicatur, quod lex posita est propter transgressiones adimplendas, quasi illo modo loquendo quo apostolus dicit Rom. V, 20: lex subintravit ut abundaret delictum; quod non est intelligendum causaliter, sed consecutive: quia lege subintrante, abundavit delictum, et transgressiones sunt multiplicatæ, dum concupiscentia nondum per gratiam sanata, in id quod prohibebatur, magis exarsit, et factum est peccatum gravius, addita prævaricatione legis scriptæ. Et hoc Deus permittebat, ut homines imperfectionem suam cognoscentes, quærerent mediatoris gratiam. Unde signanter dicit posita est, quasi debito ordine collocata inter legem naturæ et legem gratiæ.

Tertio, data est lex ad domandam concupiscentiam populi lascivientis, ut diversis cæremoniis fatigati neque ad idololatriam, neque ad lascivias declinarent. Unde dicit Petrus Act. XV, 10: hoc est onus, quod neque nos, etc..

Quarto, ad instruendum ignorantiam data est lex in figuram futuræ gratiæ, secundum illud Hebr. X, 1: umbram habens lex, etc..

Deinde cum dicit donec veniret semen, etc., id est Christus, de quo promiserat Deus, per eum benedicendas omnes gentes.

Matth. XI, 13: lex et prophetæ usque ad Ioannem, etc.. Gen. XII: in semine tuo, etc..

Ministri autem legis ponuntur, cum dicit ordinata, id est, ordinanter data, per Angelos, id est, per nuntios Dei, scilicet Moysen et Aaron. Mal. II, 7: legem requirent ex ore eius, etc.. Angelus enim Domini, etc.. Vel per Angelos, id est, ministerio Angelorum. Act. VII, 35: accepistis legem in dispositionem Angelorum, etc.. Et est data per Angelos, quia lex non debebat dari per filium, qui maior est. Hebr. II, 2: si enim, qui per Angelos factus est sermo, etc..

Dicit autem ordinata, quia ordinabiliter data est, scilicet inter tempus legis naturalis, qua homines convicti sunt, quod se iuvare non poterant, et tempus gratiæ. Nam antequam gratiam acciperent, convincendi erant de lege.

Dominus autem legis dicitur Christus.

Et ideo dicit in manu mediatoris, id est, in potestate Christi. Deut. XXXIII, 2: in dextera eius ignea lex. I Tim. II, 5: mediator Dei et hominum, etc..

Iste mediator significatus est per Moysen, in cuius manu est lex data. Deut. V, 5: ego sequester et medius fui inter Deum et vos, etc..

Deinde, cum dicit mediator autem, etc., exponit quod dixit in manu mediatoris, quod potest tripliciter exponi.

Uno modo, quia mediator non est unius tantum, sed duorum. Unde cum iste sit mediator Dei et hominis, oportet quod sit Deus et homo. Si enim esset purus homo, vel Deus tantum, non esset verus mediator. Si ergo est verus Deus, cum nullus est mediator sui ipsius, posset videri alicui, quod præter ipsum sunt alii dii quorum est mediator; et hoc removet, dicens quod mediator iste et si non est unius tantum, non propter hoc sunt alii dii, sed Deus unus est, quia licet ipse alius sit in persona a Deo patre, non est tamen aliud in natura. Deut. VI, 4: audi, Israel, Dominus Deus tuus, etc.. Eph. IV, 6: unus Deus, etc..

Secundo modo, quia posset credi, quod iste esset mediator Iudæorum tantum, ideo dicit: dico quod Christus est mediator, sed non unius, scilicet Iudæorum, sed unus est omnium, id est, sufficiens ad omnes reconciliandos Deo, quia ipse Deus est. Rom. III, 30: unus Deus qui iustificavit circumcisionem ex fide, et præputium per fidem, etc.. II Cor. V, 19: Deus erat in Christo mundum reconcilians sibi, etc..

Commentaria in Epistolas S. Pauli

Tertio modo, quia non est mediator unius populi tantum, scilicet Iudæorum, sed etiam gentilium. Eph. II, 14: ipse est pax nostra, qui fecit utraque unum. Et hoc ex parte gentium auferendo idololatriam, et ex parte Iudæorum observantiam legis.

Specialiter autem mediator est filius, non pater, non spiritus sanctus, nihilominus tamen unus est Deus.

Lectio 8

Hic movet apostolus aliam dubitationem, utrum scilicet lex noceat gratiæ. Et primo movet dubitationem, dicens lex ergo, etc., quasi dicat: si lex posita est propter transgressiones, numquid lex facit adversus promissa Dei, scilicet ut id quod Deus promisit se facturum per semen repromissum, per alium faciat? absit. Quasi dicat: non. Nam, supra eodem: lex non irritum facit testamentum ad evacuandas promissiones, etc.. Rom. VII, 12: lex sancta, et mandatum sanctum.

Secundo cum dicit si enim lex esset data, etc., solvit dubitationem. Et primo ostendit, quod lex non est contra promissa Dei; secundo quod est in obsequium promissorum, ibi sed conclusit, etc..

Dicit ergo, quod licet lex sit posita propter transgressiones, non tamen contrariatur promissioni Dei, quia transgressiones ipsas removere non potest. Si enim eas removeret, tunc manifeste esset contra promissa Dei, quia iustitia esset per alium modum, quam Deus promisit, quia esset per legem et non per fidem, cum tamen dicatur, Hab. II, 4: iustus meus ex fide vivit. Rom. III, 22: iustitia Dei est per fidem Iesu Christi.

Et ideo dicit, quod si lex esset data talis, quæ posset vivificare, id est, tantæ virtutis esset, quod posset vitam gratiæ, et æternam beatitudinem conferre, tunc vere et non apparenter iustitia esset ex lege, si lex faceret quod fides facere dicitur, et sic frustra esset fides. Sed lex non iustificat, quia littera, scilicet legis, occidit, ut dicitur II Cor. III, 6 et Rom. VIII, 2: lex enim spiritus vitæ in Christo Iesu, etc..

Deinde cum dicit sed Scriptura conclusit, etc., ostendit quod lex non solum non contrariatur gratiæ, sed est ei etiam in obsequium. Et primo ostendit quod lex obsequitur promissis Dei; secundo quomodo hoc obsequium manifestatum est in Iudæis, ibi prius autem quam veniret fides, etc.; tertio quomodo gentiles etiam sine lege consecuti sunt promissa Dei, ibi omnes enim filii Dei estis, etc..

Circa primum sciendum est, quod lex obsequitur promissis Dei in generali quantum ad duo. Primo quia manifestat peccata.

Rom. III, 20: per legem cognitio peccati.

Deinde quia manifestat infirmitatem humanam, in quantum homo non potest vitare peccatum, nisi per gratiam, quæ per legem non dabatur. Et sicut ista duo, scilicet cognitio morbi et impotentia infirmi, multum inducunt ad quærendum medicum, ita cognitio peccati et propriæ impotentiæ inducunt ad quærendum Christum. Sic ergo lex obsecuta est gratiæ, inquantum præbuit cognitionem peccati et experientiam propriæ impotentiæ.

Et ideo dicit Scriptura, id est lex scripta, conclusit, id est tenuit inclusos Iudæos, sub peccato, id est, ostendit eis peccata, quæ faciebant. Rom. VII, 7: concupiscentiam nesciebam, etc.. Item conclusit, quia veniente lege sumpserunt occasionem peccati. Rom. XI, 32: conclusit Deus omnia in incredulitate, etc.. Et hoc ideo, ut homo quæreret gratiam. Et ideo dicit ut promissio, id est, gratia repromissa, daretur non solum Iudæis, sed omnibus credentibus, quia illa gratia poterat liberare a peccatis, et hæc gratia est ex fide Iesu Christi.

Deinde cum dicit prius autem quam veniret, etc., ponit experimentum huius obsequii manifestatum in Iudæis. Et primo ponit obsequium Iudæorum; secundo concludit quoddam corollarium, ibi itaque lex pædagogus, etc..

Dicit ergo: si Scriptura, id est, lex scripta, detinuit omnia sub peccato, quas utilitates habebant Iudæi ex lege antequam veniret fides ex gratia? respondet et dicit: nos Iudæi, ante adventum fidei, custodiebamur sub lege, inquantum faciebat nos vitare idololatriam et multa alia mala; custodiebamur, inquam, non sicut liberi, sed quasi servi sub timore, et hoc sub lege, id est, sub onere legis et dominio. Rom. VII, 1: lex in homine dominatur quanto tempore vivit, etc..

Et custodiebamur conclusi, id est, servati ne deflueremus a vita, sed præpararemur in eam, id est, tam bonam fidem, quæ revelanda erat. Is. LVI, 1: iuxta est salus mea, ut veniat, et iustitia mea ut reveletur.

Et dicit revelanda, quia cum fides excedat omne humanum ingenium, non potest per proprium sensum haberi, sed ex revelatione et dono Dei. Is. XL, 5: revelabitur gloria Domini, etc.. Vel in eam fidem, quæ revelanda erat tempore gratiæ, in antiquis temporibus multis signis latens. Unde et tempore Christi velum templi scissum est, Matth. XXVII, 51.

Consequenter cum dicit lex pædagogus, etc., concludit quoddam corollarium.

Et primo ostendit legis officium; secundo officii testationem, ibi at ubi venit plenitudo temporis, etc..

Officium autem legis fuit officium pædagogi, et ideo dicit lex pædagogus noster, etc..

Quamdiu enim hæres non potest consequi beneficium hæreditatis, vel propter defectum ætatis seu alicuius debitæ perfectionis, conservatur, et custoditur ab aliquo instructore, qui quidem instructor pædagogus dicitur, a pædos, quod est puer, et goge, quod est ductio. Per legem enim Iudæi tamquam imbecilles pueri, per timorem pœnæ retrahebantur a malo, et promovebantur amore et promissione temporariorum ad bonum. Iudæis autem promissa erat benedictio futuri seminis de hæreditate obtinenda, sed nondum advenerat tempus ipsius hæreditatis consequendæ.

Et ideo necessarium erat, quod conservarentur usque ad tempus futuri seminis et cohiberentur ab illicitis, quod factum est per legem.

Et ideo dicit itaque, etc., quasi dicat: ex quo sub lege custodiebamur, lex fuit noster pædagogus, id est, dirigens et conservans in Christo, id est in via Christi. Et hoc ideo, ut ex fide Christi iustificaremur.

Os. XI, 1: puer Israel, et dilexi eum. Ier. XXXI, 18: castigasti me, Domine, et eruditus sum, etc.. Rom. III, 28: arbitramur enim hominem iustificari per fidem, etc..

Et quamvis lex pædagogus noster esset, non tamen ad perfectam hæreditatem ducebat, quia, ut dicitur Hebr. VII, neminem ad perfectum adduxit lex, etc.. Sed hoc officium cessavit postquam venit fides. Et hoc est quod dicit at ubi venit fides, scilicet Christi, iam non sumus sub pædagogo, id est sub coactione, quæ non est necessaria liberis. I Cor. XV: cum essem parvulus, etc.. Cum autem factus sum vir, etc..

II Cor. V, 17: si qua ergo in Christo nova creatura, vetera transierunt, etc..

Lectio 9

Hic ostendit apostolus quod ad fructum gratiæ gentiles sine obsequio legis pervenerunt, ad quem tamen Iudæi perducti sunt per legis custodiam et obsequium. Et circa hoc tria facit.

Primo proponit intentum; secundo manifestat propositum, ibi quicumque enim in Christo, etc.; tertio ex hoc argumentatur, ibi si autem vos Christi; ergo, etc..

Dicit ergo: vere non sumus sub lege, id est, sub pædagogo et coactione, quia sumus filii Dei. Similiter et vos neque sub lege, neque sub pædagogo estis, quia scilicet ad gratiam pervenistis. Ideo omnes estis filii Dei per fidem, non per legem. Rom. VIII, 15: non enim accepistis spiritum servitutis, scilicet timoris, qui dabatur in lege veteri, sed accepistis spiritum filiorum, scilicet charitatis et amoris, qui datur in nova lege per fidem. Io. I, 12: dedit eis potestatem filios Dei fieri, etc..

Si ergo filii Dei estis per fidem, quare vultis esse servi per legis observantias? nam sola fides homines facit filios Dei adoptivos.

Nullus siquidem est filius adoptivus, nisi uniatur et adhæreat filio naturali. Rom. VIII, 29: quos præscivit conformes fieri imaginis filii eius, etc.. Fides enim facit nos in Christo Iesu filios. Eph. III, 17: habitare Christum per fidem in cordibus vestris. Et hoc in Christo Iesu, id est filii Dei estis per Iesum Christum.

Consequenter cum dicit quicumque enim in Christo, etc., manifestat propositum.

Et circa hoc tria facit.

Primo proponit propositi manifestationem; secundo manifestationis expositionem, ibi non est Iudæus, etc.; tertio assignat manifestationis rationem, ibi omnes enim vos unum estis, etc..

Manifestat autem circa primum quomodo sumus in Christo Iesu filii Dei. Et hoc est quod dicit quicumque enim in Christo Iesu, etc.. Quod potest quadrupliciter exponi.

Uno modo, ut dicatur: quicumque in Christo Iesu baptizati estis, id est, institutione Christi ad baptismum instructi estis. Mc. Cap. Ult.: euntes in mundum universum, prædicate evangelium omni creaturæ, etc.. Qui crediderit et baptizatus fuerit, etc..

Alio modo: quicumque in Christo Iesu baptizati estis, scilicet per similitudinem, et per configurationem mortis Christi. Rom. VI, 3: quicumque baptizati sumus in Christo Iesu, in morte ipsius baptizati sumus.

Vel in Christo Iesu, id est, in fide Iesu Christi. Nam baptismus non fit nisi in fide, sine qua effectum baptismi nullum consequimur.

Mc. Cap. Ult.: qui crediderit et baptizatus fuerit, salvus erit, etc..

Vel in Christo Iesu, id est, in virtute et operatione eius. Io. I, 33: super quem videris spiritum descendentem, hic est qui baptizat.

Quicumque ergo istis quatuor modis baptizati estis, Christum induistis.

Ubi sciendum est, quod qui induitur aliqua veste, protegitur ac contegitur ea, et apparet sub colore vestis, colore proprio occultato. Eodem modo et qui induit Christum, protegitur et contegitur a Christo Iesu contra impugnationes et æstus, et in eo nihil aliud apparet nisi quæ Christi sunt.

Rom. XIII, 14: induite Dominum Iesum Christum.

Et sicut lignum accensum induitur igne, et participat eius virtutem, ita et qui Christi virtutes accipit, induitur Christo.

Lc. Cap. Ult.: sedete in civitate donec induamini virtute, etc., quod in illis locum habet qui interius Christi virtute informantur.

Eph. IV, 24: induite novum hominem, qui secundum, etc..

Et nota, quod Christum aliqui induunt exterius per bonam conversationem, et interius per spiritus renovationem; et secundum utrumque per sanctitatis configurationem, ut tangitur in Glossa.

Expositionem autem manifestationis ponit, cum dicit non est Iudæus, etc., quasi dicat: vere dixi, quod quicumque in Christo Iesu, etc.. Quia nihil potest esse in hominibus, quod faciat exceptionem a sacramento fidei Christi et baptismi. Et ponit tres differentias hominum, ostendens quod per eas nullus excipitur a fide Christi.

Prima differentia est quantum ad ritum, cum dicit non est Iudæus, neque Græcus, quasi dicat: ex quo in Christo Iesu baptizatus est, non est differentia, quod propter hoc sit indignior in fide, ex quocumque ritu ad eam venerit, sive ex ritu Iudaico sive Græco. Rom. III, 29 s.: an Iudæorum Deus tantum? nonne et gentium? immo et gentium, quoniam quidem unus est Deus, qui iustificavit circumcisionem ex fide, et præputium per fidem. Et Rom. X, 12: non est distinctio Iudæi et Græci, etc..

Commentaria in Epistolas S. Pauli

Sed contra est quod dicitur Rom. III, 1: quid ergo amplius est Iudæo? multum quidem per omnem modum.

Respondeo. Dicendum est, quod Iudæi et Græci possunt considerari dupliciter: uno modo secundum statum in quo erant ante fidem; et sic amplius fuit Iudæo propter beneficium legis. Alio modo quantum ad statum gratiæ, et sic non est amplius Iudæo; et de hoc intelligitur hic.

Secunda differentia est quantum ad statum et conditionem, cum dicit non est servus, neque liber, id est, neque servitus, neque libertas, neque nobilitas, neque ignobilitas differentiam facit ad recipiendum effectum baptismi. Iob III, 19: parvus et magnus ibi sunt, et servus liber a Domino suo.

Rom. II, 11: non est personarum acceptio apud Deum.

Tertia differentia est quantum ad naturam, cum dicit non est masculus, neque fœmina, quia sexus nullam differentiam facit quantum ad participandum baptismi effectum.

Gal. III, 28: non est masculus, aut fœmina, etc..

Expositionis vero rationem ponit, cum dicit omnes enim vos unum estis in Christo Iesu, quasi dicat: vere nihil horum est per quod differentia fiat in Christo, quia vos omnes, scilicet fideles, unum estis in Christo Iesu, qui in baptismo omnes estis effecti membra Christi, et unum corpus, etsi inter vos sitis diversi. Rom. XII, 5: omnes unum corpus sumus in Christo, etc.. Eph. IV, 4: unum corpus, unus spiritus, etc.. Ubi autem est unitas, differentia non habet locum.

Pro hac unitate orat Christus, Io. XVII, 21: volo, pater, ut sint unum, etc..

Consequenter cum dicit si autem vos estis, etc., arguit ad principale propositum hoc modo: dixi quod Abrahæ dictæ sunt promissiones et semini eius, sed vos estis Abrahæ, ergo ad vos pertinet promissio Abrahæ de hæreditate consequenda.

Minorem sic probat: vos estis filii Dei adoptivi, quia estis uniti per fidem Christo, qui est filius Dei naturalis; sed Christus est filius Abrahæ, ut supra eodem: quasi in uno, et semini tuo, qui est Christus; ergo si vos estis Christi, id est, in Christo, estis semen Abrahæ, id est, filii, cum Christus filius eius sit. Et si filii, estis et hæredes, id est, ad vos pertinet hæreditas secundum promissionem Abrahæ factam. Rom. IX, 8: non qui filii sunt carnis, hi filii Dei, sed qui sunt filii promissionis, æstimantur in semine.

Capitulus IV

Lectio 1

Postquam ostendit apostolus legis defectum, hic consequenter ostendit gratiæ dignitatem. Et primo per exemplum humanum; secundo per exemplum Scripturæ, ibi dicite mihi qui sub lege vultis esse, etc..

Circa primum duo facit.

Primo ostendit dignitatem gratiæ supra primitivum statum veteris legis, per similitudinem a lege humana sumptam; secundo ostendit, quod ipsi facti sunt participes huius dignitatis per fidem, ibi quoniam autem estis filii Dei, etc.; tertio arguit ipsos, eo quod hanc dignitatem contemnebant, ibi sed tunc quidem ignorantes Deum, etc..

Circa primum duo facit.

Primo ponit similitudinem; secundo adaptat eam ad propositum, ibi ita et nos cum essemus, etc..

Notandum est quod in proposita similitudine quatuor tangit apostolus.

Primo quidem dignitatem, quia non est servus, sed hæres. Unde dicit quanto tempore hæres, etc., quod aptatur et refertur ad populum Iudæorum, qui fuit hæres promissionis Abrahæ, Ps. CXXXIV 4: elegit nos in hæreditatem sibi et ad Christum, qui est hæres omnium, Hebr. I, 2: quem constituit hæredem universorum.

Secundo eius parvitatem. Unde dicit parvulus est, quia et Iudæi parvuli erant secundum statum legis. Amos VII, 5: quis suscitabit Iacob, quia parvulus est? similiter et Christus parvulus factus est per incarnationem. Is. IX, 6: parvulus natus est nobis, etc..

Sed nota quod apostolus aliquando assimilat parvulo statum legis, sicut hic, aliquando statum præsentis vitæ. I Cor. XIII, 11: cum essem parvulus, etc.. Cuius ratio est, quia status veteris legis est sicut parvulus, propter imperfectionem cognitionis, in ipsa comparatione ad statum gratiæ et veritatis, quæ per Christum facta est. Sic et status præsentis vitæ, in qua videmus per speculum in ænigmate, est sicut parvulus, comparatus statui futuræ vitæ, in qua est perfecta Dei cognitio, quia videtur sicuti est.

Tertio eius subiectionem, cum dicit nihil differt a servo, cum sit Dominus omnium, sed sub tutoribus, etc.. Proprium enim servi est, quod sit subiectus alicui Domino.

Puer autem, quamdiu parvulus est, quia non habet cognitionem perfectam et usum liberæ voluntatis propter defectum ætatis, committitur custodiæ aliorum, qui et bona sua defendant: et hi dicuntur tutores; et negotia agant: et hi actores nominantur. Et ideo licet sit Dominus omnium rerum suarum, tamen in quantum subiicitur aliis, nihil differt a servo, quia nec voluntatem liberam habet, imo cogitur: et hæc adaptantur ad populum Iudaicum Is. XLIV, 1: et nunc servus meus Iacob, etc..

Sed notandum est, quod in populo Iudaico aliqui erant simpliciter servi, illi scilicet qui propter timorem pœnæ et cupiditatem temporalium, quæ lex promittebat, legem servabant. Aliqui vero erant, qui non erant servi simpliciter, sed, quasi servi existentes, erant vere filii et hæredes: qui licet attenderent exterius ad temporalia et vitarent pœnas, nihilominus tamen in eis finem non ponebant sed accipiebant ea, ut figuram spiritualium bonorum. Unde licet viderentur nihil exterius differre a servis, inquantum cæremonias et alia legis mandata servabant, tamen erant Domini, quia non ea intentione eis utebantur, ut servi, quia illis utebantur amore spiritualium bonorum, quæ præfigurabant: servi vero principaliter timore pœnæ et cupiditate terrenæ commoditatis.

Christus erat etiam quasi servus, quia, licet sit Dominus omnium, secundum illud Ps. CIX, 1: dixit Dominus Domino meo, etc., tamen nihil videbatur differre a servo in exterioribus, inquantum homo. Phil. II, 7: exinanivit semetipsum, formam servi accipiens, et habitu inventus ut homo. Sub tutoribus autem et actoribus erat, quia sub lege factus erat, ut dicitur infra eodem, factum sub lege, et hominibus subditus, ut dicitur Lc. II, 51: erat subditus illis.

Quarto ponit temporis congruitatem, cum dicit usque ad præfinitum tempus a patre, quia sicut hæres secundum determinationem patris præfinito tempore sub tutoribus est, ita et lex determinatum tempus habuit a Deo, quamdiu deberet durare, et quamdiu hæres, scilicet populus Iudæorum, esset sub ea. Similiter et præfinitum tempus fuit a patre, quo Christus non erat facturus miracula et ostensurus dominium potestatis divinæ. Io. II, 4: nondum venit hora mea.

Hanc similitudinem adaptat, cum dicit consequenter ita et nos, etc.. Et primo adaptat eam quantum ad Iudæos; secundo quantum ad Christum, ibi at ubi venit plenitudo temporis.

Dicit ergo: dico quod quanto tempore hæres parvulus, etc., et ita nos, Iudæi, cum essemus parvuli, in statu legis veteris, sub elementis mundi eramus servientes, id est sub lege, quæ temporalia promittebat Is. I, 19: si volueritis et audieritis me, bona terræ comedetis et comminabatur pœnas temporales.

Vel lex vetus dicitur elementum, quia sicut pueris, qui sunt instituendi ad scientiam, primo proponuntur elementa illius scientiæ, per quæ manuducuntur ad illam scientiam: ita lex vetus proposita est Iudæis, per quam manuducerentur ad fidem et iustitiam. Supra III, 24: lex pædagogus noster fuit in Christo.

Vel, sub elementis, id est corporalibus rerum ritibus quos servabant, sicut lunares dies, Neomenias et sabbatum. Nec tamen instandum est quod propter hoc non differrent a Paganis, qui elementis serviebant huius mundi, cum eis non servirent Iudæi, seu cultum impenderent; sed sub eis Deo serviebant, et eum colebant, gentiles vero elementis servientes, eis divinum cultum impendebant.

Rom. I, 25: servierunt creaturæ potius quam creatori, etc..

Fuit autem necessarium, quod Iudæi sub elementis huius mundi deservirent Deo, quia iste ordo est congruus naturæ humanæ, ut a sensibilibus ad intellectualia perducantur.

Lectio 2

Hic adaptat apostolus similitudinem propositam ad Christum.

Et primo ponitur adaptatio; secundo finis rei, in qua similitudo adaptatur, ibi ut eos qui sub lege erant, etc..

Sciendum est autem quod supra, in similitudine proposita, quatuor ostendit per ordinem, sicut dictum est. Hic autem illa quatuor adaptans ad Christum, incipit ab ultimo, scilicet a determinatione temporis, cuius ratio est, quia idem tempus fuit in quo Christus fuit humiliatus et in quo fideles fuerunt exaltati.

Et ideo dicit at ubi venit plenitudo temporis, id est postquam tempus, quod fuerat præfinitum a Deo patre de mittendo filio suo, erat completum; et hoc modo accipitur Lc. II, 6: impleti sunt dies, etc..

Dicitur autem plenum tempus illud propter plenitudinem gratiarum, quæ in eo dantur, secundum Ps. LXIV, 10: flumen Dei repletum est aquis, etc.. Item propter impletionem figurarum veteris legis. Matth. V, 17: non veni solvere legem, etc.. Item, propter impletionem promissorum. Dan. IX, 27: confirmabit autem pactum multis hebdomada una.

Hoc autem quod dicit at ubi venit plenitudo temporis, etc., similiter et in aliis Scripturæ locis, ubi tempus circa Christum impleri dicitur, non est referendum ad fatalem necessitatem, sed ad divinam ordinationem, de qua dicitur in Ps. CXVIII, 91: ordinatione tua perseverat dies, etc..

Assignatur autem duplex ratio, quare illud tempus præordinatum est ad adventum Christi. Una sumitur ex magnitudine.

Quia enim magnus est qui venturus erat, oportebat et multis indiciis et multis præparationibus homines ad adventum eius disponi.

Hebr. I, 1: multifarie multisque modis, etc..

Alia ex conditione venientis. Quia enim medicus erat venturus, oportebat quod ante adventum suum convincerentur homines de morbo, et quantum ad defectum scientiæ in lege naturæ et quantum ad defectum virtutis in lege scripta. Et ideo oportuit utrumque, scilicet et legem naturæ et legem Scripturæ, adventum Christi præcedere.

Secundo adaptat quantum ad hæreditariam dignitatem, cum dicit misit Deus filium suum, scilicet proprium et naturalem.

Et si filius, ergo et hæres. Dicit autem filium suum, id est proprium, naturalem et unigenitum, non adoptivum. Io. III, 16: sic Deus dilexit mundum, ut, etc..

Misit, inquam, eum non a se separatum, quia missus est per hoc, quod assumpsit humanam naturam, et tamen erat in sinu patris, Io. I, 18: unigenitus, qui est in sinu patris æternaliter. Io. III, 13: nemo ascendit in cælum, nisi qui descendit de cælo, filius hominis qui est in cælo, qui, licet descenderit per assumptionem carnis, tamen est in cælo.

Item misit eum, non ut esset ubi prius non erat; quia, licet in propria venerit per præsentiam carnis, in mundo tamen erat per præsentiam deitatis, ut dicitur in evangelio Io. I, 14. Similiter non misit eum quasi ministrum, quia sua missio fuit assumptio carnis, non depositio maiestatis.

Misit ergo Deus filium suum ad sanandum, inquam, deviationem concupiscibilis, et ad illuminandum ignorantiam rationalis creaturæ.

Ps. CVI, 20: misit verbum suum, etc..

Misit etiam ad liberandum a potestate Dæmonis contra infirmitatem irascibilis. Is. XIX, 20: mittet eis salvatorem, qui liberet eos.

Item ad remedium ab obligatione æternæ mortis. Os. III, 14: de manu mortis liberabo eos, de morte redimam eos. Item ad salvandum ab eorum peccatis. Io. III, 17: non misit Deus filium suum in mundum, ut iudicet mundum, sed ut salvetur mundus per ipsum, etc..

Tertio adaptat similitudinem quantum ad parvitatem, cum dicit factum ex muliere. Is. IX, 6: parvulus natus est nobis, etc.. Phil. II, 7: exinanivit semetipsum, etc..

Parvum se fecit non dimittendo magnitudinem, sed assumendo parvitatem.

In hoc autem quod dicit factum ex muliere, cavendi sunt duo errores, scilicet Photini, qui dixit Christum purum hominem esse et ex virgine principium essendi sumpsisse; et ideo ita dicit ipsum factum ex muliere, quasi totaliter initium ex ea sumpserit.

Sed hoc est falsum, quia est contra illud quod dicitur Rom. I, 3: qui factus est ei ex semine David secundum carnem; non dicit secundum personam, quæ est ab æterno, scilicet ipsa hypostasis filii Dei. Unde sicut cum scutum fit album de novo, non oportet dicere, quod ipsa substantia scuti de novo fiat sed quod ei de novo albedo accesserit, ita ex hoc quod filius Dei de novo carnem assumpsit, non oportet dicere, quod persona Christi de novo sit facta, sed quod natura humana ei de novo advenit, sicut corpori cum absque sui mutatione quædam accidunt.

Aliqua enim adveniunt alicui et immutant ipsum, sicut formæ et qualitates absolutæ; quædam vero absque mutatione adveniunt, et huiusmodi est assumptio carnis, secundum quod dicit relationem. Unde per hoc persona verbi in nullo mutatur.

Et inde est, quod in divinis utimur his quæ relationem significant etiam ex tempore. Unde dicimus illud Ps. LXXXIX, 1: Domine, refugium factus es nobis, et quod Deus factus est homo. Non autem utimur formis et qualitatibus absolutis, ut: Deus factus est bonus, sapiens, et huiusmodi.

Item vitandus est error Hebionis, qui dicit Christum ex Ioseph semine esse natum, motus ad hoc ponendum per hoc quod dicitur ex muliere. Nam, secundum eum, mulier tantum importat corruptionem.

Sed hoc est falsum, quia hoc nomen mulier, in sacra Scriptura, designat etiam sexum naturalem, secundum illud Gen. III, 12: mulier quam dedisti mihi, etc.. Vocat enim eam mulierem, quæ tamen adhuc erat virgo.

Per hoc etiam quod dicitur ex muliere factus, destruuntur duo errores, scilicet valentini dicentis Christum non sumpsisse corpus de virgine, sed attulisse illud de cælo, et, per beatam virginem, sicut per fistulam seu canale, transivisse.

Sed hoc est falsum, quia si verum esset quod dicit, non fuisset factus ex muliere, ut apostolus dicit. Hæc enim præpositio, ex, causam materialem designat.

Item, error Nestorii dicentis beatam virginem non esse matrem filii Dei, sed filii hominis: quod falsum esse ostenditur per hoc quod dicit apostolus hic, quod misit Deus filium suum factum ex muliere.

Qui enim fit ex muliere, est filius eius. Si ergo filius Dei est factus ex muliere, scilicet ex beata virgine, manifestum est, quod beata virgo est mater filii Dei.

Licet autem posset dici natus ex muliere signanter tamen dicit factum, et non natum. Nasci enim aliquid, est ipsum produci solum ex principio coniuncto, sed fieri etiam ex principio separato. Arca enim fit ab artifice, sed fructus nascitur ex arbore.

Principium autem humanæ generationis est duplex, scilicet materiale: et quantum ad hoc Christus processit ex principio coniuncto, quia materiam sui corporis sumpsit ex virgine.

Unde secundum hoc dicitur nasci de ea.

Matth. I, 16: de qua natus est Iesus, etc..

Aliud est principium activum, quod quidem in Christo, quantum ad id quod principium habuit, id est quantum ad formationem corporis, non fuit coniunctum, sed separatum, quia virtus spiritus sancti formavit illud. Et quantum ad hoc non dicitur natus ex muliere sed factus quasi ex principio exteriori.

Ex quo patet, quod hoc quod dixit ex muliere, non dicit corruptionem, quia dixisset natum et non factum.

Quarto adaptat similitudinem quantum ad subiectionem, cum dicit factum sub lege.

Sed contra est, quod dicitur infra V, 18: si spiritu ducimini, non estis sub lege. Si ergo Christus non solum est spiritualis, sed etiam dator spiritus, inconvenienter videtur dici quod sit factus sub lege.

Respondeo. Dicendum est quod esse sub lege dicitur dupliciter. Uno modo, ut ly sub, denotet solam observantiam legis, et sic Christus fuit factus sub lege, quia circumcisus fuit et in templo præsentatus. Matth. V, 17: non veni legem solvere, etc.. Alio modo, ut ly sub, denotet oppressionem. Et hoc modo ille dicitur esse sub lege, qui timore legis opprimitur et hoc modo nec Christus, nec viri spiritales dicuntur esse sub lege.

Consequenter cum dicit ut eos qui sub lege, etc., ponit fructum rei in qua similitudo adaptatur, scilicet quod ideo voluit isto tempore fieri subiectus, ut hæredes fierent magni et liberi.

Et hæc duo ponit, et, primo, fructum liberationis contra subiectionem. Et ideo dicit ut eos qui sub lege erant, id est sub maledicto et onere legis, liberaret. Supra III, 13: Christus nos redemit de maledicto legis, etc..

Secundo fructum exaltationis, inquantum adoptamur in filios Dei per hoc quod accipimus spiritum Christi et conformamur ei.

Rom. VIII, 9: si quis spiritum Christi non habet, etc..

Et hæc adoptio specialiter competit Christo, quia non possumus fieri filii adoptivi, nisi conformemur filio naturali. Rom. VIII, 29: quos præscivit conformes fieri imaginis filii eius, etc.. Et quantum ad hoc dicit ut adoptionem filiorum reciperemus, id est ut per filium Dei naturalem efficeremur filii adoptivi secundum gratiam per Christum.

Lectio 3

Supra apostolus ostendit beneficium Iudæis exhibitum, hic ostendit hoc beneficium etiam ad gentiles pertinere.

Et primo proponit ipsum beneficium; secundo modum adipiscendi, ibi misit Deus spiritum, etc.; tertio manifestat eius fructum, ibi itaque iam non est, etc..

Dicit ergo, quod beneficium adoptionis filiorum Dei non solum pertinet ad eos qui sub lege erant sed etiam ad gentiles.

Et ideo dicit: quoniam estis filii Dei, etc., id est quod sitis filii Dei, ista de causa factum est, quia non solum Iudæi, sed etiam omnes alii, qui in filium Dei credunt, adoptantur in filios, etc.. Io. I, 12: dedit eis potestatem filios Dei fieri, etc..

Modus autem adipiscendi illud donum est per missionem spiritus filii Dei in corda vestra. Augustinus autem dicit, quod Christus in carne existens prædicavit Iudæis principaliter, gentibus autem perfunctorie.

Rom. XV, 8: dico Christum Iesum ministrum fuisse circumcisionis, etc.. Et ideo quidquid pertinet ad statum Iudæorum, convenienter attribuitur Christo.

Et quia possent dicere isti, Galatas non esse adoptatos in filios Dei, cum Christus ex eis carnem non sumpserit, nec eis prædicaverit, unde non videbantur in aliquo Christo coniungi, ideo apostolus modum huius adoptionis demonstrans, dicit quod et si non fuerunt coniuncti Christo secundum carnem, scilicet quantum ad gentem, neque secundum prædicationem, tamen fuerunt coniuncti per spiritum, et ex hoc adoptati sunt in filios Dei. Unde conversio gentilium specialiter attribuitur spiritui sancto. Et ideo Petrus, quando fuit reprehensus a Iudæis, quod ivisset prædicare gentibus, excusavit se per spiritum sanctum, dicens, Act. XI, 12, non posse resistere spiritui sancto, cuius instinctu hoc fecerat. Et ideo, quia misit Deus, pater, spiritum filii sui in corda nostra, Iudæorum scilicet et gentium, coniungimur Christo, et per hoc adoptamur in filios Dei.

Sed sciendum est, quod si alicubi in Scriptura invenitur spiritus sanctus mitti a patre, Io. XIV, 26, Paracletus autem spiritus sanctus, quem mittet pater, etc., aliquando vero a filio, Io. XV, 26, cum venerit Paracletus, quem ego mittam vobis, etc., nihilominus tamen spiritus sanctus communis est patri et filio, et ab utroque procedit et ab utroque datur. Et ideo est, quod ubicumque invenitur quod pater mittat spiritum sanctum, fit mentio de filio, sicut in præmissa auctoritate dicitur quem mittet pater in nomine meo. Et, similiter, ubi dicitur mitti a filio, fit mentio de patre; unde dicit quem mittam vobis a patre. Et etiam hic cum dicit misit Deus, pater, spiritum sanctum, statim fit mentio de filio, cum dicit filii sui.

Nec refert si alicubi dicatur spiritus sanctus solum a patre procedere, quia, ex quo filius mittit eum, manifestum est quod ab ipso procedit. Unde spiritus sanctus dicitur spiritus filii, sicut mittentis, et sicut a quo procedit, et sicut a quo habet spiritus sanctus quidquid habet, sicut et a patre. Io. XVI, 14: ille me clarificabit, quia de meo accipiet, etc..

Dicit autem in corda, quia duplex est generatio. Una carnalis, quæ fit per semen carnale missum in locum generationis: quod quidem semen, licet sit quantitate parvum, tamen virtute continet totum.

Alia est spiritualis, quæ fit per semen spirituale transmissum in locum spiritualis generationis; qui quidem locus est mens seu cor hominis, quia in filios Dei generamur per mentis renovationem. Semen autem spirituale est gratia spiritus sancti. I Io. Cap. Ult.: qui natus est ex Deo, non peccat: quoniam generatio Dei conservat eum, etc.. Et hoc semen est virtute continens totam perfectionem beatitudinis. Unde dicitur pignus et arra beatitudinis Ephes. I, 14; Ez. XXXVI, 26: dabo spiritum novum, etc..

Clamantem, id est clamare facientem, abba, pater, non magnitudine vocis, sed magnitudine et fervore affectus. Tunc enim clamamus abba, pater, quando per affectum accendimur calore spiritus sancti ad desiderium Dei. Rom. VIII, 15: non accepistis spiritum servitutis, etc..

Abba, pater, etc.. Idem autem est in significatione, abba, quod est Hebræum, et pater, quod est Latinum, et patir, quod est Græcum.

Et utrumque ponit ut ostendat quod gratia spiritus sancti communiter se habet quantum ad utrumque populum, quantum est ex se.

Consequenter cum dicit itaque iam non est servus, etc., ponit fructum huius beneficii.

Et primo quantum ad remotionem omnis mali, a quo liberamur per adoptionem spiritus sancti et hæc est liberatio a servitute.

Et quantum ad hoc dicit itaque, scilicet quia spiritus clamat in nobis, pater, iam, a tempore gratiæ, non est aliquis nostrum, qui in Christum credimus, servus, in timore scilicet serviens. Io. XV, 15: iam non dicam vos servos, sed amicos, etc.. Rom. VIII, 15: non accepistis spiritum servitutis, etc.. Sed est filius. Rom. VIII, 16: ipse spiritus testimonium reddit spiritui nostro, quod sumus filii Dei.

Licet enim conditione servi simus, quia dicitur Lc. XVII, 10: cum feceritis

Commentaria in Epistolas S. Pauli

omnia quæ præcepta sunt vobis, dicite: servi inutiles sumus, tamen non sumus servi malevoli, ex timore scilicet servientes, quia tali servo debentur tortura et compedes; sed sumus servi boni et fideles, et amore servientes, et ideo libertatem per filium consequimur. Io. VIII, 36: si filius vos liberaverit, vere liberi eritis.

Secundo, ponit fructum quantum ad consecutionem omnis boni, et quantum ad hoc dicit quod si filius, et hæres per Deum, Rom. VIII, 17: si filii et hæredes, hæredes quidem Dei, etc.. Hæc autem hæreditas est plenitudo omnis boni, cum nihil aliud sit quam ipse Deus, secundum illud Ps. XV, 5: Dominus pars hæreditatis meæ, etc.. Gen. XV, 1: dixit ad Abraham: ego ero merces tua magna nimis, etc..

Dicit autem per Deum, quia sicut Iudæi hæreditatem adepti sunt per Dei repromissionem et iustitiam, ita et gentiles per Deum, id est per Dei misericordiam. Rom. XV, 9: gentes autem super misericordia honorare Deum, etc..

Vel per Deum, id est per Dei operationem.

Is. XXVI, 12: omnia opera nostra operatus es in nobis, Domine.

Lectio 4

Posita dignitate beneficii gratiæ, et ostensa per exemplum humanum, hic apostolus arguit Galatas, qui hanc gratiam contemnebant, utpote ingrati tanto beneficio.

Et primo arguit eos de ingratitudine; secundo excusat se, quod hoc non facit ex odio et livore, ibi fratres, obsecro vos, non me læsistis, etc..

Circa primum tria facit.

Primo commemorat statum pristinum; secundo extollit et commendat beneficium susceptum, ibi nunc autem cum cognoveritis, etc.; tertio exaggerat peccatum commissum, ibi quomodo convertimini, etc..

Dicit ergo sed tunc, etc., quasi dicat: nunc estis filii et hæredes per Deum, sed tunc quidem, cum gentes essetis. Eph. V, 8: eratis aliquando tenebræ, etc., ignorantes Deum, per infidelitatem, serviebatis, cultu latriæ, his qui non sunt natura dii, sed opinione hominum. I Cor. XII, 2: cum gentes essetis, ad simulacra muta prout ducebamini euntes, etc.. Rom. I, 25: servierunt creaturæ potius quam creatori, etc..

Hoc autem quod dicit qui natura non sunt dii, est ad confutationem Arianorum dicentium Christum Dei filium non esse Deum per naturam. Quod si verum esset, non esset ei exhibendus cultus latriæ, et quicumque exhiberet ei esset idololatra.

Sed potest obiici, quia nos adoramus carnem et humanitatem Christi, ergo sumus idololatræ.

Sed dicendum est, quod licet adoremus carnem, seu humanitatem Christi, adoramus tamen eam, ut unitam personæ divini verbi, quod quidem verbum est suppositum divinum. Unde cum adoratio debeatur supposito divinæ naturæ, quidquid in Christo adoratur, absque errore fit.

Consequenter cum dicit nunc autem cum cognoveritis, etc., commemorat acceptum beneficium, quasi dicat: si ignorantes eratis et peccabatis, tolerari poterat, nam, cæteris paribus, gravius est peccatum in christiano, quam in gentili. Sed nunc cum cognoveritis Deum, id est sitis conducti ad Dei cognitionem, gravius peccatis quam olim, serviendo et ponendo spem in his in quibus non debetis. Ier. XXXI, 34: omnes cognoscent me, etc..

Sed hoc quod dicit imo cogniti sitis a Deo, videtur contrarietatem habere, cum Deus ab æterno omnia cognoverit. Eccli. XXIII, 29: Domino enim Deo antequam crearentur omnia sunt agnita, etc..

Sed dicendum hoc causaliter esse dictum, ut sit sensus imo cogniti sitis a Deo, id est Deus fecit quod vos cognosceretis eum. Sic enim Deus dicitur cognoscere, inquantum est causa cognitionis nostræ. Et ideo, quia supra dixit: cum cognoveritis Deum, quæ fuit vera locutio, statim corrigit et explicat eam præfiguratam innuendo quod non possumus Deum cognoscere ex nobis, nisi per ipsum. Io. I, 18: Deum nemo vidit unquam, sed unigenitus, qui est in sinu patris, etc..

Consequenter exprobrat peccatum commissum, dicens quomodo convertimini, etc.. Et primo exaggerat eorum peccatum; secundo ostendit imminens periculum, ibi timeo vos ne forte, etc.; tertio reducit eos ad salutis statum, ibi estote sicut ego, etc..

Circa primum duo facit.

Primo proponit peccatum commissum; secundo de peccato commisso eos convincit, ibi dies observatis, etc..

Sciendum est autem, quod hæc littera dupliciter legitur. Uno modo, quia isti Galatæ a fide convertebantur ad idololatriam, et ideo dicit quomodo convertimini a fide iterum, id est denuo, II Petr. II, 21: melius erat eis non cognoscere viam iustitiæ, quam post, etc. Is. XLII, 17: conversi sunt retrorsum, etc. Ad elementa, scilicet mundi, quæ sunt infirma, per se subsistere non valentia, quia in nihilum deciderent, nisi ea manus cuncta regentis teneret, secundum illud Hebr. I, 3: portans omnia verbo virtutis suæ, etc. Et egena, quia egent Deo et seipsis ad invicem, ad complementum universi, quibus, scilicet elementis, denuo, id est iterum, servire vultis, servitute scilicet latriæ.

Probatio huius manifeste apparet, quia observatis dies, scilicet faustos et infaustos, et menses, et tempora, et annos, id est constellationes et cursum corporum cælestium, quæ omnia ortum habent ab idololatria. Contra quod dicit Ier. X, 2: a signis cæli nolite metuere, quæ gentes, etc..

Et quod observationes huiusmodi malæ sint et contra cultum christianæ religionis, patet: quia distinctio dierum, mensium, annorum, et temporum attenditur secundum cursum solis et lunæ. Et ideo tales temporum distinctiones observantes, venerantur corpora cælestia, et disponunt actus suos secundum iudicium astrorum, quæ nullam directam impressionem habent in voluntate hominis, et in his quæ dependent a libero arbitrio.

Et ex hoc imminet grave periculum.

Unde dicit timeo ne forte sine causa, id est inutiliter laboraverim in vobis. Et ideo cavendum est fidelibus talia observare; sed nulla debet esse eis suspicio harum rerum, quia prospere potest cedere quidquid sub Dei devotione simpliciter agitur.

Sed numquid licet in aliquo cursum stellarum servare? dicendum est, quod corpora cælestia quorumdam quidem effectuum causa sunt, scilicet corporalium: et in istis licet ipsorum cursum attendere; quorumdam autem non sunt causa, scilicet eorum quæ dependent a libero arbitrio, seu a fortuna, vel infortunio: et in istis servare cursum astrorum pertinet ad idololatriam.

Sed licet hæc lectura sustineri possit, non tamen est secundum intentionem apostoli. Cum enim ipse in tota præcedenti serie huius epistolæ, et in sequenti, arguat Galatas de hoc quod a fide transtulerunt se ad observantiam legis, ideo magis ad propositum exponitur de hoc, quod ad legales observantias convertuntur.

Unde dicit: cum cognoveritis Deum per fidem, quomodo convertimini a fide ad elementa, id est ad litteralem legis observantiam? quæ dicitur elementa, quia lex fuit prima institutio divini cultus; elementa, dico, infirma, quia non perficit iustificando Hebr. VII, 19: neminem ad perfectum adduxit lex; egena, quia non confert virtutes et gratiam, adiuvando per se.

Sed quid est quod dicit convertimini? et videtur hoc inconvenienter dictum.

Similiter et hoc, quod dicit denuo. Nam isti nec Iudæi fuerant, nec alias legalia servaverant.

Ad quod dicendum est, quod cultus Iudæorum medius est inter cultum christianorum et gentilium. Nam gentiles colebant elementa ipsa tamquam viva quædam; Iudæi vero elementis quidem non serviebant, sed Deo sub ipsis elementis, inquantum observationibus corporalium elementorum Deo cultum exhibebant. Supra eodem: sub elementis huius mundi eramus servientes.

Christiani vero serviunt Deo sub Christo, id est in fide Christi. Quando autem aliquis pervenit ad terminum, transacto medio, si iterum redire velit ad medium, idem videtur ac si velit redire ad principium. Et ideo apostolus, quia isti iam pervenerant ad terminum, scilicet ad fidem Christi, et tunc redierunt ad medium, scilicet ad cultum Iudæorum, inde est, quod propter quamdam conformitatem medii ad principium, dicit eos converti ad elementa, et denuo eis servire.

Et quod ita sit probat, cum dicit dies observatis, Iudaico ritu, scilicet sabbata, et decimum primi mensis, et huiusmodi, quæ dicuntur in Glossa; menses, id est Neomenias, ut primum et septimum mensem, ut habetur Lev. XXIII, 5 ss.; tempora, scilicet egressionis de Aegypto, et quod Ierosolymam. tribus vicibus veniebant per singulos annos. Item annos iubilæi, et septimum annum remissionis.

Et ex hoc sequitur periculum, quia ex hoc nihil prodest fides Christi. Unde dicit *timeo vos ne forte sine causa*, id est inutiliter, *in vobis laboraverim*. Infra V, 2: *si circumcidimini, Christus vobis nihil proderit*.

Consequenter cum dicit *estote sicut ego*, reducit eos ad statum salutis; quasi dicat: ita timeo vos, ne forte sine causa laboraverim in vobis, sed ne ita sit, estote sicut ego.

Hoc in Glossa tripliciter legitur. Primo modo sic *estote sicut ego*, scilicet legem deserentes, sicut ego dimisi.

Secundo modo sic *estote sicut ego*, errorem scilicet pristinum corrigentes, sicut ego errorem meum correxi. Et hoc potestis, quia ego, supple sum, sicut vos, et tamen de errore meo correctus sum. Tertio modo sic: *estote sicut ego*, scilicet sine lege viventes, quia ego, supple: qui legem habui, et in lege natus sum, modo sum sicut vos, supple fuistis, scilicet sine lege.

Lectio 5

Postquam reprehendit apostolus Galatas, hic ostendit se hoc non ex odio fecisse. Et primo ostendit se non habere veram causam odii ad eos ullam; secundo quod nec habet causam æstimatam, ibi *ergo inimicus factus sum vobis, etc.*; tertio assignat causam præmissæ reprehensionis, ibi *filioli mei, etc.*.

Circa primum duo facit.

Primo ostendit, quod non habet causam odii ad eos; secundo quod magis habet causam amoris, ibi *scitis autem quod per infirmitatem, etc.*.

Circa primum notandum est, quod consuetudo est boni pastoris in correctione subditorum asperis dulcia miscere, ne scilicet ex nimia severitate frangantur. Lc. X, 34 legitur de Samaritano, quod in curatione sauciati infudit vinum et oleum. E contra, de malis pastoribus dicitur Ez. XXXIV, 4: *cum austeritate imperabatis eis*.

Et ideo apostolus sicut bonus prælatus ostendit, quod non ex odio increpat eos, blande loquendo eis quantum ad tria. Primo quantum ad charitatis nomen. Unde dicit *fratres*, Ps. CXXXII, 1: *ecce quam bonum et quam iucundum habitare fratres in unum*.

Secundo quantum ad modestiæ verbum.

Unde dicit *obsecro vos*, Prov. XVIII, 23: *cum obsecrationibus loquitur pauper*. Tertio quantum ad excusationem. Unde dicit *nihil me læsistis*, et ego non sum talis, quod habeam odio illos, qui me non offendunt.

Secundo ostendit se ad eos habere causam amoris, cum dicit *scitis autem, quod per infirmitatem, etc.*. Ubi tria ponit ex quibus homines se diligere consueverunt.

Primum est mutuum societatis auxilium, et ex hoc etiam amor in hominibus confirmatur, secundum illud Lc. XXII, 28: *vos estis, qui permansistis mecum, etc.*.

Et quantum ad hoc dicit *scitis autem, etc.*, ubi primo commemorat tribulationem quam passus est apud eos; secundo ostendit quomodo ei

Commentaria in Epistolas S. Pauli

astiterunt et tentationem vestram, etc..

Dicit ergo quantum ad primum: dico quod nihil me læsistis, imo servivistis mihi. Scitis enim, id est recordari poteritis, quod evangelizavi vobis iampridem, id est transacto tempore, per infirmitatem carnis, id est cum infirmitate et afflictione carnis meæ, vel cum multis tribulationibus quas patiebar a Iudæis (qui sunt de carne mea) me persequentibus.

I Cor. II, 3: cum timore et tremore multo fui apud vos. II Cor. XII, 9: virtus in infirmitate perficitur.

Et licet hæc infirmitas fuerit causa spernendi me, et tentationis vestræ, secundum illud Zach. XIII, 7: percute pastorem, et dispergentur oves, etc., vos tamen tentationem vestram, quæ erat in carne mea, id est tribulationem meam, quæ erat vobis causa tentationis, non sprevistis. Eccli. XI, 2: non spernas hominem in visu suo. Quia, ut dicit Dominus Lc. X, 2: qui vos spernit, me spernit, etc.. Neque respuistis doctrinam meam et me, quin velletis esse socii tribulationum.

Is. XXXIII, 1: væ qui spernis, nonne et ipse sperneris, etc..

Secundum autem, quod confirmat inter homines dilectionem, est mutuus amor et mutua dilectio ad invicem, secundum illud Prov. VIII, 17: ego diligentes me diligo, etc..

Et quantum ad hoc dicit sed sicut Angelum Dei excepistis me, id est ita honorifice sicut nuntium verba Dei nuntiantem. I Thess. II, 13: cum accepissetis a nobis verbum auditus Dei, etc.. Et inde est, quod prædicatores dicuntur Angeli. Mal. II, 7: legem requirent ex ore eius, etc..

Et non solum sicut Angelum recepistis, sed sicut Iesum Christum, id est ac si Christus ipse venisset, qui Christus profecto in ipso ad eos venerat, et in eo loquebatur, secundum illud II Cor. Cap. Ult.: an experimentum quæritis eius, qui in me loquitur Christi? Matth. X, 40: qui vos recipit, me recipit, etc..

Deinde increpat eos, quod sic deteriorati erant. Unde dicit ubi est ergo beatitudo vestra? quasi dicat: nonne ex hoc homines beatificabant vos, quod me honorastis, et prædicationem meam recepistis? Iob IV, 6: ubi est timor tuus, et fortitudo tua, patientia tua, et perfectio viarum tuarum? tertium, quod amorem confirmat est mutua beneficentia. Et quantum ad hoc dicit testimonium perhibeo, quod si fieri posset, id est iuste fieri potuisset illud enim fieri potest, quod iuste fit vel ad utilitatem ecclesiæ fuisset, oculos eruissetis et dedissetis mihi, quasi dicat: ita me diligebatis, quod non solum mihi vestra exteriora, sed etiam oculos vestros dedissetis mihi.

Consequenter cum dicit ergo inimicus factus sum vobis, etc., ponit causam æstimati odii, et primo unam ex parte apostoli; secundo aliam ex parte pseudo, ibi æmulantur vos, etc..

Dicit ergo: ex quo mihi tot bona fecistis, estne credendum, quod factus sim inimicus vobis, verum dicens vobis? verbum autem hoc, quod dicit inimicus, dupliciter potest intelligi. Uno scilicet modo, quod ipse habeat eos odio, et isto modo legitur sic tunc: factus sum inimicus, id est habeo vos odio. Et sic hoc quod sequitur verum dicens vobis, potest æstimari ut signum odii, quod tamen est signum dilectionis, scilicet dicere verum, suo tamen loco et tempore.

Alio modo potest intelligi inimicus passive, scilicet quod ipse habeatur odio ab eis.

Et tunc sic legitur: ego factus sum inimicus vobis, id est habetis me odio; et hoc ideo, quia dico vobis verum, ut sic dicens verum vobis ponatur, ut sit causa odii. Nam homines veritatem dicentes, a malis odio habentur.

Veritas enim odium parit. Amos V, 10: odio habuerunt in porta corripientem, etc..

Sed contra est quod dicitur Prov. XXVIII, 23: qui corripit hominem, gratiam postea inveniet apud eum magis quam qui per linguæ blandimenta decipit.

Sed dicendum est, quod solutio hæc potest haberi ex hoc quod dicitur Prov. IX, 8: noli arguere derisorem, ne oderit te; argue sapientem, et diliget te. Bonitatis enim signum est, si iste qui corripitur corripientem diligit, et, e converso, si eum oderit, signum est malitiæ. Cum enim homo naturaliter odiat illud quod contrariatur ei quod diligit, si tu odis eum qui corrigit te de malo, manifestum est quod malum diligis. Si vero diligis eum, ostendis te odire peccata. Quia enim homines a principio cum corripiuntur, per amorem ad peccata afficiuntur: inde est, quod in principio peccator corripientem odit, sed postquam iam correctus est et affectum peccati deposuit, corripientem diligit. Et ideo signanter in proposita auctoritate dicitur, quod postea inveniet gratiam apud eum.

Consequenter cum dicit æmulantur vos, etc., ponit aliam causam æstimatam, ex parte scilicet pseudo. Et primo ponit eam; secundo excludit eam, ibi bonum autem æmulamini, etc..

Quantum autem ad primum, sciendum est quod, sicut dictum est supra, quidam pseudo ex Iudæis conversi, circumeuntes ecclesias gentium, prædicabant servari legalia. Et quia Paulus contrarium dicebat, ideo isti detrahebant ei. Et hoc magis faciebant ut excluderent Paulum, quam pro salute eorum.

Et ideo dicit æmulantur vos, id est non patiuntur in vobis (quos diligunt potius amore concupiscentiæ, quam amicitiæ) consortium nostrum. Aemulatio enim est zelus ex amore quocumque proveniens, non patiens consortium in amato. Sed quia amor eorum ad istos non erat bonus, tum quia non amabant eos propter utilitatem ipsorum, sed propter commodum proprium: et hoc patet quia volebant excludere apostolum ab eis, utpote propriæ utilitati contrarium, tum quia hoc cedebat in damnum Galatarum, quia quærebant in eis lucrum, per quod ipsi damnificabantur, ideo dicit æmulantur vos, sed non bene, quia non amant bonum vestrum.

Et hoc apparet, quia volunt vos

excludere, ut æmulemini illos, id est, ut nullum recipiatis nisi eos. Prov. III, 31: ne æmuleris hominem iniustum, etc.. Et Prov. XXXI: non æmuletur cor tuum peccatores.

Hoc autem excludit consequenter cum dicit bonum autem æmulamini, etc., quasi dicat: non debetis eos æmulari in doctrina eorum, sed æmulamini bonum doctorem, me scilicet et huiusmodi. I Petr. III, 13: quis est, qui vobis noceat, si boni æmulatores fueritis? sed quia aliquis potest esse bonus doctor, in quo potest esse aliquid mali, ideo addit: æmulamini bonum doctorem, sed dico tamen, in bono, id est in eo quod bonum est.

I Cor. XIV, 1: sectamini charitatem, æmulamini spiritualia. Licet autem apostolus de se loquatur, secundum Glossam, cum dicit æmulamini bonum, addit tamen in bono, quia, sicut ipse dicit I Cor. IV, 4: nihil mihi conscius sum, sed non in hoc iustificatus sum.

Sed quia aliqui æmulantur doctorem bonum in sua præsentia solum, ideo addit semper, et non tantum cum præsens sum apud vos; quia æmulatio in bonum est signum quod ex amore et timore Dei, qui omnia videt, procedat, si etiam in absentia doctoris perseverat. Col. III, 22: servi, obedite per omnia dominis vestris, etc..

Lectio 6

Supra apostolus removit falsam causam correctionis Galatarum, hic consequenter apostolus dictæ correctionis assignat causam veram, quæ est dolor de eorum imperfectione.

Et ideo primo dolorem cordis ex quo loquebatur, exprimit; secundo ponit desiderium de manifestatione huius doloris, ibi vellem autem, etc.; tertio ponit causam doloris, ibi quoniam confundor, etc..

Dolor autem iste ex charitate procedebat, quia dolebat de peccatis eorum. Ps. CXVIII, 158: vidi prævaricantes, et tabescebam, etc.. Et ideo verbum charitatis proponit dicens filioli mei.

Signanter autem non eos filios vocat, sed filiolos, ut designet eorum imperfectionem, qua diminuti sunt. I Cor. III, 1: tamquam parvulis in Christo, etc..

Sed notandum est, quod puer dum est in parturitione, dicitur filiolus. Et isti tales erant, quia indigebant iterata parturitione, cum tamen parentes carnales semel tantum parturiant filios. Et ideo dicit eis quos iterum parturio.

Nam semel eos parturierat in prima conversione, sed quia iam aversi erant ab eo, qui eos vocavit in aliud evangelium, indigebant quod iterato parturiret eos. Ideo dicit parturio, id est cum labore et dolore ad lucem fidei reduco. In quo apparet dolor apostoli.

Unde conversio hominis, partus dicitur.

Iob XXXIX, 3: incurvantur ad fœtum et pariunt.

Apoc. XII, 2: clamabat parturiens, et cruciabatur ut pariat. Et inde est quod apostolus ex dolore dure eos corrigit, sicut mulier ex dolore partus dure clamat. Is. XLII, 14: quasi parturiens loquar, etc..

Et ratio iteratæ parturitionis est, quia non estis perfecte formati. Unde dicit donec Christus formetur in vobis, id est recipiatis similitudinem eius, quam vestro vitio perdidistis. Et non dicit, formemini in Christo sed formetur Christus in vobis, ut hoc terribilius insonet auribus eorum.

Nam Christus per fidem formatam formatur in corde. Eph. III, 17: habitare Christum per fidem, etc.. Sed quando quis non habet fidem formatam, iam in eo moritur Christus.

II Petr. I, 19: donec dies illucescat, etc.. Et sic secundum hominis profectum in fide, Christus in homine proficit, et, e converso, secundum defectum deficit. Quando ergo fides in homine efficitur informis per peccatum, Christus non est in eo formatus.

Et ideo, quia in istis non erat fides formata, indigebant iterum parturiri, donec Christus in eis formaretur per fidem formatam, scilicet quæ per dilectionem operatur.

Vel donec Christus formetur in vobis, id est, formosus aliis per vos appareat.

Posset autem aliquis dicere: absens tu dicis talia, sed si esses apud nos, hæc non diceres, secundum illud II Cor. X, 10: præsentia quidem corporis infirma, et sermo contemptibilis, etc.. Et ideo ponit desiderium manifestandi dolorem suum asperius, dicens vellem autem esse apud vos modo et mutare vocem meam, quasi dicat: modo blandis verbis utor, vocans vos fratres et filios in absentia; sed si essem præsens, asperius corriperem. Nam si quæ per litteras scribo, nunc præsens et ore proferrem, durior esset correctio, utpote quia magis possem vocem obiurgantis exprimere, et irascentis resonare clamorem et dolorem pectoris, magis quam per litteras explicare, et magis cor vestrum viva vox ad confusionem de errore vestro et mea turbatione moveret.

Et causa huius doloris est, quia confundor in vobis, id est, erubesco apud alios pro vobis. Nam, sicut Eccli. XXII, 3 dicitur confusio est patris de filio indisciplinato.

Nam, cum filius sit res patris, et discipulus, inquantum huiusmodi, res Magistri, Magister gaudet de bono quod videt in eo relucere, quasi de bono proprio, et gloriatur, et, e converso, de malo dolet et confunditur. Unde quia isti mutati erant de bono in malum, apostolus confundebatur inde.

Lectio 7

Supra apostolus probavit dignitatem gratiæ per consuetudinem humanam hic autem probat eam auctoritate Scripturæ. Et primo proponit factum; secundo exponit mysterium, ibi quæ sunt per allegoriam dicta, etc.; tertio concludit propositum, ibi itaque, fratres mei, non sumus, etc..

Circa primum duo facit.

Primo excitat ad attentionem; secundo proponit suam intentionem, ibi scriptum est enim, etc..

Dicit ergo dicite mihi, etc., quasi dicat:

si vos estis sapientes, attendite ad ea quæ obiicio, et si non potestis contradicere, cedatis. Iob VI, 29: respondete, obsecro, absque contentione, etc.. Facio vobis autem hanc obiectionem: aut legistis legem, aut non legistis.

Sed si legistis, scire debetis ea quæ in ea scripta sunt: sed ipsa probat se dimittendam; si autem non legistis, non debetis recipere quod nescitis. Prov. IV, 25: palpebræ tuæ præcedant gressus tuos.

Dicit autem sub lege, id est sub onere legis.

Nam subire aliquod leve non est vis, sed subire grave onus, sicut est onus legis, magnæ stultitiæ signum esse videtur. Act. XV, 10: hoc est onus, quod neque patres nostri, neque nos portare potuimus, etc., quod est intelligendum de illis, qui volunt carnaliter esse sub lege.

Consequenter cum dicit scriptum est enim, etc., proponit suam intentionem, dicens: ideo quæro an legistis legem, quia in ipsa continentur quædam, quæ manifeste dicunt legem non esse tenendam. Et specialiter apostolus facit mentionem de duobus filiis Abrahæ. Et primo ponit unum in quo conveniunt; secundo duo in quibus differunt.

Conveniunt quidem in uno patre. Unde dicit scriptum est, quoniam Abraham duos filios habuit. Habuit etiam alios quam istos duos filios, quia post mortem Saræ alios genuit de cæthura, ut dicitur Gen. XXV, 2; de quibus mentionem non fecit apostolus, quia non pertinent ad hanc significationem. Possunt tamen per istos duos, scilicet filium ancillæ et filium liberæ, duo populi scilicet, Iudæorum et gentium, designari; per alios vero filios cæthuræ, schismatici et hæretici.

Qui quidem duo populi conveniunt in uno patre; quia Iudæi sunt filii Abraham secundum carnem, gentiles vero secundum imitationem fidei. Vel sunt filii Abrahæ, id est Dei, qui est pater omnium. Mal. II, 10: nonne Deus pater omnium, etc., Rom. III, 29: an Iudæorum tantum? differunt autem in duobus, scilicet in conditione matris, quia unus est de ancilla, ut dicitur Gen. XXI, 10. Nec tamen peccavit Abraham ad eam accedens, quia accessit ad eam coniugis affectu et ordinatione divina. Alius autem est de libera, scilicet Isaac, quem genuit ei Sara uxor sua. Gen. XVIII, 10: veniam ad te tempore isto, vita comite, et Sara uxor tua, etc..

Item differunt in modo generationis, quia qui de ancilla, scilicet Ismæl, secundum carnem natus est; qui autem de libera, scilicet Isaac, per repromissionem.

Sed vitandus est hic duplex falsus intellectus. Unus, ne intelligatur per hoc, quod dicit secundum carnem natus est, ut accipiatur hic caro pro actu peccati, secundum illud Rom. VIII, 13: si secundum carnem vixeritis, moriemini, etc.; II Cor. X, 3: in carne ambulantes non secundum carnem militamus; quasi Abraham peccante natus sit Ismæl.

Alius intellectus, ut per hoc, quod

dicitur per repromissionem, credatur Isaac non secundum carnem natus, id est, secundum carnalem commixtionem, sed per spiritum sanctum.

Est ergo dicendum, quod secundum carnem, id est secundum naturam carnis natus est Ismæl. Nam naturale est in hominibus, quod ex muliere iuvencula fœcunda, sicut erat Agar, et sene, nascatur filius. Et quod per repromissionem, id est supra naturam carnis, natus est Isaac. Non enim ad hoc se extendit natura carnis, ut ex viro seni et vetula sterili, sicut fuit Sara, filius nascatur.

Per Ismæl significatur populus Iudæorum, qui secundum carnem natus est; per Isaac vero intelligitur populus gentium, qui natus secundum repromissionem, qua promissum est Abrahæ, quod esset futurus pater multarum gentium. Gen. XXII, 18: in semine tuo benedicentur, etc..

Mysterium autem exponit, cum dicit quæ sunt per allegoriam dicta. Et primo ponit modum mysterii; secundo exemplificat, ibi hæc enim duo sunt testamenta, etc..

Dicit ergo: hæc quæ sunt scripta de duobus filiis, etc., sunt per allegoriam dicta, id est per alium intellectum. Allegoria enim est tropus seu modus loquendi, quo aliquid dicitur et aliud intelligitur. Unde allegoria dicitur ab allos, quod est alienum, et goge, ductio, quasi in alienum intellectum ducens.

Sed attendendum est, quod allegoria sumitur aliquando pro quolibet mystico intellectu, aliquando pro uno tantum ex quatuor qui sunt historicus, allegoricus, mysticus et anagogicus, qui sunt quatuor sensus sacræ Scripturæ, et tamen differunt quantum ad significationem.

Est enim duplex significatio. Una est per voces; alia est per res quas voces significant.

Et hoc specialiter est in sacra Scriptura et non in aliis; cum enim eius auctor sit Deus, in cuius potestate est, quod non solum voces ad designandum accommodet (quod etiam homo facere potest), sed etiam res ipsas.

Et ideo in aliis scientiis ab hominibus traditis, quæ non possunt accommodari ad significandum nisi tantum verba, voces solum significant. Sed hoc est proprium in ista scientia, ut voces et ipsæ res significatæ per eas aliquid significent, et ideo hæc scientia potest habere plures sensus. Nam illa significatio qua voces significant aliquid, pertinet ad sensum litteralem seu historicum; illa vero significatio qua res significatæ per voces iterum res alias significant, pertinet ad sensum mysticum.

Per litteralem autem sensum potest aliquid significari dupliciter, scilicet secundum proprietatem locutionis, sicut cum dico homo ridet; vel secundum similitudinem seu metaphoram, sicut cum dico pratum ridet. Et utroque modo utimur in sacra Scriptura, sicut cum dicimus, quantum ad primum, quod Iesus ascendit, et cum dicimus quod sedet a dextris Dei, quantum ad secundum. Et ideo sub sensu litterali includitur parabolicus seu metaphoricus.

Mysticus autem sensus seu spiritualis dividitur in tres. Primo namque, sicut dicit apostolus, lex vetus est figura novæ legis. Et ideo secundum quod ea quæ sunt veteris legis, significant ea quæ sunt novæ, est sensus allegoricus.

Item, secundum Dionysium in libro de cælesti hierarchia, nova lex est figura futuræ gloriæ. Et ideo secundum quod ea quæ sunt in nova lege et in Christo, significant ea quæ sunt in patria, est sensus anagogicus.

Item, in nova lege ea quæ in capite sunt gesta, sunt exempla eorum quæ nos facere debemus, quia quæcumque scripta sunt, ad nostram doctrinam scripta sunt; et ideo secundum quod ea quæ in nova lege facta sunt in Christo et in his quæ Christum significant, sunt signa eorum quæ nos facere debemus: est sensus moralis.

Et omnium horum patet exemplum. Per hoc enim quod dico fiat lux, ad litteram, de luce corporali, pertinet ad sensum litteralem.

Si intelligatur fiat lux id est nascatur Christus in ecclesia, pertinet ad sensum allegoricum.

Si vero dicatur fiat lux id est ut per Christum introducamur ad gloriam, pertinet ad sensum anagogicum. Si autem dicatur fiat lux id est per Christum illuminemur in intellectu et inflammemur in affectu, pertinet ad sensum moralem.

Lectio 8

Superius posuit apostolus intellectum mysticum, hic aperit mysterium.

Et primo quantum ad matres; secundo quantum ad filios, ibi nos autem fratres, etc..

Per duas autem matres intelligit duo testamenta.

Et ideo primo ponit significatum; secundo exponit, ibi unum quidem in monte, etc..

Dicit ergo hæ, scilicet duæ uxores, ancilla et libera, sunt duo testamenta, vetus et novum. Ier. XXXI, 31: feriam domui Israel fœdus novum, ecce novum testamentum, non secundum pactum, etc., ecce testamentum vetus. Libera enim significat testamentum novum, ancilla vero vetus.

Ad sciendum autem quid sit testamentum, attendi debet, quod testamentum idem est quod pactum seu fœdus eorum quæ testibus confirmantur. Unde in Scriptura multoties loco testamenti ponitur fœdus vel pactum.

Ubicumque autem intervenit fœdus, vel pactum, fit aliqua promissio. Et ideo secundum diversitatem promissionum, est diversitas testamentorum.

Duo autem sunt nobis promissa, scilicet temporalia in veteri lege et æterna in nova. Matth. V, 12: gaudete et exultate, etc.. Hæ ergo duæ promissiones sunt duo testamenta.

Unde apostolus consequenter cum dicit: unum quidem, etc., exponit ipsa. Et primo quantum ad vetus; secundo quantum ad novum, ibi illa autem quæ sursum, etc..

Ad evidentiam autem litteræ sciendum est, circa primum, quod quilibet civis alicuius civitatis dicitur esse filius illius, et ipsa civitas est sicut mater eius. Lc. XXIII, 28: filiæ Ierusalem, nolite flere, etc..

Thren. Cap. Ult.: filii sion inclyti, etc..

Per hoc igitur quod aliqui fiunt alicuius civitatis cives, efficiuntur filii eius.

Duplex autem est civitas Dei, una terrena, scilicet Ierusalem terrestris; alia spiritualis, scilicet Ierusalem cælestis. Per vetus autem testamentum homines efficiebantur cives civitatis terrestris, per novum autem, cælestis.

Et ideo circa hoc duo facit.

Primo ponit mysterium expositum; secundo expositionis mysticæ rationem assignat, ibi sina enim, etc..

Dicit ergo primo: dico quod significat duo testamenta, scilicet vetus et novum.

Et quantum ad hoc dicit: primum quidem in monte sina, etc..

Ubi, primo, ponitur locus in quo datum fuit, quia ad litteram in monte sina, ut dicitur Ex. XX, cuius, secundum Glossam, mystica ratio est, quia sina interpretatur mandatum. Unde et ab apostolo vetus lex vocatur lex mandatorum, Eph. II, 15; mons autem significat superbiam, Ier. XIII, 16: antequam offendant pedes vestri ad montes caliginosos, etc.. Unde per montem istum in quo data est lex, significatur superbia Iudæorum duplex: una qua superbiebant contra Deum, Deut. XXXI, 27: ego scio contentionem tuam, etc.; alia qua superbiebant contra alias nationes abutentes eo, quod dicitur in Ps. CXLVII, 20: non fecit taliter omni nationi, etc..

Secundo vero proponit ad quid sit datum, quia non ad faciendum liberos, sed filios matris ancillæ, generans in servitutem, quæ est Agar, id est significatur per Agar, quæ quidem in servitutem generat, scilicet vetus testamentum. Et hoc tripliciter, scilicet quantum ad affectum, quantum ad intellectum et fructum.

Quantum ad intellectum quidem secundum cognitionem, quia in homine est duplex cognitio: una libera, quando scilicet rerum veritatem secundum seipsam cognoscit; alia vero ancilla, id est subiecta velaminibus figurarum.

Et talis fuit cognitio veteris testamenti.

Quantum ad affectum vero, quia nova lex generat affectum amoris, qui pertinet ad libertatem, nam qui amat, ex se movetur. Vetus autem generat affectum timoris, in quo est servitus; qui enim timet, non ex se, sed ex alio movetur. Rom. VIII, 15: non accepistis spiritum servitutis iterum in timore, etc..

Sed quantum ad fructum, quia lex nova generat filios quibus debetur hæreditas; sed illis, quos vetus generat, debentur munuscula, sicut servis. Io. VIII, 35: servus non manet in domo in æternum, filius manet in domo in æternum.

Commentaria in Epistolas S. Pauli

Rationem mysterii assignat, cum dicit sina enim mons est in Arabia, etc.. Ubi primo oritur dubitatio, quia cum sina distet a Ierusalem per viginti fere dietas, videtur falsum quod sina iunctus sit Ierusalem, ut hic apostolus dicit.

Sed ad hoc mystice respondetur in Glossa sic, ut sina sit in Arabia.

Arabia enim humilitas vel afflictio interpretatur, in qua datum est vetus testamentum, quia homines quasi servi et alieni sub ea affligebantur carnalibus observantiis. Act. XV, 10: hoc est onus, quod neque patres nostri, neque nos, etc.. Qui, mons, coniunctus est, non per spatii continuitatem sed per similitudinem, ei quæ nunc est Ierusalem, id est, Iudaico populo; quia sicut ipsi terrena diligunt, et pro temporalibus serviunt sub peccato, ita et mons ille in servitutem generabat.

Sed hæc non videtur intentio apostoli. Nam ipse vult, quod vetus testamentum, quod in monte sina datum est, ex ipso loco servitutis in servitutem generet; quia illud dabatur in sina, non tamen ibi remanentibus filiis Israel, sed proficiscentibus ad terram promissionis. Ierusalem enim etiam generat filios servitutis, et ideo quantum ad hoc coniungitur mons sina cum illa. Et hoc est quod dicit qui coniunctus est ei, scilicet per continuationem itineris euntium in Ierusalem, quæ nunc est Ierusalem, et servit cum filiis suis, servitute scilicet legalium observantiarum (a qua redemit nos Christus) et servitute diversorum peccatorum Io. VIII, 34: qui facit peccatum, servus est peccati et (ad litteram) a servitute Romanorum, qui eis dominabantur.

Deinde cum dicit illa autem quæ sursum est Ierusalem, etc., hic consequenter aperit mysterium de libera. Et primo exponit mysterium; secundo inducit prophetiam, ibi scriptum est enim, etc..

Primum quidem potest dupliciter intelligi, secundum quod hanc matrem possumus intelligere, vel illam per quam generamur, quæ est ecclesia militans; vel illam matrem in cuius filios generamur, quæ est ecclesia triumphans. I Petr. I, 3: regeneravit nos in spem vivam, etc.. Sic ergo generamur in præsenti ecclesia militante, ut perveniamus ad triumphantem.

Hoc ergo modo illud exponentes, a quatuor describitur mater nostra, scilicet a sublimitate, cum dicit sursum, secundo a nomine, cum dicit Ierusalem, tertio a libertate, cum dicit libera est, quarto a fœcunditate, cum dicit mater nostra.

Est ergo sublimis per apertam Dei visionem, et per perfectam Dei fruitionem, et hoc quantum ad ecclesiam triumphantem. Is. LX, 5: videbis, et afflues, etc.. Col. III, 2: quæ sursum sunt sapite, etc.. Item sublimis per fidem et spem, quantum ad ecclesiam militantem.

Phil. III, 20: nostra conversatio in cælis, etc.. Cant. III, 6 et VIII, 5: quæ est ista quæ ascendit, etc..

Sed est etiam pacifica, quia Ierusalem, id est, visio pacis. Quod quidem competit ecclesiæ triumphanti, ut habenti pacem perfectam.

Ps. CXLVII, 14: qui posuit fines tuos pacem, etc.. Is. XXXII, 18: sedebit populus meus in pulchritudine pacis. Item competit ecclesiæ militanti, quæ in Christo pacem habens quiescit.

Io. XVI, 33: in me pacem habebitis.

Est etiam libera, Rom. VIII, 21: ipsa creatura liberabitur, etc.. Et hoc quantum ad triumphantem, et etiam quantum ad militantem, ut Apoc. XXI, 2: vidi civitatem sanctam Ierusalem, etc..

Sed fœcunda est, quia mater nostra. Militans quidem ut generans, triumphans ut in cuius filios generamur. Ps. LXXXVI, 5: numquid sion dicet homo, etc.. Is. LX, 4: filii tui de longe venient, etc..

Scriptum est enim, scilicet Is. LIV, 1, secundum enim septuaginta. Hic ponitur prophetia, per quam primo probatur libertas matris prædictæ; secundo eius fœcunditas, ibi quia multi filii, etc..

Sciendum est autem, circa primum, quod in muliere fœcunda, primo quidem est tristitia in pariendo, secundo subsequitur gaudium in suscepta prole, secundum illud Io. XVI, 21: mulier cum parit, etc.. Sed mulier sterilis nec patitur in partu, nec gaudet in prole. Differunt autem parere et parturire, quia parturire dicit conatum ad partum; parere vero dicit eductionem fœtus iam facti. In parturitione ergo dolorem experitur fœcunda, et in partu gaudium. Sterilis autem dolore parturitionis et gaudio partus privatur.

Sed hæc duo propheta indicit sterili, dicens lætare, sterilis, etc., ubi loquitur de Ierusalem, quam dicit liberam, significatam per Saram sterilem. Nam ecclesia sterilis erat, scilicet ecclesia militans gentium ante conversionem, quæ non offerebat filium Deo, sed diabolo. Unde ad Babylonem dicitur Is. XLVII, 9: sterilitas et viduitas venerunt tibi, etc..

Et ecclesia triumphans ante passionem Christi sterilis erat, quia non generabantur aliqui in filios eius per introitum gloriæ nisi in spe.

Posita enim erat romphæa ante ianuam Paradisi, ut nullus intrare posset. Huic ergo sterili dicitur lætare, quæ non paris, etc., quasi dicat: steriles, ut dictum est, non dolent de partu, sed de eo quod non pariunt.

I Reg. I, 10: cum esset Anna amaro animo, etc.. Sed tu lætaberis in multitudine filiorum.

Is. LX, 5: tunc dilatabitur et mirabitur cor tuum, scilicet lætitiam mentis extra ostendens.

Duo enim sunt in partu, scilicet dolor ex eruptione reticulorum, quibus continetur fœtus in matrice, et clamor ex ipso dolore. Et ideo dicit tu quæ non parturis, scilicet ecclesia militans, quæ non conaris ad partum per desiderium, et triumphans, quæ non parturis dolendo, vel quia nondum venit tempus recipiendi filios: erumpe, id est lætitiam quam interius habes manifesta exterius, et clama voce laudis. Is. LVIII, 1: clama, ne cesses, etc..

Et hæc duo ad libertatem pertinent,

Commentaria in Epistolas S. Pauli

scilicet clamare et erumpere: sic ergo apparet libertas matris.

Sequitur fœcunditas quia multi filii, etc..

Sed cum supra dictum sit ecclesiam liberam significari per Saram, videtur esse dubium an Sara fuerit deserta.

Ad quod sciendum est, quod deserta fuit ab Abraham, ut hic dicitur, non per divortium, sed quantum ad opus carnale. Nam Abraham vacabat quidem operi carnali, non propter concupiscentiam, sed propter prolem suscipiendam. Cum ergo innotuit ei Saram sterilem esse, deseruit eam, non frangens coniugalem thorum, sed quia non utebatur ea ab illo præcise tempore quo Sara introduxit ei ancillam.

Per quod datur intelligi, quod ecclesia gentium deserta erat a Christo, quia nondum venerat Christus, et quod ecclesia triumphans deserta erat ab hominibus, quibus ad eam nondum patebat accessus. Huius ergo desertæ, scilicet ecclesiæ gentium, sunt multi filii, id est plures, magis quam eius, scilicet synagogæ, quæ habet virum, scilicet Moysen.

I Reg. II, 5: sterilis peperit plurimos, et quæ multos filios habebat, etc.. Et hoc veniente sponso, scilicet Christo, a quo deserta erat, non dilectione, sed partu postposito.

Lectio 9

Exposito mysterio quantum ad matres, hic exponit illud quantum ad filios. Et primo ponit filiorum distinctionem; secundo principalem conclusionem, ibi itaque, fratres mei, etc..

Distinctionem autem filiorum ponit quantum ad tria.

Primo quantum ad modum originis; secundo quantum ad affectum dilectionis, ibi sed quomodo tunc, etc.; tertio quantum ad ius hæreditatis, ibi sed quid dicit Scriptura, etc..

Modus autem originis quo aliqui nascuntur filii Abrahæ est duplex: quidam origine carnali, sicut Ismæl de ancilla; quidam autem non carnali origine, sicut Isaac de libera: non quod naturali opere natus non fuerit, sed quia sicut dictum est supra naturalem virtutem carnis fuit ut de vetula sterili filius nasceretur.

Per hos autem filios intelligitur duplex populus.

Nam per Ismælem intelligitur populus Iudæorum, qui carnali propagatione est ab Abraham derivatus. Per Isaac autem, populus gentium, qui per imitationem fidei ab Abraham descendit. Et ideo dicit nos autem, fratres, scilicet fideles, tam Iudæi, quam gentiles, secundum Isaac, id est, in similitudine Isaac, promissionis filii sumus facti Abrahæ.

Rom. IX, 8: qui sunt filii promissionis æstimantur in semine.

Sed nota, quod filii carnis Abrahæ ad litteram sunt Iudæi, mystice autem, qui propter carnalia et temporalia bona ad fidem veniunt.

Secundum affectum autem distinguuntur, quia qui natus erat secundum carnem, persequebatur

82

illum qui natus erat secundum spiritum.

Sed hic est quæstio. Primo quia non legitur, quod Ismæl persecutionem aliquam fecerit contra Isaac, sed quod tantum luserit cum eo. Gen. XXI, 9: cum vidisset Sara filium ancillæ Agar ludentem, etc..

Responsio. Dicendum est, quod apostolus illum ludum dicit persecutionem, quia ludus magni ad parvum est quædam illusio, cum maior cum parvo ludens intendit eum decipere.

Vel etiam, ut dicunt quidam, Ismæl cogebat Isaac adorare imagines luteas quas faciebat.

Per hoc autem docebat eum averti a cultu unius Dei, quod est magna persecutio, cum maius malum sit inferre mortem spiritualem, quam corporalem. Quod tamen ideo in Genesi appellatur ludus, quia sub specie ludi hoc faciebat.

Est etiam quæstio quomodo filii secundum carnem persecuti fuerint et persequantur filios secundum spiritum.

Sed ad hoc est responsio, quia a principio primitivæ ecclesiæ Iudæi persecuti sunt christianos, ut patet in actibus apostolorum, et facerent etiam nunc si possent. Nunc etiam carnales persequuntur in ecclesia spirituales viros, etiam corporaliter, illi scilicet qui quærunt gloriam et temporalia lucra in ecclesia.

Unde dicitur in Glossa: omnes qui in ecclesia terrenam facultatem quærunt a Domino, ad hunc Ismælem pertinent.

Ipsi sunt qui contradicunt spiritualibus proficientibus, et detrahunt illis, et habent labia iniqua et linguas dolosas et subdolosas.

Spiritualiter autem persequuntur spirituales filios, superbi et hypocritæ. Nam aliquando aliqui manifeste carnales et mali culpam suam recognoscentes, bonis se humiliant, fatui vero bonitatem, quam ipsi non habent, persequuntur in aliis.

Est etiam quæstio, quia hæretici quos nos persequimur, dicunt se natos secundum spiritum, nos vero secundum carnem.

Sed dicendum est, quod duplex est persecutio.

Una bona, qua aliquis persequitur alium, ut reducat eum ad bonum, et hanc viri iusti faciunt malis et spirituales carnalibus, vel ut eos corrigant si converti volunt, vel si obstinati sunt in malo, destruant, ne gregem Domini inficiant. Alia persecutio est mala, qua quis persequitur alium, ut pervertat ad malum, et hanc qui secundum carnem nati sunt, faciunt his, qui nati sunt secundum spiritum.

Quantum vero ad ius hæreditatis, distinguuntur per auctoritatem Scripturæ, Gen. XXI, 10: eiice ancillam et filium eius.

In quo datur intelligi, quod Iudæi et persecutores fidei christianæ, et etiam carnales et mali christiani eiicientur a regno cælesti.

Matth. VIII, 11: multi venient ab

oriente, etc..

Apoc. XXII, 15: foris canes et venefici, etc..

Ancilla etiam, id est malitia, et ipsum peccatum eiicietur. Eccli. XIV, 20: omne opus corruptibile in fine deficiet.

Et ratio horum subditur, quia non erit hæres filius ancillæ cum filio liberæ.

In mundo enim isto boni sunt malis permixti, et mali bonis. Cant. II, 2: sicut lilium inter spinas, etc.. Sed in æterna patria non erunt nisi boni. Iudic. XI, 2 dicitur ad Iephte: hæres in domo patris nostri esse non poteris, quia de adultera natus es. Quam quidem libertatem habemus a Christo. Unde dicit qua libertate, etc.. Io. VIII, 36: si filius vos liberaverit, vere liberi eritis.

Capitulus V

Lectio 1

Supra ostendit apostolus, quod per legem non est iustitia hic vero reducit eos ab errore ad statum rectitudinis.

Et primo quantum ad divina; secundo quantum ad humana, VI cap., ibi et si præoccupatus fuerit homo, etc..

Circa primum duo facit.

Primo proponit admonitionem; secundo eius rationem assignat, ibi ecce ego Paulus, etc..

Et in admonitione etiam duo ponit. Quorum unum est inductivum ad bonum; secundum est prohibitivum a malo.

Inducit quidem ad bonum, cum dicit state ergo, quasi dicat: ex quo per Christum liberati estis a servitute legis, state firma fide, et fixo pede permanentes in libertate. Sic ergo cum dicit state, inducit ad rectitudinem. Qui enim stat, rectus est. I Cor. X, 12: qui se existimat stare, etc.. Inducit etiam ad firmitatem.

I Cor. XV, 58: stabiles estote et immobiles, etc.. Eph. Cap. Ult.: state succincti lumbos vestros, etc..

Prohibet vero et retrahit a malo, cum subdit et nolite iterum iugo servitutis contineri, id est non subiiciamini legi, quæ in servitutem generat. De quo iugo dicitur Act. XV, 10: hoc est onus quod neque patres nostri, neque nos, etc., a quo tantum per Christum liberati estis. Is. IX, 4: virgam humeri eius, etc..

Ideo autem addit iterum, non quia prius sub lege fuerint, sed quia, ut Hieronymus dicit, post evangelium servare legalia adeo peccatum est, ut sit sicut servire idololatriæ. Unde quia isti idololatræ fuerant, si subiiciant se iugo circumcisionis et aliarum legalium observationum, quasi ad eadem revertuntur, quibus antea in idololatria servierant.

Secundum Augustinum vero, ut supra dictum est, circa legalium observantias triplex tempus distinguitur, scilicet tempus ante passionem, ante gratiam divulgatam, et post gratiam divulgatam. Post ergo gratiam divulgatam servare legalia est peccatum mortale, etiam ipsis Iudæis. Sed in tempore medio, scilicet ante gratiam divulgatam, poterant quidem absque peccato etiam illi, qui ex Iudæis conversi fuerant, legalia servare, dum tamen in eis spem non ponerent; conversis vero ex gentibus non licebat ea servare. Quia ergo Galatæ ex Iudæis non erant, et tamen legalia servare volebant et ponebant in eis spem, ideo revertebantur in iugum servitutis.

Nam huiusmodi observatio erat eis sicut idololatria, inquantum non recte sentiebant de Christo, credentes ab ipso sine legalibus salutem consequi non posse.

Deinde cum dicit ecce ego, etc., exponit prædicta duo. Et primo secundum, secundo primum, ibi nos autem spiritus, etc..

Circa primum duo facit.

Primo ostendit quid sit iugum servitutis, quod non debent subire; secundo probat, ibi evacuati estis, etc..

Circa primum duo facit.

Primo ostendit iugum illud esse valde nocivum; secundo valde onerosum, ibi testificor autem, etc..

Nocivum est quidem iugum legis, quia aufert dominicæ passionis effectum. Et ideo dicit: nolite contineri iugo servitutis, quia ecce ego Paulus, qui, supple: voce auctoritatis, dico, et bene, si circumcidimini, Christus vobis nihil proderit, id est, fides Christi.

Sed contra, Act. XVI, 3 dicitur quod Paulus circumcidit Timotheum, ergo fecit quod Christus ei nihil prodesset, ergo decepit eum.

Respondeo. Dicendum est, secundum Hieronymum, quod Paulus non circumcidit Timotheum quasi legem servare intenderit, sed simulavit se circumcidere, faciendo opus circumcisionis.

Nam, secundum ipsum, apostoli simulatorie servabant legalia ad vitandum scandalum fidelium ex Iudæis. Faciebant autem actus legalium, non tamen cum intentione servandi legalia, et sic non exibant a fide.

Unde non decepit Timotheum.

Secundum vero Augustinum dicendum est quod apostoli secundum veritatem servabant legalia, et cum intentione ea servandi, quia, secundum apostolorum sententiam, licebat fidelibus ex Iudæis illo tempore, scilicet ante gratiam divulgatam, ipsa servare. Et ideo quia Timotheus fuit ex matre Iudæa, circumcidit eum apostolus cum intentione servandi legalia.

Quia vero Galatæ ponebant spem in legalibus post gratiam divulgatam, quasi sine eis gratia non sufficeret ad salutem, et ideo ea servare volebant, ideo dicit eis apostolus si circumcidimini, etc.. Sequebatur enim ex hoc, quod non reputarent Christum, in cuius signum data fuit circumcisio. Gen. XVII, 11: ut sit in signum fœderis inter me et vos, etc.. Qui ergo circumcidebantur, credebant adhuc signum durare, et tunc signatum nondum venisse, et sic excidebant a Christo.

Sic ergo patet onus legis esse nocivum.

Est etiam valde onerosum, quia obligat ad impossibile, et hoc est quod dicit testificor autem, etc., quasi dicat: dico quod si circumcidimini, Christus vobis nihil proderit.

Sed adhuc, testificor enim omni homini, scilicet Iudæo et gentili, etc..

Nam quicumque profitetur in aliqua religione, facit se debitorem omnium quæ ad observantiam illius religionis pertinent. Et sicut dicit Augustinus: numquam fuit aliqua religio sine aliquo visibili signo, ad quod obligarentur qui in ipsa religione vivunt; sicut in religione christiana signum visibile est baptisma, ad quod omnes christiani tenentur quoad cultum. Obligantur etiam ad omnia quæ ad cultum christianæ religionis pertinent.

Signum autem legis Mosaicæ fuit circumcisio. Quicumque ergo circumcidebat se, obligabatur ad omnia legalia servanda ac implenda, et hoc est quod dicit quoniam debitor est universæ legis faciendæ, Iac. II, 10: qui offendit in uno, factus est omnium reus. Quam tamen nullus servare poterat, secundum illud Act. XV, 10: hoc est onus, quod neque patres nostri, neque nos portare potuimus, etc..

Sed dato quod aliquis circumcideretur, ergo secundum prædicta obligat se ad servandum legalia, sed hoc est peccatum mortale, ergo tenetur peccare mortaliter, et sic videtur esse perplexus.

Respondeo. Dicendum est quod eadem conscientia durante, tenetur servare legalia, puta si aliquis haberet conscientiam, quod, nisi circumcideretur, peccaret mortaliter, et circumcisus, ipsa conscientia durante, peccaret mortaliter, si non observaret legalia: cuius ratio est, quia habere conscientiam de re aliqua facienda, nihil aliud est quam æstimare quod faciat contra Deum, nisi illud faciat.

Facere autem contra Deum est peccatum.

Sic ergo dico, quod nisi faceret hoc ad quod inducit conscientia, peccaret mortaliter, non quidem ex genere operis, sed ex intentione operantis. Et similiter si facit, peccat; quia huiusmodi ignorantia non excusat, cum sit ignorantia iuris. Nec tamen est perplexus simpliciter, sed secundum quid, quia potest deponere erroneam conscientiam. Et hoc modo hic apostolus testificatur omni circumcidenti se, quod tenetur ad servandum legem.

Consequenter cum dicit evacuati estis, etc., probat quæ dicit, scilicet quod non debent accipere legis observantiam ratione damni iam præsentis, quod est duplex.

Unum est amissio Christi; secundum est amissio gratiæ Christi. Primum est causa secundi, ibi qui in lege, etc..

Dicit ergo evacuati, etc.; quasi dicat: vere Christus vobis nihil proderit, quia evacuati estis a Christo, id est, habitatione Christi.

Secundum damnum est amissio gratiæ.

Ideo dicit a gratia excidistis, qui scilicet prius eratis pleni gratia Christi, quia de plenitudine eius accepimus omnes. Io. I, 16: de plenitudine Christi nos omnes accepimus, etc.. Et Eccli. XXI, 17: cor fatui quasi vas confractum, et omnem sapientiam non tenebit.

Vos, dico, qui in lege iustificamini, id est creditis iustificari, a gratia, scilicet habenda futuræ beatitudinis, vel etiam a iam habita, excidistis. Apoc. II, 5: memor esto unde excideris, et age pœnitentiam.

Lectio 2

Explicavit apostolus secundum documentum, scilicet quod non esset subeundum iugum servitutis legis, hic autem redit ad primum, ostendens quod stare debent. Et primo proponit standi exemplum; secundo removet stationis impedimentum, ibi currebatis, etc.; tertio assignat standi causam, ibi vos autem in libertatem, etc..

Circa primum duo facit.

Primo proponit standi exemplum; secundo causam eius assignat, ibi nam in Christo Iesu, etc..

Dicit ergo: qui in lege volunt iustificari, Christus eis nihil prodest, quia excidunt a gratia. Sed nos, scilicet apostoli, stamus per spem, quia scilicet expectamus spem iustitiæ, id est iustitiam et spem, scilicet æternam beatitudinem. I Petr. I, 3: regeneravit nos in spem vivam, etc.. Vel, spem iustitiæ, id est Christum, per quem est nobis spes iustitiæ, quia per eum iustificamur.

Phil. III, 20: salvatorem expectamus, etc..

I Cor. I, 30: qui factus est nobis sapientia, et iustitia, et sanctificatio, et redemptio, etc..

Vel spem iustitiæ, id est spem quæ est de iustitia, ut iustificentur non per legem, sed per fidem. Rom. III, 28: arbitramur hominem iustificari per fidem sine operibus legis.

Vel spem iustitiæ, id est rem speratam, in quam tendit iustitia, scilicet vitam æternam. II Tim. Cap. Ult.: in reliquo reposita est mihi corona iustitiæ, etc..

Et hoc ex fide, quia iustitia Dei est per fidem Iesu Christi, ut dicitur Rom. III, 22.

Quæ quidem fides non est ab homine, sed a spiritu sancto qui eam inspirat. Rom. VIII, 15: accepistis spiritum filiorum, in quo clamamus: abba, pater, etc..

Sicut ergo fides est ex spiritu, ita ex fide est spes, ex spe iustitia, per quam pervenimus ad vitam æternam.

Hæc autem spes non venit ex circumcisione, neque ex gentilitate, quia nihil faciunt ad hoc. Et ideo dicit nam in Christo Iesu, id est in his qui sunt in fide Christi, neque circumcisio, neque præputium, etc., id est indifferentia sunt. Sed fides, non informis, sed ea quæ per dilectionem operatur, Iac. II, 26: fides sine operibus mortua est, etc.. Nam fides est cognitio verbi Dei, Eph. III, 17: habitare Christum per fidem, etc.. Et hoc verbum nec perfecte habetur, nec perfecte cognoscitur, nisi etiam habeatur amor quem sperat.

Hic sunt duo dubia circa Glossam.

Commentaria in Epistolas S. Pauli

Primum est, quod dicit præputium et circumcisionem esse indifferentia, cum supra dixerit si circumcidimini, Christus vobis nihil proderit.

Sed dicendum est, quod ex genere operis sunt indifferentia, scilicet illis, qui non ponunt spem in eis; sed ex intentione operantis non sunt indifferentia. Nam ponentibus in eis spem, mortifera sunt.

Secundum dubium est de hoc, quod dicit quod illi qui non credunt, peiores sunt quam Dæmones, cum Dæmones credant et contremiscant.

Respondeo. Dicendum est, quod peiores quidem sunt ex specie operis, sed non quantum ad affectum. Nam Dæmonibus displicet hoc, quod credunt; nec etiam est tanta nequitia voluntatis in homine qui non credit, quanta in Dæmone qui odit quod credit.

Consequenter cum dicit currebatis bene, etc., agitur de impedimento stationis.

Et primo ponit impedimentum; secundo docet eius remotionem, ibi nemini consenseritis, etc..

Impedimentum stationis eorum magnum erat et nocivum; nam tanto aliquid est magis nocivum, quanto maius bonum privat.

Quando ergo aliquis multis bonis spiritualibus privatur, signum est habuisse magnum impedimentum. Et ideo, ut ostendat eos apostolus magnum impedimentum habuisse, commemorat eis bona spiritualia, quæ amiserunt, cum dicit currebatis bene, etc., scilicet per opera fidei formatæ per charitatem, quæ instigat ad currendum. Ps. CXVIII, 32: viam mandatorum tuorum cucurri, cum dilatasti cor meum.

Et hoc quidem fuit olim in vobis, sed dum sic currebatis, estis impediti, et ideo subdit: quis vos fascinavit? de quo dictum est supra cap. III, 1; et ideo supersedeo ad præsens.

Quis ergo vos fascinavit, id est impedivit veritati, scilicet evangelicæ, non obedire? et hoc congrue dicit; nam obedire est voluntatis applicandæ ad consensum præcipientis.

Et ideo fides est voluntatis et intellectus scientia. Oportet ergo voluntati fidei obedire; hoc autem est volendo credere, quod gratia fidei Christi sufficiat ad salutem sine legalibus observantiis.

Excludit autem impedimentum, cum dicit nemini, etc., et hoc ex triplici parte.

Primo ex parte eorum; secundo ex parte Dei, ibi ego confido, etc.; tertio ex parte apostoli, ibi ego autem, fratres, etc..

Ex parte eorum, cum dicit nemini, etc.. Ubi primo ostendit quid requiratur ex parte eorum, ut vitent hoc nocumentum, scilicet quod nemini pseudo deinceps consentiant.

I Thess. V, 5: non simus noctis neque tenebrarum, etc.. Eph. V, 11: nolite communicare operibus infructuosis tenebrarum, etc., et II Tim. II, 17: et sermo eorum ut cancer serpit, etc.. Ex quo datur intelligi, quod nondum erant corrupti, sed sollicitabantur de hoc.

Secundo assignat rationem huius cum dicit persuasio enim, etc.. Et hæc est duplex. Prima, quia homo cum dat se alicui, nihil debet facere nisi quod utile duxerit sibi. Sed vos traditi estis Christo, ergo non debetis audire, vel consentire, nisi his quæ sunt ab ipso; ergo hæc persuasio, qua vos volunt mittere sub iugo legis, quia non est ex eo, scilicet ex Deo, qui vos vocavit ad vitam, sed ex diabolo, inquantum scilicet deficiens est, et ideo non consenseritis eis. Vel non ex eo, id est contra ipsum. Secunda ratio est, quia posset dici quod non est magnum si paucis consentiatur, cum ex hoc non sit periculum, et ideo dicit quod non est eis consentiendum, nec eorum insidiæ sunt contemnendæ, sed debent principiis obstare, quia modicum fermentum, etc., id est illi pauci qui vobis persuadent.

Vel hæc persuasio, parva in principio, totam massam corrumpit, id est congregationem fidelium. Lev. II, 11: nec quidquam fermenti ac mellis adolebitur in sacrificio Domini.

Consequenter cum dicit ego confido in vobis, etc., removet impedimentum ex parte Dei, qui auxilium ad hoc præbet. Et ponit duplex auxilium. Unum quantum ad seducentes; aliud quantum ad conturbantes, ibi qui autem conturbant, etc..

Dicit ergo ego confido, etc.; quasi dicat: dixi quod non consentiretis pseudo, et confido in vobis. II Cor. VII, 16: gaudeo quod in omnibus confido in vobis. Hebr. VI, 9: confidimus autem de vobis, dilectissimi, meliora et viciniora saluti. Confido, inquam, in hoc scilicet quod nihil aliud sapietis, quam quod vos docui. Supra I, 8: licet nos, aut Angelus de cælo evangelizet vobis præterquam quod evangelizavimus, anathema sit. Phil. II, 2: implete gaudium meum, ut idem sapiatis, etc.. Et hoc ex auxilio divino. Et ideo dicit in Domino Deo, scilicet operante. II Cor. III, 4: fiduciam talem habemus per Christum ad Deum, etc.. Quia Dominus dabit vobis sapere secundum sobrietatem catholicæ veritatis. Ps. XCI: bonum est confidere in Domino, etc..

Quantum autem ad conturbantes dicit qui autem conturbat, etc., id est qui removet vos a debito ordine, ut scilicet a spiritualibus convertamini ad corporalia, cum debeat esse contrarium.

I Cor. XV, 46: non prius quod spirituale est, sed quod animale est, deinde quod, etc.. Et cum talis ordo sit perversus, ut dicitur supra III, 3: sic stulti facti estis, ut cum spiritu cœperitis, etc., ideo portabit iudicium, id est condemnationem sustinebit. Sicut enim qui inducit aliquem ad bonum, remuneratur, Dan. XII, 3: qui ad iustitiam erudiunt plurimos, quasi stellæ in perpetuas æternitates, etc., ita qui inducit aliquem ad malum, condemnatur.

Ios. VII, 25: quia turbasti nos, exturbet te Dominus in hac die. Deut. XXVII, 18: maledictus qui errare facit cæcum in itinere. Et hoc, quicumque est ille, id est quantæcumque sit auctoritatis, non parcetur ei.

Commentaria in Epistolas S. Pauli

Sed Porphyrius et Iulianus in hoc reprehendunt Paulum de præsumptione, dicentes, quod hoc dicit lacerans Petrum (cum supra in faciem se restitisse scripserit), ut sit sensus: quicumque sit ille, id est etiam si Petrus esset, puniretur.

Sed, ut Augustinus dicit, non est credendum quod Paulus cum maledicto de ecclesiæ principe loqueretur, cum scriptum sit Exod. XXII, 28: principem populi tui non maledices.

Nec etiam, quod Petrus sic offenderit, quod esset dignus condemnatione. Dicit ergo apostolus de quodam alio, qui de Iudæa veniens, dicebat se fuisse discipulum magnorum apostolorum, et sub ista auctoritate corrumpebat Galatas ipse cum aliis falsis prædicatoribus.

Supra II, 4: propter subintroductos falsos fratres, etc..

Consequenter cum dicit ego autem, fratres, etc., removet impedimentum ex parte sua. Et primo ponit sui excusationem; secundo eorum, qui eum infamabant, obiurgationem, ibi utinam abscindantur, etc..

Excludit autem falsum quod ei imponebatur.

Et primo aliquid pertinens ad ipsum tantum; secundo aliquid pertinens ad omnes, ibi ergo evacuatum est, etc..

Sciendum est circa primum, quod pseudo Galatis excusantibus se de eo quod non servabant legalia, quia ita edocti erant ab apostolo, et dicebant quod apostolus deceperat eos, et quod in servitutem eorum hæc persuaserat eis: et confirmabant, dicentes Paulum prædicasse in Iudæa, et docuisse legalia debere servari.

Et ideo excusat se de hoc apostolus, dicens ego autem, fratres, si circumcisionem adhuc prædico, sicut imponunt mihi pseudo, quid adhuc persecutionem patior? scilicet a Iudæis. I Cor. IV, 12: persecutionem patimur, etc.. Nam Iudæi specialiter propter hoc persequebantur Paulum, quod prædicabat legalia non debere servari. Act. XXI, 21, dicit Iacobus Paulo: audierunt de te quia discessionem doceas a Moyse eorum, qui per gentes sunt Iudæorum, dicens eos non debere circumcidere filios, etc.. Patet ergo quod non est verum quod mihi imponunt, alioquin persecutiones adhuc non paterer.

Falsum est etiam id quod mihi imponunt per id quod communiter est apud alios, quia si circumcisionem prædico, evacuatum est scandalum crucis. Nam non solum ego, sed etiam omnes apostoli prædicamus Christum crucifixum, Iudæis quidem scandalum, etc., ut dicitur I Cor. I, 23. Et de hoc maxime scandalizantur, quia prædicamus, quod per crucem Christi legalia evacuantur.

Si ergo prædico circumcisionem, evacuatum est scandalum, id est non erit scandalum apud Iudæos ultra de cruce. Nam patienter sustinerent, immo libenter vellent, quod prædicaremus crucem et legalia simul debere servari.

Vel, secundum Augustinum, evacuatum est scandalum crucis, id est evacuata est crux quæ est scandalum, quasi dicat: crux perdidit effectum suum et virtutem. Supra II, 21: si enim ex lege esset iustitia, ergo Christus gratis mortuus est.

Dicit autem apostolus specialiter evacuatum est, etc., ut det intelligere, quod propter hoc Iudæi occiderunt Christum, quia legalia non servabat et ea non esse servanda docebat.

Io. IX, 16: non est hic homo a Deo, quia sabbatum non custodit.

Consequenter obiurgat pseudo, qui eum infamaverant, dicens utinam abscindantur, etc., quasi dicat: ipsi conturbant vos in hoc quod volunt vos circumcidi: sed utinam non solum circumcidantur, sed totaliter castrentur.

Sed contra Rom. XII, 14: benedicite, et nolite maledicere, etc..

Ad hoc est duplex responsio. Prima est, quod non maledixit apostolus eis, sed potius benedixit, quia optavit eis ut spiritualiter castrentur, ut servarent spiritualem castitatem, cassando cæremonialia, secundum illud Matth. XIX, 12: sunt quidam eunuchi, qui se castraverunt propter regnum cælorum.

Secundo quod optat eis sterilitatem prolis quam habent eunuchi, ut scilicet non generent.

Unde ait utinam et abscindantur, etc., id est vim generandi perdant in vobis, et aliis.

Et hoc merito, quia generant filios in errorem, et redigunt eos in servitutem legis. Os. IX, 14: dabo eis vulvam sine liberis, ut ubera arentia.

Lectio 3

Proposito exemplo standi et remoto eius impedimento, hic innuit modum ipsius. Et primo ponit modum standi; secundo exponit, ibi omnis enim lex, etc..

Circa primum tria facit.

Primo ponit conditionem status; secundo removet abusum standi; tertio innuit standi modum.

Conditio quidem standi est libertas.

Omnis enim status conditio pertinet ad servitutem vel ad libertatem; sed status fidei Christi, ad quem inducit apostolus, ad libertatem pertinet et est ipsa libertas. Et ideo dicit vos enim, etc., quasi dicat: recte conturbant vos, quia abducunt a meliore in peius, quia vos vocati estis, scilicet a Deo, in libertatem gratiæ. Rom. VIII, 15: non accepistis spiritum servitutis iterum in timore, sed accepistis spiritum adoptionis filiorum, etc.. Supra IV, 31: non sumus ancillæ filii, sed liberæ, etc.. Vos, inquam, qui liberi estis per Christum, volunt ducere in servitutem.

Abusus autem status est si in deterius prolabatur, et libertas spiritus pervertatur in servitutem carnis. Galatæ autem iam liberi erant a lege, sed ne credant eis licere peccata committere, quæ lex prohibebat, ideo apostolus subdit abusum libertatis, dicens tantum ne, etc., quasi dicat: liberi estis, ita tamen, quod non abutamini libertate vestra, impune vobis peccandum esse arbitrantes.

I Cor. VIII, 9: videte ne forte hæc

licentia vestra offendiculum fiat infirmis.

Modus autem standi est per charitatem, unde dicit sed per charitatem spiritus, etc..

Status autem totus est in charitate, sine qua homo nihil est, I Cor. XIII, 1 s.. Et secundum diversos gradus charitatis distinguuntur diversi status. Sic ergo status gratiæ est non per affectum carnis, sed per charitatem spiritus, id est quæ procedit a spiritu sancto, per quem debemus invicem esse subiecti et servire. Infra VI, 2: alter alterius onera portate, etc.. Rom. XII, 10: honore invicem prævenientes, etc..

Sed cum superius dicat quod sint vocati in libertatem, quid est quod modo dicit servite invicem? ad quod dicendum est, quod hoc exigit charitas, ut invicem serviamus, et tamen libera est. Sciendum est tamen, quod, sicut Philosophus dicit, liber est qui est causa sui, servus autem est causa alterius, vel ut moventis, vel ut finis: quia servus nec a se movetur ad opus, sed a Domino, et propter utilitatem Domini sui. Charitas ergo quantum ad causam moventem libertatem habet, quia a se operatur. II Cor. V, 14: charitas Christi urget nos, spontanee, scilicet ad operandum.

Servus autem est, cum postpositis propriis utilitatibus, accommodat se utilitatibus proximorum.

Consequenter cum dicit omnis lex, etc., exponit quæ dicit, et primo de dilectione, secundo de libertate non danda in occasionem carnis, ibi spiritu ambulate, etc..

Circa primum monet ad charitatem sectandam: primo propter utilitatem quam consequimur in impletione; secundo propter damnum charitatis neglectæ quod incurrimus, ibi quod si invicem, etc..

Utilitas autem, quam consequimur ex impletione charitatis, maxima est, quia in ea implemus totam legem. Et ideo dicit omnis enim, etc., quasi dicat: ideo charitas est habenda, quia omnis lex in uno sermone impletur, scilicet in uno præcepto charitatis.

Rom. XIII, 8: qui diligit proximum, legem implevit. Et in eodem capite dicitur: plenitudo legis est dilectio. Et ideo dicit I Tim. I, 5: finis præcepti est charitas.

Sed contra, quia dicitur Matth. XII: in his duobus mandatis, scilicet de dilectione Dei et proximi, tota lex pendet et prophetæ; non ergo in uno præcepto tantum impletur.

Respondeo. Dicendum est quod in dilectione Dei includitur dilectio proximi. I Io. IV, 21: hoc mandatum habemus a Deo, ut qui diligit Deum, diligat et fratrem suum.

Et e converso proximum diligimus propter Deum: impletur ergo tota lex in uno præcepto charitatis.

Præcepta enim legis reducuntur ad illud præceptum. Nam omnia præcepta vel sunt moralia, vel sunt cæremonialia, vel iudicialia.

Moralia quidem sunt præcepta Decalogi, quorum tria pertinent ad dilectionem Dei, alia septem ad dilectionem proximi. Iudicialia autem sunt ut quicumque furatur aliquid reddat quadruplum, et his similia, quæ similiter ad dilectionem proximi pertinent. Cæremonialia vero sunt sacrificia et huiusmodi quæ reducuntur ad dilectionem Dei.

Et sic patet, quod omnia in uno præcepto charitatis implentur diliges proximum tuum sicut teipsum: et est scriptum Lev. XIX, 18.

Dicit autem sicut teipsum, non quantum teipsum, quia homo secundum ordinem charitatis magis debet se diligere, quam alium.

Exponitur autem tripliciter: uno modo ut referatur ad veritatem dilectionis. Amare enim est velle bonum alicui. Et ideo dicimur amare aliquem cui volumus bonum, et etiam bonum illud amamus, quod ei volumus; sed diversimode, quia cum volo bonum mihi, me diligo simpliciter propter me, bonum autem illud quod mihi volo, diligo non propter se, sed propter me. Tunc ergo diligo proximum sicut meipsum, id est eodem modo quo meipsum, quando volo ei bonum propter se, non quia est mihi utilis, vel delectabilis.

Secundo modo, ut referatur ad iustitiam dilectionis. Unaquæque enim res est inclinata velle sibi illud, quod potissimum est in ea; potissimum autem in homine est intellectus, et ratio; ille ergo diligit se, qui vult sibi bonum intellectus et rationis. Tunc ergo diligis proximum sicut teipsum, quando vis ei bonum intellectus et rationis.

Tertio modo, ut referatur ad ordinem, scilicet ut sicut te diligis propter Deum, ita et proximum propter ipsum diligas, scilicet ut ad Deum perveniat.

Consequenter cum dicit quod si invicem, etc., inducit ad charitatem sectandam ex damno quod incurrimus si eam negligamus.

Ubi loquitur Galatis adhuc quasi spiritualibus, abstinens a commemoratione maiorum vitiorum et, eorum quæ minora videntur mentionem facit, scilicet de vitiis linguæ.

Et ideo dicit quod si invicem, etc., quasi dicat: in dilectione omnis lex impletur, quod si vos invicem mordetis, id est in parte famam, proximo detrahendo, aufertis: qui enim mordet, non totum accipit, sed partem. Et comeditis, id est totam famam aufertis et totaliter detrahendo confunditis. Nam qui comedit, totum absorbet. Iac. IV, 11: nolite detrahere alterutrum, fratres mei, etc..

Si ita, inquam, charitatem negligitis, videte damnum quod imminet vobis, scilicet quod ab invicem consumamini. Phil. III, 2: videte canes, videte malos operarios, etc.. Is. XLIX, 4: et vane fortitudinem meam consumpsi, etc.. Nam sicut Augustinus dicit: vitio contentionis et invidiæ, perniciosa iurgia inter homines nutriuntur, quibus consumitur societas et vita.

Lectio 4

Postquam apostolus manifestavit in quo consistit status spiritualis, quia

Commentaria in Epistolas S. Pauli

scilicet in charitate, consequenter hic agit de causa status, scilicet de spiritu sancto, quem dicit esse sequendum. Ubi ponit triplex beneficium spiritus sancti. Quorum primum est liberatio a servitute carnis; secundum est liberatio a servitute legis; et tertium est collatio vitæ seu securitas a damnatione mortis.

Secundum, ibi quod si ducimini, etc.. Tertium, ibi si spiritu vivimus, etc..

Circa primum duo facit.

Primo ponit primum beneficium spiritus; secundo beneficii necessitatem ostendit, ibi caro enim, etc..

Dicit ergo: dico quod debetis per charitatem spiritus invicem servire, quia nihil prodest sine charitate. Sed hoc dico in Christo, id est per fidem Christi, spiritu ambulate, id est mente et ratione. Quandoque enim mens nostra spiritus dicitur, secundum illud Ephes. IV, 23: renovamini spiritu mentis vestræ; et I Cor. IV: psallam spiritu, psallam et mente. Vel spiritu ambulate, id est spiritu sancto proficite bene operando. Nam spiritus sanctus movet et instigat corda ad bene operandum. Rom. VIII, 14: qui spiritu Dei aguntur, etc..

Ambulandum est ergo spiritu, id est mente, ut ipsa ratio sive mens legi Dei concordet, ut dicitur Rom. VII, 16. Nam spiritus humanus per se vanus est, et nisi regatur aliunde, fluctuat hac atque illac, ut dicitur Eccli. XXXIV, 6, et sicut parturientis cor tuum phantasias patitur nisi ab altissimo fuerit emissa visitatio, etc.. Unde de quibusdam dicitur Ephes. IV, 17: ambulant in vanitate sensus sui, etc.. Non ergo perfecte stare potest ratio humana, nisi secundum quod est recta a spiritu divino.

Et ideo dicit apostolus spiritu ambulate, id est per spiritum sanctum regentem et ducentem, quem sequi debemus sicut demonstrantem viam. Nam cognitio supernaturalis finis non est nobis nisi a spiritu sancto.

I Cor. II, 9: oculus non vidit, nec auris audivit, nec in cor hominis ascendit, etc., et sequitur: nobis autem revelavit Deus per spiritum suum. Item sicut inclinantem. Nam spiritus sanctus instigat, et inclinat affectum ad bene volendum. Rom. VIII, 14: qui spiritu Dei aguntur, etc.. Ps. CXLIII, 10: spiritus tuus bonus deducet me in terram rectam.

Ideo autem spiritu ambulandum est quia liberat a corruptione carnis. Unde sequitur et desideria carnis non perficietis, id est delectationes carnis, quas caro suggerit.

Hoc desiderabat apostolus, dicens Rom. VII, 24: infelix ego homo, quis me liberabit de corpore mortis huius? gratia Dei, etc..

Et postea concludit in octavo capite: nihil ergo damnationis est his, qui sunt in Christo Iesu, qui non secundum carnem ambulant.

Huius rationem, ibidem, subiungit dicens: quia lex spiritus vitæ in Christo Iesu liberavit me a lege, etc..

Et hoc est speciale desiderium sanctorum, ut non perficiant desideria ad quæ caro instigat, ita tamen, quod in hoc non includantur desideria quæ sunt ad necessitatem carnis, sed quæ sunt ad superfluitatem.

Consequenter cum dicit caro enim concupiscit, etc., ponit necessitatem huius beneficii, quæ est ex impugnatione carnis et spiritus. Et primo ponit ipsam impugnationem; secundo manifestat eam per evidens signum, ibi hæc enim invicem adversantur, etc..

Dicit ergo: necessarium est quod per spiritum carnis desideria superetis. Nam caro concupiscit adversus spiritum.

Sed hic videtur esse dubium, quia cum concupiscere sit actus animæ tantum, non videtur quod competat carni.

Ad hoc dicendum est, secundum Augustinum, quod caro dicitur concupiscere inquantum anima secundum ipsam carnem concupiscit, sicut oculus dicitur videre, cum potius anima per oculum videat. Sic ergo anima per carnem concupiscit, quando ea, quæ delectabilia sunt secundum carnem, appetit.

Per se vero anima concupiscit, quando delectatur in his quæ sunt secundum spiritum, sicut sunt opera virtutum et contemplatio divinorum et meditatio sapientiæ. Sap. VI, 21: concupiscentia itaque sapientiæ deducet ad regnum perpetuum, etc..

Sed, si caro concupiscit per spiritum, quomodo concupiscit adversus eum? in hoc, scilicet quod concupiscentia carnis impedit concupiscentiam spiritus. Cum enim delectabilia carnis sint bona quæ sunt infra nos, delectabilia vero spiritus bona quæ sunt supra nos, contingit quod cum anima circa inferiora, quæ sunt carnis, occupatur, retrahitur a superioribus, quæ sunt spiritus.

Sed videtur etiam dubium de hoc quod dicit, scilicet quod spiritus concupiscit adversus carnem. Si enim accipiamus hic spiritum pro spiritu sancto, concupiscentia autem spiritus sancti sit contra mala, consequens videtur quod caro, adversus quam concupiscit spiritus, sit mala, et sic sequitur error Manichæi.

Respondeo. Dicendum est quod spiritus non concupiscit adversus naturam carnis, sed adversus eius desideria, quæ scilicet sunt ad superfluitatem. Unde et supra dictum est: desideria carnis, scilicet superflua, non perficietis. In necessariis enim spiritus non contradicit carni, quia, ut dicitur Ephes. V, 29, nemo carnem suam odio habuit.

Consequenter cum dicit hæc enim, etc., ponit signum compugnationis, quasi dicat: experimento patet, quod contra se invicem pugnant et adversantur, intantum ut non quæcumque vultis, bona scilicet vel mala, illa faciatis, id est, facere permittamini.

Rom. VII, 19: non quod volo bonum, hoc ago, sed quod, etc..

Non tamen tollitur libertas arbitrii. Cum enim liberum arbitrium sit ex hoc quod habet electionem, in illis est libertas arbitrii, quæ electioni subsunt. Non autem omnia quæ in nobis sunt simpliciter subsunt nostræ electioni, sed secundum quid. In speciali enim possum vitare hunc, vel illum motum concupiscentiæ seu iræ, sed in generali omnes motus iræ vel concupiscentiæ vitare non possumus, et hoc propter corruptionem fomitis ex primo peccato introductam.

Sed notandum est quod quatuor sunt genera hominum circa concupiscentias, quorum nullus facit quæcumque vult.

Nam intemperati, qui ex proposito sequuntur carnales passiones, secundum illud Prov. II, 14: lætantur cum malefecerint, faciunt quidem quod volunt, inquantum ipsas passiones sequuntur, sed inquantum ipsa eorum ratio remurmurat, et ei displicet, faciunt quæ non volunt.

Incontinentes autem qui habent propositum abstinendi, et tamen a passionibus vincuntur, faciunt quidem quod non volunt, inquantum ipsas passiones contra eorum propositum sequuntur, et sic intemperati faciunt plus de eo quod volunt.

Continentes autem, qui vellent omnino non concupiscere, faciunt quod volunt dum non concupiscunt, sed quia omnino non concupiscere non possunt, faciunt quod nolunt.

Temperati vero, quod volunt quidem faciunt, inquantum in carne domata non concupiscunt, sed quia non ex toto domari potest, quin in aliquo repugnet spiritui, sicut nec malitia intantum crescere potest quin ratio remurmuret, ideo, cum aliquando concupiscunt, faciunt quod nolunt, plus tamen de eo, quod volunt.

Lectio 5

Postquam ostendit apostolus, quod per spiritum liberamur a desideriis carnis, hic consequenter ostendit, quod per ipsum liberamur a servitute legis. Et primo proponit beneficium spiritus; secundo manifestat per effectum, ibi manifesta sunt opera carnis, etc..

Dicit ergo: dico quod si spiritu ambuletis, non solum desideria carnis non perficietis, sed quod plus est, si spiritu ducimini (quod fit quando facitis quod spiritus suggerit, ut director et gubernator, non autem id ad quod sensus et affectus proprius instigat), non estis sub lege. Ps. CXLIII, 10: spiritus tuus bonus deducet me in terram rectam, non quidem ut coactor, sed ut gubernator.

Ex his autem verbis vult Hieronymus, quod post adventum Christi nullus habens spiritum sanctum tenetur servare legem.

Sed sciendum est, quod hoc quod dicit si spiritu ducimini, iam non estis sub lege, potest referri ad præcepta legis, vel cæremonialia, vel moralia.

Si quidem referatur ad cæremonialia, sciendum est, quod aliud est servare legem, aliud esse sub lege. Servare legem est facere opera legis, non habendo spem in eis; sed esse sub lege est ponere spem in operibus legis.

In primitiva autem ecclesia erant aliqui iusti servantes legem, sed non sub lege, inquantum servabant opera legis sed non erant sub lege, quasi in eis spem ponentes. Sic etiam Christus sub lege fuit. Supra IV, 4: factum sub lege, etc.. Et sic excluditur opinio Hieronymi.

Si autem referatur ad moralia, sic esse sub lege potest intelligi dupliciter, vel quantum ad obligationem: et sic omnes fideles sunt sub lege, quia omnibus data est. Unde dicitur Matth. V, 17: non veni solvere legem, etc..

Vel quantum ad coactionem: et sic iusti non sunt sub lege, quia motus et instinctus spiritus sancti, qui est in eis, est proprius eorum instinctus; nam charitas inclinat ad illud idem quod lex præcipit. Quia ergo iusti habent legem interiorem, sponte faciunt quod lex mandat, ab ipsa non coacti. Qui vero voluntatem male faciendi habent, comprimuntur tamen pudore vel timore legis, isti coguntur.

Et sic iusti sunt sub lege obligante tantum, non cogente, sub qua sunt solum iniusti. II Cor. III, 17: ubi spiritus Domini, ibi libertas. I Tim. I, 9: iusto non est lex posita, scilicet cogens.

Consequenter cum dicit manifesta sunt autem opera, etc., probat quæ dixit per effectum. Et primo ponit opera carnis, quæ contrariantur spiritui sancto; secundo ostendit quomodo opera spiritus non prohibentur a lege, ibi adversus huiusmodi, etc..

Circa primum duo facit.

Primo ponit opera carnis, quæ prohibentur a lege; secundo ponit opera spiritus, quæ ab ea non prohibentur, ibi fructus autem, etc..

Circa primum duo facit.

Primo proponit opera carnis; secundo subdit nocumentum, quod ex his sequitur, ibi quæ prædico, etc..

Dubitatur autem circa primum.

Primo quidem de hoc quod apostolus hic quædam ponit, quæ non pertinent ad carnem, quæ tamen dicit esse opera carnis, sicut idolorum servitus, sectæ, æmulationes, et huiusmodi.

Respondeo. Dicendum est, secundum Augustinum Lib. XIV de CIV. Dei, II, quod secundum carnem vivit quicumque vivit secundum seipsum. Unde caro hic accipitur pro toto homine. Quidquid ergo provenit ex inordinato amore sui, dicitur opus carnis.

Vel dicendum est, quod aliquod peccatum potest dici carnale dupliciter, scilicet quantum ad consummationem: et sic dicuntur carnalia illa tantum quæ consummantur in delectatione carnis, scilicet luxuria et gula; et quantum ad radicem: et sic omnia peccata dicuntur carnalia, inquantum ex corruptione carnis anima aggravatur, ut dicitur Sap. IX, 15; ex quo intellectus debilitatus facilius decipi potest, et impeditur a sua perfecta operatione. Unde et ex hoc sequuntur vitia, scilicet hæreses, sectæ, et alia huiusmodi.

Et hoc modo dicitur quod fomes est principium omnium peccatorum.

Secundo dubitatur, quia cum apostolus dicat qui talia agunt, regnum Dei non consequuntur, et nullus excludatur a regno Dei, nisi pro peccato mortali, sequitur ergo quod omnia quæ enumerat sint peccata mortalia. Cuius contrarium videtur, quia inter ista enumerat multa quæ non sunt peccata mortalia, sicut est contentio, æmulatio, et huiusmodi.

Respondeo. Dicendum est quod omnia hæc enumerata sunt aliquo modo mortalia; sed quædam quidem secundum genus suum, sicut homicidium, fornicatio, idolorum servitus et huiusmodi; quædam vero secundum suam consummationem, sicut ira cuius consummatio est in nocumentum proximi. Unde si accedit consensus de ipso nocumento, est peccatum mortale. Et similiter comestio ordinatur ad delectationem cibi, sed si in huiusmodi delectationibus ponat quis finem suum, peccat mortaliter: et ideo non dicit comestiones, sed comessationes; et similiter intelligendum est de aliis similibus.

Tertio dubitatur de ordine et numeratione eorum.

Circa quod dicendum est quod cum apostolus in diversis locis, diversa vitia et diversimode enumerat, non intendit enumerare omnia vitia ordinate et secundum artem, sed illa tantum in quibus abundant et in quibus excedunt illi ad quos scribit. Et ideo in eis non est quærenda sufficientia, sed causa diversitatis.

His ergo habitis sciendum est, quod apostolus enumerat quædam vitia carnis, quæ contingunt circa ea quæ non sunt necessaria vitæ; quædam vero circa ea quæ sunt necessaria vitæ.

Circa primum ponit quædam vitia quæ sunt hominis ad seipsum, quædam contra Deum quædam contra proximum.

Contra seipsum sunt quatuor, quæ ideo primo ponit quia manifeste ex carne procedunt, quorum duo pertinent ad actum carnalem luxuriæ, scilicet fornicatio, quæ est quando scilicet accedit solutus ad solutam, vel quantum ad naturalem usum luxuriæ.

Aliud est immunditia quantum ad usum contra naturam. Eph. V, 5: omnis fornicator aut immundus, etc.. II Cor. XII, 21: qui non egerunt pœnitentiam super immunditia et fornicatione et impudicitia, etc..

Alia duo ordinantur ad ipsos actus. Unum scilicet exterius, sicut tactus, aspectus, oscula, et huiusmodi; et quantum ad hoc dicit: impudicitia, Eph. IV, 19: qui desperantes, semetipsos tradiderunt impudicitiæ, etc.. Aliud interius, scilicet in cogitationibus immundis; et quantum ad hoc dicit luxuria, I Tim. V, 11: cum enim luxuriatæ fuerint in Christo nubere volunt, etc..

Contra Deum ponit duo, quorum unum est per quod impeditur ab hostibus Dei cultus divinus; et quantum ad hoc dicit idolorum servitus, I Cor. X, 7: neque idololatræ efficiamini, etc.. Sap. XIV, 27: infandorum enim idolorum cultura omnis mali causa est et initium et finis.

Aliud est per quod initur pactum cum Dæmonibus; et quantum ad hoc dicit veneficia, quæ fiunt per magicas artes, et dicuntur veneficia a veneno, quia fiunt in nocumentum hominum. I Cor. X, 20: nolo vos fieri socios Dæmoniorum. Apoc. Cap. Ult.: foris canes, et venefici, etc..

Contra proximum autem ponit novem, quorum primum est inimicitia, ultimum vero homicidium, quia ab hoc devenitur ad illud.

Primum ergo est inimicitia in corde, quæ est odium erga proximum. Matth. X, 36: inimici hominis domestici eius. Et ideo dicit inimicitiæ. Ex hac autem oritur dissensio in verbis. Et ideo dicit contentiones, quæ est impugnatio veritatis cum confidentia clamoris.

Prov. XX, 3: honor est homini qui se separat a contentionibus. Secundum est æmulatio, quæ consistit in hoc, quod ad idem obtinendum cum alio contendit. Unde dicit æmulationes, quæ ex contentione oriuntur.

Tertium est cum unus impeditur per alium ad rem eamdem tendentem, et ex hoc irascitur contra eum, et ideo dicit iræ, Iac. I, 20: ira enim viri, etc.. Eph. IV, 26: sol non occidat super iracundiam vestram. Quartum cum ex ira animi pervenitur ad percussiones; et quantum ad hoc dicit rixæ. Prov. IV: odium suscitat rixas. Quintum ex his, scilicet dissensiones, et si quidem in rebus humanis sint, dicuntur dissensiones, quando scilicet partialitates fiunt in ecclesia.

Rom. XVI, 17: observetis eos qui dissensiones et offendicula præter doctrinam quam vos didicistis, faciunt, et declinate ab illis. Si in rebus divinis, sic dicuntur sectæ, id est, hæreses.

II Petr. II, 1: introducent sectas perditionis, etc.. Et, ibidem: sectas non metuunt introducere blasphemantes. Ex his autem sequitur invidia, quando illi quos æmulantur, prosperantur. Iob V, 2: parvulum occidit invidia, etc.. Ex his autem sequuntur homicidia cordis et operis. I Io. IV: qui odit fratrem suum, homicida est.

Quantum vero ad vitia quæ pertinent ad ordinationem circa vitæ necessaria, ponit duo, unum quantum ad potum; unde dicit ebrietates, scilicet assiduæ, Lc. XXI, 34: attendite ne graventur corda vestra crapula et ebrietate, etc.. Aliud vero quantum ad cibum, et quantum ad hoc dicit comessationes, Rom. XIII, 13: non in comessationibus et ebrietatibus.

Lectio 6

Positis operibus carnis, hic consequenter apostolus manifestat opera spiritus. Et primo manifestat ea; secundo ostendit quomodo lex se habet ad opera spiritus et ad opera carnis, ibi adversus huiusmodi, etc..

Circa primum enumerat bona spiritualia quæ nominat fructus.

Ex quo incidit quæstio, quia illud dicitur fructus, quo fruimur, sed actibus nostris non debemus frui, sed Deo solo; ergo huiusmodi actus quos enumerat hic apostolus non debent dici fructus.

Item, Glossa dicit quod huiusmodi opera spiritus sunt propter se appetenda; quod autem propter se appetitur non refertur ad aliud, ergo virtutes et earum opera non sunt referenda ad beatitudinem.

Respondeo. Dicendum est quod fructus dicitur dupliciter, scilicet ut acquisitus, puta ex labore vel studio, Sap. III, 15: bonorum laborum gloriosus est fructus, et ut productus, sicut fructus producitur ex arbore. Matth. VII, 18: non potest arbor bona fructus malos facere. Opera autem spiritus dicuntur fructus non ut adepti sive acquisiti, sed ut producti; fructus autem qui est adeptus, habet rationem ultimi finis, non autem fructus productus. Nihilominus tamen fructus sic acceptus duo importat, scilicet quod sit ultimum producentis, sicut ultimum quod producitur ab arbore est fructus eius, et quod sit suave sive delectabile. Cant. II, 3: fructus eius dulcis gutturi meo. Sic ergo opera virtutum et spiritus sunt quid ultimum in nobis.

Nam spiritus sanctus est in nobis per gratiam, per quam acquirimus habitum virtutum, et ex hoc potentes sumus operari secundum virtutem.

Sunt etiam delectabilia, et sunt etiam fructuosa.

Rom. VI, 22: habetis fructum vestrum in sanctificationem, id est in operibus sanctificatis, et ideo dicuntur fructus.

Dicuntur etiam flores respectu futuræ beatitudinis, quia sicut ex floribus accipitur spes fructus, ita ex operibus virtutum habetur spes vitæ æternæ et beatitudinis. Et sicut in flore est quædam inchoatio fructus, ita in operibus virtutum est quædam inchoatio beatitudinis, quæ tunc erit quando cognitio et charitas perficientur.

Et per hoc patet responsio ad illud quod secundo obiicitur. Nam aliquid potest dici propter se appetendum dupliciter, quia ly propter potest designare causam formalem vel finalem. Opera virtutum propter se sunt appetenda formaliter, sed non finaliter, quia habent in seipsis delectationem. Nam medicina dulcis appetitur propter se formaliter, quia habet in se unde sit appetibilis, scilicet dulcedinem, quæ tamen appetitur propter finem, scilicet propter sanitatem. Sed medicina amara non est appetenda propter se formaliter, quia non delectat ratione suæ formæ, sed tamen propter aliud appetitur finaliter, scilicet propter sanitatem quæ est finis eius.

Ex his apparet ratio quare apostolus effectus carnis vocat opera, fructus autem spiritus, vocat fructus.

Dictum est enim, quod fructus dicitur aliquod finale et suave, ex re productum. Quod autem producitur ex aliquo præter naturam eius, non habet rationem fructus, sed quasi alterius germinis. Opera autem carnis et peccata sunt præter naturam eorum quæ Deus naturæ nostræ inseruit. Deus enim humanæ naturæ quædam semina inseruit, scilicet naturalem appetitum boni et cognitionem, et addidit etiam dona gratiæ. Et ideo quia opera virtutum ex his naturaliter producuntur, fructus dicuntur, non autem opera carnis. Et propter hoc apostolus dicit Rom. VI, 21: quem ergo fructum habuistis tunc in illis, in quibus nunc erubescitis? patet ergo ex dictis quod fructus spiritus dicuntur opera virtutum, et quia habent in se suavitatem et dulcedinem, et quia sunt quoddam ultimum productum secundum convenientiam donorum.

Accipitur autem differentia donorum, beatitudinum, virtutum et fructuum ad invicem hoc modo.

In virtute enim est considerare habitum et actum. Habitus autem virtutis perficit ad bene agendum. Et si quidem perficit ad bene operandum humano modo, dicitur virtus. Si vero perficiat ad bene operandum supra modum humanum, dicitur donum. Unde Philosophus supra communes virtutes ponit virtutes quasdam heroicas, puta cognoscere invisibilia Dei sub ænigmate est per modum humanum: et hæc cognitio pertinet ad virtutem fidei; sed cognoscere ea perspicue et supra humanum modum, pertinet ad donum intellectus.

Actus autem virtutis, vel est perficiens: et sic est beatitudo; vel est delectans: et sic est fructus. Et de istis fructibus dicitur Apoc. XXII, 2: ex utraque parte lignum vitæ afferens fructus duodecim, etc..

Dicit ergo fructus spiritus, qui scilicet consurgit in anima ex seminatione spiritualis gratiæ, est charitas, etc.; qui quidem sic distinguuntur: quia fructus aut perficiunt interius, aut exterius.

Primo ergo ponit illos qui perficiunt interius; secundo illos qui perficiunt exterius, ibi bonitas, etc..

Interius autem homo perficitur et dirigitur et circa bona et circa mala. II Cor. VI, 7: per arma iustitiæ a dextris et a sinistris.

Circa bona autem perficiunt, primo quidem in corde per amorem. Nam sicut inter motus naturales primus est inclinatio appetitus naturæ ad finem suum, ita primus motuum interiorum est inclinatio ad bonum, qui dicitur amor, et ideo primus fructus est charitas, Rom. V, 5: charitas Dei diffusa est in cordibus nostris, etc.. Et ex charitate perficiuntur aliæ, et ideo dicit apostolus, Col. III, 14: super omnia charitatem habentes, etc..

Ultimus autem finis, quo homo perficitur interius, est gaudium, quod procedit ex præsentia rei amatæ. Qui autem habet charitatem, iam habet quod amat. I Io. IV, 16: qui manet in charitate, in Deo manet, et Deus in eo. Et ex hoc consurgit gaudium.

Phil. IV, 4: gaudete in Domino semper, etc..

Gaudium autem istud debet esse perfectum.

Et ad hoc duo requiruntur. Primo ut res amata sufficiens sit amanti propter suam perfectionem.

Et quantum ad hoc dicit pax. Tunc enim amans pacem habet, quando rem amatam sufficienter possidet. Cant. Cap. Ult.: ex quo facta sum coram eo quasi pacem reperiens, etc.. Secundo vero ut adsit perfecta fruitio rei amatæ, quod similiter per pacem habetur, quia, quidquid superveniat, si perfecte aliquis fruatur re amata, puta Deo, non potest impediri ab eius fruitione. Ps. CXVIII, 165: pax multa diligentibus legem tuam, et non est illis scandalum. Sic ergo gaudium dicit charitatis fruitionem, sed pax charitatis perfectionem. Et per hæc homo interius perficitur quantum ad bona.

Circa mala etiam perficit spiritus sanctus et ordinat, et primo contra malum quod perturbat pacem, quæ perturbatur per adversa. Sed ad hoc perficit spiritus sanctus per patientiam, quæ facit adversa patienter tolerare, et ideo dicit patientia. Lc. XXI, 19: in patientia vestra possidebitis animas vestras.

Iac. I, 4: patientia opus perfectum habet.

Secundo, contra malum impediens gaudium est dilatio rei amatæ, ad quod spiritus opponit longanimitatem, quæ expectatione non frangitur. Et quantum ad hoc dicit longanimitas.

Habacuc II, 3: si moram fecerit, expecta eum, quia, etc.. II Cor. VI, 6: in longanimitate, etc.. Et ideo dicit Dominus Matth. X, 22: qui perseveraverit usque in finem, etc..

Consequenter cum dicit bonitas, etc., ponit fructus spiritus, qui perficiunt quantum ad exteriora.

Hominis autem exteriora sunt vel id quod est iuxta ipsum, vel id quod est supra ipsum, vel id quod est infra ipsum. Iuxta ipsum est proximus, supra ipsum Deus, infra ipsum natura sensitiva et corpus.

Sic ergo quantum ad proximum perficit primo quidem in corde per rectam et bonam voluntatem.

Et quantum ad hoc dicit bonitas, id est rectitudo et dulcedo animi.

Si enim homo omnes alias potentias bonas habeat, non potest dici bonus homo nisi habeat bonam voluntatem, secundum quam omnibus aliis bene utitur. Cuius ratio est, quia bonum dicit aliquod perfectum. Est autem duplex perfectio. Prima, scilicet quæ est ipsum esse rei; secunda vero est eius operatio: et hæc est maior quam prima. Illud ergo dicitur simpliciter perfectum quod pertingit ad perfectam sui operationem, quæ est secunda eius perfectio. Cum ergo homo per voluntatem exeat in actum cuiuslibet potentiæ, voluntas recta facit bonum usum omnium potentiarum, et, per consequens, ipsum hominem bonum. Et de hoc fructu dicitur Eph. V, 9: fructus enim lucis est in omni bonitate, etc..

Secundo vero in opere, ut scilicet sua communicet proximo, et quantum ad hoc dicit benignitas, id est, largitas rerum. II Cor. IX, 7: hilarem enim datorem, etc.. Benignitas enim dicitur quasi bona igneitas, quæ facit hominem fluere ad subveniendum necessitatibus aliorum. Sap. I, 6: benignus est enim spiritus sapientiæ, etc.. Col. III, 12: induite vos ergo sicut electi Dei, sancti et dilecti, viscera misericordiæ, benignitatem, etc.. Item perficiunt etiam quantum ad mala ab aliis illata, ut mansuete ferat ac sustineat proximi molestias; et quantum ad hoc dicit mansuetudo, Matth. XI, 29: discite a me, quia, etc..

Prov. III, 34: mansuetis dabit gratiam.

Ad id vero quod est supra nos, scilicet Deus, ordinat spiritus per fidem, unde dicit fides, quæ est cognitio quædam invisibilium cum certitudine. Gen. XV, 6: credidit Abraham Deo, et reputatum est ei ad iustitiam. Hebr. XI, 6: accedentem ad Deum oportet credere, etc.. Et ideo Eccli. I, 34: beneplacitum est Deo fides, et mansuetudo, etc..

Ad id quod est infra nos, scilicet corpus, dirigit spiritus, et primo quantum ad actus exteriores corporis, quod fit per modestiam, quæ ipsis actibus seu dictis modum imponit; et quantum ad hoc dicit modestia, Phil. IV, 5: modestia vestra, etc..

Secundo vero quantum ad appetitum sensitivum interiorem, et quantum ad hoc dicit continentia, quæ etiam a licitis abstinet, et castitas, quæ licitis recte utitur, secundum Glossam.

Vel aliter, continentia dicitur ex eo quod licet homo impugnetur a pravis concupiscentiis, tamen per rationis vigorem se tenet, ne abducatur; et ideo continentiæ nomen sumptum est ab eo quod aliquis in impugnatione tenet se. Castitas vero dicitur ex eo quod quis nec impugnatur, nec abducitur, et dicitur a castigando. Nam illum dicimus bene castigatum, qui in omnibus ordinate se habet.

Circa hoc duo dubitantur. Primo quia cum fructus spiritus adversentur operibus carnis, videtur quod apostolus debuerit ponere tot fructus spiritus, quot posuit opera carnis, quod non fecit.

Ad quod dicendum est quod ideo non fecit, quia plura sunt vitia quam virtutes.

Secundo dubitatur, quia fructus spiritus hic positi non respondent operibus carnis.

Ad hoc dicendum est quod apostolus non intendit hic tradere artem virtutum et vitiorum, et ideo non ponit unum contra aliud, sed aliqua enumerat de istis et aliqua de illis, secundum quod expediens videtur præsenti intentioni.

Nihilominus tamen si diligenter consideretur, aliqualiter sibi contra respondent. Nam fornicationi, quæ est amor illicitus, contra respondet charitas; immunditiæ vero, impudicitiæ et luxuriæ, quæ sunt carnales illecebræ, et ex fornicatione proveniunt, contra ponitur gaudium, quod est spiritualis delectatio consequens ex charitate, ut dictum est. Ei vero quod est idolorum servitus, contra ponitur pax. Ei vero quod dicit veneficia, etc., usque ad dissensiones: patientia, longanimitas et bonitas. Ei vero quod dicitur sectæ, contra ponitur fides. Ei vero quod dicitur invidiæ, benignitas. Ei autem quod dicitur homicidia, mansuetudo. Ei quod dicitur ebrietas, comessationes, et his similia, contra ponitur modestia, continentia et castitas.

Lectio 7

Enumeratis operibus carnis, et spiritus, hic consequenter ex utrisque concludit, quod qui spiritum sequuntur, non sunt sub lege. Et utitur tali probatione: ille est sub lege qui est obnoxius legi, id est qui facit contraria legi; sed illi qui aguntur spiritu, non faciunt opera contraria legi, ergo non sunt sub lege.

Primo ergo ostendit propositum ex parte operum spiritus; secundo ex parte operum carnis, ibi qui autem sunt, etc..

Dicit ergo: dico quod qui aguntur spiritu, non faciunt opera contraria legi, quia aut faciunt opera spiritus, et adversus huiusmodi non est lex, id est contra opera spiritus, sed spiritus docet ea. Nam sicut lex exterius docet opera virtutum, ita et spiritus interius movet ad illa. Rom. VII, 22: condelector enim legi Dei secundum interiorem hominem, etc..

Aut faciunt opera carnis, et hæc in his qui spiritu Dei aguntur, non sunt contraria legi.

Unde dicit qui autem sunt Christi, id est qui spiritum Dei habent. Rom. VIII, 9: qui spiritum Dei non habet, hic non est eius. Illi ergo spiritu Dei aguntur, qui sunt Christi. Isti, inquam, carnem suam crucifixerunt, etc.. Non autem dicit: vitia et concupiscentias vitant, quia bonus medicus tunc bene curat, quando adhibet remedia contra causam morbi. Caro autem est radix vitiorum.

Si ergo volumus vitare vitia, oportet domare carnem. I Cor. IX, 27: castigo corpus meum, etc..

Quia vero caro domatur per vigilias, ieiunia et labores Eccli. XXXIII, 28: servo malevolo tortura et compedes, etc. Ad hæc autem opera moventur ex devotione quam habent ad Christum crucifixum, ideo signanter dicit crucifixerunt, id est Christo crucifixo se conformaverunt, affligendo carnem suam, etc.. Rom. VI, 6: vetus homo noster simul crucifixus est, etc.. Supra II: ut Deo vivam, Christo confixus sum cruci, etc..

Quia vero non crucifigunt carnem destruendo naturam, quia nemo carnem suam odio habuit, ut dicitur Eph. V, 29, sed quantum ad ea quæ contrariantur legi, ideo dicit cum vitiis, id est cum peccatis, et concupiscentiis, id est passionibus, quibus anima inclinatur ad peccandum. Non enim bene crucifigit carnem qui etiam passionibus locum non aufert, aliter cum ratio non semper invigilet ad peccata vitandum, ut oportet, posset quandoque cadere. Eccli. XVIII, 30: post concupiscentias tuas non eas, etc.. Rom. XIII, 14: carnis curam ne feceritis in desideriis, etc..

Consequenter cum dicit si spiritu vivimus, etc., ponit tertium beneficium spiritus sancti, quod confert vitam.

Et primo ponit beneficium spiritus Dei; secundo excludit vitia spiritus mundi, ibi non efficiamur, etc..

Dicit ergo, connumerans se eis quibus scribit: dico quod debemus ambulare per spiritum, quia et per ipsum vivimus, et non per carnem. Rom. VIII, 12: debitores sumus non carni, etc.. Si ergo spiritu vivimus, debemus in omnibus ab ipso agi.

Sicut enim in vita corporali corpus non movetur nisi per animam per quam vivit, ita in vita spirituali omnis motus noster debet esse a spiritu sancto. Io. VI, 64: spiritus est qui vivificat. Act. XVII, 28: in ipso vivimus, movemur, et sumus.

Et ne ea quæ dicta sunt de spiritu intelligantur de spiritu mundi, de quo dicitur I Cor. II, 12: nos autem non spiritum huius mundi accepimus, ideo hoc consequenter removet apostolus, dicens non efficiamur, etc., ubi tria excludit propria spiritus mundi, scilicet inanem gloriam, iracundiam, et invidiam, quibus tribus convenienter aptari potest nomen spiritus.

Significat enim spiritus quamdam inflationem.

Unde secundum hoc illi dicuntur vani spiritus, qui sunt inflati per inanem gloriam.

Is. XXV, 4: spiritus robustorum quasi turbo impellens parietem, etc.. Et quantum ad hoc dicit non efficiamur inanis gloriæ cupidi, id est, gloriæ sæcularis. Cum enim vanum sit quod nec solide firmatur, nec veritate fulcitur, nec utilitate amatur, ideo gloria huius mundi vana est, quia caduca, et non solida, Is. XL, 6: omnis caro fœnum, etc., et quia falsa, I Mac. II, 62: gloria hominis peccatoris, stercus et vermis, etc.. Sed vera gloria est in propriis bonis hominis, quæ sunt bona spiritualia, et hanc habent sancti. II Cor. I, 12: gloria nostra hæc est, testimonium conscientiæ nostræ, etc.. Et quia inutilis et infructuosa: nam quantamcumque gloriam habeat quis ex testimonio sæcularium, non potest propter hoc consequi finem suum, quem consequitur testimonio Dei. I Cor. I, 31: qui gloriatur, in Domino glorietur.

Non autem dicit: non habeatis inanem gloriam sed non efficiamini cupidi, quia gloria sequitur aliquando fugientes eam, et si eam oportet recipi, non tamen ametur.

Item significat quamdam impetuositatem.

Prov. XXVII, 4: impetum concitati spiritus ferre quis poterit? et significat iracundiam.

Et quantum ad hoc dicit invicem provocantes, scilicet ad contentionem, vel litem, vel alia illicita. Rom. XIII, 13: non in contentione et æmulatione, etc..

Item est spiritus tristitiæ, de quo dicitur Prov. XVII, 22: spiritus exsiccat ossa. Et quantum ad hoc dicit invicem invidentes.

Prov. XIV, 30: putredo ossium, invidia, etc..

Cuius ratio est, quia ipsa sola crescit ex bono.

Capitulus VI

Lectio 1

Postquam apostolus reduxit Galatas ad statum veritatis quantum ad res divinas, hic consequenter reducit eos quantum ad res humanas, instruens eos qualiter se habeant ad homines. Et primo qualiter se habeant ad rectos; secundo, quomodo ad perversos, ibi videte qualibus litteris, etc..

Circa primum tria facit.

Primo docet qualiter superiores se habeant ad inferiores; secundo qualiter æquales ad coæquales, ibi alter alterius, etc.; tertio qualiter inferiores ad superiores, ibi communicet autem is, etc..

Circa primum duo facit.

Primo ponit admonitionem; secundo assignat admonitionis rationem, ibi considerans teipsum, etc..

Quia ergo de peccatis multa dixerat, ne aliquis a peccato immunis in peccatores desæviret, ideo admonitionem de mansuetudine et misericordia eis proponit, dicens fratres, etsi præoccupatus fuerit homo, etc..

Ubi tria ponit quæ faciunt admonitionem.

Primum est surreptio. Nam quando aliqui ex malitia peccant, minus digni sunt venia.

Iob XXXIV, 27: qui quasi de industria recesserunt, etc.. Sed quando aliquis præoccupatur tentationibus et inducitur ad peccandum, facilius debet ei venia concedi, et ideo dicit etsi præoccupatus fuerit, etc., id est imprudenter et ex surreptione lapsus, ut nequeat vitare.

Secundum est peccatorum paucitas. Nam aliqui ex consuetudine peccant. Os. IV, 2: maledictum, et mendacium, et homicidium, et furtum, et adulterium inundaverunt, et sanguis sanguinem tetigit, etc.. Et contra tales severius est agendum. Et hoc excluditur, cum dicit in aliquo, quasi non usu quotidiano peccans.

Tertium est peccatorum qualitas. Nam quædam peccata consistunt in transgressione, quædam vero in omissione. Graviora autem sunt prima secundis: quia illa opponuntur præceptis negativis, quæ obligant semper et ad semper, hæc vero opponuntur præceptis affirmativis quæ cum non obligent ad semper, non potest sciri determinate quando obligant.

Unde dicitur in Ps. XVIII, 13: delicta quis intelligit? etc.. Et quantum ad hoc dicit delicto. Vel, secundum Glossam, delictum est peccatum ex ignorantia.

His ergo præmissis, ad misericordiam eos qui corrigunt monet, et hi sunt spirituales, ad quos pertinet correctio. Unde dicit vos qui spirituales estis, huiusmodi instruite.

I Cor. II, 15: spiritualis iudicat omnia, et ipse a nemine iudicatur, etc.. Et huius ratio est, quia rectum iudicium habet de omnibus, quia circa unumquodque recte dispositus est, sicut qui sanum gustum habet, recte iudicat de sapore; solus autem spiritualis bene dispositus est circa agenda; et ideo ipse solus de eis bene iudicat.

Sed quia nomen spiritus rigorem quemdam et impulsum designat, secundum illud Is. XXV, 4: spiritus robustorum quasi turbo impellens parietem, etc., non tamen est credendum quod viri spirituales sint nimis rigidi in corrigendo.

Nam hoc spiritus huius mundi facit, sed spiritus sanctus suavitatem quamdam et dulcorem efficit in homine. Sap. XII, 1: o quam bonus et suavis est spiritus tuus, Domine, etc.. Et ideo dicit in spiritu lenitatis.

Ps. CXL, 5: corripiet me iustus in misericordia, etc.. Contra quod dicitur de quibusdam Ez. XXXIV, 4: cum austeritate imperabatis eis, etc..

Dicit autem instruite, et non corrigite, quia loquitur de præoccupatis delinquentibus, qui indigent instructione; vel quia omnis peccans est ignorans. Prov. XIV, 22: errant qui operantur malum.

Rationem autem admonitionis subdit, dicens considerans teipsum, etc., quasi dicat: ita fiat, ut dixi, quia tu fragilis es. Nam quamdiu in hac vita mortali sumus, proni sumus ad peccandum. Nihil autem ita frangit hominis severitatem in corrigendo, quam timor proprii casus. Eccli. XXXI, 18: intellige quæ sunt proximi tui ex teipso.

Qualiter autem se habeant ad æquales ostendit, dicens alter alterius, etc..

Et primo proponit admonitionem; secundo assignat eius rationem, ibi et sic adimplebitis, etc.; tertio excludit admonitionis implendæ impedimentum, ibi nam si quis existimat, etc..

Admonet autem ad mutuam supportationem, dicens alter alterius onera portate.

Et hoc tripliciter. Uno modo defectum alterius corporalem, seu spiritualem, patienter tolerando. Rom. XV, 1: debemus autem nos firmiores, etc.. Alio modo necessitati mutuæ subveniendo, etc.. Rom. XII, 13: necessitatibus sanctorum communicantes, etc..

Tertio modo pro pœna sibi debita satisfaciendo, orationibus et bonis operibus. Prov. XVIII, 19: frater qui iuvatur a fratre, etc..

Ratio autem admonitionis est adimpletio legis Christi, quæ similiter est charitas. Rom. XIII, 10: plenitudo legis est dilectio.

Unde dicit et sic adimplebitis legem Christi, id est, charitatem.

Dicitur autem charitas specialiter lex Christi triplici ratione. Primo, quia per hoc distinguitur lex nova a lege veteri: nam illa est timoris, hæc vero amoris. Unde Augustinus dicit: parva differentia est veteris legis et novæ: timor et amor. Secundo, quia per charitatem specialiter Christus legem suam promulgavit. Io. XIII, 35: in hoc cognoscent omnes, quia mei estis discipuli, si dilectionem, etc.; et iterum: mandatum novum do vobis, ut diligatis invicem, etc.. Tertio quia ipsam implevit Christus, et exemplum eam implendi nobis reliquit. Nam ipse ex charitate peccata nostra tulit. Is. LIII, 4: vere languores nostros ipse tulit. I Petr. II, 24: qui peccata nostra pertulit in corpore suo super lignum, etc.. Is. XL, 11: fœtas ipse portabit.

Sic ergo debemus alter alterius onera portare ex charitate, ut sic impleamus legem Christi.

Impedimentum autem implendæ admonitionis prædictæ est superbia. Ideo hoc excludens, dicit nam si quis existimat, etc..

Et primo vituperat ipsam superbiam; secundo ostendit modum vitandi eam, ibi opus autem suum, etc.; tertio vitandi rationem assignat, ibi unusquisque enim, etc..

Commentaria in Epistolas S. Pauli

Dicit ergo: facite ut dixi. Sed contingit aliquem onus alterius non portare, quia præfert se aliis. Unde dicebat ille Lc. XVIII, 11: non sum sicut cæteri hominum, etc.. Et ideo dicit nam si quis existimat se aliquid esse, id est in mente sua superbe iudicat se magnum esse in comparatione peccantis, cum nihil sit, ex se, quia quidquid sumus hoc est ex gratia Dei, secundum illud apostoli I Cor. XV, 10: gratia Dei sum id quod sum. Qui, inquam, tale aliquid facit, ipse se seducit, id est a veritate se dividit.

Is. XL, 17: omnes gentes quasi non sint, etc.. Lc. XVII, 10: cum feceritis omnia quæ præcepta sunt vobis, dicite: servi inutiles sumus, etc..

Remedium autem vitandi, est propriorum defectuum consideratio. Nam ex hoc quod aliquis alienos et non suos defectus considerat, videtur sibi aliquid esse in comparatione ad alios, in quibus defectus intuetur, et suos non considerans, superbit. Et ideo dicit opus autem, scilicet interius et exterius, suum, id est proprium, probet, id est diligenter examinet, unusquisque. I Cor. XI, 28: probet seipsum homo, etc.. Et sic in seipso, id est in propria conscientia, gloriam habebit, id est gloriabitur et gaudebit.

II Cor. I, 12: gloria nostra hæc est, testimonium conscientiæ nostræ. Et non in altero, id est non in laude alterius.

Vel sic: in semetipso, id est per ea quæ sui ipsius sunt, gloriam habebit, id est gloriabitur in consideratione sui, et non in altero, id est non consideratione alterius. II Cor. XII, 9: libenter gloriabor in infirmitatibus meis, etc..

Vel in semetipso, id est in Deo qui in eo habitat, gloriabitur, id est eius erit gloria, et non in altero quam in Deo. II Cor. X, 17: qui gloriatur, in Domino glorietur.

Ratio vitandi superbiam est præmium vel pœna unicuique pro merito vel demerito reddenda. Unde dicit unusquisque enim onus suum portabit. Quod videtur contrarium ei quod dixerat alter alterius onera portate.

Sed sciendum est quod ibi loquitur de onere sustinendæ infirmitatis, quod debemus mutuo portare; hic loquitur de onere reddendæ rationis, quod quilibet pro se portabit, sive sit onus præmii, sive pœnæ. Nam onus aliquando quidem pondus pœnæ, aliquando præmii significat. II Cor. IV, 17: æternum gloriæ pondus operatur, etc.. Is. III, 10-11: dicite iusto, quoniam bene, quoniam fructum adinventionum suarum comedet, væ impio in malum, etc..

Si autem dicantur aliqui rationem reddere pro aliis, puta prælati pro subditis, secundum illud Ez. III, 18: sanguinem eius de manu tua requiram, etc., et Hebr. Cap. Ult.: obedite præpositis vestris, ipsi enim pervigilant quasi rationem redituri pro animabus vestris, non est contrarium dicto apostoli: quia non puniuntur pro peccatis subditorum, sed pro propriis, quæ in custodia subditorum commiserunt.

Est ergo vitanda superbia et peccatum, quia unusquisque onus suum, id est mensuram gratiæ suæ offert Deo in die iudicii, tamquam manipulos bonorum operum. Ps. CXXV, 6: venientes autem venient cum exultatione.

Et hoc quantum ad bonos. Vel onus suum portabit, id est pœnam pro proprio peccato.

Lectio 2

Postquam apostolus ostendit qualiter superiores se habeant ad inferiores, et æquales æqualibus, hic consequenter ostendit qualiter inferiores se habeant ad superiores, dicens inferiores debere superioribus ministrare et obsequi. Et circa hoc tria facit.

Primo monet ut ministrent prompte; secundo ut ministrent perseveranter, ibi bonum autem facientes, non deficiamus, etc.; tertio, ut ministrent communiter, ibi ergo dum tempus habemus, etc..

Circa primum duo facit.

Primo ponit monitionem ministerii; secundo excusationem excludit, ibi nolite errare, etc..

Dicit ergo: dictum est supra, quomodo superiores se debeant habere ad inferiores, scilicet leniter corripiendo et instruendo, nunc autem restat videre qualiter inferior superiori obsequatur, et ideo dicit communicet autem is, qui catechizatur, id est docetur verbo Dei, ei qui se catechizat, id est qui eum docet; communicet, inquam, in omnibus bonis.

Sed notandum est quod discipulus potest dupliciter communicare se docenti. Primo ut accipiat bona doctoris, et sic dicitur communicet is qui catechizatur, id est commune sibi faciat quod est docentis, eum imitando.

I Cor. XI, 1: imitatores mei estote, etc.. Sed quia contingit doctores aliquando minus bona facere, ideo non sunt in hoc imitandi, et ideo subdit in omnibus bonis. Matth. XXIII, 3: quæcumque dixerint vobis, servate et facite: secundum opera eorum nolite facere.

Secundo ut communicet bona sua docenti.

Hoc enim a Domino præcipitur I Cor. IX, 14, ubi dicitur: qui evangelio serviunt, de evangelio vivant. Unde Matth. X, 10: dignus est operarius cibo suo. Et Lc. X, 7: dignus est operarius mercede sua. Et apostolus dicit I Cor. IX, 11: si vobis spiritualia seminamus, etc.. Et ideo hic dicit communicet autem is, etc., id est doctus doctori in omnibus bonis quæ habet; nam etiam temporalia bona quædam dicuntur. Is. I, 19: si volueritis et audieritis me, bona terræ comedetis. Matth. VII, 11: si vos cum sitis mali, nostis bona dare, etc..

Dicit autem, in omnibus, quia non solum communicare debet indigenti, sed et sententiam et consilium, potentiam et quidquid habet, generaliter debet proximo communicare.

I Petr. IV, 10: unusquisque sicut accepit gratiam, in alterutrum illam administrantes, etc..

De ista communicatione dicitur Rom. XII, 13: necessitatibus sanctorum communicantes; Eccli. XIV, 15: in divisione sortis da et accipe.

Consequenter cum dicit nolite errare, etc., excusationem excludit, et primo excludit eam; secundo rationem exclusionis assignat, ibi quæ enim seminaverit homo, etc..

Dicit ergo nolite errare, Deus non irridetur. Quod quidem dupliciter intelligi potest secundum duas præmissas expositiones.

Secundum primam quidem sic: tu dicis quod debemus imitari doctores etiam in bonis, sed non possum eos imitari nisi in his quæ faciunt: nihil autem video in ipsis nisi malum; ergo debeo eos imitari in malo.

Sed hoc excludit, dicens nolite errare, Deus non irridetur. Error est hoc dicere. Nam mala prælatorum non excusant nos. Non enim sunt subditis in exemplum, nisi in his quibus imitantur Christum, qui est pastor absque peccato; unde et signanter dicit io. X, 11: ego sum pastor bonus, etc.. Et apostolus I Cor. IV, 16 et XI, 1 dicit: imitatores mei estote, sicut et ego Christi; quasi dicat: in his me imitamini, in quibus ego imitor Christum. Etsi per mala prælatorum excusatis vos apud homines, tamen Deus non irridetur, id est, non potest falli. Iob XIII, 9: aut decipietur ut homo fraudulentiis vestris? unde dicitur Prov. III, 34: delusores ipse deludet.

Secundum autem secundam expositionem sic introducitur. Possent autem dicere: pauperes sumus, nihil habemus quod communicare possimus. Sed hoc excludit, dicens nolite errare, id est nemo excusatum vane se existimet paupertatem prætendendo, Deus non irridetur, id est non potest falli, scit enim corda nostra et non ignorat facultates.

Excusatio verisimilis hominem potest fallere et placare, Deum non potest fallere.

Rationem autem huius assignat, dicens quæ enim seminaverit homo, etc.. Et primo in generali, secundo in speciali, ibi quoniam qui seminat, etc..

Dicit ergo, secundum primam expositionem: vere erratis, hoc credentes, quia Deus reddet singulis pro meritis propriis.

Nam quæ seminaverit homo, hæc et metet, id est secundum opera sua bona vel mala, parva vel magna, præmiabitur vel punietur.

Secundum autem secundam expositionem: quæ seminaverit homo, id est secundum beneficia sua parva vel magna, et quantum ad qualitatem operum, et quantum ad quantitatem beneficiorum præmiabitur. II Cor. IX, 6: qui parce seminat, parce et metet, etc..

Rationem autem specialiter assignat, dicens quoniam qui seminat in carne sua, etc.. Quæ quidem ratio habet duas partes secundum duas seminationes carnis et spiritus. Primo ergo agit de seminatione carnis.

Ubi dicendum est, quid sit seminare in carne; secundo quid est de carne metere corruptionem.

Seminare quidem in carne, est operari pro corpore vel pro carne; sicut si dicam: ego multum expendi in isto homine, id est, multa feci pro eo. Ille ergo in carne seminat, qui ea quæ facit, etiam si quæ bona videantur, facit in fomentum et utilitatem carnis.

De carne autem metere corruptionem, dicit et infert, quia semen fructificat ut plurimum secundum conditionem terræ. Unde videmus quod in aliquibus terris semen frumenti degenerat in siliginem, vel in aliquod aliud. Conditio autem carnis est, ut sit corruptibilis, et ideo qui in carne seminat, id est studium suum ponit et opera, oportet quod ipsa opera corrumpantur et pereant.

Eccli. XIV, 20: omne opus corruptibile, in fine perdetur. Rom. VIII, 13: si secundum carnem vixeritis, moriemini.

Secundo agit de seminatione spiritus, dicens: qui autem seminat in spiritu, id est ordinat studium suum ad servitutem spiritus, ex fide et charitate serviendo iustitiæ, metet quidem de spiritu secundum conditionem eius. Conditio autem spiritus est quod sit actor vitæ. Io. VI, 64: spiritus est qui vivificat. Non autem cuiuscumque vitæ, sed vitæ æternæ, cum spiritus sit immortalis, et ideo metet de spiritu vitam æternam.

Prov. XI, 18: seminanti iustitiam merces fidelis, quia numquam desiccatur.

Sed nota, quod cum agit de seminatione carnis, dicit in carne sua, quia caro est nobis de natura nostra, sed cum loquitur de semine spiritus, non dicit suo, quia spiritus non est nobis a nobis, sed a Deo.

Deinde cum dicit bonum autem facientes, etc., monet ad ministerii perseverantiam, quia non ad horam tantum, sed semper debemus benefacere. Quod quidem potest referri ad ea quæ dicta sunt, scilicet ad superiores et ad æquales et ad inferiores, quasi dicat: quicumque sumus, sive prælati erga subditos, sive æquales erga æquales, sive subditi erga prælatos, bonum facientes non deficiamus, scilicet in bene operando, quia non deficiemus in metendo. Eccle. IX, 10: quodcumque facere potest manus tua, instanter operare. I Cor. XV, 58: stabiles estote et immobiles.

Et merito non est deficiendum, quia expectamus remunerationem æternam et indeficientem.

Unde subdit tempore enim suo metemus non deficientes. Unde dicit Augustinus: si homo non imposuerit finem operi, nec Deus imponet remunerationi. Matth. XXV, 46: ibunt hi in vitam æternam.

Sed nota quod dicit tempore suo, quia sicut agricola non statim de illo quod seminat, fructum colligit, sed tempore congruo.

Iac. Cap. Ult.: agricola expectat gloriosum fructum terræ patienter ferens, donec accipiat temporaneum et serotinum, etc.. De ista messione dicitur II Cor. IX, 6: qui seminat in benedictionibus, de benedictionibus et metet vitam æternam.

Deinde cum dicit ergo dum tempus habemus, etc., monet ad ministrandum communiter, dicens: quia metemus non deficientes, ergo dum tempus habemus, id est in hac vita, quæ est tempus seminandi.

Io. IX, 4: me oportet operari opera eius qui misit me, donec dies est; venit nox, etc..

Eccle. IX, 10: quodcumque potest facere manus tua, instanter operare, quia nec opus, nec ratio, nec scientia, nec sapientia erunt apud inferos, quo tu properas.

Dum, inquam, illud habemus, operemur bonum, et hoc ad omnes, scilicet homines qui iuncti sunt nobis in divina similitudine, inquantum omnes ad imaginem Dei facti sumus.

Sed contra, Eccli. XII, 5 dicitur: da iusto, et ne recipias peccatorem. Non ergo debemus operari bonum ad omnes.

Respondeo. Dicendum est quod in peccatore duo sunt: natura scilicet et culpa. Natura quidem est in eo amanda, et sustentanda, etiam inimici. Matth. V, 44: diligite inimicos vestros, etc.. Culpa vero in eo est expellenda.

Sic ergo dictum est: da iusto, et non recipias peccatorem, ut scilicet peccatori non ideo benefacias, quia peccator est, sed quia homo. Unde Augustinus: non sis ad iudicandum remissus, nec ad subveniendum inhumanus. Persequamur ergo in malis propriam iniquitatem, misereamur in eisdem communem conditionem.

Sed quia non possumus omnibus benefacere, ordinem benefaciendi subdit maxime autem ad domesticos fidei, qui scilicet non solum natura nobis sunt similes, sed etiam sunt uniti fide et gratia. Eph. II, 19: non estis hospites et advenæ, sed estis cives sanctorum, et domestici Dei, etc.. Ergo omnibus impendenda est misericordia, sed præponendi sunt iusti, qui sunt ex fide: quia I Tim. V, 8 dicitur: qui suorum et maxime domesticorum curam non habet, fidem negavit, et est infideli deterior.

Sed dubitatur hic, utrum liceat plus unum diligere, quam alium.

Ad quod sciendum, quod amor potest dici maior vel minor dupliciter. Uno modo ex obiecto; alio modo ex intensione actus. Amare enim aliquem, est velle ei bonum. Potest ergo aliquis alium magis alio diligere, aut quia vult ei maius bonum, quod est obiectum dilectionis, aut quia magis vult ei bonum, id est ex intensiori dilectione.

Quantum ergo ad primum, omnes æqualiter debemus diligere, quia omnibus debemus velle bonum vitæ æternæ. Sed quantum ad secundum, non oportet quod omnes æqualiter diligamus: quia cum intensio actus sequatur principium actionis, dilectionis autem principium sit unio et similitudo, illos intensius et magis debemus diligere, qui sunt nobis magis similes et uniti.

Lectio 3

Postquam apostolus monuit Galatas qualiter se habeant ad homines rectos et iustos, hic docet quomodo se habeant ad hæreticos et perversos. Et primo insinuat modum scribendi monitionem; secundo ipsam monitionem subiungit, ibi quicumque enim, etc..

Circa primum sciendum quod consuetudo erat apud hæreticos depravandi et falsificandi Scripturas canonicas, nec non et permiscendi aliqua eorum quæ hæresim sapiant; propter hoc consuetudo fuit ab apostolo servata, quod quando aliqua contra eos scribebat, in fine litteræ aliqua scriberet, ut depravari non posset, et ita innotesceret eis de eius conscientia processisse, sicut I Cor. Cap. Ult. Dicit: salutatio mea manu Pauli. Totam enim epistolam per alium, eo dictante, scribi faciebat, et postea in fine aliquid propria manu addebat. Et secundum hunc modum ea quæ sequuntur, ab isto loco scripsit Paulus manu propria. Unde dicit videte qualibus litteris scripsi vobis manu propria, ut scilicet prædicta firmius teneatis, ut scientes a me hanc epistolam Missam magis obediatis.

Sic ergo prælati debent propria manu scribere, ut quod docent verbo et scripto, ostendant exemplo. Ideo dicitur Is. XLIX, 16: in manibus, id est in operibus meis, descripsi te, etc.. Ex. XXXII, 15 dicitur de Moyse, quod descendit portans duas tabulas lapideas scriptas digito Dei.

Monitionem autem subiungit, dicens quicumque enim placere volunt, etc.. Et primo aperit seducentium intentionem; secundo ostendit suam intentionem eis esse contrariam, ibi mihi autem absit gloriari, etc.; tertio subdit suam admonitionem ad subditos, ibi quicumque hanc regulam, etc..

Circa primum duo facit.

Primo aperit seducentium malam intentionem; secundo probat quod dicit, ibi neque enim circumcisionem, etc..

Circa primum ponit unum factum et duas intentiones ad invicem ordinatas. Factum autem erat istorum qui circumcisionem inducebant, et ex hoc duo intendebant. Unum propter aliud, scilicet ut placerent inde Iudæis, ex hoc quod carnales observantias legis introducebant in ecclesia gentium. Et hoc est quod dicit quicumque volunt placere, scilicet Iudæis infidelibus, in carne, id est carnalibus observantiis, hi cogunt vos circumcidi, non coactione absoluta, sed quasi ex conditione dicentes: quia nisi circumcidamini, non poteritis salvi fieri, ut habetur act. XV, 1.

Intendebant autem ex hoc ulterius quamdam securitatem habere. Iudæi enim persequebantur discipulos Christi propter prædicationem crucis. I Cor. I, 23: nos autem prædicamus Christum crucifixum, etc.. Et hoc quia per prædicationem crucis evacuabantur legalia. Nam si apostoli simul cum cruce Christi prædicassent debere servari legalia, nullam persecutionem Iudæi apostolis intulissent.

Unde dicebat supra V, 11: ego autem, fratres, si adhuc circumcisionem prædico, quid adhuc persecutionem patior, etc..

Ut ergo non haberent persecutionem a Iudæis, inducebant circumcisionem. Et ideo dicit: et etiam hoc propter hoc tantum faciunt, ut crucis Christi persecutionem non patiantur, quæ scilicet pro cruce Christi infertur.

Vel hoc etiam faciebant ad vitandam persecutionem, non solum Iudæorum, sed etiam gentilium infidelium. Nam Romani imperatores, Caius Cæsar et Octavius augustus promulgaverunt leges, ut Iudæi ubicumque essent, proprio ritu, propriis cæremoniis servirent.

Et ideo quicumque in Christum credebat et circumcisus non erat, persecutionibus, tam gentilium quam Iudæorum, fiebat obnoxius.

Ut ergo non inquietarentur de fide Christi, et in quiete viverent, cogebant eos circumcidi, secundum quod habetur in Glossa.

Sed quia possent dicere pseudo, quod non propter hoc circumcisionem inducunt, sed zelo legis solum, ideo hoc excludens probat quod dixit, cum dicit sic neque enim qui circumciduntur, etc..

Constat enim quod si propter legis zelum aliquos ad legis observantias inducerent, mandarent etiam legem in aliis impleri. Sed neque illi qui circumciduntur, neque pseudo in aliis, scilicet in moralibus, quæ potiora sunt in lege et in aliis observantiis custodiunt, Io. VII, 19: nemo ex vobis facit legem. Non ergo ex zelo legis circumcisionem inducunt.

Rom. II, 25: circumcisio quidem prodest, si legem observes. Sed ideo volunt vos circumcidi, ut in carne vestra, id est in carnali vestra circumcisione, glorientur, apud Iudæos, eo quod tam multos proselytos faciant. Matth. XXIII, 15: væ vobis, Scribæ et Pharisæi, qui circuitis mare et aridam, ut faciatis unum proselytum, etc..

Lectio 4

Postquam apostolus exposuit pravam seducentium intentionem, hic insinuat suam. Et primo ponit suam intentionem; secundo ostendit intentionis huius signum, ibi per quem mihi mundus, etc.; tertio rationem intentionis assignat, ibi in Christo Iesu, etc..

Dicit ergo: intentio seducentium apparet, quia illi gloriantur in carne, sed ego aliam gloriam quæro, scilicet in cruce. Et hoc est quod dicit mihi absit gloriari, etc..

Vide quod ubi mundi Philosophus erubuit, ibi apostolus thesaurum reperit. Quod illi visum est stultitia, apostolo factum est sapientia et gloria, ut dicit Augustinus. Unusquisque enim in ea re gloriatur, per quam reputatur magnus. Sic qui reputat se magnum in divitiis, gloriatur in eis, et sic de aliis. Qui enim in nullo alio se magnum reputat, nisi in Christo, gloriatur in solo Christo. Talis autem erat apostolus. Unde dicebat supra II, 20: vivo ego, iam non ego, vivit vero in me Christus.

Et ideo non gloriatur nisi in Christo,

præcipue autem in cruce Christi, et hoc quia in ipsa inveniuntur omnia, de quibus homines gloriari solent. Nam gloriantur aliqui de magnorum (puta regum aut principum) amicitia: et hoc maxime apostolus invenit in cruce, quia ibi ostenditur evidens signum divinæ amicitiæ, Rom. V, 8: commendat autem suam charitatem Deus in nobis, etc.. Nihil enim sic charitatem suam ad nos ostendit, sicut mors Christi. Unde Gregorius: o inæstimabilis dilectio charitatis. Ut servum redimeres, filium tradidisti.

Item gloriantur aliqui de scientia. Et hanc apostolus excellentiorem invenit in cruce.

I Cor. II, 2: non enim æstimavi me aliquid scire inter vos, nisi Iesum Christum, etc.. Nam in cruce est perfectio totius legis, et tota ars bene vivendi.

Item gloriantur aliqui de potentia. Et hanc apostolus maximam habuit per crucem. I Cor. I, 18: verbum crucis pereuntibus stultitia est, his autem qui salvi fiunt, id est nobis, virtus Dei est.

Item gloriantur aliqui de libertate adepta.

Et hanc apostolus consecutus est per crucem.

Rom. VI, 6: vetus noster homo crucifixus est, ut ultra non serviamus peccato.

Item aliqui gloriantur in assumptione ad aliquod magnum collegium. Sed per crucem Christi assumuntur ad collegium cæleste.

Col. I, 20: pacificans per sanguinem crucis eius, sive quæ in cælis, sive quæ in terris sunt.

Item quidam gloriantur in triumphali signo victoriæ. Sed crux triumphale signum est victoriæ Christi contra Dæmones. Col. II, 15: expolians principatus et potestates, traduxit confidenter, palam triumphans illos, etc.. Sap. XIV, 7: benedictum lignum per quod fit iustitia.

Signum autem suæ intentionis subdit, dicens per quem mihi mundus, etc..

Quia autem hoc quod dicit: mihi absit gloriari, nisi in cruce, etc., est propositio exceptiva, includens unam affirmativam et aliam negativam, ideo duplex signum ponit, probans utramque propositionem.

Et primo quidem probat negativam, scilicet quod non gloriatur nisi in cruce; et hoc, cum dicit per quem mihi mundus crucifixus, etc..

Illud enim in quo quis gloriatur, non est mortuum in corde eius, sed magis illud quod contemnit. Ps. XXX, 13: oblivioni datus sum tamquam mortuus a corde.

Manifestum est autem, quod mundus, et omnia quæ in mundo sunt, mortua erant in corde Pauli, Phil. III, 8: omnia arbitratus sum ut stercora, ut Christum lucrifaciam. Ergo non gloriatur in mundo, neque in his quæ in mundo sunt, et hoc est quod dicit: vere in nullo alio glorior, nisi in cruce Christi, per quem, scilicet Christum crucifixum, mihi mundus crucifixus est, id est mortuus est in corde meo, ut nihil in eo cupiam.

115

Commentaria in Epistolas S. Pauli

Secundo probat affirmativam, scilicet quod in cruce Christi gloriatur, dicens se crucifixum mundo.

Qui enim gloriatur in aliquo, illud in se prætendit, et manifestare desiderat; sed apostolus nihil in se prætendit, nec manifestare desiderat, nisi quod pertinet ad crucem Christi, et ideo tantum in ea gloriatur. Et hoc est quod dicit et ego mundo, scilicet sum crucifixus; quasi dicat: porto insignia crucis, et sum reputatus ut mortuus. Et ideo sicut mundus horret crucem Christi, ita horret me.

Col. III, 3: mortui enim estis, et vita vestra abscondita est cum Christo in Deo, etc..

Rationem autem quare non in alio gloriatur, ostendit subdens in Christo enim Iesu, etc..

In illo siquidem maxime gloriatur, quod valet et adiuvat ad coniungendum Christo, hoc enim apostolus desiderat, scilicet cum Christo esse. Et quia non valet ad hoc ritus Iudaicus, nec gentilium observantia, sed crux Christi solum, ideo solum in ea gloriatur. Et hoc est quod dicit in Christo neque circumcisio aliquid valet, id est ritus Iudaicus, neque præputium, id est gentilitatis observantia, id est ad iustificandum et iungendum Christo, sed ad hoc valet nova creatura.

Quod quidem patet ex his quæ dicta sunt supra 6 (quasi eisdem verbis): in Christo enim Iesu neque circumcisio aliquid valet, neque præputium, sed fides quæ per dilectionem operatur. Fides ergo charitate formata est nova creatura. Creati namque et producti sumus in esse naturæ per Adam; sed illa quidem creatura vetusta iam erat, et inveterata, et ideo Dominus producens nos, et constituens in esse gratiæ, fecit quamdam novam creaturam. Iac. I, 18: ut simus initium aliquod creaturæ eius.

Et dicitur nova, quia per eam renovamur in vitam novam; et per spiritum sanctum, Ps. CIII, 30: emitte spiritum tuum, et creabuntur, et renovabis faciem terræ. Et per crucem Christi, II Cor. V, 17: si qua est in Christo nova creatura, etc..

Sic ergo per novam creaturam, scilicet per fidem Christi et charitatem Dei, quæ diffusa est in cordibus nostris, renovamur, et Christo coniungimur.

Lectio 5

Aperta intentione seducentium, et insinuata sua, hic consequenter apostolus monet eos, et primo ad sui imitationem; secundo ut desistant ab eius molestatione, ibi de cætero nemo, etc.; tertio implorat eis gratiæ auxilium ad prædictorum impletionem.

Dicit ergo primo: intentio mea est, ut nonnisi in cruce Christi glorier, quod et vos debetis facere, quia quicumque hanc regulam, quam ego scilicet teneo, secuti fuerint, scilicet hanc rectitudinem gloriandi.

II Cor. X, 13: non in immensum gloriamur, sed secundum mensuram regulæ, etc..

Pax super illos, scilicet gloriantes quia nonnisi in Christo gloriantur. Pax, inquam, qua quietentur et perficiantur in bono. Pax enim est tranquillitas mentis. Cant. VIII, 10: ex quo facta sum coram illo quasi pacem reperiens.

Col. III, 15: pax Christi exultet in cordibus vestris, in qua, etc.. Et misericordia, per quam liberentur a peccatis.

Thren. III, 22: misericordiæ Domini, quia non sumus consumpti. Sap. IV, 15: gratia Dei et misericordia in sanctos eius, et respectus in electos illius, qui scilicet sunt Israel.

Rom. II, 28: non enim qui in manifesto Iudæus est. Ille ergo est Israel Dei, qui est spiritualiter Israel coram Deo. Io. I, 47: ecce vere Israelita, in quo dolus non est. Rom. IX, 6: non enim omnes qui sunt ex Israel, hi sunt Israelitæ, etc.. Sed qui filii sunt promissionis existimantur in semine. Unde et ipsi gentiles facti sunt Israel Dei per mentis rectitudinem. Israel rectissimus interpretatur.

Gen. XXXII: Israel erit nomen tuum, etc..

Consequenter cum dicit de cætero nemo, etc., monet, ut desistant a sui molestatione. Et primo ponit admonitionem; secundo rationem eius assignat, ibi: ego enim stigmata.

Dicit ergo de cætero, etc.; quod potest dupliciter exponi. Uno modo, ut de cætero accipiatur in VI unius dictionis, ut sit sensus de cætero, id est amodo. Alio modo ut accipiatur in VI duarum dictionum, ut sit sensus: de residuo nemo, etc.; quasi dicat: ego gloriabor tantum in cruce, de omnibus aliis nemo mihi molestus sit, quia ego de nullo curo. Sed prima melior est.

Quod autem dicit nemo mihi molestus sit, potest referri ad pseudo, qui molesti erant apostolo, movendo quæstiones, et murmurando de observantiis legalibus. Ps. XXXIV, 13: ego autem, dum mihi molesti essent, induebar cilicio, etc.. Vel potest referri ad auditores non recte sentientes, ut dicatur nemo mihi molestus sit, id est nullus auditor exhibeat se talem, ut rursum in eo necessitatem habeam laborandi, scilicet aliter sentiendo, quam doceam.

Rationem autem horum assignat, dicens ego enim stigmata, etc..

Stigmata enim proprie sunt quædam notæ impressæ alicui cum ferro candenti sicut cum servus ab aliquo Domino signatur in facie, ut nullus eum sibi vindicet, sed quiete dimittat Domino suo, cuius stigmata portat.

Hoc etiam modo apostolus dicit se stigmata Domini portare, quasi insignitus sit ut servus Christi. Et hoc quia portabat insignia passionis Christi, patiens pro eo multas tribulationes in corpore suo, secundum illud I Petr. II, 21: Christus passus est pro nobis, vobis relinquens exemplum, etc.. II Cor. IV, 10: semper mortificationem Domini Iesu in corpore nostro circumferentes, etc..

Et secundum hoc dupliciter potest continuari ad præmissa. Uno modo, ut dictum est nemo mihi molestus sit, nam ego porto insignia Domini nostri Iesu Christi in corpore meo, et sic nullus super me ius habet nisi Christus. Alio modo nemo mihi molestus sit, quia ego habeo multos alios conflictus et stigmata, quæ in persecutionibus quas patior me molestant, et grave est addere afflictionem afflicto. Unde conqueritur Iob XVI, 15: concidit me vulnere super vulnus.

Sed prima melior est.

Implorat autem auxilium gratiæ Dei, dicens gratia Domini nostri Iesu Christi, etc., per quam prædicta implere possitis, sit cum spiritu vestro, id est cum ratione vestra, ut veritatem intelligatis.

Vel cum spiritu vestro, quo scilicet debetis legem observare, et non carnaliter. Rom. VIII, 15: non enim accepistis, etc..

Epistola Ad Ephesios

Prologus

Prœmium

Ego confirmavi columnas eius. Ps. LXXIV, 4.

Sicut dicit sapiens: non minor est virtus quam quærere parta tueri, ideo non immerito commendatur apostolus, quia etsi Ephesios in fide non fundavit, tamen fundatos in fide confirmavit, ut ipse loquens de ecclesia Ephesiorum, vere possit dicere: ego confirmavi columnas eius; ego videlicet, Israëlita natione, christianus religione, apostolus dignitate.

Israëlita dico natione; nam et ego Israëlita sum, ex semine Abrahæ de tribu Beniamin II Cor. XI, 22. Item christianus religione. Gal. II, 19 s.: ego enim per legem mortuus sum legi, ut Deo vivam: Christo confixus sum cruci: vivo ergo iam non ego, vivit vero in me Christus: quod autem nunc vivo in carne, in fide vivo filii Dei.

Item apostolus dignitate. I Cor. XV, 9: ego sum minimus apostolorum. De his tribus II Cor. XI, 22: Israëlitæ sunt, et ego; semen Abrahæ sunt, et ego; ministri Christi sunt, et ego; ut minus sapiens dico, plus ego.

Talis debet esse prædicator sapientiæ salutaris, scilicet Israëlita quo ad contemplationem Dei, christianus quo ad religionem fidei, apostolus quo ad auctoritatem officii.

Ego, ergo, Iudæus per originem, quærens Deum per fidem, apostolus Dei per imitationem, confirmavi, etc.. Confirmavi ne a fide vacillarent, sicut artifex confirmat ædificium, ne cadat. Unde dictum est Petro Lc. XXII, 32: et tu aliquando conversus confirma fratres tuos, quod fecit Paulus. Unde ei competit illud Iob IV, 4: vacillantes confirmaverunt sermones tui. Confirmavit item ne pseudo timerent, sicut episcopus confirmat puerum ad robur contra pusillanimitatem, unde dictum est de David in Ps. LXXXVII, 21: inveni David servum meum, oleo sancto meo unxi eum; manus enim mea auxiliabitur ei, et brachium meum confortabit eum, nihil proficiet inimicus in eo, etc.. Ps. XXXII, 6: verbo Domini, per Paulum scripto, cæli, id est Ephesii, firmati sunt, etc., scilicet ne præmium gloriæ amitterent, sicut prælatus vel princeps confirmat donum, ne postea auferatur. Ps. XL, 13: me autem propter innocentiam suscepisti, et confirmasti me in conspectu tuo in æternum. Has confirmationes petebat Ps. LXVII, 29 dicens: confirma hoc, Deus, quod operatus es in nobis, etc.. Has promittebat apostolus II Thess. Cap. Ult.: fidelis autem Deus qui confirmabit vos, et custodiet a malo.

Ego, ergo, confirmavi columnas eius, scilicet fideles ecclesiæ Ephesiorum.

Fideles enim ecclesiæ dicuntur columnæ, quia debent esse recti, erecti, et fortes. Recti per fidem, erecti per spem, fortes per charitatem.

Recti dico per fidem, fides enim ostendit rectam viam veniendi ad patriam, unde significatur per columnam nubis, de qua Ex. XIII, 21: Dominus autem præcedebat eos, ad ostendendam viam per diem in columna nubis. Fides enim ad modum nubis habet obscuritatem, quia cum ænigmate; dissolutionem, quia evacuatur; humiditatem, quia excitat ad devotionem.

Erecti per spem, spes enim dirigit ad superna, unde significatur per columnam fumi, de qua dicitur Iud. XX, 40: viderunt quasi columnam fumi de civitate ascendentem. Spes enim ad modum fumi ex igne, id est ex charitate, provenit, in altum ascendit, in fine deficit, id est in gloria.

Fortes per charitatem, fortis enim est ut mors dilectio, ut dicitur Cant. VIII, 6; unde significatur per columnam ignis qui omnia consumit, de quo Sap. XVIII, 3: ignis ardentem columnam ducem habuerunt ignotæ viæ.

Sicut enim ignis illuminat diaphana, examinat metalla, exterminat cremabilia, sic charitas illuminat opera, examinat intentionem, et omnia vitia exterminat.

Iam apparet quæ sit causa huius epistolæ efficiens, quia Paulus, quod notatur ibi ego.

Finalis, quia confirmatio, quod notatur ibi confirmavi. Materialis, quia Ephesii, quod notatur ibi columnas eius. Formalis patet in divisione epistolæ, et modo agendi.

Huic epistolæ præmittit glossator prologum sive argumentum, ubi principaliter duo facit: primo describit eos, secundo, rationem et modum scribendi subdit, ibi hos collaudat apostolus, etc.. Ephesios vero quibus scribit, describit a tribus. Primo, a regione, quia Ephesii sunt Asiani ab Asia minore; secundo, a religione, quia hi acceperunt verbum veritatis christianæ; tertio a stabilitate, quia perstiterunt in fide. Primum respicit patriam; secundum, gratiam; tertium, perseverantiam.

Hos collaudat apostolus, etc.. Hic subdit etiam rationem et modum scribendi, ubi implicat quatuor. Primo, Scripturæ rationem; secundo actorem, qui est apostolus scribens; tertio, locum a quo scribit, quia a Roma de carcere; quarto, nuntium per quem scribit, quia per Tychium diaconum; littera satis patet.

Capitulus I

Lectio 1

Hanc epistolam scribit apostolus ad Ephesios. Ephesii sunt Asiani ab Asia minore, quæ est pars Græciæ. Hi non fuerunt per apostolum Paulum in fide fundati, sed confirmati. Iam enim antequam veniret ad eos, erant conversi, ut haberi potest Act. XIX, 1: factum est cum Apollo esset Corinthi, etc.. Post conversionem vero suam et apostoli confirmationem, in fide perstiterunt, nec pseudo receperunt. Non ergo reprehensione, sed consolatione digni erant. Ideo Paulus eis non increpatoriam, sed consolatoriam scribit epistolam. Scribit autem eis ab urbe Roma per

Super Ad Ephesios

Tychicum diaconum.

Intentio vero eius est, eos in bonis habitis confirmare, et ad altiora provocare.

Modus autem agendi patet in divisione epistolæ.

Primo ergo ponit salutationem, in qua suum affectum ad eos demonstrat; secundo narrationem, in qua eos in bonis habitis confirmat, ibi benedictus Deus, etc., usque ad IV cap.; tertio, exhortationem, in qua eos ad ulteriora bona provocat, a cap. IV usque ad locum illum cap. VI de cætero, fratres, confortamini in Domino, etc.; quarto epistolæ conclusionem, in qua eos ad certamen spirituale confortat a loco isto de cætero, usque in finem.

In salutatione primo ponitur persona salutans; secundo, personæ salutatæ, ibi sanctis omnibus, etc.; tertio forma salutationis, ibi gratia vobis, etc..

In prima, primo nominat personam, ibi Paulus; secundo personæ auctoritatem, ibi apostolus Christi; tertio auctoritatis datorem, ibi per voluntatem Dei.

Dicit ergo: Paulus apostolus. Paulus nomen est humilitatis, apostolus vero nomen dignitatis, quia qui se humiliat, exaltabitur, Lc. XIV, 11 et XVIII, 14. Apostolus, inquam, Iesu, non Satanæ, sicut pseudo.

V. 11: non est ergo magnum si ministri eius, scilicet Satanæ, transfigurentur velut ministri iustitiæ, etc.. Apostolus, inquam, et hoc non meis meritis, sed per voluntatem Dei. Econtra est in multis. Os. VIII, 4: ipsi regnaverunt, et non ex me, etc.. Sanctis omnibus, scilicet qui sunt Ephesi, et fidelibus, supple scribit. Vel ego Paulus scribo sanctis exercitio virtutum quo ad mores; fidelibus, rectitudine cognitionis quo ad fidem. Vel sanctis, id est maioribus et perfectis; fidelibus, id est minoribus et imperfectis. Et fidelibus, inquam, in Christo, non in factis suis.

Gratia vobis et pax, etc.. Hic subditur salutationis forma, in qua implicantur tria, donum quodlibet gratificantia: doni sufficientia, ibi gratia vobis et pax, datoris potentia, ibi a Deo patre, mediatoris excellentia, ibi et Domino Iesu Christo. Tunc enim gratum est donum quando sufficiens est quod datur; quando a potente datur, ut quando a rege, vel principe datur; quando per solemnem nuntium datur, ut per filium.

Dicit ergo: gratia, scilicet iustificationis a culpa, et pax, id est tranquillitas mentis, vel reconciliatio ad Deum, quoad liberationem a debita pœna pro offensa. Vobis, supple sit, ex hoc, scilicet a Deo patre nostro, a quo bona cuncta procedunt. Iac. I, 17: omne datum optimum, etc.. Et Domino Iesu Christo, sine quo nulla bona dantur.

Ideo fere omnes orationes finiuntur: per Dominum nostrum Iesum Christum.

Spiritum sanctum non nominat, quia cum sit nexus patris et filii, intelligitur in extremis, vel intelligitur in donis sibi appropriatis, quæ sunt gratia et pax.

Deinde cum dicit benedictus Deus, etc., hic, gratias agendo, eos in bono confirmat, et hoc tribus modis.

Primo, ratione sumpta ex parte Christi, a quo multa bona adepti sunt, capite isto; secundo, ratione sumpta ex parte ipsorum, qui de præterito statu malo, ad bonum præsens translati sunt, cap. II, ibi et vos cum essetis mortui, etc.; tertio, ratione sumpta ex parte apostoli, cuius ministerio et diligentia in bono statu positi, confirmati sunt, cap. III, ibi huius rei gratia, etc..

Iterum prima in tres dividitur, quia primo gratias agendo, tangit beneficia generaliter; secundo, beneficia exhibita ipsis apostolis specialiter, ibi quæ superabundavit in nobis, etc.; tertio, beneficia exhibita ipsis Ephesiis specialiter, ibi in quo et vos cum audivissetis, etc..

Beneficia vero exhibita generaliter humano generi tangit sex.

Primum benedictionis, in certitudine futuræ beatitudinis, ibi benedictus, etc..

Secundum electionis, in præordinata separatione a massa perditionis, ibi sicut elegit nos in ipso, etc..

Tertium prædestinationis, in præordinata associatione cum bonis, scilicet cum filiis adoptionis, ibi qui prædestinavit nos, etc..

Quartum gratificationis, in collatione gratiæ, ibi in quo gratificavit nos, etc..

Quintum redemptionis, in liberatione a pœna, id est, a diaboli servitute, ibi in quo habemus redemptionem, etc..

Sextum remissionis in deletione culpæ, ibi remissionem peccatorum, etc..

Circa beneficium benedictionis, tangit duo.

Primo, præconium, quod debet impendi, ibi benedictus Deus, etc.; secundo, beneficium, propter quod debet impendi, ibi qui benedixit nos, etc..

Dicit ergo benedictus, scilicet a me, a vobis, et ab aliis, scilicet corde, et ore, et opere, id est laudatus, Deus et pater, id est ille, qui est Deus per essentiam divinitatis, et pater propter proprietatem generationis.

Incidit autem copulatio, non ratione suppositionis, quia idem est suppositum, sed ratione significationis essentialiter et relative.

Pater, inquam, Domini nostri Iesu Christi, id est filii, qui est Dominus noster secundum divinitatem, Iesus Christus secundum humanitatem.

Qui, scilicet Deus, benedixit nos in spe in præsenti, sed in futuro benedicet in re. Ponit autem præteritum pro futuro propter certitudinem. Benedixit, inquam, nos, licet nostris meritis maledictos, in omni benedictione spirituali, scilicet quantum ad animam, et quantum ad corpus. Tunc enim erit corpus spirituale. I Cor. XV, 44: seminatur corpus animale, resurget corpus spirituale.

Benedictione, inquam, habita, in cælestibus, id est in cælo; et hoc, in Christo, id est per Christum, vel in Christo operante. Ipse enim est qui reformabit corpus humilitatis nostræ, etc., Phil. III, 21.

Valde appetenda est benedictio hæc. Et ratione efficientis, quia Deus est benedictio hæc; et ratione materiæ, quia nos benedixit; et ratione formæ, quia in omni benedictione spirituali benedicit; et ratione finis, quia in cælestibus benedicit. Ps. CXXVIII, 4: ecce benedicetur homo, qui timet Dominum.

Deinde cum dicit sicut elegit nos, etc., tangitur beneficium electionis, ubi commendatur electio ista, quia libera, ibi sicut elegit nos in ipso, quia æterna, ibi ante mundi constitutionem, quia fructuosa, ibi ut essemus, etc., quia gratuita, ibi in charitate.

Dicit ergo: ita benedicet nos, non nostris meritis, sed ex gratia Christi, sicut elegit nos, et gratis, a massa perditionis separando, præordinavit nos in ipso, id est per Christum.

Io. XV, 16: non vos me elegistis, sed ego elegi vos, etc.. Et hoc ante mundi constitutionem, id est ab æterno, antequam fieremus.

Rom. IX, 11: cum nondum nati fuissent, etc.. Elegit, inquam, non quia sancti essemus, quia nec eramus, sed ad hoc elegit nos ut essemus sancti, virtutibus, et immaculati, a vitiis. Utrumque enim facit electio secundum duas partes iustitiæ. Ps. XXXIII, 15: declina a malo, et fac bonum.

Sancti, inquam, in conspectu eius, id est interius in corde, ubi ipse solus conspicit.

I Reg. XVI, 7: Deus autem intuetur Cor. Vel in conspectu eius, id est ut eum inspiciamus, quia visio est tota merces, secundum Augustinum.

Et hoc fecit, non nostris meritis, sed in charitate sua, vel nostra, qua nos formaliter sanctificat.

Deinde cum dicit qui prædestinavit, etc., subdit tertium beneficium, scilicet prædestinationis, in præordinata associatione cum bonis. Ubi circa prædestinationem implicat sex. Primo actum æternum, ibi prædestinavit, secundo, temporale obiectum, ibi nos, tertio, præsens commodum, ibi in adoptionem, etc., quarto, fructum futurum, ibi in idipsum, quinto, modum gratuitum, ibi secundum propositum, sexto, effectum debitum, ibi in laudem gloriæ, etc..

Dicit ergo qui, scilicet Deus, prædestinavit nos, id est sola gratia præelegit, in adoptionem filiorum, id est ut associaremur cum aliis filiis adoptionis in bonis, quæ habituri sunt; ideo dicit in adoptionem filiorum.

Rom. VIII, 15: non enim accepistis spiritum servitutis iterum in timore, sed accepistis spiritum adoptionis filiorum; et infra: adoptionem filiorum expectantes.

Commentaria in Epistolas S. Pauli

Quia vero illud quod fit ignitum, per ignem hoc oportet fieri, quia nihil consequitur participationem alicuius, nisi per id quod est per naturam suam tale: ideo adoptionem filiorum oportet fieri per filium naturalem.

Et ideo addit apostolus per Iesum Christum.

Et hoc est tertium, quod tangitur in isto beneficio, scilicet mediator alliciens.

Gal. IV, 4-5: misit Deus filium suum factum ex muliere, factum sub lege, ut eos qui sub lege erant, redimeret; ut adoptionem filiorum reciperemus. Et hoc in ipsum, id est inquantum ei conformamur, et in spiritu servimus. I Io. III, 1: videte qualem charitatem dedit nobis Deus, ut filii Dei nominemur et simus. Et sequitur ibidem et scimus quoniam cum apparuerit, similes ei erimus.

Ubi notandum est, quod duplex est similitudo prædestinatorum ad filium Dei, quædam imperfecta, quæ est per gratiam.

Et dicitur imperfecta, primo quidem, quia solum est secundum reformationem animæ, de qua Col. III: reformamini spiritu mentis vestræ, et induite novum hominem, etc.; secundo, quia etiam secundum animam habet quamdam imperfectionem, ex parte enim cognoscimus, ut dicitur I Cor. XIII, 9.

Alia vero similitudo erit perfecta, quæ erit in gloria, et quantum ad corpus, Phil. III, 21: reformabit corpus humilitatis nostræ, configuratum, etc., et secundum animam, quia cum venerit quod perfectum est, evacuabitur quod ex parte est, I Cor. XIII, 10.

Quod ergo dicit apostolus, quod prædestinavit nos in adoptionem filiorum, potest referri ad imperfectam assimilationem filii Dei, quæ habetur in hac vita per gratiam; sed melius est quod referatur ad perfectam filii Dei assimilationem, quæ erit in patria, de qua adoptione dicitur Rom. VIII, 23: ingemiscimus adoptionem filiorum Dei expectantes.

Causa prædestinationis divinæ non est necessitas ex parte Dei, nec debitum ex parte prædestinatorum, sed magis est secundum propositum voluntatis suæ. In quo, quarto, commendatur beneficium, quia ex amore puro proveniens, quia prædestinatio secundum rationem præsupponit electionem et electio dilectionem.

Duplex tamen hic causa huius beneficii immensi assignatur. Una est efficiens, quæ est simplex Dei voluntas, ibi secundum propositum voluntatis suæ. Rom. IX, 18: cuius vult miseretur, et quem vult indurat. Iac. I, 18: voluntarie enim nos genuit verbo veritatis suæ. Alia vero causa est finalis, quæ est, ut laudemus et cognoscamus bonitatem Dei, quæ notatur ibi in laudem gloriæ gratiæ suæ. Et hoc iterum est, a quo commendatur istud excellens beneficium, scilicet servitium sibi conveniens. Causa enim divinæ prædestinationis est voluntas mera Dei, finis vero cognitio eius bonitatis.

Unde notandum est, quod Dei voluntas nullo modo habet causam, sed est prima causa omnium. Nihilominus tamen potest ei aliqua ratio assignari dupliciter, scilicet vel ex parte volentis, et sic quædam ratio divinæ voluntatis est eius bonitas, quæ est obiectum voluntatis divinæ, et movet eam.

Unde ratio omnium eorum quæ Deus vult, est divina bonitas. Prov. XVI, 4: universa propter semetipsum operatus est Deus. Ex parte autem voliti, ratio divinæ voluntatis potest esse aliquod esse creatum, sicut dum vult coronare Petrum, quia legitime certavit; sed hoc non est causa volendi sed est causa quod ita fiat.

Sciendum tamen est, quod effectus sunt ratio voluntatis divinæ ex parte voliti, ita scilicet quod effectus prior sit ratio ulterioris; sed tamen cum venitur ad primum effectum, non potest ultra assignari aliqua ratio illius effectus, nisi voluntas divina; puta, Deus vult hominem habere manum, ut serviat rationi, et hominem habere rationem, quia voluit eum esse hominem, et hominem esse voluit propter perfectionem universi. Et quia hic est primus effectus in creatura, non potest assignari aliqua ratio universi ex parte creaturæ, sed ex parte creatoris, quæ est divina voluntas.

Ergo secundum hunc modum, nec prædestinationis potest ex parte creaturæ ratio aliqua assignari, sed solum ex parte Dei.

Nam, effectus prædestinationis sunt duo, scilicet gratia et gloria. Effectuum autem qui ad gloriam ordinantur, potest quidem ex parte voliti assignari ratio, scilicet gratia; puta, Petrum coronavit quia legitime certavit, et hoc quia fuit firmatus in gratia; sed gratiæ, quæ est primus effectus, non potest aliqua ratio assignari ex parte hominis, quod sit ratio prædestinationis; quia hoc esset ponere, quod principium boni operis sit in homine ex seipso et non per gratiam, quod est hæresis pelagiana, quæ dicit principium boni operis esse ex parte nostra.

Sic ergo patet, quod ratio prædestinationis est simplex Dei voluntas; propter quod dicit apostolus secundum propositum voluntatis suæ.

Qualiter autem intelligatur, quod Deus omnia facit et vult propter suam bonitatem, sciendum est, quod aliqua operari propter finem, potest intelligi dupliciter. Vel propter finem adipiscendum, sicut infirmus accipit medicinam propter sanitatem; vel propter amorem finis diffundendi, sicut medicus operatur propter sanitatem alteri communicandam.

Deus autem nullo exteriori a se bono indiget, secundum illud Ps. XV, 2: bonorum meorum non eges. Et ideo

125

cum dicitur, quod Deus vult et facit omnia propter bonitatem suam, non intelligitur quod faciat aliquid propter bonitatem sibi communicandam, sed propter bonitatem in alios diffundendam.

Communicatur autem divina bonitas creaturæ rationali proprie, ut ipsa rationalis creatura eam cognoscat. Et sic omnia quæ Deus in creaturis rationalibus facit, creat ad laudem et gloriam suam, secundum illud is. XLIII, 7: omnem, qui invocat nomen meum, in gloriam meam creavi eum, ut scilicet cognoscat bonitatem, et cognoscendo laudet eam. Et ideo subdit apostolus in laudem gloriæ gratiæ suæ, id est ut cognoscat quantum Deus sit laudandus et glorificandus.

Non dicit autem in laudem iustitiæ; nam iustitia ibi locum habet ubi invenitur debitum, vel etiam redditur; quod autem prædestinatur ad vitam æternam, non est debitum, ut dictum est, sed gratia pure gratis data.

Nec solum dicit gloriæ, sed addit gratiæ, quasi gloriosæ gratiæ, quæ est gratia, in qua ostenditur magnitudo gratiæ, quæ consistit etiam in magnitudine gloriæ, et modo dandi, quia nullis meritis præcedentibus, sed adhuc immeritis existentibus eam dat. Unde Rom. V, 8 s., commendat autem Deus suam charitatem in nobis, quoniam si cum adhuc peccatores essemus, secundum tempus Christus pro nobis mortuus est, etc., et parum post, cum inimici essemus, reconciliati sumus Deo.

Patet ergo quod prædestinationis divinæ nulla alia causa est, nec esse potest, quam simplex Dei voluntas. Unde patet etiam, quod divinæ voluntatis prædestinantis non est alia ratio, quam divina bonitas filiis communicanda.

Lectio 2

Hic ponit apostolus quartum beneficium, scilicet gratificationis in collatione gratiæ. Circa quod duo facit.

Primo tangit huius beneficii collationem; secundo ostendit conferendi modum et conditionem, ibi in quo habemus redemptionem, etc..

Dicit ergo primo: ego dico, quod prædestinati sumus in adoptionem filiorum, in laudem gloriæ gratiæ suæ, et dico gratiam, in qua gratificavit nos, etc..

Circa quod sciendum est quod idem est aliquid esse gratum alicui et esse dilectum ei.

Ille enim est mihi gratus quem diligo. Cum ergo Deus dilexerit nos ab æterno, nam elegit nos ante mundi constitutionem in charitate, sicut dictum est, quomodo ergo in tempore gratificavit? et dicendum est quod illos quos ab æterno in seipso dilexit, in tempore prout sunt in naturis propriis gratificat, et illud quidem quod ab æterno est, factum non est; quod vero in tempore est, fieri dicitur. Unde hic apostolus dicit gratificavit, id est gratos fecit, quod simus digni dilectione sua. I Io. III, 1: videte qualem charitatem dedit nobis Deus pater, ut filii Dei nominemur, et simus.

Consuevit autem distingui duplex gratia, scilicet gratis data, quæ sine meritis datur, Rom. XI, 6: si autem gratia, iam non ex operibus, alioquin gratia, iam non est gratia, et gratia gratum faciens, quæ nos facit Deo gratos et acceptos, de qua dicitur hic.

Notandum est autem, quod aliqui

Filius autem est per naturam suam similis patri, et ideo principaliter et per se dilectus est, et ideo naturaliter et excellentissimo modo est patri dilectus. Nos autem sumus filii per adoptionem, inquantum scilicet sumus conformes filio eius, et ideo quamdam participationem divini amoris habemus. Io. XIII, 35: pater diligit filium, et omnia dedit in manu eius; qui credit in filium, habet vitam æternam. Col. I, 13: transtulit nos in regnum filii dilectionis suæ.

Deinde cum dicit in quo habemus redemptionem, etc., ponit modum ipsius.

Circa hoc autem duo facit. Quia primo proponit modum ex parte Christi; secundo ex parte Dei, ibi secundum divitias gratiæ eius, etc..

Ex parte Christi ponit duplicem modum, nam Christus per duo nos gratificavit.

Sunt enim duo in nobis quæ diliguntur propter alium, et aliqui propter seipsos. Cum enim aliquem multum diligo, diligo illum, et quidquid ad illum pertinet; nos autem a Deo diligimur, sed non propter nos ipsos, sed in eo, qui per seipsum dilectus est patri. Et ideo apostolus addit in dilecto filio, pro quo, scilicet, nos diligit, inquantum sumus ei similes. Dilectio enim fundatur super similitudine. Unde dicitur Eccli. XIII, 19: omne animal diligit sibi simile.

repugnant gratificationi divinæ, scilicet peccati macula, et pœnæ noxa. Et sicut mors repugnat vitæ, ita peccatum repugnat iustitiæ, ita ut per hoc elongati a Dei similitudine, Deo grati non essemus. Sed per Christum nos gratificavit. Primo quidem ablata pœna, et quantum ad hoc dicit, quod in Christo habemus redemptionem, scilicet a servitute peccati. I Petr. I, 18: non corruptibilibus auro vel argento redempti estis de vana vestra conversatione paternæ traditionis, sed pretioso sanguine, etc.. Apoc. V, 9: redemisti nos Deo in sanguine tuo.

Secundo dicimur redempti, quia a servitute, qua propter peccatum detinebamur, nec per nos plene satisfacere poteramus, per Christum liberati sumus, quia moriendo pro nobis satisfecit Deo patri, et sic abolita est noxa culpæ. Unde dicit in remissionem peccatorum.

Io. I, 29: ecce agnus Dei, ecce qui tollit peccata mundi. Lc. Cap. Ult. 46: oportebat Christum pati et resurgere a mortuis die tertia, et prædicari in nomine eius pœnitentiam et remissionem peccatorum.

Modus autem ex parte Dei ponitur, cum dicit secundum divitias, etc., quasi dicat, quod Deus gratificans nos, non solum culpam remisit nobis, sed filium suum dedit, qui pro nobis satisfecit. Et hoc fuit ex superabundanti gratia, qua voluit per hoc honorem humanæ naturæ conservare, dum, quasi per iustitiam, homines a servitute peccati et mortis voluit liberare per mortem filii sui. Et ideo dicit secundum divitias gratiæ eius, quasi dicat: hoc quod redempti sumus et gratificati sumus per satisfactionem filii eius, fuit ex abundanti gratia et misericordia, prout immeritis tribuitur misericordia et miseratio.

Hæc autem, quæ dicta sunt, prosecuti sumus secundum expositionem Glossæ, quæ quidem expositio videtur extorta, quia idem continetur in uno, quod in alio. Nam idem est dictu elegit nos et prædestinavit nos. Et idem dicitur per hoc, quod dicit ut essemus sancti et immaculati, et per hoc quod dicit in adoptionem filiorum.

Propter quod sciendum est, quod est consuetudo apostoli, ut cum loquitur in aliqua difficili materia, quæ immediate sequuntur, sunt præmissorum expositio, nec est ibi inculcatio verborum, sed expositio, et hunc modum servat hic apostolus. Unde, servato eodem verborum pondere, aliter a principio dividamus, et dicamus, quod pars ista, benedictus Deus, etc., dividitur primo in tres partes, quia apostolus primo reddit gratiarum actionem, ibi benedictus Deus, etc.; secundo recitat omnium beneficiorum simul largitionem, ibi qui benedixit nos in omni benedictione spirituali, etc.; tertio ponit divinorum beneficiorum in speciali apertam expressionem, ibi sicut elegit, etc.. Et hæc dividitur in duas partes, quia primo beneficia distincte exprimit; secundo ea exponit, ibi qui prædestinavit nos, etc..

Explicat autem beneficia: primo quantum ad electionem; secundo quantum ad ea quæ sequuntur, ibi ut essemus sancti, etc..

Exponit autem primo de electione. Est enim duplex electio, scilicet præsentis iustitiæ, et prædestinationis æternæ. De prima Io. VI, 71: nonne duodecim vos elegi, et unus ex vobis diabolus est? et de hac apostolus non intendit hic, quia ista non fuit ante mundi constitutionem, et ideo statim manifestat de qua intelligit, quia de secunda, scilicet de æterna prædestinatione; propter quod dicit prædestinavit nos, etc.. Et quia dicit in Christo, scilicet ut Christo essemus similes et conformes, secundum quod adoptamur in filios, ideo subdit in adoptionem filiorum per Iesum Christum. Hoc vero, quod dicit in charitate, exponit cum dicit in quo habemus redemptionem per sanguinem eius, quasi dicat: nos habemus, etc..

Quod vero dicit et immaculati, exponit cum dicit in remissionem peccatorum. Hoc vero quod dicit in conspectu eius, exponit, dicens in laudem gloriæ gratiæ suæ.

Lectio 3

Positis beneficiis communiter omnibus collatis, hic apostolus ponit beneficia specialiter apostolis collata. Dividitur autem hæc pars in duas, quia primo proponit beneficia singulariter apostolis collata; secundo ostendit causam eorum, ibi in quo et nos sorte vocati, etc..

Circa primum tria facit, quia primo proponit singularia apostolorum beneficia quantum ad excellentiam sapientiæ; secundo quantum ad specialem revelationem sacramenti absconditi, ibi ut notum faceret, etc.; tertio exponit quid sit illud sacramentum, ibi secundum beneplacitum, etc..

Dicit ergo primo: dico quod secundum divitias gratiæ eius omnes fideles communiter, tam vos quam nos, habemus redemptionem et remissionem peccatorum per sanguinem Christi; quæ quidem gratia superabundavit in nobis, id est abundantius fuit, quam in aliis.

Ex quo apparet temeritas illorum (ut non dicam error), qui aliquos sanctos præsumunt comparare apostolis in gratia et gloria. Manifeste enim patet ex verbis istis, quod apostoli habent gratiam maiorem quam aliqui alii sancti, post Christum et virginem matrem.

Si vero dicatur alios sanctos tantum mereri posse quantum et apostoli meruerunt et per consequens tantam gratiam habere, dicendum est quod bene argueretur si gratia pro meritis daretur; quod si ita esset, iam non esset gratia, ut dicitur Rom. XI, 6.

Et ideo sicut Deus præordinavit aliquos sanctos ad maiorem dignitatem, ita et abundantiorem gratiam eis infudit, sicut Christo homini, quem ad unitatem personæ assumpsit, contulit gratiam singularem. Et gloriosam virginem Mariam, quam in matrem elegit et quantum ad animam et quantum ad corpus gratia implevit; et sic apostolos, sicut ad singularem dignitatem vocavit, ita et singularis gratiæ privilegio dotavit; propter quod dicit apostolus Rom. VIII, 23: nos ipsi primitias spiritus habentes. Glossa: tempore prius, et cæteris abundantius.

Temerarium est ergo aliquem sanctum apostolis comparare.

Superabundavit ergo gratia Dei in apostolis in omni sapientia. Nam apostoli præpositi sunt ecclesiæ sicut pastores. Ier. III, 15: dabo vobis pastores secundum cor meum, et pascent vos scientia et doctrina.

Duo autem spectant ad pastores, scilicet ut sint sublimes in cognitione divinorum, et industrii in actione religionis. Nam subditi instruendi sunt in fide, et ad hoc necessaria est sapientia, quæ est cognitio divinorum, et quantum ad hoc dicit in omni sapientia.

Lc. XXI, 15: ego dabo vobis os et

sapientiam, cui non poterunt resistere nec contradicere omnes adversarii vestri.

Item, gubernandi sunt subditi in exterioribus, et ad hoc necessaria est prudentia; dirigit enim in temporalibus, et quantum ad hoc dicit prudentia. Matth. X, 16: estote ergo prudentes, etc..

Sic ergo apparet beneficium apostolorum quantum ad excellentiam sapientiæ.

Sequitur eorum beneficium quantum ad excellentiam revelationis, ibi ut notum faceret sacramentum, etc., quasi dicat: sapientia nostra non est ut sciamus naturas rerum et siderum cursus et huiusmodi, sed in solo Christo. I Cor. II, 2: non enim iudicavi me scire aliquid inter vos, nisi Christum Iesum, etc.. Unde hic dicit ut notum faceret sacramentum, id est sacrum secretum, scilicet mysterium incarnationis, quod fuit ab initio absconditum.

Causam autem huius sacramenti absconditi subdit, dicens voluntatis. Nam effectus futuri non cognoscuntur, nisi cognitis causis, sicut eclipsim futuram non cognoscimus, nisi cognoscendo causam eius. Cum ergo causa mysterii incarnationis sit voluntas Dei: quia propter nimiam charitatem quam Deus habuit ad homines, voluit incarnari, Io. III, 16: sic enim Deus dilexit mundum, ut filium suum unigenitum daret, voluntas autem Dei occultissima est, I Cor. II, 11: quæ Dei sunt, nemo novit, nisi spiritus Dei, causa ergo incarnationis occulta fuit, nisi quibus Deus revelavit per spiritum sanctum, sicut apostolus dicit I Cor. II, 10.

Dicit ergo ut notum faceret sacramentum, id est sacrum secretum, quod ideo est secretum, quia voluntatis suæ. Matth. XI, 25: confiteor tibi, Domine, pater cæli et terræ, quia abscondisti hæc a sapientibus et prudentibus, et revelasti ea parvulis. Item Col. I, 26: mysterium, quod absconditum fuit a sæculis et generationibus; nunc autem manifestatum est sanctis eius, quibus voluit Deus notas facere divitias gloriæ sacramenti huius.

Quid autem sit hoc sacramentum, exponit dicens secundum beneplacitum, etc..

Quæ quidem sententia intricata est, et debet sic construi: ut notum faceret, etc., quod quidem sacramentum est instaurare omnia in Christo, id est per Christum. Omnia dico, quæ in cælis et in terra sunt.

Instaurare, inquam, in eo, scilicet Christo, cum dispensatione plenitudinis temporum, et hoc secundum beneplacitum eius. Ubi tria tangit, scilicet sacramenti causam, temporis congruitatem, et sacramenti utilitatem.

Causam quodam modo tangit, cum dicit secundum beneplacitum. Licet autem quidquid Deo placet, bonum sit, hoc tamen beneplacitum Dei anthonomastice bonum dicitur, quia per ipsum ad perfectam fruitionem bonitatis perducimur. Ps. CXLVI, 11:

beneplacitum est Domino super timentes eum, etc..

Rom. XII, 2: ut probetis quæ sit voluntas Dei bona, et beneplacens, et perfecta.

Congruitas temporis fuit in dispensatione plenitudinis, de qua dicitur Gal. IV, 4: at ubi venit plenitudo temporis, misit Deus filium suum factum ex muliere.

Unde apostolus hic excludit quæstionem frivolam, quam gentiles quærere consueverunt.

Ut enim dicitur Iob XXIV, 1, ab omnipotente non sunt abscondita tempora, unde sicut omnia ordinat et dispensat, ita et tempora, dispensando et accommodando ea effectibus quos producit secundum congruentiam eorum. Sicut autem aliis effectibus ab eo productis tempora ordinata sunt, ita et certum tempus præordinavit ab æterno mysterio incarnationis. Quod quidem tempus, secundum Glossam, existens fuit postquam homo convictus fuit de sua insipientia ante legem scriptam, dum scilicet creaturas colebat ut creatorem, ut dicitur Rom. I, 22: dicentes se esse sapientes, stulti facti sunt; et de impotentia per legem scriptam, quam implere non poterat. Ut sic homines adventum Christi, de sua sapientia et virtute non præsumentes, non contemnerent, sed, quasi infirmi et quodammodo ignari, Christum avidius affectarent.

Et effectus huius sacramenti est instaurare omnia. Nam inquantum facta sunt propter hominem, omnia instaurari dicuntur.

Amos IX, 11: suscitabo tabernaculum David quod cecidit, et reædificabo aperturas murorum eius, et ea quæ corruerant, instaurabo.

Omnia, inquam, quæ in cælis, id est Angelos: non quod pro Angelis mortuus sit Christus, sed quia redimendo hominem, reintegratur ruina Angelorum. Ps. CIX, 6: implevit ruinas, etc.. Ubi cavendus est error Origenis, ne per hoc credamus Angelos damnatos redimendos esse per Christum, ut ipse finxit.

Et quæ in terris, inquantum cælestia terrenis pacificat. Col. I, 20: pacificans per sanguinem crucis eius, sive quæ in terris, sive quæ in cælis sunt; quod est intelligendum quantum ad sufficientiam, etsi omnia non restaurentur quantum ad efficaciam.

Lectio 4

Supra posuit apostolus abundantiam gratiæ, quam ipse et alii apostoli a Christo receperunt. Ne autem crederet aliquis eos propriis meritis eam recepisse, ideo consequenter ostendit, quod gratis eam receperunt, vocati a Deo non propriis meritis.

Dividitur autem pars ista in tres: quia primo proponit gratuitam vocationem; secundo voluntariam Dei prædestinationem, ibi prædestinati secundum propositum eius, etc.; tertio utriusque finem, ibi ut simus in laudem gloriæ eius, etc..

Commentaria in Epistolas S. Pauli

Dicit ergo: dixi quod huiusmodi gratia superabundavit in nobis, et quod in Christo omnia restaurata sunt. In quo etiam, id est per quem Christum, nos sorte sumus vocati, id est non nostris meritis, sed divina electione. Col. I, 12: gratias agentes Deo et patri, qui dignos nos fecit in partem sortis sanctorum, in lumine, etc.. Ps. XXX, 16: in manibus tuis sortes meæ.

Ad huius autem intellectum sciendum est quod multa fiunt inter homines, quæ fortuita videntur et contingentia; quæ tamen sunt secundum divinam providentiam ordinata.

Sors nihil aliud est, quam exquisitio providentiæ divinæ de aliquo contingenti et humano. Unde Augustinus super illud Ps. XXX, 16: in manibus tuis sortes meæ, dicit quod sors non est aliquod malum, sed in rebus dubiis divinam exquirens voluntatem.

Est autem in sortibus triplex peccatum vitandum.

Primo quidem superstitionis; nam omnis vana et illicita religio superstitio est.

Tunc ergo in sortibus incurritur peccatum illicitæ superstitionis, quando in eis initur aliquod pactum cum Dæmonibus. Unde dicitur Ez. XXI, 21: stetit rex Babylonis in bivio in capite duarum viarum divinationem quærens, commiscens sagittas. Interrogavit idola, exta consuluit. Commiscere enim sagittas, ad sortilegium pertinet et interrogare idola ad superstitionem.

Et ibi sortilegium damnatur inter peccata ad superstitionem pertinentia.

Secundo vitandum est peccatum tentationis Dei; nam quamdiu per se homo aliquid potest facere et scire quid debeat facere, si tunc a Deo sorte, vel aliquo alio loco tali exploret quid facere debeat, Deum tentat. Quando autem necessitas imminet, neque ipse per seipsum iuvari potest, tunc licite a Deo inquirit quid facere debeat. II par. XX, 12: cum ignoremus quid agere debeamus, hoc solum habemus residui, ut oculos nostros dirigamus ad te.

Tertio vitandum est peccatum vanitatis, quod fit si de inutilibus et impertinentibus ad nos inquiramus, ut puta de futuris contingentibus.

Unde dicitur Act. I, 7: non est vestrum nosse tempora, vel momenta, quæ pater posuit in sua potestate.

Potest ergo secundum hoc triplex sors accipi, scilicet quædam divisoria, quædam consultoria et quædam divinatoria.

Divisoria est cum aliqui dividentes hæreditatem et concordare non valentes, mittunt sortes, puta annulum, vel chartam, vel aliquid tale ostendendo, dicentes: ille cuicumque evenerit, habebit partem istam in hæreditate.

Et huiusmodi sortes possunt mitti licite.

Prov. XVIII, 18: contradictiones comprimit sors: et inter potentes quoque diiudicat, id est inter volentes dividere.

Consultoria autem fit, quando quis dubitans quid facere debeat, consulit Deum, mittens sortes. Ionæ I, 7 dicitur, quod quando supervenit tempestas illa in mari, consuluerunt Deum, sortem mittentes, ut scirent cuius peccato tempestas illa venisset. Et hic modus licitus est, maxime in necessitatibus et in electionibus potestatum sæcularium.

Unde faciunt rotulos de cera, in quorum quibusdam ponunt aliquas chartas, et in quibusdam non, quos Bussulos vocant, ut illi quibus veniunt Bussuli cum chartis, habeant voces in electione. Sed hoc, ante adventum spiritus sancti, apostoli fecerunt etiam in electione spirituali, Act. I, 26, quando sors cecidit super Mathiam; sed hoc post adventum spiritus sancti amplius non licet in prædictis electionibus, quia hoc faciendo iniuriaretur spiritui sancto. Credendum est enim, quod spiritus sanctus providet ecclesiæ suæ de bonis pastoribus. Unde post adventum spiritus sancti quando apostoli elegerunt septem diaconos, non miserunt sortes; et ideo in nulla electione ecclesiastica hoc modo licet.

Divinatoria autem sors est inquisitio de futuris soli divinæ cognitioni reservatis. Et hæc semper habet vanitatem admixtam, nec potest sine vitio curiositatis fieri.

Quia ergo sors nihil aliud est quam inquisitio rerum quæ ex divina voluntate fiunt, gratia autem eius ex sola divina voluntate dependet, inde est, quod gratia divinæ electionis dicitur sors, quia Deus per modum sortis secundum occultam providentiam, non ex alicuius meritis, per gratiam internam vocat.

Deinde cum dicit prædestinati, etc., ponit voluntariam Dei prædestinationem, de qua dicitur Rom. VIII, 30: quos prædestinavit, hos et vocavit. Cuius quidem prædestinationis ratio non sunt merita nostra, sed mera Dei voluntas, propter quod subdit secundum propositum eius. Rom. VIII, 28: scimus quoniam diligentibus Deum omnia cooperantur in bonum, his qui secundum propositum vocati sunt sancti.

Quod autem secundum propositum prædestinaverit, probat, quia non solum hoc, sed etiam omnia alia, quæ Deus facit, operatur secundum consilium voluntatis suæ. Ps. CXXXIV, 6: omnia quæcumque voluit Dominus fecit. Is. XLVI, 10: consilium meum stabit, et omnis voluntas mea fiet.

Non autem dicit secundum voluntatem, ne credas quod sit irrationabilis, sed secundum consilium voluntatis suæ, id est secundum voluntatem suam quæ est ex ratione, non secundum quod ratio importat discursum, sed secundum quod designat certam et deliberatam voluntatem.

Ultimo autem tangit finem utriusque, scilicet prædestinationis et vocationis, scilicet laudem Dei. Unde dicit ut

Commentaria in Epistolas S. Pauli

simus in laudem gloriæ eius nos, qui ante speravimus in Christo, et per nos, qui credimus in Christo, laudetur gloria Dei. Is. LV, 12: montes et colles cantabunt coram Deo laudem.

Laus autem gloriæ Dei, ut dicit Ambrosius, est cum multi acquiruntur ad fidem, sicut gloria medici est cum multos acquirit et curat. Eccli. II, 9: qui timetis Dominum, sperate in illum, et in oblectatione veniet vobis misericordia.

Lectio 5

Postquam enarravit apostolus beneficia collata communiter omnibus fidelibus, exhibita specialiter apostolis, hic consequenter enumerat beneficia ipsis Ephesiis collata.

Dividitur autem pars ista in duas, quia primo proponit beneficia eis exhibita; secundo insinuat affectum suum ex ipsis beneficiis excitatum, ibi propterea et ego audiens, etc..

Prima iterum in tres dividitur, secundum tria beneficia eis exhibita; quia primo proponit beneficium prædicationis; secundo beneficium conversionis ad fidem, ibi in quo et credentes signati estis; tertio beneficium iustificationis, ibi signati estis, etc..

Dicit ergo quantum ad primum in quo, scilicet Christo, et vos cum audivissetis, id est cuius beneficio et virtute audivistis, verbum veritatis, id est verbum prædicationis, in quantum ipse Christus ad vos prædicatores misit. Rom. X, 14: quomodo audient sine prædicante? quomodo vero prædicabunt, nisi mittantur? item infra eodem: ergo fides ex auditu, auditus autem per verbum Dei. Eius ergo beneficio audiunt, qui prædicatores eis mittit. Lc. XI, 28: beati qui audiunt verbum Dei, et custodiunt illud.

Hoc verbum prædicationis tripliciter commendat apostolus. Primo a veritate cum dicit verbum veritatis quippe quia accipit originem a Christo, de quo dicitur io. XVII, 17: sermo tuus veritas est; Iac. I, 18: voluntarie genuit nos verbo veritatis suæ.

Secundo quia est Annuntiatio bona. Unde dicit evangelium, quod quidem annuntiat summum bonum et vitam æternam; et anthonomastice verbum fidei, evangelium dicitur, quasi Annuntiatio summi boni. Is. LII, 7: quam pulchri pedes annuntiantis et prædicantis pacem, annuntiantis bonum, prædicantis salutem, eodem 41, super montem excelsum ascende tu qui evangelizas sion. Et hoc est quantum ad futura bona.

Tertio describitur et commendatur quantum ad bona præsentia, quia salvat. Unde dicit salutis vestræ, id est quod creditum dat salutem. Rom. I, 16: non enim erubesco evangelium: virtus enim Dei est in salutem omni credenti. I Cor. XV, 1: notum autem vobis facio, fratres, evangelium, quod prædicavi vobis, quod et accepistis, in quo et statis, per quod et salvamini.

Quantum autem ad beneficium conversionis ad fidem, dicit in quo, scilicet Christo, id est, in cuius operatione vos credentes, signati estis. Quod quidem beneficium ideo apponitur fidei, quia fides necessaria est audientibus. Frustra enim quis audiret verbum veritatis, si non crederet, et ipsum credere est per Christum. Infra II, 8: gratia enim estis salvati per fidem. Et hoc non ex vobis, donum enim Dei est.

Quantum vero ad beneficium iustificationis dicit signati estis, et hoc per spiritum sanctum, qui datus est vobis, de quo dicit tria, scilicet quod est signum, et quod est spiritus promissionis, et quod est pignus hæreditatis.

Signum quidem est inquantum per eum infunditur charitas in cordibus nostris, qua distinguimur ab his qui non sunt filii Dei. Et quantum ad hoc dicit signati estis, scilicet divisi a grege diaboli. Infra cap. IV, 30: nolite contristare spiritum sanctum Dei, in quo signati estis, etc.. Sicut enim homines gregibus suis apponunt signa, ut ab aliis distinguantur, ita Dominus gregem suum, id est populum suum, spirituali signo voluit signari.

Dominus autem populum peculiarem habuit, in veteri quidem testamento Iudæos.

Ez. XXXIV, 31: vos autem greges mei, greges pascuæ meæ homines estis. Unde Ps. XCIV, 7: nos autem populus eius, et oves pascuæ eius. Sed quia hic grex in pascuis corporalibus pascebatur, scilicet in doctrina corporali et in bonis temporalibus, Is. I, 19: si volueritis et audieritis me, bona terræ comedetis, ideo eum Dominus corporali signo, scilicet circumcisionis, ab aliis separavit et distinxit. Gen. XVII, 13: eritque pactum meum in carne vestra. Prius autem dicitur: circumcidetis carnem præputii vestri, ut sit signum fœderis inter me et vos.

In novo autem testamento gregem habuit populum christianum. I Petr. II, 25: conversi estis nunc ad pastorem et episcopum animarum vestrarum. Io. X, 27: oves meæ vocem meam audient, etc.. Sed grex iste pascitur in pascuis doctrinæ spiritualis et spiritualibus bonis, ideo eum signo spirituali ab aliis Dominus distinxit. Hoc autem est spiritus sanctus, per quem illi qui Christi sunt, distinguuntur ab aliis qui non sunt eius. Quia autem spiritus sanctus amor est, ergo tunc spiritus sanctus datur alicui, quando efficitur amator Dei et proximi. Rom. V, 5: charitas Dei diffusa est in cordibus nostris per spiritum sanctum, etc..

Signum ergo distinctionis est charitas, quæ est a spiritu sancto. Io. XIII, 35: in hoc cognoscent omnes, quia mei discipuli estis, si dilectionem habueritis ad invicem. Spiritus ergo sanctus est quo signamur.

Spiritus vero promissionis dicitur triplici ratione. Primo quia promissus est fidelibus.

Ez. XXXVI, 26: spiritum novum ponam in medio vestri. Et Ez. XXXVII, 6: dabo vobis spiritum novum. Secundo quia datur cum quadam promissione; ex hoc enim ipso quod datur nobis, efficimur filii Dei.

Nam per spiritum sanctum efficimur unum cum Christo, Rom. VIII, 9: si quis autem spiritum Dei non habet, hic non est eius, et per consequens efficimur filii Dei adoptivi, ex quo habemus promissionem hæreditatis æternæ, quia si filii, et hæredes Rom. VIII, 17.

Tertio dicitur pignus, inquantum facit certitudinem de promissa hæreditate.

Nam spiritus sanctus inquantum adoptat in filios Dei, est spiritus promissionis, et ipsemet est signum promissionis adipiscendæ.

Sed, ut dicitur in Glossa, alia littera habet qui est arra hæreditatis, et forte melius, quia pignus est aliud a re pro qua datur, et redditur postquam ille, qui pignus recipit, rem sibi debitam recipit. Arra autem non est aliud a re pro qua datur, nec redditur; quia datur de ipso pretio, quod non est auferendum, sed complendum. Deus autem dedit nobis charitatem tamquam pignus, per spiritum sanctum, qui est spiritus veritatis et dilectionis. Et ideo huiusmodi non est aliud, quam quædam particularis et imperfecta participatio divinæ charitatis et dilectionis, quæ quidem non est auferenda, sed perficienda, ideo magis proprie dicitur arra quam pignus.

Tamen potest nihilominus et pignus dici.

Nam per spiritum sanctum Deus nobis diversa dona largitur, quorum quædam manent in patria, ut charitas, quæ nunquam excidit, I Cor. XIII, 8; quædam vero propter sui imperfectionem non manent, sicut fides et spes, quæ evacuabuntur ut ibidem dicitur. Sic ergo spiritus sanctus dicitur arra per respectum ad ea quæ manent, pignus vero per respectum ad ea quæ evacuabuntur.

Ad quid autem signati sumus, subdit, dicens in redemptionem. Nam si aliquis de novo aliqua animalia acquireret et adderet gregi suo, imponeret eis signa acquisitionis illius. Christus autem acquisivit populum ex gentibus. Io. X, 16: alias oves habeo, quæ non sunt ex hoc ovili, et illas oportet me adducere, etc.. Et ideo impressit eis signum acquisitionis. I Petr. II, 9: gens sancta, populus acquisitionis. Act. XX, 28: quam acquisivit sanguine suo.

Sed quia Christus acquisivit populum istum, non sic quod nunquam fuerit suus, sed quia aliquando fuerat suus, sed opprimebatur a servitute diaboli, in quam peccando se redegit, ideo non dicit simpliciter acquisivit, sed addit in redemptionem, quasi dicat: non simpliciter de novo acquisiti, sed quasi a servitute diaboli per sanguinem eius redempti.

I Petr. I, 18: non corruptibilibus auro et argento redempti estis, etc.. Acquisivit ergo Christus nos redimendo, non quod accrescat inde aliquid Deo; quia bonorum nostrorum non indiget. Iob XXXV, 7: si iuste egeris, quid donabis ei? aut quid de manu tua recipiet? ad quid autem acquisiverit nos Christus, subdit in laudem gloriæ ipsius, id est ut ipse Deus laudetur. Is. XLIII, 7: qui invocat nomen meum, in gloriam meam creavi eum.

Lectio 6

Postquam enumeravit apostolus beneficia Ephesiis collata per Christum, hic ostendit quomodo affectus suus crevit ad eos.

Dividitur autem hæc pars in tres partes, quia primo præmittitur bonorum, quæ audivit de eis, commemoratio; secundo de perceptis beneficiis gratiarum debita actio, ibi non cesso gratias agens, etc.; tertio subditur pro futuris beneficiis eius oratio, ibi memoriam vestri faciens, etc..

Bona autem quæ de eis audivit, sunt duo, unum quo ordinantur ad Deum, et hoc est fides, et quantum ad hoc dicit propterea et ego audiens fidem vestram, quæ est in Christo Iesu, quæ quidem facit habitare Deum in homine. Infra III, 17: habitare Christum per fidem in cordibus vestris.

Item, corda purificat. Act. XV, 9: fide purificans corda eorum. Item, sine lege iustificat.

Rom. III, 28: arbitramur iustificari hominem per fidem sine operibus legis.

Secundum quo ordinantur ad proximum, et hoc est dilectio, et quantum ad hoc dicit et dilectionem, id est opera charitatis, quæ quidem dilectio est spirituale signum, quod homo sit discipulus Christi. Io. XIII, 35: in hoc cognoscent omnes, quia mei estis discipuli, si dilectionem, etc.. Et ibidem XIII, 34: mandatum novum do vobis, ut diligatis invicem, etc..

Dilectionem, dico, in omnes sanctos. Nam omnes quos ex charitate diligimus, debemus eos diligere vel ideo quia sancti sunt, vel ut sancti sint. Gal. VI, 10: dum tempus habemus, operemur bonum ad omnes, maxime autem ad domesticos fidei, etc..

Deinde cum dicit non cesso, etc., agit apostolus gratias de bonis et beneficiis huiusmodi auditis, dicens non cesso gratias agens, etc..

Contra, quia non semper poterat continue pro eis gratias agere.

Respondeo. Apostolus dicit non cesso, id est horis debitis; vel non cesso quia affectus gratias agendi pro vobis sine cessatione habitualiter est in me. Col. I, 9: non cessamus pro vobis orantes, et postulantes, etc..

Rom. I, 9-10: sine intermissione memoriam vestri facio semper in orationibus meis.

Consequenter orat apostolus pro beneficiis eis in futurum concedendis, et quantum ad hoc dicit memoriam vestri, etc.. Et hæc dividitur in tres, quia primo proponit quædam quæ eis petit; secundo exponit ea, ibi in agnitionem eius, etc.; tertio ostendit exemplar et formam illorum, ibi secundum operationem potentiæ, etc..

Commentaria in Epistolas S. Pauli

Dicit ergo quantum ad primum: non solum gratias ago quantum ad beneficia præterita, quæ recepistis, et quantum ad bona audita de vobis, sed etiam oro ut omnino in futurum accrescant. Memoriam vestri faciens in orationibus meis, pro his scilicet, ut Deus Domini nostri Iesu Christi, pater gloriæ, etc..

Ubi sciendum quod Dominus noster Iesus Christus et Deus et homo est. Et inquantum homo est, Deum habet, cum sit compositus ex anima et corpore, quorum utrique, cum sint creaturæ, competit Deum habere; secundum autem quod Deus est, patrem habet. Io. XX, 17: ascendo ad patrem meum et patrem vestrum; Deum meum et Deum vestrum. Similiter etiam secundum quod est Deus, est gloria patris. Hebr. I, 3: qui cum sit splendor gloriæ, etc.. Est etiam gloria nostra, quia ipse est vita æterna. I io. Cap. Ult., 20: simus in vero filio eius, hic est verus Deus, et vita æterna.

Sic ergo dicit ut Deus Domini nostri Iesu Christi, secundum quod est homo, et pater eiusdem, secundum quod est Deus; pater, inquam, gloriæ, scilicet Christi, qui est gloria eius, Prov. X, 1: gloria patris filius sapiens, etc., et gloriæ nostræ, inquantum dat omnibus gloriam.

Deinde cum dicit det vobis, etc., ponit ea quæ petit, quæ sunt duo.

Ubi sciendum est, quod quædam sunt dona communia omnibus sanctis, scilicet illa quæ sunt necessaria ad salutem, ut fides, spes, charitas, et hæc habebant, ut iam patet.

Alia autem sunt dona specialia, et quantum ad hoc pro eis orat; primo quidem pro dono sapientiæ, et quantum ad hoc dicit ut det vobis spiritum sapientiæ, quem nullus potest dare, nisi Deus. Sap. IX, 17: sensum autem tuum quis sciet, nisi tu dederis sapientiam, et miseris spiritum sanctum tuum de altissimis? secundo orat pro dono intellectus, et hoc consistit in revelatione spiritualium secretorum, propter quod dicit et revelationis, quæ etiam a solo Deo est. Dan. II, 28: est Deus in cælis revelans mysteria.

Exponit autem quæ sint ista quæ petit, et primo quod pertinet ad donum sapientiæ; secundo quod pertinet ad donum intellectus, ibi ut sciatis, quæ sit spes, etc..

Ad donum autem sapientiæ pertinet cognitio divinorum. Unde petere donum sapientiæ est petere quod habeant cognitionem Dei, et hoc petit ibi in agnitionem Dei, etc., quasi dicat: hoc peto ut per spiritum sapientiæ habeatis illuminatos oculos cordis vestri in agnitionem, scilicet clariorem, eius, scilicet Dei. Ps. XII, 4: illumina oculos meos, etc..

Hoc est contra eos, qui habent oculos illuminatos tantum ad temporalia cognoscenda, cum magis tamen sit necessarium et etiam gloriosum cognoscere Deum. Ier. III, 23 s.: non glorietur sapiens in sapientia sua, et non glorietur dives in divitiis suis; sed in hoc glorietur, qui gloriatur, scire et nosse me.

Ad donum autem intellectus tria pertinentia ponit: unum quantum ad statum præsentem, et duo quantum ad futurum.

Ad statum vero præsentem pertinet spes, quæ est necessaria ad salutem. Rom. VIII, 24: spe enim salvi facti sumus, etc.. Et quantum ad hoc dicit ut sciatis quæ, id est quanta, sit spes vocationis eius, id est virtus spei, et de quanta re sit. Quæ quidem et maxima est, quia de maximis. I Petr. I, 3: regeneravit nos in spem vivam per resurrectionem Iesu Christi ex mortuis, etc.. Et fortissima virtutum. Hebr. VI, 18: fortissimum solatium habeamus, qui confugimus ad tenendam propositam spem; quam sicut anchoram habemus animæ, etc..

Sed quia ea quæ speramus, sunt de futura vita, ideo alia duo pertinent ad vitam futuram; unum quidem pertinet ad omnes iustos communiter, quod est præmium essentiale, et quantum ad hoc, dicit et quæ divitiæ gloriæ, etc.. Ubi ponit quatuor ad illa dona pertinentia. Primum est, quod sunt copiosissima, et quantum ad hoc, dicit divitiæ.

Prov. I, 33: abundantia perfruetur, terrore malorum sublato. Ps. CXI, 3: gloria et divitiæ in domo eius, etc.. Prov. VIII, 18: mecum sunt divitiæ et gloria, etc..

Secundo quod sunt clarissima, et quantum ad hoc dicit gloriæ. Rom. II, 10: gloria autem, et honor, et pax omni operanti bonum, etc..

Tertio quod sunt stabilissima, et quantum ad hoc dicit hæreditatis. Ea enim quæ hæreditaria sunt, stabiliter possidentur. Eccli. XXXI, 11: stabilita sunt bona illius in Domino. Ps. XV, 5: Dominus pars hæreditatis meæ et calicis, etc..

Quarto, quod erunt intima, et quantum ad hoc dicit in sanctis. Rom. VIII, 18: non sunt condignæ passiones huius temporis, etc.. II Cor. IV, 17: supra modum in sublimitate gloriæ pondus operatur in nobis.

Aliud quod ponit pertinens ad futuram gloriam, est quod specialiter pertinet ad apostolos, unde dicit et quæ sit (supple sciatis) supereminens magnitudo virtutis eius in nos, scilicet apostolos. Quasi dicat: licet omnibus sanctis abundanter divitias gloriæ tribuat, supereminentius tamen tribuet apostolis. Magnitudo enim virtutis ostenditur in effectu. Unde quanto magis effectus virtutis divinæ in aliquo invenitur, tanto ibi virtus divina maior ostenditur, licet in seipsa sit una et indivisa. Et ideo, quia maior effectus virtutis divinæ est in apostolis, ideo magnitudo virtutis erit in eis.

Et quod maior sit in eis effectus ostendit, dicens qui credimus, id est qui sumus primitiæ credentium. II Cor. IV, 13 s.: nos credimus, propter quod et loquimur, scientes quod ille, qui suscitavit Iesum, et nos cum Iesu suscitabit. Propter quod dicebat II Tim. I, 12: scio cui credidi, etc..

Ideo illi inter vos per quos alii instructi sunt et vocati ad fidem, sicut doctores, præeminentius

Commentaria in Epistolas S. Pauli

præmiabuntur; quia, ut dicitur in Glossa quoddam incrementum gloriæ habebunt summi doctores ultra illud quod communiter omnes habebunt propter quod Dan. XII, 3 docti assimilantur splendori firmamenti, sed doctores assimilantur stellis: qui autem docti fuerint, fulgebunt quasi splendor firmamenti, et qui ad iustitiam erudiunt multos, quasi stellæ in perpetuas æternitates.

Lectio 7

Enumeratis beneficiis, quæ apostolus conferenda optat Ephesiis in futurum, hic consequenter ponit formam et exemplar illorum beneficiorum. Sicut autem vita Christi est forma et exemplar iustitiæ nostræ, ita et gloria et exaltatio Christi est forma et exemplar gloriæ et exaltationis nostræ.

Ideo hic apostolus duo facit, quia primo proponit formam exaltationis beneficiorum et donorum in generali; secundo manifestat eam in speciali, ibi suscitans illum a mortuis, etc..

Forma autem et exemplar operationis divinæ in nos, est operatio divina in Christo. Et quantum ad hoc dicit secundum operationem, id est ad similitudinem operationis, potentiæ virtutis eius, id est virtuosæ potentiæ Dei, quam operatus est in Christo, exaltans caput illud, supple: ita virtuose operabitur in nobis.

Phil. III, 20 s.: salvatorem expectamus Dominum nostrum Iesum Christum, qui reformabit corpus humilitatis nostræ, etc..

Nos autem exaltari ad similitudinem exaltationis Christi frequenter legimus in Scriptura.

Rom. VIII, 17: si compatimur, ut et glorificemur. Item Apoc. III, 21: qui vicerit, dabo ei sedere mecum in throno meo, sicut et ego vici et sedi cum patre meo in throno eius.

Consequenter explicat formam et exemplar in speciali, manifestans ea quæ pertinent ad exaltationem Christi, loquendo de Christo inquantum est homo, dicens suscitans illum, etc..

Circa quod tria beneficia ponit exaltationis Christi.

Primum est transitus de morte ad vitam, et quantum ad hoc dicit suscitans illum a mortuis.

Secundum est exaltatio ad gloriam altissimam, et quantum ad hoc dicit constituens illum ad dexteram suam.

Tertium est sublimatio ad potentiam maximam, et quantum ad hoc dicit et omnia subiecit sub pedibus eius.

Dicit ergo quantum ad primum: dico quod hoc erit secundum operationem quam operatus est in Christo, scilicet Deus pater eadem virtute, quam habet cum Christo.

Unde et ipse Christus seipsum resuscitavit, et Deus pater eum resuscitavit. Rom. VIII, 11: si spiritus eius, qui suscitavit Iesum a mortuis habitat in vobis, qui suscitavit Iesum a mortuis, vivificabit et mortalia corpora vestra.

Quantum vero ad secundum dicit constituens illum, etc.. Quæ quidem celsitudo gloriæ potest tripliciter considerari, scilicet per comparationem ad Deum, per comparationem ad corporales creaturas, et per comparationem ad creaturas spirituales.

Si ergo consideretur per comparationem ad Deum, sic constitutus est ad dexteram suam, quæ quidem dextera non est intelligenda pars corporalis, quia, ut dicitur Io. IV, 24, spiritus est Deus, sed metaphorice dicitur, ut sicut per dexteram intelligitur nobilior et virtuosior pars hominis ita cum dicimus Christum Iesum constitutum ad dexteram Dei, intelligatur secundum humanitatem constitutus in potioribus bonis patris, et secundum divinitatem intelligatur æqualis patri.

Unde Ps. CIX, 1: dixit Dominus Domino meo: sede a dextris meis, etc.. Item Mc. Cap. Ult.: et Dominus quidem Iesus postquam locutus est eis, assumptus est in cælum, et sedet ad dexteram Dei.

In comparatione vero ad corporales creaturas dicit in cælestibus. Nam corpora cælestia tenent supremum locum in comparatione ad alia corpora. Infra, IV, 10: qui descendit, ipse est et qui ascendit super omnes cælos.

In comparatione vero ad spirituales creaturas, primo dicit Christum exaltatum super aliquas specialiter; secundo super omnes generaliter, ibi et super omne nomen, etc..

Ad horum autem intelligentiam sciendum est, quod novem sunt ordines Angelorum, quorum quatuor apostolus tangit hic, qui quidem sunt medii. Nam supra eos sunt tres superiores, scilicet throni, Cherubim et Seraphim. Sub eis autem sunt duo inferiores, scilicet Archangeli et Angeli. Qui quidem novem ordines distinguuntur in tres hierarchias, id est, sacros principatus, in quarum qualibet assignantur tres ordines.

Sed in assignatione ordinum hierarchiæ primæ conveniunt omnes doctores in hoc scilicet quod supremus ordo ipsius sit Seraphim, secundus Cherubim, tertius throni. In assignatione vero ordinum aliarum duarum hierarchiarum, scilicet mediæ et infimæ, discordant Dionysius et Gregorius. Nam Dionysius in supremo ordine mediæ hierarchiæ ponit dominationes, in secundo virtutes, in tertio potestates, descendendo.

In supremo vero ordine infimæ hierarchiæ posuit principatus, in secundo Archangelos, in tertio Angelos. Et hæc assignatio ordinum concordat litteræ præsenti. Nam apostolus ascendendo incipit a supremo infimæ hierarchiæ, qui est septimus.

Gregorius autem aliter ordinat, quia ponit principatus in medio dominationum et potestatum, quod pertinet ad secundum ordinem mediæ hierarchiæ; virtutes vero ponit in

141

medio potestatum et Archangelorum, quod pertinet ad supremum ordinem infimæ hierarchiæ.

Et hæc assignatio etiam fulcimentum habet ex verbis apostoli, Col. III ubi dicit sive throni, sive dominationes, sive principatus, sive potestates, ubi illos ordines enumerat descendendo.

Sed, reservata ordinatione Gregorii, usquequo legamus epistolam ad colossenses, ad præsens viam Dionysii magis competentem præsenti litteræ prosequemur.

Ad cuius intellectum sciendum est, quod potest considerari tripliciter ordo rerum. Primo quidem secundum quod sunt in prima omnium causa, scilicet in Deo; secundo vero secundum quod sunt in causis universalibus; tertio secundum determinationem ad speciales effectus.

Et quia omnia quæ fiunt in creaturis ministrantur per Angelos, ideo secundum triplicem acceptionem ordinis rerum distinguuntur tres angelicæ hierarchiæ, ad quarum unam pertinet accipere rationes rerum in ipso rerum vertice, scilicet Deo; ad aliam vero pertinet accipere rationes rerum in causis universalibus; ad aliam vero in propriis effectibus.

Nam quanto mentes angelicæ sunt superiores, tanto divinam illuminationem in maiori universalitate recipiunt. Et ideo ad supremam hierarchiam pertinet administratio rerum in comparatione ad Deum. Propter quod ordines hierarchiæ istius denominantur per comparationem ad Deum, quia Seraphim dicuntur ardentes, et uniti Deo per amorem.

Cherubim vero quasi lucentes, in quantum supereminenter divina secreta cognoscunt.

Throni vero dicuntur sic, in quantum in eis Deus sua iudicia exercet.

Et de istis tribus ordinibus nullam facit hic apostolus mentionem.

Ad mediam hierarchiam pertinet rerum administratio per comparationem ad causas universales. Unde denominantur ordines hierarchiæ illius nominibus ad potestatem pertinentibus, cum causæ universales sint virtute et potestate in inferioribus et particularibus.

Ad potestates autem, quæ habent universale regimen, tria pertinent. Primo quod sint aliqui per imperium dirigentes; secundo quod sint aliqui qui impedimenta executionis repellant; tertio quod sint aliqui qui ordinent qualiter alii imperium exequantur. Horum autem primum pertinet ad dominationes, quæ, ut dicit Dionysius, sunt liberæ ab omni subiectione, nec ad exteriora mittuntur sed eis, qui mittuntur, imperant. Secundum vero pertinet ad virtutes, quæ præbent facilitatem ad imperium implendum. Tertium vero pertinet ad potestates imperium exequentes.

Ad infimam autem hierarchiam pertinet administratio rerum in comparatione ad speciales effectus, unde nominibus ad eos pertinentibus nuncupantur. Unde Angeli dicuntur illi, qui exequuntur ea quæ pertinent ad salutem singulorum; Archangeli vero qui exequuntur ea quæ pertinent ad salutem et utilitatem magnorum. Principatus vero dicuntur illi, qui præsunt singulis provinciis.

His ergo expositis, Christus super omnes est.

De his vero quatuor apostolus specialem mentionem facit. Cuius ratio est, quia horum quatuor ordinum nomina a dignitate imponuntur; et quia agit de dignitate Christi, ideo hic specialiter eos nominat, ut ostendat Christum omnem dignitatem creatam excedere.

Consequenter cum dicit et omne nomen quod nominatur, etc., ostendit Christum exaltatum esse communiter supra omnem creaturam spiritualem.

Dixerat enim supra Christum esse exaltatum super omnes creaturas spirituales, quæ a potestate denominantur, sed quia præter illos Angelorum ordines, in sacra Scriptura quidam alii ordines cælestium spirituum inveniuntur, scilicet Seraphim et Cherubim et Throni, et de istis non fecerat mentionem, ideo ostendit Christum, secundum quod homo, supra omnes huiusmodi ordines esse exaltatum: propter quod subiungit, dicens et super omne nomen, etc., id est, non solum principatus sed super omne nominabile.

Sciendum est enim, quod nomen imponitur ad cognoscendum rem, unde significat rei substantiam, cum significatum nominis sit diffinitiva ratio rei. Cum ergo dicit et omne nomen quod nominatur, dat intelligere quod exaltatus est supra omnem substantiam, de qua potest haberi notitia et quæ possit nomine comprehendi. Quod dico ut excludatur substantia divinitatis, quæ incomprehensibilis est. Unde Glossa dicit supra omne nomen, id est nominabile.

Et ne intelligatur, quod sit supra nomen Dei, ideo subdit quod nominatur. Nam maiestas divina nullo nomine concludi, vel nominari potest.

Addit autem non solum in hoc sæculo, sed etiam in futuro, quia multa fiunt in hoc sæculo, quæ notitia comprehendimus et nominamus: quædam tamen sunt in futuro sæculo, quæ hic comprehendi non possunt, nec etiam nominari, quia, ut dicitur I Cor. XIII, 9: ex parte cognoscimus, et ex parte prophetamus. Nominantur tamen hæc a beatis, qui sunt in futuro sæculo. Huiusmodi autem sunt de quibus dicit apostolus II Cor. XII, 4, quod audivit arcana verba, quæ non licet homini loqui. Et tamen super hæc omnia exaltatus est Christus. Phil. II, 9: dedit illi nomen, quod est super omne nomen.

Lectio 8

Supra egit apostolus de exaltatione Christi, et quantum ad eius transitum de morte ad vitam in illa particula suscitans illum, etc.; et de eius exaltatione ad gloriam altissimam, in illa particula et constituens ad dexteram, etc., hic agit de eius exaltatione quantum ad potestatem maximam.

Circa quod duo facit, quia primo agit de Christi potestate respectu totius creaturæ; secundo de eius potestate respectu ecclesiæ, ibi et ipsum dedit, etc..

Dicit ergo, quod respectu totius creaturæ habet universalem potestatem, quia omnia subiecit, scilicet Deus pater, sub pedibus eius.

Ubi sciendum est, quod hoc quod dicit sub pedibus, potest accipi dupliciter. Uno modo, ut sit locutio figurativa et similitudinaria, ut scilicet per hoc detur intelligi, quod omnis creatura totaliter est subiecta potestati Christi. Illud enim est a nobis omnino subiectum, quod pedibus conculcamus. Et de ista potestate dicitur Matth. Cap. Ult.: data est mihi omnis potestas in cælo et in terra. Hebr. II, 8: in eo enim, quod ei omnia subiiciuntur, nihil dimisit non subiectum ei.

Alio modo, ut sit locutio metaphorica.

Nam per pedes intelligitur infima pars corporis, per caput vero suprema. Licet autem in Christo divinitas et humanitas non habeant rationem partis, tamen divinitas, quæ est supremum in Christo, intelligitur per caput, I Cor. XI, 3: caput vero Christi Deus, humanitas vero, quæ infima est, intelligitur per pedes, Ps. CXXXI, 7: adorabimus in loco ubi steterunt pedes eius. Est ergo sensus, quod omnia creata non solum subiecit pater Christo inquantum est Deus, cui ab æterno omnia sunt subiecta, sed etiam humanitati eius.

Advertendum est autem hic, quod Christo subiiciuntur aliqua dupliciter, quia quædam voluntarie, et quædam involuntarie.

Hoc autem Origenes non intelligens, sumpsit ex hoc verbo apostoli occasionem erroris, dicens, quod omnia quæ subiiciuntur Christo participant salutem, quia ipse est vera salus. Et ideo dixit, quod omnes Dæmones et damnati aliquando salvabuntur, cum subiiciantur sub pedibus Christi. Hoc autem est contra sententiam Domini Matth. XXV, 41: discedite a me, maledicti, in ignem æternum, qui paratus est diabolo et Angelis eius; et concludit in fine capituli: ibunt hi in supplicium æternum.

Dicendum est ergo, quod omnia subiecit sub pedibus eius, sed quædam voluntarie tamquam salvatori, puta iustos, qui in vita præsenti implent voluntatem Dei, et isti subiiciuntur ei ut impleat eorum desiderium et voluntatem, expectantes illud quod dicitur de bonis Prov. X, 24: desiderium suum iustis dabitur. Quædam vero subiiciuntur ei invite tamquam iudici, ut Christus de his suam voluntatem faciat. Et isti sunt mali, de quibus potest intelligi illud Lc. XIX, 27: verumtamen inimicos meos illos qui noluerunt me regnare super se, adducite huc et interficite coram me.

Deinde cum dicit et ipsum dedit caput, etc., agit de potestate Christi respectu ecclesiæ.

Circa quod tria facit; quia primo ponit habitudinem Christi ad ecclesiam; secundo habitudinem ecclesiæ ad Christum; tertio exponit illam habitudinem.

Quantum ad primum dicit et ipsum dedit, Deus pater, caput super omnem ecclesiam, scilicet tam militantem, quæ est hominum in præsenti viventium, quam triumphantem, quæ est ex hominibus et Angelis in patria.

Christus enim secundum quasdam communes rationes caput est etiam Angelorum, Col. II, 10: qui est caput omnis principatus et potestatis; sed secundum speciales rationes est Christus caput hominum spiritualiter.

Nam caput triplicem habitudinem habet ad membra. Primo quidem quo ad præeminentiam in situ; secundo, quo ad diffusionem virtutum, quia ab eo omnes sensus derivantur in membra; item, quo ad conformitatem in natura. Sic ergo quantum ad præeminentiam et quantum ad diffusionem Christus est caput Angelorum. Nam Christus præest Angelis, etiam secundum humanitatem. Hebr. I, 4: tanto melior Angelis effectus, quanto præ illis differentius nomen hæreditavit.

Item Christus, etiam secundum quod homo, Angelos illuminat et in eis influit, ut Dionysius probat ex verbis Is. LXIII, 1 scilicet: quis est iste, qui venit de Edom, etc., dicens hæc verba esse supremorum Angelorum.

Quod autem sequitur: ego qui loquor iustitiam, dicit esse verba Christi eis immediate respondentis. Ex quo datur intelligi quod non solum inferiores, sed etiam superiores Angelos Christus illuminat.

Quantum autem ad naturæ conformitatem, Christus non est caput Angelorum, quia non Angelos apprehendit, sed semen Abrahæ, ut dicitur Hebr. II, 16 sed est caput hominum tantum. Cant. IV, 9: vulnerasti cor meum, soror mea, scilicet per naturam, et sponsa per gratiam.

Quantum ad habitudinem ecclesiæ ad Christum, dicit quæ est corpus eius, scilicet inquantum est ei subiecta, et recipit ab eo influentiam, et habet naturam conformem cum Christo. I Cor. XII, 12: sicut enim corpus unum est et habet multa membra, omnia autem membra corporis cum sint multa, unum tamen corpus sunt, ita et Christus; etenim in uno spiritu omnes nos in unum corpus baptizati sumus.

Exponit autem quod dixit, quæ est corpus ipsius, subdens et plenitudo eius, etc..

Quærenti enim cur in corpore naturali sint tot membra, scilicet manus, pedes, os et huiusmodi, respondetur hoc esse ideo ut deserviant diversis operibus animæ, quorum ipsa potest esse causa, principium, et quæ sunt virtute in ipsa. Nam corpus est factum propter animam, et non e converso. Unde secundum hoc corpus naturale est quædam plenitudo animæ. Nisi enim essent membra cum corpore completa, non posset anima suas operationes plene exercere.

Similiter itaque est hoc de Christo et de ecclesia. Et quia ecclesia est instituta propter Christum, dicitur quod ecclesia est plenitudo eius, scilicet Christi, id est, ut omnia, quæ virtute sunt in Christo, quasi quodam modo in membris ipsius ecclesiæ impleantur, dum scilicet omnes sensus spirituales, et dona, et quidquid potest esse in ecclesia, quæ omnia superabundanter sunt in Christo, ab ipso deriventur in membra ecclesiæ et perficiantur in eis. Unde subdit qui omnia in omnibus adimpletur, scilicet dum hunc quidem, qui est membrum ecclesiæ, facit sapientem secundum perfectam sapientiam, quæ est in ipso: illum vero iustum secundum perfectam iustitiam, et sic de aliis.

Capitulus II

Lectio 1

Supra enumeravit apostolus beneficia humano generi per Christum communiter exhibita, hic apostolus commemorat eadem per comparationem ad eorum statum præteritum. Status autem eorum præteritus dupliciter considerari potest. Primo quidem quantum ad statum culpæ; secundo quantum ad statum gentilitatis eorum. Apostolus ergo duo facit, quia primo commemorat beneficia quantum ad primum statum eis exhibita; secundo commemorat ea per comparationem ad statum secundum, ibi propter quod memores estote, etc..

Prima iterum in duas, quia primo recitat apostolus statum culpæ ipsorum; secundo beneficium gratiæ iustificationis, ibi Deus autem, qui dives est, etc..

Prima iterum in duas, quia primo commemorat statum culpæ quantum ad gentiles; secundo quantum ad Iudæos, ibi in quibus et nos, etc..

Prima iterum in duas, quia primo præmittit beneficii generalitatem; secundo subdit huius necessitatem, ibi cum essemus mortui, etc..

Dicit ergo: dico quod Deus magnifice operatur in fidelibus secundum operationem potentiæ virtutis eius, quam operatus est in Christo, et hoc quia suscitavit illum a mortuis; secundum hanc ergo operationem ad huius operationis exemplum convivificavit nos, vita scilicet gratiæ de morte peccati. Os. VI, 3: vivificabit nos post duos dies, in die tertia suscitabit nos, etc. Col. III, 1: si consurrexistis cum Christo, quæ sursum sunt quærite, etc..

Necessitatem vero huius beneficii ostendit, cum dicit cum essetis mortui, etc..

Ubi optime describit eorum culpam.

Primo quantum ad multitudinem, quia cum essetis mortui, scilicet morte spirituali, quæ pessima est. Ps. XXXIII, 22: mors peccatorum pessima. Peccatum enim mors dicitur, quia per ipsum homo a Domino, qui est vita, separatur. Io. XIV, 6: ego sum via, veritas, et vita.

Mortui, inquam, in delictis et peccatis vestris, ecce multitudo. In delictis quidem quantum ad omissa, Ps. XVIII, 13: delicta quis intelligit, etc., et peccatis quantum ad commissa. In quibus aliquando ambulastis, quod ideo dicit, ut multitudinem peccatorum exaggeret. Nam aliqui si ad horam mortui sunt in peccatis et in delictis, cessant tamen aliquando, et peccare desistunt; sed isti, de malo in peius procedentes et ambulantes, proficiebant.

Simile habetur Phil. III, 18: multi enim ambulant, quos sæpe dicebam vobis, nunc autem et flens dico, etc.. Ier. II, 5: ambulaverunt post vanitatem suam, et vani facti sunt.

Secundo describit eorum culpam quantum ad causam quæ ponitur duplex.

Una ex parte huius mundi, quia alliciebantur a rebus mundi. Et quantum ad hoc dicit secundum sæculum mundi huius, id est secundum sæcularem vitam rerum mundanarum, quæ vos alliciunt. I Io. II, 15: si quis diligit mundum, non est charitas patris in eo.

Propter quod præmittit: nolite diligere mundum.

Alia causa est ex parte Dæmonum, quibus serviebant, de quibus dicitur Sap. XIV, 27: infandorum idolorum cultura, omnis mali causa est et initium. Et quantum ad hoc dicit et secundum principem potestatis.

Quam quidem causam describit tripliciter.

Primo quidem quantum ad potestatem, dicens secundum principem potestatis, id est, potestatem exercentem, non quod habeat eam naturaliter, cum nec Dominus, nec creator sit ex natura, sed inquantum dominatur hominibus qui se ei peccando subiiciunt. Io. XII, 31: nunc princeps huius mundi eiicietur foras. Et XIV, 30: venit princeps huius mundi, et in me non habet quidquam.

Secundo quantum ad habitationem, quia æris huius, id est qui habet potestatem in hoc ære caliginoso.

Ubi sciendum est quod de istis Dæmonibus duplex est opinio apud doctores. Quidam enim dixerunt Dæmones qui ceciderunt, non fuisse de supremis ordinibus, sed de inferioribus, qui præsunt corporibus inferioribus.

Constat autem totam creaturam corporalem administrari a Deo, ministerio Angelorum.

Et hæc est opinio Ioannis Damasceni, scilicet quod primus eorum qui ceciderunt, præerat ordini terrestrium, quod forte sumptum est ex dicto Platonis, qui ponebat quasdam substantias cælestes seu mundanas. Et secundum hoc exponitur hoc quod dicit æris huius, id est ad hoc creati, ut præsiderent æri huic.

Alii vero volunt, et melius, quod fuerint de supremis ordinibus, ita quod hoc quod dicit æris huius, sit ad ostendendum ipsum ærem esse habitationem ipsorum in pœnam eorum.

Unde Iudas in sua canonica dicit: Angelos vero qui non servaverunt suum principatum, sed dereliquerunt suum domicilium, in iudicium Dei magni, vinculis æternis sub caligine reservavit.

Ratio autem quare non statim post eorum casum retrusi sunt in infernum, sed dimittuntur in ære, est, quia Deus noluit quod ipsis peccantibus eorum creatio totaliter frustraretur, et ideo dedit eos hominibus in exercitium quo bonis præpararent coronam, malis autem æternam mortem. Et quia usque ad diem iudicii est nobis tempus belli et merendi, ideo usque tunc in ære permanebunt; post diem vero iudicii retrudentur in infernum.

Advertendum etiam quod una littera habet spiritus, et sic est genitivi casus, et ponitur singulare pro pluralibus, quasi dicat: spirituum. Alia littera habet spiritum, et tunc est accusativi casus, ut dicatur: secundum principem spiritum, id est, qui princeps est spiritus.

Tertio quantum ad operationem, ibi, cum dicit qui nunc operatur in filios diffidentiæ, id est in illos qui a se repellunt fructum passionis Christi, qui erant filii diffidentiæ.

Vel quia de æternis non habent fidem, nec spem salutis per Christum: et in talibus princeps potestatis æris huius libere operatur, ducens eos quo vult: de quibus infra IV, 19, dicitur: qui desperantes semetipsos tradiderunt impudicitiæ, in operationem immunditiæ.

Vel diffidentiæ, id est de quibus eis est diffidendum, id est qui ex malitia peccant, in quibus princeps huius mundi etiam operatur ad nutum. De his enim qui ex ignorantia et infirmitate peccant, non est diffidendum, nec in eis princeps iste operatur ad nutum.

Sed contra. De nemine est desperandum quamdiu vivit.

Respondeo. Dicendum est quod de aliquo potest esse duplex spes. Una ex parte hominis, alia ex parte divinæ gratiæ. Et sic de aliquo potest desperari ex parte sua, de quo tamen desperandum non est ex parte Dei, sicut desperandum erat de Lazaro iacente in sepulcro, quod resurgeret ex parte sua, de quo tamen desperandum non erat ex parte Dei, a quo resuscitatus est. De illis ergo, qui ex malitia sunt multum in peccatis demersi, si attendatur eorum virtus, desperari potest, Ps. LXVIII, 3: infixus sum in limo profundi, et non est substantia, non tamen si attendatur virtus divina.

De istis autem filiis diffidentiæ dicitur infra V, 6: nemo vos seducat inanibus verbis.

Propter hoc enim venit ira Dei in filios diffidentiæ.

Deinde cum dicit in quibus et nos omnes, etc., commemorat apostolus statum culpæ quantum ad Iudæos, ostendens eos omnes in peccato fuisse, secundum illud Rom. III, 9: causati sumus Iudæos et Græcos omnes sub peccato esse.

Attendenda est tamen differentia circa hoc, quia apostolus, agens de culpa gentilium, assignavit duas causas culpæ fuisse. Unam scilicet ex parte mundi, aliam ex parte Dæmonum, quos colebant. Quia ergo Iudæi erant similes gentilibus in statu culpæ, quantum ad primam causam, non autem quantum ad secundam, ideo apostolus non facit mentionem de culpa eorum, nisi quantum ad causam quæ est ex parte mundi.

Circa quod tria facit.

Primo commemorat eorum culpam quantum ad peccatum cordis; secundo quantum ad peccatum operis; tertio quantum ad peccatum originis.

Peccatum vero cordis insinuat per desideria carnis, et quantum ad hoc dicit in quibus, scilicet peccatis seu delictis, nos omnes, scilicet Iudæi, aliquando conversati sumus, agentes vitam nostram, in desideriis carnis nostræ, id est, carnalibus. Tit. III, 3: eramus enim aliquando et nos insipientes et increduli, errantes et servientes desideriis et voluptatibus variis, etc. Rom. XIII, 14: carnis curam ne feceritis in desideriis.

Peccatum vero operis nihil aliud est quam expressio interioris concupiscentiæ.

Est autem quædam concupiscentia carnis, sicut sunt concupiscentiæ naturales, puta cibi per quam conservatur individuum, et Venereorum per quam conservatur species; et quantum ad hoc dicit facientes voluntatem, etc., id est, ea in quibus caro delectatur.

Rom. VIII, 8: qui autem in carne sunt, Deo placere non possunt.

Quædam vero est concupiscentia cognitionis, eorum scilicet quæ non veniunt ex desideriis carnis, sed ex ipso appetitu animæ, ut honoris ambitio et propriæ excellentiæ, et huiusmodi; et quantum ad hoc dicit et cogitationum, id est exequentes illas concupiscentias, quæ causantur ex instinctu cogitationum nostrarum.

Peccatum vero originis insinuat dicens et eramus natura filii iræ. Quod quidem peccatum ex primo parente non solum in gentiles, sed etiam in Iudæos transfunditur.

Rom. V, 12: sicut per unum hominem in hunc mundum peccatum intravit, et per peccatum mors; ita et in omnes homines mors pertransivit, in quo omnes peccaverunt.

Et sicut homines per baptismum mundantur a peccato originali solum quantum ad personas proprias, unde generant filios baptizandos, ita circumcisio mundabat ab originali personas solum, sed generabant adhuc circumcidendos. Et hoc est quod dicit eramus natura, id est per originem naturæ, non quidem naturæ ut natura est, quia sic bona est et a Deo, sed

Commentaria in Epistolas S. Pauli

naturæ ut vitiata est, filii iræ, id est vindictæ, pœnæ et Gehennæ, et hoc sicut et cæteri, id est gentiles.

Lectio 2

Postquam exaggeravit apostolus statum culpæ inficientis, hic commendat beneficium gratiæ iustificantis.

Circa quam duo facit.

Primo ipsum beneficium ponit; secundo seipsum exponit, ibi gratia enim estis, etc..

Beneficium autem illud describit quantum ad tres causas.

Primo quantum ad causam efficientem; secundo quantum ad causam formalem, seu exemplarem; tertio quantum ad causam finalem.

Efficiens autem causa beneficii divini iustificantis, est charitas Dei. Et quantum ad hoc dicit Deus autem qui dives est in misericordia, propter nimiam charitatem.

Dicit autem propter nimiam charitatem, quia dilectionis divinæ possumus considerare quadruplicem bonitatem et efficientiam.

Primo quia nos in esse produxit. Sap. XI, 25: diligis enim omnia quæ sunt, et nihil odisti eorum quæ fecisti, etc.. Secundo quia ad imaginem suam nos fecit, et capaces beatitudinis suæ. Deut. XXXIII, 2-3: cum eo sanctorum millia, in dextra illius ignea lex, dilexit populos, omnes sancti in manu illius sunt.

Tertio quia homines per peccatum corruptos reparavit. Ier. XXXI, 3: in charitate perpetua dilexi te, et ideo, etc.. Quarto quia pro salute nostra filium proprium dedit.

Io. III, 16: sic Deus dilexit mundum, ut filium suum unigenitum daret. Unde Gregorius: o inæstimabilis dilectio charitatis. Ut servum redimeres, filium tradidisti.

Dicit autem qui dives est in misericordia, quia cum amor hominis causetur ex bonitate eius qui diligitur, tunc homo ille qui diligit, diligit ex iustitia, inquantum iustum est quod talem amet. Quando vero amor causat bonitatem in dilecto, tunc est amor procedens ex misericordia. Amor autem quo Deus amat nos, causat in nobis bonitatem, et ideo misericordia ponitur hic quasi radix amoris divini. Is. LXIII, 7: largitus est in eis secundum indulgentiam suam, et secundum multitudinem misericordiarum suarum. Ibidem: multitudo viscerum tuorum et miserationum tuarum super me.

Dicitur autem Deus dives in misericordia, quia habet eam infinitam et indeficientem, quod non habet homo.

In tribus enim homo miseretur cum termino et limitatione. Primo quidem largiendo beneficia temporalia, et hæc misericordia est finita, non excedens limites propriæ facultatis.

Tob. IV, 8: quomodo potueris, ita esto misericors; sed Deus dives est etiam in omnes qui invocant illum, ut dicitur Rom. X, 12.

Secundo est finita misericordia hominis quia non remittit nisi offensam propriam, et in hoc etiam modus esse debet, ut scilicet non sic passim remittat, ut ille cui remittit efficiatur procacior, pronior et facilior ad iterum offendendum. Eccle. VIII, 11: etenim quia non profertur cito contra malos sententia, absque timore ullo filii hominum perpetrant mala. Deo autem nihil nocere potest, et ideo potest omnem offensam remittere. Iob XXXV, 6: si peccaveris, quid ei nocebis? et parum post: porro si iuste egeris, quid donabis ei? tertio, homo miseretur pœnam remittendo, et in hoc etiam est modus servandus, scilicet ut non facias contra legis superioris iustitiam: Deus autem pœnam omnium remittere potest, cum non obstringatur aliqua superioris lege. Iob XXXIV, 13: quem constituit alium super terram, et quem posuit super orbem quem fabricatus est? sic ergo misericordia Dei est infinita, quia non coarctatur angustiis divitiarum, neque timore nocumenti restringitur, et neque lege superioris.

Causa vero exemplaris beneficii est, quia in Christo collata est. Et quantum ad hoc dicit cum essemus mortui peccatis, convivificavit nos in Christo, etc.. Ubi tangit triplex beneficium, id est: iustificationis, resurrectionis a mortuis, et ascensionis in cælum, per quæ tria Christo assimilamur.

Dicit ergo quantum ad primum, ut legatur littera suspensive, Deus autem, qui dives est, etc., cum essemus mortui peccatis, convivificavit nos in Christo, id est simul vivere fecit cum Christo. Os. VI, 3: vivificabit nos post duos dies, etc.. Convivificavit, inquam, hic scilicet per viam iustitiæ. Ps. LXV, 9: qui posuit animam meam ad vitam. Et hoc in Christo, id est per gratiam Christi, cuius, scilicet Christi, gratia estis salvati.

Rom. VIII, 24: spe enim salvi sumus.

Quantum vero ad secundum dicit et conresuscitavit nos cum Christo, quantum ad animam in re, et spe quantum ad corpus.

Rom. VIII, 11: qui suscitavit ipsum a mortuis, vivificabit et mortalia corpora nostra, etc..

Quantum vero ad tertium dicit et considere fecit in cælestibus in Christo Iesu, scilicet nunc per spem, et tandem in futuro in re, quia, ut dicitur Io. XII, 26: ubi ego sum, illic et minister meus erit, etc.. Item Apoc. III, 21: qui vicerit, dabo ei sedere mecum in throno meo, sicut et ego vici, et sedi cum patre meo in throno eius.

Utitur autem in his apostolus præterito pro futuro, enuntians tamquam iam factum quod futurum est, pro certitudine spei. Sic ergo convivificavit quantum ad animam, tandem resuscitavit quantum ad corpus, considere fecit quantum ad utrumque.

Consequenter cum dicit ut ostenderet, etc., ostendit causam finalem collati beneficii. Quod quidem potest dupliciter legi, quia sæcula supervenientia vel possunt accipi in vita ista, vel in vita futura.

Si enim accipiantur in vita ista, tunc sæculum est quædam mensura temporis et periodus unius generationis, ut dicatur sic: dico quod nos, qui sumus primitiæ dormientium, convivificavit in Christo, et hoc ut ostenderet in sæculis supervenientibus, id est his qui futuri sunt post nos, abundantes divitias gratiæ suæ, et hoc non meritis nostris, sed bonitate sua, quæ est scilicet super nos in Christo Iesu, id est per Christum Iesum. I Tim. I, 15 s.: Iesus Christus venit in hunc mundum peccatores salvos facere, quorum primus ego sum. Sed ideo misericordiam consecutus sum, ut in me ostenderet Christus omnem patientiam ad informationem illorum qui credituri sunt illi in vitam æternam.

Sic ergo Deus largitus est sanctis primitivis abundantia dona gratiæ, ut posteri facilius convertantur ad Christum.

Vel potest aliter accipi sæculum, scilicet in alia vita, de quibus dicitur Eccli. XXIV, 14: et usque ad futurum sæculum non desinam. Sed licet ibi sit unum sæculum, quia ibi est æternitas, dicit tamen in sæculis supervenientibus, propter multitudinem sanctorum participantium æternitatem: ut dicantur ibi tot sæcula, quot sunt æternitates participatæ. De his sæculis dicitur in Ps. CXLIV, 13: regnum tuum regnum omnium sæculorum.

Dicit ergo secundum hunc sensum: dico quod vivificavit nos in spe, scilicet per Christum, vel in gratia, ut ostenderet in sæculis supervenientibus, id est in alia vita compleret, abundantes divitias gratiæ suæ, id est abundantem gratiam, quam etiam in hoc mundo, dum multa dimittit peccata et maxima dona concedit, dicit: quæ quidem superabundat in vita alia, quia ibi indeficienter habetur. Io. X, 10: ego veni ut vitam, scilicet gratiæ, habeant in hoc mundo, et abundantius habeant, scilicet gloriæ in patria.

Et hoc in bonitate sua. Ps. LXXII, 1: quam bonus Israel Deus. Thren. III, 25: bonus est Dominus sperantibus in eum, animæ quærenti illum.

Et hoc supra nos, id est supra nostrum desiderium, supra nostrum intellectum, et supra capacitatem nostram. Is. LXIV, 4: oculus non vidit, Deus, absque te, quæ præparasti expectantibus te.

Et hoc in Christo Iesu, id est, per Christum Iesum, quia sicut gratia nobis confertur per Christum, ita et gloria consummata. Ps. LXXXIII, 12: gratiam et gloriam dabit Dominus.

Per ipsum enim beatificamur, per quem iustificamur.

Dicit autem ut ostenderet, quia thesaurus gratiæ in nobis est occultus, quia habemus ipsum in vasis fictilibus, ut dicitur II Cor. IV, 7; et I Io. III, 1: videte qualem charitatem dedit nobis pater: ut filii Dei nominemur et simus. Et parum post: nunc filii Dei sumus, et nondum apparuit, etc.. Sed ille thesaurus occultus, quia nondum apparuit, in sæculis supervenientibus ostenditur, quia in patria omnia erunt nobis aperta, quæ ad manifestam sanctorum gloriam pertinent.

Rom. VIII, 18: non sunt condignæ passiones huius temporis ad futuram gloriam, quæ revelabitur in nobis.

Lectio 3

Supra commemorans apostolus beneficium Dei quo liberati sumus a peccato, interposuerat quod gratia Christi eramus salvati, nunc autem illud probare intendit.

Circa quod duo facit.

Primo enim proponit intentionem suam; secundo manifestat propositum, ibi et hoc non ex vobis, etc..

Dicit ergo primo. Bene dixi cuius gratia estis salvati; et certe adhuc dico secure, enim, pro quia, estis salvati gratia.

I Cor. XV, 10: gratia Dei sum id quod sum.

Rom. III, 24: iustificati gratis per gratiam ipsius.

Idem enim est salvari et iustificari. Salus enim importat liberationem a periculis; unde perfecta salus hominis erit in vita æterna, quando ab omnibus periculis immunis erit, sicut navis dicitur esse salvata, quando venit ad portum. Is. LX, 18: occupabit salus muros tuos, et portas tuas laudatio.

Huius autem salutis spem suscipiunt homines, dum in præsenti iustificantur a peccato, et secundum hoc dicuntur salvati esse, secundum illud Rom. VIII, 24: spe enim salvati sumus.

Hæc autem salvatio gratiæ est per fidem Christi. Concurrit enim ad iustificationem impii, simul cum infusione gratiæ, motus fidei in Deum in adultis. Lc. VIII, 48: vade in pace, fides tua te salvum fecit. Rom. V, 1: iustificati enim ex fide, pacem habeamus.

Deinde cum dicit et hoc non ex vobis, etc., manifestat quod dixerat, et primo quantum ad fidem quæ est fundamentum totius spiritualis ædificii; secundo quantum ad gratiam, ibi ipsius enim sumus factura, etc..

Circa primum excludit duos errores, quorum primus est: quia dixerat quod per fidem sumus salvati, posset quis credere quod ipsa fides esset a nobis et quod credere in nostro arbitrio constitutum est. Et ideo hoc excludens, dicit et hoc non ex vobis.

Non enim sufficit ad credendum liberum arbitrium, eo quod ea quæ sunt fidei, sunt supra rationem. Eccli. III, 25: plurima supra sensum hominis ostensa sunt tibi. I Cor. II, 11: quæ Dei sunt nemo novit, nisi spiritus Dei, etc.. Et ideo quod homo credat, hoc non potest ex se habere, nisi Deus det, secundum illud Sap. IX, 17: sensum autem tuum quis sciet, nisi ut dederis sapientiam, et miseris spiritum sanctum tuum de altissimis? propter quod subdit Dei enim donum est, scilicet ipsa fides. Phil. I, 29: vobis autem donatum est pro Christo non solum ut in eum credatis, sed ut etiam pro eo patiamini, etc.. I Cor. XII, 9: alii enim datur fides in eodem spiritu.

Secundo excludit alium errorem.

Posset enim aliquis credere quod fides daretur nobis a Deo merito operum præcedentium, et, ad hoc excludendum, subdit non ex operibus, scilicet præcedentibus, hoc donum meruimus aliquando, quod salvati sumus, quoniam hoc ex gratia, ut supra dictum est, secundum illud Rom. XI, 6: si autem gratia, iam non ex operibus, alioquin gratia iam non est gratia.

Subdit autem rationem quare Deus salvat homines per fidem, absque meritis præcedentibus, ut ne quis glorietur in seipso, sed tota gloria in Deum referatur. Ps. CXIII, 1: non nobis, Domine, non nobis, etc.. I Cor. I, 29: ut non glorietur omnis caro in conspectu eius, ex ipso autem vos estis in Christo Iesu.

Deinde cum dicit ipsius enim factura sumus, etc., manifestat quod dixerat quantum ad gratiam. Circa quod duo facit.

Primo manifestat gratiæ infusionem; secundo declarat gratiæ prædestinationem, ibi quæ præparavit Deus, etc..

Duo autem ad rationem gratiæ pertinent, quæ etiam iam dicta sunt, quorum primum est ut id quod est per gratiam, non insit homini per seipsum, vel a seipso, sed ex dono Dei. Et quantum ad hoc dicit ipsius enim factura sumus, quia scilicet quidquid boni nos habemus, non est ex nobis ipsis, sed ex Deo faciente. Ps. XCIX, 3: ipse fecit nos, et non ipsi nos. Deut. XXXII, 6: nonne ipse est pater tuus, qui possedit, fecit et creavit te? et continuatur immediate cum præcedenti, ut dicatur: ne quis glorietur, quia scilicet ipsius factura sumus. Vel potest continuari cum eo quod supra dixerat: gratia enim salvati sumus.

Secundo, pertinet ad rationem gratiæ, ut non sit ex operibus præcedentibus, et hoc exprimitur in hoc quod subdit creati.

Est enim creare, aliquid ex nihilo facere, unde quando aliquis iustificatur sine meritis præcedentibus, dici potest creatus, quasi ex nihilo factus. Hæc autem actio, scilicet creatio iustitiæ, fit virtute Christi, spiritum sanctum dantis. Propter quod subdit in Christo Iesu, id est per Christum Iesum. Gal. Ult.: in Christo enim Iesu neque circumcisio aliquid valet, neque præputium, sed nova creatura. Ps. CIII, 30: emitte spiritum tuum, et creabuntur.

Ulterius, non solum datur nobis habitus virtutis et gratiæ sed interius per spiritum renovamur ad bene operandum. Unde subdit in operibus bonis, quia scilicet ipsa bona opera sunt nobis a Deo. Is. XXVI, 12: omnia enim opera nostra operatus es in nobis.

Et quia quos prædestinavit hos et vocavit, scilicet per gratiam, ut dicitur Rom. VIII, 30, ideo subdit de prædestinatione, dicens quæ, scilicet bona opera, præparavit Deus. Nihil enim aliud est prædestinatio, quam præparatio beneficiorum Dei, inter quæ beneficia computantur et ipsa bona opera nostra. Dicitur autem Deus nobis aliqua præparare, inquantum disposuit se nobis daturum. Ps. LXIV, 10: parasti cibum illorum, etc..

Sed ne aliquis intelligeret bona opera sic esse nobis præparata a Deo, ut nihil ad illa per liberum arbitrium cooperaremur, ideo subdit ut in illis ambulemus, quasi dicat: sic nobis ea præparavit, ut ea nos ipsi nobis per liberum arbitrium impleremus. Dei enim adiutores sumus, ut dicitur I Cor. III, 9. Propter quod dicebat de seipso apostolus I Cor. XV, 10: gratia eius in me vacua non fuit, sed abundantius omnibus laboravi, non ego autem, sed gratia Dei mecum.

Signanter autem dicit ambulemus, ut designet boni operis profectum, secundum illud Io. XII, 35: ambulate, dum lucem habetis.

Infra V, 8: ut filii lucis ambulate.

Lectio 4

Prosecuto beneficio Dei gentilibus exhibito quantum ad liberationem a peccato, hic recitat apostolus beneficium eis exhibitum a liberatione a statu gentilitatis.

Circa quod duo facit.

Primo commemorat conditionem status præteriti; secundo recitat beneficia eis exhibita in statu præsenti, ibi nunc autem in Christo Iesu, etc..

Circa primum duo facit.

Primo commemorationis status præteriti ponit exhortationem; secundo ipsemet status præteriti declarat conditionem, ibi quia aliquando, etc..

Dicit ergo propter quod, ut scilicet advertere possitis, quod omnia sint nobis data ex Dei gratia, memores estote.

Deut. IX, 7: memento et ne obliviscaris quomodo ad iracundiam provocaveris Dominum Deum tuum, etc.. Deut. XVI, 3: memineris diei egressionis tuæ de Aegypto, omnibus diebus vitæ tuæ.

Secundo cum dicit quia aliquando commemorat præteriti status conditionem et primo quantum ad mala quæ habebant; secundo quantum ad bona quibus privabantur, ibi qui eratis illo in tempore, etc..

Circa primum ponit tria mala.

Primo gentilitatis crimen, quo idolis serviebant, cum dicit quia aliquando vos gentes eratis. I Cor. XII, 2: scitis quoniam cum gentes essetis, ad simulacra muta prout ducebamini euntes.

Commentaria in Epistolas S. Pauli

Quidam vero libri habent: vos qui gentes eratis, et tunc pendet constructio usque ibi nunc autem in Christo Iesu, etc..

Secundo recitat eorum carnalem conversationem, cum dicit in carne, id est carnaliter viventes. Rom. VIII, 8: qui autem in carne sunt, Deo placere non possunt.

Tertio recitat contemptus eorum vilipensionem, qua a Iudæis vilipendebantur. Unde dicit qui dicebamini præputium, id est incircumcisio, ab ea, scilicet circumcisione, quæ dicitur circumcisio manufacta in carne, id est a Iudæis tali circumcisione circumcisis.

Et dicit manufacta ad differentiam circumcisionis spiritualis, de qua dicitur Col. II, 11: in quo circumcisi estis circumcisione non manufacta in expoliatione corporis carnis, sed in circumcisione Christi consepulti ei in baptismo. Et sequitur parum post: vos cum mortui essetis in delictis et præputio carnis vestræ, convivificavit cum illo, condonans vobis omnia, etc..

Deinde cum dicit qui eratis illo in tempore, etc., commemorat bona quibus privabantur, et primo participatione sacramentorum; secundo Dei cognitione, ibi et sine Deo in hoc mundo.

Circa primum ponit tria sacramenta, quorum participatione privabantur.

Primo Christi dignitatem; unde dicit qui eratis illo in tempore sine Christo, id est sine promissione Christi, quæ facta est Iudæis.

Ier. XXIII, 5: suscitabo David germen iustum, etc.. Zach. IX, 9: exulta satis, filia sion, iubila, filia Ierusalem, ecce rex tuus venit tibi iustus et salvator.

Secundo tangit societatem sanctorum, qua privabantur quamdiu in gentilitate permanebant, cum dicit alienati a conversatione Israel, quia scilicet Iudæis cum gentibus non erat licitum conversari. Deut. VII, 2-3: non inibis cum eis fœdus, non misereberis eorum, neque sociabis cum eis coniugia, etc.. Io. IV, 9: non enim coutuntur Iudæi Samaritanis.

Et quantum ad illos qui in Iudaismo recipiebantur contemptibiliter cum fiebant proselyti.

Unde subditur et hospites testamentorum, quasi dicat: huiusmodi proselyti, quando convertebantur ad Iudæos et fiebant proselyti, non sicut cives sed sicut hospites recipiebantur ad percipiendum testamenta Dei.

Dicit autem testamentorum in plurali; quia Iudæis vetus testamentum erat exhibitum, et novum erat promissum; quia, ut dicitur Eccli. XLIV, 25: testamentum suum confirmavit super caput Iacob; quod potest intelligi de veteri testamento. Promiserat enim Deus dare aliud testamentum. Bar. II, 35: statuam illis testamentum alterum sempiternum. Hoc autem reddidit illis, quorum adoptio est filiorum Dei et gloria et testamentum, ut dicitur Rom. IX, 4.

Ponit etiam aliud beneficium quo

privabantur, scilicet spem futurorum bonorum, cum dicit promissionis spem non habentes; quia, ut dicitur Gal. III, 16, Abrahæ dictæ sunt promissiones, et semini eius.

Ulterius ponit summam damnificationem qua damnificantur, scilicet ob Dei ignorantiam, ibi et sine Deo in hoc mundo, id est sine cognitione Dei. Ps. LXXV, 2: notus in Iudæa Deus: non autem gentibus, ut dicitur I Thess. IV, 5: non in passione desiderii, sicut et gentes, quæ ignorant Deum; quod tamen intelligitur de cognitione quæ est per fidem. Nam de cognitione naturali dicitur Rom. I, 21: qui cum cognovissent Deum, non sicut Deum glorificaverunt, etc..

Consequenter cum dicit nunc autem in Christo, etc., commemorat beneficia eis exhibita in statu conversionis per Christum.

Circa quod duo facit, quia primo ostendit quomodo facti sunt participes bonorum quibus ante privabantur; secundo ostendit quod ad illa bona non sicut hospites, sed sicut cives recipiuntur, ibi ergo non estis hospites, etc..

Prima iterum in duas, quia primo commemorat huiusmodi beneficia in generali; secundo in speciali, ibi in ipso enim est pax nostra, etc..

Dicit ergo primo: dixi quod in illo tempore eratis sine Christo, alienati a conversatione Israel, nunc autem, id est postquam conversi estis ad Christum, vos qui estis in Christo, id est qui ei adhæretis per fidem et charitatem. I Io. IV, 16: qui manet in charitate, in Deo manet, et Deus in eo. Gal. Cap. Ult.: in Christo enim Iesu neque circumcisio aliquid valet, neque præputium, sed nova creatura.

Vos, inquam, qui aliquando eratis longe, id est elongati a Deo, non loco, sed merito, Ps. CXVIII, 155: longe a peccatoribus salus, et a conversatione sanctorum et participatione testamentorum, ut dictum est, iam facti estis prope, Deo scilicet et sanctis eius, et testamentis. Is. LX, 4: filii tui de longe venient, etc.. Mc. VIII, 3: quidam enim ex eis, scilicet gentibus, de longe venerunt, scilicet de regione dissimilitudinis et statu gentilitatis.

Vos autem modo facti estis prope, scilicet in sanguine Christi, id est per sanguinem eius, quo vos Christus attraxit. Io. XII, 32: ego si exaltatus fuero a terra, omnia traham ad meipsum. Et hoc propter nimiam charitatem, quæ potissime in morte crucis manifestatur.

Ier. XXXI, 3: in charitate perpetua dilexi te, ideo attraxi te miserans.

Lectio 5

Commemoratis beneficiis collatis ipsis Ephesiis in generali per Christum, hic ea commemorat in speciali.

Circa quod duo facit.

Primo ostendit qualiter appropinquaverunt populo Iudaico; secundo qualiter propinquiores facti sunt Deo, ibi ut reconciliet ambos,

Commentaria in Epistolas S. Pauli

etc..

Prima iterum in tres, quia primo ostendit causam appropinquationis, secundo modum, tertio finem.

Secunda ibi et medium parietem, etc..

Tertia ibi ut duos, etc..

Causa autem appropinquationis est Christus, propter quod dicit ipse enim est pax nostra, etc.. Et est emphatica locutio ad maiorem rei expressionem, quasi dicat: bene dico quod facti estis prope, sed hoc factum est per Christum, quia ipse est pax nostra, id est causa pacis nostræ. Unde dicebat Io. XIV, 27: pacem meam do vobis.

Hic autem modus loquendi fieri consuevit, quando totum quod est in effectu dependet ex causa, sicut cum dicimus de Deo quod ipse est salus nostra, quia quidquid salutis est in nobis causatur a Deo. Quia ergo quidquid pacis est in nobis causatur a Christo, et per consequens quidquid appropinquationis, quia homo quando pacificatus est cum alio, secure potest ambulare seu appropinquare ad ipsum, ideo dicit quod est pax nostra.

Nam in eius nativitate Angeli annuntiaverunt pacem. Lc. II, 14: gloria in altissimis Deo, et in terra pax, etc.. Ipso etiam Christo in corpore existente, mundus maximam pacem habuit, qualem ante non habuerat. Ps. LXXI, 7: orietur in diebus eius iustitia, etc.. Ipse etiam resurgens pacem annuntiavit. Lc. Cap. Ult.: dixit eis: pax vobis.

Sequitur qui fecit utraque unum, quia scilicet Christus utrumque populum, videlicet Iudæorum colentium Deum verum et gentilium, ab huiusmodi Dei cultura alienatorum, coniunxit in unum. Io. X, 16: alias oves habeo quæ non sunt ex hoc ovili, etc., usque ibi: et fiet unum ovile et unus pastor. Ez. XXXVII, 22: rex unus erit omnibus imperans, etc..

Modus autem appropinquationis ostenditur cum subdit et medium parietem, etc.. Hic autem modus est per remotionem eius quod dividebat.

Debemus autem ad intellectum litteræ imaginari unum magnum campum, et multos homines ibi congregatos, in quo quidem per medium protendatur et elevetur unus paries dividens eos, ita quod non videatur populus unus, sed duo. Quicumque ergo removeret parietem, coniungeret illorum hominum congregationem in turbam unam, et efficeretur populus unus. Sic intelligendum est quod hic dicitur. Mundus enim iste est sicut ager, Matth. XIII, 38: ager est mundus; hic autem ager, scilicet mundus, plenus est hominibus, Gen. I, 28: crescite, et multiplicamini, et replete terram. In isto autem agro est paries, quia quidam sunt ex una parte, quidam ex alia; hic autem paries potest dici lex vetus secundum carnales observantias, in qua Iudæi conclusi custodiebantur, ut dicitur Gal. III, 23: sub lege custodiebamur conclusi in eam fidem, quæ revelanda erat. Cant. II, 9: ipse stat post parietem nostrum;

quia videlicet Christus per veterem legem figurabatur.

Christus autem hunc parietem removit, et ita cum nullum remaneret interstitium, factus est populus unus Iudæorum et gentium.

Et hoc est quod dicit: dico quod fecit utraque unum, hoc modo scilicet solvens medium parietem.

Parietem dico maceriæ, non muri.

Tunc enim est paries maceriæ, quando lapides in eo non conglutinantur cemento, nec ad hoc erigitur, ut duret in perpetuum, sed usque ad tempus præfinitum.

Vetus ergo lex est paries maceriæ propter duo. Primo quia non conglutinabatur charitate, quæ est quasi cementum conglutinans singulos sibi invicem, et omnes simul Christo.

Infra IV, 3: solliciti servare unitatem spiritus in vinculo pacis. Vetus enim lex est lex timoris, inducens homines per pœnas et comminationes ad observantias mandatorum.

Et si qui, illo tempore legis, eam ex charitate observabant, iam pertinebant ad novum testamentum, ut dicit Augustinus, quod est lex amoris. Rom. VIII, 15: non enim accepistis spiritum servitutis iterum in timore, etc..

Secundo, vetus lex est paries maceriæ quia non fuit data ut perpetuo duraret, sed usque ad tempus præfinitum. Gal. IV, 1 ss.:

quanto tempore hæres parvulus est, nihil differt a servo, cum sit Dominus omnium, sed sub tutoribus et actoribus est usque ad præfinitum tempus a patre: ita et nos cum essemus, etc..

Sed hic incidit quæstio quia dicit parietem maceriæ solvens, contrarium dicitur Matth. V, 17: non veni solvere legem, sed adimplere.

Respondeo. Dicendum est, quod in veteri lege erant præcepta moralia et cæremonialia.

Moralia quidem præcepta Christus non solvit, sed adimplevit, superaddendo consilia, et exponendo ea quæ Scribæ et Pharisæi male intelligebant. Unde dicebat Matth. V, 19: nisi abundaverit iustitia vestra plus quam Scribarum, etc.. Et iterum: dictum est antiquis: diliges proximum tuum, et odio habebis inimicum tuum. Ego autem dico vobis: diligite inimicos vestros, etc.. Cæremonialia vero præcepta solvit quidem quantum ad eorum substantiam, sed adimplevit quantum ad illud quod figurabant, adhibens figuratum figuræ.

Est ergo intelligendum quod hic dicit solvens, scilicet quantum ad observantiam legis carnalis. Et solvere hoc, scilicet parietem maceriæ, est solvere inimicitias quæ erant inter Iudæos et gentiles: quia isti volebant legem servare, illi vero minime, ex quo oriebatur inter eos ira et invidia.

Sed certe has inimicitias Christus solvit in carne sua assumpta. Nam in eius nativitate statim pax hominibus annuntiata est. Lc. II, 14. Vel in carne sua, scilicet immolata, quia, ut dicitur infra V, 2: tradidit semetipsum pro nobis oblationem et hostiam Deo.

In quo quidem sacrificio impleta sunt omnia illa sacrificia, et cessaverunt. Hebr. X, 14: una enim oblatione consummavit in sempiternum sanctificatos.

Quid autem sit iste paries insinuat, dicens quod est lex mandatorum, quasi dicat: solvens parietem, hoc est legem mandatorum, etc..

Dicitur autem lex vetus lex mandatorum, non quia aliæ leges mandatis careant; nova enim lex mandata habet. Io. XIII, 34: mandatum novum do vobis. Sed propter duo: primo quidem propter magnum numerum mandatorum legalium, intantum quod ab hominibus servari non possunt, secundum illud Act. XV, 10: hoc est onus quod neque nos, neque patres nostri portare potuimus. Iob XI, 6: quod multiplex sit lex eius, etc..

Vel dicitur mandatorum, id est, factorum.

Rom. III, 27: ubi est ergo gloriatio tua? exclusa est. Per quam legem? factorum? non, sed per legem fidei. Unde sicut baptismus Ioannis dicitur baptismus aquæ, quia tantum exterius mundabat, interius autem non sanctificabat: ita et lex vetus dicitur lex factorum, quia præcipiebat tantum quid facere deberent, sed non conferebat gratiam, per quam ad legem implendam iuvarentur.

Lex vero nova dirigit in agendis, præcipiendo, et iuvat ad implendum, gratiam conferendo.

Evacuans dico, sicut imperfectum evacuatur per perfectum, et umbra per veritatem.

I Cor. XIII, 10: cum autem venerit quod perfectum est, evacuabitur quod ex parte est, scilicet imperfectio et umbra veteris legis, de qua Hebr. X, 1: umbram enim habens lex futurorum bonorum, etc..

Et hoc decretis, id est, præceptis novi testamenti, per quæ excluditur lex. Lev. XXVI, 10: comedetis vetustissima veterum, id est, præcepta legis naturæ simul cum nova lege; et, præceptis eius susceptis, vetera proiicietis, id est cæremonialia præcepta veteris legis quantum ad eorum substantiam, ut dictum est.

Finem vero appropinquationis ostendit, dicens ut duos condat in se, etc..

Qui quidem finis est ut dicti duo populi efficiantur unus populus. Quæ autem uniuntur, oportet uniri in aliquo uno, et quia lex dividebat, non poterant in lege uniri; Christus autem in lege succedens, et fides eius (sicut veritas figuræ) eos in semetipso condidit.

Io. XVII, 22: ut sint unum, sicut et nos unum sumus. Matth. XVIII, 20: ubi enim sunt duo vel tres congregati in nomine meo, ibi ego sum in medio eorum.

Et hoc in uno novo homine faciens pacem, id est in semetipso Christo, qui dicitur novus homo propter novum modum suæ conceptionis. Ier. XXXI, 22: creavit Dominus novum super terram, fœmina circumdabit virum.

Item propter novitatem gratiæ quam contulit. Gal. Cap. Ult.: in Christo enim Iesu neque circumcisio aliquid valet, neque præputium, sed nova creatura. Infra IV, 23: renovamini spiritu mentis vestræ, et induite novum hominem, qui, etc.. Item propter nova mandata quæ attulit. Io. XIII, 34: mandatum novum do vobis, ut diligatis invicem, etc..

Et licet ista videatur esse intentio apostoli, tamen in Glossa paries duplicatur: quia ex parte Iudæorum ponitur lex quasi obstaculum, ex parte vero gentium est idololatria.

Consequenter cum dicit ut reconciliet ambos, etc., ostendit qualiter Deo appropinquaverunt.

Circa quod duo facit.

Primo manifestat eorum reconciliationem ad Deum; secundo ponit manifestationem reconciliationis, ibi et veniens evangelizavit, etc..

Sciendum est quod dilectio proximi est via ad pacem Dei; quia ut dicitur I Io. IV, 20: qui enim non diligit fratrem suum quem videt, Deum quem non videt quomodo potest diligere? et Augustinus dicit quod nullus putet habere pacem cum Christo, si discors fuerit cum christiano.

Primo ergo ponit pacem hominum invicem factam per Christum, et exinde pacem hominum ad Deum. Propter quod dicit ut reconciliet ambos, iam unitos, in uno corpore ecclesiæ, scilicet in Christo. Rom. XII, 5: multi unum corpus sumus in Christo. Reconciliet, inquam, Deo per fidem et charitatem.

II Cor. V, 19: Deus erat in Christo mundum reconcilians sibi.

Et hoc fecit per crucem, interficiens inimicitias in semetipso, quia Iudæorum et gentilium, quæ erant per legem, inimicitias interfecit, implens figuras veteris testamenti; sed inimicitias quæ erant inter Deum et homines per peccatum interfecit in semetipso, quando per mortem crucis delevit peccatum. Gal. I, 4: qui dedit semetipsum pro peccatis nostris.

Hebr. IX, 28: Christus semel oblatus est ad multorum exhaurienda peccata.

Dicit ergo: interficiens inimicitias, id est peccata, in semetipso, in immolatione corporis sui. Col. I, 20: pacificans per sanguinem crucis eius, sive quæ in cælis, sive quæ in terris sunt. Rom. V, 10: cum inimici essemus, reconciliati sumus Deo per mortem filii eius. Item Col. I, 19: in Christo complacuit omnem plenitudinem habitare, et per eum reconciliare omnia in ipso.

Quia ergo Christus satisfecit sufficienter pro peccatis nostris, consequens fuit ut soluto pretio fieret reconciliatio.

Manifestationem vero huius reconciliationis ponit, dicens: et veniens evangelizavit, etc.. Ponit autem primo pacis seu reconciliationis Annuntiationem; secundo pacis causam et rationem, ibi: quoniam per ipsum habemus accessum etc..

Est ergo manifesta Dei reconciliatio ad hominem per Christum, quia ipse Christus non solum reconciliavit nos Deo, et interfecit inimicitias, sed etiam veniens, scilicet in carne, evangelizavit, id est annuntiavit, pacem. Vel veniens post resurrectionem, quando stetit in medio discipulorum, et dixit eis: pax vobis, Lc. Cap. Ult., Is. LXI, 1: ad annuntiandum mansuetis misit me, etc.. Et Is. LII, 7: quam pulchri pedes supra montes annuntiantis et prædicantis pacem, annuntiantis bonum, prædicantis salutem, etc..

Evangelizavit, inquam, non uni populo tantum, sed vobis gentibus qui longe fuistis, quibus etsi non in persona propria, tamen per apostolos suos annuntiavit pacem.

Matth. Cap. Ult.: euntes ergo docete omnes gentes, baptizantes, etc.. Is. XXXIII, 13: audite, qui longe estis, quæ fecerim, et cognoscite, etc.. Et pacem his qui prope, supple annuntiavit Christus in persona propria.

Rom. XV, 8: dico enim Christum Iesum ministrum fuisse circumcisionis propter veritatem Dei, ad confirmandas promissiones patrum.

Is. LIV, 15: ecce, accola veniet qui non erat mecum, advena quondam tuus adiungetur tibi.

Causam autem pacis et formam ostendit dicens quoniam per ipsum habemus accessum ambo, id est, duo populi, in uno spiritu, id est, uniti unione spiritus sancti. Infra IV, 3: solliciti servare unitatem spiritus, etc.. I Cor. XII, 11: hæc autem omnia operatur unus atque idem spiritus, etc..

Sic autem habemus accessum ad patrem per Christum, quoniam Christus operatur per spiritum sanctum. Rom. VIII, 9: si quis autem spiritum Christi non habet, hic non est eius. Et ideo quidquid fit per spiritum sanctum, etiam fit per Christum.

Per hoc etiam quod dicit, ad patrem, intelligendum est quod etiam pertinet ad totam trinitatem, quia propter essentiæ unitatem in patre est filius et spiritus sanctus, et in spiritu sancto est pater et filius. Ideo cum dicit ad patrem, specialiter ostendit quod quidquid filius habet, a patre habet, et ab eo etiam se habere recognoscit.

Lectio 6

Ostenso supra quod ad spiritualia beneficia simul admissæ sunt gentes cum Iudæis hic ostendit quod in illis beneficiis gentiles non sunt minoris dignitatis quam sunt ipsi Iudæi, sed æque plenarie ad Christi beneficia sint admissi.

Circa quod duo facit, quia primo proponit intentum, secundo manifestat propositum per exemplum, ibi superædificati, etc..

Circa primum duo facit.

Primo excludit id quod erat in statu præterito a statu præsenti; secundo concludit id quod competit præsenti statui, ibi sed estis cives, etc..

Quia ergo apostolus concludendo inducit hoc quod dicit ergo iam, etc., considerandum est, quod similitudo sequitur ex præmissis: primo quidem ex hoc quod ambo coniuncti, sunt Deo reconciliati; secundo quod ambo habent accessum in uno spiritu ad patrem. Quia ergo simul sunt configurati toti trinitati: patri ad quem habent accessum, filio per quem, spiritui sancto in quo uno accedunt, in nullo ergo deficiunt a spiritualium bonorum participatione.

Ad intellectum autem litteræ sciendum est, quod collegium fidelium quandoque in Scripturis vocatur domus, secundum illud I Tim. III, 15: ut scias quomodo in domo Dei oporteat te conversari, quæ est Dei ecclesia.

Quandoque autem vocatur civitas, secundum illud Ps. CXXI, 3: Ierusalem quæ ædificatur ut civitas.

Civitas enim habet collegium politicum: domus autem œconomicum, inter quæ quidem duplex differentia invenitur. Nam qui sunt de collegio domus communicant sibi in actibus privatis; qui vero sunt de collegio civitatis, communicant sibi in actibus publicis.

Item, qui sunt in collegio domus, reguntur ab uno qui vocatur paterfamilias; sed qui sunt in collegio civitatis reguntur a rege. Ita enim est paterfamilias in domo, sicut rex in regno.

Sic igitur collegium fidelium aliquid habet de civitate, et aliquid de domo. Sed si consideretur rector collegii, pater est Matth. VI, 9: pater noster, qui es in cælis, etc.. Hier. III, 19: patrem vocabis me, et post me ingredi non cessabis; et sic collegium est domus.

Si vero ipsos subditos considerens, sic civitas est, quia communicabant sibi in actibus præcipuis, scilicet fidei, spei et charitatis.

Et hoc modo si fideles considerentur in se, est collegium civitatis; si vero rector collegii attendatur, est collegium domus.

Et ideo apostolus duo verba ponit hic, scilicet hospites et advenæ. Hoc enim sunt hospites ad domum, quod advenæ ad civitatem.

Hospes enim dicitur quasi extraneus a domo. Eccli. XXIX, 31: vita nequam, hospitandi de domo in domum. Advena vero est qui extraneus venit ad civitatem. Ac si dicat apostolus: olim eratis extranei a collegio fidelium, sicut hospites a domo, et advenæ ad civitatem, quemadmodum et proselyti ad legem veterem; sed nunc non est ita, quia iam non estis hospites, etc.. Is. LIV, 15: ecce accola veniet qui non erat mecum, advena quondam tuus adiungetur tibi.

Consequenter cum dicit sed estis cives

sanctorum, etc.; concludit quod convenit statui præsenti, dicens sed estis cives sanctorum, etc., quasi dicat: quia collegium fidelium dicitur civitas in comparatione ad subditos, et domus in comparatione ad rectorem, collegium, ad quod vocati estis, est civitas sanctorum et domus Dei. Ps. LXXXVI, 3: gloriosa dicta sunt de te, civitas Dei.

Unde Augustinus: duas civitates faciunt duo amores. Nam amor Dei usque ad contemptum sui, scilicet hominis amantis, facit civitatem Ierusalem cælestem, amor vero sui usque ad contemptum Dei, facit civitatem Babylonis.

Quilibet ergo vel est civis sanctorum, si diligit Deum usque ad contemptum sui, Prov. Cap. Ult.: omnes domestici eius vestiti sunt duplicibus, si vero diligit se usque ad contemptum Dei, est civis Babylonis.

Consequenter cum dicit superædificati, etc., manifestat propositum.

Consuetum est in Scripturis quod in figura, quæ metonymia dicitur, continens ponatur pro contento, sicut quandoque domus pro his qui sunt in domo: secundum hunc ergo modum loquitur apostolus de his qui sunt in domo Dei, scilicet de fidelibus, sicut de una domo, et comparat eos ædificio. Et circa hoc duo facit, quia primo proponit intentum, secundo ostendit quod huius ædificii participes facti sunt ipsi Ephesii, ibi in quo et vos coædificamini, etc..

Circa primum duo facit.

Primo proponit huius ædificii fundamentum; secundo ipsius constructionem seu complementum, ibi in quo omnis ædificatio constructa, etc..

Fundamentum autem ponit duplex: unum secundarium, et aliud principale.

Secundarium quidem fundamentum sunt apostoli et prophetæ. Et quantum ad hoc dicit eos non esse hospites, sed cives, qui iam pertinent ad ædificium spirituale, utpote superædificati supra fundamentum apostolorum et prophetarum, id est, qui sunt apostoli et prophetæ, id est, super doctrinam eorum.

Vel aliter: supra fundamentum apostolorum et prophetarum, id est, supra Christum qui est fundamentum apostolorum et prophetarum; quasi dicat: in eodem fundamento superædificati estis in quo apostoli et prophetæ sunt ædificati, qui ex Iudæis fuerunt.

Hæ autem expositiones duæ tantum quo ad verba differunt; sed prima convenientior est, quia si alia convenientior esset, tunc pro nihilo adiungeret ipso summo angulari lapide Christo Iesu, cum ipse Iesus sit summum fundamentum. Secundum ergo primum modum magis consonat, ita tamen quod præcipuus lapis et summum fundamentum sit Christus. Quantum vero ad sententiam nihil differunt, quia idem est dicere Christum esse fundamentum, et doctrinam apostolorum et prophetarum, cum Christum tantum, non seipsos, prædicaverint; unde accipere eorum doctrinam est accipere Christum crucifixum.

I Cor. I, 23: nos autem prædicamus Christum crucifixum idest I Petr. I, 12: quibus revelatum est, quia non sibi ipsis, etc.. Item I Cor. II, 16: nos autem sensum Christi habemus.

Notandum est quod apostoli dicuntur fundamenta. Ps. LXXXVI, 1: fundamenta eius in montibus sanctis. Is. LIV, 11: fundabo te in sapphiris, id est, in cælestibus viris. Expresse autem dicuntur fundamenta Apoc. XXI, 14: murus civitatis habens fundamenta duodecim, et in ipsis nomina duodecim apostolorum. Qui intantum dicuntur fundamenta, inquantum eorum doctrina Christum annuntiant. Matth. XVI, 18: super hanc petram ædificabo ecclesiam meam.

Dicit autem apostolorum et prophetarum, ut designet, quod utraque doctrina est necessaria ad salutem. Matth. XIII, 52: Scriba doctus in regno cælorum similis est homini patrifamilias, qui profert de thesauro suo nova et vetera. Item ut ostendat concordiam inter utramque, alterius ad alteram, dum idem est utriusque fundamentum. Nam quod prophetæ prædixerunt futurum, apostoli prædicaverunt factum. Rom. I, 1 s.: Paulus servus Iesu Christi, vocatus apostolus, segregatus in evangelium Dei, quod ante promiserat per prophetas suos.

Principale vero fundamentum tantum est Christus Iesus, et quantum ad hoc dicit ipso summo, etc.. Ubi tria dicit de eo, scilicet quod sit lapis, quod angularis, et quod summus.

Lapis quidem est propter fundamenti firmitatem.

Unde dicitur Matth. VII, 25, quod domus quæ fundata erat supra petram, firmiter ædificata erat, intantum quod nec pluvia, nec flumina, nec venti potuerunt eam destruere. Non sic autem de domo fundata super arenam. Dan. II, 45: lapis abscissus de monte sine manibus.

Angularis autem dicitur propter utriusque coniunctionem; nam ut in angulo duo parietes uniuntur, sic in Christo populus Iudæorum et gentium uniti sunt. Ps.: lapidem quem reprobaverunt ædificantes, hic factus est in caput anguli. Act. IV, 11 s.: hic est lapis qui reprobatus est a vobis ædificantibus, qui factus est in caput anguli, et non est in aliquo alio salus. Et hoc idem de se introducit Matth. XXI, 42: numquid legistis in Scripturis: lapidem quem reprobaverunt ædificantes, hic factus est in caput anguli, etc..

Summus autem dicitur propter dignitatis celsitudinem. Is. XXVIII, 16: ecce ego mittam in fundamentis sion lapidem angularem, probatum, pretiosum, in fundamento fundatum.

Sed non est idem de fundamento in ædificio spirituali et in ædificio materiali.

Materiale namque ædificium fundamentum habet in terra, et ideo oportet ut principalius fundamentum sit magis infimum. Spirituale vero ædificium fundamentum habet in cælo, et ideo oportet quod fundamentum quanto est principalius, tanto sit sublimius: ut sic imaginemur civitatem quamdam descendentem de cælo, cuius fundamentum in cælo existens, et ædificium demissum ad nos, videatur inferius; secundum illud Apoc. XXI, 2: vidi civitatem sanctam Ierusalem descendentem de cælo, etc..

Consequenter cum dicit in quo omnis ædificatio, etc., agit de constructione ædificii. In qualibet autem ædificii constructione quatuor requiruntur. Primo ædificii fundatio, secundo constructio, tertio augmentatio, quarto consummatio: quæ quidem breviter tangit.

Primum, cum dicit in quo, scilicet fundamento, qui Christus est principaliter, et doctrina apostolorum et prophetarum secundario, quia, ut dicitur I Cor. III, 11: fundamentum aliud nemo potest ponere præter id, etc..

Secundo vero tangit secundum, cum dicit omnis ædificatio constructa. Et quidem si intelligatur allegorice, designat ipsam ecclesiam, quæ tunc construitur quando homines ad fidem convertuntur. Si autem moraliter intelligatur, significat animam sanctam, et tunc eiusmodi ædificatio construitur, quando bona opera superædificantur super Christum.

Prov. XIV, 1: sapiens mulier ædificat domum suam. I Cor. III, 10: unusquisque videat quomodo superædificet. In hoc ergo fundamento, scilicet Christo, omnis ædificatio spiritualis construitur, Iudæorum vel gentilium, a Deo per auctoritatem. Ps. CXXVI, 1: nisi Dominus ædificaverit domum, etc.. Hebr. III, 4: omnis namque domus fabricatur ab aliquo, qui autem omnia creavit, Deus est.

Sed instrumentaliter construitur ædificium vel ab homine qui seipsum ædificat, vel a prælatis.

Tertium tangit cum dicit crescit in templum, etc.; quod quidem fit quando multiplicantur qui salvi fiunt. Act. VI, 7: verbum Domini crescebat, et multiplicabatur numerus discipulorum in Ierusalem valde. Crescit etiam quando homo crescit in bonis operibus, et in gratia crescit quantum ad hoc, quod fit templum sanctum. Templum enim a Deo inhabitatur, et ideo oportet quod sit sanctum.

Ps. XLV, 5: sanctificavit tabernaculum suum altissimus. Et quia nos debemus inhabitari a Deo, ut Deus in nobis habitet, ad hoc nos parare debemus, ut sancti simus.

I Cor. III, 16: nescitis quia templum Dei estis, et spiritus Dei habitat in vobis; Apoc. XXI, 3: ecce tabernaculum Dei cum hominibus, et habitabit cum eis.

Sed numquid statim a principio, cum charitatem habemus, templum Dei sumus? respondeo. Dicendum est quod sic. Et quanto magis proficimus, tanto magis Deus habitat in nobis. Et ideo ad hoc ædificium, quarto, requiritur perfectio et consummatio, quod ostendit, cum dicit in Domino.

Consequenter cum dicit in quo et vos, etc., ostendit quomodo gentiles facti sunt participes huius ædificii, dicens in quo, scilicet ædificio, non solum superædificantur Iudæi, sed etiam vos Ephesii coædificamini, id est ad similitudinem aliorum ædificamini.

I Petr. II, 4 s.: ad quem accedentes lapidem vivum, ab hominibus quidem reprobatum, a Deo autem electum et honorificatum, et ipsi tamquam lapides vivi superædificamini domus spiritualis. Et ideo subdit in habitaculum Dei, ut scilicet Deus in vobis inhabitet per fidem. Infra III, 17: habitare Christum per fidem in cordibus vestris.

Hoc autem non potest fieri sine charitate, quia qui manet in charitate, in Deo manet, etc., I Io. IV, 16. Charitas autem datur nobis per spiritum sanctum. Rom. V, 5: charitas Dei diffusa est in cordibus nostris per spiritum sanctum qui datus est nobis. Ideo subdit in spiritu sancto.

Capitulus III

Lectio 1

Supra commemoravit apostolus multa Dei beneficia humano generi et ipsis apostolis collata, hic commemorat specialia Dei beneficia sibi tradita.

Primo ergo proponit intentionem suam in generali; secundo exponit per partes in speciali, ibi quoniam secundum revelationem, etc..

Circa primum duo facit.

Primo ponit suam conditionem quantum ad patientiam et tribulationes quas pertulit; secundo quantum ad dona gratiæ quæ Deus sibi contulit, ibi si tamen audistis, etc..

Dicit ergo: dixi in quo et vos coædificamini, etc., huius rei gratia, id est ut ædificemini et convertamini ad Christum, ego Paulus, qui tantus sum, quia apostolus Iesu Christi et Magister gentium in fide et veritate, nunc vinctus Romæ. Nam hanc epistolam de urbe scripsit, ubi in vinculis tenebatur. II Tim. II, 9: laboro usque ad vincula quasi male operans. Infra IV, 1: obsecro vos itaque ego Paulus vinctus in Domino.

Ex quo apparet eius tribulatio et passio in squalore carceris.

Sed quia pœna non facit martyrem sed causa, ideo addit suarum tribulationum causam.

Duplex est autem causa pro qua quis martyrii causam prosequitur. Una si patiatur pro fide Christi, vel pro quacumque alia virtute. I Petr. IV, 15: nemo vestrum patiatur quasi homicida, aut maledicus, aut alienorum appetitor, si autem ut christianus, non erubescat. Et quantum ad hoc dicit vinctus Christi Iesu.

Alia, si patiatur pro ecclesiæ utilitate, et quantum ad hoc ait pro vobis gentibus, id est tantum intendo conversionem vestram, et verbum salutis vobis prædico, quod traditus sum carceri. II Cor. I, 6: tribulamur pro vestra exhortatione et salute. Col. I, 24: nunc gaudeo in passionibus pro vobis.

Consequenter cum dicit si tamen audistis, etc., ponit donum gratiæ sibi commissum, quasi dicat: dico quod sum pro vobis gentibus vinctus, si tamen audistis, id est intellexistis, dispensationem gratiæ, quæ data est mihi pro vobis.

Quod potest intelligi dupliciter. Uno modo ut dispensatio accipiatur passive, et sit sensus si tamen audistis dispensationem gratiæ, etc., id est si intellexistis quod mihi hoc donum, scilicet apostolatus in gentibus, est dispensatum.

Nam, ut dicitur infra IV, 7: unicuique data est gratia secundum mensuram donationis Christi. Et infra: ipse dedit quosdam quidem apostolos, quosdam autem prophetas, etc.. Unde mihi dispensatum est a Domino Christo, id est venit in sortem, gratia Dei hæc ut in vobis fructum faciam.

Col. I, 23: factus sum ego minister, etc..

Dico dispensationem Dei quæ data est mihi in vobis, id est eorum dispensatio tradita est mihi.

Alio modo, ut dispensatio accipiatur active, ut sit sensus si tamen audistis dispensationem, etc., id est si intellexistis quod mihi datum sit, ut dona gratiæ dispensem per communicationem sacramentorum, et hoc in vobis. I Cor. IV, 1: sic nos existimet homo ut ministros Christi.

Consequenter cum dicit quoniam secundum revelationem, etc., manifestat conditionem suam per partes et in speciali.

Circa quod duo facit, quia primo ponit quod pertinet ad dignitatem officii, scilicet dispensationem gratiæ; secundo illud quod pertinet ad experientiam patientiæ, scilicet tribulationem, ibi quapropter peto ne deficiatis, etc..

Prima iterum in duas.

Primo ostendit gratiæ dispensationem quantum ad diversorum mysteriorum cognitionem; secundo quantum ad ipsorum executionem, ibi cuius factus sum minister, etc..

Prima iterum in duas.

Primo ponit mysteriorum Christi sibi datam cognitionem; secundo exponit quod sit istud mysterium, ibi esse gentes cohæredes, etc..

Circa cognitionem suam tria facit. Primo quod sit certa, secundo quod sit plena, tertio quod sit excellens.

Certa quidem est, quia non est per humanam industriam, nec per humanam intentionem, quæ falli potest, Sap. IX, 14: cogitationes enim mortalium timidæ, et incertæ providentiæ nostræ, sed per legem divinam quæ certissima est. Et ideo dicit quoniam secundum revelationem, etc.. Gal. I, 12: neque enim ego ab homine accepi illud, neque didici; sed per revelationem Iesu Christi. II Cor. III, 18: nos vero revelata facie gloriam Domini speculantes, etc..

Item plena est, quia perfecte revelatum est mihi, et committo vestro iudicio, quia ego in verbis paucis hoc expressi, in quibus cognoscere potestis quod perfectam cognitionem habeam de mysteriis fidei. Et quantum ad hoc dicit sicut scripsi in brevi, id est in paucis verbis, ita aperte, quod eo modo hoc potestis legentes intelligere.

Cant. IV, 11: favus distillans labia tua, etc..

Labium quidem breve quid est. Et sic labia doctoris sunt favus distillans, quando brevibus et paucis verbis multa et magna insinuat.

Sed attende, ut dicit Augustinus, quod debet intendere hoc doctor, quod scilicet intelligatur.

Et quamdiu ad hoc laborat, verba sua non sunt superflua, sed si postquam intelligitur, eis immoratur, superflua sunt eius verba.

Dicit autem prudentiam meam, secundum illud Prov. IX, 10: scientia sanctorum prudentia.

Quæ quidem non est mundana sed divina et cælestis, propter quod dicit in mysterio Christi.

Est etiam excellens, quia solis apostolis est revelata; unde subdit quod aliis generationibus non est agnitum. Licet enim mysteria Christi prophetis et patriarchis fuerint revelata, non tamen ita clare sicut apostolis.

Nam prophetis et patriarchis fuerunt revelata in quadam generalitate; sed apostolis manifestata sunt quantum ad singulares et determinatas circumstantias.

Hoc autem quod dicit quod aliis generationibus, etc., potest dupliciter exponi.

Uno modo ut per generationes tempora generationum accipiantur, iuxta illud Ps. CXLIV, 13: dominatio tua in omni generatione, et generatione. Et tunc est sensus, quod aliis generationibus, id est temporibus, non est agnitum filiis hominum, id est rationalibus creaturis, scilicet nec hominibus, nec Angelis.

Matth. XI, 25: abscondisti hæc a sapientibus et prudentibus, et revelasti ea parvulis.

Sicut nunc revelatum est sanctis apostolis eius et prophetis in spiritu, ipsis scilicet in eo spiritu novi testamenti interpretantibus Scripturas, et explanantibus legem. Lc. VIII, 9: vobis datum est nosse mysterium regni Dei, cæteris autem, etc.. Lc. X, 23: beati oculi qui vident quæ vos videtis, et infra XXIV: dico autem vobis, quod multi reges et prophetæ voluerunt videre quæ vos videtis, et non viderunt, etc..

Alio modo potest exponi ut per

generationes accipiantur homines generati, secundum illud Matth. XXIII, 36: venient hæc omnia super generationem istam, etc.. Et tunc est sensus quod aliis generationibus, id est hominibus in præcedentibus generationibus generatis, non est cognitum, etc., sicut prius.

Unde Is. LIII, 1: quis credidit auditui nostro, et brachium Domini cui revelatum est? sed hoc quidem sacramentum fidei revelatum est aliquibus patribus veteris testamenti, secundum illud Io. VIII, 56: Abraham pater vester exultavit ut videret diem meum; vidit, et gavisus est. Et etiam prophetis, secundum illud Ioel II, 28: post hæc effundam de spiritu meo super omnem carnem, et prophetabunt filii vestri et filiæ vestræ.

Sed eis quidem revelatum est in quadam generalitate, apostolis vero clare et perfecte.

Et hoc propter tria. Primo quia ipsi apostoli habuerunt revelationem immediate a filio Dei, secundum illud Io. I, 18: unigenitus filius qui est in sinu patris, ipse enarravit.

Prophetæ vero et patres veteris testamenti, ipsi edocti sunt per Angelos, vel per aliquas similitudines. Unde dicitur Is. VI, 6: volavit ad me unus de Seraphim, et in manu eius calculus, quem, etc.. Et ideo ipsi apostoli clarius acceperunt. Secundo, quia non in figuris et in ænigmatibus, sicut prophetæ, viderunt, sed revelata facie gloriam Domini speculantes. Lc. X, 23: beati oculi qui vident quæ vos videtis.

Tertio, quia apostoli constituti fuerunt executores et dispensatores huius sacramenti, et ideo oportebat quod melius ipsi essent instructi quam alii. Io. IV, 38: alii laboraverunt, et vos in labores eorum introistis.

Consequenter cum dicit esse gentes, etc., manifestat quid sit illud sacramentum.

Circa quod sciendum est quod Iudæi triplicem prærogativam habebant respectu gentilium, scilicet promissionis hæreditatis. Rom. IV, 13: non enim per legem promissio Abrahæ, aut semini eius, ut hæres esset mundi, sed per iustitiam fidei. Ps. XV, 5: Dominus pars hæreditatis meæ, etc.. Item per specialem a gentibus aliis distinctionem et electionem. Deut. VII, 6: te elegit Dominus Deus tuus, ut sis ei populus peculiaris de cunctis populis qui sunt super terram. Unde Ps. XCIX, 3: nos autem populus eius et oves pascuæ eius. Cant. VI, 8: una est columba mea, perfecta mea, etc.. Item per Christi promissionem. Gen. XII, 3: in te benedicentur universæ cognationes terræ.

Hæc autem tria gentes non habebant. Supra II, 12: qui eratis illo tempore sine Christo, alienati a conversatione Israel. Sed ad hæc tria recepti sunt per fidem. Primo quidem, quantum ad participationem hæreditatis, et, quantum ad hoc, dicit cohæredes, scilicet ipsis Iudæis in hæreditate cælesti.

Matth. VIII, 11: multi ab oriente et occidente venient, et recumbent cum Abraham, Isaac et Iacob in regno cælorum, etc.. Secundo ad speciale collegium fidelium, et, quantum ad hoc, dicit et concorporales, id est in unum corpus. Io. X, 16: *alias oves habeo quæ non sunt ex hoc ovili*, id est gentes, *et illas oportet me adducere, et vocem meam audient, et fiet unum ovile et unus pastor*. Tertio, ad participationem gratiæ repromissæ, et quantum ad hoc dicit et comparticipes, scilicet promissionum quæ factæ sunt Abrahæ. Rom. XV, 8: *dico autem Christum fuisse ministrum circumcisionis propter veritatem Dei ad confirmandas promissiones patrum, gentes autem super misericordia honorare Deum*.

Et hæc omnia consecutæ sunt gentes non per Moysem, sed in Christo. Io. I, 17: *lex per Moysem data est, gratia et veritas per Iesum Christum facta est*. II Petr. I, 4: *per quem maxima et pretiosa nobis promissa donavit*, etc.. Item, nec per impletionem legis, quia hoc est iugum quod neque patres nostri, neque nos portare potuimus, ut dicitur Act. XV, 10, sed per evangelium, per quod omnes salvantur. Rom. I, 16: *non enim erubesco evangelium, virtus enim Dei est in salutem omni credenti*. I Cor. XV, 1: *notum vobis facio evangelium quod prædicavi vobis, quod et accepistis, in quo et statis, per quod et salvamini*.

Lectio 2

Postquam ostendit apostolus esse sibi gratiam dispensatam quantum ad mysteriorum divinorum cognitionem, hic ostendit hoc idem quantum ad ipsorum mysteriorum executionem. Et circa hoc duo facit.

Primo commemorat auxilium gratiæ præstitum sibi ad exequendum; secundo, ostendit sibi commissum officium ministerii, ibi *mihi omnium sanctorum minimo*, etc..

Prima in duas.

Primo tangit ministeriorum divinorum executionem; secundo ostendit auxilium sibi datum ad exequendum, ibi *secundum donum gratiæ*, etc..

Executio autem divinorum sibi commissa est per modum ministerii, et quantum ad hoc dicit: dico quod hoc ministerium est mihi commissum, scilicet gentes esse cohæredes per evangelium, per quod gentes participes fiunt promissionis Dei in Christo Iesu, *cuius ego Paulus factus sum minister*, etc.; quasi dicat: non ego impleo vel exequor ut a me vel ut meum, sed sicut ministerium quod Dei est. Act. IX, 15: *vas electionis est mihi iste*, etc.. Unde apostolus I Cor. IV, 1: *sic nos existimet homo ut ministros Christi et dispensatores mysteriorum Dei*.

Deinde cum dicit *secundum donum gratiæ*, etc., tangit auxilium sibi præstitum ad ministeriorum executionem.

Huiusmodi autem auxilium duplex fuit.

Unum quidem ipsa facultas exequendi, aliud ipsa operatio, sive actualitas. Facultatem autem dat Deus infundendo virtutem et gratiam, per quas efficitur homo potens et aptus ad operandum; sed ipsam operationem confert inquantum operatur in nobis interius movendo et instigando ad bonum.

Et ideo hoc accipiens apostolus a Deo, dicit quantum ad primum: dico quod factus sum minister, sed certe non meis meritis, nec virtute propria, sed secundum donum gratiæ Dei quæ data est mihi, quia scilicet idoneus efficior ad executionem divinorum mysteriorum, qui fui prius persecutor. I Cor. XV. 10: plus omnibus laboravi, non ego, sed gratia Dei mecum.

Quantum ad secundum dicit secundum operationem, quam Deus efficit, inquantum virtus eius operatur in nobis et velle et perficere pro bona voluntate.

Potest autem hoc aliter exponi secundum Glossam, ut quod dictum est modo referatur ad præcedentia, scilicet dicatur quod esse gentes cohæredes et concorporales, et comparticipes promissionis eius, scilicet Dei patris, hoc quidem donum dedit Deus gentibus in Christo, id est per Christum, et hoc secundum operationem virtutis eius, id est per hoc quod potenter operatus est, suscitando Christum a morte.

Consequenter cum dicit mihi enim sanctorum minimo, etc., ostendit officium commissum, cuius quidem commissionis gratia commendatur ex tribus.

Primo quidem ex personæ suæ conditione; secundo ex commissorum magnitudine, ibi evangelizare investigabiles, etc.; tertio ex fructus utilitate, ibi ut innotescat, etc..

Commendat igitur officium sibi commissum ex personæ conditione. Si enim rex aliquis, aliquod quidem magnum officium alicui magno principi et excellenti committeret, non multum ei magnam gratiam faceret, quantum ad hunc magnum, si poneret in magno officio; sed si magnum et arduissimum officium alicui parvo committat, multum eum magnificat, et magnam gratiam facit ei, et tanto magis quanto officii excellentia excedit ipsum. Secundum ergo hunc modum Paulus gratiam sibi commissi officii commendat, dicens mihi enim omnium sanctorum minimo data est gratia hæc.

Et vocat se minimum, non ex potestate sibi commissa, sed ex consideratione status præteriti.

I Cor. XV, 9: ego sum minimus apostolorum, qui non sum dignus vocari apostolus, quoniam persecutus sum ecclesiam Dei. Is. LX, 22: minimus erit in mille, et parvulus in gentem fortissimam.

Et hoc in gentibus, id est inter gentes, Gal. II, 8-9: qui enim operatus est Petro in apostolatum circumcisionis, operatus est et mihi inter gentes. Et cum cognovissent gratiam Dei, quæ data est mihi inter gentes, etc..

Secundo commendatur huiusmodi

commissionis gratia ex officii magnitudine, quod est revelare et manifestare secreta Dei, quæ sunt magna et occulta, puta, de magnitudine Christi et de salute fidelium facta per eum. De his autem duobus est totum evangelium.

Quantum ad primum dicit evangelizare, etc., quasi dicat: hæc gratia data est mihi ut annuntiem bonum. I Cor. I, 17: non misit me Christus baptizare, sed evangelizare.

Et ibidem IX, 16: væ enim mihi si non evangelizavero.

Et bonum hoc, scilicet investigabiles Christi divitias, quæ sunt veræ divitiæ. Supra II, 4: Deus autem qui dives est in misericordia, etc.. Rom. II, 4: an divitias bonitatis eius, et patientiæ, et longanimitatis contemnis? etc.. Rom. X, 12: dives in omnes qui invocant illum. Quasi dicat: divitiæ istæ vere investigabiles sunt, quia tanta est misericordia eius, quod intelligi vel investigari non possit. Is. XXXIII, 6: divitiæ salutis sapientia, et scientia, timor Domini ipse thesaurus eius, scilicet Christi, quia in Christo abundantissime fuit timor Domini. Is. XI, 3: replebit eum spiritus timoris Domini.

In Christo enim sunt omnes thesauri sapientiæ et scientiæ absconditi Col. II, 3, et hæc sunt investigabiles, quia perfecte sapientia et scientia Christi investigari non possunt.

Iob XI, 7: reperies forsan vestigia Dei, et usque ad perfecte omnipotentem? quasi dicat: non. Nam per creaturas, in quibus relucet vestigium creatoris, perveniri non potest ad perfectam eius cognitionem. Huiusmodi autem divitias stupens admiratur apostolus, dicens, Rom. XI, 33, o altitudo divitiarum sapientiæ et scientiæ Dei, quam, etc..

Eccli. I, 3: sapientiam Dei præcedentem omnia quis investigabit? quantum ad secundum, id est ad manifestandam salutem fidelibus ex Christo provenientem, dicit et illuminare omnes, non solum Iudæos, sed etiam gentiles per prædicationem et miracula. Eccli. XXIV, 45: illuminabo omnes sperantes in Domino. Act. IX, 15: vas electionis est, etc.. Matth. V, 14: vos estis lux mundi.

Illuminare, inquam, quantum in me est omnes, scilicet credere volentes. I Tim. II, 4: qui omnes homines vult salvos fieri, et ad agnitionem veritatis venire. Ad hoc scilicet ut intelligant quæ sit dispensatio sacramenti, quia nihil valent ista nisi dispensentur; quasi dicat: de hoc illuminabo, scilicet quam mirabilis et ex quanta dilectione sit facta adimpletio arcanæ redemptionis. Huiusmodi autem divitiæ investigabiles, per Christum vobis dispensatæ sunt.

Sed quia dici posset: istud quod dicis, etsi sit magnum, omnes tamen hoc sciunt; ideo ad hoc respondet apostolus dicens, quod non, quia absconditi a sæculis.

Ubi sciendum est quod omnia quæ sunt in effectu, latent virtute in suis causis, sicut in virtute solis continentur omnia quæ sunt in generabilibus et corruptibilibus. Sed tamen ibi quædam sunt abscondita, quædam manifesta.

Nam calor est manifeste in igne; aliquorum vero ratio, quæ occulto modo producit, latet in eo. Deus autem est omnium rerum causa efficiens, sed producit quædam, quorum ratio potest esse manifesta, illa scilicet quæ mediantibus causis secundis producit.

Aliqua vero sunt in eo abscondita, illa scilicet quæ immediate per seipsum producit.

Et quia sacramentum humanæ redemptionis per seipsum operatus est Deus, ideo in eo solo hoc sacramentum est absconditum.

Et hoc est quod dicit absconditi a sæculis in Deo, id est in sola notitia Dei. Investigare autem secreta primæ causæ maximum est. I Cor. II, 6: sapientiam loquimur inter perfectos: sapientiam vero non huius sæculi, neque principum huius sæculi, qui destruuntur, sed loquimur Dei sapientiam in mysterio, quæ abscondita est, quam prædestinavit Deus ante sæcula. Qui, inquam, omnia creavit.

Lectio 3

Posita dignitate officii ex magnitudine commissorum, hic commendat apostolus officii dignitatem ex utilitate effectus, quæ quidem est revelatio magnarum rerum magnis personis. Sunt autem circa hoc tria consideranda.

Primo quidem quibus sit revelatum, et quantum ad hoc dicit ut innotescat principatibus, etc.; secundo per quem reveletur, quia per ecclesiam; tertio quid reveletur, quia multiformis sapientia Dei.

Ad cuius quidem sapientiæ descriptionem quatuor tangit apostolus.

Primo eius multiplicitatem, ibi multiformis sapientia Dei; secundo modum multiplicitatis, ibi præfinitionem sæculorum; tertio multiplicitatis auctoritatem; unde subdit quam fecit in Christo Iesu Domino nostro; quarto auctoritatis effectum, ibi in quo habemus fiduciam et accessum.

Est ergo sapientia, quæ revelatur, multiformis, et hæc quidem multiformitas tangitur Iob XI, 5: utinam Deus loqueretur tecum et aperiret labia sua tibi, ut ostenderet tibi secreta sapientiæ, et quam multiplex sit lex eius, etc.. Sap. VII, 22: est enim in illa, scilicet sapientia divina, spiritus intelligentiæ, sanctus, unicus et multiplex, etc.. Multiplex scilicet in effectibus; unicus, scilicet in essentia.

Modus autem multiplicitatis revelatæ scientiæ est secundum præfinitionem sæculorum, id est distinctionem et determinationem diversorum temporum. Deus enim ordinat alia esse in uno tempore, alia in alio, et secundum hoc huiusmodi sapientia multiformis dicitur secundum præfinitionem sæculorum, quia diversa tempora diversis ornat effectibus.

Auctor autem huius multiplicitatis est Christus; unde dicit quam fecit Deus in Christo Iesu Domino nostro, id est per Christum. Ipse enim mutat tempora et statum eorum. Hebr. I, 1: multifarie multisque modis, etc., per quem fecit et sæcula.

Potest autem hoc quod dicit quam fecit, etc., referri vel ad æternam prædestinationem: nam ipsam fecit pater in filio suo.

Supra I, 4: elegit nos in ipso ante mundi constitutionem, ut essemus sancti. Ipse enim filius est sapientia patris, nihil autem diffinit, vel præordinat aliquid, nisi per sapientiam.

Vel potest referri ad prædestinationis æternæ completionem, quam Deus pater per filium consummavit. I Cor. X, 11: in quos fines sæculorum devenerunt, supple sumus.

Effectus autem auctoris est magnitudo fructus, qui nobis a Christo provenit, quod ponitur, cum dicit in quo habemus fiduciam, etc..

Circa quod duo facit.

Primo ponit bona quæ recipimus; secundo appropriatum per quod recipimus, ibi per fidem eius.

Bona autem quæ recipimus, sunt duo: unum quod pertinet ad spem obtinendi, et quantum ad hoc dicit in quo, scilicet Christo, habemus fiduciam, scilicet veniendi ad cælum et æternam hæreditatem. Io. XVI, 33: confidite, ego vici mundum. II Cor. III, 4: fiduciam talem habemus per Christum ad Deum.

Aliud bonum pertinet ad obtinendi facultatem, et quantum ad hoc dicit et accessum in confidentia, scilicet habemus. Hebr. IV, 16: adeamus cum fiducia ad thronum gloriæ eius. Ier. III, 19: patrem vocabis me, et post me ingredi non cessabis. Rom. V, 2: per quem accessum habemus per fidem in gratia ista, in qua stamus, et gloriamur in spe gloriæ filiorum Dei.

Per quid autem hæc dentur nobis, subdit, dicens per fidem eius, scilicet Christi.

Rom. V, 1: iustificati ex fide pacem habemus ad Deum per Dominum nostrum Iesum Christum.

Ut ergo breviter comprehendamus, dico quod revelata est sapientia Dei multiformis varietatis, secundum distinctionem et præfinitionem sæculorum, quæ dedit nobis fiduciam et accessum ad patrem per fidem eius.

Quibus autem revelata sit ista multiformis sapientia Dei ostendit, et tunc sumitur ista littera superius dimissa, ut innotescat principatibus et potestatibus, ex qua apparet magnitudo. Et quia etiam in terris sunt principes et potestates, addit in cælestibus, id est in cælo, ubi nos erimus.

Notandum est autem hic, quod principatus et potestates sunt duo ordines, qui ex ipsorum nomine præeminentiam in operando designant.

Potestatis ordo ordinatur ad reprimendum impedimenta salutis, sed ordo principatuum præest et iniungit ad bene exequendum.

Quod autem ad ordinem principatus pertineat regulare, patet per illud Ps. LXVII, 26: prævenerunt principes coniuncti psallentibus, etc.. Item: principes Iuda duces eorum, etc..

Quod autem ad potestates pertineat reprimere, patet Rom. XIII, 3 s.: vis autem non timere potestatem? bonum fac, et habebis laudem ex illa; Dei enim minister est tibi in bonum; si autem malefeceris, time. Non enim sine causa gladium portat, etc..

Magni ergo sunt quibus innotescit: quia sanctis Angelis, per quos diriguntur, et defenduntur sancti.

Per quid autem eis innotescat multiformis sapientia Dei subdit, dicens per ecclesiam, quod quidem habet magnam difficultatem.

Nam Glossa habet, id est per apostolos in ecclesia prædicantes. Unus quidem intellectus esse potest, quod scilicet Angeli didicerunt ab apostolis, et hoc videtur quamdam rationem habere. Videmus enim quod in cælo inter Angelos superiores, qui immediate a Deo illuminantur, illuminant et docent inferiores Angelos, qui non immediate illuminantur a Deo. Non videtur ergo irrationabile dici quod doceant Angelos apostoli, qui immediate a Deo sunt edocti,

secundum illud Io. I, 18: unigenitus filius qui est in sinu patris, ipse enarravit.

Sed hoc quidem satis sufficienter dici posset, nisi aliud occurreret. Cum enim in Christo sint duæ naturæ, divina scilicet et humana, edocti quidem sunt apostoli a Christo immediate quantum ad humanam naturam, Angeli autem immediate naturam divinam vident, etiam inferiores, alias non essent beati, cum in sola visione divinæ essentiæ rationalis creaturæ beatitudo consistat.

Non est ergo conveniens, nec ratio aliqua, ut dicamus sanctos qui sunt in patria doceri a quantumcumque perfectis viatoribus.

Nam licet inter natos mulierum non surrexit maior Ioanne baptista, tamen qui minor est in regno cælorum maior est illo, ut dicitur Lc. VII, 28. Dicere autem quod Dæmones doceantur ab hominibus, hoc absque præiudicio credibile est. Sed quod beati qui immediate verbum conspiciunt, quod est speculum sine macula, in quo relucent omnia, a viatoribus doceantur, dici non debet, nec conveniens videtur.

Dicendum est ergo, quod innotuit Angelis per ecclesiam, id est per apostolos prædicantes, ut dicit Glossa, non quod Angeli hoc didicerint ab eis, sed in eis. Nam, sicut dicit Augustinus super Genesim ad litteram, Deus antequam creaturas crearet, ante, dico, ordine naturæ, non ordine temporis, cum secundum tempus simul omnia creata sint, rationes rerum naturalium indidit mentibus Angelorum, quo fit ut Angeli dupliciter res naturales cognoscerent, quia cognoverunt eas in verbo, et hæc cognitio dicitur matutina.

Item, cognoverunt eas in naturis propriis, et hæc dicitur cognitio vespertina.

Ulterius notandum est, quod sunt quædam rationes mysteriorum gratiæ totam creaturam excedentes, et huiusmodi rationes non sunt inditæ mentibus Angelorum, sed in solo Deo sunt occultæ. Et ideo Angeli non cognoscunt eas in seipsis, nec etiam in Deo, sed cognoscunt eas secundum quod in effectibus explicantur. Cum igitur rationes pertinentes ad multiformem sapientiam Dei, sint huiusmodi, scilicet in solo Deo absconditæ, et postmodum in istis forinsecis effectibus explicatæ, manifestum est, quod Angeli eas, nec in seipsis, nec in ipso verbo, nec etiam ab apostolis, nec a viatoribus aliis cognoverunt; sed in ipsis apostolis explicatas, prius in mente divina latentes, cognoverunt.

Sicut domus quæ est in mente artificis, vel conceptu de domo facienda, nullus scire potest quamdiu latet in mente, nisi solum ille qui solus illabitur animabus, scilicet Deus; sed postquam conceptus est iam in effectu extrinseco explicatus, quia domus iam facta est; sic aliquis de domo iam facta, quæ prius latebat in mente artificis, edocetur, non autem edocetur per domum, sed in domo.

Unde iam restat ut aliter exponatur hoc quod dicit ut innotescat principatibus, etc., ut illa coniunctio ut accipiatur non causaliter, sed quodammodo consecutive, et legatur sic: illuminare quæ sit dispensatio sacramenti absconditi a sæculis in Deo, qui omnia creavit, ita tamen absconditi, ut innotescat principatibus, etc., id est, istud sacramentum ita fuit absconditum in Deo, quod inde innotuit principatibus et potestatibus non ab æterno, sed a sæculo, quia omnis creatura principium habet; et hoc, non per ecclesiam terrenam, sed cælestem, quia ibi est vera ecclesia, quæ est mater nostra et ad quam tendimus et a qua nostra ecclesia militans est exemplata. Et sic ly per, designat ordinem naturæ tantum, ut dicatur per ecclesiam cælestem, id est, de uno in aliud, sicut dicitur: illud factum est notum per totum regnum vel civitatem, quia nova currunt ab uno in alium, secundum quod verba currunt; sicut dicitur act. IX, 42 de suscitatione Thabitæ beghinæ sancti Petri: notum autem factum est per universam Ioppen, et crediderunt multi, etc..

Magister tamen, aliter recitat lecturam Augustini, hoc modo illuminare quæ sit dispensatio, etc., et hoc per ecclesiam, id est, omnes qui sunt in ecclesia terrena, sed hoc non est secundum intentionem Augustini.

Hic posset quæri, utrum Angeli a principio mundi cognoverint mysterium incarnationis.

Respondet Magister dicens, quod Angelis maioribus notum fuit, sed non minoribus.

Unde ipsi, scilicet Angeli minores, interrogant, Is. LXIII, 1: quis est iste qui venit de Edom tinctis vestibus de Bosra? sed opinio hæc est contra beatum Dionysium.

Dionysius enim duas interrogationes Angelorum de Christo factas ex sacra Scriptura accipit. Unam ex Ps. XXIII, 8: quis est iste rex gloriæ? item accipit aliam ex Is. LXIII, 1: quis est iste, qui venit de Edom? etc..

Prima autem interrogatio, secundum eum, est inferiorum Angelorum, secunda supremorum; quod patet, quia primæ non Deus respondet, sed alius, unde dicit: Dominus virtutum ipse est rex gloriæ. Secundæ vero respondet ipse Deus immediate, unde dicit: ego qui loquor iustitiam, et propugnator sum ad salvandum.

Vult ergo Dionysius, quod utrique aliquid ignoraverunt et aliquid sciverunt: quia a principio omnes sciverunt mysterium incarnationis in generali, sed rationes in speciali didicerunt tempore procedente seu processu temporis, secundum quod in effectibus extrinsecis explicabantur.

Lectio 4

Postquam egit apostolus de dignitate officii, quod pertinet ad suam conditionem, hic consequenter agit de his quæ pertinent ad suam afflictionem, scilicet de passionibus suis.

Circa quod duo facit.

Primo exhortatur eos ne pro suis tribulationibus conturbentur sed habeant patientiam; secundo, quia ad hoc quod homo non conturbetur necessarium est divinum auxilium, præmittit orationem, ut impleant hoc per divinam gratiam, ibi huius rei gratia, etc..

Dicit ergo primo: ex magnitudine officii mei et firmitate eius, quam habeo per fidem Christi, accidit quod tribulationes patior; nec me conturbant, nec a Christo avellere possunt. Rom. VIII, 35: quis nos separabit a charitate Christi? tribulatio? etc.; quasi dicat: nihil. Propter quod induco vos et peto, ne deficiatis in tribulationibus meis, ne scilicet occasione tribulationum mearum deficiatis omnino a fide et ab operibus bonis.

Hebr. XII, 3: non fatigemini animis vestris deficientes.

Dico autem quod vos non debetis deficere, quia sunt pro vobis, id est, pro utilitate vestra.

II Cor. I, 6: sive tribulamur pro vestra exhortatione et salute, sive consolamur pro vestra consolatione, sive exhortamur pro vestra exhortatione et salute, quæ operatur tolerantiam passionum earumdem, quas et nos patimur, ut spes nostra firma sit pro vobis, scientes quoniam sicut socii passionum estis, sic eritis et consolationum. Vel dicit pro vobis, id est pro vestra probatione. Sap. III, 6: tamquam aurum in fornace probavit electos Dominus, etc..

Quæ est gloria vestra, etc., scilicet si non deficiatis, sed stetis fortes in tribulationibus.

Nam qui perseveraverit usque in finem, etc..

Alio modo: quæ est gloria vestra, id est tolerantia passionum nostrarum, est pro vobis ad gloriam, in hoc quod Deus exposuit apostolos suos et prophetas tribulationibus et passionibus propter salutem vestram. Os. VI, 5: propterea dolavi in prophetis, et occidi eos, etc.. II Cor. I, 14: gloria vestra sumus, sicut vos nostra, etc..

Consequenter cum dicit huius rei gratia, etc., implorat eis auxilium per orationem, ut per exhortationem suam proficiant.

Et primo orationem præmittit; secundo quasi securus de exauditione, gratias agit, ibi ei autem qui potens est, etc..

Item, prima in tres, quia primo proponit orationis obiectum; secundo orationis intentum, ibi ut det vobis secundum divitias, etc.; tertio orationis fructum, ibi ut possitis comprehendere, etc..

Oratio autem redditur exaudibilis per humilitatem. Ps. Ci, 18: respexit in orationem humilium, etc.. Eccli. XXXV, 21: oratio humiliantis se, nubes penetrabit, etc.. Et ideo statim orationem suam ab humilitate incipit, dicens huius rei gratia,

scilicet ne deficiatis a fide, flecto genua mea ad patrem, etc., quod est signum humilitatis propter duo.

Primo quia qui genua flectit, quodam modo parvificat se, et subiicit se ei, cui genua flectit: unde per huiusmodi ostenditur recognitio propriæ fragilitatis et parvitatis.

Secundo quia in genu est fortitudo corporis.

Quando ergo quis genua flectit, protestatur debilitatem suæ virtutis. Et inde est, quod exteriora signa corporalia exhibentur Deo ad conversionem, et exercitium spirituale animæ interioris. In oratione Manasses: flecto genua cordis mei, etc.. Is. XLV, 23: mihi curvabitur omne genu, etc..

Deinde describit orationis obiectum, quod est Deus, et describit eum ex duobus: primo ex affinitate, secundo ex auctoritate.

Ex affinitate enim erigimur ad orandum cum fiducia. Et quantum ad hoc dicit ad patrem Domini nostri Iesu Christi, scilicet cuius nos filii sumus. Iac. I, 17: omne datum optimum, etc.. Is. LXIII, 16: tu enim, Domine, pater noster, etc..

Ex auctoritate autem confirmatur obtinendi quod petimus fiducia, quia ipse est ex quo omnis paternitas in cælo et in terra nominatur.

Hic posset quæri utrum in cælo sit paternitas.

Posset dici breviter, quod in cælo, id est in Deo vel in divinis, est paternitas, quæ est principium omnis paternitatis. Sed de hac non quæritur ad præsens, quia cuilibet fideli nota est. Sed quæritur utrum in cælis, id est utrum in Angelis sit aliqua paternitas.

Ad hoc dico quod paternitas est tantum in viventibus et cognoscentibus. Est autem duplex vita. Una secundum actum, alia secundum potentiam. Vita quidem secundum potentiam, est habere opera vitæ in potentia.

Unde dormiens quantum ad actus exteriores, dicitur vivere in potentia. Vivere autem secundum actum est, quando exercet quis opera vitæ in actu. Sic autem non solum qui dat potentiam vitæ, pater est eius cui dat; sed qui dat actum vitæ, ille etiam pater dici potest. Quicumque ergo inducit aliquem ad aliquem actum vitæ, puta ad bene operandum, intelligendum, volendum, amandum, pater eius dici potest. I Cor. IV, 15: nam si decem millia pædagogorum habeatis in Christo, sed non multos patres, etc.. Cum ergo inter Angelos unus alterum illuminet, perficiat et purget, et isti sint actus hierarchici, manifestum est quod unus Angelus est pater alterius, sicut Magister est pater discipuli.

Utrum autem paternitas, quæ est in cælis et in terra, derivetur a paternitate, quæ est in divinis, dubitatur. Et videtur quod non; quia nomina sic imponimus secundum quod res nominatas cognoscimus; quidquid autem cognoscimus, est per creaturas, ergo nomina imposita a nobis rebus ipsis, plus et prius conveniunt creaturis quam ipsi Deo.

Respondeo et dico quod nomen alicuius rei nominatæ a nobis dupliciter potest accipi, quia vel est expressivum, aut significativum conceptus intellectus, quia voces sunt notæ, vel signa passionum, vel conceptuum qui sunt in anima, et sic nomen prius est in creaturis, quam in Deo. Aut inquantum est manifestativum quidditatis rei nominatæ exterius, et sic est prius in Deo. Unde hoc nomen paternitas, secundum quod significat conceptionem intellectus nominantis rem, sic per prius invenitur in creaturis quam in Deo, quia per prius creatura innotescit nobis, quam Deus; secundum autem quod significat ipsam rem nominatam, sic per prius est in Deo quam in nobis, quia certe omnis virtus generativa in nobis est a Deo. Et ideo dicit: ex quo omnis paternitas in cælo et in terra nominatur, quasi dicat: paternitas quæ est in ipsis creaturis, est quasi nominalis seu vocalis, sed illa paternitas divina, qua pater dat totam naturam filio, absque omni imperfectione, est vera paternitas.

Consequenter cum dicit ut det vobis, etc., ostendit orationis intentum. Et primo facit hoc; secundo ostendit per quid posset impetrare suum propositum, ibi per spiritum eius, etc..

Dicit ergo: dico quod peto ne deficiatis, sed stetis viriliter. Scio tamen quod hoc ex vobis facere non potestis sine dono Dei, ideo peto, ut det vobis. Iac. I, 17: omne datum optimum, etc.. Et hoc quidem secundum divitias gloriæ suæ, id est secundum copiam maiestatis eius et magnificentiæ.

Ps. CXI, 3: gloria et divitiæ in domo eius.

Prov. VIII, 18: mecum sunt divitiæ et gloria.

Divitiæ, inquam, quæ faciunt virtute corroborari.

Is. XL, 29: qui dat lasso virtutem, et his qui non sunt fortitudinem et robur multiplicat. Et hoc in interiori homine, quia nisi in interioribus fortificetur homo, faciliter ab hoste superatur. Is. IX, 7: confirmet illud et corroboret in iudicio et iustitia, amodo et usque in sempiternum.

Tunc resumatur illa particula interposita, scilicet per spiritum, in qua ostendit per quid obtinere potest quod petit. Ipse enim spiritus, qui roborat, est spiritus fortitudinis et est causa non deficiendi in tribulationibus, quem obtinemus per fidem quæ est fortissima: quia fides est substantia rerum sperandarum, id est facit in nobis subsistere res sperandas. Unde I Petr. V, 9: cui resistite fortes in fide. Et ideo subiungit habitare Christum per fidem, et hoc in cordibus vestris. I Petr. III, 15: Dominum autem Christum sanctificate in cordibus vestris.

Per quod? dico quod non solum per fidem, quæ, ut donum est fortissima, sed etiam per charitatem quæ est in sanctis. Et ideo subdit in charitate radicati et fundati.

I Cor. XIII, 7: omnia suffert, omnia credit, omnia sperat, omnia sustinet, charitas numquam excidit. Cant. Cap. Ult.: fortis est ut mors dilectio. Unde sicut arbor sine radice, et domus sine fundamento de facili ruit, ita spirituale ædificium, nisi sit in charitate fundatum et radicatum, durare non potest.

Lectio 5

Supra ostendit apostolus petitionis suæ pro Ephesiis, et orationis intentum, scilicet corroborationem spiritus in fide et charitate, hic consequenter ostendit eius quam petiit corroborationis per fidem et charitatem fructum, qui est quædam cognitio.

Ideo primo proponit ipsam notitiam; secundo ipsius notitiæ et cognitionis efficaciam, ibi ut impleamini in omnem plenitudinem Dei.

Dicit ergo: ita sitis, charissimi, in charitate radicati et fundati, ut possitis comprehendere, etc.. Quod quidem dupliciter legi potest. Primo modo, ut magis sequamur intentionem apostoli.

Sciendum est ergo quod tam in futuro quam in præsenti cognitio Dei est nobis necessaria; nam in futuro gaudebimus et de cognitione Dei et de cognitione assumptæ humanitatis.

Io. XVII, 3: hæc est vita æterna, ut, cognoscant, etc.. Io. X, 9: ingredietur, scilicet in contemplatione divinitatis, et egredietur, scilicet in

Commentaria in Epistolas S. Pauli

contemplatione humanitatis, et pascua inveniet. Et quia fides est inchoatio illius futuræ cognitionis, quia est substantia rerum sperandarum, etc., ut dicitur Hebr. XI, 1 quasi iam in nobis res sperandas per modum cuiusdam inchoationis facit subsistere.

Inde est quod fides nostra in his duobus consistit, scilicet in divinitate et humanitate Christi. I Cor. II, 2: non enim iudicavi me scire aliquid inter vos, nisi Iesum Christum, etc..

Secundum hoc ergo primo præmittit eis cognitionem divinitatis; secundo cognitionem mysteriorum humanitatis, ibi scire etiam supereminentem scientiæ, etc..

Cognitionem autem divinitatis manifestat eis sub his verbis ut possitis, etc., quasi dicat: corroboramini per fidem et charitatem, quia si sic estis, pervenietis ad vitam æternam, ubi habebitis Deum præsentem et perfecte eum cognoscetis.

Quod autem Deus manifestetur amanti, patet Io. XIV, 21: qui diligit me, diligetur a patre meo, et ego diligam eum, et manifestabo ei meipsum; quod vero manifestetur credenti, patet, prout dicitur Is. VII, 9, secundum aliam litteram: nisi credideritis, non intelligetis. Oportet enim ut secundum fidem et charitatem corroboremini, ut possitis comprehendere.

Ubi sciendum est quod comprehendere quandoque ponitur pro includere, et tunc oportet quod comprehendens contineat in se totaliter comprehensum. Quandoque autem ponitur pro apprehendere, et tunc dicit remotionem distantiæ et insinuat propinquitatem.

Primo autem modo a nullo intellectu creato Deus comprehendi potest. Iob XI, 7: forsitan vestigia Dei comprehendes, et usque ad perfectum omnipotentem reperies? quasi dicat: non, quia sic posset eum perfecte cognoscere quantum cognoscibilis est.

Et de hac cognitione non intelligitur quod dicitur ut possitis comprehendere, sed secundo modo. Et est una de tribus dotibus, et de hac loquitur apostolus, cum dicit ut possitis comprehendere, id est Deum habere præsentem et præsentialiter cognoscere. Phil. III, 12: sequor autem si quomodo comprehendam, in quo, etc..

Et hæc comprehensio est communis omnibus sanctis eius. Ideo subdit cum omnibus sanctis. Ps. CXLIX, 9: gloria hæc est omnibus sanctis eius. Talibus autem dicitur illud I Cor. IX, 24: sic currite ut comprehendatis, etc..

Quæ sit latitudo, etc.. Notandum quod verba ista videntur ortum habere ex verbis Iob XI, 7: forsan, inquit, vestigia Dei comprehendes? quasi dicat: incomprehensibilis est; huius autem incomprehensibilitatis causam assignat, dicens: excelsior cælo est, et quid facies? profundior inferno est, et unde cognosces? longior terra mensura eius, et latior mari. Ex quo videtur quod Iob ostendat eum esse comprehensibilem, attribuens ei quadruplicem differentiam dimensionum. His enim verbis alludens apostolus dicit ut possitis comprehendere, quæ sit latitudo, etc.; quasi dicat: habeatis tantam fidem et charitatem, ut possitis tandem comprehendere quod comprehensibile est. Et hoc modo exponit Dionysius.

Non est tamen aliquo modo intelligendum has dimensiones corporaliter esse in Deo, quia spiritus est Deus, ut dicitur Io. IV, 24.

Sunt tamen in Deo metaphorice. Unde per latitudinem designatur dimensio seu extensio virtutis, et sapientiæ divinæ super omnia.

Eccli. I, 10: effudit illam, scilicet sapientiam, super omnia opera sua. Per longitudinem designatur æterna eius duratio. Ps. Ci, 13: tu autem, Domine, in æternum permanes, etc..

Ps. XCII, 5: domum tuam, Domine, decet sanctitudo in longitudinem dierum. Per sublimitatem vel celsitudinem vero, perfectio et nobilitas naturæ eius, quæ in infinitum excedit creaturam. Ps. CXII, 4: excelsus super omnes gentes Dominus. Et profundum, id est incomprehensibilitas sapientiæ eius.

Eccle. VII, 25: alta profunditas, scilicet sapientiæ divinæ, quis inveniet eam? sic ergo patet quod finis fidei et charitatis nostræ est ut perveniamus ad perfectam fidei cognitionem, qua cognoscamus infinitam suæ virtutis extensionem, æternam et infinitam eius durationem, suæ perfectissimæ naturæ celsitudinem, suæ sapientiæ profunditatem et incomprehensibilitatem, eo modo sicut est attingendum.

Consequenter, quia adhuc alia cognitio est necessaria, scilicet cognitio mysteriorum humanitatis, ideo subdit scire etiam supereminentem scientiæ, etc.. Ubi sciendum est quod quidquid est in mysterio redemptionis humanæ et incarnationis Christi, totum est opus charitatis. Nam quod incarnatum est, ex charitate processit. Supra II, 4: propter nimiam charitatem suam qua dilexit nos, etc.. Quia vero mortuus fuit, ex charitate processit Io. XV, 13: maiorem hac dilectionem nemo habet, etc.; infra V, 2: Christus dilexit nos, et tradidit semetipsum pro nobis oblationem et hostiam Deo. Propter hoc dicit Gregorius: o inæstimabilis dilectio charitatis.

Ut servum redimeres, filium tradidisti. Et ideo scire charitatem Christi, est scire omnia mysteria incarnationis Christi et redemptionis nostræ, quæ ex immensa charitate Dei processerunt, quæ quidem charitas excedit omnem intellectum creatum et omnium scientiam, cum sit incomprehensibilis cogitatu. Et ideo dicit supereminentem scientiæ, scilicet naturali et omnem intellectum creatum excedentem, Phil. IV, 7: et pax Dei, quæ exsuperat omnem sensum; charitatem Christi, id est, quam Deus pater fecit per Christum.

II Cor. V, 19: Deus erat in Christo mundum reconcilians sibi.

Alio modo potest legi, ut referatur ad perfectionem charitatis nostræ, quasi dicat: corroboramini in charitate radicati et fundati, et hoc ut possitis comprehendere, non solum cognoscere, cum omnibus sanctis, quia hoc donum, scilicet charitatis, commune est omnibus, cum nullus possit esse sanctus sine charitate, ut dicitur Ephes. III. Possitis, inquam, comprehendere quæ sit latitudo, scilicet charitatis, quæ se extendit usque ad inimicos. Ps. CXVIII, 96: latum mandatum tuum nimis. Lata est enim charitas ad suam diffusionem. Ps. XVII, 20: eduxit me in latitudinem Dominus. Longitudo autem eius attenditur quantum ad sui perseverantiam, quia numquam deficit, sed hic incipit et perficitur in gloria. I Cor. XIII, 8: charitas numquam excidit. Cant. Cap. Ult.: aquæ multæ non potuerunt extinguere charitatem. Sublimitas autem eius attenditur quantum ad intentionem cælestium, ut scilicet Deus non diligatur propter temporalia, quia huiusmodi charitas esset infirma, sed ut diligatur propter se tantum. Iob XL, 5: in sublime erigere, et esto gloriosus.

Profundum vero attenditur quantum ad originem ipsius charitatis. Nam hoc quod Deum diligimus, non est ex nobis, sed a spiritu sancto, quia, ut dicitur Rom. V, 5, charitas Dei diffusa est in cordibus nostris per spiritum sanctum, etc.. Hoc ergo quod unus habet charitatem longam, latam, sublimem et profundam, et alius non, venit ex profundo divinæ prædestinationis. Eccli. I, 2: profundum abyssi quis dimensus est.

Ergo, ut possitis comprehendere, id est perfecte consequi cum omnibus sanctis, quæ sit latitudo, ut extendatur charitas vestra usque ad inimicos, quæ sit longitudo, ut scilicet numquam deficiat, quæ sit sublimitas, ut scilicet propter seipsum Deus diligatur, et quid sit profundum, scilicet prædestinationis, etc..

Sciendum est autem hic quod Christus, in cuius potestate fuit eligere genus mortis quod vellet, quia ex charitate mortem subiit, elegit mortem crucis, in qua prædictæ quatuor dimensiones sunt. Ibi est latitudo, scilicet in ligno transverso, cui affixæ sunt manus, quia opera nostra debent per charitatem dilatari usque ad inimicos. Ps. XVII, 20: eduxit me in latitudinem Dominus.

Ibi est longitudo in ligno erecto, cui innititur totum corpus, quia charitas debet esse perseverativa, quæ sustinet et salvat hominem.

Matth. X, 22: qui autem perseveraverit usque in finem, hic salvus erit. Ibi est sublimitas in ligno superiori, cui caput inhæret, quia spes nostra debet elevari ad æterna et divina. I Cor. XI, 3: caput viri Christus est.

Ibi etiam est profundum in ligno quod latet sub terra et sustinet crucem, et tamen non videtur, quia profundum amoris divini sustinet nos, nec tamen videtur; quia ratio prædestinationis ut dictum est excedit intellectum nostrum.

Sic ergo debemus comprehendere virtutem charitatis nostræ et Christi, et adhuc scire charitatem Christi supereminentem scientiæ, scilicet humanæ, quia nullus potest scire quantum Christus dilexit nos, vel scire etiam charitatem scientiæ Christi, quæ habetur cum scientia Christi. Charitatem, dico, supereminentem, scilicet alii charitati, quæ est sine scientia.

Sed numquid est verum quod charitas quæ est cum scientia supereminet charitati quæ est sine scientia? et videtur quod non, quia sic malus theologus esset supereminentioris charitatis quam sancta vetula.

Respondeo. Dico quod hoc intelligitur de scientia afficiente: nam ex vi cognitionis inducitur ad magis diligendum, quia, quanto Deus magis cognoscitur, tanto et magis diligitur.

Propter quod petebat Augustinus: noverim te, noverim me. Vel hoc dicitur propter quosdam qui habent zelum Dei, sed non secundum scientiam. Talium enim charitati supereminet charitas, cum habetur prædicta scientia Christi.

Consequenter cum dicit ut impleamini, etc., ponit cognitionis divinæ efficaciam, dicens ut impleamini in omnem plenitudinem Dei, id est ut habeatis perfectam participationem omnium donorum Dei, ut scilicet hic habeatis plenitudinem virtutum, et postea beatitudinis, quæ quidem efficit charitas.

Eccli. XXIV, 26: transite ad me, omnes qui concupiscitis me, etc..

Consequenter sequitur illa pars ei autem qui potens, etc.. In qua apostolus agit Deo gratias de suæ petitionis exauditione.

Circa quod tria facit, quia primo ponit potestatem Dei, qua postulata concedit; secundo potestatis exemplum, ibi secundum virtutem quæ operatur in nobis, etc.; tertio materiam gratiarum actionis, ibi ipsi gloria, etc..

Potestatem autem Dei describit infinitam, dicens ei autem, scilicet Deo Christo et Deo patri, qui potens est omnia facere, etc.. Ex. XV, 3: omnipotens nomen eius.

Rom. Cap. Ult.: ei autem qui potens est vos confirmare iuxta evangelium, etc.. Et hoc superabundanter facere in nobis omnia quam sciamus petere per affectum, aut intelligere per intellectum, et hoc est quod dicit quam petimus, aut intelligimus.

Exemplum autem huiusmodi abundantiæ in nobis exhibitæ ostendit, dicens secundum virtutem quam operatur in nobis, quasi dicat: apparet si attendamus ea quæ operatus est in nobis, scilicet hominibus. Nam nec affectus, nec intellectus humanus potuissent considerare, vel intelligere, vel petere a Deo quod fieret homo et homo efficeretur Deus et consors naturæ divinæ, quæ tamen secundum virtutem operatur in nobis, et hoc in incarnatione filii sui. II Petr. I, 4: ut per hoc efficiamini divinæ consortes naturæ.

Unde de his dicitur Eccli. XVIII, 2: quis sufficiet enarrare opera illius? quis enim investigabit magnalia illius, virtutem autem magnitudinis quis annuntiabit? vel operatus est in nobis, scilicet apostolis, quibus dedit gratiam evangelizandi investigabiles divitias Christi, et illuminare omnes quæ sit dispensatio sacramenti absconditi a sæculis in Deo, ut supra eodem cap.

Et ibi dictum est.

Materia autem gratiarum actionis dicitur esse duplex beneficium quod nobis contulit Deus. Primum est ecclesiæ institutio; secundum est filii incarnatio.

Dicit ergo ipsi, scilicet Deo patri, gloria, sit, supple, in ecclesia, id est pro his quæ fecit in ecclesia, quam instituit: quo ad primum; in Christo, id est per Christum, vel pro Christo, quem nobis dedit.

Ipsi, inquam, sit gloria, ut gloriosus appareat, non solum in præsenti sed in omnes generationes sæculi sæculorum, id est sæculi omnia continentis. I Tim. I, 17: regi autem sæculorum immortali, invisibili, soli Deo honor et gloria in sæcula sæculorum.

Amen.

Capitulus IV

Lectio 1

Supra commemoravit apostolus divina beneficia, per quæ unitas ecclesiæ constituitur et conservatur, hic monet eos apostolus ad permanendum in ecclesiæ unitate.

Circa quod duo facit, quia primo monet eos ut in ipsa unitate perseverent; secundo instruit eos quomodo in ea permaneant, ibi hoc ergo dico et testificor in Domino, etc..

Item prima in duas, quia primo monet eos ad servandam ecclesiasticam unitatem; secundo proponit ipsius ecclesiasticæ unitatis formam, ibi unus Dominus, una fides, etc..

Prima iterum in tres.

Primo præmittit quædam inductiva ad servandam ecclesiasticam unitatem; secundo ponit monitionem, ibi cum omni humilitate, etc.; tertio ostendit monitionis finem, ibi solliciti servare, etc..

Inducit autem ex tribus ad servandam ecclesiasticam unitatem. Primo ex charitatis affectu; secundo ex commemoratione suorum vinculorum; tertio ex consideratione divinorum.

Charitatis autem affectum insinuat per obsecrationem. Unde dicit itaque, ex quo tot beneficia a Domino recepistis, obsecro vos, cum tamen imperare possem, sed propter humilitatem non impero, magis autem obsecro. Prov. XVIII, 23 dicitur: cum obsecrationibus loquitur pauper. Item propter charitatem, quæ magis movet ad opus, quam timor. Phil. I, 8:

fiduciam multam habens in Christo imperandi tibi quod ad rem pertinet, propter charitatem magis obsecro, etc..

Ex commemoratione vero suorum vinculorum inducit eos, dicens ego vinctus in Domino. Ex quibus inducit eos ad servandam sic unitatem, propter tria. Primo quia amicus magis compatitur amico afflicto, et nititur in pluribus facere voluntatem suam, ut vel sic eum consoletur. Eccli. XII, 8 s.: non agnoscetur in bonis amicus, et non abscondetur in malis inimicus. In bonis viri, inimici illius in tristitia, et in malitia illius, amicus agnitus est.

Secundo quia apostolus ipse vincula patiebatur pro ipsorum utilitate, et ideo inducit eos ad memoriam, quasi volens eos obligare.

II Cor. I, 6: sive autem tribulamur pro vestra exhortatione et salute, sive consolamur pro vestra consolatione, sive exhortamur pro vestra exhortatione et salute; quæ operatur tolerantiam earumdem passionum, quas et nos patimur.

Tertio quia, ut supra dictum est cap. III in illa parte: quæ est gloria vestra, huiusmodi erant eis ad magnam gloriam, dum Deus pro eis amicos et electos suos exposuit tribulationibus pro ipsorum salute. Et ideo addit in Domino, id est, propter Dominum.

Vel ideo dicit hoc, quia erat ad gloriam apostoli, quod non ut fur, aut homicida, sed ut christianus et propter Dominum nostrum Iesum Christum vinculatus erat, iuxta illud Ezech. III, 25: ecce data sunt super te vincula, et ligabunt te in eis, etc..

Ex consideratione vero divinorum beneficiorum inducit eos, dicens ut digne ambuletis vocatione qua vocati estis, id est attendentes dignitatem ad quam vocati estis, ambuletis secundum quod ei convenit. Si enim quis vocatus esset ad nobile regnum, indignum esset quod faceret opera rusticana.

Sic monet Ephesios apostolus, quasi dicat: vocati estis ut sitis cives sanctorum et domestici Dei, ut dictum est supra cap. II, 19, non est ergo dignum ut faciatis opera terrena, nec ut de mundanis curetis. Ideo dicit digne, etc.. Col. I, 10: ambuletis digne, Deo per omnia placentes. Phil. I, 27: digne evangelio Christi conversamini. Et quare? quia vocavit vos de tenebris in admirabile lumen suum, I Petr. II, 9.

Consequenter cum dicit cum omni humilitate, etc., ponit modum suæ monitionis, docens quomodo digne poterunt ambulare.

Ponit ergo quatuor virtutes, et excludit quatuor vitia eis opposita. Primum autem vitium quod excludit est superbia. Dum enim unus superbiens vult alii præesse et alius similiter superbus non vult subesse, causatur dissensio in societate et tollitur pax. Unde Prov. XIII, 10: inter superbos semper iurgia sunt. Ad quod excludendum dicit cum omni humilitate, scilicet interiori et exteriori. Eccli. III, 20: quanto magnus es, humilia te in omnibus, etc.. Phil. II,

Commentaria in Epistolas S. Pauli

3: in humilitate superiores invicem arbitrantes. Iac. IV, 6: Deus superbis resistit, humilibus autem dat gratiam.

Secundum est ira. Iracundi enim sunt propinqui ad iniuriam inferendam verbis vel factis, ex quo turbationes oriuntur. Prov. XV, 18: vir iracundus provocat rixas; qui patiens est, mitigat suscitatas. Ad hoc excludendum dicit et in mansuetudine, quæ mitigat rixas, et pacem conservat. Prov. III, 34: mansuetis dabit gratiam. Ps. XXXVI, 11: mansueti autem hæreditabunt terram. Eccli. III, 19: fili, in mansuetudine opera tua perfice, et super gloriam hominum diligeris.

Tertium est impatientia. Quandoque enim aliquis humilis est et mansuetus in se, abstinens a molestiis inferendis, non tamen patienter sustinet molestias sibi illatas, vel attentatas.

Ideo subdit cum patientia, scilicet adversorum. Iac. I, 4: patientia autem opus perfectum habet. Eccli. II, 4: in humilitate tua patientiam habet. Hebr. X, 36: patientia vobis necessaria est, ut voluntatem Dei facientes, etc..

Quartum inordinatus zelus. Cum enim inordinate zelantes, omnia quæ vident iudicant, nec tempus, nec locum servantes, concitatur turbatio in societate. Gal. V, 15: si mordetis invicem et comeditis, videte ne ab invicem consumamini. Et ideo dicit supportantes invicem in charitate, scilicet mutuo sustinentes defectus aliorum, et hoc ex charitate.

Quia quando deficit aliquis, non debet statim corrigi, nisi adsit locus et tempus, sed misericorditer expectari, quia charitas omnia sustinet, I Cor. XIII, 7. Non autem debent huiusmodi defectus supportari ex negligentia vel ex consensu et familiaritate, vel carnali amicitia, sed ex charitate. Gal. VI, 2: alter alterius onera portate, etc.. Rom. XV, 1: debemus nos firmiores imbecillitates infirmorum sustinere.

Consequenter cum dicit solliciti servare, etc., ostendit monitionis finem, qui quidem est ut servetur unitas inter fideles.

Circa quod tria facit.

Primo ponit ipsam unitatem, quæ est finis; secundo describit modum unitatis, ibi in vinculo pacis; tertio ponit rationem servandæ unitatis, ibi sicut vocati estis, etc..

Dicit ergo primo: dico quod digne ambuletis, etc., et hoc faciatis solliciti servare unitatem spiritus. Est autem duplex unitas. Una ad malefaciendum, quæ est mala, et potest dici unitas carnis. Eccli. XI, 34: a scintilla una augetur ignis, et ab uno doloso augetur sanguis. Alia est unitas spiritus, quæ est bona ad faciendum bonum. Ps. CXXXIII, 1: ecce quam bonum et quam iucundum, etc.. Io. XVII, 11: ut sint unum, sicut et nos unum sumus.

Modus autem servandæ unitatis est in vinculo pacis. Charitas enim est coniunctio animorum. Nulla autem rerum materialium coniunctio stare potest, nisi ligetur aliquo vinculo.

Eodem modo nec coniunctio animorum per charitatem stare potest, nisi ligetur; huiusmodi autem verum ligamen est pax, quæ est, secundum Augustinum, tranquillitas modi, speciei et ordinis, quando scilicet unusquisque habet quod suum est. Propter quod dicit in vinculo pacis. Ps. CXLVII, 14: qui posuit fines tuos pacem, etc.. Quæ quidem pax servatur per iustitiam. Is. XXXII, 17: opus iustitiæ pax. Eccli. VI, 26: ne acedieris vinculis eius. Et quare? quia certe, ut dicitur ibidem, vincula illius alligatura salutis.

Nunc autem, quia in homine est duplex unitas, una scilicet membrorum ad invicem simul ordinatorum, alia corporis et animæ tertium constituentium, apostolus autem loquitur hic de unitate ecclesiæ ad modum unitatis quæ est in homine, ideo subiungit unum corpus, quasi dicat: ligemini vinculo pacis, ut sitis unum corpus, quantum ad primam unitatem, ut scilicet omnes fideles sint ordinati ad invicem, sicut membra unum corpus constituentia. Rom. XII, 5: multi unum corpus sumus in Christo, etc..

Et unus spiritus, quantum ad secundum, ut videlicet unum habeatis spiritualem consensum per unitatem fidei et charitatis.

Vel: unum corpus quoad proximum, et unus spiritus quoad Deum; quia qui adhæret Deo, unus spiritus est, I Cor. VI, 17.

Deinde cum dicit sicut vocati estis, etc., subdit rationem huius unitatis.

Quia, sicut videmus, quod quando aliqui sunt vocati simul ad aliquid pariter habendum et mutuo percipiendum, solent simul etiam manere et simul ire, ita spiritualiter dicit: quia vos estis vocati ad unum, scilicet finale præmium, ideo debetis simul cum unitate spiritus ambulare in una spe vocationis vestræ, id est in unam spem speratam, quæ est effectus vocationis.

Hebr. III, 1: fratres, facti vocationis cælestis participes. I Cor. I, 26: videte vocationem vestram, etc..

Sed posset aliquis dicere: quis vocabit nos, et ad quid? respondetur I Petr. V, 10: Deus autem omnis gratiæ, qui vocavit nos in æternam gloriam suam, etc., ubi est beatitudo vestra. Apoc. XIX, 9: beati qui ad cœnam nuptiarum agni vocati sunt.

Lectio 2

Posita eorum exhortatione pro servanda ecclesiastica unitate, in hac parte apostolus formam dictæ unitatis ipsis Ephesiis insinuat. Ubi sciendum est, quod cum ecclesia Dei sit sicut civitas, est aliquod unum et distinctum, cum non sit unum sicut simplex, sed sicut compositum ex diversis partibus. Et ideo apostolus duo facit.

Primo ostendit id quod est commune ecclesiæ; secundo ostendit id quod est distinctum in ipsa, ibi unicuique autem nostrum data est gratia, etc..

In qualibet autem civitate, ad hoc ut

sit una, quatuor debent esse communia, scilicet unus gubernator, una lex, eadem insignia, et idem finis: hæc autem quatuor dicit apostolus esse in ecclesia.

Dicit ergo: dico quod debetis habere unum corpus et unum spiritum, quia estis in unitate ecclesiæ, quæ est una.

Primo, quia habet ducem unum, scilicet Christum, et quantum ad hoc dicit unus Dominus, non plures, pro quorum diversis voluntatibus oporteat vos discordare. Dicitur enim Hebr. III, 6: Christus est tamquam filius in domo sua. Act. II, 36: certissime ergo sciat omnis domus Israel, quia et Dominum eum et Christum Deus fecit hunc Iesum, quem vos crucifixistis. I Cor. VIII, 6: unus Dominus noster Iesus Christus. Zach. XIV, 9: in illa die erit Dominus unus, et nomen eius unum.

Secundo quia lex eius est una.

Lex enim ecclesiæ est lex fidei. Rom. III, 27: ubi est ergo nunc gloriatio tua? exclusa est. Per quam legem? factorum? non, sed per legem fidei.

Sed fides quandoque sumitur pro ipsa re credita, secundum illud: hæc est fides catholica, etc., id est, ista debent credi. Quandoque vero sumitur pro habitu fidei, quo creditur in corde. Et de utroque hoc potest dici.

De primo, ut sit sensus una est fides, id est, idem iubemini credere et eodem modo operari, quia unum et idem est quod creditur a cunctis fidelibus, unde universalis seu catholica dicitur. Unde I Cor. I, 10: idipsum dicatis, id est sentiatis, omnes, etc..

Alio modo una est fides, id est unus habitus fidei quo creditur; una, inquam, non numero, sed specie, quia idem debet esse in corde omnium; et hoc modo idem volentium dicitur una voluntas.

Tertio eadem sunt insignia ecclesiæ, scilicet sacramenta Christi, inter quæ primum baptisma, quod est ianua omnium aliorum. Et ideo dicit unum baptisma.

Dicitur autem unum triplici ratione. Primo quia baptismata non differunt secundum baptizantes; quia a quocumque conferantur, uniformem virtutem habent, quia qui baptizat interius, unus est, scilicet Christus. Io. I, 33: super quem videris spiritum descendentem, et manentem super eum, hic est qui baptizat in spiritu sancto.

Secundo dicitur unum, quia datur in nomine unius, scilicet trinitatis. Baptizantes eos in nomine patris, et filii, et spiritus sancti.

Tertio quia iterari non potest. Pœnitentia autem, matrimonium, eucharistia, et extrema unctio, iterari possunt, non autem baptismus.

Hebr. VI, 4: impossibile est eos qui semel sunt illuminati, scilicet per baptismum, gustaverunt autem donum cæleste, et participes facti sunt spiritus sancti, gustaverunt nihilominus bonum Dei verbum virtutesque sæculi venturi, et prolapsi sunt, scilicet per peccatum, renovari rursus ad pœnitentiam. Non iteratur autem vel propter characterem, vel quia causa eius non iteratur. Rom. VI, 4: consepulti enim sumus cum illo per baptismum in mortem, etc.. Nunc autem Christus semel pro peccatis mortuus est, ut dicitur I Petr. III, 18.

Quarto in ecclesia est idem finis, qui est Deus. Filius enim ducit nos ad patrem.

I Cor. XV, 24: cum tradiderit regnum Deo et patri, cum evacuaverit omnem principatum, et potestatem, et virtutem, oportet autem illum regnare, etc.. Et quantum ad hoc subiungit, dicens unus Deus, etc., ubi primo, ponit apostolus eius unitatem; secundo eius dignitatem, ibi qui est super omnes, etc..

Circa primum duo dicit: primum pertinet ad naturam divinam; unde dicit unus Deus. Deut. VI, 4: audi, Israel, Dominus Deus tuus unus est. Aliud pertinet ad eius benevolentiam ad nos et ad pietatem; unde dicit et pater omnium. Is. LXIII, 16: tu, Domine, pater noster, et redemptor noster.

Mal. II, 10: numquid non pater unus omnium nostrum? numquid non Deus creavit nos? dignitatem autem eius commendat ex tribus. Ex altitudine divinitatis, cum dicit qui est super omnes. Ps. CXII, 4: super omnes gentes Dominus, etc.. Ex amplitudine eius potestatis, cum dicit per omnia. Ier. XXXIII, 24: cælum et terram ego impleo, etc..

Ps. VIII, 8: omnia subiecisti sub pedibus, etc.. Lc. X, 22: omnia mihi quippe tradita sunt, quippe quia omnia per ipsum facta sunt, Io. I, 3. Sed modo quo dicitur Sap. XI, 21: omnia in numero, et pondere, et mensura disposuisti. Ex largitate gratiæ, cum dicit et in omnibus nobis, scilicet per gratiam. Ier. XIV, 9: tu autem in nobis es, Domine, etc..

Sed primum appropriatur patri, qui est fontale principium divinitatis et omnes creaturas excellit. Secundum filio, qui est sapientia attingens a fine usque ad finem fortiter, Sap. VIII, 1. Tertium vero spiritui sancto, qui replet orbem terrarum, Sap. I, 7.

Lectio 3

Supra ostendit apostolus ecclesiasticam unitatem quantum ad id quod in ecclesia est commune, hic idem ostendit quantum ad hoc quod singulis fidelibus membris ecclesiæ est proprium et speciale.

Circa quod tria facit: primo proponit distinctionem; secundo inducit ad hoc auctoritatem, ibi propter quod dicit, etc.; tertio ponit auctoritatis expositionem, ibi quod autem ascendit, etc..

Dicit ergo: habemus in ecclesia unum Deum, unam fidem, etc., sed tamen diversas gratias diversis particulariter collatas habemus, quia unicuique nostrum data est gratia, quasi dicat: nullus nostrum est qui non sit particeps divinæ gratiæ et communionis.

Io. I, 16: de plenitudine eius omnes accepimus gratiam pro gratia.

Sed certe ista gratia non est data omnibus uniformiter seu æqualiter, sed secundum mensuram donationis Christi, id est secundum quod Christus est dator, et eam singulis mensuravit. Rom. XII, 6: habentes donationes secundum gratiam quæ data est nobis differentes.

Hæc differentia non est ex fato, nec a casu, nec ex merito, sed ex donatione Christi, id est secundum quod Christus nobis commensuravit.

Ipse enim solus recepit spiritum non ad mensuram, Io. III, 34, cæteri autem sancti ad mensuram recipiunt. Rom. XII, 3: unicuique sicut Deus divisit mensuram fidei.

I Cor. III, 8: unusquisque propriam mercedem accipiet, etc.. Matth. XXV, 15: unicuique secundum propriam virtutem, etc.. Quia sicut in potestate Christi est dare vel non dare, ita dare tantum vel minus.

Sequitur propter quod dicit, etc..

Hic ponit quamdam auctoritatem assumptam de Ps. LXVII, 19, et refertur ad hoc quod dixit secundum mensuram donationis Christi; ubi tria facit. Primo commemorat Christi ascensionem; secundo humani generis liberationem; tertio ponit donorum spiritualium collationem. Partes consequuntur se.

Ostendit ergo primum, dicens sic: propter quod, scilicet significandum, dicit, scilicet propheta David in Ps. LXVII, 19: ascendens Christus in altum, etc.. Mich. II, 13: ascendit ante eos pandens iter, etc.. Iob XXXIX, 18: in altum alas erigit, etc.. Ascendens, inquam, sed non solus, quia captivam duxit captivitatem, eos scilicet quos diabolus captivaverat.

Humanum enim genus captivatum erat, et sancti in charitate decedentes, qui meruerant gloriam, in captivitate diaboli detinebantur quasi captivi in Limbo. Is. V, 13: ductus est captivus populus meus, etc.. Hanc ergo captivitatem Christus liberavit, et secum duxit in cælum. Is. XLIX, 24 s.: numquid tolletur a forti præda, aut quod captum fuerit a robusto salvabitur, ac salvum poterit esse? quia hæc dicit Dominus: equidem et captivitas a forti tolletur, et quod ablatum fuerit a robusto, salvabitur.

Sed certe hoc non verificatur solum quantum ad iam mortuos, sed etiam quantum ad viventes, qui captivi tenebantur sub peccato, quos, a peccato liberans, servos fecit iustitiæ, ut dicitur Rom. VI, 18, et sic quodammodo eos in captivitatem duxit, non ad perniciem sed ad salutem. Lc. V, 10: ex hoc iam homines eris capiens.

Non solum autem homines a diaboli captivitate eripuit, et suæ servituti subiecit, sed etiam eos spiritualibus bonis dotavit. Unde subditur dedit dona hominibus, scilicet gratiæ et gloriæ. Ps. LXXXIII, 12: gratiam et gloriam dabit Dominus. II Petr. I, 4: per quem et pretiosa nobis promissa donavit, etc..

Nec est contrarium quod in littera præcedenti dicitur accepit dona in hominibus, quia certe ipse dedit ut Deus et accepit ut homo in fidelibus, sicut in membris suis. Dedit in cælo sicut Deus, et accepit in terra secundum modum loquendi quo dicitur Matth. XXV, 40: quod uni ex minimis meis fecistis, mihi fecistis.

Deinde cum dicit quod autem ascendit, etc., exponit propositam auctoritatem, et primo quantum ad ascensionem; secundo quantum ad materiam donationis, ibi et ipse dedit, etc..

Circa primum duo facit.

Primo ostendit quomodo descendit, ibi qui descendit; secundo quomodo ascendit, ibi qui ascendit, etc..

Circa primum considerandum, quod cum Christus vere sit Deus, inconveniens videbatur quod sibi conveniret descendere, quia nihil est Deo sublimius. Et ideo ad hanc dubitationem excludendam subdit apostolus quod autem ascendit quid est, nisi quia et descendit primum, etc.. Ac si diceret: ideo postea dixi quod ascendit, quia ipse primo descenderat, ut ascenderet: aliter enim ascendere non potuisset.

Quomodo autem descendit, subdit, dicens quia in inferiores partes terræ. Quod potest intelligi dupliciter. Uno modo ut per inferiores partes terræ intelligantur istæ partes terræ, in quibus nos habitamus, quæ dicuntur inferiores, eo quod sunt infra cælum et ærem. In has autem partes terræ dicitur descendisse filius Dei, non motu locali, sed assumptione inferioris et terrenæ naturæ, secundum illud Phil. II, 7: exinanivit semetipsum, etc.. Alio modo potest intelligi de inferno, qui etiam infra nos est. Illuc enim descendit Dominus secundum animam, ut inde sanctos liberaret. Et sic videtur hoc eis convenire quod dixerat: captivam duxit captivitatem. Zach. IX, 11: tu quoque in sanguine testamenti tui eduxisti vinctos tuos de lacu, in quo non erat aqua. Apoc. X, 1: vidi alium Angelum fortem descendentem de cælo, etc.. Ex. III, 7: vidi afflictionem populi mei qui est in Aegypto, etc.; et sequitur: et descendi liberare eum.

Deinde cum dicit qui descendit, etc., manifestat eius ascensionem quantum ad tria. Primo quantum ad personam ascendentis, cum dicit qui descendit, ipse est qui ascendit, etc.. In quo designatur unitas personæ Dei et hominis. Descendit enim, sicut dictum est, filius Dei assumendo humanam naturam, ascendit autem filius hominis secundum humanam naturam ad vitæ immortalis sublimitatem. Et sic est idem filius Dei qui descendit et filius hominis qui ascendit. Io. III, 13: nemo ascendit in cælum, nisi qui descendit de cælo filius hominis, qui est in cælo. Ubi notatur quod humiles, qui voluntarie descendunt, spiritualiter Deo sublimante ascendunt, quia qui se humiliat, exaltabitur, Lc. XIV, 11.

Secundo ostendit terminum ascensionis, cum dicit super omnes cælos. Ps. LXVII, 34: qui ascendit super omnes cælos ad orientem.

Nec solum intelligendum est quod ascenderit super omnes cælos corporales, sed etiam super omnem spiritualem creaturam. Supra I, 20: constituens illum ad dexteram suam in cælestibus super omnem principatum, et potestatem, et virtutem, et dominationem, et omne nomen quod nominatur, etc..

Tertio ponit ascensionis fructum, cum dicit ut adimpleret omnia, id est omne genus hominum spiritualibus donis repleret. Ps. LXIV, 5: replebimur in bonis domus tuæ.

Eccli. XXIV, 26: a generationibus meis adimplemini.

Vel adimpleret, id est ut ad effectum perduceret, omnia quæ de ipso erant scripta.

Lc. Cap. Ult.: oportet impleri omnia quæ scripta sunt in lege et prophetis et Psalmis de me.

Lectio 4

Hic exponit apostolus quod supra dixerat de donatione donorum.

Circa quod duo facit.

Primo ostendit quod Dominus singulis fidelibus dedit donorum diversitatem; secundo ostendit illorum donorum fructum et utilitatem, ibi ad consummationem sanctorum, etc..

Et quia per dona Christi diversi status et munera in ecclesia designantur, considerandum est quod, inter dona Christi, primo ponit apostolos. Unde dicit et ipse dedit quosdam quidem apostolos. Lc. VI, 13: elegit ex ipsis quos et apostolos nominavit.

I Cor. XII, 28: quosdam quidem posuit in ecclesia: primum apostolos, secundo prophetas, tertio doctores, quarto virtutes.

Apostoli primo loco ponuntur, quia ipsi privilegiati fuerunt in omnibus donis Christi.

Habuerunt enim plenitudinem gratiæ et sapientiæ, quidam quantum ad revelationem divinorum mysteriorum. Lc. Cap. Ult.: aperuit eis sensum ut intelligerent, etc.. Mc. IV, 11: vobis datum est nosse mysterium regni Dei, etc.. Io. XV, 15: omnia quæ audivi a patre meo, nota feci vobis. Habuerunt etiam copiam eloquentiæ ad annuntiandum evangelium. Lc. XXI, 15: dabo vobis os et sapientiam, cui non poterunt resistere, et contradicere omnes adversarii vestri. Mc. Cap. Ult.: euntes in mundum universum, prædicate, etc.. Habuerunt etiam prærogativam auctoritatis et potentiæ quantum ad curam dominici gregis. Io. Cap. Ult.: pasce oves meas. I Cor. X: de potestate nostra quam dedit nobis Deus in ædificationem, non in destructionem vestram, etc..

Ideo apostolus subiungit hic tres gradus ecclesiasticos secundum participationem singulorum præmissorum. Nam quantum ad revelationem divinorum mysteriorum, subdit quosdam autem prophetas, qui prænuntiatores fuerunt incarnationis Christi, de quibus dicitur I Petr. I, 10:

prophetæ qui de futura in vobis gloria prophetaverunt.

Matth. XI, 13: omnes enim prophetæ, et lex usque ad Ioannem prophetaverunt. Sed apostoli prophetantes fuerunt post adventum Christi gaudia vitæ futuræ. Apoc. I, 3: beatus qui legit et qui audit verba prophetiæ huius, etc.. Item fuerunt exponentes antiquorum prophetarum prophetias. I Cor. XIV, 1: æmulamini spiritualia; magis autem ut prophetetis.

Matth. XXV: ecce ego mitto ad vos prophetas et sapientes, etc..

Quantum vero ad annuntiandum evangelium, subdit alios vero evangelistas, qui scilicet habent officium prædicandi evangelium, vel etiam conscribendi, quamvis non essent de principalibus apostolis. Rom. X, 15: quam speciosi pedes evangelizantium pacem, etc.. Is. XLI, 27: dabo Ierusalem evangelistam.

Quantum vero ad curam ecclesiæ subdit alios autem pastores, curam scilicet dominici gregis habentes. Et sub eodem addit et doctores, ad ostendendum quod proprium officium pastorum ecclesiæ est docere ea quæ pertinent ad fidem et bonos mores. Dispensare autem temporalia non pertinet ad episcopos, qui sunt apostolorum successores, sed magis ad diaconos. Act. VI, 2: non est æquum nos derelinquere verbum Dei, et ministrare mensis. Tit. I, 9: amplectentem eum qui secundum doctrinam est, fidelem sermonem.

Dicitur de episcopis Ier. III, 15: dabo vobis pastores iuxta cor meum, et pascent vos scientia et doctrina.

Deinde cum dicit ad consummationem sanctorum, etc., ostendit fructum prædictorum donorum seu officiorum. Et circa hoc duo facit, quia primo assignat fructum; secundo ostendit qualiter fideles ad hunc fructum possent advenire, ibi ut iam non simus parvuli, etc..

Prima iterum in duas.

Primo proponit effectum proximum; secundo ostendit fructum ultimum, ibi donec occurramus omnes, etc..

Effectus autem proximus prædictorum donorum seu officiorum, potest attendi quantum ad tria. Uno modo quantum ad ipsos qui sunt in officiis constituti, quibus ad hoc sunt collata dona spiritualia, ut ministrarent Deo et proximis. Et quantum ad hoc dicit in opus ministerii, per quod scilicet procuratur honor Dei, et salus proximorum.

I Cor. IV, 1: sic nos existimet homo ut ministros Christi, etc.. Is. LXI, 6: ministri Dei, dicetur vobis.

Alio modo quantum ad perfectionem iam credentium, cum dicit ad consummationem, id est perfectionem, sanctorum, id est eorum qui iam sunt sanctificati per fidem Christi.

Etenim specialiter debent intendere prælati ad subditos suos, ut eos ad

195

statum perfectionis perducant; unde et ipsi perfectiores sunt, ut dicit Dionysius in ecclesiastica hierarchia.

Hebr. VI, 1: ad perfectionem feramur, etc..

Is. X, 22-23: consummatio abbreviata inundabit iustitiam. Consummationem enim, et abbreviationem Dominus Deus exercituum faciet, etc..

Tertio quantum ad conversionem infidelium; et quantum ad hoc dicit in ædificationem corporis Christi, id est ut convertantur infideles, ex quibus ædificatur ecclesia Christi, quæ est corpus eius. I Cor. XIV, 3: ad ædificationem, et exhortationem, et consolationem.

Et sequitur ibidem: nam maior est qui prophetat quam qui linguis loquitur, nisi forte interpretetur, ut ecclesia ædificationem accipiat, et ibidem, omnia ad ædificationem fiant.

Deinde cum dicit donec occurramus, etc., assignat fructum ultimum, et potest intelligi dupliciter.

Uno modo de fructu simpliciter ultimo, qui erit in resurrectione sanctorum. Et, secundum hoc, duo declarantur. Primo quidem congregatio resurgentium et corporalis et spiritualis.

Corporalis quidem erit congregatio in hoc, quod omnes sancti congregabuntur ad Christum. Matth. XXIV, 28: ubicumque fuerit corpus, illuc congregabuntur et aquilæ.

Et quantum ad hoc dicit donec occurramus omnes, etc., quasi dicat: usque ad hoc extenditur prædictum ministerium et consummatio sanctorum et ædificatio ecclesiæ, donec in resurrectione occurramus Christo.

Matth. XXV, 6: ecce sponsus venit, exite obviam ei. Amos IV, 12: præparare in occursum Dei tui, Israël, etc.. Et etiam occurramus nobis invicem. I Thess. IV, 17: simul rapiemur cum illis in nubibus obviam Christo in æra. Phil. III, 11: si quo modo occurram ad resurrectionem, quæ est ex mortuis.

Spiritualis autem congregatio attenditur quantum ad meritum, quod est secundum eamdem fidem, et quantum ad hoc dicit in unitatem fidei. Supra eodem: unus Dominus, una fides. Item supra in eodem: solliciti servare unitatem spiritus, etc..

Et quantum ad præmium, quod est secundum Dei perfectam visionem et cognitionem, de qua I Cor. XIII, 12: tunc cognoscam sicut et cognitus sum. Et quantum ad hoc dicit et agnitionis filii Dei. Ier. XXXI, 34: omnes enim cognoscent me.

Secundo declarat prædictum fructum quantum ad perfectionem resurgentium.

Et primo ponit ipsam perfectionem, cum dicit in virum perfectum. Ubi non est intelligendum, sicut quidam intellexerunt, quod scilicet fœminæ mutentur in sexum virilem in resurrectione, quia uterque sexus permanebit non quidem ad commixtionem sexuum, quæ tunc de cætero non erit, secundum illud Matth. XXII, 30: in resurrectione enim non nubent, neque nubentur, sed sunt sicut Angeli, sed ad perfectionem naturæ et gloriæ Dei, qui talem naturam condidit. Dicit ergo virum perfectum, ad designandum omnimodam perfectionem illius status. I Cor. XIII, 10: cum venerit quod perfectum est, evacuabitur quod ex parte est. Et propter hoc vir magis sumitur secundum quod dividitur contra puerum, quam secundum quod dividitur contra fœminam.

Secundo ostendit exemplar huius perfectionis, cum dicit in mensuram ætatis plenitudinis Christi. Ubi considerandum est, quod corpus Christi verum est exemplar corporis mystici: utrumque enim constat ex pluribus membris in unum collectis. Corpus autem Christi fuit perductum ad plenam ætatem virilem, scilicet triginta trium annorum, in qua mortuus fuit. Huiusmodi ergo ætatis plenitudini conformabitur ætas sanctorum resurgentium, in quibus nulla erit imperfectio, nec defectus senectutis. Phil. III, 21: reformabit corpus humilitatis nostræ, configuratum corpori claritatis suæ.

Alio modo potest intelligi de fructu ultimo præsentis vitæ, in qua quidem sibi occurrent omnes fideles ad unam fidem et agnitionem veritatis. Io. X, 16: alias oves habeo, quæ non sunt de hoc ovili, etc.. In qua perficitur etiam corpus Christi mysticum spirituali perfectione, ad similitudinem corporis Christi veri. Et secundum hoc totum corpus ecclesiæ dicitur corpus virile, secundum illam similitudinem qua utitur apostolus Gal. IV, 1: quanto tempore hæres parvulus est, nihil differt a servo, etc..

Lectio 5

Posita donorum spiritualium diversitate et fructu eorum, hic ostendit apostolus quomodo ad fructum illum perveniamus.

Circa quod duo facit.

Primo duo impedimenta removet; secundo modum veniendi docet, ibi veritatem facientes, etc..

Dicit ergo: bene dictum est, quod hic est fructus ultimus istorum donorum, quod scilicet occurramus Domino in virum perfectum, etc., ergo oportet nos videre ut iam non simus parvuli, sed certe viri perfecti; quia quamdiu aliquis est puer, non est perfectus vir. Oportet ergo quod deserat pueritiam, qui Domino debet occurrere. Sic faciebat apostolus. I Cor. XIII, 11: quando autem factus sum vir, evacuavi quæ erant parvuli.

Conditio autem pueri est, quod non est fixus vel determinatus in aliquo, sed credit omni verbo. Si ergo volumus exhibere nos ut viros perfectos, oportet quod deseramus cogitationem fluctuantem, id est instabilem. Et hoc est quod dicit fluctuantes. I Cor. XIV, 20: nolite pueri effici sensibus, sed malitia parvuli estote.

Dicuntur autem fluctuantes a fluctu, quia tales ad modum fluctus non sunt firmi in fide.

Iac. I, 6: qui enim hæsitat, similis est fluctui maris, qui a vento movetur et circumfertur.

Nunc autem necesse est nos stabiles esse et non fluctuare.

Et quia ventus est prava doctrina, de qua merito dicitur Prov. XXV, 23: ventus Aquilo dissipat pluvias. Matth. VII, 25: descendit pluvia, venerunt flumina, flaverunt venti, et irruerunt in domum illam, et cecidit, et fuit ruina eius magna ideo dicit et non circumferamur omni vento doctrinæ, etc.; quasi dicat: nulla doctrina perversa perflante ad commotionem cordis et ruinam spiritualis ædificii debemus moveri, quia non est bona doctrina; quod patet ex tribus. Primo ex eius principio, quod est in nequitia hominum; ideo non est bona doctrina, sed falsa et nequam, quam dogmatizat aliquis ad perditionem animarum, ut obtineat principatum, sicut doctrina Arrii nequissimi, qui crepuit medius, ut de ipso possit exponi illud Eccli. XXXI, 29: testimonium nequitiæ eius verum est. Item, talis doctrina perversa est quod patet.

Secundo, ex eius processu, qui est astutia, quia cum dolo, id est unum intendit et aliud simulat; propter quod apostolus dicit II Cor. XI, 3: timeo ne sicut serpens Evam seduxit astutia sua: ita ut corrumpantur sensus vestri et excidant a simplicitate, quæ est in Christo Iesu.

Tertio patet hoc idem ex effectu, quia effectus talis doctrinæ est ad circumventionem erroris, non ad denarios vel alia temporalia acquirenda, sed ad seminandos errores seducunt et circumveniunt tales doctores; de quibus dicitur II Tim. III, 13: mali homines et seductores proficient in peius errantes, et in errorem alios mittentes.

Deinde cum dicit veritatem autem facientes, etc., ostensis impedimentis per quæ a fructu donorum spiritualium impeditur quis, hic ostendit qualiter ad fructum debitum pervenitur. Et arguit sic: statim dictum est quod si volumus ad spiritualium donorum fructum pervenire, oportet ut iam non simus parvuli, etc.. Sed tamdiu sumus parvuli, quamdiu virilem statum non attingimus, nec crescimus: ergo nobis necessarium est, ut crescamus. Et hoc est quod dicit veritatem autem facientes, etc..

Duo ergo facit.

Primo ostendit in quo debemus crescere; secundo per quem, ibi in illo per omnia, etc..

Dicit ergo quantum ad primum veritatem facientes crescamus, et hoc in duobus, scilicet in bono opere et forma boni operis, quæ duo sunt veritas et charitas.

Veritas autem quandoque dicitur omne opus bonum, ut Tob. I, 2: in captivitate tamen positus viam veritatis non deseruit. Faciamus ergo veritatem, scilicet omne opus bonum, vel veritatem doctrinæ: quia non sufficere nobis debet audire vel docere veritatem, sed oportet facere; propter hoc dicebat apostolus I Tim. IV, 16: hoc enim faciens, et teipsum salvum facies, et eos qui te audiunt. Estote ergo factores, etc., ut dicitur Iac. I, 22; quia factores iustificabuntur, ut habetur Rom. II, 13. Et hoc si fiat in charitate, quæ est forma boni operis. I Cor. XVI, 13 s.: viriliter agite, et confortetur cor vestrum, et omnia opera vestra in charitate fiant: quia certe aliter nihil valerent. I Cor. XIII, 3: si tradidero corpus meum, ita ut ardeam, charitatem autem non habuero, nihil mihi prodest.

Sed quia in via Dei non progredi, est regredi, ideo subdit apostolus ut crescamus in illo, etc., ubi tria facit.

Primo ostendit auctorem nostri augmenti; secundo eius veritatem; tertio modum augmenti.

Secunda, ibi ex quo totum corpus.

Tertia, ibi secundum operationem in mensuram uniuscuiusque membri.

Dicit ergo crescamus in illo, scilicet in Christo, de quo I Petr. II, 2: in eo crescatis in salutem. In illo, inquam, qui est caput nostrum Christus et in ecclesia, quæ est corpus ipsius, ut dicitur Col. I, 24. Crescamus, inquam, non in possessionibus, sicut dicitur Iob I, 10: possessio eius crevit in terra, sed in spiritualibus.

Nec in uno tantum, sed per omnia, id est in omni bono, fructificantes et crescentes. I Cor. X, 31: omnia in gloriam Dei facite, etc.. Et ibi sequitur: sicut et ego per omnia omnibus placeo. De hoc commendat Corinthios apostolus, dicens I Cor. XI, 2: laudo vos, fratres, quod per omnia mei memores estis, et sicut tradidi vobis, omnia præcepta mea tenetis.

Consequenter cum dicit ex quo totum corpus, etc., ostendit veritatem Christi per quem crescere debeamus.

Ubi sciendum est, quod corpus naturale tria habet, scilicet compactionem membrorum ad invicem, ligationem per nervos et mutuam subministrationem. I Cor. XII, 16 s.: si dixerit pes: quoniam non sum manus, non sum de corpore; num ideo non est de corpore? et si dixerit auris: quoniam non sum oculus, non sum de corpore, etc.. Si totum corpus est odoratus, ubi auditus? spiritualiter ergo, sicut unum corpus efficitur ex multis his tribus modis, scilicet per compactionem seu adunationem, per ligationem et per mutuam operationem et subventionem: ita et omnia, quæ sunt a capite corporali, scilicet compactio, nervorum ligatio, ad opus motio, fluunt a capite nostro Christo in corpore ecclesiæ.

Et, primo, compactio per fidem; unde dicit ex quo, scilicet Christo, qui est caput nostrum, ut modo dictum est, totum corpus compactum est, id est, coadunatum.

Ps. CXLVI, 2: dispersiones Israel congregabit.

Abac. II, 5: congregabit ad se omnes gentes, et coacervabit ad se omnes populos. De hoc dicitur Col. II, 19: caput ex quo totum corpus per nexus et coniunctiones subministratum et constructum crescit in augmentum Dei.

Secundo, fluit a Christo capite in corpus ecclesiæ suæ mysticum connexio et colligatio, quia oportet adunata aliquo nexu vel vinculo necti, vel colligari. Et propter hoc dicit et connexum per omnem iuncturam subministrationis, id est per fidem et charitatem, quæ connectunt et coniungunt membra corporis mystici ad mutuam subministrationem.

Eccli. XXXIX, 39: omnia opera Domini bona, et omne opus hora sua subministrabit.

Unde ipse apostolus, confidens de ista mutua subministratione quæ est inter membra ecclesiæ per divinam coniunctionem, dicebat Phil. I, 19: scio enim, quia hoc proveniet in salutem per vestram orationem et subministrationem spiritus Iesu Christi.

Tertio, a capite Christo in membris, ut augmententur spiritualiter, influitur virtus actualiter operandi. Unde dicit secundum mensuram uniuscuiusque membri, augmentum corporis facit; quasi dicat: non solum a capite nostro Christo est membrorum ecclesiæ compactio per fidem, nec sola connexio, vel colligatio per mutuam subministrationem charitatis, sed certe ab ipso est actualis membrorum operatio sive ad opus motio, secundum mensuram et competentiam cuiuslibet membri. Unde dicit, quod facit augmentum corporis secundum operationem et mensuram uniuscuiusque membri, debite mensurati; quia non solum per fidem corpus mysticum compaginatur, nec solum per charitatis subministrationem connectentem augetur corpus; sed per actualem compositionem ab unoquoque membro egredientem, secundum mensuram gratiæ sibi datæ, et actualem motionem ad operationem, quam Deus facit in nobis. Unde Is. XXVI, 12: omnia opera nostra operatus es in nobis. Idem vero Deus, qui operatur omnia in omnibus, ut dicitur I Cor. XII, 6.

Et hæc expositio concordat glossatori.

Sed ad quid augmentat Deus unumquodque membrum? ut corpus ædificet.

Supra II, 21: in quo omnis ædificatio constructa crescit in templum sanctum in Domino, in quo et vos coædificamini, etc.. Unde I Cor. III, 9: Dei ædificatio estis. Et hæc omnia fiunt in charitate, quia, ut dicitur I Cor. VIII, 1: charitas ædificat.

Vel in charitate facit Deus hæc omnia, id est ex mera dilectione. Ier. XXXIII, 3: in charitate perpetua dilexi te, ideo attraxi te miserans.

Rursusque: ædificabo, et ædificaberis. Hoc est ergo quod dicit in ædificationem sui in charitate.

Lectio 6

Supra monuit apostolus Ephesios ut manerent in ecclesiastica unitate, describendo modum eius et formam, in hac parte docet eos viam per quam possint manere in ecclesiastica unitate.

Et circa hoc duo facit.

Primo proponit præcepta, per quæ possunt manere in ecclesiastica unitate; secundo ostendit potestatem hanc ad implenda præcepta in fine epistolæ, ibi de cætero, fratres, confortamini, etc..

Prima in duas.

Primo proponit præcepta ad omnes; secundo pertinentia ad singulos gradus ecclesiæ, ibi mulieres viris suis subditæ sint, etc..

Prima in duas.

Primo ponit quædam præcepta generalia ad quæ reducuntur omnia alia; secundo ponit specialia, ibi propter quod deponentes mendacium, etc..

Prima iterum in duas, quia cum intentio apostoli sit eos revocare a vetere consuetudine ad novam Christi doctrinam, primo ostendit doctrinam Christi esse contrariam antiquæ perversitati gentilitatis; secundo inducit eos, ut eam deponant et eam, quæ Christi est assumant, ibi deponite vos secundum pristinam, etc..

Prima in duas, quia primo describit conversationem gentilium; secundo ostendit, quod ei contrariatur doctrina Christi, ibi vos autem non ita, etc..

Prima in tres.

Primo hortatur eos, ut declinent conversationem gentilium; secundo describit eam quantum ad interiorem animum, ibi tenebris obscuratum, etc.; tertio quantum ad exteriorem modum, ibi qui desperantes, etc..

Dicit ergo: ad hoc quod possitis implere ea, quæ dicta sunt, dico, id est non obsecro, ut prius, sed dico, et testificor, hoc quod dixi. Gal. V, 3: testificor autem omni homini rursum circumcidenti se, quoniam debitor est universæ legis faciendæ.

II Tim. IV, 1: testificor coram Deo et Christo Iesu, etc..

Et quid? ut iam, scilicet tempore fidei et conversionis ad Christum, quia iam vos mundi estis, Io. XIII, 10, non ambuletis, id est vivatis. Gal. V, 25: si spiritu vivimus, spiritu et ambulemus, etc.. Et hoc sicut et gentes ambulant. I Cor. XII, 2: scitis, quoniam cum gentes essetis, ad simulacra muta prout ducebamini euntes, etc.. Non sic igitur ambuletis.

Prov. I, 15: fili mi, ne ambules cum eis, prohibe pedem tuum a semitis eorum, etc..

Consequenter cum dicit in vanitate sensus sui, reddit causam huius prohibitionis.

Ubi notandum est, quod cum ambulare spiritualiter sit proficere, secundum illud is. XXVI, 7: rectus callis iusti ad ambulandum, etc. Gen. XVII, 1: ambula coram me, et esto perfectus, dicitur Abrahæ, ad hoc ergo ut homo iuste ambulet, id est spiritualiter proficiat, oportet tria, quæ in ipso sunt, regulari et ordinari.

In homine enim est ratio iudicans de particularibus agendis; item, intellectus universalium principiorum, qui est synderesis; tertio, lex divina seu Deus. Quandocumque ergo aliquis secundum ista tria sibi invicem ordinata dirigitur, ita quod actio ordinetur secundum iudicium rationis, et hæc, scilicet ratio, iudicet secundum intellectum rectum, vel synderesim, et hæc, scilicet synderesis, ordinetur secundum legem divinam, tunc actio est bona et meritoria.

Sed vita gentilium non est talis, imo deficit in prædictis tribus; quia, primo, deficit a ratione iudicante, quia ambulant in vanitate sensus sui. Sensus autem est vis apprehensiva, per quam iudicamus singularia. Unde aliquis homo rectus dicitur quando bene iudicat de agendis.

Sed sensus iste quandoque est rectus, quandoque est vanus. Rectus dicitur, quando debita regula regitur, qua venit ad debitum finem; vanus autem quando, indebita regula ductus, non venit ad debitum finem. Sap. XIII, 1: vani sunt omnes homines in quibus non subest scientia Dei, etc.. Rom. I, 21: evanuerunt in cogitationibus suis, etc.. Ier. II, 5: ambulaverunt post vanitates suas, et vani facti sunt.

Quare? quia certe ratio istorum in agendis non dirigebatur ab intellectu illuminato, sed erroneo. Et hoc est quod ait tenebris obscuratum habentes intellectum.

Rom. I, 21: obscuratum est insipiens cor eorum.

Ps. LXXXI, 5: nescierunt, neque intellexerunt, in tenebris ambulant.

Et ratio est, quia tales non sunt participes divini luminis, seu legis divinæ illuminantis et regulantis; propter quod subdit alienati a vita Dei, id est a Deo, qui est vita animæ.

Io. XIV, 6: ego sum via, veritas, et vita.

Vel, a vita Dei, id est a charitate et gratia spirituali, qua anima vivit formaliter.

Rom. VI, 23: gratia autem Dei vita æterna.

Isti autem erant sine spe vitæ æternæ, quia ponebant mortalitatem animæ contra fidem et spem. Sap. II, 22: nescierunt sacramenta Dei, neque speraverunt mercedem iustitiæ, neque iudicaverunt honorem animarum sanctarum, etc..

Vel a vita Dei, id est a vita sancte vivendi, quæ est per fidem. Gal. II, 20: vivo ego, iam non ego, etc.. Iustus autem ex fide vivit, ut dicitur Rom. I, 17. Vel quæ est per charitatem.

I Io. III, 14: nos scimus, quia translati sumus de morte ad vitam, quoniam diligimus fratres, etc.. Non sic autem isti, sed magis alienati.

Modum autem huius alienationis tangit, scilicet per ignorantiam non stellarum vel cursus siderum, sed naturæ divinæ, I Cor. XV, 33: ignorantiam quidem Dei quidam habent, quia certe tunc solum in Iudæa notus erat Deus, sed modo, ut dicitur Act. XVII, 30: tempora huius ignorantiæ despiciens Deus, nunc annuntiat hominibus, ut omnes ubique pœnitentiam agant, etc..

Huius autem ignorantiæ Deus non erat causa quantum de se erat, ut dicitur Rom. I, 19: Deus enim illis revelavit, sed certe causa erat illis propter cæcitatem cordis ipsorum.

Et vere dicit cæcitatem eo quod ex creaturis non poterant venire in notitiam creatoris, quia, ut dicitur Sap. II, 21, excæcavit eos malitia eorum; et sequitur: et nescierunt sacramenta Dei, neque mercedem speraverunt iustitiæ.

Et hoc est quod sequitur qui desperantes, etc., ubi ostendit apostolus quales erant in exteriori conversatione, quoniam sine spe, et hoc quia alienati a vita. Iob VII, 16: desperavi, nequaquam ultra iam vivam, etc.. Ier. XVIII, 12: desperavimus, post cogitationes enim nostras ibimus, et unusquisque post pravitatem cordis sui malefaciemus.

Et hoc est quod sequitur tradiderunt semetipsos impudicitiæ, etc.. Et hoc legi potest dupliciter, vel separatim, ut dicatur in avaritia, quia avari erant. Rom. I, 29: repletos omni iniquitate et malitia, fornicatione, avaritia. Hebr. XIII, 5: sint mores sine avaritia, etc., quia, ut dicitur Eccli. X, 9: avaro nihil est scelestius. Propter quod Hab. II, 9: væ qui congregat avaritiam malam domui suæ, etc..

Potest etiam legi coniunctim cum præcedentibus, ut dicatur in avaritia, id est avare, ita ut sit modificans præcedentia. Et secundum hoc aggravat eorum vitam tripliciter; quia, primo, peccaverunt non ex passione, sed potius ex electione, unde dicit tradiderunt semetipsos impudicitiæ; quasi dicat: non passionibus, vel infirmitate peccaverunt, sed semetipsos tradiderunt, etc.. Iudith VII, 15: sponte tradamus nos omnes populo Holofernis, etc.. II Cor. XII, 21: non egerunt pœnitentiam super immunditia quam gesserunt, etc..

Secundo, ex actuali effrenatione. II Petr. II, 10: post carnem in concupiscentiam immunditiæ ambulant, etc.. Et ideo dicit in operationem omnis immunditiæ. Ez. XIV, 3: isti posuerunt immunditias suas in cordibus suis, etc..

Tertio, aggravatur eorum peccatum ex continuatione, quia incessanter peccabant. Os. IV, 10: fornicati sunt, et non cessaverunt, quoniam Dominum reliquerunt. Unde dicit in avaritiam, id est ardenter, et appetitu continuo, et insatiabili. II Petr. II, 14: oculos habentes plenos adulterii et incessabilis delicti, pellicientes animas instabiles, cor exercitatum in avaritia habentes, maledictionis filii, etc..

Lectio 7

Ostensa perversitate gentilis

conversationis, hic ostendit apostolus quod doctrina Christi totaliter contraria est isti conversationi et statui. Et quia pervertentes quidam doctrinam Christi dixerunt non esse aliam vitam post istam, sed animam mori cum corpore, ut animalia, ideo apostolus ostendit, primo doctrinam Christi contrariam esse vitæ et statui præcedenti; secundo ostendit conditiones debitas doctrinæ Christi, ibi deponite vos, etc..

Dicit ergo: ita dictum est, quod illi desperantes, etc., vos autem non ita didicistis Christum, scilicet esse imitandum.

Quomodo ergo? ipsi enim vos a Deo didicistis ut diligatis invicem. II Thess. II, 15: itaque, fratres, state et tenete traditiones quas credidistis. Et quomodo tenebimus? I Thess. II, 13: quoniam cum accepissetis a nobis verbum auditus Dei, accepistis illud non ut verbum hominum, sed sicut est vere, verbum Dei, etc.. Col. II, 7: radicati et superædificati in ipso, et confirmati in fide, sicut didicistis abundantes in illo in gratiarum actione.

Et hoc certe, si tamen illum audistis, quia auditus deservit disciplinæ. Si, pro quia. Quia hæc est Annuntiatio quam audistis, ut dicitur I Io. I, 5. Et hoc quantum ad prædicationem fidei. Eccli. XXIV, 30: qui audit me, non confundetur. Prov. XV, 31: auris quæ audit increpationes vitæ, in medio sapientium commorabitur, etc.. Et in illo edocti estis, scilicet quomodo pertinentia ad fidem sunt custodienda et adimplenda.

Matth. Cap. Ult.: fecerunt sicut erant edocti, etc.. Et hoc sicut est veritas in Iesu, quasi dicat: si audivistis fidem Christi prædicari et quomodo prædicata debeant adimpleri, estis edocti, sicut Iesus, de quo prædicatur vobis, qui est veritas. Vos autem non ita, scilicet oportet ambulare, sicut aliqui desperantes.

Sed quomodo? subdit deponite vos, etc.. Quæ quidem littera potest legi dupliciter.

Uno modo, ut dicatur deponere, et tunc construitur cum præcedentibus sic: ita est veritas in qua edocti estis in Iesu, deponere vos, etc.. Si autem dicatur deponite, quæ littera communius habetur, dicemus quod quia contraria est et vita et doctrina gentilium, vitæ et doctrinæ Iesu, in qua edocti estis, restat ut deponatis, etc..

Duo ergo facit. Quia cum primo extirpanda sint vitia quam inserantur virtutes, primo docet eos statum pristinæ ac veteris conversationis deponere; secundo novum statum Iesu assumere, ibi renovamini autem spiritu, etc..

Dicit ergo: deponite, etc.. Ubi tria sunt consideranda. Primo quid intelligatur per veterem hominem.

Dicunt aliqui, quod hic homo vetus exterior, novus vero dicitur interior. Sed dicendum est quod homo vetus dicitur tam interior quam exterior, qui subiicitur vetustati quantum ad animam per peccatum et quantum ad corpus, quia membra corporis sunt arma peccati. Et sic, subiectus homo peccato secundum animam et corpus, dicitur vetus homo, secundum quod illa vetusta sunt, quæ sunt in via corruptionis, vel in ipso corrumpi; quia quod antiquatur et senescit, prope interitum est, ut dicitur ad Hebr. VIII, 13. Et sic homo subiectus peccato dicitur vetus, quia est in via corruptionis; propter quod subdit qui corrumpitur secundum desideria erroris.

Nam unumquodque corrumpitur, cum recedit ab ordine naturæ suæ. Natura autem hominis est, ut desiderium eius tendat ad id quod est secundum rationem. Perfectio autem et bonum rationis est veritas. Quando ergo ratio tendit ad errorem, et desiderium ex hoc errore corrumpitur, tunc vetus homo dicitur.

Dicit autem secundum desideria, scilicet mala. Rom. XIII, 14: carnis curam ne feceritis in desideriis. I Tim. VI, 9: desideria multa, et nociva, et inutilia, quæ mergunt hominem in interitum et perditionem, etc..

Quia autem hæc desideria in quibusdam trahuntur ex infirmitate, in quibusdam vero ex malitia, sicut in illis qui dicunt Deum providentiam non habere, ideo dicit erroris; quia in talibus sic errantibus corrumpitur intellectus et affectus. Vel secundum desideria erroris, id est quæ homines faciunt errare, secundum illud Sap. II, 21: hæc cogitaverunt et erraverunt, etc.. Prov. XIV, 8: imprudentia stultorum errans.

Sed quomodo deponendus sit, docet apostolus, dicens Col. III, 9: expoliantes vos veterem hominem cum actibus suis, etc.. Non ergo substantialiter debet deponi vel expoliari, sed solum quoad opera mala, vel conversationem.

I Petr. II, 12: conversationem vestram inter gentes habentes bonam. I Tim. IV, 12: exemplum esto fidelium in verbo et conversatione.

Deinde cum dicit renovamini, etc., ostendit, quod debemus novum statum induere.

Circa quod tria facit.

Primo ostendit per quid consequi possumus hanc novitatem; secundo in quo hæc novitas consistat; tertio quæ sit.

Quantum ad primum dicit renovamini spiritu, etc..

Ubi notandum est quod licet spiritus multipliciter dicatur in homine, tamen triplex spiritus invenitur, scilicet spiritus sanctus, I Cor. III, 16: nescitis quod templum Dei estis, et spiritus Dei habitat in vobis? item, spiritus rationalis, Gal. V, 17: caro concupiscit adversus spiritum. Item, spiritus phantasticus.

Os. IX, 7: scitote Israel stultum prophetam, insanum virum, spiritualem, id est phantasticum.

Hoc ergo quod dicit spiritu mentis, sumitur pro spiritu sancto. Dicit autem causam renovationis esse spiritum sanctum, qui habitat in mente nostra. Gal. IV, 6: misit Deus spiritum filii sui in corda, etc.. Ps. CIII, 30: emitte spiritum tuum, et creabuntur, etc..

Vel potest accipi spiritus pro spiritu rationali, et tunc spiritus idem est quod mens nostra, et est simile huic quod dicitur Col. II, 11: in expoliatione corporis carnis, id est corporis, quæ est caro; ita hic spiritu mentis, id est spiritu, qui est mens; hoc autem dicit, quia in nobis est alius spiritus, qui non est mens, qui scilicet est communis nobis et brutis.

Dicit autem renovamini spiritu mentis, quia illud quod non est corruptum est novum, nec renovatione indiget. Nam si Adam corruptus non fuisset, renovatione non indiguisset, nec nos etiam. Sed quia corruptus fuit, renovatione indiguit et eius posteriores.

Et ideo oportet renovari nos in præsenti secundum animam, et in futuro secundum corpus, quando corruptibile hoc induet incorruptionem, et mortale immortalitatem, ut dicitur I Cor. XV, 53. Dicit ergo renovamini spiritu, hic scilicet, quia nisi in præsenti spiritus renovetur, numquam corpus eius innovabitur.

Vel potest exponi spiritu mentis, id est mente vestra spirituali facta; et in idem redit.

In quo autem hæc renovatio consistat, quantum ad secundum, subdit cum dicit et induite novum hominem, etc..

Hic advertendum est quod sicut uniuscuiusque rei primum vetustatis principium fuit Adam, per quem peccatum in omnes intravit, ita principium primum novitatis et renovationis Christus est; quia sicut in Adam omnes moriuntur, ita et in Christo omnes vivificabuntur.

Unde Gal. Cap. Ult.: in Christo Iesu neque circumcisio, neque præputium aliquid valet, sed nova creatura. Induimini ergo Dominum nostrum Iesum Christum, Rom. XIII, 14.

Quæ autem sit renovatio ostendit, cum dicit qui secundum Deum creatus est, etc.. Hoc autem potest intelligi tripliciter.

Uno modo sic, ut ly qui, referatur ad spiritum, id est: spiritus, qui est mens nostra, creatus est a Deo, scilicet in originali iustitia, scilicet in sui novitate; vel recreatus nova creatione, ut esset iustus. Supra II, 10: creati in Christo Iesu in operibus bonis.

Vel ly qui, potest referri ad novum hominem, scilicet Christum. Et tunc construetur sic: qui creatus est, id est formatus in utero virginis secundum Deum, id est non semine humano, sed spiritu sancto. Vel creatus est secundum esse gratiæ et plenitudinis, et hoc in iustitia, quoad homines, et sanctitate, quoad Deum, et hoc veritatis, non falsitatis.

Lc. I, 75: in sanctitate et iustitia. Vel ut sanctitas sit in corde, veritas in ore, iustitia in opere.

Lectio 8

Supra posita generali monitione, ut novitatem induerent, hic apostolus ponit præcepta specialia.

Circa quod duo facit.

Primo inhibet eis peccata interiora corrumpentia spiritum; secundo peccata exteriora, quæ corrumpunt carnem, ibi fornicatio autem, etc..

Prima in duas.

Primo prohibet peccata, quæ in deordinatione propria consistunt; secundo peccata, quæ consistunt in deordinatione alterius, ibi omnis sermo malus, etc..

Prima iterum in tres, quia primo prohibet peccatum corrumpens rationalem; secundo peccatum deordinans irascibilem, ibi irascimini, et nolite peccare, etc.; tertio peccatum pertinens ad concupiscibilem, ibi qui furabatur, etc..

Circa primum tria facit. Primo quia unum istorum prohibet; secundo inducit ad aliud; tertio rationem assignat.

Prohibet ergo illud primo quod ad veterem hominem pertinet, ita ut ista littera sit expositiva huius, quod prædixerat: induite novum hominem, ad quem induendum primo prohibet mendacium, quia per hoc peccatum oris corrumpitur veritas rationis. Unde dicit propter quod, scilicet novum hominem induendum, sitis supple, deponentes mendacium, quia, ut dicitur in Ps. V, 7: perdes omnes qui loquuntur mendacium, scilicet perniciosum.

Et postea inducit ad novitatem, dicens Zac. VIII, 16: loquimini veritatem unusquisque cum proximo suo.

Et quare? quoniam sumus invicem membra.

Membra enim se invicem diligunt et se iuvant mutuo in veritate. Rom. XII, 5: unum corpus sumus in Christo, singuli autem alter alterius membra.

Sequitur irascimini, etc.. Ubi prohibet peccatum, corrumpens irascibilem.

Circa quod tria facit.

Primo ponit monitionem; secundo eam exponit, ibi sol non occidat, etc.; tertio rationem reddit, ibi nolite locum, etc..

Monitionem autem ponit, cum dicit irascimini, etc.. Quod potest exponi dupliciter, quia duplex est species iræ, quædam bona, quædam mala. Mala quidem quando inordinate tendit in vindictam, scilicet contra iustitiam; bona vero quando in vindictam debitam, quando scilicet quis irascitur quando oportet, cum quibus, et quantum oportet. Et de utraque potest exponi.

Si de mala, sic est sensus: non præcipit, sed permittit; quasi dicat: si sic est, quod motus iræ insurgat, quod humanum est, nolite peccare, id est nolite perducere ad effectum per consensum. I Cor. X, 13: tentatio vos non apprehendat nisi humana. Quia certe, qui aliter irascitur fratri suo, reus erit iudicio, ut dicitur Matth. V, 22. De hac ira monebat Ioseph fratres suos Gen. XLV, 24: ne irascimini in via.

Si autem exponatur de bona, sic tenetur non solum permissive, ut primo, sed imperative, irascimini, scilicet contra peccata vestra, quoniam duplex est vindicta, quam homo appetit.

Una de seipso peccante, et sic pœnitentia est quædam vindicta, quam homo facit et capit de seipso. Et hæc est bona ira, et de hac dicitur imperative irascimini, scilicet contra peccata vestra, et nolite peccare, scilicet de cætero, nec talia committere, contra quæ iterum oporteat irasci.

Modo credunt aliqui quod homo secure possit sibi ipsi irasci propter peccata sua, sed non proximo suo propter sua; sed non est ita: sicut enim contra seipsum quis irascitur propter peccata propria, ita proximo suo propter sua; ergo irascimini contra vitia aliena, et hoc cum zelo. Num. XXV, 11: Phinees avertit iram meam a filiis Israel, quia zelo meo commotus est contra eos. Sic Helias III Reg. XIX, 10: zelo zelatus sum pro Domino Deo exercituum, quia dereliquerunt pactum Domini filii Israel, etc.. Et nolite peccare præveniendo rationem, sed potius sequendo.

Iac. I, 19: sit autem omnis homo velox ad audiendum, tardus autem ad loquendum, et tardus ad iram, etc..

Sequitur sol non occidat, etc..

Ubi exponit quod dixerat, et, secundum tres prædictas expositiones, potest tripliciter exponi, quia si de mala ira, tunc sic: sol, etc., id est: non persistatis in ira concepta sed ante solis occasum deponatis, quia licet permittatur motus, propter fragilitatem, non permittitur mora.

Si de bona, et hoc contra peccata propria, tunc sic: sol, id est Christus, Mal. IV, 2: orietur vobis timentibus nomen meum sol iustitiæ, etc., non occidat super iracundiam vestram, id est super peccata vestra, pro quibus iterum oporteat vos irasci, et vosmetipsos punire.

Si contra peccata aliena, sic accipitur sol, scilicet rationis. Eccle. XII, 1: memento creatoris tui in diebus iuventutis tuæ, antequam veniat tempus afflictionis, et appropinquent anni, de quibus dicas: non mihi placent, antequam tenebrescat sol, etc.. Sol non occidat super iracundiam vestram, id est non obtenebretur dictamen rationis. Iob V, 2: virum stultum interficit iracundia.

Sequitur nolite locum dare diabolo, ubi assignat rationem monitionis. Diabolus enim habet locum in nobis per peccatum, vel per consensum. Io. XIII, 2: cum diabolus iam misisset in cor, ut traderet eum Iudas, etc.. Et sequitur ibid., quod post buccellam introivit in eum Satanas.

Nunc autem huiusmodi passiones multum inclinant ad consensum et maxime quando pervertunt iudicium rationis, et hoc specialiter facit ira, quæ consistit in accensione sanguinis, quæ quidem ratione velocitatis sui motus præcedit iudicium rationis. Et quia, sic nobis perturbatis, diabolus incipit locum habere in nobis, ideo dicit nolite locum dare diabolo, quasi dicat: non perseveretis in ira, quia per hoc datis locum diabolo, quia totus diabolus iracundus est. Ps. XVII, 48: liberator meus de inimicis meis iracundis.

Intrat autem hominem cum furore et ira.

Apoc. XII, 12: descendit diabolus ad vos, habens iram magnam. Hoc autem non potest facere saltem in anima, quamdiu homo iustus est. Hæc autem iustitia per iram amittitur, quia ira viri iustitiam Dei non operatur, ut dicitur Iac. I, 20. Si ergo non vultis locum dare diabolo, saltem in anima, sol non occidat super iracundiam vestram. Eccle. XI, 10: aufer iram a corde tuo.

Lectio 9

Exclusa supra vetustate hominis quantum ad vim rationalem et irascibilem, hic prohibet eam quantum ad concupiscibilem provenientem ex rerum inordinata concupiscentia.

Circa quod duo facit.

Primo prohibet concupiscibilis vetustatem; secundo hortatur ad eius novitatem, ibi magis autem laboret, etc..

Ad vetustatem autem concupiscibilis pertinet furtum, quod provenit ex corrupto et inordinato appetitu rei temporalis. Ideo dicit qui furabatur, iam non furetur, etc., quasi dicat: qui habebat concupiscibilem corruptam et vetustam ex corrupto appetitu rerum temporalium, iam non furetur, scilicet si vult concupiscibilem renovare, quia, ut dicitur Eccli. V, 17: super furem confusio; propter hoc dicitur Ex. XX, 15: non furtum facies.

Et quia aliquis posset se excusare præ paupertate, ideo dicit magis autem laboret, etc.. Sicut ipse fecit apostolus, ut dicitur Act. XX, 33: argentum et aurum nullius concupivi, aut vestem, vos ipsi scitis, quoniam ad ea quæ mihi opus erant, et his qui mecum sunt, ministraverunt manus istæ. Item II Thess. III, 78: ipsi enim scitis quemadmodum oporteat vos imitari nos, quoniam non inquieti fuimus inter vos, neque gratis panem manducavimus ab aliquo, sed in labore et fatigatione, nocte ac die laborantes, ne quem vestrum gravaremus, etc..

Unde notandum est, quod opus manuale ad tria inducitur. Primo ad necessitatem victus acquirendam. Gen. III, 19: in sudore vultus tui vesceris pane tuo. Et ideo qui non habet unde licite vivat, tenetur manibus laborare. II Thess. III, 10: si quis non vult operari, non manducet; quasi dicat: sicut qui non comedit in necessitate peccat, ita et si non laborat. Et sic ponitur hic ad excludendum furtum.

Quandoque vero inducitur contra otium, quia multa mala docuit otiositas, Eccli. XXXIII, 29. Et ideo qui habent vitam otiosam, tenentur manibus laborare. II Thess. III, 11 s.: audivimus quosdam inter vos ambulare in quiete nihil operantes, sed curiose agentes.

His autem, qui huiusmodi sunt, denuntiamus et obsecramus in Domino Iesu Christo, ut cum silentio operantes suum panem manducent.

Quandoque enim inducitur ad carnis macerationem et domationem. Unde ponitur inter alia opera continentiæ II Cor. VI, 5: in laboribus, in vigiliis, in ieiuniis, etc..

Triplex ergo est ratio iniungendi laborem corporalem; sed prima omnibus necessaria est, et hoc de necessitate præcepti, quia aliis modis potest excludi otium, similiter et lascivia carnis potest alio modo domari et refrenari, et sufficit quomodocumque fiat.

Sequitur quod bonum est, quod dupliciter potest intelligi. Vel in VI accusativi, et sic construetur: magis autem laboret operando manibus, et quidem non illicita, sed quod bonum est. Gal. Cap. Ult.: bonum autem facientes, non deficiamus. Is. I, 16 s.: quiescite agere perverse, discite bene facere.

Vel potest intelligi in VI nominativi: laboret, etc., quod bonum est, quasi hæc sit ratio quare laborandum est; quasi dicat: non solum est necessarium laborare, immo etiam bonum est laborare, ut laborans possit vivere, et ut habeat unde tribuat necessitatem patienti. Eccli. XXIX, 2: fœnerare proximo tuo in tempore necessitatis illius, etc..

Deinde cum dicit omnis sermo malus, etc., ponit pertinentia ad veterem hominem in deordinatione ad alium; et facit duo: quia primo prohibet vetustatem, et inducit novitatem; secundo inducit exemplum, in principio V cap., ibi estote ergo, etc..

Ad proximum autem potest quis male se habere dupliciter. Uno modo lædendo eum verbis malis; alio modo malis exemplis. Primo prohibet primum; secundo secundum, ibi et nolite contristare, etc..

Prima iterum in duas.

Primo prohibet vetustatem; secundo inducit ad novitatem, ibi sed si quis, etc..

Dicit ergo omnis sermo malus, etc.. Sermo oris prætendit et annuntiat quæ sunt in anima, quia voces sunt earum, quæ sunt in anima, passionum notæ. Ille est bonus sermo, qui indicat bonam dispositionem interiorem, malus vero qui malam.

Tripliciter autem homo ordinatur interius, scilicet ad se, ut scilicet omnia sint rationi subiecta; ad Deum, ut ratio sit ei subdita; ad proximum, quando diligit eum ut seipsum.

Est ergo quandoque sermo malus, quando indicat hominem inordinatum in se, et hic est sermo falsus eius, qui aliud loquitur et aliud intendit: et similiter sermo inutilis et vanus.

Item, est sermo malus qui indicat hominem inordinatum contra Deum: sicut periuria, blasphemiæ, et huiusmodi. Item, etiam est sermo malus, quando est contra proximum suum: sicut iniuriæ, doli, et fallaciæ.

Et ideo dicit omnis sermo malus ex ore vestro non procedat. Omnis non vero æquipollet huic signo, nullus. Sap. I, 11: custodite ergo vos a murmuratione, quæ nihil prodest, et a detractione parcite linguæ, quia sermo obscurus in vacuum non ibit; quia certe Deum non præterit omnis cogitatus et non abscondit se ab eo ullus sermo, ut dicitur Eccli. XLII, 20. Nunc autem deponite et vos omnia, iram, indignationem, malitiam, blasphemiam, turpem sermonem de ore vestro, Col. III.

Sequitur sed si quis bonus est, etc.. Inducit ad novitatem, quia sermo bonus benedicendus est pro loco et tempore. Prov. XV, 23: sermo opportunus est optimus. Si quis ergo loquitur, quasi sermones Dei, I petr. IV, 11.

Et ad quid? subdit ad ædificationem fidei, id est ut corroboretur fides in cordibus infirmorum. I Cor. XIV, 26: omnia ad ædificationem fiant.

Et hoc ut det gratiam audientibus, scilicet si talis bonus sermo sit probatus, vel talis sermo est conferens: quia frequenter homo ex bono sermone et per virtutem boni sermonis auditi, compunctus disponitur ad gratiam.

Act. X, 44: adhuc loquente Petro verba hæc, cecidit spiritus sanctus super omnes qui audiebant verbum. Sic loquebatur Dominus, de quo dicitur Lc. IV, 22: mirabantur ex verbis gratiæ, quæ procedebant de ore ipsius.

Eccle. X, 12: verba oris sapientis gratia.

Lectio 10

Supra monuit apostolus abstinere a verbis malis et nocivis, hic monet abstinere a verbis et factis turbativis seu contristativis proximorum.

Circa quod duo facit.

Primo prohibet quod pertinet ad vetustatem; secundo persuadet quod pertinet ad novitatem, ibi estote autem invicem benigni, etc..

Prima iterum in duas, quia primo prohibet quod ad vetustatem pertinet in generali; secundo in speciali, ibi omnis amaritudo, etc..

Dicit ergo nolite contristare spiritum, etc.. Contra: spiritus sanctus est Deus, in quo non cadit passio aliqua, nec tristitia.

Respondeo. Spiritus sanctus dicitur contristari, quando contristatur ille, in quo est spiritus sanctus. Lc. X, 16: qui vos spernit, me spernit. Is. LXIII, 10: ipsi autem ad iracundiam provocaverunt eum, et afflixerunt spiritum sanctum eius, et conversus est eis in inimicum.

Vel dicendum est quod est metaphorica locutio.

Sicut enim Deus dicitur irasci propter similitudinem effectus, ita etiam dicitur contristari; quia sicut quando aliquis contristatur recedit a contristante, ita spiritus sanctus a peccante. Et sic est sensus nolite contristare spiritum sanctum Dei, id est nolite eum fugare, vel expellere per peccatum. Sap. I, 5: spiritus sanctus enim disciplinæ effugiet fictum, et auferet se a cogitationibus, quæ sunt sine intellectu, et corripietur a superveniente iniquitate.

Igitur non est contristandus spiritus sanctus, et hoc propter beneficium signi salutaris.

Ideo subiungit in quo signati estis, id est reformati estis, et ab aliis distincti. Qui autem habebit hoc signum secum, habebit vitam æternam.

Ideo ergo est custodiendus et nullo modo contristandus, quia sine eo non est vita æterna. II Cor. I, 22: qui signavit nos Deus, et dedit nobis pignus spiritus.

Et quando? in die redemptionis, id est baptismi.

Io. III, 5: nisi quis renatus fuerit ex aqua et spiritu sancto, etc.. Act. I, 5: vos autem baptizabimini spiritu sancto, non post multos hos dies. Dicit autem redemptionis, quia in baptismo fit homo particeps redemptionis factæ per Christum.

Sequitur omnis amaritudo, etc..

Ubi ostendit in speciali quæ pertinent ad vetustatem.

Quandoque enim homo contristat amicum suum ex ira, aliquando ex industria. Sed in ira est triplex gradus, quia aliquando retinetur et manet solum in corde, sicut qui tantum interius irascitur. Aliquando vero exprimitur in voce, sine tamen contumeliæ prolatione, sicut qui dicit racha. Aliquando fit etiam addita contumeliæ prolatione, sicut qui dicit fatue. Primo ergo ponit quod pertinet ad iram cordis; secundo quod pertinet ad inordinatam prolationem; tertio quod pertinet ad contumeliam.

In ira autem cordis ista se consequuntur.

Primo, quod ira est effectus tristitiæ, et hæc in sacra Scriptura dicitur amaritudo. I Reg. I, 10: cum esset Anna amaro animo, et oraret Deum flens, etc.. Et ideo dicit omnis amaritudo, etc., quæ est per memoriam iniuriæ præteritæ. Eccli. XXI, 15: non est sensus ubi abundat amaritudo. Secundo, quod statim appetit vindictam; ideo dicit et ira, quæ est appetitus vindictæ. Iac. I, 20: ira enim viri Dei iustitiam non operatur. Tertio, quod iratus indignum reputat, quod ei parcat, et indignum esse, quod sine punitione transeat; ideo sequitur et indignatio.

Sed quantum ad inordinatam prolationem sic est clamor. Is. V, 7: expectavi ut faceret iudicium, et ecce iniquitas, et iustitiam, et ecce clamor. Ideo dicit et clamor. Similiter et blasphemia est vel contra Deum, vel contra sanctos. Lev. XXIV, 16: quicumque blasphemaverit nomen Domini, morte moriatur. Ideo dicit et blasphemia. Et addit tollatur a vobis cum omni malitia, scilicet operis. I petr. II, 2: deponentes omnem malitiam, et omnem dolum et simulationem.

Deinde cum dicit estote autem, etc., ponit pertinentia ad novitatem contrariam passionibus præmissis: contra amaritudinem, benignitatem. Unde dicit estote autem invicem benigni. Quia benignus est spiritus sapientiæ, etc.. Contra iram, misericordiam; unde dicit misericordes. Lc. VI, 36: estote ergo misericordes, sicut et pater vester misericors est. Contra indignationem, condonationem; unde dicit donantes invicem, etc.. Col. III, 13: donantes vobismetipsis si quis adversus aliquem habet querelam, sicut et Dominus donavit nobis, ita et vos. Rom. VIII, 32: qui etiam proprio filio suo non pepercit; et Paulo post sequitur: quomodo non etiam cum illo nobis omnia donavit?

Capitulus V

Lectio 1

Posita exhortatione ad benignitatem et misericordiam, quæ sunt effectus charitatis, hic ostendit eis exemplum.

Circa quod duo facit.

Primo inducit eos ad imitationem exemplaris, scilicet Dei; secundo ostendit in quo debent ipsum imitari, ibi et ambulate, etc..

Dicit ergo: dixi quod debetis donare invicem, sicut et Deus in Christo donavit vobis, ergo estote imitatores Dei, quia hoc necessarium est, licet difficile sit. Eccle. II, 12: quid est, inquam, homo, ut possit sequi regem factorem suum? numquam tamen perficietur natura humana, nisi in coniunctione ad Deum. Unde Iob XXIII, 11: vestigia eius secutus est pes meus. Ergo imitandus est, taliter quomodo habemus possibilitatem, quia ad filium pertinet patrem imitari. Et ideo subdit sicut filii, patrem scilicet per creationem.

Deut. XXXII, 6: nonne ipse est pater tuus qui possedit, et fecit, et creavit te? et addit charissimi, quos scilicet elegit ad participationem sui ipsius.

Sequitur et ambulate, etc.. Ubi primo ponit imitandi modum, quia in charitate; secundo ostendit immensæ charitatis signum, ibi et tradidit, etc..

Quod ergo simus filii charissimi, hoc facit charitas Dei. Rom. VIII, 15: non enim accepistis spiritum servitutis iterum in timore, sed accepistis spiritum adoptionis filiorum, in quo clamamus: abba, pater. Ipse enim spiritus testimonium reddit spiritui nostro, quod sumus filii Dei.

Debemus ergo ipsum in dilectione imitari.

Et dicit ambulate, id est semper proficite.

Gen. XV: ambula coram me, et esto perfectus. Et hoc in dilectione, quia dilectio est tale bonum in quo debet homo proficere, et tale debitum quod debet homo semper solvere.

Rom. XIII, 8: nemini quidquam debeatis, nisi ut invicem diligatis. Vel in dilectione, quæ est via sequendi Deum magis de propinquo. I Cor. XII, 31: adhuc excellentiorem viam vobis demonstro. I Cor. XIII, 1: si linguis hominum loquar et Angelorum, etc..

Commentaria in Epistolas S. Pauli

Col. III, 4: super omnia hæc charitatem habentes, etc.. Et hoc exemplo Christi.

Unde subdit sicut et Christus dilexit nos.

Io. XIII, 1: cum dilexisset suos, qui erant in mundo, in finem dilexit eos.

Et quia, secundum Gregorium, probatio dilectionis, exhibitio est operis, ideo subdit et tradidit semetipsum pro nobis.

Apoc. I, 5: dilexit nos, et lavit nos a peccatis nostris. Gal. II, 20: in fide vivo filii Dei, qui dilexit me et tradidit in mortem seipsum pro me. Is. LIII, 12: tradidit in mortem animam suam, etc..

Hæc autem mors fuit nobis utilis et necessaria, ideo subdit oblationem et hostiam, etc.. Loquitur autem hic apostolus more veteris legis, in qua, ut dicitur Lev. IV, 25 ss., quando quis peccaverat, offerri debebat pro eo hostia et oblatio, quæ dicitur pro peccato.

Item, quando quis agebat gratias Deo, vel aliquid consequi volebat, oportebat offerri hostiam pacificam, ut dicitur Lev. III, 9, quæ quidem erat in oblationem suavissimi odoris Domino, ut dicitur ibidem. Hæc autem facta sunt per Christum, quia, ut a peccatis mundaremur et gloriam consequeremur, tradidit semetipsum pro nobis in oblationem per ea quæ in vita gessit. Is. LIII, 7: oblatus est, quia ipse voluit, etc.. Et hostiam Deo pro peccato.

Et hoc in odorem suavitatis. Alludit autem hic, quod dicitur Lev. III, 5 s.. Sed certe ille odor non erat tunc Deo acceptus secundum se, sed secundum suam significationem, inquantum significabat oblationem odoriferam corporis Christi filii Dei. Gen. II: ecce odor filii mei, sicut odor agri pleni.

Cant. I, 3: trahe me post te, curremus in odorem unguentorum tuorum. Sic autem debemus nos sacrificare Deo spiritualiter. Ps. L, 19: sacrificium Deo spiritus, etc..

Lectio 2

Supra, posita monitione, apostolus docuit ut deposita vetustate Ephesii novitatem assumerent prohibendo vitia spiritualia, hic prohibet eisdem vitia etiam carnalia.

Dividitur autem in duas.

Primo enim prohibet vetustatem vitiorum carnalium; secundo inducit ad novitatem, ibi videte itaque, fratres, etc..

Prima iterum dividitur in tres.

Primo excludit vetustatem vitiorum; secundo proponit pœnam eorum, ibi hoc autem scitote, etc.; tertio excludit fallaciam, ibi nemo vos seducat, etc..

Prima iterum in duas.

Primo excludit quædam vitia principalia; secundo excludit quædam adiuncta, ibi aut turpitudo, etc..

Excludit autem tria vitia, scilicet luxuriam naturalem, quæ est cum non sua, unde dicit fornicatio. Os. IV, 12:

spiritus enim fornicationum decepit eos. I Cor. VI, 18: fugite fornicationem. Sic faciebat Iob XXXI, 1: pepigi fœdus cum oculis meis, ut nec cogitarem de virgine. Dicitur autem fornicatio a fornice, id est arcu triumphali, iuxta quem erant lupanaria. Prov. XX: intravit super eos fornicatio, etc..

Et omnis immunditia, id est omnis pollutio contra naturam, scilicet quæ non ordinatur ad generationem. Gal. V, 12: manifesta sunt opera carnis, quæ sunt fornicatio, immunditia, luxuria, etc..

Tertio excludit avaritiam, dicendo aut avaritia.

Sed quare hoc? numquid est idem cum peccatis carnalibus? respondeo. Dicendum est quod non, nec totaliter est divisa, sed medium inter spiritualia et carnalia peccata: quod patet sic. In peccato sunt duo, scilicet obiectum peccati, et delectatio in obiecto. Quædam ergo sunt peccata quorum obiectum et delectatio est spiritualis, sicut ira. Nam vindicta, quæ est obiectum iræ, et delectatio eius, est quid spirituale, et similiter inanis gloria. Quædam vero sunt omnino carnalia et obiectum et delectatio; sicut gula et luxuria. Sed avaritia tenet medium, quia eius obiectum est carnale, scilicet pecunia, sed delectatio est spiritualis, quia animo quiescit quis in pecunia. Et ideo connumeratur avaritia cum peccatis carnalibus ratione obiecti, cum spiritualibus vero ratione delectationis. Hebr. Cap. Ult.: sint mores sine avaritia.

Vel dicendum est, quod avaritia opponitur iustitiæ, unde ponitur pro specie luxuriæ, quæ est adulterium, quod est iniustus usus mulieris alterius: sicut avaritia iniustus usus pecuniæ.

Sed supra dixit: qui furabatur, etc., hic autem dicit quod nec nominetur, etc., quia in pugna spirituali vitia carnalia primo occurrunt vincenda: quia frustra pugnat quis contra intrinseca, nisi primo vincat extrinseca, scilicet carnalia, contra quæ semper remanet bellum. Et ideo dicit nec nominetur in vobis, sicut decet sanctos, scilicet abstinere a factis, a cogitationibus, et a dictis.

Is. I: perdam Babylonis nomen, et reliquias, et progeniem et germen. Eccli. XLI, 15: curam habe de bono nomine, quia hoc decet sanctos. II Cor. VI, 4: in omnibus exhibeamus nosmetipsos sicut Dei ministros, etc..

Sequitur aut turpitudo, etc.. Ubi ponit quædam vitia adiuncta. Circa quod duo facit. Primo adiuncta vitia excludit; secundo ad contraria eorum inducit, ibi sed magis gratiarum actio, etc..

Tria ergo vitia excludit, scilicet turpitudinem, quæ est in tactibus turpibus et amplexibus et osculis libidinosis. Prov. VI, 32: qui autem adulter est, propter cordis inopiam, perdet animam suam, et turpitudinem, et ignominiam congregat sibi. Item, stultiloquium, id est verba provocantia ad malum.

Eccli. IX, 11: colloquium illius quasi

ignis exardescit, scilicet malæ mulieris. Et scurrilitatem, id est verbum ioculatorium, per quod aliqui volunt inde placere aliis. Matth. XII, 36: de omni verbo otioso quod locuti fuerint homines, reddent rationem de eo in die iudicii. Et hæc omnia sunt mortalia, inquantum ad mortalia peccata ordinantur, quia aliquid etiam si bonum sit ex genere, inquantum ad mortale ordinatur, est mortale.

Deinde inducit ad contraria, scilicet gratiarum actiones. Unde dicit sed magis gratiarum actio. Is. LI, 3: gaudium, et lætitia invenietur in ea, gratiarum actio, et vox laudis.

Lectio 3

Supra prohibuit apostolus peccata carnalia, hic comminatur pœnam damnationis, quæ peccatoribus infligitur.

Circa quod duo facit. Primo enim de hoc eos certificat; secundo sigillatim peccata recitat, ibi quod omnis fornicator, etc..

Dicit ergo hoc scitote intelligentes, id est actualiter, non solum habitualiter, pro certo habete. I Io. III: hæc scripsi vobis, ut sciatis, etc..

Et quid? quod omnis fornicator, aut immundus, aut avarus, quod est idolorum servitus, non habet hæreditatem in regno Christi et Dei.

Nota quod vocat hic avaritiam idololatriam, quoniam idolatria est, quando honor soli Deo debitus, impenditur creaturæ. Nunc autem Deo dupliciter honor debetur, scilicet ut in eo finem nostrum constituamus, et ut in eo fiduciam nostram finaliter ponamus; ergo qui hoc in creaturis ponit, reus est idololatriæ.

Hoc autem facit avarus, qui finem suum in re creata ponit, et etiam totam suam fiduciam. Os. VIII, 4: argentum suum et aurum suum fecerunt sibi idola, ut interirent.

Et hoc, quia, ut dicitur Prov. XI, 28: qui confidit in divitiis suis, corruet.

Sed cum in aliis peccatis ponat homo finem suum in creatura, cui amore inhæret, quare etiam in illis non dicitur peccator idololatra? respondeo. Idololatrare est aliquid exterius indebite colere. Nunc autem in aliis peccatis ponitur finis in interioribus quasi in propria exaltatione. Sed qui ponit finem in divitiis, ponit in eis finem ut in re exteriori, sicut idololatra.

Sed numquid avari honorem Deo debitum exhibentes creaturæ, realiter sunt idololatræ, et per se? dico quod non, quia in moralibus actus seu opera iudicantur ex fine. Ille ergo per se est idololatra, qui intendit per se cultum exhibere creaturæ. Hoc autem non intendit avarus per se, sed per accidens hoc facit, inquantum superflue et inordinate diligit.

Et quid de tali? non habebit hæreditatem, quippe quia filii et hæredes, ut dicitur Rom. VIII, 17. Nunc autem tales non sunt filii, qui sic carnales sunt; ergo hæreditatem non habent, quia, ut dicitur I Cor. XV, 50: caro et sanguis regnum Dei non possidebunt, id est Deum, qui dicit Ez. XLIV, 28: *ego hæreditas eorum*.

Sed posset quæri: si hæreditas ista est ipse Deus, cum sit indivisibilis et impartibilis, quare dicit in regno Christi et Dei divisive, ac si hæreditas ista sit divisibilis? respondeo. Hæreditas nostra consistit in fruitione Dei, nunc autem Deus aliter se fruitur, et nos eo; quia Deus seipso perfecte fruitur, quia seipsum perfecte cognoscit et totaliter diligit quantum cognoscibilis et diligibilis est. Non autem sic nos, quia licet ipsum perfecte cognoscamus in patria, et per consequens diligamus, quia qui aliquid simplex attingit, ipsum totum cognoscit, etsi non totaliter, sicut lux solis si esset punctalis, humanus oculus ipsam totam apprehenderet, non totaliter, oculus vero aquilæ ipsam totaliter comprehenderet. Sic et si Deum perfecte cognoscimus in patria et perfecte diligimus, sed ipsum totaliter non comprehendimus, ideo videtur ibi esse quædam imperfectio et particularitas.

Et ideo dicit Christi et Dei coniunctim, quasi partem cum parte ponendo, id est quia per Christum et non per alium habetur hæreditas.

Deinde cum dicit *nemo vos seducat*, hic excludit fallaciam seductorum.

Et circa hoc duo facit.

Primo enim ponit admonitionem; secundo subiungit ipsius rationem, ibi *eratis enim aliquando tenebræ*, etc..

Prima iterum in duas, quia primo monet eos, ut non seducantur verbis, eis credendo; secundo ut non communicent eis mala faciendo, ibi *nolite ergo effici*, etc..

Prima adhuc in duas, quia primo removet seductiones; secundo ostendit seductionis signum, ibi *propter hoc enim venit ira*, etc..

Notandum est ergo quod in vitiis carnalibus solum docuit cavere seductionem, quia a principio, ut homines possent libere frui concupiscentiis, cogitaverunt invenire rationes, quod fornicationes et huiusmodi venerea non essent peccata. Et ideo dicit *inanibus verbis*, quia sine ratione sunt talia verba, quæ dicunt quod huiusmodi non sint peccata, nec excludant a regno Dei et Christi.

Col. II, 8: *videte ne quis vos seducat per prophetiam et inanem fallaciam*.

Et quod tales sint seductores et talia verba seducentia, ostendit, quia nisi peccata carnalia essent peccata, non punirentur a Deo, quia cum Deus sit iustus, non infligit pœnam sine culpa. Nunc autem talia puniuntur a Deo, ergo peccata sunt.

Minorem probat, cum dicit *propter hæc enim venit ira Dei*, scilicet propter peccata carnalia, *in filios diffidentiæ*, ut patuit in diluvio; item in Sodomitis; item tribus Beniamin fere tota consumpta fuit propter hæc.

Dicit autem *filios diffidentiæ*, quia sic peccantes diffidunt de vita æterna; quia si sic faciens speraret vitam æternam, magis esset præsumptio, quam spes, quæ est certa expectatio futuræ beatitudinis ex meritis, etc..

Unde supra IV, 19: qui desperantes semetipsos tradiderunt impudicitiæ in operationem immunditiæ omnis, in avaritiam. Sap. VII: nullum pratum sit quod non pertranseat luxuria nostra, etc.. Et sequitur in fine capitis: quia tales non speraverunt mercedem iustitiæ, etc..

Dicit ergo, quod in filios diffidentiæ, id est qui non confidunt de gaudiis æternis, venit ira Dei, scilicet propter peccata. Vel diffidentiæ, id est de quibus non est confidendum, quantum est ex parte meritorum.

Et ideo concludit nolite ergo effici participes eorum, communicando scilicet eis in talibus operibus. II Cor. VI, 14 s.: quæ enim participatio iustitiæ cum iniquitate, aut quæ societas lucis ad tenebras, aut quæ communicatio Christi ad Belial, aut quæ pars fidelis cum infideli?

Lectio 4

Supra prohibuit apostolus peccata carnalia, comminando pœnam et removendo fallaciam, hic assignat rationem sumptam ex eorum conditione, et duo facit.

Proponit enim primo eorum conditionem; secundo ex eis duas conclusiones inducit, ibi ut filii lucis sitis, etc..

Ponit autem duas conditiones: primo præteritam, secundo conditionem præsentem, ibi nunc autem lux, etc..

Dicit ergo eratis aliquando tenebræ, id est excæcati ignorantia et errore. Supra IV, 18: tenebris obscuratum habentes intellectum. Ps. LXXXI, 5: nescierunt, neque intellexerunt, in tenebris ambulant. Item, tenebrosi per peccatum. Prov. IV, 12: via impiorum tenebrosa, nesciunt ubi corruant.

Sed notandum est, quod indeterminate non dicit tenebrosi, sed tenebræ, quia sicut quilibet videtur esse quod principaliter est in eo, sicut tota civitas videtur esse rex et quod rex facit, civitas dicitur facere: ita quando peccatum regnat in homine, tunc totus homo dicitur peccatum et tenebræ.

Sequitur nunc autem lux, etc.. Ubi ponit conditionem præsentem; quasi dicat: nunc autem habetis lucem fidei. Phil. II, 15: inter quos lucetis sicut luminaria in mundo.

Matth. V, 14: vos estis lux mundi.

Sed contra dicitur de Ioanne baptista: non erat ille lux; quomodo ergo fideles alii lux dicuntur? respondeo. Non dicuntur lux per essentiam, sed per participationem.

Deinde cum dicit ut filii lucis ambulate, etc., concludit duas conclusiones.

Dixerat enim, quod tenebræ fuerunt et quod nunc sunt lux. Et ideo primo concludit, ut se conformet ei, quod nunc sunt; secundo ut vitent ea quæ prius fuerunt, ibi et nolite communicare.

Prima in duas.

Primo ponit admonitionem; secundo

eam exponit, ibi fructus enim lucis, etc..

Dicit ergo: quia nunc lux estis, faciatis opera lucis, ergo ut filii lucis ambulate.

Io. XII, 35: ambulate dum lucem habetis, etc..

Hoc autem exponit, cum dicit fructus enim, etc.. Ambulat autem quis ut filius lucis dupliciter. Primo quantum ad substantiam, vel genus operis; secundo quantum ad modum, vel intentionem facientis.

Primo ergo ponit opera, quæ oportet facere; secundo qua debent fieri intentione, ibi probantes, etc..

Dicit ergo: dixi ut ambuletis ut filii lucis, fructus autem lucis sunt opera fructifera et clara. Eccli. XXIV, 23: flores mei fructus honoris, etc..

Et hoc in omni bonitate, etc.. Ubi advertendum est, quod omnis actus virtutis ad tria reducitur. Nam oportet, quod agens ordinetur in se, ad proximum, et ad Deum. In se, ut sit bonus in seipso et propter hoc dicit in omni bonitate. Ps. CXVIII, 66: bonitatem et disciplinam et scientiam doce me, etc..

Item, ad proximum per iustitiam. Ideo dicit in iustitia. Ps. CXVIII, 121: feci iudicium et iustitiam, etc.. Ad Deum per cognitionem et confessionem veritatis. Et ideo dicit et veritate.

Zach. VIII, 19: veritatem enim et pacem diligite.

Vel aliter, ut bonitas referatur ad cor, iustitia ad opus, veritas ad Os. Supra IV, 25 et Zach. VIII, 16: loquimini veritatem unusquisque cum proximo suo.

Deinde cum dicit probantes, etc., ostendit qua intentione debeant operari, quia non ex abrupto, sed probantes, id est, ratione discernentes. Opus suum probet unusquisque, ut dicitur Gal. VI, 4. Et hoc quid sit beneplacitum Deo, id est ut intendatis facere, quod placet Deo. Rom. XV: probetis quæ sit voluntas Dei bona, et beneplacens et perfecta.

Deinde cum dicit et nolite communicare, etc., hortatur eos ne redeant ad statum quem reliquerunt, quia, ut dicitur Gal. II, 18: si enim, quæ destruxi, hæc iterum reædifico, prævaricatorem me constituo; II Petr. II, 22: canis reversus ad suum vomitum, et sus lota in volutabro luti.

Dividitur autem ista pars in duas.

Primo ponit monitionem; secundo assignat rationem, ibi quæ autem in occulto, etc..

Prima iterum in duas.

Primo monet eos ne malefaciant; secundo ut mala reprehendant, ibi magis autem redarguite, etc..

Dicit ergo probantes quid sit beneplacitum Deo, et nolite communicare operibus infructuosis tenebrarum, id est operibus carnalibus ducentibus ad tenebras perpetuas: quæ quidem sunt infructuosa, quia non habent nisi momentaneam delectationem citissime transeuntem. Rom. VI, 21: quem ergo fructum habuistis tunc in illis, in quibus nunc erubescitis? Iud. I, 12: arbores autumnales infructuosæ, bis mortuæ, eradicatæ, fluctus feri maris, despumantes suas confusiones, etc..

Item, tenebrosa loca quærunt propter turpitudinem, quia communicant in eis cum brutis.

Iob XXIV, 15: oculus adulteri observat caliginem, dicens: non me videbit oculus, et operiet vultum suum, perfodit in tenebris domos, etc..

Istis ergo nolite communicare, imitando, coadiuvando, consentiendo. Eccli. XIII, 22: quæ communicatio homini sancto ad canem? sed certe hoc non sufficit, nisi etiam eos reprehendatis, quia, ut dicit Augustinus, aliquando Deus punit communicantes insontes, quia aliqui boni non reprehendunt malos. Eccli. XVII, 12: mandavit autem unicuique de proximo suo. Et ideo dicit magis autem autem redarguite. II Tim. IV, 2: argue, obsecra, increpa, etc..

Sed numquid semper peccamus si non reprehendimus? respondet Augustinus: quod enim non reprehendis ex timore charitatis, ne scilicet peior efficiatur et scandalizatus affligat bonos, non peccas. Si autem ex timore cupiditatis, ne scilicet indignetur et perdas beneficia tua, sic peccas.

Lectio 5

Supra posuit apostolus monitiones, hic assignat rationes earum.

Duas autem monitiones posuit. Prima ut non communicarent operibus tenebrarum; secunda ut redarguerent peccatores. Secundum hoc ergo duo facit.

Primo ponit rationem primæ monitionis; secundo rationem secundæ, ibi omnia enim quæ arguuntur, etc..

Dicit ergo: bene dixi: nolite communicare, immo debetis et tales increpare et redarguere. Quare? quia quæ in occulto fiunt ab ipsis, turpe est dicere. Hoc autem est de vitiis carnalibus in quibus est turpitudo magna, quia minimum est ibi de bonis rationis, cum huiusmodi actus communes sint nobis et brutis.

Sequitur omnia quæ arguuntur, etc.. Hic ponit apostolus rationem secundæ monitionis, et facit duo.

Primo enim ponit rationem; secundo assignat confirmationem, ibi propter quod dicit, etc..

Quantum ergo ad primum, vult probare quod eos deceat delinquentes arguere, et hoc probat sic: quidquid ostenditur malum esse redarguitur, omnis enim redargutio manifestatio quædam est; sed omnis manifestatio fit per lumen, vos autem estis lux; ergo decet vos arguere et eos manifestare.

Ponit autem huius rationis maiorem, ibi omnia autem quæ arguuntur, etc.. Minorem autem ponit, ibi omne quod, etc.. Quasi dicat: ideo decet eos arguere, quia, ut dicitur I Cor. II, 15: spiritualis iudicat omnia, et ipse a nemine iudicatur. Unde Glossa sic exponit: omnia, scilicet peccata quæ arguuntur a lumine, id est, a bonis et sanctis hominibus, qui sunt filii lucis, manifestantur, scilicet per confessionem. Prov. XXVIII, 13: qui autem confessus fuerit et reliquerit ea, misericordiam consequetur. Omne autem, scilicet malum, quod manifestatur per confessionem, lumen est, id est in lumine vertitur.

Deinde confirmat hoc per auctoritatem, dicens propter quod dicit: surge, etc.. Glossa sic exponit: propter hoc quod sit lumen, dicit, scilicet spiritus sanctus: o tu qui dormis, surge, etc..

Sed hæc non est consuetudo Pauli. Et ideo dicendum est, quod apostolus introducit figuram positam Is. LX, 1: surge, illuminare, Ierusalem, etc., dicens propter quod dicit, scilicet Scriptura, surge a negligentia boni operis, tu scilicet qui dormis. Prov. VI, 9: usquequo, piger, dormies? Ps. XL, 9: numquid qui dormit, non adiiciet, ut resurgat? et exurge a mortuis, id est, ab operibus mortuis, seu mortificantibus. Hebr. IX, 14: emundabit conscientiam nostram ab operibus mortuis, etc.. Is. XXVI, 19: vivent mortui tui, interfecti mei resurgent. Exurge ergo, et illuminabit te Christus. Ps. XXVI, 1: Dominus illuminatio mea, etc.. Idem XII, 4: illumina oculos meos, ne unquam obdormiam in morte.

Sed numquid possumus per nos resurgere a peccato, quia dicit: surge, et illuminabit te Christus? respondeo. Dicendum est, quod ad iustificationem impii duo requiruntur, scilicet liberum arbitrium cooperans ad resurgendum et ipsa gratia. Et certe hoc ipsum habet liberum arbitrium a gratia præveniente, et postea meritorie operari a gratia subsequente.

Unde dicitur Thren. Cap. Ult.: converte nos, Deus, et convertemur.

Lectio 6

Supra prohibuit fallaciarum carnalium vetustatem, hic hortatur ad contrariam novitatem. Et primo hortatur ad novitatem contrariam fallaciæ; secundo ad novitatem contrariam luxuriæ, ibi et nolite inebriari, etc..

Prima in tres.

Primo inducit ad cautelam contrariam fallaciæ; secundo ostendit novitatem cautelæ, ibi redimentes tempus, etc.; tertio docet modum cautelæ, ibi propterea nolite fieri, etc..

Dicit ergo itaque, scilicet ex præmissis, videte quomodo caute ambuletis.

Cautio est quædam conditio prudentiæ, per quam aliquis vitat impedimenta agendorum, et hanc cautelam debent omnes habere. Prov. IV, 23: oculi tui videant recta, et palpebræ tuæ præcedant gressus tuos.

Hoc autem pertinet ad sapientes, et ideo dicit non quasi insipientes, qui scilicet nesciunt vitare impedimenta. Ps. LXXV, 6: turbati sunt omnes insipientes corde. Sed ut sapientes.

Commentaria in Epistolas S. Pauli

Eccle. II, 14: sapientis oculi in capite eius: stultus in tenebris ambulat. Quidam dicunt: si non caste, tamen caute.

Sed sic non accipit apostolus, sed dicit caute, ac si diceret: cavete ab hominibus contrariis castitati.

Necessitatem autem huius cautelæ ostendit, cum dicit redimentes tempus, etc.; quod potest exponi dupliciter.

Redimit enim aliquis quandoque rem suam, dando enxenia vel aliquid pro ea, sicut dicitur aliquis redimere vexationem suam dando enxenia, vel pecuniam, vel quando dimittit de iure suo. Dicit ergo: totum tempus hoc est tempus calumniæ, et ideo sitis redimentes tempus, quoniam dies mali sunt. Ex quo peccavit Adam, ex tunc semper paratæ sunt insidiæ impellentes ad peccatum. Non sic autem in statu innocentiæ, in quo non oportebat hominem ab aliquo licito abstinere, quia in eius voluntate non erat impellens aliquid ad peccatum. Modo autem oportet nos tempus redimere, quoniam dies mali sunt, id est debemus malitiam dierum vitare, diem malum præcavere, ut dicitur Eccle. VII, 15, et etiam a quibusdam licitis abstinere. I Cor. X, 23: omnia mihi licent, sed non omnia ædificant. In hunc autem modum dicitur aliquis vexationem suam redimere, quia dimittit aliquid de iure suo perire.

Vel aliter: redimentes tempus, etc.. Contingit quandoque quod aliquis per magnum tempus vitæ vivit in peccato, et hoc est tempus perditum.

Sed quomodo redimet, cum homo non sufficiat ad debita persolvenda? respondeo. Dicendum est quod tanto magis debet vacare operibus bonis, quanto prius instetit malis.

I Petr. I: sufficit enim præteritum tempus ad voluntatem gentium consumendam his, qui ambulaverunt in luxuriis, vinolentiis, desideriis, etc.. Sed prima expositio est melior.

Deinde cum dicit propterea nolite fieri, etc., docet modum cautelæ, dicens: propterea, scilicet ut possitis tempus redimere, nolite fieri imprudentes.

Nota quod differentia est inter sapientiam et prudentiam. Prudentia enim est quædam sapientia, sed non universalis sapientia. Prov. X, 23: sapientia autem est viro prudentia.

Sapiens enim simpliciter dicitur, qui habet de omnibus ordinare: sapiens autem secundum quid dicitur, qui habet ordinare de his de quibus est sapiens. I Cor. III, 10: ut sapiens architectus fundamentum posui. Quia sapientis est ordinare, ut dicitur I metaphysicæ.

Omnis autem ordinator respicit finem; ille ergo simpliciter est sapiens, qui cognoscit finem, vel qui agit propter finem universalem, scilicet Deum. Deut. IV, 6: hæc est enim sapientia vestra, etc.. Sapientia enim est divinarum rerum cognitio, ut dicit Augustinus, IV de trinitate. Prudentia vero est particularis rei providentia, quando scilicet quis ordinat facta sua. Et ideo sapientia est viro prudentia.

Propter hoc ergo dicit: nolite fieri imprudentes, sed intelligentes, etc.. Sicut ratio speculativa ordinat de agendis et iudicat: oportet autem conclusiones habere et iudicare per principia, et similiter in operabilibus.

Istud autem primum principium, per quod debemus iudicare omnia et regulare, est voluntas Dei; et ideo intellectus in moralibus et divinis debet habere pro principio voluntatem Dei, quia, si hanc habeat pro principio, fit prudens intellectus. Deut. XXXII, 29: utinam saperent et intelligerent, etc.. Hoc autem docuit Dominus, Matth. XXVI, 42: fiat voluntas tua.

Lectio 7

Supra induxit ad novitatem contra vetustatem fallaciæ, hic hoc idem facit contra vetustatem vitiorum carnalium.

Vel dicamus quod prius reprehenderit peccata carnalia quantum ad luxuriam, hic autem quantum ad gulam.

Duo autem facit. Primo enim prohibet vetustatem; secundo inducit statum ad novitatem, ibi sed impleamini, etc..

Dicit ergo: dixi quod fornicatio et omnis immunditia non nominetur in vobis; sed ad hoc cavendum debetis a vino superfluo abstinere, quia cibus et potus superfluus est causa luxuriæ, et præcipue vinum, quod calefacit et movet. Prov. XX, 1: luxuriosa res vinum, et tumultuosa ebrietas. Esth. I, 10: cum esset rex hilarior, et post nimiam potationem incaluisset mero, etc.. Os. IV, 11: fornicatio, et vinum, et ebrietas auferunt Cor. Unde Hieronymus: quem Sodoma non vicit, vina vicerunt Lot. Nolite ergo, etc..

Sed impleamini spiritu sancto.

Inter omnia quæ multos spiritus generant est vinum, unde generat animositatem et facit homines per talenta loqui, ut dicitur III Esd. III, 21. Et ideo convenienter docet eos contra hoc repleri spiritu sancto, qui generat fervorem devotionis. Rom. XII, 11: spiritu ferventes. Item, etiam generat gaudium et lætitiam spiritualem. Rom. XIV, 17: iustitia, et pax, et gaudium in spiritu sancto. Item, facit audacter loqui. Act. II, 4: repleti sunt omnes spiritu sancto, et cœperunt loqui, etc., et ideo qui eos loquentes audiebant, credebant eos ebrios.

Sed numquid habemus spiritum sanctum in nostra potestate? respondeo et dico quod habere spiritum sanctum est dupliciter: vel receptive, et sic non est in nostra potestate eum recipere, sed ex dono Dei eum recipimus. Rom. V, 5: charitas Dei diffusa est in cordibus nostris, etc..

Vel dispositive, et sic adhuc non sumus sufficientes eum recipere, id est nos disponere sine gratia Dei. II Cor. III, 5: non sumus sufficientes cogitare aliquid a nobis quasi ex nobis, sed sufficientia nostra ex Deo est.

Commentaria in Epistolas S. Pauli

Vel aliquis dicitur recipere spiritum sanctum, non tamen plenus esse spiritu sancto, quando scilicet habet gratiam spiritus sancti quantum ad aliquam et non quantum ad omnem hominis operationem. Tunc autem dicitur plenus spiritu sancto, quando eo utitur generaliter.

Modus autem repletionis est in dilectione Dei et proximi. Et ideo cum dicit loquentes, etc., primo tangit modum repletionis ex parte Dei; secundo ex parte proximi, ibi subiecti invicem, etc..

Circa primum tria facit.

Primo ponitur spiritualis meditatio; secundo spiritualis exultatio, ibi cantantes, etc.; tertio gratiarum actio, ibi gratias agentes, etc..

Prima in duas, quia primo ponit modum meditationis, secundo materiam eius, ibi in Psalmis, etc..

Dicit ergo loquentes vobis, etc..

Est autem duplex locutio. Una exterior, hominis ad homines; alia interior, hominis ad seipsum. Talis autem debet esse compunctiva.

Iob X, 1: loquar in amaritudine animæ meæ. Item, debet fieri in secreto. Matth. VI, 6: tu autem cum oraveris, intra in cubiculum tuum, et clauso Ostio, ora patrem tuum. Et Sap. VIII, 16: intrans in domum meam, conquiescam cum illa.

Materiam vero meditationis tangit, cum dicit in Psalmis, etc.. Psallere est uti Psalterio. Et sic in Psalmis, id est bonis operationibus. Ps. LXXX, 3: sumite Psalmum, et date tympanum, Psalterium iucundum, etc..

Et hymnis, id est laudibus divinis. Ps. CXLVIII, 14: hymnus omnibus sanctis eius, etc.. Et canticis spiritualibus, scilicet de spe æternorum. Rom. XII, 12: spe gaudentes.

Ps. XCI, 4: in decachordo Psalterio cum cantico in cithara. Ps. XCVII, 1: cantate Domino canticum novum, etc..

Meditemur ergo de recta operatione quid faciendum, de divina laudatione quid imitandum, de cælesti iucundatione quid et quomodo serviendum.

Sic ergo effectus spiritus sancti primus est sacra meditatio, secundus spiritualis exultatio, quia ex frequenti meditatione ignis charitatis in corde accenditur. Ps. XXXVIII, 4: concaluit cor meum intra me, et in meditatione mea exardescet ignis, etc..

Et hinc generatur lætitia spiritualis in corde.

Et ideo dicit cantantes et psallentes, id est ut affectus nostri afficiantur gaudio spirituali ad operanda bona. I Cor. XIV, 15: psallam spiritu, psallam et mente. Col. III, 16: in omni sapientia docentes et commonentes vosmetipsos in Psalmis et hymnis et canticis spiritualibus, in gratia cantantes et psallentes in cordibus vestris Domino.

Ex hoc error hæreticorum confunditur dicentium quod vanum est cantare Domino cantica vocalia sed spiritualia tantum. Nam in laudibus ecclesiæ est aliquid per se considerandum, et hoc est quod apostolus dicit in cordibus. Aliquid vero propter duo, scilicet propter nos, ut mens nostra incitetur ad devotionem interiorem; sed si ex hoc aliquis commoveatur ad dissolutionem, vel in gloriam inanem, hoc est contra intentionem ecclesiæ. Item, propter alios, quia per hoc rudes efficiuntur devotiores. IV Reg. III, 15: cumque caneret psaltes, facta est super eum manus Domini.

Tertius effectus est gratiarum actio: quia ex hoc quod aliquis sic affectus est ad Deum, recognoscit se omnia habere a Deo.

Quanto enim aliquis magis afficitur ad Deum, et ipsum cognoscit, tanto videt eum maiorem et se minorem; imo prope nihil, in comparatione ad Deum. Iob XLII, 5: oculus meus videt te, idcirco me reprehendo, etc.. Et ideo dicit gratias agentes semper pro omnibus, scilicet donis, vel prosperis, vel adversis.

Ps. XXXIII, 1: benedicam Dominum in omni tempore, etc.. Quia hæc etiam sunt nobis dona in via. Iac. I, 2: omne gaudium existimate, etc., Act. V, 41: ibant apostoli gaudentes, etc.. I Thess. V, 18: in omnibus gratias agite.

Sed hoc in nomine Domini nostri Iesu Christi, quia omnia bona proveniunt per eum. Rom. V, 1: pacem habemus ad Deum per Dominum nostrum Iesum Christum, per quem accessum, etc.. Sed addit Deo, inquantum actor noster est per creationem, et patri, inquantum misit nobis Christum, per quem regeneravit nos. Et sic gratias Deo, quantum ad bona naturæ; patri, quantum ad bona gratiæ.

Sed quantum ad proximum, ponit modum repletionis, dicens subiecti invicem in timore Christi, id est non propter timorem humanum, sed Christi.

Lectio 8

Supra apostolus posuit præcepta generalia ad omnes, hic ponit ea quæ pertinent ad speciales quasdam personas et status. Et quia secundum Philosophum in politicis domus habet tres connexiones, sine quibus non est perfecta, scilicet viri et mulieris, patris et filii, Domini et servi; ideo, hæc tria prosequens, instruit: primo mulierem et virum; secundo patrem et filium, cap. VI, ibi filii, obedite, etc.; tertio servos et dominos, ibi servi, obedite, etc..

Prima in duas.

Primo enim monet mulieres de subiectione; secundo viros de dilectione, ibi viri, diligite, etc..

Prima in duas.

Primo ponit admonitionem; secundo eius rationem, ibi quoniam vir caput est, etc..

Dicit ergo mulieres viris suis subditæ sint, quia certe mulier, si primatum habeat, contraria est viro suo, ut dicitur Eccli. XXV, 30. Et ideo specialiter monet eas de subiectione. Et hoc sicut Domino, quia proportio viri ad uxorem quodammodo est sicut servi ad Dominum, quantum debet regi mandato Domini; sed differentia est in hoc, quod Dominus utitur servis suis quo ad id quod est sibi utile: sed vir utitur uxore et liberis ad utilitatem communem. Et ideo dicit sicut Domino; non quod vere sit Dominus, sed sicut Dominus. I Petr. III, 1: mulieres subditæ sint viris suis, etc..

Deinde subdit rationem suam. Circa quod tria facit. Primo eam proponit; secundo exemplum inducit, ibi sicut Christus, etc.; tertio ex exemplo intentum concludit, ibi sed sicut, etc..

Ratio autem hæc est, quoniam vir est caput mulieris, in capite autem viget sensus visus, Eccle. II, 14: sapientis oculi in capite eius, et ideo vir debet gubernare mulierem ut caput eius. I Cor. XI, 3: caput quidem mulieris vir.

Deinde ponit exemplum, cum dicit sicut Christus caput est ecclesiæ. Supra I, 22 s.: ipsum dedit caput supra omnem ecclesiam, quæ est corpus ipsius, et hoc non ad utilitatem suam, sed ecclesiæ, quia ipse est salvator corporis eius. Act. IV, 12: non est enim aliud nomen sub cælo datum hominibus, in quo oporteat nos salvos fieri. Is. XII, 2: ecce Deus salvator meus, etc.. Ex hoc autem concludit intentionem, cum dicit sed sicut, etc.. Quasi dicat: non est conveniens, quod membrum repugnet ipsi capiti in aliquo; nunc autem, sicut Christus caput est ecclesiæ, suo modo, ita vir est caput mulieris: non debet ergo mulier inobediens esse viro, sed sicut ecclesia subiecta est Christo, Ps. LXI, 2: nonne Deo subiecta erit anima mea, etc., ita et mulieres viris suis. Gen. III, 16: sub viri potestate eris. Et hoc in omnibus, scilicet quæ non sunt contra Deum; quia dicitur Act. V, 29: obedire oportet Deo magis, quam hominibus.

Deinde cum dicit viri, diligite uxores vestras, etc., monet viros ad dilectionem uxorum. Et primo facit hoc, secundo assignat rationem huius, ibi sicut Christus, etc..

Dicit ergo viri, diligite uxores vestras, quia certe ex amore, quem habet vir ad uxorem, magis caste vivit et pacifice uterque se habet. Si autem vir aliam magis diligit, quam suam, se et suam discrimini exponit.

Col. III, 19: viri, diligite uxores vestras, et nolite amari esse ad illas.

Tangit autem rationem huius triplicem.

Primam sumit ex exemplo Christi, cum dicit sicut et Christus, etc.; secundam ex parte viri, ibi qui suam uxorem diligit, etc.; tertiam ex parte mandati divini, ibi propter hoc relinquet, etc..

Circa primum tria facit.

Primo proponit exemplum dilectionis Christi; secundo signum, ibi et tradidit, etc.; tertio concludit intentum ita et viri, etc..

Dicit ergo: sicut et Christus dilexit ecclesiam. Supra eodem: estote imitatores Dei sicut filii charissimi,

etc..

Signum autem dilectionis Christi ad ecclesiam ostenditur, quia tradidit semetipsum pro ea. Gal. II, 20: dilexit me, et tradidit semetipsum pro me, etc. Is. LIII, 12: tradidit in mortem animam suam, etc..

Sed ad quid? ut illam sanctificaret. Hebr. Cap. Ult.: Iesus ut sanctificaret per suum sanguinem populum, etc.. Io. XVII, 17: sanctifica eos in veritate. Iste est effectus mortis Christi.

Effectus autem sanctificationis est mundatio eius a maculis peccatorum. Ideo subdit dicens mundans eam lavacro aquæ. Quod quidem lavacrum habet virtutem a passione Christi. Rom. VI, 3: quicumque baptizati sumus in Christo Iesu, in morte ipsius baptizati sumus, consepulti enim sumus cum illo per baptismum in mortem. Ez. XXXIX: effundam super vos aquam mundam, etc.. Zac. XIII, 1: erit fons patens domui David, etc.. Et hoc in verbo vitæ, quod adveniens aquæ dat ei virtutem abluendi. Matth. Cap. Ult.: euntes ergo docete omnes gentes, baptizantes eos in nomine patris, et filii, et spiritus sancti.

Finis autem sanctificationis est puritas ecclesiæ.

Ideo dicit ut exhiberet sibi gloriosam ecclesiam; quasi dicat apostolus: indecens est quod immaculatus sponsus sponsam duceret maculatam. Et ideo sibi exhibet eam immaculatam: hic per gratiam sed in futuro per gloriam. Unde dicit gloriosam, scilicet per claritatem animæ et corporis. Phil. III, 21: reformabit corpus humilitatis nostræ, etc.. Et ideo addit non habentem maculam.

Ps. C, 6: ambulans in via immaculata, etc.. Ps. CXVIII, 1: beati immaculati in via, etc.. Neque rugam, id est, sine defectu passibilitatis; quia, ut dicitur Apoc. VII, 16: non esurient, neque sitient amplius. Aut aliquid huiusmodi, sed ut sit sancta, per confirmationem gratiæ, et immaculata ab omni immunditia.

Et hæc omnia intelligi possunt de exhibitione, quæ erit in futuro per gloriam. Si autem de exhibitione per fidem, tunc diceretur: ut exhiberet sibi, scilicet per fidem, ecclesiam gloriosam, quia gloria magna est sequi Dominum, ut dicitur Eccli. XXIII, 38, non habentem maculam, scilicet criminis mortalis.

Maculata es in iniquitate tua, Ier. II, 22. Neque rugam, id est duplicitatem intentionis, quam non habent qui recte coniuncti sunt Christo et ecclesiæ. Iob XVI, 9: rugæ meæ testimonium dicunt contra me, etc..

Sed magis sanctam per intentionem, et immaculatam per omnimodam puritatem.

Ex hoc tertio concludit intentum, dicens ita et viri debent diligere uxores suas, ut corpora sua.

Lectio 9

Supra induxit viros ad dilectionem

uxorum, ex parte Christi, vel exemplo dilectionis quam habet Christus ad ecclesiam, hic ostendit idem ex parte ipsiusmet viri. Et facit duo: primo ponit rationem; secundo confirmat eam per exemplum, ibi sicut et Christus, etc..

Ratio est talis: vir et mulier sunt quodammodo unum; unde sicut caro subditur animæ, ita mulier viro; sed nullus unquam habuit carnem suam odio: ergo nec uxorem. Dicit ergo qui suam uxorem diligit, seipsum diligit. Matth. XIX, 6: itaque non sunt duo, sed una caro. Et ideo sicut peccaret contra naturam qui seipsum odio haberet, ita qui uxorem. Eccli. XXV, 1 s.: in tribus beneplacitum est spiritui meo, quæ sunt probata coram Deo et hominibus: concordia fratrum, amor proximorum, et vir et mulier bene sibi consentientes.

Quod autem sic debeant se diligere, probat dicens nemo enim carnem suam unquam odio habuit; quod patet per effectum, quia probatio dilectionis exhibitio est operis. Nam id quod pro viribus conservamus, diligimus. Sed quilibet nutrit et fovet carnem suam propter conservationem.

I Tim. Cap. Ult.: habentes autem alimenta et quibus tegamur, etc..

Sed contra Lc. XIV, 26: qui non odit uxorem, etc., non potest esse meus discipulus.

Respondeo. Dicendum est quod, ut apostolus dicit, sic homo uxorem debet diligere sicut se; se autem debet homo diligere infra Deum; sic ergo uxorem debet diligere, scilicet infra Deum. Dicit autem qui non odit uxorem, non quia præcipiat eam odire, quod esset peccatum mortale præcipere, sed præcipit eam ita ut se diligere; nunc autem minor dilectio est quasi quoddam odium respectu eius quod summe et plus diligitur, scilicet respectu Dei; ita nemo carnem suam odit, etc..

Sed contra: qui diligit aliquem, non vult, nec appetit ab eo separari; sed sancti volunt a carne separari. Rom. VII, 24: infelix ego homo, quis me liberabit de corpore mortis huius? Phil. I, 23: desiderium habens dissolvi, etc..

Præterea, nullus affligit quod diligit, sed sancti affligunt carnem suam in hoc mundo.

I Cor. IX, 27: castigo corpus meum, etc..

Præterea, quidam occidunt se, sicut auditum est frequenter. Item de Iuda.

Respondeo. Caro potest considerari in se: et sic non habetur odio, sed naturaliter quilibet appetit eam esse et fovet eam ut sit.

Vel potest considerari caro inquantum est alicuius impeditiva quod volumus, et sic odio quodammodo habetur per accidens. Nam omne quod volumus, aut est bonum, aut malum: si bonum, vel est ut finis ultimus, scilicet vita æterna, a qua impedimur per carnem.

II Cor. V, 6: quamdiu sumus in hoc corpore, peregrinamur a Domino. Et quia naturaliter appetimus finem nostrum et bene esse, nec hoc possumus quamdiu in hac carne sumus, ideo vellemus eam abiicere; non sicut malum odio habitum sed sicut bonum minus dilectum, impediens maius bonum.

Et sic exponendæ sunt auctoritates supra inductæ: infelix, etc.. Item: desiderium habens, etc.; vel consimiles.

Vel illud quod volumus est bonum non ut finis sed disponens ad finem, sicut sunt habitus virtutum; hoc autem bonum impeditur per carnis lasciviam. Et ideo sancti affligunt et macerant carnem suam, ut subdatur spiritui ad repressionem concupiscentiarum, quia caro concupiscit impediens acquisitionem virtutum nos disponentium ad bonum ultimum.

Et ideo qui sic affligit carnem suam, ut subdatur spiritui, non odit eam, sed procurat bonum eius, quia bonum eius est quod subiiciatur spiritui, sicut bonum hominis est quod subiiciatur Deo. Ps. LXXII, 28: mihi autem adhærere Deo bonum est.

Et sic intelligitur: castigo corpus meum, etc., et consimiles. Unde hoc non oportebat fieri in statu innocentiæ, quamdiu homo subditus fuit Deo, et caro totaliter subdita fuit spiritui, in qua quidem mutua subiectione consistebat donum originalis iustitiæ.

Sed aliquando illud quod volumus est malum, et ideo, sicut boni carnem affligunt vel deponere volunt, inquantum impeditiva est boni quod appetunt, ita mali, inquantum caro est impeditiva mali quod appetunt, eam occidunt et se suspendunt, sicut Iudas.

Deinde ostendit quod virum oportet uxorem diligere, et hoc per exemplum.

Unde dicit sicut et Christus ecclesiam, scilicet dilexit, sicut aliquid sui, quia membra sumus corporis. Supra IV, 25: sumus enim invicem membra. Dicit autem de carne eius propter eamdem participationem naturæ. Lc.

Ult.: spiritus autem carnem et ossa non habet, etc..

Vel dicit de carne, mystice, quantum ad debiles qui sunt carnei, et de ossibus eius, quantum ad fortes qui sunt ossei.

Lectio 10

Supra exhortatus est apostolus Ephesios ad amorem uxorum dupliciter, scilicet exemplo dilectionis Christi ad ecclesiam, item ex amore hominis ad seipsum, hic tertio hortatur eos per auctoritatem Scripturæ.

Et circa hoc tria facit: primo auctoritatem inducit; secundo eam mystice exponit, ibi sacramentum hoc, etc.; tertio adaptat eam secundum litteralem sensum ad propositum suum, ibi verumtamen et vos, etc..

Auctoritas hæc dicitur Gen. II, 24 dicta est ab Adam vidente uxorem, scilicet de costa sua formatam.

Sed contra dicitur Matth. XIX, 4 s. Quod Deus hoc dixit.

Respondeo: Adam ut a Deo inspiratus hoc dixit; Deus autem ut Adam inspirans et docens.

Nos autem hoc idem dicimus et multa alia, quæ dixit Dominus, spiritu Dei docente; unde dicitur Matth. X, 20: non enim vos estis qui loquimini, etc..

Notandum hic est quod in prædicta auctoritate triplex coniunctio viri ad mulierem designatur. Prima per affectum dilectionis, quia est tantus affectus utriusque ut patres relinquant. II Esdr. IV, 25: diligit homo uxorem suam magis quam patrem, et multi dementes facti sunt propter uxores suas, etc.. Ibi multa. Hoc autem naturale est, quia appetitus naturalis est concors debitæ actioni.

Constat autem, quod omnibus agentibus superioribus inest appetitus ut propinent et communicent inferioribus, et ideo amor naturalis inest eis versus inferiora. Et quia homo respectu patris et matris est inferior, non superior, ideo ad uxorem, cuius est superior, et ad filios naturaliter plus afficitur quam ad parentes, et etiam quia uxor sibi coniungitur ad actum generationis.

Secunda coniunctio est per conversationem.

Unde dicit: et adhærebit uxori suæ, etc.. Eccli. XXV, 1: in tribus beneplacitum est spiritui meo, etc..

Tertia est per carnalem coniunctionem, ibi: et erunt duo in carne una, id est in carnali opere. In qualibet enim generatione est virtus activa et passiva; sed in plantis utraque est in eodem, in perfectis autem animalibus distinguuntur. Et ideo in actu generationis ita se habent masculus et fœmina in animalibus sicut in plantis solo eodem uno corpore fit.

Consequenter exponit eam mystice, et dicit sacramentum hoc magnum est, idest sacræ rei signum, scilicet coniunctionis Christi et ecclesiæ. Sap. VI, 24: non abscondam a vobis sacramentum Dei.

Notandum est hic, quod quatuor sacramenta dicuntur magna, scilicet baptismus ratione effectus, quia delet culpam et aperit ianuam Paradisi; confirmatio ratione ministri, quia solum a pontificibus et non ab aliis confertur; eucharistia ratione continentiæ, quia totum Christum continet; item matrimonium ratione significationis, quia significat coniunctionem Christi et ecclesiæ.

Et ideo si mystice exponatur, debet sic exponi littera præcedens: propter hoc relinquet homo, scilicet Christus, patrem et matrem.

Reliquit, inquam, patrem, inquantum est missus in mundum et incarnatus. Io. XVI, 28: exivi a patre, et veni in mundum, etc..

Et matrem, scilicet synagogam. Ier. XII, 7: reliqui domum meam, et dimisi hæreditatem meam, etc.. Et adhærebit uxori suæ, ecclesiæ. Matth. Cap. Ult.:

ecce vobiscum sum omnibus diebus, etc..

Consequenter argumentatur secundum sensum litteralem exponendo prædictum exemplum. Quædam enim sunt in sacra Scriptura veteris testamenti, quæ tantum dicuntur de Christo, sicut illud Ps. XXI, 17: foderunt manus meas, etc.; et illud Is. VII, 14: ecce virgo concipiet, etc.. Quædam vero de Christo et aliis exponi possunt, sed de Christo principaliter, de aliis vero in figura Christi, sicut prædictum exemplum.

Et ideo primo exponendum est de Christo et postea de aliis. Et ideo dicit verumtamen et vos singuli, unusquisque uxorem suam diligat, quasi dicat: de Christo dicitur principaliter et si non singulariter, quia exponendum et implendum est in aliis in figura Christi.

Dicit autem sicut semetipsum, quia sicut unusquisque se diligit in ordine ad Deum, ita debet uxorem diligere, non inquantum trahit ad peccatum. Lc. XIV, 26: si quis venit ad me, et non odit patrem et matrem, et uxorem suam, etc., sequitur: non potest meus esse discipulus.

Sed quid de uxore? uxor autem virum suum timeat, scilicet timore reverentiæ et subiectionis, quia debet ei esse subiecta.

Capitulus VI

Lectio 1

Supra monuit virum et uxorem, quæ est una connexio familiæ, hic monet patrem et filios, quæ est secunda connexio domus. Et primo facit mentionem, quomodo filii se debeant habere ad parentes; secundo quomodo, e converso, patres ad filios, ibi nolite, etc..

Prima in duas. Primo proponit monitionem; secundo ostendit rationem, ibi hoc enim est iustum, etc..

Dicit ergo filii, obedite, etc.. Notandum est hic quod patres debent naturaliter instruere filios moribus, filii autem, instruentibus parentibus, naturaliter debent eis obedire, sicut infirmi obediunt medicis. Unde proprium filiorum est obedientia. Col. III, 20: filii, obedite, scilicet patribus, per omnia, hoc est enim beneplacitum Domino, etc.. Dicit autem in Domino, quia non est obediendum parentibus, nec alicui in his quæ sunt contra Deum. Act. V, 29: obedire oportet Deo magis quam hominibus.

Et per hoc solvitur auctoritas modo allegata: si quis venit ad me, et non odit patrem, etc.; quia hoc intelligitur inquantum sunt contra Deum.

Rationem autem assignat ex duobus, scilicet ex iustitia, et utilitate: quod autem sit iustum patet ac probatur, quia lex divina nihil mandat nisi iustum. Ps. XVIII, 9: iustitiæ Domini, etc.. Sed hoc mandat lex divina.

Ex. XX, 12 et Deut. V, 16: honora patrem tuum et matrem tuam, etc.. Eccli. III, 8: qui timet Deum, honorat patrem, etc.. Honor autem importat exhibitionem reverentiæ his qui supra nos sunt; sed quia parentes habemus supra nos, utitur nomine honoris. Dicit ergo hoc enim iustum est, honora patrem tuum et matrem, etc.. Eccli. III, 7: qui honorat patrem suum vita vivet longiore, et qui obedit patri refrigerabit matrem. Et hoc intelligitur tripliciter, quod filii debent parentes honorare, quia debent eis reverentiam sicut maioribus, obedientiam sicut instructoribus, sustentamenta sicut nutrientibus cum fortes erunt.

Deinde assignat dignitatem huius præcepti, dicens quod est mandatum primum.

Contra: immo mandatum primum est, quod est colendus unus Deus.

Respondeo. Mandata continentur in duabus tabulis. Prima continet ea quæ ordinantur ad Deum; secunda ea quæ ad proximum: et in hac secunda primum mandatum est de honore parentum. Et hoc duplici de causa.

Primo, quia in illa secunda tabula nullum est præceptum affirmativum nisi istud, quia naturale est nobis ut parentibus serviamus, non autem sic aliis proximis, ideo nullum est aliud affirmativum. Sed natura dictat, ut non inferat homo proximis nocumentum, et ideo prohibetur. Quia ergo primum plus et prius habet de debito, ideo primum.

Secundo, quia Deus honorandus est sicut principium nostri esse, et quia parentes sunt etiam principium nostri esse, et quia, ut dicitur VI Ethic., tria habemus a parentibus, scilicet esse, vivere, et disciplinam, ideo conveniens est, ut post mandata ordinata ad Deum, primum esset ordinatum ad parentes.

Vel, primum quo ad promissionem, quia isti soli additur promissio. Et huius est duplex ratio. Una est, quia homines in aliis quæ agunt quærunt utilitatem propriam, et quia a parentibus iam senibus nullam expectant utilitatem, nisi a Deo provenientem.

Secunda ratio est, ne aliquis credat quod honoratio parentum non sit meritoria quia naturalis est, ideo addit ut sit longævus super terram. In veteri autem testamento promittebantur promissiones temporales, quia populus ille parvulus erat et ideo gratiose instruendus sub pædagogo, sicut parvulus.

Tamen in illis parvis munusculis populum illum parvum decentibus, figurabantur magna bona, scilicet spiritualia. Et ideo potest hoc referri secundum sensum litteralem ad bona temporalia. Et sic dicit in promissione, ut bene sit tibi; id est ut bonis promissis abundes. Nam qui gratus est in minoribus beneficiis, meretur maiora recipere; maxima autem beneficia habemus a parentibus, scilicet esse, nutrimentum et disciplinam. Quando ergo quis gratus est his, fit dignus ut maiora recipiat. Et ideo dicit ut bene sit tibi; quia, ut dicitur I Tim. IV, 8: pietas ad omnia utilis est, promissionem habens vitæ, quæ nunc est, et futuræ. Et ideo addit et sis longævus super terram, quasi super gratiam et beneficium vitæ, quam habes a parentibus.

Prov. III, 16: longitudo dierum in dextera eius, et in sinistra illius divitiæ et gloria.

Sed contra. Multi devoti parentibus cito moriuntur.

Et ideo sciendum quod hæc temporalia non sunt bona absolute, nisi inquantum ordinata ad spiritualia, et ideo intantum homini bona, inquantum per ea iuvatur ad spiritualia.

Unde fortuna non est dicenda bona, si est impediens a virtute. Et ideo longitudo vitæ intantum est bona, inquantum ad servitia Dei est ordinata. Et ideo quandoque subtrahitur ne impediat. Sap. IV, 11: raptus est, ne malitia mutaret intellectum eius.

Vel potest referri ad sensum spiritualem, ut sis longævus in terra viventium. Ps. CXLIII, 10 s.: spiritus tuus bonus deducet me in terram rectam; propter nomen tuum, Domine, vivificabis me.

Consequenter instructis filiis, instruuntur parentes. Circa quod duo facit: primo ponit unum prohibitivum; secundo aliud inductivum, ibi sed educate eos, etc..

Dicit ergo: et vos, patres, nolite provocare filios vestros ad iracundiam, non quod in omnibus assentiatis voluntati eorum.

Ubi notandum est quod alius est principatus patris ad filium, et Domini ad servum, quia Dominus utitur servo suo ad utilitatem propriam, sed pater utitur filio ad utilitatem filii. Et ideo est necesse quod patres instruant filios propter utilitatem suam, non tamen minis arcendo aut subiiciendo. Et ideo dicitur Col. III, 21: patres, nolite ad indignationem provocare filios vestros, ut scilicet non pusillo animo fiant, quia talis provocatio non animat ad bonum.

Quomodo ergo? subdit sed educate illos in disciplina, scilicet verberum, et correctione, scilicet verborum, id est corripite eos et educate, ut serviant Domino. Vel: in disciplina, eos ad bonum inducendo, et correctione a malis retrahendo.

Lectio 2

Instructis duabus connexionibus, scilicet viri et mulieris, patris et filii, hic instruit connexionem servi ad Dominum.

Et circa hoc facit duo.

Primo instruit servum; secundo Dominum, ibi et vos, Domini, etc..

Iterum prima in tres.

Primo enim ponit monitionem; secundo exponit, ibi non ad oculum servientes, etc.; tertio ostendit retributionem, ibi scientes quoniam unusquisque, etc..

Iterum prima in tres. Quia primo monet ad obedientiam; secundo ad reverentiam; tertio ad cordis simplicitatem.

Commentaria in Epistolas S. Pauli

Secunda, ibi cum omni timore, etc.. Tertia, ibi in simplicitate, etc..

Monet enim eos ad obedientiam ex imperio Domini. Unde dicit servi, obedite dominis carnalibus.

Monet eos ad reverentiam, dicens cum timore, interius. Mal. I, 6: si ego Dominus, ubi est timor meus? et tremore, exterius. Ps. II, 11: servite Domino in timore, etc..

Et in simplicitate cordis. Sap. I, 1: in simplicitate cordis quærite illum. Lc. XII, 42: fidelis servus, etc.. Iob I, 8: numquid considerasti servum meum Iob, etc., et, Paulo post: vir simplex, etc..

Sic enim serviendum est Christo. Unde dicit sicut Christo. Sap. I, 1: in simplicitate cordis quærite illum. I par. XXIX, 17: Domine Deus, in simplicitate cordis mei lætus obtuli universa. Dicit etiam sicut Christo, quia a Domino Christo est quod Dominus aliquid possit. Rom. XIII, 2: qui potestati resistit, Dei ordinationi resistit. Et ideo serviendum est eis sicut Christo, in his quæ non sunt contra fidem, nec contra ipsum.

Exponit autem in simplicitate, et primo removet quod simplicitati contrariatur; secundo docet modum convenientem, ibi facientes voluntatem Dei, etc..

Contrarium autem simplicitatis est, quod servus habeat respectum ad oculum et non ad complacentiam Domini. Talis enim servus non habet simplicitatem et rectam intentionem.

Et ideo hoc prohibet, dicens non ad oculum servientes, scilicet Domino propter lucrum temporale tantum, quasi hominibus placentes, id est complacere volentes.

Gal. I, 10: si adhuc hominibus placerem, Christi servus non essem. Sed ut servi Christi. Col. III, 24: Domino Christo servite.

Et quomodo? facientes voluntatem Dei, scilicet implendo mandata eius opere. Ps. CII, 20: facientes verbum illius, sicut Christus Io. VI, 38, descendi de cælo, non ut facerem voluntatem meam, sed voluntatem eius, qui misit me. Hæc est enim voluntas eius qui misit me, scilicet ut obediam hominibus propter Deum. Et ideo dicit sicut servi Christi, et sicut servientes Domino, non hominibus, scilicet non propter se, sed propter Dominum.

Quomodo? ex animo. Col. III, 23: quodcumque facitis, ex animo operamini, sicut Domino, et non hominibus. Item, idem subiungit hic dicens sicut Domino et non hominibus. Cum bona voluntate, id est recta intentione. Col. IV, 12: stetis perfecti et pleni in omni voluntate Dei.

Deinde subiungit remunerationem, dicens scientes. I Io. V, 13: scripsi vobis ut sciatis, etc.. Quoniam unusquisque,... Sive servus sive liber. Sine personarum acceptione.

Non enim est personarum acceptio apud Deum. Gal. III, 28: non est servus neque liber, non est masculus neque fœmina, omnes enim vos unum estis in Christo Iesu. Act. X, 34 s.: in veritate comperi quoniam non est personarum acceptor Deus, sed in omni gente, qui timet Deum et operatur iustitiam, etc..

Eccle. IX, 10: quodcumque potest facere manus tua, instanter operare, etc.. Recipiet a Domino pro remuneratione.

Col. III, 24: scientes quod a Domino accipient retributionem hæreditatis.

Deinde cum dicit et vos, Domini, etc., instruit dominos, et facit duo. Primo ponit monitionem; secundo subdit rationem, ibi scientes quia et illorum, etc..

Dicit ergo et vos, Domini, eadem faciatis, eadem scilicet identitate proportionis, ut sicut illi ex animo et bona voluntate, ita et vos faciatis. Eccli. XXXIII, 31: si est tibi aliquis servus fidelis, sit tibi sicut anima tua.

Remittentes minas, non solum verba, vel flagella.

Et quare? rationem subdit, dicens scientes quia et illorum et vester Dominus est in cælis. Nam idem Dominus omnium, Rom. X, 12. Quasi dicat: conservi estis, et ideo debetis vos bene habere ad eos. Matth. XVIII, 33: oportuit et te misereri conservi tui.

Et personarum acceptio non est apud Deum.

Rom. II, 11 idem dicitur; Lc. XX, 21: non accipis personam hominum; Act. X, 34 idem.

Lectio 3

Supra posuit apostolus multa præcepta generalia, et specialia ad destruendam vetustatem peccati, et inducendam novitatem gratiæ, hic ostendit qua virtute debent uti ad præcepta hæc implenda, quia fiducia auxilii divini.

Circa quod duo facit.

Primo, ponit monitionem; secundo, in speciali explicat eam, ibi quoniam non est nobis colluctatio, etc..

Prima in duas, quia primo ostendit, de quo debemus confidere, sicut de interiori; secundo ostendit de quo debemus confidere sicut de exteriori, ibi induite vos, etc..

Illud autem interius, de quo debemus confidere, est auxilium divinum, et ideo dicit de cætero, fratres, confortamini.

Ier. XVII, 7: benedictus vir, qui confidit in Domino, et erit Dominus fiducia eius, etc..

Duplici autem ratione confidit quis de aliquo.

Una est, quia ad eum pertinet sua defensio; alia est, quia potens est, et paratus est eum defendere. Et hæc duo sunt in Deo respectu creaturæ suæ, quia cura est Deo de vobis, ut dicitur I Petr. Cap. Ult.: omnem sollicitudinem vestram proiicientes in eum, quoniam ipsi cura est de vobis. Item, ipse potens est, et promptus auxiliari.

Et ideo dicit de cætero, fratres, etc.,

quasi dicat: postquam vos instruxi supra de præceptis implendis, iam confortamini, non in vobis, sed in Domino, qui curam habet de vobis. Ps. LXXII, 28: mihi autem adhærere Deo bonum est, etc.. Is. XXXV, 4: dicite pusillanimis: confortamini, etc.. Ier. XX, 11: Dominus mecum est tamquam bellator fortis, idcirco qui me persequuntur, cadent, etc..

Et in potentia, etc.. Lc. I, 49: qui potens est. Et licet in Deo virtus et potentia sint idem, tamen, quia virtus est ultimum de potentia, et, quasi perfectio potentiæ, ideo dicit in potentia virtutis eius, id est, in potentia virtuosa. Phil. IV, 13: omnia possum in eo, qui me confortat. Iob XVII, 3: pone me iuxta te, et cuiusvis manus pugnet contra me.

Sed posset dici: si Deus potest et vult, debemus esse securi. Ideo respondens, dicit quod non, imo debet quilibet facere quod in se est, quia si inermis iret ad bellum, quantumcumque rex protegeret eum, esset in periculo. Et ideo dicit induite vos armaturam Dei, id est dona et virtutes. Rom. XIII, 12: abiiciamus ergo opera tenebrarum, et induamur arma lucis, etc.. Col. III, 12: induite vos ergo sicut electi Dei sancti et dilecti viscera misericordiæ, benignitatem, humilitatem, modestiam, etc.. Quia per virtutes homo protegitur contra vitia.

Sed contra: Dominus est rex ita potens, quod nullus potest eum impugnare.

Respondeo. Verum est per violentiam, sed per insidias et fallaciam impugnat eum diabolus in membris suis, non in se, quia, ut dicitur Eccli. XI, 31: multæ sunt insidiæ dolosi, etc.. Et ideo subdit ut possitis stare contra insidias diaboli. I Petr. V, 8: sobrii estote, et vigilate, etc.. Ps. IX, 30: insidiatur in abscondito, quasi leo, etc..

Consequenter cum dicit quia non est nobis colluctatio, etc., explicat in speciali monitionem. Et primo de insidiis inimicorum; secundo de armatura sumenda, ibi propterea accipite, etc.; tertio de fiducia Christi habenda ibi per omnium orationem, etc..

Describit autem insidias, quia quando aliquis hostis imminet, si sit debilis, stultus et huiusmodi, non est multum cavendum nec timendum de eo; sed quando est potens, nequam et callidus, tunc est timendus.

Hæc tria sunt in diabolo.

Primo quia non est debilis. Et propter hoc dicit, quod non est nobis colluctatio adversus carnem et sanguinem, etc.. Per carnem et sanguinem intelliguntur vitia carnis, I Cor. XV, 50: caro et sanguis regnum Dei non possidebunt, et homines carnales. Gal. I, 16: continuo non acquievi carni et sanguini, id est, hominibus carnalibus. Dicit ergo non est nobis colluctatio, etc..

Quod videtur esse falsum qualitercumque accipiatur; quia, ut dicitur Gal. V, 17: caro concupiscit adversus spiritum, etc.. Ps. CXVIII, 157: multi qui persequuntur me.

Respondeo dupliciter. Primo ut dicamus non est nobis colluctatio adversus, etc., supple tantum, quin etiam adversus diabolum.

Vel aliter, quia actio quæ instrumento attribuitur, est principaliter agentis, sicut accipitur illud Rom. IX, 16: non est volentis, neque currentis, sed miserentis Dei, quasi dicat: quod vultis aliquid, vel facitis, a vobis non est, sed aliunde, scilicet a Deo; sic hic non est nobis colluctatio, etc., exponatur, id est quod nos impugnent, scilicet caro et sanguis, hoc non est eorum principaliter, sed a superiore movente, scilicet a diabolo.

Consequenter describitur a potentia, quia adversus principes et potestates tenebrarum harum. Io. XIV, 30: venit enim princeps huius mundi, etc..

Dicitur autem princeps mundi, non creatione sed imitatione mundanorum. Io. I, 10: et mundus eum non cognovit, id est principes mundani. Vel dicitur princeps, quasi primatum capiens. Unde principes quasi primi duces ad aliquid. Ps. LXVII, 26: principes coniuncti psallentibus. Gen. XXIII, 6: princeps Dei es apud nos.

Ad potestatem autem pertinet iustitiam exercere. Inquantum ergo aliqui Dæmones inducunt aliquos ad rebellandum Deo, dicuntur principes, inquantum vero habent potestatem puniendi illos, qui eis subiiciuntur, dicuntur potestates. Lc. XXII, 53: hæc est hora vestra, et potestas tenebrarum, etc..

Sed cum ex ordinibus omnibus ceciderint aliqui, quare mentionem facit apostolus de illis duobus ordinibus, denominans Dæmones? respondeo. In nominibus ordinum sunt tria in quibusdam enim importatur ordo ad Deum, in quibusdam vero potestas, in quibusdam vero Dei ministerium. In nominibus enim Cherubim et Seraphim et thronorum, importatur conversio ad Deum. Dæmones autem adversi sunt Deo, et ideo eis non competunt hæc nomina. Item quædam nomina important ordinem ad ministerium Dei, sicut Angeli et Archangeli: et ista etiam nomina non competunt Dæmonibus, nisi cum adiuncto scilicet Satanæ. Tertio etiam, quia virtutes et dominationes important ordinem ad servitium Dei: ideo eis non conveniunt hæc nomina, sed tantum ista duo, quæ communia sunt bonis et malis, scilicet principatus et potestates.

Sunt ergo et potentes et magni, ideo habent magnum exercitum, contra quem habemus pugnare adversus mundi rectores tenebrarum harum, scilicet peccatorum. Supra V, 8: eratis enim aliquando tenebræ, etc..

Quia quidquid est tenebrosum, totum est de ordine istorum, et subiectum eis. Glossa: mali homines sunt equi, diaboli equites, ergo occidamus equites, et equos possideamus.

Io. I, 5: et tenebræ eum non comprehenderunt.

Sunt etiam astuti, quia contra spiritualia nequitiæ, id est contra spirituales nequitias, emphatice loquendo, per quod intelligitur plenitudo nequitiæ.

Dicit autem spiritualia nequitiæ, quia quanto est altior secundum naturam, tanto, quando convertitur ad malum, est peior et nequior. Unde Philosophus dicit, quod homo malus est pessimus omnium animalium. Et ideo dicit spiritualia nequitiæ, quia spirituales et nequissimi sunt.

Et dicit in cælestibus, duplici de causa.

Vel ut ostendat virtutem et avantagium, ad superandum nos: quia nos in terra, ipsi autem in alto, scilicet in ære caliginoso, et ideo habent partem meliorem. Lc. VIII, 5: volucres cæli comederunt illud. Vel dicit in cælestibus, quia pro cælestibus est ista pugna: et hoc debet animare nos ad pugnam.

Lectio 4

Supra exposuit apostolus, quod dictum est de insidiis diaboli, hic monet nos de armatura sumenda. Et circa hoc facit duo.

Primo concludit ex præmissis armaturæ necessitatem; secundo, armorum diversitatem describit, ibi state ergo, etc..

Dicit ergo: habetis hostes malos, nequissimos et potentes, et pro re ardua pugnantes, quia pro cælestibus, propterea accipite armaturam Dei, id est armamini spiritualibus armis. II Cor. X, 4: arma militiæ nostræ non sunt carnalia, sed potentia Deo ad destructionem munitionum, etc.. Et hoc ut possitis resistere. I Petr. V, 9: cui resistite fortes in fide, etc.. Iac. IV, 7: resistite diabolo, et fugiet a vobis. Quanto magis enim ei ceditur, tanto plus insequitur. In die malo, et hoc propter mala, quæ in die fiunt.

Supra V, 16: redimentes tempus, quoniam dies mali sunt. Eccle. VII, 15: diem malam præcave, etc..

Item accipite non solum ad resistendum, sed etiam ad proficiendum, et in omnibus perfecti state, id est in adversis et prosperis immobiliter state. Iac. I, 4: sitis perfecti, in nullo deficientes. De hoc I Petr. I, 13: perfecti, sperate in eam, quæ offertur vobis, gratiam, etc..

Sed numquid omnes debent perfecti esse? respondeo. Triplex est perfectio. Una sufficientiæ, quam habet homo, secundum quod habet quod sibi est necessarium ad salutem, sicut illud: diliges Dominum Deum tuum ex toto corde tuo; quasi dicat: ut nihil sit in corde tuo, quod sit contra Deum. Et hoc est de necessitate salutis. Iac. I, 4: ut sitis perfecti et integri in nullo deficientes, etc..

Alia est perfectio totalis abundantiæ, quæ est perfectio patriæ, quæ est consummata gloria, in hoc quod perfectus totaliter inhæreat Deo. Matth. XXII, 30: in resurrectione neque nubent, neque nubentur, sed sunt sicut Angeli Dei in cælo. Et de hac loquebatur apostolus Phil. III, 12: non quod iam acceperim, aut quod iam perfectus sim. Et Paulo post: fratres, ego non arbitror me comprehendisse.

Alia est media, scilicet consilii, qua homo nititur se abstrahere ab his, et ire ad illas.

Deinde cum dicit state ergo, etc., describit diversitatem armorum. Est autem triplex genus spiritualium armorum, ad similitudinem corporalium: quorum quædam sunt similia indumento ad tegendum, quædam vero ad protegendum, et quædam ad impugnandum.

Indumento autem tria sunt necessaria.

Primo quod cingatur; et quantum ad hoc dicit state ergo succincti lumbos vestros, etc..

Sed prius induit se homo quam se cingat.

Apostolus autem accipit hæc secundum ordinem armaturæ spiritualis. In bello autem spirituali prius est necesse concupiscentias carnis restringere, sicut vicinus hostis est prius vincendus: hoc autem fit per restrictionem lumborum, in quibus viget luxuria, quod fit per temperantiam, quæ gulæ et luxuriæ contrariatur. Lc. XII, 35: sint lumbi vestri præcincti, etc.. Iob XXXVIII, 3: accinge sicut vir lumbos, etc..

Sed in veritate, id est in rectitudine intentionis, et non simulate. Alia littera habet: in charitate. I Cor. Cap. Ult.: omnia vestra in charitate fiant.

Secundo monet vincere cupiditates rerum. Duplex autem invenitur armatura contra eas, scilicet iustitia, et abrenuntiatio rerum temporalium. Et ideo primo præcipit ut eas non iniuste usurpemus, quod facit iustitia.

Et ideo dicit induti loricam iustitiæ, scilicet propter quam homo abstinet a rebus alienis. Dicitur autem iustitia lorica, quia sicut lorica tegit membra, ita iustitia virtutes omnes. Sap. V, 19: induet pro thorace iustitiam, et accipiet pro galea iudicium certum.

Secundo præcipit ut rerum temporalium curam superfluam deponamus, quia dum his nimis intendimus, non habemus pedes paratos ad divina negotia et mysteria annuntianda.

Et propter hoc dicit et calceati pedes, id est affectus dispositi sint supple, in præparatione evangelii pacis. In signum huius misit apostolos Dominus, Mc. VI, 9, calceatos sandaliis, quæ habent subtus soleas, per quod significatur elevatio mentis a terrenis: et aperta sunt superius, per quod significatur promptitudo ad divinam sapientiam. Dicit autem pacis, quia per evangelium pax nobis annuntiatur. Matth. X, 12: in quamcumque domum intraveritis, dicite: pax huic domui.

Item secundo, sunt arma ad protegendum.

Duo autem in nobis sunt protegenda, quæ sunt principia vitæ, scilicet pectus in quo est cor et caput in quo est cerebrum. Pro pectore autem est scutum. Et ideo dicit in omnibus sumentes scutum fidei, quia sicut scutum supponitur omnibus armis, ita

Commentaria in Epistolas S. Pauli

fides omnibus aliis virtutibus.

Alia sunt enim arma virtutum Moralium, scilicet temperantiæ, id est succinctio lumborum, et iustitiæ, id est induitio loricæ: et hoc genus armorum, scilicet scutum, est virtutis theologicæ, scilicet fidei: quia sicut per scutum repelluntur tela, ita per fidem omnia contraria et habetur victoria. Hebr. XI, 33: sancti per fidem vicerunt regna, sicut per virtutes morales vincimus potestates terrenas.

Et ideo ait in quo possitis omnia tela ignea nequissimi extinguere, scilicet diaboli, cuius tela sunt quædam immissiones per Angelos malos. Ignea sunt, quia adurentia pravis concupiscentiis. Ps. LVII, 9: supercecidit ignis, etc.. Hæc autem per fidem extinguuntur: quæ tentationes præsentes et transitorias extinguit per bona spiritualia et æterna, quæ promittit sacra Scriptura. Unde Dominus diabolo tentanti producebat et opponebat auctoritates sacræ Scripturæ. Et sic debemus facere, si tentat de gula, secundum illud Deut. VIII, 3: non in solo pane vivit homo, vel illud: non est regnum Dei, esca et potus. Si de luxuria: non mœchaberis.

Si de furto: non furtum facies; et sic de aliis.

Dicitur autem scutum fidei, quia sicut scutum protegit totum pectus, ita fides debet esse in pectore. Spes autem dicitur galea, quia sicut galea est in capite, ita caput virtutum Moralium est finis; et de hoc est spes, scilicet de fine. Et ideo dicitur et galeam salutis assumite.

Item tertio, sunt arma ad impugnandum, quia non solum sufficit se defendere, sed etiam oportet adversarium impugnare.

Hoc autem sicut fit per gladium materialem corporaliter, ita per verbum Dei, quod est spiritus sancti gladius, spiritualiter.

Et propter hoc dicit et gladium spiritus, quod est verbum Dei, scilicet assumite. Hebr. IV, 12: vivus est sermo Dei et efficax, et penetrabilior omni gladio ancipiti, pertingens usque ad divisionem animæ et spiritus. Et prædicatio dicitur gladius spiritus, quia non penetrat usque ad spiritum, nisi ducatur a spiritu sancto. Matth. X, 20: non enim vos estis, qui loquimini, sed spiritus patris vestri, qui loquitur in vobis.

Sic ergo habemus arma quibus defendamur a carnalibus hostibus, scilicet a gula et luxuria, quod fit per temperantiam, ibi state ergo succincti lumbos vestros, etc..

Item, quibus vincamus cupiditates terrenas, scilicet arma iustitiæ, quæ abstinere nos faciunt ab illicitis, ibi induti loricam iustitiæ. Et puritatem affectus seu paupertatem, quæ nos retrahit etiam a licitis, ibi calceati pedes, etc..

Item, habemus arma quibus protegamur ab erroribus, scilicet arma fidei, ibi in omnibus sumentes scutum fidei, et etiam ab hostibus generis humani, ibi quo, scilicet scuto fidei, possitis omnia tela nequissimi ignea extinguere.

Item, habemus arma quibus in bonis spiritualibus confirmamur, scilicet arma spei, ibi et galeam salutis assumite. Galea ponitur in capite, sic spes in fine. Nunc autem caput virtutum Moralium est ipse finis, de quo est spes. Unde nihil est aliud galeam salutis assumere, quam spem de ultimo fine habere.

Item, habemus arma ad impugnandum ipsos Dæmones, scilicet gladium spiritus, quod est verbum Dei: quod fit frequenter in sermonibus, in quibus verbum Dei penetrans corda peccatorum expellit congeriem peccatorum et Dæmonum.

Lectio 5

Supra posuit apostolus quæ dixerat de insidiis et armaturis, hic exponit illud quod etiam dixerat de confirmatione et confortatione in potentia Dei: et hoc fit per orationem ad Deum super auxilio divino.

Facit autem tria. Primo monet eos ad orandum pro seipsis, secundo pro aliis, tertio pro ipsomet apostolo.

Circa primum ponit septem conditiones orationis. Primo quod debet esse perfecta. Unde dicit omnem orationem, quod fit cum in omnibus recurrit quis ad orationem, vel orat pro omni bono.

Secundo quod sit humilis, non præsumptuosa.

Ps. Ci, 18: respexit in orationem humilium, etc.. Quod fit quando homo non putat se exaudiri propter merita sua, sed propter misericordiam divinam. Et ideo dicit obsecrationem, id est per sacræ rei acceptionem.

Phil. IV, 6: in omni oratione et obsecratione, cum gratiarum actione petitiones vestræ innotescant apud Deum.

Tertio quod sit continua, ibi omni tempore.

I Thess. V, 17: sine intermissione orate, in omnibus gratias agite. Ps. XXXIII, 2: benedicam Dominum in omni tempore, scilicet statuto.

Quarto quod sit devota, quia in spiritu.

I Cor. XIV, 15: psallam spiritu, psallam et mente, id est, non ut vagus.

Quinto quod sit vigilans, ibi vigilantes.

I Petr. IV, 7: estote prudentes, et vigilate in orationibus.

Sexto quod sit instans, ibi in omni instantia.

Rom. XII, 12: orationi instantes, etc..

Septimo charitativa, ut scilicet fiat pro omnibus aliis sanctis, ibi et obsecratione pro omnibus sanctis. I Tim. II, 1: obsecro enim primum omnium fieri obsecrationes, orationes, postulationes, gratiarum actiones pro omnibus hominibus, etc..

Deinde, ultimo, pro se petit orationes fieri, ibi et pro me. Ubi tria petit pro se, quæ cuilibet prædicatori sunt necessaria, scilicet quod os aperiat, et

Commentaria in Epistolas S. Pauli

ad prædicandum se præparet quantum in se est, et detur sibi gratia.

Et ut hæc tria sibi dentur, petit ut oretur pro se, dicens ut detur mihi sermo in apertione oris mei. Non enim potero loqui, nisi quod dederit mihi Dominus, dicebat ille Balaam, Num. XXII, 18. Unde Dominus, Matth. X, 20: non enim vos estis qui loquimini, sed spiritus, etc.. Unde dicitur ibidem 19: dabitur enim vobis in illa hora quid loquamini.

Hoc autem dictum primo ponit apostolus.

Ut detur, inquit, mihi sermo in apertione oris mei. Col. Cap. Ult.: orantes simul et pro nobis, ut Deus aperiat nobis Ostium sermonis.

Et ad quid, Paule? respondet, ut scilicet possim cum fiducia notum facere evangelii mysterium, pro quo legatione fungor in catena. Et hoc est secundum quod petit, quia non solum est necessarium prædicatori ut detur ei sermo in apertione oris, seu scientiæ, sed ut sermonem sibi datum prædicet audacter et cum fiducia. Et hoc est quod dicit cum fiducia, etc.. Et sic prædicabant apostoli, de quibus Act. IV, 31, quod loquebantur cum fiducia verbum Dei.

Commendat autem apostolus officium prædicationis ab excellentia et altitudine. Unde dicit mysterium evangelii. Secundo ostendit, quod pro ipso libenter sustinuit tribulationem et ignominiam. Unde dicit pro quo legatione fungor in catena. De his duobus simul Col. Cap. Ult.: Deus aperiat nobis Ostium sermonis ad loquendum mysterium Christi, propter quod et vinctus sum.

Et quia dicitur Eccli. XX, 22: ex ore fatui reprobatur parabola, non enim dicit eam tempore suo, ideo apostolus non solum petit, quod detur sibi sermo, seu prædicandi scientia, sed gratia loquendi cum fiducia, ut scilicet non desisteret ab incepto pro catenis, quibus catenatus erat ab incepto et commisso sibi officio fiducialiter et fideliter prosequendo.

Tertio petit, ut detur sibi temporis seu modi congruentia, quia tempus loquendi et tempus tacendi, ut dicitur Eccle. III, 7. Et ideo dicit ut in ipso audeam, prout oportet me loqui. Et certe in omnibus modus et qualitas facit gratum. Et hoc idem petebat apostolus Col. Cap. Ult.: ut manifestem illud, ita ut oportet me loqui: quia, ut dicitur Prov. XV, 23: sermo opportunus, optimus.

In fine autem huius epistolæ apostolus statum suum Ephesiis manifestat, cum dicit ut autem et vos sciatis, etc.. Ubi primo facit quod dictum est; secundo eos more solito salutat, ibi pax fratribus, etc..

In prima parte tria facit.

Primo ponitur status sui manifestatio, ibi ut autem et vos sciatis, etc.; secundo discipuli nuntiantis multiplex commendatio, ibi Tychicus frater meus charissimus et fidelis, etc.; tertio ostendit finem, pro quo eis manifestat statum suum, quia scilicet est ipsorum consolatio, ibi et consolentur corda vestra.

Dicit ergo: ut autem vos sciatis quæ circa me sunt, quid agam, omnia nota vobis faciet, etc.. Quasi dicat apostolus: pro mysterio evangelii, pro quo catenatus sum, volo quod sciatis quod catena et omnes tribulationes et omnia supplicia, quæ in credito officio inferuntur, non me angunt, nec cor mutant, nec pervertunt interius, nec attingunt; sed certe sic angor de istis, quod omnia circa me sunt, non intra.

Et quia non possum ire ad annuntiandum vobis, utpote catenatus, omnia nota faciet vobis Tychicus frater meus charissimus et fidelis minister in Domino. Et ideo secure credatis ei de omnibus. Lc. XII, 42: quis, putas, est fidelis servus et prudens, etc..

Et iste certe est talis, quem misi ad vos in hoc ipsum, ut cognoscatis quæ circa nos sunt. Et hæc est discipuli commendatio.

Et ad quid? ut consoletur corda vestra.

Deinde cum dicit pax fratribus, etc., ponit apostolus consuetam salutationem.

Et advertendum est, quod licet gratia præcedat pacem et charitatem mutuam hominum ad se invicem, et ad Deum quo ad collationem (quia non est pax impiis, dicit Dominus), tamen quo ad executionem gratiæ et veritatis et charitatis conservationem, pax præcedit suo modo. Et ideo primo optat eis pacem ad se invicem et charitatem ad Deum, dicens: pax fratribus, et charitas cum fide.

Et quia licet pax et charitas multum faciant ad gratiæ conservationem, tamen quia semper supponunt ipsam gratiam, sine qua haberi non possunt, ideo optat eis gratiam.

Unde dicit: gratia cum omnibus, qui diligunt Dominum nostrum Iesum Christum in incorruptione. Amen.

Epistola Ad Philippenses

Prologus

Procemium

Iustorum semita quasi lux splendens, etc..

Prov. IV, 18.

In hac auctoritate describitur vita sanctorum ex tribus. Ex eorum arctitudine, ibi semita, quia Matth. VII, 14: arcta est via, etc.; Iob XXVIII, 7: semitam ignoravit avis, etc.. Ex claritate, ibi lux splendens.

Eph. V, 8: eratis aliquando tenebræ, etc..

Iusti enim sunt lucentes, et ideo eorum via est lucida. Ex profectu, quia semper crescit.

I Petr. II, 2: in eo crescatis, etc.. Et hoc usque ad perfectum diem, scilicet gloriæ.

I Cor. XIII, 10: cum venerit quod perfectum est, evacuabitur, etc.. E converso malorum via est lata; obscura, tenebrosa, et deficiens.

Unde Prov. IV, 19 subditur via impiorum tenebrosa, etc.. Et Matth. VII, 13: lata porta, et spatiosa via, quæ ducit ad perditionem, etc..

Ex his verbis trahi potest materia huius epistolæ. Erant enim Philippenses in Christi recta semita, tribulationes multas pro Christo sustinentes. Item, illuminati per fidem, infra II, 15: inter quos lucetis, etc..

Item, proficiebant, ut patet per totam epistolam.

Item, convenienter post epistolam ad Ephesios, in qua fit instructio qualiter servanda sit ecclesiastica unitas, hi proponuntur in exemplum servandæ ecclesiasticæ unitatis, qui optime eam servaverunt.

Capitulus I

Lectio 1

Dividitur autem hæc epistola in salutationem et epistolarem narrationem. Secunda, ibi gratias ago, etc..

Circa primum tria facit: quia primo describuntur personæ salutantes; secundo personæ salutatæ, ibi omnibus sanctis, etc.; tertio bona optata, ibi gratia vobis, etc..

Circa primum, primo ponuntur personæ salutantes; secundo earum conditio, ibi servi, etc..

Circa primum, primo ponitur persona principalis, cum dicit Paulus. Et interpretatur Paulus quasi modicus, in quo notatur eius humilitas. Is. LX, 22: minimus erit in mille, et parvus in gentem fortissimam.

Secundo, ibi et Timotheus, ponitur persona adiuncta, quia fuerat eorum prædicator. Infra II, 20: neminem enim habeo tam unanimem, qui sincera affectione pro vobis sollicitus sit.

Deinde cum dicit servi, etc., ponitur

conditio eorum. II Cor. IV, 5: non enim nosmetipsos prædicamus, sed Iesum Christum Dominum nostrum: nos autem servos vestros per Iesum, etc..

Sed contra Io. XV, 15: iam non dicam vos servos, etc..

Respondeo. Duplex est servitus secundum duplicem timorem. Timor enim pœnæ causat malam servitutem, et de hac intelligitur dictum præmissum Io. XV, 6. Timor vero castus causat servitutem reverentiæ, et de hac loquitur apostolus hic.

Personæ salutatæ sunt omnes de ecclesia Philippensi. Et, primo, minores. Unde dicit omnibus sanctis qui sunt Philippis, quæ est civitas quam Philippus condidit; et dicit sanctis, et hoc propter baptismum. Rom. VI, 3: quicumque baptizati sumus in Christo, in morte ipsius baptizati sumus.

Maiores autem tangit, dicens cum episcopis, etc.. Quæstio est quare minores præponit maioribus? quia prius est populus, quam prælatus. Ez. XXXIV, 2: nonne greges pascuntur a pastoribus? greges enim pascendi sunt a pastoribus, non e converso.

Item cur intermittit presbyteros? respondeo. Dicendum est quod comprehenduntur cum episcopis, quia in una civitate non sunt plures episcopi. Unde dicens in plurali, dat intelligere etiam presbyteros. Et tamen est alius ordo, quia ex ipso evangelio hoc legitur quod post designationem duodecim apostolorum (quorum personas gerunt episcopi), designavit septuaginta duos discipulos, quorum locum sacerdotes tenent. Dionysius etiam distinguit episcopos et sacerdotes.

Sed in principio, licet ordines fuerint distincti, non tamen nomina ordinum; unde hic comprehendit presbyteros cum episcopis.

Deinde ponit bona optata, ibi gratia, etc.. Et sunt duo quæ includunt omnia.

Primum est gratia Dei remittens peccata.

Eph. II, 8: gratia salvati estis, etc.. Ultimum est pax hominis. Ps. CXLVII, 14: qui posuit fines tuos pacem, etc.. Et per consequens optat bona media, et hoc a Deo patre. Iac. I, 17: omne datum optimum, et omne donum perfectum de sursum est, descendens a patre luminum.

Item, per meritum humilitatis Christi, et ideo addit et Domino Iesu Christo. Io. I, 17: gratia et veritas per Iesum Christum facta est. Eph. II, 14: ipse enim est pax nostra, etc..

Consequenter ponit epistolarem narrationem. Et circa hoc duo facit, quia primo agit gratias de præteritis; secundo hortatur ad profectum in futurum, ibi scire autem vos volo, etc..

Circa primum, primo præmittit gratiarum actionem pro eis; secundo materiam eius, ibi super communicatione, etc..

Gratias autem agit super adiuncto gaudio et deprecatione. Et ideo hæc tria tangens, dicit gratias Deo nostro. Gratias agere, est recognoscere gratiam sibi factam.

I Thess. Cap. Ult.: in omnibus gratias agite.

In omni memoria vestra, quia in eis nihil occurrit apostolo, quod non esset dignum gratiarum actione. Et hoc est valde magnum.

Prov. X, 7: memoria iusti cum laudibus, etc.. Pro omnibus. Is. LX, 21: populus autem tuus, omnes iusti in perpetuum, etc..

Agit ergo gratias pro eorum bono, orationem et deprecationem pro custodia: totum tamen pro gaudio. I Reg. XII, 23: absit autem a me hoc peccatum in Domino, ut cessem orare pro vobis.

Deinde cum dicit super communicatione, etc., tangit de materia trium prædictorum.

Et primo ponit materiam gratiarum actionis; secundo gaudii de futuris, ibi confidens, etc.; tertio deprecationis, ibi testis, etc..

Dicit ergo: super communicatione, scilicet qua communicatis doctrinæ evangelii, credendo et opere implendo. Hæc est enim vera communicatio. Hebr. Cap. Ult.: beneficentiæ autem et communionis nolite oblivisci, etc.. A prima die, etc.. Eccli. XXVII, 12: homo sanctus in sapientia manet sicut sol, etc..

Et hoc ipsum confidens de vobis gaudeo, quia qui cœpit, etc.. Ier. XVII, 5 s.: maledictus homo, qui confidit in homine, et ponit carnem brachium suum. Benedictus vir qui confidit in Domino, et erit Dominus fiducia eius. Et hoc in virtute Dei. Et ideo dicit qui cœpit, etc.. Io. XV, 5: sine me nihil potestis facere. Quod est contra pelagianos, qui dicunt principium boni operis esse ex nobis, sed consummationem ex Deo. Sed hoc non est verum: quia principium boni operis in nobis est cogitare de bono, et hoc ipsum est a Deo. II Cor. III, 5: non quod sufficientes simus cogitare aliquid a nobis, quasi ex nobis, etc.. In diem Christi Iesu, quo remunerabit singulos. II Tim. Cap. Ult.: in reliquo reposita est mihi corona iustitiæ, quam reddet mihi Dominus, etc.. I Cor. I, 8: confirmabit vos usque in finem sine crimine, etc..

Ratio gaudii ponitur cum dicit sicut est mihi, etc.; quia scilicet id iustum est quia congaudetis mihi de bonis meis. Eo quod habeam vos, etc., quasi dicat: habeo de vobis hanc conscientiam tales vos esse, ut scilicet gaudeatis de his de quibus et ego ideo gaudeo, quod gaudium est in vinculis meis, quia tunc pro Christo fuit ligatus, de quo gaudebat. Iac. I, 2 s.: omne gaudium existimate, fratres mei, cum in varias tentationes incideritis, scientes, etc.. Act. V, 41: ibant apostoli gaudentes a conspectu Concilii, quoniam digni habiti sunt pro nomine Iesu contumeliam pati, etc.. Et in defensione, et in confirmatione evangelii, scilicet audacter prædicando, contra tyrannos et hæreticos, et confirmando evangelium in cordibus fidelium.

Act. XII: perambulans ex ordine

Galatiam regionem, et Phrygiam, confirmans omnes discipulos.

Vel aliter, secundum Glossam. In corde, id est desiderio ut socii sitis sempiterni gaudii.

Io. XVI, 22: gaudium vestrum nemo tollet a vobis. Et hoc non potest abstrahi a corde meo, quia etiam in vinculis existens et intentus confirmationi et defensioni evangelii, sollicitudo de vobis non recedit de corde meo.

Lectio 2

Posita materia gaudii de spe futura, hic ostendit super quo deprecationem pro eis facit. Et primo præmittit suum desiderium, quod ostenditur omnino fervens; secundo materiam deprecationis, ibi et hoc oro, etc..

Et quia cordis desiderium soli Deo est manifestum, ideo invocat Deum testem quod pro eis deprecetur cum desiderio. Iob XII: ecce in cælo testis meus est, scilicet Deus, etc.. Quomodo cupiam vos, scilicet ego, existens in visceribus Iesu Christi.

Vel quomodo cupiam vos esse in eis; quasi dicat: quomodo cupiam vestram salutem et participationem viscerosæ charitatis Christi.

Lc. I, 78: per viscera misericordiæ Dei, etc.; quasi dicat: quia ad profunda et intima cordis, virtus amoris pertingit.

Vel cupiam ut sitis in visceribus Iesu Christi, id est ut ipsum intime diligatis, ut et diligamini ab eo; in hoc enim vita hominis consistit.

Deinde cum dicit et hoc oro, etc., ponit deprecationem, et tria bona optat.

Primo quantum ad interioris charitatis augmentum.

Affectus enim interior perficitur per charitatem, et ideo non habenti charitatem optandum est ut habeat; habenti vero, ut perficiatur.

Unde dicit ut charitas, etc.. Pro augmento autem charitatis orandus est Deus, quia solus Deus hoc in nobis operatur. II Cor. IX, 8: potens est autem Deus omnem gratiam abundare facere in vobis, ut in omnibus semper omnem sufficientiam habentes, abundetis in omne opus bonum, etc.. Et hoc necessarium est ut petamus et nos, quia Matth. V, 20: nisi abundaverit iustitia vestra plus quam Scribarum et Pharisæorum, non intrabitis in regnum cælorum.

Secundo quantum ad intellectum.

Unde dicit in omni scientia.

Sed numquid ex charitate provenit scientia? sic, quia dicitur I Io. II, 27: et vos unctionem quam accepistis ab eo, maneat in vobis, et non necesse habetis ut aliquis doceat vos, sed sicut unctio eius docet vos de omnibus, etc.. Item, charitas est spiritus, de quo dicitur Io. XVI, 13: cum venerit ille spiritus veritatis, docebit vos omnem, etc.. Cuius ratio est, quia qui habet habitum, si rectus est habitus, sequitur inde rectum iudicium de his quæ pertinent ad illum habitum; si vero corruptus, falsum. Sicut circa venerea temperatus habet bonum iudicium, intemperatus non sed falsum.

Omnia autem quæ a nobis fiunt, sunt informanda charitate, et ideo habens charitatem, habet rectum iudicium, et quantum ad cognoscibilia. Et sic dicit in omni scientia, qua scilicet agnoscat veritatem et inhæreat circa ea quæ sunt fidei. Hæc est scientia sanctorum, de qua dicitur Sap. X, 10.

Et quantum ad operabilia, et sic dicit et in omni sensu, qui est vis cognoscitiva circa exteriora obiecta. Et proprium eius est ut statim iudicet de proprio sensibili recte. Et ideo hoc nomen translatum est ad interius iudicium rationis; unde sensati dicuntur qui habent rectum iudicium circa agibilia. Sap. I, 1: sentite de Domino in bonitate, etc. Sap. VI, 16: cogitare ergo de illa, sensus est consummatus, etc..

Sed hic sensus debet esse non tantum considerativus sed etiam discretivus inter bonum et malum, et inter bonum et melius. Unde subdit ut probetis, etc..

Nota quod charitas perficit sensum ut probet bona; sed perfecta charitas ut probet meliora.

I Cor. XII, 31: æmulamini meliora charismata, etc. Et infra cap. XIV: sectamini charitatem, etc.. Et ideo dicit potiora.

Tertio quantum ad effectum. Et primo ponit immunitatem a malo; secundo perfectionem in bono.

Primum in hoc quod dicit ut sitis sinceri.

Est enim duplex peccatum vitandum, scilicet interioris corruptionis, qua homo corrumpitur in se, et hoc excluditur per sinceritatem.

I Cor. V, 8: in azymis sinceritatis, etc.. Aliud est in proximum, scilicet offensa. Et ideo dicit et sine offensa. I Cor. IV, 10: sine offensione estote Iudæis et gentilibus, et ecclesiæ Dei, sicut ego, etc.. Et II Cor. VI, 3: nemini dantes ullam offensionem, etc..

In diem Christi Iesu, id est usque in finem vitæ. Matth. XXIV, 13: qui perseveraverit usque in finem, hic salvus erit.

Quantum ad gratiam dicit repleti fructu iustitiæ, ut opera iustitiæ quædam fructus sint. Rom. VI, 22: habetis fructum vestrum in sanctificatione, etc.. Vel fructu iustitiæ, id est præmio iustitiæ, scilicet corona.

II Tim. IV, 8: in reliquo reposita est mihi corona iustitiæ, etc.. Sap. IV: bonorum enim laborum gloriosus est fructus, etc.. Et hoc habetur per Christum, quia omnia, quæ facimus, sunt bona per ipsum.

Io. XV, 5: sine me nihil potestis facere, etc..

Et hæc facienda sunt hoc fine, scilicet in gloriam et laudem Dei, quia ex operibus sanctorum, Deus clarificatur, cum inde alii prorumpunt in laudem Dei. Ps. CL, 1: laudate Dominum in sanctis eius, etc.. Ier. XXXIII, 9: erit mihi in nomen, et in gaudium, et in laudem, et in exultationem cunctis gentibus terræ, quæ audierint omnia bona, etc..

Deinde cum dicit scire autem, etc., admonet ad futura. Et primo ponit exempla exequenda et vitanda; secundo concludit moralem monitionem in IV cap., ibi itaque, fratres mei charissimi, etc..

Circa primum duo facit, quia primo ostendit quæ sunt imitanda; secundo quæ sunt vitanda, III cap., ibi de cætero, etc..

Item prima dividitur in duas, quia primo inducit se eis imitandum; secundo alios, secundo cap. Si qua ergo, etc..

Item prima in tres, quia primo ponit exemplum profectum suum; secundo gaudium, quod habet ex profectu, ibi quid enim, etc.; tertio fructum ex profectu suo, ibi scio enim, etc..

Item prima in duas.

Primo præmittit profectum; secundo modum, ibi ita ut vincula mea, etc..

Dicit ergo: monui vos ad profectum, et ut formam habeatis profectum meum, scire vos volo, et quæ circa me sunt, exterius, quia tribulationes etsi exterius essent, non immutabant interius, sed magis ad profectum venerunt, quia ex eis fides prædicata magis profecit. II Cor. I, 6: sive tribulamur, pro vestra exhortatione et salute, sive consolamur, pro vestra consolatione, etc..

Et ostendit profectum. Primo quantum ad se; secundo quantum ad alios, ibi ut plures, etc..

Quantum ad se quidem manifestum fuerat quod talia pro Christo pateretur constanter, ita ut vincularetur, unde dicitur ut vincula, etc., quod est gloriosum pro Christo. I petr. IV, 15: nemo vestrum patiatur quasi homicida, aut fur, aut alienorum appetitor; si autem ut christianus, non erubescat, etc..

In omni prætorio, sicut in curia Cæsaris, etc..

Ex parte vero aliorum fides crescebat in communi. Unde dicit ut plures, etc.. I Mach. IV: de elephantibus. Eccli. X, 2: secundum iudicem populi, sic et ministri eius, etc..

Prov. XVIII: iustus quasi leo confidens absque terrore erit, etc..

Ex parte tamen aliorum est diversitas, quia quidam bene loquebantur, quidam male. Et qui bene, quidam ex generali charitate et quidam ex speciali amore ad apostolum. Et qui male, quidam ex generali malitia, quidam ex speciali odio ad apostolum.

Sed ut mihi videtur, apostolus duplicem ostendit causam propter quam quidam prædicabant.

Primo propter invidiam. Et ideo apostolus eorum pravam intentionem ostendit, dicens quidam quidem propter invidiam, etc.. Iac. III, 16: ubi zelus et contentio, ibi inconstantia, et omne opus pravum. I Cor. III, 3: cum sit inter vos zelus et contentio, nonne carnales estis? secundo propter amorem Christi, et evangelii.

Unde dicit quidam propter bonam,

etc..

Ps. L, 20: benigne fac in bona voluntate, etc.. Sed apostolus addit dicens quidam vero ex charitate, scilicet quæ facit bonam voluntatem, etc., quia ut supplerent defectum mei docentis, prædicaverunt.

Deinde apostolus exponit quod dixerat, dicens quod quidam non secundum sanam intentionem, sed ex contentione. Corrupta eorum intentio dupliciter patuit: uno modo ut publice prædicando, turbationem facerent in populo gentili contra apostolum, supra illam quam habuit. Alio modo quia credebant quod Paulus audiens eos usurpare officium sibi commissum, turbaretur et ex hoc adderetur afflictio afflicto.

Lectio 3

Supra apostolus descripsit profectum ex ipso subsecutum, hic agit de gaudio concepto ex hoc profectu. Et ponitur primo materia gaudii; secundo ipsum gaudium, ibi et in hoc gaudeo, etc..

Contingit autem quandoque quod aliquod gaudium provenit ex bona causa, et hoc directe et per se, et quandoque ex mala causa et hoc indirecte et per accidens. Quando enim est ex bona causa, gaudendum est de effectu et de causa, sicut de eleemosyna facta propter Deum. Sed quando est ex causa mala, tunc est gaudendum de effectu, sed de causa non. Et sic de redemptione per Christum, licet fuerit ex scelere Iudæ et Iudæorum.

Ita contigit in ecclesia, ubi provenit utilitas quandoque per bonos prædicatores quo ad bonam intentionem, quandoque per malos quo ad malam; et de utraque gaudendum est, sicut dictum est. Et ideo dicit quid enim, etc..

Per occasionem annuntiat Christum, qui non intendit hoc principaliter sed propter aliud, puta lucrum vel gloriam. Prov. XVIII, 1: occasionem quærit, qui recedere vult ab amico. Per veritatem autem, quando ex recta intentione. Is. XXXVIII, 3: obsecro, Domine, memento, quæso, quomodo ambulaverim coram te in veritate, et corde perfecto, etc.. Sed hoc utroque modo fit ad utilitatem ecclesiæ, ideo dicit si Christus annuntietur, etc., quia si aliud annuntiaret quam Christum, tunc multum interesset, quod fit quando falsa doctrina docetur. Augustinus: pastor qui propter veritatem annuntiat, est amandus; mercenarius qui propter lucrum, est tolerandus; qui falsus, expellendus.

Deinde ponit gaudium consequens, dicens et in hoc, scilicet quod vincula mea manifesta sunt propter Christum, quod Christus annuntiatur, gaudeo, in præsenti, Io. XIV, 28: si diligeretis me, gauderetis utique, etc., et gaudebo in futurum, Is. LI, 3: gaudium et lætitiam obtinebunt, etc..

Deinde cum dicit scio enim, etc., ponit fructum ex profectu suo provenientem.

Et primo ponit ipsum fructum; secundo movet quamdam dubitationem, ibi quod si vivere, etc..

Item primo proponit fructum; secundo auxilium ipsum consequendi, ibi per vestram orationem, etc.; tertio assignat materiam fructus, ibi sed non in omni, etc..

Dicit ergo: gaudeo de his, et hoc propter fructum provenientem ex eis in salutem æternam. Is. XLV, 17: salvatus est Israel in Domino salute æterna, etc.. Et hoc ideo, quia quando nos aliqua bona facimus cooperando saluti aliorum, redundat in salutem nostram.

Si enim, ut dicitur Matth. XVIII, 6, qui scandalizaverit unum ex his pusillis, etc.; quanta gloria dignus est qui salutem multorum procurat? auxilium autem est triplex, scilicet ex parte aliorum mutua oratio. Unde dicit per vestras orationes, scilicet ex quibus spero adiuvari a Deo. Iac. Cap. Ult.: orate pro invicem, ut salvemini, etc..

Ex parte Dei, de quo habemus spem salutis.

Is. XXVI, 17 s.: a facie tua, Domine, concepimus, et quasi parturivimus, et peperimus spiritum salutis. Et ideo dicit et subministrationem spiritus Iesu Christi. Rom. VIII, 26: spiritus adiuvat infirmitatem nostram.

Et loquitur similitudinarie. Quando enim aliquis est debilis, indiget relevante ut sustentetur, et hoc est subministrare; et nos debiles sumus, ideo indigemus subministratione spiritus.

Io. XIV, 26: et suggeret vobis omnia, etc.; quasi vobis subministrando.

Ex parte nostra est spes in Deo, quia, Prov. XI, 28: qui confidit in divitiis, corruet.

Oportet ergo quod spes nostra sit in Deo, etc.. Ps. CXXIV, 1: qui confidunt in Domino sicut mons sion, etc.. Et ideo dicit secundum expectationem, et spem meam.

Sed nonne spes est expectatio futuræ beatitudinis? dicendum est quod spes est motus appetitus in bonum arduum. Et hoc dupliciter: quia quando quis sperat adipisci per se, sic spes est sine expectatione; quando autem per alium, tunc est spes cum expectatione, et sic nos expectamus, spem habentes aliquid consequi per alium. Ps. XXXIX, 2: expectans expectavi Dominum, etc.. Rom. VIII, 24: spe salvi facti sumus.

Sed dicit scio, et postea spero et expecto. Numquid certa est hæc spes? respondet apostolus dicens: ita, quia in nullo confundar. I Mac. II, 61: omnes qui sperant in illo, non infirmantur. Rom. V, 5: spes autem non confundit. Eccli. II, 11: nullus speravit in Domino, et confusus est.

Huius primo rationem assignat, secundo exponit eam, ibi mihi enim vivere, etc..

Ratio hæc sumitur ex hoc, quod ipse totaliter ordinatur ad servitium Christi, quasi dicat: ideo hæc mihi provenient in salutem, quia totaliter sum ad servitium Christi.

Et primo ponit fiduciam; secundo perseverantiam; tertio certitudinem intentionis.

Dicit ergo sed in omni fiducia, etc., quasi dicat: multi persequuntur me, sed ego confido in Deum. Is. XII, 2: fiducialiter agam, et non timebo. Ps. XI, 6: fiducialiter agam in eo.

Sicut semper id est a principio conversionis.

Act. IX, 27: quomodo in Damasco fiducialiter egerit, etc.. Ita et nunc, Iob XXVII, 6: iustificationem meam quam cœpi tenere, non deseram.

Tertio, ostendit quod sit eius recta intentio, quia magnificabitur Christus, qui cum sit verus Deus, non potest in seipso magnificari vel minorari, sed in nobis, id est in cognitione aliorum. Tunc ergo quis magnificat Christum, quando eius cognitionem dilatat. Eccli. XLIII, 35: quis magnificabit eum sicuti est a principio? et hoc et verbo et facto, quando magnitudo divini effectus ostendit magnitudinem eius.

Et inter effectus mirabiles iustificatio est hæc, quamdiu est in corde hominis latens, non magnificabitur per eam Christus, nisi quantum ad cor illius, non quantum ad alios, sed quandocumque prorumpit in exteriora per actus corporales apparentes; tunc vere et proprie magnificatur. Et ideo ait in corpore meo.

In corpore nostro Christus dupliciter magnificatur.

Uno modo in quantum corpus nostrum deputamus ad obsequium eius, ministeria eius corporaliter exequendo. I Cor. VI, 20: glorificate, et portate Deum in corpore vestro.

Alio modo corpus nostrum exponendo pro Christo. I Cor. XIII, 3: si tradidero corpus meum, ita ut ardeam, etc.. Sed primus modus fit per vitam; secundus vero per mortem. Ideo dicit sive per vitam, quia vivendo operatur, sive per mortem. Rom. XIV, 8: sive vivimus, sive morimur, Domini sumus, etc.. Quod etiam intelligi potest de morte spirituali. Col. III, 5: mortificate membra vestra quæ sunt super terram, etc..

Deinde exponit quomodo mortificabitur per vitam et per mortem, dicens mihi enim vivere, etc..

Vita enim importat motionem quamdam.

Illa enim vivere dicuntur, quæ ex se moventur.

Et inde est quod illud videtur esse radicaliter vita hominis, quod est principium motus in eo. Hoc autem est illud, cui affectus unitur sicut fini, quia ex hoc movetur homo ad omnia. Unde aliqui dicunt illud, ex quo moventur ad operandum, vitam suam, ut venatores venationem, et amici amicum. Sic ergo Christus est vita nostra, quoniam totum principium vitæ nostræ et operationis est Christus. Et ideo dicit apostolus mihi enim vivere, etc., quia solus Christus movebat eum.

Et mori lucrum, hic apostolus proprie loquitur.

Quilibet enim sibi ad lucrum reputat, quando vitam quam habet imperfectam potest perficere. Sic infirmus ad lucrum reputat sanam vitam. Vita nostra Christus est. Col. III, 3: *vita vestra abscondita est cum Christo in Deo*. Sed hic est imperfecta. II Cor. V, 6: *quamdiu sumus in corpore, peregrinamur a Domino*. Et ideo quando morimur corpore, perficitur nobis vita nostra, scilicet Christus, cui tunc præsentes sumus. Ps. CXXVI, 2: *cum dederit dilectis suis somnum, etc.*.

II Tim. IV, 6: *ego enim iam delibor, et tempus meæ resolutionis instat, etc.*.

Deinde cum dicit quod *si vivere, etc.*, ponit dubitationem quamdam circa ea quæ dicta sunt. Et circa hoc duo facit.

Primo ponit dubitationem; secundo solvit eam, ibi *et hoc confidens, etc.*.

Item prima in duas: quia primo ponit dubitationem; secundo proponit rationes ad utramque partem, ibi *coarctor autem, etc.*.

Dicit ergo: si vivere in carne hic mihi est fructus, etc.; verum est quod in corpore meo, dum vivo, magnificatur Christus.

Ergo vivere meum in carne, id est vita mea in carne, est huiusmodi fructus. Unde prædicat effectum de causa, id est si vita affert mihi hunc fructum, ut Christus magnificetur, vita in carne est bona et fructuosa.

Rom. VI, 22: *habetis fructum vestrum in sanctificationem, etc.*. Si ergo ita est, ignoro quid eligam, utrum mori, vel vivere. Rom. VIII, 26: *nam quid oremus sicut oportet nescimus, etc.*. Sap. IX, 14: *cogitationes enim mortalium sunt timidæ, et incertæ providentiæ nostræ*.

Sed quare dubitas? quia *coarctor, etc.*. Primo ponit rationem ad partem unam; secundo ad aliam.

In homine enim duplex est motus, naturæ scilicet et gratiæ. Naturæ ad non moriendum.

II Cor. V, 4: *nolumus expoliari, sed supervestiri, etc.*. Io. Cap. Ult.: *et alius ducet te quo tu non vis, etc.*. Et gratiæ, quam suggeret charitas, quæ movet ad dilectionem Dei et proximi. Hic affectus ad dilectionem Dei movet, ut simus cum Christo. Et ideo dicit *desiderium habens dissolvi*, non simpliciter, sed *esse cum Christo*. II Cor. V, 8: *audemus autem, et bonam voluntatem habemus magis peregrinari a corpore, et præsentes esse ad Dominum, etc.*.

In quo notatur falsitas opinionis Græcorum, quod animæ sanctorum post mortem non statim sunt cum Christo.

Et hoc ideo opto, quia est multo melius esse cum Christo. Ps. LXXII, 25: *quid enim mihi est in cælo, etc.*. *Defecit caro mea, et cor meum*, scilicet ad habendum bonum. Ps. LXXXIII, 11: *melior est dies una in atriis tuis super millia, etc.*.

Dilectio autem proximi movet ad profectum proximi, et ideo dicit *permanere autem, etc.*, id est necessaria est vita mea propter utilitatem vestram. II Cor. V, 13: *sive mente excedimus, Deo, sive sobrii sumus, vobis, etc.*.

Vel aliter *coarctor, etc.*, id est ex

duplici parte insurgit desiderium dissolvi, etc., melius, etc.. Sententia non mutatur. Sed hoc non videtur dubitabile, quinimo videtur etiam apostolus in priorem partem declinare.

Primum enim desiderium excitat in nobis dilectio Dei, secundum dilectio proximi: maius autem et melius est desiderium primum, igitur, etc..

Respondeo. Dicendum est quod duplex est dilectio Dei, scilicet dilectio concupiscentiæ, qua vult frui Deo et delectari in ipso, et hoc est bonum hominis. Item est dilectio amicitiæ, qua homo præponit honorem Dei etiam huic delectationi, qua fruitur Deo, et hæc est perfecta charitas. Unde Rom. VIII, 38: neque mors, neque vita, neque Angeli, etc..

Et subdit IX cap., 3: optabam ego anathema fieri pro fratribus meis, etc.. Et hoc dixit, ut ostendat se esse perfectioris charitatis, quasi sit paratus propter amorem Dei et gloriam carere delectatione visionis Dei; et ideo hoc elegit, et bene, tamquam magis perfectum.

Lectio 4

Posita dubitatione et rationibus hinc inde, hic solvit dubitationem. Et primo, quasi eligens unam partem, prænuntiat post futurum adventum suum ad eos quantum ad se; secundo ostendit quid requiratur ex parte eorum, ibi tantum digne, etc..

Item prima in tres, quia primo præmittit futurum adventum; secundo ostendit fructum; tertio illum fructum exponit.

Dicit ergo: postquam supra dictum est quod permanere in carne necessarium est propter vos, et hoc quod mea vita est fructuosa vobis, scio, ideo scilicet quia permanebo, sed hoc quasi confidens de Deo. Prov. XVIII: iustus quasi leo confidens, etc.. Manebo et permanebo, id est vivam et diu vivam.

Sed contra, statim occisus est a Nerone.

Respondeo. Dicendum est quod epistola est facta vel scripta primo anno incarcerationis, quod fuit primo anno Neronis. Unde postea vixit septem annis.

Omnibus vobis, id est ad utilitatem omnium vestrum. I Cor. X, 33: non quærens quod mihi utile est, sed quod multis, ut salvi fiant. Et hoc ad profectum vestrum, id est, ut per meam exhortationem proficiatis in fide et gaudeatis de mea vita quam audistis, sed magis gauderetis si essem præsens.

Rom. I, 11: desidero autem videre vos, etc..

Deinde exponit quod dixerat, dicens ut gratulatio vestra, etc., id est si detur ut iterum veniam ad vos, est ut gaudium abundans sim vobis. Eph. III, 20: ei autem qui potens est omnia facere superabundanter quam petimus, aut intelligimus, etc.. Et hoc in Christo Iesu, quia hoc ipsum quod gaudebant de eo, erat propter Christum. Philem. 20: fruar te in Domino, etc..

Deinde cum dicit tantum digne, etc., ostendit quid requiratur ex parte eorum.

Et circa hoc tria facit, quia primo facit hoc; secundo manifestat utilitatem inde consequentem; tertio explicat.

Dicit ergo quod tantum ex parte eorum requiritur quod in evangelio Christi digne conversentur, scilicet secundum quod doctrinæ tali congruit. I Thess. II, 12: testificati sumus, ut ambularetis digne Deo, qui vocavit vos in suum regnum et gloriam, etc..

Col. I, 10: ambuletis digne Deo, etc.. Ut sive cum venero ad vos et videro vos, sive absens, audiam de vobis bona. Et hoc gaudium est mihi. I Io. III: maiorem horum non habeo gratiam, quam ut audiam filios meos in veritate ambulare, etc..

Et nunc in speciali expetit ab eis, primo unitatem, secundo constantiam, ibi et in nullo, etc..

Est autem sanctis necessaria unitas triplex, scilicet amoris; unde dicit audiam de vobis, quod scilicet statis in uno spiritu, quod est per amorem. Eph. IV, 3: solliciti servare unitatem spiritus in vinculo pacis. Et I Cor. VI, 17: qui autem adhæret Domino, unus spiritus est.

Item concordiæ; unde dicit unanimes, id est unam voluntatem, et animum habentes.

Act. IV, 32: multitudinis credentium erat cor unum, et anima una. Ps. LXVII, 7: qui inhabitare facit unius moris in domo, etc..

Item, cooperationis. Unde dicit collaborantes, etc., ut scilicet unus adiuvet alium.

Ad hoc facit quod dicitur I Reg. XXV, 1: congregatus est Israel universus, et planxerunt eum, scilicet Samuelem. Prov. XVIII, 19: frater qui iuvatur a fratre quasi civitas firma.

Secundo expetit constantiam, ibi et in nullo, etc.. Et primo inducit ad fortitudinem; secundo ponit rationem.

Dicit ergo et in nullo, etc.; quia nihil possunt, nisi quantum Deus permittit. Lc. XXI, 18: capillus de capite vestro non peribit.

Ps. I, 3: folium eius non defluet, etc.. Is. LI, 12: quis tu ut timeas ab homine mortali, et a filio hominis, qui quasi fœnum ita arescet? ratio autem est triplex. Prima sumitur a fructu tribulationis; secunda ex dono duplici Dei; tertia ab actore.

Dicit ergo non terreamini, quia est vobis fructus, id est ipsa persecutio quæ in illis, scilicet persequentibus, est causa perditionis, sed vobis est causa salutis. Matth. XVI, 25: qui voluerit animam suam salvam facere, perdet eam, etc.. Io. XII, 25: qui amat animam suam perdet eam. Os. XII: perditio tua ex te, Israel, tantummodo ex me auxilium tuum, etc.. Et hoc a Deo, a quo pro munere donatum est vobis, quod sustineatis tribulationes patienter.

Secunda ratio, ut in eum credatis. Eph. II, 8: gratia enim estis salvati per fidem, quod est magnum et primum donum. Et etiam ut pro illo patiamini, quod est maius donum, ut scilicet curam Christi agatis, quasi athletæ eius. Act. V, 41: ibant apostoli gaudentes a conspectu Concilii, etc.. Si ergo utile est et honorificum, ideo agatis fortiter.

Tertia ratio sumitur ex exemplo, quia ita tractat eosdem, sicut nos qui sumus primitiæ fidelium. Et ideo dicit idem certamen habentes, quale et vidistis in me, scilicet apud vos, quando nudus fui verberatus Philippis, propter pythonissam liberatam, Act. XVI, 16 s.: et nunc audistis de me, qui sum in vinculis.

Capitulus II

Lectio 1

Supra præbuit se in exemplum patientiæ et sanctitatis, hic ad idem adducit cxcmpla aliorum. Et primo ponit exemplum Christi; secundo exempla suorum discipulorum, quos ad eorum confirmationem mittere promittit, ibi spero autem in Domino, etc..

Circa primum tria facit, quia primo præmittit exhortationem; secundo inducit exemplum, ibi hoc enim sentite, etc.; tertio concludit propositum ex exemplo Christi, ibi itaque, charissimi mei, etc..

Circa primum, primo est considerandum medium quo eos inducit; secundo ad quod inducit, ibi implete gaudium, etc..

Utitur autem, circa primum, quadruplici medio. Primo ex devotione ad ipsum Christum; secundo ex charitate proximi; tertio ex speciali societate; quarto ex miseratione.

Dicit ergo si qua ergo consolatio, etc..

Hæc quatuor media quæ hic consequenter ponuntur, omnia referuntur ad hoc quod subdit implete, etc.. Et est sensus, quasi dicat: consolari volo in vobis. Si qua ergo consolatio, id est si quam consolationem mihi afferre vultis in Christo, implete meum gaudium. Is. LXI, 3: ut ponerem fortitudinem lugentibus sion, etc.. II Cor. I, 4: consolatur nos in omni tribulatione, ut et ipsi possimus consolari, etc..

Ex parte vero charitatis fraternæ, dicit si quod solatium charitatis, scilicet est, implete gaudium meum. Gal. III: fructus autem spiritus est charitas, gaudium, pax, etc.. Ps. CXXXII, 1: ecce quam bonum, etc..

Item ex speciali societate, et hæc est inter homines, qui communicant in rebus. Sicut socii in bellicis armis, ita boni spirituales, quæ sibi communicant in spiritualibus bonis. Et ideo dicit si qua societas spiritus, scilicet est mihi ad vos, implete meum gaudium. Quasi dicat: exhibui ego vobis multam consolationem vestram; si ergo socii mei estis, exhibete idem et vos mihi. Eph. IV, 3: solliciti servare unitatem spiritus in vinculo pacis, etc..

Prov. XVIII, 24: vir amicabilis ad societatem magis amicus erit quam frater.

Item ex miseratione, cum dicit si qua

viscera miserationis. Col. III, 12: induite vos sicut electi Dei sancti et dilecti viscera misericordiæ, etc..

Deinde ponit ea ad quæ inducit.

Et primo in generali, dicens implete, etc., quasi dicat: gaudeo in vobis, propter bona quæ vidi et audivi de vobis; sed quando hæc perficientur, tunc gaudium meum crescet et tandem perficietur. Unde illud implete, scilicet proficiendo in bonum.

Secundo in speciali monet ad mutuam charitatem, cuius unitas in duobus consistit, scilicet interius in affectu et exterius in effectu. I Io. III, 18: non diligamus verbo, neque lingua, sed opere et veritate. Prima designatur in obiecto charitatis, cum dicit idem sapite. Sapientia enim est cognitio altissimarum causarum, quia eius est iudicare; quod nullus potest sine causa altissima. Et ideo sapientia est cognitio de divinis. Idem ergo sapite, etc., quasi dicat: idem sapiatis circa ea quæ sunt fidei. Rom. XV, 5 s.: Deus autem patientiæ et solatii det vobis idipsum sapere in alterutrum secundum Iesum Christum, ut uno ore glorificetis Deum. Sed hoc fit per charitatem eamdem; ideo sequitur eamdem charitatem habentes. Col. III, 14: super omnia charitatem habentes, quod est vinculum perfectionis.

Item, quantum ad effectum, sunt duo necessaria, scilicet consensus duorum in idem ex parte affectus, et iudicium rationis concors in eodem. Quantum ad primum dicit unanimes, scilicet in agendis. Ps. LXVII, 7: qui habitare facit unius moris in domo. Rom. XV, 6: uno ore honorificetis Deum. Quantum ad secundum dicit idipsum sentientes.

Quod ita differt ab hoc quod dicit idem sapite, sicut hoc quod dicit unanimes, ab eo quod dicit eamdem charitatem habentes.

Secundo, monet ad humilitatem; circa quam primo excludit contraria humilitati; secundo monet ad eam.

Contraria autem humilitati sunt quæ oriuntur ex superbia. Hæc autem sunt proprie exterior contentio, quia humiles sibi cedunt.

Prov. XIII, 10: inter superbos semper iurgia sunt, etc.. Iac. III, 16: ubi zelus et contentio, ibi inconstantia et omne opus pravum.

Ideo dicit nihil per contentionem.

Aliud est inanis gloria. Superbus enim inordinate appetit suam excellentiam, etiam in opinione aliorum. Gal. V, 26: non efficiamur inanis gloriæ cupidi, invicem provocantes, invicem invidentes, etc.. Io. VIII, 50: ego autem non quæro gloriam meam, etc.. Ideo hic dicit neque per inanem gloriam.

Et sequitur monitio sed in humilitate superiores invicem arbitrantes. Sicut enim pertinet ad superbiam quod homo se extollat supra se, ita ad humilitatem quod homo se subiiciat secundum suam mensuram.

Sed quomodo superior poterit hoc implere? aut enim non cognoscit se esse superiorem, et virtutem suam, et sic non est virtuosus, quia non est prudens. Aut scit, et sic non potest alium existimare superiorem se.

Respondeo. Dicendum est, quod nullus est sic bonus, quin in eo sit aliquis defectus, et nullus est sic malus, quin habeat aliquid boni.

Unde non oportet quod eum præponat sibi simpliciter, sed quantum ad hoc dicat in mente sua sic: forte in me est aliquis defectus, qui non est in illo. Et hoc ostendit Augustinus in libro de virginitate, quomodo virgo præferat sibi coniugatam, quia forte ferventior. Sed, detur quod quantum ad omnia sit ille bonus, et ille malus, nihilominus tu et ille geritis duplicem personam, scilicet tui, et Christi. Si ergo illum non præponas, ratione suæ personæ, præponas ratione imaginis divinæ. Rom. XII, 10: honore invicem prævenientes.

Tertio monet ad mutuam sollicitudinem, dicens non quæ sua, etc.. I Cor. XII, 25: pro se invicem sollicita sunt membra, etc.. I Cor. XIII, 5: charitas non quærit quæ sua sunt.

Lectio 2

Postquam apostolus posuit exhortationem suam, hic hortatur ad virtutem humilitatis, exemplo Christi. Et primo inducit ad imitandum Christi exemplum; secundo ponit eius exemplum, ibi qui cum in forma, etc..

Dicit ergo: sitis humiles, ut dixi, ideo hoc sentite, id est experimento tenete quod fuit in Christo Iesu.

Notandum quod quinque modis debemus hoc sentire, scilicet quinque sensibus. Primo videre eius charitatem, ut ei conformemur illuminati.

Is. XXXIII, 17: regem in decore suo videbunt, etc.. II Cor. III, 18: nos autem omnes revelata facie gloriam Dei speculantes, etc.. Secundo audire eius sapientiam, ut beatificemur. III Reg. X, 8: beati viri tui, et beati servi tui, hi qui stant coram te, et audiunt sapientiam tuam. Ps. XVII, 45: in auditu auris obedivit mihi. Tertio odorare gratias suæ mansuetudinis, ut ad eum curramus.

Cant. I, 3: trahe me post te, curremus in odorem unguentorum tuorum.

Quarto gustare dulcedinem eius pietatis, ut in Deo semper dilecti simus. Ps. XXXIII, 9: gustate et videte quoniam suavis est Dominus.

Quinto tangere eius virtutem, ut salvemur.

Matth. IX, 21: si tetigero tantum fimbriam vestimenti eius, salva ero. Et sic sentite quasi tangendo per operis imitationem.

Deinde cum dicit qui cum in forma Dei, etc., proponit exemplum Christi. Et primo præmittit Christi maiestatem; secundo ponit eius humilitatem, ibi semetipsum, etc.; tertio exaltationem, ibi propter quod, etc..

Et primo maiestatem Christi præmittit, ut magis humilitas commendetur. Et duo proponit pertinentia ad Christi dignitatem, scilicet divinæ naturæ veritatem; secundo æqualitatem, ibi non rapinam.

Dicit ergo qui, scilicet Christus, cum in forma, etc.. Unumquodque enim dicitur in natura generis vel speciei per suam formam, unde forma dicitur natura rei. Et sic esse in forma Dei est esse in natura Dei, per quod intelligitur quod sit verus Deus.

I Io. Cap. Ult.: ut simus in vero filio eius Iesu Christo. Sed non est intelligendum quod aliud sit forma Dei et aliud ipse Deus: quia in simplicibus et materialibus idem est forma et id cuius est, maxime in Deo.

Sed quare potius dicit in forma, quam in natura? quia hoc competit nominibus propriis filii tripliciter. Dicitur enim et filius, et verbum, et imago. Filius enim est qui generatur, et finis generationis est forma. Et ideo, ut ostendatur perfectus Dei filius, dicit in forma, quasi habens perfecte formam patris.

Similiter verbum non est perfectum nisi quando ducit in cognitionem naturæ rei; et sic verbum Dei in forma Dei dicitur, quia habet totam naturam patris. Similiter nec imago dicitur perfecta, nisi habeat formam cuius est imago. Hebr. I, 3: cum sit splendor gloriæ, et figura substantiæ eius, etc..

Sed numquid habet eam perfecte? sic, quia non rapinam, etc.. Quod posset dupliciter intelligi.

Uno modo de humanitate, et ita non intelligebat Paulus, quia hoc esset hæreticum; quia hoc esset rapina, si referretur ad humanitatem.

Ideo exponendum est alio modo, scilicet de divinitate, secundum quam dicitur de Christo.

Repugnat etiam rationi aliter dicere, quia natura Dei non est receptibilis in materia; quod autem aliquis existens in natura aliqua magis vel minus participet eam, est ex materia, sed ibi non est; ergo dicendum est, quod arbitratus est non esse rapinam, scilicet se esse æqualem Deo, quia est in forma Dei, et cognoscit bene naturam suam. Et quia cognoscit hoc, ideo dicitur Io. V, 18: æqualem se Deo facit; sed hoc non fuit rapina: sicut quando diabolus et homo volebat ei æquari.

Is. XIV, 14: ero similis altissimo, etc., et gen. III, 5: eritis sicut dii. Hæc autem fuit rapina; ideo pro hac Christus venit satisfacere.

Ps. LXVIII, 5: quæ non rapui, tunc exsolvebam.

Deinde cum dicit sed semetipsum, etc., humilitatem Christi commendat.

Primo quantum ad mysterium incarnationis; secundo quantum ad mysterium passionis, ibi humiliavit se, etc..

Circa primum ponit humilitatem; secundo eius modum et formam.

Dicit ergo sed semetipsum, etc.. Sed quia erat plenus divinitate, numquid ergo evacuavit se divinitate? non, quia quod erat permansit et quod non erat, assumpsit. Sed hoc est intelligendum secundum assumptionem eius quod non habuit, sed non secundum assumptionem eius quod habuit. Sicut enim descendit de cælo, non quod desineret esse in cælo, sed quia incepit esse novo modo in terris, sic etiam se exinanivit, non deponendo divinam naturam, sed assumendo naturam humanam.

Pulchre autem dicit exinanivit. Inane enim opponitur pleno. Natura autem divina satis plena est, quia ibi est omnis bonitatis perfectio.

Ex. XXXIII, 19: ostendam tibi omne bonum.

Natura autem humana, et anima non est plena, sed in potentia ad plenitudinem; quia est facta quasi tabula rasa. Est ergo natura humana inanis. Dicit ergo exinanivit, quia naturam humanam assumpsit.

Tangit ergo, primo, naturæ humanæ assumptionem, dicens formam servi accipiens.

Homo enim ex sua creatione est servus Dei, et natura humana est forma servi.

Ps. XCIX, 3: scitote quoniam Dominus ipse est Deus, etc.. Is. XLII, 1: ecce servus meus, etc..

Ps. III, 4: tu autem, Domine, susceptor meus es, etc..

Cur dicitur convenientius formam servi, quam servum? quia servus est nomen hypostasis vel suppositi, quod non est assumptum sed natura: quod enim suscipitur, distinguitur a suscipiente. Non ergo filius Dei assumpsit hominem; quia daretur intelligi quod homo esset aliud a filio Dei, cum tamen filius Dei factus sit homo. Accepit ergo naturam in persona sua, ut esset idem in persona filius Dei et filius hominis.

Secundo tangit naturæ conformitatem, dicens in similitudinem hominum factus, scilicet secundum speciem. Hebr. II, 17: debuit per omnia fratribus assimilari.

Et si dicas quod in Domino Iesu Christo non convenit speciem accipere, verum est, quæ resultet ex divinitate et humanitate, quasi divinitas et humanitas convenissent in unam naturam communem. Unde sequeretur quod divina natura (ut ita loquar) mutaretur.

Tertio naturæ humanæ conditiones ponit, dicens et habitu inventus ut homo, quia defectus omnes et proprietates continentes speciem, præter peccatum, suscepit. Et ideo habitu inventus ut homo, scilicet in exteriori conversatione, quia esuriit ut homo, fatigatus fuit, et huiusmodi. Hebr. IV, 15: tentatum per omnia pro similitudine absque peccato. Bar. III, 38: post hæc in terris visus est, et cum hominibus conversatus est.

Et sic habitum possumus referre ad exteriores habitudines.

Vel habitu, quia ipsam humanitatem accepit quasi habitum. Est autem habitus quadruplex. Unus mutat habentem, et ipse non mutatur, ut stultus per sapientiam. Alius mutatur et mutat, ut cibus. Alius, qui nec mutat, nec mutatur, ut annulus adveniens digito.

Alius, qui mutatur, et non mutat, ut

vestimentum. Et per hanc similitudinem natura humana in Christo dicitur habitus, qui sic advenit divinæ personæ, quod non mutavit ipsam; sed mutata est in melius, quia impleta est gratia et veritate. Io. I, 14: vidimus gloriam eius, gloriam quasi unigeniti a patre, plenum gratiæ et veritatis.

Dicit ergo in similitudinem hominum factus, ita tamen quod non mutatur, quia habitu inventus est ut homo.

Sed advertendum est quod ex hoc verbo habitu, etc., aliqui erraverunt. Unde tangitur triplex opinio VI distinct. III sentent..

Prima est quod humanitas Christi advenit ei accidentaliter, quod est falsum: quia suppositum divinæ naturæ factum est suppositum humanæ naturæ; et ideo accidentaliter non advenit ei, sed substantialiter, non quod divinitas naturaliter non advenit ei, sed substantialiter prædicetur de ipso. Et per hoc etiam excluditur error Photini, qui dixit quod Christus esset purus homo, non de virgine, quia dicitur cum in forma Dei esset. Ergo prius in forma Dei erat, quam acciperet formam servi, ex qua est minor patre, quia non rapinam, etc.. Vincitur ergo quod per formam servi meruit.

Item excluditur error Arrii, qui dixit quod esset minor patre, quia non rapinam, etc..

Item Nestorii, qui dixit quod unio esset intelligenda secundum inhabitationem, inquantum scilicet Deus inhabitavit hominem, et quod alius est filius hominis et alius filius Dei. Sed Rabanus dicit quod apostolus incarnationem nominat exinanitionem. Constat autem quod pater inhabitat et spiritus sanctus: ergo et isti sunt exinaniti, quod est falsum.

Item dicit: semetipsum exinanivit, ergo idem est qui exinanitus est, et exinaniens. Sed huiusmodi est filius Dei, quia ipse semetipsum exinanivit, ergo est unio in persona.

Item Eutychetis, qui dixit quod ex duabus naturis resultat etiam una natura. Ergo non accepit formam servi, sed quamdam aliam, quod est contra hoc.

Item valentini, qui dixit quod attulit corpus de cælo.

Item Apollinaris, qui dixit quod non habuit animam. Sic enim non esset in similitudinem hominum factus.

Deinde cum dicit humiliavit semetipsum, etc., commendat humilitatem Christi quoad mysterium passionis eius. Et primo ostendit humilitatem Christi; secundo modum, ibi factus obediens, etc..

Est ergo homo, sed valde magnus, quia idem est Deus et homo, et tamen humiliavit se. Eccli. III, 20: quanto maior es, humilia te in omnibus. Matth. XI, 29: discite a me, quia mitis sum et humilis corde.

Modus humiliationis et signum humilitatis est obedientia, quia proprium superborum est sequi propriam voluntatem: quia superbus quærit altitudinem; ad rem autem altam pertinet quod non reguletur alio, sed ipsa alia regulet, et ideo obedientia contrariatur superbiæ. Unde volens ostendere perfectionem humilitatis et passionis Christi, dicit quod factus est obediens, quia si fuisset passus non ex obedientia, non fuisset ita commendabilis: quia obedientia dat meritum passionibus nostris.

Sed quomodo factus est obediens? non voluntate divina, quia ipsa est regula; sed voluntate humana, quæ regulata est in omnibus secundum voluntatem paternam. Matth. XXVI, 39: verumtamen non sicut ego volo, sed sicut tu.

Et convenienter introducit in passione obedientiam, quia prima prævaricatio est facta per inobedientiam. Rom. V, 19: sicut enim per inobedientiam unius hominis peccatores constituti sunt multi, ita et per obedientiam unius hominis, iusti constituuntur multi. Prov. XXI, 28: vir obediens loquetur victorias.

Sed quod magna et commendabilis sit hæc obedientia, patet: quia tunc est obedientia magna, quando sequitur imperium alterius contra motum proprium; motus autem voluntatis humanæ ad duo tendit: ad vitam et ad honorem; sed Christus non recusavit mortem.

I Petr. III, 18: Christus semel pro peccatis nostris mortuus est, etc.. Item non fugit ignominiam. Unde dicit mortem autem crucis, quæ est ignominiosissima. Sap. II, 20: morte turpissima condemnemus eum. Sic ergo nec refugit mortem, nec genus ignominiosæ mortis.

Lectio 3

Supra commendavit Christi humilitatem, hic commendat eius præmium, quod est exaltatio et gloria. Lc. XIV, 11 et XVIII, 14: omnis qui se exaltat, humiliabitur, et qui se humiliat, exaltabitur. Iob XXII, 29: qui humiliatus fuerit, erit in gloria.

Nota triplicem exaltationem Christi, scilicet quantum ad gloriam resurgentis, ibi propter quod, etc..

Quantum ad notificationem suæ divinitatis, ibi et donavit, etc..

Et quantum ad reverentiam totius creaturæ, ibi ut in nomine, etc..

Dicit ergo propter quod et Deus exaltavit illum, scilicet ut de morte resurgeret.

Item, de mortalitate ad immortalitatem.

Rom. VI, 9: Christus resurgens ex mortuis iam non moritur, mors illi ultra non dominabitur.

Ps. CXVII, 16 s.: dextera Domini exaltavit me, non moriar, sed vivam. Item, exaltavit eum in dextris suis constituendo.

Eph. I, 20 s.: constituens illum ad dexteram suam in cælestibus supra omnem principatum, et potestatem, et virtutem, et dominationem, et omne nomen, etc..

Sed verum est quod alii exaltantur in gloria, et in immortalitate, sed ille plus, quia dedit, ei nomen, etc.. Nomen autem imponitur ad significandam rem aliquam, et tanto nomen est altius, quanto res significata per illud est altior, et ideo nomen divinitatis est altius. Ps. VIII, 2: Domine Dominus noster, quam admirabile est nomen tuum, etc..

Ergo hoc nomen, ut Deus diceretur et esset, dedit isti, scilicet Christo, pater, tamquam vero Deo.

Sed Photinus dicit, quod hoc ponitur hic sicut præmium humilitatis Christi: et dicit, quod non est verus Deus, sed quod sit sibi data quædam eminentia creaturæ, et similitudo divinitatis: quod non est verum, quia dictum est supra: cum in forma Dei esset, etc..

Dicendum ergo est quod in Christo est duplex natura, et unum suppositum. Hæc enim persona Deus est et homo; et ideo potest hoc dupliciter exponi: uno modo ut donaverit ei hoc nomen pater, inquantum est filius Dei, et hoc ab æterno per generationem æternam; quæ donatio nihil est aliud quam æterna eius generatio. Io. V, 26: sicut pater habet vitam in semetipso, sic dedit et filio vitam habere in semetipso, etc..

Alio modo de Christo homine, et sic pater dedit illi homini nomen, ut Deus esset, non per naturam, quia alia est natura Dei, et alia hominis, sed ut esset Deus per gratiam, non adoptionis sed unionis, qua simul esset Deus et homo. Rom. I, 4: prædestinatus est filius Dei in virtute, ille scilicet qui factus est ei ex semine David secundum carnem.

Et hæc est expositio Augustini secundum intentionem apostoli. Similiter habetur act. II, 36: certissime sciat omnis domus, etc..

Prima autem est Ambrosii.

Sed quæris, quantum ad utramque expositionem obiiciendo, cur, postquam dixit humiliavit semetipsum, etc., sequitur hic propter quod, etc., cum præmium non præcedat meritum. Non ergo æterna generatio, nec incarnatio est præmium passionis Christi, quia præcedunt.

Sed dicendum est, quod in sacra Scriptura dicitur aliquid fieri, quando innotescit. Donavit ergo, id est fecit manifestum mundo, quod hoc nomen haberet.

Hoc enim manifestum est in resurrectione, quia ante non erat sic nota divinitas Christi.

Et huic concordat textus sequens, quasi non donaverit quod non haberet, sed ut hoc omnes venerentur.

Et ponitur duplex veneratio, scilicet in subiectione operis, et in confessione oris, ibi et omnis lingua, etc..

Dicit ergo et dedit illi nomen quod est super omne nomen, etiam secundum quod homo.

Ideo subdit ut in nomine Iesu, quod est nomen hominis, omne genu flectatur. Phil. II, 10 et Is. XLV, 24: mihi curvabitur omne genu, etc..

Sed hic erravit Origenes, quia cum audivit quod omne genu flectatur, quod est reverentiam exhibere, reddidit futurum quandoque quod omnis creatura rationalis, sive Angeli, sive homines, sive Dæmones subiicerentur Christo subiectione charitatis.

Sed contra hoc est illud Matth. XXV, 41: ite, maledicti, in ignem æternum, etc..

Sed dicendum est, quod est duplex subiectio: una voluntaria, et alia involuntaria. Et est futurum, quod omnes Angeli sancti Christo subiiciantur voluntarie; et ideo dicit: omne genu flectatur. Et ponitur signum pro signato. Ps. Xcvi, 7: adorate eum, omnes Angeli eius. Item quod homines beati, et sancti ac iusti hoc modo subiicientur. Ps. LXXXV, 9: omnes gentes, quascumque fecisti, venient, et adorabunt coram te, Domine, et glorificabunt nomen tuum. Sed Dæmones et damnati non sic, sed involuntarie subiiciuntur.

Iac. II, 19: Dæmones credunt, et contremiscunt, etc..

Deinde cum dicit et omnis lingua confiteatur, etc., ponitur exhibitio reverentiæ in confessione oris. Omnis lingua, scilicet cælestium, terrestrium et infernorum. Non de confessione laudis dicitur hoc respectu infernorum sed de coacta, quæ fit per recognitionem Dei. Is. XL, 5: videbit omnis caro pariter, quod os Domini locutum est, etc.. Ps. XCVIII, 3: confiteatur nomini tuo magno, quoniam terribile et sanctum est, etc..

Et hoc, quia Dominus Iesus Christus, etc., iste scilicet homo, in gloria, etc.. Non dicit in simili, quia in eadem. Io. V, 23: omnes honorificent filium, sicut honorificant patrem.

Et notandum est, quod in principio dicit qui cum in forma, etc., hic dicit in gloria, quia futurum erat quod illud quod ab æterno habuit, omnibus innotesceret, ut Io. XVII, 5: clarifica me tu, pater, apud temetipsum claritate quam habui priusquam mundus fieret apud te.

Deinde cum dicit itaque, fratres, etc., concluditur exhortatio. Et circa hoc tria facit: quia primo hortatur ad bene agendum; secundo ostendit quomodo debent agere, ibi omnia autem, etc.; tertio, quo fructu, ibi ut sitis, etc..

Item prima in tres. Quia primo commemorat præteritam obedientiam; secundo ostendit quid agere debeant, ibi non in præsentia, etc.; tertio dat fiduciam adimplendi, ibi Deus enim, etc..

Dicit ergo: itaque ex quo Christus sic se humiliavit et propter hoc est exaltatus, debetis scire quod si humiliemini et exaltabimini, et hoc debetis facere, quia semper obedivistis.

Et facit mentionem de obedientia, commendando bona eorum, et hoc ideo, quia per obedientiam intelligitur omnis virtus: quia ex hoc est homo iustus, quod mandata Dei custodit.

Rom. VI, 16: servi estis eius cui obedistis, sive peccati ad mortem, sive obeditionis ad iustitiam, etc.. Item, omne bonum, quantumcumque bonum est per se, per obedientiam redditur melius. Prov. XXI, 28: vir obediens loquetur victorias. Item, quia obedientia inter alias est maxima. Nam offerre de rebus exterioribus est magnum, sed maius si de corpore, maximum autem si de anima et voluntate tua, quod fit per obedientiam.

I Reg. XV, 22: melior est obedientia, quam victimæ, et auscultare magis quam offerre adipem arietum, etc.. Sed si sic fecistis, hortor ut adhuc sic faciatis de cætero.

Deinde cum dicit non in præsenti, etc., ostendit quid agere debeant. Et primo monet ut agant fideliter, quia servus infidelis non servit, nisi quando Dominus videt, quia non curat, nisi placere; sed fidelis semper bene operatur. Et ideo dicit non in præsentia mea tantum, quia sic videretur quod non faceretis ex instinctu bonæ voluntatis.

Eph. VI, 6 s.: non ad oculum servientes, quasi hominibus placentes, sed ut servi Christi, facientes voluntatem Dei: ex animo cum bona voluntate servientes Domino, et non hominibus.

Secundo, ut humiliter, ibi cum metu et tremore, etc.. Superbus enim non timet, sed humilis. I Cor. X, 12: qui se existimat stare, videat ne cadat. Prov. XXVIII, 14: beatus homo qui semper est pavidus. Ps. II, 11: servite Domino in timore, et exultate ei cum tremore.

Tertio salubriter, ibi vestram salutem operamini. Matth. XXIV, 13: qui perseveraverit usque in finem, hic salvus erit.

Deinde cum dicit Deus enim, etc., confirmat fiduciam et excludit quatuor falsas existimationes.

Unam hominum credentium quod homo per liberum arbitrium possit salvari absque divino auxilio. Contra hoc dicit Deus, etc..

Io. XIV, 10: pater in me manens, ipse facit opera: et XV, 5: sine me nihil potestis facere.

Alii omnino negant liberum arbitrium, dicentes quod homo necessitatur a fato, vel a providentia divina. Et hoc excludit, cum dicit in vobis. Quia interius per instinctum movet voluntatem ad bene operandum. Is. XXVI, 12: omnia enim opera nostra operatus es in nobis.

Tertia pelagianorum, sicut et primi, dicentium electiones esse in nobis, sed prosecutiones operum in Deo, quia velle est a nobis sed perficere a Deo. Et hoc excludit, dicens et velle et perficere. Rom. IX, 16: non est volentis, scilicet velle, sine auxilio Dei, neque currentis, scilicet currere, sed miserentis est Dei.

Quarta quod Deus facit omne bonum in nobis, et hoc per merita nostra. Hoc excludit, cum dicit pro bona voluntate, scilicet sua, non pro meritis nostris, quia ante gratiam Dei nihil boni meriti est in nobis. Ps. L, 20: benigne fac, Domine, in bona voluntate tua, etc..

Lectio 4

Supra apostolus induxit ad faciendum opera salutis, hic docet eos modum faciendi. Et primo docet ipsum modum, secundo assignat rationem eius, ibi ut sitis, etc..

Docet duplicem modum faciendi, scilicet sine murmure et sine dubitatione.

Opera enim virtutum sunt difficillima, et in his habet locum murmuratio. I Cor. X, 10: neque murmuraveritis, sicut quidam eorum murmuraverunt, et perierunt ab exterminatore.

Et ne dubitetis an fiant. Iac. I, 6: qui enim hæsitat, similis est fluctui maris, qui a vento movetur, et circumfertur, etc..

Ponit autem huius rationem, et primo ex parte eorum; secundo ex parte apostoli, ibi ad gloriam, etc..

Circa primum ponitur triplex ratio.

Prima in comparatione ad fideles, cum dicit ut sitis sine querela. Lc. I, 6: incedentes in omnibus mandatis et iustificationibus Domini sine querela, etc.. Sine peccato autem nullus esse potest, sed bene sine querela. Unde ad hoc monet.

Secundo in comparatione ad Deum, ibi simplices, etc.. Filius enim est similis patri; Deus autem simplex est; unde simplices simus sicut filii Dei, quod est, quando intentio est ad unum. Iac. I, 8: vir duplex animo, inconstans est in omnibus viis suis. Matth. X, 16: estote prudentes sicut serpentes, et simplices sicut columbæ.

Tertio in comparatione ad infideles, ibi sine reprehensione, etc., id est ut bene se habeant ad infideles, ut scilicet sint sine offensione, in medio nationis pravæ, quantum ad mala opera, et perversæ, quantum ad infidelitatem: et hoc est quando non possunt infamari ab eis. I Tim. V, 14: nullam occasionem date adversario maledicti gratia.

Et huius ratio ponitur, ibi inter quos, etc.. Quia qualitercumque mundus varietur, luminaria cæli clara manent. Matth. V, 14: vos estis lux mundi, etc.. Lucens non quantum ad essentiam, quia sic tantum Deus lux est. Io. I, 4: et vita erat lux hominum, etc.. At vero sancti non sic. Io. I, 8: non erat ille lux, etc.. Sed sunt lux, inquantum habent aliquid lucis illius qui erat lux hominum, scilicet verbi Dei irradiantis nobis.

Et ideo dicit verbum vitæ continentes, scilicet verbum Christi. Io. VI, 68: Domine, ad quem ibimus? verba vitæ æternæ habes.

Ps. CXVIII, 105: lucerna pedibus meis verbum tuum, etc..

Deinde ponit rationem ex parte apostoli, ibi ad gloriam meam.

Secundo manifestat rationem, quia subditi debent bene agere, etiam ut cedat in gloriam prælatorum. Eorum enim est gloria, quando subditi sunt bene instructi. Prov. X, 1: filius sapiens lætificat patrem, etc.. I Thess. II, 20: vos enim estis gloria nostra, etc..

Et hoc in diem Christi, quando scilicet adducet secum fideles.

Et hoc propter duo est ad gloriam, scilicet propter laborem in prædicatione et propter passionem mortis quam sustinuit.

Et ideo dicit quia non in vacuum cucurri, neque in vacuum laboravi. Cursum dicit prædicationem, propter agilitatem, quia a Ierusalem usque in Hispaniam. Item labores, propter contradictiones et pœnas quas pertulit, et hoc non in vacuum, immo in multum fructum. I Cor. XV, 10: gratia eius in me vacua non fuit.

Item propter passionem, ibi sed et si immolor. Convertens enim aliquos, quasi de illis quos convertit, offert sacrificium Deo. Sed quandoque offerentes a tyrannis occisi sunt supra sacrificium, sicut habetur Lc. XIII, 1. Et ideo dicit: offero Deo sacrificium de vobis.

Sed si contingat quod et ego supra hoc immolor, id est, occasione sacrificii conversionis vestræ occidar, gaudeo propter me. Iac. I, 2: omne gaudium existimate, fratres mei, cum in tentationes varias incideritis, etc..

Et congratulor vobis quod habetis fidem etiam cum periculo personæ meæ, cui et in hoc congratulamini. Et ideo dicit idipsum gaudete et congratulamini mihi. Rom. XII, 15: gaudere cum gaudentibus.

Deinde cum dicit spero autem, etc., proponit in exemplum discipulos suos. Et primo Timotheum, secundo Epaphroditum, ibi necessarium autem, etc..

Circa primum, primo præmittit missionem Timothei; secundo commendat eum, ibi neminem, etc.; tertio innuit tempus missionis, ibi hunc igitur, etc..

Dicit ergo spero, etc.. Notandum est, quod apostolus sic habuit fiduciam in Deo, quod etiam minima attribuebat Deo.

II Cor. III, 5: non quod sufficientes simus cogitare aliquid a nobis quasi ex nobis, sed sufficientia nostra ex Deo est.

Littera est plana.

Deinde commendat eum, et primo ex charitate ad eos; secundo ex devotione ad apostolum, ibi experimentum, etc.. Et sic facit bonus mediator, quia illos diligit, hunc veneratur. Item primo ponit commendationem; secundo exponit, ibi omnes enim quæ, etc..

Dicit ergo mitto, etc., quia neminem, etc., scilicet in profectum vestrum. Ps. LXVII, 7: qui inhabitare facit unius moris in domo. Qui sollicitus sit. Rom. XII, 8: qui præest in sollicitudine. Sincera affectione, quia solum propter Deum. II Cor. I, 17: ex sinceritate, sicut ex Deo, coram Deo, in Christo loquimur.

Ratio autem quare neminem, etc., quia omnes quæ, etc., id est non quæ ad salutem proximorum sunt, et ad honorem Dei quærunt, sed quæ ad lucrum et gloriam, et quæ sua sunt.

Sed numquid Lucas et Epaphroditus et alii, qui erant cum apostolo, quærebant quæ sua sunt? respondeo. Dicendum est, quod in societate apostoli plures erant, qui hoc quærebant, qui et deseruerunt eum. II Tim. IV, 10: *demas enim me dereliquit, diligens sæculum, et abiit Thessalonicam: crescens in Galatiam: Titus in Dalmatiam: Lucas et mecum solus.*

Sed consuetudo est quod aliquando Scriptura loquitur de nonnullis, sicut de omnibus. Ier. VI, 13: *a minori quippe usque ad maiorem omnes avaritiæ student, et a propheta usque ad sacerdotem cuncti faciunt dolum*, etc.. Et ideo est distributio accommoda.

Et si vultis scire, quomodo se habet ad me, respondeo experimentum, etc., id est quasi esset specialis filius. I Cor. IV, 17: *ideo, misi ad vos Timotheum, qui est filius meus charissimus et fidelis in Domino*, etc..

Hunc ergo sic sollicitum pro vobis, sic mihi charum, spero, etc..

Sed quare non statim? est sciendum, quod aliter est de Christo et de aliis sanctis. In Christo enim est plenitudo gratiarum, unde habuit semper notitiam omnium; non sic alii sancti. Unde apostolus prævidebat aliqua de futuris circa se, aliqua ignorabat. Et sic non revelatum erat sibi, an deberet liberari de vinculis. Et ideo dicit mox, etc.. Quia si detur facultas, personaliter veniam. Et ideo confido, etc.. Sed tamen liberatus a vinculis non fuit. Ps. XVII, 29: *quoniam tu illuminas lucernam meam, Domine Deus meus, illumina tenebras meas.* Semper enim aliquid tenebrosum est in sanctis.

Deinde cum dicit necessarium, etc., proponit in exemplum alium suum discipulum, scilicet Epaphroditum. Et primo describit ipsum; secundo ostendit quomodo suscipiatur, ibi excipite, etc..

Circa primum duo facit, quia primo commendat eum; secundo ostendit causam missionis, ibi quoniam quidem, etc.; tertio eam exponit, ibi nam et infirmatus est, etc..

Dicit ergo necessarium, etc.. Nominat autem eum fratrem, propter fidem. Matth. XXIII, 8: *omnes vos fratres estis*, etc..

Cooperatorem, scilicet in labore prædicationis.

Prov. XVIII, 19: *frater qui iuvatur a fratre, quasi civitas firma.* Et commilitonem, etc.. Quia simul passi tribulationem. II Tim. II, 3: *labora sicut bonus miles Christi Iesu*, etc.. Apostolum, id est doctorem.

Hic fuit episcopus Philippensium, et missus ab eis ut serviret apostolo, et ideo dicit ministrum necessitatis meæ. Infra IV, 18: *repletus sum acceptis ab Epaphrodito, quem misistis in odorem suavitatis, hostiam acceptam, placentem Deo.*

Sed quare? ad satisfaciendum desiderio, quo desiderio desiderabat videre vos.

Rom. I, 11: *desidero enim vos*, etc..

Item ad subveniendum suæ tristitiæ, quia tristis erat de vestra tristitia, quam conceperatis, quando audistis eum infirmari.

Et exponit causam, dicens nam et

infirmatus est usque ad mortem, scilicet secundum iudicium medicorum, non autem secundum providentiam divinam, sed ad honorem Dei. Io. XI, 4: infirmitas hæc non est ad mortem, sed pro gloria Dei. Ideo sequitur sed Deus misertus est eius. Ps. VI, 3: miserere mei, Domine, quoniam infirmus sum, etc.. Et non solum, etc.. Quia tristitiam temporalem et naturalem habuit de afflictionibus suis, sicut et Christus legitur aliquando habuisse.

Consequenter concludit missionem, et patet littera, et ostendit quomodo recipiatur, et secundo huius causam.

Recipiendus est honorifice in Domino, cuius est minister. Gal. IV, 14: sicut Angelum Dei excepistis me, sicut Christum Iesum.

I Tim. V, 17: qui bene præsunt presbyteri, duplici honore digni habeantur: maxime qui laborant in verbo et doctrina, etc..

Et hoc propter, etc., id est propter Deum et salutem fidelium, usque ad mortem accessit.

Io. XV, 13: maiorem charitatem nemo habet, ut animam suam ponat quis pro amicis suis, etc.. Tradens. Io. X, 11: bonus pastor animam suam ponit pro ovibus suis. Et hoc ut impleret, etc., quod vos personaliter non potuistis circa meum obsequium.

Capitulus III

Lectio 1

Proposuit exempla quæ sequi deberent, hic ostendit quorum exempla debent vitare. Et circa hoc tria facit; quia primo præmittit quos vitare debent; secundo exemplum vitandi per conversationem sanctorum, ibi vos enim, etc.; tertio inducit ad vitandum eos quos illi reputabant imitabiles, ibi imitatores, etc..

Iterum prima pars dividitur in tres particulas; quia primo præmittit finem huius doctrinæ; secundo scribendi necessitatem, ibi eadem vobis, etc.; tertio necessitatis rationem, ibi videte, etc..

Intentio admonitionis est removere fideles gentes a legalibus, ad quæ quidam eos inducebant. Et ideo dicit o fratres, scilicet per fidem, de cætero, id est postquam vos monui, ut supra, gaudete in Domino tantum, non in legalibus observantiis. Hab. III, 18: ego autem in Domino gaudebo, et exultabo in Deo Iesu meo, etc..

Et hoc, quia eadem, quæ dixi in præsentia, non est mihi pigrum vobis scribere in absentia. Verba enim de facili transeunt, sed scripta manent. Eccli. XXXVIII, 25: sapientiam scribe in tempore vacuitatis, etc.. Iud. I, 3: omnem sollicitudinem faciens scribendi vobis de communi vestra salute, necesse habui scribere vobis, etc.. Rom. XV, 15: audacius scripsi vobis, fratres, ex parte tamquam in memoriam vos reducens, etc..

Et causa huius necessitatis est quia instant seductores; et ideo oportet instantius veritatem scribere, unde dicit videte, id est observate, etc..

Et tria de his dicit: scilicet sævitiam cordis irrationabilem; unde dicit canes. Glossa: natura canis est, ut statim ex ira latret, non ex ratione, sed ex consuetudine. Sic et illi, Is. LVI, 11: canes impudentissimi nescierunt saturitatem, ipsi pastores nesciverunt intelligentiam, etc.. Apoc. Cap. Ult.: foris canes, etc..

Secundo perversæ doctrinæ seminationem, ibi malos operarios, quia non fideliter in vinea Domini laborant, nec bonum semen in agro mittunt. Matth. XIII, 28: inimicus homo hoc fecit, etc.. II Tim. II, 15: cura teipsum probabilem exhibere Deo, etc..

Tertio dissensionis, ibi concisionem. Et hoc verbo utitur in eorum suggillationem. Prædicant enim circumcisionem, quæ non potest stare cum gratia Christi. Gal. V, 2: si circumcidamini, Christus nihil vobis proderit. Unde alludens vocabulo, dicit concisionem, quasi non circumcisionem, sed concisionem habeant.

Deinde cum dicit nos autem, etc., ostendit quomodo vitentur a sanctis. Et primo quomodo ab omnibus; secundo quomodo ab ipso, ibi quapropter, etc..

Dicit ergo: ego dico quod illi sunt concisio, sed nos vera circumcisio, qui spiritu, etc.. Est autem duplex circumcisio, scilicet corporalis, et spiritualis. Rom. II, 28: non enim, qui in manifesto Iudæus est, neque quæ in manifesto in carne est circumcisio; sed qui in abscondito Iudæus est, et circumcisio cordis in spiritu, non littera, etc..

Circumcisio enim carnis est, quæ est de superfluo carnis, sed circumcisio spiritus, per quam spiritus sanctus abscindit superfluas interiores concupiscentias. Et ideo dicit nos sumus, etc., id est qui interius circumcidit nos Deo. Rom. II: testis enim est mihi Deus, cui servio in spiritu meo in evangelio filii eius, etc.. I Cor. XIV, 15: psallam spiritu, psallam et mente; orabo spiritu, orabo et mente, etc..

Data est autem circumcisio, ut ostenditur Rom. IV, 16, ut signum fidei Abrahæ ostenderetur, ut scilicet eius fides ostenderetur vera, quæ fuit fides de futuro semine. Gal. III, 16: Abrahæ dictæ sunt promissiones, etc.. Est ergo circumcisio signum fidei Abrahæ de Christo. Ille ergo circumciditur, qui interius per spiritum sanctum renovatur in Christo, qui est veritas circumcisionis.

Col. II, 11: circumcisi estis circumcisione non manufacta in expoliatione corporis carnis, sed in circumcisione Christi, etc..

Et non habentes fiduciam in carne, id est in carnali circumcisione, quia, ut dicitur Io. VI, 63: spiritus est qui vivificat, caro autem non prodest quicquam.

Sumitur autem caro aliquando in nobis pro carnali concupiscentia, quandoque pro carnis cura, et quandoque pro carnali observantia.

Et utrumque debemus circumcidere, nec in eis gloriari.

Deinde cum dicit quamquam ego, etc., ponit exemplum proprium, et primo præmittit eminentiam suam, quam habebat in statu legali; secundo ostendit quomodo eam contempsit, ibi sed quæ, etc..

Primum proponit primo in generali; secundo explicat per partes, ibi circumcisus, etc..

Circa primum duo facit, quia primo ostendit fiduciam, quam habere potuit in legalibus, dicens: non debemus habere fiduciam in legalibus, quamquam habeam, id est possem habere si vellem, quia in quo quis audet, in insipientia dico, audeo et ego, etc., ut dicitur II, 21. Et hoc etiam excellentius, quia ego magis. II Cor. XI, 23: ut minus sapiens dico, plus ego, etc..

Et hoc totum adducit, ut efficacius destruat observationes legales. Multi enim contemnunt quæ nesciunt, vel non habent, et hoc non valet; sed tunc quando aliquis habet et contemnit, et non gloriatur in eis. Sic, si apostolus non habuisset locum in statu legalium, poterat dici quod ideo ad statum evangelii venit.

Et ideo ostendit per hoc eminentiam suam in statu illo. Et primo quantum ad genus; secundo quantum ad conversationem, ibi secundum legem, etc..

Quantum ad primum tripliciter, quantum ad generis sacramentum, quia circumcisus octavo die. Gen. XVII, 10: ut sit signum fœderis inter me et vos, etc.. Et dicit octava die, quia hæc erat differentia inter proselytos et eos qui erant de genere Abrahæ, quia illi non octava die, sed iam adulti quando convertebantur, sed isti secundum legem octava die. Gen. XVII, 12: infans octo dierum circumcidetur ex vobis. Sic ergo non ut proselytus, sed ut vere Israelita fuit.

Secundo quantum ad ipsum genus, et primo quantum ad gentem, cum dicit ex genere Israel. Ex Abraham enim duæ gentes descenderunt: una per Isaac, et alia per Ismael. De primo, duæ: una per Esau, et alia per Iacob. Sed duæ, scilicet quæ ex Esau et Ismælitæ, non sunt consecutæ hæreditatem, sed solus Iacob, qui et Israel. Ideo dicit ex genere Israel. II Cor. XI, 22: Israelitæ sunt, et ego.

Item quantum ad tribum, quia in tribu Israel erant quidam de ancillis, scilicet de Bala et Zelpha; quidam de liberis, scilicet Lia et Rachel; et inter istos quidam semper erant in cultu Dei, scilicet levi, Iuda et Beniamin.

Aliæ, tempore Ieroboam, conversæ sunt ad idola. Et ideo tribus Beniamin privilegiata erat, quia in fide et dilectione uxoris, et in ea templum. Deut. XXXIII, 12: Beniamin amantissimus Domini habitabit confidenter in eo, quasi in thalamo tota die morabitur, et inter humeros illius requiescet, etc.. Gen. XLIX, 27: Beniamin lupus rapax mane comedet prædam, et vespere dividet spolia. Quo figurabatur Paulus, qui fuit quandoque contra ecclesiam.

Tertio quantum ad nomen et linguam, cum dicit Hebræus.

Aliqui dicunt quod Hebræus dicitur

ab Abraham: et hoc dicit Augustinus, sed postea retractat. Sed dicitur ab Heber, de quo Gen. XI, 14. Quod autem non ab Abraham, patet, quia etiam Abraham dicitur Hebræus.

Gen. XIV, 13: nuntiavit Abrahæ Hebræo.

Dicit Glossa super Gen. XI, quod tempore Heber divisum est labium gentium omnium, et illa lingua, quæ prius erat, remansit in familia Heber, et in cultu unius Dei, et inter omnes Hebræos. Natus est etiam ex parentibus Hebræis, et ideo dicit ex Hebræis.

Deinde ostendit suam eminentiam quo ad conversationem.

Et primo quantum ad sectam, cum dicit secundum legem Pharisæus. Apud Iudæos siquidem erant tres sectæ, scilicet Pharisæorum, Sadducæorum et Essenorum. Sed Pharisæi magis ad veritatem accedebant, quia Sadducæi negabant resurrectionem, neque credebant esse Angelos, neque spiritus. Pharisæi autem utrumque confitentur, ut dicitur Act. XXIII, 8. Et ideo in hoc commendabilior est secta Pharisæorum.

Quomodo autem Pharisæus fuerit, dicitur Act. XXVI, 5: quoniam secundum certissimam sectam nostræ religionis vixi Pharisæus.

Secundo, quantum ad æmulationem quam habuerunt Iudæi, licet non secundum scientiam in persequendo christianos, ideo dicit persequens ecclesiam Dei. Gal. I, 23: qui persequebatur nos aliquando, nunc autem evangelizat fidem quam aliquando expugnabat. Et Act. XXVI, 9: et ego quidem existimaveram me adversus nomen Iesu Nazareni debere multa contraria agere, quod et feci Ierosolymis, et multos sanctorum ego in carceribus inclusi, etc.. I Cor. XV, 9: non sum dignus vocari apostolus, quoniam persecutus sum ecclesiam Dei.

Tertio, quantum ad innocentiam conversationis.

Ideo dicit secundum iustitiam, etc..

Hæc iustitia consistit in exterioribus, sed iustitia fidei est cordis. Act. XV, 9: fide purificans corda eorum. Nam, quantum ad iustitiam exteriorem, apostolus innocenter vixit.

Et ideo dicit sine querela, etc.. Non autem ait sine peccato quia querela est peccatum scandali proximorum in his, quæ sunt exteriora.

Lc. I 6: incedentes in omnibus mandatis et iustificationibus Domini sine querela, etc.. Et ideo non est contrarium quod dicitur Eph. II, 3: in quibus et nos ambulavimus, quia veram iustitiam fidei, quæ facit hominem purum, tunc non habuit, sed solum legis.

Deinde cum dicit sed quæ mihi, etc., ostendit contemptum suæ eminentiæ in legalibus. Et primo ostendit propter quid legalia contempsit in generali; secundo in speciali, ibi verumtamen, etc..

Dicit ergo: hæc quæ fuerunt, etc., id est reputabam magna, scilicet quod Pharisæus, etc., hæc sum arbitratus propter Christum mihi detrimenta, id est reputo quod sunt mihi in detrimentum. Legales enim observantiæ, quæ tempore legis erant efficaces, per Christum factæ sunt noxiæ. Et ideo dicit detrimenta.

Et finis huius est Christus. Et ideo dicit propter Christum.

Et exponit, quia primo propter Christum cognoscendum, secundo propter Christum adipiscendum.

Quantum ad primum dicit verumtamen existimo omnia detrimenta esse; verum est, si eis inniteretur. Et hoc quod aliquando feci, reputo mihi detrimentum, et hoc propter desiderium rectæ scientiæ Christi Domini mei. I Cor. II, 2: nihil reputavi me scire, nisi Iesum Christum, et hunc crucifixum.

Et hoc propter eminentem scientiam, etc..

Quia hæc superat omnes alias scientias. Nihil enim melius potest sciri, quam verbum Dei, in quo sunt omnes thesauri sapientiæ et scientiæ absconditi, Col. II, 3.

Quantum ad secundum dicit propter quem omnia, etc.. Et primo ostendit, quod propter Christum adipiscendum contempsit legalia; secundo ostendit, quod possit Christum adipisci, ibi non habes, etc..

Dicit ergo omnia detrimentum feci, habendo me ad ea sicut ad detrimentum et vilia, et hoc ut Christum lucrifaciam, id est adipiscar ipsum, et adiungar ei per charitatem.

Lectio 2

Ostendit supra præterita lucra contemnere propter Christum, et ostendit quod intendebat Christum cognoscere, et Christum lucrari, et hoc intendit hic specialiter exponere. Et primo quomodo desiderat Christum lucrari et inveniri in eo per iustitiam; secundo per passionis tolerantiam, ibi configuratus, etc..

Circa primum, primo ostendit quæ sit iustitia, quam dereliquit; secundo quæ sit quam quærit, ibi sed, etc..

Sciendum est autem, quod iustitia quandoque sumitur ut est specialis virtus, per quam homo ponit rectitudinem in his, quæ sunt ad communem convictum et secundum quod est in his directiva. Nam temperantia est circa interiores passiones, iustitia autem est ad alterum. Alio modo iustitia dicitur virtus generalis, secundum quod homo servat legem propter bonum commune, et hoc modo frequenter in Scriptura sacra ponitur pro observantia divinæ legis. Ps. CXVIII, 121: feci iudicium et iustitiam, scilicet, legem, quam servabat ex amore, quasi motus ex se: et sic est virtus. Non autem si alio modo, id est ex aliqua exteriori causa, scilicet vel propter lucra, vel propter pœnas, et si observatio ei displiceat.

Et secundum hoc est duplex modus iustitiæ: unus est iustitiæ moralis, alius est iustitiæ legalis, per quam, legem non ex amore, sed timore servat. Et ideo dicit non habens meam iustitiam, quæ ex lege est, quia, ut dicit Augustinus, brevis differentia legis et evangelii, est amor et timor. Rom. VIII, 15: non accepistis spiritum servitutis iterum in timore, sed accepistis spiritum adoptionis, etc..

Sed si tua est, quomodo est ex lege? respondet: imo est mea, quia humana virtute, absque habitu gratiæ interioris iustificantis, facio talia opera, sed ex lege est, sicut a docente.

Vel mea est, quod præsumo per me eam servare. Rom. X, 5: Moyses enim scripsit, quoniam iustitiam, quæ ex lege est, qui fecerit homo, vivet in ea.

De hac iustitia, quam quærit, tria dicit: scilicet modum adipiscendi, actorem, et fructum.

Modus est quia non adipiscitur, nisi ex fide Christi. Rom. V, 1: iustificati igitur ex fide, pacem habeamus ad Deum per Dominum nostrum Iesum Christum. Rom. III, 22: iustitia autem Dei per fidem Iesu Christi in omnes, et super omnes, qui credunt.

Actor autem est Deus, et non homo. Rom. VIII, 33: Deus qui iustificat. Rom. IV, 5: credenti autem in eum, qui iustificat impium, reputatur fides eius ad iustitiam, secundum propositum gratiæ Dei. Et ideo dicit quæ ex Deo est, etc.. Act. V, 32: et spiritus sanctus quem dedit Deus omnibus, etc..

Fructus est cognitio eius, et virtus resurrectionis eius, et societas sanctorum eius. Et de huiusmodi, secundum duplicem cognitionem, potest dupliciter agi.

Uno modo exponendo de cognitione viæ, et sic oportet tria cognoscere de eo. Primo eius personam, scilicet quod est verus Deus, et verus homo. Et ideo dicit ad cognoscendum illum. Io. XIV, 9: tanto tempore vobiscum sum, et non cognovistis me, etc.. Secundo gloriam resurrectionis eius. Unde dicit et virtutem resurrectionis eius, id est resurrectionem virtuosam factam propria virtute.

Tertio qualiter eum imitentur, ibi et societatem, scilicet ut ei sociemur in passione.

I Petr. II, 21: Christus passus est pro nobis, vobis relinquens exemplum ut sequamini vestigia eius.

Secundo de cognitione experimentali, et incipit a posteriori, quod est ultimum in executione, et primum in intentione. Primum est agnitio Dei per essentiam, ad quam ducit fides. Ier. XXXI, 34: omnes cognoscent me a minimo eorum usque ad maximum, dicit Dominus, etc.. Et ideo dicit ad cognoscendum illum. Secundo quia non solum anima glorificatur, sed ex hoc etiam corpus erit gloriosum. Ideo dicit et virtutem resurrectionis eius, scilicet ex qua resurgemus.

I Cor. XV, 14: si Christus non resurrexit, vana est fides nostra, etc.. Tertio societatem, quia per experientiam habebimus quantum valeat societas passionis eius. I Cor. I, 9: fidelis autem Deus per quem vocati estis in societatem filii eius Iesu Christi Domini nostri.

Deinde cum dicit configuratus, etc., ostendit quomodo velit lucrari et inveniri in eo per tolerantiam passionis. Et primo ponit tolerantiam, secundo fructum, ibi si quo modo, etc..

Dicit ergo: inveniar non solum habens iustitiam, sed configuratus morti eius, ut patiar propter iustitiam et veritatem, sicut Christus. Gal. Cap. Ult.: ego enim stigmata Domini Iesu in corpore meo porto.

Fructus vero est, si quo modo, etc.. Ex passionibus enim hic toleratis homo pervenit ad gloriam. Rom. VI, 5: si enim complantati facti sumus similitudini mortis eius, simul et resurrectionis erimus. II Tim. II, 11: si commortui sumus, et convivemus; si sustinemus, et conregnabimus. Rom. VIII, 17: si tamen compatimur, ut et glorificemur.

Et dicit si quo modo, propter difficultatem, arduitatem, et laborem. Matth. VII, 14: arcta est via quæ ducit ad vitam, et pauci sunt, qui inveniunt eam, etc.. Amos IV, 12: præpara te in occursum Dei tui Israel, etc.. Christus enim surrexit per potentiam propriam, homo autem non propria potestate, sed gratia Dei. Rom. VIII, 11: qui suscitavit Iesum Christum a mortuis, vivificabit et mortalia corpora vestra, propter inhabitantem spiritum eius in vobis.

Vel potest intelligi de occursu sanctorum, quando occurrent Christo descendenti de cælo ad iudicium.

Deinde cum dicit nam quod iam, etc., ostendit quomodo differtur suum desiderium.

Et primo ostendit quid de se sentit; secundo hortatur alios ut idem de se sentiant, ibi quicumque enim perfecti, etc..

Iterum prima in duas, quia primo ostendit quomodo deficit a perfectione interna; secundo hoc exponit, ibi fratres, ego me, etc..

Circa primum duo facit.

Primo ostendit se non pervenisse ad perfectionem; secundo quod ad eam tendit sequor autem, etc..

Tendens in aliud duo intendit, scilicet adipisci quæsitum et frui illo. Frustra enim quæreret, si non eo frueretur et inhæreret.

Et ideo dicit non quod iam acceperim, scilicet gloriam quam quæro. Sap. V, 17: accipient regnum decoris, et diadema speciei de manu Dei sui. Aut iam perfectus sim.

I Cor. XIII, 10: cum venerit quod perfectum est, evacuabitur quod ex parte est.

Sed contra: estote perfecti, Matth. V, 48 et Gen. XVII, 1: esto perfectus.

Respondeo. Dicendum est, quod duplex est perfectio, scilicet patriæ et viæ. Perfectio namque hominis consistit in hoc, quod adhæreat Deo per charitatem, quia unumquodque est perfectum secundum modum quo adhæret suæ perfectioni. Anima autem potest adhærere Deo dupliciter perfecte. Uno modo, ut totam actionem suam referat in Deum actualiter, et cognoscat ut cognoscibilis est: et hæc est patriæ. Sed inhæsio viæ est duplex.

Una de necessitate salutis, ad quam omnes tenentur, scilicet ut in nullo cor suum quis applicet ad id quod est contra Deum, sed habitualiter referat totam vitam in eum.

Et isto modo dicit Dominus, Matth. XXII, 37: diliges Dominum Deum tuum, etc.. Alia est supererogationis, quando quis ultra communem statum inhæret Deo, quod fit removendo cor a temporalibus, et sic magis appropinquat ad patriam; quia quanto deficit cupiditas, tanto plus crescit charitas.

Quod ergo hic dicitur, intelligitur de perfectione patriæ.

Deinde cum dicit sequor autem, etc., ostendit conatum ad eam, dicens sequor, scilicet Christum. Io. VIII, 12: qui sequitur me, non ambulat in tenebris, etc.. Io. X, 3: oves meæ vocem meam audiunt, et sequuntur. Et hoc si quo modo comprehendam.

I Cor. IX, 25: sic currite, ut comprehendatis.

Sed contra, quia Deus est incomprehensibilis, quia Ier. XXXI, 37 dicitur: si mensurari potuerint cæli desursum, et investigari fundamenta terræ deorsum, etc..

Respondeo. Dicendum est, quod comprehendere uno modo est includere, sicut domus comprehendit nos. Alio modo idem est quod attingere et tenere.

Primo ergo modo est incomprehensibilis, quia non potest includi in intellectu creato, cum sit simplicissimus, quia non perfecte vides eum nec amas, sicut est visibilis et amabilis, sicut qui nescit demonstrationem, nescit demonstrative, sed opinative. Deus autem perfecte seipsum cognoscit ut cognoscibilis est.

Cuius ratio est, quia res cognoscitur secundum modum sui esse et veritatis. Deus autem lux est et veritas infinita, sed nostrum lumen est finitum. Et ideo dicit sequor si quo modo comprehendam, hoc intelligendo secundo modo, scilicet attingendo. Cant. Cap. Ult.: tenui eum, nec dimittam, etc..

In quo et comprehensus sum.

Quod tripliciter intelligitur. Nam tota gloria est in dicta Dei comprehensione, ut scilicet Deus sit præsens animæ nostræ. Sed non omnes habent æqualem beatitudinem, quia quidam clarius vident, sicut etiam quidam ardentius amabunt et plus gaudebunt. Unde quilibet habebit certam mensuram, et hoc ex prædestinatione divina. Et ideo dicit in quo et comprehensus sum; quasi dicat: in tali mensura intendo comprehendere, secundum quod mihi dispositum est a Christo.

Vel sequor ut comprehendam sicut comprehensus sum; quasi dicat: ut videam eum sicut ipse me videt. I Io. III, 2: videbimus eum sicuti est, id est non per similitudinem, sed per essentiam.

Vel comprehendam videndo Christum gloriosum.

In quo comprehensus sum, id est in illa gloria qua apparuit quando conversus sum.

Deinde cum dicit fratres, ego, etc., exponit quæ dixerat; et primo de defectu perfectionis; secundo de sequela, ibi unum autem, etc..

Dicit ergo ego, etc.; quasi dicat: non sum sic superbus, quod attribuam mihi quod non habeo, sed sequor, etc.; quod tripliciter legitur: uno modo sic: unum arbitror, scilicet quod quæ retro sunt, etc.. Vel non arbitror me comprehendisse, sed prosequor unum, scilicet ad destinatum, etc.. Vel non arbitror me comprehendisse illud supra.

Ps. XXVI, 4: unam petii, etc..

Et tunc ostendit quid deseruit, quia vel temporalia lucra vel temporalia bona, vel merita præterita, quia non debet homo comparare Deo merita præterita.

Secundo ostendit ad quid tendit, scilicet ad ea, etc., id est vel quæ pertinent ad fidem Christi, vel maiora merita, vel cælestia.

Ps. LXXXIII, 6: ascensiones in corde suo disposuit, etc..

Et dicit extendens. Qui enim aliquid vult capere, extendit se quantum potest. Sed debet cor extendere se per desiderium. Sap. VI, 21: concupiscentia sapientiæ ducit ad regnum perpetuum, etc.. Sed ad quid tendit? ad destinatum bravium, quod est præmium solius currentis. I Cor. IX, 24: omnes quidem currunt, sed unus accipit bravium. Dico autem ad hoc bravium destinatum mihi a Deo, quod est supernæ vocationis Dei. Rom. VIII, 30: quos prædestinavit, hos et vocavit, etc.. Et hoc in Christo Iesu, id est, per fidem Christi.

Lectio 3

Supra proposuit quomodo ab ultima perfectione deficiebant, nunc hortatur alios ad idem sentiendum. Et primo ponitur exhortatio; secundo quid ab eis necessario exigatur, ibi verumtamen ad quod pervenimus, etc..

Dicit ergo quicumque, etc., scilicet quod ego sentio, scilicet quod non sum perfectus.

Quomodo ergo si perfecti sumus, sentimus quasi non perfecti? respondeo. Dicendum quod perfecti perfectione viæ, sed non perfecti perfectione comprehensionis, quando scilicet tota intentio fertur actu in Deum. In via vero habitualiter, quod scilicet nihil contra Deum faciamus.

Et dicit quicumque, quia quanto quis est perfectior, tanto imperfectum se magis cognoscit. Iob ult.: auditu auris audivi te, nunc autem oculus meus videt te.

Idcirco ipse me reprehendo, et ago pœnitentiam in favilla et cinere, etc.. Hebr. V, 14: perfectorum est solidus cibus: eorum qui pro consuetudine exercitatos habent sensus ad discretionem boni et mali.

Et si quid aliter, etc.. In Glossa quatuor modis dicitur, et primo ponuntur duo sensus magis litterales. Unus talis: dico quod vos sentiatis quod ego, scilicet vos esse imperfectos; tamen si quid aliter, id est melius de vobis sapiatis, quam ego de me, hoc ipsum est vobis per revelationem divinam donatum. Et quando altius est vobis revelatum aliquid quod non mihi, non contradico, sed cedo vestræ revelationi. Verumtamen nolo, quod propter hanc revelationem ab unitate ecclesiæ discedatis; sed teneamus ex unitate illud ad quod pervenimus, ut idem sapiamus, etc.. Quæ unitas ecclesiæ consistit in unitate veritatis fidei, et rectitudinis bonæ operationis. Et utraque servanda est. II Cor.

Ult. XIII, 11: perfecti estote, exhortamini, idem sapite, etc.. Et eadem regula bonæ vitæ et operationis. Gal. Cap. Ult. VI, 16: quicumque hanc regulam secuti fuerint, pax super illos et misericordia, etc..

Vel aliter: dico, etiam si vos propter ignorantiam vel infirmitatem aliter sapitis, quam veritas habet, humiliter confiteamini, nec proterve defendatis. Matth. XI, 25: abscondisti hæc a sapientibus et prudentibus, et revelasti ea parvulis, etc..

Vel aliter: dico, quod idem sentiamus, scilicet nondum comprehendisse; sed si quid aliter nunc sapiatis, quam sapiendum sit in futuro, quia nunc videmus in speculo, tunc autem facie ad faciem Deus revelabit in futuro.

Ps. XXVIII, 9: revelabit condensa, etc..

Vel aliter: sive sapiatis hic obscure, sive in futuro manifeste, Deus revelabit, quia fides ex Deo est. Verumtamen, etc., non mutatur.

Deinde cum dicit imitatores, etc., inducit ad sui et aliorum imitationem, ut caveant malos. Et primo proponit intentionem; secundo rationem, ibi multi enim, etc..

Dicit ergo: quia hæc reputo ut stercora, etc., in hoc imitatores, etc.. Io. X, 3: vocem eius audient, etc.. Ego sum pastor, vos oves meæ per imitationem. Imitatores mei estote, I Cor. IV, 17, sicut et ego Christi, etc.. Et observate, id est diligenter considerate, qui ita ambulant, sicut ego. Et vos scire potestis ex regula et doctrina mea.

I Tim. IV, 12: exemplum esto fidelium in verbo, in conversatione, in charitate, in fide, in castitate. I Petr. V, 3: forma facti gregis ex animo.

Deinde cum dicit multi, etc., ponitur ratio monitionis: et primo ex parte vitandorum; secundo ex parte imitandorum, ibi nostra autem conversatio, etc..

Ne autem hæc videatur ex odio dicere, præmittit suam affectionem; secundo ostendit quales sunt vitandi, ibi inimicos, etc..

Dicit ergo: dico quod imitandi indigent observatione: quia quidam aliter incedunt, scilicet de malo in peius. Ps. LXXXI, 5: in tenebris ambulant, etc.. Quos, etc., vobiscum præsens, nunc autem et flens, præ compassione. Ier. IX, 1: quis dabit capiti meo aquam, et oculis meis fontem lacrymarum, et plorabo die ac nocte interfectos populi mei? et huius rationem ostendit, dicens inimicos, etc., quos describit, primo ex opere; secundo ex intentione, ibi quorum Deus, etc..

279

Item circa primum, primo proponit opus; secundo eventum operis ostendit, ibi quorum finis, etc..

Opus eorum est exercitium inimicitiæ contra crucem Christi, scilicet dicentium quod nullus potest salvari sine legalibus, in quo evacuant virtutem crucis Christi. Gal. II, 21: si enim ex lege iustitia, ergo Christus gratis, id est sine utilitate, mortuus est. I Cor. I, 18: verbum enim crucis pereuntibus quidem stultitia est: his autem, qui salvi fiunt, id est, nobis, virtus Dei est.

Et quid eveniet? certe nobis vita per crucem Christi: illis autem contrarium, quia incurrent mortem. Unde dicit quorum finis interitus, scilicet mortis æternæ. Iob XXVIII, 3: lapidem caliginis et umbram mortis dividit, etc..

Deinde describit eos quantum ad intentionem. Et primo manifestat eorum intentionem; secundo ostendit intentionis eventum, ibi: et gloria, etc..

Dicit ergo quorum Deus, etc., quasi dicat: ideo hoc disseminant, scilicet legalia esse observanda, propter lucrum et gloriam propriam, ut satisfaciant ventri. Rom. Cap. Ult.: Domino non serviunt, sed suo ventri, et per dulces sermones et benedictiones seducunt corda innocentium. Eccle. VI, 7: omnis labor hominis in ore eius, sed anima illius non implebitur. Et dicit, Deus, quia proprium Dei est ut sit principium primum et finis ultimus. Unde qui pro fine habet aliquid, illud est Deus suus. Item quærunt gloriam suam, contra illud Io. VIII, 50: ego gloriam meam non quæro; est qui quærat et iudicet, etc..

Sed eventus eorum erit in confusione. Os. IV, 7: gloriam eorum in ignominiam commutabo. Et hoc eorum, qui terrena sapiunt, id est, quibus terrena placent, et ea quærunt. Et hi confundentur, quia status eorum transit. Rom. VIII, 13: si secundum carnem vixeritis, moriemini, etc..

Glossa: quorum Deus, etc., Dei proprium est iustificare; qui ergo in cibis iustificationem ponebant, dicebant Deum ventrem. Item, est in confusione, quia in confusibilibus, scilicet in circumcisione pudendorum, et occisione brutorum.

Consequenter ostendit quales sunt imitandi, ibi nostra autem conversatio, etc..

Et primo describit in eis cælestem conversationem; secundo expectationem, ibi unde etiam salvatorem, etc.; tertio utilitatem, ibi qui reformabit corpus humilitatis.

Dicit ergo: illi terrena sapiunt, sed non est sic de nobis, quia nostra conversatio in cælis est, id est perficitur per contemplationem. II Cor. IV, 18: non contemplantibus nobis quæ videntur, sed quæ non videntur, etc.. Item per affectionem, quia sola cælestia diligimus. Item per operationem, in qua est cælestis repræsentatio.

I Cor. XV, 49: sicut portavimus imaginem terreni, portemus et imaginem cælestis.

Sed quare est ibi conversatio? quia inde expectamus optimum auxilium. Ps. CXX, 1: levavi oculos meos in montes, etc..

Matth. VI, 21: ubi est thesaurus tuus, ibi est et cor tuum. Unde dicit unde expectamus salvatorem nostrum. Is. XXX, 18: beati omnes qui expectant eum. Lc. XII, 36: similes hominibus expectantibus Dominum suum, quando revertatur a nuptiis, etc..

Tria autem facit iste adventus.

Primo communem resurrectionem. Ideo dicit reformabit corpus humilitatis, id est abiectionis, quia est mortalitati subiectum. Iob XXV, 6: homo putredo, et filius hominis vermis. I Cor. XV, 43: seminatur in corruptione, surget in incorruptione: seminatur in ignobilitate, surget in gloria: seminatur in infirmitate, surget in virtute. Hoc corpus sic abiectum reformabit, id est ad propriam formam reducet. Rom. VIII, 11: qui suscitavit Iesum Christum a mortuis, vivificabit et mortalia corpora nostra, etc..

Secundo sanctorum imitationem. Ideo dicit configuratum corpori claritatis suæ. Corpus siquidem Christi est glorificatum per gloriam divinitatis suæ, et hoc meruit per suam passionem: quicumque ergo participat virtutem divinitatis per gratiam, et passionem Christi imitatur, glorificabitur. Apoc. III, 21: qui vicerit, dabo ei sedere mecum in throno meo, sicut ego vici, et sedi cum patre meo in throno eius. I Io. III, 2: similes ei erimus.

Matth. XIII, 43: tunc iusti fulgebunt sicut sol in regno patris eorum.

Et hoc facit secundum operationem divinitatis suæ, id est, per virtutem in ipso, per quam possit sibi subiicere omnia. Omnes enim Christo subiicientur, quidam quantum ad salutem, quidam quantum ad pœnam: in primis exercebit misericordiam, in secundis iustitiam. Ps. VIII, 8: omnia subiecisti sub pedibus eius, etc.. I Cor. XV, 28: pater subiecit omnia filio. Io. V, 19: quæcumque pater facit, et filius similiter facit.

Capitulus IV

Lectio 1

Supra proponit eis exempla sequenda, hic, per admonitionem moralem, ostendit qualiter se debeant habere.

Et primo ostendit qualiter se habeant in futurum; secundo commendat eos de præterito, ibi gavisus sum autem, etc..

Circa primum duo facit.

Primo monet ad persistendum in iam habito; secundo ad proficiendum in melius, ibi gaudete in Domino semper, etc..

Iterum prima dividitur in duas partes. Quia primo inducit ad perseverandum in generali; secundo ponit speciales modos ad singulares personas, ibi Euchodiam rogo, etc..

Circa primum primo commemorat ad eos suum affectum; secundo ponit monitionem, ibi sic state, etc..

Affectum autem suum commendat quintupliciter. Primo secundum fidem ostendens eos sibi dilectos; unde dicit fratres, scilicet per fidem. Matth. XXIII, 8: omnes vos fratres estis. Secundo per charitatem; unde dicit charissimi. I Cor. X, 14: charissimi mihi, etc.. Tertio secundum desiderium; unde dicit desideratissimi. Supra: testis est mihi Deus quomodo cupiam, etc.. Et dico desideratissimi, quia desidero vos, vel quia me desideratis. Quarto per gaudium; unde dicit gaudium meum. Et hoc, scilicet quia estis boni. Prov. X, 1: filius sapiens lætificat patrem, etc.. Quinto per rationem gaudii; unde dicit corona mea. I Thess. II, 19: quæ est enim spes nostra aut gaudium, aut corona gloriæ, nonne vos? etc..

Deinde cum dicit sic state, etc., ponit monitionem de perseverantia, dicens sic state, etc., id est sicut ego perseverate; vel sic: sicut statis. Matth. X, 22: qui perseveraverit usque in finem, hic salvus erit.

Deinde cum dicit Euchodiam rogo, etc., singulares monitiones ponit. Et primo de concordia, secundo de sollicitudine adiutorii, ibi etiam rogo et te.

Hæ duæ mulieres sanctæ ministrabant sanctis in civitate Philippensi; et forte erat aliqua discordia inter eas, ideo eas ad concordiam revocat. II Cor. Cap. Ult. XIII, 11: idem sapite.

Deinde cum dicit etiam rogo et te, etc., quemdam rogat ut adiuvaret quasdam personas.

Et dicit compar, quia socius erat prædicationis eius. Prov. XVIII, 19: frater qui iuvatur a fratre, quasi civitas fortis. Adiuva illas, etc.. Et ad hoc rogo omnes, quorum nomina, etc.. Quod ponit ne si alios non nominaret, turbarentur; quasi dicat: non est magnum si non scribo omnium nomina, quia sunt scripta in meliori loco. Matth. V, 12: gaudete et exultate, etc..

Liber vitæ secundum Glossam est prædestinatio sanctorum, et hoc est verum secundum rem, sed differt ratione.

Sciendum est autem, quod olim erat consuetudo, quod qui ordinabantur ad aliquod officium, vel dignitatem, scribebantur in matricula, sicut milites et senatores, qui palatio conscripti erant. Omnes autem sancti prædestinati eliguntur a Deo ad magnum, scilicet ad vitam æternam. Et hæc ordinatio est prædestinatio.

Conscriptio huius ordinationis dicitur liber vitæ: hæc conscriptio est in memoria divina, quia inquantum ordinat, prædestinat.

Inquantum vero immobiliter scit, dicitur esse præscriptio. Firma ergo notitia de prædestinatis dicitur liber vitæ.

Sed numquid aliqui inde delentur? sciendum est, quod aliqui sunt scripti simpliciter, aliqui secundum quid. Sunt enim aliqui prædestinati a Deo, ut habituri simpliciter vitam æternam, et isti sunt scripti indelebiliter.

Aliqui ut habeant vitam æternam non

in se, sed in sua causa, inquantum ordinantur ad iustitiam præsentem, et tales dicuntur deleri de libro vitæ, quando excedunt a præsenti iustitia.

Deinde cum dicit gaudete in Domino, etc., hortatur eos ad proficiendum in melius, et primo ordinat eorum animum ad proficiendum in melius; secundo actum eorum, ibi de cætero, etc..

Animum autem ordinat tripliciter, et primo quantum ad spirituale gaudium; secundo quantum ad spiritualem quietem, ibi nihil solliciti, etc.; tertio quantum ad pacem, ibi et pax, etc..

Circa primum primo describit quale debeat esse nostrum gaudium; secundo ostendit gaudii causam, ibi Dominus prope, etc..

Necessarium est enim cuilibet volenti proficere, quod habeat spirituale gaudium.

Prov. XVII, 22: animus gaudens ætatem floridam facit, etc..

Conditiones autem quatuor veri gaudii tangit apostolus, et primo quod debet esse rectum, quod est quando est de proprio bono hominis, quod non est quid creatum, sed Deus, Ps. LXXII, 28: mihi adhærere Deo bonum est, etc.. Tunc autem rectum est quando in Domino. Ideo dicit in Domino. Neh. VIII, 10: gaudium Domini est fortitudo vestra.

Item continuum; unde dicit semper.

I Thess. Cap. Ult.: semper gaudete. Quod fit quando non interrumpitur peccato: tunc enim est continuum.

Aliquando vero interrumpitur per tristitiam temporalem, quod significat imperfectionem gaudii. Cum enim quis perfecte gaudet, non interrumpitur eius gaudium, quia parum curat de re parum durante.

Et ideo dicit semper.

Item multiplicatum debet esse; si enim gaudes de Deo, imminet tibi gaudere de eius incarnatione.

Lc. II, 10: evangelizo vobis gaudium magnum, quia natus est, etc.. Item ut gaudeas de actione. Prov. XXI, 15: gaudium est iusto facere iudicium, etc.. Imminet etiam tibi gaudium de contemplatione. Sap. VIII, 16: non habet amaritudinem conversatio illius. Item si gaudes de bono proprio, imminet tibi gaudere similiter de bono aliorum.

Item si de præsenti, imminet etiam de futuro; et ideo dicit iterum, etc.

Item debet esse moderatum, ne scilicet effluat per voluptates, sicut facit gaudium mundi.

Et ideo dicit modestia vestra, etc.; quasi dicat: ita sit moderatum gaudium vestrum, quod non vertatur in dissolutionem.

Iudith ult.: populus erat iucundus secundum faciem sanctorum, etc.. Prov. XII, 11: qui suavis est, vivit in moderationibus.

Et dicit nota sit omnibus hominibus; quasi dicat: vita vestra sic moderata sit in exterioribus, ut nullius offendat aspectum: impediret enim conversationem vestram.

Deinde cum dicit Dominus enim prope est, tangitur causa gaudii. Homo enim gaudet de propinquitate amici. Dominus quidem prope est præsentia maiestatis. Act. XVII, 27: non longe est ab unoquoque. Item est prope propter propinquitatem carnis. Eph. II, 13: qui eratis longe, facti estis prope.

Item est prope per inhabitantem gratiam.

Iac. IV, 8: appropinquate Deo, et appropinquabit vobis. Item per exauditionis clementiam.

Ps. CXLIV, 18: prope est Dominus invocantibus eum. Is. XIV, 1: prope est, ut veniat tempus eius, et dies eius non elongabuntur, etc..

Deinde cum dicit nihil solliciti, etc., ostendit quod mens nostra debet esse quieta; et primo ostendit superfluam sollicitudinem; secundo ostendit quid loco eius in mente succedat, ibi sed in omni oratione, etc..

Et satis convenienter subdit nihil solliciti, etc., ad hoc quod dixerat: Dominus prope est; quasi dicat: ipse omnia tribuet, unde non necesse est quod sitis solliciti.

Matth. VI, 25: ne solliciti sitis animæ vestræ quid manducetis, neque corpori vestro, quid induamini, etc..

Sed contra, quia dicitur Rom. XII, 8: qui præest in sollicitudine.

Respondeo. Dicendum est, quod sollicitudo quandoque importat diligentiam quærendi quod deest, et hoc est commendabile, et opponitur negligentiæ; quandoque anxietatem animi cum defectu spei et timore de obtinendo id, circa quod sollicitatur, et hanc prohibet Dominus Matth. VI, et hic apostolus, quia non debet desperare quin Dominus det necessaria. Sed loco sollicitudinis debemus habere recursum ad Deum. I Petr. Cap. Ult.: omnem sollicitudinem proiicientes in eum, quoniam ipsi est cura de vobis. Et hoc fit orando.

Et ideo dicit sed in omni, etc..

Et convenienter postquam dixit Dominus prope est, subdit de petitione. Novo enim Domino venienti porriguntur petitiones.

Et ponit quatuor quæ necessaria sunt in qualibet oratione. Oratio enim importat ascensum intellectus in Deum. Et ideo dicit in omni oratione. Eccli. XXXV, 21: oratio humiliantis se nubes penetrabit, etc.. Item debet esse cum fiducia impetrandi, et hoc ex Dei misericordia. Dan. IX, 18: neque enim in iustificationibus nostris prosternimus preces ante faciem tuam, sed in miserationibus tuis multis, etc.. Et ideo dicit obsecratione, quæ est contestatio per Dei gratiam et eius sanctitatem, et ideo se humiliantis est. Prov. XVIII, 23: cum obsecratione loquitur pauper.

Et hoc fit cum dicimus: per passionem et crucem tuam, etc.. Quia vero ingratus de beneficiis acceptis, indignus est ut alia accipiat, ideo subdit cum gratiarum actione.

I Thess. Cap. Ult.: in omnibus gratias agite.

Et tunc proponit petitionem. Et ideo

dicit petitiones vestræ. Matth. VII, 7: petite, et accipietis.

Et hæc quatuor si bene consideremus, habent omnes orationes ecclesiæ. Primo enim invocatur Deus; secundo commemoratur divinum beneficium; tertio petitur beneficium; quarto ponitur obsecratio: per Dominum nostrum, etc..

Sed notandum quod dicit petitiones vestræ innotescant apud Deum. Numquid Dominus nescit hoc? ideo hoc tripliciter exponitur in Glossa. Primo innotescant, id est, approbentur ante Deum, et appareant quasi dignæ et sanctæ. Ps. CXL, 2: dirigatur, Domine, oratio mea sicut incensum in conspectu tuo, etc.. Vel innotescant nobis ipsis, quod semper sint apud Deum; quasi dicat: non oretis propter favorem populi.

Matth. VI, 6: tu autem cum oraveris, intra in cubiculum tuum, et clauso Ostio, ora patrem tuum in abscondito, etc.. Vel innotescant his qui sunt apud Deum, id est, Angelis, per quorum ministerium deferuntur Deo, non quasi ignoranti, sed quia intercedunt pro nobis.

Apoc. VIII, 4: ascendit fumus incensorum de orationibus sanctorum de manu Angeli coram Deo, etc..

Deinde cum dicit et pax, etc., ordinat animum quantum ad pacem per illa supradicta dispositum. Et hanc per modum orantis optat.

Pax, secundum Augustinum, est tranquillitas ordinis, perturbatio enim ordinis est destructio pacis. Hæc ordinis tranquillitas tripliciter consideratur. Primo prout est in principio ordinis, scilicet in Deo. Rom. XIII, 2: quæ a Deo sunt, ordinata sunt, etc..

Ab isto profundo, in quo est pax, derivatur primo et perfectius in beatos, in quibus nulla est perturbatio, et nec culpæ, nec pœnæ, et consequenter derivatur ad sanctos viros.

Et quanto est magis sanctus, tanto minus patitur perturbationem mentis. Ps. CXVIII, 165: pax multa diligentibus legem tuam, et non est illis scandalum, sed perfecta est in beatis. Is.

Ult.: ecce ego declinabo super eam quasi fluvium pacis, etc.. Quia vero cor nostrum ab omni perturbatione non potest esse alienum nisi per Deum, oportet quod per ipsum fiat. Unde dicit Dei.

Et hoc secundum quod consideratur in ipso principio, exuperat omnem sensum creatum, quia, ut dicitur I Tim. Cap. Ult.: lucem habitat inaccessibilem. Iob XXXVI, 26: ecce Deus magnus vincens scientiam nostram, etc..

Et secundum quod est in patria, superat omnem sensum Angelorum; sed secundum quod est in sanctis in via, exuperat omnem sensum humanum non habentium gratiam. Apoc. II, 17: vincenti dabo manna absconditum, et dabo illi calculum, etc..

Hæc ergo pax custodiat corda vestra, id est affectus vestros, ut in nullo declinetis a bono. Prov. IV, 23: omni custodia serva cor tuum, quia ex ipso vita procedit. Item intelligentias vestras, scilicet ut in nullo devietis a vero. Et hoc in Christo Iesu. Per cuius scilicet charitatem conservatur affectus a malo, et per cuius fidem intellectus perseverat in vero.

Deinde cum dicit de cætero, etc., ordinat actum, et primo inducit eos ad bene agendum, ubi ponit actionis obiectum, scilicet bonum quod agitur, secundo motivum actus, tertio actum, quarto fructum actus. Hæc quatuor sunt hic.

Obiectum autem boni actus, vel est obiectum cognitionis, vel affectionis.

Quantum ad intellectum est verum, quantum ad affectum est bonum. Et ideo dicit de cætero, id est ex quo sic estis firmati, cogitate quæ sunt vera per fidem. Zach. VIII, 19: pacem et veritatem diligite, etc..

Quantum autem ad affectum, sciendum est, quod quædam sunt de necessitate virtutis, quædam superaddita. De necessitate virtutis sunt tria. Primo ut integer sit in se; et quantum ad hoc dicit quæcumque pudica, id est casta. Iac. III, 17: quæ desursum est sapientia, primum quidem pudica est, etc..

Item quod sit directus ad proximum; unde dicit quæcumque iusta, etc.. Matth. V, 6: beati qui esuriunt et sitiunt iustitiam, etc..

Item ordinatus ad Deum; unde dicit sancta.

Lc. I, 75: serviamus illi in sanctitate et iustitia coram ipso, omnibus diebus nostris, etc..

Obiecta autem necessitati superaddita sunt duo, primo quod sit inductivum ad amicitiam; secundo quod sit conservativum bonæ famæ. Quantum ad primum dicit quæcumque amabilia, id est, quæ inducunt ad mutuam amicitiam. Eccle. VII, 39: non te pigeat visitare infirmum. Ex his enim in dilectione firmaberis. Prov. XVIII, 24: vir amicabilis ad societatem magis amicus erit quam frater. Quantum ad secundum dicit quæcumque bonæ famæ. Multa enim possent fieri cum bona conscientia, quæ tamen propter famam sunt dimittenda. Eccli. XLI, 15: curam habe de bono nomine. Hoc enim magis permanebit, quam mille thesauri magni et pretiosi.

Motivum ad operandum est duplex.

Primo inclinatio interioris habitus; secundo exterior disciplina seu instructio.

Quantum ad primum dicit si qua virtus, id est habitus virtutis est in vobis, scilicet inducat vos ad hoc. Eccli. XLIV, 6: divites in virtute pulchritudinis studium habentes, pacificantes in domibus suis. Quantum ad secundum dicit si qua laus, id est laudabilis disciplina, scilicet est in vobis, facite bona. Ps. CXVIII, 66: bonitatem et disciplinam et scientiam doce me, etc..

Et exponit qualis sit ista disciplina, dicens hæc cogitate, scilicet quæ didicistis me docente.

Matth. XI, 29: discite a me, quia mitis

sum et humilis corde, etc., et I Thess. II, 13: *cum accepissetis a nobis verbum auditus Dei, accepistis illud non ut verbum hominum, sed sicut est vere verbum Dei*, etc..

Et vidistis, per exempla.

Sic enim patet motivum actus et obiectum, quia disciplina habetur per doctrinam. Et oportet quod primo capiatur; unde dicit *hæc cogitate*. Item quod ei assentiatur; unde dicit *et didicistis et accepistis*. Item habetur per auditum et visum; unde dicit *quæ audistis et vidistis*.

Bonus actus est duplex, scilicet unus interior, qui ponitur ibi *hæc cogitate*, I Tim. IV, 15: *hæc meditare*; exterior ibi *agite*, Is. I, 16: *quiescite agere perverse, discite benefacere*, etc..

Fructus est Deus, ibi *et Deus pacis*, etc.; quasi dicat: si hoc feceritis, erit vobiscum Deus. II Cor. Cap. Ult.: *pacem habete, et Deus pacis et dilectionis erit vobiscum*.

Lectio 2

Superius ostendit apostolus qualiter fideles se debeant habere in futurum, hic commendat eos de præterito sibi impenso beneficio. Et primo ponit commendationem; secundo terminat epistolam in oratione et salutatione, ibi *Deus autem*, etc..

Circa primum duo facit.

Primo commendat eos de beneficio impenso; secundo beneficium diffusius exponit, ibi *non quasi*, etc..

Item prima pars dividitur in tres particulas, quia primo ponit gaudium conceptum ex eorum beneficio; secundo commendat eorum beneficium, ibi *quoniam tandem*, etc.; tertio excusat tarditatem, ibi *occupati*, etc..

Dicit ergo: moneo ut gaudeatis, sed ego gavisus sum propter ea quæ fecistis, non in rebus, sed in Domino. Hab. III, 18: *ego autem in Domino gaudebo*, etc.. Gavisus sum, inquam, vehementer, quia propter filios meos.

Deinde ponitur materia gaudii, ibi *quoniam tandem*, etc.. Bona opera sunt opera misericordiæ, et dicuntur flores, quia sicut ex flore fructus provenit, ita ex eis fruitio vitæ beatæ percipitur. Eccli. XXIV, 23: *flores mei fructus honoris et honestatis*.

Quando ergo opus bonum intermittitur, et postea resumitur, dicitur reflorere. Isti autem aliquando providerant apostolo, et iterum nunc providerunt; ideo dicit eos refloruisse.

Et hoc exponit, cum subdit *pro me sentire*, id est mihi compati. Supra I, 7: *sicut est mihi iustum hoc sentire pro omnibus vobis*, etc.. I Mach. X, 20: *quæ nostra sunt sentias nobiscum, ut conserves amicitias ad nos*, etc.. Sicut et olim sentiebatis, scilicet quando mihi providistis. Et hoc tandem aliquando, quia licet tarde, tamen aliquando fecistis. Rom. I, 10: *si quomodo tandem aliquando prosperum iter habeam*, etc..

Deinde cum dicit *occupati*, etc., excusat tarditatem; quasi dicat: non imputo negligentiæ vel culpæ, sed necessitati, quia eratis occupati propter tribulationes quas passi estis. Eccli. XL, 1: occupatio magna creata est omnibus hominibus, etc..

Deinde cum dicit non quasi propter, etc., beneficium exponit, et primo causam gaudii; secundo beneficium quo floruerunt, ibi scitis autem et vos; tertio commemorat beneficium præsens, ibi habeo autem omnia.

Item primo excludit causam gaudii æstimatam; secundo declarat propriam mentis constantiam, ibi ego enim didici, etc.; tertio approbat beneficentiam, ibi verumtamen bene fecistis.

Dicit ergo: non gaudeo propter penuriam a vobis propulsam, quæ gravis erat. Is. XLVIII, 10: elegi te in camino paupertatis.

Sed tamen non deprimit animum, nisi eorum qui in divitiis delectantur, aut qui gloriantur in substantia.

Et hoc ideo, quia apostolus non tristatur de paupertate, cuius ratio est constantia mentis eius, quam primo ponit, secundo causam eius, ibi omnia possum, etc..

Item primo ponit constantiam in speciali casu, secundo generaliter in omnibus, ibi ubique, etc..

Dicit ergo: paupertatem non timeo, quia didici, etc.. Nihil demonstrat ita mentem sapientis perfecti, sicut quod sciat uti quolibet statu. Sicut enim est bonus dux qui in quolibet exercitu operatur secundum exigentiam eius, et coriarius qui ex quolibet corio facit optimos sotulares: sic ille perfectus est qui scit uti quolibet statu, ut si sit in magno, non elevetur, et si in minimo, non deiiciatur. Et ideo dicit didici, etc.. Is. L, 5: Dominus Deus aperuit mihi aurem, ego autem non contradico, retrorsum non abii, etc..

Et hoc sufficit, si parum habeo; si multum, scio me contemperare. Et ideo se exponit, dicens scio humiliari. Humilitas autem quandoque dicit virtutem quamdam, Lc. XIV, 12, et XVIII, 14: qui se humiliat, exaltabitur, quandoque deiectionem, Ps. CIV, 18: humiliaverunt in compedibus pedes eius. Et sic loquitur hic, dicens scio humiliari, id est, abiectionem sustinere moderate, sicut oportet.

Et quia homines exaltantur per divitias et deprimuntur per paupertatem, ideo exaltationem vocat abundantiam. Et in utroque est periculum, quia ex abundantia erigitur animus contra Deum, ex paupertate deiicitur.

Et ideo dicitur Prov. XXX, 8: paupertatem et divitias ne dederis mihi.

Sed apostolus loquitur melius, quia virtute in utroque scit uti, et hoc ubique, id est in omni loco, negotiis, statibus, et conditionibus, institutus sum. II Cor. VI, 4: in omnibus exhibeamus nosmetipsos sicut Dei ministros, etc..

Deinde cum dicit omnia possum, etc., ponit causam suæ constantiæ, dicens omnia possum, quasi dicat: non possem hos insultus sustinere, nisi manu Dei me confortante.

Ez. III, 14: manus Domini erat

mecum. Is. XL, 31: qui sperant in Domino, habebunt fortitudinem, assument pennas sicut aquilæ, etc..

Sed numquid superfluit quod misimus, cum scias egere? non, quia licet sciam penuriam pati, quod est virtus, tamen non debet mihi subventio subtrahi. Rom. XII, 13: necessitatibus sanctorum communicantes.

Hebr. X, 34: nam et vinctis compassi estis.

Et sic patet causa gaudii.

Secundo commemorat præteritum beneficium, ibi scitis autem. A quibusdam enim nihil accipiebat, scilicet Corinthiis et Thessalonicensibus, et quia Corinthii erant avari, et cum turbatione ministrassent, et quia Thessalonicenses erant otio dediti, laborabat, dans eis exemplum laborandi. Isti vero erant boni in absentia et præsentia. Unde dicit II Cor. XI, 8: alias ecclesias expoliavi, accipiens stipendium ad ministerium vestrum.

In ratione dati spiritualis et accepti temporalis.

I Cor. IX, 11: si nos vobis spiritualia seminavimus, non magnum est si nos carnalia vestra metamus? quia et Thessalonicam, etc.. Et hoc est argumentum, quod Papa potest ab una ecclesia accipere in subsidium aliarum, non autem sine quacumque causa.

Sciendum est autem, quod cum quis dat aliquid alicui, duo sunt consideranda, scilicet substantia muneris et meritum dantis. Qui gaudet de temporalibus, gaudet de substantia muneris, nec quærit nisi dantem, et hic est mercenarius; qui autem quærit dantis meritum, quærit fructum virtutis et iustitiæ, et talis est pastor.

Fructum, inquam, qui abundat in ratione vestra. Ratio dicitur dupliciter. Vel secundum quod est virtus animæ, et sic omnis virtus est rationis. Rom. XII, 1: rationabile obsequium vestrum. Quandoque est ratiocinatio et computatio. Matth. XVIII, 23: qui voluit rationem ponere cum servis suis.

Ideo dicit abundantiam in ratione, quia plus dabant, quam tenerentur; quia quidam tantum in præsentia, sed isti etiam mittebant Romam.

Habeo autem quæ misistis. Repletus sum acceptis, scilicet his, quæ misistis in odorem, etc.. Lev. III, 5 et IV, 31: offerte holocaustum in odorem suavitatis Domino. Est enim odor Deo suavis devotio offerentium, et inter omnes hostias multum valent eleemosynæ. Hebr. XIII, 16: beneficentiæ autem et communionis nolite oblivisci, talibus enim hostiis promeretur Deus.

Deinde cum dicit Deus autem, etc., finit epistolam in oratione, et primo ponit orationem, Deus autem meus. Unus Deus est omnium per creationem et potentiam, sed meus, quia singulariter ei servio. Rom. I, 9: testis enim est mihi Deus cui servio.

Impleat, etc., quia implestis meum. Et

hoc potest Dominus, quia abundat secundum divitias.

Rom. X, 12: idem Dominus omnium, dives in omnes qui invocant illum, etc..

Et hoc verum in gloria, scilicet sua, quia ibi implebitur totum desiderium. Ps. XVI, 15: satiabor cum apparuerit gloria tua. Ps. CII, 5: qui replet in bonis desiderium tuum.

Et hoc est in Christo, id est per Christum.

II Petr. I, 4: per quem maxima nobis et pretiosa donavit.

Et de omnibus his sit Deo, trinitati, et patri nostro gloria. I Tim. I, 17: soli Deo honor et gloria in sæcula sæculorum. Sæculum est spatium seu duratio generationis aut memoriæ hominum.

Posita primo oratione, et secundo gratiarum actione, tertio ponit salutationem, dicens salutate omnem sanctum, id est fideles in Christo, quia per Christum sanctificati.

Hebr. XIII, 12: ut sanctificaret per suum sanguinem populum, extra portam passus est.

Maxime, etc.. Et per hoc intelligitur quod multos de familia Cæsaris convertit. Supra I, 13: ut vincula mea manifesta in Christo fierent in omni prætorio, et cæteris hominibus, etc.. Quamvis autem Matth. XI, 8 dicatur: qui mollibus vestiuntur in domibus regum sunt, tamen ad promovendum bonos, et impediendum malos, videtur licitum sanctis in curiis regum commorari, sed non propter delicias et concupiscentiam voluptatum.

Et dicit qui de Cæsaris domo sunt, ut eos animet ad gaudium et ad fidem.

Deinde ponit suam salutationem de manu sua, dicens gratia Domini, etc..

Epistola Ad Colossenses

Prologus

Proœmium

Protegebat castra gladio suo, etc. I Mach. III, 3.

Hæc verba congruunt materiæ huius epistolæ ad Colossenses, quia totus status huius vitæ est in pugnatione militantium, quorum habitacula castra dicuntur. Iob VII, 1: militia est vita hominis super terram.

Ideo habitacula fidelium nomine castrorum figurantur. Unde ecclesia similitudinem habet castrorum. Gen. XXXII, 2: castra Dei sunt hæc.

Hæc castra tripliciter impugnantur. A quibusdam quasi obsidentibus, qui manifeste se erigunt contra ecclesiam. Apoc. XX, 8: ascenderunt super latitudinem terræ, et circuierunt castra sanctorum et civitatem dilectam. Ab aliis latenter decipitur, sicut ab hæreticis.

Rom.: per dulces sermones et benedictiones seducunt corda hominum, etc..

II Tim. III, 13: mali autem homines et seductores proficient in peius, errantes et in errorem mittentes. A quibusdam, scilicet domesticis, per diversas corruptelas peccatorum quæ sunt ex corruptione carnis. Gal. V, 17: caro concupiscit adversus spiritum, et spiritus adversus carnem. Eph. Cap. Ult.: non est nobis colluctatio adversus carnem et sanguinem, sed adversus principes, etc..

Prælati ecclesiæ sunt duces, Ps. LXVII, 28: principes Iuda duces eorum, ad quorum officium pertinet contra omnia prædicta castra ecclesiæ munire. Contra peccata quidem, per exhortationes. Is. LVIII, 1: annuntia populo meo scelera eorum, et domui Iacob peccata eorum. Contra hæreticos, per sanam doctrinam.

I Tim. I: amplectentem eum, qui secundum doctrinam est, fidelem sermonem, etc.. Contra persecutores, exemplo, scilicet patienter tolerando.

Sic Paulus protexit gladio spirituali, quia in suis epistolis corripiebat peccata, confutabat hæreses, animabat ad patientiam. De primo, Eph. V, 3: fornicatio autem et omnis immunditia aut avaritia nec nominetur in vobis, etc.. De secundo, Tit. III, 10: hæreticum hominem post primam et secundam correptionem devita, etc.. De tertio, II Cor. XI per totum patet quomodo animabat ad patientiam.

Et sic tanguntur duo in verbis propositis, scilicet ecclesiæ status, cum dicitur castra, et apostoli studium, ibi protexit.

In castris autem debet esse sollicitudo ad mala vitanda. Deut. XXIII, 14: ut sint castra tua sancta, et nihil in eis appareat fœditatis.

Item ordo ad ducem et ad se. Cant. VII, 1: quid videbis in Sunamite, nisi choros castrorum? Gen. XXXII, 2: castra Dei sunt hæc. Item terror ad hostes. Cant. VI, 3: terribilis ut castrorum acies ordinata.

Sed apostolus circa protectionem erat sollicitus tamquam pastor, cuius est dirigere oves diligenter ne errent. Io. X, 4: ante eas vadit, etc.. Et sic apostolus faciebat. Phil. III: imitatores mei estote, sicut et ego Christi. Item pascere abundanter, ne deficiant.

I Petr. V, 2: pascite, qui in vobis est, Domini gregem, etc.. Et sic apostolus faciebat.

I Cor. I, 2: tamquam parvulis lac dedi vobis.

Item defendere potenter, ne pereant. Eccli. VII, 6: noli velle fieri iudex, nisi valeas virtute irrumpere iniquitates. I Reg. XVII, 34: pascebat servus tuus patris sui gregem, et veniebat leo, vel ursus, etc.. Et ideo dicit, quod apostolus protegebat castra, id est ecclesiam Dei, gladio, quod est verbum Dei, ut dicitur Eph. VI: vivus est enim sermo Dei et efficax et penetrabilior omni gladio ancipiti, etc..

Sic ergo materia huius epistolæ est hæc.

Quia in epistola ad Ephesios ostendit modum ecclesiasticæ unitatis; in epistola ad Philippenses ostendit eius profectum et conservationem; in hac autem agit de eius conservatione contra hæreticos, qui depravaverant eos seducendo, etc..

Capitulus I

Lectio 1

Dividitur autem hæc epistola in salutationem, et tractatum, ibi gratias, etc..

Item primo ponuntur personæ salutantes; secundo personæ salutatæ, ibi his qui sunt; tertio bona optata, ibi gratia vobis.

Circa primum primo ponitur principalis persona; secundo adiuncta, ibi et Timotheus.

Principalis primo tangitur ex nomine Paulus, id est humilis. Tales enim percipiunt sapientiam. Matth. XI, 25: abscondisti hæc a sapientibus et prudentibus, et revelasti ea parvulis. Et ideo docet eam.

Secundo ab officio, scilicet apostolus, id est missus, scilicet ad procurandum salutem fidelium. Act. XIII, 2: segregate mihi Saulum et Barnabam in opus ad quod assumpsi eos.

Io. XX, 21: sicut misit me pater, et ego mitto vos. Et apostolus, non cuiuslibet, sed Iesu Christi, cuius gloriam quærit, non sui ipsius. II Cor. IV, 5: non enim nosmetipsos prædicamus, sed Iesum Christum Dominum nostrum, nos autem servos vestros per Iesum.

Sed quidam aliquando perveniunt ad officium ex ira Dei propter peccatum populi.

Iob XXXIV, 30: qui regnare facit hominem hypocritam propter peccata populi. Os. XIII, 11: dabo tibi regem in furore meo. Et ideo dicit per voluntatem Dei, scilicet eius beneplacitum. Ier. III, 15: dabo vobis pastores iuxta cor meum, et pascent vos scientia et doctrina.

Persona adiuncta est Timotheus, ut scilicet in ore duorum vel trium stet omne verbum, ut, dicitur Deut. XVII. Prov. XVIII, 19: *frater qui iuvatur a fratre, quasi civitas firma.*

Personæ salutatæ ponuntur, ibi *his,* etc.. Sancti dicuntur maiores. Lc. I, 75: *serviamus illi in sanctitate et iustitia coram ipso.*

Fideles dicuntur minores, qui saltem veram fidem tenent, quia sine fide impossibile est placere Deo, ut dicitur Hebr. XI, 6.

Vel sanctis, id est in baptismo sanctificatis, et fidelibus, id est permanentibus in fide accepta. Prov. XXVIII, 20: *vir fidelis multum laudabitur,* etc..

Deinde ponuntur bona optata, scilicet gratia, quæ est principium omnis boni.

Rom. III, 24: *iustificati gratis per gratiam ipsius.* Pax quæ est finale bonum omnium.

Ps. CXLVII, 14: *qui posuit fines tuos pacem.*

Et per consequens optat omnia bona media.

Et hoc a Deo, Ps. LXXXIII, 12: *gratiam et gloriam dabit Dominus;* patre Domini nostri Iesu Christi, scilicet per naturam, sed nostro per gratiam, et Domino Iesu Christo, et sic patre nostro, scilicet Deo in trinitate, et Domino Iesu Christo, quantum ad naturam assumptam.

Lectio 2

Hic, accedens ad propositum, incipit epistolarem tractatum. Et primo commendat evangelii veritatem; secundo contra contrariantia protegit veritatem status huius in II capite, ibi *volo enim scire vos.*

Circa primum duo facit.

Primo commendat evangelicæ fidei veritatem; secundo actorem huius status, ibi *qui est imago.*

Item prima in duas, quia primo agit gratias pro beneficiis specialiter exhibitis Colossensibus; secundo pro exhibitis generaliter ecclesiæ, ibi *gratias agentes.*

Circa primum duo facit, quia primo commendat gratiarum actionem Deo pro istis; secundo ostendit orationis materiam, ibi *audientes.*

Iterum prima in duas, quia primo præmittit gratiarum actionem; secundo orationem, ibi *orantes.*

Dicit ergo: *gratias agimus Deo,* actori gratiarum. I Thess. Cap. Ult.: *in omnibus gratias agite.* Et hoc semper, pro præteritis et futuris. Licet enim non continue in actu possimus orare, tamen semper, ex habitu charitatis, debemus orare. I Thess. Cap. Ult.: *sine intermissione orate.* Lc. XVIII, 1: *oportet semper orare.*

Deinde ponitur materia, et primo gratiarum actionis, secundo orationis, ibi *ideo et nos.*

Circa primum primo commemorat bona eorum, secundo quomodo fuerunt ea adepti, ibi *quam audistis.*

Bonum nostrum principaliter est in fide, spe et charitate: per fidem enim habemus notitiam Dei, per spem elevamur in ipsum, sed charitate unimur ei. I Cor. XIII, 13: nunc autem manent fides, spes, charitas, tria hæc, etc.. Et ideo de istis tribus gratias agit, primo quod fidem habent.

Non enim ipse prædicaverat eis, sed quidam discipulus Epaphras nomine, et postea Archippus.

Et ideo dicit audientes fidem, quæ est principium spiritualis vitæ. Hab. II, 4: iustus meus ex fide vivit. Hebr. XI, 6: accedentem ad Deum oportet credere, etc..

Sed hæc fides sine dilectione operante est mortua, ut dicitur Iac. II, 17. Et ideo oportet, quod adsit dilectio operans. Gal. Cap. Ult.: in Christo Iesu neque circumcisio aliquid valet, neque præputium, sed nova creatura. Et ideo dixit et dilectionem quam habetis, etc..

Est autem quædam dilectio charitatis et quædam mundana, sed mundana non se extendit ad omnes, quia dilectio talis ad illos est cum quibus est communio, quæ est causa dilectionis, et hæc causa in dilectione mundana non se habet ad omnes, sed tantum est cum consanguineis et mundanis, sed dilectio charitatis se extendit ad omnes. Et ideo dicit in omnes. Nam et si peccatores diligantur per charitatem, hoc est ut sint aliquando sancti. I Io. III, 14: nos scimus quoniam translati sumus de morte ad vitam, quoniam diligimus fratres.

Item dilectio mundi habet fructum in hoc mundo, sed charitas habet in vita æterna.

Et ideo tertio subdit de spe, dicens propter spem quæ reposita est, id est propter gloriam æternam, quæ ideo dicitur spes, quia pro certo custoditur. Iob XIX, 27: reposita est hæc spes mea in sinu meo.

Deinde cum dicit quam ante audistis, ostendit quomodo adepti sunt ista. Et primo commendat doctrinam evangelicam, secundo ministerium, ibi sicut didicistis.

Item primo commendat doctrinam a veritate; secundo ab eius dilatatione, ibi quod pervenit; tertio a profectu, ibi et fructificat.

Dicit ergo quam audistis, scilicet spem, vel rem speratam. Et hoc in verbo veritatis evangelii. Hæc enim excedit omnia.

I Cor. II, 9: nec oculus vidit, nec auris audivit, nec in cor hominis ascendit, etc.. Et ideo Deus eam revelat. Matth. III, 2: pœnitentiam agite, appropinquabit enim regnum cælorum. Hæc autem est spes vera, non autem est vana (sicut quando promittens est mendax), quia in verbo veritatis. Io. XVII, 17: sermo tuus veritas est.

Deinde cum dicit quod pervenit, commendatur doctrina Christi a dilatatione, quia non solum pervenit ad vos, sed in universo mundo. Ps. XVIII, 4: in omnem terram exivit sonus eorum, etc.. Matth. XXIV, 14: oportet hoc evangelium regni prædicari in universo orbe, et tunc erit consummatio.

Sed quomodo nondum est consummatio, cum sit prædicatum in universo mundo? respondeo. Aliqui dicunt quod evangelium Christi non est evangelium regni. Sed hoc est falsum, quia Dominus dicit hoc evangelium regni. Sed dicendum est, secundum Chrysostomum, quod adhuc viventibus apostolis, evangelium Christi est divulgatum per totum mundum, saltem quantum ad famam, quod est valde miraculosum, quod in quadraginta annis sic creverit doctrina Christi. Et sic dicit in universo mundo, quantum ad famam, et tunc erit consummatio, id est destructio Ierusalem.

Secundum Augustinum autem hoc non est verum, quia adhuc tempore suo erant aliquæ gentes, in quibus nondum erat ecclesia. Et ideo ipse dicit hoc esse intelligendum quando prædicabitur, ita quod quando in omnibus gentibus ecclesia erit fundata, licet aliqui sint credentes, aliqui non, tunc erit finis; et hoc non tempore apostoli, sed circa finem mundi: et sic quando hic dicitur in universo mundo, loquitur apostolus de futuro sicut de præsenti propter certitudinem eventus. Ps. XVIII, 4: in omnem terram exivit sonus eorum, etc..

Potest tamen dici quod secundum famam est divulgatum per totum mundum, sed non secundum fundationem.

Deinde commendat doctrinam Christi quantum ad fructum per bona opera, ibi et fructificat. Eccli. XXIV, 23: flores mei fructus honoris et honestatis, etc.. Matth. XIII, 8: fructum affert, et facit aliud quidem centesimum, aliud sexagesimum, aliud tricesimum.

Et crescit, scilicet in multitudine credentium. Act. II, 47: Dominus autem augebat qui salvi fierent quotidie in idipsum.

Et hoc magnæ potestatis fuit, quia sicut in vobis, ita et in aliis. Audistis prædicationem, et cognovistis approbando.

Consequenter commendat ministerium tripliciter. Primo per comparationem ad se; secundo per comparationem ad ipsos; tertio quantum ad utrosque.

Dicit ergo: edocti estis per evangelium, sicut ab Epaphra didicistis conservo. Apoc. Ult.: conservus tuus sum, et fratrum tuorum. Qui est fidelis minister, scilicet non quærens quæ sua sunt. I Cor. IV, 1: sic nos existimet homo ut ministros Christi, et dispensatores mysteriorum Dei, etc..

Qui est fidelis, scilicet mediator inter apostolum et istos. Qui etiam manifestavit, id est significavit, etc..

Lectio 3

Supra posuit materiam gratiarum actionis, ostendens pro quibus bonis gratias egit, hic ostendit orationem, innuens quid pro eis petit. Et primo præmittit conditiones orationis; secundo subdit bona petita, ibi ut impleamini.

Oratio tres habet conditiones: primo quod sit tempestiva, unde subdit ex qua die, etc., supple: cœpimus orare. Ier. XXXI, 20: ex quo locutus sum de eo, adhuc recordabor eius, etc..

Secundo quod sit continua, ibi non cessamus, etc.. I Reg. XII, 23: absit autem a me hoc peccatum in Domino, ut cessem orare pro vobis. Rom. I, 9: sine intermissione memoriam vestri facio semper in orationibus meis.

Tertio multiplex et perfecta, ibi orantes et postulantes. Oratio est ascensus mentis in Deum. Postulatio est rerum petitio. Oratio debet præcedere ut devote petens exaudiatur, sicut petentes præmittunt persuasionem ut inclinent; sed nos debemus præmittere devotionem et meditationem Dei et divinorum, non ut eum flectamus, sed ut nos erigamus in eum.

Tria autem petit, scilicet cognitionem veritatis, ibi ut impleamini; operationem virtutis, ibi ut ambuletis; tolerantiam malorum, ibi in omni patientia.

Triplicem vero cognitionem optat, scilicet agendorum; unde dicit ut impleamini agnitione, etc., id est ut plene cognoscatis voluntatem Dei. I Thess. IV, 3: hæc est voluntas Dei, sanctificatio vestra, ut abstineatis, etc.. Ille ergo cognoscit voluntatem Dei, qui in sanctitate vivit. Qui ergo peccat, non cognoscit voluntatem Dei, quia omnis peccans est ignorans. Rom. XII, 2: ut probetis quæ sit voluntas Dei, etc..

Item cognitionem divinorum, ibi in omni sapientia, quæ est cognitio divinorum, secundum Augustinum. Sap. I, 1: sentite de Domino in bonitate.

Item spiritualium donorum, ibi et intellectu spirituali, id est non harum corporalium rerum. I Cor. II, 12: nos autem non spiritum huius mundi accepimus, sed spiritum qui ex Deo est.

Et apte coniunguntur hæc duo, sapientia et intellectus, quia minor est sapientia, si intellectu careat, ut dicit Gregorius; et inutilis est intellectus sine sapientia, quia sapientia iudicat, et intellectus capit, et non valet capere, nisi iudicet, et e converso.

Glossa dicit quod primum sumitur generaliter; secundum pertinet ad activam vitam; tertium ad contemplativam.

Nec sufficit cognoscere, quia scienti bonum et non operanti, peccatum est illi, ut dicitur Iac. IV, 17. Unde oportet quod adsit virtuosa operatio, quam primo tangit, ibi ut ambuletis digne Deo. Indigne enim ambulat qui non vivit sicut decet filium Dei. II Cor. VI, 4: in omnibus exhibeamus nosmetipsos sicut Dei ministros in multa patientia, etc.. I Thess. IV, 6: sicut prædiximus et testificati sumus. Secundo tangit rectam intentionem, ibi per omnia placentes. Sap. IV, 10: placens Deo factus est dilectus.

Tertio studium proficiendi, ibi in omni opere bono, etc.. Semper enim homo debet niti ad ulterius bonum.

Eccli. XXIV, 23: flores mei fructus honoris et honestatis. Rom. VI, 22: habetis fructum vestrum in sanctificationem, etc..

Ad fructificationem sequitur augmentum scientiæ; ideo dicit et crescentes, etc.. Ex hoc enim quod aliquis studet implere mandata disponitur ad cognitionem. Ps. CXVIII, 100: super senes intellexi, quia mandata tua quæsivi. Sap. I, 4: non habitabit in corpore subdito peccatis. Et dicit Dei, non mundi. Sap. X, 10: dedit illi scientiam sanctorum, etc..

Deinde tangit tolerantiam malorum, quia ad virtutem non sufficit scire vel velle, nisi immobiliter operetur, quod non potest esse sine patientia et malorum tolerantia. Et ideo dicit in omni virtute confortati. Eccli. XLVII: divites in virtute pulchritudinis studium habentes. Quæ virtus est a Deo. Unde dicit secundum potentiam claritatis eius. Eph. VI, 10: confortamini in Domino.

Sed addit claritatis eius, id est Christi, qui est claritas patris, quia pergere ad peccatum, est pergere ad tenebras. Sap. VII, 25: vapor est enim virtutis Dei, et emanatio quædam est claritatis omnipotentis Dei sincera.

Deinde cum dicit in omni patientia, etc., petit eis tolerantiam in adversis. Quidam enim deficiunt vel propter difficultatem adversorum, et ideo oportet habere patientiam.

Lc. XXI, 19: in patientia vestra possidebitis animas vestras. Vel propter dilationem præmii.

Et ideo dicit et longanimitate, quæ facit sustinere rem promissam. Hab. II, 3: si moram fecerit, expecta eum, etc.. Hebr. VI, 15: longanimiter ferens adeptus est repromissionem.

Sed aliqui hæc duo vitant, sed cum tristitia. Contra hoc dicit cum gaudio.

Iac. I, 2: omne gaudium existimate, fratres, cum in varias tentationes incideritis, etc..

Deinde cum dicit gratias agentes, etc., agit gratias pro beneficiis exhibitis omnibus fidelibus. Et hoc pro beneficio gratiæ, quod primo ponit; secundo pro fructu gratiæ, ibi qui eripuit.

Dicit ergo: oramus pro vobis agentes gratias Deo, scilicet creanti, et patri, scilicet adoptanti, qui dignos, etc.. Dixerunt aliqui quod dona gratiarum dantur pro meritis, et quod Deus dat dignis gratiam, non autem indignis; ideo hoc excludit apostolus, quia quidquid habes dignitatis et gratiæ, hoc Deus fecit in te: ergo et effectus gratiæ. Et ideo dicit qui dignos nos fecit, etc.. II Cor. III, 5: non quod sufficientes simus cogitare aliquid a nobis, quasi ex nobis, etc.. In partem sortis sanctorum, etc..

Omnes homines de mundo secundum naturam sunt boni. Et ideo iustum est eos aliquam partem habere Dei. Mali quidem partem habent voluptates et temporalia. Sap. II, 9: hæc est pars nostra, et hæc sors nostra. Sancti vero habent ipsum Deum partem.

Thren. III, 24: pars mea Dominus. Ps. XV, 5: Dominus pars hæreditatis meæ. Et ideo dicit qui dignos, etc..

Et addit sortis, quia dupliciter aliquid dividunt: quandoque per electionem, quando unus hanc, alius illam partem elegit; aliquando sorte. Prov. XVIII, 18: contradictiones comprimit sors. Hæc autem pars cedit sanctis non per electionem propriam. Io. XV, 16: non vos me elegistis, sed ego elegi vos sed quia ipse Deus elegit vos.

Sors enim nihil aliud est, quam committere aliquid divino iudicio. Sors autem triplex est, scilicet consultoria, divinatoria, et divisoria. Prima autem in temporalibus non est mala; secunda vana est et mala; tertia in necessitatibus aliquando permittenda. Sed hæc per se est possessio luminis. I Tim. Cap. Ult.: lucem habitat inaccessibilem. Iob XXXVI, 32: in manibus abscondit lucem, etc..

Et ex hac parte sequitur effectus gratiæ, scilicet translatio de tenebris ad lucem.

Et ideo primo ponit translationem, secundo modum in quo homines ante gratiam sunt servi peccati.

Nam cum peccatum sit tenebræ, ideo sunt in potestate tenebrarum, sive Dæmonum, sive peccatorum. Eph. Cap. Ult.: adversus rectores mundi tenebrarum harum, etc.. Is. XLIX, 25: captivitas a forti tollitur, etc..

Et transtulit, etc., id est, ut essemus regnum Dei. Io. XIX: regnum meum non est de hoc mundo, etc.. Et hoc fit quando liberamur a peccato. Apoc. V, 10: fecisti nos Deo nostro regnum, etc.. Vel ad litteram, ut consequeremur vitam æternam.

Matth. III, 2: appropinquabit regnum cælorum. Et hoc est quod dicit regnum filii dilectionis suæ.

Dilectio, ut dicit Augustinus in Glossa, quandoque dicitur spiritus sanctus, qui est amor patris et filii. Sed si dilectio sic semper teneretur personaliter, tunc filius esset filius spiritus sancti; sed quandoque dicitur essentialiter, ut dicitur in Glossa. Filii ergo dilectionis suæ dicitur, id est filii sui dilecti, vel filii essentiæ suæ.

Sed numquid hæc est vera: filius est filius essentiæ patris? dicendum est quod si genitivus designat habitudinem causæ efficientis, est falsum, quia essentia non generat, nec generatur. Si autem designat formam, id est habens essentiam suam quasi materialiter, sicut dicitur aliquid egregiæ formæ, id est habens egregiam formam, sic est vera. Io. III, 35: pater diligit filium, et omnia dedit in manu eius.

Deinde cum dicit in quo habemus, etc., ostendit modum translationis. Homo enim existens in peccato dupliciter tenebatur subditus, scilicet per servitutem. Io. VIII, 34: qui facit peccatum, servus est peccati. Item erat reus pœnæ, et aversus a Deo. Is. LIX, 2: iniquitates vestræ diviserunt inter vos et Deum vestrum, et peccata vestra absconderunt faciem eius a vobis, ne exaudiret.

Hæc duo removet Christus, quia, inquantum homo, factus est pro nobis sacrificium et redemit nos in sanguine suo. Et ideo dicit in quo habemus redemptionem. I Cor. VI, 20: empti estis pretio magno. Sed inquantum est Deus, habemus per eum peccatorum remissionem, quia reatus peccati solutus est per eum.

Lectio 4

Postquam superius commemoravit gratiæ beneficia specialia et universalia, hic commendat auctorem huius gratiæ, scilicet Christum. Et primo per comparationem ad Deum; secundo generaliter per comparationem ad totam creaturam, ibi primogenitus; tertio specialiter per comparationem ad ecclesiam, ibi et ipse est caput.

Circa primum notandum est quod Deus dicitur invisibilis, quia excedit capacitatem visionis cuiuscumque intellectus creati, ita quod nullus intellectus creatus naturali cognitione potest pertingere ad eius essentiam.

Iob XXXVI, 26: ecce Deus magnus vincens scientiam nostram. I Tim. Cap. Ult.: lucem habitat inaccessibilem. Videtur ergo a beatis ex gratia, non ex natura.

Ratio huius assignatur a Dionysio, quia omnis cognitio terminatur ad existens, id est ad aliquam naturam participantem esse. Deus autem est ipsum esse non participatum ergo est incognitus. Huius ergo Dei invisibilis filius est imago.

Sed videndum est quomodo dicatur imago Dei, et quare dicatur invisibilis.

Et quidem de ratione imaginis sunt tria, scilicet quod sit ibi similitudo, quod deducta sit vel expressa ex eo cum quo est similitudo, et quod deducta sit in aliquo pertinente ad speciem vel signum speciei. Si enim sunt duo similia, quorum unum non derivetur ab alio, neutrum dicimus alterius imaginem, sicut ovum non dicitur imago ovi. Et ideo ab imitando dicitur imago.

Item si sit simile, sed non quantum ad speciem, vel signum speciei, tunc nec imago dicitur: sicut in homine multa sunt accidentia, ut color, quantitas, et huiusmodi, et secundum nullum horum dicitur imago. Sed si figuram eius accipiat, sic potest esse imago, quia figura est signum speciei; filius autem est similis patri, et pater similis filio, sed filius habet hoc a patre, pater autem non a filio.

Et ideo proprie loquendo dicimus filium imaginem patris, et non e converso, quia deducitur et derivatur hæc similitudo a patre.

Item hæc similitudo est secundum speciem, quia filius in divinis repræsentatur aliquo modo, sed deficienter, per verbum mentis nostræ.

Verbum autem mentis nostræ est, quando formamus actu formam rei cuius notitiam habemus, et hoc significamus verbo exteriori.

Et hoc verbum sic conceptum est quædam rei similitudo quam in mente tenemus, et simile secundum speciem. Et ideo verbum Dei imago Dei dicitur.

Quantum ad secundum sciendum est quod Arriani hoc verbum male intellexerunt, iudicantes de Dei imagine secundum imagines quæ fiebant ab antiquis, ut viderent in eis charos suos subtractos sibi, sicut et nos facimus imagines sanctorum, ut quos non videmus in substantia, videamus in imagine.

Et ideo dicunt quod invisibile est proprium patri, filius autem est primum visibile, in quo manifestatur bonitas patris, quasi pater sit vere invisibilis, filius vero visibilis, et sic alterius essent naturæ. Hoc autem excludit apostolus ad Hebr. I, 3 dicens: qui cum sit splendor gloriæ, et figura substantiæ eius, etc.. Et sic est imago non solum Dei invisibilis, sed etiam ipse est invisibilis sicut pater.

Qui est imago invisibilis Dei.

Deinde cum dicit primogenitus, etc., commendat Christum per comparationem ad creaturam. Et primo facit hoc, secundo exponit, ibi quia in ipso.

Circa primum sciendum est quod Arriani sic intelligunt, quasi dicatur primogenitus, quia sit prima creatura: sed hic non est sensus, ut patebit. Et ideo duo sunt videnda, scilicet quomodo hæc imago sit genita, et quomodo primogenita creaturæ.

Quantum ergo ad primum sciendum est quod in unaquaque re generatio est secundum modum sui esse et suæ naturæ. Alius enim modus generationis est in hominibus, et alius in plantis, et sic de aliis. Natura autem Dei est ipsum esse intelligere, et sic oportet quod eius generatio, vel conceptio intellectualis, sit generatio vel conceptio naturæ eius.

In nobis autem conceptio intelligibilis non est conceptio naturæ nostræ, quia in nobis aliud est intelligere et natura nostra. Et ideo cum hæc imago sit verbum et conceptio intellectus, oportet dicere quod sit germen naturæ, et sic de necessitate genitus, quia accipit naturam ab alio.

Secundo videndum est quomodo dicatur primogenitus. Deus enim non alio se cognoscit et creaturam, sed omnia in sua essentia, sicut in prima causa effectiva. Filius autem est conceptio intellectualis Dei secundum quod cognoscit se, et per consequens omnem creaturam. Inquantum ergo gignitur, videtur quoddam verbum repræsentans totam creaturam, et ipsum est principium omnis creaturæ. Si enim non sic gigneretur, solum verbum patris esset primogenitus patris, sed non creaturæ. Eccli. XXIV, 5: ego ex ore altissimi prodii, primogenita ante omnem creaturam, etc..

Deinde cum dicit quia in ipso, etc.; exponit quod dixerat, scilicet quod sit primogenitus, quia scilicet est genitus ut principium creaturæ. Et hoc quantum ad tria: primo quantum ad rerum creationem; secundo quantum ad earum distinctionem, ibi in cælis; tertio quantum ad conservationem in esse, ibi et omnia in ipso, etc..

Dicit ergo: est primogenitus creaturæ, quia est genitus ut principium omnis creaturæ. Et ideo dicit quia in ipso, etc..

Circa quod sciendum est, quod Platonici ponebant ideas, dicentes, quod quælibet res fiebat ex eo quod participabat ideam, puta hominis vel alicuius alterius speciei. Loco enim harum idearum nos habemus unum, scilicet filium, verbum Dei. Artifex enim facit artificium, ex hoc quod facit illud participare formam apud se conceptam, quasi involvens eam exteriori materiæ: sicut si dicatur quod artifex facit domum per formam rei quam habet apud se conceptam. Et sic Deus omnia in sua sapientia dicitur facere, quia sapientia Dei se habet ad res creatas, sicut ars ædificatoris ad domum factam. Hæc autem forma et sapientia est verbum, et ideo omnia in ipso condita sunt, sicut in quodam exemplari, Gen. I: dixit, et facta sunt, quia in verbo suo æterno creavit omnia ut fierent.

Quantum autem ad rerum distinctionem, sciendum est quod aliqui, sicut Manichæi, erraverunt dicentes hæc corpora terrena, quia corruptibilia, facta esse a malo Deo, cælestia vero, quia incorruptibilia, a bono Deo, scilicet patre Christi. Sed mentiuntur, quia in eodem sunt utraque creata.

Ideo dicit in cælis, etc..

Et hæc est distinctio secundum partes naturæ corporeæ. Gen. I, 1: in principio, id est in filio, creavit Deus, etc..

Platonici etiam dicunt quod Deus per se creavit creaturas invisibiles, scilicet Angelos, et per Angelos creavit naturas corporeas.

Sed hoc excluditur hic, quia dicitur visibilia et invisibilia. De primo Hebr. XI, 3: fide intelligimus esse aptata sæcula, ut ex invisibilibus visibilia fierent. De secundo autem Eccli. XLIII, 36 s.: pauca vidimus operum eius, omnia autem Dominus fecit, etc..

Hæc autem distinctio est secundum creaturarum naturam.

Tertia distinctio est ordinis et gradus in invisibilibus, cum dicit sive throni, etc.. Platonici etiam errant hic. Dicebant enim in rebus diversas esse perfectiones, et quamlibet attribuebant uni primo principio, et, secundum ordines earum perfectionum, ponebant ordines principiorum, sicut ponebant primum ens, a quo participant omnia esse, et illud principium ab isto, scilicet primum intellectum, a quo omnia participant intelligere, et aliud principium vitam, a quo omnia participant vivere.

Sed nos non sic ponimus, sed ab uno principio res habent quicquid in eis perfectionis est. Et ideo dicit sive throni, etc.; quasi dicat: non dependent ab aliis principiis ordinatis, sed ab ipso uno solo verbo Dei.

Sed quid est quod dicit Eph. I, 22: ipsum dedit caput, etc., ubi quædam diversitas videtur esse ab istis? solutio. Hic enim enumerat descendendo, quia ostendit progressum creaturæ a Deo, ibi ascendendo, quia ostendit quod filius Dei, secundum quod homo, super omnes creaturas est. Sed tamen ibi principatus ponuntur sub potestatibus, et virtutes inter dominationes et potestates, hic principatus super potestates, et principatus medium inter dominationes et potestates. Et secundum hoc diversæ sunt sententiæ Gregorii et Dionysii. Dionysius enim ordinat eos secundum quod dicitur ad Ephesios, quia in secunda hierarchia ponit dominationes, virtutes, et potestates.

Gregorius vero ordinat eos sicut hic habetur, quia in secunda hierarchia ponit dominationes, principatus et potestates, in tertia vero virtutes, Archangelos et Angelos.

Sed sciendum est, quod, sicut Gregorius et Dionysius dicunt, hæc dona spiritualia, ex quibus nominantur hi ordines, communia sunt omnibus, tamen quidam nominantur a quibusdam, quidam ab aliis, cuius ratio accipitur ex dictis Platonicorum, quia omne quod convenit alicui, convenit tripliciter, quia aut essentialiter, aut participative, aut causaliter.

Essentialiter quidem quod convenit rei secundum proportionem suæ naturæ, sicut homini rationale. Participative autem quod excedit suam naturam, sed tamen aliquid de illo participat, sed imperfecte, sicut intellectuale homini, quod est supra rationale et est essentiale Angelorum et idem aliquid participat homo.

Causaliter vero quod convenit rei supervenienter, sicut homini artificialia, quia in eo non sunt sicut in materia, sed per modum artis. Unumquodque autem denominatur solum ab eo quod convenit ei essentialiter. Unde homo non dicitur intellectualis nec artificialis, sed rationalis.

De dictis autem donis in Angelis, ea quæ conveniunt superioribus essentialiter, inferioribus conveniunt participative; quæ vero inferioribus essentialiter conveniunt, superioribus causaliter conveniunt. Et ideo superiores denominantur a superioribus donis.

Supremum autem in creatura spirituali est quod attingit Deum, et quodammodo participat eum. Et ideo denominantur superiores ex hoc, quod attingunt Deum. Seraphim, quasi ardentes Deo vel incendentes; Cherubim, quasi scientes Deum; throni, quasi habentes in seipsis sedentem Deum.

Tripliciter enim aliquid potest ab alio participare: uno modo, accipiendo proprietatem naturæ eius; alio modo, ut recipiat ipsum per modum intentionis cognitivæ; alio modo, ut deserviat aliqualiter eius virtuti, sicut aliquis medicinalem artem participat a medico vel quia accipit in se medicinæ artem, vel accipit cognitionem artis medicinalis, vel quia deservit arti medicinæ. Primum est maius secundo, et secundum tertio.

In sacra autem Scriptura significatur aliquid divinum per ignem. Deut. IV, 24: Dominus Deus tuus ignis consumens est, etc..

Et ideo supremus ordo dicitur Seraphim, quasi ardentes Deo, et continentes aliquam divinam proprietatem. Secundus ordo est

Cherubim, consequentes eum cognitive. Et tertius throni, eius virtuti deservientes. Alii autem ordines non nominantur ex attingendo Deum, sed per aliquam eius operationem. Et aliqui ut dirigentes, et sic sunt dominationes.

Alii exequentes, et horum quidem ut principaliores, ut principatus, Ps. LXVII, 26: prævenerunt principes, etc.. Alii secundum executionem, et sic sunt exequentes supra spirituales creaturas, ut sunt potestates quæ arcent Dæmones; si supra naturalia, sunt virtutes, quæ miracula faciunt; si supra homines, sunt Archangeli ad magna; si Angeli, ad minima.

Et sic concludendo dicit omnia per ipsum, sicut per causam effectivam, et in ipso, sicut per causam exemplarem. Io. I, 3: omnia per ipsum facta sunt, etc..

Sed quia posset aliquis dicere: numquid omnia sunt æterna? ideo apostolus quasi respondens ad hoc, dicit quod non, sed ipse est ante omnia, scilicet tempora et res alias. Prov. VIII, 22: Dominus possedit me in initio viarum suarum, antequam quidquam faceret a principio, etc.. Vel ante dignitatem.

Ps. LXXVIII, 7: quis similis Deo, etc..

Quantum ad conservationem dicit et omnia in ipso constant, id est conservantur.

Sic enim se habet Deus ad res, sicut sol ad lunam, quo recedente deficit lumen lunæ.

Et sic si Deus subtraheret suam virtutem a nobis, in momento deficerent omnia. Hebr. I, 3: portans omnia verbo virtutis suæ.

Lectio 5

Postquam apostolus commendavit Christum per comparationem ad Deum et ad totam creaturam, hic commendat ipsum in comparatione ad ecclesiam. Et primo generaliter; secundo specialiter quantum ad Colossenses, ibi et vos cum essetis; tertio quantum ad suam personam singulariter, ibi cuius factus sum.

Circa primum duo facit, quia primo proponit habitudinem Christi ad totam ecclesiam; secundo exponit, ibi qui est principium.

Dicit ergo: iste, in quo habemus redemptionem, Christus, est primogenitus creaturæ, sed secundum quod huiusmodi factus est caput ecclesiæ. Duo occurrunt hic exponenda. Et primo quomodo corpus sit ecclesia, et secundo quomodo Christus est caput.

Ecclesia dicitur corpus ad similitudinem unius hominis, et hoc dupliciter, scilicet et quantum ad distinctionem membrorum, Eph. IV, 1: dedit quosdam quidem apostolos, quosdam autem prophetas, etc., et quantum ad servitia, quæ licet sint distincta, tamen unum servit alteri, I Cor. XII, 25: pro invicem sollicita sint membra; Gal. VI, 2: alter alterius onera portate, etc.. Item, sicut constituitur unum corpus ex unitate animæ, ita ecclesia ex unitate spiritus. Eph. IV, 4: unum corpus et unus spiritus. I Cor. X, 17: unus panis et unum corpus multi sumus, etc.. Item est alia consideratio membrorum ad caput ecclesiæ, scilicet ad Christum. Ipse enim Christus est caput ecclesiæ. Ps. III, 3: tu exaltas caput meum, etc..

Et exponit quid est esse caput, dicens qui est principium, etc.. Caput enim respectu aliorum membrorum habet tria privilegia.

Primo, quia distinguitur ab aliis ordine dignitatis, quia est principium et præsidens; secundo in plenitudine sensuum, qui sunt omnes in capite; tertio in quodam influxu sensus et motus ad membra. Et ideo primo ostendit quomodo Christus est caput ratione dignitatis; secundo ratione plenitudinis gratiarum, ibi quia in ipso complacuit; item tertio ratione influentiæ, ibi et per eum.

Ecclesia quidem habet duplicem statum, scilicet gratiæ in præsenti et gloriæ in futuro, et est eadem ecclesia, et Christus est caput secundum utrumque statum: quia primus in gratia, et primus in gloria.

Quantum ad primum dicit qui est principium, quia non solum est in gratia secundum quod homo, sed etiam omnes sunt iustificati per fidem Christi. Rom. V, 19: per obedientiam unius hominis iusti constituuntur multi. Et ideo dicit qui est principium, scilicet iustificationis et gratiæ in tota ecclesia, quia etiam in veteri testamento sunt aliqui iustificati per fidem Christi. Io. VIII, 25: ego principium qui loquor, etc.. Ps. CIX, 4: tecum principium, etc..

Item est principium quantum ad statum gloriæ. Ideo dicit primogenitus ex mortuis.

Quia enim resurrectio mortuorum est quasi quædam secunda generatio, quia homo in ea ad vitam æternam reparatur, Matth. XIX, 28: in regeneratione, cum sederit filius hominis, etc., et præ omnibus primus est Christus: ideo est primogenitus ex mortuis, id est eorum qui sunt geniti per resurrectionem.

Sed contra de Lazaro Io. XI.

Respondeo. Dicitur quod iste et alii non resurrexerunt ad illam vitam immortalem, sed ad mortalem; sed Christus resurgens ex mortuis iam non moritur, ut dicitur Rom. VI, 9.

Apoc. I, 5: primogenitus mortuorum, etc..

I Cor. XV, 20: nunc autem Christus resurrexit a mortuis primitiæ dormientium. Et hoc, ut in omnibus sit ipse principatum tenens, quantum ad dona gratiæ, quia ipse est principium; quantum ad dona gloriæ, quia ipse est primogenitus. Eccli. XXIV, 9: in omni gente et in omni populo primatum habui, etc..

Deinde cum dicit quia in ipso, etc., ostendit dignitatem capitis quantum ad plenitudinem gratiarum omnium. Alii enim sancti habuerunt divisiones gratiarum, sed Christus habuit omnes. Ideo dicit quia in ipso, etc..

Singula verba pondus suum habent. Complacuit, designat quod dona hominis Christi non erant ex fato seu meritis, ut dicit Photinus, sed ex divinæ voluntatis complacentia assumentis hunc hominem in unitatem personæ.

Matth. III, 17: hic est filius meus, etc..

Item dicit omnem, quia alii habent hoc donum, alii aliud. Io. XIII, 3: omnia dedit in manus eius.

Item dicit plenitudinem, quia aliquis aliquod habuit donum, sed non plenitudinem eius, seu virtutis, quia forte invitus in aliquo defecit. Sed Io. I, 14 dicitur de Christo: vidimus eum plenum gratiæ et veritatis. Eccli. XXIV, 16: in plenitudine sanctorum detentio mea.

Item dicit habitare. Alii enim acceperunt usum gratiæ ad tempus, quia spiritus prophetarum non semper adest prophetis, sed in Christo est habitualiter, quia semper ad votum in Christo est dominium huius plenitudinis.

Io. I, 33: super quem videris spiritum descendentem, et in eo manentem, etc..

Deinde cum dicit et per eum, etc., ostendit Christum esse caput ecclesiæ ratione influxus. Et hæc est tertia ratio capitis.

Et primo ostendit influxum gratiæ; secundo exponit quod dixerat, ibi pacificans.

Dicit ergo primo: dico quod complacuit non solum quantum ad hoc quod haberet in se, sed etiam ut per eum ad nos derivaret.

Unde dicit et per eum reconciliare omnia in ipsum. II Cor. V, 19: Deus erat in Christo mundum reconcilians sibi.

Exponit autem qualis sit ista reconciliatio, et quomodo omnia reconciliata.

In reconciliatione autem sunt duo consideranda: primo in quo conveniunt qui reconciliantur.

Discordes enim diversas habent voluntates.

Reconciliati autem consentiunt in aliquo uno. Et sic voluntates prius discordes concordant in Christo. Et huiusmodi voluntates sunt et hominum, et Dei, et Angelorum.

Hominum, quia Christus homo est; Dei, quia Deus est. Item discordia erat inter Iudæos qui volebant legem, et gentiles qui non volebant legem; sed utrosque Christus concordat, quia ex Iudæis est, et quia absolvit observantias legis.

Et hæc concordia est facta per sanguinem, etc.. Inter Deum enim et hominem causa discordiæ fuit peccatum; inter Iudæos et gentiles lex. Christus per crucem destruxit peccatum, et implevit legem. Et ita removit causam discordiæ. Hebr. XII, 22: accessistis ad sion montem, et civitatem Dei viventis Ierusalem, etc.. Et sic reconciliati sumus. Et ita sunt pacata, sive quæ in cælis, ut Angeli et Deus, sive quæ in terris, scilicet Iudæi et gentiles. Ideo Christo nato dicitur Lc. II, 14: gloria in altissimis Deo, et in terra pax hominibus, etc.. Item in resurrectione dixit: pax vobis, etc., ut habetur Io. XX, 20. Eph. II, 14: ipse enim est pax nostra, qui fecit utraque unum, etc..

Deinde cum dicit et vos, etc., ponitur commendatio Christi per dona eis collata.

Ubi primo commemorat statum præteritum; secundo Christi beneficium, ibi nunc autem, etc.; tertio quid exigatur ab eis, ibi si tamen, etc..

Status enim præteritus habuit tria mala. Quantum enim ad intellectum erant ignorantes; quantum ad effectum, inimici iustitiæ; quantum ad actum, in multis peccatis.

Quantum ad primum dicit alienati, etc..

Quantum ad secundum et inimici sensus, secundum unam litteram; et ostendit defectum sapientiæ quam prædicabant Iudæi de uno Deo. Io. III, 19: dilexerunt magis tenebras quam lucem. Sed numquid tenebantur ad legem Moysi? dicendum est quod sic, quantum ad cultum unius Dei. Vel alienati sensu, id est ex electione contradicentes ei ex malitia.

Iob XXXIV, 27: qui quasi de industria recesserunt ab eo.

Quantum ad tertium dicit in operibus malis.

Io. III, 19: erant enim eorum opera mala, etc..

Deinde cum dicit nunc autem, ponit beneficia Christi.

Et primum est reconciliatio in corpore eius.

Et dicit in corpore carnis, non quod aliud sit corpus, et aliud caro; sed ad ostendendum quod accepit corpus in esse naturæ. Io. I, 14: et verbum caro factum est, etc.. Et idem corpus carnis, id est, mortale. Rom. VIII, 3: Deus filium suum mittens in similitudinem peccati, etc.. Secundum est sanctificatio. Unde dicit ut exhiberet vos sanctos. Hebr. XIII, 12: Iesus ut sanctificaret populum, etc.. Tertium est ablutio a peccatis, ibi et immaculatos.

Hebr. IX, 14: sanguis Christi per spiritum sanctum semetipsum obtulit Deo, emundabit conscientiam nostram, etc..

Item quantum ad futura, ibi et irreprehensibiles.

II Petr. III, 14: satagite immaculati et inviolati ei inveniri in pace, etc.. Et addit coram ipso. I Reg. XVI, 7: homo videt quæ foris patent, Dominus autem intuetur cor.

Exigit a nobis firmitatem fidei et spei; ideo subiungit, dicens si tamen permanetis in fide fundati. Fides est sicut fundamentum, ex cuius firmitate tota firmatur ecclesiæ structura. Item et stabiles in spe non moti a seipsis, et immobiles, quasi non excidentes a spe per alios. A spe, inquam, evangelii, id est quam dat evangelium de bonis regni cælorum. Matth. IV, 17: pœnitentiam agite, appropinquabit enim regnum cælorum.

Nec est excusatio, quia est prædicatum, videlicet per apostolos. Utitur præterito pro futuro, propter certitudinem eius. In universa creatura, quæ sub, etc., id est omni creaturæ novæ, id est fidelibus, quibus paratum erat.

Lectio 6

Postquam commendavit Christum in comparatione ad Deum et ad universam creaturam, ad totam ecclesiam et ad ipsos colossenses, hic commendat eum in comparatione ad seipsum, ostendens se eius ministrum.

Et primo ponit ministerium; secundo ostendit fidelitatem ministrando, ibi qui nunc gaudeo; tertio ministerii magnitudinem, ibi cuius factus sum.

Dicit ergo: dico quod prædicatum est in universa creatura, cuius, evangelii, factus sum minister, prædicandi, non mea auctoritate, sed prædicationi ministerium exhibens.

I Cor. IV, 1: sic nos existimet homo ut ministros Christi et dispensatores, etc..

Sed est minister fidelis, quod patet, quia non refugit pati pericula quin diligenter exequatur. Unde primo ostendit quo affectu sustinet passiones; secundo quo fructu, ibi adimpleo, etc..

Affectu quidem læto, quia nunc gaudeo, etc., pro vobis, id est, propter vestram utilitatem.

II Cor. I, 6: sive tribulamur pro vestra exhortatione et salute, etc.. Et propter gaudium vitæ æternæ quod inde expecto, quod est fructus ministerii eius. Iac. I, 2: omne gaudium existimate, fratres mei, cum in tentationes varias incideritis, scientes, etc..

Phil. II, 17: si immolor super sacrificium fidei vestræ, gaudeo et congratulor, etc..

Et etiam hoc fructu, ut adimpleam ea, quæ desunt passionum Christi, etc..

Hæc verba, secundum superficiem, malum possent habere intellectum, scilicet quod Christi passio non esset sufficiens ad redemptionem, sed additæ sunt ad complendum passiones sanctorum. Sed hoc est hæreticum, quia sanguis Christi est sufficiens ad redemptionem, etiam multorum mundorum. I io. II, 2: ipse est propitiatio pro peccatis nostris, etc..

Sed intelligendum est, quod Christus et ecclesia est una persona mystica, cuius caput est Christus, corpus omnes iusti: quilibet autem iustus est quasi membrum huius capitis, I Cor. XII, 27: et membra de membro. Deus autem ordinavit in sua prædestinatione quantum meritorum debet esse per totam ecclesiam, tam in capite quam in membris, sicut et prædestinavit numerum electorum. Et inter hæc merita præcipue sunt passiones sanctorum. Sed Christi, scilicet capitis, merita sunt infinita, quilibet vero sanctus exhibet aliqua merita secundum mensuram suam.

Et ideo dicit adimpleo ea quæ desunt passionum Christi, id est totius ecclesiæ, cuius caput est Christus. Adimpleo, id est, addo mensuram meam. Et hoc in carne, id est ego ipse patiens. Vel quæ passiones desunt in carne mea. Hoc enim deerat, quod sicut Christus passus erat in corpore suo, ita pateretur in Paulo membro suo, et similiter in aliis.

Et pro corpore, quod est ecclesia, quæ erat redimenda per Christum. Eph. V, 27: ut exhiberet ipse sibi ecclesiam gloriosam, non habentem maculam neque rugam. Sic etiam omnes sancti patiuntur propter ecclesiam, quæ ex eorum exemplo roboratur. Glossa: passiones adhuc desunt, eo quod paritoria meritorum ecclesiæ non est plena, nec adimplebitur, nisi cum sæculum fuerit finitum.

Paritoria autem est vas, vel domus, ubi pariter multa inferuntur.

Deinde cum dicit cuius sum, etc., ostendit dignitatem ministerii tripliciter.

Primo ex materia adoptionis; secundo ex fine ad quem dicitur, ibi ut impleamini, etc.; tertio ex usu, ibi quoniam vos, cum, etc..

Sed diceret aliquis: estne magnum hoc ministerium? et respondet dicens: ita est, quia traditum est mihi secundum dispensationem.

Quod dupliciter potest exponi, scilicet active; et sic est sensus: id est, ut dispensem vobis divina, fideliter tradens ea, et hæc potestas data est mihi.

Vel passive, et tunc est sensus: id est, secundum quod mihi dispensatum est a Deo.

Eph. IV, 11: dedit quosdam quidem apostolos, quosdam prophetas, etc..

Act. XIII, 2: segregate mihi Barnabam et Paulum in opus ad quod assumpsi eos, etc..

Ecce quis est finis, certe non pecunia, nec gloria propria, sed aliquod magnum, ad quod accepi, quia ut impleam, etc.. Et primo ostendit dignitatem eius ad quod accepit; secundo ostendit quod est illud quod est Christus.

Item primo commendat magnitudinem eius ex diffusa prædicatione et occultatione et manifestatione.

Accipitur autem ad conversionem gentilium. Unde ut adimpleam verbum non prædicationis, sed dispensationem æternam Dei, id est ut mea prædicatione impletum ostendam verbum Dei, id est, Dei dispensationem, et præordinationem et promissionem de verbo Dei incarnando; vel dispensationem Dei æternam, qua disposuit ut gentes per Christum converterentur ad fidem veri Dei. Et hoc oportebat impleri. Num. XXIII, 19: dixit ergo, et non faciet, locutus est, et non implebit? Is. LV, 11: verbum quod egredietur de ore meo non revertetur ad me vacuum, sed faciet quæcumque volui, et prosperabitur, etc..

Sed hoc disposuit impleri per ministerium Pauli. Unde dicit ut impleam hoc mysterium, scilicet inquantum est res abscondita; quia mysterium quod est absconditum est hoc verbum. Is. XXIV, 16: secretum meum mihi est, etc.. Quod absconditum fuit a sæculis, id est, a principio sæculorum, et omnibus generationibus hominum, qui hoc scire non potuerunt. Eph. III, 9: quæ sit dispensatio sacramenti absconditi a sæculis in Deo.

Nam et si Philosophi antiqui quædam de Christi deitate videantur dixisse vel propria, vel appropriata, sicut Augustinus invenit in libris Platonis: in principio erat verbum, etc., tamen quod verbum caro factum est, nullus scire potuit.

Sed dicis: nonne fuit scitum per prophetas? respondeo. Dicendum est quod sic, tamen inquantum pertinebat ad evangelium, vel non ita aperte sicut apostoli sciverunt.

Deinde cum dicit nunc autem, etc., agit de manifestatione eius, et primo ostendit quibus manifestatum est; secundo ostendit quare manifestatum est eis, ibi quibus voluit.

Dicit ergo: manifestatum est nunc, scilicet tempore gratiæ. II Cor. III: ecce nunc tempus acceptabile, ecce nunc dies salutis. Hæc autem est scientia sanctorum.

Sap. X, 10: dedit illi scientiam sanctorum, etc.. Iob XXXVI, 33: annuntiat de ea amico suo, etc..

Sed hoc non propter eorum merita, sed propter beneplacitum suum. Unde dicit quibus voluit Deus, etc.. Io. XV, 15: quæ audivi a patre meo, nota feci vobis. Et subdit: non vos me elegistis, sed ego elegi vos, etc.. Matth. XI, 26: ita placitum fuit ante te.

Notas facere divitias gloriæ sacramenti huius, quia per hoc quod ista fuerunt occulta, Deus apparet abundanter gloriosus. Nam olim notus in Iudæa Deus, sed per hoc sacramentum conversionis gentilium gloria Dei notificatur per totum mundum. Io. XVII, 4: ego te clarificavi, etc.. Et hoc in gentibus, scilicet quod completur in eis. Rom. V, 2: gloriamur in spe gloriæ filiorum Dei. Et Rom. XI, 33: o altitudo divitiarum sapientiæ et scientiæ Dei.

Hoc verbum est quod est Christus, id est, quod per Christum adipiscimur, scilicet spem gloriæ, quæ olim videbatur promissa solum Iudæis. Act. X, 45: mirabantur quod et in nationes diffusa est gratia, etc.. Rom. V, 1: iustificati ex fide pacem habeamus, etc.. Et post: et gloriamur in spe gloriæ filiorum Dei, etc.. Is. XI, 10: radix Iesse qui stat in signum populorum, etc..

Sic ergo ostenditur origo ministerii et finis.

Sed subdit usum eius, cum dicit quem nos, etc.. Et circa hoc tria facit, quia primo ostendit usum eius; secundo fructum, ibi ut exhibeamus, tertio auxilium sibi impensum ad consequendum etc.; usum, ibi in quo et laboro.

Usus eius est nuntiare Christum.

Et ponit usum et modum utendi. Ps. IX, 11: annuntiate inter gentes studia eius, etc..

I Io. I, 1: quod vidimus et audivimus, annuntiamus vobis, etc..

Modus ponitur ibi corripientes, etc., quod est perfecta Annuntiatio, quia omni homini, non solum Iudæis. Matth. Cap. Ult.: docete omnes gentes, etc.. Modus etiam eius est docere veritatem, et refellere falsitatem.

Et ideo dicit corripientes omnem hominem, vel infideles in vita II Cor. X, 4: arma militiæ nostræ non sunt carnalia, sed potentia Deo ad destructionem munitionum, consilia destruentes, etc.. Et docentes omnem hominem in omni sapientia, scilicet quæ est cognitio Dei. Sap. XV, 3: nosse enim te, consummata iustitia est, et scire iustitiam et veritatem tuam radix est immortalitatis, etc.. Et I Cor. II, 6: sapientiam loquimur, etc..

Fructus autem hic est quod homines ducuntur ad perfectum. Unde dicit ut exhibeamus omnem hominem, scilicet cuiuscumque conditionis, perfectum, non in lege, sed in Christo. Matth. V, 48: estote perfecti, etc..

Sed numquid quilibet tenetur ad perfectionem? non, sed intentio prædicatoris ad hoc debet esse. Est autem duplex perfectio charitatis: una de necessitate præcepti, scilicet ut in corde nihil admittat contrarium Deo.

Matth. XXII, 37: diliges Dominum Deum tuum ex toto corde tuo, etc.. Alia de necessitate consilii, ut abstineat etiam a licitis, et hæc est perfectio supererogationis. Sed ad hoc habuit auxilium a Deo.

Unde dicit in quo laboro certando contra infideles et peccatores. II Tim. II, 3: labora sicut bonus miles Christi, etc.. Item eiusdem IV, 7: bonum certamen certavi, etc..

Et hoc secundum operationem eius. I Cor. XV, 10: gratia Dei mecum. Quam operatur in me, quia hoc facit Deus in me, in virtute miraculorum, scilicet præbendo virtutem.

Lc. Cap. Ult.: sedete in civitate donec induamini virtute ex alto.

Capitulus II

Lectio 1

Supra commendavit statum fidelium, qui est gratiæ, et actorem, scilicet Christum, hic protegit eos contra contrariantia huic statui, et primo contra doctrinam corrumpentem; secundo contra perversos mores, III capite, ibi igitur si consurrexistis.

Circa primum duo facit, quia primo ostendit sollicitudinem de eorum statu; secundo tuetur eos contra malam doctrinam, ibi hoc autem dico.

Iterum prima pars dividitur in tres particulas.

Quia primo ponit sollicitudinem; secundo personas de quibus sollicitatur, ibi pro vobis; tertio de quo sit sollicitus, ibi ut consolentur.

Dicit ergo volo enim vos scire qualem habeam sollicitudinem, scilicet magnam.

Et hoc pertinet ad bonum prælatum.

Rom. XII, 8: qui præest in sollicitudine.

Lc. II, 8: pastores erant in eadem

regione vigilantes et custodientes vigilias noctis supra gregem suum.

Et non solum pro a se conversis et sibi præsentibus, sed etiam pro aliis. Unde dicit pro vobis, scilicet quos non vidi corpore, sed mente, et non solum pro istis, sed etiam pro illis qui non viderunt, etc.. Sollicitus quippe erat pro toto mundo. Sap. VIII, 24: in veste poderis Aaron totus erat orbis terrarum, etc.. Sic in mente apostoli. II Cor. XI, 28: præter ea quæ extrinsecus sunt, instantia mea quotidiana sollicitudo omnium ecclesiarum, etc..

Sed de quibus magis sollicitatur? respondeo, de non visis, quantum ad aliquid, quia nesciebat quid fieret circa eos, non autem simpliciter.

Deinde cum dicit ut consolentur, ostendit de quo sollicitus sit, scilicet de eorum consolatione. Et primo hoc ponit; secundo, quomodo possit hoc haberi, ibi instructi.

Dicit ergo ut consolentur, id est, per me habeant consolationem spiritualem, cuius consolationis factivum est bonum. Est enim factivum gaudii, ut qui tristatur de aliquo, consoletur de alio æque bono.

Duo autem sunt quæ consolantur nos, scilicet meditatio sapientiæ, Sap. VIII, 9: erit allocutio cogitationis et tædii mei. Aliud est oratio. Iac. V, 13: tristatur quis in vobis? oret; æquo animo est? psallat.

Consequenter cum dicit instructi, etc., ponit specialiter sapientiæ instructionem.

Duplex est hic littera, scilicet quæ dicta est, et quæ habetur in Glossa sic: ut consolentur corda ipsorum instructorum, etc., ad cognoscendum, etc.. Et est idem sensus.

Instructio ergo sapientiæ consolatur contra mala temporalia. Debet autem hic esse instructus de via, et ideo dicit in charitate, quæ scilicet est via ad Deum. I Cor. XII, 31: adhuc excellentiorem viam vobis demonstro, si linguis, etc..

Instructi ergo in charitate qua Deus nos diligit, et qua nos eum diligimus. Utrumque enim nos consolatur, scilicet et quia Dominus diligit nos. Gal. II, 20: vivo ego, etc..

Et post: qui dilexit me et tradidit semetipsum pro me, etc.. Eph. II, 4: dives in misericordia, propter nimiam charitatem suam, qua dilexit nos, etc.. Item quia nos Deum diligimus, nos consolamur, quia consolatio est amici, si pro eo sustineat mala. Eccli. XXII, 31: et si evenerint mihi mala, propter illum sustinebo.

Et subdit et in omnes divitias, id est, in omni capacitate.

Intellectus enim noster est in potentia ad aliquid cognoscendum; sed intellectus Angeli in sua creatione impletus est scientia intelligibilium.

Et ideo oportet quod nostro intellectui humano superveniat scientia, vel per disciplinam: sed hæc est insufficiens, quia numquam aliquid tantum potest sciri sic, quod capacitatem eius impleat; vel per revelationem divinam et donum Dei: et hæc est sufficiens. Eccli. XV, 5:

implevit eum Dominus spiritu sapientiæ et intellectus, etc.. Et ideo dicit plenitudinis intellectus, id est, in copiam. Sap. VIII, 5: quid sapientia locupletius? Is. XXXIII, 6: divitiæ salutis sapientia et scientia.

Instructi ergo in copia divinæ sapientiæ, quæ copia implet intellectum. Et hoc habebimus cognoscendo Deum. Et ideo dicit in agnitionem mysterii, etc., id est, ad cognoscendum veritatem sacramenti huius occulti, scilicet quod Deus sit pater Iesu Christi. Vel mysterii Dei patris, quod est Christus. Ideo dicitur Matth. XI, 25 de apostolis: abscondisti hæc a sapientibus et prudentibus, et revelasti ea parvulis. Vel in agnitione æternæ generationis et incarnationis Christi. Sap. VI, 16: cogitare ergo de illa sensus est consummatus.

Augustinus: beatus qui te novit, infelix qui te non novit. Per cognitionem Dei habet homo omnem plenitudinem. Io. XVII, 3: hæc est vita æterna, ut cognoscant te solum verum Deum, etc..

Sed numquid per cognitionem Christi impletur intellectus? respondeo sic, quia in eo sunt omnes thesauri, etc.. Deus habet omnium rerum notitiam, et hæc notitia comparatur thesauro. Sap. VII, 14: infinitus enim est thesaurus hominibus, etc..

Thesaurus est divitiæ congregatæ, sed effusæ non dicuntur thesaurus, sed quæ in uno sunt. Deus enim sapientiam suam sparsit super omnia opera sua, Eccli. I, 10. Et secundum hoc non habet rationem thesauri, sed secundum quod huiusmodi rationes uniuntur in uno, scilicet sapientia divina, et omnes huiusmodi thesauri sunt in Christo. Sapientia enim est cognitio divinorum, scientia vero est creaturarum cognitio. Quicquid autem de Deo potest sciri pertinens ad sapientiam, totum Deus abundanter in se cognoscit.

Item, quicquid potest cognosci de creaturis, cognoscit in se supereminenter. Quicquid autem in sapientia Dei est, est in verbo suo uno, quia uno simplici actu intellectus cognoscit omnia, quia in eo non est scientia in potentia nec in habitu. Et ideo in isto verbo sunt omnes thesauri, etc..

Sed addit absconditi, quia quod mihi aliquid absconditur, contingit dupliciter, scilicet vel propter debilitatem intellectus mei, vel propter velamen oppositum, sicut quis non videt candelam, vel quia cæcus est, vel velata est. Ita in verbo Dei sunt omnes thesauri sapientiæ et scientiæ, sed absconditi nobis qui non habemus limpidos oculos, sed lippos. Io. XII, 35: adhuc modicum lumen in vobis est, et quia est velatum duplici velamine, scilicet creaturæ, quia intellectus noster nunc ad illam cognitionem non potest nisi per similitudinem creaturarum. Rom. I, 20: invisibilia Dei per ea quæ facta sunt intellecta conspiciuntur, etc.. Secundo est velatum in carne, Io. I, 14: et verbum caro factum est. Et si aliquid videmus de Deo, non tamen totum. Is. XLV, 15: vere tu es absconditus. Num. XX, 6: aperi eis thesaurum tuum.

Ponamus quod aliquis habeat candelam velatam, non quæreret aliunde lumen; sed potius quod habitum ab eo reveletur, et ideo non oportet sapientiam quærere nisi in Christo.

I Cor. II, 2: non existimavi me aliquid scire, nisi Christum Iesum, etc.. Et I Io. III, 2: cum apparuerit, id est, revelabitur, similes ei erimus, scilicet omnia scientes; sicut qui haberet librum ubi esset tota scientia, non quæreret nisi ut sciret illum librum, sic et nos non oportet amplius quærere nisi Christum.

Deinde cum dicit hoc autem dico, etc., instruit et monet eos contra doctrinam corrumpentem.

Seducebantur autem a quibusdam philosophis contra fidem, et ab hæreticis qui docebant observantias legalium. Ideo primo instruit eos contra Philosophos, secundo contra Iudaizantes, ibi in quo et circumcisi.

In scientia vero mundana duo continentur, quia est quædam scientia loquendi, et quædam scientia rerum, et ideo dupliciter possunt decipere. Ideo primo munit eos contra Philosophos decipientes eos per scientiam loquendi; secundo contra decipientes eos per scientiam rerum, ibi videte ne quis.

Primo manifestat deceptionem; secundo assignat rationem, ibi nam si corpore.

Dicit ergo: dico quod in Christo est omnis scientia. Et hoc dico, ne quærentes alibi scientiam, decipiamini. Et dicit ut nemo, id est nec Demosthenes, nec Tullius, vos decipiat in sublimitate sermonis. Is. XXXIII, 19: populum imprudentem non videbis, populum alti sermonis, etc..

Sed numquid est peccatum uti sermonibus sublimibus? respondeo. Non, quia etiam sancti viri elegantius loquuntur quam etiam rhetores mundi, sicut Ambrosius, Hieronymus, et leo Papa. Nam si licet uti ad persuadendum in malo ornata locutione, multo magis in bono.

Lectio 2

Supra monuit ne per aliquam fallaciam sermonis decidant a fide, hic ponit rationem monitionis, quæ sumitur ex bonis quæ in istis erant, quæ non debant perdere, sed proficere in eis. Et primo commemorat bona habita; secundo ostendit quomodo in eis proficiant, ibi sicut ergo.

Circa primum duo facit; quia primo ostendit qualiter sunt sibi nota bona eorum; secundo quæ bona in eis sunt, ibi gaudens.

Dicit ergo nam et si, etc.; quasi dicat: licet non prædicaverim vobis, nec vestra facta oculis videam, tamen spiritus vobis intersum per affectionem gaudens de bonis vestris. I Cor. V, 3: absens quidem corpore, præsens vero spiritu. Prov. X, 1: filius sapiens lætificat patrem, etc.. Et hoc quia revelabatur sibi per spiritum sanctum, et ideo dicit sed spiritu vobiscum sum. IV Reg. V, 26: nonne cor meum in præsenti erat, quando reversus est homo de curru in occursum tui, etc..

Gaudens, inquam, sum, quia videns sum ordinem, id est, ordinatam vestram conversationem.

I Cor. XIV, 40: omnia honeste et secundum ordinem fiant in vobis. Iud. V, 20: stellæ manentes in ordine et cursu suo, etc.. Et firmamentum, etc.. II Tim. II, 19: firmum fundamentum Dei stat, etc..

Et hoc in Christo. Eph. III, 17: habitare Christum per fidem in cordibus vestris, etc..

Ecclesia enim est spirituale ædificium. Eph. II, 21: in quo omnis ædificatio constructa crescit in templum sanctum in Domino. Huius autem bonitas consistit in debito fundamento, quod est fides, et in debita superædificatione.

Et ideo hæc duo posuit.

Deinde cum dicit sicut ergo, etc., monet eos ad hæc servanda. Et primo ad proficiendum, secundo ad persistendum, tertio ad gratias agendum.

Dicit ergo sicut accepistis Christum Dominum nostrum, non pervertendo, in ipso ambulate. Rom. XII, 9: adhærentes bono.

Ecclesia quandoque comparatur spirituali ædificio.

I Cor. III, 17: templum Dei sanctum est, quod estis vos. Quandoque arbori, quia fert fructum. Et eadem est comparatio fundamenti ad domum, et radicis ad arborem, quia utriusque firmitas est radix et fundamentum: Christus. Is. XI, 10: erit radix Iesse quæ stat in signum populorum. I Cor. III, 11: fundamentum aliud nemo potest ponere præter id quod positum est, quod est Christus Iesus.

Ideo dicit radicati, scilicet sicut boni rami, et superædificati in ipso, et confirmati, scilicet sicut boni lapides, hoc est si perstiteritis in fide eius. I Petr. Cap. Ult.: adversarius vester, etc., et post: cui resistite fortes in fide, etc.. Et hoc sicut didicistis, scilicet in vera fide. Gal. I, 9: si quis vobis evangelizaverit præter id quod accepistis, anathema sit, etc..

Abundantes in illo in gratiarum actione, id est, gratias agentes abundanter. I Thess.

Ult.: in omnibus gratias agite. II Mach. I, 11: de magnis periculis a Deo liberati, magnifice gratias agimus ipsi, etc..

Deinde cum dicit videte, monet ne decipiantur per vanam sapientiam. Et primo ponit monitionem, secundo rationem, ibi in ipso.

Circa primum, primo docet vitare quod potest decipere; secundo ostendit quare illud decipiat, ibi secundum traditionem.

Sed quod aliquis decipiatur per sapientiam sæcularem, dupliciter contingit, scilicet quandoque per principia realia philosophiæ, quandoque per sophisticas rationes. Et utrasque docet cavere. Unde dicit ne quis, etc., id est, per philosophica documenta. Is. XLVII, 10: sapientia tua et scientia hæc decepit te. Multi enim sunt propter philosophiam decepti a fide deviantes. Ier. X, 14: stultus est factus omnis homo a scientia sua.

Quantum ad secundum dicit et inanem fallaciam, quæ non fundatur nisi super apparenti involutione verborum. Eph. V, 6: nemo vos seducat inanibus verbis.

Sed quomodo seducens? qui seducit, oportet habere aliquid apparens, et aliquid non existens. Ideo primo ponit principium apparentiæ; secundo defectum existentiæ.

Principium apparentiæ est duplex, id est, auctoritas Philosophorum et quantum ad hoc dicit secundum traditionem hominum, id est, secundum ea quæ aliqui tradiderunt propria ratione. Ps. XCIII, 11: Dominus scit cogitationes hominum, quoniam vanæ sunt.

Aliud est adinventio rationis, quando scilicet aliquis vult metiri ea quæ sunt fidei, secundum principia rerum et non secundum sapientiam divinam. Ex hoc enim multi decipiuntur.

Et ideo dicit secundum elementa mundi, etc.. Sap. XIII, 1: neque operibus attendentes cognoverunt quis esset artifex, etc..

Quanto enim causa est altior, tanto habet superiorem effectum. Unde qui voluerit considerare effectus superiores secundum causas inferiores, decipitur; ut si quis consideret motum aquæ secundum virtutem aquæ, non potest scire causam refluxus maris, sed sic, si consideret eum secundum virtutem lunæ.

Unde multo magis decipitur qui considerat proprios Dei effectus secundum elementa mundi. Et hæc est causa apparentiæ.

Sed numquid sunt semper respuendæ traditiones hominum et rationes? respondeo: non, sed tunc quando procedit physica ratio secundum illas, et non secundum Christum. Infra eodem: non tenentes caput ex quo totum corpus per nexus et coniunctiones subministratum et constructum crescit in augmentum Dei.

Vel potest exponi secundum elementa mundi, mensurando scilicet veritatem fidei secundum veritatem creaturarum. Vel hoc dicit propter idololatras colentes idola, et dicentes Iovem cælum. Vel secundum Iudæos, ut sit sensus per philosophiam, id est, per rationem volentium trahere ad legalia, secundum elementa mundi, id est secundum observationes corporales. Gal. IV, 3: sub elementis mundi eramus servientes. Sed prima expositio est melior.

Deinde cum dicit quia in ipso, etc., ponit rationem prædictorum, dicens: quidquid non est secundum Christum, respuendum est. Sed numquid est Christus tantus, ut pro eo omnia respui debeant? et respondet quod ita: quod ostendit tripliciter.

Primo per comparationem ad divinitatem; secundo per comparationem ad fideles, ibi et estis; tertio per comparationem ad Angelos, ibi qui est caput.

Dicit ergo: ideo respuendum est quod est contra eum, quia ipse est Deus.

Unde plus est ei standum quam omnibus, quia in ipso habitat, etc.. Deus enim est in omnibus, sed in quibusdam per participationem similitudinis suæ bonitatis, ut in lapide et aliis huiusmodi. Et talia non sunt Deus, sed habent in se aliquid Dei; non eius substantiam, sed similitudinem eius bonitatis.

Et ideo non habitat in eis plenitudo divinitatis, quia non est ibi secundum substantiam.

Item est in mentibus sanctis per operationem, quæ per amorem et cognitionem attingunt Deum. Et ideo Deus est in eis secundum gratiam, sed non corporaliter, sed secundum effectum gratiæ; nec est plenitudo, sed secundum aliquos effectus terminatos.

Sed in Christo est corporaliter, quod exponitur tripliciter.

Corpus enim dividitur contra umbram.

Infra eodem: quæ sunt umbra futurorum, etc.. Et sic Deum contingit dupliciter inhabitare, vel secundum umbram, vel corporaliter, id est realiter. Primo modo inhabitabat in veteri lege, sed in Christo inhabitabat corporaliter, id est realiter et secundum veritatem.

Secundo modo exponitur, quia alii sancti inhabitantur solum secundum animam, non secundum corpus. Rom. VII, 18: scio quod non habitat in me, id est in carne mea, bonum; sed in Christo divinitas inhabitat corporaliter: quia inhabitatio Dei, qua sanctos inhabitat, est per operationem, idest per amorem et cognitionem, quod est opus solius mentis rationalis; sed in Christo inhabitat per assumptionem hominis in unitatem personæ.

Unde quidquid pertinet ad hominem, totum inhabitatur a Deo: et ideo caro et mens inhabitatur, quia ambo sunt unita verbo. Io. I, 14: et, verbum caro factum est.

Sed tertio modo est sensus. Tribus enim modis est Deus in rebus. Unus est communis per potentiam, præsentiam, et essentiam; alius per gratiam in sanctis; tertius modus est singularis in Christo per unionem. Corpus autem tres dimensiones habet. Et plenitudo divinitatis his modis in Christo superabundat; ideo corporaliter dicitur in eo esse. Et primus quidem modus est quasi longitudo, quia se extendit ad omnia; item latitudo est per charitatem; item quantum ad profundum, incomprehensibilis.

Sed ex hoc Nestorius errat, dicens unionem factam per inhabitationem tantum, dicens verbum inhabitasse carnem. Sed contra hoc est quod apostolus dicit, Phil. II, 7: exinanivit semetipsum, etc.. Habitare autem hominem non est exinanire, sed hominem fieri, et subdit: in similitudinem hominum factus, et ideo habitabilis dicitur Christus, non quasi alius sit qui habitat et qui inhabitatur, sed ipse est et homo et

Deus, in quo habitat plenitudo divinitatis.

Deinde cum dicit et estis in illo, etc., ostendit idem per comparationem ad alios. Quasi dicat: omnia accepistis. Io. I, 16: de plenitudine eius, etc..

Sciendum est autem quod Platonici dicunt, quod divina dona perveniunt ad homines mediantibus substantiis separatis. Et hoc est verum etiam secundum Dionysium, sed hoc est quoddam speciale, quia ab eo immediate qui replet Angelos. Io. I, 18: unigenitus Dei filius, qui est in sinu patris, ipse enarravit, etc..

Hebr. II, 3: cum initium accepisset enarrari per Dominum ab his qui audierunt, etc..

Et ideo dicit qui est caput omnis principatus et potestatis, inquantum est rex eorum et Dominus, non per conformitatem naturæ, quia sic caput est hominum. Et tangit istos ordines, qui videntur habere quamdam præeminentiam.

Lectio 3

Supra munivit fideles contra deceptiones sæcularis sapientiæ, hic instruit et munit eos contra hæreticos, volentes eos ad legalia trahere, quos primo docet vitare; secundo excludit eorum falsam seductionem, ibi nemo, etc..

Iterum prima in duas, quia primo ostendit legalia esse impleta in Christo; secundo ea excludit, ostendens quod non tenentur ad ipsa, ibi nemo vos.

Inter legalia autem primum est circumcisio, in qua Iudæi profitebantur observantiam veteris legis: sicut nos in baptismo profitemur observantiam novæ legis.

Gal. V, 3: testificor omni circumcidenti se, quoniam debitor est universæ legis faciendæ.

Unde dicit quod fideles sunt circumcisi quadam spirituali circumcisione. Ex quo sequitur quod illa cessat. Unde primo ostendit quali circumcisione sunt circumcisi; secundo in quo accipitur hæc circumcisio, ibi consepulti; tertio assignat rationem huius circumcisionis, ibi et vos cum mortui.

Circa primum sciendum est quod duplex est circumcisio, scilicet carnalis et spiritualis.

Per Christum vero sumus circumcisi, non circumcisione carnali, sed spirituali.

Et ideo primo excludit carnalem; secundo adstruit spiritualem.

Dicit ergo: in quo, scilicet Christo, circumcisi estis circumcisione non manufacta.

Rom. II, 28: non enim qui in manifesto Iudæus est; neque quæ in manifesto in carne est circumcisio, sed qui in abscondito Iudæus est, et circumcisio cordis in spiritu, non littera, etc..

In expoliatione corporis carnis.

Hoc dupliciter potest legi. Uno modo sic.

Dico: circumcisi, non manufacta circumcisione, vos dico manentes, in expoliatione, etc., id est, carnalis corruptionis, secundum illud I Cor. XV, 50: caro et sanguis regnum Dei non possidebunt, etc.; quasi dicat: ideo circumcisi, quia non habetis iam vitia carnis.

Infra III, 9: expoliantes vos veterem hominem cum actibus suis, etc..

Vel, dico, circumcisione non manufacta, quæ circumcisio manufacta consistit in expoliatione corporis carnis, quæ abscinditur ab alia. Unde alia littera habet: cutis carnis, scilicet corporis carnis, id est particulæ corporis, quæ est caro, non quod aliud sit corpus et aliud caro. Et dicit carnis, alludens legi, ubi fit mentio de carne. Gen. XVII, 11: circumcidetis carnem præputii vestri, etc.. Et hoc ut ostenderet, quod est quædam carnalis observantia.

Sed nos non tali sumus circumcisi, sed circumcisione Christi. Sicut enim Christus assumpsit similitudinem carnis peccati, id est carnem passibilem, ut a peccato liberaret; ita et remedia legis, ut a legis observantia liberaret. Vel quam Christus facit in nobis, quæ est spiritualis circumcisio, ut dicitur Rom. II, 29, non littera, sed spiritu.

Secundo ostendit quod adepti sumus eam in baptismo, et sic baptismus est spiritualis circumcisio. Et primo ostendit quod in baptismo exhibetur figura mortis Christi; secundo quod in eo accipitur conformitas ad resurrectionem Christi, ibi in quo et resurrexistis.

Dicit ergo consepulti, etc.. Quia in eo exprimitur similitudo mortis Christi, ut sicut Christus ponitur primo in cruce, et postea in sepulchro: ita qui baptizatur, ponitur sub aqua, et ter, sicut stetit Christus triduo in sepulchro. Consepulti etiam, id est, baptizati ad similitudinem mortis Christi, ut sicut in ea destruxit peccatum, ita et in baptismo.

Et sicut resurrexit de sepulchro, ita et nos a peccatis in re, et a corruptione carnis in spe. Et hoc per fidem operationis Dei, quia virtute Dei resuscitatus est. Ps. XL, 11: resuscita me, et retribuam eis, etc.. Et credens hanc resurrectionem fit particeps huius resurrectionis. Rom. VIII, 11: qui suscitavit Iesum Christum a mortuis, vivificabit et mortalia corpora vestra. Sed et Christus resuscitavit se. Eadem est enim operatio patris et filii. Ps. CVII, 3: exurgam diluculo, etc..

Deinde cum dicit et vos cum, etc., ostendit rationem similitudinis; et primo ostendit similitudinem; secundo modum dictorum, ibi delens, etc..

Littera non est difficilis. Dixi vos circumcisos, quia consepulti estis Christo in baptismo. Et comparavit baptismum sepulturæ et morti. Sed potest dici quod ad propositum magis esset si dicatur, quod primo ostenditur quod baptismus sit circumcisio; secundo ostendit rationem quare, quia scilicet peccatum est superfluitas, et caro præputii est superfluitas. Idem ergo est deponi peccatum, et præputium. Sed in baptismo deponitur peccatum, ergo est idem quod circumcisio.

Et ideo dicit cum essetis mortui in delictis, id est, propter delicta vestra. Ps. XXXIII, 22: mors peccatorum pessima. Et præputio carnis vestræ, id est, carnalis concupiscentiæ, quod pertinet ad originale, quasi astricti reatu malorum actuum et peccati mortalis.

Hoc faciens Christus, convivificavit, etc.. Eph. II, 1: cum essetis mortui delictis et peccatis vestris, etc.. Et hoc removens a vobis omne peccatum, condonans et remittens vobis omnia delicta.

Idem est igitur circumcidi et convivificari, et hoc in baptismo per remedium mortis peccati, et cum circumcidimur per remotionem peccati originalis.

Sed quomodo condonavit? respondeo.

Dicendum est quod homo peccando duo incurrit, scilicet reatum culpæ, et servitutem diaboli. Et ideo dicit quomodo sunt peccata condonata.

Primo quantum ad remotionem servitutis diabolicæ; secundo ponit ablationem reatus culpæ, ibi expolians, etc..

Dicit ergo delens, etc.. Quod decretum dupliciter potest intelligi. Uno modo lex vetus. Eph. II, 15: legem mandatorum decretis evacuans, etc.. Et sic loquitur hic ad Iudæos; quasi dicat: et vos convivificavit.

Chirographum est Scriptura manualis, et proprie fit pro cautione contractuum. Quicumque frangit decretum Dei, efficitur reus culpæ. Et hic reatus consistit et in memoria hominis inde perturbata et maculata, et in memoria Dei iudicaturi, et Dæmonum qui cruciaturi sunt. Hoc ergo remanens in memoria, vocatur chirographum: Christus ergo est qui condonavit omnia, et hoc delens chirographum, id est memoriam transgressionis, quod, chirographum vel decretum, erat adversus nos, quia utrumque erat contra nos. Lex quidem, quia faciebat cognitionem peccati, et non iuvabat; chirographum autem, quia memoria transgressionis ad puniendum erat.

Et dicit decreti, quia non remittit sic ut faciat quod non peccaveris, sed quia non est in memoria Dei ad puniendum, nec in Dæmonis memoria ad accusandum, nec in te ad contristandum. Ps. XXXI, 1: beati quorum remissæ sunt iniquitates, et quorum tecta sunt peccata, etc..

Vel communiter loquitur non solum ad Iudæos, sed ad omnes. Unum decretum factum est primo homini, Gen. II, 16: ex omni ligno Paradisi comede, de ligno autem scientiæ boni et mali ne comedas. In quacumque die comederis, morte morieris.

Sed huiusmodi decretum est homo transgressus, et propter hoc in memoria est chirographum contrarium nobis, quod Christus delevit.

Et quomodo? in cruce, quando tulit ipsum de medio, etc.. Consuetudo enim erat quod solvens omnia ad quæ quis tenebatur, scindebatur chirographum. Homo autem erat in peccato, sed Christus solvit pro bonis patiendo. Ps. LXVIII, 5: quæ non rapui, tunc exolvebam. Et ideo simul cum morte Christi, hoc chirographum est destructum, et ideo dicit tulit de medio, id est sustulit de rerum natura, et hoc affigens illud cruci, per quam satisfaciens Deo tulit peccatum nostrum.

Deinde cum dicit expolians, etc., ostendit quomodo liberavit a servitute peccati.

Detur enim quod usurarius propter cautionem teneat hominem captum, non sufficeret destructio cautionis, nisi liberaretur. Sic et Christus. Et ideo dicit expolians, etc..

Hæc expoliatio refertur ad sanctos mortuos ante passionem Christi, et sic Christus eos de inferno expoliando liberavit. Zach. IX, 11: tu quoque in sanguine testamenti tui emisisti vinctos tuos de lacu, in quo non erat aqua. Is. XLIX, 25: equidem et captivitas a forti tolletur, et quod ablatum fuerit a robusto, salvabitur.

Si autem intelligatur de vivis, sic expoliavit eos, scilicet Dæmonibus. Lc. XI, 22: si autem fortior illo superveniens vicerit eum, universa arma eius auferet, in quibus confidebat, et spolia eius distribuet. Io. XII, 31: princeps huius mundi eiicietur foras.

Dicit ergo expolians principatus et potestates id est, ipsos Dæmones. Eph. Cap. Ult.: adversus principes et potestates, adversus mundi rectores tenebrarum harum, etc..

Traduxit ipsos sanctos confidenter tamquam auctoritatem habens: in cælum, quantum ad mortuos; et quantum ad vivos, in regnum gloriæ vel gratiæ suæ. Vel traduxit, id est, extra duxit, id est, expulit principatus ex homine. Is. LI, 9: induere fortitudinem brachium Domini, etc..

Palam, id est evidenti iudicio, quo cognoscatur quod traducti sunt. Olim enim totus mundus servivit idolis, nunc non. Vel palam, id est, coram multitudine Angelorum, tum quia descendit ad infernum sanctorum, tum quia ascendit in cælum. Et hoc triumphans in semetipso, id est, in sua virtute.

Phil. III, 21: secundum operationem qua possit etiam subiicere sibi omnia.

Alia littera sic habet: et exuens se carne, principatus et potestates exemplavit fiducialiter triumphans. Et exponitur sic: exuens se carne, id est, mortalitate. I Cor. XV, 50: caro et sanguis regnum Dei non possidebunt, id est, mortalitas carnalis corruptionis.

Rom. VI, 9: Christus resurgens ex mortuis iam non moritur, mors illi ultra non dominabitur.

II Cor. V, 16: et si cognovimus secundum carnem Christum, sed nunc iam non novimus. Exemplavit, id est, in se exemplum præbuit, quomodo sunt vincendi.

Reliqua non mutantur.

Lectio 4

Supra ostendit legalia esse impleta in

Christo propter circumcisionem in eo impletam, quæ est legalium professio, hic concludit eos non obligari ad legalia præcepta cæremonialia. Cæremonialia vero erant quatuor, scilicet sacrificia, sacra, sacramenta, et observantiæ. Sacrificia immolabantur Deo, ut oves, vituli, et huiusmodi.

Sacra erant sicut vasa, et solemnia tempora. Sacramenta erant tria, scilicet circumcisio, agnus paschalis, et consecratio sacerdotum.

Observantiæ autem erant ea, quæ pertinebant ad singularem conversationem populi Israel, ut cibi, vestes, et huiusmodi.

Quædam vero prædictorum pertinebant ad quosdam, ut sacrificia, vasa, et alia huiusmodi; quædam ad omnes.

De primis autem non facit mentionem, sed de tangentibus totum populum, sicut nunc baptismus.

Facit autem mentionem de observantiis, quia abstinebant a certis cibis, lev. XI, 26, ut de quadrupedibus, ab his quæ ungulam non dividunt. In potu etiam, vas quod non haberet operculum, immundum erat, et quicquid in eo erat. Et ideo quantum ad hoc dicit nemo vos iudicet in cibo, id est condemnabiles putet in hoc quod utimini cibis vel potibus prohibitis in lege. Rom. XIV, 3: qui non manducat, manducantem non iudicet, etc..

Item facit mentionem de sacris ad temporum solemnitatem pertinentibus.

In veteri autem lege erat solemnitas iugis, ut sacrificium vespertinum et matutinum; quædam autem quæ certis temporibus fiebant, et horum: quædam fiebant pluries in anno, quædam semel tantum, sicut Pascha, Scenopegia, et Pentecostes; sed sabbatum, et Neomenia pluries, quia illud qualibet hebdomada, istud semel in mense.

Et huius ratio erat, quia omnia festa tendunt ad honorem Dei. Impendimus autem Deo honorem, vel propter aliquod æternum, et sic est iuge sacrificium; vel propter aliquod temporale, et hoc quantum ad totum hominum statum; et sic sunt duo, scilicet creationis beneficium, et sic est sabbatum. Ex. XX, 8: memento ut diem sabbati sanctifices, et ratio ponitur ibi: quia septimo die requievit.

Et ratio allegorica est, quia significat quietem Christi in sepulchro; et anagogice, quietem animæ in Deo. Aliud est beneficium propagationis et conservationis, quod etiam fit per tempus. Et quia Iudæi observabant tempora a luna, ideo dicit festum Neomeniæ, id est, novæ lunæ. Sunt etiam aliæ causæ, scilicet liberationis specialis, et sic superadditæ sunt aliæ solemnitates; et ideo dicit aut in parte diei festi, aut Neomeniæ, quæ fit quolibet mense aut sabbatorum, pro qualibet septimana. Et dicit sabbatorum, quia sabbatum est requies, et isti habebant plura sabbata, quia septimum diem et septem septimanas, scilicet Pentecosten, quæ in septima septimana est a Pascha, quæ est principium anni, et septimum mensem, et septimum annum, in quo fit remissio debitorum.

Item septima septimana annorum, id est, in iubilæo. Et ideo dicit sabbatorum; quasi dicat: nullus vos condemnet, quia hæc non observatis.

Et hoc quia sunt umbræ futurorum, scilicet Christi. Et ideo veniente veritate, debet cessare umbra. Corpus autem Christi, id est, corpus pertinens ad Christum.

Quando quis videt umbram, sperat quod corpus sequatur. Legalia autem sunt umbra præcedens Christum, et eum figurabant venturum.

Et ideo dicit corpus, id est, veritas rei pertinet ad Christum; sed umbra ad legem.

Deinde cum dicit nemo vos seducat, etc., loquitur contra seductores et deceptores.

Et primo monet ut non decipiantur; secundo arguit deceptos, ibi si ergo mortui.

Item primo reddit cautos a seductione; secundo ostendit per quid seducantur, ibi volens in humilitate; tertio in quo deficiat, ibi quæ non vidit.

Dicit ergo nemo vos seducat, scilicet a veritate quam dixi. Eph. V, 6: nemo vos seducat inanibus verbis.

Seducunt enim in humilitate isti pseudo-apostoli introducentes legalia, quia utebantur simulata sanctitate.

Sanctitas autem in duobus consistit, scilicet in humili conversatione, et cultura Dei. Isti autem ostendebant humilem conversationem, cum apparebat eos non curare de rebus mundi.

Et ideo dicit in humilitate. Eccli. XIX, 23: est qui nequiter se humiliat, et interiora eius plena sunt dolo. Item dicebant se prædicare ad reverentiam Dei. Et ideo dicit et religione Angelorum. Religio enim est secundum tullium, quæ cuidam naturæ, quam divinam vocant, cultum et cæremoniam affert.

II Tim. III, 5: habentes quidem speciem pietatis, virtutem autem eius abnegantes.

Et secundum Glossam legitur sic: in religione, etc., quia per hoc intendunt, quod videantur esse Angeli, id est, nuntii Dei.

Matth. VII, 15: attendite a falsis prophetis etc.. Vel in religione Angelorum ad litteram, quia vetus lex est tradita per Angelos in manu mediatoris, ut dicitur Gal. III, 19. Hebr. II, 2: si enim qui per Angelos dictus est sermo, factus est firmus, etc.. Et isti dicebant cultum legis observandum quia tradita per Angelos.

Sed tamen triplex est eorum defectus, scilicet scientiæ, iustitiæ et fidei.

Et quantum ad primum dicit volens quæ non vidit, id est, intellexit persuadere, et semper repetere: nemo vos seducat. Isti enim nesciebant quo fine data esset lex. I Tim. I, 7: volentes esse legis doctores, non intelligentes neque quæ loquuntur, neque de quibus affirmant.

Quantum ad secundum dicit ambulans frustra inflatus, licet sic humilitatem prætendant. Et ponit duo, scilicet quod religio eorum sit inutilis, quia ambulant frustra, scilicet operantes opera quæ non prosunt ad vitam æternam. Sap. III, 11: inutilia sunt opera eorum. Iob XXXIX, 16: frustra laboravit nullo timore cogente.

Item, quod prætendunt falsam humilitatem.

Unde dicit inflatus, etc.. Differentia est inter inflatum et pinguem; quia pingues, veritatis sunt pleni, inflati vero vacui, sed vento extensi. Qui ergo vere sunt humiles, sunt pleni, sed qui apparent tantum inflati, sunt vacui. Sap. IV, 19: dirumpe illos inflatos sine voce. Hoc sensu intelligitur illud scientia inflat I Cor. VIII, 1. Hæc sapientia est gravis, scilicet quia inflat, non quæ ex Deo.

Matth. XVI, 17: caro et sanguis non revelavit tibi, etc..

Quantum ad tertium dicit non tenens caput, scilicet Christum per fidem. Et talis decipitur, quia sine Christo est in tenebris.

I Tim. VI, 3: si quis non acquiescit sanis verbis, etc..

Sed quare est caput? respondet, dicens: quia ab eo dependet totum bonum corporis, scilicet ecclesiæ. In corpore enim naturali sunt duo bona, scilicet compactio membrorum, et augmentum corporis. Et hoc habet ecclesia a Christo. Ex eo enim dependet totum corpus. Rom. XII, 5: multi unum corpus sumus in Christo.

Et ideo dicit coniunctiones; in corpore enim est duplex coniunctio membrorum, scilicet secundum contactum, quia manus est coniuncta ulnæ, hæc pectori, et sic de aliis. Alia est connexio seu coniunctio nervorum. Et ideo dicit coniunctum et connexum. Sic in ecclesia est coniunctio per fidem et scientiam. Eph. IV, 5: unus Dominus, una fides, unum baptisma.

Sed hoc non sufficit, nisi sit connexus charitatis, et connexio sacramentorum; et ideo dicit subministratum per nexus, quia per charitatem unus subministrat alteri.

Augetur etiam per Christum, qui crescit, scilicet corpus, constructum sic, in augmentum Dei, id est quod Deus facit in nobis.

Ps.: beatus vir cuius est auxilium abs te, ascensiones in corde suo disposuit, etc.. Vel Dei, id est Christi, qui Deus corpus auget, dum augetur ecclesia. Eph. IV, 12: ad consummationem sanctorum in opus ministerii, in ædificationem corporis Christi, etc..

Deinde cum dicit si ergo mortui, etc., arguit etiam deceptos. Et primo ponit rationem redargutionis ex conditione deceptorum; secundo ex conditione eorum in quibus decipiebantur, ibi quæ omnia sunt.

Conditio eorum erat libertas, quia sicut erant mortui peccato, ita et legi. Unde servare eam non debebant. Dicit ergo si ergo mortui estis cum Christo, mortui legi, ab elementis mundi, id est a legalibus observantiis, quia Iudæi serviebant Deo vero, tamen sub elementis, sed gentiles ipsis elementis; quid adhuc, veritate cognita, tamquam viventes in mundo, ut Iudæi, discernitis, tangenda et comedenda, scilicet dicentes: ne tetigeritis hoc, quia peccatum est, neque gustaveritis de porco et anguilla, lev. XI, 7 et 11.

Deinde cum dicit quæ omnia, etc., ostendit qualia sunt ex parte legalium, dicens, quod sunt noxia, et vana, et gravia.

Unde dicit quæ omnia sunt in interitu, quia mortifera post passionem Christi, ponentibus spem in eis; sed post tempus gratiæ divulgatæ simpliciter omnibus sunt mortifera.

Quod dico propter opinionem Hieronymi et Augustini, quæ supra Gal. II cap. Ponitur.

Ad interitum ergo et in mortem perducentia sunt.

Et si dicatur: quare ergo legimus vetus testamentum? dico quod legimus ad testimonium, non ad usum. Et ideo dicit sunt in interitu ipso usu, id est non assumuntur ad testimonium, sed ad usum.

Item sunt vana, quæ non innituntur rationi nec auctoritati.

Sed hæc non innituntur auctoritati divinæ, sed humanæ, unde dicit secundum præcepta.

Sed numquid non sunt præcepta a Deo? respondeo sic: ad tempus, quousque venerit veritas. Matth. XV, 6: irritum fecistis mandatum Dei propter traditiones vestras.

Item non innituntur rationi, quia sunt habentia rationem sapientiæ in superstitione; quasi dicat: non habent rationem, quæ inducant nisi ad superstitionem, id est, ad religionem supra modum, et extra tempus ipsorum observatum. Et in humilitate, scilicet simulata tantum secundum deiectionem; quia qui liberatur per Christum a servitute legis, non debet se iterum supponere servituti. Gal. V, 1: nolite iterum sub iugo servitutis contineri. Servantur tamen aliqua, quæ et si non auctoritate divina, tamen humana ratione sunt utilia; sed hoc deficit hic.

Sunt enim gravia hæc, secundum se considerata. Tria autem desideramus, scilicet quietem, honorem, et sufficientiam, quæ hæc legalia non habent. Subtractio enim ciborum contraria est saturitati. Inducunt etiam laborem, propter observantias multiplices. Nec sunt ad honorem, sed ad confusionem multam, ut illa aspersio cineris, et huiusmodi.

Act. XV, 10: hoc est onus, quod neque nos, neque patres nostri portare potuimus. Non ad parcendum corpori, id est, ecclesiæ, non in honore aliquo, id est non ad honorem Dei, sed ad saturitatem carnis, id est, ad implendum carnalem affectum.

Capitulus III

Lectio 1

Supra apostolus monuit fideles contra seducentes, hic instruit eos contra perversitatem morum. Et primo proponit generalem doctrinam; secundo specialem, ibi mulieres subditæ.

Circa primum duo facit, quia primo instruit eos de habenda recta intentione finis; secundo de rectitudine humanæ actionis, ibi mortificate.

Iterum prima dividitur in duas partes, quia primo ponit modum instructionis; secundo assignat rationem, ibi mortui enim.

Circa primum, primo ponit susceptum beneficium; secundo ex hoc concludit instructionis documentum, ibi quæ sursum.

Beneficium est, quod surreximus cum Christo resurgentes, sed hoc dupliciter: uno modo per spem corporalis resurrectionis.

I Cor. XV, 12: si autem Christus prædicatur quod resurrexit a mortuis, quomodo quidam dicunt in vobis quoniam resurrectio mortuorum non est? item cum eo resurgente reparamur ad vitam iustitiæ. Rom. IV, 25: traditus est propter delicta nostra, et resurrexit propter iustificationem nostram. Quasi dicat: si Christo resurgente et vos resurrexistis.

II Cor. IV, 14: qui suscitavit Dominum Iesum, et nos cum Iesu suscitabit.

Deinde cum dicit quæ sursum, etc., concludit documentum debitum fini. Et primo per comparationem ad finem, et ut finem principaliter aliquis intendat; secundo ut secundum finem de aliis iudicet.

Dicit ergo si consurrexistis cum Christo, quæ sursum sunt quærite. Matth. VI, 33: primum quærite regnum Dei et iustitiam eius, etc.. Hic enim est finis. Ps. XXVI, 4: unam petii a Domino, etc.. Et ideo hoc quærite, ubi Christus sedet in dextera.

Mc. Cap. Ult.: Dominus quidem Iesus postquam locutus est eis, assumptus est in cælum, et sedet a dextris Dei. Ps. CIX, 1: sede a dextris meis.

Et intelligenda est dextra, non pars aliqua corporalis, sed similitudinaria. Dextra enim est potior pars hominis. Christus ergo sedet ad dextram, quia secundum quod homo, in potioribus bonis patris est, sed secundum quod Deus, in æqualitate eius est. Et sic sit ordo in vobis, ut quia Christus est mortuus, et surrexit, et sic est assumptus a dextris Dei, ita et vos moriamini peccato, ut postea vivatis vita iustitiæ, et sic assumamini ad gloriam.

Vel nos resurreximus per Christum; ipse autem ibi sedet, ergo desiderium nostrum debet esse ad ipsum. Matth. XXIV, 28: ubi fuerit corpus, illuc congregabuntur et aquilæ, etc.. Matth. VI, 21: ubi est thesaurus tuus, ibi est et cor tuum.

Item debemus iudicare de aliis secundum ipsum. Et ideo dicit quæ sursum sunt sapite, etc.. Astruit unum, et aliud negat.

Sapit autem quæ sursum sunt, qui secundum supernas rationes ordinat vitam suam, et de omnibus iudicat secundum eam. Iac. III, 15: hæc est sapientia de sursum descendens. Sapit autem quæ sunt super terram, qui secundum terrena bona omnia ordinat et iudicat, iudicans ea summa bona. Phil. III, 19: et gloria in confusione eorum, qui terrena sapiunt.

Deinde cum dicit mortui enim, etc., ponit rationem monitionis. Et primo commemorat quandam mortem; secundo innuit occultationem cuiusdam vitæ, ibi et vita; tertio docet huius vitæ manifestationem, ibi cum autem Christus.

Prius enim unum prohibuit, et aliud astruxit, et nunc ad hæc duo redit.

Primo sic: non sapite quæ sunt terrena, quia mortui estis terrenæ conversationi. Mortuus enim huic vitæ non sapit ea quæ sunt huius mundi, ita et vos, si mortui estis cum Christo, ab elementis huius mundi. Rom. VI, 11: existimate vos mortuos quidem esse peccato, viventes autem Deo. Is. XXVI, 14: morientes non vivant, gigantes non resurgant, etc..

Cum autem dixit existimate, etc., subdit: viventes.

Et ideo alia vita est occulta, unde etiam hic dicit et vita vestra, etc.. Et hanc vitam acquirimus nobis per Christum. I Petr. III, 18: Christus pro peccatis nostris mortuus est, iustus pro iniustis, etc.. Quia vero hæc vita est per Christum, Christus autem est occultus a nobis, quia est in gloria Dei patris.

Et similiter vita, quæ per eum nobis datur, est in occulto, ubi scilicet Christus est in gloria Dei patris. Prov. III, 16: longitudo dierum in dextra eius, et in sinistra eius divitiæ et gloria. Ps. XXX, 20: quam magna multitudo dulcedinis tuæ, quam abscondisti timentibus te, etc.. Apoc. II, 17: vincenti dabo manna absconditum, etc..

Ideo cum dicit cum autem Christus, etc., ostendit quomodo manifestatur, scilicet sicut et Christus, quia dicitur in Ps. XLIX, 3: Deus manifeste veniet. Et ideo dicit cum autem apparuerit Christus, vita vestra, quia ipse est auctor vitæ vestræ, et quia in amore eius et cognitione consistit vita vestra.

Gal. II, 20: vivo ego iam non ego, vivit vero in me Christus. Tunc et vos apparebitis.

I Io. III, 2: cum apparuerit, similes ei erimus, scilicet in gloria. Abac. III, 3: ab Austro veniet et sanctus de monte Pharan, etc..

Deinde cum dicit mortificate ergo, ordinat humanam actionem.

Primo per cohibitionem peccatorum; secundo per instructionem bonorum morum, ibi induite vos.

Circa primum duo facit, quia primo præmittit monitionem; secundo eius rationem exponit, ibi expoliantes vos.

Iterum prima in duas, quia primo prohibet vitia carnalia, secundo rationem assignat, ibi propter quæ.

Circa primum duo facit; quia primo ponit generalem prohibitionem; secundo explicat in speciali, ibi quæ sunt.

Dicit ergo. Non debetis sapere quæ sunt super terram, sed mortificate quicquid terrenum et specialiter membra quæ sunt, etc.. Quod potest exponi similitudinarie, quia conversatio nostra est continens multos actus, sicut corpus multa membra, et in conversatione bona, prudentia est sicut oculus dirigens, fortitudo autem sicut pes portans.

In mala vero, astutia sicut oculus, pertinacia vero sicut pes. Hæc ergo membra sunt mortificanda.

Vel aliter. De membris corporis carnalibus dixit: mortui estis, etc., scilicet terrenæ conversationi. Quomodo? et respondens dicit mortificate, etc.. In tantum ergo morimur culpæ, inquantum vivificamur per gratiam.

Vita enim gratiæ reparat nos quantum ad mentem, non totaliter quantum ad corpus propter fomitem. Rom. VII, 25: ego ipse mente servio legi Dei; carne autem, legi peccati.

Et Paulo ante: video aliam legem in membris meis repugnantem legi mentis meæ, etc.. Qui ergo mortui estis quantum ad mentem, mortificate concupiscentiam in membris, quæ sunt super terram, inquantum sunt super terram, et terrena corpora. I Cor. VI: castigo corpus meum et in servitutem redigo, etc., id est, non permittendo ei se pertrahi ad carnalia.

Et ideo ponit peccata in speciali.

Et primo pure carnalia; secundo media, ibi et avaritiam.

Inter carnalia maxime concupiscentia inclinat ad luxuriam, ubi est actus turpis. Et hoc vel secundum naturam animalis, non dicam rationis, quia omne peccatum est contrarium rationi. Et ideo dicit fornicationem. Tob. IV, 13: attende tibi ab omni fornicatione, etc..

Vel contra naturam, et sic dicit immunditiam.

Item delectatio est immunda, unde dicit libidinem. Item concupiscentia prava, unde dicit concupiscentiam malam.

Secundo ponit peccata media; et primo avaritiam, cuius obiectum est corporale, scilicet pecunia, et completur in delectatione spirituali, scilicet dominio talium. Et ideo communicat cum carnalibus peccatis. Et subdit quæ est idolorum servitus. Eph. V, 5: aut avarus, quod est idolorum servitus.

Sed numquid avaritia ex suo genere est species idololatriæ, et avarus peccat tamquam idololatra? respondeo. Dicendum est non secundum speciem, sed secundum similitudinem, quia avarus ponit vitam suam in pecunia. Idolatra est quando quis exhibet alicui imagini honorem debitum Deo. Avarus autem honorem debitum Deo exhibet pecuniæ, quia tota sua vita circa hoc est. Quia vero avarus non intendit circa pecuniam se habere ut ad Deum, sicut idololatra, ideo est minus peccatum.

Deinde cum dicit propter quæ venit ira Dei, ostendit rationem quare vitanda sunt hæc peccata, et est duplex. Una quæ movet omnes, et alia quæ specialiter istos.

Prima est vindicta Dei, quia propter carnalia venit ira, id est vindicta Dei, in filios diffidentiæ, id est peccatores qui diffidunt de Deo, quia luxuria est filia desperationis, quia multi ex desperatione spiritualium dant se totaliter carnalibus. Vel diffidentiæ, quia quantum est de se, non est confidendum ut corrigantur, et ideo venit ira Dei, sicut in Gen. VI, 17 et VII in diluvio, et XVIII, 26 et XIX, 24 de Sodomitis.

Alia ratio est, quia illi aliquando fuerunt tales. Unde dicit in quibus et vos ambulastis aliquando, scilicet de malo in peius. Et ponit hanc rationem propter duo, scilicet et propter id quod Petrus dicit I Petr. IV, 3: sufficit præteritum tempus ad voluntatem gentium consummandam, qui ambulaverunt in luxuriis, etc.; et quia experti estis quod in eis non est utilitas, sed confusio. Rom. VI, 21: quem ergo fructum habuistis tunc in illis, in quibus nunc erubescitis?

Lectio 2

Supra apostolus monuit fideles contra vitia carnalia, hic monet eos contra vitia spiritualia. Et primo ponit universalem admonitionem; secundo per partes distinguit.

Dicit ergo: aliquando ambulastis in illis, sed nunc deponite et vos omnia, non solum carnalia, sed omnia. I Petr. II, 1: deponentes omnem malitiam, et omnem dolum, et simulationes, et invidias, et detractiones, etc..

Distinguit autem vitia spiritualia in duo. Primo in peccatum cordis; secundo oris, ibi blasphemiam, etc..

Et primo ponit iram. Ira enim viri iustitiam Dei non operatur Iac. I, 20, et hæc est deponenda.

Secundo indignationem, quæ oritur ex ira, quæ est quando quis reputat aliquem indignum eorum quæ habet, vel ut comparetur alii. Is. XXVII, 4: indignatio non est mihi. Malitiam, quæ consequitur ad hæc duo, scilicet quando quis molitur malum proximo inferre. Iac. I, 21: abiicientes omnem immunditiam, et abundantiam malitiæ, in mansuetudine, etc..

Deinde ponit peccata pertinentia ad peccatum oris: et sunt tria genera peccatorum oris.

Per hoc enim peccatum designatur inordinatio mentis, et primo in comparatione ad Deum, et hæc est blasphemia. Lev. XXIV, 14: educ blasphemum extra castra, et ponant omnes qui audierunt, manus suas super caput eius, et lapidet eum populus universus.

Et sic quæcumque blasphemia est peccatum mortale. Sed quid si sit subito? respondeo. Dicendum est quod si sit subito, ita quod non percipit se blasphemare, non peccat mortaliter. Sed credo quod, quantumcumque subito, si tamen percipit quod dicit verba blasphemiæ, peccat mortaliter.

Secundo designat inordinationem circa concupiscentiam, dicens turpem sermonem de ore vestro. Eph. IV, 29: omnis sermo malus ex ore vestro non procedat, etc..

Tertio inordinationem contra proximum, et hoc est mendacium. Prov. XIX, 5: qui loquitur mendacium, non effugiet.

Deinde cum dicit expoliantes, etc., ostendit rationem quare sunt vitanda prædicta vitia, quia scilicet deposita vetustate, debet indui novitas. Matth. IX, 16: nemo mittit commissuram panni rudis in vestimentum vetus, etc.. Et primo ponit depositionem vetustatis; secundo assumptionem novitatis, ibi et induentes.

Dicit ergo: deponite, hoc expoliantes, etc.. Nam hoc inveteratur per peccatum.

Hebr. VIII, 13: quod autem antiquatur et senescit, prope interitum est. Hæc vetustas propinquat corruptioni, quia peccatum est via ad corruptionem. Item per peccatum perditur virtus et decor spiritualis, quæ quidem vetustas est introducta per peccatum primi parentis. Rom. V, 12: sicut enim per unum hominem peccatum in hunc mundum intravit, et per peccatum mors, ita et in omnes homines mors pertransiit, in quo omnes peccaverunt. Hunc ergo veterem hominem, id est vetustatem peccati. Rom. VI, 6: vetus homo noster simul crucifixus est, ut destruatur corpus peccati, ut ultra non serviamus peccato, etc.. Exuite cum actibus suis. Eph. IV, 22: deponite vos secundum pristinam conversationem veterem hominem, qui corrumpitur secundum desideria erroris, etc..

Novus homo est animus interius renovatus, quia homo, ante gratiam, habet mentem interiorem peccato subiectam, et quando reparatur per gratiam, habet novitatem. Ps. CII, 5: renovabitur ut aquilæ iuventus tua.

Gal. Cap. Ult. 15: in Christo Iesu neque circumcisio, neque præputium aliquid valet, sed nova creatura.

Nova creatura est gratia innovans, sed adhuc vetustas remanet in carne. Sed si sequaris iudicium novi hominis, tunc induis novum hominem; si vero concupiscis secundum desideria carnis, induis vetustatem. Eph. IV, 24: induite novum hominem, qui secundum Deum creatus est in iustitia, et sanctitate veritatis.

Deinde cum dicit et induentes, etc., describit novum hominem. Et primo ostendit renovationis modum, secundo ubi renovetur, tertio secundum quid renovatur.

Ostendit ergo quod interior homo vetus per ignorantiam Dei, renovatur per fidem et agnitionem Dei. II Cor. III, 18: in eamdem imaginem transformamur a claritate in claritatem, tamquam a Domini spiritu.

Sed ubi est hæc renovatio? ibi, scilicet ubi est imago Dei, quæ non est in potentiis sensitivæ partis, sed in mente. Unde dicit secundum imaginem, id est, ipsa Dei imago, quæ est in nobis renovata, et hoc secundum imaginem eius, scilicet Dei, qui creavit eum.

Dicitur autem novus creatus, quia

anima rationalis non est ex traduce, sed a Deo creata.

Deinde cum dicit ubi non est, etc., ostendit hanc innovationem esse omnibus communem, alias non pertineret ad hominem inquantum homo. Et hoc quia facta est secundum aliquid quod convenit omnibus.

Quintuplex autem hic cadit distinctio inter homines: una secundum sexum corporeum, et hanc excludit, dicens ubi non est masculus et fœmina, quia non differunt mente, sed secundum sexum corporeum.

Secunda per nationes, et hanc excludit, ibi gentilis et Iudæus. Isti enim ex fidelibus, illi ex infidelibus, et tamen utrique mente rationales.

Rom. III, 29: an Iudæorum Deus tantum? nonne et gentium? tertia secundum ritum certum et proprium, quia quidam legis professionem, et quidam ritum eumdem non habebant. Rom. X, 12: idem Dominus omnium, etc..

Alia secundum linguam, ibi barbarus et Scytha. Scytha est versus septentrionem, barbarietas autem extraneitatem dicit; unde barbari quasi extranei. Et simpliciter est barbarus qui extraneus est ab homine inquantum homo, et hoc est inquantum rationalis. Et ideo illi barbari sunt, qui non reguntur ratione et legibus, et ideo barbari naturaliter sunt servi, et in Christo non differunt, quia et si ius civile non habent, tamen legem habent Christi.

Alia secundum conditiones, quia quidam servi, quidam liberi: in Christo autem sunt omnes similes. Iob III, 19: parvus et magnus ibi sunt, etc..

Ergo non sunt hæ differentiæ in Christo, sed est omnia et in omnibus Christus. Non enim est circumcisio nisi per Christum, et libertas per Christum; si non es liber, libertas tua est Christus. Si non es circumcisus, circumcisio tua est Christus, et sic de aliis. Et in omnibus, quia omnibus beneficia sua dat.

Lectio 3

Supra apostolus induxit fideles ad vitandum mala, hic inducit eos ad operandum bona, et primo ad opera particularium virtutum; secundo ad opera virtutum principalium perficientium animas, ibi super omnia.

Et primo commemorat eorum conditionem; secundo subdit virtutum connumerationem, ibi viscera misericordiæ.

Dicit ergo: si induistis novum hominem, debetis induere novi hominis partes, scilicet virtutes. Rom. XIII, 12: abiiciamus ergo opera tenebrarum, et induamur arma lucis, quibus induimur, quando quicquid exterius apparet, est virtutibus ornatum.

Sed quibus virtutibus? aliter induuntur milites, aliter sacerdotes. Ergo induite vobis convenientia vestimenta, sicut electi Dei sancti.

Et quod dicit electi, pertinet ad remotionem a malo; quod dicit sancti, ad donum gratiæ. I Cor. VI, 11: abluti estis, sed sanctificati estis. Lev. XI, 44 et XIX, 2: sancti estote, quia ego sanctus sum Dominus Deus vester. Quod dicit dilecti, pertinet ad præparationem futuræ gloriæ. Io. XIII, 1: in finem dilexit eos, scilicet vitæ æternæ.

Et describit hic vestimenta quæ protegunt nos in adversis et prosperis, II Cor. VI, 7: per arma iustitiæ a dextris et a sinistris. Et primo quæ habenda in prosperis; secundo quæ in adversis, ibi patientiam.

In prosperis aliquid debemus, et, primo, proximo misericordiam. Et ideo dicit viscera misericordiæ. Lc. I, 78: per viscera misericordiæ Dei nostri, etc.. Phil. II, 1: si qua viscera miserationis, etc., id est, misericordiam ex affectu procedentem.

Ad omnes vero consequenter est habenda benignitas, quæ est quasi bona igneitas. Ignis enim liquefacit et effluere facit humida. Si in te est bonus ignis, liquefacit quicquid humiditatis habes, et dissolvet. Hanc facit spiritus sanctus. Sap. I, 6: benignus est spiritus sapientiæ. Eph. IV, 32: estote autem invicem benigni, misericordes etc..

In corde debes habere humilitatem. Eccli. III, 20: quanto magnus es, humilia te in omnibus, etc..

In exterioribus debes modestiam, quæ ponit modum ne in prosperis excedas. Phil. III: gaudete in Domino semper, iterum dico, gaudete; modestia vestra nota sit omnibus hominibus.

In adversis tria sunt arma habenda, scilicet patientia, quæ facit quod animus propter adversa non amoveatur ab amore Dei et rectitudine iustitiæ. Lc. XXI, 19: in patientia vestra possidebitis animas vestras.

Sed quia quandoque contingit quod aliquis a iustitia non declinat quantum est de se, tamen aliorum mores sunt ei importabiles, ideo dicit supportantes invicem. II Petr. II, 8: habitans apud eos qui de die in diem iustam animam iniquis operibus cruciabant. Rom. XV, 1: debemus nos firmiores imbecillitates infirmorum sustinere.

Tertio condonationem, ibi et donantes, etc., id est parcentes. II Cor. II, 10: nam et ego quod donavi, si quid donavi, propter vos in persona Christi. Condonat autem quis iniuriam, quando non habet rancorem ad eum, nec malum contra ipsum procurat. Sed quando necessitas puniendi est, tunc puniendus est.

Et addit rationem sicut et Dominus donavit vobis. Eccli. XXVIII, 3: homo homini servat iram, et a Deo quærit medelam, etc..

Matth. XVIII, 32: omne debitum dimisi tibi, etc.; et post: nonne ergo oportuit et te misereri conservi tui, sicut, etc..

Deinde cum dicit super omnia, etc., inducit ad principales virtutes perficientes alias. Et principalior est charitas inter virtutes, sapientia vero inter dona. Charitas quidem informat omnes virtutes, sapientia vero dirigit.

Primo igitur inducit ad primum; secundo ad secundum, ibi verbum Christi.

Primo inducit ad charitatem habendam, secundo ad charitatis effectus, ibi et pax.

Dicit ergo: super omnia induatis charitatem, quæ omnibus prædictis maior est, ut dicitur I Cor. XIII, 13. Super omnia, id est, magis quam omnia, quia est finis omnium virtutum. I Tim. I, 5: finis autem præcepti est charitas, etc.. Vel super omnia debemus habere charitatem, quia est super omnia alia. I Cor. XI: adhuc excellentiorem viam vobis demonstro, etc.. Et hoc quia sine ipsa nihil valent alia. Et hæc charitas figuratur per tunicam inconsutilem io. XIX, 23.

Et ratio huius quare est habenda, subditur, scilicet quia est vinculum. Secundum Glossam per omnes virtutes homo perficitur, sed charitas connectit eas ad invicem, et facit eas perseverantes, et ideo dicitur vinculum.

Vel ex natura sua est vinculum, quia est amor, qui est uniens amatum amanti. Os. XI, 4: in funiculis Adam traham eos, in vinculis charitatis, etc.. Sed addit perfectionis, quia est unumquodque perfectum, quando adhæret fini ultimo, scilicet Deo, quod facit charitas.

Deinde cum dicit et pax, etc., monet ad actus charitatis. Et ponit duos actus, scilicet pacem et gratitudinem, et tertium innuit, scilicet gaudium.

Dicit ergo et pax Christi, etc.. Ex charitate mox oritur pax quæ est, secundum Augustinum, tranquillitas ordinis, sibi a Deo instituti, quod facit charitas. Qui enim aliquem diligit, concordat cum eo in voluntate. Ps. CXVIII, 165: pax multa diligentibus legem tuam.

Exultet, quia charitatis effectus est gaudium, quod sequitur ex pace. Prov. XII, 20: qui pacis ineunt consilia, sequitur eos gaudium.

Sed non dicit simpliciter pax, quia est pax mundi, quam Deus non venit facere, sed Christi, quam fecit inter Deum et hominem.

Mc. IX, 49: pacem habete inter vos; quam annuntiavit Lc. Cap. Ult. Stetit Iesus in medio eorum, et dixit eis: pax vobis. Et debetis habere, quia in ista vocati estis.

I Cor. VIII: in pace vocavit nos Deus. Et hoc est quod subdit in uno corpore, id est, ut sitis in uno corpore.

Effectus alius est ut sitis grati; ideo sequitur et grati estote. Sap. XVI, 29: ingrati spes tamquam hybernalis glacies tabescet, et disperiet tamquam aqua supervacua.

Deinde cum dicit verbum Christi monet ad sapientiam, et primo docet sapientiæ originem; secundo sapientiæ usum, ibi docentes.

Ad hoc etiam quod quis habeat sapientiam veram, oportet considerare unde oriatur. Ideo dicit verbum Christi. Eccli. I, 5: fons sapientiæ verbum Dei in excelsis. Ergo ex verbo Christi hauriatis eam. Deut. IV, 6: hæc est sapientia vestra et intellectus coram populis, etc.. I Cor. I, 30: qui factus est nobis sapientia a Deo, etc..

Sed aliqui non habent verbum, ideo nec sapientiam. Et ideo dicit habitet. Prov. III, 3: circumda eas gutturi tuo, et describe in tabulis cordis tui, etc..

Aliquibus sufficit modicum quid de verbo Christi, sed apostolus vult quod habeamus multum. Et ideo dicit abundanter. II Cor. IX, 8: potens est Deus omnem gratiam abundare facere in vobis, ut in omnibus semper omnem sufficientiam habentes, abundetis in omne opus bonum. Prov. II, 4: sicut thesauros effoderis eam, etc..

Et addit in omni sapientia, id est, in omnibus pertinentibus ad sapientiam Christi debetis studere scire. Act. XX, 27: non subterfugi, quo minus annuntiarem vobis omne consilium Dei. Eccli. XXI, 17: cor fatui quasi vas confractum, et omnem sapientiam non tenebit, etc..

Triplex autem est usus huius sapientiæ, scilicet instructionis, devotionis et directionis.

Instructio duplex, scilicet ad cognoscendum vera.

Unde dicit docentes, quasi dicat: habitet ita abundanter in vobis, ut de omnibus sitis instructi per ipsum. II Tim. III, 16: omnis Scriptura divinitus inspirata utilis est ad docendum, ad arguendum, etc..

Item ad cognoscendum bona; ideo dicit et commonentes vosmetipsos, id est, exhortantes vos ad bona opera. II Petr. I, 13: suscitare vos in commonitione, etc..

Secundo ponit usum devotionis.

Unde dicit in Psalmis et hymnis. In Psalmis, qui designant iucunditatem bonæ operationis.

Ps. CXLVIII: laudate eum in voce exultationis, etc.. Hymnus est laus cum cantico.

Ps. CXLVIII, 14: hymnus omnibus sanctis eius, etc..

Et canticis spiritualibus, etc., quia quicquid nos facimus, debemus referre ad bona spiritualia, ad promissa æterna, et ad reverentiam Dei. Et ideo dicit in cordibus, et non in labiis tantum. I Cor. XIV, 15: psallam spiritu, psallam et mente. Is. XXIII, 13: populus hic labiis me honorat, cor autem eorum longe est a me. Et addit in gratia, scilicet recognoscentes gratiam Christi et beneficia Dei.

Sunt autem cantica ecclesiæ cordis principaliter; sed oris sunt ut excitetur canticum cordis et pro simplicibus et rudibus.

Tertio ponit usum directionis in opere, dicens omne quodcumque facitis, etc., quia etiam locutio opus quoddam est. I Cor. X, 31: sive manducatis, sive bibitis, vel aliud quid facitis, omnia in gloriam Dei facite, etc..

Sed contra: aut hoc est præceptum, aut consilium: si præceptum, peccat quicumque hoc non facit; sed peccat venialiter, quando quis hoc non facit; ergo quicumque peccat venialiter, peccat mortaliter.

Respondeo. Quidam dicunt quod hoc est consilium, sed hoc non est verum. Sed dicendum est quod non est necessarium quod omnia in Deum referantur actu, sed habitu; qui enim facit contra gloriam Dei et præcepta eius, facit contra hoc præceptum. Venialiter autem peccans, non facit contra hoc præceptum simpliciter, quia licet non actualiter, tamen habitualiter refert omnia in Deum.

Lectio 4

Posita generali instructione ad omnes, hic incipit ponere specialem.

Primo dat quædam specialia documenta pertinentia ad singulos status in ecclesia; secundo quædam communia omnibus statibus respectu certarum conditionum, in IV cap. Ibi orationi instate.

Prima in tres secundum tres connexiones ex quibus domus constituitur, secundum Philosophum: quarum una est viri et uxoris; secunda patris et filii; alia Domini et servi.

Secunda, ibi filii. Tertia, ibi servi.

Unaquæque earum dividitur in duo secundum quod monet subditos ut obediant, superiores ut moderate imperent.

Dicit ergo mulieres, etc., et dicit sicut oportet, quia hæc subiectio est ex lege divina ordinata. Gen. III, 16: sub viri potestate eris, et ipse dominabitur tui. I Cor. XIV, 34: mulieres in ecclesiis taceant, non enim permittitur eis loqui, sed subditas esse, sicut et lex dicit. Et ratio huius est quia regere est rationis; viri autem magis vigent ratione, et ideo præsidere debent. Item addit in Domino, quia omnia ordinata ad aliquos fines sunt referenda finaliter in Deum.

Deinde monet viros ut diligant eas, dicens viri, diligite uxores, hoc enim est naturale: quia vir et uxor quodammodo sunt unum. Eph. V, 25: viri, diligite uxores vestras, etc.. Et prohibet ne eis sint amari.

Mich. I, 12: infirmata est in bonum, quæ habitat in amaritudinibus. Eph. IV, 31: omnis amaritudo, et ira, et indignatio, et clamor, et blasphemia tollatur a vobis, cum omni malitia.

Deinde cum dicit filii, etc., agit de secundo, et dicit filii, obedite per omnia, scilicet quæ non sunt contra Deum. Hebr. XII, 9: parentes quidem carnis nostræ habuimus eruditores, et reverebamur eos, etc..

Si vero præcipiant in his quæ sunt contra Deum, sic intelligitur illud quod dicitur Lc. XIV, 26: si quis venit ad me, et non odit patrem suum et matrem, etc.. Et hoc quia hoc est placitum Domino, id est, in lege Domini, quia lex charitatis non removet legem naturæ, sed perficit. Est autem lex naturalis, quod filius subdatur curæ patris. Ex. XX, 12: honora patrem tuum et matrem tuam, etc..

Deinde cum dicit patres, nolite, etc., instruit parentes. Eph. VI, 4: et vos, patres, nolite ad iracundiam provocare filios, etc.. Et hoc, ut non pusillo animo fiant, id est, ut non pusillanimes fiant. Et huius ratio est, quia homines retinent impressionem quam a pueritia habuerunt. Naturale autem est quod qui in servitute nutriuntur, semper sint pusillanimes. Unde ratio est cuiusdam, quare filii Israel non statim in terram promissionis sunt perducti: quia fuerant nutriti in servitute, et non habuissent audaciam contra inimicos pugnandi. Is. XXXV, 4: dicite pusillanimis, etc..

Deinde cum dicit servi, obedite, agit de tertio; et primo de servis ponit monitionem; secundo ostendit rationem, ibi scientes; tertio excludit dubitationem, ibi qui enim.

Circa primum duo facit: quia primo monet eos ad obedientiam; secundo determinat obediendi modum, ibi non ad oculum.

Dicit ergo servi, secundum carnalem conditionem, obedite per omnia, quæ scilicet non sunt contra Deum. I Petr. II, 18: non tantum bonis et modestis, sed etiam dyscolis, etc.. I Tim. Cap. Ult.: quicumque sunt sub iugo servi, dominos suos omni honore dignos arbitrentur.

Deinde cum dicit non ad oculum, docet modum obediendi. Et ostendit duos modos obediendi: primo quod simpliciter et sine dolo; secundo ostendit quod voluntarie.

Dicit ergo non ad oculum, scilicet quantum potest videri a Domino. Eph. VI, 6 simile.

Et dicit quasi hominibus placentes, quia non serviunt hoc modo, nisi ut placeant hominibus.

Gal. I, 10: si adhuc hominibus placerem, servus Christi non essem. Ideo addit sed in simplicitate cordis, etc., id est, absque dolo, timentes Dominum, sicut Iob I, 1: erat vir ille simplex et rectus ac timens Deum. Prov. XI, 3: simplicitas iustorum diriget eos, etc..

Item voluntarie; unde dicit quodcumque facitis, ex animo, id est, prompte, operamini.

Et hoc sicut Domino, quia qui servit alicui propter ordinem iustitiæ, facit hoc propter Deum, a quo est hic ordo. Rom. XIII, 2: qui potestati resistit, Dei ordinationi resistit. Eph. VI, 6: facientes voluntatem Dei ex animo, cum bona voluntate servientes, sicut, etc..

Deinde cum dicit scientes, ostendit duplicem rationem huius, et una est ex parte remunerationis, alia ex parte devotionis ad Deum.

Dicit ergo: serviatis prompte, quia a Domino accipietis retributionem hæreditatis æternæ. Ps. XV, 6: funes ceciderunt mihi in præclaris, etenim hæreditas mea præclara est mihi. Eph. VI, 8: scientes quoniam unusquisque quodcumque fecerit bonum, hoc recipiet a Domino, sive servus, sive liber.

Quorumdam enim fuit opinio quod actus iustitiæ non est meritorius, quia hoc videbatur esse debitum, et hoc non est meritorium alicui dare quod suum est. Sed sciendum est quod ex hoc quod voluntarie facis, ex hoc ponis aliquid de tuo, quia de potestate tua est velle et non velle, et sic est meritorium.

Servi autem ex debito serviunt Domino, et ideo ut habeant mercedem hoc faciunt voluntarie.

Sed sic servite eis quod a Deo non recedatis.

Item alia ratio est, quia sic servitis Domino Christo. Rom. XII, 11: spiritu ferventes, Domino, etc..

Deinde cum dicit qui enim, removet dubitationem. Posset enim dicere servus: quomodo serviam ei qui facit mihi iniuriam? et ideo dicit: non est tuum ut vindices te, subtrahendo ei quod suum est, sed expecta ab eo, qui potest, quia qui iniuriam facit, etc.. II Cor. V, 10: omnes enim nos manifestari oportet ante tribunal Christi, ut referat unusquisque propria corporis prout gessit, sive bonum, sive malum.

Eph. VI, 9: et personarum acceptio non est apud Deum. Act. X, 34: non est personarum acceptor Deus.

Deinde cum dicit Domini, ostendit qualiter Domini se habeant ad servos. Et circa hoc duo facit: primo dat doctrinam; secundo reddit rationem eorum, ibi scientes.

Dupliciter autem potest Dominus gravare servos, scilicet faciendo contra eos quod iustitia legis prohibet, quia secundum leges non licet Domino sævire in servum. Ideo dicit quod iustum est. Item si exigeret totum debitum, quod mansuetudo christiana mitigat.

Ideo dicit et æquum. Iob XXXI, 13: si contempsi subire, etc..

Deinde cum dicit scientes, etc., ponitur ratio, quia sicut tu te habes ad eos, ita Dominus ad te. Eph. VI, 8: scientes, etc..

Capitulus IV

Lectio 1

Supra posuit specialia documenta ad singulos status hominum, hic ponit pertinentia ad omnes, tamen respectu diversorum.

Et primo ostendit qualiter se habeant ad alios; secundo qualiter ad ipsos alii se habeant, ibi qui circa me, etc..

Iterum prima in duas, quia primo ostendit quomodo se habeant ad ipsummet apostolum, eorum prælatum; secundo quomodo ad alios, maxime infideles, ibi in sapientia.

Circa primum duo facit, quia primo incitat eos universaliter ad orandum; secundo ut orent pro eo, ibi orantes.

Debet autem oratio habere tria, scilicet quod sit assidua, grata, et vigilans.

Assidua, unde dicit orationi instantes, id est, cum perseverantia orate. I Thess. V, 17: sine intermissione orate, etc.. Lc. XVIII, 1: oportet semper orare, et numquam deficere.

Item vigilans, ut animus non sit pressus; ideo subditur vigilantes. I Petr. IV, 7: vigilate in orationibus, etc.. Lc. VI, 12: erat pernoctans in oratione, etc..

Item grata, id est, in gratiarum actione, alias non meretur beneficia nova, si de acceptis esset ingratus; unde sequitur in gratiarum actione. Phil. IV, 6: cum gratiarum actione.

I Thess. V, 18: in omnibus gratias agite.

Consequenter rogat ut orent pro ipso, dicens orantes, etc., quia hoc est debitum quod subditi pro prælatis orent, quia prælati custodiunt eos, et eorum bonum est commune omnium. II Thess. III, 1: orate pro nobis, ut sermo Domini currat, etc.. Et hoc, ut Deus aperiat Ostium, id est, os, per quod sermo a corde exit, et quod Deus det gratiam digne proferendi verbum suum. In apertione etiam significatur aliquid magnum.

Matth. V, 2: aperiens os suum docebat eos, etc.. Et ideo subdit ad loquendum. I Cor. XII, 2: spiritus est qui loquitur mysteria. Et his indigeo, quia propter verbum Christi, tribulationes patior. Ideo orandum est ut libere possim. II Tim. II, 9: laboro usque ad vincula. Et hoc modo ut aperiat, id est, ut manifestet, etc..

Tria possunt esse impedimenta verbi, scilicet vel propter timorem, ideo dicit vinctus, vel propter altitudinem, ita quod subditi nequeant intelligere, ideo dicit ut manifestet, vel propter incongruitatem temporis vel modi; ideo dicit ut oportet.

I Cor. III, 1: non potui vobis loqui quasi spiritualibus, etc.. Lc. XII, 42: fidelis dispensator et prudens, quem, etc..

Consequenter cum dicit in sapientia, etc., ostendit quomodo se habeant ad extraneos, et primo in conversatione; secundo quomodo in locutione, ibi sermo vester.

Dicit ergo in sapientia ambulate ad eos qui foris sunt, id est infideles; in sapientia, id est, sapienter. Sap. VII, 28: neminem diligit Deus, nisi qui cum sapientia inhabitat, etc..

Et huius causa est redimentes, etc.. Redimit vexationem suam quando quis dimittit quod est de iure suo, ut vitet eam. Isti vexabantur ab eis, ideo vult quod redimant eam per sapientiam. I Petr. II, 12: conversationem vestram inter gentes habentes bonam, etc..

Item docet, secundo, quomodo se habeant in loquendo. Et primo ut sermo sit gratus; unde dicit sermo vester semper in gratia. Eccli. VI, 5: lingua eucharis in bono homine abundabit.

Secundo ut sit discretus; unde dicit sale conditus. Per Salem intelligitur discretio: quia per ipsum omnis cibus conditus est sapidus, ita omnis actio indiscreta est insipida et inordinata.

Matth. IX: habete in vobis sal, et pacem habete inter vos. Et hoc ut sciatis, etc.. Aliter enim est respondendum sapientibus, aliter insipientibus. Prov. XXVI, 4: non respondeas stulto iuxta stultitiam suam, ne efficiaris ei similis, etc..

337

I Petr. III, 15: parati semper ad satisfactionem omni poscenti vos rationem, etc..

Deinde cum dicit quæ circa me, etc. Ostendit quid alii agant ad ipsos, et primo ostendit quid ad eos agant illi quos ad eos mittit; secundo quid cum apostolo remanentes, ibi salutant.

Mittit autem ad eos legatum, quem primo describit tripliciter, et primo a dilectione, dicens charissimus frater, scilicet per charitatem, quæ facit hominem auro pretiosiorem.

Is. XIII, 12: pretiosior erit vir auro, et homo mundo obryzo, etc.. Item a fide, unde dicit fidelis in ministerio. I Cor. IV, 2: hic iam quæritur inter dispensatores ut fidelis quis inveniatur. Item ab humilitate, unde dicit et conservus, scilicet in executione ministerii; sed in Domino, quia prælatus quærere debet utilitatem eorum quibus præfertur, et Dei honorem.

Sed ad quid mittitur? ut cognoscat statum subditorum. Gen. XXXVII, 14: vade et vide si cuncta prospera sunt erga fratres tuos et pecora, et renuntia mihi quid agatur, etc.. I Reg. XVII, 18: fratres tuos visitabis si recte agant, et cum quibus ordinati sunt disce. Item ut consoletur. Rom. I, 11: desidero enim videre vos ut aliquid impartiar vobis gratiæ spiritualis ad confirmandos vos, id est, simul consolari in vobis, etc.. Et Dominus missus a patre ad hoc venit. Is. LXI, 2: ut consolarer omnes lugentes, etc..

Item describit eius societatem cum Onesimo qui omnia quæ hic aguntur, etc.. Et vestra mihi, ut corrigam, et mea vobis, ut exemplum habeatis.

Deinde cum dicit salutat, etc., ostendit quo modo salutantur a remanentibus cum apostolo, et littera satis patet.

De quo accepistis, etc.. Act. XIII, 5 dicitur quod cum Paulus et Barnabas simul irent, quidam Ioannes Marcus sic se eis coniunxit quod postea recessit et iterum rediit. Et Paulus quidem noluit eum recipere, sed Barnabas.

Et ideo Paulus recessit a Barnaba. Et propter hoc apostolus scripsit Colossensibus de Marco, quod non reciperent eum; sed nunc quia conversus erat, scribit ut eum recipiant: et hoc est, accepistis, etc.. Vel fratrem Barnabæ, de quo Barnaba accepistis, etc..

Et Iesus qui dicitur iustus, qui quidem erat vir sanctæ conversationis; et ideo dicitur iustus. Qui sunt ex circumcisione, missi ad prædicandum evangelium Christi. Phil. I, 18: quid enim? cum omni modo sive per occasionem sive per veritatem Christus annuntietur.

Et sic primo gentiles, secundo Iudæos ponit. Epaphras qui ex vobis, etc., quia Asianus erat. Et ad hoc salutant, ut stetis perfecti. Iac. I, 4: sitis et perfecti, etc..

Pleni, etc., id est, in omnibus, quæ pertinent ad voluntatem Dei.

Item ponit Lucam qui non fuit natus ex Iudæis, ut videtur, quia fuit Antiochenus, medicus arte, quem specialiter nominat, quia fuit homo bonæ auctoritatis in ecclesia propter evangelium quod scripsit apostolo adhuc vivente.

Deinde dicit salutate, etc., ostendit quos salutent, et primo quomodo alios alienæ ecclesiæ; secundo quomodo eos qui sunt de sua, ibi et eam quæ est Laodicensium; ex quo habetur quod scripsit alias epistolas, quia istam de qua fit mentio hic, scilicet Laodicensium, et unam aliam ad Corinthios, præter primam et secundam: quia in prima epistola, cap. V dicit: scripsi vobis in epistola, ne commisceamini fornicariis, etc..

Sed ratio est duplex quare non sunt in canone: quia non constabat de earum auctoritate, quia forte erant depravatæ, et perierant in ecclesiis. Vel quia non continebant aliud quam ista.

Et dicite Archippo: hic fuit prælatus eorum, et mandat ut moneant ipsum dicentes: vide, etc. II Tim. IV, 5: ministerium tuum imple. Et quidem tunc ministerium implet quando facit illud ad quod accepit.

Sed videtur quod non pertineat ad subditum monere prælatum Ex. XIX, 24. Dicendum quod irreverenter arguere et vituperare est prohibitum, sed monere charitative potest, sicut Paulus Petrum Gal. II, 11.

Sed quare non scripsit prælato? quia prælatus est propter ecclesiam, et non e converso.

Salutatio, etc.. Consuetudo apostoli erat quod totam epistolam faciebat aliquem scribere, sed in fine ponebat aliquid de manu sua, II Thess. Cap. Ult., ubi dicit: salutatio mea manu Pauli: idem et hic, ne fallerentur. Et dicit memores, etc., quia Romæ vinctus erat: quia Iac. V, 10: exemplum accipite, fratres, exitus mali et longanimitatis et laboris et patientiæ, prophetas, qui locuti sunt in nomine Domini, etc.. Hebr.

Ult.: mementote præpositorum vestrorum qui vobis locuti sunt verbum Dei, quorum intuentes exitum conversationis, imitamini fidem.

Tandem concludens optat eis bonum, dicens gratia, etc.. Io. I, 17: gratia et veritas per Iesum Christum facta est: cui sit laus et gloria, nunc et semper.

Amen.

Prima Epistola ad Thessalonicenses

Prologus

Proœmium

Multiplicatæ sunt aquæ, etc.. Gen. VII, 17.

Hæc verba competunt materiæ huius epistolæ. Ecclesia enim figuratur per arcam, sicut dicitur I Petr. III, 20, quia sicut in arca, cæteris pereuntibus, paucæ animæ salvatæ sunt, ita in ecclesia pauci, id est, soli electi salvabuntur.

Per aquas autem significantur tribulationes.

Primo quia aquæ impellunt irruendo, sicut tribulationes. Matth. VII, 25: venerunt flumina, et flaverunt venti, et irruerunt in domum illam. Sed impulsu fluminum ecclesia non movetur. Unde subdit et non cecidit.

Secundo aqua extinguit ignem. Eccli. XXX: ignem ardentem extinguit aqua. Sic tribulationes extinguunt impetus concupiscentiarum, ne homines ad libitum eas sequantur, sed non extinguunt veram charitatem ecclesiæ. Cant. VIII, 7: aquæ multæ non poterunt extinguere charitatem, nec flumina obruent illam.

Tertio aquæ submergunt per inundationem.

Thren. III, 54: inundaverunt aquæ super caput meum. Sed ecclesia non per has submergitur.

Iona II, 6: circumdederunt me aquæ usque ad animam meam, abyssus vallavit me, pelagus operuit caput meum, etc.; et post: rursum videbo templum sanctum tuum, etc..

Non ergo deficit, sed sublevatur. Et primo per elevationem mentis ad Deum. Gregorius: mala quæ nos hic premunt, ad Deum nos ire compellunt. Os. VI, 1: in tribulatione sua mane consurgent ad me.

Secundo per spiritualem consolationem. Ps. XCIII, 19: secundum multitudinem dolorum in corde meo consolationes tuæ lætificaverunt animam meam. II Cor. I, 5: sicut abundant passiones Christi in nobis, ita per Christum abundat consolatio nostra.

Tertio per multiplicationem fidelium, quia tempore persecutionum Deus multiplicavit ecclesiam.

Ex. I, 12: quantoque magis opprimebant eos, tanto magis multiplicabantur et crescebant.

Sic ergo convenit huic epistolæ, quia isti multas tribulationes passi, steterunt fortes.

Videamus ergo textum.

Capitulus I

Lectio 1

Apostolus vult munire hic ecclesiam contra tribulationes et primo contra tribulationes præsentes, et hoc in prima epistola.

Secundo contra futuras, tempore Antichristi, et hoc in secunda.

Prima dividitur in salutationem et

epistolarem narrationem, ibi gratias agimus.

Item primo tangit personas salutantes; secundo ecclesiam salutatam; tertio bona optata.

Notandum est autem, quod quia ubi non delinquimus, omnes pares sumus, ideo quia istis bonis scribit, non facit mentionem de officio suo, sed solum de nomine humilitatis, quod est Paulus. Sap. VII, 11: et innumerabilis honestas per manus illius. Et adiungit duos, qui eis prædicaverunt cum eo, scilicet Silvanum, qui est Sylas, et Timotheum, quem circumcidit, ut dicitur Act. XVI, 3.

Salutat autem ecclesiam, quæ est congregatio fidelium. Et hoc in Deo patre et Domino nostro Iesu Christo, id est, in fide trinitatis, et divinitatis et humanitatis Christi, quia in horum cognitione erit nostra beatitudo.

Tangit autem personam patris et filii incarnati, in quibus intelligitur spiritus sanctus, qui est nexus amborum.

Bona optata sunt gratia, quæ est principium omnium bonorum. I Cor. XV, 10: gratia Dei sum id quod sum. Et pax quæ est finis, quia tunc est pax, quando appetitus totaliter pacatur.

Deinde cum dicit gratias agimus, incipit epistolaris narratio, et primo commendat eos de præterita perseverantia; secundo monet eos ad bene agendum in futurum, cap. IV, ibi de cætero.

Item primo agit gratias universaliter de bonis eorum; secundo ea commemorat in speciali, ibi scientes, fratres, etc..

Circa primum duo facit, quia primo ponit gratiarum actionem; secundo eius materiam, ibi memores.

Item primo pro eis gratias agit; secundo pro eis orat, ibi memoriam vestri.

Quantum ergo ad primum dicit tria, quæ debent esse in gratiarum actione. Primo quod sit ordinata, scilicet ad Deum. Ideo dicit gratias agimus Deo. Ps. LXXXIII, 12: gratiam et gloriam dabit Dominus. Iac. I, 17: omne datum optimum et omne donum perfectum de sursum est descendens a patre luminum.

Item assidua, quia semper.

Item universalis, ibi pro omnibus vobis.

Infra V, 18: in omnibus gratias agite.

Deinde orat pro eis, dicens memoriam vestri faciens, etc., quasi dicat: quandocumque oro, habeo vos in memoria. Rom. I, 9: sine intermissione memoriam vestri facio semper in orationibus meis.

Deinde cum dicit memores operis, ponit bona de quibus agit gratias, scilicet fidem, spem et charitatem. I Cor. XIII, 13: nunc autem manent fides, spes, charitas: tria hæc, etc.. Fidem præmittit, quia est substantia sperandarum rerum, etc.. Accedentem enim ad Deum oportet credere, etc.. Hebr. XI, 1 et 6.

Hæc autem non est sufficiens, nisi habeat operationem et laborem. Et ideo dicit operis fidei vestræ et laboris. Iac. II, 26: fides sine operibus mortua est.

Item quia qui laborando propter Christum deficit, nihil valet. Lc. VIII, 13: ad tempus credunt, et in tempore tentationis recedunt.

Ideo dicit operis et laboris. Quasi dicat: memores fidei vestræ operantis et laborantis.

Item, charitatis, in cuius operibus abundabant.

Infra IV, 9: charitatem fraternitatis, etc..

Item spei, quæ facit patienter sustinere adversa.

Rom. XII, 12: spe gaudentes, in tribulatione patientes. Et sustinentiæ, quam spes facit. Iac. V, 11: patientiam Iob audistis, etc..

Spei, inquam, Domini nostri, id est, quam habemus de Christo, vel quam Christus dedit nobis. I Petr. I, 3: regeneravit nos in spem vivam, etc.. Hæc spes est ante Deum, non ante oculos hominum. Matth. VI, 1: attendite ne iustitiam vestram faciatis coram hominibus, etc.. Hebr. VI, 19: quam sicut anchoram habemus animæ tutam, etc.. Spes enim in veteri testamento non induxit ad Deum.

Deinde cum dicit scientes, fratres, in speciali commemorat eorum bona, quos primo commendat, quod devote et prompte susceperunt prædicationem, non obstante tribulatione; secundo quod propter tribulationem ab ea non recesserunt, in II capite, ibi nam ipsi scitis.

Iterum prima pars dividitur in duas, quia primo ostendit qualis fuit ista prædicatio; secundo qualiter ab eis recepta, ibi et vos imitatores.

Circa primum tria facit, quia primo ostendit quid circa eos sciebat; secundo modum prædicationis suæ, ibi quia evangelium.

Tertio quid ipsi sciebant de apostolo, ibi sicut scitis.

Dicit ergo o fratres dilecti a Deo.

Non solum communiter, inquantum dat esse naturæ, sed inquantum specialiter ad bona æterna estis vocati. Mal. I, 2: Iacob dilexi, Esau autem odio habui, etc.. Deut. XXXIII, 3: dilexit populos, etc.. Electionem vestram.

Quasi dicat: certitudinaliter cognosco vos esse electos, quia hanc electionem non meruistis, sed a Deo estis gratuite electi. Et hoc scio, quia Deus dedit mihi magnum argumentum in prædicatione, scilicet quod illi, quibus loquor, sunt a Deo electi, scilicet quando Deus dat eis gratiam fructuose audiendi verbum eis prædicatum, vel mihi gratiam copiose prædicandi eis. Contra videtur esse quod dicitur Ezech. III, 26: et linguam tuam adhærere faciam palato tuo, etc..

Ideo primo commemorat quam virtuose eis prædicavit, secundo inducit eorum testimonium, ibi sicut scitis.

Virtuose quidem, quia non fuit in sublimitate sermonis, sed in virtute. I Cor. II, 4: sermo meus et prædicatio mea non in persuasibilibus humanæ sapientiæ verbis, sed in ostensione spiritus et virtutis. I Cor. IV, 20: non enim in sermone est regnum Dei, sed in virtute.

Vel potest referri ad confirmationem prædicationis, vel ad modum prædicandi. Si ad primum, sic confirmata fuit prædicatio mea vobis, non argumentis, sed virtute miraculorum.

Unde dicitur Mc. Cap. Ult.: Domino cooperante et sermonem confirmante sequentibus signis. Item in datione spiritus sancti; unde dicit: et in spiritu sancto. Act. X, 44: adhuc loquente Petro verba hæc, cecidit spiritus sanctus super omnes, qui audiebant verbum, etc.. Hebr. II, 4: contestante Deo signis et portentis et variis virtutibus et spiritus sancti distributionibus. Et in plenitudine, etc.. Et hoc addit, ne crederent se minus recepisse quam Iudæi; quasi dicat: spiritus sanctus non est personarum acceptor, sed in ea plenitudine fuit apud vos sicut apud Iudæos. Act. II, 4: repleti sunt omnes spiritu sancto, etc..

Sed si ad secundum, sic in virtute, id est virtuosam vitam vobis ostendens. Act. I, 1: cœpit Dominus facere et docere. Et in spiritu sancto, scilicet suggerente. Matth. X, 20: non estis vos qui loquimini, etc..

In plenitudine multa, scilicet quia instruxi vos de omnibus ad fidem necessariis.

Inducit autem eorum testimonium ad hoc, cum dicit sicut vos scitis, etc., id est, qualia dona et virtutes ostendimus in vobis.

II Cor. V, 11: spero autem in conscientiis vestris manifestos nos esse.

Deinde cum dicit et vos imitatores, etc., ostendit quomodo prædicationem suam virtuose receperunt, nec propter tribulationes recesserunt. Et primo ostendit eorum virtutem in hoc, quod alios imitati sunt; secundo quod aliis se imitabiles præstiterunt, ibi ita ut facti sitis.

Circa primum duo facit, quia primo ostendit quos sunt imitati; secundo in quibus sunt imitati, ibi: excipientes.

Circa primum dicit, quod imitati sunt eos quos debuerunt, scilicet prælatos. Et ideo dicit imitatores nostri facti, etc.. Phil. III, 17: imitatores mei estote, fratres.

Sed imitati sunt non eo in quo delinquimus sicut homines, sed in quo imitamur Christum.

Unde et dicitur I Cor. IV, 16: imitatores mei estote, sicut et ego Christi, id est, in quo imitatus sum Christum, scilicet in patientia tribulationis. Matth. XVI, 24: si quis vult post me venire, abneget semetipsum, et tollat crucem suam, et sequatur me. I petr. II, 21: Christus passus est pro nobis, vobis relinquens exemplum, ut sequamini vestigia eius. Et ideo dicit in tribulatione multa cum gaudio, id est, quamvis multa tribulatio immineret propter verbum, tamen illud accepistis cum gaudio. Iac. I, 2: omne gaudium existimate, fratres mei, cum in tentationes varias incideritis, etc.. Act. V, 41: ibant apostoli gaudentes a conspectu Concilii, quoniam digni habiti sunt pro nomine Iesu contumeliam pati.

Cum gaudio, inquam, spiritus sancti, non alio quocumque, qui est amor Dei, qui facit gaudium patientibus propter Christum, quia amant eum. Cant. VIII, 7: si dederit homo omnem substantiam domus suæ pro dilectione, quasi nihil despiciet eam.

Et sic estis imitatores nostri, quod scilicet aliis estis imitabiles. Unde dicit ita ut facti sitis, etc..

Circa quod tria facit, quia primo ostendit eos esse imitabiles; secundo quomodo eorum fama divulgata est, ibi a vobis enim diffamatus; tertio quomodo ab omnibus laudabantur populis, ibi ipsi enim annuntiant.

Dicit ergo: ita perfecte nos imitati estis, ut sitis facti forma, id est, exemplum vitæ, non solum in terra vestra, sed in aliis. Matth. V, 16: sic luceat lux vestra coram hominibus, ut videant opera vestra, etc..

Sed credentibus forma facti estis quibus fides vestra innotuit. Ad quod bonitas vestra accessit. A vobis enim diffamatus est sermo Domini, id est, prædicandi Dominum, id est, vestra fama diffusa est, non tantum in Macedonia et Achaia, quæ sunt vobis vicinæ, sed fides vestra ad Deum perfecta, id est, quam Deus acceptat, et quæ coniungit vos Deo, quæ etiam est in omni loco divulgata. Rom. I, 8: fides vestra annuntiatur in universo mundo, etc.. Et signum huius est, quia non est necesse, etc.. Boni enim prædicatoris est bona aliorum in exemplum adducere. II Cor. IX, 2: vestra enim æmulatio provocavit plurimos.

Deinde cum dicit ipsi enim, etc., ponit eorum laudem qua ab aliis laudabantur, quia de nobis annuntiant, etc.. Prov. Cap. Ult.: laudent illam in portis opera eius. Laudant autem in vobis meam prædicationem et vestram conversionem. Annuntiant ergo qualem introitum habuerimus ad vos, quia cum magna difficultate et in tribulationibus.

Laudant etiam vestram conversionem.

Et ostendit quomodo, a quo, et ad quid conversi sunt.

Quo ad primum dicit et quomodo conversi estis ad Deum, id est, quam faciliter, et perfecte.

Ioel. II, 12: convertimini ad me in toto corde vestro, etc.. Eccli. V, 8: ne tardes converti ad Dominum, et ne differas de die in diem.

Quo ad secundum dicit a simulacris.

I Cor. XII, 2: scitis quoniam cum gentes essetis, ad simulacra muta prout ducebamini euntes.

Quo ad tertium dicit servire Deo, scilicet servitute latriæ, non creaturæ, sed Deo.

Contra quod dicitur Rom. I, 25: servierunt creaturæ potius quam creatori, etc.. Et dicit vivo, ut excludat idololatriæ cultum, quia idololatræ colebant quosdam mortuos, quorum animas dixerunt deificatas, sicut Romulum et Herculem. Et ideo dicit vivo.

Deut. XXXII, 40: vivo ego in æternum.

Item quia Platonici putabant quasdam substantias separatas deos esse participatione, dicitur vero, non participatione divinæ naturæ, sed quia servientes ei sunt remunerandi.

Ideo, quia sic estis, restat ut remunerationem expectetis. Unde dicit et expectare filium eius, scilicet Dei, de cælis descendentem.

Lc. XII, 36: et vos similes hominibus expectantibus Dominum suum quando revertatur a nuptiis. Is. XXX, 18: beati omnes qui expectant eum. Illi autem sunt, qui sunt lumbis præcincti.

Duo autem expectamus, scilicet resurrectionem, ut scilicet ei conformemur. Unde dicit quem suscitavit ex mortuis Iesum. Rom. VIII, 11: qui suscitavit Iesum Christum a mortuis, vivificabit et mortalia corpora vestra, etc.. Phil. III, 21: reformabit corpus humilitatis nostræ configuratum corpori claritatis suæ.

Item liberari a pœna futura, quæ imminet reis. A causa autem pœnæ, scilicet a peccato, liberamur per Christum. Unde dicit qui eripuit nos, etc.. Apoc. VI, 16: abscondite vos a facie sedentis super thronum et ab ira agni, etc.. Ab hac ira nullus potest nos liberare nisi Christus. Matth. III, 7: quis demonstrabit vobis fugere a ventura ira?

Capitulus II

Lectio 1

Supra commendavit eos, quod in tribulationibus verbum Dei receperunt, hic commendat eos, quod ab eo non recesserunt propter tribulationes. Et circa hoc tria facit, quia primo commemorat eorum tribulationes; secundo ostendit quale eis remedium adhibuit, in III capite, ibi propter quod; tertio propter quid quia nunc vivimus.

Quia vero supra dixit de eis nuntiari ab omnibus introitum apostoli ad eorum conversionem, ideo primo agit de introitu suo; secundo de eorum conversione, ibi ideo et nos gratias.

Circa primum tria facit, quia primo commemorat suam constantiam, quam habuit antequam ad eos veniret; secundo sinceritatem doctrinæ per quam eos convertit, ibi exhortatio enim nostra; tertio sinceritatem suæ conversationis cum conversis, ibi vos enim.

Iterum prima in duas, quia primo præmittit tribulationes, quas passus est antequam ad eos veniret; secundo quomodo fiduciam ex hoc non amisit, ibi fiduciam habuimus.

Dicit ergo: dico quod annuntiat introitum nostrum, quem et vos scitis, quoniam non fuit inanis, etc., id est levis, sed difficilis, quia per multas tribulationes. Vel non inanis, id est vacuus, sed plenus. Gen. I, 2: terra erat inanis et vacua, etc.. Vel non inanis, id est mobilis, sed stabilis. Phil. II, 17: non in vanum cucurri, neque in vacuum laboravi.

Sed ante sumus passi passiones corporales.

Prov. XIX, 11: doctrina viri per patientiam noscitur. Ps. XCI, 15: bene patientes erunt, ut annuntient. Item spirituales, quia contumeliis ex hoc affecti in Philippis, ubi propter curationem pythonissæ passus est tribulationes.

Et hæc civitas est Macedoniæ.

Nec tamen propter hæc fiducia prædicandi est extincta. Is. XII, 2: ecce Deus salvator meus, fiducialiter agam, et non timebo.

Et hæc fiducia fuit prædicandi ad vos evangelium Dei in multa sollicitudine de vestra conversione. Rom. XII, 8: qui præest in sollicitudine. II Cor. XI, 28: præter ea quæ extrinsecus sunt, instantia mea quotidiana, sollicitudo omnium ecclesiarum.

Deinde cum dicit exhortatio, ostendit sinceritatem suæ prædicationis. Et circa hoc duo facit, quia primo probat sinceritatem suæ doctrinæ; secundo quædam quæ dixerat, exponit, ibi non quasi hominibus.

Circa primum duo facit, quia primo excludit corruptionem doctrinæ; secundo ponit sinceritatem, ibi sed sicut probati.

Doctrina autem corrumpitur vel propter rem quæ docetur, vel propter intentionem docentis.

Propter primum dupliciter corrumpitur doctrina, scilicet vel per errorem, sicut docens salutem esse per Christum cum legalibus.

II Tim. III, 13: mali homines et seductores proficient in peius errantes, et in errorem alios mittentes. Ideo dicit exhortatio enim nostra non est, sicut aliquorum, de errore.

Vel propter immunditiam, sicut dicentium vacandum esse voluptatibus, quæ doctrina est a quodam Nicolao, qui permisit promiscua matrimonia, communicans alii suam uxorem; ideo dicit neque de immunditia. Ap. II, 20: permittis mulierem Iezabel, quæ se dicit prophetam, docere et seducere servos meos fornicari, et manducare de idolotitis, etc.. Iob VI, 30: non invenietis in lingua mea iniquitatem.

Item nec est exhortatio in dolo sicut quorumdam, qui licet verum dicant, habent tamen intentionem corruptam, quia non profectum auditorum neque Dei honorem, sed suum quærunt honorem. Contra quod dicit neque in dolo. Ier. IX, 8: sagitta vulnerans lingua eorum, dolum locuta est, etc..

Sua ergo prædicatio non est corrupta, sed sincera. Sincerum autem aliquid est, quod servat suam naturam. Tunc autem est prædicatio sincera, quando quis docet eo tenore et fine quo Christus docuit. Et ideo dicit sed sicut probati, id est, eo modo et ea intentione qua Deus nos elegit et approbavit ad prædicandum evangelium loquimur.

Gal. II, 7: creditum est mihi evangelium præputii, sicut Petro circumcisionis. Act. IX, 15: vas electionis est mihi iste, ut portet nomen meum coram gentibus, et regibus, et filiis Israel.

Deinde cum dicit non quasi hominibus, etc., ostendit quod sua prædicatio non est in dolo.

Primo excludens illud per quod videretur esse dolosa; secundo manifestat per signum, ibi neque aliquando; tertio per causam, ibi neque in occasione.

Propter primum dicit: prædicatio mea non est quasi hominibus placens, scilicet finaliter. Ps. LII, 6: dissipata sunt ossa eorum, qui hominibus placent. Gal. I, 10: si hominibus placerem, Christi servus non essem.

Aliquando tamen debent velle placere hominibus propter gloriam Dei, ut prædicatio magis fructificet, sicut dicitur I Cor. X, 33: ego per omnia omnibus placeo, etc.. Sed Deo, etc.. Prov. XVI, 2: omnes viæ hominum patent oculis eius.

Huius autem signum est, quia non adulati sumus loquentes eis placentia. Is. XXX, 10: loquimini nobis placentia, videte nobis errores, etc.. Prov. XXIV, 28: non lactes quemquam labiis tuis, etc..

Et idem ostendit per causam. Propter duo enim aliquis quærit hominibus placere, scilicet vel propter beneficia, vel propter gloriam.

Hoc autem hic excludit, et primo, primum, dicens neque fuimus, etc.. Quia non solum adulationem devitamus, sed etiam omnem occasionem avaritiæ. I Tim. VI, 5: existimantium quæstum esse pietatem. Ier. VI, 15: a minori quippe usque ad maiorem, omnes avaritiæ student.

Secundo, secundum, ibi neque quærentes a vobis neque ab aliis gloriam de doctrina, cum haberemus unde possemus gloriari et accipere, imo oneri esse, quia debebant ei gloriam et sustentationem; unde dicit cum possemus.

Et vocat onus, quia perverse eis prædicantes ultra modum hæc ab eis quærebant.

Is. III, 14: vos enim depasti estis vineam meam, etc..

Deinde cum dicit sed facti sumus, etc., manifestat hæc duo, et primo quod non quærit humanam gloriam; secundo quod nec occasionem avaritiæ, ibi memores enim estis.

Circa primum duo facit; quia primo ostendit suam humilitatem; secundo sub similitudine ostendit suam sollicitudinem, ibi tamquam si nutrix.

Ponit ergo primum, dicens quod facti sumus parvuli, etc., id est humiles. Eccli. XXXII, 1: rectorem te posuerunt? noli extolli, sed esto in illis quasi unus ex ipsis.

Quod ostendit in similitudine, dicens tamquam si nutrix, quæ scilicet condescendit infanti balbutiendo ei loquens, ut puer loqui discat, et in gestibus ei etiam condescendit.

I Cor. IX, 22: omnibus omnia factus sum.

I Cor. III, 1: tamquam parvulis in Christo lac vobis potum dedi, non escam. Etiam animas. Io. X, 11: bonus pastor animam suam dat pro ovibus suis, etc.. Quoniam charissimi, etc.. II Cor. XII, 15: ego autem libentissime impendam et superimpendar ego ipse pro animabus vestris, etc..

Deinde cum dicit memores enim estis, ostendit, secundum, quod supra dixerat, scilicet item neque per occasionem avaritiæ, quia nihil a vobis sumpsimus, sed de labore, quia laboris, etc.. Et aliqui laborant quidem, sed ex solatio, sed nos non, sed cum labore. Ideo dicit laboris nostri, non propter exercitationem corporis, sed cum fatigatione.

Unde dicit et fatigationis. Aliqui etiam laborant de die, nos vero nocte et die.

Per hoc enim voluit arcere pseudo, qui nimis accipiebant, et propter otiosos inter eos.

I Cor. IV, 12: laboramus operantes manibus nostris, etc..

Deinde cum dicit vos enim estis, ponit puritatem suæ conversationis, et primo quomodo sancta, quo ad vitam; secundo quomodo sollicita, quo ad doctrinam, ibi qualiter unumquemque.

Dicit ergo: scitis quam sancte, id est pure. Lev. XI, 44 et XIX, 2: sancti estote, quia ego sanctus sum. Iuste, quo ad proximum.

Tit. II, 12: sobrie et iuste, et pie vivamus in hoc sæculo. Sine querela, vobis qui credidistis, id est ex quo credidistis nihil agentes, unde quis posset scandalizare unumquemque vestrum singulariter.

Nota quod singularis prædicatio quandoque multum valet.

Tamquam pater. I Cor. IV, 15: in Christo Iesu per evangelium ego vos genui.

Deprecantes. Philem. 8: multam fiduciam habens in Christo Iesu imperandi tibi quod ad rem pertinet, propter charitatem magis obsecro. Et consolantes per verba lenia.

Contra quod dicitur Ezech. XXXIV, 4: cum austeritate imperabatis eis cum potentia.

Is. LXI, 2: ut consolarer omnes lugentes, et ponerem consolationem lugentibus sion.

Et quid prædicasti? ut digne, id est, ut vestra conversatio esset talis, qualis decet ministros Christi. Col. I, 10: ambuletis digne Deo per omnia placentes. Deo, qui, etc..

Sap. VI, 21: concupiscentia itaque sapientiæ deducet ad regnum perpetuum.

Lectio 2

Supra ostendit apostolus qualis fuit ad eos introitus suus, hic ostendit qualis fuit eorum conversio. Et circa hoc duo facit, quia primo ostendit, quod perfecte conversi sunt per fidem firmam; secundo quomodo fortiter perstiterunt in tribulationibus, ibi vos enim.

Ponit ergo primo bona eorum pro quibus gratias agit, et reddit rationem. Dicit ergo ideo, quia sollicite vobis prædicavi, sicut pater filiis, ideo de bonis vestris gratias ago, sicut pater de bonis filiorum. III Io. II, 4: maiorem horum non habeo gratiam, quam ut audiam filios meos in veritate ambulare.

Phil. IV, 6: cum gratiarum actione.

Sed de quo? quoniam cum accepissetis a nobis, etc.. Gratias debet agere prædicator quando verbum eius in auditoribus proficit.

Et dicit verba auditus Dei a nobis, id est, per nos. Ps. LXXXIV, 9: audiam quid loquatur in me Dominus Deus. Rom. X, 17: fides enim ex auditu, auditus autem per verbum Christi. Accepistis illud, id est, firmiter in corde tenuistis, non ut verbum hominum, quia vana verba hominis. II Cor. XIII, 3: an experimentum quæritis eius, qui in me loquitur Christus? II Petr. I, 21: non enim voluntate humana allata est aliquando prophetia, sed spiritu sancto inspirati locuti sunt sancti Dei homines.

Et quare gratias agitis? quia hoc ipsum quod credidistis, Deus in vobis operatus est.

Phil. II, 12: Deus est qui operatur in vobis velle et perficere pro bona voluntate. Is. XXVI, 13: omnia opera nostra operatus es in nobis, Domine.

Deinde cum dicit vos enim, ostendit quomodo fortiter perstiterunt in tribulationibus.

Et circa hoc duo facit, quia primo ponit tribulationes eorum in quibus steterunt; secundo quod remedium proposuit adhibere, ibi nos autem.

Item prima dividitur in duas, quia primo commendat eorum patientiam in adversis; secundo reprehendit eos, qui intulerunt adversa, ibi qui Christum.

Dicit ergo: accepistis verbum non ut est hominum, sed sicut est vere verbum Dei, quia exposuistis vos pro illo usque ad mortem. Per hoc enim, quod homo moritur propter Christum, testificatur quod verba fidei sunt verba Dei. Et ideo martyres idem est quod testes.

In Iudæa. Ibi enim fides Christi primo est annuntiata. Is. II, 3: de sion exibit lex, et verbum Domini de Ierusalem. Ibi etiam primo persecutio fidei facta fuit. Act. VIII, 1: facta est autem in illa die persecutio magna in ecclesia, quæ erat Ierosolymis, etc.. Hebr. X, 32: rememoramini autem pristinos dies, in quibus illuminati magnum certamen sustinuistis passionum. Et isti similes passiones passi sunt. Et ideo dicit eadem passi a contribulibus vestris, id est, ab infidelibus Thessalonicensibus. Matth. X, 36: inimici hominis, etc..

Deinde cum dicit qui et Dominum, vituperat Iudæos, a quibus incepit persecutio.

Et primo commemorat eorum culpam; secundo rationem culpæ, ibi ut impleant.

Circa primum tria facit: primo eorum culpam ponit in comparatione ad Dei ministros; secundo ad ipsum; tertio ad totum genus humanum.

Ministri Dei sunt prædicatores. Prædicatio autem principaliter est a Christo, figuraliter a prophetis, executive ab apostolis. Contra hos tres insurrexerunt Iudæi.

Et primo dicit de Christo, ibi qui et Dominum. Matth. XXI, 38: hic est hæres, venite, occidamus eum. Nec obstat si gentiles occiderunt eum, quia ipsi suis vocibus petierunt eum occidi a Pilato. Ier. XII, 8: facta est hæreditas mea mihi, quasi leo in silva, dedit contra me vocem, etc..

Secundo dicit de prophetis, ibi et prophetas.

Act. VII, 52: quem prophetarum non sunt persecuti patres vestri? et occiderunt eos, qui prænuntiabant de adventu iusti, cuius vos nunc proditores et homicidæ fuistis.

Tertio dicit de apostolis et nos, scilicet apostolos. Matth. X, 17: tradent vos in Conciliis, etc..

Secundo ponit culpam in comparatione ad Deum, ibi Deo non placent, licet crederent in hoc se obsequium præstare Deo Io. XVI, 2. Sed quia zelum Dei habent non secundum scientiam, ideo Deo non placent, quia non faciunt recta fide, et sine fide impossibile est placere Deo, Hebr. XI, 6. Is. V, 25: iratus est furor Domini in populo, etc..

Tertio ostendit eorum culpam in comparatione ad totum genus humanum, cum dicit omnibus hominibus adversantur. Gen. XVI, 12: manus eius contra omnes, etc..

Adversantur autem in hoc, quia prohibent et impediunt prædicationem gentilium et conversionem. Act. XI, 2 reprehenditur Petrus, quod ivit ad Cornelium. Item Lc. XV, 28 filius maior, scilicet populus Iudæorum, turbatur, quia filius minor, id est, populus gentilium recipitur a patre. Is. XLV, 10: væ qui dicit patri: quid generas? Num. XI, 29: quis det ut omnis populus prophetet? ratio autem huius culpæ est ex divina permissione, qua vult ut impleant peccata sua. Omnium enim quæ fiunt, sive bona, sive mala, est quædam certa mensura, quia nihil est infinitum. Et omnium istorum mensura est in præscientia. Bonorum quidem, in eius præparatione. Eph. IV, 7: quia unicuique nostrum data est gratia secundum mensuram donationis Christi. Malorum vero, in permissione, quia si aliqui sunt mali, non tamen quantum volunt, sed quantum Deus permittit. Et ideo tamdiu vivunt, quamdiu perveniant ad hoc, quod Deus permittit.

Matth. XXIII, 32: implete mensuram patrum vestrorum, etc..

Et ideo dicit ut impleant, etc.. Deus enim dedit Iudæis post passionem Christi spatium pœnitentiæ per quadraginta annos, nec conversi sunt, sed addebant peccata peccatis. Et ideo Deus non plus permisit. Unde dicit hic pervenit ira Dei, etc.. IV Reg. XXII, 13: ira Dei magna succensa est contra nos, quia non audierunt patres nostri verba libri huius, etc.. Lc. XXI, 23: erit enim pressura magna super terram, et ira populo huic, etc..

Et non credas quod hæc ira sit per centum annos, sed usque in finem mundi, quando plenitudo gentium intraverit, etc.. Lc. XIX, 44 et XXI, 6 et Matth. XXIV, 2: non relinquetur lapis super lapidem, qui non destruatur.

Deinde cum dicit nos autem, ostendit remedium, quod eis proposuit adhibere, scilicet quod personaliter iret ad eos. Et circa hoc duo facit, quia primo ponit propositum suæ visitationis; secundo impedimentum, ibi sed impedivit; tertio causam quare volebat ire, ibi quæ autem est.

Dicit ergo nos autem, fratres, desolati a vobis, a quibus eramus separati, vel propter tribulationes vestras, ore, id est, carentes collocutione, et aspectu, id est, carentes visione: propter hæc enim duo necessaria est amici præsentia, quia est consolativa; sed non corde, quia corde sumus præsentes.

I Cor. V, 3: ego absens quidem corpore, præsens autem spiritu. Abundantius festinavimus faciem, etc.. Ut sicut corde, sic et corpore præsens esset. Rom. XV, 23: cupiditatem habens veniendi ad vos ex multis iam præcedentibus annis, etc.. Festinavimus, dicit pluraliter, quia scribit ex persona trium, scilicet sui, Silvani et Timothei.

Ideo etiam voluimus venire ad vos, omnes forte semel, sed ego Paulus semel et iterum, id est, bis proposui, sed impedivit nos Satanas, id est, procuravit impedimenta, forte per æris tempestates. Ap. VII, 1: isti sunt Angeli, qui tenent ventos.

Deinde cum dicit quæ est enim, ostendit causam propositi.

Primo quantum ad futurum; secundo quantum ad præsens, ibi vos enim, etc..

Dicit ergo: desidero videre vos, et gratias ago de bonis vestris, quæ sunt spes nostra. Nam pro his speramus a Deo præmia, quando reddere venerit unicuique secundum opera sua. Maxima enim est retributio prædicatori ex his quos convertit. Aut gaudium, quia gaudium illorum est gaudium apostoli, sicut bonum eorum est bonum apostoli; bonum enim effectus reducitur in bonum causæ. Aut corona gloriæ, quia pro certaminibus eorum et iste, qui induxit ad certandum, coronatur. Dux enim, qui induxit milites ad pugnam coronabitur. Eccli. XXX, 2: qui docet filium, laudabitur in illo, et in medio domesticorum in illo gloriabitur, etc..

Hæc, inquam, spes, quæ est? nonne vos? imo sic in futuro ante Dominum nostrum Iesum Christum in adventu eius.

Sed etiam in præsenti vos enim estis, apud omnes fideles, gloria nostra. I Cor. IX, 15: melius est mihi mori, quam ut gloriam meam quis evacuet. Et gaudium, quo lætor de bonis vestris in præsenti.

Capitulus III

Lectio 1

Commemoravit tribulationes quas passi erant, et remedium quod proposuit eis impendere, hic ostendit quomodo eis subvenisset visitando per Timotheum. Et primo agit de missione nuntii; secundo de relatione facta per eum, ibi nunc autem; tertio de effectu relationis in apostolo, ibi ideo consolati.

Item prima in tres, quia primo præmittit causam quare misit eum; secundo qualem misit; tertio causam propter quam misit.

Dicit ergo propter quod, id est, quia impedivit nos Satanas, tamen vos estis gloria nostra; ideo non sustinentes pondus amoris inclinantis ad vos. Is. I, 14: facta sunt mihi molesta, etc.. Gen. XLV, 1: non se poterat ultra cohibere.

Placuit nobis, scilicet Paulo et Silvano, remanere Athenis solis et misimus Timotheum, quia erat apostolo convenientissimus.

Phil. II, 20: neminem habeo tam unanimem, qui sincera affectione pro vobis sollicitus sit. I Cor. IV, 17: misi ad vos Timotheum, qui est filius meus charissimus et fidelis in Domino. Fratrem, per charitatem adiuvantem. Prov. XVIII, 19: frater qui iuvatur a fratre, quasi civitas firma. Et ministrum.

Ecclesiæ dignitas est. II Cor. XI, 23: ministri Christi sunt, et ego, etc..

Mittit autem ad confirmandos eos et referendum sibi.

Deinde cum dicit ad confirmandos, etc., ostendit quod mittitur ad confirmandum.

Et primo facit hoc; secundo ponitur ratio confirmationis, ibi ipsi enim.

Dicit ergo ad confirmandos vos et exhortandos, quia per exhortationes animus hominis confirmatur. Iob IV, 4: vacillantes confirmaverunt sermones tui. Lc. XXII, 32: et tu aliquando conversus confirma fratres tuos.

Et indigetis exhortari pro fide vestra, ut nemo moveatur in his tribulationibus. Eccli. X, 4: si spiritus potestatem habentis ascenderit super te, locum tuum ne dimiseris.

Est autem ratio duplex confirmans.

Una ex ordinatione divina: ipsi enim scitis, etc., quasi dicat: ita voluit Deus, ut per tribulationes in cælum intraretis. Act. XIV, 22: per multas tribulationes oportet vos intrare in regnum Dei, et II Tim. III, 12: omnes qui pie volunt vivere in Christo Iesu, persecutionem patientur. Per hanc viam ivit Christus.

Lc. Cap. Ult.: oportebat Christum pati et resurgere, et sic intrare in gloriam suam.

Alia ratio est ex parte prænuntiationis, quia prævisa minus feriunt. Unde dicit nam et cum apud, etc., id est, quia ego prædixi vobis tribulationes, quas estis passi in istis annis, misi ad cognoscendum, etc., qualiter scilicet essetis fortes in fide. Prov. XXVII, 23: diligenter agnosce vultum pecoris tui, et greges tuos considera.

Is qui tentat, scilicet diabolus.

Matth. IV, 3: accedens tentator, Glossa: cuius officium est tentare.

Sed contra: tentant mundus et caro. Iac. I, 14: unusquisque tentatur a concupiscentia sua, etc.. Item Gen. XXII, 1: tentavit Deus Abraham, etc..

Respondeo. Tentare est experimentum de aliquo sumere. In hoc considerandum est ad quid velit sumere, et quomodo. Nam hoc est dupliciter: vel ut ipse cognoscat, vel ut alium cognoscere faciat. Primo modo Deus non tentat, ipse enim scit quid est in homine Io. II, 25. Secundo modo sic: Deus enim tentavit Abraham, scilicet ut alii scirent fidem eius.

Sed primo modo tentare est dupliciter, scilicet ut promoveat ad bonum, sicut episcopus promovendos examinat; vel aliquis tentat ut decipiat, et hoc est diaboli, quia scilicet inquirit conditionem hominum, ut secundum diversas conditiones ad diversa vitia ad quæ proni sunt inducat. I Petr. V, 8: adversarius vester diabolus, etc.. Officium ergo eius est tentare ad decipiendum.

Mundus autem et caro dicuntur tentare materialiter, quia per ea, ad quæ ipsa inclinant, sumitur experimentum de homine, utrum firmus sit ad mandata Dei et dilectionem.

Si enim vicerit concupiscentia, non perfecte diligit Deum. Et similiter quando res mundi vel terrent, vel afficiunt.

Et inanis, quia si tentationi non resistitis, labor vester esset inanis. Gal. IV, 11: timeo vos ne forte sine causa laboraverim in vobis. Ez. XVIII, 24: omnes iustitiæ eius quas operatus est, non recordabuntur.

Inanis autem dicitur, respectu mercedis æternæ; tamen bona ante peccatum commissa ad aliquid valent, quia post pœnitentiam reviviscunt, et disponitur quis faciliter ad convertendum.

Deinde cum dicit nunc autem, etc., ostendit quomodo retulit Timotheus bona eorum pertinentia ad Deum et apostolum: ad Deum fidem et charitatem. Gal. VI, 15: in Christo Iesu, neque circumcisio aliquid valet, neque præputium, sed nova creatura. Sed fidem, etiam ad apostolum; unde dicit et quia memoriam. Eccli. XLIX, 1: memoria Iosiæ in compositione operis facta, opus pigmentarii, etc.. Prov. X, 7: memoria iusti cum laudibus, etc.. Desiderantes videre nos, sicut et nos quoque vos. Augustinus: durus est animus, qui dilectionem, et si non velit impendere, noluit rependere. Is. LI, 2: attendite ad Abraham patrem vestrum, etc..

Deinde cum dicit ideo consolati, ponitur effectus relationis triplex, scilicet spiritualis consolationis, gratiarum actionis, ibi quam enim, et orationis multiplicatæ, ibi nocte.

Dicit ergo: quia talia audivimus de

vobis, licet necessitates temporalium immineant et tribulationes corporales, tamen consolati sumus. Ps. XCIII, 19: secundum multitudinem dolorum meorum in corde meo consolationes tuæ lætificaverunt animam meam, etc.. II Cor. I, 3: benedictus Deus et pater Domini nostri Iesu Christi, pater misericordiarum, et Deus totius consolationis, etc.. Et hoc per fidem vestram, id est, audiens firmitatem fidei vestræ, quoniam vivimus, etc.. Quasi dicat: tantum diligo statum vestrum, quod reputo me per ipsum vivere. Gen. XLV, 28: sufficit mihi si adhuc Ioseph filius meus vivit.

Deinde cum dicit quam enim, etc.

Ponitur secundus effectus relationis factæ, scilicet gratiarum actio; quasi dicat: non sufficio, quod aliquam condignam gratiarum actionem agam Deo pro vobis. Mich. VI, 6: quid dignum offeram Domino, etc.. Ps. CXV, 12: quid retribuam Domino pro omnibus, etc..

Referendæ sunt tamen gratiarum actiones in omni gaudio, quod omnino non est exterius, sed quo gaudemus propter vos, in conscientia, ante Dominum, qui videt eam. Vel ante Dominum, quia de proximo placet Deo. I Cor. XIII, 6: congaudet veritati, etc..

Deinde cum dicit nocte, etc., ponitur tertius effectus relationis, et primo proponit multiplicitatem orationis, secundo ostendit quid orando optet, ibi ipse autem, etc..

Dicit ergo: gratias agimus de præteritis, nec tamen deficimus quin oremus pro futuris, imo nocte ac die, id est, adversis et prosperis. Ps. LIV, 18: vespere et mane ac meridie narrabo, etc..

Quæ desunt, etc.. Non quidem quæ erant de necessitate fidei, sed aliqua secreta, quæ necdum apostolus eis prædicavit in sua novitate.

I Cor. III, 1: non potui loqui vobis quasi spiritualibus, sed quasi carnalibus, etc..

Io. XVI, 12: multa habeo vobis loqui, quæ non, etc..

Deinde cum dicit ipse autem Deus, etc., demonstrat quid optet eis. Et circa hoc primo ostendit quid petat, ibi ad confirmanda.

Petit autem duo: unum ex parte sua, ut posset ire ad eos. Unde dicit ipse Deus et pater noster, etc.. Io. XX, 17: ascendo ad patrem meum et patrem vestrum, etc..

Prov. XVI, 1: hominis est præparare animum, et Domini gubernare linguam.

Aliud ex parte eorum. Unde dicit vos autem multiplicet, scilicet in fide. II Reg. XXIV, 3: adaugeat Dominus populum suum centuplum, quam sunt, etc.. Et ut augeantur merita.

Unde dicit et abundare faciat charitatem vestram, quæ semper in via crescere potest.

Col. III, 14: super omnia charitatem habete, quod est vinculum perfectionis. Et primo, invicem; secundo, in omnes. Gal. VI, 10:

operemur bonum ad omnes: maxime autem ad domesticos fidei.

Et ponit exemplum de seipso, dicens quemadmodum, etc., quasi dicat: sicut et ego diligo vos. II Cor. VII, 3: in cordibus nostris estis ad commoriendum et ad convivendum.

Sed ad quid petit? ad confirmanda corda vestra sine querela, id est, ut nullus possit conqueri de vobis. Lc. I, 6: incedentes in omnibus mandatis et iustificationibus sine querela. Et sanctitate ante Deum, scilicet qui cor videt. Lc. I, 75: in sanctitate et iustitia coram ipso, etc..

Et hoc apparet in adventu Domini nostri Iesu Christi, ut vos inveniat sanctos; qui adventus erit cum omnibus sanctis eius, id est, sitis in conspectu eius, sicut sunt omnes sancti ante eum.

Capitulus IV

Lectio 1

Supra commendavit apostolus fideles de constantia in tribulationibus et aliis bonis, hic in futurum monet ad bene agendum. Et primo proponit generalem admonitionem; secundo specificat, ibi ut abstineatis.

Circa primum duo facit, quia primo proponit intentum, secundo rationem monitionis assignat, ibi ut abundetis, etc..

Dicit ergo: audivi bona vestra præterita, sed in futurum rogamus, etc.. Inducit autem eos primo ex parte sua. Et ideo dicit rogamus. Ps. CXXI, 6: rogate quæ ad pacem sunt, etc.. Item ex parte Christi, et sic dicit obsecramus, etc.. Obsecrat autem, quia erant perfecti. I Tim. V, 1: seniorem te ne increpaveris, sed obsecra ut patrem.

Sed quid rogat? ut quemadmodum, etc..

Docuerat eos apostolus quomodo oporteret eos ambulare in via communi iustitiæ, quæ est per mandata. Unde dicit: accepistis, etc..

Ps. CXVIII, 32: viam mandatorum tuorum, etc.. Item quomodo placerent Deo in via consiliorum. Sap. IV, 10: placens Deo factus est dilectus. Vel quomodo ambuletis, scilicet per rectam operationem. Io. XII, 35: ambulate dum lucem habetis. Quomodo placeatis, scilicet per rectam intentionem. Sic et ambuletis, id est, ut servetis primam doctrinam non recedendo ab ea. Gal. I, 8: sed licet nos aut Angelus de cælo evangelizet vobis præter quam quod evangelizavimus vobis, anathema sit.

Ratio monitionis accipitur primo ex fructu servatæ monitionis; secundo ex ipsa monitione, ibi scitis enim quæ, etc..

Dicit ergo: licet sitis boni, tamen per exercitium mandatorum et consiliorum abundabitis et proficietis. II Cor. IX, 8: potens est Deus omnem gratiam abundare facere in vobis. Est enim charitas tam magna, quod semper restat quo proficiendum sit.

Item quæ ex monitione accepistis, honesta sunt et utilia. Ps. XVIII, 8: lex Domini immaculata, etc.. Prov. VI, 23:

mandatum lucerna est, et lex lux et via vitæ. Ideo dicit quæ præcepta, id est, qualia. Et hoc per Dominum Iesum accepta ab eo. I Cor. XI, 23: ego enim accepi a Domino quod et tradidi vobis, etc.. Hebr. II, 3: quæ cum initium accepisset enarrari per Dominum ab his, qui audierunt, etc.. Et hæc sunt ista.

Hæc est voluntas Dei sanctificatio vestra, quasi dicat: omnia præcepta Dei sunt ad hoc quod sitis sancti. Sanctitas enim dicit munditiam et firmitatem. Et omnia Dei præcepta inducunt ad ista, ut quis mundus sit a malo, et firmus in bono. Rom. XII, 2: probetis quæ sit voluntas Dei, scilicet explicata per præcepta.

Deinde cum dicit ut abstineatis, monet in speciali. Et primo corrigit eos de quibusdam inordinationibus inter eos; secundo promovet ad observantiam bonorum, V cap., ibi de temporibus.

Tres autem inordinationes erant inter eos, scilicet carnalium vitiorum quantum ad quosdam, item curiositatis, item tristitiæ de mortuis, et ideo de istis agit. Secunda, ibi de charitate autem. Tertia, ibi nolumus vos.

Circa primum duo facit, quia primo monet abstinere ab immoderato appetitu carnalium; secundo ponit rationem, ibi quoniam vindex.

Iterum prima in duas, quia primo prohibet luxuriam; secundo avaritiam.

Et coniungit hæc semper: quia utrumque est circa obiectum corporale, licet hoc compleatur in delectatione spirituali.

Item, primo docet cavere luxuriam quantum ad non suam, secundo quantum ad uxorem propriam, ibi ut sciat.

Dicit ergo ut abstineatis a fornicatione.

Voluntas enim Dei est abstinere a fornicatione, ergo est peccatum mortale, quia est contra præceptum et voluntatem Dei.

Tob. IV, 13: attende tibi ab omni fornicatione.

Sed et respectu uxoris abstineatis honeste, ut sciat unusquisque vas suum, id est, uxorem, possidere in sanctificatione, cessando ad tempus, et in honore, non in passione, ut scilicet passio præcedat; sicut et gentes, quia hoc est gentilium quærere delectationes præsentes, non autem futuræ vitæ.

In sanctificatione et honore, quia hic est debitus usus matrimonii, quia est ad bonum prolis, vel ad reddendum debitum, et sic potest esse sine peccato; sed aliquando est veniale peccatum, si non efferatur concupiscentia ultra limites matrimonii, scilicet quando licet concupiscentiam habeat, non tamen uteretur ea nisi esset uxor sua. Sed quando est extra limites matrimonii, sequitur mortale, et hoc quando si non esset sua uxor, adhuc uteretur ea, et libentius cum alia. Hebr. Cap. Ult., 4: sit honorabile connubium, et thorus immaculatus.

Fornicatores autem et adulteros iudicabit Deus. I Petr. III, 7: viri similiter cohabitantes secundum scientiam quasi infirmiori vasculo muliebri impartientes honorem, tamquam cohæredibus gratiæ et vitæ, ut non impediantur orationes vestræ.

Deinde cum dicit et ne quis, prohibet avaritiam. Unde dicit et ne quis supergrediatur, id est, violentiam inferat auferendo aliena per potentiam. Iac. II, 6: nonne divites per potentiam vos opprimunt? neque circumveniat per dolum. Ier. V, 27: sicut decipula plena avibus, sic domus eorum plenæ dolo.

Deinde cum dicit quoniam vindex, etc., ponitur ratio monitionis, quam primo assignat ex divina ultione; secundo ostendit hanc ultionem esse iustam, ibi non enim vocavit.

Dicit ergo: abstineamus ab his, quia Dominus est vindex. Gal. V, 21: prædico vobis sicut prædixi, quoniam qui talia agunt, regnum Dei non consequentur.

Nam certe iuste ulciscitur, cuius una est ratio ex Deo vocante, secunda ex contrarietate doni.

Si Dominus vocat te ad unum, et tu agis contrarium, dignus es pœna. Et ideo dicit non enim vocavit, etc.. Eph. I, 4: elegit nos in ipso ante mundi constitutionem, ut simus sancti et immaculati in conspectu eius in charitate.

Rom. VIII, 30: quos vocavit, hos et iustificavit, etc.. Ideo dicit itaque, etc.; quasi dicat: hæc est una ratio specialis quam dixi.

Alia est ratio, quia contrariantur hæc vitia spiritui, qui datus est nobis. Unde qui hæc agit, iniuriam facit spiritui sancto. Ideo dicit qui etiam, etc.. Hebr. X, 28: irritam quis faciens legem Moysi sine ulla miseratione duobus, vel tribus testibus moritur, quanto magis putatis deteriora mereri supplicia, qui filium Dei conculcaverit et sanguinem testamenti pollutum duxerit in quo sanctificatus est, et spiritui gratiæ contumeliam fecerit? deinde cum dicit de charitate autem, etc., retrahit ab otiositate.

Sciendum est autem, quod sicut dicit Hieronymus in epistola ad Galatas, Thessalonicenses erant liberales, et erat consuetudo apud eos divites dare multum; et ideo pauperes otiose inhærebant beneficio eorum, non curantes labores, sed discurrere per domos. Et ideo primo commendat liberalitatem dantium; secundo otium accipientium dissuadet, ibi et operam detis.

Dicit ergo primo, quod non indigent moneri ad charitatem; secundo monet quod in ea proficiant, ibi rogamus autem.

Dicit ergo de charitate autem fraternitatis, id est, quod diligatis fratres, non est necesse scribere vobis. Rom. XII, 10: charitate fraternitatis invicem diligentes. Hebr. Ult.: charitas fraternitatis maneat in vobis.

Et ratio est quia ipsi didicistis a Deo, scilicet præceptum in lege. Lev. XIX, 18: diliges amicum tuum sicut teipsum. Item in evangelio.

Io. XIII, 34: mandatum novum do vobis, ut diligatis invicem, etc.. Vel didicistis interiori disciplina. Io. VI, 45: omnis qui audivit a patre et didicit, venit ad me, etc.. Et hoc addiscit per spiritum sanctum.

Deinde cum dicit rogamus autem, hortatur eos ad proficiendum in charitate, dicens: et quia habetis charitatem ad omnes, ideo rogamus ut proficiatis. Et licet alii abutantur, vos tamen insistatis. Prov. XV, 5: in abundanti iustitia virtus maxima est.

Deinde cum dicit et operam detis, arguit otiosos, et primo eorum inquietudinem; secundo ostendit quomodo eam reprimant; tertio quare.

Dicit ergo: operam detis, ut quieti sitis. Prov. VII, 10: garrula et vaga, quietis impatiens, nec valens pedibus suis in domo consistere, etc.. II Thess. III, 7: non inquieti fuimus inter vos, neque gratis panem manducavimus ab aliquo, sed in labore et fatigatione nocte et die operantes, etc..

Otium reprimentes exercendo negotia.

Unde dicit et ut vestrum negotium agatis.

Prov. XXIV, 27: diligenter exerce agrum, ut postea ædifices domum tuam.

Dicit autem vestrum, sed numquid non alienum negotium est agendum? et videtur quod sic. Rom. Cap. Ult.: assistatis ei in quocumque negotio.

Respondeo. Dicendum est, quod omnia possunt inordinate fieri, si fiant præter ordinem rationis, tunc scilicet quando aliquis se improbe gerit, et ordinate, scilicet quando servatur ordo rationis, et in necessitate, et hoc est commendabile.

Et operemini manibus vestris, id est, operando manibus vestris. Eccli. XXXIII, 29: multa mala docuit otiositas, etc. Ez. XVI, 49: hæc fuit iniquitas Sodomæ sororis tuæ, superbia, saturitas panis, et abundantia, et otium ipsius et filiarum eius, et manum egeno et pauperi non porrigebant, etc..

Et hoc est in præcepto omnibus illis, qui non habent alia unde licite vivere possunt; quia de præcepto naturæ est, quod homo corpus sustentet, II Thess. III, 10: qui non vult operari, nec manducet.

Huius est duplex ratio. Prima propter exemplum aliorum. Unde dicit ut et honeste, etc.. Infideles enim videntes conversationem vestram sic otiosam, detestantur vos.

I Tim. III, 7: oportet autem illum testimonium habere bonum ab his qui foris sunt, etc.. Secunda ratio, ut non desideretis ea quæ sunt aliorum; unde dicitur et nullius aliquid desideretis. Prov. XXI, 25: desideria occidunt pigrum. Eph. IV, 28: qui furabatur, iam non furetur, etc.. Et ideo hæc inquietudo si reprimatur, est in bonum exemplum, et in repressionem desiderii.

Lectio 2

Supra induxit ad continentiam a cupiditatibus, et compescuit ab otiositate, hic compescit ab inordinata tristitia.

Primo præmittens monitionem, secundo assignat rationem, ibi si enim credimus.

Prohibentur ergo, ne scilicet inordinate tristentur, unde dicit sicut et cæteri.

Videtur autem apostolus bene concedere tristari pro mortuis, aliquid tamen prohibere, ne scilicet inordinate tristentur, unde dicit sicut et cæteri.

Quod enim aliquis tristetur, scilicet de mortuis, habet pietatem. Primo propter defectum corporis deficientis. Debemus enim eos diligere, et corpus propter animam. Eccli. XLI, 1: o mors, quam amara est memoria tua homini pacem habenti, etc.. Secundo propter discessum et separationem, quæ dolorosa est amicis. I Reg. XV, 32: siccine separat amara mors? tertio quia per mortem fit commemoratio peccati. Rom. VI, 23: stipendia peccati mors. Quarto quia fit commemoratio mortis nostræ. Eccle. VII, 3: in illa enim finis cunctorum admonetur hominum, et vivens cogitat quid futurum sit, etc..

Sic ergo tristandum, sed moderate. Unde Eccli. XXII, 11: modicum plora supra mortuum, quoniam requievit, etc.. Et ideo dicit sicut et cæteri qui spem non habent, scilicet quia isti credunt huiusmodi defectus perpetuos, sed nos non. Phil. III, 20-21: salvatorem expectamus Dominum nostrum Iesum Christum, qui reformabit corpus humilitatis nostræ, configuratum corpori claritatis suæ.

Unde signanter dicit de dormientibus. Io. XI, 11: Lazarus amicus noster dormit.

Dormiens enim tria facit. Cubat in spe surgendi. Ps. X: numquid qui dormit non adiiciet ut resurgat? sic et qui moritur in fide. Item in dormiente anima vigilat. Cant. V, 2: ego dormio, et cor meum vigilat, etc.. Item postea homo resurget magis refectus et vegetus. Sic sancti resurgent incorruptibiles, I Cor. XV, 52.

Deinde cum dicit si enim credimus, ponitur ratio monitionis. Et primo astruit resurrectionem; secundo excludit dilationis suspicionem, ibi hoc enim vobis; tertio ponit resurrectionis ordinem, ibi quoniam ipse Dominus.

Sciendum est autem quod apostolus I Cor. XV, 12 ex resurrectione Christi astruit nostram, quia illa est causa nostræ, unde arguit per locum a causa. Et resurrectio Christi non est causa solum, sed etiam exemplar: quia verbum caro factum suscitat corpora, verbum vero simpliciter animas. Etenim eo quod Christus accepit carnem, et in ea resurrexit, est exemplar nostræ resurrectionis.

Nec solum hoc est, sed et causa efficiens: quia quæ humanitate Christi gesta sunt, non solum sunt gesta secundum virtutem humanitatis, sed virtute divinitatis sibi unitæ. Unde sicut tactus suus curabat leprosum inquantum instrumentum divinitatis, sic resurrectio Christi causa est nostræ resurrectionis non inquantum corporis, sed inquantum resurrectio corporis uniti verbo vitæ.

Et ideo apostolus, hoc firmiter supponens, sic arguit: si enim credimus, firmiter, quod Christus resurrexit, ita et eos qui dormierunt, etc.. Illi dormierunt per Iesum, qui facti sunt conformes morti eius per baptismum.

Vel per Iesum, quos secum adducet, scilicet cum ipso Christo. Zac. XIV, 5: et veniet Dominus Deus meus omnesque sancti eius cum eo, etc.. Is. III, 14: Dominus ad iudicium veniet cum senibus populi sui et principibus eius.

Deinde cum dicit hoc enim, excludit dilationem resurrectionis; quasi dicat: scimus quod resurgent et venient cum Christo, ideo non debemus tantum dolere.

Non enim illi, qui invenientur vivi, prius consequentur resurrectionis gloriam, quam mortui. Et ideo hoc enim vobis dicimus, non ex coniectura hominis, sed in verbo Domini, cuius verba non deficient, quia nos qui vivimus, id est, illi, qui sunt vivi, non prius sortientur consolationem ex adventu Christi, quam mortui. Et ideo dicit nos qui vivimus.

Ex quo videtur non intelligentibus, quod apostolus hic dicat, quod adhuc apostolo vivente hoc fieret, et hoc etiam Thessalonicensibus videbatur. Et ideo scribit eis aliam epistolam, in qua dicit, II Thess. II, 2: non moveamini a vestro sensu, etc.. Sed non loquitur ex persona sua, et tunc existentium, sed eorum qui tunc vivi reperientur. Qui residui sumus, id est, erunt residui post persecutionem Antichristi. Non præveniemus eos, id est, non prius recipient consolationem.

I Cor. XV, 52: in momento enim, in ictu oculi, in novissima tuba, etc..

Deinde cum dicit quoniam ipse, etc., ostendit ordinem resurrectionis et modum.

Primo proponit resurrectionis causam; secundo eius ordinem et modum, ibi et mortui; tertio concludit eorum consolationem, ibi itaque consolamini invicem.

Primum ostendit dicens ipse Dominus.

Ubi notandum est, quod, sicut dictum est, causa communis resurrectionis est resurrectio Christi. Sed si dicas, quod iam fuit, quare ergo non sequitur effectus eius? respondeo. Dicendum est, quod est causa resurrectionis nostræ secundum quod operatur in virtute divina. Deus autem operatur per ordinem suæ sapientiæ. Tunc ergo erit nostra resurrectio, quando hoc disposuit ordo divinæ sapientiæ.

Ut ostendat quod Christus sit causa, ostendit quod ad præsentiam Christi omnes mortui resurgent. Ad resurrectionem autem communem faciendam triplex causa concurrit.

Una principalis, scilicet virtus

divinitatis; secunda instrumentalis, scilicet virtus humanitatis Christi; tertia quasi ministerialis, scilicet virtus Angelorum, qui habebunt aliquem effectum in resurrectione.

Augustinus enim probat, quod ea quæ fiunt nunc per creaturas corporales, fiunt a Deo eis mediantibus; in resurrectione vero aliqua per eos sunt agenda, sicut collectio pulveris; sed reintegratio corporum, et unio animæ ad corpus, erit immediate per Christum.

Has ergo tres causas ponit. Primo humanitatem Christi gloriosam, dicens ipse Dominus, etc.. Act. I, 11: quemadmodum vidistis eum ascendentem in cælum, ita veniet.

In iussu. In primo adventu venit ut obediens.

Phil. II, 8: factus est obediens usque ad mortem. Et hoc, quia ille fuit adventus humilitatis, sed iste erit gloriæ. Lc. XXI, 27: venit cum potestate magna et maiestate.

Secundo virtutem Angelorum, cum dicit in voce Archangeli. Non quod operetur in voce eius, sed ministerio eius. Et dicit Archangeli, quia omnes Angeli sub uno Archangelo ministrant ecclesiæ. Apoc. XII, 7: hic est Michæl princeps ecclesiæ. Vel in voce Archangeli, id est, Christi principis Angelorum. Is. IX: magni consilii Angelus. Et in voce eius corporali, vel spirituali erit resurrectio.

Io. V, 28: audient vocem filii Dei, scilicet: surgite, mortui, et venite ad iudicium, et illi voci corporali obedient.

Tertio virtutem divinitatis, cum dicit in tuba Dei. Hæc est virtus divina, quia dicitur vox Archangeli, inquantum fiet ministerio Archangelorum, et tuba Dei, inquantum virtute divina fiet. Et dicitur tuba propter eius sonoritatem, quæ provenit a Deo suscitans mortuos. Item tuba congruit ad officia, cuius usus fuit multiplex in veteri testamento, ut ad bellum: et tunc pugnabit pro eo orbis terrarum, Sap. V, 21. Item fiebat usus eius ad solemnitates, sic ista ad cælestem Ierusalem.

Item ad movendum castra, et tunc sancti movebunt castra. Unde si sit vox corporalis, dicitur tuba propter has rationes; vel non erit vox corporalis, sed virtus divina Christi præsens et manifesta toti mundo.

Deinde cum dicit et mortui, ponitur ordo resurrectionis, et circa hoc tria facit, quia primo ponit resurrectionem mortuorum; secundo occursum vivorum, ibi deinde; tertio beatitudinem sanctorum utrorumque, ibi et sic semper.

Occasione horum verborum crediderunt aliqui quod futuri in fine numquam morerentur, ut dicit Hieronymus in epistola, propter hoc quod dicit deinde nos, etc.: alias enim frustra distingueret viventes a morientibus.

Sed contra I Cor. XV, 51: omnes quidem resurgemus. Item: sicut in Adam omnes moriuntur, etc., ut habetur Rom. V, 12 ergo mors ad omnes pertransit.

Dicendum est ergo, quod aliqui invenientur vivi in tempore illo, quo Christus veniet ad iudicium; sed in illo momento temporis morientur et statim resurgent. Et ideo propter modicam interpolationem reputantur viventes.

Sed tunc est quæstio, quia dicitur hic et mortui, qui in Christo sunt, resurgent primi, et deinde nos, etc.. Ergo prius resurgent mortui, quam vivi occurrant Christo, et in hoc occursu morientur. Ergo prius aliqui resurgent et sic non erit omnium resurrectio simul, quod est contra illud I Cor. XV, 52: in momento, in ictu oculi, in novissima tuba, etc..

Respondeo. Dicendum est, quod duplex est hic opinio: quidam enim dicunt quod resurrectio non erit simul, sed primo mortui venient cum Christo. Et tunc, in adventu Christi, vivi rapientur in nubibus, et in illo raptu morientur et resurgent. Et ideo quod dicitur esse in momento, intelligitur, quia in modico tempore fiet. Et si dicatur, quod erit in instanti, tunc non est hoc referendum ad totam resurrectionem omnium, sed ad resurrectionem singularium, quia singulus resurget in instanti.

Alii vero dicunt quod omnes simul et in instanti resurgent.

Quod ergo dicit: resurgent primi, denotat ordinem dignitatis, non temporis.

Sed videtur hoc difficile, quia de vivis multi erunt probati in persecutione Antichristi, qui dignitate præcellent multos prius defunctos.

Et ideo videtur aliter esse dicendum, quod omnes morientur et omnes resurgent, et quod simul. Nec apostolus dicit hic quod illi prius resurgent, quam isti, sed quod illi prius resurgent, quam isti occurrant. Apostolus enim non ponit ordinem resurrectionis ad resurrectionem, sed ordinem ad raptum, vel ad occurrentiam.

Nam primo veniente Domino morientur qui invenientur vivi, et tunc statim cum illis, qui prius mortui fuerant resurgentes rapientur in nubibus, etc., ut apostolus hic dicit.

Est autem hæc inter bonos et malos differentia, quia mali remanebunt in terra, quam dilexerunt, boni rapientur ad Christum, quem quæsierunt. Matth. XXIV, 28: ubi fuerit corpus, ibi congregabuntur et aquilæ. In resurrectione etiam sancti conformabuntur Christo, non solum quantum ad gloriam corporis, Phil. III, sed etiam quantum ad situm, quia Christus erit in nube. Act. I, 9: et nubes suscepit eum; et: quemadmodum vidistis eum, etc.. Sic et sancti a nubibus rapientur.

Et quare hoc? ad ostendendum eorum deiformitatem.

In veteri enim testamento gloria Domini apparuit per modum nubis.

III Reg. VIII, 10: Dominus venit in nebula.

Hæ nubes erunt præparatæ virtute divina ad ostensionem gloriæ sanctorum. Vel ipsa fulgentia corpora gloriosorum videbuntur malis quædam nubes, qui erunt in terra. Matth. XXV, 6: ecce sponsus venit, exite obviam ei.

Deinde cum dicit et sic semper, ostendit beatitudinem sanctorum, quia semper erunt cum Domino, eo fruentes. Io. XIV, 3: iterum veniam et accipiam vos ad meipsum, ut ubi ego sum, et vos sitis. Hoc sancti desiderant. Phil. I, 23: desiderium habens dissolvi et esse cum Christo.

Deinde cum dicit itaque, etc., concludit consolationem habendam esse de mortuis, dicens: ex quo sancti resurgunt, et nullum detrimentum consequuntur, ergo de mortuis consolamini. Is. XL, 1: consolamini, consolamini, populе meus, dicit Dominus Deus vester.

Capitulus V

Lectio 1

Supra correxit in eis corrigenda, hic monet eos in futurum, et primo ponit monitionem; secundo orationem, ibi ipse autem Deus.

Hæc autem duo sunt nobis necessaria. Nam quia bona quæ facimus sunt ex libero arbitrio, ideo indiget homo monitione, et quoniam sunt etiam ex gratia, ideo oratione.

Circa primum duo facit, quia primo hortatur, ut præparent se ad futurum iudicium; secundo ostendit præparandi modum, ibi propter quod consolamini.

Iterum prima in duas, quia primo ostendit qualis sit conditio futuri iudicii; secundo qualiter præparent se ad illud, ibi igitur non dormiamus.

Item prima in duas, quia primo præmittit conditionem futuri iudicii; secundo exponit, ibi cum enim.

Item primo quietat eorum sollicitudinem circa scientiam futuri adventus; secundo ostendit quid circa illum sciant, ibi ipsi enim.

Dicit ergo: necesse erat, quod scriberem de præmissis, quia indiguistis. Sed de temporibus, scilicet æstate, hyeme, vel potius, quæ tempora futura sint, non erat necesse, quia quædam de his sunt soli divinæ scientiæ reservata. Matth. XXIV, 36 et Mc. XIII, 32: de die illa, vel hora nemo scit, neque Angeli in cælo, neque filius, nisi pater, etc..

Act. I, 7: non est vestrum nosse tempora, vel momenta, etc.. Eccle. VII, 1: quid necesse est homini maiora se quærere, cum ignoret quid conducat sibi in vita, numero dierum vitæ suæ? etc..

Et ideo hoc non est necesse scribere, quia illud quod sciendum est vos scitis, quia scilicet dies Domini sicut fur in nocte, etc.. Sunt autem omnes dies Domini. Ps. CXVIII, 91: ordinatione tua perseverant dies. Sed iste specialiter est Domini, quia facit in omnibus suam voluntatem, quæ impletur in bonis, qui perducuntur ad finem præscitum a Deo, scilicet salutem. I Tim. II, 4: vult omnes homines salvos fieri, etc.. In malis, quia punientur.

Ps. LXXIV, 3: dum accepero tempus,

ego iustitias iudicabo. Iste veniet sicut fur, id est, ex impræmeditatione. Lc. XIII, 36: si sciret paterfamilias qua hora fur veniret, etc.. II petr. III, 10: adveniet dies Domini sicut fur.

Apoc. III, 3: veniam tibi tamquam fur.

Quomodo autem dies dicitur venire in nocte? sed sciendum quod utrumque est, quia in die venit propter manifestationem cordium I Cor. IV, 5: quoadusque veniat Dominus, qui et illuminabit abscondita tenebrarum, et manifestabit consilia cordium, sed in nocte propter incertitudinem. Matth. XXV, 6: media nocte clamor factus est, ecce sponsus venit, etc..

Incertum enim est qua hora erit.

Deinde cum dicit cum enim dixerint, exponit quæ dixerat, et primo quantum ad malos; secundo quantum ad bonos, ibi vos autem.

Circa primum duo facit.

Primo describit præsumptionem malorum; secundo periculum moræ.

Dicit ergo: veniet sicut fur, quia ex improviso. Cum enim dixerint pax, quantum ad præsentia, id est, dum tranquille vivunt, sic decipiuntur. Sap. XIV, 22: in magno viventes inscientiæ bello, tot et tam magna mala pacem appellant. Et securitas, quantum ad futura. Lc. XII, 19: anima mea, multa habes bona reposita in annos plurimos, requiesce, comede, bibe, et epulare.

Sed contra Lc. XXI, 26: arescentibus hominibus præ timore et expectatione, quæ supervenient universo orbi, etc.. Ergo nulla securitas.

Solutio est duplex. Una quæ est Augustini, quæ talis est: in tempore illo aliqui erunt boni, et affligentur, lugebunt, et expectabunt; et de hoc dicitur Lc. XXI, 26: arescentibus ex carentia voluptatum, et abundantia malorum, etc., sed in malis erit pax et securitas.

Alia datur solutio in Glossa.

Deinde cum dicit tunc repentinus, describit periculum a quatuor. Primo quia subitum, ibi repentinus. Is. XXX, 13: subito dum non speratur, veniet contritio eius. Secundo quia mortiferum, ibi interitus.

Iob XVIII, 14: calcet super eum quasi rex interitus, etc.. Tertio afflictivum, ibi dolor. Ps. XLVII, 7: ibi dolores ut parturientis, etc.. Quarto inevitabile, ibi et non effugient. Iob XI, 20: effugium peribit ab eis. Ab ira Dei nunc est effugere ad eius misericordiam, ibi vero non est tempus misericordiæ, sed iustitiæ.

Deinde cum dicit vos autem, exponit quæ dixerat quo ad bonos, et duo facit, quia primo excipit bonos a consortio malorum; secundo rationem assignat, ibi omnes enim vos.

Dicit ergo: non estis in tenebris, quia illuminati estis per Christum de illo die, ideo vobis non est improvisus. Io. VIII, 12: qui sequitur me, non ambulat in tenebris, sed habebit lumen vitæ.

Et huius ratio est, ibi: omnes enim vos filii lucis estis. Astruit enim quod sunt filii lucis et diei. Filii autem alicuius rei in Scriptura dicuntur aliqui propter abundantiam in re illa. Is. V, 1: in cornu filio olei, id est, habente multum oleum. Qui ergo participant multum de die et luce dicuntur eorum filii. Hæc lux est fides Christi. Io. VIII, 12: ego sum lux mundi, etc.. Io. XII, 36: credite in lucem, ut filii lucis sitis.

Item diei. Sicut enim ex luce fit dies, ita ex fide Christi fit dies, scilicet honestas bonorum operum. Rom. XIII, 12: nox præcessit, etc.. Et ideo non sumus filii noctis, id est, infidelitatis, neque tenebrarum, id est, peccatorum.

Rom. XIII, 12: abiiciamus ergo a nobis opera tenebrarum, etc..

Deinde cum dicit igitur non dormiamus, etc., ostendit qualiter se præparent ad illum adventum, et primo qualiter per ultionem malorum, secundo per observantiam bonorum, ibi induti.

Circa primum duo facit, quia primo ponit monitionem, secundo eius rationem, ibi qui enim dormiunt.

Dicit igitur: ex quo dies Domini est sicut fur, Lc. XII, 39: si sciret paterfamilias qua hora fur veniret, vigilaret utique, ergo vos, quia scitis, vigiletis. Unde dicit igitur non dormiamus, somno peccati. Eph. V, 14: surge, qui dormis, et exurge a mortuis. Item nec pigritiæ. Prov. VI, 9: usquequo, piger, dormis? etc.. Sed vigilemus, per sollicitudinem.

Matth. XXIV, 42: vigilate itaque, etc..

Et ad hoc est necessarium, quod sobrii simus, ut et corpus et mens sint sobria, id est, non occupata voluptatibus, et curis mundi.

Lc. XXI, 34: attendite vobis, ne forte graventur corda vestra crapula et ebrietate. I petr. V, 8: sobrii estote, et vigilate.

Ratio autem huius est ex temporis congruitate, quia qui dormiunt, vel ebrii sunt, aliquid faciunt in nocte. Sed nos non sumus in nocte. Ergo, etc..

Dicit ergo qui enim dormiunt, nocte dormiunt, idest, tempus noctis deputant quieti, diem vero operationi. Ps. CIII, 22: ortus est sol, et congregati sunt, et in cubilibus suis collocabuntur. Et rursum ibi, 23: exibit homo ad opus suum, et ad operationem suam usque ad vesperam. Item abstinent aliqui a vino in die propter negotia exercenda, sed de nocte tantum non curant. Iob XXIV, 15: oculus adulteri observat caliginem. Somnus ergo et ebrietas est nocti conveniens, eo quod nocte infidelitatis et tenebris peccatorum occupati, sunt ebrii, per amorem præsentium non habentes spem futurorum. Eph. IV, 19: desperantes tradiderunt se impudicitiæ in operationem immunditiæ omnis in avaritia, etc..

Nos autem qui diei sumus, id est pertinentes ad diem honestatis et fidei, simus sobrii.

Rom. XIII, 13: honeste ambulemus in die.

Deinde cum dicit induti, etc., ostendit

quomodo se præparent per bona; et primo ponit monitionem generalem; secundo specialem, ibi propter quod.

Item prima in duas, quia primo ponit ipsam monitionem; secundo rationem eius, ibi quoniam non posuit.

Sunt autem in homine duo principalia membra, quæ consueverunt in bellis protegi, scilicet cor, quod est principium vitæ, et caput, scilicet principium motus exterioris, a quo sunt sensus, et aliquo modo nervi. Et protegitur cor lorica, caput galea.

Spiritualis vita in nobis est Christus, per quem anima vivit, et Dominus in nobis per fidem habitat. Eph. III, 17: habitare Christum per fidem in cordibus vestris. Habitat etiam per charitatem, I Io. IV, 16: qui manet in charitate, in Deo manet, et Deus in eo, quæ informat fidem. Et ideo debemus habere fidem et charitatem. Unde dicit loricam fidei et charitatis, quia protegit vitalia, et galeam, spem salutis, quæ est principium motus spiritualis, quod est ex intentione finis, quem speramus assequi.

Deinde cum dicit quoniam non posuit nos, ostendit rationem quomodo in nobis operatur. Et primo ex præordinatione divina, secundo ex gratia Christi, tertio ostendit modum consequendæ salutis.

Dicit ergo quoniam non posuit, id est, non ordinavit. Io. XV, 16: posui vos, scilicet sanctos, ut eatis, etc.. Deus in iram, id est, ad hoc, ut consequamur eius iram. Sap. I, 13: Deus mortem non fecit. Ezech. XVIII, 23: numquid voluntatis meæ est mors impii? dicit Dominus Deus, etc.. Sed in acquisitionem, id est, ut acquiramus salutem. Matth. XI, 12: regnum cælorum vim patitur, et violenti rapiunt illud. I Petr. II, 9: vos estis genus electum, regale sacerdotium, etc..

Et hoc per gratiam Christi, ideo dicit per Dominum nostrum, etc.. Act. IV, 12: non est aliud nomen sub cælo datum hominibus, in quo oporteat nos salvos fieri. Qui mortuus est pro nobis, id est, salvavit nos, moriendo pro nobis. I Petr. III, 18: mortuus est iustus pro iniustis, ut offeret nos Deo mortificatos quidem carne, vivificatos autem spiritu.

Et modus perveniendi est quia Christus docuit nos operando salutem nostram, et hoc moriendo et resurgendo. Rom. IV, 25: traditus est propter delicta nostra, et resurrexit propter iustificationem nostram. Et ideo dicit sive vigilemus, sive dormiamus, simul cum illo vivamus. Rom. XIV, 8: sive vivimus, sive morimur, Domini sumus.

Deinde cum dicit propter quod, docet nos quomodo præparemus nos quantum ad speciales conditiones personarum. Et circa hoc tria facit, quia primo ostendit quomodo se debeant habere ad æquales; secundo quomodo subditi se habeant ad prælatum, ibi rogamus autem; tertio quomodo prælati ad subditos, ibi rogamus autem.

Debemus autem æqualibus consolationem in adversis; unde dicit consolamini invicem. Item ædificationem in exemplis; unde dicit et ædificate, etc.. Rom. XIV, 19: quæ ædificationis sunt invicem custodiamus.

Subditi autem ad prælatos, primo debent beneficiorum recognitionem, secundo charitatem, tertio pacem.

Unde ut noveritis, id est, ut recognoscatis beneficia eorum. Hebr. Cap. Ult.: mementote præpositorum vestrorum, etc.. Noveritis, inquam, primo, ex parte eorum, quia maximum laborem ferunt pro vobis. Unde dicit eos qui laborant inter vos, pro bono vestro.

II Tim. II, 3: labora sicut bonus miles Christi, etc.. Secundo ex parte Dei. Et ideo est habenda reverentia ad eos sicut ad Deum.

Unde dicit et præsunt vobis in Domino, id est, vice Domini. II Cor. II, 10: ego si quid donavi vobis in persona Christi. Tertio ex parte vestra, quia sunt vobis utiles. Unde dicit: et monent vos, ut habeatis, etc..

Ideo, secundo, debetis eis charitatem abundantius, idest præ aliis.

Tertio pacem propter opus illorum. Sed contra hoc quidam agunt. Amos V, 10: odio habuerunt in porta corripientem etc.. Eccli. XIX, 5: qui odit correctionem, minuetur vita. Sed vos habete pacem propter opus correctionis, quod proprie spectat ad eorum officium. Ps. CXIX, 7: dum loquebar illis, impugnabant me gratis.

Lectio 2

Supra ostendit quomodo subditi debent se habere ad prælatos, hic ostendit e converso. Et circa hoc duo facit, quia primo docet quomodo prælati ad sacerdotes subditos se debeant habere; secundo generaliter quomodo se debeant habere ad omnes, ibi videte ne quis.

Sciendum est autem, quod cura prælatorum ad duo debet tendere, scilicet ad retrahendum alios a peccatis, et ad custodiendum seipsos.

Quantum ad primum, tria apostolus dicit.

Tripliciter enim subditi possunt pati defectum.

Primo in actu, secundo in voluntate, tertio in virtute.

In actu autem, quando prorumpunt in actum peccati, et tunc sunt corrigendi. Et quamvis de omni peccato, specialiter tamen corrigendi sunt de peccato inquietudinis. Et ideo dicit corripite inquietos. II Thess. III, 7: non inquieti fuimus inter vos. Eccli. XIX, 17: corripe proximum antequam commineris, et da locum timori.

In voluntate vero, quando non aggreditur magna, quia deiicitur propter adversa et peccata præcedentia. Unde dicit consolamini pusillanimes. Pusillanimis est non habens animum ad magna, timens ne deficiat. Is. XXXV, 4: dicite pusillanimis: confortamini et nolite timere. Iob IV, 4: vacillantes confirmaverunt manus tuæ, etc..

In virtute autem, quando vel ex infirmitate peccant, vel debilitantur in bono actu, et isti sunt fovendi. Unde dicit suscipite, scilicet in visceribus charitatis fovendo, infirmos, quorum est virtus debilis, vel ad resistendum malis, vel ad faciendum bona. Rom. XV, 1: debemus nos firmiores, imbecillitates infirmorum sustinere.

Prælatus autem debet se custodire a defectu cuiuscumque modi, et maxime ab impatientia quia ipse portat totum pondus multitudinis. Num. XI, 14: non possum solus sustinere omnem hanc multitudinem, quia gravis est mihi, etc.. Et ideo dicit patientes estote ad omnes. Prov. XIX, 11: doctrina viri per patientiam noscitur. Ps. XCI, 15: bene patientes erunt, ut annuntient.

Deinde cum dicit videte ne quis, ostendit generaliter quomodo se habeant ad omnes. Et circa hoc duo facit, quia primo ostendit qualiter omnes in quibusdam debeant se habere; secundo quid in omnibus, ibi omnia autem.

Circa primum tria facit, quia primo ostendit quomodo se debeant habere ad proximum; secundo quomodo se habeant in his quæ ad Deum sunt, ibi semper gaudete; tertio quomodo se habeant ad eius dona, ibi spiritum nolite.

Quantum ad proximum debent se habere, ut non inferant ei mala, et ut studeant ei benefacere. Unde dicit: dixi supra in speciali, sed nunc in generali dico ne quis malum, etc.. Ps.: si reddidi retribuentibus mihi mala.

Sed contra: multoties vindicta petitur coram iudice.

Respondeo. Sicut actus moralis sumitur secundum intentionem finis, sic ad duo potest esse intentio vel ad malum illius, ita quod quiescat ibi, et hoc est illicitum, quia ex livore vindictæ; vel ad bonum correctionis seu iustitiæ et conservationis reipublicæ, et sic non reddit malum pro malo, sed bonum, scilicet eius correctionem.

Quantum ad secundum dicit sed semper quod bonum est, etc.. Et dicit sectamini, et non faciatis: quia tu ex te debes sumere occasionem benefaciendi ad proximum tuum, et non expectare quod ipse det tibi occasionem benefaciendi sibi. Unde Ps. XXXIII, 15: inquire pacem, et persequere eam.

Rom. XII, 21: noli vinci a malo, ut scilicet sis tractus ab eo ad malefaciendum, sed vince in bono malum, retrahendo eum ad bonum.

Gal. Cap. Ult.: dum tempus habemus, operemur bonum ad omnes.

Deinde cum dicit semper gaudete, ostendit quomodo se debeant habere quoad Deum, ad quem tria oportet habere.

Primo gaudere de ipso; unde dicit semper gaudete, scilicet de Deo, quia quicquid malum proveniat est incomparabile bono, quod est Deus. Et ideo nullum malum illud interrumpat; unde dicit semper gaudete.

Secundo, orate pro beneficiis suscipiendis, ibi sine intermissione orate. Lc. XVIII, 1: oportet semper orare, et numquam deficere.

Sed quomodo potest hoc esse? respondeo.

Dicendum est, quod hoc potest esse tripliciter.

Primo quod ille semper orat, qui statutas horas non intermittit. Simile habetur II Reg. IX, 7: tu comedes panem in mensa mea semper.

Secundo sic: semper, id est, continue orate, sed tunc oratio sumitur pro effectu orationis.

Est enim oratio interpretatio seu explicatio desiderii, quia quando desidero aliquid, tunc illud orando peto. Unde et oratio est petitio decentium a Deo, et ideo desiderium habet vim orationis. Ps. IX, 38: desiderium pauperum exaudivit Dominus. Omnia ergo quæ facimus, ex desiderio proveniunt.

Ergo oratio in bonis quæ facimus, manet in virtute, quia bona quæ facimus, ex desiderio bono proveniunt. Glossa: non cessat orare, qui non cessat benefacere.

Tertio quo ad causam orationis, scilicet faciendo eleemosynam. In vitis patrum: ille semper orat, qui eleemosynas dat, quia qui eleemosynam accepit, orat pro te, etiam te dormiente.

Item tertio, orare pro beneficiis suscipiendis et gratias agere pro susceptis, ideo dicit in omnibus, scilicet bonis et adversis, gratias agite. Rom. VIII, 28: diligentibus Deum omnia cooperantur in bonum.

Col. II, 7: abundantes in illo in gratiarum actione. Phil. IV, 6: cum gratiarum actione. Hæc est enim voluntas, etc..

I Tim. II, 4: qui vult omnes homines salvos fieri, et ad agnitionem veritatis venire.

Deinde cum dicit spiritum nolite, etc., ostendit quomodo se habeant ad dona Dei. Et primo quod ea non impediant; secundo quod ea non contemnant, ibi prophetias.

Spiritus autem sanctus est persona divina incorruptibilis et æterna, unde in sua substantia extingui non potest. Sed tamen dicitur quis extinguere spiritum, uno modo, fervorem eius extinguendo, vel in se, vel in alio. Rom. XII, 11: spiritu ferventes. Cum enim aliquis aliquid boni ex fervore spiritus sancti vult facere, vel etiam cum aliquis bonus motus surgit, et ipse impedit, extinguit spiritum sanctum. Act. VII, 51: vos semper spiritui sancto restitistis.

Alio modo, mortaliter peccando. Spiritus enim sanctus in se semper vivit, sed in nobis vivit quando facit nos in se vivere; sed quando quis peccat mortaliter, non vivit in ipso spiritus sanctus. Sap. I, 5: spiritus enim sanctus disciplinæ effugiet fictum, etc..

Tertio modo, occultando, quasi dicat: si donum spiritus sancti habetis, utimini eo ad utilitatem proximorum. Eccli. XX, 32: sapientia abscondita et thesaurus invisus, quæ utilitas in utrisque? Matth. V, 15: nemo accendit lucernam, et ponit eam sub modio,

etc..

Prophetias nolite spernere. Aliqui enim apud istos spiritu prophetiæ erant pollentes, qui ab istis reputabantur insani.

I Cor. XIV, 1: æmulamini spiritualia, magis autem ut prophetetis. Vel prophetias, id est, divinam doctrinam. Exponentes enim divinam doctrinam dicuntur prophetæ; quasi dicat: non spernatis verba Dei et prædicationes.

Hier. XX, 8: factus est sermo Domini in opprobrium et in derisum tota die.

Deinde cum dicit omnia autem probate, ostendit qualiter se habeant ad omnia, et unum est, quod in omnibus utantur discretione. Rom. XII, 1: rationabile obsequium vestrum. In hac materia debet esse diligens examinatio, boni electio, mali abiectio.

Quantum ad primum dicit prophetias nolite spernere, tamen, omnia probate, scilicet quæ sunt dubia. Manifesta enim examinatione non indigent. I Io. IV, 1: omni spiritui nolite credere. Iob XII, 8: nonne auris verba diiudicat? quantum ad secundum dicit quod bonum est tenete. Gal. IV, 18: bonum autem æmulamini in bono semper.

Quantum ad tertium dicit ab omni specie mala abstinete vos. Is. VII, 15: ut sciat reprobare malum et eligere bonum. Et dicit, specie, quia etiam quæ habent similitudinem malitiæ vitare debemus, quæ scilicet non possemus servare coram hominibus absque scandalo eorum.

Deinde cum dicit ipse autem, subdit orationem, et circa hoc tria facit, quia primo orat pro eis; secundo dat spem de exauditione; tertio dat speciales monitiones.

Dicit ergo: ita moneo, sed nihil valet, nisi Deus gratiam det. Unde ipse Deus pacis sanctificet vos. Lev. XXI, 8: ego Dominus, qui sanctifico vos, etc.. Per omnia, id est, ut sitis totaliter sancti. Et hoc ut integer, etc..

Occasione enim verborum istorum dixerunt quidam quod in homine aliud est spiritus, et aliud anima, ponentes duas in homine animas, unam quæ animat, aliam quæ ratiocinatur.

Et hæc sunt reprobata in ecclesiasticis dogmatibus.

Unde sciendum quod hæc non differunt secundum essentiam, sed secundum potentiam.

In anima enim nostra sunt quædam vires, quæ sunt actus corporalium organorum, sicut sunt potentiæ sensitivæ partis. Aliæ sunt, quæ non sunt actus talium organorum, sed sunt abstractæ ab eis, sicut sunt potentiæ intellectivæ partis. Et hæ dicuntur spiritus, quasi immateriales et separatæ aliquo modo a corpore, inquantum non sunt actus corporis, et dicuntur etiam mens. Eph. IV, 23: renovamini spiritu mentis vestræ. Inquantum autem animat, dicitur anima, quia hoc est ei proprium.

Et loquitur hic Paulus proprie. Nam ad peccandum tria concurrunt: ratio, sensualitas et executio corporis. Optat ergo, quod in nullo horum sit peccatum. Non in ratione; unde dicit ut spiritus, id est, mens vestra, servetur integer. In omni enim peccato ratio corrumpitur, secundum quod omnis malus est ignorans.

Item nec in sensualitate, unde dicit anima. Item nec in corpore; et ideo dicit et corpus.

Hoc autem fit sic, quando servatur immune a peccato. Et dicit sine querela, non sine peccato, quod est solius Christi; sed esse sine querela est etiam aliorum, qui etsi venialia, non tamen committunt gravia, et quibus proximus scandalizatur. Lc. I, 6: incedentes in omnibus mandatis et iustificationibus Domini sine querela. Et addit in adventu, etc., scilicet perdurando usque in finem vitæ.

Vel integer spiritus refertur ad donum spiritus sancti, quasi dicat: donum spiritus sancti, quod habetis, sit integrum.

Deinde cum dicit fidelis, etc., dat spem exauditionis; quasi dicat: ut ego spero, sic fiet, quia et ipse qui vocavit faciet, id est, complebit. Ps. CXLIV, 13: fidelis Dominus in omnibus verbis suis, etc.. Rom. VIII, 30: quos vocavit, hos et iustificavit, etc..

Ultimo subiungit familiares monitiones, scilicet orationem, ibi orate; item mutuam pacem, ibi salutate omnes fratres in osculo sancto, non proditorio, sicut Iudas Matth. XXVI, 49 nec libidinoso, ut libidinosa mulier Prov. VII, 10.

Ut legatur, etc.. Timebat enim ne prælati propter aliqua quæ erant hic, eam occultarent.

Prov. XI, 26: qui abscondit frumenta, maledicetur in populis, etc..

Ultimo concludit epistolam in salutatione.

Secunda Epistola ad Thessalonicenses

Prologus

Prœmium

Congregamini, ut annuntiem quæ ventura sunt vobis, diebus novissimis, etc..

Hæc verba competunt huic epistolæ.

Duo enim tanguntur quæ ei conveniunt, scilicet fructus, et eius materia.

Unde dicitur ut annuntiem, etc.. Agitur enim in ea de his, quæ ventura sunt in diebus novissimis, quæ sunt tria, scilicet pericula ecclesiæ, tempore Antichristi. II Tim. III, 1: in novissimis diebus instabunt tempora periculosa, etc.. Item malorum supplicia.

Ps. LXXII, 17: donec intrem sanctuarium Dei, etc.. Verumtamen propter dolos posuisti eis, deiecisti eos dum allevarentur. Item præmia bonorum. Prov. Cap. Ult.: fortitudo et decor indumentum eius. Et de his agitur in hac epistola.

Utilitas ostenditur, quia congregamini.

Sic acquiritur ex hac epistola congregatio, scilicet concordantium in veritate, quia discordabant de iudicio futuro, propter hoc quod dicit in prima epistola: deinde nos qui vivimus, etc.. Ps. CXLVI 2: dispersiones Israëlis congregabit.

Item voluntatum, quia cum considerant quod quæcumque temporalia sunt, in novissimo mundi peribunt, datur intelligi quod eos congregant ad unum quærendum, scilicet cæleste præmium. Eccli. XXX, 24: congrega cor tuum in sanctitate eius.

Item cogitationum ad unam stabilem veritatem.

Is. Cap. Ult.: ego autem opera eorum et cogitationes eorum venio ut congregem, etc..

Sic ergo patet fructus et materia, quia in prima munivit eos contra persecutiones præteritas, hic munit eos contra futuras.

Capitulus I

Lectio 1

Dividitur hæc epistola in salutationem, et epistolarem narrationem, ibi gratias agere debemus, etc..

Item primo ponuntur personæ salutantes; secundo personæ salutatæ; tertio bona optata.

Sunt autem eædem personæ, quæ et in prima. Tres autem personæ salutantes ponuntur, ut auctoritas epistolæ robustior appareat.

Eccle. IV, 12: funiculus triplex difficile rumpitur.

Ecclesiæ Thessalonicensium etc.. Ecclesia congregationem dicit: quæ debet esse in Deo, alias est mala. De bona dicitur Ps. XLIX, 5: congregate illi sanctos eius, etc..

In Christo, id est, in eius fide. Rom. V, 2: per quem accessum habemus per fidem in gratiam istam.

Deinde optat eis bona, et primo pacem.

Ipsa est enim principium omnium spiritualium donorum. I Cor. XV, 10: gratia Dei sum id quod sum. Item, pacem quæ est finis hominum. Ps. CXLVII, 14: qui posuit fines tuos pacem, etc.. Et hoc a Deo etc..

Iac. I, 17: omne datum optimum, et omne donum perfectum, desursum est, descendens a patre luminum, etc.. Et Domino Iesu, etc.. II Petr. I, 4: per quem maxima et pretiosa nobis donavit.

Gratias agere debemus, etc.. Hæc est epistolaris narratio. Et primo instruit eos de futuris in novissimis diebus; secundo admonet eos familiariter de quibusdam, in tertio capite, ibi de cætero, fratres, etc..

Item primo monet, sicut dictum est, quantum ad præmia bonorum, et pœnas malorum; secundo quantum ad pericula tempore Antichristi, cap. II, ibi rogamus autem vos, etc..

Item primo agit gratias de præparatione ad futurum iudicium; secundo describit ipsum iudicium, ibi si tamen iustum.

Item primo gratias agit de profectu; secundo ostendit fructum profectus; tertio signum.

Dicit ergo gratias agere debemus, etc.. Nam quia in prima epistola commendavit eos de fide et charitate et aliis bonis in quibus abundabant, ideo dicit gratias agere debemus semper pro vobis, quia bonum, quod habetis, reputo meum. III Io. 4: maiorem horum non habeo gratiam, quam ut audiam filios meos in veritate ambulare. Et hoc Deo, sine quo nihil boni potest fieri.

Et hoc dignum est, quia de magnis bonis agimus gratias. II Mac. I, 11: de magnis periculis a Deo liberati magnifice gratias agamus.

Quare? quia supercrescunt bona spiritualia.

Periculose enim custodiuntur, nisi proficiat in eis homo. In his donis autem Dei, primum est fides, per quam Deus habitat in nobis, et in hac proficimus secundum intellectum.

Eph. III, 17: habitare Christum per fidem in cordibus vestris. Et sic proficit homo per cognitionem, devotionem et inhæsionem.

Secundum est charitas, per quam Deus est in nobis secundum effectum. I Io. IV, 16: Deus charitas est, et qui manet in charitate, in Deo manet, et Deus in eo. Et ideo dicit et abundat. Prov. XV, 5: in abundanti iustitia, virtus est maxima, etc.. I Thess. IV, 9: de charitate autem fraternitatis non necesse habuimus scribere vobis, ipsi enim a Deo didicistis, ut diligatis invicem, etc..

Et tunc ponitur profectus, cum dicit: ita quod ego glorior inde apud alios, quia vestra reputo mea. Bonum enim discipulorum est gloria prælatorum. Prov. X, 1: filius sapiens lætificat patrem, etc..

Prov. XVII, 6: corona senum, filii filiorum, etc.. II Cor. IX, 2: pro quo de vobis glorior.

Et tunc ponit signum profectus, scilicet patientiam, quæ ostenditur maxime in tribulationibus. Iac. I, 12: beatus vir qui suffert tentationem, etc..

In tribulationibus sunt duo servanda, scilicet patientia, ne discedat a fide. Iac.: patientia opus perfectum habet. Et fides in persecutionibus. I Cor. IV, 12: persecutionem patimur et sustinemus. Unde dicit in fide, in omnibus persecutionibus vestris et tribulationibus.

Quæ quidem tribulationes dicuntur a tribulis, quibus interius per afflictiones pungimur. Gen. III, 18: spinas et tribulos germinabit tibi. Ps. XXIV, 17: tribulationes cordis mei multiplicatæ sunt.

Et hæc sancti sustinent propter duo, scilicet propter terrorem malorum. Si enim Deus non parcit bonis in hoc mundo, quomodo parcet malis in futuro? I Petr. II: si autem primum a nobis, quis finis eorum, qui non credunt Dei evangelio, etc..

Hier. XLIX, 12: ecce quibus non erat iudicium, ut biberent calicem, etc.. Secundo ad augendum meritum. Unde dicit ut digni, etc.. Nam, ut dicitur Matth. XI, 12, regnum cælorum vim patitur, et violenti rapiunt illud.

Et Lc. Cap. Ult.: nonne hæc oportuit Christum pati, et ita intrare in gloriam suam? Rom. VIII, 17: si tamen compatimur, ut et conglorificemur.

Unde dicit pro quo et patimini. Tribulatio enim quæ fertur pro Deo, facit dignum regno Dei. Matth. V, 10: beati qui persecutionem patiuntur, etc..

I Petr. IV, 15: nemo vestrum patiatur quasi homicida, aut fur, aut maledicus, aut alienorum appetitor.

Lectio 2

Supra egit de eorum idoneitate ad futurum iudicium, hic agit de forma iudicii. Et primo ponit iudicium quantum ad punitionem malorum et præmia bonorum; secundo de utraque parte sigillatim, ibi in flamma.

Item primo ponit iudicium quantum ad punitionem malorum; secundo quantum ad præmia bonorum, ibi cum venerit.

Quantum ad primum dicit supra sustinetis in exemplum, etc., hic subinfert, si tamen iustum est; si, pro quia. Unde alia littera habet si quidem.

Vel si tamen, referatur in exemplum iusti iudicii; quasi dicat: iustum est, quod hæc patiamini, si tamen ex hoc mereamini. Sed prima littera et expositio est melior.

Iustum est retribuere. Ps. XCIII, 2: exaltare, qui iudicas terram, redde retributionem superbis. Is. XXXIII, 1: væ qui prædaris, nonne et tu prædaberis? tribulationem, scilicet æternæ damnationis. Rom. VIII, 35:

tribulatio, an angustia, etc..

Et vobis qui tribulamini requiem.

Lc. XVI, 25: recepisti bona in vita tua, et Lazarus similiter mala. Nunc autem hic consolatur, tu vero cruciaris. Apoc. XIV, 13: amodo enim iam dicit spiritus, ut requiescant a laboribus suis. Nobiscum, id est, æqualem gloriam.

Sed numquid hoc est verum? respondeo. Duplex est æqualitas, scilicet absoluta quantitatis, et proportionis. Et prima non est æqualis quantum ad participationem hominis, sed æqualis quantum ad beatitudinem participatam, quæ est Deus; homo enim participat secundum magis et minus, scilicet secundum quod ardentius, vel minus ardenter amat Deum. Sed secundum secundam, omnimoda æqualitas erit, quia ita est gloria Petri ad gratiam sibi datam et meritum suum, sicut gloria Lini ad suam.

Hoc, inquam, erit in revelatione, etc.. Io. V, 22: pater omne iudicium dedit filio suo, et hoc inquantum filio hominis; unde sequitur et potestatem dedit ei iudicium facere, quia in forma humana omnibus apparebit, sed modo non apparet, quia humanitas eius latet in gloria Dei, sed tunc apparebit.

Is. XL, 5: et revelabitur gloria Domini, etc..

Et hoc cum Angelis virtutis eius, ministris suis. Matth. XXV, 31: cum venerit filius hominis in maiestate sua, et omnes Angeli eius cum eo, etc..

Deinde cum dicit in flamma ignis, agit de utraque, scilicet punitione malorum, et præmiatione bonorum; sed in punitione malorum ostendit acerbam, iustam et diuturnam.

Dicit ergo dantis vindictam, id est, iudicantis puniendos in flamma ignis, faciem orbis comburentis, et involventis reprobos, et detrudentis in perpetuum. Ps. Xcvi, 3: ignis ante ipsum præcedet, etc..

Item erit iusta propter duplicem culpam, scilicet infidelitatis, et malæ vitæ.

Quantum ad primum dicit qui non noverunt, id est, noluerunt cognoscere, Deum. Iob XXI, 14: scientiam viarum tuarum nolumus.

I Cor. XIV, 38: ignorans ignorabitur, etc..

Quantum ad secundum dicit qui non obediunt evangelio Domini nostri Iesu Christi.

Rom. X, 16: non omnes obediunt evangelio.

Inobedientia est tantum peccatum, quod per eam mors venit in hunc mundum, ut dicitur Rom. V, 19.

Item est diuturna, quia pœnas dabunt in interitu æternas. Et potest legi dupliciter, secundum quod duplex est pœna, scilicet sensus et damni.

De pœna sensus potest intelligi sic: dabunt, id est, sustinebunt pœnas æternas non finiendas, et hoc in interitu, quia semper morientur. Aliter enim est de pœnis huius vitæ et illis. Nam hic quanto plus acerbiores, tanto sunt breviores, quia extinguuntur, sed illæ sunt gravissimæ, quia sunt pœnæ mortis, et sunt interminabiles. Unde dicitur quod semper erunt quasi in morte. Ps. XLVIII, 15: mors depascet eos. Is. Cap. Ult.: vermis eorum non morietur.

Pœna autem damni est duplex, quia separabuntur a visione Dei. Unde dicit a facie Domini, scilicet remoti. Iob XIII, 16: non veniet in conspectu eius omnis hypocrita.

Alia est privatio visionis gloriæ sanctorum.

Is. Cap. Ult.: tollatur impius ne videat gloriam sanctorum, etc..

Vel aliter, a facie Domini, etc.. In hoc ostenditur causa acerbitatis pœnæ sensus.

Sensus enim alicuius evacuatur, vel propter superiorem iudicem, vel propter superioris potentiam; sed hoc non erit, quia hoc iudicium procedet a facie Domini. Ps. XVI, 2: de vultu tuo iudicium meum prodeat, etc.. Et ideo dicit dabunt pœnas, id est sustinebunt, a facie Domini.

Deinde cum dicit cum venerit, agit de præmiatione sanctorum. Et primo ponit præmium; secundo meritum, ibi qui crediderunt.

Gloriam sanctorum commendat, et quantum ad essentiam, per participationem gloriæ Dei, cum dicit glorificari, etc., et quantum ad eius excessum, ibi et admirabilis.

Dicit ergo cum venerit: Christus certe gloriosus est. Phil. II, 11: omnis lingua confiteatur, quia Dominus Iesus Christus in gloria est Dei patris. Glorificari in sanctis eius, quia bonum sui est communicativum; vel glorificari in sanctis eius, qui sunt membra sua, in quibus habitat, et in quibus glorificatur, quando sua gloria, scilicet capitis, derivatur usque ad sua membra. Is. XLIX, 3: servus meus es tu, Israel, quia in te gloriabor.

Et hoc excedet omnem admirationem. Unde dicit admirabilis, etc.. Siquidem admiratio est stupor procedens ex magna phantasia.

Tanta vero sanctorum gloria non potest cadere in opinionem hominum. Et ideo dicit admirabilis. Sap. V, 2: mirabuntur in subitatione insperatæ salutis, etc..

Deinde ponit meritum, ibi qui crediderunt, etc.. Et ponit primo meritum fidei, secundo suffragium orationis, ibi in quo.

Dicit ergo: hæc erit gloria, quia creditum est nostrum testimonium super vos, quod credidimus de Christo, in illo die, id est, propter illum diem, quia bona quæ agimus, sunt propter illum diem.

Et dicit hoc testimonium est super vos, id est, super sensum humanum. Eccli. IX: plurima super sensum hominis, etc..

Fides enim non habet meritum, ubi humana ratio præbet experimentum. Nisi enim esset supra vos, non esset magni meriti credere.

Vel dicit super vos, id est, dominatur vobis subiicientibus intellectum vestrum humiliter ad credendum. II

Cor. X, 5: *in captivitatem redigentes omnem intellectum in obsequium Christi.* Sic exponit Glossa.

Vel aliter et magis secundum litteram: dico, quod glorificabitur Christus in vobis, qui credidistis, in die iudicii, quando apostoli iudicabunt; et tunc testimonium, quod est super vos, id est, de promptitudine fidei vestræ, erit certum et creditum, id est credibile.

Deinde cum dicit *in quo oramus* etc., subiungit suffragium orationis, et primo proponit quod petit; secundo quo fine, ibi *ut clarificetur*; tertio per quod posset assequi petitum, ibi *secundum gratiam*.

Petit autem unum ex parte Dei, et duo ex parte nostra.

Dicit ergo *in quo*, id est, propter quem diem, etiam nos oramus semper. Rom. I, 9: *sine intermissione memoriam vestri facio semper in orationibus meis.* I Reg. XIII, 23: *absit autem hoc peccatum a me in Domino, ut cessem orare pro vobis.* Sed ad quid? ut dignetur vos vocatione sua Deus, id est, faciat vos in mundo digne conversari suæ vocationi. Eph. IV, 1: *digne ambuletis vocatione qua vocati estis.*

Item ex parte nostra duo petit: ex parte voluntatis, ut plene fruantur omni bonitate; unde dicit *ut impleat omnem voluntatem bonitatis,* id est, impleat in vobis voluntatem omnis boni. Phil. I: *qui operatur in nobis velle et perficere pro bona voluntate.*

Item ex parte intellectus, ut perfecte credant; ideo dicit *et opus fidei.* Rom. X, 10: *corde enim creditur ad iustitiam, ore autem confessio fit ad salutem.* Et hoc *operemini in virtute,* id est, in constantia et fortitudine, ut nullo timore cessetis a confessione eius.

Vel sic *in quo,* id est, propter quem diem oramus, ut Deus dignetur vobis dare illud ad quod vocavit vos. I Petr. III, 9: *in hoc vocati estis, ut benedictionem hæreditate possideatis.*

Et *impleat omne bonum,* quod desideratis, quod est in vita æterna, quando habebimus Deum. Ps. CII, 5: *qui replet in bonis desiderium tuum.* Item *impleat opus fidei,* quod erit quando id quod hic per speculum et in ænigmate videmus, videbimus tunc facie ad faciem.

Sed quo fine? *ut clarificetur nomen Domini nostri Iesu Christi,* etc., id est, ad gloriam Christi sit; et per vos, tam in præsenti quam in futuro, nomen Christi glorificetur in bonis vestris. Matth. V, 16: *videant opera vestra bona, et glorificent patrem vestrum qui in cælis est.* E converso de malis dicitur Is. LII, 5, et Rom. II, 24: *nomen Dei per vos blasphematur.*

Sed per quid poterimus illud consequi? *secundum gratiam Dei nostri,* quæ est radix omnium bonorum nostrorum. I Cor. XV, 10: *gratia Dei sum id quod sum,* etc..

Capitulus II

Lectio 1

Superius apostolus ostendit futura, quantum ad pœnas malorum, et præmia bonorum, hic annuntiat futura quantum ad pericula ecclesiæ, quæ erunt tempore Antichristi. Et primo nuntiat veritatem de futuris periculis; secundo monet, ut in veritate permaneant, ibi itaque, fratres.

Circa primum duo facit, quia primo excludit falsitatem; secundo instruit de veritate, ibi quoniam nisi.

Iterum prima in tres, quia primo commemorat illud ex quo debent induci; secundo ostendit ad quid debent induci, ibi ut non cito; tertio removet illud quod eos movere posset, ibi neque per spiritum.

Inducit autem ex tribus, scilicet propriis precibus, ibi rogamus, non præceptis.

Philem. V, 8: multam fiduciam habens in Christo Iesu imperandi tibi, quod ad rem pertinet, propter charitatem magis obsecro.

Secundo ex adventu Christi, desiderabili bonis, licet terribili malis. Amos V, 18: væ desiderantibus diem Domini, etc.. II Tim. IV, 8: non solum autem mihi, sed et his qui diligunt adventum eius, etc.. Apoc. Cap. Ult.: veni, Domine Iesu, etc..

Tertio ex desiderio et amore totius congregationis sanctorum, in idipsum, scilicet ubi Christus est, quia Matth. XXIV, 28: ubi erit corpus, ibi congregabuntur et aquilæ.

Vel in idipsum, id est, in idem, quia omnes sancti loco et gloria erunt in eodem. Ps. XLIX, 5: congregate illi sanctos eius.

Sed ad quid inducit? ut non cito moveamini a vestro sensu. Est autem aliud moveri, aliud terreri. Movetur autem a suo sensu, qui prætermittit quod tenebat; quasi dicat: non cito dimittatis doctrinam meam.

Eccli. XIX, 4: qui cito credit, levis est corde.

Terror autem est quædam trepidatio, cum formidine contrarii. Et ideo dicit ne terreamini.

Iob XV, 21: sonitus terroris semper in auribus eius. Item si pax, illi semper insidias suspicantur. Sap. XVII, 10: cum enim sit timida nequitia, dat testimonium condemnationi, etc..

Deinde cum dicit neque per spiritum, removet quod eos movere posset, primo in speciali, secundo in generali, ibi ne quis.

Seducitur autem quis per falsam revelationem; unde dicit neque per spiritum, id est: si quis dicat sibi revelatum per spiritum sanctum, vel a spiritu sancto aliquid quod est contra doctrinam meam, non terreamini.

I Io. IV, 1: nolite omni spiritui credere. Ez. XIII, 3: væ prophetis insipientibus, qui sequuntur spiritum suum, et nihil vident. Aliquando etiam Satanas transfigurat se in Angelum lucis, ut dicitur II Cor. XI, 14; et III Reg. Cap. Ult.: egrediar, et ero spiritus mendax in ore omnium prophetarum eius.

Secundo per ratiocinationem, vel

falsam expositionem Scripturæ; ideo dicit neque per sermonem. II Tim. II, 17: sermo eorum ut cancer serpit. Eph. V, 6: nemo vos seducat inanibus verbis.

Tertio per auctoritatem inductam in malo intellectu. II Petr. Cap. Ult.: sicut charissimus frater noster Paulus, secundum sibi datam sapientiam scripsit vobis, sicut in omnibus epistolis, loquens in eis de his, in quibus sunt quædam difficilia intellectu, quæ indocti et instabiles depravant, sicut et cæteras Scripturas, etc..

Sed de quo seducebantur? quasi instet dies Domini.

Et dicit neque per epistolam tamquam per nos Missam. Quia in prima epistola nisi bene intelligatur, videtur dicere instare Domini adventum, ut illud: deinde nos qui vivimus, etc..

Deinde cum dicit ne quis, etc., facit idem in generali. Lc. XXI, 8: videte ne seducamini, etc.. I Cor. XV, 33: nolite seduci.

Ratio autem quare hæc removet apostolus, scilicet de adventu Domini, est, quia prælatus nullo modo debet velle quod per mendacium aliqua bona procurentur. I Cor. XV, 15: invenimur autem et falsi testes, etc.. Item quia res credita erat periculosa, quod scilicet instaret dies Domini. Primo quia daretur occasio maioris seductionis, quia futuri erant post tempora apostolorum aliqui, qui dicerent se esse Christum. Lc. XXI, 8: multi dicent: ego sum, etc.. Et ideo apostolus noluit. Item Dæmon frequenter prætendit se esse Christum, sicut patet de beato Martino. Et ideo ne seducantur, noluit.

Augustinus autem ponit aliam rationem, quia immineret periculum fidei. Unde diceret aliquis: tarde veniet Dominus, et tunc præparabo me ad eum. Aliud diceret: veniet cito, et ideo nunc me præparabo. Alius diceret: nescio. Et hic melius dicit, quia concordat Christo. Sed ille plus errat, qui dicit: cito; quia, elapso termino, homines desperarent, et crederent falsa esse quæ scripta sunt.

Deinde cum dicit quoniam nisi venerit discessio, etc., astruit veritatem; et primo ostendit quæ ventura sunt ad Antichristi adventum. Et sunt duo, quorum unum præcedit adventum Antichristi; aliud est ipse adventus eius.

Primum est discessio, quod multipliciter exponitur in Glossa. Et primo a fide, quia futurum erat, ut fides a toto mundo reciperetur. Matth. XXIV, 14: et prædicabitur hoc evangelium regni in universo orbe.

Istud ergo præcedit quod secundum Augustinum nondum est impletum, et post multi discedent a fide, etc.. I Tim. IV, 1: in novissimis temporibus discedent quidam a fide, etc.. Matth. XXIV, 12: refrigescet charitas multorum.

Vel discessio a Romano imperio, cui totus mundus erat subditus. Dicit autem Augustinus, quod hoc figuratur Dan. II, 31 in statua, ubi nominantur quatuor regna; et post illa adventus Christi, et quod hoc erat conveniens signum, quia Romanum imperium firmatum fuit ad hoc, quod sub eius potestate prædicaretur fides per totum mundum.

Sed quomodo est hoc, quia iamdiu gentes recesserunt a Romano imperio, et tamen necdum venit Antichristus? dicendum est, quod nondum cessavit, sed est commutatum de temporali in spirituale, ut dicit leo Papa in sermone de apostolis.

Et ideo dicendum est, quod discessio a Romano imperio debet intelligi, non solum a temporali, sed a spirituali, scilicet a fide catholica Romanæ ecclesiæ. Est autem hoc conveniens signum, quod sicut Christus venit quando Romanum imperium omnibus dominabatur, ita e converso signum Antichristi est discessio ab eo.

Secundo prædicit secundum futurum, scilicet Antichristum. Et primo quantum ad eius culpam et pœnam; secundo quantum ad eius potestatem, ibi eum cuius adventus.

Item primo communiter et implicite tangit culpam eius et pœnam; secundo explicat utrumque, ibi qui adversatur.

Dicit ergo: discessio primo veniet, et tunc revelabitur. Dicitur autem esse homo peccati et filius perditionis, secundum Glossam, quia sicut in Christo abundavit plenitudo virtutis, ita in Antichristo multitudo omnium peccatorum. Et sicut Christus est melior omnibus sanctis, sic ille peior omnibus malis. Et propter hoc homo peccati dicitur, quod totaliter erit peccatis deditus. Sed non dicitur sic homo peccati, quin posset esse peior, quia numquam malum corrumpit totum bonum, licet quantum ad actum non poterit esse peior. Christo autem nullus homo potuit esse magis bonus.

Dicitur autem filius perditionis, id est, deputatus extremæ perditioni. Iob XXI, 30: in diem perditionis servabitur malus, et ad diem furoris ducetur. Vel perditionis, id est, diaboli, non per naturam, sed per suæ malitiæ complementum, quæ in eo complebitur.

Et dicit revelabitur, quia sicut omnia bona et virtutes sanctorum, qui præcesserunt Christum, fuerunt figura Christi, ita in omnibus persecutionibus ecclesiæ tyranni fuerunt quasi figura Antichristi, et latuit ibi Antichristus: et ita tota illa malitia, quæ latet in eis, revelabitur in tempore illo.

Deinde cum dicit qui adversatur, explicat quæ dixerat. Et primo ostendit quomodo sit homo peccati; secundo quomodo filius perditionis, ibi et tunc revelabitur.

Item primo prænuntiat eius futuram culpam; secundo assignat eius causam, ibi et tunc.

Item primo describit culpam, secundo dicit se non annuntiare doctrinam novam, ibi non retinetis.

Item primo ostendit culpam, secundo eius signum, ibi ita ut, etc..

381

Duplex est autem eius culpa, scilicet contrarietas ad Deum; unde dicit qui adversatur omnibus spiritibus bonis. Iob XV, 26: cucurrit adversus Deum erecto collo, et pingui cervice, armatus est, sicut et membra eius. Is. III, 8: lingua eorum et adinventiones eorum contra Dominum, ut provocarent oculos maiestatis eius.

Secunda est, quia præfert se Christo; ideo dicit extollitur, etc..

Dicitur autem Deus tripliciter. Primo naturaliter.

Deut. VI, 4: audi, Israel, Dominus Deus tuus, Deus unus est. Secundo opinative.

Ps. XCV, 5: omnes dii gentium Dæmonia.

Tertio participative. Ps. LXXXI, 6: ego dixi: dii estis. Omnibus autem his se præferet Antichristus. Dan. XI, 36: elevabitur et magnificabitur adversus omnem Deum, et adversus Deum deorum loquetur magnifica.

Signum autem culpæ est, cum dicit ita ut in templo, etc.. Superbia enim Antichristi maior est superbia omnium præcedentium.

Unde sicut de caio Cæsare legitur, quod cum in vita adhuc esset, coli voluit, statuam suam ponens in quolibet templo, et Ez. XXVIII, 2 de rege Tyri dicitur: dixisti, quia Deus ego sum, etc.: ita credibile est, quod sic eis faciet Antichristus, dicens se Deum esse et hominem. Et in huius signum sedebit in templo.

Sed in quo templo? nonne est destructum a Romanis? et ideo dicunt quidam, quod Antichristus est de tribu Dan, cuius tribus inter alias duodecim non nominatur Apoc. VII, 5. Et ideo Iudæi primo eum recipient, et reædificabunt templum in Ierusalem, et sic implebitur illud Dan. IX, 27: erit in templo abominatio et idolum; Matth. XXIV, 15: cum vero videritis abominationem desolationis, quæ dicta est a Daniele propheta, stantem in loco sancto, qui legit intelligat.

Quidam vero dicunt, quod numquam Ierusalem, nec templum reædificabitur, sed usque ad consummationem et finem perseverabit desolatio. Et hoc etiam aliqui Iudæi credunt. Ideo exponitur in templo Dei, id est, in ecclesia, quia multi de ecclesia eum recipient. Vel secundum Augustinum, in templo Dei sedeat, id est, principetur et dominetur, tamquam ipse cum suis nuntiis sit templum Dei, sicut Christus est cum suis.

Deinde cum dicit non retinetis, ostendit quod nihil novi scribet; quasi dicat: olim cum essem apud vos, dixi hoc.

II Io., 5: non mandatum novum scribo vobis, sed mandatum vetus, quod habuistis ab initio. II Cor. X, 11: quales fuimus verbo per epistolas absentes, tales et præsentes in facto, etc..

Lectio 2

Superius apostolus prænuntians narravit adventum et culpam Antichristi, hic ostendit causam dilationis. Et primo ostendit eos habere huius scientiæ causam; secundo causam illam obscure proponit, ibi nam mysterium.

Dicit ergo: dico quod oportet revelari hominem peccati. Et quid nunc detineat, id est, quæ sit causa, quod tardet, scitis, quia ego dixi vobis, ita quod sic ad præsens detinet, ut suo tempore, id est, congruo tempore, reveletur. Eccle. VIII, 6: omni negotio tempus et opportunitas est. Et ibidem III, 11: omnia fecit Deus bona in tempore, etc..

Deinde cum dicit nam mysterium, etc., causam eius ponit. Et hæc littera multipliciter exponitur, quia hoc mysterium potest esse nominativi casu, vel accusativi.

Si primo modo, est sensus: dico ut suo tempore, quia etiam iam mysterium, id est, figuraliter occultatum, operatur in fictis, qui videntur boni, et tamen sunt mali. Et hi operantur officium Antichristi. II Tim. III, 5: habentes speciem pietatis, virtutem autem eius abnegantes.

Sed secundo modo est sensus: nam diabolus, in cuius potestate veniet Antichristus, iam incipit operari occulte iniquitatem suam, per tyrannos et seductores, quia persecutiones ecclesiæ huius temporis sunt figuræ illius ultimæ persecutionis contra omnes bonos, et sunt sicut imperfectæ comparando ad illam.

Tantum ut qui tenet, etc.. Hoc exponitur multipliciter. Uno modo, secundum Glossam, et Augustinum, qui dicunt, quod quidam opinati sunt Neronem, qui primo persecutus est christianos, esse Antichristum, et quod non fuerat occisus, sed subtractus, et quandoque restituendus.

Unde apostolus hoc evacuans, dicit tantum ut qui tenet nunc, Romanum imperium, teneat, donec de medio fiat, id est, donec moriatur. Sed hoc modo non est conveniens; quia multi anni sunt, quod Nero mortuus est, illo scilicet anno quo apostolus.

Sed melius est quod referatur ad Neronem, prout est persona publica Romani imperii, donec de medio fiat, id est, tollatur Romanum imperium de hoc mundo. Is. XXIII, 9: Dominus exercituum cogitavit hoc, ut detraheret superbiam omnis gloriæ, et ad ignominiam, etc..

Vel aliter tantum ut qui tenet, id est, detinet modo adventum Antichristi, teneat, ne veniat; quasi sit necessarium, quod adhuc aliqui veniant ad fidem, et aliqui recedant. Quasi dicat: ut discessus et accessus qui nunc tenet donec veniat, teneat donec tollatur ille obscœnus. Vel sic: tantum qui nunc tenet fidem, teneat, id est, firmus sit in ea. Ap. II: tene quod habes, ut nemo accipiat coronam tuam, donec de medio fiat, id est, congregatio malorum permixta, separetur, et fiat seorsum, quod erit in persecutione Antichristi.

Vel tantum, etc., id est, ut mysterium iniquitatis, id est, iniquitas mystica, quæ detinet, detineat donec fiat de medio, id est, donec iniquitas reducatur in publicum: et fiat quasi aliquid existens in publico de medio.

Multi enim modo occulte peccant, sed tamen quandoque fiet in aperto: quia Deus sustinet peccatores quamdiu sunt occulti, donec publice peccent, et tunc non sustinebit, ut patet de Sodomitis Gen. XIX, 24.

Sed tamen Augustinus confitetur se nescire quid apostolus illis loquitur, qui iam sciebant.

Unde dicit quid nunc detineat, scitis.

Et præterea hoc non erat multum necessarium ad sciendum.

Deinde cum dicit et tunc, etc., ponitur adventus iniqui, et pœna eius. Primo manifestatio; secundo eius pœna.

Quantum ad primum dicit ille, singulariter, iniquus revelabitur, quia manifesta erit eius culpa, quem Dominus Iesus interficiet spiritu oris sui. Is. XI: zelus Domini exercituum faciet hoc, id est, zelus iustitiæ, qui est amor. Spiritus enim Christi est amor Christi, et hic zelus est spiritus sancti, quem habet ad ecclesiam. Vel spiritu oris sui, id est, mandato suo; quia Michæl interfecturus est eum in monte oliveti, unde Christus ascendit; sic et Iulianus manu divina extinctus est.

Et hæc est pœna præsens, licet futura etiam æternaliter punietur, quia destruet illustratione, etc., id est, in adventu suo omnia illustrante. I Cor. IV, 5: illuminabit abscondita tenebrarum, etc.. Et destruet, inquam, æterna, scilicet damnatione. Ps. XXVII, 5: destruet illos, etc.. Et dicit, illustratione, quia ipse visus est ecclesiam obtenebrare, et tenebræ expelluntur illustratione, quia quicquid Antichristus ostenderit, ostendetur fuisse mendacium.

Deinde cum dicit eum cuius est adventus, prædicit potestatem Antichristi. Et circa hoc duo facit, quia primo ponit potestatem eius ad seducendum; secundo huius causam ex Domini iustitia, ibi eo quod charitatem.

Iterum prima in tres, quia primo ponit actorem huius potestatis; secundo modum seducendi; tertio ostendit seducendos.

Actor huius potestatis est diabolus, et ideo destruet eum Christus. I Io. III, 8: in hoc apparuit filius Dei, ut dissolvat opera diaboli. Et ideo dicit, quod adventus Antichristi erit secundum operationem Satanæ, id est ex instinctu eius. Ap. XX, 7: solvetur Satanas de carcere suo, et exibit, et seducet gentes, etc..

Operatur enim aliquid secundum operationem Satanæ, sicut arreptitius, in quo non solum instigat voluntatem, sed etiam impedit usum rationis: quod tamen non imputatur ad culpam eius, quia non habet usum liberi arbitrii. Antichristus autem non sic; sed habebit usum liberi arbitrii, in quo est diabolus suggerens, sicut dicitur de Iuda io. III: introivit in eum Satanas, scilicet instigando.

Decipiet autem hoc modo: primo per potentiam sæcularem; secundo per virtutem miraculorum.

Quantum ad primum dicit in omni virtute, scilicet sæculari. Dan. XI, 43:

dominabitur thesaurorum auri et argenti, et in omnibus pretiosis Aegypti. Vel virtute, scilicet simulata.

Quantum autem ad secundum dicit in *signis, etc.*. Signa sunt quædam mira etiam parva. Prodigia vero magna, quæ aliquem prodigiosum ostendunt, quasi procul a digito.

Ap. XIII, 13: *fecit signa magna, ita ut et ignem faceret descendere de cælo, etc.*.

Matth. XXIV, 24: *dabunt signa magna et prodigia, ita ut in errorem inducantur, si fieri potest, etiam electi.*

Et dicit mendacibus. Miraculum mendax dicitur, vel quia deficit a vera ratione facti, vel a vera ratione miraculi, vel a debito fine miraculi. Primum fit in præstigiis, quando per Dæmones illuduntur aspectus, ut aliud videatur, quam est; sicut Simon magus fecit decollari arietem, et postea ostensus est vivus; et homo decollatus est, et postea homo, qui credebatur decollatus, ostensus est vivus, et creditus est resuscitatus.

Et hoc faciunt homines commutando phantasmata et decipiendo.

Secundo modo illa dicuntur miracula improprie, quæ plena sunt admiratione, quando effectus videtur, et ignoratur causa. Quæ ergo habent causam occultam alicui, et non simpliciter, dicuntur quidem mira, et non miracula simpliciter. Sed quæ simpliciter causam occultam habent, sunt proprie miracula, quorum causa est ipse Deus gloriosus, quia totum ordinem naturæ creatæ transcendunt.

Aliquando vero fiunt aliqua mira, sed non præter ordinem naturæ, sed occultas causas habent: et hæc multo magis faciunt Dæmones, qui virtutes naturæ sciunt, et qui habent determinatas efficacias ad speciales effectus, et hæc faciet Antichristus; sed non quæ habent veram rationem miraculi, quia non possunt in illa quæ sunt supra naturam.

Tertio modo dicuntur miracula, secundum quod sunt ordinata ad attestandum veritati fidei, ad reducendum fideles in Deum. Mc. Cap. Ult.: *Domino cooperante, et sermonem confirmante sequentibus signis*. Sed si alicui adest gloria miraculorum et non utatur eis ad hoc, miracula quidem sunt vera quo ad rationem rei factæ, et quo ad rationem miraculi, sed sunt falsa quantum ad finem debitum, et intentionem Dei. Sed tamen hoc non erit in Antichristo, quia nullus contra fidem facit vera miracula, quia Deus non est testis falsitatis. Unde aliquis prædicans falsam doctrinam non potest facere miracula, licet aliquis habens malam vitam posset.

Deinde ostendit seducendos, cum dicit *his qui pereunt*, id est, in præscitis ad perditionem. Io. XVII, 12: *nemo ex eis periit, nisi filius perditionis*. Et hoc ideo, quia Io. X, 27: *oves meæ vocem meam audiunt*.

Lectio 3

Postquam ostendit in quibus habet locum deceptio Antichristi, scilicet in præscitis ad damnationem, hic assignat causam prædictorum. Et primo ostendit causam huius, et quomodo decipientur; secundo quomodo fideles ab eo liberentur, ibi nos autem.

Item primo ponit eorum culpam tantum; secundo pœnam cum culpa; tertio pœnam tantum.

Et est hic processus peccati: primo enim quis ex demerito primi peccati deseritur a gratia, et cadit in aliud peccatum, et post in æternum punitur.

Dicit ergo, quod causa quare decipientur est quia noluerunt recipere charitatis veritatem, id est, veritatem evangelii. Io. VIII, 46: si veritatem dico, quare non creditis mihi? Iob XXIV, 13: ipsi fuerunt rebelles lumini.

Et dicit charitatem veritatis, quia nisi sit formata fides per charitatem, nihil est.

I Cor. XIII, 2: si habuero fidem, ita ut montes transferam, charitatem autem non habuero, nihil sum, etc.. Gal. Cap. Ult.: in Christo Iesu neque circumcisio, neque præputium aliquid valet, sed nova creatura.

Et subdit utilitatem veritatis, dicens ut salvi fierent. Rom. V, 1: iustificati ex fide, pacem habeamus ad Deum per Dominum, etc..

Sed culpa et pœna est eorum seductio; unde dicit mittet, id est, permittet illis venire, operationem erroris. Is. XIX, 14: miscuit Dominus in medio eius spiritum vertiginis.

III Reg. Cap. Ult.: ero spiritus mendax in ore omnium prophetarum eius.

Et ideo dicit ut credant mendacio, id est, falsæ doctrinæ Antichristi. Rom. II: propter quod tradidit illos Deus in reprobum sensum, ut faciant ea quæ non conveniunt.

Sed pœna tantum est æterna damnatio; unde subdit ut iudicentur, scilicet iudicio damnationis. Io. V, 29: et procedent qui mala fecerunt in resurrectionem iudicii, etc.. Omnes qui non crediderunt veritati.

Io. III, 18: qui non credit, iam iudicatus est.

Deinde cum dicit nos autem, ostendit quare fideles Christi liberentur. Et primo agit gratias pro eis; secundo commemorat divina beneficia, quibus a talibus liberantur.

Dicit ergo sic: illi decipientur, sed nos debemus gratias agere. Rom. I, 8: primum quidem gratias ago Deo meo semper pro vobis per Dominum, etc..

Duplex autem ponit Dei beneficium, scilicet electionem Dei, quæ est æterna, et vocationem, quæ est temporalis, ibi in qua et vocavit vos.

Dicit ergo quod, pro quia, elegit nos, scilicet apostolos, et vos, scilicet fideles.

Eph. I, 4: elegit nos in ipso ante mundi constitutionem, ut essemus sancti, etc..

Io. XV, 16: non vos me elegistis, sed ego elegi vos.

Circa electionem tria tangit, scilicet ordinem electorum, finem electionis, et medium consequendi finem.

Electi sunt omnes sancti a principio mundi.

Deut. XXXIII, 3: dilexit populos, omnes sancti in manu illius sunt. Sed apostoli specialiter sunt primitiæ. Rom. VIII, 23: nos ipsi primitias spiritus habentes, etc.. Et ideo dicit primitias fidei.

Finis item electionis est salus æterna; et ideo dicit in salutem. I Tim. II, 4: omnes homines vult salvos fieri, etc..

Hoc autem fit, primo, ex parte Dei per gratiam sanctificantem; unde dicit in sanctificatione spiritus; secundo, ex parte nostra, est consensus liberi arbitrii per fidem; ideo subdit et in fide veritatis.

Deinde cum dicit in qua et vos vocavit, etc., ponit secundum beneficium, quod est vocatio temporalis Christi, quæ sequitur electionem. Rom. VIII, 30: quos vocavit, hos et iustificavit, etc.. Et de hac vocatione nota parabolam, Lc. XIV, 16 de eo, qui fecit cœnam magnam, etc..

Et addit per evangelium nostrum, id est, a me prædicatum. Sed ad quam cœnam? in acquisitione gloriæ, id est, ut acquiramus Christi gloriam.

Deinde cum dicit itaque, etc., monet tenere veritatem, et primo ponit monitionem; secundo orationem, ibi ipse autem Dominus, etc.. Et facit primum, quia opus nostrum dependet a libero arbitrio; secundum vero, quia indiget auxilio gratiæ.

Et primo monet ad standum, cum dicit state in veritate. Gal. V, 1: state, et nolite iterum iugo servitutis contineri.

Secundo docet modum standi, ibi et tenete traditiones, id est, documenta, quæ a maioribus traduntur. Nam documenta quæ traduntur a minoribus, quandoque non sunt servanda, quando scilicet contrariantur documentis fidei. Matth. XV, 6: irritum fecistis mandatum Dei, propter traditionem vestram.

Sed servanda sunt quæ ordinantur ad mandata Dei. Quas didicistis. Act. XVI, 4: Paulus docebat, ut tenerent traditiones et documenta quæ erant decreta ab apostolis et senioribus, qui erant Ierosolymis, etc..

Et has traditiones dupliciter ediderunt, quasdam verbis unde dicit per sermonem, quasdam in Scripturis ideo addit sive per epistolam.

Unde patet, quod multa in ecclesia non scripta, sunt ab apostolis docta, et ideo servanda. Nam multa, secundum iudicium apostolorum, melius erat ut occultarentur, ut dicit Dionysius. Unde apostolus I Cor. X dicit cætera cum venero disponam.

Deinde ponit orationem, ibi ipse autem Dominus noster Iesus Christus, etc.; quasi dicat: sic moneo, sed nihil valet nisi adsit divinum auxilium. Et ideo ponit primo duplex Dei beneficium.

Primum est amor eius ad nos, quo alia nobis impendit; ideo dicit dilexit nos.

Secundum est spiritualis consolatio,

ibi et dedit consolationem æternam. II Cor. I, 4: qui consolatur nos in omni tribulatione nostra. Is. XL, 1: consolamini, consolamini, popule meus, dicit Dominus Deus vester, etc..

Et dicit consolationem æternam, scilicet contra omnia mala imminentia et futura. Et ideo expectamus spem bonam, id est, bonorum æternorum infallibilitatem. I Petr. I, 3: qui secundum magnam misericordiam suam regeneravit nos in spem vivam. Et hoc in gratia, scilicet per quam speramus consequi vitam æternam. Rom. VI, 23: gratia Dei vita æterna.

Petit autem pro eis exhortationem, quæ est monitio ducens animum ad volendum.

Et hanc potest facere homo exterius; sed non esset efficax, nisi esset interius spiritus Dei. Unde dicit exhortetur corda vestra, id est, instiget. Os. II, 14: ducam eam in solitudinem, et loquar ad cor eius. Item petit confirmationem, unde dicit et confirmet.

Ps. LXVII, 29: confirma hoc, Deus, quod operatus es in nobis. Quasi dicat: exhortetur per gratiam, ut velimus, et confirmet ut efficaciter velimus. Et hoc in omni opere bono et sermone. Præcedit opus sermonem, quia cœpit Iesus facere et docere Act. I, 1.

Capitulus III

Lectio 1

Supra instruxit eos de futuris in novissimis, hic instruit eos de quibusdam, quæ particulariter eis agenda erant, ubi primo ponitur instructio; secundo epistolæ conclusio, ibi ipse autem Deus pacis.

Item primo monet qualiter se habeant ad ipsum; secundo ostendit quid de eis confidat ipse, ibi fidelis autem Deus; tertio quomodo se habeant ad alios, qui inordinate ambulant, ibi denuntiamus autem vobis.

Circa primum primo ponit orationem; secundo quid in oratione est petendum, ibi ut sermo.

Dicit ergo de cætero, scilicet quia estis sufficienter instructi, orate pro nobis.

Rom. XV, 30: obsecro igitur vos, fratres, per Dominum nostrum Iesum Christum et per charitatem spiritus sancti, ut adiuvetis me in orationibus vestris pro me ad Deum.

Et hoc est debitum, quia curati habent curam utilitatis gregis. Hebr. XIII, 7: mementote præpositorum vestrorum, qui vobis locuti sunt verbum Dei, etc..

Secundo ostendit quid petendum est, ut scilicet tollantur impedimenta prædicationis; et ideo dicit ut sermo Dei currat, quia non potest totaliter impediri, sed retardari.

Ideo dicit currat. Col. IV, 3: orantes simul etiam pro nobis, ut Dominus aperiat nobis Ostium sermonis ad loquendum mysterium Christi.

Item ut clarificetur, scilicet per claram et lucidam expositionem, apud rudes et sapientes, sicut et apud vos.

Rom. I, 14: sapientibus et insipientibus debitor sum. Prov. XIV, 6: doctrina prudentium facilis. Item per miracula, quæ sunt demonstrationes fidei.

Est enim omnis scientia clara per demonstrationes, et hoc est orandum. Act. IV, 29: da servis tuis cum omni fiducia loqui verbum tuum, etc..

Item, secundo, orandum est pro prædicatoribus, ut liberentur ab importunis et malis hominibus, scilicet pseudoapostolis, qui sunt importuni in disputando, mali in seducendo.

Vel a persecutoribus qui cogitaverunt iniquitatem in corde. Et ratio petitionis est, quia omnium non est fides, quia licet videantur habere eam, non tamen habent veram. Is. LIII, 1: Domine, quis credidit auditui nostro? Rom. X, 16: non omnes obediunt evangelio.

Deinde cum dicit fidelis, etc., ponit fiduciam quam habet de eis. Et primo facit hoc; secundo orat pro eis, ibi Dominus autem, etc..

Fiducia autem pendet ex eo qui gratiam dat, et ex hominibus qui sunt liberi arbitrii, ut dirigantur in gratia.

Dicit, primo, ex parte Dei: confido quod orabitis, et exaudiemini, quia fidelis est Dominus, qui confirmabit in bonis quæ in vobis est operatus. I Petr. Cap. Ult.: perficiet, confirmabit, consolidabitque, etc.. Et custodiet a malo, culpæ et pœnæ. Si tamen in mala pœnæ incidant, est eis in bonum, quia diligentibus Deum omnia cooperantur in bonum, ut dicitur Rom. VIII, 28.

Secundo, ex parte eorum dicit confidimus autem de vobis, fratres, scilicet ex gratia quam accepistis, sed in Domino, non in virtute vestra. Hebr. VI, 9: confidimus autem de vobis, dilectissimi, meliora et viciniora salutis, etc.. Quoniam quæcumque præcipimus, etc., id est, quoniam perseverabitis.

Ex. XXIV, 7: omnia verba, quæ locutus est Dominus, faciemus.

Deinde cum dicit Dominus, etc., pro eis orat, dicens Dominus autem dirigat, scilicet ut perveniatis. Est autem hominis animam præparare, et Domini linguam gubernare, ut dicitur Prov. XVI, 1. Et Paulo post: cor hominis disponit viam suam, sed Domini est dirigere gressus eius, scilicet ad destinatum bravium. Et ideo dicit dirigat corda nostra, non solum exteriora opera; et hoc in charitate Dei.

Duo autem sunt, per quæ in via salutis incedimus, scilicet bona quæ facimus, et mala quæ sustinemus. Sed opera non sunt bona, nisi directa in finem charitatis. I Tim. I, 5: finis præcepti est charitas, etc.. Item nec patientia, nisi per Christum. Lc. XXI, 19: in patientia vestra possidebitis animas vestras.

Matth. V, 11: beati eritis, cum maledixerint vobis homines. Et ideo dicit et patientia Christi, id est, tolerantia malorum propter Christum, vel ad exemplum eius.

I Petr. II, 21: Christus passus est pro nobis, vobis relinquens exemplum,

etc..

Deinde cum dicit denuntiamus, etc., ostendit quomodo se habeant ad homines inordinatos. Et primo proponit edictum; secundo exponit, ibi ipsi enim, etc.; tertio ostendit necessitatem edicti proponendi, ibi audivimus.

Dicit ergo: sic vos vivitis, et sic confido; sed quia sunt quidam mali inter vos, denuntiamus, etc., scilicet perfectis, in nomine, etc.. Hoc enim ad prælatum pertinet.

Is. LVIII, 1: annuntia populo meo scelera eorum, et domui Iacob peccata eorum, etc.. Ez. III, 18: sanguinem illius de manu tua requiram.

Et sequitur edictum, dicens ut subtrahatis, etc.. Ex hoc introductum est in ecclesia, quod mali vitentur, et hoc ne infirmiores ex eorum consortio maculentur. Eccli. XIII, 1: qui tetigerit picem inquinabitur ab ea. I Cor. V, 6: modicum fermentum totam massam corrumpit. Item ad sanationem peccantis, ut confusio cedat ei in salutem. Eccli. IV, 25: est confusio adducens peccatum, et est confusio adducens gloriam. Nec hoc debet fieri passim, sed cum deliberatione et maturitate.

I Cor. V, 4: congregatis vobis et meo spiritu cum virtute Domini Iesu tradere huiusmodi hominem Satanæ in interitum, etc.. Et sic hic dicitur ut subtrahatis, etc..

Nec debet fieri excommunicatio, nisi pro aliquo peccato, quia hic dicitur inordinate, etc.. Et hoc est quando aliquid est secundum se malum, et contra ordinem iuris naturalis, ut Glossa exponit. I Cor. XIV, 40: ut omnia honeste et secundum ordinem fiant in vobis.

Rom. XIII, 1: omnia quæ sunt, a Deo ordinata sunt. Vel quia est prohibitum, et contra doctrinam ecclesiæ. Unde dicit et non secundum traditionem, etc.. Supra secundo huius: tenete traditiones quas didicistis sive per sermonem, sive per epistolam nostram.

Deinde cum dicit ipsi enim, etc., exponit quantum ad ultimum quod dixerat, scilicet secundum traditiones, ostendens quæ sit traditio hæc, et quomodo acceperunt ab ipso. Est autem hæc traditio ut non essent otiosi, vel curiosi. Et primo ostendit quomodo acceperunt exemplo; secundo quomodo verbo.

Item primo ostendit quod vitavit inquietudinem; secundo quomodo; tertio assignat causam.

Dicit ergo traditionem quam acceperunt, scitis, etc., quia prælati sunt imitandi non in omnibus, sed in his, quæ sunt secundum regulam Christi. I Cor. IV, 16 et XI, 1: imitatores mei estote, sicut et ego Christi. Et in quo? quoniam non inquieti fuimus inter vos. Erant enim Thessalonicenses valde liberales. I Thess. IV, 9: de charitate fraternitatis non necesse habemus scribere vobis, ipsi enim didicistis, etc.. Et hac ratione pauperes otiose vivebant, et ex otio dabant se operibus indebitis, nec pertinentibus ad eos. Et hoc erat inquietudo. Et ideo dicit quoniam non inquieti, etc.. I Thess. IV, 11: operam detis, ut quieti sitis, etc..

Item neque gratis panem manducavimus, etc., quia operibus manuum operabatur.

Act. XX, 34 dicitur: ipsi scitis quoniam ad ea quæ mihi opus erant, et his qui mecum sunt, ministraverunt manus istæ. Et Prov. Cap. Ult.: panem otiosa non comedit.

Num. XVI, 15: tu scis, quia nec asellum quidem unquam acceperim ab eis, etc..

Sed in labore et fatigatione. Non parum, sed nocte et die, id est, continue, quia aliquando oportebat eum prædicare et docere, et residuum ponebat in labore, ne quem vestrum gravaremus. II Cor. XII, 13: quid est quod præ cæteris minus habuistis, nisi quod non gravavi vos? deinde cum dicit non quasi, etc., assignat causam sui operis manualis. Ubi excludit primo causam falsam, secundo ponit veram.

Falsa quidem causa esset si quis diceret quod ei non liceret accipere ab eis sumptus.

Et ideo dicit non quasi non habuerimus, immo habuimus potestatem vivendi de sumptibus fidelium. I Cor. IX, 13: qui altari deserviunt, cum altari participant. Matth. X, 10: dignus est operarius cibo suo. I Cor. IX, 14: sic et Dominus ordinavit his qui evangelium annuntiant, de evangelio vivere.

Et sic ex evangelio sunt duo genera hominum potestatem habentium vivere ex aliorum sumptibus, qui scilicet altari deserviunt, et prædicatores.

Deinde cum dicit sed ut vos, etc., ponit veram causam. Nam duplicem causam invenimus, quare apostolus manibus laboravit: una apud Corinthios; alia hic. Illi enim erant avari, et graviter tulissent, sicut ibi dicitur. Causa autem quare laboravit hic fuit horum otium. Et ideo dicit ut nos formam daremus, etc., scilicet laborandi.

I Tim. IV, 12: exemplum esto fidelium in verbo, in conversatione, in charitate, in fide, in castitate. I Petr. V, 3: forma facti gregis.

Alia causa ponitur in Glossa, I Cor. IV, scilicet quando non invenimus qui det nobis, et tunc laborabat.

Quarta causa erat, ut sicut monachi Aegypti non essent otiosi. Eccli. XXXIII, 29: multam malitiam docuit otiositas. Unde qui non habent exercitium officii, vel studii, vel lectionis, periculose vivunt otiosi.

Lectio 2

Supra ostendit apostolus quid eis suo exemplo tradidit, ut scilicet non essent inquieti, sed ut operarentur, hic ostendit quomodo hoc præsens verbis et factis tradidit. Unde dicit cum essemus, quasi dicat: ut formam daremus vobis, fecimus quod docuimus, quia hoc denuntiabamus, quoniam, etc.. Hæc verba, sicut dicit Glossa et Augustinus in libro de operibus monachorum, quidam pervertebant quod non sit licitum servis Dei manibus operari, propter hoc quod dicitur Matth. VI, 34: nolite solliciti esse, etc.. Nam dicunt hanc operationem pertinere ad sollicitudinem victus. Et propter hoc istud referebant ad spiritualia opera; quasi dicat: si quis non vult facere opera meritoria et spiritualia, non est dignus manducare.

Sed hoc est contra intentionem apostoli, qui dicit denuntiabamus nos sic fecisse, scilicet in labore et fatigatione.

Sed quid est quoniam si quis non vult, etc.? estne hoc consilium vel præceptum? et videtur esse præceptum, quia infra dicitur: si quis non obedierit verbo nostro, etc.. Ergo omnes tenentur manibus operari. Qui igitur non operatur manibus, sed stat otiosus, peccat mortaliter.

Respondeo. Dicendum est quod est præceptum, sed aliquid præcipitur dupliciter: simpliciter, vel sub conditione. Simpliciter præcipitur quod per se est necessarium ad salutem: et hæc sunt opera virtutum. Sub conditione vero, ut quando talis est casus, quod sine opere manuali præceptum servari non potest. Præcipitur autem homini quod corpus suum sustentet, alias enim est homicida sui ipsius. Gen. II, 16: de omni ligno Paradisi comede, etc.. Ex præcepto ergo tenetur homo corpus suum nutrire, et similiter ad omnia, sine quibus corpus non potest vivere, tenemur. Unde quicumque non habet alias, unde corpus sustentet licite, vel possessione, vel licito negotio, tenetur laborare, ne furetur. Eph. IV, 28: qui furabatur, iam non furetur, magis autem laboret operando manibus suis, etc.. Est ergo præceptum, quando aliter non potest licite vivere. Unde dicit si quis non vult operari, nec manducet.

Est ergo alterum duorum necessarium, ut homo possit manducare, scilicet vel quod habeat possessionem, vel quod licite procuret.

Ps. CXXVII, 2: labores manuum tuarum quia manducabis, etc.. I Thess. IV, 11: operamini manibus vestris, sicut præcepimus vobis, etc..

Deinde cum dicit audivimus, etc., ponit necessitatem huius præcepti, quia apostolus dicit hoc non tam ex officio docentis, quam propter vitium gentis. Ideo primo ponit culpam quæ inducit necessitatem præcepti; secundo adhibet remedium, ibi his autem qui, etc..

Dicit ergo audivimus, etc.; quasi dicat: ideo non occulto hoc præceptum, quia audivimus quosdam, etc.. Anima enim hominis semper oportet quod circa aliquid occupetur, et ideo necesse est quod otiosi inquietudinem patiantur circa illicita. I Thess. IV, 11: operam detis ut quieti sitis, etc..

Et addit sed curiose agentes, scilicet de negotiis aliorum. Prov. XXI, 25: desideria occidunt pigrum.

Deinde adhibet remedium, cum dicit his autem qui, etc.. Et primo ex parte peccantium, secundo ex parte aliorum, ibi vos autem, etc..

Dicit ergo his qui sunt eiusmodi denuntiamus severe, ut prælatus, et obsecramus charitative, ut pater eorum, ut panem suum, non alienum sed debitum sibi, scilicet licite acquisitum, cum silentio, id est, sine inquietudine, non discurrendo, manducet.

Is. XXX: cultus iustitiæ, silentium. Ez. Multam malitiam docuit otiositas.

Deinde cum dicit vos autem, etc.

Ex parte aliorum non peccantium duplex adhibet remedium.

Primo scilicet quod non cessent benefaciendo, secundo quod illos corripiant, ibi quod si quis, etc..

Dicit ergo vos autem, etc., quasi dicat: nolite deficere benefaciendo, licet otiosi abutantur. Gal. V: bonum facientes, non deficiamus, etc.. Et hoc necessarium est, etiam si operentur manibus, et non deesset illis aliquid, quia necessaria est aliis subventio.

Deinde cum dicit quod si quis, etc., innuit quod corrigantur, et primo ostendit quo ordine puniantur; secundo ostendit effectum pœnæ, ibi ut confundantur; tertio finem, ibi et nolite, etc..

In ordine vero, primo, ponit culpam, secundo eius manifestationem, tertio eius punitionem.

Culpa est inobedientia; et ideo dicit quod si quis non obedierit. I Reg. XV, 23: quasi peccatum ariolandi est repugnare, et quasi scelus idololatriæ nolle acquiescere.

Manifestatio et convictio ponitur, cum dicit hunc per epistolam notate, id est, manifestate, sed per veritatis inquisitionem. Iob XXIX, 16: causam quam nesciebam, diligentissime investigabam.

Pœna eorum est sententia excommunicationis; unde dicit et non commisceamini cum illo, etc.. I Cor. V, 11: cum huiusmodi nec cibum sumere. II Io. V, 10: nolite recipere eum in domum, nec ave ei dixeritis.

Hic nota quod excommunicatio infligitur pro inobedientia; debet tamen esse convictus.

Unde dicit si quis non obedierit, per epistolam vestram, hunc notate, id est, significate nobis, ut puniatur: et tamen vos interim ne commisceamini cum illo.

Sed effectus pœnæ est, ut confundatur, et ex hoc resipiscat. Eccli. IV, 25: est confusio adducens peccatum, et est confusio adducens gloriam.

Finis autem et intentio debet esse eius correctio, quam intendit charitas; unde dicit et nolite invicem existimare, quia non debet fieri ex livore odii, sed ex studio charitatis; quasi dicat: quod ipsum vitatis, non fiat ex odio inimicitiæ. Matth. V, 44: diligite inimicos vestros, benefacite his qui oderunt vos. Et ideo dicit sed corripite ut fratrem.

In quo ostenditur charitas. Ps. CXXXII, 1: ecce quam bonum, et quam iucundum habitare fratres in unum, etc..

Deinde cum dicit ipse autem, etc.,

concludit epistolam. Et primo ponitur conclusio; secundo salutatio, quæ est quasi epistolæ sigillum, ibi salutatio, etc..

Iterum prima in duas, quia eis primo optat dona Dei, secundo ipsum Deum, ibi Dominus sit, etc..

Quantum ad primum dicit ipse, etc.. Deus dicitur esse pacis quantum ad duo.

Pax enim consistit in duobus, ut scilicet homo concordet ad seipsum, et ad alios. Et neutrum potest haberi sufficienter nisi in Deo: quia sibi non concordat sufficienter nisi in Deo et minus aliis quia tunc affectus hominis concordat in seipso quando quod appetitur secundum unum, sufficit quantum ad omnes, quod nihil potest esse præter Deum. Ps. CII, 5: qui replet in bonis desiderium tuum. Quæcumque enim alia, præter Deum, non sufficiunt ad omnes, sed Deus sufficit. Io. XVI, 33: in me pacem habebitis, etc.. Item homines non uniuntur inter se, nisi in eo quod est commune inter eos, et hoc est maxime Deus.

Et ideo dicit Deus pacis det, non pacem temporalem, sed sempiternam, id est, spiritualem, quæ hic incipit, et ibi perficitur.

Ps. CXLVII, 3: qui posuit fines tuos pacem, etc.. Et hoc in omni loco, et in toto mundo apud fideles.

Quantum ad secundum dicit Dominus sit cum omnibus vobis, quia nihil aliud bene habetur, nisi ipse habeatur per fidem et charitatem.

Salutatio mea, hoc dicit propter infideles pervertentes epistolas eius. Gal. Cap. Ult.: videte qualibus litteris scripsi vobis manu mea, etc.. Quod est signum, etc..

Gratia, id est, gratuitum donum Dei, quod gratos vos reddit Deo, etc.. Io. I, 17: gratia et veritas per Iesum Christum facta est.

Prima Epistola ad Timotheum

Prologus

Prœmium

In manu Dei potestas terræ, et execrabilis omnis iniquitas gentium, et utilem rectorem suscitabit in tempore super illam.

Eccli. X, 4.

Hæc verba materiæ huius epistolæ conveniunt. Prius enim instruxit ecclesiam in his, quæ ad eius unitatem pertinent, hic instruit ipsos rectores ecclesiæ, qui sunt quasi principalia membra eius. Circa quod videnda est ista instructio et utilitas.

Instructio est in Deo, quia in manu Dei, etc.. Et hoc tripliciter, quia ab ipso exoritur.

Rom. XIII, 1: non est potestas nisi a Deo.

Item quod secundum Deum debet regulari.

Prov. VIII, 15: per me reges regnant, et conditores legum iusta decernunt. Item quia secundum Dei dispositionem, eorum potestas fundatur. Dan. II, 21: et ipse mutat tempora et ætates, transfert regna atque constituit.

Item utilitas eorum ostenditur, quia est ad cohibendam nequitiam hominum, quia execrabilis omnis iniquitas gentium. Iusto non est lex posita. Rectores legis tripliciter debent se habere ad mala. Primo ut ea corde odio habeant. II Mach. III, 1: animo odio habentes mala, etc.. Secundo ut prohibeant ea ne fiant. Prov. XX, 8: rex qui sedet in solio iudicii dissipat omne malum.

Tertio ut facta puniant. Rom. XIII, 4: minister enim Dei est, vindex in iram eius qui male agit.

Quarto videnda est utilitas, ibi utilem rectorem, etc.. Et ad tria est utilis rector, quæ notantur Eccli. XLIX, 17: Ioseph princeps fratrum, ut gentem sustentet per potentiam. Is. XIX, 4: et rex fortis dominabitur eorum, etc.. Rector fratrum, dirigendo per sapientiam. Is. XXXII, 8: princeps ea quæ sunt digna principe cogitabit, etc.. Eccli. X, 24: in medio fratrum rector illorum. Stabilimentum populi, ut cohibeat ab iniustis per iustitiam, Ps. XVII, 27: tu populum humilem salvum facies, et oculos superborum humiliabis, etc..

Et sic patet materia harum epistolarum, quia est ad instructionem rectorum populi fidelis, in quo quidam præferuntur in spiritualibus, sicut prælati ecclesiarum, quos primo instruit; quidam vero in temporalibus, quos secundo monet; et hoc in epistola ad Philemonem.

Circa primum tres sunt epistolæ, secundum tria quæ competunt prælato, quorum primum est ut gubernet populum; secundum, ut pro populo subdito patiatur; tertium, ut malos cœrceat.

Primum in prima ad Timotheum; secundum in secunda, ubi agit de martyrio; tertium in epistola ad Titum, ubi agit ac docet quomodo vitet hæreticos, ut etiam patet in argumentis epistolarum.

Capitulus I

Lectio 1

Dividitur hæc epistola in salutationem et epistolarem narrationem, ibi sicut rogavi.

Circa primum tria facit, quia primo ponitur persona salutans, secundo persona salutata; tertio bona optata.

Describit autem personam salutantem, primo ex nomine Paulus, quod convenit auctoritati propter duo. In apostolatu enim duo sunt, scilicet altitudo potestatis, ad quam exaltantur humiles. I Reg. XV, 17: cum esses parvulus in oculis tuis, caput in tribubus Israel factus es. Et Paulus dicitur modicus. Item claritas sapientiæ, et hanc Dominus præbet parvulis. Matth. XI, 25: revelasti ea parvulis, etc..

Secundo ex auctoritate, quia apostolus, id est, missus. Io. XX, 21: sicut misit me pater.

I Cor. IX, 2: signaculum apostolatus mei vos estis in Domino.

Tertio ex origine huius auctoritatis, unde dicit Iesu Christi secundum imperium Dei, etc.. Act. XIII, 2: segregate mihi Barnabam et Saulum in opus ad quod assumpsi eos.

I Reg. XIII, 14: quæsivit sibi Dominus virum iuxta cor suum, etc.. Ex quo patet quod prælati ex necessitate præcepti tenentur ad ea quæ sunt proprii officii. I Cor. IX, 16: væ mihi enim est, si non evangelizavero.

Et Christi Iesu spei nostræ, qui est spes nostra, ut ad eum veniamus.

Phil. I, 23: desiderium habens dissolvi, et esse cum Christo, etc.. Vel spei nostræ, quia per ipsum speramus adipisci bona æterna.

I Petr. I, 3: regeneravit nos in spem vivam, etc.. Rom. XV, 4: per consolationem Scripturarum spem habeamus.

Personam salutatam describit tripliciter.

Primo ex nomine, cum dicit Timotheo, de quo Act. XVI. Item ex affectione, dicens dilecto. Phil. II, 20: neminem habeo tam unanimem, etc.. Item ex filiatione, dicens filio in fide, scilicet a se converso. I Cor. IV, 17: misi ad vos Timotheum filium meum charissimum, et fidelem in Domino, etc..

Tunc autem primo ponit bona optata, et deinde ostendit a quo sunt.

Sciendum est autem quod in aliis epistolis duo ponuntur, hic tria, quia prælati pluribus indigent. Et ideo dicit gratia et misericordia, primo sibi, et deinde aliis. Et sumitur hic misericordia pro remissione peccatorum, quia hæc est ex Dei misericordia: gratia vero pro munere gratiarum, quo indigent prælati. Vel gratia, sicut in aliis, pro gratia iustificante, sed misericordia pro munere divino in spiritualibus charismatibus exaltante. Sap. IV, 15: gratia Dei et misericordia in sanctos eius, et respectus in electos illius. Et pax, scilicet tecum, et per te aliis. Ps. LXXI, 3: suscipiant montes pacem.

Sed unde? a Deo, ut dent populo. Iac. I, 17: omne datum optimum, et omne donum perfectum desursum est, descendens a patre luminum. Et Christo Iesu Domino nostro, scilicet per quem maxima nobis et pretiosa promissa donavit, II Petr. I, 2.

Lectio 2

Hic incipit epistolaris narratio. Et est hæc epistola quasi pastoralis regula, quam apostolus tradit Timotheo, instruens de omnibus, quæ spectant ad regimen prælatorum, et eo ordine quo debet esse intentio.

Primo ergo instruit eum de spiritualibus ministrandis, secundo de temporalibus, in IV cap., ibi spiritus autem.

Item ad prælatum pertinet primo quod doceat de forma fidei, ne fides subditorum corrumpatur. Lc. XXII, 32: ego rogavi pro te, ut non deficiat fides tua, et tu aliquando conversus confirma fratres tuos. Secundo ut instruat eos de pertinentibus ad cultum Dei, quod non potest esse, nisi fides sit recta.

Ideo primo instruit de fide; secundo de cultu Dei, II cap., ibi obsecro igitur; tertio agit de institutione officiorum, in III cap., ibi fidelis sermo.

Sciendum est autem quod in primitiva ecclesia error fuit periculosus quorumdam dicentium, legalia debere servari simul cum evangelio, quod apostolus excludit primo ostendens legis conditionem; secundo probat per experimentum in seipso, ibi gratias ago.

Circa primum tria facit, quia primo ostendit quid de lege sit repudiandum; secundo quid in ea acceptandum, ibi finis autem præcepti; tertio concludit legis conditionem, ibi scimus autem quia.

Repudiandum est autem in lege quod alii male addiderunt, non quod a Deo est datum, nisi iam secundum carnalem intellectum, et primo docet falsas fabulas et traditiones esse repudiandas; secundo rationem assignat, ibi quæ quæstiones.

Dicit ergo: dico quod debes facere sicut rogavi te, cum tamen possem imperare.

Eccli. XXXII, 1: rectorem te posuerunt? noli extolli, esto in illis quasi unus ex illis.

Ut denuntiares quibusdam.

Vel aliter: duo pertinent ad prælatum, ut cohibeat docentes falsa. Et ideo dicit ne aliter docerent. Gal. I, 9: si quis vobis evangelizaverit præter id quod accepistis, anathema sit. Deut. IV, 2: non addetis ad verbum quod ego loquor vobis, neque auferetis ex eo. Secundo, ut si contingat quod aliqui falsa docerent, prohibeat populum ne eis intendant; unde dicit neque intenderent fabulis et genealogiis interminatis.

Fuerunt autem quidam hæretici, qui detestantes vetus testamentum, exponebant quod apostolus ipsum repudiabat, deridendo historias eius, dicens fabulis et genealogiis interminatis, etc.. Contra quod dicit Augustinus quod apostolus utitur historiis et genealogiis veteris testamenti. Gal. IV, 22: Abraham duos filios habuit, etc.. Si ergo reprobaret, non eis uteretur.

Dicit ergo fabulas, non datam legem in scriptis, sed in ore, scilicet thalmud: non quæ Moyses ore tradidit, sed quæ alii addiderunt, ut sunt stultæ fabulæ, scilicet quod Adam habuit aliam uxorem, ex qua dicunt natos Dæmones. Matth. XV, 6: irritum fecistis mandatum Dei propter traditionem vestram.

II Tim. IV, 4: ad fabulas autem convertentur.

Ratio huius est, quia præstant quæstiones, id est, contentiones. II Tim. II, 14: noli verbis contendere. Prov. XX, 3: honor est homini qui se separat a contentionibus.

Magis quam ædificationem Dei, quæ est in fide, quando scilicet aliquis est confirmatus in veritate fidei, ad quod debet omnis doctrina tendere.

Deinde cum dicit finis autem, ostendit quid de lege sit tenendum. Et circa hoc duo facit, quia primo ostendit hoc; secundo quod periculum est his qui hoc non tenent, ibi a quibusdam, etc..

Circa primum sciendum est quod lex vetus dicitur lex mandatorum, quia mandatis et præceptis continetur. Eph. II, 15: legem mandatorum, decretis evacuans. Illud ergo ad quod ordinantur omnia mandata legis est præcipue tenendum; hoc autem est charitas. Matth. XXII, 37: diliges Deum tuum ex toto corde tuo, etc.. Et Paulo post: in his duobus mandatis universa lex pendet et prophetæ.

Sed quomodo charitas est finis præcepti? ad hoc sciendum, duo sunt consideranda: primo quod omnia præcepta legis sunt de actibus virtutum, et quod per omnes actus virtutum ordinatur homo unus ad alium.

Secundo quod obiectum unius virtutis est finis alterius, quia quandocumque una potentia est circa aliquem finem, ad illam ordinantur omnia quæ sunt eiusdem, sicut ad finem; sicut frænifactiva est ad equestrem, quia officium equestris est eius finis, hæc autem ad ducem.

Virtutes autem theologicæ ultimum finem habent pro obiecto. Aliæ autem sunt circa ea quæ sunt ad finem. Virtutes ergo omnes respiciunt theologicas sicut finem. Inter theologicas vero illa plus habet de ratione finis, quæ propinquius se habet ad ultimum finem.

Fides autem ostendit eum, spes facit tendere in eum, charitas unit. Ergo omnes ordinantur ad charitatem, et sic dicitur charitas finis præceptorum.

Sed cum ea quæ sunt ad finem, disponunt ad finem, præcepta autem sunt ad charitatem, ideo disponunt ad eam. Ideo dicit de corde puro. Ad hoc enim quod cor sit purum, dantur præcepta virtutum, quarum quædam ordinantur ad modum rectificandi passiones, quarum, scilicet virtutum, materiæ sunt passiones, sicut temperantia quæ ordinat concupiscentiam, mansuetudo iras, fortitudo timores et audacias. Per has autem passiones turbatur puritas cordis. Et ideo istæ virtutes faciunt cor purum.

Sed numquid hoc requiritur ad charitatem? respondeo. Dicendum est quod sic, quia impossibile est quod cor impurum sit promptum ad charitatem, quia unicuique est diligibile quod sibi est conforme. Cor impurum diligit illud, quod competit ei secundum passionem; ergo necesse est quod sit expeditum a passionibus. Cant. I, 3: recti diligunt te.

Aliæ virtutes sunt quæ rectificant hominem ad proximum, et ex hoc sequitur quod habeat conscientiam bonam, quia non facit alteri quod sibi non vult fieri. Matth. VII, 12: omnia ergo quæcumque vultis ut faciant vobis homines, et vos facite illis.

Et ideo quæ contra proximum sunt, sunt contra conscientiam. Unde dicit et conscientia bona. Qui ergo non habuerit conscientiam bonam, non potest Deum pure diligere, quia qui non habet conscientiam bonam, timet pœnam. Timor autem non est in charitate, sed fugit Deum, et non unitur ei. Et ideo præcepta, quæ conscientiam rectificant, bene disponunt ad charitatem.

Aliæ sunt virtutes ad habendam veram fidem, scilicet virtutes quibus Deum colimus, scilicet latriæ et huiusmodi, quæ sunt ordinata ad removendum errores, et ad confirmandum in cordibus fidei firmitatem de Deo. Qui enim non habent veram fidem, non possunt Deum diligere; quia qui falso credit de Deo, iam non diligit Deum. Non enim diligit qui non credit, quia non figitur affectus, nisi in illo quod ostendit intellectus. Et ideo quæ faciunt fidem veram, ordinantur ad charitatem. Et ideo dicit de corde puro, quia faciunt hoc. Matth. V, 8: beati mundo corde, quoniam ipsi Deum videbunt.

Et conscientia bona. II Cor. I, 12: gloria nostra hæc est, testimonium conscientiæ nostræ.

Et fide non ficta, id est, vera.

Et ideo virtutes et præcepta ordinantur ad finem qui est charitas, quæ sumitur secundum ista tria, etc..

Lectio 3

Supra ostendit virtutum dignitatem et utilitatem, hic declarat harum necessitatem, quia quicumque ab his discedit, in periculum falsæ doctrinæ cadit. Et circa hoc duo facit, quia primo ponitur falsitas doctrinæ in quam incidunt; secundo conditio falsa docentium, ibi volentes esse.

Dicit ergo: finis præcepti, etc. Et hæc sunt principalia legis, a quibus quidam discedunt. Ps. XI, 2: vana locuti sunt, etc..

Et nota quod recessus a charitate causa est falsæ doctrinæ, quia qui non amant charitatem, cadunt in mendacium. II Thess. II, 11: qui non crediderunt veritati, sed consenserunt iniquitati. Similiter qui dimittunt cordis puritatem. Habentes enim cor infectum passionibus, iudicant secundum affectum earum, et non secundum Deum. I Cor. II, 14: animalis homo non percipit quæ Dei sunt, etc.. Similiter habentes conscientiam malam, quia non possunt quiescere in veritate. Et inde est quod quærunt falsa, ut in eis quiescant. Infra eodem: habens fidem et conscientiam bonam. Similiter qui habet fiduciam fictam. Is. XXI, 2: qui incredulus est, infideliter agit.

Deinde cum dicit volentes, etc., ponitur conditio falsa docentium, et primo inordinata ambitio; secundo defectus eorum.

Quantum ad primum dicit volentes esse, etc.. Matth. XXIII, 6: amant primos recubitus in cœnis, et vocari ab hominibus, Rabbi, etc.. Iac. III, 1: nolite plures Magistri fieri, etc..

Quantum ad secundum dicit non intelligentes.

Ps. LXXXI, 5: nescierunt, neque intellexerunt, in tenebris ambulant. Sap. V, 6: sol intelligentiæ non est ortus nobis. Neque quæ loquuntur per auctoritates, quas non intelligunt, neque de quibus affirmant, scilicet concludendo.

Deinde cum dicit scimus autem, etc., ponit legis conditionem quantum ad duo.

Primo quantum ad bonitatem legis; secundo quantum ad finem et intentionem legislatoris, ibi scientes.

Dicit ergo scimus, scilicet per certitudinem, quod lex bona est, non mala, ut hæretici dicunt. Ps. XVIII, 7: lex Domini immaculata, etc.. Rom. VII, 12: lex quidem sancta est, et mandatum sanctum, et iustum, et bonum. Sed contingit, quod aliquis bono utatur male. Cum ergo lex sit bona, requiritur quod homo ea bene utatur. Et ideo dicit si quis recte ea utatur. Alias fit ei mors, ut dicitur Rom. VIII.

In lege enim sunt quædam moralia, et quædam cæremonialia. Cæremonialia quidem in figura Christi et ecclesiæ sunt data, sed indigent, ut intelligantur non solum carnaliter, sed etiam spiritualiter; et in figura futurorum, et ut scias quod non sunt perpetuo servanda, sed cessant veritate veniente.

Ier. XXXI, 31: et feriam domui Israel et domui Iuda fœdus novum, non secundum pactum quod pepigi cum patribus vestris, etc..

Et sic exponit Glossa.

Sed apostolus videtur loqui de moralibus, quia subdit quod lex posita est propter peccata, et hæc sunt præcepta moralia. Horum legitimus usus est, ut homo non attribuat eis plus quam quod in eis continetur. Data est lex ut cognoscatur peccatum. Rom. VII, 7: quia nisi lex diceret: non concupisces, concupiscentiam nesciebam, etc.; quod dicitur in Decalogo. Non est ergo in eis spes iustificationis, sed in sola fide. Rom. III, 28: arbitramur iustificari hominem per fidem sine operibus legis.

Deinde cum dicit scientes, ostendit conditionem legis quantum ad legislatoris intentionem; et primo ponit existimatam; secundo ponit veram intentionem, ibi sed iniustis.

Existimata intentio excluditur, cum dicit iusto, etc..

Ubi posset esse duplex falsus intellectus.

Unus quod iustus legem non servat, quod falsum est, quia nisi servaret eam quantum ad moralia, iustus non esset. Unde et Christus factus est sub lege. Alius quod iustus non obligatur ad præcepta legis, et non peccaret si faceret contra ea.

Sed verus est sequens sensus, supponendo, quia quod imponitur alicui, imponitur sicut onus; lex enim iustis non imponitur sicut onus, quia habitus eorum interior inclinat eos ad hoc, ad quod lex, et ideo non est onus eis. Rom. II, 14: ipsi sibi sunt lex.

Vel aliter: lex non est posita pro iustis, sed pro iniustis; quasi dicat: si omnes essent iusti, nulla necessitas esset dandi legem, quia omnes essent sibi lex. Intentio bonorum debet esse, ut alios inducant ad virtutes.

Quidam autem per se sunt bene dispositi ad virtutes; alii habent mentem bene dispositam, sed per alium, et de istis sufficit paterna monitio, non coactiva; alii autem nec per se, nec per alium bene disponuntur; ideo eis omnino est necessaria lex, ut patet in ethicis.

Deinde cum dicit sed iniustis, etc., ponit veram intentionem; et primo describit eos in generali, quibus necessaria est lex; secundo in speciali, ibi patricidis.

Sciendum est autem, quod, sicut I Io. III, 4 dicitur omne peccatum est iniquitas, et ideo repugnat alicui iuri. Cum autem sit duplex ius, scilicet naturale et positivum, naturali repugnat quod secundum se est malum, positivo autem repugnat quod est malum quia prohibitum.

Quantum ad primum dicit sed iniustis, qui scilicet agunt contra ius naturale. Is. XXIV, 5: transgressi sunt leges, mutaverunt ius, dissipaverunt fœdus sempiternum, etc.. Quantum ad secundum dicit non subditis, scilicet præcepto humano. Rom. I, 30: parentibus non obedientes. Et hæc duo respiciunt rationem peccati.

Ponit autem alia, quæ sumuntur per comparationem ad illud, et hoc est vel contra Deum, vel contra proximum, vel in seipsum.

In Deum dicitur impietas, quia pietas importat cultum Dei; ideo dicit impiis. In proximum, sic dicit peccatoribus. Ps. I, 5: non resurgent impii in iudicio, etc.. Gal. II, 15: nos enim natura Iudæi, et non ex gentibus peccatores.

Sed secundum Augustinum, de doctr. Christ. Peccata distinguuntur in duo, scilicet in spiritualia, quæ dicuntur facinora, et in carnalia, et hæc dicuntur flagitia; et ideo dicit sceleratis, quantum ad spiritualia. Prov. XVII, 9: qui abscondit scelera, etc.. Quantum ad carnalia dicit contaminatis. Mal. II, 11: contaminavit Iudas sanctificationem Domini, etc..

Deinde connumerat peccata in

speciali.

Et primo nominat quædam in speciali; secundo colligit alia in generali, ibi et si quid aliud, etc..

Primo ponit peccata operis; secundo peccata oris, ibi mendacibus, etc..

Circa primum primo ponit quantum ad facinora; secundo quantum ad flagitia.

Facinora dicuntur quæ sunt in nocumentum proximi. Et quanto est proximus coniunctior, tanto est eorum peccatum gravius, quia plus eis tenemur. Et ideo primo dicit de patre, secundo de matre. Ex. XX, 12: honora patrem tuum et matrem tuam, etc., et postea XXI, 15: qui percusserit patrem suum aut matrem, morte moriatur; deinde prosequitur de aliis proximorum homicidiis, dicens; Ex. XXI, 14: si quis per industriam occiderit proximum suum, etc..

Deinde ponit flagitia, et primo quæ secundum naturam sunt, cum dicit fornicariis.

Hebr. Cap. Ult.: fornicatores et adulteros iudicabit Deus. Secundo contra naturam, dicens masculorum concubitoribus.

I Cor. VI, 10: neque masculorum concubitores regnum Dei possidebunt.

Deinde ponit nocumenta oris, et primo quantum ad simplex mendacium, dicens mendacibus. Eph. IV, 25: deponentes mendacium, loquimini veritatem, etc.. Secundo quantum ad iuramentum, dicens periuris.

Et tunc colligit alia in generali, dicens et si quid aliud sanæ doctrinæ, etc..

Iob VI, 30: non invenietis in lingua mea iniquitatem, nec in faucibus meis stultitia personabit, etc.. Tit. II, 1: loquere quæ decent sanam doctrinam.

Deinde cum dicit quæ est secundum evangelium, ostendit quod evangelium communicat sanam doctrinam, quod tripliciter describit. Et primo a fine, cum dicit gloriæ, scilicet quam annuntiat, Ps. XCV, 3: annuntiate inter gentes gloriam eius. Secundo ab auctore gloriæ, cum dicit beati Dei. Infra ult.: quem suis temporibus ostendet beatus, et solus potens rex regum, etc.. Tertio a ministro, cum dicit quod creditum est mihi. Gal. II, 7: cum vidissent quod creditum est mihi evangelium præputii, etc..

Deinde cum dicit gratias ago, probat per experimentum in seipso, quid fuerit ipse tempore legis et quid consecutus sit tempore gratiæ. Et primo ostendit, quid circa se utroque tempore sit actum; secundo inducit Timotheum ad imitandum se, ibi hoc præceptum.

Circa primum duo facit, quia primo ostendit quid sibi datum fuit in lege, et quid sibi sit datum in evangelio; secundo rationem assignat, ibi fidelis sermo.

Item prima pars dividitur in tres particulas, quia primo ponit dignitatem, quam consecutus est in evangelio; secundo peccata quibus subiacuit in statu legis, ibi qui prius fui; tertio quomodo liberatus fuit, ibi sed misericordiam, etc..

Sed ad hoc quod aliquis sit minister evangelii, tria requiruntur. Primo quod sibi committatur. Rom. X, 15: quomodo prædicabunt, nisi mittantur, etc.. Secundo idoneitas, id est, ut sit fidelis. I Cor. IV, 2: hic iam quæritur inter dispensatores, ut fidelis quis inveniatur. Item ut sit fortis ad prosequendum.

Et hæc tria ponit ordine retrogrado, et primo tertium, dicens qui me confortavit, etc., scilicet ad prosequendum officium iniunctum.

Ez. III, 14: manus Domini erat mecum confortans me. Secundum ponit ibi quia fidelem me, etc.. Matth. XXIV, 45: fidelis servus et prudens, quem constituit Dominus super familiam suam. Et hoc quia quærebat solum quæ Dei erant. Primum vero ostendit, cum dicit in ministerio, id est, committens mihi ministerium hoc. Act. XIII, 2: segregate mihi Barnabam et Saulum in opus ad quod assumpsi eos. II Cor. XI, 23: ministri Christi sunt? et ego.

Sed qualis erat in statu legis? peccator.

Et primo in Deum, cum dicit qui prius fui blasphemus, scilicet nominis Christi.

Lev. XXIV, 14: educ blasphemum extra castra, et ponant omnes qui audierunt manus suas super caput eius, et lapidet eum populus universus. Unde sibi illud competebat.

Item in proximum, cum dicit et persecutor.

I Cor. XV, 9: non sum dignus vocari apostolus, quoniam persecutus sum ecclesiam Dei. Item et contumeliosus, verbis et factis.

Ier. XX, 10: audivi contumelias multorum, etc..

Deinde cum dicit sed misericordiam Dei, ostendit quomodo fuit liberatus per Christum. Et circa hoc duo facit, quia primo ponit misericordiam liberantem; secundo ostendit quod superabundanter in bonis repletur, ibi superabundavit autem.

Quantum ad primum dicit sed misericordiam Dei consecutus sum. Thren. III, 22: misericordiæ Domini quod non sumus consumpti. Rom. IX, 18: cuius vult miseretur, et quem vult indurat. Sed ex parte mea aliqua est excusatio peccati, quia ignorans feci. Minus dicit, plus significat, quia aliud est ignoranter agere, aliud per ignorantiam; quia ignoranter facit aliquid qui nescit quod facit, tamen si sciret, etiam faceret illud, sicut credens se interficere feram, occidit inimicum suum, quem tamen occidisset etiam libentius, si novisset eum.

Sed per ignorantiam facit, qui facit aliquid quod non faceret, si nosset, sicut occidens patrem, quem si sciret, non occideret eum, quem tamen occidit, quia eum credit inimicum.

Sed Paulus fecit per ignorantiam, quia si scivisset quod Christus esset filius Dei, hoc non fecisset. Sed Iudæi per ignorantiam non occiderunt

Christum, sed ignoranter, quia si scivissent ipsum esse Christum, libentius occidissent eum. Lc. XII, 47: servus qui cognovit voluntatem Domini sui, et non se præparavit, nec fecit secundum voluntatem eius, vapulabit multis, etc..

Quantum vero ad secundum dicit superabundavit, etc.. Rom. V, 20: ubi abundavit delictum, superabundavit et gratia.

Cum fide et dilectione. Nam fecit ibi effectum fidei per dilectionem operantem, quæ est in Christo Iesu. Gal. III, 14: in Christo Iesu, ut pollicitationem spiritus accipiamus per fidem.

Lectio 4

Supra ostendit conditionem suam, et quantum ad peccata sub lege, et quantum ad bona tempore gratiæ, hic ostendit rationem horum beneficiorum, quæ sumitur ex divina miseratione. Et primo proponit divinam miserationem in communi; secundo aptat ad se, ibi quorum primus; tertio ponit gratiarum actionem, ibi regi autem sæculorum.

Circa primum duo facit, quia primo commendat veritatem proponendam; secundo proponit divinam miserationem, ibi quia Christus Iesus.

Quantum ad primum dicit fidelis sermo, etc.. Duo autem sunt in sermone commendanda, scilicet quod sit verus et quod sit acceptabilis. Aliquando enim sermo verus est durus, et odia concitans. Gal. IV, 16:

inimicus factus sum vobis, verum dicens vobis. Sed hic sermo primo quidem habet veritatem; unde dicit fidelis sermo. Apoc. Cap. Ult.: hæc verba fidelissima et vera sunt. Item acceptabilis est, quia de salute nostra; ideo dicit et omni acceptione dignus. Iac. I, 13: et respondit Dominus Angelo qui loquebatur, etc..

Alia littera habet: humanus sermo, quia de susceptione hominum. Tit. III, 4: apparuit benignitas et humanitas salvatoris nostri, etc..

Et hic sermo est talis, quia Christus venit, etc.. Quod in mundum venit, exprimit duplicem naturam, scilicet divinitatis, in qua erat antequam in mundo appareret.

Io. XVI, 28: exivi a patre, et veni in mundum, etc.. Et humanitatis, in qua apparuit.

Et quia Deus est, cælum et terram implet, Ier. XXIII, 24, ideo non competit ei secundum divinam naturam in aliquo loco esse, sed competit ei secundum humanam naturam.

Io. I, 10: in mundo erat, et mundus etc.. In propria venit, etc..

Sed ad quid venit? peccatores salvos facere, id est, propter salutem populorum. Io. III, 17: non enim misit Deus filium in mundum, ut iudicet mundum, sed ut mundus salvetur per ipsum. Io. XII, 47: non enim veni ut iudicem mundum.

Sed si nullus fuisset peccator, numquid incarnatus non fuisset? videtur quod non, quia venit peccatores salvos facere. Non ergo fuisset necessaria incarnatio.

Item Glossa: tolle morbum, et medicinæ non opus erit.

Respondeo. Dicendum est quod ex verbis sanctorum satis hoc patet. Sed hæc quæstio non est magnæ auctoritatis, quia Deus ordinavit fienda secundum quod res fiendæ erant.

Et nescimus quid ordinasset, si non præscivisset peccatum; nihilominus tamen auctoritates videntur expresse sonare quod non fuisset incarnatus, si non peccasset homo, in quam partem ego magis declino.

Deinde cum dicit quorum primus, adaptat hoc ad se.

Primo confitens se peccatorem; secundo dicit se salvatum, ibi sed misericordiam.

Dicit ergo quorum primus ego sum. Hic dicit hæreticus, quod anima Adæ fuit in Paulo, et transivit de corpore in corpus.

Quasi dicat: ego primus peccator, quia anima Adæ est anima mea; sed hoc est contra apostolum, Rom. IX, 11: cum nondum nati essent, etc.. Ergo anima non est ante corpus. Primus ergo, non tempore sed peccatorum magnitudine. Et hoc dicit ex humilitate.

Prov. XVIII, 17: iustus prior est accusator sui. Prov. XXX, 2: stultissimus sum virorum, etc..

Sed numquid fuit apostolus maximus peccator? et videtur quod Iudas fuit maior.

Sed quidam dicunt quod peccatum Pauli generalius fuit, quia contra totam ecclesiam.

Sed hoc nihil est, quia Paulus in incredulitate, et multi Iudæi persequebantur ex malitia.

Dicendum est ergo quod est primus, non quod inter peccatores maximus qui tunc erant, sed maximus inter peccatores salvatos; quasi dicat: venit peccatores salvos facere, quorum, scilicet peccatorum salvatorum, ego sum primus; quod est de illis intelligendum qui præcesserant apostolum, quia prius etiam multi alii sunt ecclesiam persecuti.

Et hoc dicit ut ostenderet quod omnia quæ Deus facit, facit ad ostensionem bonitatis suæ. Prov. XVI, 4: universa propter semetipsum operatus est Dominus. Eccli.: gloria Domini plenum est opus eius. Item propter utilitatem; et ideo dicit ideo salvavit me. Primo propter gloriam suam. Unde exponitur primum tempore, vel primum, id est, potissime.

Omnem patientiam, id est, perfectam, quia provocatus non punivit, sed potius adversarium exaltavit, et hoc ad utilitatem nostram; unde dicit ad exemplum, id est, informationem et eruditionem; quasi dicat: ut non diffidant peccantes ad eum accedere. I petr. Cap. Ult.: forma facti gregis.

Deinde cum dicit regi, etc., ponit gratiarum actionem, et circa hoc duo facit, quia primo commendat eum cui gratias agit; secundo gratias refert, ibi honor.

Commendat autem eum primo ex potestate; secundo ex naturæ proprietate.

Quantum ad primum dicit regi. Dominium suum est maximum, quia solus dominatur, et habet liberam potestatem, non secundum statuta, ut politicus. Deus autem unus est Dominus omnium. Et ideo dicit Deo. Apoc. XIX, 16: rex regum et Dominus dominantium. Ps. XLVI, 7: quoniam rex omnis terræ Deus. Item alicuius regis potestas, ut plurimum, non ultra quam quinquaginta annis durat, sed iste est omnium sæculorum. Ps. CXLIV, 13: regnum tuum omnium sæculorum, etc.. Eccli. X, 4: in manu Dei potestas terræ. Cui etiam convenit proprietas naturæ Dei.

Circa quod sciendum est quod in rebus prima differentia rerum naturalium est corruptibile, et incorruptibile. Et incorruptibilium quædam visibilia et corporalia, ut corpora terrestria; quædam autem invisibilia et spiritualia, ut Angeli. Et hæc dividuntur secundum Platonicos in deos, qui per naturam supremi sunt, et in intellectus qui non sunt dii, sed divini, et in animas; sed apud nos est unus solus Deus. Deut. VI, 4: audi, Israel, Dominus Deus tuus.

Dicit ergo primo immortali, ut distinguat a corruptibilibus, invisibili, ut ad invisibilem ostendat pertinere, et ut distinguat ab aliis visibilibus. Dicit soli Deo, et non soli immortali, vel invisibili, quia solus est Deus per naturam, licet posset dici solus immortalis, et solus invisibilis, id est, specialis præ aliis. Infra ult.: qui solus habet immortalitatem.

Deinde cum dicit honor et gloria, agit gratias; quasi dicat: exhibendus est ei honor ex subiectione totius creaturæ, et in manifestationem excellentissimæ ipsius bonitatis, claritatis et gloriæ. Apoc. VII, 12: benedictio, et claritas, et sapientia, et gratiarum actio, honor, virtus et fortitudo Deo nostro. In sæcula sæculorum, quia sæculum aliorum est modico tempore. Is. XL, 6: omnis caro fœnum, et omnis gloria eius ut flos fœni.

Deinde cum dicit hoc præceptum, etc., instruit Timotheum permanere in his quæ dicuntur.

Primo commemorat quid sit ei commissum; secundo monet ad debitum usum; et tertio docet utendi modum.

Dicit ergo hoc præceptum, ut scilicet tu custodias finem legis, id est, charitatem conserves semper, non autem fabulas Iudæorum, commendo tibi, sicut fidele depositum, quia tibi ideo est commissum.

Et quomodo? secundum præcedentes, etc., id est, quia hoc evangelium non discordat a prophetiis quas ante didicerat, quia fuit filius mulieris Iudææ. II Petr. I, 19: habemus firmiorem propheticum sermonem, cui benefacitis attendentes, quasi lucernæ ardenti in caliginoso loco, etc.. I Thess.

Ult.: prophetias nolite spernere, etc.. Vel secundum præcedentes, id est, secundum quod ego et alii sancti de te per spiritum prophetiæ cognoverunt tradendum esse tibi. Ut in illis milites, scilicet prophetiis, bonam militiam.

Militia est duplex, quædam spiritualis, quædam carnalis. II Cor. X, 4: arma militiæ nostræ non sunt carnalia, sed potentia Deo, etc.. In bona militia requiruntur duo ex parte militis, scilicet ut nihil agat contrarium disciplinæ militari, ut non marcescat otio. I Cor. IX, 25: omnis qui in agone contendit, ab omnibus se abstinet, etc.. Item ex parte militiæ duo requiruntur, scilicet ut expugnet contrarios reipublicæ, et ut subiiciat eos qui debent esse subiecti. Sic et in militia spirituali est, quia ordinatur ad destruendum omnes extollentes se, et ad subiiciendum omnem intellectum in obsequium Christi, ut dicitur II Cor. X. Et hæc vera militia, de qua dicit milites, etc..

Ubi etiam primo modus utendi ponitur, et secundo eius necessitas, ibi quam quidam.

Dicit ergo milites, etc., quasi dicat: potes quidem facere bonam militiam, primo per fidem bonam quam habes. I Io. Cap. Ult.: hæc est victoria, quæ vincit mundum, fides, etc.. Item per conscientiam bonam, quia de facili homo recedit ab eo quod mordet eum; unde remorsus conscientiæ est sicut quidam stimulus, qui habentem malam conscientiam pungit, et ideo cito a peccatis per bonam conscientiam et rectam fidem recedit. Act. XXIII, 1: ego omni conscientia bona conversatus sum ante Deum usque in hodiernam diem. II Cor. I, 12: gloria nostra hæc est, testimonium conscientiæ nostræ.

Necessitas bonæ conscientiæ consequenter ostenditur, cum dicit quam quidam, etc.; ubi primo ponit culpam; secundo pœnam; tertio fructum pœnæ.

Culpam, ibi quam, scilicet conscientiam bonam, quidam repellentes, circa fidem naufragaverunt.

Qui enim contra fidem errat, perdit omnia quæ habet. Hebr. XI, 6: sine fide impossibile est placere Deo. Item moritur, quia iustus meus ex fide vivit, Abac. II, 4 et Rom. XI, 17: ex quibus est Alexander et Hymenæus. II Tim. IV, 14: Alexander ærarius multa mala mihi ostendit, etc..

Deinde ponitur eorum pœna, cum dicit quos tradidi, etc., quia excommunicavit eos, ut fideles vitent eos ne coinquinent ipsos

Fuit autem excommunicatio apostoli tantæ virtutis quod excommunicati mox corripiebantur a diabolo, et corporaliter vexabantur.

I Cor. V, 4 s.: congregatis vobis et meo spiritu in virtute Domini Iesu, tradere huiusmodi hominem Satanæ in interitum carnis, ut spiritus salvus fiat.

Tamen etiam modo traduntur ad vexandum spiritualiter, quia amittunt suffragia ecclesiæ, quæ multum iuvant contra diabolum. Et tradidi sicut Deus tradidit in reprobum sensum Rom. I, 28, quasi subtrahendo suum auxilium, et communionem ecclesiæ, et suffragia.

Et hoc non ex odio, sed ex charitate ad profectum eorum. I Cor. V, 5: ut spiritus salvus fiat. Unde dicit ut discant, saltem per pœnam, non blasphemare. Discit autem quis recedere a peccato tripliciter, quandoque scilicet ex pœna, quando corporaliter vexatur; item ex confusione excommunicationis; item ex hoc quod cum ecclesia tradit aliquem Satanæ, ruit in peccata manifesta, unde confusus humiliatur, et abstinet etiam ab occultis, quæ prius non cognoscebat se habere.

Capitulus II

Lectio 1

Supra docuit Timotheum quomodo reducat populum ad formam veræ fidei, hic agit de pertinentibus ad cultum fidei, scilicet orationibus et obsequiis; et primo ponit doctrinam orationis in communi; secundo descendit ad determinatas conditiones hominum, ibi volo ergo.

Item primo distinguit diversos modos orationis; secundo ostendit pro quibus sit orandum, ibi pro omnibus; tertio assignat rationem, ibi hoc enim bonum.

Dicit ergo. Quia ita est quod Christus venit peccatores salvos facere, igitur primum omnium obsecro, etc.. In quo aperte ostendit quod inter omnia necessaria ad vitam christianam præcipua est oratio, quæ valet contra pericula tentationis et ad proficiendum in bono. Iac. Cap. Ult.: multum valet oratio iusti assidua.

Distinguit ergo orationem in quatuor, scilicet obsecrationes, orationes, postulationes, et gratiarum actiones, quorum tria pertinent ad beneficia impetranda, ultimum ad beneficia accepta.

In impetrandis autem beneficiis tria requiruntur.

Primo, ut scilicet impetrans assignet causam quare debet ei concedi; secundo oportet quod ostendat causam esse rationalem; tertio concludit petitionem. Et sicut rhetores faciunt, sic et nos in orando debemus facere.

Primo excogitare causam quare sit concedendum, et hoc non merita nostra, sed miserationem divinam. Dan. IX, 18: non in iustificationibus nostris prosternimus preces ante faciem tuam, sed in miserationibus tuis multis, etc.. Et ad hoc est obsecratio, quæ est attestatio per sacra, sicut: per passionem et crucem tuam libera nos, Domine.

Hac causa excogitata, necesse est quod meditemur quod hoc sacrum est causa salutis.

Et ideo requiritur oratio, quæ est ascensus mentis in Deum. Ps. LXVIII, 14: ego vero orationem meam ad te, Domine, etc.. Dicitur autem oratio quasi oris ratio. Persuasiones enim rhetorum dicuntur orationes, quia persuadent; sed aliter ibi, aliter in nostra ad Deum, quia non intendimus quod animum Dei flectamus, qui semper ad bonum est paratus, sed ut nostrum cor sit in oratione ad Deum elevatum.

Tertio, postulatio. Iac. I, 6: postulet autem in fide nihil hæsitans.

Item de acceptis donis gratiarum actiones.

I Thess. Cap. Ult.: in omnibus gratias agite.

Phil. IV, 6: in omni oratione et obsecratione, cum gratiarum actione petitiones vestræ innotescant ante Deum.

Unde iste modus orandi est in ecclesia Dei: omnipotens sempiterne Deus, ecce ascensus mentis, qui est oratio, qui dedisti ecclesiæ tale beneficium, ecce gratiarum actio, præsta, quæsumus, ecce postulatio, per Dominum, ecce obsecratio.

Similiter in Missa est obsecratio usque ad consecrationem corporis et sanguinis, quia in eis est commemoratio sacrorum ex quibus est fiducia impetrandi. In mysterio consecrationis est oratio, quia meditatio eorum quæ Christus egit. In aliis vero usque ad communionem est postulatio pro vivis et mortuis, et pro se. In fine autem est gratiarum actio.

Vel hæc quatuor referuntur ad quatuor, quæ nos volumus in oratione obtinere, ut obsecratio referatur ad difficilia impetranda, ut ad impiorum conversionem; oratio, quando iam conversis imploramus gratiam ut proficiant; postulatio, ut præmia pro meritis retribuantur; et pro beneficiis iam acceptis, est gratiarum actio.

Deinde cum dicit pro omnibus, ostendit pro quibus est orandum. Et circa hoc duo facit, quia primo ostendit orandum esse pro omnibus; secundo assignat fructum orationis, ibi ut quietam.

Circa primum ergo dicit esse orandum pro omnibus hominibus. Cuius ratio est, quia oratio est interpres desiderii nostri.

Orando enim petimus quod desideramus.

Charitas autem requirit quod desideremus bonum omnibus ad quos se extendit. Iac. Cap. Ult., 16: orate pro invicem ut salvemini, etc..

Sed pro quibus specialiter? pro regibus, etc.. Bar. I, 11: orate pro vita Nabuchodonosor regis Babyloniæ, et pro vita Balthasar filii eius. Et apostolus dicit Rom. XIII, 1: omnis anima potestatibus sublimioribus subdita sit. I Petr. II, 13: subiecti estote omni humanæ creaturæ propter Deum, sive regi quasi præcellenti, sive ducibus tamquam ab eo Missis. Subiecti quippe oportet quod impendant dominis suis de suis officiis.

Utilitas autem est, quia per hoc etiam procuramus bonum nostrum. In pace enim eorum est pax nostra. Unde dicit ut quietam et tranquillam, etc.. In his duobus est pax mundi. Ecclesia siquidem habet pacem propriam, in qua non est mundus, quia non est pax impiis. Sed quædam est pax communis utrisque, et hac indiget ecclesia.

Ier. XXIX, 7: quærite pacem civitatis ad quam transmigrare vos feci.

Pax terrena quandoque perturbatur ab interiori, quandoque ab exteriori. II Cor. VII, 5: foris pugnæ, intus timores. Quantum ad primum dicit ut quietam; quantum ad secundum dicit et tranquillam vitam.

Et licet pax terrena communis sit bonis et malis, tamen diversimode utrique illa utuntur.

Mali enim tunc ad duo ea utebantur, scilicet ad cultum Dæmonum; quia illam prosperitatem falsis diis attribuebant. Item ad lasciviam; quia tempore pacis vitia carnalia abundabant. Sap. XIV, 22: in magno viventes inscientiæ bello, tot et tam magna mala pacem appellant. Sed sancti e converso ea utuntur, quia in cultu veri Dei et in castitate.

Et ideo dicit in omni pietate et castitate.

Tit. II, 12: sobrie, et iuste, et pie vivamus in hoc sæculo.

Deinde cum dicit hoc enim bonum, ponitur ratio orationis. Et circa hoc duo facit, quia primo ponit rationes; secundo probat quoddam propositum, ibi unus enim Deus.

Item primo assignat rationem ex specie operis; secundo ex parte Dei, ibi et acceptum.

Ponit ergo rationem ex operis specie, quia quando aliquid est secundum se bonum, illud debemus facere; sed pro aliis orare est huiusmodi, quia est actus charitatis.

Et ideo dicit hoc enim bonum est. Ps. LI, 9: quoniam bonum est in conspectu sanctorum tuorum.

Item ex parte Dei, quia est et acceptum coram Deo. Ps. L, 20: tunc acceptabis sacrificium, etc.. Et hoc non nisi in charitate fuerit oblatum. Et dicit salvatore, quia solus Deus salvat. Is. XLIII, 11: non est absque me salvator.

Et probat quod sit acceptum, ibi qui vult, etc.. II Petr. III, 9: nolens aliquos perire, sed omnes ad pœnitentiam reverti.

Sed contra: omnia quæcumque voluit fecit, ergo omnes salvat. Sed si dicis quod non, quia homo non vult, videtur inconveniens quod omnipotens impediatur per voluntatem non omnipotentis.

Respondeo. Velle ponitur quandoque pro voluntate beneplaciti, quandoque pro voluntate signi. Pro voluntate signi vult salvare omnes, quia omnibus proposuit salutis præcepta, consilia et remedia.

Pro voluntate beneplaciti, sic exponi potest quatuor modis. Uno modo ut sit locutio causalis, sicut Deus dicitur aliquid facere, quia facit alios illud facere, sicut Rom. VIII, 26: spiritus postulat, id est, postulare nos facit. Sic ergo Deus vult, quia scilicet facit suos sanctos velle quod omnes salvi fiant. Hoc velle enim debet esse in sanctis, quia nesciunt qui sunt prædestinati, et qui non.

Alio modo ut sit distributio accommoda, id est omnes qui salvabuntur, quia nullus salvatur nisi per voluntatem eius, sicut in una schola Magister docet omnes pueros huius civitatis, quia nullus docetur nisi ab eo.

Alio modo ut sit distributio pro generibus singulorum, non pro singulis generum, id est, nullum genus hominum excipit a salute, quia olim tantum Iudæis, sed modo omnibus præbetur.

Et hoc magis facit ad intentionem apostoli.

Alio vero modo, secundum Damascenum, ut intelligatur de voluntate antecedente, non consequente. In voluntate enim Dei licet non sit prius et posterius, dicitur tamen voluntas antecedens et consequens. Item secundum ordinem volitorum, secundum quod voluntas potest dupliciter considerari, scilicet in universali vel absolute, et secundum aliquas circumstantias et in particulari. Et prius est absoluta consideratio et in universali, quam in particulari et comparata. Et ideo voluntas absoluta est quasi antecedens, et voluntas alicuius rei in particulari est quasi consequens.

Exemplum de mercatore qui vult omnes merces suas salvare absolute, et hoc voluntate antecedente. Sed si consideret salutem, non vult omnes merces per comparationem ad alia salvare, scilicet quando cum salute sequitur submersio navis. Et hæc voluntas est consequens. Sic in Deo salus omnium hominum in se considerata habet rationem ut sit volibilis. Et apostolus hic ita loquitur, et sic eius voluntas est antecedens. Sed si consideretur bonum iustitiæ, et quod peccata puniantur, sic non vult. Et hæc est voluntas consequens.

Et subdit ad agnitionem veritatis, quia salus non est nisi per agnitionem veritatis.

Io. VIII, 32: agnoscetis veritatem, et veritas liberabit vos.

Deinde cum dicit unus, etc., probat quod dixerat per rationem, et sunt tres probationes. Una ex parte Dei, alia ex parte hominis Christi, tertia ex parte testium Christi.

Dicit ergo quod Deus velit omnes, etc..

Patet, quia unus est Deus omnium, qui salvat.

Rom. III, 29: an Iudæorum Deus tantum? an non et gentium? imo et gentium, quoniam quidem unus Deus, etc..

Tunc ponitur ratio ex parte hominis Christi, ibi unus et mediator, etc.. Ubi primo probat intentum, secundo inducit signum, ibi qui dedit.

Dicit ergo: homo Christus Iesus est mediator Dei et hominum, non quorumdam, sed inter Deum et omnes homines, et hoc non fuisset nisi vellet omnes salvare. Et potest dici quod Christus mediator est similis utrique extremo, scilicet Deo et homini inquantum Deus et inquantum homo, quia medium debet habere aliquid de utroque extremorum.

Et hæc sunt homo et Deus.

Sed quia medium est distinctum ab utroque extremorum, et filius non est alius Deus a patre, ideo melius est dicendum quod mediator est secundum quod homo. Sic enim communicat cum utroque extremorum.

In Deo enim sunt duo, scilicet iustitia et immortalitas; in hominibus vero est iniustitia et mortalitas. Media ergo sunt duo: unum in quo est iustitia et mortalitas. Aliud in quo est immortalitas et iniustitia. Et utrumque est medium, sed primum medium convenit Christo, secundum vero diabolo. Et ideo diabolus est medium disiungens, quia per iniustitiam suam disiungit nos a divina iustitia; sed Christus est medium coniungens, quia est iustus et mortalis, et per suam mortem coniungit nos Dei iustitiæ. I Io. II, 2: ipse est propitiatio pro peccatis nostris, pro aliquibus efficaciter, sed pro omnibus sufficienter, quia pretium sanguinis eius est sufficiens ad salutem omnium: sed non habet efficaciam nisi in electis propter impedimentum.

Lectio 2

Supra dixit quod Deus vult omnes salvos fieri, et probavit hoc ex parte Dei, qui est unus omnium, et ex parte Christi, qui est unus mediator omnium; hic probat idem ex parte testimonii. Et primo inducit alios testes; secundo suum testimonium, ibi in quo positus sum.

Dicit ergo: dedit se pro omnibus.

Sed numquid subito Deo in mentem venit, ut qui elegerat salvare Iudæos solum, vellet salvare totum mundum? hoc excludens dicit cuius testimonium temporibus suis; quasi dicat: hæc lex non est subita, sed antiquitus attestata per legem, et per prophetas.

Is. XLIV, 8: vos estis testes mei. Act. X, 43: huic omnes prophetæ testimonium perhibent, etc.. Confirmatum est, scilicet impletione et ostensione signorum, et prædicatione apostolorum.

Temporibus suis, scilicet quibus prædeterminatum erat fieri. Eccle. III, 1: omnia tempus habent. Vel testimonium apostolorum confirmatum est temporibus determinatis.

Act. I, 8: eritis mihi testes in Ierusalem, et in omni Iudæa, et Samaria, et usque ad ultimum terræ, etc..

Deinde cum dicit in quo positus sum, ponit testimonium suum. Et primo ostendit suum officium; secundo officii sui usum, ibi veritatem.

Dicit ergo in quo, scilicet officio testandi, positus sum, scilicet a Deo. Io. XV, 16: posui vos ut eatis et fructum afferatis, et fructus vester maneat. Ego prædicator, quia ad hoc me posuit, ut prædicarem.

Mc. Cap. Ult.: euntes in mundum universum, prædicate evangelium omni creaturæ.

Sed in quolibet artificio sunt duo: quidam ministerialiter operantes, quidam qui disponunt de aliis, scilicet architectores; sed in officio ecclesiæ disponentes sunt apostoli; et ideo dicit apostolus, quasi cum auctoritate.

I Cor. IX, 2: signaculum apostolatus mei vos estis in Domino.

Usus autem officii est prædicare veritatem, et hoc est officium prædicatorum, ut veritatem dicant. Prov. VIII, 7: veritatem meditabitur guttur meum. Eph. IV, 25: loquimini veritatem. Sed non est aliqua doctrina, quæ non habeat aliquam veritatem; sed in hoc damnatur aliqua doctrina, quia miscet veritati falsitatem. Et ideo dicit veritatem dico, non mentior. Prov. VIII, 8: recti sunt omnes sermones mei. Iob VI, 30: non invenietis in lingua mea iniquitatem. Et hic est usus officii, scilicet veritatem sine mendacio prædicare, qui competit meo officio, qui sum doctor gentium. Doctor autem generat scientiam in anima discipuli. Scientia autem non est de falso; unde docens falsum non est doctor.

Sed contra, Matth. XXIII, 8: nolite vocari Rabbi.

Respondeo. Non prohibet ministerium doctrinæ, sed ambitionem officii. Act. IX, 15: vas electionis est mihi iste, ut portet nomen meum, etc.. Is. XLIX, 6: dedi te in lucem gentium, etc..

Et debeo eas docere in fide et veritate, quia debet docere fidem et bonos mores. Et dicit in fide, id est, de his quæ pertinent ad statum præsentem, in quo secundum fidem vivimus, et in veritate quantum ad statum gloriæ.

Deinde cum dicit volo, descendit ad speciales gradus hominum. Et circa hoc duo facit, quia primo monet viros de oratione, secundo mulieres, ibi similiter et mulieres.

Dicit ergo volo, etc.. Tria exigit a viris in orando: primo quod oratio sit assidua; secundo pura; tertio quieta.

Assidua, ut in omni tempore et in omni loco. Et dicit volo, quia bonum est quod homo oret, et ego doctor volo viros orare in omni loco, non in Ierusalem tantum, ut Iudæi, nec in monte Garizim, ut Samaritani Io. IV, 21. In omni loco potest homo spiritualiter et mentaliter orare. Soph. II, 11: adorabunt eum viri de loco suo; omnes insulæ gentium, etc..

Sed quomodo Dominus reprehendit Pharisæos stantes in angulis, Matth. VI, 5? respondeo.

Oratio mentalis ubique potest fieri, sed signa orationis exterius non debent fieri in omni loco, quia homo non debet singularis apparere in exterioribus, quia propter hoc posset haberi inanis gloria.

Sed quare nunc sunt factæ ecclesiæ? respondeo.

Non quod locus sit de necessitate orationi, sed ad bene esse ei; quia oratio requirit solitudinem et quietem.

Item pura. Ideo dicit levantes puras manus. Augustinus: quod exterius orando agimus, facimus ut affectus noster interius excitetur. Genuflexiones enim et huiusmodi non sunt per se acceptæ Deo, sed quia per hæc tamquam per humilitatis signa homo interius humiliatur, sicut elevatio manus significat elevationem cordis. Thren. III, 41: levemus corda nostra cum manibus ad Dominum in cælo. Levantes, etc., id est, orantes cum devotione cordis. Iob VIII, 5 s.: si diluculo consurrexeris ad Deum, et omnipotentem fueris deprecatus, si mundus et rectus incesseris, statim evigilabit ad te, et pacatum reddet habitaculum iustitiæ tuæ.

Item quieta. Ideo dicit sine ira et disceptatione.

Et ponit duo. Primo, ut scilicet mens sit sine ira, quæ animum inquietat ad inferendum nocumentum proximo, a qua oportet liberum esse animum orantis. Eccli. XXVIII, 3: homo homini servat iram, et a Deo quærit medelam.

Item liber debet esse homo a disceptatione, quod potest intelligi dupliciter. Uno modo, secundum Glossam, ut non disceptemus contra Deum increduli verbis eius, et murmurando contra eius ordinationem. Rom. IX, 20: o homo, tu quis es qui respondeas Deo, etc.. Item contra proximum, ut non rumpamus pacem cum eo, quod fit per disceptationem.

Pax enim est necessaria oranti.

Matth. XVIII, 19: si duo ex vobis consenserint super terram, de omni re quam petierint, fiet illis a patre meo.

Deinde cum dicit similiter et mulieres, ordinat mulieres, et primo quantum ad orationem, secundo quantum ad doctrinam, ibi mulieres in silentio.

Item primo ostendit quid requiratur a muliere orante; secundo exponit quæ dixerat, ibi non in tortis.

Circa primum sciendum est quod omnia quæ requiruntur ad virum orantem, requiruntur et ad mulieres. Et ideo dicit similiter et mulieres; quasi dicat: omnia servent quæ dicta sunt. Sed addit duo, scilicet ornamenta et verecundiam, dicens in habitu ornato cum verecundia, cuius ratio est, quia naturale est quod sicut mulieres sunt mollioris corporis quam viri, ita et debilioris rationis. Rationis autem est ordinare actus, et effectus uniuscuiusque rei. Ornatus vero consistit in debita ordinatione et dispositione.

Sic in interiori decore nisi sint omnia ordinata ex dispositione per rationem, non habent pulchritudinem spiritualem. Et ideo quia mulieres deficiunt a ratione, requirit ab eis ornatum.

Item verecundia est de turpi actu, et ideo est laudabilis in illis qui facile solent declinare in actus turpes, cuiusmodi sunt iuvenes et mulieres, et ideo hoc in eis laudatur, non autem senes et perfecti. Eccli. XXVI, 19: gratia super gratiam mulier sancta et pudorata.

Item sobrietatem requirit; unde sequitur et sobrietate. Quia enim in mulieribus ratio est debilis, sobrietas autem conservat virtutem rationis, ideo in mulieribus maxime reprehenditur ebrietas. Unde antiquitus apud Romanos eis non dabatur vinum.

Non in tortis crinibus, et auro, etc.. Exponit quod dixerat, et primo de ornatu, secundo de verecundia, ibi sed quod decet. Circa primum, primo excludit ornatum corporalem; secundo ponit spiritualem, ibi sed quod decet.

Circa primum dicit: quod dixi de habitu ornato, non intelligo de exteriori, quia non in tortis crinibus, id est, non ornato capite vel toto corpore.

Sed præcipue mulieres ornant caput, quod est naturale mulieri, ut dicitur I Cor. XI, 15.

Et ideo ornamenta in capite habent.

In capite vero est duplex velamentum.

Unum est naturale, scilicet capilli, ut dicitur I Cor. XI, 5, item artificiale, et in utrisque se ornant, quia capillos torquent. Unde dicit non in tortis, id est, in crispatis. Is. III, 24: erit pro crispanti crine calvitium. Item artificialia prohibet, cum dicit aut auro, aut margaritis. I Petr. III, 3: non extrinsecus capillatura, aut circumdatio auri, aut indumenti, aut vestimentorum cultus, etc.. Vel non in tortis crinibus, et auro, id est, non habentes crines tortos auro, vel margaritis.

Quantum vero ad totum corpus dicit vel veste pretiosa, hoc enim damnat apostolus hic, et Is. III, 17.

Sed numquid hoc est peccatum? respondeo. Dicendum est quod secundum Augustinum duo sunt consideranda in ornatu mulierum, scilicet simplex ornatus et fucatus.

Simplex ornatus, puta in veste, et in auro, et huiusmodi, quod potest fieri cum peccato tribus modis: scilicet ex prava intentione, ut si intendant commotionem concupiscentiæ, ostentationem, vel inanem gloriam.

Prov. VII, 10: præparata ad capiendas animas. Secundo si fiat præter consuetudinem patriæ, quod fit diversimode. Quod enim excedit modum consuetum patriæ, hoc ex levitate animi est. Tertio si conditionem sui status excedit. Sed servata recta intentione, consuetudine patriæ, et conditione status, non est peccatum. De fucato autem semper est peccatum. Mulieribus enim non permittitur ornari nisi propter viros, et viri nolunt decipi, ut fucatæ eis appareant.

Sit ergo non talis ornatus, sed qualis decet mulieres, promittentes pietatem. Exteriora enim opera hominis sunt quasi quædam professio interioris hominis, sicut religiosi ad hoc habent habitum, et clerici similiter. Unde nisi concordet interior cum exteriori, est fictio. Ita etiam de aliis operibus interioribus.

Interius enim debemus colere pietatem, id est, cultum Dei habere, exterius vero promittere et præstare per bona opera, quæ concordant pietati; et similiter habere interius, sicut ostendimus exterius.

Vel, dico, quod debent se ornare non exterius, sed secundum quod decet eas promittentes, id est, quæ promittere debent, pietatem per opera bona. Eccli. XIX, 27: amictus corporis, et risus dentium, et ingressus hominis annuntiant de illo.

Lectio 3

Superius apostolus ordinavit mulieres quo ad orationem, hic ordinat eas quantum ad doctrinam, et primo ponit suam ordinationem circa earum doctrinam; secundo rationem ordinationis assignat, ibi Adam enim primus; tertio respondet tacitæ quæstioni, ibi salvabitur autem.

Item primo ostendit quid mulieribus conveniat; secundo quid eis non competat, ibi docere autem.

Circa primum tria ponit eis competere, scilicet taciturnitatem, disciplinam, et subiectionem, quæ tria ex una ratione procedunt, scilicet ex defectu rationis in eis, quibus primo indicit silentium, dicens mulier in silentio discat, etc.. Iac. III, 2: si quis in verbo non offendit, hic perfectus est vir; et I Cor. XIV, 34: mulieres in ecclesiis taceant, non enim permittitur eis loqui, etc.. Nam verba mulieris sunt inflammantia. Eccli. IX, 11: colloquium illius quasi ignis exardescit.

Secundo ut discant, quia eorum qui deficiunt ratione proprium est addiscere. I Cor. XIV, 35: si quid autem volunt discere, domi viros suos interrogent, etc.. Viris autem datur quod doceant.

Tertio indicit subiectionem, quia naturale est quod anima dominetur corpori, et ratio viribus inferioribus. Et ideo, sicut Philosophus docet, quandocumque aliqua duo ad invicem sic se habent, sicut anima ad corpus, et ratio ad sensualitatem, naturale dominium est eius qui abundat ratione, et illud est principans, aliud autem est subditum, quod scilicet deficit ratione. Gen. II: sub viri potestate eris.

Item excludit ea, quæ eis non competunt, dicens docere autem, etc..

Et sunt duo, scilicet ut non doceant.

Sed contra, Prov. Cap. Ult.: erudivit eum mater sua, etc.. Respondeo. Dicendum est quod doctrina alia est publica, et hæc non competit mulieri, et ideo dicit, in ecclesia, alia est privata, et hac mater erudit filium.

Sed contra Iud. V Debbora erudivit populum Israel. Respondeo. Illa eruditio est per spiritum prophetiæ, et gratia spiritus sancti non discernit inter virum et mulierem; non tamen publice prædicabat, sed instinctu spiritus sancti consilia dabat.

Secundo, interdicitur eis dominium in virum.

Eccle. XXV, 30: mulier si primatum habeat, contraria est viro suo. Et Philosophus dicit, quod dominium mulierum est corruptio familiæ, sicut tyranni in regno.

Et sic prohibet duo contra duo, quæ competunt eis, sed primum repetit, scilicet sed esse in silentio.

Deinde cum dicit Adam enim, assignat rationem eius quod dixerat, et primo ex ordine creationis; secundo ex ordine culpæ, ibi et Adam non est seductus.

Circa primum sciendum est, quod in ordine rerum perfectum et imperfectum diversimode ordinantur, quia in uno et eodem imperfectum præcedit tempore, et perfectum præcedit natura, quia natura tendit ad perfectum; sed in diversis perfectum est prius tempore et natura, quia natura semper incipit a perfectis. Et hunc ordinem agit hic, quia vir perfectus est in natura humana, mulier vir occasionatus. Unde primo formatus est Adam. Gen. II, 7: formavit Deus hominem de limo terræ, secundario mulier, sicut quoddam imperfectum a perfecto originatum, scilicet de costa. I Cor. XI, 8: non enim vir ex muliere, sed mulier ex viro est.

Et inde est quod homo non dicitur factus propter mulierem, sed ad similitudinem Dei.

Gen. I, 26: faciamus hominem ad imaginem et similitudinem nostram. Mulier autem propter virum, ideo vir debet præesse.

Item ex parte culpæ. Ordo enim generationis et corruptionis est contrarius, quia quod est primum in generatione, est ultimum in corruptione. Peccatum autem est corruptio naturæ, et ideo generatio incipit primo ab Adam, sed corruptio a muliere.

Unde dicit Adam non est seductus, scilicet primo, quia fortior erat, sed tentator incepit a debiliori, ut facilius seduceretur fortior.

Alludit autem hic verbis Adæ Gen. III, 12.

Cum enim Dominus reprehendit Adam, dixit: mulier quam dedisti mihi sociam, dedit mihi, etc.. Et ideo dicit Adam non est seductus, sed mulier.

Seductio autem duplex est, scilicet in universali, et in particulari eligibili, quæ est ignorantia electionis. Quicumque ergo peccat, seducitur ignorantia electionis in particulari eligibili. Mulier autem fuit seducta, ignorantia in universali, quando scilicet credidit quod serpens dixit; sed vir non credidit hoc, sed deceptus fuit in particulari, scilicet quod gerendus esset mos uxori, et cum ea comedere deberet, et inexpertus divinæ severitatis credidit quod facile ei remitteretur.

Sed contra. Ignorantia est pœna peccati, ergo pœna præcessit culpam.

Respondeo. Dicendum est quod non præcessit, quia statim ad verba serpentis fuit elata, eo quod alius esset de ea sollicitus, et ex illa elatione seducta est, unde elatio præcessit.

Deinde cum dicit salvabitur autem, respondet cuidam tacitæ quæstioni; quia diceret quis, quod si mulier non est propter virum, et ex ea est initium peccati, ergo viro est nociva; sed si aliquid non est propter aliud, sed est ei nocivum, debet tolli; ergo mulier non debet salvari.

Dicendum est ergo, quod duplex est

salus, scilicet temporalis, et hæc est communis etiam brutis; alia est æterna, et hæc est propria hominum. Is. LI, 8: salus autem mea in sempiternum erit. Utramque autem salutem mulier non amisit.

Non temporalem, quia statim non privatur sexu muliebri propter generationem prolis.

Nec æternam, quia secundum animam capax est gratiæ et gloriæ. Et ideo quantum ad primum dicitur salvabitur, id est, non extirpabitur, et hoc per generationem filiorum, ad quam est a Deo ordinata. Quantum ad secundum dicit si permanserit.

Sed quia si importat causam, numquid quæ non permansit non salvabitur, cum apostolus dicat, quod mulier melius facit si non nubat? respondeo. Uno modo potest esse locutio figurativa, et sic per virum ratio superior intelligitur, ratio inferior est mulier, opera bona sunt filii inferioris rationis, et charitas quam per virum concipit, et per hæc salvabitur.

Alia est expositio litteralis, ut ly per non dicat causam, sed repugnantiam. Et est sensus: mulier salvabitur, etiam si incedat per generationem, scilicet si nubat et non sit virgo. Et tunc ly per dicit augmentationem salutis, quasi per generationem filiorum ad cultum Dei, magis salvabitur. Eccli. VII, 25: filii tibi sunt? erudi illos, et incurva illos a pueritia illorum.

Quo ad salutem æternam consequendam tria ponit. Primo aliquid quo ad intellectum; secundo quo ad affectum; tertio quo ad exteriorem actum.

In intellectu est fides, per quam intellectus Christo subiicitur; unde dicit in fide. Hebr. XI, 6: sine fide impossibile est placere Deo. Et quia fides nihil valet sine dilectione, ideo quoad affectum statim subiungit, dicens et dilectione. I Cor. XIII, 2: si habuero omnem fidem, ita ut montes transferam, charitatem autem non habuero, nihil sum, etc.. In exteriori autem ponit duo contra lasciviam, quæ consistit in duobus, scilicet, in luxuria; et quantum ad hoc dicit in sanctificatione, id est, in castitate. I Thess. IV, 3: hæc est voluntas Dei sanctificatio vestra, etc.. Item in crapula, contra quod dicit cum sobrietate. Tit. II, 12: sobrie, et pie, et iuste vivamus in hoc sæculo.

Capitulus III

Lectio 1

Supra instruxit Timotheum de pertinentibus ad fidem rectam et cultum Dei, hic agit de instructione officiorum ecclesiasticorum.

Et primo ponitur institutio, secundo suæ institutionis occasio seu necessitas, ibi hæc tibi scribo.

Item primo instruit de pertinentibus ad episcopum, secundo quo ad diaconos, ibi diaconos similiter.

Sed cum secundum Dionysium tres sint ordines, scilicet episcoporum, qui præficiunt, presbyterorum, qui illuminant, diaconorum, qui purgant: quare non facit mentionem de presbyteris? respondeo. Dicendum est quod presbyteri intelliguntur cum episcopis: non quod sit indistinctio inter ordines quantum ad rem, sed quantum ad nomina; quia presbyter idem est quod senior, et episcopus superintendens.

Et ideo presbyteri et episcopi quantum ad nomen vocabantur et episcopi et presbyteri.

Circa hoc ergo primo agit de desiderio perveniendi ad episcopatum; secundo describit conditionem episcopi, ibi oportet autem.

Præmittit ergo suæ institutionis assertionem, dicens fidelis sermo, scilicet quem dicam, vel dixi. Apoc. Cap. Ult.: hæc verba fidelissima et vera sunt. Si quis episcopatum desiderat, etc.. Ex hoc sumpserunt aliqui occasionem ambitionis episcopatus et prælationis, sed non recte intelligunt quod hic dicitur. Apostolus enim hic voluit ostendere quid pertineat ad episcopum. Episcopus est nomen Græcum, scopos enim idem est quod intendens, epi, id est, supra; episcopus ergo dicitur quasi superintendens.

Duo ergo sunt consideranda in episcopo, scilicet gradus superior, et actio plebi utilis.

Aliqui enim proiiciunt forte oculum ad ea quæ circumstant eum, scilicet quod qui præest honoratur, et quod habet potestatem. Et qui propter ista desiderat episcopatum, nescit quid sit episcopus. Et ideo dicit apostolus, quid sit episcopus, et quid desideret qui episcopatum desiderat, quia bonum opus.

Non dicit bonum desiderium habet, sed bonum opus, scilicet utilitatem plebis.

Sed numquid licet ipsum desiderare? Augustinus dicit quod non. Glossa: locus superior, sine quo regi non potest populus, et si teneatur et administretur decenter, tamen indecenter appetitur. Et idem dicit XIX de civitate Dei. Cuius ratio est quod nullus debet appetere aliquid supra vires suas non sibi proportionatum, alias esset stultus. Horatius: ludere qui nescit campestribus abstinet armis.

Ille ergo bene episcopatum desiderare posset, cuius facultas episcopatui esset proportionata.

Ad hoc autem nullus est idoneus, quia prælatus secundum gradum et convenientiam debet omnes alios excedere in conversatione et contemplatione, ita ut in respectu sui alii sint grex. Et hanc idoneitatem de se præsumere est maximæ superbiæ.

Aut ergo appetit circumstantias, et tunc nescit quid appetat, quia non est hic episcopatus; vel ipsum opus, et hoc est superbiæ.

Et ideo non est accipiendum nisi impositum.

Glossa: si dicis: status episcoporum est perfectior statu religiosorum, hunc autem licet appetere, igitur.

Respondeo. Perfectio aliter se habet

in hoc et in illo, quia status episcoporum præsupponit perfectionem, et ideo nullus appetere debet nisi habeat eam; sed status religiosorum est via, et ideo non requiritur perfectio iam habita, sed quod teneatur acquirere eam nisi habeat. Et hoc patet Io. Cap. Ult., ubi Dominus Simoni non dicit: si vis perfectus esse, pasce, etc. Et iuveni dicit: si vis perfectus esse, etc..

Sic ergo intelligendum est in nomine episcopatus bonum opus. I Petr. V, 3: non ut dominantes in cleris, sed forma facti gregis, etc.. Quasi dicat: si tu episcopatum desideras, hoc est quod desideras, quia bonum opus.

Sed qualis debeat esse episcopus, ostendit, cum subdit oportet episcopum, etc., quem primo instruit in generali; secundo in speciali, ibi unius uxoris.

Dicit ergo: dico quod bonum opus desiderat, sed ad hoc non omnis est idoneus, sed oportet quod sit talis, primo irreprehensibilis.

Unde de Zacharia dicitur Lc. I, 6 quod incedebat in omnibus mandatis et iustificationibus sine querela. Lev. XXI, 17: qui habuerit maculam non offeret panes Deo suo, nec accedet ad ministerium eius.

Nec intelligendum est, quod omnino sit sine peccato, quia dicitur I Io. I, 8: si dixerimus, etc.. Nec est dicendum, sicut aliqui dixerunt, quod quicumque peccavit mortaliter post baptismum, non est idoneus, quia pauci essent tales, sed irreprehensibilis, id est, non subiectus alicui peccato, unde ab aliis reprehendi posset, quia indecens est si reprehensibilis sit reprehensor. Matth. VII, 5: eiice primum trabem, etc..

Deinde cum dicit unius uxoris, etc., instruit eum in speciali, et primo quantum ad se, secundo quantum ad multitudinem, ibi filios habentem.

Iterum prima in duas, quia primo ostendit quibus virtutibus ornetur; secundo a quo mens debet esse immunis, ibi non vinolentum.

Omnis autem moralis virtus est primo circa passiones; et sunt duo quæ faciunt sanctitatem, scilicet castitas et sobrietas, quia per delectationem vel delectabilia carnis, maxime inquietatur anima. Et ideo primo ponit quod pertinet ad castitatem, dicens unius uxoris virum. Simile Tit. I, 6.

In hoc autem discordia videtur esse inter Augustinum et Hieronymum. Hieronymus enim dicit quod hoc intelligitur post baptismum, quia si ante baptismum duas habuit uxores, vel unam primo, et aliam postea, non impeditur ab ordinatione, quia per baptismum omnia delentur. Augustinus et Ambrosius contrarium dicunt, quia sive ante, sive post, si duas habuit, non ordinatur.

Et numquid baptismus omnia delet? respondeo, sic quo ad peccata, non autem quo ad irregularitatem, quæ interdum etiam sine peccato incurritur ex sola ecclesiastica institutione; sed matrimonium non est peccatum etiam in Paganis.

Sed quæ est causa huius institutionis? numquid non magis impeditur qui multas concubinas habet? respondeo. Dicendum quod hoc fit non propter incontinentiam tantum, sed propter repræsentationem sacramenti, quia sponsus ecclesiæ est Christus, et una est ecclesia.

Cant. V: una est columba mea.

Secundo agit de sobrietate, dicens sobrium. Tit. II, 12: sobrie et pie et iuste vivamus in hoc sæculo, etc.. Hic enim docet episcopum qui dicitur superintendens, ut vigilet. Lc. I, 8: pastores autem erant, etc.. Et ebrietas obstat vigiliis. I Petr. Cap. Ult.: sobrii estote, etc..

Tertio ordinat rationem, dicens prudentem, quia hæc est regitiva omnium virtutum, et episcopus eligitur ut alios regat.

Matth. X, 16: estote prudentes. Matth. XXIV, 45: quis, putas, est fidelis servus et prudens, etc..

Consequenter ponit virtutes, quæ ordinant actiones exteriores.

Primo quantum ad se, secundo quantum ad alios.

Quantum ad se dicit ornatum, pudicum. Ornatus est quando bene componitur in actibus et dictis. Ornatus enim importat pulchritudinem quæ consistit in proportione.

Unde tunc est ornatus, quando agit et loquitur ut decet. Eccli. XLIV, 6: homines divites in virtute, pulchritudinis studium habentes.

Hoc requiritur in episcopo, quia per exteriora iudicamus de interioribus. Eccli. XIX, 27: amictus corporis, et risus dentium, et ingressus hominis, enuntiant de illo. Quia prælatus ponitur in aspectu hominum, oportet quod sit ornatus. Unde dicitur de Ambrosio, quod quosdam ordinare nolebat, quia dissolute incedebant. Item quandoque contingit quod occurrunt alicui aliqua turpia in aliis vel agentibus vel dicentibus, et ad hæc debet habere pudicitiam, ut verecundetur si videat vel audiat. Augustinus: impudicus oculus impudici cordis est nuntius. Eccli. VII, 21: gratia enim verecundiæ illius super aurum.

Deinde cum dicit hospitalem, etc., agit de episcopo in comparatione ad alios. Imponitur autem episcopo ut pascat oves. Io. Cap. Ult. Et I Petr. Cap. Ult..

Et duplex est eleemosyna, scilicet corporalis et spiritualis. Ergo debet in utraque pascere.

Quantum ad primum dicit hospitalem, scilicet peregrinorum et hospitum. Rom. XII, 3: hospitalitatem sectantes. Hebr. Cap. Ult.: hospitalitatem nolite oblivisci, etc..

Iob XXXI, 32: Ostium meum viatori patuit, etc.. Quantum ad secundum dicit doctorem.

Eph. IV, 11: alios pastores et doctores, etc..

Et hoc est officium proprium prælati. Ier. III, 15: dabo vobis pastores iuxta cor meum, et pascent vos scientia et doctrina, etc..

Consequenter cum dicit non vinolentum, etc., removet vitia opposita. Tria autem removet: unum quod pertinet ad concupiscentiam carnis, aliud ad iram, aliud ad cupiditatem.

Quantum ad primum dicit non vinolentum.

Minus dicit, et plus significat. Eph. V, 18: nolite inebriari vino, in quo est luxuria.

Quasi dicat: non gulosum, non luxuriosum.

Quantum ad iram duo ponit; primo quantum ad actum dicit non percussorem. Decenter prohibet hoc post vina, quia ebrii de facili percutiunt. Sed modestum, id est, patientem.

Phil. IV, 5: modestia vestra nota sit omnibus hominibus. Ps. XCI, 15: bene patientes erunt ut annuntient. Christus passus non percutiebat. Secundo quantum ad verba, cum dicit non litigiosum. II Tim. II, 24: servum Dei non oportet litigare.

I Cor. XI, 16: si quis autem videtur contentiosus esse, nos talem consuetudinem non habemus, neque ecclesia Dei. Et hoc quia episcopi sunt successores apostolorum, quos Christus instruxit ut pacem annuntiarent.

Item in passione sua Christus dixit: pacem meam do vobis, pacem relinquo vobis.

Quantum ad res temporales dicit non cupidum, quia ponitur iudex et ordinator ecclesiæ, qui, si sit cupidus, de facili declinat a iustitia. Ex. XXIII, 8: ne accipias munera, quæ excæcant etiam prudentes et subvertunt verba iustorum. Sed heu. Ier. VI, 13: a maiore usque ad minorem omnes avaritiæ student.

Lectio 2

Supra ostendit apostolus qualis debet esse episcopus secundum se, hic ostendit qualis debet esse in comparatione ad multitudinem. Et primo quo ad multitudinem domesticæ familiæ; secundo quo ad multitudinem ecclesiæ, ibi non neophytum; tertio quo ad multitudinem infidelium, ibi oportet autem.

Item primo ostendit qualis debet esse in comparatione ad familiam domesticam; secundo rationem huius assignat, ibi si quis autem.

Item primo ostendit quod ab episcopo requiritur gubernatio debita familiæ; secundo bona instructio filiorum, ibi filios habentem.

Dicit ergo: oportet episcopum bene præesse domui, id est, familiæ suæ, ut eam bene gubernet. Bona autem gubernatio non solum est acquisitio divitiarum, quia hæ non sunt finis œconomiæ, sed instrumenta; sed finis eius est recta vita. Eccli. XLIV, 6: pacificantes in domibus suis.

Specialiter autem in domestica familia præcipui sunt filii. Et ideo dicit de eis specialiter filios habentem subditos, id est, quod suis filiis dominetur non emollitus ex teneritudine amoris, quam quandoque extendit ad filios.

Inter alia autem, quæ requiruntur in filiis episcoporum, quos habuerunt antequam essent episcopi, requiritur quod sint casti. Ideo subditur cum omni castitate, quia mala eorum vita esset testimonium contra parentem et prælatum. Eccli. X, 2: secundum iudicem populi, sic et ministri eius, et qualis rector civitatis, tales et habitantes in ea. Sap. IV, 6: ex iniquis enim omnes filii qui nascuntur testes sunt nequitiæ adversus parentes in interrogatione sua. Secunda ratio est, quia ad domum episcopi concurrit populus, ideo oportet eos esse castos. Contra illud I Reg. II, 22, ubi filii Heli non casti corrumpebant mulieres venientes ad templum. Unde et Heli a Domino est punitus.

Deinde cum dicit si quis autem, dicti sui rationem assignat.

Posset enim dici: quid ad episcopum quod bene regat familiam, cui imminet cura communis? et ideo dicit si quis autem domui suæ, etc., propriæ familiæ. Lc. XVI, 10: qui fidelis est in minimo, et in maiore fidelis est.

Contingit tamen frequenter quod aliqui non sunt bene regitivi in parvis domesticis, qui tamen bene regunt in maioribus. Sed quod dicit nescit, hæc nescientia refertur ad negligentiam. Nam qui parva negligit, de facili magna negligit, licet qui non curat de parvis, aliquando bene se habeat in maioribus.

Consequenter ostendit qualiter se habeat ad multitudinem ecclesiæ, in qua non debet esse novitius in fide, sed antiquus. Unde dicit non neophytum, id est, novam fidem habentem. Act. I, 21: oportet eligere unum ex his qui nobiscum, etc.. Item Num. XI, 16: congrega mihi septuaginta viros de senioribus, quos tu nosti quod senes sint populi ac Magistri et duces, etc.. Sed, sicut dicitur sap. IV, 8, senectus venerabilis est, non diuturna, neque numero annorum computata.

Contingit enim quandoque quod in aliquibus novis superabundet gratia, et habent simul cum ætate iuvenili morum senectutem, qui dispensative promoventur, sicut Ambrosius divina inspiratione. Unde hoc quod dicit hic, ad eos pertinet qui non solum ætate neophyti, sed et qui neophyti sunt perfectione.

Et huius est ratio ne in superbiam, etc..

Quando enim aliquis de novo veniens ad fidem et ad conditionem aliquam promovetur, reputat se aliis meliorem et valde necessarium, quasi nisi ipse esset, non haberent unde provideretur ecclesiæ.

Et dicit diaboli, quia ipse condemnatus fuit propter peccatum superbiæ.

Deinde cum dicit oportet autem illum, etc., ostendit qualiter se habeat ad multitudinem infidelium, et ponit documenta.

Primo ut sit bonæ famæ. Col. IV, 5: in sapientia ambulate ad eos qui foris sunt.

I Petr. II, 12: conversationem vestram inter gentes habentes bonam. Et hoc necessarium est prælato, quia conversatio totius congregationis iudicatur ex prælato.

Sed contra, II Cor. VI, 8: per infamiam et bonam famam.

Respondeo. Infamia insurgit quandoque ex culpa eius qui infamatur, et hanc prohibet hic; quandoque ex malitia detrahentium et in hac oportet habere patientiam, et de hac loquitur apostolus ibi. Sed hic loquitur de assumendo in episcopum, qui et si sit bonus, et infamatur falso, debet patienter ferre.

Secundo assignat rationem; unde subdit ut non in opprobrium, etc.. Ubi tangit duplex periculum, scilicet ne fiat opprobriosus, et per hoc eius auctoritas minuatur, et per consequens auferatur audacia corrigendi.

Matth. VII, 5: eiice primum trabem, etc..

Secundo ne incidat in laqueum diaboli, quandoque scilicet impatienter sustinendo, per quod infamis concitetur ad odia, et desperet, et huiusmodi. Et quod prælatus sit odiosus laicis, contingit, si negligit cultum divinæ laudis. Mal. II, 8 s.: irritum fecistis pactum levi, dicit Dominus exercituum, propter quod dedi vos contemptibiles et humiles omnibus populis.

Deinde cum dicit diaconos, etc., ostendit pertinentia ad diaconos, quod in Græco idem est quod ministri. In primitiva enim ecclesia solum erant tres ordines, ut dicit Dionysius, scilicet episcoporum, presbyterorum et ministrorum; et non dividebantur per diversos gradus, sed omnia erant in uno ordine propter paucitatem ministrorum et propter novitatem ecclesiæ.

Primo ergo ostendit quales debent esse secundum se; secundo quantum ad alios, ibi mulieres.

Item, primo ostendit quales debent esse; secundo quomodo examinandi sunt, ibi et hi.

Item, primo ostendit quales debent esse quantum ad eorum proprium corpus; secundo quantum ad res exteriores, ibi non turpe; tertio quantum ad alia, ibi habentes, etc..

Item quantum ad corpus, primo ostendit quo ad totius corporis qualitates; secundo quantum ad oris refrenationem.

Dicit ergo: dico quod episcopi debent esse pudici, similiter oportet diaconos esse, quia contrarium pudicitiæ facit ineptum ad spiritualia, quia denegat animum a spiritualibus, quem necesse est tales habere elevatum.

Is. LII, 11: mundamini, qui fertis vasa Domini. Lc. XII, 35: sint lumbi vestri præcincti.

Deinde ostendit quales debent esse in ore. Os servit locutioni et gustui. Quantum ad primum dicit non bilingues. Eccli. XXVIII, 16: lingua tertia multos commovit, et dispersit illos a gente in gentem. Bilinguis est habens duas linguas. Non erunt tales diaconi ministri pacis.

Quantum ad secundum dicit non multo.

Prov. XXIII, 29 s.: cui væ? cuius patri væ? cui rixæ? cui foveæ? cui sine causa vulnera? cui suffossio oculorum? nonne his qui commorantur in vino et student calicibus epotandis? Is. V, 22: væ qui potentes estis ad bibendum vinum, et viri fortes ad miscendam ebrietatem.

Deinde cum dicit non turpe lucrum sectantes, ostendit quomodo se habeant ad res exteriores.

Non solum enim divertuntur a iustitia quandoque propter cupiditatem lucri, sed etiam a veritate, dicentes quæ non oportet.

Et ideo prohibetur eis temporale lucrum, in quo intelligitur omne lucrum inhonestum.

Sed quantum ad affectionem dicit habentes, etc., et instruit eos, primo, quantum ad fidem, secundo quantum ad conscientiæ puritatem.

Unde dicit mysterium fidei, non fidem, id est, non tantum fidem simplicem, sed intelligentiam eius quod in fide occultum est mysterium enim idem est quod occultum, quia ministri debent scire non tantum ea de fide quæ et populus intelligit, sed et mysteria, quia debent alios instruere. I Petr. III, 15: parati semper ad satisfactionem omni poscenti vos rationem de ea, quæ in vobis est fide et spe, etc..

Item conscientiam puram, quia impura facit in fide errare. Supra I, 5: finis autem præcepti est charitas de corde puro, et conscientia bona, et fide non ficta.

Deinde cum dicit et hi probentur primum, et sic, etc., ostendit quomodo examinentur.

Posset enim dicere aliquis: puto omnes bonos. Hoc enim debet esse in tua reputatione, sed quantum ad eorum promotionem omnes sunt examinandi. Unde etiam ipsi examinantur; unde dicit et hi, etc..

Nullum crimen, id est, peccatum mortale; non autem intendit de peccato veniali, quia, ut dicitur I Io. I, 8, si dixerimus quia peccatum non habemus, ipsi nos seducimus, et veritas in nobis non est. Nec dicit, qui habuerunt, sed habentes, id est, qui sunt notabiles et habent infamiæ crimen. Alioquin hoc esset derogare clavibus ecclesiæ.

Deinde cum dicit mulieres, etc., ostendit qualiter se habeant ad alios. Et primo ponit suam instructionem; secundo rationem, ibi qui enim bene.

Circa primum duo facit, quia primo ostendit qualiter se habeant ad uxores, quas habebant in primitiva ecclesia, et loquitur pro statu illo.

Secundo quomodo ad filios, ibi qui filiis.

Iterum prima in duas, quia primo ostendit quales debent esse eorum uxores; secundo qualiter ipsi habeant se ad illas, ibi diaconi.

In uxoribus eorum requirit quatuor, scilicet pudicitiam, modestiam, sobrietatem et fidelitatem.

Dicit ergo: similiter sicut dixi de diaconibus dico de mulieribus, quia oportet eas esse pudicas. Eccli. XXVI, 19: gratia super gratiam mulier sancta et pudorata. Item modestas in lingua, non detrahentes. Eccli. X, 11: quomodo si serpens mordeat in silentio, nihil eo minus habet qui detrahit.

Item sobrias, quæ est maximum ornamentum mulierum. Supra II, 9: similiter et mulieres in habitu ornato cum verecundia et sobrietate.

Item fideles, vel Deo quantum ad veram fidem, vel viris suis.

Sed quæ culpa est diaconi, si eius uxor est mala? respondeo. Aliquis a ministerio repellitur non solum propter culpam, sed etiam propter aliquod impedimentum ministerii. Et ideo si præter culpam eorum possent mulieres esse malæ, tamen præstant impedimentum dupliciter: primo quia cum malæ sunt, indigent maiori cura, et per hoc earum viri minus vacarent ecclesiasticis ministeriis; secundo quia viri depravantur ex uxoribus.

Item esset in periculum, quia ministrorum ecclesiæ multi frequentant domos.

Dixerunt autem Cathaphrigæ, quod ex quo inter diaconos agitur de mulieribus, mulieres possunt ordinari ad sacros ordines.

Sed sciendum est quod in iure aliquæ mulieres aliquando vocantur diaconissæ, non quia habeant huiusmodi ordinem, sed propter aliquod ministerium ecclesiæ, sicut in Græco dicitur diaconus quilibet minister.

Lectio 3

Supra ostendit apostolus, quales debent esse diaconi et eorum uxores, hic ostendit quomodo diaconi se habeant ad uxores et ad filios et familiam. Et primo ponit documentum, secundo eius rationem, ibi qui enim bene.

Dicit ergo: dixi quod mulieres diaconorum sint pudicæ. Etsi in uxoribus est pudicitia habenda propter eos, amplius in ipsis est necessaria, ut sint omnino a contactu mulierum immunes. Sed quia secundum hoc pauci essent ministri, concedit quod saltem sint unius uxoris viri, quia habuisse plures, est signum incontinentiæ et contra significationem sacramenti. Et inde est quod Dominus instituit matrimonium unius ad unum. Unde et prima uxor benedicitur, non secunda.

Deinde monet qualiter se habeant ad filios, dicens qui filiis suis bene præsint, scilicet bene erudiendo in disciplina bona et vita. Eccli. VII, 25: filii tibi sunt? erudi illos, etc..

Consequenter hortatur eos bene præesse toti domui, id est, familiæ, scilicet cum mansuetudine. Eccli. IV, 35: noli esse sicut leo in domo tua, etc..

Et huius ponit rationem, dicens qui enim bene ministraverint, etc.; quasi diceret: quod requiris ab episcopis rationabile est; quia ipsi sunt prælati.

Sed quare a diacono qui est minister? respondet dicens qui enim, etc.. Et primo ostendit quod bonus usus huius ministerii est via ad maiorem dignitatem; secundo etiam quod est via ad vitam æternam. Quantum ad primum dicit qui enim bene ministraverint, exercendo officium diaconi quod enim est in Græco diaconus, in Latino dicitur minister, gradum bonum sibi acquirent, id est, promoveri merentur ad gradum altiorem.

Matth. XXV, 21: quia in pauca fuisti fidelis, supra multa te constituam, etc.. Et dicit bonum, quia supra eodem: qui episcopatum desiderat, bonum opus desiderat. Nec tamen in hoc est eorum finis, sed cum hoc remunerationem habent a Deo. Io. XII, 26: volo ut ubi ego sum, illic sit et minister meus. Et ideo dicit multam fiduciam, scilicet auxilii gratiæ in præsenti, et gloriæ in futuro; et hoc in fide, etc., id est, per fidem Christi. II Cor. III, 4: fiduciam talem habemus, etc.. Is. XII, 2: fiducialiter agam, et non timebo.

Deinde cum dicit hæc tibi scribo, ponit rationem omnium prædictarum monitionum. Et primo excludit causam opinatam; secundo astruit veram, ibi si autem; tertio assignat rationem, ibi quæ est ecclesia.

Circa primum sciendum est, quod posset Timotheus credere quod ex quo scripsit, de cætero eum non visurus esset, alias superfluum videretur eum litteris monere.

Et ideo dicit hæc tibi scribo, fili.

Et nominat eum filium, quia sibi charissimus erat. I Cor. IV, 17: ideo misi ad vos Timotheum, qui est filius meus charissimus. Et dicit sperans, quasi non certus. II Io. I, 12: plura habens vobis scribere, nolui per chartam et atramentum; spero enim me futurum apud vos, et os ad os loqui. Scribo igitur, licet spem habeam, quia spes in longum protrahi potest. Prov. XVI, 1: hominis est præparare animum, et Domini linguam gubernare.

Et ideo dicit si autem tardavero, etc.. I Thess. II, 18: sed Satanas impedivit nos. Ego igitur scribo, si tardavero, ut scias, quomodo oporteat te in domo Dei conversari.

Ps. LXVII, 6: habitare facit unius moris in domo, etc..

Deinde cum dicit quæ est ecclesia, assignat rationem quare sit sic conversandum in ea. Et assignat rationem huius causæ, quæ est duplex: primo commendando ipsam ecclesiam; secundo unitatem ecclesiæ, ibi et manifeste.

Circa primum duo facit, quia primo commendat ecclesiam ex parte eius, cuius est ecclesia; secundo ex veritate ipsius ecclesiæ, ibi columna.

Ex parte eius cuius est ecclesia, quia est Dei vivi. Ecclesia dicitur quasi adunatio, quia in ecclesia est adunatio fidelium.

Rom. VIII, 30: quos vocavit, etc.. Et adunantur in Deum. Io. XVII, 21: ut et ipsi in nobis sint unum, etc.. Et ideo dicit quæ est Dei. Et addit vivi, ad distinctionem aliorum deorum, ad quos congregantur gentes. Nam hi sunt mortui, sed Deus ecclesiæ est vivus.

Io. V, 26: sicut pater habet vitam in semetipso, etc.. Est ergo sic in ea conversandum, ut spiritualiter vivamus. Ps. XCII, 7: domum tuam, Domine, decet sanctitudo, etc..

Secunda ratio est ex veritate ecclesiæ.

Naturale est enim homini ut desideret cognitionem veritatis, cum sit perfectio intellectus. Unde Augustinus dicit, quod beatitudo est finis hominis, quæ nihil aliud est quam gaudium de veritate. Hoc innotuit philosophis per creaturas Rom. I, 19. Sed in hoc vacillabant, quia non habebant certitudinem veritatis, tum quia erant corrupti erroribus, tum quia vix invenitur apud eos, quod in veritate concordent. Sed in ecclesia est firma cognitio et veritas. Unde dicit columna.

Eccli. XXIV, 7: thronus meus in columna nubis, etc.. Eccli. XXVI, 23: columnæ aureæ, etc.. Et dicitur aurea, quia in se sancta.

Et firmamentum, scilicet quantum ad alios, quia non possunt firmari in veritate, nisi per ecclesiæ sacramenta. Lc. XXII, 32: tu aliquando conversus confirma, etc.. Ps. LXXIV, 3: ego confirmavi columnas eius.

Quia igitur ecclesia congregat in Deo et dat cognitionem veritatis, debemus esse in ea.

Deinde cum dicit et manifeste, commendat veritatem ecclesiæ. Et primo Christum, ad cuius manifestationem apparuit; secundo de eius exaltatione agit, ibi assumptum.

Commendat autem Christum dupliciter.

Primo quantum ad naturam divinam; secundo quantum ad humanam, ibi quod manifestum est.

Dicit ergo et manifeste, etc.. Quia sacramentum idem est quod sacrum secretum.

Nihil autem tam secretum, quam id quod in corde gerimus. Multo ergo magis quod in corde Dei, et secretum est et sacrum.

I Cor. II, 11: quæ sunt Dei nemo novit nisi spiritus Dei, etc.. Is. XXIV, 16: secretum meum mihi. Is. XLV, 15: tu es Deus absconditus. Et hoc est verbum Dei in corde patris. Ps. XLIV, 2: eructavit cor meum verbum bonum. Hoc siquidem secretum est sacramentum pietatis; secretum autem hominis aliquando est vanum. Ps. XCIII, 11: Dominus scit cogitationes hominum, quoniam vanæ sunt. Inquantum ergo est restaurativum mundi, est pietatis. Item magnum, quia est verus Deus, cuius magnitudinis non est finis.

Hoc ergo secretum quod latet in corde patris factum est homo. Et ideo describit ipsum, secundo, quantum ad naturam humanam. Et primo quantum ad carnem, secundo quantum ad animam.

Quantum ad primum dicit quod manifestatum est in carne. Sicut verbum quod latet in corde manifestatur verbo sensibili, ita verbum Dei in corde Dei latebat, sed in carne est manifestatum. Io. I, 14: verbum caro factum est, etc..

Quantum ad animam dicit iustificatum est in spiritu. Hoc dupliciter exponitur. Primo, ne credatur quod caro prius sit concepta, dicit quod non, quia in spiritu, id est, per spiritum sanctum conceptus est. Matth. I, 20: quod enim ex ea natum est, de spiritu sancto est. Et Lc. I, 35: quod enim ex te nascetur vocabitur filius Dei; et hoc quia spiritus sanctus superveniet in te, etc.. Vel in spiritu sancto humano, de quo Io. XIX, 30: emisit spiritum. Et sic est manifestatum in carne, quod tamen est cum spiritu.

Et dico spiritu iustificato, scilicet quia iustus est, absque omni macula.

Deinde cum dicit apparuit, ostendit eius manifestationem, et primo factam Angelis, secundo hominibus, ibi prædicatum.

Dicit ergo sacramentum illud quod apparuit Angelis, et excedit etiam cognitionem Angelorum. Illud autem dicitur apparere quod in potestate sua habet videri et non videri, et non subest potestati videntis. Unde non dicitur: lapis apparet mihi, sed video lapidem.

Si ergo Angelus in sua natura vel potestate haberet quod videret verbum, non diceretur verbum apparere sibi, sed quod ipse videret cum vellet. Et ideo dicit apostolus quod apparuit Angelis, quia non in sua natura viderunt ipsum. Et verum est quod a principio apparuit Angelis, quando ex conversione ad se ædificavit ipsos; sed quando est incarnatum, multa mysteria innotuerunt Angelis, quæ non cognoverant antea. Et ideo dicit Beda, quod in nativitate apparuit Angelis claritas, quæ non antea in veritate visa est hominibus.

Et hoc dupliciter: primo quantum ad ministerium apostolorum; secundo quantum ad cognitionem populorum quibus manifestatur.

Olim siquidem solis Iudæis manifestabatur, sed nunc in gentibus. Et ideo dicit prædicatum est gentibus. Matth. Cap. Ult.: euntes ergo docete omnes gentes, etc.. Ps. XCV, 3: annuntiate inter gentes gloriam eius.

Et hoc efficaciter, quia creditum est in mundo. Et hoc Dominus orabat Io. XVII, 18.

Et hoc maxime mirum est quod per simplices pauperes et impotentes, totus mundus est conversus. I Cor. I, 26: non multi sapientes, etc.; et hoc ut non glorietur omnis caro, etc..

Secundo manifestat quod sola veritas Dei hoc facit, quia assumptum est in gloria, Christus scilicet, quia manifestatus assumptus est in cælis. Matth. Cap. Ult.: Dominus quidem Iesus postquam locutus est eis, assumptus est in cælum. Phil. II, 11: et omnis lingua confiteatur, quia Dominus noster Iesus Christus in gloria est Dei patris.

Capitulus IV

Lectio 1

Superius instruxit Timotheum de pertinentibus ad ordinationem ecclesiæ in spiritualibus; secundo quantum ad documentum fidei, cultum Dei, et dispositionem ministeriorum, hic instruit eum de ordinatione ecclesiæ quantum ad exteriora. Et primo quantum ad cibos; secundo quantum ad status hominum et divitias, ibi quicumque sub iugo.

Item primo agit de usu ciborum, secundo de dispensatione ciborum, cap. V, ibi viduas honora.

Item, primo excludit superstitiosam abstinentiam; secundo præfert pietatem abstinentiæ licitæ, ibi exerce te.

Item, primo prænuntiat falsam doctrinam de illicita abstinentia; secundo instruit eum hæc proponere fratribus, ibi hæc proponens.

Item primo, errorem manifestat; secundo excludit ipsum, ibi quos Deus.

Item, primo prænuntiat errorem futurum ex parte deceptorum; secundo ex parte decipientium, ibi in hypocrisi.

Item ponit actorem denuntiationis; secundo fidei defectum, ibi quia in novissimis; tertio causam defectus, ibi attendentes.

Dicit ergo: magnum est pietatis sacramentum quod iustificatum est in spiritu, sed supra hoc sacramentum spiritus sanctus aliquid prænuntiat futurum. Ad eum enim pertinet revelare mysteria. II Cor. XV, 2 et Io. XVI, 13: quæ ventura sunt, annuntiabit vobis. Spiritus ergo prænuntiat prius secreta in corde patris futura. Sed olim loquebatur in similitudinibus. Num. XII, 6: si quis fuerit inter vos propheta Domini, in visione apparebo ei, vel per somnium loquar ad illum. Os. XII, 10: ego visionem multiplicavi, et in manu prophetarum assimilatus sum. Sed in novo testamento spiritus sanctus manifeste dicit. Io. XVI, 25: et palam de patre meo annuntiabo vobis.

Et prænuntiat defectum fidei futurum; unde dicit in novissimis temporibus, etc.. Novissimum tempus dicitur ultima ætas, quia nos sumus in quos fines sæculorum devenerunt.

Tamen in hoc tempore amplius novissimum est, quanto magis propinquum novissimæ diei. Et sicut in primitiva ecclesia, propter propinquitatem ad Christum et sacramenta recenter instituta, fuit ferventissima fides, sic in novissimis temporibus, in comparatione ad tempus apostolorum, discedent quidam a fide, quia carnales erunt, sed magis in fine abundabunt errores. Gen. XLIX, 1: congregamini, ut annuntiem quæ ventura sunt vobis novissimis diebus, etc..

Causa defectus est duplex: una ex parte diaboli seducentis. II Cor. XI, 3: timeo ne sicut serpens Evam seduxit astutia sua, etc.. Et ideo dicit attendentes spiritibus erroris, scilicet Dæmonibus, quorum est officium in errorem mittere. Io. VIII, 44: mendax est, et pater eius. III Reg. Cap. Ult.: egrediar, et ero spiritus mendax, etc.. Et dicit spiritibus, quia Dæmon maior multos habet ministros.

Sed quomodo attendent eis? numquid eos videbunt? non, sed loquentur in eis. Et ideo addit secundam causam, scilicet falsam doctrinam.

Et secundum Glossam dicit hic falsos doctores, Dæmones, nec immerito. Sicut enim boni homines interdum dicuntur Angeli, sic isti propter excellentem malitiam Dæmones dicuntur. Io. VI, 71: nonne ego duodecim vos elegi? et unus est ex vobis diabolus.

Ex parte decipientium est duplex causa: una, eorum falsitas; alia, perversitas conscientiæ eorum.

Quantum ad primum dicit Dæmoniorum, id est, hominum a Dæmone possessorum, et horum dico loquentium mendacium. Ier. XXIII, 26: usquequo istud est in corde prophetarum vaticinantium mendacium, et prophetantium seductiones cordis sui? et nota quod per mendacium simplex absque pallio apparentiæ, non posset aliquis decipere quempiam. Et ita hi neminem possent fallere, nisi prætenderent aliquod pallium, vel bonæ intentionis, vel simulationis, vel falsæ auctoritatis. I Cor. III, 18: nemo vos seducat, etc.. II Tim. III, 5: habentes quidem speciem pietatis, id est, fictam pietatem.

Et Dæmoniorum, dico, habentium conscientiam cauteriatam. Cauterium est corruptio in carne per ignem, ex qua egreditur continue putredo. Ita ex igne perversæ voluntatis, iræ, odii, concupiscentiæ, ulceratur conscientia, et Dæmoniorum egreditur falsa doctrina. Tit. I, 15: coinquinatæ sunt eorum mentes.

Deinde ostendit quæ sit ista falsa doctrina, et tangit hæresim Manichæorum, qui damnant matrimonium, contra illud Matth. XIX, 6: quos Deus coniunxit, homo non separet; I Cor. VII, 36: mulier non peccat si nubat. Item Manichæi prohibent usum ciborum, id est, mandant abstinere a cibis.

Abstinere autem a cibis potest quis licite intentione domandi carnem, sicut Timotheus abstinebat a vino, vel propter scandalum, sicut dicit apostolus I Cor. VIII, 13: si esca scandalizat fratrem meum, non manducabo carnes in æternum. Item illicite: uno modo propter legis præceptum, quasi legalia adhuc essent servanda, contra quod loquitur ad Gal. II. Alio modo secundum hæresim Manichæorum, non quia prohibitum lege (quam damnant), sed quia dicunt quod in carnibus, ovis, et vino, et huiusmodi, id est, in aliqua talium particula, divina natura est commixta, quod non potest de Deo putari.

Non videtur autem hoc dicere de cibis legalibus, quia dicit in novissimis diebus, sed de prohibitis a Manichæis.

Et istos Manichæos Dæmones vocat, quia inter omnes hæreses plus dant diabolo de honore, quia ponunt eum principium ex æquo cum Deo bono, ponentes eum principium visibilium.

Improbat autem apostolus hanc erroneam doctrinam dupliciter, scilicet ex intentione Dei creantis cibos; secundo ex conditione creaturæ, ibi omnis creatura.

Dicit ergo quod prohibent abstinere, et hoc contra intentionem Dei, qui creavit eos ad percipiendum. Gen. IX, 3: sicut olera virentia dedi vobis omnia, etc..

Sed dicis: numquid plantæ propter animalia, et animalia propter homines? respondeo.

Dicendum est quod sic, secundum etiam Philosophum in I polit., quia imperfectum ordinatur ad perfectius. Et ideo sicut in generatione est multiplex perfectio: primo scilicet plantarum, deinde animalium, et ultimo humana, ita in usu rerum.

Et ideo ad percipiendum, sed cum gratiarum actione. I Thess. Cap. Ult.: in omnibus gratias agite; quia scilicet concessa sunt vobis a Deo. Ps. XXI, 26: edent pauperes, etc..

Et subdit fidelibus, quia illi qui percipiunt cum gratiarum actione, sunt fideles. Nullus enim potest gratias agere Deo in eo quod illicitum est. Stultus enim est qui agit gratias de fornicatione Deo, quia Deus non est actor malorum. Ergo ille gratias agit qui habet hoc, quod usus ciborum sit licitus. Et hoc quidem innotescit per fidem solam. Et ex ista ratione dicit fidelibus.

Deinde cum dicit qui cognoverunt veritatem, quia omnis, etc., improbat errorem ex conditione creaturæ. Et primo proponit creaturam esse bonam secundum se; secundo quantum ad usum.

Dicit ergo omnis creatura est bona, scilicet in sua natura. Gen. I, 31: vidit Deus cuncta quæ fecerat, et erant valde bona. A bono etiam actore nihil est nisi bonum.

Sed quia multa sunt in se bona, quorum tamen usus non est bonus, ideo probat omnem creaturam esse bonam non solum in se sed et quantum ad usum. Et primo ponit intentum, secundo probat, ibi sanctificatur enim.

Dicit ergo nihil reiiciendum est, scilicet ex debito divinæ legis, quamvis ex alia causa: sicut venenum comedere, inquantum cibus non est peccatum, sed reiiciendum est inquantum est mortiferum. Similiter nec alii cibi, inquantum res tales sunt, non sunt reiiciendi, sed inquantum incitant ad lasciviam.

Ergo secundum discretionem rationis, et ordinationem charitatis, non sunt reiiciendi.

Matth. XV, 11: omne quod intrat in os, non coinquinat hominem, etc..

Quare ergo aliqui cibi in veteri lege sunt prohibiti? Augustinus ponit rationem contra faustum, quia in illo statu, non solum per verba, sed etiam per acta præfiguratus est Christus. Et ideo in cibis, vestibus et sacrificiis fuerunt figuræ futuri status.

Non ergo prohibentur secundum se, sed quia immundorum figuræ sunt, sicut porcus est signum immundæ vitæ. Et ideo prohibitio carnis eius est signum quod in lege Christi est prohibita omnis immunditia. Et est exemplum Augustini. Hoc nomen fatuus potest considerari secundum quod est vox composita ex litteris, et sic est bona, vel inquantum signum et significativa talis rei, et sic mala est et prohibita. Omnis ergo creaturæ usus secundum se est bonus.

Cuius ratio est, quia si esset malus, hoc non posset esse nisi inquantum diabolus, post peccatum hominis, accepisset potestatem super eos: quia ex quo homo peccavit, accepit in hominem potestatem, et in ea quæ sunt eius. Sed per Christum est ablata hæc potestas, et hæc vocatur sanctificatio.

Unde omnia quæcumque benedicimus exorcizantur primo, et ibi est oratio expellens diabolum.

Et ideo dicit sanctificatur enim per verbum Dei, id est, per Christum, qui omnes sanctificat, Io. XVII, 9, et per orationem fidelium. Iac.: multum valet deprecatio iusti assidua.

Lectio 2

Supra reprobavit superstitiosam ciborum abstinentiam, hic mandat Timotheo ut doctrinam præmissam proponat fidelibus, et primo ostendit quid debet proponere; secundo quid debet vitare, ibi ineptas autem.

Proponit ergo duas rationes quare debet proponere præmissa: unam ex commisso sibi officio; secundam ex eius educatione.

Dicit ergo hæc, quæ dixi supra, scilicet quod omnis creatura est bona et quod nihil reiiciendum, etc., proponens, etc.. Timotheus enim constitutus erat in officio ministerii Christi, quia omnes habentes officium prædicandi et regendi constituuntur ministri Christi. I Cor. IV, 1: sic nos existimet homo ut ministros Christi, etc.. Ille autem est bonus minister qui sequitur intentionem Domini sui. Christus autem hoc docuit: Matth. XV, 11: nihil quod intrat in os coinquinat.

Et ideo hoc officium requirit illud docere.

Item ipsa educatio hoc requirit.

Prov. XXII, 6: adolescens iuxta viam suam, etiam cum senuerit, non recedet ab ea. Et ideo inconveniens est quod aliqui nutriti veritate doctrinæ recedant ab ea. Unde recedens a doctrina, qua ecclesia suos parvulos instruit, non est bonus minister Christi. Et ideo dicit enutritus verbis fidei, etc.. Verbum enim Dei est spirituale nutrimentum quo sustentatur anima, sicut corpus per cibum.

Matth. IV, 4: non in solo pane vivit homo, sed in omni verbo quod procedit de ore Dei.

Hoc verbum fidei instruit primo circa credenda, et sic dicit enutritus verbis fidei, secundo circa agenda, et sic subiungit et bonæ doctrinæ. Vel fidei verbum, quod et simplices habent, et bonæ doctrinæ, quam spirituales Magistri.

Deinde cum dicit ineptas, etc., ostendit quid vitandum sit, quia fabulæ ineptæ et inanes.

Fabula enim secundum Philosophum est composita ex miris, et fuerunt in principio inventæ ut dicit Philosophus in pœtria, quia intentio hominum erat ut inducerent ad acquirendum virtutes, et vitandum vitia. Simplices autem melius inducuntur repræsentationibus quam rationibus. Unde in miro bene repræsentato videtur delectatio, quia ratio delectatur in collatione. Et sicut repræsentatio in factis est delectabilis, ita repræsentatio in verbis: et hoc est fabula, scilicet dictum aliquod repræsentans, et repræsentando movens ad aliquid. Antiqui enim habebant aliquas fabulas accommodatas aliquibus veris, qui veritatem occultabant in fabulis.

Duo ergo sunt in fabula, quod scilicet contineat verum sensum, et repræsentet aliquid utile. Item quod conveniat illi veritati. Si ergo proponatur fabula, quæ non potest repræsentare aliquam veritatem, est inanis; sed quæ non proprie repræsentat, est inepta, sicut fabulæ de thalmud.

Deinde cum dicit exerce, etc., exclusa superstitiosa abstinentia, hic comparat abstinentiam virtuosam aliis virtutibus.

Et sciendum est quod Timotheus erat homo valde abstinens. Unde dicit infra V, 23, quod modico vino utatur, et forte ut sit sollicitus de his quæ ad misericordiam pertinent, quia qui non parcunt sibi, frequenter nec aliis parcunt. Et ideo inducit eum ut pietatem præferat abstinentiæ. Et primo inducit eum ad pietatem; secundo præfert eam abstinentiæ, ibi nam corporalis; tertio confirmat quoddam dictum, ibi promissionem; quarto dat formam docendi pietatem, ibi præcipe hæc.

Dicit ergo exerce teipsum ad pietatem.

Pietas est, per quam parentibus patriæque benevolentiæ officium impedimus, sicut religio, per quam cultum debitum Deo exhibemus. Pietas enim importat quamdam affectionem ad suum principium. Principium autem generationis est pater et patria. Et ideo oportet quod homo circa eos sit benevolus.

Pater autem omnium est Deus. Mal. I, 6: si ego pater, ubi est honor meus? et ideo nomen pietatis est derivatum ad cultum Dei, ut dicit Augustinus IV de CIV. Dei.

Unde Eusebia est idem quod pietas. Iob XXVIII, 28: ecce pietas ipsa est sapientia, secundum aliam translationem, ubi nostra sic habet: ecce timor Domini ipsa est sapientia.

Tit. I, 1: in agnitione veritatis, quæ est secundum pietatem. Sed quantum ad terrenam pietatem, competit pietati ut homo sit benevolus compatriotis; sed quantum ad christianam pietatem requiritur, ut homo omnibus hominibus sit benevolus, quia omnes sumus eiusdem patriæ. Et ideo pietas sumitur pro misericordia.

Cum ergo dicit exerce teipsum ad pietatem, potest accipi secundum quod pertinet ad cultum Dei, et ad opera misericordiæ exhibenda. Glossa: ad pietatem, id est, ad cultum omnipotentis Dei, et opera misericordiæ.

Et dicit exerce, non fac, quia exercitium dicit promptitudinem; et hoc ideo, quia exercitatus facit levius, delectabilius, et stabilius. Prov. XXIV, 27: diligenter exerce agrum tuum.

Deinde cum dicit nam corporalis exercitatio ad modicum utilis est, præfert eam abstinentiæ. Et primo ostendit ad quid valet exercitatio corporalis; secundo ad quid pietas, ibi pietas autem.

Corporalis exercitatio ieiunii et huiusmodi in sua natura non sunt bona, sed pœnalia, et si homo non peccasset, nihil horum fuisset, sed sunt bona medicinalia. Sicut enim reubarbarum est bonum inquantum relevat a colera, sic et ista inquantum comprimunt concupiscentias; ergo ad istud modicum sunt utilia. I Cor. IX, 27: castigo corpus meum et in servitutem redigo, etc.. Col. III, 5: mortificate membra vestra, quæ sunt super terram. Et ideo si homo esset in statu, in quo non posset peccare, non indigeret ieiunio et huiusmodi. Unde Chrysostomus super illud Matth. XVI: venit Iesus, etc., dicit: Ioannes purus homo indigebat medicina ieiunii: Christus Deus erat et non purus homo, et ideo huiusmodi non indigebat.

Ergo ad modicum utilis est, quia tantum ad morbum peccati carnalis, non spiritualis, quia aliquando propter abstinentiam homo iracundiam, inanem gloriam, et huiusmodi incurrit.

Deinde cum dicit pietas autem, præfert abstinentiæ pietatem, et accipitur hic utroque modo, scilicet pro cultu Dei, et misericordia. Et est ad omnia utilis, quia ad omnia peccata delenda. Eccli. III, 33: ignem ardentem extinguit aqua, et eleemosyna resistit peccatis. Item ad bona promovenda. Eccli. XVII, 18: eleemosyna hominis quasi sacculus, etc.. Item promeretur specialem Dei misericordiam. Matth. V, 7: beati misericordes, quoniam ipsi misericordiam consequentur. Et ideo ad hoc designandum Dominus Matth. XXV, 34, specialiter commemorat opera misericordiæ.

Quod probat subdens promissionem habens. In præceptis enim Decalogi unum solum invenitur, quod pertinet ad pietatem, scilicet honorare patrem et matrem, et sub illo continentur omnia præcepta, ad quodcumque beneficium impendendum proximo; et hoc est solum præceptum, inter ea quæ sunt ad proximum, habens promissionem, scilicet ut sis longævus, etc., Ex. XX, 12. Et apostolus hic interpretatur longævus secundum vitam præsentem, et futuram; unde dicit vitæ quæ nunc est et futuræ.

Prov. III, 16: longitudo dierum in dextra eius.

Sed tunc est quæstio, quia aliquando invenitur aliquis pietatem sequens, qui tamen non est longævus.

Respondeo. Sicut dicit Philosophus, hæc bona temporalia intantum sunt bona, inquantum utilia ad felicitatem. Unde si quis haberet tantum de temporalibus quod propter ipsa impediretur a bono virtutis et felicitatis, hoc non esset sibi ad bonam fortunam, sed ad malam, ut dicitur X Ethic.. Et longitudo vitæ est unum de temporalibus, intantum bonum, inquantum coadiuvat ad virtutem.

Aliquando autem est occasio ad peccandum, et ideo Deus aliquando subtrahit eam homini, non quia deficiat a promissione, sed quia dat quod melius est. Sap. IV, 11: raptus est, ne malitia immutaret intellectum eius.

Alia est quæstio, quia apostolus præfert pietatem corporali exercitationi, quia habet spem vitæ præsentis et futuræ. Sed numquid corporalis exercitatio non habet spem? alias ieiunans non mereretur vitam æternam.

Respondeo. Quando duæ virtutes sunt et una continet aliam, illud quod est superioris virtutis per se, competit per accidens inferiori; virtus autem cui competit per se mereri vitam æternam, est charitas, cuius proprius et immediatus effectus est pietas. Et ideo secundum propriam rationem attingit ad merendam vitam æternam. Abstinentia autem non, nisi inquantum ordinatur ad charitatem et pietatem, quia si ieiunans non refert hoc ad dilectionem Dei, non meretur vitam æternam.

Tertia quæstio est, quia dicit hic Ambrosius in Glossa: omnis summa disciplinæ christianæ in misericordia et pietate est, quam aliquis sequens, si lubricum carnis patiatur, sine dubio vapulabit, non tamen peribit.

Ubi primo est dubium de prima eius parte, quia misericordia et pietas immediate ordinantur ad charitatem, in qua est summa christianæ religionis.

Respondeo. Quorumdam fuit opinio, sicut Augustinus dicit X de CIV. Dei, quod exercentes pietatis opera, quantumcumque faciant peccata carnalia, finaliter non pereunt æternaliter.

Et ad hoc est auctoritas ista.

Item quod habetur Matth. XXV, 41, ubi damnandis solum improperat defectum misericordiæ; ergo debetur pœna æterna solum immisericordibus.

Augustinus autem dicit contrarium, quia apostolus dicit: quia talia agunt, regnum Dei, etc.. Quantumcumque enim exercitetur quis in misericordia, si in morte est in peccato mortali, non intrabit in regnum.

Ad opposita dicendum est, quod non est misericors qui sibi non miseretur, secundum illud Eccli. XXX, 24: miserere animæ tuæ placens Deo; et hoc fit si homo coniungatur Deo per amorem, alias non est misericors.

Ad illud evangelii respondet Augustinus quod non quicumque peccat detruditur in infernum statim, quia remanet ei locus pœnitentiæ; sed ille detruditur, qui finaliter moritur in peccato, et pertinet pœnitentia ad misericordiam.

Sed quid dicit: si lubricum, etc.? respondeo. Dicendum est, quod loquitur de lubrico mortali.

Et quod dicit: non peribit, licet hoc non sit ex condigno, tamen est ex congruo, inquantum disponitur animus ad bonum; unde Dominus post lapsum hominem reparat. Et hoc præcipue videtur esse in pietate, quia homo benefaciendo aliis, inducit alios ad orandum pro se: et Dominus donat aliquando veniam peccatoribus precibus sanctorum, inquantum impetratur eis venia peccatorum et donum gratiæ, quia homo potest mereri ex congruo alteri primam gratiam, alias pro nihilo oraret ecclesia pro peccatoribus.

Deinde cum dicit fidelis sermo, ostendit quod promittitur nobis futura vita, et primo ostendit hoc ex labore sanctorum; secundo ex eorum spe, ibi quia speramus; tertio ex benignitate Dei, ibi qui est.

Dicit ergo sermo, quod scilicet pietas habet promissionem, est fidelis. Quod supra expositum est.

Et quare? in hoc enim, id est, propter hoc, ut consequamur vitam æternam, laboramus.

II Tim. II, 6: laborantem agricolam oportet primum de fructibus percipere. Item ut benefaciamus, licet mala sustineamus; unde dicit benedicimus et maledicimur. Iac. I, 4: patientia opus perfectum habet; et Rom. V, 3: patientia probationem operatur, etc..

Et sustinemus propter spem vitæ, quia speramus in Deum vivum, qui est salvator vitæ præsentis et futuræ.

Item ex officio Dei, cuius est salvare. Is. XLIII, 11: non est absque me salvator.

Et ideo incarnatus est Deus, et vocatus est Iesus. Matth. I, 21: ipse enim salvum faciet populum suum a peccatis eorum. Et Iesus idem est quod salvator, quia salvat, salute corporali, quo ad omnes; et ideo dicit omnium hominum. Item spirituali quo ad bonos; et ideo dicit et maxime fidelium.

Lectio 3

Superius apostolus hortatus est Timotheum ad pietatem, hic dat ei formam docendi pietatem; cui primo iniungit ut pietatem doceat; secundo quomodo sit idoneus ad docendum, ibi nemo; tertio quomodo diversos diversimode doceat, ibi seniorem.

Doctrina vero pietatis in duobus consistit, scilicet in agendis et credendis.

Agenda autem non solum debent instruere si sunt auctoritatem habentes, sed etiam præcipere.

Et ideo dicit præcipe hæc. Tit. II, 15: argue cum omni imperio. Quantum ad credenda dicit et doce. Matth. Cap. Ult.

Docete omnes gentes. Iob IV, 3: ecce docuisti plurimos.

Deinde cum dicit nemo, ostendit quomodo possit esse idoneus ad prædicta, et primo ad præcipiendum; secundo quomodo ad docendum, ibi dum venio.

Circa primum duo facit, quia primo docet quomodo debet excludere contemptum; secundo manifestat per quid excludendum sit, ibi sed exemplum.

Præceptum efficaciam non habet nisi per auctoritatem præcipientis, et ideo quando auctoritas contemnitur, præceptum frustratur, quod maxime fit in adolescentia, quia tales non creduntur prudentes esse. Unde secundum Philosophum, nemo iuvenes elegit duces. Et ideo dicit nemo, etc., quasi dicat: licet sis iuvenis, mores tamen repræsentent senectutem. Tob. I, 4: cum esset iunior.

Deinde ostendit quomodo excluditur contemptus, dicens sed esto, etc., ut scilicet talem exhibeas te ut sis exemplum faciendi quod verbo doces.

Et notandum, quod in his in quibus prælatus est exemplum, est multiplex differentia.

Quædam enim ordinantur ad proximum, quædam ad Deum, quædam ad se. Quantum ad proximum dicit exemplum esto fidelium, ut scilicet quod verbo præcipis, impleas opere.

I Petr. Cap. Ult., 3: forma facti gregis, etc.. Et hoc in locutione; unde dicit in verbo, scilicet ponderato, ordinato, et circumspecto. Col. IV, 6: sermo vester semper in gratia sale sit conditus. I Petr. IV, 11: si quis loquitur, quasi sermones Dei. Item in conversatione exteriori, ut sicut excellit loco et dignitate, ita et honesta conversatione. I Petr. II, 12: conversationem vestram inter gentes habentes bonam, etc.. Matth. V, 16: videant opera vestra bona, et glorificent patrem vestrum qui in cælis est.

Quantum ad Deum ordinatur charitate, quæ perficit affectum; unde dicit in charitate.

I Cor. XIII, 1: si linguis hominum loquar, etc.. Col. III, 14: super omnia charitatem habentes. Item per fidem, quæ illuminat intellectum; unde dicit in fide. Hebr. XI, 6: sine fide impossibile est placere Deo.

Quod specialiter competit prælatis, qui sunt custodes fidei. Unde Lc. XXII, 32 specialiter Dominus orat pro fide Petri, dicens: ego pro te rogavi, Petre, ut non deficiat fides tua.

Quantum ad se, vitam et mentem ordinat castitas, quia indecens est nimis, ut vita ministrorum discordet a vita Domini. Eccli. X, 2: secundum iudicem populi, sic et ministri eius. Christus autem sic castitatem dilexit, ut de virgine vellet nasci, et ipse eam servavit, ideo sequitur in castitate.

Deinde cum dicit dum venio, etc., ostendit quomodo sit idoneus ad docendum, et primo facit hoc; secundo assignat rationem præmissæ monitionis, ibi noli negligere.

Per duo autem est idoneus ad docendum, scilicet per lectionem, in qua acquirit scientiam, et per exercitium, in quo efficitur promptus. Et ideo dicit dum venio, attende lectioni, scilicet librorum sanctorum.

I Mac. XII, 9: habentes solatio libros sanctos.

Io. V, 39: scrutamini Scripturas. Et hoc significatur Ex. XXV, 12 s., ubi dicitur, quod semper in arca Domini debebant esse vectes in circulis, et circuli in angulis: quasi semper parati ad portandum.

Ad exercitium autem necessaria est exhortatio nostra quantum ad agenda, doctrina quantum ad cognoscenda. Ideo addit exhortationi et doctrinæ. Ier. III, 15: dabo vobis pastores iuxta cor meum, et pascent vos scientia et doctrina.

Deinde cum dicit noli, ponit rationem monitionis præmissæ; et primo ponit causam ex dono suscepto; secundo causam ex præmio expectato, ibi attende tibi.

Item, primo ponit rationem; secundo ostendit quomodo quod in ratione continetur impleri potest, ibi hæc meditare.

Dicit ergo noli, etc.; quasi dicat: imo attende, quia qui recipit gratiam non debet in ea negligens esse, sed ex ea fructificare debet. Servus abscondens in terra pecuniam, punitur propter negligentiam. Matth. XXV, 24 s.. Noli ergo negligere gratiam, etc.. Per hoc intellige, vel dignitatem episcopalem, vel donum scientiæ, vel prophetiæ, vel miraculorum, quorum nihil debet negligi. II Cor. VI, 1: ne in vanum gratiam Dei recipiatis.

Dico gratiam, quæ data est tibi per prophetiam, id est, per divinam inspirationem.

Nam in primitiva ecclesia, ubi pure et propter Deum electiones fiebant, nullus assumebatur ad episcopatum nisi per electionem divinam, sicut electus est Ambrosius et Nicolaus.

Et hanc inspirationem vocat hic prophetiam.

Unde Glossa dicit, id est, per sanctorum electionem, quia sancti non eligebant quem a Deo non sciebant electum. Item apostolus prævidebat hunc profuturum esse populo.

Prov. XXIX, 18: cum prophetia defecerit, id est, talis modus electionis, dissipabitur populus.

Et quomodo? cum impositione manus presbyteri. Alia littera habet manuum presbyterii.

Et, sicut dictum est, nomina presbyteri, vel episcopi sunt promiscua, quia sacerdotes et presbyteri, id est, episcopi, erant, qui recipiebantur cum manus impositione.

Num. XXVII, 18: voca insue, et impone manum tuam super eum, etc.. Dominus etiam imposuit manum pueris, ut dicitur Matthæi XIX, 15. Item apostoli septem diaconibus, Act. VI, 6. Et ideo ordinandis in episcopum imponuntur manus.

Sed quæstio est, cum episcopus debeat ordinari a tribus, quare hic dicitur singulari numero presbyteri? respondeo. Hoc ideo dicit, quia etsi conveniant multi, tamen unus est principalis et alii coassistentes. Tamen potest dici, quod tunc hæc constitutio nondum erat, et tunc pauci erant episcopi, qui non poterant congregari.

Alia littera habet presbyterii, id est, illorum qui sibi imposuerunt manus non inquantum homines, sed inquantum presbyteri. Et hæc impositio significat collationem gratiæ, non quod ministri dent gratiam, sed quod significant gratiam datam a Christo. Unde illorum est solum, qui sunt ministri Christi. Et ideo dicit presbyterii, vel presbyteri, quia manus impositio, alia est quæ fit a diaconibus, et alia quæ fit a presbyteris.

Deinde cum dicit hæc meditare, ostendit quomodo impleatur quod dictum est, ut scilicet continue meditetur ea quæ spectant ad officium suum. Hebr. Cap. Ult.: ipsi enim pervigilant quasi rationem pro animabus vestris reddituri. Hæc ergo meditare, id est frequenter cogita, quæ sunt ad curam gregis tui. In his esto, id est, tota virtus tua sit ad hoc. Et quare? ut profectus tuus manifestus sit omnibus. Matth. V, 15: nemo accendit lucernam, et in abscondito ponit, etc.. Phil. IV, 5: modestia vestra nota sit omnibus hominibus.

Et hæc debet servare propter præmium expectatum, propter quod subdit, dicens attende tibi et doctrinæ. Aliqui sic attendunt doctrinæ, quod sui curam negligunt; sed apostolus dicit quod primo attendat sibi, et postea doctrinæ. Eccli. XXX, 24: miserere animæ tuæ placens Deo. Unde Iesus cœpit facere et docere. Insta in illis, id est, instanter exerce. II Tim. IV, 2: insta opportune. Et fructus erit ex hoc copiosus, quia hoc enim faciens, et teipsum, etc.. Et hoc est magnum. Iac. V, 20: qui converti fecerit peccatorem ab errore vitæ suæ, salvabit animam suam a morte. Dan. XII, 3: qui ad iustitiam erudiunt multos, quasi stellæ, etc.. Unde doctoribus debetur præmium aureolæ.

Deinde cum dicit seniorem, etc., ostendit quomodo diversimode diversis suam doctrinam debet tradere, et ponit duas diversitates.

Unam secundum ætatem; aliam secundum sexum. Secundum ætatem: primo quantum ad viros, secundo quantum ad fœminas, ibi anus, etc..

Dicit ergo seniorem, etc., sed obsecra ut patrem, Lev. XIX, 32: honora personam senis. Et ideo non sunt mordaciter increpandi, sed obsecrandi. I Petr. V, 1: seniores qui in vobis sunt, obsecro consenior.

Et si Petrus senior hoc faciebat, quanto magis iuvenis hoc debet? sed contra Is. LXV, 20: puer centum annorum morietur, et peccator centum annorum maledictus erit.

Respondeo. Dicendum est, quod senex propter excedentem malitiam perdit honorem senectutis, et tunc increpandus. Iuvenes, ut fratres. Matth. XXIII, 8: omnes vos fratres estis. Ez. XXXIV, 4: cum austeritate imperabitis eis.

Ex parte fœminarum est differentia ætatum, quia anus ut matres, maxime quæ non sunt iuvenes infra V, 3:

viduas honora. Iuvenculas, ut sorores, ex amore charitatis. Et hoc, in omni castitate. Quia amor spiritualis ad mulieres, nisi cautus sit, degenerat in carnalem, ideo in his, quæ ad iuvenculas pertinent, adhibenda est castitas: et ideo apostolus addit hoc. Unde Papa scribens eis dicit: dilectis in Christo. Sed viris simpliciter dicit: dilectis filiis.

Capitulus V

Lectio 1

Supra instruxit Timotheum de usu ciborum et de abstinentia, hic instruit eum de dispensatione ciborum, quæ fit spiritualibus personis, scilicet quæ dispensabantur viduis et doctoribus.

Primo ergo instruit eum de viduis; secundo de doctoribus, ibi et qui bene præsunt.

Circa primum, primo ostendit quomodo viduis et doctoribus sunt ministranda alimenta per ecclesiam; secundo qualis vidua sit eligenda, ibi vidua eligatur.

Item, primo ostendit qualibus viduis sit subveniendum; secundo manifestat quod dixit, ibi si qua autem; tertio ostendit rationem dictorum, ibi si quis.

Dicit ergo viduas honora, non solum reverentiam exhibendo, sed necessaria tribuendo. Hæc enim duo intelliguntur in verbo honoris. Unde in præcepto honorandi parentes intelligitur etiam de subventione; quasi dicat: in necessariis provide. Et hoc inchoatum est a principio ecclesiæ. Act. VI, 1: factum est murmur Græcorum adversus Hebræos, eo quod despicerentur in ministerio quotidiano viduæ eorum. II Mac. III, 10: in templo pecunia posita erat ad alimoniam viduarum et pupillorum.

Sed quas viduas? illas quæ vere sunt viduæ.

Vidua dicitur quasi a viro idua, id est, divisa. Nam vidua vere est illa, quæ non habet alias personas a quibus sustentetur, et huic necessaria dabantur de eleemosynis fidelium.

Deinde cum dicit si qua autem, exponit quæ sunt vere viduæ; et primo ostendit, quæ non sunt vere; secundo quæ sunt vere, ibi quæ autem.

Circa primum, primo agit de institutione earum, quæ sunt vere viduæ; secundo rationem assignat, ibi hoc enim.

Instruit ergo huiusmodi, quod discant domum suam regere. Tob. X, 13: docuerunt filiam suam regere familiam.

Et dicit primum, quia vidua quæ assumitur ad provisionem sibi ab ecclesia fiendam, debet esse cum honestate vigilans. Et hoc est quod dicit discat. Item debet suis parentibus servire, et ideo dicit mutuam, etc., quasi dicat: sicut parentes eam nutrierunt, ita et ipsa eos si habet.

Et huius ratio assignatur, cum subiungit, dicens hoc enim est acceptum, etc.. Quia hæc non solum hominibus fiunt, sed Deo. Et hoc patet, quia Dominus de hoc speciale mandatum dedit, Ex. XX, 12. Quod etiam Dominus Iesus in evangelio noluit prætermitti. Item hoc natura docet, ut homo recompenset beneficia impendentibus. At nulli tantum impenderunt quantum parentes.

Deinde cum dicit quæ autem vere, tractat de veris viduis.

Primo ostendens quæ vere sint viduæ; secundo qualiter instruendæ sunt, ibi speret in Deum.

Dicit ergo quæ autem vere vidua est et desolata, id est, quæ non habet consolationem humanam, scilicet filios, vel parentes, et talis quæ non habet aliud confugium, speret in Deum, etiam quantum ad temporalia subsidia per ecclesiam sustentata.

Et debet instrui primo, ut exercitetur in bonis; secundo ut caveat a malis, ibi et hoc præcipe.

Circa primum duo facit, quia primo ostendit quibus debet occupari hæc vidua; secundo rationem assignat, ibi nam vidua.

Dicit ergo speret in Deum, et actum spei convenientem exerceat, quod fit per orationem et obsecrationem, per quas obtinetur quod speratur. Oratio enim elevatio est mentis in Deum; obsecratio est postulatio per aliqua sacra. Et ideo subiungit et instet obsecrationibus et orationibus.

Et dicit die ac nocte, quia impossibile est, quod animus hominis sit sine aliqua cura.

Et ideo, ex quo vidua nihil habet in quo occupetur, debet vacare semper Deo. Lc. II, 37: Anna non discedebat de templo, etc.. Iudith VIII, 5: fecit cubiculum in superiori ad orandum.

Deinde cum dicit nam quæ, reddit rationem quare debet semper vacare orationi, scilicet quia impossibile est, quod animus non occupetur circa aliquam delectationem.

Et cum animus otiosi non occupatur utilibus, oportet quod occupetur carnalibus.

Et ideo dicit quod vidua sic desolata vacet orationi, quia si non habet hanc occupationem, dat se deliciis, et sic mortua est morte peccati. Apoc. III, 1: nomen habes, quod vivas, et mortuus es. Is. XXXVIII, 19: vivens, scilicet interius, vivens, scilicet exterius, confitebitur tibi.

Et licet deliciæ sint omnibus hominibus occasio mortis, specialiter tamen mulieribus, quia ex sui natura habent animi mollitiem.

Cum ergo deliciæ emolliant animum, necesse est quod mulieres multo plus emolliantur.

Ier. XXXI, 22: usquequo deliciis dissolveris, filia vaga? Apoc. XVIII, 7: quantum glorificavit se et in deliciis fuit, tantum date illi tormentum et luctum.

Deinde cum dicit et hoc præcipe, ostendit quod instruendi debent cavere se a malis. Et ideo dicit, quod etiam prohibeant hoc, præcipiens quod mulieres, quæ ab ecclesia sustentantur, sint irreprehensibiles.

Ps. XCII, 7: *domum tuam, Domine, decet sanctitudo.*

Deinde cum dicit *si quis autem,* assignat rationem huius quod dicit: *discat primum,* etc., dicens quod oportet quod circa hoc instruatur vidua, quia hoc est de necessitate. Et ideo dicit *suorum,* quorum scilicet cura ei incumbit, et maxime domesticorum.

Cant. II, 4: *ordinavit in me charitatem.*

Et sicut Augustinus dicit, possumus omnibus bene velle, sed illi qui sunt nobis coniuncti æstimantur quasi quædam sors, et ideo magis diligendi. Ambrosius in libro de offic. Dicit, quod ratio huius est quia forte his quibus non est verecundum suscipere a suis, esset verecundum suscipere ab aliis.

Fidem negavit, per opera, quia si non servat fidem his quos sibi natura copulavit, consequens est, quod nec aliis. Tit. I, 16: *confitentur se nosse Deum, factis autem negant.*

Sed numquid est hoc verum? et est infideli deterior. Cuius contrarium videtur per Augustinum Io. XV: *si non venissem,* etc.. Quia super hoc dicit quod ibi loquitur de peccato infidelitatis, quod est gravius cæteris peccatis, quia peccata in Deum sunt graviora, quam quæ in proximum.

Respondeo, quod status fidelis ab infideli potest dupliciter considerari. Primo quantum ad statum peccati, et sic infideles sunt in peiori statu, quia nihil agunt Deo acceptum.

Secundo quantum ad unum peccatum, et tunc e contra; fidelis enim et infidelis si mœchentur, plus peccat fidelis, quia facit iniuriam fidei. Et sic dicit, quod si fidelis contemnit curam parentum, gravius peccat, quam si hoc faceret infidelis. II Petr. II, 21: *melius erat eis non cognoscere viam iustitiæ, quam post agnitionem retrorsum converti,* etc..

Lectio 2

Supra ostendit viduas ab ecclesia esse sustentandas, hic ostendit quales sunt sustentandæ. Et primo ostendit qualis sit eligenda, secundo qualis vitanda, ibi *adolescentiores.*

Circa primum tria facit, quia primo ostendit esse eligendam ex tempore; secundo ex castitate; tertio ex bonorum operum exercitio.

Ex tempore, quia *sexaginta annorum.*

Sed de qua electione agit? ad hoc potest responderi dupliciter.

Uno modo, quod loquitur de electione, qua eligitur ad præsidendum gubernationi aliarum viduarum, quæ ab ecclesia nutriebantur, quæ sic antiqua præficiatur, ut de continentia eius nullus suspicetur. Num. IV, 3: *a triginta annis et supra usque ad annos quinquaginta,* etc..

Sed contra videtur, quia ecclesia facit contrarium, quia abbatissæ iuniores fiunt.

Respondeo. Dicendum est, quod inordinatum est, quod nimis

iuvenculæ fiant, sed tamen non est tanta diligentia ecclesiæ in eis quæ sunt inclusæ, ut in eis quæ sunt liberæ.

Alio modo, quod loquatur de electione, qua eligitur ad hoc, quod sustentetur stipendiis ecclesiæ, et talis eligatur non minus quam annorum sexaginta, quia iuvenes possunt laborare manibus, sicut et apostolus, qui licet posset de evangelio vivere, tamen laborabat, sed vetulæ quiescunt.

Ex castitate etiam eligenda est vidua, ideo dicit quæ fuerit unius viri uxor.

Sicut enim requiritur in episcopo, quod sit vir unius uxoris, ita in vetula, quod sit viri unius uxor.

Glossa: hoc dicit propter prædictum sacramentum. Hæc Glossa est Magistralis et parum valet. Non enim videtur ratio sumi ex aliquo sacramento, quia mulieres non suscipiunt aliqua sacramenta ministranda. Sed hoc dicit propter firmitatem, ut scilicet habeant continuum propositum servandæ viduitatis.

Sed Hieronymus in epistola ad geruntiam, alias ad esiciam, aliam rationem assignat, scilicet quod apud gentiles mos erat, quod in sacris deorum nulla præerat, quæ haberet duos viros. Et ideo apostolus voluit, ut quæ alimentis ecclesiæ nutriebantur, non minus essent castæ. Iudith XV, 11: eo quod castitatem amaveris, et post virum tuum, alterum nescieris etc.. Lc. II, 36: vixit annis septem cum viro suo a virginitate sua. Et ideo est quasi laudabile signum castitatis, quod unius viri fuit uxor.

Deinde cum dicit in operibus bonis, etc., ostendit viduam esse eligendam ex exercitatione bonorum operum, et primo in generali; secundo in speciali, ibi si filios; tertio dat idem intelligere de omnibus bonis operibus, ibi si omne opus.

Quantum ad primum dicit in operibus bonis. Prov. Cap. Ult. 31: laudent eam in portis opera eius. Et dicit testimonium habens. Io. V, 36: opera quæ dedit mihi pater, ut perficiam ipsa opera, quæ ego facio, testimonium perhibent de me. Exteriora enim opera ostendunt interiorem fidem.

Iac. II, 18: ostende mihi fidem tuam sine operibus, et ego ostendam tibi ex operibus fidem meam.

Sed quæ opera? primo ad suos, secundo ad alios. Ad suos dicit si filios educavit, scilicet in timore Dei, et castitate. Eccli. VII, 25: filii tibi sunt? erudi illos.

Quantum ad alios, tangit tria opera pietatis.

Primo ad misericordiam, quia mulieres habentes cor molle sunt naturaliter misericordes.

Primo ergo docet hospitalitatem, ibi si hospitio receperit. Rom. XII, 13: hospitalitatem sectantes.

Secundo cum hoc simul ponit humilitatem, dicens si sanctorum lavit pedes; sic enim sunt sancti recipiendi et honorifice tractandi.

Lc. X, 40: Martha autem satagebat circa frequens ministerium. Sic Christus, Io. XIII, 14: si ergo ego lavi pedes vestros, Dominus et Magister, et vos debetis alter alterius lavare pedes. Glossa Augustini super Ioannem: faciunt hoc sibi invicem fratres etiam in ipso opere visibili, et quod manu non faciunt, corde non faciunt. Multo autem melius est, ut etiam manibus fiat, nec dedignetur id quod fecit Christus facere christianus.

Qui enim ad pedes fratris inclinatur, ei in corde humilitas excitatur, vel si iam inerat, confirmatur humilitatis effectus.

Tertio fortitudinem et constantiam, ut scilicet tribulatis assistat; unde dicit si tribulationem patientibus subministravit. Hebr. X, 34: vinctis compassi estis.

Deinde cum dicit si omne opus, concludit in quibus debet esse bona, dicens si omne opus bonum subsecuta est, id est, prosecuta est. Gal. VI, 10: dum tempus habemus, operemur bonum ad omnes.

Deinde cum dicit adolescentiores, etc., ostendit quæ sint vitandæ. Et primo hoc ostendit; secundo assignat rationem, ibi cum enim luxuriatæ.

Dicit ergo: eligantur viduæ talis ætatis, sed devita adolescentiores viduas, id est, passim non recipias ad sustentationem in ecclesia, præcipue infames et dissolutas. Vel devita eas, quantum ad consortium et familiaritatem.

Eccli. XLII, 14: melior est iniquitas viri, id est, securior ad commorandum, quam mulier bene faciens; unde ibi subditur: et mulier confundens in opprobrium. Prima expositio est litteralis.

Deinde cum dicit cum enim luxuriatæ fuerint, etc., assignatur duplex ratio ex duplici periculo, quod imminet.

Circa primum duo facit, quia primo proponit primum, secundo respondet quæstioni, ibi habentes damnationem.

Si enim adolescentes assumantur ad sustentationem ecclesiæ, sunt duo consequentia, scilicet quod habeant sufficientiam, et quod non cogantur manibus operari. Ex utroque autem imminet periculum.

Ex primo, periculum castitatis, unde dicit cum enim luxuriatæ fuerint. Luxuria quandoque sumitur pro superfluitate actus venerei, et sic est unum de septem vitiis capitalibus; quandoque vero sumitur pro omni superfluitate rerum corporalium, et sic sumitur hic; quasi dicat: cum habuerint superabundantiam in Christo, id est, per suffragium Christi, tunc nubere volunt.

Ex. XXXII, 6: sedit populus manducare et bibere, et surrexerunt ludere. Valerius dicit, quod a cerere, id est, cibo et libero patre, propinquus est locus ad venerem.

Os. IV, 10: comedent, et non saturabuntur, fornicati sunt, et non cessaverunt, etc..

Deinde cum dicit habentes, etc., respondet tacitæ quæstioni.

Posset enim aliquis dicere: quid enim mali est si nubant? tu enim dicis I

Cor. VII, 28: mulier non peccat si nubat. Ideo dicit: in hoc habent damnationem, quia primam fidem, etc., scilicet castitatis, quam voverunt. Alias enim non fuissent assumptæ ad alimoniam. Unde dicit Augustinus hic, quod ex solo proposito quis incurrit damnationem.

Verum est si sit ad determinatum et cum consensu. Eccli. V, 3: si quid vovisti Deo, ne moreris reddere. Lc. IX, 6: nemo mittens manum in aratrum et aspiciens retro, aptus est regno Dei.

Ex secundo, scilicet quod non laborant, tria mala incurrunt. Primum malum est otiositas. Eccli. XXXIII, 29: multam malitiam docuit otiositas. Ez. XVI, 49: hæc fuit iniquitas Sodomæ sororis tuæ, superbia, saturitas panis, et abundantia, et otium. Prov. XII, 11: qui sectatur otium stultissimus est.

Ex otiositate sequuntur hæc mala. Cor mulieris non est firmum sicut viri, et propter hoc ad diversa movetur. Si ergo non adstringatur ad operandum, oportet ferri ad diversa.

Et ideo est periculum, quod mulieres sint otiosæ, unde antiqui occupabant eas.

Item efficiuntur instabiles quantum ad locum, quia discunt circumire domos. Prov. VII, 12: nunc foris, nunc in plateis, nunc iuxta angulos insidians. Ier. XIV, 10: dilexit movere pedes suos, et non quievit, et Domino non placuit.

Quantum ad verba dicit verbosæ. Ex quo enim non occupantur, multum vacant nugis.

Prov. VII, 10: garrula, vaga, quietis impatiens.

Quantum ad cor curiosæ, quia ex quo non occupantur in suis, intromittunt se de alienis, et ideo loquuntur quæ non oportet, quia omnium facta diiudicant. Eccli. IX, 11: colloquium eius quasi ignis exardescit.

Deinde cum dicit volo ergo, etc., ostendit cui operi sint applicandæ, scilicet ut nubant. Et proponit primo documentum, secundo assignat rationem, ibi iam enim.

Dicit ergo volo iuniores, scilicet viduas, nubere. Contra I Cor. VII, 8: bonum est eis si sic permaneant; ergo debet melius dicere: volo continere.

Respondeo. Hieronymus dicit, quod illud I Cor. VII, 7, volebat ex principali intentione, sed unusquisque habet proprium donum a Deo. Et ideo subdit: melius est nubere quam uri. Et ideo in quo casu loquitur, videndum est, quia in hoc, ne primam fidem faciant irritam, et ideo quod hic dicit volo, intelligitur non ex principali intentione.

Filios procreare, et non eos occulte occidere per abortum. Supra II, 15: salvabitur autem per filiorum generationem, si permanserit in fide. Matresfamilias esse, ut scilicet sint occupatæ, nec verbosæ discurrant per domos. Et etiam hoc volo, ut nullam occasionem dent adversario, id est, vel diabolo, vel gentili, maledicti gratia, id est, ut possit maledicere ecclesiis Dei. In quo sic concludit vitam viduarum, ut sic vivant, quod in nullo alios provocent ad lasciviam.

I Petr. II, 15: *si est voluntas Dei, ut bene facientes, obmutescere faciatis imprudentium hominum ignorantiam.*

Et est eius hæc ratio, quia quædam voventes castitatem, conversæ sunt retro, votum irritantes. Et tales vadunt post Satanam, per imitationem, quia apostatavit de societate Angelorum.

Deinde cum dicit *si quis,* ostendit quæ viduæ sunt nutriendæ a privatis personis; et primo ponit documentum, secundo rationem, ibi *ut non gravetur.*

Dicit ergo, quod quæ est vidua vere, speret in Deo, sed iam quod si qua habet fratres, vel parentes, sustentetur ab illis. Et ideo dicit *si quis fidelis,* etc., quia hoc est opus pietatis.

Et hoc *ut ecclesia non gravetur,* etc. Et hoc necessarium est, quia tunc ecclesia non habuit possessiones, sed modo habet possessiones deputatas ad hoc. I Thess. II, 9: *nocte et die operantes, ne quem vestrum gravaremus.*

Lectio 3

Superius egit de viduis honorandis, quæ stipendiis ecclesiæ sustentabantur, hic agit de honoratione presbyterorum; et primo instituit Timotheum qualiter se habeat ad eos; secundo ostendit quomodo quædam dicta sunt intelligenda, ibi *quorumdam hominum.*

Item primo ostendit, quod presbyteri sunt honorandi; secundo confirmat per auctoritatem, ibi *dicit enim Scriptura.*

Circa primum duo facit, quia primo ostendit quod sunt honorandi; secundo ostendit qua ratione debetur eis honor, ibi *maxime qui.*

Dicit ergo *qui bene præsunt presbyteri.* Presbyter idem est quod senior, et sicut senes ætate consueverunt habere prudentiam Iob XII, 12: *in multo tempore prudentia* ita qui sumitur ad regimen ecclesiæ, debet prudens esse, Lc. XII, 42: *fidelis servus et prudens,* etc.. Et ideo prælati ecclesiæ, scilicet episcopi et sacerdotes, vocantur presbyteri. Et ideo dicit *qui præsunt,* etc.. Nec hoc tantum, sed oportet quod bene præsint, scilicet ad Dei honorem, et non ad propriam commoditatem. Ez. XXXIV, 2· *væ pastoribus Israel, qui pascebant semetipsos.* Item prudens sit, ut unicuique det tempore suo. I Cor. IV, 2: *hic iam quæritur inter dispensatores, ut fidelis quis inveniatur.*

Isti duplici digni sunt honore, quorum unus est in ministratione necessariorum. Tob. I, 16: *ex his quibus honoratus fuerat a rege, habuisset decem talenta argenti,* etc.. Prov. III, 9: *honora Dominum de tua substantia.*

Item alius in exhibitione reverentiæ. Eccli. IV, 7: *presbytero humilia animam tuam.* Hebr. XIII, 17: *obedite præpositis vestris.* Prov. Cap. Ult. *Omnes domestici eius vestiti sunt duplicibus.* Is. LXI, 7: *in terra sua* duplicia possidebunt.

Sed maxime præcipue hic honor est illis exhibendus, qui hoc merentur suo labore, scilicet qui laborant in verbo prædicationis. Phil. II, 15: inter quos lucetis sicut luminaria in mundo, verbum vitæ continentes. Col. III, 16: verbum Christi habitet in vobis abundanter, in omni sapientia docentes. Item in doctrina, id est, in eruditione.

Ier. III, 15: dabo vobis pastores iuxta cor meum, et pascent vos scientia et doctrina.

Et Eph. IV, 11 iungit pastores et doctores, quia hoc est officium episcopi.

Deinde cum dicit dicit enim, probat per duplicem auctoritatem, et unam introducit secundum sensum mysticum, aliam secundum litteralem, ibi dignus est.

Dicit ergo dicit enim Scriptura, scilicet Deut. XXV, 4: non alligabis os bovi trituranti. I Cor. IX, 8 probat apostolus hoc esse intelligendum de doctoribus, quia Deo non est cura de bobus, non quin subsint divinæ providentiæ, sed quia Deo non est cura qualiter homines tractent boves, qui possunt eis uti ut volunt. Unde illa lex non est de bobus, sed per similitudinem dicitur.

Quasi dicat: homini laboranti in officio prædicationis et regiminis non prohibeas quin vivat de illo officio. Per boves enim intelliguntur docentes. Prov. XIV, 4: ubi plurimæ segetes, ibi manifesta est fortitudo bovis. Per messes, fideles. Matth. IX, 37: messis quidem multa, etc.. Ergo non sunt prohibendi prædicatores et doctores quin sumptus habeant.

Alia auctoritas est dignus est operarius cibo suo, Matth. VII. Vel potius in veteri testamento est, licet non sic scripta sit. Nec consuevit apostolus de evangelio adducere auctoritatem, nisi cum expressione dicentis; sed sumitur hæc de Lev. IX: non morabitur apud te merces mercenarii tui usque mane.

Sed numquid isti sumptus sunt merces? dicit Augustinus in Glossa quod sic: non tamen venale est evangelium, ut pro istis prædicetur. Merces enim quandoque dicitur, quod homini redditur pro præmio finali, et sic absit quod prædicatorum merces sint huiusmodi sumptus; quandoque dicitur merces solum, quo quis fit dignus laborando, et hoc modo large hic dicitur merces.

Et ideo dicit Augustinus: accipiant ergo, etc..

Deinde cum dicit adversus presbyterum, agit de correctione presbyteri, dicens quod presbyteri qui bene præsunt, duplici honore sunt honorandi, sed mali sunt corrigendi.

Circa quod tria facit.

Primo dicit, quod faciliter eorum accusatio non admittatur; secundo quod culpabiles sunt publice corrigendi, ibi peccantes; tertio quod non damnentur temere, ibi sine præiudicio.

Dicit ergo: tu maior presbyter, noli adversus presbyterum accusationem,

etc..

Duo sufficiunt si boni sunt. Cuius dicti ratio est in Glossa, quia non est facile accusanda tam alti ordinis persona, quæ sit vice Christi.

Sed hoc non videtur sufficere quia aliorum accusatio non nisi sub duobus vel tribus testibus admittitur. Deut. XVII, 6: in ore duorum aut trium testium peribit, qui occidetur.

Unde notandum quod aliud est accipere accusationem, et aliud condemnare accusatum; secundum non debet iudex, nisi cum testibus convictus fuerit damnandus, et hoc in hominibus vulgi; sed in sacerdotem non debet accusationem recipere, nisi sit evidens.

Deinde cum dicit peccantes, etc., ostendit quomodo puniatur si sibi probetur; et primo ostendit, quod publice corrigat eum; secundo adiurat eum, quod observet ista, ibi testor coram.

Dicit ergo peccantes, tam presbyteros, quam quoscumque, coram omnibus argue. Et quare? ut cæteri timorem habeant.

Proceditur tamen aliter in correctione fraterna, aliter in iudiciaria, quia iudex gerit personam publicam, et ideo debet intendere bonum commune, quod læditur per peccatum publicum, quia multi scandalizantur. Et ideo iudex ecclesiasticus sic debet publice punire, ut alii ædificentur. Eccle. VIII, 11: quia non cito profertur contra malos sententia, absque ullo timore filii hominum perpetrant mala. Prov. XIX, 25: pestilente flagellato, stultus sapientior erit.

Nota quod dicit coram omnibus.

Sed contra Matth. XVIII, 15: si peccaverit in te frater tuus, corripe eum inter te et ipsum solum, etc..

Respondet Augustinus in Glossa: distingue tempora et peccatum, quia aliud est occultum aliud publicum. Sed primum indiget occulto remedio, id est, occulte est arguendum, et de hoc loquitur Dominus. Unde dicit in te, scilicet solo, quasi occulte. Sed apostolus loquitur de peccato publico, quod publica pœna indiget. Et hoc significatur in mortuis quos Dominus suscitavit. Matth. IX, 25, puellam suscitavit intra domum, per quod occultum peccatum intelligitur, unde et tunc eiecit turbam; sed Lc. VII, 12, filium viduæ extra portam, coram omnibus, per quod ostenditur publicum peccatum publice puniendum.

Deinde dicit testor, etc., quia iudex ecclesiasticus maxime gerit in iudicando personam Dei, ideo per Deum attestandus est, quod iuste iudicet.

Sic enim debet arguere coram omnibus, quod non despiciat iudicium Dei. Ubi tria ostendit. Primum est auctoritas divina, quia Deus pater auctoritate iudicabit; ideo dicit coram Deo. Gen. XVIII, 25: iudicas omnem terram. Item Christus homo sicut in iudicio comparens. Io. V, 27: potestatem dedit ei iudicium facere, quia filius hominis est.

Et ideo dicit et Christo Iesu. Item

Angeli sicut ministri. Matth. XXV, 31: cum venerit filius hominis in maiestate sua, et omnes Angeli cum eo, tunc sedebit super sedem maiestatis suæ. Ideo addit coram Angelis. Iob X, 17: instauras testes tuos contra me.

Deinde cum dicit sine præiudicio, removet temerarium iudicium, dicens sine præiudicio, ut scilicet non temere procedas, sed cum deliberatione, nihil faciens, scilicet declinando ad aliquam partem.

Vel sine præiudicio, id est, sine præcedenti discussione. Eccli. XXXIII, 30: sine iudicio nihil facias grave. Iob XXIX, 16: causam quam nesciebam diligentissime investigabam, alioquin non esses medius inter partes.

Ex. XXIII, 6: non declinabis in iudicio pauperes.

Deinde cum dicit manus cito nemini imposueris, agit de promotione, et hoc videtur esse ratio primi. Sicut enim non debet cito punire, ita nec cito promovere, id est, ordinare de facili ad sacros ordines. Supra III, 10: et hi probentur primum, etc..

Num. XI, 16: congrega ad me septuaginta viros de senioribus Israel, quos tu nosti, quod senes sint populi ac Magistri, quasi dicat: illos quos tibi constat idoneos esse.

Et quare? neque communicaveris peccatis alienis, quia si inordinate promoveas, et ex hoc contingat peccatum eis, vel in plebe, hoc tibi imputabitur. Vel communicat alienis, quia non corripit cum potest. Rom. I, 32: digni sunt morte non solum qui faciunt ea, sed etiam qui consentiunt facientibus. Is. LII, 11: pollutum noli tangere.

Deinde cum dicit teipsum, etc., ostendit quomodo habeat se ad seipsum. Et hoc satis rationabiliter, quia contingit quod aliquis ita fertur ad alios quod se negligit, unde primo hortatur eum ad castitatem; secundo ex hoc reprimit immoderatam eius abstinentiam, ibi noli adhuc, etc..

Dicit ergo: tu, qui alios debes corrigere, teipsum castum, etc.. I Cor. IX, 27: castigo corpus meum, et in servitutem redigo, ne cum aliis prædicavero, ipse reprobus efficiar. Iste siquidem Timotheus erat nimiæ abstinentiæ, et ad vitandum carnis peccata corpus macerabat. Eccle. II, 3: cogitans in corde meo abstrahere a vino carnem meam, etc..

Et quia propter hoc fuit infirmus totaliter, ideo dicit noli adhuc, postquam es infirmus, aquam bibere. Et quare? quia lev. II, 13: quicquid obtuleris sacrificii, sale, scilicet discretionis, condies. Rom. XII, 1: rationabile obsequium vestrum. Et ideo dicit utere vino, sed modico. Non ad ebrietatem.

Eccli. XXXI, 36: exultatio animæ et cordis, vinum moderate potatum. Propter stomachum tuum, et frequentes infirmitates tuas, scilicet quæ tibi ex abstinentia provenerunt.

Glossa: laborandum enim est, ut si fieri potest cœptum officium gradatim promoveatur, potius quam per inconsiderationem diminuatur.

Sed notandum est, quod sanabat

Paulus infirmos, et mortuos suscitabat, et tamen Timotheum curat consilio medicinæ; per quod datur intelligi, quod non ad omnes utebatur miraculis, sed quando expediebat propter fidem.

Deinde cum dicit quorumdam, etc., ostendit qualiter intelligenda sunt duo quæ dixit, scilicet sine præiudicio nihil in condemnationibus fiendum; item manus cito, etc.. Et primo primum, secundo secundum.

Quantum ad primum dicit quorumdam enim peccata, etc., quasi dicat: superius dixi sine præiudicio, etc., tamen debes adhibere considerationem, quia quædam peccata sunt notoria, et hæc non indigent examinatione; quædam occulta, et hæc indigent.

Unde in istis vere intelligitur sine præiudicio, et non in primis, quia illa præcedunt iudicium, ista vero subsequuntur, scilicet manifestatio per discussionem non tunc publicandam.

Prov. XXVII, 19: quomodo in aquis resplendent vultus prospicientium, sic corda hominum manifesta sunt prudentibus.

Secundo dixit: manus cito, etc., quod dicit esse intelligendum in non manifeste bonis, quia similiter facta bona quorumdam manifesta sunt. Matth. V, 46: videant opera vestra bona, et glorificent patrem vestrum. Io. III, 21: qui autem facit veritatem, venit ad lucem, ut manifestentur eius opera. Quæ aliter se habent, id est quæ non sunt manifesta, abscondi non possunt, quia Matth. X, 26: nihil opertum quod non reveletur, et occultum quod non sciatur, quia vel in futuro, vel etiam hic omnis iniquitas manifestatur. Et in his non est facilis impositio.

Capitulus VI

Lectio 1

Supra apostolus Timotheum instruxit de usu ciborum et de personis quibus ecclesia ministrabat alimenta, hic agit de aliis personis ad populum ecclesiæ pertinentibus. Et primo de personis infimi status; secundo de personis maioris status ibi divitibus.

Circa primum tria facit, quia primo ponit instructionem de servis; secundo arguit contrariam assertionem, ibi si quis aliter; tertio monet ut contraria vitet, et servet prædicta, ibi tu autem.

Item prima in duas, quia primo ostendit quid sit tenendum; secundo docet hoc esse docendum, ibi hæc doce.

Item, primo ostendit qualiter se habeant servi ad dominos infideles; secundo qualiter se habeant ad fideles, ibi qui autem.

Dicit ergo quicumque servi sunt sub iugo, scilicet propter servilem conditionem, quæ dicitur iugum similitudinarie; quia sicut boves continentur sub iugo, ut non liceat eis ire quo velint, ita servi sub Domino, ut non liceat eis quod velint facere. Gal. V, 1: nolite iterum sub iugo servitutis contineri.

Omni honore, id est, debita reverentia.

Eph. VI, 5: servi, obedite dominis carnalibus cum omni timore et tremore, in simplicitate cordis vestri, sicut Christo.

Cuius ratio est ne nomen Domini et doctrina blasphemetur. Si enim Domini, infideles servos suos intuitu fidei rebelles sentirent, damnarent nomen Christi, et blasphemarent doctrinam nostram. Rom. II, 24: nomen Christi per vos blasphematur. Qui ergo infideles habent dominos, illis obediant, ne nomen Dei, etc..

Sed quomodo fidelibus? qui autem fideles habent dominos, non contemnant, quod quandoque contingit, quando familiaritas infimis exhibetur, scilicet quod erigantur in superbiam. Prov. XXX, 21: per tria movetur terra, et quartum non potest sustinere, per servum, cum regnaverit.

Et huius ratio est, secundum Philosophum, quia homines in talibus paralogizant; quod si in uno vident se æquales, credunt quod sint in omnibus æquales, et nolunt illis in aliquo subdi, sicut in civilibus bellis, quia populus non est subiectus credunt quod sint totaliter æquales nobilibus. Et sic posset contingere, quod servi videntes se in aliquo, scilicet fide, æquales dominis, reputent se æquales simpliciter. Et ideo dicit non contemnant.

Et ponit tria. Primum est fidei donum. Unde dicit quia fideles sunt, et hoc valde magnum est, quia per fidem vivit iustus. Item per eam vincitur mundus. Secundum est dignitas divinæ dilectionis; ideo dicit dilecti, scilicet excellentius aliis creaturis, quia adoptantur in filios Dei. I Io. III, 1: videte qualem charitatem dedit nobis Deus pater, ut filii Dei nominemur et simus. Tertium est beneficium gratiæ; ideo dicit quia beneficii participes sunt, scilicet quantum ad sacramentum Domini. I Cor. X, 16: panis quem frangimus nonne communicatio corporis Domini est? Ps. CXVIII, 63: particeps ego sum omnium timentium te.

Hæc doce, scilicet nescientes, et exhortare, ut impleant scientes. Tit. II, 15: hæc loquere, etc..

Deinde cum dicit si quis, excludit contrariam assertionem. Et primo modum falsæ doctrinæ; secundo radicem, ibi superbus; tertio effectum eius, ibi ex quibus.

Si vis scire, quæ doctrina sit erronea, hoc ostendit ex tribus. Primo si sit contra doctrinam ecclesiasticam. Et ideo dicit si quis aliter docet, scilicet quam ego et alii apostoli, quantum ad primum. Gal. I, 9: si quis vobis evangelizaverit præter id quod accepistis, anathema sit. Doctrina enim apostolorum et prophetarum dicitur canonica, quia est quasi regula intellectus nostri. Et ideo nullus aliter debet docere. Deut. IV, 2: non addetis ad verbum quod loquor vobis, neque auferetis ex eo. Apoc. Cap. Ult.: si quis apposuerit ad hæc, apponet Deus super illum plagas scriptas in libro isto.

Quantum ad secundum dicit et non acquiescit, etc.. Nam Dominus Iesus venit, ut testimonium perhibeat veritati. Io. XVIII, 37: in hoc natus sum, et ad hoc veni in mundum, ut testimonium perhibeam veritati. Et ideo missus est a patre sicut doctor et Magister.

I Mac. II, 65: ipsum audite semper, et ipse erit vobis pater, etc.. Et ideo erroneus est quicumque non acquiescit sermonibus eius. I Reg. XV, 23: quasi peccatum ariolandi est repugnare, et quasi scelus idololatriæ nolle acquiescere. Et dicit sanis, quia in Christi sermonibus nihil est corruptionis, nihil falsitatis, vel perversitatis, quia sunt sermones divinæ sapientiæ. Prov. VIII, 8 s.: iusti sunt sermones mei, non est in eis pravum quid neque perversum. Recti sunt intelligentibus, et æqui invenientibus scientiam.

Quantum ad tertium, Prov. VI, 20: conserva, fili mi, præcepta patris tui, et ne dimittas legem matris tuæ. Unde dicit et ei quæ secundum pietatem est doctrinæ, scilicet ecclesiasticæ. Hæc pietas est per cultum Dei. Tit. I, 1: secundum agnitionem veritatis, quæ est secundum pietatem.

Radix autem erroris est duplex, scilicet superbiæ affectus, et defectus intellectus.

Quantum ad primum dicit superbus. Dicitur autem superbia radix errorum dupliciter: primo quia superbi volunt se intromittere de his ad quæ non attingunt, et ideo necesse est, quod errent et deficiant. Is. XVI, 6: superbia eius, et arrogantia eius, et indignatio eius plus quam fortitudo eius, etc..

Item quia nolunt intellectum alteri subiicere; sed innituntur suæ prudentiæ, et ideo nolunt obedire Scripturæ sacræ. Contra hoc dicitur Prov. III, 5: ne innitaris prudentiæ tuæ. Prov. XI, 2: ubi humilitas, ibi sapientia.

Item defectus intellectus. Ubi sciendum est, quod sicut in corpore sanitas est quædam æqualitas humorum, ita veritas est quædam æqualitas in intellectu, quia veritas est adæquatio rei et intellectus. Unde sicut infirmus, quando non habet æqualitatem complexionis, ad modica contraria accidentia læditur, sic in intellectu quando homo non fundatur in veritate, nec habet virtutem per quam possit iudicare veritatem, a qualibet quæstionis difficultate incidit in errorem. Unde dicit languens circa quæstiones, etc.. Sap. IX, 5: homo infirmus et exigui temporis, et minor ad intellectum iudicii et legum.

Sicut dicit Bœtius, ita se habet intellectus ad rationem, sicut circulus ad centrum. Ratio enim discurrit considerando actus ac defectus et habitudinem unius rei ad aliam. Et nisi resolvat usque ad intellectum veritatis, vana est ratio. Unde quando accipit veritatem rei, habet eam quasi centrum. Quidam autem discurrunt, et non attingunt. II Tim. III, 7: semper discentes, et numquam ad scientiam veritatis pervenientes. Et ideo dicit circa quæstiones, id est, non pervenientes ad ipsum centrum.

Et dicit quæstiones, etc., quia in

aliquibus dubitatio fit ex parte rei, in aliquibus ex parte verborum et nominum. Et ideo dicit quæstiones, quantum ad primum, scilicet de rebus. Supra I, 4: quæ quæstiones præstant magis quam ædificationem Dei, quæ est in fide. Quantum ad secundum dicit pugnas verborum. Prov. XIX, 8: qui tantum verba sectatur, nihil habebit. Et dicit pugnas verborum, quod intelligitur quando sit dissensio ex verbis tantum orta. Quia Dominus dicit Io. VIII, 36: si filius vos liberaverit, vere liberi eritis, et Matth. XVII, 25: ergo liberi sunt filii, si ex hoc vellent aliqui inferre, quod omnes catholici sicut sunt filii Dei, ita essent etiam liberi, esset pugna verborum, quia Dominus loquitur ibi de libertate spirituali, non de carnali.

Deinde cum dicit ex quibus, etc., ponit effectum erroris. Et primo ponit ipsum effectum; secundo manifestat quædam quæ dixerat, ibi est autem quæstus.

Item, primo ostendit quæ mala sequantur ex falsa doctrina, secundo in quibus, ibi hominum mente.

Inter mala vero quæ ponit, quædam sunt intus in corde, quædam exterius.

Interius sunt inordinati motus respectu boni, vel respectu mali. Respectu boni est invidia, quæ est tristitia de bono alieno; unde dicit invidiæ, quod potest intelligi, vel in proposito, vel universaliter, quia cum aliqui laborant non ad veritatem, sed solummodo ad verba, non vident æquo animo si aliquis prævalet. Iob V, 2: parvulum occidit invidia.

Item in proposito, quia si servi habentur ut liberi et non subditi, Domini invidebunt et dolebunt servos sibi æquari. Ex invidia vero homo insurgit contra proximum cui invidet. Et hæc est contentio. Prov. XX, 3: honor est homini qui se separat a contentionibus. Vel insurgit contra Deum, et hoc est blasphemia. II Petr. II, 12: quæ ignorant, blasphemantes, etc..

Respectu vero mali est suspicio, unde dicit suspiciones malæ, scilicet dominorum adversus christianos, quasi libertatem ad lucrum finxerimus, vel quod solum tota doctrina christiana esset inventa, ut servi fierent liberi.

Eccli. III, 26: multos supplantavit suspicio illorum, et in vanitate detinuit sensus illorum.

Et ex istis sequuntur conflictationes adversus fideles. Gen. XIII, 7: facta est rixa inter pastores gregum Abraham et !!br0ken!!

Sed hoc non est in cordibus omnium, sed quorumdam. Et ponit tres eorum conditiones, quarum prima pertinet ad defectum luminis naturalis, secunda ad defectum cognitionis, tertia ad vitium inordinatæ affectionis.

Quantum ad primum dicit hominum mente corruptorum, id est, ratione etiam naturali, qui habent perversum iudicium. Ps. XIII, 1: corrupti sunt, et abominabiles facti sunt. Quantum ad secundum dicit a veritate, scilicet cognitionis eius, privati sunt.

Os. IV, 1: non est veritas, et non est

misericordia, et non est scientia Dei in terra.

Quantum ad tertium dicit existimantium quæstum esse pietatem, id est, quod cultus Dei ordinetur ad quæstum et acquisitionem divitiarum. Sap. XV, 12: existimaverunt lusum esse vitam nostram, et conversationem vitæ compositam ad lucrum, et oportere undecumque etiam ex malo acquirere.

Homines ergo huiusmodi, qui hoc credunt, de facili contemnunt et incidunt in mala prædicta.

Deinde cum dicit est autem, declarat ultimo dictum, scilicet quæstum esse pietatem. Et primo ostendit quomodo pietas habet se ad quæstum; secundo ostendit, quod non consistit in quæstu divitiarum exteriorum, ibi nam qui volunt.

Item, primo ostendit primum; secundo rationem assignat, ibi nihil enim.

Dicit ergo: isti dicunt, quæstum esse pietatem; sed ego dico, quod pietas est quæstus; ideo addit cum sufficientia, sed illarum divitiarum, quæ dant sufficientiam. Et hoc consistit in duobus. In uno principaliter, scilicet pietate, quæ ordinat alia in Deum et proximum, et hæc sunt virtutes et dona gratiæ.

Sap. VII, 14: infinitus enim thesaurus est hominibus, quo qui usi sunt, participes facti sunt amicitiæ Dei. Secundo in sustentatione vitæ; unde dicit cum sufficientia, id est, in his, quæ sunt necessaria ad vitam.

Matth. VI, 33: quærite primum regnum Dei et iustitiam eius, etc.. Supra IV, 8: pietas ad omnia utilis est.

Deinde cum dicit nihil enim, etc., assignat rationem huius. Et primo ex humana conditione; secundo ex eius necessitate, ibi habentes.

Conditionem autem ponit quantum ad duo, scilicet quantum ad principium, quia nihil intulimus, etc.; quasi dicat: sufficit necessitas, non expedit superfluitas, quia nihil intulimus in hunc mundum. Iob I, 21: nudus egressus sum de utero matris meæ.

Item quantum ad finem, quia nihil auferemus.

Ps. LXXV, 5: dormierunt somnum suum, et nihil invenerunt omnes viri divitiarum in manibus suis. Iob XXVII, 19: dives cum dormierit, nihil secum auferet, aperiet oculos suos, et nihil inveniet. Eccle. V, 15: quomodo venit, sic revertetur.

Quantum ad necessitatem dicit habentes alimenta, et quibus tegamur, quia bona sunt propter necessitatem, quibus indiget homo contra interiora consumentia, et hæc sunt alimenta; vel contra exteriora corrumpentia, et sic indiget homo tegumentis vestium et domorum. Hebr. Cap. Ult.: sint mores sine avaritia contenti præsentibus. Eccli. XXIX, 28: initium vitæ hominis aqua et panis, et vestimentum, et domus protegens turpitudinem.

Lectio 2

Supra ostendit apostolus quis sit quæstus christianis expediens, quia pietas cum sufficientia, hic ostendit, quod quærentes superfluum quæstum divitiarum incurrunt damna multa. Et primo ostendit mala quæ sequuntur ex inordinato appetitu divitiarum; secundo assignat rationem, ibi radix enim.

Mala autem, quæ sequuntur, sunt duplicia: quædam enim oriuntur ex hoste exteriori; quædam vero a concupiscentia interiori, ibi desideria.

Dicit ergo: simus contenti alimentis, etc.; quia qui volunt divites fieri, non ad necessitatem, sed ad abundantiam divitiarum, incidunt, etc.. Eccli. X, 10: nihil est iniquius quam amare pecuniam. Eccle. V, 9: qui amat divitias, fructum non capiet ex eis.

Et ponit duo, scilicet tentationes, et laqueum, quia primo tentant, inquantum divitiæ alliciunt, et inducunt ad aliqua peccata.

I Thess. III, 5: ne forte tentaverit vos qui tentat, etc.. I Cor. X, 13: tentatio vos non apprehendat nisi humana. Et laqueo involvunt, quia divitiæ sunt non habentibus ad tentationem, habentibus in laqueum, quia non libenter reddunt eas quas auferunt. Prov. XXI, 6: qui congregat thesauros lingua mendacii, vanus et excors est.

Ex parte interiori ponit tria mala.

Primo quod incidit in desideria multa. Perfectio enim hominis est quod cor eius congregetur in unum, quia quanto aliquid est magis unum, tanto est Deo similius, qui vere unus est. Ps. XXVI, 4: unam petii a Domino, etc.. Sed contra hoc patitur quærens divitias, quia cor eius trahitur ad diversa. Os. X, 2: divisum est cor eorum, nunc interibunt. Et hoc ideo, quia Matth. VI, 21 ubi est thesaurus tuus, etc..

Item sunt inutilia huiusmodi desideria multipliciter.

Primo, quia inutilia sunt spiritualiter, quia divitiæ non ducunt ad beatitudinem.

Sap. V, 8: quid nobis profuit superbia? aut quid divitiarum iactantia contulit nobis? etc.. Eccle. V, 9: qui amat divitias, fructum non capiet ex eis. Item temporaliter, quia non dant quod promittunt. Eccle. VI, 1 ss.: est aliud malum, quod vidi sub sole, et quidem frequens apud homines, vir cui dedit Deus divitias, et substantiam, et honorem, et nihil deest animæ suæ ex omnibus quæ desiderat, nec tribuit ei potestatem Deus, ut comedat ex eo, sed extraneus homo devorabit illud, etc..

Tertio sunt nociva. Eccle. V, 12: divitiæ conservatæ in malum Domini sui. Et ostendit quomodo sunt nocivæ, quia mergunt in interitum, scilicet in præsenti. Propter divitias multi perierunt. Item in futuro; unde dicit et perditionem. Act. VIII, 20: pecunia tua tecum sit in perditionem. Vel utrumque refertur ad spirituale damnum. Interitum, id est, mortem æternam. Rom. IX, 22: sustinuit in multa patientia vasa iræ apta in interitum, etc.. Et perditionem, id est, pœnam æternam, quæ dicitur perditio propter pœnam damni, quia sunt quasi perditi damnati, dum non possunt redire in domum suam, scilicet æternitatis. Iob XXI, 30: in diem perditionis servabitur malus, et ad diem furoris ducetur.

Deinde cum dicit radix, etc., ostenditur ratio huius, et hoc ex duobus, scilicet ex natura cupiditatis, et experientia, ibi quam quidam, etc..

Dicit ergo: incidunt in tentationem, etc.. Quare? quia radix omnium malorum est cupiditas. Ubi notandum est, quod secundum quosdam cupiditas sumitur tripliciter.

Quandoque pro avaritia, secundum quod est speciale peccatum, scilicet inordinatus amor habendi divitias. Quandoque prout est genus peccatorum omnium, secundum quod importat inordinatum appetitum rei temporalis, et hoc includitur in omni peccato, quia peccatum est conversio ad bonum commutabile.

Sed sic non est radix, sed genus omnium.

Tertio modo prout est quædam inordinatio animi ad cupiendum bona temporalia inordinate, et hæc est habituale tantum peccatum, et non in actu, sed est quædam radix omnium peccatorum.

Et dicitur cupiditas radix, et superbia initium.

Eccle. X, 15: initium omnis peccati est superbia, quia superbia dicit corruptionem animi ad recedendum a Deo. Arbor autem a radice habet alimentum, et sic peccatum a cupiditate ex parte conversionis ad bonum commutabile sumit nutrimentum.

Sed credo quod loquitur de cupiditate, secundum quod est speciale peccatum, unde dicit: qui volunt divites fieri, etc.. Et hæc est inordinatus amor pecuniarum. Et ideo dico, quod avaritia est radix omnium. Omnia enim peccata consistunt in appetitu, et ideo origo peccatorum est secundum originem appetibilium.

Origo enim appetibilium procedit ex fine. Et ideo quanto aliquod peccatum habet finem magis desiderabilem, tanto est peius.

Finis autem alicuius peccati est desiderabilis propter duo, scilicet propter seipsum, et hæc est excellentia, quia ad hoc homo bonum illud vult, ut excellat. Et hæc est superbia, et ideo superbia est initium omnium peccatorum. Item propter aliud, et hoc est quod ad omnia valet, et huiusmodi sunt divitiæ, quia per hoc homines credunt se habere omnia. Ex ista parte avaritia est radix omnium malorum.

Deinde cum dicit quam quidam, ostendit idem per experientiam. Et dicit appetentes, quia quanto magis habentur divitiæ, tanto magis desiderantur. Eccli. V, 9: avarus non implebitur pecunia.

Et incidunt primo in damnum spirituale.

Unde dicit erraverunt a fide. Cuius ratio est, quia per sanam doctrinam fidei prohibentur multa illicita lucra, a quibus desistere nolunt, et inveniunt sibi aliam doctrinam, ubi eis sit spes salutis. Et hoc specialiter faciunt usurarii. Secundo, quia inseruerunt se doloribus multis, etiam in præsenti, quia est sollicitudo in acquirendo, timor in possidendo, dolor in amittendo. Iob XX, 22: cum satiatus fuerit divitiis, arctabitur, æstuabit, et omnis dolor irruet in eum. Et multo magis in futuro dolebunt.

Deinde cum dicit tu autem, monet ad sequendum sanam doctrinam, et vitandam malam. Et primo exponit viam quam sequatur, secundo alligat eum inductione præcepti, ibi præcipio.

Item, primo hortatur ad vitandum peccata prædicta; secundo ostendit quid agat, ibi sectare vero.

Et quia servus debet imitari Dominum suum, quia, ut dicitur Eccli. X, 2: secundum iudicem populi, sic et ministri eius, ideo dicit: o homo Dei; quasi dicat: tu deditus servituti Dei. Ps. CXV, 6: ego servus tuus. I Io. II, 6: qui dicit se in illo manere, debet sicut ille ambulavit, et ipse ambulare.

Si igitur tu es homo Dei, debes facere sicut Christus fecit, qui, ut habetur Io. VI, 15, fugit cum eum volebant facere regem. Hebr. XII, 2: qui, proposito sibi gaudio, sustinuit crucem, confusione contempta. Ergo et tu hæc fuge. Ps. LIV, 7: elongavi fugiens, et mansi in solitudine.

Quid ergo faciet? ad duo hortatur, primo scilicet ad sectandum arma spiritualia; secundo ad certandum in eis, ibi certa bonum.

Arma autem spiritualia, aut sunt ad faciendum bonum, aut ad malum tolerandum.

Primum autem est, vel in comparatione ad proximum, cui per duo ordinamur, scilicet per iustitiam et pietatem seu misericordiam, quia primum sine secundo est severitas; secundum sine primo est remissio. Quantum ad primum dicit sectare iustitiam, quæ competit prælatis. Sap. I, 1: diligite iustitiam, qui iudicatis terram. Item quantum ad secundum dicit pietatem, id est, misericordiam.

Prov. XX, 28: misericordia et iustitia custodiunt regem, et roboratur clementia thronus eius.

In comparatione autem ad Deum, primum est quod perficit intellectum, fides. Hebr. XI, 6: sine fide impossibile est placere Deo, etc.. Secundum quod perficit affectum, est charitas. I Io. IV, 16: qui manet in charitate, in Deo manet, et Deus in eo.

Ad sustinenda mala sunt duæ virtutes, scilicet patientia et mansuetudo, quia homo in malo duas passiones inordinatas incurrit, scilicet tristitiam inordinatam, et iram quæ est ex ea. Et ideo patientia est contra immoderatam tristitiam. Lc. XXI, 19: in patientia vestra possidebitis animas vestras. Et mansuetudo est contra iram.

Deinde inducit eum ad debitum certamen. Et primo ostendit qualiter certet; secundo inducit rationem.

Dicit ergo certa bonum certamen, scilicet exemplo militum, qui dupliciter pugnant, scilicet quandoque ad defendendum quod habent, quandoque ad acquirendum non habita; et hoc imminet sanctis.

Primum ut custodiant habita, scilicet fidem et virtutes; et ideo dicit fidei, id est, pro fide custodienda. Eccli. IV, 33: usque ad mortem certa pro iustitia, etc.. Vel fidei, ut per fidem vites peccata. I Io. Cap. Ult.: hæc est victoria, quæ vincit mundum, fides nostra. Vel fidei, id est, ut alios ad eam convertas. Et dicit bonum, id est, legitimum certamen. I Cor. IX, 25: omnis qui in agone contendit, ab omnibus se abstinet. Tunc est bonum quando abstinet se ab omnibus impedimentis. II Tim. IV, 7: bonum certamen certavi.

Secundo certant ad acquirendum quæ non habent. Et hæc est vita æterna, quæ acquiritur per pugnam. Matth. XI, 12: regnum cælorum vim patitur, et violenti rapiunt illud.

Et ideo dicit apprehende vitam æternam, scilicet quasi tenens, tuo certamine vincas.

Vel, certes certamen fidei. Et quo præmio? ut apprehendas vitam æternam. I Cor. IX, 25: nos autem incorruptam, etc..

Deinde cum dicit in quam vocatus es, rationem ponit huius dicti, scilicet apprehende, etc.. Et primo respondet obiectioni, quasi dicat: dicis quod debeo apprehendere; vellem quidem, sed non possum.

Immo potes, quia debetur tibi de iure, quia vocatus es in eam a Deo, et a rege illius regni.

Et ideo debes conari potissime. I petr. II, 9: de tenebris vos vocavit in admirabile lumen suum.

Secundo proponit obligationem; quasi dicat: certa bonum certamen, quia dedisti iuramentum de hoc faciendo, et ideo non licet tibi repugnare. Unde dicit et confessus bonam confessionem coram multis testibus, id est, in consecratione bonum certamen professus es, quando ordinatus es in episcopum.

I Cor. IX, 16: nam si non evangelizavero, etc., usque dispensatio credita est mihi. Vel confessionem bonam, scilicet prædicando fidem, ut eam serves.

Deinde cum dicit præcipio, obligat eum ad prædicta ex præcepto, quod primo ponit, secundo manifestat quædam dicta, ibi quem suis.

In præcepto autem primo testes inducit, secundo commendat præceptum, tertio ostendit, quamdiu servet præceptum. Testes inducit Deum patrem, et Dominum nostrum Iesum Christum.

Dicit ergo: te monui, sed ne credas quod liceat aliter facere, præcipio tibi, sicut tu debes præcipere subditis tuis, coram Deo. Ad duo induxerat, scilicet apprehende vitam, et confessus es, etc., et ideo inducit auctorem vitæ, qui vivificat omnia. Dicit autem Deo, qui est tota trinitas, qui est auctor vitæ.

Item hominem Christum inducit etiam, qui confessus est se esse filium Dei, quod est bona confessio fidei nostræ.

Item commendat mandatum, quia in se iustum, et rectum, et irreprehensibile ab aliis.

Iob. VI, 30: non invenietis in lingua mea iniquitatem.

Et quamdiu est servandum? usque in adventum Domini. Ly usque dicit finem intentionis, id est, ut per observantiam huius mandati ordines te ad adventum. Vel usque ad mortem tuam, quia qualis eris in illa, talis invenieris tunc. Matth. XXIV, 13: qui perseveraverit usque in finem, etc..

Lectio 3

Supra apostolus proponens præceptum Timotheo, præcepit ut servet prædicta usque ad adventum Christi, et ideo agit hic de Christi adventu, de quo tria manifestat.

Primo quod erit tempore congruo, secundo quod manifestus erit, tertio ostendit auctorem adventus.

Quantum ad primum dicit quem suis temporibus ostendet. II Petr. Cap. Ult.: venient in novissimis diebus in deceptione illusores, etc.. Et ideo vult ostendere, quod etsi videatur adventus tardari, tamen suo tempore ostendetur. Eccle. III, 1: omnia tempus habent. Eccle. VIII, 6: omni negotio tempus est, et opportunitas. Congruum tempus est finis mundi, quia illud tempus est tempus messis, et collectionis fructus. Et ideo oportet, quod veniat in fine.

Quantum ad secundum dicit ostendet, id est, manifestabit. Licet enim sit visibilis quantum ad carnem, tamen virtus eius est abscondita; sed tunc etiam divinitas eius erit manifesta sanctis, reprobi vero solum videbunt gloriam carnis.

Sed quantum ad tertium dicit, quod ostendet eum Deus trinitas. Et circa hoc duo facit, quia primo describit adventum Christi; secundo in eius commendationem prorumpens, laudat eum, ibi cui honor, etc..

Item, circa primum tria facit.

Primo actorem adventus describit ex perfecta operatione; secundo ex singulari potestate; tertio ex incomprehensibilitate naturæ.

Primum cum dicit beatus. Beatitudo enim est operatio perfecta, quæ est supremæ virtutis operativæ, optime dispositæ.

Et hæc est beatitudo nostra. Dei autem beatitudo est qua cognoscit se. Si enim se non cognosceret, Deus non esset. Beatus Gregorius: Deus dum seipso perfruitur, perfecte gloriosus est.

Et convenienter de actore huius adventus dicit quod beatus est, quia ad hoc est adventus Christi, ut nos deducat ad beatitudinem.

Tob. XIII, 20: beatus ero si fuerint reliquiæ seminis mei ad videndum claritatem Ierusalem.

Quantum ad secundum dicit solus potens. Ps. LXXXVII, 9: potens es, Domine, etc.. Sed quare dicit solus? numquid non omnia habent potentiam? immo per participationem, sed solus Deus a se essentialiter. Unde dicit rex regum, et Dominus dominantium.

Ambrosius: Dominus est nomen potestatis, et rex similiter. Qui ergo habet Dominum et regem supra se, est subiectus potestati, et talis non est potens a se, sed ab alio. Si ergo Christus est rex regum, etc., necesse est, quod solus habeat potentiam non ab alio, sed omnes ab eo.

Et designatur duplex potentia Dei, scilicet gubernativa mundi, cum dicit rex regum, quasi a regimine dicta. Prov. XX, 8: rex qui sedet in solio iudicii dissipat omne malum intuitu suo. Item potentia creandi, cum dicit Dominus dominantium. Ps. XCIX, 3: scitote quoniam Dominus ipse est Deus, ipse fecit nos. Apoc. XIX, 16: et habebat in vestimento, et in femore suo scriptum: rex regum, et Dominus dominantium.

Quantum ad tertium dicit qui solus habet immortalitatem, et lucem habitat inaccessibilem. Incomprehensibilitas Dei ex duobus patet. Primo quia transcendit quidquid in creaturis est comprehensibile; secundo quia hoc ipsum, quod Deus est, omnium comprehensionem excedit.

Primum, cum dicit solus. In qualibet enim mutatione est quædam corruptio, quia omne quod mutatur, inquantum huiusmodi, desinit esse tale. Illud ergo proprie et vere est incorruptibile, quod penitus est immutabile.

Quælibet autem creatura in se considerata, habet aliquam mutationem, vel mutabilitatem: Deus autem est omnino immutabilis. Sed si aliqua creatura est immutabilis, hoc convenit ei ex dono gratiæ. Et ex hoc ostendit, quod natura Dei transcendit omne quod est in natura creata. Supra I, 17: regi sæculorum immortali, etc..

Quantum ad secundum dicit lucem, etc..

Lux in sensibilibus est principium videndi; unde illud quo aliquid cognoscitur quocumque modo, dicitur lux. Unumquodque autem cognoscitur per suam formam, et secundum quod est actu. Unde quantum habet de forma et actu, tantum habet de luce. Res ergo, quæ sunt actus quidam, sed non purus, lucentia sunt, sed non lux. Sed divina essentia, quæ est actus purus, est ipsa lux. Io. I, 8: non erat ille lux, etc.. Deus autem habitat apud se, et hæc lux est inaccessibilis, id est, non visibilis oculo carnis, sed intelligibilis.

Et tamen nullus intellectus creatus potest ad eum accedere.

Notandum est tamen, quod dupliciter potest intellectus accedere ad cognitionem naturæ alicuius, scilicet ut cognoscat et ut comprehendat. Ad comprehendendum autem Deum impossibile est intellectum pervenire, quia sic cognosceret Deum, ut cognoscibilis est: Deus autem perfecte cognoscibilis est, inquantum habet de entitate et luce; hæc autem sunt infinita, ergo est infinite cognoscibilis. Virtus autem intellectus creati est finita. Et ideo etiam intellectus Christi non comprehendit Deum.

Sed alius modus est cognoscendi Deum, scilicet attingendo Deum. Et secundum hoc nullus intellectus creatus per propria naturalia attingit ad cognoscendum id quod est Deus. Et ratio huius est, quia nulla potentia potest in aliquid altius suo obiecto, sicut visus ad altius cognoscere. Proprium autem obiectum intellectus est, quod quid est; unde quod superat quod quid est, excedit proportionem omnis intellectus. In Deo autem non est aliud esse, et quidditas eius.

Quomodo ergo cognoscibilis est? ergo accedamus ad eum cognoscendum, hic per gratiam, et in futuro per gloriam. Ps. XXXIII, 6: accedite ad eum, et illuminamini.

Sed qualiter ergo Deus habitat lucem inaccessibilem? et in Ps. Xcvi, 2: nubes et caligo in circuitu eius; Ex. IX: Moyses accessit ad caliginem, in qua erat Deus.

Respondet Dionysius: omnis caligo est inaccessibile lumen. Est ergo idem quod hic lumen, et ibi caligo; sed caligo est inquantum non videtur, lumen vero inquantum videtur.

Sed aliquid est invisibile dupliciter. Uno modo propter se, sicut opacum; alio modo propter excedentiam eius, sicut sol ab oculo noctuæ. Sic quædam sunt nobis non conspicua propter defectum sui esse, et quædam propter excedentiam eius; et sic Deus nobis quodammodo inaccessibilis est.

Quem nullus hominum vidit. Si intelligatur de comprehensione, sic absolute verum est, etiam de Angelis, quia solus Deus comprehendit se. Si autem de visione qua attingitur, sic intelligitur tripliciter. Uno modo, nemo vidit oculo corporali. Alio modo secundum essentiam oculo mentis vivens in carne, nisi Christus. Ex. XXXIII, 20: non videbit me homo et vivet. Tertio modo nemo vidit quid est Deus per seipsum. Matth. XI, 27: nemo novit patrem, etc.. Matth. XVI, 17: caro et sanguis non revelavit tibi.

Deinde prorumpit in laudem Dei, dicens cui honor. Et ponit duo. Primum pertinet ad reverentiæ exhibitionem, dicens honor, qui est exhibitio reverentiæ. Mal. I, 6: si ego pater, ubi est honor meus, etc.. Secundum ad gubernationem, cum dicit imperium sempiternum.

Lectio 4

Supra egit de instructione personarum infimi status, hic redit ad materiam suam, et instruit eum ad instruendum divites. Et primo facit hoc; secundo agit de instructione Timothei, ibi O Timothee.

Et semper quando instruit eum ad instructionem aliorum, monet ut non negligat se.

Et circa primum primo excludit vitia, quæ solent in divitibus abundare; secundo inducit ad bona, ibi bene agere.

Item circa primum primo proponit vitia, quæ solent esse in divitibus; secundo excludit hæc, reddendo rationem huius, ibi in incerto.

Dicit ergo divitibus. Divitiæ abundantiam important. Est autem abundantia spiritualium, et hæ sunt veræ divitiæ. Is. XXXIII, 6: divitiæ salutis sapientia et scientia, timor Domini ipse est thesaurus eius.

Quædam corporales, et hæ non sunt veræ divitiæ, quia non sufficiunt. Et ideo addit cum quadam diminutione huius sæculi. Bar. III, 18: qui argentum thesaurizant, et aurum in quo confidunt homines.

His ergo præcipe. Quando de servis egit, non posuit præceptum, quia hoc est virtus, quod homo utatur auctoritate ad maiores, non ad minores. Et ideo dicit: non dimittas propter divitias et propter altum statum eorum, quin præcipias.

Et quid debet præcipere? non sublime sapere, id est, non sentire aliquid excelsum de se.

Numquid hoc est malum? respondeo. Potest reddi malum ex duobus. Primo si sublime sapit de se, propter ea quæ non habent excellentiam veram. Et hoc est, si in rebus temporalibus; unde qui propter exteriorem excellentiam sublime sapit de se, inordinate sapit, et hæc est superbia. Et tamen carnales non aliam sublimitatem curant nisi istam, et hæc acquiri potest per divitias.

Eccle. X, 19: pecuniæ obediunt omnia. Unde quia divites huius mundi hæc habent, inaniter extolluntur.

Item alio modo, quia sunt quædam, quæ habent sublimitatem, sicut dona spiritualia.

Eccli. XXV, 13: quam magnus est, qui invenit sapientiam et scientiam, etc.. In his enim aliquis potest inordinate sapere sublimitatem, non ex natura donorum, sed, vel attribuendo sibi quod non habet, vel non cognoscendo a Deo ea quæ habet.

Unde in primo est inordinatio propter defectum rerum; in secundo, propter inordinationem affectus.

Secundum vitium in divitibus est spes mundanorum. Unde dicit neque sperare.

Iob XXXI, 24: si putavi aurum robur meum, et obrizo dixi: fiducia mea. Prov. X, 15: substantia divitis urbs fortitudinis eius.

Deinde cum dicit in incerto divitiarum, assignat rationem monitionis.

In eo enim sperat aliquis, unde credit auxilium habere; sed auxilium habetur a forti, et divitiæ sunt fragiles; ergo non est in eis sperandum. Matth. VI, 11: nolite thesaurizare vobis thesauros in terra, ubi ærugo, ac tinea demolitur, etc..

Sed in Deo vivo, ubi est vera spes ponenda.

Ier. XVII, 7: beatus vir qui confidit in Domino, et erit Dominus fiducia eius. Iac. I, 5: dat omnibus affluenter.

Sed hoc quod dicit abunde ad fruendum, dupliciter potest exponi: uno modo, ut fruitio sumatur pro gaudio, et hoc modo est etiam in corporalibus. Vel expone, id est, ut per hæc perveniamus ad fruitionem Dei.

Deinde cum dicit bene agere, monet ad operandum bonum. Qui autem habent affectum ad divitias, primo nituntur ad acquirendum non habitas; secundo ut utantur habitis; tertio ut ad finem divitiarum perveniant: hæc tria monet apostolus.

Primo ut acquirant spirituales divitias quas non habent. Et ideo dicit bene agere, etc..

Is. I, 17: discite benefacere.

Quantum ad secundum, sciendum est quod duplex est usus divitiarum. Unus est tenere et alius est dare, sed principalis est dare. Et ideo ista duo ponit; primo ut dent, unde dicit facile tribuere, id est, sine gravitate cordis interius. II Cor. IX, 7: non ex tristitia, aut ex necessitate, etc.. Et sine tarditate. Prov. III, 28: ne dicas amico tuo: vade et revertere, et cras dabo tibi, cum statim possis dare.

Iob XXXI, 16: si oculos viduæ expectare feci. Secundo ut custodiat non quidem tantum ad suam utilitatem, sed ad quoddam commune; unde dicit communicare, id est, habere eas sicut communes. Rom. XII, 13: necessitatibus sanctorum communicantes.

Quantum ad tertium, ut ad finem thesaurizandi perveniant, ideo dicit thesaurizate, etc..

Thesaurus spiritualis est congregatio meritorum, quæ sunt fundamentum futuri ædificii, quod nobis præparatur in cælo, quia tota præparatio futuræ gloriæ est per merita, quæ acquirimus per gratiam, quæ est principium merendi. Matth. VI, 20: thesaurizate vobis thesauros in cælo, ubi neque tinea, etc..

I Cor. IX, 24: sic currite, ut comprehendatis.

Deinde cum dicit o Timothee, instruit ipsum Timotheum. Et primo ut bona conservet; secundo ut mala devitet, ibi devitans.

Dicit ergo: o Timothee, depositum custodi. Depositum hominis est omne bonum, quod habet quilibet, quod sibi commissum est a Deo, ut conservet et multiplicet.

Eccli. XVII, 18: gratiam hominis quasi pupillam conservabit. I Cor. XV, 10: et gratia eius in me vacua non fuit, sed gratia eius semper in me manet.

Et sic dicit ei, ut depositum custodiat, id est, ut se in gratia Dei conservet et multiplicet.

Qui enim abscondit talentum, punitur.

Matth. XXV, 28: tollite ab eo talentum, et date ei qui habet decem talenta. Et inutilem servum eiicite in tenebras exteriores, etc..

Et specialiter prælati habent depositum, scilicet curam proximorum et fidelium.

Io. Cap. Ult.: pasce oves meas. Hebr. Cap. Ult.: ipsi pervigilant quasi rationem reddituri pro animabus vestris. II Tim. I, 14: bonum depositum custodi.

Item quod mala vitet, præcipue illa

quæ sunt nata coinquinare fidem. Cuius ratio est, quia sicut princeps sæcularis ponitur ad custodiendam unitatem regni, ita spiritualis ad servandam unitatem spiritualem.

Pax autem regni consistit in iustitia, et ideo ille ordinatur ad iustitiam; sed unitas ecclesiæ est in fide, et ideo principaliter monet ad custodiam fidei. Lc. XXII, 32: ego rogavi pro te, ut non deficiat fides tua, et tu conversus aliquando confirma fratres tuos, etc..

Similiter autem posset corrumpi fides per fallaciam, sicut etiam quælibet scientia. Sed, sicut dicitur I Elenc., fallacia quandoque fit ex voce, quandoque ex re. Unde est fallacia in dictione, et extra dictionem. Et sic fides aliquando corrumpitur per aliquas voces inordinatas, sicut dicit Hieronymus, quod ex verbis inordinate prolatis fit hæresis. Et ideo dicit devitans profanas vocum novitates. Quia non velle audire aliquid novi est oblatrare contra consuetudines. Sed nova profana non sunt audienda. Sed profana novitas est, quando inducitur aliquid contra fidem. Et dicitur novum per comparationem ad id quod est antiquum. Hoc fecit Nestorius, quando dixit de virgine maria Christotocos, ut inferret quod non esset mater Dei. Et ideo sancti patres in Ephesino Concilio instituerunt, quod diceretur theotocos. II Tim. I, 13: formam habens sanorum verborum, quæ a me audisti in fide, et dilectione in Christo Iesu. Et cap. II, 16: profana et vaniloquia devita, etc..

Quandoque vero corrumpitur per rationes reales sophisticas. Et illud vitandum est. Et dicit et oppositiones scientiæ falsi nominis, quia non est vera scientia, sed apparens.

Scientia enim secundum propriam rationem non est nisi verorum. Impossibile autem est, quod verum sit vero contrarium, licet quandoque duo falsa sint sibi contraria; et ideo impossibile est quod illud quod repugnat veritati divinæ, quæ est summa veritas, sit verum.

Col. II, 8: videte ne quis vos decipiat per philosophiam et inanem fallaciam secundum traditionem hominum, secundum elementa mundi, et non secundum Christum.

Promittentes, id est, dicentes se habere. Ier. X, 14: stultus factus est omnis homo a scientia sua; quæ non est Dei, quia qui loquitur mendacium, ex propriis loquitur, io. VIII, 44. Ier. II, 16: filii Mempheos et Taphnes constupraverunt te usque ad verticem.

Is. XLVII, 10: sapientia tua et scientia tua hæc decepit te.

Gratia Dei tecum. Amen.

Secunda Epistola Ad Timotheum

Prologus

Prœmium

Nocte et die æstu urebar et gelu, etc..

Gen. XXXI, 40.

Verba sunt Iacob ostendentis et commendantis curam pastoralem, ac pastorale officium, in quibus, circa hoc officium, tria ponuntur, scilicet assiduitas, patientia, sollicitudo.

Primum est, quia sine intermissione debet curam gregis gerere. Unde dicit nocte et die.

Nocte orando, die erudiendo. Is. XXI, 8: super speculam Domini ego sum stans iugiter per diem, et super custodiam ego sum stans totis noctibus. Vel per diem, id est, tempore prosperitatis; et per noctem, id est, tempore adversitatis, in quibus prælatus debet respicere curam gregis. II Cor. VI, 7: per arma iustitiæ a dextris et a sinistris. Prov. XVII, 17: omni tempore diligit, qui amicus est.

Secundum est, quia maxime prælato patientia necessaria est. Debet enim prælatus propter gregis salutem, omnia sustinere. Io. X, 11: bonus pastor animam suam dat pro ovibus suis. Prov. XIX, 11: doctrina viri per patientiam noscitur. Unde dicit æstu, id est fervore instantis persecutionis. Iac. I, 11: exortus est sol cum ardore, et arefecit fœnum.

Gelu, id est, timore futurorum.

II Cor. VII, 5: foris pugnæ, intus timores.

Tertium est, quia præest in sollicitudine, ut dicitur Rom. XII, 8. Et hoc expellit somnum negligentiæ. Unde subditur Gen. XXXI, 41: fugiebatque somnus ab oculis meis.

Prov. VI, 3: discurre, festina, suscita amicum tuum, ne des oculis tuis somnum.

Recte ergo hæc verba materiæ huius epistolæ conveniunt. In prima enim instruit eum de ordinatione ecclesiastica. In hac autem secunda agit de sollicitudine tanta pastorali, ut etiam martyrium sustineat pro cura gregis, ut patet in prologo.

Capitulus I

Lectio 1

Dividitur autem hæc epistola in salutationem, et narrationem. Secunda ibi gratias ago.

Item primo ponitur persona salutans; secundo persona salutata; tertio bona optata.

Persona salutans describitur ex nomine Paulus, quod sonat modicitatem, quod ei competit propter humilitatem mentis et tribulationem, quæ faciunt hominem parvum.

In tantum quod Christus dicitur minoratus propter passiones. Hebr. II, 9: eum qui in modico ab Angelis minoratus est, etc..

Item ex dignitate, quam, primo ponit, secundo dignitatis originem, tertio fructum. Dignitas est magna, quia est apostolus Iesu Christi, id est, missus a Christo. Lc. VI, 13: elegit duodecim ex ipsis, quos etiam apostolos nominavit. Hanc dignitatem adeptus est, quia plus omnibus laboravit, I Cor. XV, 10 et Gal. II, 8: qui operatus est Petro in apostolatum circumcisionis, operatus est et mihi inter gentes.

Origo apostolatus est voluntas Dei, unde dicit per voluntatem Dei, quam quidam præveniunt, quia se ingerunt; contra quos dicitur Hebr. V, 4: nemo assumit sibi honorem, sed qui vocatur a Deo tamquam Aaron. Item quidam permittuntur propter peccata populi.

Iob XXXIV, 30: qui regnare facit hominem hypocritam propter peccata populi. Sed hoc est per voluntatem Dei, quod dicit, quia non per voluntatem suam.

Fructus autem non est aliquid terrenum, sed secundum promissionem vitæ, quæ est, etc., id est, ad consequendam vitam æternam promissam a Christo. Hic debet esse finis prælatorum. I Cor. IX, 25: illi quidem ut corruptibilem coronam accipiant, nos autem incorruptam. Dan. XII, 3: qui ad iustitiam erudiunt multos, quasi stellæ in perpetuas æternitates.

Persona salutata est Timotheus filius eius ab eo conversus, Act. XVI, 1. Charissimus, quia sibi unanimis. Phil. II, 20: neminem habeo tam unanimem, etc..

Bona optata sunt tria, scilicet gratia, per quam est remissio peccatorum;

misericordia, per quam consequimur finale bonum; pax, Glossa: id est, tranquillitas mentis, hæc competit prælato, qui ad hoc ponitur ut pacem procuret. Io. Dixit Dominus: pax vobis; et præcepit intrantibus domum pacem offerre, ut habetur Matth. X, 12. Et hoc a Deo patre, qui est dator omnis boni Iac. I, 5. Item a Iesu Christo, qui est mediator inquantum homo Dei et hominum. II Petr. I, 4: per quem maxima nobis et pretiosa promissa donavit.

Lectio 2

Hic incipit epistolaris narratio, in qua primo munit eum contra præsentes persecutiones; secundo contra futura pericula ecclesiæ, III cap., ibi hoc autem scito.

Item primo inducit ad instantiam prædicationis, quæ tunc erat causa et occasio persecutionis; secundo hortatur ad sustinendas tribulationes propter Christum, ibi tu ergo, etc., II.

Item primo commemorat bona ipsius Timothei; secundo hortatur eum ad usum horum bonorum per instantiam prædicationis, ibi per quam, etc.; tertio ponit se in exemplum, ibi in quo positus sum ego prædicator et apostolus et Magister, etc..

Item primo ponit affectum quem habebat ad Timotheum; secundo ponit bona huius, quæ provocabant eum ad huiusmodi affectum, ibi memor.

Affectus ostenditur per duo, scilicet per orationem et desiderium. Et ideo gratias agit Deo de affectu quem habet ad Timotheum, quia est charitatis, et charitas est principale donum; quasi dicat: reputo me gratiam consecutum, quod sic sincerum affectum habeo ad te. Et dicit Deo meo, cui, specialiter, servio a progenitoribus meis, non a parentibus carnalibus, quia I Tim. I, 15: Christus venit peccatores salvos facere, quorum primus ego sum; sed servitio derivato a progenitoribus meis, scilicet patriarchis et prophetis, qui Deo sincere servierunt. Et dicitur, a progenitoribus, quia filii facilius imitantur perfectionem paternam, tum quia instruuntur ab eis, ut Tobias, tum quia etiam facilius imitantur amicos. Et quomodo servio ei? in conscientia pura; quia, ut habetur Habacuc I, 13, mundi sunt oculi tui, Domine, ne videant malum, et respicere ad iniquitatem non poteris; II Cor. I, 12: gloria nostra hæc est, testimonium conscientiæ nostræ. De quo agit gratias, quia sine intermissione, sive die prosperitatis, sive nocte adversitatis oro pro te.

Item ex desiderio; ideo dicit desiderans te videre, scilicet propter consolationem utriusque.

Rom. I, 11: desidero enim videre vos, etc..

Deinde cum dicit memor, ostendit bona, quæ erant in Timotheo. Et primo commemorat affectum eius ad se; secundo fidem ad Deum, ibi recordationem.

Dicit ergo memor lacrymarum, quas scilicet Timotheus effudit quando discessit Ephesum ab eo, paratus ad martyrium. Vel lacrymarum quas fudit in orationibus. Et hoc ut gaudio implear, id est, hæc memoria replet me gaudio. Phil. II, 2: implete gaudium meum, etc..

Item memor fidei ad Deum. Fidem eius primo commemorat; secundo ostendit eam a parentibus derivatam, et non novitiam.

Dicit ergo recordationem, etc.. Fides necessaria est prælato, qui est fidei custos. Hebr. XI, 6: sine fide impossibile est placere Deo.

Et dicit non ficta, vera enim per opera bona est. Iac. II, 18: ostende mihi sine operibus fidem tuam, et ego ostendam tibi ex operibus fidem meam. I Tim. I, 5: finis præcepti est charitas, etc.. Sap. I, 5: effugiet fictum, etc..

Et hæc non nova, sed habitavit primum in avia tua Ioide, etc.. Act. XVI, 1 dicitur quod fuit filius mulieris Iudææ. Certus autem, vel per revelationem, vel per indicia, quod et in te.

Lectio 3

Supra commendavit eum de bonis gratuitis, hic hortatur ad usum gratuitorum sibi datorum, præcipue in prædicatione evangelii. Et primo monet generaliter ad usum datæ sibi gratiæ; secundo specificat qualis sit usus gratiæ, ibi noli itaque erubescere.

Item primo, ponit monitionem; secundo eius rationem, ibi non enim dedit nobis.

Dicit ergo: fides non ficta, in matre et avia et in te est, propter quam causam admoneo te. Gratia Dei est sicut ignis qui quando obtegitur cinere, non lucet: sic gratia obtegitur in homine per torporem, vel humanum timorem. Unde et Timotheus effectus pusillanimis, torpuerat circa prædicationem.

Et ideo dicit ut resuscites gratiam sopitam.

I Thess. V, 19: spiritum nolite extinguere.

Et addit quæ est in te per impositionem manuum mearum, a quo scilicet ordinatus erat episcopus. In qua manus impositione data est ei gratia spiritus sancti.

Deinde cum dicit non enim, ponitur ratio monitionis, et sumitur ex conditione divinorum munerum. Qui enim accipit munus, debet operari secundum congruentiam muneris; ergo secundum conditionem divinorum munerum debemus Deo servire.

Est autem duplex spiritus, huius mundi, et Dei. Et horum distinctio est: spiritus enim significat amorem, quia nomen spiritus impulsionem importat, et amor impellit. Duplex autem est amor, scilicet Dei, et hic est per spiritum Dei, et amor mundi, et hic est per spiritum mundi. I Cor. II, 12: non enim accepimus spiritum huius mundi, etc..

Spiritus autem mundi facit amare bona mundi, et timere mala temporalia; et ideo dicit non enim dedit nobis Deus spiritum timoris, scilicet mundani, quia hunc Deus aufert a nobis. Matth. X, 28: nolite timere eos, qui occidunt corpus, etc..

Est alius spiritus timoris Domini et sanctus, et iste facit, ut timeatur Deus; hic autem est sine pœna et sine offensa, et hic est a Deo.

Matth. X, 28: timete eum, qui potest et animam et corpus perdere in Gehennam. Et addit sed virtutis, quia per spiritum sanctum dirigimur in malis, et hoc per virtutem, scilicet fortitudinis contra adversa mundi. Lc. Cap. Ult.: sedete in civitate donec induamini virtute ex alto. Item dirigimur in bonis, quia quantum ad affectionem ordinamur per dilectionem charitatis, dum quis omnia quæ diligit, refert in Deum. Unde dicit et dilectionis. I Io. III, 14: qui non diligit, manet in morte. Item quantum ad bona exteriora; et ideo dicit et sobrietatis, id est, omnis temperantiæ, servando debitum modum et mensuram ut scilicet temperate utamur bonis mundi. Tit. II, 12: sobrie et iuste et pie vivamus in hoc sæculo. I Tim. III, 2: oportet episcopum esse irreprehensibilem, unius uxoris virum, sobrium.

Deinde cum dicit noli, specificat usum gratiæ; et primo excludit contraria huic usui; secundo hortatur ad usum gratiæ, ibi sed collabora.

A solita autem prædicatione poterat impediri propter duo. Primo per erubescentiam, secundo ex pœna apostoli, quam patiebatur propter evangelium. Et ideo, quantum ad primum, dicit noli itaque, scilicet ex quo habes spiritum fortitudinis, erubescere, etc.. Prædicatio enim Christi, si referatur ad sapientiam mundi, videbatur stulta, unde erubescentiam habere videbatur. I Cor. I, 23: nos prædicamus Christum crucifixum, Iudæis quidem scandalum, gentibus autem stultitiam.

Rom. I, 16: non enim erubesco evangelium.

Lc. IX, 26: qui me erubuerit et meos sermones, hunc filius hominis erubescet.

Quantum ad secundum sciendum est, quod si latro videt aliquem suspensum, erubescit se confiteri socium eius. Sic quia apostolus erat vinctus, poterat eum Timotheus erubescere; et ideo dicit neque me vinctum eius. Eph. VI, 20: pro quo legatione fungor in catena.

Eccli. IV, 27: ne reverearis proximum tuum in casu suo.

Deinde cum dicit sed collabora, hortatur ad usum gratiæ; et primo in generali; secundo ostendit ex qua fiducia hunc usum aggrediatur, ibi secundum virtutem.

Hic manifestat quod dicit sed collabora, ibi non secundum, etc..

Dicit ergo: ne erubescas, sed collabora, id est, simul mecum labora. I Cor. III, 8: unusquisque propriam mercedem accipiet.

Et dicit evangelio, quod potest esse ablativi casus, et sic in evangelio prædicando; dativi casus, et sic ad laudem evangelii, ut scilicet crescat. Sap. III, 15: bonorum laborum gloriosus est fructus, etc..

Et hoc cum fiducia, non propria, quia non sufficientes sumus cogitare aliquid a nobis quasi ex nobis, etc.; sed secundum Dei virtutem, id est, habendo fiduciam de virtute Dei. Is. XL, 29: qui dat lasso virtutem, et his qui non sunt, fortitudinem et robur multiplicat.

Hæc virtus manifestatur per duo, scilicet quantum ad affectum, quia liberamur a malis; et ideo dicit qui nos liberavit. I Esdr. VIII, 31: liberavit nos de manu inimici et insidiatoris in via. Io. VIII, 36: si filius vos liberavit. Et quantum ad hoc quod vocat nos ad bona. Unde sequitur et vocat vocatione sua sancta, quia vocavit ad sanctificandum.

Rom. VIII, 30: quos prædestinavit, hos et vocavit. I Petr. II, 9: qui de tenebris nos vocavit in admirabile lumen suum.

Et manifestat quædam quæ dicit, dicens non secundum opera nostra; ubi ostendit, quod per virtutem Dei liberati et vocati sumus, non per humanam. Et primo ostendit causam vocationis nostræ et liberationis esse a Deo; secundo processum causæ, ibi quæ data est etiam; tertio commendat datorem causæ, scilicet gratiæ, et eius conservatorem, ibi qui destruxit.

Dicit ergo: vocavit non per nostram virtutem, quia scilicet non per opera nostra, quæ sunt effectus virtutis. Tit. III, 5: non ex operibus iustitiæ quæ fecimus nos, sed secundum suam misericordiam salvos nos fecit.

Est autem duplex causa humanæ salutis, quæ est a Deo. Una est æterna, scilicet eius prædestinatio; alia est temporalis, scilicet gratia iustificans.

Quantum ad primum dicit secundum propositum, id est, prædestinationem, quæ est propositum miserendi. Eph. I, 11: operatur omnia secundum propositum voluntatis suæ.

Rom. VIII, 28: his qui secundum propositum vocati sunt sancti.

Quantum ad secundum dicit et gratiam.

Rom. III, 24: iustificati gratis per gratiam ipsius.

Circa processum gratiæ primo ostendit quomodo est præparata gratia; secundo quomodo collata; tertio per quem.

Primum ostendit, cum dicit quæ data est nobis in Christo Iesu, id est, prævisa est nobis dari ante tempora sæcularia. Sicut dicit Philosophus, sæculum nihil aliud est quam mensura durationis aliquarum rerum; unde diversa sæcula, diversæ sunt ætates hominum.

Unde unum sæculum durat mille annis, quia homo dicitur vivere quamdiu est in memoria hominum, quæ non excedit mille annos.

Tempora ergo sæcularia sunt quæ mensurant res mutabiles, et hæc incœperunt cum mundo sed prædestinatio est ante mundum.

Eph. I, 4: elegit nos in ipso ante constitutionem mundi.

Et dicit in Christo Iesu, quia non sumus electi sic, ut salvemur propriis meritis, sed per gratiam Christi; quia sicut prædestinavit salutem nostram, ita modum salutis nostræ.

Io. I, 17: gratia et veritas per Iesum Christum facta est.

Sed hæc prædestinatio prius erat occulta, sed nunc est manifesta. Et quomodo? sicut conceptus cordis per opera; unde nunc in effectu operis, suis electis manifestavit per illuminationem.

Proprie loquitur; manifestare enim est in lucem ducere. Iob XXVIII, 11: abscondita produxit in lucem. Sic ergo manifestata est nunc, etc., per hoc quod misit Christum nos illuminantem. Is. LX, 1: surge, illuminare, Ierusalem, quia venit lumen tuum.

Lc. I, 79: illuminare his, qui in tenebris et in umbra mortis sedent.

Deinde cum dicit qui destruxit, commendat Christum illuminatorem; et primo eius virtutem quantum ad mala quæ abstulit; secundo quantum ad bona quæ contulit.

Dicit ergo Christus, propter hoc, quod pro nobis passus est, destruxit mortem, id est, satisfecit Deo pro peccatis nostris. I Petr. III, 18: Christus semel pro peccatis nostris mortuus est, etc.. Et peccatum erat causa nostræ mortis corporalis. Rom. VI, 23: stipendia enim peccati mors; et ideo destruendo peccatum, destruxit mortem. Os. XIII, 14: ero mors tua, o mors, etc..

Contulit etiam perfecta bona, primo animæ in præsenti, per gratiam fidei.

Abac. II, 4: *iustus meus ex fide vivit*. Et est imperfecta in hac vita, sed perficietur in gloria.

Io. XVII, 3: *hæc est vita æterna, ut cognoscant te*. Secundo immortalitatem carnis resultantem ex gloria animæ. I Cor. XV, 53: *oportet corruptibile hoc induere incorruptionem*, etc.. Io. X, 10: *ego veni ut vitam habeant*, scilicet iam per gratiam, *et abundantius habeant*, scilicet per gloriam in futuro; item ibidem XI, 26: *omnis qui vivit et credit in me, non morietur in æternum*.

Lectio 4

Supra monuit ad sollicitam Christi prædicationem, hic inducit ad hoc per exemplum, et primo ponit hoc; secundo inducit ad sui sequelam, ibi *formam habens*; tertio ostendit sequendi necessitatem, ibi *scis hoc*.

Item, primo ponit suum officium; secundo ostendit quæ patitur pro sui officii executione, ibi *ob quam causam*; tertio spei certitudinem, ibi *scio enim*.

Describit autem officium suum tripliciter; quia dicit se prædicatorem, ad excitandum ad bonos mores. Infra IV, 2: *prædica verbum, insta opportune*. Mc. Cap. Ult.: *prædicate evangelium omni creaturæ*.

Apostolum, ad regendum ecclesiam, quia apostoli sunt prælati ecclesiæ. Gal. II, 8: *qui operatus est Petro in apostolatum circumcisionis, operatus est et mihi inter gentes*. Et

Magistrum, institutum ad docendum fidei sanctitatem, et cognitionem Dei. I Tim. II, 7: *doctor gentium in fide et veritate*. Ioel. II, 23: *filii sion, exultate et lætamini in Domino Deo nostro, qui dedit vobis doctorem iustitiæ*.

Sed dicit *in quo positus sum ego*. Ubi nota tria. Primo quod ipse non assumpsit sibi, sed ab illo positus est. Hebr. V, 4: *nemo assumit sibi honorem, sed qui vocatur a Deo tamquam Aaron*. Secundo in positione designatur ordo. Tertio firmitas, quia secundum ordinem rationis institutus, firmiter mansit.

Io. XV, 16: *posui vos ut eatis et fructum afferatis, et fructus vester maneat*. Iudicum V, 20: *stellæ manentes in ordine et cursu suo*.

Deinde cum dicit *ob quam causam*, ostendit quæ patitur pro sui officii executione, dicens *hæc*, adversa, *patior*, scilicet vincula et tædia, et hoc pro fide Christi. Infra II, 9: *laboro usque ad vincula*. Et dicit, *ob hanc causam*, quia pati simpliciter non est laudabile, sed propter iustam causam.

Matth. V, 10: *beati qui persecutionem patiuntur propter iustitiam*. Et ideo *sed non confundor*, quia non est ad confusionem ei qui patitur propter iustitiam. I Petr. IV, 15: *nemo vestrum patiatur quasi homicida, aut fur, aut maledicus, aut alienorum appetitor; si autem ut christianus, non erubescat*, etc..

Act. V, 41: *ibant apostoli gaudentes*, etc..

Deinde cum dicit *scio*, ponitur certitudo spei, quæ facit eum non confundi, etiam hoc provenit ex magnitudine Dei promittentis.

Et ideo dicit cui credidi.

Et nota quod uno modo credere est actus fidei; et est sensus scio, etc., id est, scio quod ille qui promisit, est verax, et potens ad reddendam vitam æternam, quam repromisit homini fideli existenti.

Sed contra ex hoc sequitur, quod eadem est scientia et fides, et idem est scitum et creditum, quod est impossibile, quia de ratione sciti est quod videatur, de ratione crediti quod non.

Respondeo. In fide duo sunt, scilicet id quod creditur, et ille cui creditur. De eo quod creditur, non potest esse scientia, quia sic perderet crediti rationem; sed de eo cui creditur, est scientia, quia per evidentissimam rationem est scitum, quod Deus est verax. Et sic dicit: cui credidi. I Io. IV, 1: nolite omni spiritui credere, sed probate spiritus si ex Deo sunt. Prov. XIV, 15: innocens credit omni verbo, etc..

Alio modo dicitur credere fidei eius, cui committit rem suam, et hic sensus est verior; quasi dicat: quia meipsum, labores et passiones credidi, id est, commisi, Deo, scio quod potens est depositum meum servare, etc..

Et nota, quod depositum dicitur dupliciter. Uno modo, quod ego deposui. Et sic homo deponit apud Deum salutem suam, quando se Deo totum committit. I Petr. V, 7: omnem sollicitudinem vestram in eum proiicientes, quoniam ipsi cura est de vobis.

Ps. LIV, 23: iacta super Dominum curam tuam, et ipse te enutriet. Item deponit opera sua, quando scilicet non statim recipit remunerationem suam, sed in posterum. Et sic, qui benefacit, deponit illud apud Deum. Et hoc usque in illum diem, quando iudicabit occulta hominum, quibus tunc reddet Deus mercedem laborum suorum. Sap. X, 17 et Is. III, 10: dicite iusto, quoniam bene, quoniam fructum adinventionum suarum comedet.

Vel depositum, id est, quod penes me positum est officium, scilicet officium evangelii.

Act. IX, 15: vas electionis est mihi iste, ut portet nomen meum, etc.. Etiam Deus est potens conservare suum apostolum usque ad mortem suam.

Deinde cum dicit formam habens, inducit ad sequelam sui, et est duplex littera.

Una dicit habe, altera habens. Si dicit habens, sic primo ponit idoneitatem, quam proponit Timotheo ad imitandum exemplum apostoli; secundo hortatur ad imitandum, ibi bonum depositum.

Apostolus autem bonam idoneitatem habuit secundum duo, scilicet secundum eruditionem quantum ad cognitionem; et ideo dicit sanorum verborum. Item secundum virtutem; unde dicit in fide et dilectione.

Dicit ergo: non potes te excusare, si patienter te non habeas usque ad vincula sicut ego, quia tu es habens formam sanorum verborum, scilicet quæ non continent falsitatis corruptionem. Tit. II, 1: loquere quæ decent sanam doctrinam. Et dicitur doctrina sana, non corrupta effective, quia nos sanos facit.

Et addit quæ a me audisti, quasi dicat: non es deceptus, quia hoc tibi tradidi quod a Christo audivi. I Cor. XI, 23: ego enim accepi a Domino, quod et tradidi vobis. Lc. X, 16: qui vos audit, me audit. Et hoc in fide et dilectione, quia si aliquis omnia verba sana sciret et non crederet, non esset idoneus, nec etiam diligeret, quia de facili recederet a doctrina, vel per adversa, vel per prospera.

Hebr. XI, 6: sine fide impossibile est placere Deo. I Io. III, 14: qui non diligit, manet in morte. Et hoc in Christo Iesu, quia vera fides est eorum, quæ Christus docuit, et vera dilectio est in Christo, quia dedit spiritum sanctum, per quem Deum diligimus.

Hæc igitur habens, custodi bonum depositum, quod scilicet dedi tibi, id est, officium prædicationis, ut numquam a veritate recedas, nec propter timorem officium prædicationis ullo tempore dimittas. Prov. IV, 23: omni custodia serva cor tuum, etc.. I Tim. VI, 20: o Timothee, depositum custodi. Et hoc custodi bono adiutorio, scilicet per spiritum sanctum, qui habitat in nobis. I Cor. III, 16: nescitis quia templum Dei estis, et spiritus Dei habitat in vobis? secundum aliam litteram monet ad duo.

Primo ad sanam doctrinam; secundo ad perseverantiam in ea.

Deinde cum dicit scis hoc, ostendit necessitatem monitionis ex defectu et profectu aliorum. Quando enim aliquis videt aliquos sociorum suorum proficere et aliquos deficere, nititur sequi bonos. Et ideo primo commemorat deficientes; secundo proficientes, ibi det misericordiam.

Ostendit ergo quid caveat, alias est periculum. I Cor. X, 12: qui se existimat stare, videat ne cadat. Et ideo dicit: aversi, etc.. Glossa: isti fallacia erant pleni, simulate enim fuerant cum apostolo, ut scilicet addiscerent, unde facerent calumniam apostolo.

Isti ergo, qui sunt aversi a me, sunt modo in Asia, inter quos præcipue sunt isti duo, qui conversi sunt per Iacobum.

Deinde cum dicit det misericordiam, ostendit aliorum profectum, et præcipue cuiusdam onesiphori, commemorans primo bona, quæ sibi contulit Romæ, secundo quæ in Asia. Item primo optat ei Dei misericordiam; secundo ostendit meritum misericordiæ; tertio tempus misericordiæ.

Primum cum dicit det misericordiam. Recte optat ei misericordiam, quia præsens vita miseria est. Iob XIV, 1: homo natus de muliere, brevi vivens tempore, repletur multis miseriis.

Dicit det onesiphori domui, non solum personæ, sed familiæ, quia propter bonitatem unius derivatur gratia ad totam familiam.

Matth. X, 13: siquidem fuerit domus illa digna, veniet pax vestra super eam.

Meritum autem misericordiæ est misericordia, quam habebant in apostolum. Unde dicit quia sæpe me refrigeravit, scilicet quietem præstando. Matth. V, 7: beati misericordes, quoniam ipsi misericordiam consequentur.

Eccli. XVIII, 16: nonne ardorem refrigerabit ros? Philem. 7: viscera sanctorum requieverunt per te, frater. Et catenam meam. Infra II, 9: laboro usque ad vincula quasi male operans. Non erubuit, sed cum Romam venisset sollicite ut amicus quæsivit. Eccli. VI, 7: si possides amicum, in tentatione posside illum. Prov. XVII, 17: omni tempore diligit, qui amicus est.

Optat autem misericordiam futuri sæculi, cum dicit in illa die, in qua scilicet Dominus iudicabit omnes, quando misericordia est necessaria, non solum autem Romæ, sed et Ephesi. Et ideo dignus est divina misericordia.

Capitulus II

Lectio 1

Supra induxit Timotheum ad diligentem evangelii prædicationem, inducit eum hic ad constantem tolerantiam martyrii.

Et primo inducit eum ad sustinendam passionem pro salute fidelium; secundo docet eum qualiter resistat infidelibus, ibi noli verbis.

Item primo inducitur præparatio ad martyrium sustinendum; secundo exhortatio martyrii, ibi memor esto.

Præparatio martyrii præmittitur quantum ad tria.

Primum est animi fortitudo; secundum est bonorum dispensatio, ibi et quæ audisti; tertium est fructuosus militiæ labor, ibi labora.

Requiritur autem ad martyrium fortitudo, quæ est circa pericula mortis. Et ideo dicit tu ergo, fili mi, scilicet quem per evangelium genui, confortare in gratia. Ps. XXX, 24: viriliter agite, et confortetur cor vestrum.

Quæ est non in te, scilicet cuius fortitudo est vana, sed in Christo Iesu. Eph. VI, 10: confortamini in Domino, et in potentia virtutis eius.

Vel in gratia, etc., id est gratuito Dei dono per Christum. Io. I, 17: gratia et veritas per Iesum Christum facta est.

Secundum est dispensatio bonorum.

Circa quod notandum est, quod quando aliquis adducitur ad mortem, disponit de suis.

Non ergo minus debent esse solliciti sancti de bonis spiritualibus sibi creditis, quod non dispereant post eorum mortem, sed aliis credant; et ideo monet eum, ut si ad martyrium venerit, quod dispenset doctrinam fidei.

Et primo ponit quomodo accepit, quia per auditum; unde dicit quæ audisti a me, et ego a Christo. Et dico a me non singulariter, sed confirmata per multos testes, id est, per legem et prophetas. Rom. III, 21: testificata a lege et prophetis. Vel per apostolos.

I Cor. XV, 11: sive enim ego, sive illi, sic prædicavimus, et sic credidistis. Hæc commenda, inquantum sunt accepta. Sap. VII, 13: quam sine fictione didici, et sine invidia communico.

Fidelibus hominibus, ut scilicet non quærant lucrum temporale, sed gloriam Dei. I Cor. IV, 2: hic iam quæritur inter dispensatores, ut fidelis quis inveniatur. Matthæus XXIV, 45: fidelis servus et prudens, quem constituit Dominus super familiam, etc..

Item qui sunt idonei ad dispensandum; ideo dicit qui idonei, etc..

Debent autem esse idonei tripliciter. Primo intellectu, ut sint sapientes ad intelligendum.

Lc. XXI, 15: ego dabo vobis os et sapientiam, etc.. Item lingua, ut sint facundi ad docendum.

Is. L, 4: Dominus dedit mihi linguam eruditam, ut sciam suscitare eum, qui lapsus est, verbo. Item opere, quia cœpit Iesus facere et docere Act. I, 1.

Deinde cum dicit labora, ponitur tertium, quod est legitimus militiæ labor, ad quem primo hortatur; secundo ponit laboris præmium, ibi nam et qui; tertio militiæ stipendia laborantem.

Item, primo hortatur ad legitimum laborem; secundo exponit quis labor sit legitimus, ibi nemo.

Dicit ergo labora sicut bonus miles Christi. Est autem tripliciter aliquis miles Christi. Primo inquantum pugnat contra peccata. Iob VII, 1: militia est vita hominis super terram; et XIV, 14: cunctis diebus quibus nunc milito, expecto, etc.. Et hæc pugna est contra carnem, mundum et diabolum.

Eph. Cap. Ult.: non est nobis colluctatio adversus carnem et sanguinem, etc..

Secundo est aliquis miles Christi pugnando contra errores. II Cor. X, 4: arma militiæ nostræ non sunt carnalia, sed potentia Deo, ad destructionem munitionum consilia destruentes, etc..

Tertio est militia martyrum contra tyrannos.

Et hæc est laboriosior. Iob XXV, 3: numquid est numerus militum eius? et non debet quiescere miles, quia dicitur a militia sustinenda.

Deinde cum dicit nemo, exponit quid sit legitimus labor. Et primo inducit eum ad laborem; secundo ostendit qualis debet esse bonus miles, ibi ut ei placeat.

Primo, circa primum duo facit, quia exemplum ponit; secundo manifestat.

Dicit ergo nemo militans Deo, etc.. Circa primum sciendum est, quod alius est finis militiæ spiritualis, et alius est finis militiæ corporalis; quia finis militiæ corporalis est, ut obtineat victoriam contra hostes patriæ, et ideo milites debent abstinere ab his, quæ abstrahunt a pugna, puta a negotiis et delitiis. I Cor. IX, 25: qui in agone contendit, ab omnibus se abstinet. Sed militiæ spiritualis finis est, ut victoriam habeant ab hominibus, qui sunt contra Deum; et ideo oportet, quod abstineant ab omnibus, quæ distrahunt a Deo. Hæc autem sunt negotia sæcularia, quia sollicitudo huius sæculi suffocat verbum. Et ideo dicit implicat se.

Sed contra: negotia sæcularia sunt temporalia, hoc autem apostolus fecit, quando vixit labore manuum suarum.

Respondeo. Dicendum est quod apostolus dicit, implicat, et non dicit, exercet. Ille autem eis implicatur, cuius cura et sollicitudo iungitur circa ipsa. Et tunc proprie ipsa hæc interdicuntur militibus Christi, in quibus ostenditur non esse necesse implicari animum.

Item non dicit simpliciter implicatur, sed dicit implicat se, quia quandoque implicatur, et non se implicat. Implicat enim se quando sine pietate et necessitate assumit negotia; sed quando necessitas officii pietatis et auctoritatis exercetur, tunc non implicat se, sed implicatur huiusmodi necessitate. Rom. XVI, 2: assistatis ei in quocumque negotio vestri indiguerit.

Causa autem quare non debent se implicare est ut ei placeat cui se probavit.

I Io. II, 15: si quis diligit mundum, non est charitas patris in eo. Qui enim est miles Christi, devovit se ad militandum Deo; et ideo debet conari, ut ei placeat cui se devovit.

Deinde cum dicit nam et qui, ponit laboris præmium. Et quia diceret aliquis: o Paule, magna imponis, sed quis est eorum fructus? respondet: assumatis exemplum in pugnis sæcularibus, ubi non omnes, sed legitime pugnantes accipiunt coronam. Sic ergo erit et in spiritualibus, quod nullus coronabitur, nisi servet debitas leges pugnæ. I Cor. IX, 25: illi quidem ut corruptibilem coronam accipiant, nos autem incorruptam. Sap. IV, 2: in perpetuum coronata triumphat.

Deinde cum dicit laborantem, ostendit stipendia, interdictque ei negotia sæcularia. Et primo proponit stipendia sub metaphora; secundo exponit, ibi intellige.

Officium enim prædicatorum et doctorum est officium militum, inquantum insurgunt contra hostes et vitia; item agricolæ, inquantum fructum faciunt promovendo ad bona. Huius ager est ecclesia, et principalis agricola est Deus, interius et exterius operans.

Io. XV, 1: ego sum vitis vera, et pater meus agricola est. Homines autem exterius adhibent ministerium. I Cor. III, 6: ego plantavi, Apollo rigavit, Deus autem incrementum dedit. Isti sunt exteriores agricolæ. Iob XXXI, 39: si animam agricolarum eius afflixi.

Istum ergo agricolam oportet fructum accipere; huius fructus sunt opera virtutum.

Eccli. XXIV, 23: flores mei fructus honoris et honestatis. Gal. V, 22: fructus autem spiritus est charitas, gaudium, pax, patientia. Inter hos fructus sunt et fructus eleemosynarum.

Act. IX, 36: hæc erat plena fructibus bonis et eleemosynis quas faciebat. Isti ergo debent principaliter fructum percipere, ut ipsi gaudeant. Primo de subditorum fructibus.

Phil. IV, 1: itaque, fratres mei charissimi et desideratissimi, gaudium meum et corona mea.

Secundo de subsidiis temporalibus, non pro præmio principali, sed stipendio. Gal. VI, 6: communicet autem is qui catechizatur verbo, ei qui se catechizat in omnibus bonis. Matth. X, 10: dignus est operarius cibo suo.

Deinde cum dicit intellige, exponit quæ dixerat sequens modum Christi post parabolas.

Matth. XIII, 9: qui habet aures audiendi audiat. Quasi dicat: reduc hæc ad intellectum spiritualem. Dan. X, 1: intelligentia opus est in visione.

Quasi diceret aliquis: tu dicis: accipe stipendium, o Timothee; sed tu non facis, quia de labore manuum vis vivere. Unde intellige quæ dico, quia est necessaria discretio, quia ibi non sunt accipienda ubi est occasio avaritiæ contra evangelium, vel propter cupiditatem, vel propter otium. Et hoc poteris intelligere, quia dabit, etc.. I Io. II, 27: unctio docebit vos de omnibus.

Lectio 2

Supra ponitur præparatio ad martyrium, hic ponitur exhortatio ad ipsum, et primo præmittit exemplum præmii; secundo exemplum martyrii, ibi in quo laboro; tertio manifestat consequentiam præmii ad martyrium, ibi fidelis sermo.

Nam præmium mortis pretiosæ martyrii est resurrectio gloriosa, cuius exemplum præcessit in capite nostro Christo. Et ideo dicit memor esto, etc., quasi dicat: Dominum nostrum Iesum Christum, supple: habe in mente contra tribulationes. Prov. III, 6: in omnibus viis tuis cogita illum, et ipse diriget gressus tuos. Multa enim sunt in eo cogitanda, sed specialiter resurrectio. Ad hanc omnia ordinantur, et præcipue totus christianæ religionis status. Rom. X, 9: si confitearis in ore tuo Dominum Iesum, et corde tuo credideris, quod Deus excitavit illum a mortuis, salvus eris.

Et nota quod dicit resuscitatum, quia etsi pater eum resuscitaverit, tamen propria etiam virtute resurrexit, et est primus resurgentium I Cor. XV, 20. Sed quia secundum naturam humanam resurrexit, et mortuus est, ex semine David. Rom. I, 3: qui factus est ei ex semine David secundum carnem, etc..

Secundum evangelium meum, id est, a me prædicatum. I Cor. XV, 1: notum autem facio vobis evangelium, quod prædicavi vobis.

Qui prædicat evangelium est minister

evangelii, sicut qui baptizat est minister baptismi.

Tamen non potest dici baptisma meum, sed evangelium sic. Et hoc ideo, quia multum facit exhortatio et sollicitudo.

Deinde cum dicit in quo laboro, ostendit se in exemplum martyrii, et primo eius pœnam; secundo eius causam, ibi ideo omnia.

Tria autem ostendit esse in pœna, scilicet acerbitatem, opprobrium, et constantiam.

Acerbitatem cum dicit in quo, scilicet evangelio prædicando, vel pro quo laboro, id est, affligor, et hoc usque ad vincula, quia quando hanc epistolam scripsit, erat Romæ in vinculis. Eph. Cap. Ult.: ministerium evangelii pro quo legatione fungor in catena.

Opprobrium quantum ad infideles, cum dicit quasi male operans. Christiani enim tunc reputabantur pessimi. Lc. IX: beati eritis cum vos oderint homines, et separaverint, et exprobraverint, etc.. Christus etiam fuit damnatus, quasi male operans. Is. LIII, 12: et cum sceleratis reputatus est.

Constantiam autem ostendit, cum dicit sed verbum Dei, etc.. Licet enim corpus sit alligatum, tamen verbum Dei non est alligatum, quia prædicatio fuit ex voluntate apostoli, quæ libera est, præcipue propter efficaciam charitatis, quæ nihil timet. Rom. VIII, 38: certus sum enim quia neque mors, neque vita, etc.. Quia, sicut I Io. III, 20 dicitur, maior est Deus corde nostro. Et dicitur, quod in vinculis existens, multos convertit.

Deinde cum dicit ideo omnia sustineo, ostendit causam, quia martyrem non pœna facit, sed causa.

Duplex autem est causa martyrii, scilicet propter divinum honorem, et salutem proximi.

Propter Deum quidem, quia Rom. VIII, 36: propter te mortificamur tota die. Propter salutem proximorum, quia dicit hic propter electos. Io. XV, 13: maiorem charitatem nemo habet, ut animam suam ponat quis pro amicis suis. I Io. III, 16: quoniam ille pro nobis animam suam posuit, et nos debemus pro fratribus animas ponere.

Et dicit propter electos, quia quæcumque bona fiunt, specialiter cedunt in bonum electorum, non reproborum.

Et quomodo? ut et ipsi salutem consequantur.

Sed numquid sufficit passio Christi? dicendum est, quod sic effective, sed passio apostoli dupliciter expediebat. Primo quia dabat exemplum persistendi in fide; secundo quia confirmabatur fides, et ex hoc inducebantur ad salutem. Et hoc in Christo, id est, quæ venit nobis per eum. Matth. I, 21: ipse enim salvum faciet populum a peccatis eorum.

Et hoc non solum salutem, gratiæ præsentem, sed etiam cum gloria cælesti. Matth. V, 12: merces vestra copiosa est in cælis.

Deinde cum dicit fidelis sermo, ponit consequentiam præmii ad meritum martyrii. Et primo ponit attestationem; secundo consequentiam, ibi nam si commortui sumus; tertio confirmat per testimonium, ibi hæc commone.

Dicit ergo fidelis sermo, id est, verbum quod dicam est fidele. Apoc. Cap. Ult.: hæc verba fidelissima sunt, etc..

Deinde cum dicit nam si, etc., ponit consequentiam. Et primo de remuneratione bonorum; secundo de punitione malorum, ibi si negaverimus.

In præmio bonorum sunt duo, scilicet reparatio per resurrectionem, et superadditio gloriæ ad quam resurgent. Et ideo primo ostendit, quod per Christum venitur ad reparationem vitæ; secundo quod per ipsum venitur ad resurrectionem, ibi si sustinemus.

Dicit ergo si commortui sumus, scilicet cum Christo, et hoc per sacramenti susceptionem in baptismo. Rom. VI, 4: consepulti enim sumus cum illo per baptismum in mortem.

Item per pœnitentiam nos macerando.

Gal. VI, 24: qui Christi sunt, carnem suam crucifixerunt cum vitiis et concupiscentiis. Item pro confessione veritatis moriendo, sicut et Christus. Ps. CXV, 15: pretiosa in conspectu Domini mors sanctorum eius. Si ergo commortui sumus, et convivemus, id est, sicut ipse resurrexit, sic et nos. Rom. VI, 5: si complantati facti sumus similitudini mortis eius, simul et resurrectionis erimus.

Deinde agit de gloria, quam sancti merentur per mortis ignominiam. Lc. Cap. Ult.: nonne hæc oportuit Christum pati? et ideo dicit si sustinuerimus, scilicet patienter afflictiones et opprobria, conregnabimus, id est, simul cum ipso perveniemus ad regnum.

Matth. V, 10: beati qui persecutionem, etc..

Deinde cum dicit si negaverimus, ostendit consequentiam quantum ad pœnas.

Dupliciter autem potest aliquis peccare contra fidem: primo exterius negando, secundo interius eam deponendo.

Quantum ad primum dicit si negaverimus, scilicet coram aliis, ipse negabit nos in iudicio.

Matth. XXV, 12: amen dico vobis, nescio vos. Negare est non cognoscere eos esse de ovibus suis.

Quantum ad secundum dicit si non credimus, id est, si fidem a corde abiiciamus, ille fidelis permanet, id est, ipse fidem suam tenet.

Unde fidelis manet in sua fide, quia fides nihil aliud est, quam participatio sive adhæsio veritati. Ipse autem est ipsa veritas, quæ negare se non potest.

Ergo non est omnipotens. Respondeo. Ex hoc est omnipotens, quod seipsum negare non potest. Posse enim deficere magis est pertinens ad impotentiam, quia quod aliquid deficiat a suo esse, est per debilitatem virtutis propriæ. Christum autem negare seipsum est deficere a seipso; hoc ergo ipsum, quod non potest negare se, est ratio perfectæ virtutis.

Unde nec peccatum cadit in eum, ut est dictum, nec potest negare suam virtutem et suam iustitiam quin puniat. Matth. Cap. Ult.: qui vero non crediderit, condemnabitur.

Sed numquid non potest Deus alicui remittere pœnam? potest quidem secundum ordinem sapientiæ suæ, sed contra ordinem sapientiæ et iustitiæ, non.

Deinde cum dicit hæc commone, etc., confirmat per testimonium; quasi dicat: simul cum aliis admoneo, ut semper habeas in corde, testificans coram Deo, id est, testem adducens coram quo loquor.

Deinde cum dicit noli verbis, ostendit quomodo resistat infidelibus, quia primo præmittit modum resistendi; secundo ostendit quæ sunt quibus resistat, ibi profana.

Item, primo excludit indebitum modum resistendi; secundo ponit debitum, ibi sollicite.

Circa primum primo excludit indebitum modum; secundo rationem assignat, ibi ad nihil.

Dicit ergo nolite contendere verbis.

Contentio importat concertationem in verbis.

Potest ergo secundum duo intelligi, quia acrimoniam loquens depravatur dupliciter. Uno modo si per hoc acceditur ad favorem falsitatis, ut quando quis cum confidentia clamoris impugnat veritatem. Alio modo propter inordinationem, ut quando utitur acrimonia, vel ultra modum debitum, vel contra qualitatem personæ. Sed si moderate, et cum circumstantiis debitis, et pro veritate fiat, non est peccatum. Et sic in rhetorica est unum instrumentum exhortationis. Tamen in sacra Scriptura accipitur secundum quod importat inordinationem. I Cor. XI, 16: si quis videtur inter vos contentiosus esse, nos non habemus talem consuetudinem, neque ecclesiæ Dei.

Et dicit verbis, quia aliqui disceptant solum verbis improperii. Et hoc proprie est contendere.

Si hoc fit non verbis tantum sed veris rationibus, hoc est disputare, non contendere.

Deinde cum dicit ad nihil utile est, ostendit rationem documenti. Nam moderata disputatio quando cum ratione fit, est utilis ad instructionem; sed quando cum verbis tantum, tunc est litigiosa. Ideo dicit nisi ad subversionem, et hoc dupliciter: uno modo dum quod est certum venit in dubium; alio modo, quia audientes scandalizantur. Prov. XIV, 23: ubi verba sunt plurima, ibi frequenter egestas; unde Iac. III, 16: ubi zelus et contentio, ibi inconstantia et omne opus pravum.

Sed numquid non sine contentione debet quis disputare coram populo de fide? respondeo. Distinguendum est, ex parte audientium, quia, aut sunt sollicitati ab infidelibus, et tunc est utilis publica disputatio: quia per hanc simplices efficiuntur magis instructi quando vident errantes confutari. Si vero non sunt sollicitati ab infidelibus, tunc non est utilis disputatio, sed periculosa. Item est distinguendum ex parte disputantis, quia si disputans est prudens, sic quod manifeste confutet adversarium, tunc debet publice disputare: si vero non, nullo modo.

Deinde cum dicit sollicite cura teipsum, ponit debitum modum resistendi. Et primo quantum ad rectam intentionem; secundo quantum ad rectam operationem; tertio quantum ad rectam doctrinam.

Qui enim vult disputare, primo debet scrutari suam intentionem, utrum moveatur bono zelo. Ideo dicit probabilem Deo exhibere, qui scilicet probat Cor. II Cor. X, 18: non enim qui seipsum commendat, ille probatus est, sed quem Deus commendat. Ps. XVI, 3: probasti cor meum et visitasti nocte.

Item quod doctrinam quam prædicat ore, stabiliat per opera, quod nisi faciat, est confusione dignus. Unde dicit operarium inconfusibilem, quasi dicat: hæc facito, sic non confunderis.

Item quod recte tractet verbum veritatis, vera docendo et utilia audientibus. Unde subiungit recte tractantem verbum veritatis, non quærens lucrum et gloriam. II Cor. II, 17: non sumus sicut plurimi adulterantes verbum Dei, sed ex sinceritate, sicut ex Deo coram Deo in Christo loquimur.

Lectio 3

Supra instruxit Timotheum, ostendens modum generalem quo infidelibus est resistendum, hic ostendit in speciali quibus sit resistendum. Et primo ostendit quibus est resistendum; secundo quare, ibi multum enim; tertio quomodo, ibi iuvenilia.

Dicit ergo profana et vaniloquia devita. Ubi ostendit duo esse vitanda, scilicet profana et vaniloquia, et referuntur ad idem, vel ad diversa. Nam profana dicuntur quasi procul a fano, scilicet cultu divino, et hæc sunt documenta hæresum; et hæc vitanda, ideo dicit devita profana. Potest etiam dici, quod hæc profana sunt, quæ fidei repugnant, sed vaniloquia fabulosa. Ps. XI, 3: vana locuti sunt unusquisque ad proximum suum.

Deinde cum dicit multum enim, ostendit quare hæc sunt vitanda, et hoc dupliciter.

Primo ex nocumento quod inferunt; secundo ex fructu vitationis, ibi si quis.

Circa primum duo facit, quia primo ostendit quomodo noceant ad fidei subversionem; secundo quomodo non possunt totaliter fidem subvertere, ibi sed firmum.

Item, primo ponit documentum; secundo subdit similitudinem, ibi et sermo; tertio exemplum, ibi ex quibus est.

Dicit ergo. Hæc sunt vitanda, quæ impediunt pietatem, quæ cultus Dei dicitur.

Unde doctrina fidei est doctrina pietatis.

Impietas vero est doctrina contra fidem; unde dicit multum enim proficiunt ad impietatem, id est, perducunt ad errorem sive ad erroneam doctrinam. Sed hic profectus est in malis abusive. Infra III, 13: mali homines et seductores proficiunt in peius, errantes et in errorem mittentes alios.

Deinde ponit eorum similitudinem, dicens sermo.

Hæretici enim dicunt a principio quædam vera et utilia, sed cum audiuntur, immiscent quædam, quæ evomunt, mortifera. Et ideo dicit sermo eorum, etc.. Eccli. XI, 34: a scintilla una augetur ignis, et ab uno doloso augetur sanguis.

Deinde cum dicit ex quibus, ponit ad hoc exemplum. Hi enim duo, fidem suo tempore corrumpebant. A quibus quidam errantes conversi sunt in vaniloquium, etc.. De Phileto dicitur supra I, 15: aversi sunt a me omnes, qui sunt in Asia, ex quibus est Philetus et Hermogenes. De Hymenæo autem habetur I Tim. I, 20: ex quibus est Hymenæus.

Et dicit exciderunt. I Io. II, 19: a nobis exierunt. Et hoc aggravat, quia II Petr. II, 21: melius enim erat eis non cognoscere viam iustitiæ, quam post agnitionem retrorsum converti.

Errabant autem dicentes resurrectionem iam factam esse. De qua Matth. XXVII, 52: multa corpora sanctorum, qui dormierant, resurrexerunt.

Et dicebant, quod non est alia resurrectio expectanda, sed tunc surrexerunt.

Alio modo et melius, quod sicut est duplex mors, ita duplex est resurrectio, scilicet animæ et corporis. De resurrectione animæ habetur Apoc. XX, 6: beatus et sanctus, qui habet partem in resurrectione prima. Dicebant ergo, quod omnia, quæ dicuntur in Scripturis, erant referenda ad resurrectionem animarum quæ iam facta est. Col. III, 1: si consurrexistis cum Christo, quæ sursum sunt quærite. Et hic error est etiam hodie apud hæreticos, et per istum subvertunt quosdam.

Et congrue dicit et subverterunt quorumdam fidem, quia destruunt fundamentum fidei.

Act. XIII, 10: o plene omni dolo et omni fallacia, fili diaboli, et inimice omnis iustitiæ, non desinis subvertere vias Domini rectas.

Deinde cum dicit sed firmum, ostendit quomodo per hæreses fides non est totaliter subvertenda. Et primo quod per doctrinas hæreticas non potest tota ecclesiæ fides corrumpi; secundo ostendit quare Deus permittit aliquos errare, ibi in magna autem.

Item, primo ostendit immobilitatem fidei electorum; secundo addit demonstrationem, ibi habens.

Dicit ergo: subvertunt, sed firmum fundamentum Dei stat. Hæc enim fundamenta sunt illa, quibus datur gratia immobiliter standi. Matth. VII,

25: fundata enim erat supra firmam petram. Firmum, quia immobile. Unde præmittitur ibi Matth. VII, 25, quod venerunt flumina et flaverunt venti, et irruerunt in domum illam, et non cecidit.

Huius firmitas dependet primo ex divina prædestinatione; secundo ex libero arbitrio nostro.

Et ideo quantum ad primum dicit: hoc firmum fundamentum, habens hoc signaculum, id est, hoc est signum huius firmitatis.

Io. III, 33: qui autem acceperit testimonium eius, signavit, quia Deus verax est. Hæc est prima pars signaculi, scilicet ex divina prædestinatione, quia novit Dominus, qui sunt eius. Et hæc est notitia divinæ prædestinationis.

Io. X, 14: ego cognosco oves meas, et alias oves habeo, quæ non sunt ex hoc ovili. Matth. VII, 23: non novi vos.

Sed quantum ad secundum dicit discedat ab iniquitate omnis, qui invocat. Quasi dicat: si prædestinati sunt a Deo, quod per liberum arbitrium salvabuntur, quia ex hoc, quod aliquis finaliter non adhæret peccato, ostendit se esse prædestinatum.

Et ponit duo, quæ pertinent ad ordinationem in statu salutis. Primum, quod confiteatur fidem, ideo dicit omnis qui, etc.. Rom. X, 10: ore autem confessio fit ad salutem.

Secundum, quod recedat a peccato. Matth. VII, 21: non omnis qui dicit mihi: Domine, Domine, intrabit in regnum cælorum, etc.. Et ideo dicit discedat, etc.. Is. LV, 7: derelinquat impius viam suam, etc..

Quod vero dicit invocat nomen, non intelligit, quod solum nominet ore, sed interius per fidem, et extra per opus.

Deinde cum dicit in magna, ponit rationem quare Deus permittit aliquos errare, licet omnes diligat.

Dupliciter autem potest hoc intelligi, quia vel in generali, vel in speciali ad hunc, vel illum. Si enim quæras in singulari, quare dat huic donum perseverantiæ, et non illi, non habet rationem nisi solam Dei voluntatem.

Augustinus: quare hunc trahat, et illum non trahat, noli velle iudicare, si non vis errare, etc..

Sed si quæras in generali quare quibusdam dat, et quibusdam non, habet rationem, quam assignat apostolus Rom. IX, 16. Et est eadem ratio cum ista, licet per alia exempla.

Ideo enim dicit: sustinuit in multa patientia, etc.. Secundum enim quod omnia opera, quæ Deus facit in natura et gratia, sunt facta ad manifestandum gloriam Dei Eccli. XLII, 16: gloria Domini plenum est opus eius, sic etiam fecit diversas creaturas, ut perfectio divinæ bonitatis, quæ non potest manifestari per unam, sufficienter manifestetur per aliam. Ita etiam considerandum est de uno artifice: in domo una est una fenestra, quæ est altera pulchrior. Si quis ergo quærat quare non tota domus est fenestra, ratio est quia tota domus esset imperfecta.

Similiter dicit apostolus I Cor. XII, 17: si totum corpus esset oculus, ubi auditus? sic ergo dicit apostolus in effectu gratiæ, quia oportuit quod Deus manifestaret iustitiam et misericordiam. Si enim omnes salvaret, esset solum eius misericordia; si omnes damnaret, solum esset iustitia. Et ideo Deus volens manifestare iram, id est, iustitiam, etc..

Et similis est ratio de perfectione ecclesiæ, quam oportebat esse perfectam, quod non esset in ea diversitas. In qua est triplex diversitas, scilicet bonorum et malorum, bonorum et meliorum, malorum et peiorum.

Et hanc assignans dicit in magna autem domo, id est, ecclesia Bar. III, 24: o Israel, quam magna est domus Dei, et ingens locus possessionis eius non solum sunt vasa aurea, etc., ubi aurea et argentea distinguuntur a fictilibus; item argentea ab aureis; item fictilia a ligneis. In primo comparatio bonorum et malorum innuitur; in secundo comparatio bonorum et meliorum; in tertio malorum et peiorum. Nam aurea et argentea sunt boni; sed aurea meliores, argentea minus boni. Similiter lignea et fictilia sunt mali; sed fictilia sunt peiores, lignea vero minus mali.

Consequenter designat diversitatem quantum ad usum, ut boni sint vasa in honorem, sicut deputati ad honorabilem usum; mali vero sint vasa fictilia et lignea, quasi deputati in contumeliam, id est, ad vilem usum. Sicut enim in hominibus quidam, scilicet sancti, quasi vasa pretiosa. Eccli. L, 10: vas auri solidum, etc.. Act. IX, 15: vas electionis est mihi iste, etc.. Quidam vero sicut vasa inutilia, scilicet mali. Is. XXXII, 7: fraudulenti vasa pessima sunt. Eccli. XXI, 17: cor fatui quasi vas confractum. Prima vasa sunt in honorem, quibus debetur vita æterna.

Rom. II, 7: his quidem qui secundum patientiam boni operis gloriam et honorem et incorruptionem quærentibus vitam æternam.

Secunda vasa sunt in contumeliam. I Reg. II, 30: qui autem contemnunt me erunt ignobiles.

Et prædicta diversitas potest aliter applicari ad diversitatem ecclesiæ, ut vasa aurea sint prælati, argentea vero, et lignea, et fictilia tenentes inferiorem gradum, inter quos est quidam gradus. Et quod subdit quædam in honorem, etc., non est tunc intelligendum quod vasa aurea et argentea omnia sint in honorem, et fictilia in contumeliam, quia de quocumque statu quidam salvantur, et quidam damnantur.

Lectio 4

Supra ostendit quod profana sint vitanda per rationem sumptam ex nocumento, hic ostendit idem per rationem sumptam ex fructu. Et primo proponit vitationem; secundo eius fructum, ibi erit vas.

Nam vitationem vocat

emundationem.

Dicit ergo: quædam sunt vasa in contumeliam, ergo si quis emundaverit se ab istis, quia eorum consortia inquinant. Eccli. XIII, 1: qui tetigerit picem, inquinabitur ab ea. Et ideo fugiendi sunt. II Cor. IX: exite de medio et separamini, dicit Dominus, et immundum ne tetigeritis, etc..

Fructus autem sequens est quadruplex.

Primus est ex ordine ad gloriam, quia erit vas in honorem, quia si sordidetur ab illis, erit in contumeliam; si emundat se, in honorem. Ps. CXXXVIII, 17: nimis honorati sunt amici, etc.. Prov. XXV, 4: aufer rubiginem de argento, et egredietur vas purissimum.

Alii effectus sunt gratiæ, quorum primus est hominis sanctificatio; secundus est hominis ordinatio per rectam intentionem; tertius per operis executionem. Quantum ergo ad primum dicit sanctificatum. I Cor. VI, 11: abluti estis, sanctificati estis. Sed quantum ad secundum dicit utile Domino. Sed numquid indiget servitio nostro? non. Ps. XV, 2: bonorum meorum non indiges. Sed dicit utile Domino, id est, utilitas sua cedet ad honorem Domini. Act. IX, 15: ut portet nomen meum coram gentibus, et regibus, et filiis Israël. Quantum ad tertium dicit ad omne opus bonum paratum. Ps. CXVIII, 60: paratus sum, et non sum turbatus.

Et dicit ad omne bonum, quia præcepta affirmativa non obligant ad semper. Et ideo debet esse paratus, ut quando necesse est operetur.

Deinde cum dicit iuvenilia, ostendit qualiter profana sunt vitanda. Et ponit duo vitanda: primum est conversatio prava; secundum est doctrina mala, ibi stultas autem.

Circa primum duo facit, quia primo ostendit quid sit vitandum; secundo quid sit sequendum, ibi sectare.

Dicit ergo: dico quod debes vitare hæc, ut sis vas emundatum; ideo iuvenilia, etc..

Considerandum est quod dicit hoc, quia iste iuvenis erat. Et hæc sunt desideria vanitatum exteriorum, et carnalium voluptatum.

Naturale est iuvenibus quod hæc desiderent.

Eccle. XI, 10: adolescentia et voluptas vana sunt. Cuius est duplex ratio. Una, quia non sunt alia experti; secunda, quia huiusmodi delectationes naturales sunt ordinatæ ut medicina contra labores. Natura vero in iuvenibus laborat, et ideo inclinantur ad eas.

Deinde cum dicit sectare vero iustitiam, fidem, spem, charitatem et pacem, ostendit quæ sunt sectanda. Et sunt quatuor, quorum primum ordinat ad subditos, et hæc est iustitia, quia princeps est custos iustitiæ.

Prov. XX, 8: rex qui sedet in solio iudicii, dissipat omne malum intuitu suo. Secundum ordinat ad eum, et hæc est fides, sine qua impossibile est placere Deo, Hebr. XI, 6.

Tertium est spes. Quartum ordinat ad proximum unumquemque, scilicet charitas et pax, quæ se extendit ad inimicos. I Cor. XIII, 2: si habuero fidem, ita ut montes transferam, charitatem autem non habuero, nihil sum. Ex charitate sequitur gaudium. Pax autem importat ordinatam concordiam.

Quod autem subdit cum his qui invocant, etc., uno modo exponi potest referendo ad immediate dictum; quasi dicat: sequimini pacem cum his, etc.. Quod autem dicit de corde puro, ponitur, quia non est speciosa laus, etc..

Sed Hebr. XII, 14, dicitur: pacem sequimini cum omnibus. Quare ergo dicitur hic cum his qui invocant Dominum de corde puro? respondeo. Dicendum est, quod quantum in nobis est, debemus habere pacem cum omnibus, si fieri potest; sed non potest esse pax inter bonos et malos, quia pax dicit concordiam, quæ non potest haberi cum malis.

Alio modo legitur cum his, etc., ut referatur ad totum præcedens; quasi dicat: ita sectare iustitiam, pacem, et omnia, sicut et illi qui invocant, etc..

Deinde cum dicit stultas autem, hortatur ad vitandum doctrinam malam. Et primo docet, quid sit vitandum; secundo quid sit sectandum, ibi sed mansuetum.

Circa primum duo facit; quia primo proponit documentum; secundo rationem assignat, ibi sciens quia.

Vitandæ sunt quæstiones stultæ, quantum ad materiam, quia sunt de stultis, id est, de his, quæ contrariantur sapientiæ, id est, de his, quæ sunt contra divinam sapientiam.

Has non debet homo movere, sed eis resistere. Ier. X, 14: stultus factus est omnis homo a scientia sua.

Dicit autem sine disciplina, quantum ad modum, quia clamosæ sunt. Vel sine disciplina ex parte eorum de quibus dubitatur, ut puta si vertat in dubium id quod tota ecclesia tenet. Iob XXXIV, 35: Iob autem stulte locutus est, et verba eius non sonant disciplinam.

Quæstiones autem intantum sunt amandæ, inquantum ducunt ad veritatem: per hoc quod oportet quod omnes unum dicant. Quæstiones autem stultæ non ducunt ad veritatem, sed ad litem, quæ est vitanda. Is. LVIII, 4: ecce ad lites et contentiones ieiunatis, etc.. Et ideo dicit servum autem Domini, id est eum qui se dat servitio Domini, non oportet litigare. I Tim. III, 33: non litigiosum.

Deinde cum dicit sed mansuetum, ostendit quid sit sectandum. Et primo ponit documentum; secundo rationem, ibi ne quando det.

Item prima in duas, quia primo proponit quoddam generale ad omnes; secundo quædam necessaria ad singulos, ibi docibilem.

Generale quod debet habere qui vult disputare, est quod sit mansuetus. Ps. XXIV, 9: docebit mites vias suas. Est enim mansuetudo virtus compescens ab ira, quæ perturbat iudicium rationis, quæ necessaria est in quæstione et iudicio veritatis. Matth. XI, 29: discite a me, quia mitis sum et humilis corde.

In speciali autem debet habere respectu superiorum docilitatem; respectu persecutorum, patientiam; respectu falsorum doctorum, correctionem.

Quantum ad primum dicit docibilem, id est, paratum corrigi a quocumque. Et hæc est sapientia cælestis. Iac. III, 17: quæ autem desursum est sapientia, primum quidem pudica est: deinde autem pacifica, modesta, suadibilis, etc.. Quantum ad secundum dicit patientem. Ps. XCI, 15: bene patientes erunt ut annuntient. Prov. XIX, 11: doctrina viri per patientiam noscitur. Quantum ad tertium dicit cum modestia corripientem, quia correctio debet esse modesta. Gal. VI, 1: vos qui spirituales estis, huiusmodi instruite in spiritu lenitatis, etc..

Deinde cum dicit nequando, assignat rationem vitationis, et respondet cuidam tacitæ quæstioni. Posset enim aliquis dicere: isti resistunt veritati, et ideo imminet necessitas corrigendi. Respondeo quod Deus pater eos potest reducere ad pœnitentiam, et ad hoc debet iustus niti. Et primo præmittit pœnitentiam, quam debet intendere contra adversarios; secundo pœnitentiæ fructus; tertio pœnitentiæ necessitatem.

Dicit ergo nequando, id est, ut Deus aliquando det eis pœnitentiam, quia ex superbia resistunt, quibus difficile videtur dari pœnitentia.

Hic excluditur error Pelagii qui dicit dona gratiæ esse ex operibus nostris, quod per hoc patet esse falsum, quia etiam principium bonorum, scilicet pœnitentia, datur a Deo.

Thren. V, 21: converte nos, Domine, ad te, et convertemur. Prov. XIX: a timore tuo concepimus.

Fructus vero pœnitentiæ duplex est, scilicet cognitio veritatis, et liberatio a potestate diaboli.

Quantum ad primum dicit ad cognoscendam veritatem, quia quando ex malitia resistitur veritati, ipsa malitia sua excæcat eos; quando ergo malitia aufertur, cognoscunt veritatem.

Io. VIII, 32: et cognoscetis veritatem.

Quantum ad secundum dicit et resipiscant a diaboli laqueis, id est, ab occasionibus errorum ex parte intellectus, sicut falsæ phantasiæ, et ex parte affectus, sicut sunt invidia, superbia, et huiusmodi.

Necessitas autem pœnitentiæ est magna, quam nisi habeant, diabolus dominatur eis. Unde dicit a quo captivi tenentur, quia qui facit peccatum servus est peccati, Io. VIII, 34. Et dicit ad ipsius voluntatem, scilicet sectandam. Vel ut de homine faciat voluntatem suam.

Sed contra, non statim præcipitat sicut vellet.

Dicendum est, quod solum adipiscitur quantum permittitur sibi; sed difficile est quod ei auferatur id quod tenet. Is. XLIX, 24: numquid tolletur a forti præda, aut quod captum fuerit a robusto salvum esse poterit?

Capitulus III

Lectio 1

Supra instruxit eum quomodo resistat tribulationibus et periculis præsentibus, hic ostendit quomodo stet contra futura. Et primo prænuntiat futura pericula; secundo ostendit idoneitatem suam ad resistendum, ibi tu autem assecutus; tertio ostendit qualiter resistat, ibi testificor.

Circa primum duo facit, quia primo prænuntiat pericula novissimorum temporum; secundo ostendit quomodo eorum vitia sunt etiam modo vitanda, ibi et hos devita.

Item prima in duas, quia primo prænuntiat esse futura pericula in novissimis temporibus; secundo causam periculorum, ibi et erunt homines.

Dicit ergo: dixi, devita profana, etc., non solum autem sunt hæc modo vitanda, sed in futuro restant etiam quædam alia vitanda. Et dicuntur novissimi dies, quia sunt propinqui novissimo diei. Io. V, 55: ego resuscitabo eum in novissimo die. Gen. XLIX, 1: congregamini ut annuntiem quæ ventura sunt vobis diebus novissimis. Et addit instabunt tempora periculosa, etc.. Matth. XXIV, 9: eritis odio omnibus gentibus propter nomen meum.

Causa horum est iniquitatis abundantia, Matth. XXIV, 12: quoniam abundavit iniquitas, refrigescet charitas multorum, quia fides et charitas vel annullabitur vel totaliter peribit; quia quanto magis aliquid elongatur a suo principio, tanto plus deficit. Et ideo in tempore illo magis deficient fides et charitas, quia plus elongantur a Christo. Lc. XVIII, 8: filius hominis veniens, putas, inveniet fidem in terra? et circa hoc primo ponit iniquitatis radicem; secundo diversas eius species.

Radix autem totius iniquitatis est amor sui ipsius. Duplex autem amor duplicem civitatem facit.

Sed contra: quilibet naturaliter diligit se.

Respondeo. Dicendum est quod in homine duo sunt, scilicet natura rationalis et corporalis.

Quantum ad intellectualem seu rationalem, quæ interior homo appellatur, ut dicitur II Cor. IV, 16, homo debet plus se diligere quam omnes alios, quia stultus esset qui vellet peccare ut alios a peccatis retrahat; sed quantum ad exteriorem hominem, laudabile est ut alios plus diligat quam se. Unde illi qui se sic tantum amant, sunt vituperabiles. Phil. II, 21: omnes quæ sua sunt quærunt, non quæ Iesu Christi.

Ex hac radice diversæ sunt species iniquitatis. Unde dicit cupidi, elati, etc..

Et circa hoc tria facit, quia primo ponit peccata, quæ sunt in abusu rerum exteriorum; secundo, quæ pertinent ad inordinationem hominis ad alios, ibi blasphemi; tertio, quæ ad seipsum, ibi incontinentes.

Duo autem sunt in rebus exterioribus, scilicet abundantia divitiarum, et excellentia bonorum.

Quantum ad primum dicit cupidi. Et cupiditas primo ponitur, quia est radix omnium malorum. Vel est propinqua amori sui ipsius, quæ est ad bona exteriora.

Quantum ad secundum dicit elati. Elatio est species superbiæ, quæ sunt quatuor: una quando aliquis attribuit sibi quo caret. Secunda quando quod ab alio habet attribuit sibi, ac si haberet a se. I Cor. IV, 7: quid habes quod non accepisti, etc.. Tertia quando attribuit sibi quod habet ab alio, sed meritis propriis. Lc. XVIII, 12: ieiuno bis in sabbato, etc.. Quarta quando singulariter vult videri supra omnes, et hæc est elatio.

Ps. CXXX, 1: Domine, non est exaltatum cor meum, etc..

Quod dicit superbi, reducitur ad alias species superbiæ. Iac. IV, 6: Deus superbis resistit, humilibus autem dat gratiam.

Consequenter ponit vitia quantum ad alios. Et primo quantum ad superiores; secundo quantum ad æquales, ibi scelesti.

Superior est triplex, scilicet Deus; et contra hunc dicit blasphemi. Is. I, 4: dereliquerunt Dominum, blasphemaverunt sanctum Israel, abalienati sunt retrorsum.

Item parentes; et quantum ad hoc dicit parentibus non obedientes. I Reg. XV, 23: quasi peccatum ariolandi est repugnare, et quasi scelus idololatriæ nolle acquiescere. Prov. XXX, 17: oculum qui subsannat patrem, et qui despicit partum matris suæ, effodiant eum corvi de torrentibus, et comedant eum filii aquilæ. Item benefactor inquantum huiusmodi; et quantum ad hoc dicit ingrati. Ps. XXXVII, 21: qui retribuunt mala pro bonis, etc.. Col. III, 15: grati estote. Sap. XVI, 29: ingrati enim spes tamquam hybernalis glacies tabescet, et disperiet tamquam aqua supervacua.

Tunc ponit mala quæ sunt ad æqualem et proximum, et sunt tria.

Primum pertinet ad opus; unde dicit scelesti, id est, qui scelera gravia perpetrant in proximos. Is. I, 4: væ genti peccatrici, populo gravi iniquitate, semini nequam, filiis sceleratis, etc.. Secundum ad affectum; unde dicit sine affectione, id est, sine affectu charitatis, et sine pace. Tertio quantum ad verbum; unde dicit criminatores. Lev. XIX, 16: non eris criminator, nec susurro in populis.

Item quantum ad seipsum ostendit quædam alia tripliciter.

Primo quantum ad corruptionem concupiscibilis, secundo irascibilis, tertio rationalis.

Quantum ad primum dicit incontinentes.

Unde dicitur incontinens qui se non tenet in bono proposito propter pravas concupiscentias.

Eccli. XXVI, 20: omnis autem

ponderatio non est digna continentis animæ.

Quantum ad irascibilem dicit proprie immites, id est, non mansueti; hæc enim mansuetudo moderatur passiones iræ. Matth. XI, 29: discite a me, quia mitis sum et humilis corde. Ps. XXIV, 9: docebit mites vias suas.

Item ponit aliud quod pertinet ad effectum irascibilis, scilicet benignitatis exclusio; unde dicit sine benignitate. Hoc enim est naturale quod quando dominatur unum contrariorum, excludit aliud. Eph. IV, 32: estote invicem benigni.

Deinde ponit vitia, quæ sunt ad corruptionem rationalis. Hæc autem potentia perficitur per prudentiam; prudentiæ autem opponitur aliquod vitium per abusum prudentiæ et aliquod per eius privationem, et utrumque ponit.

Quantum ad primum dicit proditores. Ad prudentiam autem pertinet sagacitas, qua quidam abutuntur in malum, et hi sunt proditores.

Prov. XI, 13: qui ambulat fraudulenter, revelat arcana. Item constantia qua quidam abutuntur dum in malo proterviunt; unde dicit protervi. Prov. III, 5: ne innitaris prudentiæ tuæ.

Deinde ponit vitia, quæ sunt ad privationem prudentiæ. Et primo ponit privationis causam; unde dicit tumidi. Superbi enim inflantur in agendis, quia non metiuntur vires suas, et ideo deficiunt. Prov. XI, 2: ubi superbia, ibi erit et contumelia: ubi autem humilitas, ibi et sapientia.

Secundo ponit privationis effectum, quia temporalia præponunt æternis; unde dicit voluptatum amatores magis quam Dei. Is. XIII, 22: Syrenæ in delubris voluptatis.

Sed numquid est idem esse incontinentem, et voluptatum amatorem? respondeo. Dicendum est quod non, quia proprie incontinens dicitur qui habet spem fugiendi, sed vincitur ab eis; sed proprie amator earum est intemperatus qui habet corruptam æstimationem.

Consequenter ponit simulationem, dicens habentes quidem speciem pietatis II Cor. XI, 13: operarii subdoli, virtutem autem eius abnegantes, virtutem scilicet pietatis, quæ dicitur hic dupliciter. Uno modo ipsa vis pietatis, id est, eius virtus; unde dicit abnegantes, id est, veritatem non habentes.

Tit. I, 16: confitentur se nosse Deum, factis autem negant. Alio modo, quia virtus rei dicitur illud, ex quo dependet tota res.

Tota autem virtus pietatis dependet ex charitate, ideo dicit virtutem eius, scilicet charitatem abnegantes.

Lectio 2

Supra apostolus descripsit pericula novissimorum temporum, et causam assignavit, hic docet huiusmodi etiam in præsenti esse vitanda. Et primo præmittit monitionem de horum vitatione; secundo ostendit in quibus hominibus in præsenti appareant prædicta, ibi ex his enim.

Dicit ergo: dixi quod in novissimis

temporibus erunt homines pessimi. Sed non credas te in præsenti esse tutum; sed etiam nunc hos, et tales homines devita, scilicet ne in similem errorem labaris. Tit. Cap. Ult.: hæreticum hominem post unam et secundam correptionem devita. Et licet quantum ad aliqua vitandi sint, sed non quantum ad sermonem exhortationis.

Et tunc ostendit quod etiam modo sunt aliqui tales. Et primo ostendit nocumentum quod inferunt; secundo defectum quem patiuntur, ibi homines reprobi; tertio impedimentum quo arctantur, ibi sed ultra.

Circa primum duo facit, quia primo ostendit impedimentum quod inferunt subditis; secundo impedimentum quod inferunt prælatis, ibi quemadmodum autem.

Iterum prima in duas; quia primo ostendit eorum imprudentiam; secundo eorum astutiam, ibi et captivas.

Quantum ad primum dicit: devita hos, quia iam sunt aliqui tales, nam ex his enim, id est, eorum numero, sunt. I io. II, 18: nunc Antichristi multi sunt, etc..

Nec debetis intelligere quod ex his fuerunt, sed sunt, scilicet scelesti et ingrati, etc., quia peccatores iam conversi non debent dici peccatores.

Ps. XV, 4: nec memor ero nominum eorum per labia mea.

Deinde cum dicit qui penetrant domos, ostendit eorum malitiam. Et ad litteram potest exponi, quasi inordinate ingerentes se, et circumeuntes propter lucrum.

Contra quod Eccli. XXI, 25: pes fatui facilis in domum proximi. Sed propter hoc non prohibentur aliqui visitare afflictos in domibus.

Iac. I, 27: religio munda et immaculata apud Deum et patrem, hæc est, visitare pupillos et viduas in tribulatione eorum, etc..

Vel metaphorice potest exponi domus, id est, conscientia. Sap. VIII, 16: intrans in domum meam, conquiescam, etc.. Illi ergo penetrant domos, qui cum astutia volunt scire secreta conscientiæ, ut decipiant alios. Eccli. XIII, 14: ex multa loquela tentabit te, et subridens interrogabit te. Nihilominus tamen illis qui curam habent, licet inquirere statum conscientiæ. Prov. XXVII, 23: diligenter agnosce vultum pecoris tui, tuosque greges considera.

Deinde cum dicit et captivas ducunt, ostendit eorum astutiam. Et primo tangitur eorum malitia, quia abducunt a libertate et statu gratiæ. Iac. I, 25: qui autem prospexerit in lege perfectæ libertatis, etc..

Et ducunt in statum servitutis, qui est status peccati. Ps. CXXV, 1: in convertendo Dominus captivitatem sion, etc.. Hoc enim nomen captivitatis importat. Is. V, 13: propterea captivus ductus est populus meus, quia non habuit scientiam.

Secundo ostendit in quas personas exercent malitiam, quas describit

493

primo a fragilitate sexus; secundo ex malitia conversationis; tertio ex vanitate affectionis; quarto ex defectu discretionis.

Quantum ad primum dicit mulierculas, quæ sunt minoris discretionis et sexus fragilioris.

Et dicit mulierculas, quia magnæ dominæ habent aliquos consiliarios, unde non possunt seduci. Sed hæ sunt tali auxilio destitutæ.

Matth. XXIII, 14: comeditis domos viduarum.

I Mach. I, 34: captivas duxerunt mulieres, etc..

Quantum ad secundum dicit oneratas peccatis.

Peccatum est onus, quia non permittit libere incedere, nec erectum esse et stare, sed incurvat. Ps. XXXVII, 5: sicut onus grave, gravatæ sunt super me. Et ideo istas specialiter decipiunt, quia peccatum parat viam seductioni.

Item, quia malæ sunt, timent resistere, ne perdantur.

Quantum ad tertium dicit quæ ducuntur variis desideriis, id est, aptæ sunt, ut seducantur propter varia desideria, quæ habent.

Iac. I, 8: vir duplex animo inconstans est in omnibus viis suis. Et ideo prima mulier fuit seducta quia non stetit constanter in verbis Domini, sed dixit: ne forte moriamur. Eccli. IX, 3: ne respicias mulierem multivolam.

Quantum ad quartum dicit semper discentes, et numquam, etc.. Curiositas semper nova nititur quærere, et non vult insistere. Unde dicit semper discentes. Prov. IX, 13: mulier clamosa, etc..

Tamen hoc quod dicit semper discentes, potest reduci ad penetrantes domos.

Deinde cum dicit quemadmodum, ostendit nocumentum quod afferunt prælatis, et nocumentum resistendi eorum doctrinæ.

Et inducit exemplum de exodo, ubi magi Pharaonis restiterunt Moysi, quia a principio mundi semper fuit pugna inter veritatem et falsitatem. II Petr. II, 1: fuerunt vero et pseudoprophetæ in populo, sicut et in vobis, etc.. Sed in exodo isti magi non nominantur, sed hic sic, quod forte habuit ex aliquibus verbis Iudæorum.

Ita et resistunt veritati, scilicet quam nos prædicamus. Iob XXIV, 13: ipsi fuerunt rebelles lumini. Act. XVII: semper spiritui sancto restitistis.

Consequenter cum dicit homines, etc., ostendit eorum defectum in fide et in opere. In opere, homines reprobi. Glossa: in operibus, id est, qui per opera sua, se reprobos ostendunt. Ier. VI, 3: argentum reprobum vocate eos.

Item in fide corrupti mente, id est, potentia rationali. Unumquodque enim tunc dicitur corruptum, quando deficit a propria virtute.

Propria autem mentis perfectio est cognitio veritatis. Unde dicitur corruptus mente, qui deficit a cognitione fidei.

Consequenter cum dicit sed ultra,

ostendit quomodo arctantur; et primo ostendit eos esse impediendos; secundo docet modum impediendi, ibi insipientia.

Sciendum est autem circa primum quod voluntas nocendi est homini a seipso, sed potestas nocendi est a Deo permittente.

Et Deus non permittit ut noceat quantum vult malus, sed imponit terminum. Iob XXXVIII, 11: *et hic confringes tumentes fluctus tuos*. Sic et diabolus non læsit Iob, nisi secundum quod permissus fuit a Deo. Sic Arrius non nocuit in ecclesia, nisi quantum Dominus permisit. Apoc. VII, 3 dicit Angelus: *nolite nocere terræ et mari, neque arboribus, quoadusque signemus servos Dei in frontibus eorum*, etc..

Et dicit ultra, scilicet quam Deus permittit, *non proficient*.

Modus impediendi est, ut tollatur eorum pallium et occultatio, quæ sunt tollenda, quia nocent. Iob XLI, 4: *quis revelabit faciem indumenti eius*, etc.. Et ideo dicit *insipientia eorum manifesta erit*, Deo detegente, quando illuminabit abscondita tenebrarum, etc., ut dicitur I Cor. IV, 5. *Sicut et illorum*, scilicet magorum Pharaonis, quæ fuit manifesta, quia non potuerunt facere signa.

Deinde cum dicit *tu autem*, etc., ostendit idoneitatem Timothei ad resistendum huiusmodi periculis. Et primo ostendit quod erat idoneus ex institutione apostoli; secundo ex experientia Scripturarum, ibi *ab infantia*.

Item, primo ostendit quomodo erat instructus sufficienter ab apostolo; secundo quomodo universaliter instrui ab aliis poterat, ibi *omnis qui*, etc..

Circa primum, primo ostendit quomodo instructus erat verbo; secundo quomodo exemplo, ibi *propositum*.

Sed sciendum est quod verbo aliquis instruitur dupliciter: uno modo de veritate agnoscenda; alio modo de iustitia operanda.

Quantum ad primum dicit *tu autem assecutus es meam doctrinam*, id est, instructus es in fide catholica; ideo bene potest vitare eos. Quantum ad secundum dicit *meam institutionem*. Institutio est eruditio, quæ est de aliquibus agendis, quæ subduntur operationi humanæ. Phil. IV, 12: *ubique et in omnibus institutus sum*.

Item quomodo institutus erat exemplo. Et primo quantum ad bona agenda; secundo quantum ad mala toleranda, ibi *patientiam*.

In bonis faciendis ponit duo. Primum est intentio recti finis; et quantum ad hoc dicit *propositum*, quod est de fide. Sap. VIII, 9: *proposui ergo hanc adducere mihi ad convivandum*.

Et ad hoc pervenitur per bona opera, quæ derivantur a tribus virtutibus, scilicet fide, spe, et charitate. Et primo ponit fidem, cum dicit *fidem*. Hebr. XI, 6: *sine fide impossibile est placere Deo*. Secundo spem, cum dicit *longanimitatem*, quæ in longum expectat. II Cor. VI, 6: *in longanimitate*.

Tertio charitatem, cum dicit dilectionem.

I Io. III, 14: qui non diligit, manet in morte.

Deinde de malis tolerandis instruit eum quantum ad tria, ea reducendo ad memoriam.

Primo patientiam quam habuit; item mala quæ sustinuit; item divinum auxilium quod sibi affuit.

Primo ergo ponit patientiam, quæ opus perfectum habet, Iac. I, 4. Et primo ponit patientiæ materiam, scilicet persecutiones in generali. Matth. X, 23: si vos persequuntur in una civitate, fugite in aliam. Item in speciali, cum dicit passiones, quas scilicet passus est in proprio corpore. II Cor. XI, 25: ter virgis cæsus sum, etc.. Tertio in particulari, cum dicit qualia facta sunt mihi Antiochiæ, etc., Act. XVI et XVII. Iudæi persecuti sunt eum, præsente Timotheo.

Sed affuit divinum auxilium. Et ideo dicit et ex omnibus eripuit me Dominus. II Cor. I, 4: qui consolatur nos in omni tribulatione nostra.

Lectio 3

Supra, proposuit Timotheo in exemplum persecutiones quas ipse passus fuit. Et ne videatur ipse solus per huiusmodi passiones transisse, ostendit eas esse communes sanctis. Et primo docet quomodo sancti patiuntur hic defectus pœnales; secundo quomodo mali proficiunt per defectum culpæ, ibi mali autem homines.

Dicit ergo: persecutiones sustinui, et non solum ego, sed et omnes. Pie sumitur dupliciter, quandoque pro virtute pietatis ad cultum divinum, supra eodem habentes speciem pietatis, quandoque pro misericordia ad proximum, I Tim. IV, 8: pietas ad omnia valet. Omnes ergo qui pie volunt vivere in Christo, etc., id est, volunt observare cultum religionis christianæ. Tit. II, 12: sobrie, et iuste, et pie vivamus in hoc sæculo, etc.. Et tales persecutionem patientur, et maxime in primitiva ecclesia, quando Christus undique impugnabatur a Iudæis et gentibus.

Et ideo Io. XVI, 2: venit hora ut omnis qui interficit vos, arbitretur obsequium se præstare Deo. Matth. XXIV, 9: eritis odio omnibus gentibus propter nomen meum.

Item omnes qui pie volunt, etc., id est, volunt per fidem Christi servare misericordiam ad proximum, necesse est eos persecutionem pati, et si non ab extra, tamen ab intus, quando scilicet compatiuntur defectibus proximorum, quorum culpas et pœnalitates vident. II Cor. XI, 29: quis scandalizatur, et ego non uror? etc.. II Petr. II, 8: habitans apud eos, qui de die in diem animam iustam iniquis operibus cruciabant. Ps. CXVIII, 158: vidi prævaricantes, et tabescebam, etc..

Item sunt aliæ persecutiones, quæ sanctis omnibus deesse non possunt, scilicet carnis, mundi, et Dæmonis: quia, ut habetur Gal. V, 17, caro concupiscit adversus spiritum.

Rom. VII, 24: infelix ego homo, quis

me liberabit de corpore mortis huius? Ps. XXXIII, 2: multæ tribulationes iustorum.

Deinde cum dicit mali autem homines, ostendit quod mali incidunt in peiora mala, scilicet culpæ. Dicit mali in se, scilicet inquantum peccatis inhærent. Matth. XXI, 41: malos male perdet, etc.. Et seductores, scilicet in proximorum nocumentum, inquantum seorsum ducunt eos a via veritatis, quæ communis est. Rom. Cap. Ult.: per dulces sermones et benedictiones seducunt corda innocentium. Sed isti non contenti malis quæ fecerunt, proficient in peius. Apoc. Cap. Ult.: qui sordidus est, sordescat adhuc.

Sed contra supra eodem: ultra non proficient. Dicendum est, quod qui proficiunt in peius, sunt permissi a Deo, vel sic quod proficiunt in peius ex intentione malitiæ eorum, quæ semper est ad malum; sed secundum providentiam divinam prohibentur, ne possint implere quod cœperunt. Proficiunt autem in peius mali in seipsis, inquantum errant circa veritatem. Matth. XXII, 29: erratis nescientes Scripturas, neque virtutem Dei. Item opere errant, et hoc modo omnes mali errant. Prov. XIV, 22: errant omnes qui operantur malum. Item in proximis, quia seductores, unde dicit in errorem mittentes, suadendo scilicet quod possint per prosperitates venire ad regnum cælorum, contra illud, supra III, 12: qui pie volunt, etc.. Et Is. III, 12: popule meus, qui beatum te dicunt, ipsi te decipiunt.

Deinde cum dicit tu vero, monet eum, ut maneat in sua institutione. Et hortatur eum tripliciter, scilicet ex parte doctoris, ex parte ipsius Timothei, et ex parte eorum quæ accepit.

Dicit ergo: assecutus es meam doctrinam, etc., ut supra III, 10: ergo permane in his; Eccli. X, 4: si spiritus potestatem habentis ascenderit super te, locum tuum ne dimiseris. I Cor. XV, 58: stabiles estote, et immobiles.

Dicit ergo quæ didicisti, et credita sunt tibi, quia quilibet christianus discit quæ fidei sunt; et hæc est doctrina salutaris. Io. VI, 45: omnis qui audivit a patre meo, et didicit, venit ad me, etc.. Sed specialiter documenta fidei sunt credita prælatis, inquantum debent aliis ea dispensare. Gal. II, 7: cum vidissent quod creditum est mihi evangelium præputii.

Et quare oportet permanere? quia ego a Magistro scientiæ habui, qui errare non potuit.

II Cor. XIII, 3: in me loquitur Christus.

Et ideo in his firmiter permane, sciens a quo didiceris, quia a Paulo, qui non ab homine, neque per hominem didicit, etc., Gal. II.

Secundo ex propria conditione.

Turpe enim est homini nutrito in bono a pueritia, in senectute deficere. Eccli. XXVI, 27: qui transgreditur a iustitia ad peccatum, Deus paravit eum ad Rompheam. Timotheus autem sic fuit nutritus. Prov. XXII, 6:

adolescens iuxta viam suam, etiam cum senuerit, non recedet ab ea. Unde dicit et quia ab infantia sacras litteras nosti, quæ sunt litteræ veteris testamenti, quas didicit ab infantia, quia filius mulieris Iudææ, Act. XVI, 1. Unde mater sua fecit eum erudiri in eis. Quod est contra Manichæum, quia apostolus vetus testamentum hic nominat sacras litteras, quæ non possunt intelligi de novo testamento, quia ab infantia sua non erat edoctus litteras novi testamenti.

Tertio ex parte eorum quæ accepit, et est tertia ratio. Nam si aliquis habet aliquam scientiam in qua non est utilitas, deserit eam, et transit ad aliam. Sed si scientia est valde utilis, stultum est eam dimittere. Et primo facit rationem; secundo manifestat eam, ibi omnis Scriptura.

Dicit ergo: dico quod accepisti litteras sacras, quæ non sunt contemnendæ, quia sunt utiles. Is. XLVIII, 17: ego Dominus Deus tuus, docens te utilia. Unde subdit dicens quæ te possunt instruere. Io. VI, 69: Domine, ad quem ibimus? verba vitæ æternæ habes. Io. V, 39: scrutamini Scripturas, in quibus putatis vitam æternam habere, illæ sunt quæ testimonium perhibent de me.

Et hæ litteræ te possunt instruere ad salutem; sed non nisi per fidem quæ in Christo Iesu. Rom. X, 4: finis enim legis est Christus ad iustitiam omni credenti. Hebr. XI, 6: sine fide enim impossibile est placere Deo.

Rationem autem manifestat, dicens omnis. Ubi ostendit quod sacræ litteræ sunt via ad salutem. Et tria ponit. Nam commendat Scripturas ratione principii, ratione effectus utilis, et ratione ultimi fructus et profectus.

Si enim consideres eius principium, habet privilegium super omnes, quia aliæ sunt traditæ per rationem humanam, sacra autem Scriptura est divina; ideo dicit Scriptura divinitus inspirata. II Petr. I, 21: non enim voluntate humana allata est aliquando prophetia, sed spiritu sancto inspirati locuti sunt sancti Dei homines. Iob XXXII, 7: inspiratio omnipotentis dat intelligentiam.

Sed dices: quomodo non alia omnis Scriptura divinitus inspiratur, cum secundum Ambrosium, omne verum, a quocumque dicatur, a spiritu sancto est? dicendum est quod Deus dupliciter aliquid operatur, scilicet immediate, ut proprium opus, sicut miracula; aliquid mediantibus causis inferioribus, ut opera naturalia, Iob X, 8: manus tuæ, Domine, fecerunt me, etc. Quæ tamen fiunt operatione naturæ. Et sic in homine instruit intellectum et immediate per sacras litteras, et mediate per alias Scripturas.

Effectus huius Scripturæ est duplex, scilicet quia docet cognoscere veritatem, et suadet operari iustitiam. Io. XIV, 26: Paracletus autem spiritus sanctus docebit, scilicet cognoscenda, et suggeret operanda. Et ideo utilis est ad cognoscendam veritatem, et utilis est ad dirigendum in operatione.

Est enim ratio speculativa, et est etiam ratio practica. Et in utroque sunt duo necessaria, scilicet quod veritatem cognoscat, et errorem refellat. Hoc enim opus est opus sapientis, scilicet non mentiri, et mentientem refellere. Quantum ad primum dicit utilis est ad docendum, scilicet veritatem. Ps. CXVIII, 66: bonitatem et disciplinam et scientiam doce me. Quantum ad secundum subdit ad arguendum. Tit. I, 9: ut sis potens exhortari in doctrina sana, et eos qui contradicunt arguere.

Item quantum ad practicam sunt duo necessaria, scilicet ut reducat a malo, et ad bonum inducat. Ps. XXXIII, 15: declina a malo, et fac bonum. Quantum ad primum dicit ad corripiendum, quod est corripere a malo.

Matth. XVIII, 15: si peccaverit in te frater tuus, vade, et corripe eum inter te et ipsum solum. Iob V, 17: beatus homo qui corripitur a Domino. Quantum ad secundum dicit ad erudiendum in iustitia. Et hæc omnia sacra Scriptura facit. Is. VIII, 11: in manu forti erudivit me, etc..

Sic ergo quadruplex est effectus sacræ Scripturæ, scilicet docere veritatem, arguere falsitatem: quantum ad speculativam; eripere a malo, et inducere ad bonum: quantum ad practicam.

Ultimus eius effectus est, ut perducat homines ad perfectum. Non enim qualitercumque bonum facit, sed perficit. Hebr. VI, 1: ad perfectionem feramur. Et ideo dicit ut perfectus sit homo Dei, quia non potest homo esse perfectus, nisi sit homo Dei.

Perfectum enim est, cui nihil deest. Tunc ergo homo est perfectus, quando est instructus, id est, paratus, ad omne opus bonum, non solum ad ea quæ sunt de necessitate salutis, sed etiam ad ea quæ sunt supererogationis.

Gal. Cap. Cap. Ult.: bonum autem facientes, non deficiamus.

Capitulus IV

Lectio 1

Præmissis periculis temporum novissimorum, et idoneitate Timothei ad resistendum, hic ostendit quomodo resistat.

Et primo ponitur monitio; secundo eius necessitas, ibi erit enim.

Item, primo ponitur eius contestatio; secundo admonitio, ibi prædica verbum.

In contestatione sunt duo consideranda, scilicet coram quibus contestetur, et per quem.

Contestatur autem coram duobus, scilicet coram eo qui est nostra beatitudo, et coram eo qui nos in beatitudinem introducit. Beatitudo autem nostra Deus est. Ps. XXXII, 12: beata gens cuius est Dominus Deus eius. Et ideo dicit testificor coram Deo, id est, testem invoco Deum quod hanc monitionem faciam. Hic enim testis non decipitur. II Cor. I, 23: ego autem Deum testem invoco in animam meam.

Et Christo, cuius est introducere in beatitudinem.

Rom. V, 2: per quem et accessum habemus per fidem in gratiam istam. Vel aliter introducit quidem, quia ipse iudicaturus est vivos et mortuos. Et tunc vivos dicit illos, qui vivi reperientur in adventu eius, qui morientur quidem, sed quia in modico tempore resurgent, dicuntur vivi. I Thess. IV, 14: nos qui vivimus, qui residui sumus in adventu Domini, non præveniemus eos qui dormierunt.

Vel vivos dicit bonos, scilicet qui vivunt vita gratiæ, et mortuos, malos. I io. III, 14: qui non diligit, manet in morte.

Et hos etiam iudicat. Act. X, 10: ipse est qui constitutus est a Deo iudex vivorum et mortuorum.

Sed cum Christus sit Deus, quomodo utitur hic hac copula coram Deo et Christo? respondeo. Potest dici quod dicitur coram Deo, scilicet patre, et Christo, id est filio.

Pater enim est fons divinitatis.

Deinde cum dicit et per adventum, etc., contestatur per duo desiderabilia sanctis: primum est adventus Christi. Lc. XII, 36: similes hominibus expectantibus Dominum suum quando revertatur a nuptiis.

Apoc. Cap. Ult.: veni, Domine Iesu.

Secundum est regnum eius. Matth. VI, 10: adveniat regnum tuum. Regnat quidem secundum potestatem generalem super omnem creaturam. Matth. Cap. Ult.: data est mihi omnis potestas in cælo et in terra. Sed specialiter et spiritualiter in sanctis regnat in præsenti per gratiam, et in futuro per gloriam.

Qui sancti non sunt de hoc mundo.

Io. XVIII, 36: regnum meum non est de hoc mundo. Sed hoc regnum hic inchoatur, et in futuro consummabitur, quando omnia regna ei subiicientur et volentia, et nolentia. Ps. CIX, 1: donec ponam inimicos tuos, etc..

Consequenter cum dicit prædica verbum, ponitur monitio, et hoc ut instet doctrinæ, quæ est duplex.

Una ad omnes, quam ponit primo; alia ad aliquos, et hanc ponit secundo, ibi argue.

Item, primo monet eum ad generalem doctrinam exequendam; secundo docet modum exequendi.

Dicit ergo prædica verbum, scilicet evangelii. Mc. Cap. Ult.: euntes in mundum universum, prædicate evangelium omni creaturæ. In prædicatione duo sunt, scilicet denunciatio veritatis, et instructio ad mores. Et hæc duo debet prædicator facere.

Lc. Cap. Ult.: incipiens a Moyse, et omnibus prophetis, interpretabatur illis in omnibus Scripturis, etc..

Modus est instantia et continuatio, unde dicit insta opportune, importune.

II Cor. XI, 28: instantia mea quotidiana, etc..

Sed dicit importune. Contra, Eccli. XX, 22: ex ore fatui reprobabitur parabola; non enim dicit illam in tempore suo. Item, Prov. XV, 23: sermo opportunus optimus est.

Dicendum est quod prædicator secundum veritatem, semper debet prædicare opportune, sed secundum existimationem falsam audientium, debet prædicare importune, quia prædicator veritatis semper est bonis opportunus, et malis importunus semper. Io. VIII, 47: qui ex Deo est, verba Dei audit, propterea vos non auditis, quia ex Deo non estis. Eccli. VI, 21: quam aspera est nimium sapientia indoctis hominibus. Si homo enim vellet hanc servare opportunitatem, ut solum diceret his qui volunt audire, prodesset tantum iustis; sed oportet quod aliquando etiam prædicet malis ut convertantur. Et ad hoc additur importune. Is. LVIII, 1: clama, ne cesses, etc..

Consequenter cum dicit argue, ponitur doctrina in speciali, quam primo ponit; secundo modum, ibi in omni patientia.

Instituens autem aliquem, specialiter potest eum instituere, vel de pertinentibus ad fidem; puta ut doceat veritatem, et removeat errorem; et quantum ad hoc primum dicit argue, scilicet errores. Tit. II, 15: argue cum omni imperio. Vel de pertinentibus ad bonos mores, et ad hoc debet inducere aliquando bonum, et superiorem, et tunc debet placide et benigne monere; unde dicit obsecra. I Tim. V, 1: seniorem ne increpaveris, sed obsecra ut patrem. Gal. VI, 1: vos qui spirituales estis, huiusmodi instruite in spiritu lenitatis, et specialiter si non peccat ex malitia. Si autem instruat vel instituat malum, debet eum increpare; ideo dicit increpa. Tit. I, 13: ob quam causam increpa illos dure, ut sani sint in fide. Iob V, 17: increpationem Domini ne reprobes.

Sed quis modus? in omni patientia, ne iratus appareas, et ex ira instruas, sed tranquille. Prov. XIX, 11: doctrina viri per patientiam noscitur. Ps. XCI, 14: bene patientes erunt ut annuntient. Et doctrina, scilicet de his quæ ad fidem, et in his quæ ad mores. Ier. III, 15: pascent vos scientia et doctrina.

Deinde cum dicit erit enim, ostendit necessitatem monitionis præmissæ.

Est autem triplex necessitas prædictorum. Et prima ex parte audientium; secunda ex parte Timothei, ibi tu vero; tertia ex parte apostoli, ibi ego enim iam.

Circa primum duo facit, quia primo proponit necessitatem; secundo exponit dictum suum, ibi et a veritate.

Necessitas prima est auditorum perversitas in audiendo, ut utilia nolint audire, sed curiosa. Dicit ergo quantum ad primum: insta, dum nolunt audire sanam doctrinam, erit enim tempus cum sanam doctrinam, etc., quando erunt mali doctores.

Act. XX, 29: ego scio quoniam lupi rapaces intrabunt in vos post discessionem meam. Unde dicit non sustinebunt, id est, erit eis odiosa vestra doctrina, scilicet Christi. Prov. VIII, 8: iusti sunt omnes sermones mei, non est in eis pravum quid, neque perversum.

Alia perversitas, quia volunt inordinate audire curiosa et noxia. Prov. I, 22: usquequo, parvuli, diligitis infantiam, et stulti ea quæ sunt sibi noxia cupient, et imprudentes odibunt scientiam? ideo dicit sed ad sua desideria coacervabunt, id est, multiplicabunt, etc.. Contra quos dicitur Iac. III, 1: nolite plures Magistri fieri, fratres mei, scientes quoniam maius iudicium sumitis. Et est coacervatio quando indigni et insufficientes multiplicantur, et magis coacervatio est, si fiant quatuor indigni, quam si centum boni; quia, ut habetur Sap. VI, 26, multitudo sapientium, sanitas est orbis terrarum. Is. XXX, 10: loquimini nobis placentia.

Et hoc est secundum sua desideria, quia unus vult audire unum, alius alium, et sic quærunt diversos Magistros. Et dicit Magistros prurientes auribus, scilicet auditores.

Pruritum dicitur habere in pedibus, qui non vult quiescere. In auribus vero, qui semper audire vult nova, inaudita, et curiosa, et quandoque noxia. Act. XVII, 21, Athenienses ad nihil aliud vacabant, nisi aut discere, aut audire aliquid novi. Et ideo multiplicatur doctrina hæretica. Prov. IX, 17: aquæ furtivæ dulciores sunt, et panis absconditus suavior, etc..

Consequenter cum dicit et a veritate exponit dictum: et primo ponit quod dixerat, quod sanam doctrinam non sustinent, cum dicit a veritate auditum avertent.

Sana doctrina est quando non habet admixtam falsitatem, ergo sanam doctrinam non sustinent, dum veritatem nolunt audire. Os. IV, 1: non est veritas, et non est misericordia, et non est scientia Dei in terra. Io. VIII, 45: si veritatem dico vobis, quare non creditis mihi? secundo quod dixerat: coacervabunt, etc., exponit cum dicit ad fabulas autem convertentur.

Fabula est composita ex miris in quibus deficit veritas. Et talia homines habentes in auribus pruritum, volunt audire. I Tim. IV, 7: ineptas et inanes fabulas devita.

Deinde cum dicit tu vero, ponitur necessitas ex parte Timothei, cui erat officium commissum; et ideo necessarium erat quod prædicaret. Et primo monet eum ad sollicitudinem; secundo inducit eum ad laborem; tertio moderatur laborem.

Dicit ergo tu vero vigila. Quasi dicat: isti sic faciunt, tu vero, etc.. Matth. XXIV, 42: vigilate, quia nescitis qua hora Dominus vester venturus sit. Lc. II, 8: et pastores erant in regione eadem vigilantes, et custodientes vigilias noctis supra gregem suum.

Rom. XII, 8: qui præest in sollicitudine.

Sed quia sollicitudo sine labore, inanis est, ideo primo inducit ad universaliter laborandum; secundo determinat in quo est laborandum; tertio laborandi necessitatem.

Dicit ergo: vigila, sed sic, quod aliquid facias; et ideo labora. Sap. III, 20: bonorum laborum gloriosus est fructus. Et hoc in omnibus, id est, in omni genere hominum.

Is. XXXII, 15: beati qui seminatis super omnes aquas. Mc. Cap. Ult.: prædicate evangelium omni creaturæ.

Unde mox determinat in quo est laborandum, dicens opus fac evangelistæ, id est, evangeliza. Hoc enim est nobile opus; quia ad hoc Christus est missus. Lc. IV, 43: aliis civitatibus oportet me evangelizare, quia ideo missus sum. Is. XLI, 27: primus ad sion dicet: ecce adsum, et Ierusalem evangelistam dabo. Evangelista autem dicitur aliquando qui scripsit evangelium, et sic sunt quatuor; quandoque qui prædicat ipsum, et sic dicitur hic et Eph. IV, 11.

Necessitas autem huius laboris, quia est ministerium tuum, tibi commissum. Et ideo imple, scilicet prædicando. Col. IV, 17: dicite Archippo: vide ministerium quod accepisti in Domino, ut illud impleas. Ille autem implet officium evangelistæ, qui verbo prædicat, et opere implet. Act. I, 1: cœpit Iesus facere et docere.

Consequenter inducit ad moderantiam, dicens sobrius esto, vel sobrietati corporali, quæ decet prædicatorem. Ebrietas enim est inimica sapientiæ. Eccle. II, 3: cogitavi abstrahere a vino carnem meam. Vel potius sobrietas ponitur hic pro discretione.

Act. XXVI, 25: verba sobrietatis, et veritatis eloquor. I Petr. V, 8: sobrii estote, etc..

Lectio 2

Supra monuit eum, ut instaret doctrinæ, et hoc propter audientes, et propter ipsum Timotheum, hic inducit tertiam necessitatem, scilicet ex parte apostoli, et est, quia in brevi erat subtrahendus de mundo. Et primo prænuntiat suam mortem imminere; secundo mandat quod visitet eum, ibi festina.

Circa primum duo facit: primo designatur instantia mortis eius; secundo securitas morientis, ibi bonum certamen.

Circa primum duo facit, quia primo nuntiat passiones quas patiebatur; secundo prædicit mortem quæ expectabatur, ibi et tempus meæ.

Quantum ad primum dicit: ego enim iam delibor, quasi dicat: statim ego delibor. Sanctorum autem passio dicitur immolatio.

Phil. II, 17: sed et si immolor super sacrificium, et obsequium fidei vestræ gaudeo. Ps. CXV, 17: tibi sacrificabo hostiam laudis, scilicet pro te patiendo. Antiquitus in sacrificiis, quæ ex humidis offerebantur, quædam fiebant prægustationes; et hæ vocabantur delibationes. Rom. XI, 16: quod si delibatio sancta est, et massa, etc.. Et ideo vocat passiones imminentes delibationes.

Et quamvis iamdiu eas sim expertus, tempus tamen meæ resolutionis instat.

Est autem duplex resolutio, scilicet animæ a corpore. Eccle. Cap. Ult.: et revertatur pulvis in terram suam, unde erat: et spiritus redeat ad Deum qui dedit illum. Item est resolutio corporis in pulverem. Gen. III, 19: pulvis es, et in pulverem reverteris.

Deinde cum dicit bonum, ostendit securitatem suæ mortis. Sed sciendum est, quod est differentia inter mortem iusti et peccatoris quia, ut dicitur Prov. XI, 7, mortuo homine impio, nulla erit ultra spes. Quia enim spem habet in istis rebus transitoriis, ideo spem non habet in æternis. Sed iustus habet spem in æternis, et non in terrenis.

Primo ergo ponit meritum suæ securitatis; secundo securitatem de præmio, ibi in reliquo.

Meritum huius vitæ est in tribus, scilicet in resistendo malis, in proficiendo in bonis, et in bene utendo Dei donis.

Primum dicitur quoddam certamen; unde hic dicit bonum certamen certavi. Sed certamen dicitur bonum, primo, si sit pro bonis; puta si sit pro fide et iustitia, sicut apostoli. Iud. I, 3: de communi vestra salute necesse habui scribere vobis, deprecans supercertari semel traditæ sanctæ fidei. Eccli. IV, 33: pro iustitia agonizare pro anima tua, et usque ad mortem certa pro iustitia.

Secundo, propter modum certaminis, si scilicet sollicite et legitime certetur. Supra II, 5: non coronabitur, nisi qui legitime certaverit.

I Cor. IX, 29: sic pugno, non quasi æerem verberans, sed castigo corpus meum, etc.. Tertio, propter difficultatem certaminis.

Sap. X, 12: et certamen forte dedit illi, ut vinceret.

Secundum quod est profectus in bonis dicitur cursus, unde sequitur cursum consummavi.

I Cor. IX, 24: sic currite, ut comprehendatis.

Et dicitur cursus profectus sanctorum, quia cum festinatione currunt, ut meliorantes consument, agitati stimulis charitatis.

Hebr. IV, 11: festinemus ergo ingredi in illam requiem. Ps. CXVIII, 32: viam mandatorum tuorum cucurri.

Sed adhuc certamen et cursus mortis restabat: ergo non consummaverat cursum, nec certaverat. Dicendum est quod sicut homo qui bene incipit et intendit finire, habet opus perfecte, sic et apostolus: iam enim incœperat, et finire intendebat.

Bonus usus donorum Dei est duplex, scilicet conservatio fidei et ideo dicit fidem servavi, quod facit qui utitur donis Dei ad gloriam Dei et salutem proximorum. Matth. XXIV, 45: quis, putas, est fidelis servus et prudens, quem constituit Dominus super familiam suam? I Tim. I, 12: fidelem me existimavit ponens in ministerio. Vel servavi in me virtutem fidei. Rom. XIV, 23: omne quod non est ex fide, peccatum est. Propter quod Matth. X, 16: estote prudentes sicut serpentes, id est, custodite fidem, tamquam caput et fundamentum virtutum.

Deinde cum dicit in reliquo, ponitur spes de præmio, quod primo ponit; secundo ostendit datorem eius, ibi quam reddet; tertio ponit participes præmii, ibi qui diligunt.

Dicit ergo: ex quo pugnavi et cursum consummavi, nihil restat nisi quod coroner. Corona iustitiæ dicitur quam Deus ex sua iustitia reddet.

Sed contra: quia vita æterna ex gratia datur. Rom. VI, 23: gratia Dei vita æterna, et cap. VIII, 18: non sunt condignæ passiones huius temporis ad futuram gloriam; non ergo ex iustitia.

Respondeo. Dicendum est, quod est tibi gratia quantum ad radicem merendi; iustitia quantum ad actum, qui procedit ex voluntate.

Vel corona iustitiæ est, quæ datur ex iustitia, quia datur iustis secundum opera iusta. Is. III, 10: dicite iusto, quoniam bene fructum adinventionum suarum comedet, etc..

Hæc corona duplex est: quædam principalis, quædam secundaria. Prima est præmium essentiale, quæ nihil est aliud quam gaudium de veritate. Is. XXVIII, 5: in illo die erit Dominus exercituum corona gloriæ, et sertum exultationis residuo populi sui. Deus est ergo corona nostra. Secunda est corona, quæ debetur specialibus operibus, et hæc est aureola, et una debetur martyribus.

Supra II, 5: non coronabitur, nisi qui legitime certaverit. Et ad hoc est quod dicit bonum certamen certavi. Alia debetur virginibus.

Sap. IV, 2: in perpetuum coronata triumphat, incoinquinatorum certaminum præmium vincens. Et ad hoc est cursum consummavi.

Apoc. XIV, 4: hi sequuntur agnum, etc.. Tertia est doctorum. Prov. IV, 9: dabit capiti tuo augmenta gratiarum, et corona inclyta proteget te. Et ad hoc dicit fidem servavi.

Et dicit reposita, id est, secundum æternam prædestinationem reservata. Supra I, 12: scio cui credidi, et certus sum quia potens est depositum meum servare in illum diem.

Dator huius est Deus, ideo dicit quam reddet mihi Dominus, scilicet per suam iustitiam, in illa die. Nam hæc est corona gloriæ, et hæc duplex, scilicet animæ; et hæc redditur sanctis in illa die, scilicet in morte. Unde hic dicit tempus meæ resolutionis instat. II Cor. V, 1: si terrestris domus nostra huius habitationis dissolvatur, ædificationem habemus ex Deo. Alia est corporis, et hæc reddetur in illa die, scilicet iudicii. I Cor. XV, 43: seminatur in ignobilitate, etc..

Participes huius sunt omnes sancti, unde dicit non solum autem mihi, scilicet reponitur. Apoc. Cap. Ult., 20: veni, Domine Iesu. Cant. V, 1: veniat dilectus meus in hortum suum, ut comedat fructum pomorum suorum. Qui non diligunt Deum, nihil habent ut diligant adventum eius. Amos V, 18: væ desiderantibus diem Domini. Quia corona solum charitati debetur. Io. XIV, 21: qui diligit me, diligetur a patre meo, et ego diligam eum, et manifestabo ei meipsum.

Lectio 3

Rogat visitari, et primo vocat eum ad

se; secundo significat suum statum, ibi Alexander; tertio concludit epistolarem salutationem, ibi salutant te.

Item primo mandat ut veniat: secundo assignat ei socium, ibi Marcum assume; tertio ostendit quid deferat, ibi penulam.

Circa primum duo facit, quia primo vocat eum; secundo causam vocationis assignat, ibi demas.

Dicit ergo: quia in brevi sum recessurus de mundo, festina ad me venire cito. Et hoc ut invicem consolarentur, et ut iuvarent eum in prædicatione evangelii, pro quo erat sollicitus in vinculis existens. Prov. XVIII, 19: frater qui adiuvatur a fratre, quasi civitas firma.

Causa vocationis est, quia societate debita erat destitutus. Et primo a quodam qui propter suam culpam recesserat; secundo, quia quosdam miserat ad prædicandum.

Dicit ergo demas enim, etc., id est, præposuit amorem huius sæculi, amori meo.

I Io. II, 15: si quis diligit mundum, non est charitas patris in eo. Crescens, quidam discipulus, abiit in Galatiam, missus ab apostolo.

Titus etiam missus ab eo, abiit in Dalmatiam, ubi finaliter dicitur fuisse episcopus.

Iob XXXVIII, 35: numquid mittes fulgura, et ibunt? Lucas est mecum solus, hunc retinuit in prædicatione evangelii, in qua fuit gratiosus. II Cor. VIII, 18: cuius laus est in evangelio per omnes ecclesias.

Deinde cum dicit Marcum assume, et adduc, assignat ei socium; et circa hoc duo facit. Primo assignat ei socium; secundo huius rationem.

Hic Marcus alio nomine dicitur Ioannes, et consobrinus Barnabæ. Act. XV, 37 s. Dicitur quod Barnabas volebat assumere Marcum, sed Paulus nolebat. Et propter hoc dissensio facta est inter eos, ita ut discederet ab eis.

Col. Cap. Ult.: Marcus consobrinus Barnabæ.

Ratio est, quia est mihi utilis, etc..

Deinde cum dicit penulam, etc., dicit quid portet. Carpus est sanctus quidam.

Penula secundum Hieronymum erat volumen legis, quod habebant in charta per modum rotuli, et hoc vocat penulam. Vel penula dicitur vestis aliqua; sed, secundum Chrysostomum, erat vestis communis. Et quia apostolus Romæ erat pauper, non accipiens ab aliis, ideo voluit ut sibi vestis portaretur.

Haymo dicit, quod erat specialis vestis in signum nobilitatis. Unde Act. XXII, 25, Paulus dixit se civem Romanum. Pater enim Pauli serviebat Romanis in Tarso Ciliciæ; et ex hoc factus fuit civis Romanus: et penula erat vestis in signum consulis. Et forte pater suus erat ibi consul. Vel penula dicitur mantica ubi erant libri, quod videtur, quia sequitur et libros.

Sed quid apostolo de libris pleno spiritu sancto? item instabat sua resolutio.

Respondeo. Dicendum est, quod propter duo. Primo ut in legendo haberet solatium.

I Mac. XII, 9: habentes solatio sanctos libros.

In libris enim est remedium contra tribulationes.

Vel dicit hoc ne perderentur, sed remanerent fidelibus. Item quanto magis appropinquabat morti, tanto magis instabat servitio Scripturarum; sicut de Ambrosio dicitur quod usque ad ultimam ægritudinem non cessavit scribere; unde scribens illum Ps. XLVII, 2: magnus Dominus, et laudabilis nimis, etc., mortuus est.

Maxime autem membranas. Membranæ sunt chartæ non scriptæ, vel schedulæ, ubi scripserat epistolas, vel prædicationes suas.

Deinde cum dicit Alexander, etc., ostendit quæ apud ipsum fuerunt, et quæ apud ipsum sunt. Et primo ex parte hominum; secundo ex parte Dei, ibi Dominus autem mihi astitit.

Iterum prima in duas; quia primo significat ei de quodam, qui ei adversabatur; secundo de negligentia eorum qui eum non iuvabant, ibi in prima mea defensione, etc..

Item, primo; præmittit culpam inique impugnantis; secundo ostendit pœnam eius futuram, ibi reddet ei, etc.; tertio ostendit quomodo sit etiam secundum ecclesiam puniendus, ibi quem et tu devita.

Videtur quod hic Alexander fuit artifex æris, vel custos ærarii; et erat de his qui dixerunt legalia esse de necessitate salutis servanda. I Tim. I, 19: circa fidem naufragaverunt, ex quibus est Hymenæus et Alexander.

Et dicunt quidam, quod iste est de quo dicitur Act. XIX, 24, quia concitavit seditionem in apostolum; sed nomen dissonat, quia ille Demetrius, hic Alexander, et Lucas; quia ille Ephesi, iste Romæ fuit.

Et subiungit multa mala mihi ostendit. Et nota quod non dicit fecit, sed quod ostendit, quia impii adversus iustos animum ostendere possunt, sed non semper explent, Ier. I, 19. Ier. XV, 20: bellabunt adversum te, et non prævalebunt, quia ego tecum sum.

Iob V, 12: qui dissipat cogitationes malignorum, ne possint adimplere manus eorum quod cœperunt. Qui apprehendit sapientes in astutia eorum, et consilium pravorum dissipat.

Deinde cum dicit reddet illi Dominus, etc., ponit pœnam eius futuram.

Sed nota quod non ponit verbum optativum, reddat, sed dicit, reddet; quia significatur pœnam esse paratam a Deo, quod prævidebat apostolus ex eius pertinacia. Ps. LXI, 13: quia tu reddes unicuique iuxta opera sua. Tamen cum hoc quod reservatur ei pœna in futurum, ecclesia debet etiam eum punire excommunicando.

Unde subiungit quem et tu devita, scilicet tamquam hæreticum. Tit. III, 10: hæreticum hominem post unam et secundam correctionem devita. Cuius etiam dicti reddit rationem, dicens valde enim restitit verbis nostris. Act. VII, 51: vos semper spiritui sancto restitistis.

Consequenter ponit negligentiam non iuvantium eum; et primo reprehendit eorum culpam; secundo petit eis veniam, ibi non illis imputetur.

Dicit ergo in prima mea, etc..

Glossa dicit, quod apostolus sæpe contra Alexandrum prave docentem pugnavit, et in persona nullus ei affuit. Sed hic non videtur esse sensus eius, quia iste Alexander non erat tantus, quod apostolus indigeret aliis ad disputandum cum eo. Sed dicendum est, quod, sicut dicitur Act. XXV, 21: Paulus appellans missus est Romam, et ideo oportuit quod præsentaretur Cæsari, ut discuteretur missionis suæ causa, et Iudæi venerunt contra eum. Et hoc apostolus appellat suam primam defensionem. In qua discipuli defuerunt ei, timentes ne a crudeli Nerone punirentur.

Eccli. LI, 10: respiciens eram ad adiutorium hominum, et non erat. Is. LXIII, 3: torcular calcavi solus, et de gentibus non est vir mecum.

Sed posset dici, quod hoc fuit, quia a principio nullus scivit. Sed hoc est falsum, immo ex quadam pusillanimitate recesserunt.

Ps. LXXXVII, 19: elongasti a me amicum, et proximum, et notos meos a miseria. Iob VI, 15: fratres mei præterierunt me, etc..

Sed quia fecerunt ex infirmitate, orat pro eis, et non excommunicat, dicens non illis imputetur. Lc. VI, 28: orate pro calumniantibus vos.

Deinde cum dicit Dominus autem, ostendit quid agitur circa eum ex parte Dei, cuius auxilium primo ponit; secundo huius effectum, ibi et audiant.

Dicit ergo: omnes me dereliquerunt, sed ubi deest homo, offert se Deus.

Ps. XXIV: quoniam pater meus et mater mea dereliquerunt me, Dominus autem suscepit me. Unde dicit Dominus mihi astitit, scilicet ad adiuvandum me. Ier. XX, 11: Dominus mecum est tamquam bellator fortis.

Ps. XV, 8: providebam Dominum in conspectu meo semper, quoniam a dextris est mihi ne commovear. Et quomodo? et confortavit me, fortitudinem animi dando, ut non stupescerem coram Cæsare. Ez. III, 14: manus Domini erat mecum, me confortans. Et hoc ut per me, etc. Quod impletur quando ad plures diffunditur, et quando quod ore dicitur, opere impletur. Act. IX, 15: vas electionis, etc..

Deinde cum dicit et audiant, ponitur effectus auxilii divini. Et primo quantum ad præterita; secundo quantum ad futura; tertio agit gratias. Sed duplex est beneficium circa præterita, scilicet liberationis a culpa et a pœna.

Dicit ergo: Dominus mihi astitit, et ideo in illa vocatione liberatus fui, quia non fui condemnatus a Cæsare;

sed permissum est mihi, quod irem quo vellem. Et ideo dicit et audiant omnes gentes, ut scilicet alii secum confortentur ad veniendum. Ps. XCV, 5: annuntiate inter gentes gloriam eius. Et ut Iudæorum insultatio deprimeretur. Et subdit liberatus sum de ore leonis, id est, de crudelitate Neronis. Prov. XIX, 12: sicut fremitus leonum, ita ira regis. Prov. XXVIII, 15: leo rugiens, et ursus esuriens princeps impius super populum pauperem. Secundo liberatus fuit a culpa; unde dicit liberavit me Dominus ab omni opere malo. Aliqui vero liberantur a pœna, incidentes in culpam negationis a fide. Ps. XVII, 18: eripuit me de inimicis meis fortissimis, et ab his qui oderunt me, etc.. Et hoc per Deum. Sap. VIII, 21: non possum esse continens nisi Deus det.

In futuro salvum faciet. Is. XLV, 17: Israel salvatus est in Domino salute æterna.

Et dicit in regnum cæleste. Lc. XXII, 29: ego dispono vobis sicut disposuit mihi pater meus regnum. Matth. V, 12: merces vestra copiosa est in cælis.

Et ideo agit gratias, cui gloria. I Tim. I, 17: regi sæculorum.

Deinde cum dicit saluta, etc., iniungit ei aliorum salutationem; secundo eum salutat ex parte aliorum; tertio ex parte sua. Item circa primum primo iniungit aliorum salutationem; secundo determinat tempus veniendi.

Dicit ergo saluta priscam, scilicet quæ est mulier, et aquilam, virum priscæ, quos præmittit, quia forte devotiores, et onesiphori domum. Sed quare non eum, sed domum? quia forte mortuus erat, et ideo salutat familiam; vel forte quia erat cum eo Romæ.

Determinans tempus veniendi, primo ostendit necessitatem; secundo prosequitur propositum.

Necessitas est propter alios remanentes in aliis locis. Item propter turbationem maris.

Deinde ponit personas salutantes, ut patet.

Et modo consueto, ne corrumpatur epistola scribit manu sua: gratia vobiscum. Amen.

Epistola Ad Titum

Prologus

Proœmium

Si sciret paterfamilias, etc.. Lc. XII, 39.

Per patremfamilias significatur prælatus ecclesiæ propter tria, quæ debet exhibere, scilicet generationem ad fidem, eruditionem ad salutem, custodiam ad securitatem.

Primum quidem, quia sicut est vita corporalis per animam, ita spiritualis per fidem.

Ab. II, 4: iustus autem meus ex fide vivit.

Et sicut ad vitam carnalem generatur quis per emissionem seminis corporalis: ita ad vitam spiritualem per infusionem seminis spiritualis, quod est verbum Dei, Matth. XIII, 3-17 et I Cor. IV, 15: per evangelium ego vos genui. Item per eruditionem. Eccli. VII, 25: filii tibi sunt? erudi illos. Is. XLVIII, 17: ego Dominus Deus tuus docens te utilia. Item per protectionem ac tutelam.

Deut. XXXII, 10: circumduxit eum, et docuit, etc.. Cuilibet enim prælato committitur cura subditorum. III Reg. XX, 39: custodi virum hunc, qui si lapsus fuerit, erit anima tua pro anima eius. Et Hebr. XIII, 17: ipsi pervigilant quasi rationem reddituri pro animabus vestris.

Sed ad hanc generationem requiritur scientia.

Os. IV, 6: quia tu scientiam repulisti, et ego repellam te, ne sacerdotio fungaris mihi.

Et ideo dicit si sciret. Requiritur enim quod sciat.

Item, ultra eruditionem, requiritur quod sit sollicitus. Rom. XII, 8: qui præest in sollicitudine.

Lc. II, 8: pastores erant in regione eadem, vigilantes et custodientes vigilias noctis supra gregem suum. Ad custodiam vero fortitudo requiritur ad protegendum. I Mac. III, 3 de Iuda Machabæo: induit se loricam sicut gigas, et succinxit se arma bellica sua in præliis, et protegebat castra gladio suo. Et ideo dicitur et non sineret perfodi domum suam, id est, ecclesiam. I Tim. III, 15: ut scias quomodo oportet te conversari in domo Dei, quæ est ecclesia Dei. Hæc domus est Dei, sicut Domini, et prælati sicut famuli. Hebr. III, 5: Moyses quidem erat fidelis in tota domo illius, tamquam famulus; Christus vero tamquam filius in domo sua.

Hæc perfoditur a fure, id est, hæretico. Abd.

Cap. Unico: si fures introissent ad te, si latrones per noctem, quomodo conticuisses? qui dicitur fur, quia occulte venit, et graditur in tenebris. Unde fur a furno dicitur, quod est obscurus; sic isti per obscura dogmata.

Prov. IX, 17: aquæ furtivæ dulciores sunt, et panis absconditus suavior. Item ex perversa intentione, quia intendunt occidere.

Io. X, 10: fur non venit nisi ut furetur, et mactet et perdat. Item ex modo intrandi, quia non per Ostium. I Io. IV, 3: et omnis spiritus, qui solvit Iesum, ex Deo non est, et hic est Anti-Christus, etc..

Sic ergo ex præmissis trahitur convenienter intentio huius epistolæ, in qua apostolus instruit Titum, quomodo regat ecclesiam, ut patet in argumento.

Capitulus I

Lectio 1

Hæc epistola dividitur in salutationem et epistolarem narrationem, ibi huius rei.

In prima, primo ponitur persona salutans, quæ notificatur tripliciter, scilicet ex nomine, cum dicit Paulus, quod significat humilitatem. I Cor. XV, 9: ego sum minimus apostolorum, etc..

Item ex conditione, cum dicit servus. Ps. CXV, 16: Domine, ego servus tuus.

Contra, Io. XIV: iam non dicam vos servos. Respondeo. Sancti quandoque dicuntur servi, quandoque non, sed filii.

Duplex enim est servitus. Una est ex timore, quæ non competit filiationi Dei, sed condividitur contra eam. Rom. VIII, 15: non accepistis spiritum servitutis iterum in timore, etc.. Alia ex amore, quæ consequitur filiationem Dei. Et ratio huius distinctionis est, quia liber est qui est causa sui, qui operatur quod vult; servus vero est qui est causa alterius.

Sed triplex est causa, quæ est principium operis, scilicet finalis, formalis et efficiens. Si ergo propter causam finalem, sic omnes sancti sunt servi Dei, quia propter Deum faciunt.

I Cor. X, 31: sive manducatis, sive bibitis, vel aliud quid facitis, omnia in gloriam Dei facite. Et hoc est ex amore, a quo procedit, quod omnia operemur propter Deum. Si vero propter causam moventem, quæ est extrinseca, et compellit, sic est servitus timoris, et est malorum. Si propter causam formalem, sic est habitus inclinans, et sic quidam sunt servi peccati, quidam servi iustitiæ, qui secundum habitum inclinantur ad malum vel ad bonum.

Item ex auctoritate, cum dicit apostolus.

Lc. VI, 13: elegit, scilicet super omnes fideles, duodecim ex ipsis, quos etiam apostolos nominavit. Eph. IV, 11: primum quidem apostolos.

Et describitur primo ab auctore, cum dicit Iesu Christi, quia ab ipso est electus. Gal. I, 1: non ab hominibus, neque per hominem, sed per Iesum Christum, etc.. Item quia solum Christum annuntiabat. II Cor. IV, 5: non enim nosmetipsos prædicamus, sed Iesum Christum Dominum nostrum, nos autem servos vestros per Iesum. Item quia legatus Christi, cuius auctoritate utebatur. II Cor. V, 20: pro Christo ergo legatione fungimur.

Eph. VI, 20: legatione fungor in catena.

II Cor. II, 10: si quid donavi propter vos in persona Christi.

Item secundo describitur ex idoneitate; nam apostolus est annuntiator. Matth. Ult.: docete omnes gentes, etc..

Doctor autem debet habere fundamentum doctrinæ, et perfectionem. Primum pertinet ad quemlibet, secundum vero pertinet ad prædicatores, et ad doctores. Et sicut in aliis scientiis sunt principia, sic in hac sunt articuli fidei, qui innotescunt cuilibet fideli secundum lumen infusum, et articuli sunt fundamenta fidei, quæ est substantia rerum sperandarum, etc., Hebr. XI, 1. Et ideo dicit secundum fidem electorum Dei.

Item requiritur perfectio doctrinæ. Unde dicit et agnitionem veritatis. Duplex autem habetur cognitio veritatis, scilicet perfecta in patria, scilicet quando videbimus facie ad faciem, et imperfecta per fidem, quam habent sancti. Io. VIII, 32: cognoscetis veritatem, et veritas liberabit vos.

Sed cuius veritatis? in agnitionem eius, quæ est secundum pietatem. Religio enim et pietas, secundum tullium, sunt partes iustitiæ; et differunt, quia religio est cultus Dei. Sed quia Deus non solum est creator, sed etiam est pater, ideo non solum debemus ei cultum ut creatori, sed amorem et cultum sicut patri. Et ideo pietas quandoque pro cultu Dei sumitur. Iob XXVIII, 28: ecce pietas, ipsa est sapientia, secundum aliam translationem, ubi nostra sic habet: ecce timor Domini, ipsa est sapientia.

Tertio describitur ex fine, et primo ponit ipsum finem; secundo eius dignitatem, ibi quam promisit.

Finis autem est spes vitæ æternæ, quia etsi Moyses possit dici apostolus, quia a Domino missus; sed tamen non in spem vitæ æternæ, sed terræ Hevei et Amorrhæi; sed Paulus est apostolus in spem vitæ æternæ.

Io. VI, 40: hæc est voluntas patris mei qui misit me, ut omnis qui videt filium, et credit in eum, habeat vitam æternam, et ego resuscitabo, etc.. I Pet. I, 3: regeneravit nos in spem vivam. Rom. V, 2: gloriamur in spe gloriæ filiorum Dei.

Promissio autem hæc est firma dupliciter: primo, ex parte promittentis; unde dicit qui non mentitur. Deus enim veritas est, cuius contrarium est mendacium. Num. XXIII, 19: non est Deus quasi homo ut mentiatur.

Secundo ex divino proposito dandi; unde dicit ante tempora sæcularia. Sæculum, secundum Philosophum, est mensura durationis uniuscuiusque rei. Tempora ergo sæcularia sunt tempora distincta secundum diversas successiones rerum; quasi dicat: antequam tempus successivum inciperet esse. Et quia incepit hoc tempus cum mundo, ideo fuit ante principium mundi.

Alia littera habet, æterna, id est, antiqua.

Sic enim aliquando accipitur æternum, id est, antiquum. Vel æterna, non secundum veritatem, sed secundum imaginationem. Et ante ista promisit hoc, quia hæc sunt successiva.

Sed promittere est verbo nuntiare suam voluntatem de dando. Et Deus ab æterno protulit verbum suum in quo erat ut sancti haberent vitam æternam. Eph. I, 4: elegit nos ante mundi constitutionem.

Confirmatur autem hæc spes ex manifestatione promissionis, unde dicit manifestavit autem suis temporibus, etc.. Et describitur hæc manifestatio tripliciter.

Primo ex tempore, unde manifestavit quando verbum suum incarnari constituit; unde dicit temporibus suis, id est, tempore congruo, quo homo esset convictus de superbia, per quam peccaverat. Et sic primo medicus convincit ægrotum, ut eum congruentius sanet.

Homo enim superbiebat de scientia, sed convictus est de ignorantia ante tempus legis, ubi peccavit in idololatria, et vitiis contra naturam. Item de virtutibus, et de his convictus est tempore legis. Gal. IV, 4: at ubi venit plenitudo temporis, misit Deus filium suum, etc..

Item, secundo, describitur ex modo, quia per publicam prædicationem. Mc. Ult.: euntes in mundum universum, prædicate evangelium omni creaturæ. Unde dicit in prædicatione. I Cor. IX, 17: dispensatio credita est mihi.

Item tertio ex auctore. Unde dicit secundum præceptum, etc.. Matth. I, 21: ipse enim salvum faciet populum suum a peccatis eorum.

Act. IX, 15: vas electionis est mihi iste, ut portet nomen meum, etc..

Persona salutata ponitur, cum dicit Tito, quem describit tripliciter: primo ex nomine; secundo ex dilectione; tertio ex filiatione.

Filius ergo est per dilectionem et fidem, quæ debet esse communis, ut idipsum dicant omnes. Et ideo dicit communem fidem, quæ etiam dicitur catholica, id est, universalis.

Unde dicitur Eph. IV, 5: una fides, unus Dominus, etc..

Bona vero optata sunt gratia et pax. Hæc sæpe coniungit, quia omnium spiritualium donorum principium est gratia, et pax, finis.

Ps. CXLVII, 14: qui posuit fines tuos pacem. A Deo, etc..

Lectio 2

Accedit ad narrationem; et, sicut dictum est, intendit munire ecclesiam contra hæreticos. Et primo monet Titum quod alios instruat ad resistendum hæreticis; secundo docet, quomodo ipse eis resistat, ibi tu autem loquere, II.

Item primo monet ut instituat episcopos, qui hæreticis resistant; secundo ostendit necessitatem huius commissionis, ibi sunt enim multi.

Item primo ponit commissionem Tito factam de instituendo episcopo; secundo ostendit quales debent esse episcopi, ibi si quis sine crimine; tertio manifestat quæ dixit, ibi oportet enim.

Quia ergo apostolus habuit universalem commissionem ecclesiæ gentium, et non poterat solus per se omnia exequi, ideo dicit huius rei gratia reliqui te Cretæ, in Creta scilicet insula, ut loco apostoli, ecclesiæ Cretensi officium pastorale gerat. Prov. XVIII, 19: frater qui iuvatur a fratre, quasi civitas firma.

Sed quod dicit ut quæ desunt corrigas, videtur quod deberet dicere, suppleas.

Respondeo. Dicendum est quod Glossa sic supplet: ut omnia quæ sunt in malis, corrigas: et quæ desunt in bonis, addas. I Thess. III, 10: impleamus ea quæ desunt fidei vestræ. Vel dicendum est, quod est quoddam peccatum omissionis, et quoddam transgressionis, et utrumque indiget correctione. In sanctis autem et perfectis, sicut Titus fuit, non abundaverunt transgressiones; et ideo non dicit, transgressiones corrigas sed quæ desunt, id est, omissiones.

Et constituas presbyteros, id est, episcopos, unde inferius dicit oportet episcopum, etc.. Et utitur indifferenter nomine episcoporum et presbyterorum. Unde sumpsit occasionem hæreticus, qui ambivit episcopatum, quem quia non poterat adipisci, divisit se ab aliis, et multa falsa docuit. Inter quæ dixit, quod episcopi in nullo differunt a sacerdotibus, quod est contra Dionysium in libro de Eccl. Hierar. Utitur ergo apostolus eodem nomine in utroque per identitatem rei, quia presbyter dicitur senior. Item, quia pertinet ad superiores episcopum constituere, licet eum canonici eligant.

Et dicit constituas, non in villis, sed per civitates; sicut enim in republica reges sunt tantum in civitatibus, sic in spirituali regimine episcopi. I Petr. II, 9: regale sacerdotium.

Item debent seniores esse. Eccle. X, 16: væ tibi, terra, cuius rex est puer. Et intellige senes non solum ætate, sed et moribus.

Num. XI, 16: congrega mihi septuaginta viros de senioribus Israël, quos tu nosti, quod senes sint populi ac Magistri, etc.. Item secundum formam ecclesiæ; unde dicit sicut ego disposui tibi. Prov. XIII: fili mi, ne effluant hæc ab oculis tuis.

Deinde cum dicit si quis sine crimine, describit eos tripliciter, scilicet quantum ad seipsos, quantum ex parte uxoris et ex parte filiorum.

De primo dicitur sine crimine. Si quis talis erit. I Io. I, 8: si dixerimus quia peccatum non habemus, ipsi nos seducimus, et veritas in nobis non est. Dicendum est, quod aliud est crimen, aliud est peccatum. Peccatum dicitur quodcumque, sive magnum, sive parvum, sive occultum. Crimen autem magnum et infame. Ps. XIV, 1: Domine, quis habitabit in tabernaculo tuo, etc.; et postea subdit: qui ingreditur sine macula, etc.. Non quod qui mortaliter peccat post baptismum, non possit eligi; sed quod eligendus non sit infamis.

Quo ad secundum dicit unius uxoris virum. Quod Orientales sic exponunt,

515

id est, quod non habeat simul duas uxores, sicut quorumdam est consuetudo. Sed secundum hoc non esset necessarium quod apostolus hoc diceret; quia secundum leges Romanas, quibus apostolus scribebat, etiam ante fidem, non licebat simul habere plures uxores.

Item I Tim. V, 9 dicit de vidua, quæ fuit unius viri uxor, et tamen numquam licuit quod una plures viros simul posset habere.

Et hoc modo vult istud etiam de vidua, scilicet quod non habuerit nisi unum virum.

Sed Hieronymus dicit oportere, quod unam tantum uxorem post baptismum habuerit, et quod non est vis, si ante baptismum alias habuisset. Sed Augustinus et Ambrosius dicunt quod per baptismum delentur omnia crimina; sed quod per baptismum, matrimonium non deletur; ergo secundum hos dicendum est, et rectius, quod unam tantum et non plures, licet habuisset ante vel post.

Secundum quosdam autem ratio huius est, quia signum esset incontinentiæ si plures habuisset. Sed hoc non est verum; quia nihil repugnaret si plures habuisset meretrices, quæ magis sunt incontinentes. Sed est alia ratio altior significato, scilicet quia ipse est dispensator sacramentorum, et ideo nullus defectus sacramentorum debet esse in eo; sed sacramentum matrimonii est significativum coniunctionis Christi et ecclesiæ; ergo ut signum respondeat signato, sicut Christus est unus, et ecclesia una, sic et hic; quod quidem deficeret, si episcopus plures uxores habuisset. In veteri autem lege, patriarchæ significabant coniunctionem hanc, non ut coniunctam Christo, sed coniungendam, et cum ecclesia erat futura ex multis, ideo tunc non una, sed plures habebantur. Et ideo multitudo uxorum ipsorum hoc significabat.

Quantum autem ad tertium, scilicet ex parte filiorum, subiungit, dicens filios habens fideles, non in accusatione luxuriæ, etc..

Episcopus enim constituitur, ut superintendat: et qui constituitur ad aliquid debet esse exercitatus in illo, alias non prudenter institueretur.

Præsumitur autem esse bene exercitatus, si bene alios rexit.

Episcopus autem constituitur ad tria. Primo ut fidem doceat. Matth. Ult.: docete omnes gentes, etc.. Et ideo dicit fideles.

Secundo requiritur quod populum instruat ad virtutes. Eccli. VII, 25: filii tibi sunt? erudi illos. Peccata autem lasciviæ magis abstrahunt a virtute. Eccli.: lascivus et imprudens non servabunt tempus.

Et ideo dicit non in accusatione luxuriæ.

I Reg. III, 13: Heli condemnatur, quia filios de hoc non correxit. Tertio oportet, quod pertinaces corrigat. Unde dicit aut non subditos, id est, non obedientes. Eccli. XXX, 8: equus indomitus evadet durus, et filius remissus evadet præceps. Deinde cum dicit oportet enim, exponit quod dixit, et primo quod dixit sine crimine; secundo sine quibus debet esse, ibi non superbum.

Causa autem primi est, quia debet dispensare divina. Eccli. X, 2: secundum iudicem populi, sic et ministri eius. Ps. C, 6: ambulans in via immaculata, hic, etc..

Deinde cum dicit non superbum, ostendit a quibus debet esse immunis: et primo ostendit a quibus criminibus; secundo quibus virtutibus luceat, ibi hospitalem.

Peccatorum autem quædam sunt carnalia, quædam spiritualia. De primis non facit mentionem, quia omnino debent mundi esse ab eis. Eph. V, 3: fornicatio autem et omnis immunditia, aut avaritia, nec nominetur in vobis, sicut decet sanctos. Sed tantum de spiritualibus, quæ sunt quinque, quorum duo non habent locum in prælatis, scilicet invidia, quod est peccatum parvulorum. Iob V, 2: parvulum occidit invidia, prælatus autem est in summo. Item nec accidia, quia omnia ei ad votum succedunt; sed superbia, quia est in summo, et ira et cupiditas occasione temporalium, quorum est dispensator.

Quantum ad primum dicit non superbum.

Ps. C, 5: superbo oculo et insatiabili corde, cum hoc non edebam. Eccli. XXXII, 1: rectorem te posuerunt? noli extolli, etc..

Quantum ad secundum, primo excludit iram, cum dicit non iracundum. Secundo incendium iræ, quod est vinum, dicens non vinolentum. Prov. XXIII, 29: cui suffossio oculorum? nonne his qui commorantur in vino, etc.. Tertio sequelam iræ, quod est percussio. Ideo dicit non percussorem, id est, non crudelem. Is. L, 6: corpus meum dedi percutientibus, et genas meas vellentibus, etc..

Vel, non percussorem, id est, non percutientem conscientias aliorum pravis moribus.

I Cor. VIII, 10: et percutientem conscientiam eorum infirmam.

Quantum ad tertium dicit non turpis lucri cupidum. I Tim. III, 8: non turpe lucrum sectantes. Sap. XV, 12: sed æstimaverunt lusum esse vitam nostram, et conversationem vitæ compositam ad lucrum, et oportere undecumque etiam ex malo acquirere.

Deinde ponit bona, quæ debet habere: et primo, quæ pertinent ad conversationem vitæ; secundo, quæ ad veritatem doctrinæ, ibi amplectentem.

Et patent omnia.

Lectio 3

Supra docuit qualem oportet esse episcopum in vita, hic ostendit qualem oportet esse in doctrina. Et primo ostendit quod ad ipsum requiritur diligentia studii; secundo ponit materiam studii; tertio eius utilitatem.

Quantum ad primum dicit amplectentem.

Aliquid enim amplectens, illud diligenter constringit, et amplexus ex dilectione fit. Oportet enim eum scientiæ inhærere cum amplexu, id est firma adhæsione animi et cordis dilectione. Sap. VI, 14: præoccupat eos, qui se concupiscunt. Prov. IV, 8: arripe illam, et exaltabit te, glorificaberis ab ea, cum eam fueris amplexatus.

Materia studii non debent esse fabulæ, nec temporalia, sed sermo fidelis, id est verus. Ps. CXLIV, 13: fidelis Dominus, etc..

Vel sermo fidelis, id est, fidei, in qua oportet episcopum instrui.

Sed aliqui student in eis dupliciter, ut scilicet addiscant solum et operentur. Sed hoc non sufficit episcopo, sed oportet ut et alios instruat. Et ideo dicit qui secundum doctrinam est. I Tim. IV, 12 dicitur: nemo adolescentiam tuam contemnat, sed esto exemplum fidelibus in verbo, in conversatione.

Utilitas est facultas exequendi officium suum. Officium autem prælati est sicut pastoris. Io. Ult.: pasce oves meas.

Pastor vero duo habet facere, scilicet pascere gregem, I Petr. V, 2: pascite qui in vobis est gregem Dei, item arcere lupum. Sic et episcopus pascere debet per doctrinam veram.

Ier. III, 15: dabo vobis pastores iuxta cor meum, et pascent vos scientia et doctrina.

Et ideo dicit ut sit potens exhortari in doctrina. Non dicit ut exhortetur sed ut potens sit exhortari. Quod est quando habet in promptu exhortationes quando est necesse exequi. Quod figuratur Exod. XXV, 27, per vectes in circulis arcæ, ut arca scilicet posset portari. Lc. Ult.: potens in opere et sermone. Et dicit sana, id est, absque corruptione falsitatis. Infra II, 1: tu autem loquere quæ decent sanam doctrinam.

I Thess. II, 3: exhortatio nostra non fuit de errore, neque de immunditia, etc..

Item ut custodiant contra hæreticos. Et ideo dicit et eos qui contradicunt arguere, id est, convincere. Et hoc per studium sacræ Scripturæ. II Tim. III, 16: omnis Scriptura divinitus inspirata utilis est ad docendum, ad arguendum. Iob VI, 10: nec contradicam sermonibus sanctis.

Et hæc duo secundum Philosophum pertinent ad opus sapientis, scilicet non mentiri de quibus novit, quantum ad primum; et mentientem manifestare posse, quantum ad secundum.

Consequenter cum dicit sunt enim multi, ponit necessitatem dictorum.

Et primo ex parte falsorum doctorum, secundo ex parte malorum auditorum, ibi dixit quidam.

Circa primum duo facit, quia primo describit conditionem falsorum doctorum; secundo perversitatem studii ipsorum, ibi qui universas.

Item primo ostendit eorum

conditionem; secundo docet remedium contra eos, ibi quos oportet.

Conditionem ostendit quadrupliciter.

Et primo ex numero, cum dicit multi.

Eccli. I, 15: stultorum infinitus est numerus.

Secundo ex vitio inobedientiæ, cum dicit etiam inobedientes, quantum ad Deum et suos superiores. Rom. I, 30: parentibus non obedientes. I Reg. XV, 23: peccatum inobedientiæ, sicut idololatria dicitur esse. Tertio ex vaniloquio, cum dicit vaniloqui, scilicet quo ad se. Ps. XCIII, 11: Dominus scit cogitationes hominum, quoniam vanæ sunt.

Sap. XIII, 1: vani sunt homines, in quibus non subest scientia Dei; et præcipue vani sunt hæretici; ideo subiungit dicens seductores, scilicet quo ad inferiores. II Tim. III, 13: mali homines et seductores, etc..

Quarto ex loco, cum dicit maxime qui de circumcisione, qui cogebant homines iudaizare.

Phil. III, 2: videte canes, videte malos operarios, videte concisionem.

Contra quos ponit remedium. Non enim sunt tolerandi, quia corrumperetur populus et imputaretur pastori. Ez. XIII, 5: non ascendistis ex adverso, neque opposuistis murum pro domo Israel, etc.. II Tim. IV, 2: argue, obsecra, increpa in omni patientia et doctrina. Et ideo dicit quos oportet redargui.

Deinde cum dicit qui universas, etc., describit horum studium; et primo describit ex damno quod inferunt; secundo ex falso quod docent; tertio ex lucro quod concupiscunt.

Damnum est, quia universas domos subvertunt.

Doctrina enim catholica publice proponitur in ecclesia, sed hæretici latenter; et ideo quærunt latibula. Prov. IX, 17: aquæ furtivæ dulciores sunt, et panis absconditus suavior. Et ideo circumeunt per domos, ut seducant præcipue mulieres. II Tim. III, 6: ex his sunt, qui penetrant domos, et captivas ducunt mulierculas oneratas peccatis.

Docentes quæ non oportet, id est vana et inutilia. Nec quærunt lucrum spirituale, sed temporale; et ideo addit turpis lucri gratia, scilicet temporalis, vel propriæ gloriæ. Sap. XV, 12: sed æstimaverunt lusum esse vitam nostram, et conversationem vitæ compositam ad lucrum, et oportere undecumque etiam ex malo acquirere.

Deinde cum dicit dixit quidam, describit auditores, quia isti erant Cretenses, et ad hos refert hoc opus. Et primo ostendit conditionem; secundo dat remedium, ibi quam ob causam.

Circa primum, primo describit conditionem per testimonium; secundo confirmat.

Dicit ergo: tales sunt doctores, sed et auditores sunt similiter seducibiles iuxta testimonium cuiusdam poetæ eorum, scilicet Epimenidis, quem hic Paulus dicit eorum prophetam.

Ubi nota quod propheta aliquis dicitur, qui a Deo illuminatur secundum intellectum, ad cognoscendum aliqua supra communem cognitionem. Num. XII, 6: si quis fuerit inter vos propheta Domini, in visione apparebo ei, vel per somnium loquar ad illum. Item qui exponit prophetias eodem spiritu, et eodem modo quo sunt traditæ. Item qui profert aliquid propheticum. Unde potest proferri aliquid propheticum ex quodam interiori instinctu, etiam præter suum intellectum.

Io. XI, 51: Caiphas, cum esset pontifex, prophetavit. Non enim prophetavit secundum suam intentionem, qui dicebat expedire eum mori, intelligens sic, ne seduceret populum. Nihilominus tamen fuit motus ad id dicendum per spiritum. Et hic modus prophetandi est apud illos, qui accipiunt primum verbum aliquorum pro omine quod etiam fit a Dæmonibus.

Et dicit proprius, quia proprie descripsit eorum conditiones.

Deinde cum dicit Cretenses, proponit testimonium, et notat eos de tribus, scilicet de corruptione rationalis, cum dicit semper mendaces. Ps. LIV: perdes omnes qui loquuntur mendacium.

Item de corruptione irascibilis, cum dicit malæ bestiæ, id est, crudeles; bestiæ dicuntur, quasi vastiæ, quia crudeles sunt. Prov. XXVIII, 15: leo rugiens, et ursus esuriens, princeps impius super populum pauperem.

Et dicit malæ, quia, secundum Philosophum in politicis homo quando secundum rationem operatur, est optimum animalium; sed quando declinat ad malitiam, est pessimum; quia si declinat propter crudelitatem, nulla bestia ita est crudelis. Unde dicit quod decies millies est peior malus homo quam mala bestia.

Item de corruptione concupiscibilis, cum dicit ventres pigri, id est, pigritiam habentes ex ventre: erant enim gulosi, et tales quærunt quietem. Lc. XII, 19: anima, habes multa bona reposita in annos plurimos, requiesce, comede, bibe, epulare.

Confirmat autem testimonium, cum dicit testimonium, etc., Glossa: per hoc intelligimus quod doctor sacræ Scripturæ accipit testimonium veritatis, ubicumque invenerit.

Unde apostolus in pluribus locis recitat dicta gentilium, sicut in I Cor. XV, 33: corrumpunt bonos mores colloquia mala.

Item Act. XVII, 28: in ipso vivimus, movemur et sumus. Nec propter hoc approbatur tota eorum doctrina; sed eligitur bonum, quia verum a quocumque dicatur, est a spiritu sancto, et respuitur malum. Unde dicitur Deut. XXI, 11 in figura huius, quod si quis viderit puellam in numero captivorum, debet præcidere ungues et capillos, id est, superfluitates.

Lectio 4

Posita conditione Cretensis populi, hic ponit remedium; et primo ponit remedium reprehensionis; secundo assignat dictorum rationem, ibi omnia munda.

Circa primum tria facit, quia primo hortatur Titum ad reprehendendum eos; secundo reprehensionis finem ostendit, ibi ut sani; tertio docet debitum modum perveniendi ad finem, ibi non intendentes.

Dicit ergo: Cretenses sunt malæ bestiæ, quibus scilicet debetur flagellum et castigatio. Et ideo increpa illos dure. Prov. VI, 23: via vitæ, increpatio. Ps. LXVII, 31: increpa feras arundinis.

Sed contra II Tim. IV, 2: in omni patientia.

Respondeo. Duplex est ratio exhortationis huius. Una ex parte eorum qui reprehenduntur.

Cretenses enim duri et pertinaces erant, et ideo dure eos reprehendi iubet; non autem Ephesii, quorum archiepiscopus erat Timotheus. Alia ex parte reprehendentium, quia et Titus fuit lenis et mansuetus, et ideo inducitur quasi ad contrarium; sed Timotheus erat rigidus, et ideo inducitur ad patientiam.

Deinde cum dicit ut sani sint in fide, tangit finem reprehensionis. Nam homo est sanus, in quo non est corruptio. Et sic sanus est in fide, qui in nullo habet eam corruptam. Horum autem fides vitiabatur per hæreticos. II Cor. XI, 3: timeo ne sicut serpens Evam seduxit astutia sua, ita corrumpantur sensus vestri, et excidant a simplicitate, quæ est in Christo Iesu. I Tim. VI, 3: si quis autem aliter docet, et non acquiescit sanis sermonibus Domini nostri Iesu Christi, etc..

Modus perveniendi ad sanitatem est si vitent errores Iudæorum. Unde dicit non intendentes Iudaicis fabulis. In lege enim erant duplicia documenta fidei, scilicet quædam circa credenda. Item quædam mandata religionis, quæ erant servanda circa cultum Dei. Et prima vocat fabulas; secunda, mandata hominum, et non Dei.

Ex quo videtur quod condemnet vetus testamentum, ut dicunt Manichæi. Sed quod dicit fabulis, potest referri ad eorum narrationes, præter doctrinam legis, quæ sunt fabulosa, ut thalmud. I Tim. I, 4: ne intenderent fabulis et genealogiis interminatis. Vel ipsa doctrina, quæ fuit olim veritas, nunc secundum quod ipsi intelligunt, sunt fabulæ; sicut illud Is. VII, 14: virgo concipiet, etc., fuit veritas; sed nunc quia ipsi dicunt adhuc hoc esse implendum, est fabulosum. Item mandata hominum possunt intelligi non quæ sunt in lege Moysi, sed traditiones seniorum, Matth. XV, 2.

Sed numquid mandatis hominum non est obediendum? respondeo quod sic quamdiu non avertunt a veritate Dei. Et ideo subdit aversantium se a veritate. II Tim. IV, 4: a veritate quidem auditum avertent, etc.. Simile habetur Matth. XV, 9: sine causa colunt me, docentes doctrinas et mandata hominum. Simile dicitur Mc.

VII, 7. Vel dicendum est quod mandata, quæ sunt in lege Dei, sunt facta mandata hominum. Quando enim servantur in signum futuræ veritatis, sunt mandata Dei; sed quando volunt ea servare postquam corpus nostrum mortuum est legi, sunt mandata hominum.

Deinde cum dicit omnia munda, in speciali ostendit dictorum rationem, scilicet quomodo avertunt se a veritate, et quomodo dicunt fabulas, et mandata hominum; quod est præcipue de discretione ciborum secundum legem, quam pseudo quidam dicebant esse servandam. Et ideo primo ostendit quomodo hi cibi habent se ad bonos; secundo quomodo ad malos, ibi coinquinatis autem.

Dicit ergo: non intendentes Iudaicis fabulis de cibis: quia omnia, scilicet cibaria, sunt munda mundis.

Sed infert: ergo adulterium est mundum mundis.

Respondeo. Dicendum est quod non: quia ex hoc ipso quod adulterium est, immundat.

Sed sunt munda mundis illa, quæ de se non immundant. Ad hæc, Matth. XV, 11: ea quæ intrant in os, non coinquinant hominem.

Ergo omne quod intrat in os, mundum est.

Sed duplex est obiectio. Una quod Lev. XI, 7 dicitur, quod quando aliquod animal non ruminat, vel non scindit ungulam, est immundum.

Respondeo, secundum Augustinum contra faustum. Aliquod est immundum, vel secundum rei naturam, vel secundum significationem: puta si hoc nomen stultus, secundum se sumatur, inquantum est vox quædam, sic non est immundum, sed bonum. Si vero secundum significationem, quia significat defectum sapientiæ, et sic habet immunditiam.

Actus autem illius populi erant actus prophetici.

Unde porcus secundum quod res quædam, non est immundus; sed secundum quod significat hominem voluptatibus se involventem.

Sed nunc veritate veniente cessant, et utuntur cibis homines secundum suam naturam.

Alia quæstio est quod Act. XV, 28 mandaverunt apostoli, quod abstinerent se a sanguine et suffocato; ergo videtur quod non sit licitum hoc comedere; non ergo omnia munda mundis.

Respondeo. Aliqui credunt quod illud mandatum intelligatur ad litteram, et quod obligat usque modo, ut apud Græcos, et etiam aliquando apud Latinos. Aliqui autem dicunt, quod non intelligitur secundum litteram, sed secundum mysterium, ut per sanguinem intelligatur homicidium, et a suffocato, id est, oppressione pauperum. Et hoc bonum est, sed non est tota ratio præcepti; et ideo dico, quod ad litteram est præceptum, et tamen non obligamur. Quædam enim prohibentur quia mala sunt, et hæc simpliciter sunt vitanda. Aliqua vero, quæ non sunt mala simpliciter, sed pro tempore, et hæc sunt servanda existente causa. Et hæc apostoli prohibuerunt, non quia mala secundum se, quia Matth. XV, 11 dicit Dominus contrarium. Sed ratio erat, quia conversi erant quidam ex Iudæis, quidam ex gentibus: et ideo oportebat ad hoc quod unus populus ex eis fieret, quod uni condescenderet alius, ut Iudæis, quibus abominabile erat comedere sanguinem et suffocatum, condescenderetur.

Et ideo ad servandam pacem, instituerunt apostoli hoc esse servandum pro tempore illo.

Deinde cum dicit coinquinatis, ostendit quomodo se habent ad malos; et circa hoc tria facit, quia primo ostendit hoc; secundo assignat causam, ibi sed inquinatæ; tertio manifestat per signum, ibi confitentur se nosse Deum

Dicit ergo: cibi isti mundi sunt mundis, sed immundi coinquinatis, id est his qui habent conscientiam coinquinatam. Eccli. XIII, 1: qui tetigerit picem, inquinabitur ab ea; et infidelibus, id est, qui habent malam fidem. Is. XXI, 2: qui incredulus est, infideliter agit.

Sed numquid facit peccator et infidelis immundam eleemosynam? dicendum est quod apostolus non ponit affirmativam, sed negativam. Unde non dicit, omnia, sed nihil mundum eis, quod est verum: quia nihil eis perfecte mundum est, quia nihil est mundum in actibus, nisi in finem debitum ordinatum sit. Isti autem sunt extra finem.

Sed numquid aliquid est eis mundum? sic.

Sed contra: quia omne quod non est ex fide, peccatum est.

Dicendum est, quod malum numquam corrumpit totum bonum. Impossibile enim est quin in peccatore quolibet sit aliquod bonum, scilicet naturæ, etiam in Dæmonibus: quando ergo peccator facit aliquod bonum secundum quod est peccator et infidelis, totum est peccatum ex radice. Sed si quid facit ex principio alicuius boni quod habet, ut fidei informis, vel naturæ, non est immundum. Et ideo signanter dicit coinquinatis et infidelibus, id est, inquantum sunt huiusmodi. Comedebant enim contra conscientiam, et errabant in fide. Et ideo quod de natura sua est mundum, fecerunt sibi immundum.

Cuius causa est, quia causa actuum eorum est immunda, scilicet voluntas et intellectus, quæ sunt in eis depravata. Unde dicit sed inquinatæ sunt eorum mentes, scilicet per infidelitatem, et conscientia, scilicet per peccatum. Bar. III, 10: quid est, Israel, quod in terra inimicorum es, inveterasti in terra aliena, coinquinatus es cum mortuis, etc..

Deinde cum dicit confitentur, etc., ostendit fidem per signum. Si enim aliquis dicat quod eorum dicta sunt vera, immo quod habent fidem unius Dei et confitentur eum, hoc excludit.

Et primo ostendit bonum quod erat in eis, scilicet quod confitentur, scilicet labiis exterioribus, se nosse Deum. Is.

XXIX, 13: populus hic labiis me honorat, cor autem eorum longe est a me. Ier. XII, 2: prope es tu ori eorum.

Secundo ostendit defectum interiorem; et primo quantum ad præsentia; secundo quantum ad futura, ibi incredibiles.

Quo ad præsentia, quia negant eum factis.

Qui enim peccat, inquantum est de se, negat eum factis: quia qui confitetur Deum, confitetur et eius potestatem, scilicet quod est ei obediendum. Et ideo si non obedit peccando, negat factis, confitetur ore.

Sed dicis: quicumque negat Deum, est infidelis; peccatores negant Deum factis, ergo peccatores sunt infideles.

Respondeo. Sicut habens scientiam in universali, potest errare in particulari; ita habens fidem in universali, in particulari tamen agibili corrumpitur, propter corruptionem affectus.

I Tim. V, 8: fidem negavit, et est infideli deterior.

Quomodo autem quo ad futura deficiunt? certe, quia non solum negant, sed sunt indispositi ad redeundum ad Deum.

Sunt enim tria per quæ homo redit ad Deum, scilicet Dei gratia, Rom. V, 9: iustificati gratia ipsius, secundum est fides, act. XV, 9: purificans fide corda eorum, tertium, exercitium boni operis, Rom. II, 13: factores legis iustificabuntur.

Hæc tria excludit ab ipsis: primo gratiam, ibi cum sint abominati, id est, non accepti ad gratiam. Secundo fidem, cum dicit incredibiles, id est, non apti ad credendum. Ez. II, 6: increduli et subversores sunt tecum.

Tertio tertium, quia ad omne opus bonum reprobi, id est, reprobandi. Ier. VI, 30: argentum reprobum vocate eos.

Capitulus II

Lectio 1

Superius apostolus instruxit Titum quales ministros instituat ad arcendum hæreticos, hic docet quid ipse circa eos faciat. Et primo proponit hoc in generali; secundo distinguit per partes, ibi senes.

Dicit ergo: ita dixi quod oportet episcopos constituere, sed ne credas quod tu sis propter hoc alienus a cura, imo maior debet esse tibi sollicitudo ad instruendum.

Ideo tu autem loquere quæ decent sanam doctrinam, scilicet per quæ fides incorrupta ædificatur. Supra I, 9: ut sis potens exhortari in doctrina sana, et eos qui contradicunt, arguere.

Deinde ostendit idem per partes; et primo ponitur doctrina sana contra perversitatem vitæ; secundo contra hæreticos et errores, ibi stultas autem quæstiones.

Circa primum duo facit, quia primo instruit singulas conditiones hominum; secundo generaliter omnes, cap. III, 1, ibi admone illos.

Iterum prima in duas, quia primo ostendit quomodo instruat liberos; secundo quomodo instruat servos, ibi servos.

Item primo ostendit quomodo instruat liberos verbo; secundo exemplo, ibi in omnibus teipsum.

Circa primum duo facit, quia primo ostendit quomodo instruat senes; secundo quomodo doceat iuvenes, ibi adolescentulas.

Item prima in duas, quia primo ostendit quomodo instruat senes mares; secundo quomodo anus fœminas, ibi anus.

Sciendum est autem, quod quædam bona sunt ad quæ senectus disponit, quæ primo ponit; secundo quædam bona quibus senectus contrariatur; et hæc secundo ponit, ibi sani in fide.

Inter bona vero ad quæ senectus disponit, unum est contemptus delectationum; aliud est perfectio sapientiæ et prudentiæ.

Disponit quidem senectus ad contemptum delectationum. Iuvenum enim corpora fervent naturali calore, ex quo concitatur iuventus ad delectationes corporales, quæ præcipue consistunt in cibis, et potibus, et venereis.

Sed ad vitandum hæc disponit senectus.

Senes enim sunt mortificati. II Reg. XIX, 35: numquid vigent sensus mei ad discernendum suave vel amarum? et ideo dicit ut sobrii sint, quantum ad cibos et potus, et pudici, quantum ad venerea. Gen. XVIII, 12: postquam consenui, et Dominus meus vetulus est, voluptati operam dabo? sed si senectus ad hoc disponit, quare hoc monet? respondeo. Aliquando contingit ex magna perversitate quod senex reducitur ad puerilia peccata. Is. LXV, 20: puer centum annorum morietur: et peccator centum annorum maledictus erit. Et duplex est ratio quare hoc contingit. Aliter enim ad hoc movetur senex, aliter iuvenis. Iuvenis enim incitatur ad hæc ex instinctu passionis; sed senex ex electione, propter duo. Nullus enim vult esse sine delectationibus, et tanto plus appetit eas, quanto maiores molestias sentit. Senex autem patitur multa incommoda et defectus naturæ. Et ideo quando non habet spirituales delectationes, quærit corporales. Secunda ratio est, quia iuvenis quandoque refrænatur per pudorem; senes autem, secundum Philosophum, sunt inverecundi, quia sunt antiqui et multa experti; iuvenes autem vani et verecundabiles naturaliter: et ideo refrenantur, sed non senes.

Item senectus disponit ad prudentiam, propter experimentum longi temporis.

Iob XII, 12: in antiquis est sapientia, et in multo tempore prudentia. Eccli. XXV, 7: quam speciosa veteranis sapientia, et gloriosis intellectus, et consilium. Corona senum multa peritia.

Unde subdit prudentes.

Contingit tamen aliquando senem esse fatuum.

Eccli. XXV, 4: senem fatuum et insensatum.

Et hoc est ex duobus quod senex est fatuus: prudentia enim acquiritur per exercitium; quando ergo in iuventute se in bonis non occupant, sunt in senectute imprudentes.

Eccli. XXV, 5: quæ in iuventute tua non congregasti, quomodo invenies ea in senectute tua? item alia ratio est, quia in iuventute quandoque affluunt voluptatibus, et maxime superfluitate ciborum; et ideo desiccatur eorum cerebrum. Prov. XX, 1: luxuriosa res est vinum, et tumultuosa ebrietas; quicumque his delectatur, non erit sapiens.

Deinde ponit ad quæ contrariatur senectus: et primum est fides; secundum dilectio; tertium patientia.

Quantum ad primum dicit sani in fide, quia sine ea impossibile est placere Deo, Hebr. XI, 6. Sed quod aliqui non sunt sani in fide, maxime in aliquo novo quod proponitur senibus credendum, contingit ex duobus.

Primo quod senes non sunt firmi in aliquo novo propter præsumptionem sapientiæ, et ideo non credunt aliis. Iob XII: et senes sunt in nobis. Item quia naturale vitium senum est, quod sint increduli; quia sunt experti se sæpius esse deceptos.

Et ideo loquuntur semper cum forte vel fere; adverbiis temperativi modi et dubitativi modi. Incredulitas autem repugnat fidei.

Is. I: qui incredulus est, infideliter agit.

Quantum ad secundum dicit in dilectione.

Et hoc ideo, quia plenitudo legis est dilectio.

Et monet ad hoc propter duo. Primo quia in senibus parum est amicitiæ, quia amor nutritur per convictum. Nullus autem vult diu convivere cum tristibus. Senes autem sunt tristes, et ideo non est cum eis amicitia. Item quia senes diligunt propter utilitatem tantum, sicut iuvenes propter delectabile.

Senex enim indiget sustentatione.

Quantum ad tertium dicit in patientia, et monet ad hoc propter tria. Primo quia senes multa mala sive incommoda circumveniunt; et ideo indigent patientia contra turbationes.

Alia ratio est: senes enim vivunt in memoria multorum, unde semper dicunt antiqua; iuvenes autem vivunt in spe magnorum; et ex hoc senes dupliciter ad impatientiam moventur, propter bona scilicet quæ habuerunt et carent eis, unde Bœtius: summa miseria est, fuisse felicem. Thren. I, 7: recordata est Ierusalem dierum afflictionis suæ, prævaricationis omnium desiderabilium suorum, quæ habuerat a diebus antiquis.

Item quia vivunt in memoria, contingit quod aliqui, qui modo eos despiciunt, aliquando fuerunt peiores; et ideo turbantur. Iob XXX, 1: nunc autem derident me iuniores tempore, quorum patres non dignabar ponere cum canibus meis. Tertia ratio est, quia quanto senex appropinquat ad finem vitæ, tanto magis desiderat vivere. Unde videns se deficere, magis tristatur.

Deinde cum dicit anus, docet qualiter vetulæ instruantur. Et primo docet qualiter vetulæ instruantur in vita; secundo in doctrina. Item primo qualiter in habitu; secundo qualiter in victu; tertio quomodo in verbo.

Quantum ad primum dicit in habitu sancto, id est, carentes lascivia et pompa. Et hoc convenit omni mulieri. I Pet. III, 3: quarum non sit extrinsecus capillatura, aut circumdatio auri, aut indumenti, vestimentorumque cultus, etc.. I Tim. II, 9: similiter et mulieres in habitu ornato, cum verecundia et sobrietate ornantes se, non in tortis crinibus, aut auro, aut margaritis, vel veste pretiosa, etc.. Sed specialiter anus hoc servare debent; quia iuvencularum est propter viros suos modeste se ornare; quod intelligitur simpliciter de omni motu corporis. Eccli. XIX, 27: amictus corporis, et risus dentium, et ingressus hominis enuntiant de illo.

Quantum ad secundum dicit non criminatrices.

Duo enim sunt in sene. Unum quod commune est senibus, scilicet quod sunt suspiciosi, quia viderunt multa mala, quæ similiter præsumunt de aliis. Item in mulieribus quæ specialiter sunt zelotypæ, et utrumque contingit in vetula, quia ratione ætatis est suspiciosa; ratione sexus est zelotypa.

Eccli. XXVI, 9: in muliere zelotypa flagellum linguæ omnibus communicans. Et ideo non criminatrices.

Quantum ad convictum dicit non multo vino servientes. Et de viris dixit ut sobrii sint. Et dicit, non multo, quia quandoque utuntur eo propter frigiditatem earum.

Quantum ad doctrinam dicit bene docentes.

Contra I Cor. XIV, 34: mulieres in ecclesiis taceant, non enim eis permittitur loqui, sed subditas esse. I Tim. II, 11: mulier in silentio discat cum omni subiectione: docere autem mulieri non permitto.

Respondeo. Dicendum est quod doctrina publica, quæ fit in populo, interdicitur mulieri; sed privata, qua quis familiam docet, ei conceditur. Prov. XXXI, 1: visio, qua erudivit eum mater sua, etc.. Prov. IV, 3: nam et ego filius fui patris mei tenellus et unigenitus coram matre mea, et docebat me, atque dicebat, etc..

Et bene dicit ut prudentiam doceant magis ad anus quam ad viros, quia quandoque docent fabulas aniles magis quam proficua, et etiam quia magis ipsæ conversantur cum pueris et cum familia, quam viri.

Deinde cum dicit adolescentulas, ostendit qualiter instruat iuvenes, et primo ostendit qualiter instruat iuvenes fœminas; secundo qualiter mares iuvenes, ibi iuvenes similiter.

Item prima in tres, quia primo ostendit qualiter se habeant ad personas coniunctas; secundo ad seipsas; tertio ad subiectos.

Quantum ad primum dicit ut viros suos ament. Viro enim debetur amor.

Prov. XII, 4: *mulier diligens corona est viro suo*. Eccli. XXV, 1: *in tribus beneplacitum est spiritui meo, etc.*, et infra: *vir et mulier bene sibi consentientes*.

Vel sic, ut prudentiam doceant adolescentulas et viros, etc.. Sed prima expositio est melior.

Et filios diligant, hoc est naturale. Is. XLIX, 15: *numquid potest mulier oblivisci infantem suum, ut non misereatur filio uteri sui?* et nota quod dicit ut viros ament, et filios diligant, quia ad viros est amor ferventior, sed ad filios naturalior.

Sed quantum ad seipsas, tria dicit: unum quo ad rationem, scilicet prudentes.

Prov. XIX, 14: *domus et divitiæ dantur a parentibus, a Domino autem proprie uxor prudens*. Et hoc necessarium est, quia iuventus earum et sexus contrariatur prudentiæ.

Aliud est quantum ad concupiscibilem, scilicet cum dicit castas. Tertium vero quantum ad irascibilem, cum dicit sobrias.

Eccli. XXVI, 19: *gratia super gratiam mulier sancta et pudorata*.

Sed quantum ad subiectos, primo ponit curam eorum; secundo modum; tertio rationem assignat.

De primo dicit domus curam habentes.

Prov. XIV, 1: *sapiens mulier ædificat domum suam; insipiens vero instructam quoque destruet manibus*.

In cura autem sunt duo observanda mulieri; sunt enim ut plurimum iracundæ. Eccli. XXV, 23: *non est ira super iram mulierum*.

Et ideo dicit benignas, quasi dicat: cum mansuetudine regant. Aliud est, quia quando mulier potestatem habet, nititur in contrarium viro suo. Eccli. XXV, 30: *mulier si primatum habeat, contraria est viro suo*.

Ideo dicitur subditas viris suis. Unde dicitur Gen. III, 16: *sub viri potestate eris, et ipse dominabitur tui*. Et hoc ideo ut non blasphemetur verbum Dei, id est, non detis occasionem blasphemandi.

Et hæc omnia notantur Tob. X, 13 ubi dicitur, quod Raguel et Sara monuerunt filiam suam honorare soceros, diligere maritum, regere familiam, gubernare domum, et seipsam irreprehensibilem exhibere.

Consequenter ostendit qualiter doceat mares iuvenes, scilicet ut sobrii sint, quod repetit, quia ebrietas est principium vitiorum.

I Pet. V, 8: *sobrii estote, etc.*.

Lectio 2

Supra apostolus Titum docuit de quibus instruat subditos liberos. Et quia non tantum verba prosunt, sed etiam exempla, ideo docet ut se exemplum præbeat, primo generaliter; secundo specialiter, ibi in doctrina; tertio rationem huius assignat, ibi ut is qui ex, etc..

Dicit ergo: quia ætate iuvenis es, præbe te in exemplum omnibus bonorum operum. Prælatus enim debet esse quasi forma existens discipulis. I Cor. XI, 1: imitatores mei estote, sicut et ego Christi. Io. XIII, 15: exemplum dedi vobis, etc..

Deinde cum dicit in doctrina, ponit specialia, in quibus debet se præbere exemplum: primo ostendit quis debeat esse eius actus, scilicet in doctrina; unde dicit in doctrina.

Hoc enim est proprium prælati. Ier. III, 15: dabo vobis pastores iuxta cor meum, et pascent vos scientia et doctrina. Et ei maxime convenit, ut qui habet alios episcopos sub se, ut dicitur supra I, 5: episcopos constituas, etc.. Ideo debet alios docendo, eis exemplum doctrinæ præbere. I Tim. IV, 16: attende tibi et doctrinæ.

Item monet eum quantum ad vitam; et primo declinare a malo. Is. I, 16: quiescite agere perverse. Et ideo dicit in integritate, per incorruptionem. Sicut enim corpus perdit integritatem per corruptionem membrorum suorum, ita anima per corruptionem peccati.

In prælato autem est integritas sensus per prudentiam, affectus per charitatem, corporis per castitatem. Thess. Ult.: integer spiritus vester, et anima, et corpus sine querela in adventu Domini nostri Iesu Christi servetur. Secundo quod sit gravis quantum ad bona quæ cum charitate fiunt. Grave autem duo habet, unum quia descendit, et secundum hoc vituperatur. Ps. IV, 3: filii hominum usquequo gravi corde, etc.; aliud est, quod est stabile et firmum. Et ideo illi dicuntur graves, qui non de facili moventur a bono; ita hic cum dicit in gravitate, et hoc commendatur. Ps. XXXIV, 18: in populo gravi laudabo te.

Deinde ostendit qualis debet esse eius doctrina et verbum. Et dicit quod debet esse sanum, id est, non corruptum falsitate. II Tim. I, 13: formam habe sanorum verborum, quæ a me audisti in fide, etc.. Prov. XVII, 7: non decet principem labium mentiens. Item quantum ad modum, cum dicit irreprehensibile, id est, ut proferatur tempore suo, et cum omni decentia et provocatione ad correctionem.

Eccli. XX, 22: ex ore fatui reprobatur parabola; non enim dicet illam in tempore suo.

Finis autem doctrinæ est ut is qui ex adverso est, vereatur, etc., quasi dicat: si omnes bene se habeant, scilicet prælati et subditi, adversarii non possunt vobis nocere.

I Pet. II, 15: sic est voluntas Dei, ut benefacientes obmutescere faciatis imprudentium hominum ignorantiam. I Tim. V, 14: nullam occasionem dare adversario maledicti gratia.

Deinde cum dicit servos, docet qualiter instruat servos, et primo facit hoc; secundo eius rationem assignat, ibi apparuit.

Circa primum tria facit, quia primo inducit servos ad subiectionem; secundo determinat modum eius, ibi in omnibus; tertio ostendit necessitatem doctrinæ huius, ibi ut doctrinam.

Dicit ergo: admone servos dominis suis subesse. I Pet. II, 18: servi, subditi estote in omni timore dominis, non tantum bonis et modestis, sed etiam dyscolis. Col. III, 22: servi, obedite per omnia dominis carnalibus, non ad oculum servientes, etc..

Idem dicit Ephes. VI, 5.

Et quare monet hoc tam frequenter apostolus? respondeo. Non sine causa. Hæresis enim incepit apud Iudæos, quod servi Dei non deberent servire hominibus, et ex hoc etiam derivatum est in populo christiano, quod dixerunt quod per Christum filii Dei facti, non deberent esse servi hominum. Sed Christus per fidem non venit tollere ordinem iustitiæ, immo per fidem Christi iustitia servatur.

Iustitia autem facit alios aliis subdi.

Sed servitus huiusmodi est quantum ad corpus.

Nam per Christum nunc liberamur a servitute quantum ad animam, sed non a servitute, nec a corruptione corporis; sed in futuro liberamur etiam a corruptione et servitute corporali. I Cor. XV, 24: cum tradiderit regnum Deo et patri, etc..

Sed quod dicit in omnibus, potest referri primo ad hoc quod dicit subditos, ut intelligatur in omnibus, scilicet ad quæ se extendit ius dominativæ potestatis; vel ad hoc quod dicit placentes.

Debet enim esse subiectio, primo ut serviant sine offensione, non cum murmure et tarditate. Col. I, 10: per omnia placentes Deo. I Cor. X, 33: ego per omnia omnibus placeo.

Contra Gal. I, 10: si hominibus placerem, Christi servus non essem.

Respondeo. Placere homini propter ipsum est vituperabile, sed propter Deum est laudabile.

Secundo ut sint sine repugnantia; ideo dicit non contradicentes. Eccli. IV, 30: non contradicas verbo veritatis.

Tertio sine fraude; unde dicit non fraudantes.

Ubi unum removet, et alterum astruit.

Removet fraudem; servis enim committuntur bona dominorum. Lc. XIX: tradidit eis bona sua. Astruit in omnibus bonitatem; et ideo dicit sed in omnibus fidem bonam ostendentes.

Sed quo fine sunt hæc fienda? non quidem propter terrenum favorem sed propter gloriam Dei, unde dicit ut doctrinam salvatoris nostri Domini ornent, etc.. Glossa: ornamentum doctoris est honesta vita discipuli, sicut sanitas infirmi est laus medici.

Doctor curator est animarum. Si ergo nos ostendimus bona opera, laudatur doctrina Christi. Is. LII, 5: iugiter tota die nomen meum blasphematur. Matth. V, 16: ut videant opera vestra bona, etc..

Lectio 3

Supra apostolus instruxit Titum qualiter doceret servos et liberos, et conclusit quasi rationem, ut scilicet doctrina Christi ornaretur, hic, assignans plenam rationem dictorum, exponit quod dixit per bonam conversationem. Et primo præmittit gratiam et doctrinam Christi; secundo inducit eum ad gratiæ prædicationem, ibi hæc loquere.

Item primo proponit gratiæ apparitionem; secundo eius instructionem, ibi erudiens nos; tertio eius operationem, ibi qui dedit.

Sciendum est autem quod gratia importat misericordiam, quia gratia est de eo quod gratis datur, et quod gratia datur hoc misericorditer datur.

Misericordia autem semper in Deo fuit, tamen olim circa homines latebat. Ps. XXXV, 6: Domine, in cælo misericordia tua. Ante Christum enim omnes quantumcumque essent iusti, erant sub damnatione, sed Christo filio Dei carnem assumente, apparuit gratia. I Tim. III, 16: et manifeste magnum est pietatis sacramentum, quod manifestatum est in carne.

Ps. LXXIX, 2: qui sedes super Cherubim, manifestare.

Sed quanto quis est potentior, tanto eius gratia magis desideratur. Unde gratia Dei desideranda est; et hoc est quod dicit gratia Dei. Et hoc ad salvandum, unde dicit et salvatoris nostri. Is. LI, 8: salus autem mea in sempiternum erit. Hæc autem gratia non proponitur uni solummodo populo Iudæorum, sicut olim, sed omnibus hominibus.

Is. XL, 5: videbit omnis caro pariter, quod os Domini locutum est. Is. LII, 10: et videbunt omnes fines terræ salutare Dei nostri. I Tim. II, 4: vult omnes homines salvos fieri.

Et potest dici quod in nativitate Christi apparuit hæc gratia dupliciter. Uno modo et primo, quia per maximam Dei gratiam datus est nobis. Unde eius conceptio cum sit operatio totius trinitatis, attribuitur tamen specialiter spiritui sancto, qui est principium gratiarum. Et hæc gratia apparuit omnibus hominibus, et specialiter homini Christo. Io. I, 14: plenum gratiæ et veritatis.

Ex hac gratia, secundo, est consecuta instructio humani generis; quia ante Christum fuit mundus in ignorantia et hæresi. Is. IX, 2: populus qui ambulabat in tenebris, vidit lucem magnam. Unde dicit erudiens nos, scilicet sicut homo erudit filium.

De duobus autem erudivit nos, quia duo necessaria sunt homini, scilicet bonum opus et recta intentio.

Primo ostendit quomodo Christus nos de primo erudivit; secundo, de secundo, ibi expectantes.

Dicit ergo ut abnegantes impietatem et sæcularia desideria. Notandum est quod dicit impietatem et sæcularia desideria, quia omnia peccata vel consistunt in his, quæ sunt directe contra Deum, quæ dicuntur peccata impietatis. Pietas enim proprie est, secundum quam colimus parentes et patriam.

Sed quia Deus est principalis pater noster, ideo pertinet ad cultum Dei pietas.

Iob XXVIII, 28, secundum aliam litteram, ubi nos habemus sic: ecce timor Domini ipsa est sapientia, habetur: ecce pietas ipsa est sapientia.

Et ideo peccata contra Deum dicuntur esse impietates. Rom. I, 18: revelatur enim ira Dei de cælo super omnem impietatem, et ibi loquitur de idololatria.

Vel consistunt in abusu temporalium, et hæc sunt sæcularia desideria. Est autem sæculum spatium mensurans periodum rerum.

Unde per sæcularia intelliguntur res sæculares et omnia peccata quæ in proximum committuntur, vel in se per earum abusum.

Deinde cum dicit sobrie, etc., ostendit quid boni faciamus. Et dicit sobrie, quantum ad se; iuste, ad proximum; pie ad Deum.

Sobrie ad se, quasi mensurate; bria enim mensura est, et hoc est si homo cum mensura rationis utatur exterioribus rebus et propriis passionibus. Unde sobrietas accipitur pro quolibet mensurato usu rerum exteriorum et extrinsecarum passionum. Sap. VIII, 7: sobrietatem enim et sapientiam docet et iustitiam et virtutem, quibus nihil utilius est in vita hominibus.

Iuste ad proximum. Ps. X, 8: iustus Dominus et iustitiam dilexit.

Pie ad Deum. I Tim. IV, 7: exerce te ad pietatem.

Deinde cum dicit expectantes beatam spem, instruit eum de fine, qui consistit in duobus, scilicet in gloria animæ in morte; alius in gloria corporis, in adventu Christi. Io. V, 28: venit hora, in qua omnes qui in monumentis sunt, audient vocem filii Dei, etc..

Quantum ad primum dicit expectantes beatam spem, contra illos qui ponunt finem hominis in actu virtutum in hac vita. Sed hoc non est verum, quia etsi sobrie et pie et iuste vivamus, adhuc sumus expectantes.

Iob VII, 1 et XIV, 6: sicut mercenarii dies eius. Is. XXX, 18: beati omnes qui expectant eum. Et ideo dicit expectantes beatam spem.

Quod potest intelligi dupliciter: vel quia est spes de beatitudine; vel quia expectatio facit ipsos beatos.

Quantum ad secundum dicit et adventum gloriæ magni Dei, et salvatoris nostri Iesu Christi, scilicet per quem resurgent corpora nostra. Qui enim diligit amicum, cum desiderio expectat eum. II Tim. IV, 8: non solum autem mihi, sed et his qui diligunt adventum eius. Lc. XII, 36: vos similes hominibus expectantibus Dominum suum.

Et dicit adventum gloriæ, quia primus adventus fuit humilitatis. Phil. II, 8: humiliavit semetipsum, etc.. Matth. XI, 29: discite a me, quia mitis sum et humilis corde. Et ille erit gloriæ, quia sua divinitas omnibus innotescet. Lc. XXI, 27: et tunc videbunt filium hominis venientem in nubibus cum potestate magna et maiestate.

Et dicit magni Dei, contra Arrium, qui dixit filium non æqualem patri. Et bene magnus, quia dicitur Rom. IX, 5: qui est super omnia Deus benedictus in sæcula. I io.

Ult.: ut simus in vero filio eius, etc..

Item est salvator. I Tim. II, 3: hoc enim bonum est et acceptum coram salvatore nostro Deo, qui omnes homines vult salvos fieri, etc.. Quia ad hoc venit, et hoc importat nomen eius. Matth. I, 21: ipse enim salvum faciet populum suum a peccatis eorum.

Et addit Christi, scilicet qui est unctus, in quo intelligitur unio divinitatis ad humanitatem.

Aliqui enim dicuntur uniti; sed non ita quod habeant essentiam divinitatis unitam, sed quia participant eius aliquid; sed Christo est unita divinitas. Ps. XLIV, 8: unxit te Deus, Deus tuus, etc..

Deinde cum dicit qui dedit semetipsum, ostenditur operatio gratiæ. Et primo ostendit beneficium gratiæ passionis eius; secundo passionis fructum, ibi ut nos redimeret.

Dicit ergo: dico quod est noster salvator, et quomodo? quia dedit semetipsum pro nobis. Eph. V, 2: ambulate in dilectione, sicut et Christus dilexit nos, et tradidit semetipsum pro nobis oblationem et hostiam Deo.

Fructus eius dicitur liberatio et sanctificatio.

Liberatio, cum dicit ut nos redimeret ab omni iniquitate. Io. VIII, 34: qui facit peccatum, servus est peccati. Primus enim homo ex peccato suo redactus est in servitutem peccati, ex qua servitute inclinabatur ad aliud peccatum; sed Christus satisfecit per suam passionem; et ideo sumus redempti a servitute. Is. XLIII, 1: noli timere, quia redemi te, etc.. Et non solum ab originali, sed ab omnibus, quæ quis sua voluntate superaddidit.

Sanctificatio in bono ponitur, cum dicit ut mundaret sibi populum, id est, ut sanctificaret populum, sic scilicet ut essemus populus eius, id est, ei consecratus. I Petr. II, 10: qui aliquando non populus eius, nunc autem populus eius. Acceptabilem, scilicet Deo per rectam fidem et intentionem.

Prov. XIV, 35: acceptus est regi minister intelligens. Vel acceptabilem, id est, peculiarem. Deut. VII, 6: te elegit Dominus Deus tuus ut sis ei populus peculiaris. Sed oportet etiam quod extra sint opera bona, unde dicit sectatorem bonorum operum.

Rom. XIII, 3: bonum fac, et habebis laudem ex illo. Gal. VI, 9: bonum autem facientes, non deficiamus.

Deinde cum dicit hæc loquere, etc., inducit eum ad prædicationem gratiæ, et circa hoc duo facit; quia primo hortatur eum ad prædicandum; secundo instruit prædicandi modum, ibi cum omni, etc..

Dicit ergo loquere spectantia ad credenda, exhortare ad agenda. I

Thess. II, 3: exhortatio nostra non de errore, neque de immunditia, neque in dolo. Argue male agentes.

I Tim. V, 20: peccantes coram omnibus argue.

Et hoc cum omni imperio, id est, cum auctoritate, quia loquitur ut instrumentum, vel minister Dei. Et ideo cum fiducia divinæ auctoritatis.

Est tamen loquendum in exhortando quandoque cum prece, considerando infirmitatem propriam. Prov. XVIII, 23: cum obsecrationibus loquitur pauper; quandoque cum imperio, considerando auctoritatem commissam.

II Cor. Ult.: an experimentum quæritis eius qui in me loquitur Christus? vel cum mansuetudine ad bonos, cum auctoritate ad obstinatos.

Habet autem moneri, et cum imperio arguat, quia naturaliter fuit mitis. I Tim. IV, 12: nemo adolescentiam tuam contemnat.

Capitulus III

Lectio 1

Supra apostolus posuit particulares admonitiones pertinentes ad singulos status, hic ponit generales ad omnes. Et primo ponit ipsas; secundo rationem ipsarum, ibi eramus; tertio inducit Titum ad utrorumque prædicationem, ibi et de his volo te.

Circa primum duo facit, quia primo monet omnes qualiter se habeant ad superiores; secundo quomodo ad æquales, ibi neminem blasphemare.

Item prima in duas, quia primo ostendit quod superioribus debent subditi reverentiam subiectionis; secundo obedientiam iussionis, ibi dicto obedire.

Dicit ergo: dixi de quo moneas prædictos, sed admone illos, id est, omnes, principibus, id est, maioribus, scilicet regibus et huiusmodi, et potestatibus, id est, aliis officialibus, subditos esse. I Pet. II, 13: subiecti estote omni humanæ creaturæ propter Deum, sive regi tamquam præcellenti, sive ducibus tamquam ab eo Missis. Rom. XIII, 1: omnis anima potestatibus sublimioribus subdita sit.

Et hæc monitio necessaria est, primo ad tollendum errorem circa Iudæos, qui dicunt non esse obediendum mandatis hominum; secundo ut nullam inquietudinem facerent in ecclesia; tertio quia tenentur ad obedientiam iussionis. Hebr. Ult.: obedite præpositis vestris, et subiacete eis, etc..

Et dixit dicto obedire, id est, ad solum verbum præsidis. I Reg. XV, 22: melior est enim obedientia, quam victimæ. II Thess. III, 14: si quis non obedierit verbo nostro, per epistolam, hunc notate.

Non solum autem est necessaria promptitudo, sed discretio. Unde dicit ad omne opus bonum, alioquin non esset obediendum; tunc enim magis Deo obediendum est, quo maior est. Act. IV, 19: si iustum est in conspectu Dei, vos potius audire, quam Deum, iudicate. Unde milites non tenentur obedire in bello iniusto.

Deinde cum dicit neminem, ostendit qualiter se habeant erga æquales. Et primo quoad vitationem mali; secundo quoad operationem boni, ibi sed modestos.

Monet autem eos specialiter de verbis, quia in primitiva ecclesia pauci peccabant factis. Verbis autem aliquis peccat, primo contra personam alterius, si ei improperia inferat. Unde dicit neminem blasphemare.

Sed contra: quia blasphemia est relatio criminis in Deum, non ergo est blasphemia in proximum.

Respondeo. Inquantum dilectio proximi refertur in dilectionem Dei, et honor proximi in honorem Dei, sic eius improperium est in Deum. Sumitur ergo hic blasphemare, pro qualibet maledictione occulta vel manifesta.

II Pet. II, 10: sectas non metuunt introducere blasphemantes.

Secundo quis peccat contra proximum propter res exteriores. Et ideo dicit non litigiosos esse. Ubi est sciendum, quod tria sunt genera hominum: quidam eorum sunt virtuosi, et duo vitiosi. Quidam enim omnibus verbis auditis in nullo contristantur, et hi sunt adulatores. Et quidam omni verbo resistunt, et hi litigiosi sunt. Contra hos loquitur hic. Ideo dicitur II Tim. II, 24: servum autem Domini non oportet litigare, sed mansuetum esse ad omnes. Prov. XX, 3: honor est homini, qui se separat a contentionibus.

Sed medium tenens, ut quandoque delectetur verbis, quandoque contristetur, est virtuosus.

II Cor. II: si contristavi vos epistola, non me pœnitet, etc..

Deinde cum dicit sed modestos, ostendit quomodo se habeant in operatione boni. Et primo in exterioribus actibus, dicens sed modestos. Est autem modestia virtus, per quam aliquis in omnibus exterioribus modum tenet, ut non offendat cuiusquam aspectum.

Phil. IV, 5: modestia vestra nota sit omnibus hominibus. Prov. XXII, 4: finis modestiæ, timor Domini, divitiæ, gloria, et vita, etc..

Quanto autem quis est impetuosior in interioribus affectibus, tanto refrænatur difficilius etiam in exterioribus. Talis autem est inter omnes affectus ira. Et ideo contra hoc ponit mansuetudinem, quæ moderatur passiones iræ. Unde dicit omnem mansuetudinem ostendentes ad omnes homines. Matth. XI, 29: discite a me, quia mitis sum et humilis corde. Iac. I, 21: in mansuetudine suscipite insitum verbum, quod potest salvare animas vestras.

Deinde cum dicit eramus enim et nos, etc., assignat rationem prædictorum, et maxime huius ultimi, scilicet quod sint mansueti.

Possent enim dicere: quomodo erimus mansueti ad infideles, quomodo ad malos? non enim hoc possumus. Respondet: considera te qualis fueris. Et ideo contra iram optimum remedium est recognitio fragilitatis propriæ. Et ideo primo ponit statum eorum præteritum; secundo ostendit unde venerunt ad statum perfectionis, ibi cum autem benignitas.

Item primo ponit defectus pertinentes ad intellectum; secundo ad affectum, ibi servientes.

Intellectus autem potest dupliciter deficere: vel quia deficit a vera cognitione, sicut per ignorantiam negationis; vel quia incidit in opinionem falsi. Verum autem in rebus divinis dupliciter aliqui percipiunt. Quidam enim solum per fidem, quidam prægustando per lumen sapientiæ per apertam aliquam cognitionem.

Unde quantum ad secundum dicit eramus enim insipientes, id est privati ista sapientia.

Lc. XXI, 15: dabo vobis os et sapientiam, etc.. Quantum ad primum dicit et increduli, id est, infideles. Ez. II, 6: increduli et subversores sunt tecum.

Sed erramus incidentes in contrariam opinionem.

Unde dicit errantes, id est, falsum pro vero tenentes. Is. XIX, 14: errare fecerunt Aegyptum in omni opere suo.

Deinde ponit ea quæ pertinent ad corruptionem affectus: et primo quantum ad se; secundo quantum ad alios, ibi in malitia, etc..

Affectus autem hominis tunc est rectus, quando servit rationi, et utitur licitis delectationibus secundum rationem. Quando ergo non sequitur rationem, sed sua desideria, tunc corrumpitur. Unde dicit servientes desideriis et voluptatibus variis. Voluptates respiciunt peccata delectationum carnalium, ut sunt luxuria et gula. Desideria vero quælibet alia vita, ut sunt ambitio et avaritia, et huiusmodi.

Eccli. XVIII, 30: post concupiscentias tuas non eas, et a voluptate tua avertere.

Rom. VI, 12: non regnet peccatum in vestro mortali corpore, ut obediatis concupiscentiis eius. II Tim. III, 4: voluptatum amatores magis quam Dei.

Deinde cum dicit in malitia et invidia agentes, ponit peccata in ordine ad alios: et primo malitiam, quæ est voluntas nocendi alteri; effectus enim denominatur a fine. Qui ergo intendit inferre malum, dicitur malitiosus. Iac. I, 21: propter quod abiicientes omnem immunditiam et abundantiam malitiæ.

Secundo ponit invidiam, quæ dolet de proximi bono, sicut malitia infert malum.

Prov. XIV, 30: putredo ossium, invidia.

Tertio ponit odium. Unde dicit odibiles, scilicet vel Deo, per hoc quod faciunt peccatum.

Sap. XIV, 9: similiter odibiles sunt Deo impius et impietas eius. Rom. I, 30: detractores Deo odibiles. Vel proximo, quando faciunt illud unde proximus eos odio habere debeat.

Et addit odientes invicem; quasi dicat: et nos etiam odiebamus alios. I Io. III, 15: qui odit fratrem suum, homicida est.

Deinde cum dicit cum autem benignitas, ostendit statum salutis nostræ, cuius ordinem et processum primo describit; secundo confirmat dictum, ibi fidelis sermo.

Circa primum quatuor facit, quia primo ostendit causam salutis; secundo rationem salvandi, ibi non ex operibus iustitiæ; tertio modum eius, ibi per lavacrum; quarto finem, ibi ut iustificati.

Causa autem nostræ salutis est charitas Dei. Eph. II, 4: Deus autem, qui dives est in misericordia, propter nimiam charitatem suam, qua dilexit nos, etc.. Hanc charitatem describit, primo quantum ad affectum; secundo quantum ad effectum.

Interior charitatis affectus designatur in benignitate, quæ dicitur bona igneitas. Ignis autem significat amorem. Cant. VIII, 6: lampades eius, lampades ignis atque flammarum.

Benignitas ergo est amor interior, profundens bona ad exteriora. Hæc ab æterno fuit in Deo, quia amor eius est causa omnium. Ioel II, 13: benignus et misericors est, etc..

Sed hoc quandoque non apparebat. Is. LXIII, 15: ubi nunc zelus tuus et fortitudo tua, multitudo viscerum tuorum et miserationum tuarum? super me continuerunt se. Sed per effectum apparuit, quod designatur cum dicit humanitas: quod dupliciter potest intelligi, vel secundum quod significat humanam naturam, quasi dicat apparuit benignitas et humanitas, quando Deus ex benignitate est homo factus. Phil. II, 7: habitu inventus ut homo. Ps. LXIV, 12: benedices coronæ anni benignitatis tuæ. Vel secundum quod designat virtutem, quæ consistit in exteriori subventione in defectibus aliorum. Unde humanum esse, est condescendere. Act. Ult.: barbari autem præstabant non modicam humanitatem nobis. Sic Deus condescendit nostris defectibus. Ps. CII, 14: ipse cognovit figmentum nostrum. Et hoc salvatoris, quia, ut dicitur Ps. XXXVI, 39: salus autem iustorum a Domino.

Deinde cum dicit non ex operibus, etc., ponit rationem salvandi; et primo excluditur ratio præsumpta; secundo ostenditur ratio vera.

Ratio præsumpta est, quod propter merita nostra simus salvati; quod excludit, cum dicit non ex operibus iustitiæ quæ fecimus nos.

Rom. XI, 5: reliquiæ secundum electionem gratiæ Dei salvæ factæ sunt. Deut. IX, 5: non propter iustitias tuas et æquitates cordis tui ingredieris, ut possideas terram eorum, etc..

Sed vera ratio est sola misericordia Dei, unde dicit sed secundum suam misericordiam, etc.. Thren. III, 22: misericordiæ Domini, quod non sumus consumpti. Lc. I, 50: et misericordia eius a progenie in progenies.

Modus salutis adipiscendæ est per baptismum, quem primo ponit; secundo effectum eius; tertio causam.

Dicit ergo per lavacrum, id est, salvati sumus per ablutionem spiritualem. Eph. V, 26: mundans eam lavacro aquæ in verbo vitæ. Zac. XIII, 1: erit fons patens domui David, et habitantibus Ierusalem, in ablutionem peccatoris et menstruatæ.

Quantum ad effectus eius subdit regenerationis et renovationis. Pro quo sciendum est, quod homo indigebat duobus in statu perditionis, quæ consecutus est per Christum, scilicet participatione divinæ naturæ, et depositione vetustatis. Erat enim separatus a Deo. Is. LIX, 2: iniquitates vestræ diviserunt inter vos et Deum vestrum, et peccata vestra absconderunt faciem eius a vobis ne exaudiret. Et erat inveteratus. Bar. III, 11: inveterasti in terra aliena. Sed primum consequimur per Christum, scilicet per participationem naturæ divinæ. I Pet. II: ut per hoc efficiamur consortes divinæ naturæ. Sed nova natura non acquiritur nisi per generationem. Sed tamen hæc natura ita datur, quod etiam remanet nostra, et ita superadditur. Sic enim generatur participatio in filium Dei, quo non destruitur homo. Io. III, 7: oportet vos nasci denuo.

Et ideo dicitur generatio. Iac. I, 18: voluntarie genuit nos verbo veritatis suæ. Homo etiam per Christum deposuit vetustatem peccati renovatus ad integritatem naturæ, et hoc vocatur renovatio. Eph. IV, 23: renovamini spiritu mentis vestræ.

Sed quæ est causa huius effectus, ut cor abluat? hæc virtus est a sancta et individua trinitate. Matth. Ult.: in nomine patris, et filii, et spiritus sancti, etc..

Unde et Christo baptizato pater in voce, filius in carne, spiritus sanctus in columbæ specie apparuerunt. Et ideo dicit spiritus sancti, id est, quam spiritus sanctus facit. Ps. CIII, 30: emitte spiritum tuum, etc.. Item est regeneratio per spiritum. Gal. IV, 6: misit Deus spiritum filii sui in corda vestra clamantem: abba pater. Rom. VIII, 15: non accepistis spiritum servitutis iterum in timore, sed accepistis spiritum adoptionis filiorum, in quo clamamus: abba pater.

Sed hunc spiritum dat Deus pater, quem effudit in nos abunde, ut designet copiam gratiæ in baptismo; unde fit plena peccatorum remissio. Ioel II, 28: effundam de spiritu meo super omnem carnem, etc.. Is. XLIV, 3: effundam spiritum meum super semen tuum. Et propter diversa dona gratiarum.

Iac. I, 5: qui dat omnibus affluenter, et non improperat.

Hoc etiam datur per Christum Iesum. Io. XVI, 7: Paraclitus quem ego mittam vobis, etc.. In Christo enim duas naturas invenimus, et ad utramque pertinet, quod Christus det spiritum sanctum. Quantum quidem ad divinam, quia est verbum, ex quo simul et a patre procedit ut amor. Amor autem in nobis procedit ex conceptione cordis, cuius conceptio est verbum. Quantum vero ad humanam, quia Christus accepit summam plenitudinem eius, ita quod per eum ad omnes derivatur. Io. I, 14: plenum gratiæ et veritatis.

Et Paulo post: et de plenitudine eius omnes nos accepimus gratiam pro gratia. Et cap. III, 34: non enim ad mensuram dat Deus spiritum, etc.. Et ideo baptismus et alia sacramenta non habent efficaciam, nisi virtute humanitatis et passionis Christi.

Deinde cum dicit ut iustificati gratia ipsius, ponitur finis salutis nostræ, quæ est participatio vitæ æternæ. Unde dicit hæredes.

Idem autem est iustificati et quod prius dixerat regenerati. In iustificatione impii sunt duo termini, scilicet a quo, qui est remissio culpæ, et hæc est renovatio, et ad quem, qui est infusio gratiæ, et hoc ad regenerationem pertinet. Dicit ergo: ideo verbum caro factum est, ut iustificati, id est renovati per gratiam, quia iustificatio non fit sine gratia.

Sed numquid Deus posset remittere culpam sine gratiæ infusione? videtur quod sic, quia a principio poterat constituere hominem esse sine gratia et culpa.

Respondeo. Dicendum est, quod aliud est de homine, qui numquam offendit, quia sic potest esse sine gratia et sine culpa; et aliud est de homine, qui iam peccavit, qui non potest esse quin odiatur, vel diligatur; et si a Deo diligitur, oportet quod diligat, et si diligit, oportet quod præstetur ei gratia: quia sine gratia non diligit, et quod etiam per hoc efficiantur hæredes. I Pet. I, 4: hæreditatem incorruptibilem, et incontaminatam, et immarcescibilem conservatam in cælis in vobis, etc..

Et hoc vitæ æternæ. Ps. XV, 6: funes ceciderunt mihi in præclaris, etenim hæreditas mea præclara est mihi, etc.. Sed quomodo hæredes? secundum spem, quia iam non est spes huius vitæ. Rom. V, 2: gloriamur in spe gloriæ filiorum Dei.

Deinde cum dicit fidelis sermo est, probat dicta de salute nostra et spe; quasi dicat: hoc dictum est fidele. Apoc. Ult.: hæc verba fidelissima et vera sunt.

Deinde cum dicit et de his volo, mandat hoc prædicari. Et primo ponit præceptum; secundo rationem assignat, ibi hæc sunt.

Dicit ergo et de his, scilicet quæ ad Dei beneficia, reprehensionem peccatorum, documenta fidei et morum, volo te confirmare, scilicet alios. Iob IV, 4: vacillantes confirmaverunt sermones tui. Act. XV, 32: et confirmaverunt eos.

Et ratio huius est ut curent, etc.. Quod potest intelligi de prælatis; quasi dicat: volo quod confirmes viatores, id est, prælatos, ut, ipsi, curent præesse his qui credunt Deo, scilicet fidelibus in bonis operibus. I Pet. II, 12: ex bonis operibus vos considerantes, glorificent Deum. Matth. V, 16: ut videant opera vestra bona, et glorificent patrem vestrum.

Hæc verba sunt bona, quia de bonitate Dei. Matth. XII, 35: bonus homo de bono thesauro profert bona.

Et utilia hominibus.

Is. XLVIII, 17: ego Dominus Deus tuus docens te utilia.

Lectio 2

Supra apostolus docuit Titum qualia ad instructionem populi proponat, nunc ostendit quæ vitet in doctrina.

Et primo facit hoc; secundo scribit quædam familiaria, ibi cum misero.

Item prima in duas, quia primo ostendit quomodo vitet inutilia et aliena dogmata; secundo quomodo vitet hæreticos, ibi hæreticum.

Circa primum duo facit, quia primo ostendit quæ sunt vitanda in sua doctrina; secundo rationem assignat, ibi sunt enim.

Notandum est autem circa primum quod ad eum, qui profitetur doctrinam alicuius scientiæ, primo pertinet, ut satisfaciat quæstionibus quæ moventur in illa; secundo ut per se aliqua tractet; tertio ut disputet cum resistentibus; et quarto quod doceat quid circa eam sit vitandum.

In aliis autem scientiis nullus sapiens cuilibet quæstioni respondet, sed tantum ad eas, quæ pertinent ad suam scientiam. Ita doctor veritatis non debet cuilibet quæstioni respondere.

Stultitia enim sapientiæ opponitur.

Hæc autem doctrina est sapientiæ. Deut. IV, 6: hæc enim sapientia vestra, et intellectus coram populis. Ideo dicit stultas quæstiones.

Quæstiones ergo adversantes intentionibus doctrinæ istius, stultæ sunt. Adversantur autem ei illa, quæ sunt indisciplinabilia. Iob XXXIV, 35: Iob autem stulte locutus est, et verba illius non sonant disciplinam. Item quando manifestum proponitur ut dubium, scilicet quæcumque debet aliquis per se tenere in scientia.

Et hæc sunt quæ spectant ad instructionem fidei et eruditionem morum. Et quædam sunt quæ debet vitare.

Unde dicit genealogias. Ponuntur enim genealogiæ in Scripturis propter mysteria, et propter intellectum historialem.

In resistendo impugnantibus debet vitare contentiones et pugnas. Quando enim est disputatio ad inquisitionem veritatis, est laudabile; sed quando est contentio ad ostendendum quid sit tenendum, et quid vitandum, tales sunt vitandæ. Prov. XX, 3: honor est homini, qui separat se a contentionibus.

II Tim. II, 14: noli verbis contendere.

Pugnæ legis sunt, quæ non ex vitio disputantium, sed quæ oriuntur ex contrarietate in Scriptura, vel rationibus contrariis.

Sed numquid huiusmodi semper sunt vitandæ? dicendum est: in Scriptura sacra, secundum veritatem, nihil est contrarium. Sed si aliquid apparet contrarium, vel est, quia non intelligitur, vel quia corrupta sunt vitio scriptorum, quod patet specialiter in numeris et genealogiis. Et ideo hæc, quia determinari non possunt, vult quod vitentur.

Et hoc ideo, quia inutiles sunt.

Et doctor ad duo intendere debet, scilicet ad utilitatem, et ad veritatem. Prov. VIII, 7: veritatem meditabitur guttur meum, etc.. Is. XLVIII, 17: ego Dominus Deus tuus docens te utilia. Non est ergo intromittendum se de inutilibus, et quæ non habent solidam veritatem. Scire enim singularia, ut sunt genealogiæ, non est ad perfectionem intellectus, nec ad instructionem morum, nec fidei. Et sunt vanæ, quia non habent solidam veritatem.

Deinde cum dicit hæreticum, ostendit qui sunt vitandi inter homines; et primo ostendit quod hæretici; secundo ostendit rationem huius, ibi sciens quia.

Dicit ergo hæreticum hominem.

Ubi notandum est, quid faciat esse hæreticum, et accipienda est prima ratio huius nominis hæreticus. Non enim dicitur a divisione, sed ab electione, ut dicit Hieronymus; in Græco enim hæresis dicitur electio. Unde hæreticus, id est, electivus, quasi pertinaciter adhærens sectæ alicuius, quam elegit.

Unde sciendum est, quod omnis hæreticus est errans, et non e converso, propter duo.

Primo ex parte materiæ circa quam errat, puta si non est circa finem vitæ humanæ, vel circa id quod ad fidem pertinet et bonos mores. Talis enim sic errans non est hæreticus. Si vero erraret circa ea quæ sunt ad finem vitæ humanæ, semper est hæreticus.

Et dico finem vitæ humanæ, quia apud antiquos erant sectæ ponentes diversum finem, ut patet de Stoicis et Epicureis. Vel circa fidem; et sic si aliquis diceret Deum non esse trinum et unum, et fornicationem non esse peccatum, est hæreticus.

Secundo ex parte electionis, quia eligens, si non est pertinax, sed est paratus corrigi secundum ecclesiæ determinationem, et sic non est ex malitia, sed ex ignorantia, non est hæreticus.

Hunc ergo devita, propter periculum. II Tim. II, 17: sermo eorum ut cancer serpit. Item nec aliquis communicet peccatis eorum, ne videatur eis consentire. II Io. Cap. Unico: si quis venerit ad vos, et hanc doctrinam non affert, etc.. Item propter pœnam.

Num. XVI, 26: recedite a tabernaculis hominum impiorum, et nolite tangere quæ ad eos pertinent, etc..

Vult tamen quod moneatur, et si non dimittit, tunc est hæreticus et vitandus. Et dicit post primam et secundam correptionem.

Sic enim fit in ecclesia in excommunicationibus.

Et ratio est, quia numerus omnis rei habet principium, medium, et finem. Ideo accipitur ut sufficiens ad omnia. II Cor. Ult.

V. 1: ecce iam tertio hoc venio ad vos, etc..

Item propter perfectionem numeri ternarii.

Ratio autem devitationis est, quia cum errante agendum a principio, ut corrigatur.

Matth. IX, 12: non est opus valentibus medicus, sed male habentibus. Et ideo non est dimittendum quousque videatur si curari poterit; sed si non potest sanari, tunc est dimittendus. Lc. XIX, 22: ex ore tuo te iudico, serve nequam.

Deinde cum dicit cum misero, scribit quædam familiaria. Et primo quædam disponenda circa ipsum; secundo epistolam terminat in salute.

Dicit ergo cum misero, etc.. Hi duo discipuli erant apostoli. Alios misit quia volebat quod Titus iret ad eum, nec determinat ei tempus, sed locum: eo enim indiguit in adiutorium prædicationis. Voluit tamen præmitti Arthemam, et ostendit quid de eis disponat; secundo obiectioni respondet, ibi discant autem et vestri.

Apollo iste, de quo Act. XIX, 1, erat episcopus Corinthiorum, propter quorum culpam dimisit eos, et ivit Cretam ad Titum, sed, correctis Corinthiis, apostolus revocat eum.

Vocat autem Zenam legisperitum, licet et Apollo esset valde doctus, quia in Iudaismo habuit hanc dignitatem.

Ratio autem quare istos vult præmitti, et non Titum, est quia Titus necessarius erat apud Cretam propter episcopatum, isti autem non habebant aliquam curam. Et dicit ut nihil illis desit, quasi dicat: si non habes, provideant subditi tui.

Et ideo subiungit sic discant vestri, scilicet fideles providere, sicut faciunt Iudæi. Et dicit vestri, scilicet subditi, discant excellere Iudæos, et alios de Asia, qui suis prædicatoribus et indigentibus provident. Et dicit ad usus necessarios, id est, in casibus necessitatis.

I Tim. VI, 8: habentes alimenta, et quibus tegamur, his contenti simus.

Ratio autem quare præsint, est ut non sint infructuosi. I Cor. IX, 7: quis plantat vineam, et de fructu eius non edit? etc.. Populus ergo si est ut vinea Domini, debet ferre fructum, non solum spiritualem, sed etiam temporalem, ut exinde cultores sustententur, alias essent infructuosi. Matth. VII, 19: omnis arbor, quæ non facit fructum bonum, excidetur.

Deinde salutat eos primo ex parte aliorum; secundo rogat, quod salutent alios; tertio ponit suam.

Quantum ad primum dicit salutant, etc., id est, salutem optant.

Secundo dicit saluta eos qui nos amant in fide Christi existentes, quia non est conventio fidelis cum infideli. II par. XIX, 2: impio præbes auxilium, et his qui oderunt Dominum amicitia iungeris. Vel qui nos amant in fide, id est, fideli affectu. Eccli. VI, 15: amico fideli nulla est comparatio.

Gratia Dei, scilicet quæ est principium omnium bonorum. Rom. III, 24: iustificati gratis per gratiam ipsius. Et dicit vobis, quia non scribit uni propter utilitatem ipsius tantum, sed propter totam ecclesiam.

Epistola Ad Philemonem

Prologus

Proœmium

Servus si est tibi fidelis, sit tibi quasi anima tua, etc.. Eccli. XXXIII, 31.

Ostendit sapiens tria circa Dominum et servum, scilicet quid requiratur ex parte servi; item qualis debet esse affectus Domini ad servum; item qualis usus servi.

Ex parte servi requiritur fidelitas, in qua est bonum servi, quia et quod est et omnia sua debet dare Domino. Matth. XXIV, 45: fidelis servus et prudens, etc.. Et dicit si est fidelis, quia fidelitas apud paucos est. Prov. XX, 6: virum fidelem quis inveniet? talis ergo servus debet haberi a Domino, sicut amicus in affectu. Unde dicit sit tibi sicut anima tua. Hoc enim est proprium amicorum, ut eorum anima una sit in nolendo et volendo. Act. IV, 32: multitudinis credentium erat cor unum et anima una. In quo datur intelligi, quod est quidam consensus inter Dominum et servum, quia servus fidelis transit in amicum.

Usus eius est, ut tractetur ut frater; nam frater est, et quantum ad generationem naturæ, quia eodem auctore. Iob XXXI, 24: si contempsi subire iudicium cum servo meo.

Mal. II, 10: numquid non unus pater omnium nostrum? numquid non Deus unus? et quantum ad generationem gratiæ, quæ est eadem. Gal. III, 27 s.: quicumque enim in Christo baptizati estis, Christum induistis; non est Iudæus, neque Græcus, non est servus, neque liber, non est masculus, neque fœmina, omnes enim vos unum estis in Christo Iesu. Matth. XXIII, 8: omnes vos fratres estis.

Hæc autem verba conveniunt materiæ huius epistolæ. Sicut enim supra ostendit qualiter spirituales prælati habeant se ad subditos: sic hic qualiter temporales Domini ad temporales servos, et quomodo servus fidelis quoad Dominum eius.

Capitulus Unicus

Lectio 1

Epistolæ occasio ex hoc est. Apud enim colossenses quidam christianus magnus habuit quemdam servum, qui furtim fugiens Romam, ab apostolo est baptizatus, pro quo et scribit. Et primo ponitur salutatio; secundo epistolaris narratio.

In salutatione primo ponit personas salutantes; secundo salutatas; tertio bona optata.

Dicit ergo Paulus, quod est nomen venerandum omnibus fidelibus, qui sunt docti ab eo. Vinctus. II Tim. II, 9: laboro usque ad vincula. Nam tunc vinctus erat Romæ.

Sed Iesu Christi, ubi ostenditur causa vinculorum.

Laudabile enim valde est vinctum esse propter Christum; in hoc enim est beatificandus.

Matth. V, 10: beati qui persecutionem patiuntur propter iustitiam, etc.. I Pet. IV, 15: nemo vestrum patiatur quasi homicida, aut fur, aut maledicus, aut alienorum appetitor; si autem ut christianus, non erubescat, glorificet autem Deum in isto nomine.

Act. V, 41: ibant apostoli, etc..

Et Timotheus frater. Fratres sunt quantum ad perfectam fidem. Phil. II, 20: neminem habeo tam unanimem, qui sincera affectione pro vobis sollicitus sit. Ipsi autem Timotheum adiungit, ut facilius impetret, quia impossibile est preces multorum non exaudiri.

Deinde ponit personas salutatas. Et primo ponitur persona principalis salutata; secundo adiuncta.

Item primo ponit maritum et uxorem, qui dominium domus habent, quibus obligatur servus. Philemoni dilecto nostro adiutori, et Appiæ sorori charissimæ. Dilecto dicit propter bona opera. Io. XIII, 34: hoc est præceptum meum, ut diligatis invicem. Adiutori, quia subministrabat sanctis. Prov. XVIII, 19: frater qui iuvatur a fratre, quasi civitas firma.

Secundo ponitur persona adiuncta, cum dicit Archippo commilitoni nostro, qui ita erat potens colossis, quod omnes christiani erant sub umbra eius. Et ideo inducit totam ecclesiam ibi, cuius erat episcopus, sic scribens, Col. Ult.: dicite Archippo: vide ministerium, quod accepisti, etc.. Et dicit Archippo commilitoni, quia omnes prælati sunt sicut spirituales milites ecclesiæ. II Cor. X, 4: arma militiæ nostræ non sunt carnalia, etc.. Et addit et ecclesiæ, etc.. Hos superinducit, ut moveant eum ad exaudiendum.

Bona optata exponuntur, ut consuetum est.

Deinde cum dicit gratias ago, ponitur epistolaris narratio. Et primo ponitur gratiarum actio; secundo petitio, ibi propter quod; tertio conclusio, ibi itaque, fratres.

Item primo gratiarum actio ponitur; secundo materia actionis gratiarum, ibi audiens; tertio causa propter quam Deo gratias agit, ibi gaudium enim magnum.

Dicit ergo gratias ago Deo meo.

Col. III, 15: et grati estote. Phil. IV, 6: cum gratiarum actione. Quasi dicat: ita ago gratias de præteritis, ut orem tamen pro futuris.

Et ideo dicit semper memoriam tui faciens, etc.. Phil. I, 7: eo quod habeam vos in corde, et in vinculis meis. Is. XLIX, 15: numquid potest mulier oblivisci infantem suum, etc..

Ponendo autem materiam gratiarum actionis et orationis, ostendit quid pro eo petendo orat.

Materia autem huius erat necessaria et bona Philemoni, scilicet et charitas et fides: sine enim charitate nihil aliorum valet, et per eam omnia habentur. I Cor. XIII, 1: si linguis hominum loquar, etc.. Item, sine fide nullus Deum amare potest, quia non cognoscit vere Deum. De spe autem mentionem non facit, quia media est;

et in his intelligitur.

Sed in quo habes fidem et charitatem? in Domino Iesu. I Cor. Ult.: si quis non amat Dominum nostrum Iesum Christum, anathema sit. Et hoc est necessarium, quia ex Christo dulcius dilecto derivatur dilectio ad membra; quia non diligit caput, qui non diligit membra. I Io. IV, 20: qui non diligit fratrem suum quem videt, Deum quem non videt, quomodo potest diligere? et in omnes sanctos; fides innititur doctrinæ prout est manifestata per Christum, quia Deum nemo vidit unquam, Io. I, 18 et XIV, 1: creditis in Deum, et in me credite. Et ideo per fidem habemus Christum.

Sed quo ad sanctos pertinet, potest intelligi dupliciter: uno modo, quia ex fide quam habent ad Christum procedunt obsequia impensa sanctis. Vel fides consistit in divinitate principaliter, prout est annuntiata per Christum, sed non solum per Christum, sed etiam per sanctos. Matth. Ult.: euntes ergo docete omnes gentes, etc.. Debemus ergo credere non solum dicta per Christum, sed etiam per sanctos. Hebr. II, 3: quæ cum initium accepisset enarrari per Dominum, ab eis qui audierunt in nos confirmata est.

Ut communicatio fidei, hoc continuatur dupliciter. Uno enim modo, ut sit signum.

Et est sensus ut communicatio, etc., id est, tanta est charitas tua, ut communicatio fidei tuæ, etc.. Vel aliter: gratias ago, et memoriam, etc., ut scilicet ostendat quid pro eo petat orando. Et potest intelligi communicatio fidei dupliciter: vel quia in fide communicabat cum omnibus sanctis, non habens aliam fidem novam, ut hæretici. I Cor. I, 10: idipsum dicatis omnes, etc.. Vel communicatio, qua bona communicas sanctis, procedens ex fide. I Tim. Ult.: divitibus huius sæculi præcipe non altum sapere, nec sperare in incerto divitiarum, sed in Deo vivo, qui præstat nobis, etc..

Evidens fiat, id est, ut bonum latens in corde evidens fiat per bona opera. In agnitione omnis boni, scilicet quod a te fit. Et hoc in Iesu Christo, id est, pro Iesu Christo.

Iac. II, 18: ostende mihi fidem tuam sine operibus, et ego tibi ostendam ex operibus fidem meam.

Vel aliter: multa sunt opera in mundo, quæ sunt bona hominibus, et tamen Deo non sunt bona, quia non recte fiunt. Prov. XIV, 12: est via quæ videtur homini recta, novissima autem eius deducunt ad mortem.

Eccle. VIII, 10: vidi impios sepultos, qui etiam cum adhuc viverent in loco sancto erant, et laudabantur in civitate quasi iustorum operum. Sed hoc manifestatur per fidem rectam, quando consequitur præmium a Deo, qui non remunerat nisi recta. Et ideo dicit in agnitione, id est, ut hoc evidens fiat, quod cognoscas omne bonum. Vel quod cognoscatur in te omne bonum, quod est fruitio divinitatis.

Ex. XXXIII, 19: ostendam tibi omne bonum. Sap. VII, 11: venerunt mihi omnia bona pariter cum illa.

Causa autem propter quam gratias agit, est gaudium. Et ideo dicit gaudium enim magnum habui. III Io. Cap. Unico: maiorem horum gratiam non habeo, quam ut audiam filios meos in veritate ambulare.

Hoc enim gaudium alleviabat pressuras.

Unde addit et consolationem. Ps. XCIII, 19: secundum multitudinem dolorum meorum in corde meo, consolationes tuæ lætificaverunt animam meam. Cuius rationem assignat, dicens quia viscera sanctorum requieverunt per te, frater. Col. III, 12: induite vos ergo sicut electi Dei sancti et dilecti viscera misericordiæ, benignitatem, etc..

III Io. Cap. Unico: carissime, fideliter agis quicquid operaris in fratres, et hoc in peregrinos, etc..

Deinde cum dicit propter quod, etc., ponitur petitio, et primo fiducia petendi; secundo ipsa petitio, ibi obsecro; tertio eius ratio, ibi forsitan.

Dicit ergo propter quod, id est, quia sic abundas charitate, multam fiduciam habeo in Christo Iesu, quasi dicat: non ex me, sed ex auctoritate Iesu Christi, in cuius fide te genui. Et ideo possum tibi imperare ut pater, sed quod ad rem, scilicet tuam, pertinet, vel communem; alias prælatus non habet potestatem imperandi sibi quicquam, nisi quod vel est ad eius utilitatem, vel ecclesiæ, vel bonorum morum christianæ religionis.

Tamen propter charitatem magis obsecro.

Prov. XVIII, 23: cum obsecrationibus loquitur pauper.

Et quare? certe cum sis talis, etc..

Sunt duo propter quæ quis debet obsecrari, scilicet ætas senectutis. I Tim. V, 1: seniorem ne increpaveris, sed obsecra ut patrem, etc.. Item honestas virtutis, ubi enim non delinquimus, pares sumus. Eccli. XXXII, 1: rectorem te posuerunt, noli extolli, esto in illis quasi unus ex ipsis.

Dicit ergo cum sis talis, ut Paulus senex, quasi dicat: si esses puer, præciperem tibi hoc, sed tu es senex.

Item si levis, sed talis es vitæ quod es mihi similis. Non quod talis et tantus sit simpliciter, sed aliquo modo similis, quod dicit ex sua humilitate. Rom. XII, 10: honore invicem prævenientes. Origenes: Paulus diu vixit in fide. Conversus enim fuit adolescens, nunc dicit, ut senex. Origenes: raro utilis doctor invenitur in ecclesia quin sit longævus. Exemplum de Petro et Paulo.

Lectio 2

Posita fiducia apostoli de bonitate Philemonis, ponit hic suam petitionem.

Et primo ostendit personam pro qua petit; secundo ex hoc petitionem concludit, ibi tu autem illum.

Circa primum duo facit, quia primo describendo personam, ostendit eam sibi acceptam ex spirituali generatione; secundo ex morum mutatione.

Dicit ergo: vere sum exaudiendus, quia petitio continet honestatem et pietatem pro meo filio Onesimo, de quo est præsens mea sollicitudo. Et acquirens filium tempore defectus, magis eum diligit, ut senex filios in senectute genitos. Gen. XXXVII, 3: Israel autem diligebat Ioseph super omnes filios suos, eo quod in senectute genuisset eum. Hunc autem genuit in vinculis.

Secundo est mutatio in moribus.

Si enim in peccato perseverasset, non fuisset dignus venia.

Et nota quod minus dicit, et plus significat.

Docet enim tullius, quod quis factum suum debet attenuare quantum potest. Sic apostolus leviter de culpa huius loquitur, dicens inutilis, id est, nocivus in subtrahendo res tuas, nunc autem, conversus a malo ad statum virtutis, utilis est ad servitium Dei et hominum. II Tim. II, 21: si quis ergo emundaverit se ab istis, erit vas in honorem sanctificatum.

Prov. XXV, 4: aufer rubiginem de argento, et egredietur vas purissimum.

Deinde cum dicit tu autem illum, ponit petitionem suam. Et primo ponitur petitio; secundo respondet quæstioni, ibi quem ego.

Dicit ergo tu ergo illum ut mea viscera suscipe. Et hoc ideo, quia vidi eum emendatum, cuius signum est, quia eum remisi tibi.

Contra Deut. XXIII, 15: non trades servum Domino, qui ad te confugerit, etc..

Respondeo. Verum est quando Dominus quærit eum ad mortem; et ideo dicit tu autem, etc.. Phil. I, 7: eo quod habeam vos in corde, et in vinculis meis et in defensione, etc..

Et respondet quæstioni, quia posset dicere: si est utilis tibi, quare non retines eum usque ad mortem? ideo dicit, quæ est causa mittendi eum.

Primo autem ostendit propositum retinendi eum; secundo quare destitit a proposito, ibi sine consilio autem tuo.

Dicit ergo Philemoni, qui licet esset magnus, tamen apostolo solitus erat ministrare.

Matth. XX, 26: quicumque voluerit inter vos maior fieri, sit vester minister. Unde ex hac fiducia proposuit eum tenere, ut loco eius sibi ministraret. Unde dicit quem ego volueram mecum detinere, ut pro te, etc..

Quod erat maxime necessarium, quando erat in vinculis propter Christum. Est enim providendum quando quis patitur pro Domino suo.

Ratio autem quare destitit est quia noluit uti re aliena, ignorante Domino. Unde dicit sine consilio, etc., quasi dicat: si retinuissem eum, iam placeret tibi non valenti resistere et esset quædam coactio. Sed sic nolui, imo magis volui quod voluntarie fieret.

Ex. XXV, 2: ab omni homine qui offert ultroneus, accipietis eas, scilicet primitias. II Cor. IX, 7: non ex tristitia, aut ex necessitate, hilarem enim datorem diligit Deus.

Deinde cum dicit forsitan enim, ponit rationem quare debet eum recipere benigne.

Et primo ex parte Dei; secundo ex parte ipsius apostoli, ibi si ergo habes; tertio ex parte ipsius Philemonis, ibi confidens.

Ex parte Dei, quia sæpe Dei providentia id quod videtur malum permittit fieri, ut exinde sequatur bonum, ut patet de Ioseph vendito, ut liberaret Aegyptum et familiam patris. Gen. XLV, 5: pro salute enim vestra misit me Deus ante vos. Et dicit forsitan, quia incomprehensibilia sunt Dei iudicia, Rom. XI, 33. Et dicit pro servo, id est, loco servi. Matth. XXIII, 8: omnes autem vos fratres estis. Et non solum tibi, sed mihi in comparatione ad Deum, licet sit filius ministerio.

Quanto magis tibi, et in carne et in Domino? quod dupliciter potest exponi: uno modo, quod referatur ad primam originem divinæ creationis, et sic est frater. Deut. XXXII, 6: nonne est ipse pater tuus, qui possedit, et fecit, et creavit te? Mal. II, 10: numquid non pater unus omnium nostrum, numquid non Deus unus creavit nos? item in Deo per fidem. Vel magis erat in bonum Philemoni, quia affinis eius secundum carnem, quia secundum eam erat servus eius, quia hoc totum quod erat ei carnaliter, erat suum. Unde duplici ratione quis movetur ex charitate, scilicet ex amore secundum carnis originem, et ex amore spirituali.

Ex parte autem apostoli primo allegat suam amicitiam, sub cuius obtentu vult eum suscipi; secundo fideiubet pro eo de damno; tertio ostendit receptionis officium.

Secundum, ibi si autem. Tertium, ibi itaque, frater.

Dicit ergo si ergo habes me socium, suscipe illum. I Io. I, 7: si autem in luce ambulamus, sicut et ipse est in luce, societatem habemus ad invicem. Et dicit sicut et me, quia iunctus est mihi. Matth. X, 40: qui vos recipit, me recipit.

Secundo autem obligat se pro eo satisfacturum pro damno. Dicit ergo si aliquid nocuit, scilicet dimittens servitium tuum, hoc mihi imputa, quasi dicat: ego satisfaciam.

Gal. Ult.: alter alterius onera portate.

Et plus: quia primo promittit se soluturum; secundo ostendit eum esse debitorem ad hoc, non necessitatis sed voluntatis. Dicit ergo ego Paulus, quasi dicat: ut certus sis de restitutione, scripsi manu. Et hoc non est necessitas, quia tu debes mihi teipsum, quem erui a morte æterna. Et talis debet se liberatori. Tob. IX, 2: si meipsum tradam tibi servum, non ero condignus providentiæ tuæ.

Et subiungit dicens itaque, frater, ego te fruar, quasi dicat: si vis me habere socium, suscipe eum, et ego ita fruar te, frater; id est, si feceris, implebis voluntatem meam gaudiis. Nam frui est uti fructu, et sicut est uti ad utile, sic frui ad fructum.

Importat autem fructus dulcedinem. Cant. II, 3: et fructus eius dulcis gutturi meo. Item finem, quia ultimum de arbore est fructus.

Et ideo proprie est habere aliquid ut delectabile et finale. Et inde est quod dicit Augustinus fruimur cognitis, in quibus voluntas delectatur propter dulcedinem. Item frui est alicui inhærere propter se. Aliquando ergo accipiuntur frui et uti communiter, prout important delectationem absque contrario. Eccli. VIII, 10: fruere magnatis sine querela.

Dicit ergo: sic fruar, quia in nullo mihi contrarius es. Etsi in hoc mihi satisfacies, nihil erit in corde meo de te, quod contristet me, et sic delectabis me.

Si autem accipitur frui prout finale quid est, sic non est fruendum homine, sed solo Deo. Contra quod est illud Sap. Cap. II, 6: fruamur bonis quæ sunt, et utamur creatura tamquam in iuventute celeriter, etc.. Unde iste addit in Domino, id est, fruar te in delectatione Dei, gaudens de bono divino in te, quia eius actus est dilectio, et fruitio effectus, scilicet charitatis. Ideo additur in hoc refice viscera mea. Reficitur enim homo spiritualiter, quando satisfit desideriis animæ suæ. Ac si dicat: imple desideria intima cordis mei. Et non in malis, sed in Christo, et ideo bona est impletio desiderii.

Deinde cum dicit confidens, sumitur ratio ex parte Philemonis, et commendatio obedientiæ eius. Et primo ostendit quomodo confidit de obedientia eius; secundo iniungit ei aliud simile.

Dicit ergo confidens, etc.. II Cor. VII, 16: gaudeo, quod in omnibus confido in vobis.

I Reg. XV, 22: melior est obedientia quam victimæ. Sed plus caute scribit, quia homo magis exaudit aliquem, quando sperat iterum ipsum visurum, quam si desperat. Et ideo dicit simul et para mihi hospitium. Solitus enim erat cum esset colossis hospitari in domo sua.

Chrysostomus: iucundum verbum, ut homo pauper diviti mandet ultra tot terrarum spatia per epistolam præparationem hospitii.

Quid enim pro eo parandum erat, qui pane et vili pulmento contentus erat? dicendum ergo, quod non propter hospitii præparationem, sed ad insinuandum familiaritatem et dilectionem hoc dicit; et magis per hoc provocat eum ad obediendum. Hæc ille. Non ergo hoc apostolus dixit propter apparatum exteriorem, sed ad devotionem eius. Nam spero per orationes vestras, etc..

Contra: numquam fuit eis redditus, sed Romæ est mortuus, ergo spes eius defecit.

Respondeo. Duplex est spes iusti, scilicet principalis ad proprium bonum, et in hoc numquam deficit pro se; alia est secundaria, scilicet probatio aliorum, et in hoc quandoque deficit, quia merita illorum contrariantur, sicut iusti quandoque non exaudiuntur pro aliis.

Sed numquid fuit deceptus de sua fiducia? dicendum est, quod futura scire est solius Dei, non autem in cognitione humana, nisi prophetica. Et nullus prophetarum scivit omnia futura de seipso, nisi solus Christus, qui non habuit spiritum sanctum ad mensuram.

Sic Isaac magnus propheta fuit deceptus in Iacob. Unde non est mirum de apostolo, si nesciret.

Tunc terminat epistolam in salutationem; et primo ex parte aliorum; secundo ex parte sua.

Dicit ergo salutant, etc.. De his omnibus habetur Col. IV, 12.

Sed dubitatur de hoc quod dicit demas.

Quomodo potest hoc esse, quia dicitur II Tim.

Ult.: demas dereliquit me, diligens hoc sæculum? quomodo ergo utitur nomine eius? dicendum est, quod iam redierat ad eum.

Sed nec hoc videtur, quia hæc epistola præcesserat secundam epistolam ad Timotheum, quia hic dicitur spero, etc., ibi prænuntiat mortem suam, dicens: et tempus meæ resolutionis instat. Et ideo dicendum est, quod Paulus fuit Romæ fere novem annis, et hæc epistola fuit facta in principio.

Secunda vero ad Timotheum in fine vitæ suæ, et tunc demas attædiatus ex longis vinculis, dimisit eum. Et epistolæ Pauli non ordinantur secundum tempus, quia epistolæ ad Corinthios fuerunt ante epistolam ad Romanos, et hæc fuit ante ultimam ad Timotheum. Et præmittitur illa propter materiam, quia de digniori.

Salutatio sua eadem est cum secunda ad Timotheum. Deo gratias. Amen.

Epistola Ad Hebræos

Prologus

Procemium

Non est similis tui in diis, Domine, et non est secundum opera tua. Ps. LXXXV, 8.

In verbis istis exprimitur Christi excellentia quantum ad duo. Et primo quantum ad comparationem ad alios deos, cum dicit non est similis tui in diis, Domine, secundo per comparationem ad effectus, cum dicit et non est secundum opera tua.

Circa primum sciendum est, quod licet sit tantum unus Deus naturaliter, ut dicitur Deut. VI, 4: Dominus Deus tuus, Deus unus est, tamen participative et in cælo, et in terra sunt dii multi. I Cor. VIII, 5: sunt quidem dii multi et Domini multi.

Nam dii quandoque dicuntur ipsi Angeli, ut patet Iob I, 6 et II, 1: cum venissent filii Dei, ut assisterent coram Domino. Et quandoque prophetæ, ut dicitur de Moyse, Exod. VII, 1: constitui te Deum Pharaonis.

Item de sacerdotibus dicitur Exod. XXII, 28: diis, id est, sacerdotibus, non detrahes. Item ibi: si latet fur, Dominus domus applicabitur ad deos.

Sed Angeli dicuntur dii, propter abundantissimam refulgentiam divinæ claritatis. Iob XXV, 3: super quem non fulget lumen illius.

Angeli vero non sunt similes Christo in diis, qui est splendor paternæ gloriæ, ut dicitur infra I, 3. Eph. I, 20: constituens eum ad dexteram in cælestibus supra omnem principatum, etc..

Prophetæ vero dicuntur dii, quia ad ipsos sermo Dei factus est. Io. X, 35 illos dixit deos ad quos sermo Dei factus est. Ergo multo excellentius est Deus Christus, qui est substantialiter ipsum verbum Dei.

Sacerdotes vero dicuntur dii, quia Dei ministri.

Is. LXI, 6: vos sacerdotes Domini, vocabimini ministri Dei. Sed Christus multo fortius, qui non est minister, sed Dominus universorum, Esth. XIII, 11; item Apoc. XIX, 16: Dominus dominantium; et infra: tamquam Dominus in omni domo sua.

Christus ergo Deus magnus super omnes deos, quia splendor, quia verbum, quia Dominus est.

Secundo manifestatur hæc excellentia per effectus, cum dicitur et non est secundum opera tua, ubi sciendum est quod triplex est opus excellens Christi. Unum quod se extendit ad totam creaturam, scilicet opus creationis. Io. I, 3: omnia per ipsum facta sunt. Aliud quidem tantum ad creaturam rationalem, quæ per Christum illuminatur, quod est illuminationis. Io. I, 9: erat lux vera, etc.. Tertium est iustificationis, quod pertinet tantum ad sanctos, qui per ipsum per gratiam vivificantem vivificantur et iustificantur.

Io. I, 4: et vita erat lux hominum.

His enim tribus modis non possunt operari dii prædicti. Angeli enim non sunt creatores, sed creaturæ. Ps. CIII, 4: qui facis Angelos tuos spiritus, etc.. Prophetæ etiam sunt illuminati, non illuminantes. Io. I, 8: non erat ille lux, etc.. Sacerdotes etiam non iustificabant.

Infra X, 4: impossibile est enim sanguine hircorum et taurorum auferri peccata.

Ergo manifeste in verbis istis demonstratur Christi excellentia, et hæc est materia huius epistolæ ad Hebræos, quæ ab aliis distinguitur.

Quia in quibusdam epistolis agitur de gratia novi testamenti quantum ad totum corpus mysticum ecclesiæ, et hoc in omnibus epistolis quas mittit ecclesiis, in ea scilicet quæ est ad Romanos, ad Corinthios, ad Galatas, et usque ad primam ad Timotheum. In quibusdam vero quantum ad membra principalia, sicut in his quas mittit singularibus personis, scilicet ad Timotheum, ad Titum, et ad Philemonem.

In ista vero commendat ipsam gratiam quantum ad caput, scilicet Christum; in corpore enim ecclesiæ ista tria reperiuntur sicut et in corpore naturali, scilicet ipsum corpus mysticum, membra principalia, scilicet prælati et maiores, et caput, a quo vita fluit in totum corpus, scilicet Christus.

Sed antequam accedamus ad divisionem, sciendum est quod ante synodum Nicænam, quidam dubitaverunt an ista epistola esset Pauli.

Et quod non, probant duobus argumentis.

Unum est, quia non tenet hunc modum quem in aliis epistolis. Non enim præmittit hic salutationem, nec nomen suum. Aliud est, quia non sapit stylum aliarum, imo habet elegantiorem, nec est aliqua Scriptura quæ sic ordinate procedat in ordine verborum, et sententiis, sicut ista. Unde dicebant ipsam esse vel Lucæ evangelistæ, vel Barnabæ., vel clementis Papæ. Ipse enim scripsit Atheniensibus quasi per omnia secundum stylum istum.

Sed antiqui doctores, præcipue Dionysius et aliqui alii, accipiunt verba huius epistolæ pro testimoniis Pauli. Et Hieronymus illam inter epistolas Pauli recipit.

Ad primum ergo dicendum est, quod triplex ratio fuit quare non posuit nomen suum.

Una est, quia non erat apostolus Iudæorum, sed gentium. Gal. II, 8: qui operatus est Petro in apostolatum circumcisionis, operatus est et mihi inter gentes, etc.. Et ideo non fecit mentionem de apostolatu suo in principio huius epistolæ, quia nolebat officium sui apostolatus insinuare, nisi ipsis gentibus.

Secunda, quia nomen suum Iudæis erat odiosum, cum diceret legalia non debere servari, ut patet Act. XV, 2 ss.. Et ipsum tacuit, ne saluberrima doctrina huius epistolæ abiiceretur.

Tertia, quia Iudæus erat. Hebræi sunt? et ego, II Cor. XI, 22. Et domestici non bene sustinent excellentiam suorum. Non est propheta sine honore nisi in patria sua, et in domo sua, Matth. XIII, 57.

Ad argumentum secundum, dicendum est, quod ideo est elegantior in stylo, quia etsi sciebat omnem linguam I Cor. XIV, 18: omnium vestrum lingua loquor, tamen melius sciebat Hebræam tamquam sibi magis connaturalem, in qua scripsit epistolam istam.

Et ideo magis ornate potuit loqui in idiomate suo, quam in aliquo alio. Unde dicit II Cor. XI, 6: etsi imperitus sermone, sed non scientia. Lucas autem qui fuit optimus prolocutor, istum ornatum transtulit de Hebræo in Græcum.

Capitulus I

Lectio 1

Scripsit autem epistolam istam contra errores quorumdam, qui ex Iudaismo ad fidem Christi conversi, volebant servare legalia cum evangelio, quasi non sufficeret gratia Christi ad salutem.

Unde et dividitur in duas partes.

Primo enim multipliciter commendat excellentiam Christi, ut per hoc præferat novum testamentum veteri; secundo agit de his per quæ membra iunguntur capiti, scilicet de fide infra, XI cap., ibi est autem fides.

Intendit autem ostendere excellentiam novi ad vetus testamentum per excellentiam Christi, quantum ad tres personas solemnes in ipso veteri testamento contentas, scilicet Angelos, per quos lex tradita est. Gal. III, 19: ordinata per Angelos in manu mediatoris, etc..

Quantum ad Moysen, a quo, vel per quem data est. Io. I, 17: lex per Moysen data est, et Deut. Ult.: non surrexit ultra propheta, etc..

Quantum ad sacerdotium per quod ministrabatur, infra: in priori tabernaculo semper introibant sacerdotes sacrificiorum, officia consummantes, etc..

Unde primo præfert Christum Angelis; secundo Moysi, III cap., ibi unde fratres; sed tertio, sacerdotio veteris testamenti, V cap., ibi omnis namque pontifex.

Circa primum duo facit, quia primo præfert Christum Angelis in isto capite; secundo concludit qualis reverentia exhibenda sit novæ legi, II capite, ibi propter hoc abundantius.

Adhuc circa primum duo facit, quia primo excellentiam Christi ostendit; secundo probat, quod hoc verum sit de Christo, et sic Angelos deficere ab illa excellentia, ibi tanto melior.

Hoc autem est in hac epistola singulare quod singula verba habent singulas sententias, et servant ordinem suum.

Excellentiam vero Christi denotat quantum ad quatuor. Primo quantum ad proprietatem originis, vocando eum verum Dei filium naturalem, cum dicit locutus est nobis in filio; secundo quantum ad magnitudinem dominationis, ibi quem constituit hæredem universorum; tertio quantum ad virtutem operationis, ibi per quem fecit et sæcula; quarto quantum ad sublimitatem dignitatis, ibi qui cum sit splendor gloriæ.

Quia vero intendit commendare Christum, ut hoc redundet in novum testamentum, per hoc præfert novum testamentum veteri.

Circa autem vetus testamentum quinque ponit.

Primo modum tradendi, quia multifarie multisque modis, etc.; secundo tempus, cum dicit olim; tertio auctorem, sive datorem, quia Deus; quarto quibus sit traditum, quia patribus nostris; quinto quibus ministris, quia in prophetis.

Dicit ergo multifarie, et hoc quantum ad divisionem, quæ attenditur quantum ad tria. Primo quantum ad diversas personas, quia non uni personæ, sed pluribus, scilicet Abrahæ, Noe, et sic de aliis.

Secundo quantum ad diversa tempora, et hoc totum ad eius certitudinem. Unde Matth. XX, 1 ss.: exiit primo mane... Et circa horam tertiam, etc.. Item quantum ad ea, quæ ibi ostensa sunt, quia divina. Ex. III, 14: ego sum, qui sum, etc.. Item eventus futuri. Sap. VIII, 8: signa et monstra scit antequam fiant, etc.. Item promissiones futurorum bonorum, saltem in figura. Eccli. III, 25: plurima super sensum hominum monstrata sunt tibi.

Item multifarie quantum ad diversas figuras, quia modo in figura leonis, modo in figura lapidis, sicut Dan. II, 34: abscissus est lapis de monte sine manibus. Iob XI, 6: et quod multiplex sit lex oris eius.

Sequitur multisque modis, quod refertur ad tria diversa genera visionum, scilicet ad visionem corporalem, sicut Dan. V, 5: apparuerunt digiti quasi manus scribentis in pariete, etc.. Aliquando aliquibus per visionem imaginariam. Is. VI, 1: vidi Dominum sedentem, etc.. Aliquibus vero apparebat per visionem intellectualem, sicut David. Ps. CXVIII, 100: super senes intellexi. Unde de istis dicitur Oseæ XII, 10: ego visionem multiplicavi eis.

Refertur etiam ad diversos modos loquendi, quia aliquando plane loquebatur, aliquando vero obscure, nec est aliquis modus loquendi, quo Scriptura veteris testamenti non loquatur. Prov. XXII, 20: ecce descripsi eam tibi tripliciter, in cogitationibus et scientia, etc.. Tertio, quia arguendo malos, alliciendo iustos, instruendo ignorantes. II Tim. III, 16: omnis Scriptura divinitus inspirata utilis est ad docendum, ad arguendum, etc..

Secundo tangit tempus traditionis huius doctrinæ, quod est tempus præteritum, quia olim, id est, non subito, quia tam magna erant quæ de Christo dicebantur, quod non poterant credi, nisi cum incremento temporum prius didicissent. Unde dicit beatus Gregorius: per successiones temporum crevit divinæ cognitionis augmentum. Is. XLVIII, 3: priora ex tunc annuntiavi, et ex ore meo exierunt, et audita feci ea, etc..

Tertio tangit auctorem, quia Deus,

qui loquitur. Ps. LXXXIV, 9: audiam quid loquatur in me Dominus. Hic est autem, qui non mentitur. Num. XXIII, 19: non est Deus quasi homo, ut mentiatur.

Ex his autem tribus commendat vetus testamentum, scilicet ab auctoritate, quia est a Deo, a subtilitate et a sublimitate, quia multifarie multisque modis, a firmitate, quia olim.

Quarto ostendit quibus traditum sit, quia patribus. Et ideo est nobis familiare, et acceptum. Act. XIII, 32: annuntiamus vobis eam, quæ ad patres nostros repromissio facta est, etc..

Sed quinto ostendit quibus ministris, quia non ioculatoribus, sed in prophetis, id est per prophetas. Rom. I, 2: quod ante promiserat per prophetas. Act. X, 43: huic omnes prophetæ testimonium perhibent.

Deinde cum dicit novissime, describit doctrinam novi testamenti, et ponit quinque, quorum quatuor sunt diversa a quatuor præmissis; unum autem est idem utrobique.

Quod enim dixerat, multifarie multisque modis, etc., ostendit quia omnis multitudo ordinata, ad unum debet referri. Ideo dicit, quod licet sit modus multiplex, tamen totum ordinatum est ad istud novissimum.

Prov. XXIII, 17 s.: in timore Domini esto tota die, et habebis spem in novissimo. Is. X, 22 s.: consummatio abbreviata inundabit iustitiam. Consummationem enim et abbreviationem Dominus Deus exercituum faciet in medio omnis terræ. Item illud olim in tempore expectationis et tenebrarum, sed istud in diebus istis, id est, tempore gratiæ. Rom. XIII, 12: nox præcessit, dies autem appropinquavit, etc..

Ubi notandum est, quod ibi dicit loquens, hic autem dicit locutus est, ut designet locutionem novi testamenti perfectiorem illa, quæ fuit in veteri.

Ad cuius evidentiam sciendum est, quod tria requiruntur ad locutionem nostram. Primo, verbi conceptio, qua scilicet præconcipiatur in mente id quod ore loquendum est; secundo ipsius verbi concepti expressio, qua insinuetur quod conceptum est; tertio ipsius rei expressæ manifestatio, qua res expressa evidens fiat.

Deus ergo loquendo, primo concepit, cuius conceptio una fuit, et ab æterno Iob XXXIII, 14: semel loquitur Deus, et hæc æterna fuit filii generatio, de qua in Ps. II, 7: Dominus dixit ad me: filius meus es tu, ego hodie genui te.

Secundo, huiusmodi conceptum expressit, et hoc tripliciter. Primo in creaturarum editione, cum scilicet verbum conceptum similitudo patris existens, sit etiam similitudo ad quam omnes creaturæ factæ sunt. Gen. I, 3: dixit Deus: fiat lux, etc.. Secundo per quasdam notiones, puta in mentibus Angelorum, in quibus species omnium rerum, quæ in verbo latebant indidit, et in mentibus hominum sanctorum: et hoc per revelationes sensibiles, vel intellectuales, vel imaginarias.

Et ideo omnis talis manifestatio

procedens a verbo æterno, locutio nuncupatur.

Ier. I, 2: factum est verbum Domini, etc.. Tertio per carnis assumptionem, de qua dicitur Io. I, 14: verbum caro factum est, et vidimus gloriam eius, etc.. Et ideo dicit Augustinus, quod hoc modo se habet verbum incarnatum ad verbum increatum, sicut verbum vocis ad verbum cordis.

Prima autem expressio, scilicet in creatione, non ordinatur ad manifestationem, sed ad esse, Sap. I creavit Deus ut essent omnia.

Cum ergo expressio non habeat rationem locutionis nisi prout ordinatur ad manifestationem, manifestum est, quod illa expressio non potest dici locutio, et ideo numquam dicitur, quod Deus loquatur creando creaturas, sed quod cognoscatur.

Rom. I, 20: invisibilia Dei per ea quæ facta sunt, intellecta conspiciuntur. Secunda vero expressio, quæ est editio specierum in mente angelica, vel humana, ordinatur tantum ad cognitionem sapientiæ divinæ, et ideo potest dici locutio. Tertia vero, quæ est per assumptionem carnis, ordinatur ad esse, et ad cognitionem, et ad expressam manifestationem, quia per assumptionem carnis, et verbum factum est homo, et nos in cognitionem Dei perfecit, (Io. XVIII, 37: ad hoc natus sum, ut testimonium perhibeam veritati) et se nobis expresse manifestavit. Bar. III, 38: post hæc in terris visus est, et cum hominibus conversatus est.

Sic ergo, licet Deus loquatur in novo et veteri testamento, perfectius tamen in novo nobis loquitur, quia ibi per revelationes in mentibus hominum, hic per incarnationem filii. Vetus vero testamentum traditum est patribus, aspicientibus a longe et intuentibus Deum procul; istud autem nobis, scilicet apostolis, qui vidimus eum in propria persona. I Io. I, 1: qui audivimus, et vidimus oculis nostris, et manus nostræ contrectaverunt de verbo vitæ.

Deut. V, 3 s.: non cum patribus nostris iniit pactum, sed nobiscum, qui in præsentiarum sumus, et vidimus, et facie ad faciem locutus est nobis. Unde patet quod illa locutio fuit promissoria. Gal. III, 16: Abrahæ dictæ sunt repromissiones. Ista locutio est exhibitoria.

Io. I, 17: gratia et veritas per Iesum Christum facta est. Item, ibi locutus est in prophetis, hic in filio, qui est Dominus prophetarum.

Io. I, 18: unigenitus, qui est in sinu patris, ipse nobis narravit.

Sed numquid omnes, per quos loquitur Deus, sunt prophetæ? ad quod dicendum est, quod quinque requiruntur ad hoc quod aliquis sit verus propheta.

Primum est revelatio eorum, quæ excedunt humanam cognitionem, alias non dicitur propheta, sed sapiens, sicut Salomon, cuius mens illuminata est ad ea quæ sunt secundum rationem humanam. Unde nec a Iudæis propheta dicitur, sed sapiens.

Secundum est intelligentia revelatorum, alias, nisi revelata intelligeret, non esset propheta. Intelligentia opus est in visione, Dan. X, 1, et inde est, quod Nabuchodonosor revelationem sibi factam non intelligens, propheta non dicitur, sed Daniel, qui eam intellexit.

Tertium est, quod propheta in rebus visis, quibus alienatur, non detineatur in ipsis rebus, sed tamquam in figuris, alias non esset propheta, sed phreneticus, qui imaginata apprehendit, ut ipsas res. Ier. XXIII, 28: qui habet somnium, narret somnium, et qui habet sermonem meum, narret sermonem meum.

Quartum est, ut cum certitudine revelata percipiat, quasi per demonstrationem sciens, alias esset somnium, et non prophetia. Is. L, 5: Dominus aperuit mihi aurem, ego autem non contradico, retrorsum non abii.

Quintum est, ut adsit voluntas annunciandi quæ revelata sunt; unde et Daniel a quibusdam dicitur quod non est propheta, quia non accepit revelata per modum enunciabilem; unde non dicitur, quod factum est verbum Domini ad Danielem, sicut de aliis prophetis dicitur. Ier. XX, 8 s.: factum est verbum Domini mihi in opprobrium, et in derisum tota die, et dixi: non recordabor eius, neque loquar ultra in nomine illius, et factus est in corde meo sicut ignis æstuans.

Sed rursum quæritur quare dicit in prophetis, cum potius debuisset dicere per prophetas.

Ad hoc dicendum est, quod hoc fecit, ut excluderet quorumdam errorem. Primo quidem errorem Porphyrii dicentis, quod prophetæ ea, quæ dixerunt fingendo, non ex spiritu sancto dixerunt. Et contra hoc dicit in prophetis, quasi non ipsi locuti sunt ex se, sed Deus locutus est in eis. II Pet. I, 21: non enim voluntate humana allata est prophetia, sed spiritu sancto inspirati, locuti sunt sancti Dei homines.

Secundo ad excludendum errorem quorumdam, dicentium prophetiam esse quid naturale et haberi per naturalem dispositionem, sicut cum aliquis melancholicus est adeo fortis imaginationis, quod imaginata apprehendat ut certa et res ipsas. Et ideo dicit locutus est in prophetis; quasi dicat: non habetur prophetia per modum naturalis dispositionis et passionis, sed per locutionem internam a Deo. Io. III, 8: spiritus ubi vult spirat.

Tertio contra errorem dicentium haberi prophetiam per modum habitus sicut scientiam, ut scilicet quandocumque vult homo prophetet. Quod non est verum, cum prophetiæ spiritus non adsit prophetis semper, sed cum eorum mens illustratur divinitus. Unde, IV Reg. IV, 27 dicit Eliseus: anima eius in amaritudine est, et Dominus celavit a me. Et ideo dicit in prophetis, quasi dicat: non habetur ab omnibus, et semper, ut habitus, sed ab illis, in quibus placet Deo loqui.

Quarto ad excludendum errorem Priscillæ, et montani, dicentium prophetas non intelligere ea quæ dicebant, quod non est verum.

Unde dicitur Aggæi I, 3: factum est verbum Domini in manu Aggæi prophetæ; in manu, id est, in potestate. Et I Cor. XIV, 32: spiritus prophetarum prophetis subiecti sunt. Et ideo dicit in prophetis, id est, in intellectu et potestate prophetarum.

Sic ergo patet Christi proprietas, quia filius est naturalis. Io. XIV, 10: pater in me est, et ego in patre.

Sed numquid est de illis filiis, de quibus dicitur in Ps. LXXXI, 6: ego dixi: dii estis, et filii excelsi omnes? absit, quia illi dicuntur filii cum universitate, iste est constitutus hæres, et Dominus universorum.

Numquid est de illis filiis, de quibus dicitur Io. I, 12: dedit eis potestatem filios Dei fieri? etc.. Non quidem, quia illi dicuntur facti filii, iste vero est filius, per quem fecit et sæcula.

Numquid est de illis filiis, qui gloriantur in spe gloriæ filiorum Dei? Rom. V, 2. Non quidem, quia illi sunt filii per spem gloriæ Dei, quam habent, iste vero ipsius gloriæ splendor. Alii dicuntur filii, quia facti ad imaginem huius filii. Rom. VIII, 29: quos præscivit conformes fieri imaginis filii eius; iste autem est ipsa imago, et figura substantiæ eius. Alii dicuntur filii, ut in se verbum Dei continentes, secundum illud Phil. II, 15: ut sint sine querela, et simplices filii Dei, sine reprehensione in medio nationis pravæ et perversæ, inter quos lucetis sicut luminaria in mundo, verbum vitæ continentes. Iste autem filius portat omnia verbo virtutis suæ.

Ergo patet Christi excellentia quantum ad proprietatem originis, et diffuse quantum ad alios filios Dei; per quod ostenditur eminentia novi testamenti ad vetus.

Sed tamen utrobique dicit locutus est, vel loquens, et denotat eumdem esse actorem veteris et novi testamenti contra Manichæum. Eph. II, 18: per ipsum habemus accessum ambo in uno spiritu, etc.. Rom. III, 29: an Iudæorum Deus tantum? nonne et gentium? item illud fuit traditum patribus nostris, sed istud nobis, id est, apostolis, qui Christum in propria persona vidimus. Deut. V, 3: non cum patribus nostris inivit pactum, sed nobiscum, qui in præsentiarum sumus et vivimus.

Item illud per prophetas, sed istud in filio, id est, per filium, qui est Dominus prophetarum.

Io. I, 18: unigenitus, qui est in sinu patris, ipse enarravit. Et ista occasione apostolus introducit eum esse filium.

Consequenter ostendit magnitudinem dominationis Christi, cum dicit quem constituit hæredem; quia, ut dicitur Gal. IV, 7: si filius, et hæres per Deum.

In Christo autem sunt duæ naturæ, scilicet divina et humana. Secundum ergo, quod est filius naturalis, non est constitutus hæres, sed est naturalis; sed inquantum homo, factus est filius Dei. Rom. I, 3: qui factus est ei ex semine David secundum carnem. Et secundum hoc est constitutus hæres universorum, sicut verus filius patris. Matth. Ult.: data est mihi omnis potestas.

Et hoc quantum ad totam creaturam in qua accepit dominationem. Item non tantum quo ad unum genus hominum, sed universorum, scilicet tam Iudæorum, quam gentium. Ps. II, 8: postula a me, et dabo tibi gentes hæreditatem tuam, etc..

Quem constituit hæredem universorum.

Ostensa excellentia Christi quantum ad proprietatem originis, hic ostendit excellentiam eius quantum ad maiestatem dominii, et quidem congrue coniungit locutus est in filio, et constitutus est hæres, quia si filii, et hæredes, Rom. VIII, 17.

Sciendum est autem, quod in Christo sunt duæ naturæ, divina scilicet et humana; sed secundum divinam naturam, sicut non est constitutus filius cum sit filius naturalis ab æterno; ita nec est constitutus hæres, sed ab æterno est hæres naturalis. Secundum vero naturam humanam, sicut est factus filius Dei Rom. I, 3: qui factus est ei ex semine David secundum carnem ita et factus est hæres universorum. Et quantum ad hoc dicit quem constituit hæredem, id est, Dominum, universorum. Matth. XXI, 38: hic est hæres, venite et occidamus eum.

Mich. I, 15: adhuc hæredem adducam tibi, qui habitas in Maresa, usque ad Odollam, veniet gloria Israel.

Et quidem secundum divinam naturam competit Christo, quod sit hæres genitus, et Dominus. Et primo quidem, quia ipse est Dei virtus, et Dei sapientia, I Cor. I, 24, per quem pater omnia facit. Et ideo si pater dicitur Dominus omnium, ratione creationis, similiter et filius, per quem omnia producuntur in esse, Dominus est. Prov. VIII, 30: cum eo eram cuncta componens. Secundo quia filius est patris sapientia, qua omnia gubernat. Sap. VIII, 1 dicitur de sapientia: attingit a fine usque ad finem, etc.. Si ergo pater dicitur Dominus ratione gubernationis Sap. XIV, 3: tu autem, pater, gubernas omnia, etc., et filio competit dominium.

Item pater est Dominus, inquantum ad ipsum omnia ordinantur, sicut ad primum principium, et finem omnium; similiter et filius, qui est Dei sapientia, præcedens omnia, Dominus est. Eccli. I, 3: sapientiam Dei præcedentem omnia, quis investigabit? Prov. XVI, 4: universa propter semetipsum operatus est Dominus.

Secundum humanam vero naturam competit etiam Christo, quod sit constitutus hæres et Dominus universorum. Primo quidem ratione unionis, ex hoc scilicet ipso, quod assumptus est homo ille in persona filii Dei.

Act. V, 31: hunc Deus Dominum salvatorem constituit. Eph. I, 21: constituit eum super omnem principatum, et potestatem, etc..

Secundo ratione potestatis, quia omnia ei obediunt, et serviunt. Matth.

Ult.: data est mihi omnis potestas in cælo, etc..

Tertio ratione subiectionis. Phil. II, 10: in nomine Iesu omne genu flectatur, etc..

Sed dicit universorum, quod refertur ad totius naturæ universitatem, in qua accepit dominium, secundum illud Ps. VIII, 8: omnia subiecisti sub pedibus eius. Item refertur ad omne genus hominum, ut sit sensus: universorum, id est, tam Iudæorum, quam etiam omnium aliorum hominum, secundum illud Ps. II, 8: postula a me, et dabo tibi gentes hæreditatem tuam, etc.. Et de hoc dicitur Esth. XIII, 11: Dominus omnium tu es.

Consequenter cum dicit per quem fecit et sæcula, ostendit virtutem operationis Christi, quare sit constitutus hæres universorum, non quod ipse sit factus in tempore et hoc meruerit merito bonæ vitæ, sicut dicit Photinus, sed quod æque omnia facta sunt per ipsum, sicut et per patrem. Per ipsum enim fecit pater sæcula.

Sed sciendum est, quod ista præpositio per denotat causam actus. Sed hoc est dupliciter: uno modo, quia est causa factionis ex parte facientis, ut cum scilicet causale cui adiungitur, est causa actionis secundum quod exit ab agente. Semper enim factio est medium inter faciens et factum. Potest ergo denotare circa agens causam finalem, ut artifex operatur per lucrum; aliquando causam formalem, ut ignis calefacit per calorem; aliquando vero causam efficientem, ut balivus operatur per regem. Nullo istorum modorum est filius causa patris, quod per illum operetur, sicut nec quod ab ipso sit.

Aliquando vero causale est causa actionis, secundum quod terminatur ad factum, ut artifex operatur per martellum. Martellus enim non est causa artificis, quod agat; sed est causa artificiato, quod ab artifice procedat, ut ferro, quod recipiat operationem ab artifice, et sic filius est causa facti, et pater operatur per filium.

Sed numquid filius est minor patre? videtur quod sic, quia illud quod est causa facti, ut fiat, videtur habere rationem instrumenti.

Sed ad hoc dicendum est, quod si non esset eadem virtus numero in filio et patre, et eadem operatio, teneret obiectio. Nunc ergo eadem est virtus et operatio patris et filii, sicut et eadem natura et esse, et dicitur pater per eum facere sæcula, quia genuit eum operantem sæcula. Io. V, 19: quæcumque pater facit, et filius facit.

Sæculum dicitur spatium rei temporalis.

Sæcula ergo sunt successiones temporum; non ergo fecit tantum tempora sempiterna, secundum quod Philosophi aliqui dixerunt Deum tantum fecisse sempiternum, et Angelos creasse temporalia, sed etiam fecit temporalia, quæ vocat hic sæcula. Infra XI, 3: fide intelligimus aptata esse sæcula. Io. I, 3: omnia per ipsum facta sunt.

In hoc ergo removet errorem

Manichæi dupliciter. Primo in hoc quod dicit eum actorem veteris testamenti; secundo quod dicit ipsum fecisse temporalia.

Lectio 2

Superius ostendit apostolus Christi excellentiam quantum ad originis proprietatem, quantum ad dominii maiestatem, et quantum ad operationis virtutem, hic autem ostendit eius excellentiam quantum ad gloriæ et dignitatis sublimitatem.

Et pars ista dividitur in duas.

Primo enim ostendit Christum esse idoneum ad dignitatem istam; secundo ponit ipsam dignitatem, ibi sedet ad dexteram.

Idoneitatem vero ostendit ex duobus, quæ reddunt aliquem idoneum ad aliquid magnum· unum est facilitas administrandi, aliud est industria et strenuitas exequendi.

Primo ergo ostendit eius facilitatem; secundo eius strenuitatem, ibi purgationem peccatorum faciens.

Circa primum sciendum est, quod tria requiruntur, quæ faciunt facilitatem ad dignitatem aliquam ministrandam. Primum quidem sapientia, ne erret gubernando. Eccle. X, 5: est et malum quod vidi sub sole, quasi per errorem egrediens a facie principis: positum stultum in dignitate sublimi. Prov. VIII, 15: per me reges regnant. Secundum est generis prosapia, ne contemnatur præcipiendo.

Prov. Ult.: nobilis in portis vir eius, cum sederit cum senatoribus terræ.

Tertium, virtutis potentia in exequendo. Eccli. VII, 6: noli quærere fieri iudex, nisi valeas virtute irrumpere iniquitates.

Et quantum ad ista tria apostolus ostendit in Christo facilitatem ad dignitatem prædictam.

Primo quia non solum est sapiens, sed etiam ipsa sapientia; unde dicit cum sit splendor gloriæ. Secundo quia non solum est nobilis, sed est ipsa nobilitas, quia est figura substantiæ eius. Tertio quia non solum est potens, sed est ipsa potentia portans omnia verbo, etc..

Tria autem sunt, ut supra dictum est, quæ faciunt hominem idoneum ut magnam dignitatem assequatur.

Primum est sapientiæ claritas. Prov. III, 35: gloriam sapientes possidebunt. Et ideo ostendit Christi sapientiam, dicens qui cum sit splendor gloriæ.

Ubi est considerandum, quod, secundum Ambrosium, gloria est clara cum laude notitia, quasi quædam manifesta notitia, quæ de bonitate alicuius habetur. Sed, sicut dicitur Matth. XIX, 17: nemo bonus, nisi solus Deus, et etiam Lc. XVIII, 19, unde ipse est bonitas antonomastice et per essentiam. Alia vero bona sunt per participationem, et ita soli Deo convenit gloria antonomastice. Is. XLII, 8: gloriam meam alteri non dabo. I Tim. I, 17: regi autem sæculorum immortali, invisibili, soli Deo honor et gloria.

Cognitio ergo divinæ bonitatis,

excellenter et antonomastice dicitur gloria, id est, clara cum laude notitia bonitatis divinæ.

Ista aliqualiter habetur ab homine, quia nunc cognosco ex parte, I Cor. XIII, 12, sed habetur excellentius ab Angelis, sed a solo Deo perfecte. Deum enim nemo vidit unquam, Io. I, 18, verum est, nec Angeli comprehensive, sed ipse solus seipsum comprehendit.

Ergo sola cognitio Dei de seipso perfecte dicitur gloria, quia perfectam notitiam habet et clarissimam de seipso.

Quoniam autem splendor est illud quod a fulgente primo emittitur, sapientia vero est quiddam fulgens Eccli. VIII, 1: sapientia hominis lucet in vultu eius inde est quod prima conceptio sapientiæ est quasi quidam splendor. Verbum ergo patris, quod est quidam conceptus intellectus eius, est splendor sapientiæ, qua se cognoscit.

Et ideo apostolus filium vocat splendorem gloriæ, id est, divinæ claræ notitiæ. In quo ostendit ipsum non solum sapientem, sed sapientiam genitam. Is. LXII, 1: donec egrediatur ut splendor iustus eius, etc..

Secundum quod facit hominem idoneum ad magnam dignitatem, est generis nobilitas. Et hoc ostendit esse in Christo, quia dicit, quod est figura substantiæ eius.

Decet enim cum sapientia esse nobilitatem in principe. Deut. I, 15: tulique de tribubus vestris sapientes et nobiles, et constitui eos principes, etc..

Figura hic ponitur pro charactere, vel imagine; quasi dicat: imago substantiæ. Sciendum tamen, quod licet imago dicat similitudinem, non tamen quælibet similitudo est imago. Albedo enim in pariete non est imago albedinis meæ, sed imago et similitudo in specie.

Illud ergo proprie dicitur esse imago alicuius, quod habet similitudinem speciei eius, vel expressum signum speciei.

Inter accidentia vero nihil ita est expressum signum, sicut speciei est figura. Unde qui describit figuram animalis, describit imaginem eius. Filius ergo, qui est imago invisibilis Dei, Col. I, 15, proprie dicitur figura.

Sed cuius? substantiæ eius. Imago enim alicuius est multiplex. Aliquando enim est signum repræsentans speciem in nullo cum ipsa conveniens, sicut imago hominis in pariete, quæ in nullo habet veram speciem hominis. Aliquando vero assimilatur ei in specie, non tantum in repræsentando, sed etiam in essendo, sicut filius est imago vera patris.

Gen. V, 3: Adam genuit filium ad imaginem suam, id est, in natura speciei.

Et ideo addit substantiæ eius, quia, secundum Augustinum, filius dicitur imago patris, quia est eiusdem naturæ cum ipso.

Dicit ergo, quod est figura substantiæ.

Sed quare non dicit quod est figura naturæ? quia possibile est, quod natura speciei multiplicetur ad multitudinem individuorum in compositis ex materia et forma. Unde filius Socratis non habet eamdem naturam numero cum patre suo. Substantia vero numquam multiplicatur. Non enim alia est substantia patris, alia filii. Nec enim dividitur secundum diversa individua.

Quia ergo una et eadem est numero natura in patre et filio Dei, ideo non dicit naturæ, quæ dividitur, sed substantiæ indivisibilis.

Io. X, 30: ego et pater unum sumus. Et XIV, 10: ego in patre, et pater in me est.

Tertium quod facit hominem idoneum, est virtus et potestas. Unde Eccli. VII, 6: noli quærere esse iudex, nisi valeas virtute irrumpere iniquitates. Et ideo ostendit virtutem, cum dicit portansque omnia verbo virtutis suæ. Proprium autem principum et potentum est portare. Iob IX, 13: sub quo curvantur, qui portant orbem. Ipse ergo portat.

Sed videndum est quid portat, et quo, vel per quid.

Quantum ad primum sciendum est, quod id, quod de se nec stare nec ambulare potest, indiget portari. Omnis autem creatura de se nec subsistere, nec operari potest. Primum patet, quia remota causa, removetur effectus, Deus autem est causa omnis substantiæ, quia non minus est causa substantiæ rei quantum ad fieri, quam domificator est causa fieri domus, inde, sicut ad absentiam domificatoris cessat fieri domus et ad absentiam solis cessat fieri et esse luminis in ære: ita ad subtractionem virtutis divinæ cessat et esse, et fieri, et subsistere omnis creaturæ.

Portat ergo omnia quantum ad suum esse.

Portat etiam omnia quantum ad operari, quia subtracta influentia eius, cessat omnis motio causarum secundarum, cum ipse sit causa prima, et causa prima plus influit, quam secunda. Iob XXXVIII, 6: super quo bases illius solidatæ sunt. Sic ergo patet, quod omnia portat.

Sed per quid portat? verbo virtutis suæ. Quia enim apostolus loquens de creatione rerum dixit, quod Deus omnia fecit per filium, quia scilicet dixerat, per quem fecit et sæcula. Ille autem per quem aliquis operatur, non videtur virtute sua operari, sed virtute eius, qui per eum operatur; sicut balivus, per quem rex operatur, non operatur virtute propria. Ergo per hoc videtur, quod filius non operetur virtute propria. Ideo dicit apostolus quod portat verbo virtutis suæ, quia, cum idem sit causa essendi et conservandi, cum dicit quod filius virtute sua est causa conservationis, ostendit quod etiam est causa essendi.

Sed numquid non virtute patris? utique, et eius virtute, quia eadem est virtus utriusque. Operatur ergo et virtute propria, et virtute patris, quia virtutem suam habet a patre. Nec tamen dicit apostolus virtute sua, sed verbo virtutis suæ, ad ostendendum quod sicut pater omnia per verbum produxit Ps. XXXII, 9: ipse dixit et facta sunt, etc., in quo ostenditur maxima virtus patris ita filius eodem verbo, quod est ipse, omnia fecit.

Et in hoc ostendit apostolus potentiam virtutis suæ, quia eamdem habet cum patre, quia eadem operatur et per idem, quo ille.

Sed tunc est dubium: quia pater, cum dicit, producit verbum. Ergo filius cum dicit, produceret verbum, et sic verbum patris esset verbum filii. Et ad hoc dicunt Græci, quod sicut filius est imago patris, ita spiritus sanctus est imago filii. Et sic exponit Basilius portans verbo virtutis suæ, id est, spiritu sancto. Nam sicut filius est verbum patris, ita ut dicunt spiritus sanctus est verbum filii. Et ideo per ipsum facit filius, sicut per filium pater.

Verumtamen proprie loquendo, verbum non dicitur nisi quod procedit ut conceptus ab intellectu, ad quod sequitur procedere in similitudinem speciei. Spiritus autem sanctus, et si sit similis, non tamen habet hoc ex modo suæ processionis, quia non procedit ut conceptus ab intellectu, sed ut amor a voluntate.

Aliter autem exponit Glossa verbo virtutis suæ, id est, imperio suo.

Sed hic adhuc est dubium de isto verbo quid sit, quia imperium hominis vel est exterius per vocem prolatum: et hoc non potest dici in divinis, quia nihil est extrinsecum a natura divina, procedens a filio, per quod omnia portentur; vel illud imperium est interius in corde conceptum: sed nec etiam hoc potest stare, quia nihil in mente Dei concipitur, nisi verbum æternum. Ergo istud imperium, sic conceptum in mente filii, esset verbum æternum, et sic essent duo verba æterna, quod nefas est dicere.

Ideo ad argumentum est dicendum, sicut exponit Augustinus illud Io. XII, 48: sermo quem locutus sum, ille iudicabit eum, id est, ipse ego, qui sum verbum patris, iudicabo eum. Et similiter, in proposito, verbum virtutis suæ, id est, seipso, qui est verbum virtuosum.

Per ista ergo tria, ostendit tria de Christo. Per hoc enim quod est splendor, ostendit eius coæternitatem cum patre. In creaturis enim splendor est coævus, sed ille est coæternus. Et hoc est contra Arrium.

Sed cum dicit imago substantiæ, ostendit eius consubstantialitatem. Quia enim splendor non est eiusdem naturæ cum resplendente, ne forte aliquis credat, quod non sit similis in natura, dicit quod est imago, vel figura substantiæ.

Sed quia filius, et si sit eiusdem naturæ cum patre, si tamen sit infirmus, deficit a virtute patris; ideo subdit portans omnia verbo virtutis suæ.

Apostolus ergo in his tribus commendat Christum a tribus, scilicet a coæternitate, a consubstantialitate, et ab æqualitate potestatis.

Deinde cum dicit purgationem

peccatorum faciens ostendit, secundum, quod facit ad idoneitatem dignitatis eius, scilicet strenuitas, et industria, quam habuit in operando.

Fuit enim hoc magnæ industriæ, ut quod ei competebat ex natura, qua Deus est, ipse meruerit per passionem in natura assumpta.

Unde Phil. II, 8 s.: factus est obediens usque ad mortem, propter quod et Deus exaltavit illum. Purgare ergo peccata, etsi conveniat ei ex natura divina, tamen convenit ei etiam ex merito passionis. Unde Eccli. XLVII, 13: Christus purgavit peccata eius, et exaltavit in æternum cornu eius, etc.. Matth. I, 21: ipse enim salvum faciet populum suum a peccatis eorum.

Convenit etiam Christo purgare, ratione divinæ naturæ, et ratione proprietatis filii.

Ratione divinæ naturæ, quia culpa seu peccatum proprie est malum rationalis creaturæ.

Hoc autem malum, sive peccatum non potest reparari nisi per Deum. Nam peccatum in voluntate consistit, voluntatem autem solus Deus potest movere. Ier. XVII, 9 s.: pravum est cor hominis et inscrutabile, quis cognoscet illud? ego Dominus, etc..

Et huiusmodi ratio est, quia quod est immediatius fini, non reducitur ad ipsum finem, nisi a prima causa agente. Voluntas autem est ultimi finis, quia scilicet ad fruendum Deo: et ideo a Deo tantum movetur et reducitur.

Cum ergo Christus sit verus Deus, manifestum est, quod purgationem peccatorum facere potest. Is. XLIII, 25: ego sum qui deleo iniquitates vestras propter me, etc.. Lc. II, 7: quis potest peccata dimittere, nisi solus Deus? ratione vero proprietatis competit etiam Christo.

Ad cuius evidentiam sciendum est, quod in peccato, primo quidem est transgressio legis æternæ et iuris divini, cum omne peccatum sit iniquitas, quæ est transgressio legis. Is. XXIV, 5: mutaverunt ius, dissipaverunt fœdus sempiternum. Cum ergo lex æterna et ius divinum sit a verbo æterno, manifestum est quod ad Christum competit purgatio peccatorum, inquantum est verbum. Ps. CVI, 20: misit verbum suum, et sanavit eos.

Secundo est in peccato amissio luminis rationis, et per consequens sapientiæ Dei in homine, cum huiusmodi lumen sit participatio quædam divinæ sapientiæ. Bar. III, 28: et quia non habuerunt sapientiam, ideo perierunt.

Prov. XIV, 22: errant omnes qui operantur malum. Et secundum Philosophum, omnis malus est ignorans. Rectificatio autem ad divinam sapientiam, competit ei qui est divina sapientia. Hic autem est Christus.

I Cor. I, 23 s.: prædicamus Christum, Dei virtutem, et Dei sapientiam. Sap. IX, 19: nam per sapientiam sanati sunt, quicumque placuerunt tibi, Domine, a principio.

Tertio in peccato est deformatio

similitudinis Dei in homine. Prov. XV, 7: cor stultorum dissimile erit. Unde dicitur Lc. XV, 13 de filio prodigo, quod abiit in regionem longinquam.

De filio prodigo, quod abiit in regionem longinquam.

Et ideo competit huiusmodi deformationi rectificari per filium, qui est imago patris. I Cor. XV, 49: sicut portavimus imaginem terreni, portemus imaginem cælestis.

Quarto amissio æternæ hæreditatis, in cuius signum homo post peccatum exclusus est a Paradiso, Gen. III, 23. Reparatio autem ad hoc proprie convenit filio, qui est hæres.

Rom. VIII, 17: si filii, et hæredes. Gal. IV, 4 s.: misit Deus filium suum, natum ex muliere, factum sub lege, ut eos, qui sub lege erant, redimeret, et adoptionem filiorum Dei reciperemus.

Sic ergo patet, quod Christo competit purgare peccata, et ratione humanæ naturæ, et ratione divinæ.

Sed quomodo fecit purgationem peccatorum? ex hoc patet. In peccato enim primo est perversitas voluntatis, qua homo recedit a bono incommutabili, et ad hanc rectificandam, exhibuit Christus gratiam iustificantem.

Rom. III, 24: iustificati gratis per gratiam ipsius.

Secundo est macula relicta in anima ex perversitate voluntatis, et ad hanc lavandam præbuit sanguinem suum. Apoc. I, 5: dilexit nos, et lavit nos a peccatis, etc..

Tertio est reatus pœnæ cui homo addicitur ex culpa, et ad satisfaciendum per hanc obtulit semetipsum Dei hostiam in ara crucis.

Eph. V, 2: Christus dilexit ecclesiam, et tradidit semetipsum pro ea, ut illam sanctificaret.

Quarto servitus diaboli, cui homo efficitur obnoxius peccando, quia qui facit peccatum servus est peccati, et ad eripiendum nos ab hac, redimit nos. Ps. XXX, 6: redemisti me, Domine Deus veritatis.

Consequenter cum dicit sedet ad dexteram, subiungit ipsam dignitatem, quasi dicat: non videtur indecens si sedet, etc..

Quia ipse est splendor et figura, et portat omnia, etc..

In verbo autem sessionis tria solent importari.

Unum est sedentis auctoritas. Iob XXIX, 25: cumque sederem quasi rex circumstante exercitu, etc.. In divina autem curia multi assistunt, quia Dan. VII, 10: millia millium ministrabant ei, et decies centena millia assistebant ei. Sed nullus legitur ibi sedere; quia omnes sunt ibi servi et ministri.

Infra eodem: omnes sunt administratorii spiritus in ministerium missi. Sed solus iste habet regiam dignitatem. Dan. VII, 22: et usque ad antiquum dierum venit, et postea sequitur: et dedit ei potestatem, et honorem, et regnum, etc.. Matth. XXV, 31: cum venerit filius hominis in maiestate sua, et omnes Angeli eius cum eo, tunc sedebit super sedem maiestatis suæ, et post sequitur: tunc dicet rex his, etc..

Secundum est sedentis stabilitas. Lc. Ult.: sedete in civitate, etc.. Dan. VII, 14: potestas eius potestas æterna, etc. Et infra XIII, 8: Christus Iesus heri et hodie, ipse in sæcula.

Item aliquando sedere importat humilitatem, quia sedens inferior est stantibus. Ps. CXXXVIII, 2: tu cognovisti sessionem meam.

Et sic non accipitur hic, sed primis duobus modis.

Sed contra, Act. VII, 56: ecce video cælos apertos, et Iesum stantem, etc..

Et dicendum est, quod sedere, et stare, et huiusmodi dispositiones de Deo dicuntur, secundum similitudinem. Et ideo secundum diversa, dicitur et sedens, et stans. Sedens quidem propter immobilitatem; sed stans propter utilitatem ad fortiter resistendum. Unde stabat quasi paratus iuvare stephanum, in agone constitutum.

Sed addit apostolus, quod sedet ad dexteram. Quod, si referatur ad divinam naturam, est sensus: ad dexteram, id est ad æqualitatem patris. Si vero ad humanam, est sensus: ad dexteram, id est in potioribus bonis patris. Mc. Ult.: sedet a dextris Dei. Ps. CIX, 1 et Matth. XXII, 44: dixit Dominus Domino meo: sede a dextris meis.

Sed inter eos qui habent assessores, quidam sunt simpliciter maiores, ut rex vel imperator; quidam vero non simpliciter maiores, sed secundum quid, ut præpositi, vel balivi.

Sed Christus non sedet ad dexteram alicuius inferiorum iudicum, sicut alicuius præpositi, ut balivi, sed simpliciter maioris, quia ad dexteram maiestatis. Maiestas proprie est summa potestas. Is. VI, 3: plena erat omnis terra maiestate eius. Prov. XXV, 27: qui scrutator est maiestatis, opprimetur a gloria.

Christus autem etsi sic sedeat ad dexteram maiestatis, habet tamen et ipse maiestatem, quia habet eamdem cum patre. Matth. XXV, 31: cum venerit filius hominis in maiestate sua. Lc. IX, 26: hunc filius hominis erubescet cum venerit in maiestate sua et patris.

Dicit etiam non solum maiestatis, sed etiam in excelsis, id est, super omnem creaturam. Eccli. XXIV, 7: ego in altissimis habito. Sic ergo sedet in excelsis, quia elevatus est super omnem creaturam. Ps. VIII, 2: quoniam elevata est magnificentia tua super cælos.

Et secundum quod dicit Chrysostomus, apostolus in loco isto tenet modum volentis instruere parvulum, qui non statim proponit ei summa, sed paulatim perducit eum, modo loquendo ardua, modo proponendo infima; ita etiam modo proponit divina, cum dicit in filio, modo humana, cum dicit quem constituit hæredem, etc.. Et sic de aliis, ut patet in Glossa.

Lectio 3

Sicut supra dictum est, apostolus in toto capitulo intendit præferre Christum Angelis quantum ad excellentiam, unde posuit quatuor pertinentia ad excellentiam Christi, scilicet quantum ad originem quia filius, quantum ad dominationem quia hæres, quantum ad operationem quia ipse fecit sæcula, quantum ad honorem quia sedet ad dexteram maiestatis.

Modo apostolus in parte ista ostendit, quod Christus quantum ad ista quatuor excedit Angelos; et primo quantum ad filiationem; secundo quantum ad dominationem, ibi et cum iterum introducit; tertio quantum ad operationem creationis, ibi et tu in principio, Domine, terram fundasti; quarto quantum ad patris confessionem, ibi ad quem autem Angelorum.

Circa primum duo facit, quia primo præmittit intentum; secundo propositum probat, ibi cui enim dixit.

Dicit ergo tanto melior Angelis, id est sanctior, et ideo propinquior, in quo proponit excellentiam Christi ad Angelos. Eph. I, 20: constituens eum ad dexteram suam in cælestibus super omnem principatum et potestatem.

Sed tunc oritur quæstio quomodo apostolus hoc intelligit, utrum secundum divinam naturam, vel humanam, quia secundum divinam non videtur verum, quia secundum illam genitus est, non factus; secundum vero humanam non est melior Angelis, ut infra, II cap.: eum autem, qui modico quam Angeli, etc..

Sed dicendum est, quod Christus secundum humanam naturam duo habuit in vita ista, scilicet infirmitatem carnis, et sic fuit minoratus ab Angelis. Infra II cap.: eum qui modico, etc.. Item, habuit gratiæ plenitudinem, et sic etiam in humanitate maior fuit Angelis in gratia et gloria. Io. I, 14: vidimus eum quasi unigenitum a patre, plenum gratiæ et veritatis.

Sed hic non est intellectus. Apostolus enim non intelligit, quod melior fuerit quantum ad gratiam, sed propter unionem humanæ naturæ ad divinam: et sic dicitur factus, inquantum per illius unionis factionem pervenit ad hoc quod esset melior Angelis, et diceretur et esset filius Dei.

Et ideo subdit quanto differentius præ illis nomen hæreditavit.

Et quantum ad hoc nomen, ostendit differentiam quantum ad tria, scilicet quantum ad nominis significationem, quia proprium nomen Angelorum est quod dicuntur Angeli, quod est nomen ministri. Angelus enim idem est quod nuntius. Nomen autem proprium Christi est, quod dicitur filius Dei. Et hoc nomen est valde differentius ab illo, quia quantamcumque differentiam ponis, adhuc est maiorem dare, cum distent in infinitum. Prov. XXX, 4: quod nomen eius? et quod nomen filii eius, si nosti? est enim nomen filii eius sicut et patris incomprehensibile. Phil. II, 9: et dedit illi nomen, quod est super omne nomen.

Sed forte dices, quod etiam Angeli dicuntur filii Dei. Iob I, 6 et II, 1: cum assisterent filii Dei coram Domino, etc.. Dicendum est, quod si dicuntur filii Dei, hoc non est essentialiter et per naturam, sed per quamdam participationem. Ipse autem est essentialiter filius Dei, et ideo habet nomen differentius præ illis: et hoc est secundum, quia differunt quantum ad modum. Ps. LXXXVII, 7: quis est similis Deo in filiis Dei? quasi dicat: nullus per naturam.

Quantum ad tertium dicit, quod illud nomen hæreditavit. Hæreditas enim consequitur originem. Unde Christus, quod filius sit, habet ex origine, et per naturam; Angeli autem ex dono gratiæ. Matth. XXI, 38: hic est hæres. Unde ipse nomen hæreditavit, non autem Angeli, et hæc est tertia differentia.

Deinde cum dicit cui enim dixit aliquando Angelorum, probat quod dixit; et primo agit de nomine secundum quod convenit Christo secundum divinitatem; secundo secundum humanitatem, ibi et rursum, ego ero, etc..

Quantum ad primum inducit auctoritatem Ps. II, 7: Dominus dixit ad me, etc..

Et hoc est cui enim Angelorum, etc., quasi dicat: nulli Angelorum dicta sunt hæc verba, sed tantum Christo.

Ubi tria possunt notari. Primo modus originis in verbo dixit; secundo singularitas filiationis, ibi filius meus es tu; tertio eius auctoritas, ibi ego hodie.

Modus iste non est carnalis, sed spiritualis et intellectualis. Deus enim spiritus est, io. IV, 24, et ideo non generat carnaliter, sed spiritualiter et intellectualiter. Intellectus autem dicendo, generat verbum, quod est conceptus eius, et ideo signanter dixit, quod Dominus dixit ad me, id est, pater dixit filio.

Dicere ergo intellectus patris, nihil aliud est, quam in corde verbum concipere. Ps. XLIV, 2: eructavit cor meum verbum bonum.

Iob XXXIII, 14: semel loquitur, et secundo idipsum non repetit. Eccli. XXIV, 5: ego ex ore altissimi prodii.

Sed quantum ad secundum, generatio ista est singularis, quia dicit filius meus es tu, quasi dicat: etsi multi alii filii dicuntur, tamen esse filium naturalem est sibi proprium; alii autem dicuntur filii Dei, quia sunt participes verbi Dei. Io. X, 35 illos dixit deos ad quos sermo Dei factus est; sed Christus est ipsum verbum. Matth. XVII, 5: hic est filius meus dilectus.

Sed quantum ad tertium, ista generatio non est temporalis, sed æterna, quia hodie genui te. Differt autem tempus ab æternitate, quia tempus variatur sicut motus, cuius mensura est in variatione et successione. Et ideo nominatur per successionem præteriti et futuri.

Aeternitas autem est mensura rei immobilis, et ideo non est ibi variatio per successionem, sed semper est præsens; et ideo notatur per adverbium præsentis temporis, scilicet hodie, id est, in æternitate. Verum quia illud quod fit, quia nondum est, incompletum per consequens est; quod autem factum est, completum est, et ita perfectum; ideo non dicit genero te sed genui, quia perfectus est.

Sed tamen ne putetur esse generatio eius tota in præteritione, et per consequens in defectione, addit, hodie.

Et coniungit præsenti præteritum, scilicet hodie et genui, ut scias ipsam generationem semper esse, et perfectam esse, et sic in hodie permanentia, in genui vero perfectio designatur.

Ut sit sensus: perfectus es, fili, et tamen generatio tua æterna est, et semper a me generaris: sicut lumen in ære perfectum est, et tamen semper procedit a sole. Mich. V, 2: egressus eius a principio a diebus æternitatis.

Ps. CIX, 3: ex utero ante Luciferum genui te.

Posset etiam hoc exponi de generatione temporali, ut dicat hodie, id est in tempore, genui te.

Consequenter cum dicit et rursum: ego ero illi in patrem, etc., propositum ostendit, secundum quod convenit Christo secundum humanitatem, et hoc per aliam auctoritatem.

Secundum Glossam istud dicitur in Isaia ego ero illi in patrem, sed tamen non invenitur aliquid huic simile in Isaia nisi illud: et filius datus est nobis. Sed II Reg. VII, 14 et I par. XXII, 10 habentur ista eadem verba Domini dicentis ad David de Salomone, per quem figurabatur Christus.

Sciendum est autem, quod in veteri testamento quædam dicuntur de eo quod est figura, non inquantum quædam res, sed inquantum est figura, et tunc non exponitur de illo, nisi inquantum refertur ad figuratum.

Verbi gratia in Ps. LXXI quædam dicuntur de David, vel de Salomone, inquantum figurabant Christum tantum. Quædam vero etiam secundum quod sunt homines quidam, et istorum dicta de ipsis possunt exponi et de Christo; sicut illud: Deus, iudicium tuum regi da: quia illud potest convenire Salomoni. Illa vero quæ dicuntur de ipsis inquantum sunt figura, numquam de ipsis possunt exponi, sicut illud: et dominabitur a mari usque ad mare, etc.; quia nullo modo verificari potest de Salomone. Sic et in proposito, licet ista dicta sint de Salomone, tamen possunt exponi de Christo, qui præfigurabatur per illum.

Dicit ergo ero quod est futuri temporis, ad denotandum quod incarnatio filii futura erat in tempore. Gal. IV, 4: at ubi venit plenitudo temporis, etc.. Supra vero cum loquebatur de æterna generatione, dixit es tu, quasi sine motu; hic autem cum loquitur de temporali, dicit in filium, quod denotat terminum alicuius motionis. Assumptio enim importat motum in filiationem.

Et quia omnis motio fit per operationem alicuius terminatam ad aliquem effectum, ideo primo ponit operationem facientis, quia non virtute humanitatis facta est assumptio, sed divinitatis, cum dicit ego ero illi in patrem, id est, assumam eum ad unionem personæ filii. Et subiungit effectum consecutum, quia scilicet est susceptus in unitatem personalem filii, erit mihi in filium.

De primo dicitur Lc. I, 35: virtus altissimi, scilicet facientis assumptionem, obumbrabit tibi. De secundo Rom. I, 3: qui factus est ei ex semine David secundum carnem.

Iterum ego ero illi, id est, ad honorem et utilitatem suam clarificabo ipsum.

Io. XVII, 5: clarifica me, pater. Et ipse erit mihi, id est, ad honorem meum, manifestando nomen meum hominibus. Io. XVII, 6: manifestavi nomen tuum, etc..

Deinde cum dicit et cum iterum, etc., agit de dominatione Christi, qua est hæres universorum. Ubi tria facit, quia primo ostendit dominium eius, et præcipue super Angelos; secundo ponit rationem dominii illius ex parte Angelorum, ibi et ad Angelos; tertio ex parte Christi, ibi ad filium autem.

Quantum ad primum inducit auctoritatem Ps. Xcvi, 7 cum dicit: adorate eum, omnes Angeli eius; hoc habetur in Ps. Xcvi, 1: Dominus regnavit, exultet, etc.. Adoratio enim non fit nisi Domino; ergo si Angeli eum adorant, Dominus illorum est.

Volens apostolus inducere hanc auctoritatem, primo tangit intentionem Psalmistæ, cum dicit et cum iterum introducit, etc., ut Psalmista loquatur de adventu Christi in mundum.

Et ideo dicit: et cum Scriptura introducit, id est introducendum, dicit primogenitum, etc.; quasi dicat: iam dictum est, quod Christus est filius præ Angelis; ergo est principaliter a patre genitus. Est ergo dicendus primogenitus. Rom. VIII, 29: ut sit ipse primogenitus in multis fratribus. Hic autem primogenitus debebat introduci in orbem, etc..

Et vide quam ordinate loquatur apostolus.

Primo enim dicit ipsum esse a patre, ibi ego ero illi in patrem; secundo assumptum in unitate personæ, ibi et ipse erit mihi in filium; sed modo proponit eum in notitiam hominum.

Vocat autem incarnationem introductionem in mundum.

Sed contra. Ipse Christus vocat eam exitum.

Io. XVI, 28: exivi a patre, et veni in mundum. Et dicendum est, quod exitus est etiam introductio. Sicut si aliquis reconciliandus sit principi, primo exit ad eum mediator et post introducit eum. Simile habetur I Reg. XX, 5 ss. De David ad Ionatham.

Sic Christus mediator Dei et hominum, primo exiit ad homines, et postea introduxit eos reconciliatos. Infra II, 10: qui multos filios adduxerat in gloriam, etc..

571

Vel introducit, id est, inducit eum usque in corda hominum, quia Scriptura loquens de adventu Christi, dicit eum suscipiendum intra corda hominum. Ista autem receptio fit per fidem. Eph. III, 17: habitare Christum per fidem in cordibus vestris. Ps. XCV, 3: annuntiate inter gentes gloriam eius. Quando enim Scriptura dicit, quod gentes debent credere, dicit quod Christus intraturus est in corde ipsorum.

Hoc autem quod dicit iterum, multipliciter exponitur.

Dicit enim Chrysostomus, quod de incarnatione verbi, quæ dicitur introductio, non loquitur Scriptura semel, sed iterum atque iterum.

Vel aliter, quia ipse primo erat in mundo per potentiam divinitatis invisibiliter, sed iterum introducit eum in mundum, secundum præsentiam humanitatis visibiliter.

Vel aliter, quia supra dixerat ero illi in patrem, id est, assumam in unitatem personalem mei. Et cum iterum introducit, eum, scilicet istum primogenitum et assumptum ad unitatem personæ: quia non sufficeret dicere, quod introducitur, nisi dicatur qualiter introducatur, quia non quasi unus de mundo, nec sicut Angeli, sed super omnes. Ideo dicit adorent eum omnes Angeli. Nehem. IX, 6: exercitus cæli te adorat. Apoc. VII, 11: omnes Angeli stabant in circuitu throni, et ceciderunt, et adoraverunt, etc..

Deinde cum dicit et ad Angelos, etc., ponitur ratio ex parte Angelorum, quare eum adorant, quasi dicat: iustum est quod adorent, quia sunt ministri. Unde dicit qui facit Angelos suos spiritus, et ministros suos flammam ignis.

Deus enim aliquando operatur illuminando intellectum. Io. I, 9: illuminat omnem hominem, etc.. Aliquando vero movet ad opus.

Is. XXVI, 12: omnia opera nostra operatus es in nobis. Et primum facit Deus in nobis, mediantibus Angelis. Ps. LXXV, 5: illuminans tu mirabiliter a montibus æternis. Secundum etiam facit in nobis ipsis mediantibus, sicut dicit Dionysius IV cap. Cælestis hierarchiæ.

Inquantum ergo illuminat per ipsos, dicuntur nuntii. Nuntii enim est nuntiare ea quæ sunt in corde Domini sui. Inquantum vero sunt mediatores operum divinorum, dicuntur ministri.

Ps. CII, 21: ministri eius, qui faciunt voluntatem eius. Sunt ergo et nuntii et ministri.

Sed quales sint, describit eos per duas res corporales maxime ad hoc idoneas. Una est ær, cuius proprietas multum convenit nuntio, ministro autem proprietas ignis. Aer enim est receptibilis luminis et impressionis; item optime reddit recepta; item habet velocem motum. Hæc autem debet habere bonus nuntius, ut scilicet bene recipiat dicta, bene referat recepta, et utrumque velociter faciat.

Ista bene conveniunt Angelis. Optime enim recipiunt divinas

illuminationes. Sunt enim Angeli specula munda, secundum Dionysium.

Matth. XVIII, 10: et Angeli eorum in cælis, etc.. Item optime reddunt, quod significatum est Apoc. I, 1: significavit Deus, quæ oportet fieri cito; loquens per Angelum suum servo suo Ioanni, etc.. Item sunt veloces. Is. XVIII, 2: ite, Angeli veloces, etc.. Isti autem dicuntur spiritus, quia omnis substantia invisibilis dicitur spiritus. Unde et ær dicitur spiritus.

Item sunt ignis, inquantum ministri.

Ignis autem, inter omnia elementa, est maxime activus et efficax ad agendum. Unde in Ps. CIII, 4 de Angelis ubi dicuntur ministri eius, ibi additur et ministros tuos ignem urentem.

Item ignis calorem causat, per quod designatur charitas. Cant. VIII, 6: lampades ignis atque flammarum. Unde describuntur in igne, et dicuntur Seraphim, Is. VI, 2. Item ignis semper movetur sursum; ita Angeli et boni ministri, omnia quæ agunt, semper referunt in gloriam Dei, sicut patet de Angelo Tob. XII, 6: benedicite Deum cæli, etc.. Non dicit: benedicite me, sed Deum cæli. Non sic de malo Angelo, qui dicit Matth. IV, 9: si cadens adoraveris me. Sed Angelus bonus tamquam bonus minister dicit Apoc. Ult.: vide ne feceris, et sequitur: Deum adora.

Lectio 4

Supra probavit apostolus per auctoritatem Angelos esse ministros, hic probat hoc per rationem sumptam ex parte ipsius Christi. Unde intendit hic probare regiam dignitatem Christi; ubi duo facit.

Primo enim commendat regiam dignitatem ipsius Christi; secundo eius ad illam dignitatem ostendit idoneitatem, ibi propterea unxit te Deus.

Circa primum tria facit; primo commendat Christi regiam auctoritatem; secundo eius regiminis æquitatem, ibi virga æquitatis; tertio regiminis bonitatem, ibi dilexisti iustitiam.

Dicit ergo: ad filium autem dicit thronus tuus, etc.. Et sunt verba Dei patris loquentis per linguam prophetæ, sicut per calamum Scribæ. Dicit ergo: o Deus fili, thronus tuus, etc.. In quo denotatur regia maiestas.

Est enim thronus regis sedes, sed cathedra Magistri, tribunal autem sedes iudicis.

Quæ omnia conveniunt Christo, quia ipse est rex noster: Lc. I, 32: regnabit in domo Iacob et ideo convenit ei thronus. Ps. LXXXVIII, 30: thronus eius sicut sol. Ipse est Magister, Io. III, 2: scimus, quia a Deo venisti Magister, ideo competit ei cathedra. Ipse iudex noster, Is. XXXIII, 22: Dominus iudex noster, Dominus legifer noster, et ideo congruit sibi tribunal. II Cor. V, 10: omnes nos oportet manifestari ante tribunal Christi etc..

Competit autem thronus Christo

secundum naturam divinam, inquantum est Deus, Ps. XLVI, 8: rex omnis terræ Deus, sed secundum quod homo, convenit sibi ex merito passionis, victoriæ, et resurrectionis. Apoc. III, 21: qui vicerit, dabo ei sedere mecum in throno meo, sicut ego vici et sedi in throno patris mei cum eo. Hic thronus est perpetuus. Lc. I, 33: et regni eius non erit finis. Dan. VII, 14: potestas eius potestas æterna, quæ non auferetur.

Patet autem quod regnum illud est æternum, et inquantum sibi convenit ex natura, quia est Deus. Ps. CXLIV, 13: regnum tuum, regnum omnium sæculorum.

Item, inquantum sibi convenit ut homo, et hoc duplici ratione. Una, quia regnum illud non ordinatur ad temporalia, sed ad æterna.

Io. XVIII, 36: regnum meum non est de hoc mundo. Ad hoc enim regnat, ut homines dirigat ad vitam æternam. Non autem sic est de regno hominum; unde regnum illorum finitur cum vita præsenti. Alia ratio est, quia ecclesia, quæ est regnum eius, durat usque ad finem mundi, et tunc tradet Christus regnum Deo et patri consummandum et perficiendum.

Consequenter commendat regnum eius ab æquitate, cum dicit virga æquitatis, etc..

Convenienter autem describitur regnum per virgam. Differt enim regimen tyrannicum a regimine regis, quia regimen tyrannicum est ad utilitatem suam cum gravamine subditorum; regimen autem regis principaliter ordinatur ad utilitatem subditorum. Et ideo rex est pater et pastor. Pastor enim non corrigit cum gladio, sed cum virga. Ps. LXXXVIII, 33: visitabo in virga iniquitates eorum. Item pastor utitur virga in directione gregis. Mich. VII, 14: pasce populum tuum in virga tua.

Virga etiam sustentat infirmos. Ps. XXII, 4: virga tua et baculus tuus ipsa me consolata sunt. Item virga conturbat hostes. Num. XXIV, 17: consurget virga de Israel, et percutiet duces Moab.

Sed est hæc virga æquitatis. Is. XI, 4: arguet in æquitate pro mansuetis terræ. Sed sciendum est, quod aliquando aliquis regit in rigore iuris, sicut quando servat ea quæ iusta sunt secundum se. Contingit autem, quod aliquid de se iustum est, quod tamen comparatum ad aliquid inducit detrimentum si servetur; et ideo oportet, quod ius commune ad hoc applicetur, et si hoc fiat, tunc est regimen æquitatis. Regnum veteris testamenti erat secundum rigorem iustitiæ. Act. XV, 10: onus quod nec nos, nec patres nostri portare potuimus. Sed regnum Christi est regnum æquitatis et iustitiæ, quia in ipso non imponitur nisi suavis observantia. Matth. XI, 30: iugum enim meum suave est et onus meum leve. Et Ps. XCV, 13: iudicabit orbem terræ in æquitate.

Consequenter cum dicit dilexisti, etc., bonitatem regentis commendat.

Quidam enim servant æquitatem, non tamen propter amorem iustitiæ, sed magis propter timorem, vel gloriam, vel metum, et tale regimen non durat. Sed iste servat æquitatem propter amorem iustitiæ. Dicit ergo dilexisti iustitiam, quasi dicat: hoc quod virga est æqua et directa, hoc est quia dilexisti iustitiam. Sap. I, 1: diligite iustitiam, qui iudicatis terram. Non autem est iustus, qui non amat iustitiam. Matth. V, 6: beati qui esuriunt et sitiunt iustitiam.

Sed aliqui quidem diligunt iustitiam, sed sunt remissi in correctione iniquitatis; sed Christus odit, id est, reprobat iniquitatem.

Ps. CXVIII, 113: iniquos odio habui. Sap. XIV, 9: similiter odio sunt Deo impius et impietas eius. Eccli. XII, 3: altissimus odio habet peccatores, et misertus est pœnitentibus.

Et ideo dicit et odisti iniquitatem.

Deinde cum dicit propterea unxit te Deus, ostendit Christi idoneitatem ad exequendum et gubernandum, ubi dubitatio est de hoc, quod dicit propterea, etc..

In verbis istis agitur de spirituali unctione, quia Christus est repletus spiritu sancto.

Numquid enim ideo repletus est, quia dilexit iustitiam? ergo meruit gratiam, quod est contra illud Rom. XI, 6: si ex operibus, iam non ex gratia; et hæc est ratio communis.

Sed specialiter ad propositum, quia Christus in ipsa conceptione fuit plenus spiritu sancto, Io. I, 14: plenum gratia et veritate, non ergo meruit.

Respondeo. Hic est cavendus error Origenis.

Voluit enim, quod omnes spirituales creaturæ, etiam anima Christi, a principio creatæ fuerunt, et secundum quod plus vel minus adhæserunt Deo, vel diverterunt ab ipso per libertatem arbitrii sui, facta est distinctio inter Angelos et etiam animas. Unde in periarchon dicit, quod anima Christi quia vehementius adhæsit Deo, diligendo iustitiam, et odiendo iniquitatem, quod meruit maiorem plenitudinem gratiæ præ cunctis substantiis spiritualibus.

Sed hoc est hæreticum dicere, quod scilicet quæcumque anima, vel etiam anima Christi, creata fuerit ante corpus, quod etiam specialem rationem in Christo habet, quia in primo instanti simul creata fuit anima, et formatum corpus, et totum est assumptum a filio Dei.

Quid ergo dicit propterea? una Glossa videtur sentire cum Origene.

Sed si volumus eam salvare, dicemus quod in Scriptura dicitur aliquid fieri quando innotescit; sicut cum dicitur Phil. II, 8 s.: factus est obediens, etc., propter quod et Deus exaltavit illum, et dedit illi nomen, etc.. Numquid Christus merito passionis meruit esse Deus? absit: hic enim est error Photini.

Dicendum est ergo, quod Christum esse Deum, excedit omne meritum, sed per passionem meruit, quod manifestetur ubique esse Deum, et quod Deus dederat illi tale nomen, etc.. Ita hoc quod dicit hic propterea unxit te Deus, etc.. Ut sit sensus: ex hoc quod tu dilexisti iustitiam, meruisti quod hoc innotescat.

Vel aliter et melius ita quod ly propterea, non dicat causam meritoriam, sed finalem; quasi dicat: ad hoc quod illa haberes, scilicet thronum perpetuum, virgam æquitatis, etc., quæ dicta sunt, propterea unxit te Deus oleo, scilicet sanctificationis, quod Dominus mandavit fieri, Ex. XXX, 24 ss.: quo ungebantur vasa et sacerdotes, Lev. VIII, 2 et IX, 1 s., et reges, ut patet de David, I Reg. XVI, 13, et Salomone, III Reg. I, 39; item prophetæ, ut patet de Eliseo, III Reg. XIX, 16.

Sed quare fiebat ista sanctificatio per unctionem? ratio est litteralis. Homines enim Orientales pro celebritate ungebantur, ne consumerentur, eo quod sunt in regione multum calida. Pauperes etiam ungebantur ad festivitatem.

IV Reg. IV, 2: non habeo ancilla tua nisi parum olei quo ungar. In Scriptura autem divina traduntur nobis per modum quo homines solent uti. Quia ergo tunc ungebantur homines, vel propter celebritatem festi, vel propter celebritatem personæ, ideo ad ostendendum excellentiam Christi, dicit eum unctum oleo exultationis.

Ipse enim est rex. Is. XXXII, 1: ecce in iustitia regnabit rex. Et XXXV: Dominus enim iudex noster, Dominus legifer noster, Dominus rex noster, ipse veniet et salvabit nos. Est etiam sacerdos. Ps. CIX, 4: tu es sacerdos in æternum secundum ordinem Melchisedech. Fuit etiam propheta. Deut. XVIII, 15: prophetam de gente tua et de fratribus tuis sicut me suscitabit tibi Dominus.

Et convenit sibi ungi oleo sanctificationis et exultationis. Ab ipso autem sunt sacramenta, quæ sunt vasa gratiæ. Is. XXII, 24: suspendam super eum omnem gloriam domus patris eius vasorum diversa genera, etc..

Convenit etiam ista unctio christianis. Sunt enim reges et sacerdotes. I Petr. II, 9: vos estis genus electum, regale sacerdotium. Apoc. V, 10: fecisti nos Deo nostro regnum et sacerdotes. Item habet spiritum sanctum, qui est prophetiæ spiritus. Ioel II, 28: effundam de spiritu meo super omnem carnem, etc.. Et ideo omnes uncti sunt, invisibili unctione.

II Cor. I, 21: qui autem confirmat nos vobiscum in Christo, et qui unxit nos Deus, et qui signavit nos, et dedit, etc.. I Io. II, 20: vos unctionem habetis a sancto, et nostis omnia.

Sed quæ comparatio est inter Christum unctum, et christianos unctos? ista, scilicet quia ipse habet eam principaliter et primo, nos autem et alii ab ipso effusam. Ps. CXXVII: sicut unguentum in capite, etc.. Et dicit præ participibus tuis. Io. I, 16: de plenitudine eius omnes accepimus.

Unde alii dicuntur sancti, ipse vero sanctus sanctorum. Ipse enim est radix omnis sanctitatis.

Dicit autem oleo lætitiæ, vel exultationis, quia ex ista unctione procedit spiritualis lætitia.

Rom. XIV, 17: non est regnum Dei esca et potus, sed iustitia et pax et gaudium in spiritu sancto. Gal. V, 22: fructus autem spiritus est charitas, pax, gaudium. Ps. CIII, 15: ut exhilaret faciem in oleo. Is. LXI, 3: oleum gaudii pro luctu, etc..

Illud autem, quod bis dicit Deus, Deus, dupliciter exponitur. Uno modo, quod repetatur nominativus casus, ut sit sensus: unxit te Deus per seipsum Deum, nos autem per te, mediatorem Dei et hominum, hominem Christum. II Pet. I, 4: per quem magna et pretiosa nobis promissa donavit. Alio modo, quia, secundum Augustinum in Glossa, alterum est nominativi casus, alterum vocativi, ut sit sensus: o Christe, qui es Deus filius, Deus pater unxit te, etc.. Et quod debeat sic exponi magis patet in Græco.

Sed cum Christus non sit unctus secundum quod Deus, quia sic non convenit sibi recipere spiritum sanctum, sed magis aliis dare, secunda expositio non videtur esse vera.

Respondeo. Dicendum est, quod idem est in persona et Deus et homo, tamen unctus est inquantum homo. Et cum dicitur: o Deus, etc., et ungens est Deus et homo, et unctus similiter est Deus et homo, et unum cum ipso in persona.

Lectio 5

Supra præmiserat apostolus quatuor, in quibus Christus excellit Angelos, et probavit duo illorum, scilicet et quod excedit eos, quia est filius, et quia est hæres, nunc probat tertium, scilicet quod excedit eos in virtute operationis, quia per eum pater fecit et sæcula.

Hoc autem probat apostolus ex auctoritate eiusdem prophetiæ, et circa hoc duo facit.

Primo ostendit virtutem operationis inquantum creator; secundo quantum ad differentiam creatoris ad creaturam, ibi ipsi peribunt.

Circa primum duo facit, quia primo ponit creationem terræ; secundo cælorum, ibi et opera manuum.

Sciendum est autem circa primum, quod hoc potest dupliciter legi: uno modo, ut sit sermo prophetæ directus ad patrem, ut sit sensus tu, Domine, scilicet Deus pater, fundasti terram in principio, id est in filio tuo, qui est principium. Io. VIII, 25: ego principium, qui et loquor vobis. Et hoc tantum valet ac si dixisset: tu fundasti terram per filium: Ps. CIII, 24: omnia in sapientia fecisti. Filius autem est sapientia genita, unde supra dixit eum splendorem gloriæ. Et hoc quod dicit hic, respondet huic quod supra dixit per quem fecit et sæcula.

Alio modo, quod sit sermo directus ad filium, sic: et tu, Domine, scilicet fili, fundasti terram in principio, scilicet temporis, ut excludat opinionem ponentium æternitatem mundi; vel in principio, scilicet productionis rerum, ut excludat opinionem dicentium, corporalia non fuisse creata cum spiritualibus, sed post. Gen. I, 1: in principio creavit Deus cælum et terram. Eccli. XVIII, 1: qui vivit in æternum, creavit omnia simul.

Sciendum est autem, quod tripliciter potest distingui terra a cælo.

Uno modo et ad litteram quod per terram intelligatur elementum terræ, per cælum autem superiora corpora; ut sicut Moyses non facit mentionem de ære, quia est cum aqua, ita hic intelligit per cælum, ipsum cælum et alia duo elementa, scilicet ærem et ignem, quæ magis accedunt ad naturam cæli, quod patet ex loco ipsorum. Sic etiam accipit Moyses.

Et dicit fundasti, ut ostendat tria ad terram pertinere, primo quidem terræ quietem; omnia enim alia participant motum, sola autem terra secundum totalitatem suam immobilis perseverat, ut sit sensus fundasti, id est, firmasti. Ps. CIII, 5: qui fundavit terram super stabilitatem suam. Secundo, ut ostendat terræ perpetuitatem, nam fundamentum ædificii inter alias eius partes stabilius est. Terra autem in æternum stat, Eccle. I, 4. Et secundum hoc dicit fundasti terram, id est, perpetuo solidasti.

Tertio, ut ostendat terræ ordinem, quia sicut fundamentum, quod est prima pars ædificii, est in imo, ita terra inter omnia elementa tenet locum imum. Is. XLVIII, 13: manus mea fundavit terram. Ps.: aridam fundaverunt manus eius.

Non autem dicit fecisti cælos, sed opera manuum tuarum sunt cæli, quia illud quod aliquis facit manibus, magis diligenter videtur facere. Et ideo sic loquitur ad designandam nobilitatem et pulchritudinem ipsorum.

Is. XLVIII, 13: dextera mea mensa est cælos.

Aliter vero quod per terram intelligat totam naturam corporalem. Et sic terram fundasti, quia materia est locus et fundamentum formarum; per cælos autem, spirituales substantias. Ps. CXLVIII, 4: laudate eum, cæli cælorum. Et hi sunt opera manuum eius, quia fecit eos ad imaginem et similitudinem suam.

Vel per terram imperfecti in ecclesia, quia sunt fundamentum aliorum; quia nisi esset activa in ecclesia, contemplativa non subsisteret.

Per cælos contemplativi. Et hæc facta in ecclesia in principio, id est per filium.

Is. LI, 16: posui verba mea in ore tuo, ut fundes terram, id est, imperfectos, et plantes cælos, id est, perfectos.

Quantum autem ad cælos dicit opera manuum tuarum sunt cæli.

Dicit autem opera manuum tuarum, et non simpliciter, cælos fecisti, propter quatuor rationes. Primo, ut excludat errorem dicentium Deum esse animam cæli, et per consequens totum mundum et partes eius debere coli ut Deus, quod et idololatræ faciebant; et hoc excludit, cum dicit opera manuum tuarum sunt cæli, quasi dicat: non sunt proportionati tibi, ut corpus animæ, sed subiecti et proportionati virtuti, et voluntati tuæ. Deut. IV, 19: ne forte oculis ad cælum elevatis, videas solem et lunam et omnia astra cæli, et errore deceptus, adores ea.

Secundo ut designet cælorum dignitatem et pulchritudinem, quia illud dicimus manibus facere, quod diligenter facimus; ut ergo ostendat cælos excellentiori modo quam alias creaturas corporales divina sapientia conditos esse, dicit opera manuum tuarum sunt cæli.

Et hoc patet; quia diversitas in istis inferioribus potest reduci ad dispositionem materiæ, sed diversitas corporum cælestium nullo modo potest reduci nisi ad sapientiam divinam.

Et inde est, quod quandocumque fit mentio de creatione cæli, additur ibi, prudenter, vel intellectus vel aliquid huiusmodi, secundum illud Ier. IV: stabilivit cælos prudenter, et secundum illud Ps. CXXXV, 5: qui fecit cælos intellectu.

Tertio ut ostendat, quod in cælis magis refulget virtus divina creatoris, secundum Glossam; nihil enim est in creaturis, in cuius conditione appareat tantum virtutis Dei, et hoc propter magnitudinem ipsorum et ordinem.

Sap. XIII, 5: a magnitudine enim speciei et creaturæ, cognoscibiliter poterit horum creator videri.

Quarto ad ostendendum, quod inter omnia corpora, corpus cæleste immediatius recipit influentiam a Deo, et per ista derivatur in ista inferiora. Iob XXXVIII, 33: numquid nosti ordinem cæli, et pones rationem eius in terra? quasi dicat: si bene consideras dispositionem cæli, non potes attribuere causam dispositionis eius alicui rei terrenæ, sed Deo.

Alio modo potest exponi, ut per terram accipiatur tota materia corporalis, per cælos vero spirituales substantiæ. Et sic est sensus: in principio temporis terram, id est, materiam corporalem, fundasti, id est, quasi fundamentum formarum stabilisti; et sic intelligitur illud Ps. CXLVIII, 7: laudate Dominum de terra, etc.. Sed cæli, id est substantiæ spirituales, Ps. CXLVIII, 4: laudent illum cæli, etc., sunt opera manuum tuarum, quia scilicet fecisti eos ad imaginem et similitudinem tuam.

Tertio modo potest exponi, ut per terram intelligantur infimi in ecclesia, per cælos vero supremi, et sic est sensus in principio, id est per filium, terram fundasti, id est activos et infimos in ecclesia; et dicuntur fundati, quia sunt quasi fundamentum aliorum, nam nisi essent activi in ecclesia, viri contemplativi non sustentarentur. Sed cæli, id est contemplativi et perfectiores, sunt opera manuum tuarum, id est, excellentiori præeminentia præditi. Ps. XVIII, 2: cæli enarrant gloriam Dei; et Is. I, 2: audite, cæli, id est, maiores; auribus percipe, terra, id est, minores.

Consequenter cum dicit ipsi peribunt, ostendit differentiam inter creatorem et creaturam, et hoc quantum ad duo, quæ sunt propria creatori; primum est æternitas; secundum est immutabilitas, de qua ibi et omnes ut vestimentum veterascent, etc..

Circa primum duo facit, quia primo ponit terminationem creaturæ; secundo interminationem Dei, ibi tu autem permanebis.

Dicit ergo primo: ipsi, scilicet cæli, peribunt.

Sed contra Eccle. I, 4: terra in æternum stat; ergo videtur, quod multo plus cæli.

Respondeo. Dicendum est, quod secundum Augustinum et Philosophum, in qualibet mutatione est generatio et corruptio. Unde quicquid mutatur, perit a statu in quo erat.

Ergo quod dicit quod cæli peribunt, non intelligitur quantum ad substantiam, de qua Iob XXXVII, 18: qui solidissimi quasi ære fusi sunt, sed quantum ad statum quem nunc habent. Apoc. XXI, 1: vidi cælum novum et terram novam. I Cor. VII, 31: præterit figura mundi huius.

Sed quomodo mutabunt statum? diversimode, quia cæli superiores moventur quidem secundum locum, sed non alterantur. Inferiores vero, scilicet ignis et ær, et moventur et alterantur, et corruptioni sunt subiecti. Sic ergo status omnium cælorum est mutabilis; sed tunc motus cessabit in superioribus, et corruptio in inferioribus, quia ær igne conflagrationis purgabitur. II Pet. III, 7: cæli qui nunc sunt et terra eodem verbo repositi sunt, igni reservati in diem iudicii, etc.. Omnes peribunt a statu in quo nunc sunt, et sic quodammodo peribunt, sed tu, Domine, permanebis. Ps. Ci, 13: tu autem, Domine, in æternum permanebis.

Hic ostendit permanentiam creatoris, quasi dicat: in te nulla est transmutatio nec vicissitudinis obumbratio, ut Iac. I, 17 dicitur, et Thren. V, 19: tu autem, Domine, in æternum permanebis, solium tuum in generatione et generationem, quod potest etiam intelligi de Christo homine. Infra ult.: Iesus Christus heri et hodie ipse et in sæcula.

Deinde cum dicit et omnes, etc., ostendit differentiam Dei ad creaturam quantum ad immutabilitatem.

Et circa hoc duo facit.

Primo enim ponit mutabilitatem creaturæ; secundo immutabilitatem Dei, ibi tu autem idem.

Et adhuc circa primum duo facit, quia primo describit rationem mutabilitatis creaturæ; secundo subdit illam mutabilitatem, ibi et velut amictum.

Circa primum autem sciendum est, quod vetus et novum consequuntur tempus.

Unde veterascere non potest, nisi quod aliqualiter mensuratur tempore. Motus autem cælorum mensuratur tempore, sed ipsum mobile mensuratur ipso nunc temporis; ergo in cælo possunt inveniri novitas et vetustas.

Unde non veterascent cæli, quasi substantia eorum minuatur, vel corrumpatur in aliquo, sed tantum quantum ad diuturnitatem temporis, quo amplius non mensurabuntur. Et ideo dicit sicut vestimentum, etc., quia causa mutationis cælorum non erit propter defectum virtutis ipsorum, quæ in aliquo minuatur.

Quia si motus ipsorum cessaret propter defectum virtutis, iam cessatio haberet causam naturalem, et posset deprehendi ratione naturali, cuius contrarium dicitur Matth. XXIV, 36: de die autem et hora illa nemo scit, neque Angeli in cælo, etc.. Ergo erit propter necessitatem finis: quia omnes creaturæ corporales ordinantur ad spirituales, et totus motus deserviens generationi et corruptioni ordinatur ad generationem hominis.

Cessante ergo generatione hominis, quod erit quando completus erit numerus electorum et prædestinatorum, cessabit motus ille.

Et ideo dicitur vestimentum, quod sumitur ad usum, et cessante usu deponitur, sicut homo calidum vestimentum deponit, veniente æstate, et frigidum, veniente hieme. Sic ergo status mundi, qui nunc est commodatus isti fini, cum completus fuerit numerus ille electorum, iam amplius non erit accommodatus nec necessarius, et ideo sicut vestimentum deponetur. Lc. XXI, 33: cælum et terra transibunt.

Consequenter ponit ipsam mutabilitatem, cum dicit et velut amictum mutabis eos, scilicet cælos.

Et bene dicit, mutabis tu, Deus, quia non propria virtute, nec per se, sed virtute Dei mutabuntur a motu, sicut amictum, qui ad usum sumitur, et post usum deponitur secundum congruentiam temporis et finis.

Et dicit amictum, quia per amictum gloria hominis et manifestatur et tegitur. Ita etiam Deus per creaturas et occultatur nobis et manifestatur. Rom. I, 20: invisibilia Dei per ea quæ facta sunt intellecta conspiciuntur.

Sap. XIII, 5: a magnitudine enim speciei et creaturæ cognoscibiliter poterit horum creator videri, etc..

Et dicit mutabuntur, quia in perpetuum mutati permanebunt. Item quantum ad cælos spirituales, qui pereunt a vita præsenti per mortem corporis. Rom. XIV: omnes morimur, et quasi aquæ dilabimur in terram, quæ non revertentur. Is. LVII, 1: iustus perit, et nemo est, etc..

Item veterascent, quia, ut dicitur infra VIII, 13, quod antiquatur et senescit, prope interitum est. Et mutabis, scilicet secundum corpora, quando corporale hoc induet incorruptionem.

I Cor. XV, 54. Et mutabuntur secundum mentem, quando a visione ænigmatica assumentur ad speciei visionem. Iob XIV, 14: cunctis diebus quibus nunc milito, expecto donec veniat immutatio mea.

Deinde subiungit immutabilitatem Dei, cum dicit tu autem idem ipse es. Ubi duo facit. Primo enim ponit intentum; secundo ostendit hoc per signum, ibi et anni tui.

Dicit ergo ipsi peribunt, tu autem, scilicet Dei filius, et hoc contra Arianos, idem ipse es, id est, idem perseveras, et numquam mutaris.

Mal. III, 6: ego Deus, et non mutor.

Iac. I, 17: apud quem non est transmutatio, etc..

Et signum huius immutabilitatis ponit, cum dicit anni tui non deficient. Ubi sciendum est, quod anni Dei dicuntur duratio eius, sicut anni hominis duratio hominis: duratio autem hominis deficit dupliciter, scilicet secundum partes, et secundum totum; secundum partes quidem, quia cum sit temporalis, una pars succedit alteri, et una adveniente, deficit altera.

Deficit etiam secundum totum, quia ex toto desinit esse. In duratione vero Dei neutrum horum est, quia non deficit secundum totum, quia est semper. Ps. XCI, 9: tu autem altissimus in æternum, Domine. Item nec secundum partes, quia æternitas est tota simul, et quid stans. Iob XXXVI, 26: numerus annorum eius inæstimabilis, etc..

Sed cum sit una et immutabilis, quare anni vocantur in plurali, et non annus in singulari? ratio huius est, quia intellectus noster accipit cognitionem intelligibilium per sensibilia, quia omnis nostra cognitio incipit a sensu.

Unde et Deus, qui est omnino simplex, describitur sub similitudine corporalium, Is. VI, 1: vidi Dominum sedentem, etc.. Ita etiam duratio eius a nobis describitur per aliqua nobis nota, cum tamen sit uniformis et simplex.

Unde aliquando dicitur annus, aliquando dies et mensis, quia omnes differentias temporis includit.

Lectio 6

Supra probavit apostolus tria de Christo, in quibus excedit Angelos, hic probat quartum, quod præmiserat de ipso, scilicet quod sedet ad dexteram maiestatis, quod pertinet ad dignitatem eius.

Et circa hoc duo facit.

Primo enim inducit auctoritatem David hoc ostendentem; secundo ostendit Angelos ab hac dignitate deficere, ibi nonne omnes sunt administratorii spiritus? circa primum duo facit, quia primo describit dignitatem Christi; secundo ostendit per signum, ibi quoadusque ponam.

Dicit ergo ad quem autem Angelorum dixit aliquando Deus, quasi dicat: non invenitur, quod hoc Deus dixerit Angelo, sed dixit Christo. Et ipse Christus, Matth. XXII, 43 ss., inducit hoc de se dictum.

Hoc autem, quod dicit sede a dextris meis, potest referri ad divinam naturam, in qua Christus æqualis est patri, quia habet et iudiciariam et regiam potestatem æqualem patri. Io. XVI, 15: omnia quæ habet pater, mea sunt. Ipse vero pater ab æterno dixit, quia dicendo filium generavit, et generando dedit ei æqualitatem patris.

Potest etiam referri quantum ad humanam naturam, secundum quam sedet in bonis potioribus patris. Tunc autem pater dixit, quando humanæ naturæ verbum suum univit.

Hoc autem magis supra expositum est, ubi dixerat sedet ad dexteram.

Consequenter cum dicit quoadusque, ostendit per signum dignitatem Christi; ubi occurrit duplex dubitatio.

Una, quia ab æterno omnia sunt subiecta filio inquantum Deus. Item, quia in resurrectione Christus dicit: data est mihi omnis potestas. Quid ergo expectat subiiciendum scabello suo? et sciendum est, quod aliquid potest esse in potestate alicuius dupliciter. Uno modo quantum ad auctoritatem, et sic omnia ab æterno quantum ad præordinationem fieCXXXI, 7: adorabimus in loco ubi steterunt pedes eius. Dei inquantum Deus, sed a principio conceptionis inquantum homo. Alio modo quantum ad exercitium potestatis, et sic non sunt ei omnia subiecta, sed tantum in fine mundi, quia nondum exercet potestatem in omnia, subiiciendo sibi omnia. Phil. III, 21: secundum operationem qua possit etiam subiicere sibi omnia.

Sed quid est quod dicit scabellum? potest dici quod per hoc nihil aliud intelligitur quam plena et perfecta subiectio. Illud enim dicitur perfecte subiectum alicui, quod ipse potest conculcare pedibus. Aliter etiam, et faciendo vim in verbo, quia sicut Deus est caput Christi I Cor. XI, 3: caput Christi Deus ita pedes Christi, humanitas eius. Ps. CXXXI, 7:

adorabimus in loco ubi steterunt pedes eius. Ponam ergo scabellum, id est, non solum subiiciam inimicos tuos tuæ divinitati, sed etiam humanitati tuæ.

In hoc autem erravit Origenes. Ipse enim voluit et intellexit tantum unum modum subiectionis, dicens: sicut enim nihil aliud est subiici luci, quam illuminari, ita cum Christus sit veritas, iustitia, et bonitas, et quicquid tale potest dici, nihil est aliud subiici salvatori, quam salvari. Et ideo voluit, quod in fine omnia, etiam Dæmones, salvarentur, quia aliter non subiicerentur omnia Christo.

Sed hoc est contra illud quod dicitur Matth. XXV, 41: ite, maledicti, in ignem æternum.

Unde sciendum est, quod duplex est modus subiectionis. Unus per voluntatem subditorum, sicut boni ministri subiiciuntur Domino suo, puta regi, et sic soli boni subiiciuntur Christo. Alius per voluntatem Domini, et sic est quædam violentia ex parte subditorum. Et sic mali subiicientur Christo, non quod velint dominium eius, sed quia Christus faciet de ipsis voluntatem suam, puniendo eos, qui noluerunt hic facere voluntatem suam. Et hoc proprie designatur per scabellum, quia quod calcatur, comprimitur.

Is. LXVI, 1: cælum mihi sedes est, id est, cælestes et boni, sed terra, id est, terreni et mali, scabellum pedum meorum.

Alia dubitatio est de hoc, quod dicit

quoadusque, etc., quia si sedebit quoadusque ponat, ergo cum posuerit, non sedebit.

Respondeo quod huiusmodi dictiones, donec, et quoadusque, quandoque ponuntur finite, quando scilicet designant terminum eius cui coniunguntur, sicut cum dico: sede hic donec veniam. Aliquando autem tenentur infinite, quando scilicet non ponitur terminus, ut cum dicitur: iste non pœnituit donec vixit, quia nec post mortem pœnituit.

Sicut enim dicit Hieronymus, illud oportet designari de quo posset esse dubium. Illud autem, quod non est dubium, relinquitur intelligenti.

Dubium autem est de aliquo utrum in vita sua pœniteat, sed quod non post mortem suam, nulli est dubium. Sic et in proposito; cum enim modo multi impugnent et blasphement Christum, videtur dubium utrum modo sedeat; sed non est dubium, utrum sedeat, quando omnia subiecta erunt ei, et ideo non exprimitur illud.

Consequenter ostendit quod dignitas hæc Angelis non convenit, cum dicit nonne omnes sunt administratorii spiritus, etc..

Ubi tria facit, quia primo ostendit ipsorum officium; secundo executionem officii, ibi in ministerium; tertio fructum executionis, ibi ut hæreditatem.

Dicit ergo nonne omnes, etc.. Ps. CII, 21: ministri eius qui facitis voluntatem eius.

Sed contra Dan. VII, 10: millia millium ministrabant ei, etc., ubi dicit Gregorius: aliqui ministrant, alii sunt qui assistunt. Non ergo omnes ministrant.

Respondeo. Dicendum est, quod sicut videmus in artificibus quod duplex est genus artificum, quidam enim sunt quasi manu exequentes ut manu artifices; alii autem non exequuntur nec operantur manu, sed sunt artifices disponentes, et quasi præcipientes quid agendum sit. Ita et in Angelis est, quia quidam sunt quasi exequentes ea quæ a divina iussione procedunt circa nos agenda, quidam vero quasi præceptores, præcipientes ea quæ agenda sunt. Accipiendo ergo largo modo administratores, tam pro exequentibus quam etiam pro imperantibus, sic omnes sunt administratores vel administratorii, inquantum superiores exequuntur Dei voluntatem circa medios, medii circa infimos, infimi circa nos.

Sed si dicantur administratorii qui exequuntur, alii autem qui immediate accipiunt a Deo assistentes, sic quidam ministrant, quidam assistunt et tradunt aliis.

Assistentes igitur sunt qui immediate accipiunt illuminationes divinas ab ipso Deo; unde et nominibus relatis ad Deum nuncupantur, sicut Seraphim, id est, amantes Deum, Cherubim cognoscentes, throni portantes. Ministrantes non sunt qui ab istis accipiunt, et aliis tradunt.

Sed contra hoc esse videtur illud quod dicit Gregorius, quod assistere dicuntur, qui intima Dei contemplatione fruuntur. Cum ergo omnes Angeli videant Deum per essentiam, secundum illud Matth. XVIII, 18: Angeli eorum semper vident faciem patris mei; ergo videtur quod omnes sint assistentes.

Respondeo. Dicendum quod quidam de primis studentibus in libris Dionysii, volens salvare et dictum apostoli et dictum Gregorii, dixit quod Angeli inferiores non vident Deum per essentiam, cum non sint assistentes.

Et iste fuit Ioannes Scotus, qui primo commentatus est in libros Dionysii.

Sed hæc opinio hæretica est, quia cum beatitudo perficiatur in visione Dei, sequeretur quod Angeli inferiores non videntes Deum per essentiam, non essent beati. Est etiam dictum Domini dicentis, Matth. XVIII, 10: Angeli eorum, etc..

Et ideo dicendum quod omnes vident Deum per essentiam, non tamen omnes assistunt.

Ad cuius evidentiam sciendum est, quod sicut Deus cognoscendo essentiam suam, etiam seipsum cognoscit, et omnia alia a se, ita et Angeli videntes Dei essentiam, et ipsum cognoscunt, et res omnes in ipso; in qua quidem visione, ideo solum sunt beati, quia Deum vident, non ideo quia res in ipso cognoscunt.

Unde Augustinus in libro confessionum: beatus qui te videt, etiam si illa non videat. Qui autem te et illa cognoscit, non propter illa beatior, sed propter te solum beatus. Visio autem qua Deum vident per essentiam, est omnibus beatis communis.

In visione autem qua res cognoscunt in Deo, unus Angelorum præeminet aliis; nam superiores, utpote altioris naturæ et intellectus, plura vident in Deo, quam medii; et medii quam infimi. Unde isti vident omnia quæ ad eorum officium pertinent, et quæ sunt exequenda per alios, quæ non ita perfecte vident inferiores, et ideo aliis exequenda tradunt, et propter hoc isti solum assistunt, et tamen omnes vident Deum, et in huius signum dicit Dionysius, quod quibusdam Angelis quærentibus ipse Deus immediate respondet, sicut Is.: quis est iste qui venit de Edom? et respondet ipse: ego qui loquor iustitiam. Quibusdam vero respondet per Angelos, sicut illud Ps. XXIII, 8: quis est iste rex gloriæ? respondent Angeli, et non Deus, et dicunt: Dominus virtutum ipse est rex gloriæ. Sic ergo patet Angelorum officium.

Sed contra hoc est, quia hic tangitur executio officii cum dicit in ministerium missi; ergo videtur per hoc quod omnes exequantur.

Ps. XXXIII, 8: immittit Angelus Domini in circuitu eius, etc.. Is. VI, 6: volavit ad me unus de Seraphim, qui sunt in supremo ordine. Ergo si illi mittuntur, multo fortius alii.

Sed contra hoc est Dionysius, qui dicit quod accepit ab apostolo, quod soli inferiores mittuntur, et non superiores.

Respondeo. Quidam dicunt quod superiores mittuntur et exeunt aliquando aliquibus causis subortis ad exteriora. Sed videtur mihi quod superiores quatuor, scilicet Seraphim, Cherubim, throni, et dominationes numquam mittuntur, sed inferiores mittuntur, quod patet ex eorum nominibus. Virtutes enim mittuntur ad mirabilia facienda; potestates ad arcendum potestates æreas; principatus ad gubernandum communitatem vel regnum, et sic de aliis. Dominationes autem dicuntur, quia ordinant omnia hæc inferiora; alii autem tres ordines accipiunt nomina ex operatione, quam immediate exercent circa Deum, et illam dispensant in alios.

Quod ergo dicit, missi, dicendum est quod duplex est missio: una quæ motum localem importat, et sic mittuntur solum inferiores.

Alia est missio, quæ fit per applicationem et directionem novi effectus in creatura, et sic mittuntur filius et spiritus sanctus; et hoc modo mittuntur superiores, quia virtus eorum immittitur in inferiores immittenda aliis.

Et quod dicit volavit, etc., dicendum quod inferiores utuntur nominibus illorum quorum virtute et auctoritate agunt, et eis attribuunt operationes suas. Et quia ille inferior officium suum exequebatur in virtute Seraphim, ideo vocatus est nomine Seraphim, non quod esset natura Seraphim.

Deinde subiungit fructum officii, cum dicit qui hæreditatem capiunt salutis.

Et licet omnes sint vocati, non tamen omnes capiunt hæreditatem. Qui ergo capiunt, illi percipiunt fructum missionis. Ier. LI, 9: curavimus Babylonem, et non est sanata.

Vel rursus cum dicit propter eos qui hæreditatem, etc., ponitur executionis fructus, qui est, ut homines hæreditatem capiant salutis.

Propter hoc enim est totus ordo actionis circa nos, ut compleatur numerus electorum.

Ps. XC, 11: Angelis suis Deus mandavit de te, etc.. Et dicit propter eos, non propter omnes, quia licet omnes sint vocati, pauci tamen sunt electi, ut dicitur Matth. Cap. XXIV.

Et dicit hæreditatem, quia ad ipsam soli filii perveniunt; quod si filii, et hæredes. Dicit vero capiunt, quia oportet quod labore, et studio, et sollicitudine acquirant regnum Dei. Matth. XI, 12: regnum cælorum vim patitur. Illi ergo capient qui student in se dominicas illuminationes et inspirationes immissas per Angelos bonos custodire, et effectui demandare, alias dicetur eis quod dicitur Ier. LI, 9: curavimus Babylonem, et non est sanata.

Capitulus II

Lectio 1

Supra ostendit apostolus multipliciter eminentiam Christi ad Angelos, hic ex hoc concludit, quod magis obediendum est doctrinæ Christi, scilicet novo testamento, quam veteri testamento.

Et circa hoc tria facit.

Primo enim ponit conclusionem intentam; secundo inducit rationem ad conclusionem intentam; tertio confirmat consequentiam rationis.

Primum in principio; secundum, ibi si enim qui per Angelos; tertium, ibi non enim Angelis.

Circa primum sciendum est, quod Ex. XXIII, 20, datis præceptis legis iudicialibus et moralibus, subiungit: ecce ego mitto Angelum meum, etc., et sequitur: observa igitur et audi vocem eius, etc.. Si igitur mandatum Angeli, per quem lex data est, servaretur, introitus disponeretur ad patriam. Unde et Matth. XIX, 17 dictum est: si vis ad vitam ingredi, serva mandata. Oportet ergo servare mandata illa legis, ergo oportet magis obedire mandatis eius, qui maior est Angelis, per quos lex data est. Et hoc est quod dicit propterea abundantius observare oportet ea, quæ audivimus.

Abd. I, 1: auditum audivimus a Domino.

Hab. III, 2: Domine, audivi auditum tuum, et timui. Oportet ergo observare abundantius.

Et dicit abundantius propter tria: primo propter dicentis auctoritatem, quia iste creator et filius Dei, et ille creatura et Dei minister.

Act. V, 29: obedire oportet magis Deo quam hominibus, et etiam Angelis. Secundo propter dictorum utilitatem, quia sunt verba vitæ æternæ, Io. VI, 69: Domine, ad quem ibimus? verba vitæ habes, etc., illa bonorum temporalium. Is. I, 19: si volueritis et audieritis me, bona terræ comedetis, etc.. Tertio propter observantiæ suavitatem, quia hæc sunt suavia I Io. V, 3: mandata eius gravia non sunt, et Matth. XI, 30: iugum meum suave est, etc. Illa gravia, Act. XV, 10: hoc est onus quod neque nos, neque patres nostri portare potuerunt.

Secundo ostendit idem ex periculo imminente, cum dicit ne forte pereffluamus, id est, æternaliter damnemur. Ubi sciendum est, quod aliquis fluit per pœnas corporales, II Reg. XIX, 14: quasi aquæ dilabimur super terram: effluit per culpam, sed pereffluit corporaliter per damnationem æternam, quia nec testa remanet. Is. XXX, 14: comminuetur sicut comminuitur lagena figuli contritione pervalida, nec invenietur de fragmentis eius testa.

Consequenter inducit rationem ad hoc, quæ continet unam conditionalem continentem comparationem novi et veteris testamenti.

In antecedenti ponitur conditio veteris testamenti; in consequenti conditio novi testamenti.

Circa vetus autem tria ponit, scilicet legis auctoritatem; secundo firmitatem veritatis, ibi qui factus est firmus; tertio necessitatem observandi, ibi et omnis prævaricatio.

Primo ponit auctoritatem, quia non humana ratione data est lex, sed per Angelos.

Gal. III, 19: ordinata per Angelos, etc..

Act. VII, 38: hic Moyses qui fuit in ecclesia in solitudine cum Angelo qui loquebatur ei in monte sina, etc.. Nec hoc est mirum, quia, ut probat Dionysius, revelationes divinarum illuminationum ad nos perveniunt mediantibus Angelis.

Firmitatem vero veritatis ostendit, cum dicit qui factus est firmus, quia omne quod fuit prænuntiatum in lege veteri, totum impletum est. Matth. V, 18: iota unum aut unus apex non præteribit a lege donec omnia fiant; et Prov. XII, 19: labium veritatis firmum erit in perpetuum; et Ps.: quæ procedunt de labiis meis, non faciam irrita.

Factus est ergo firmus, quia non fuit irritatus.

Necessitatem ostendit qua puniuntur prævaricantes. Unde dicit et omnis prævaricatio et inobedientia, etc.. Ubi ponit unum quod respondet duplici culpæ, scilicet peccato omissionis et transgressionis. Primum respondet præceptis affirmativis, aliud negativis.

Primum notatur nomine inobedientiæ. Sed numquid inobedientia est peccatum generale? et videtur quod sic, per hoc quod dicitur hic.

Ad quod dicendum est, quod peccatum dicitur esse speciale ex intentione specialis finis.

Unde quando aliquis non servat præceptum hac intentione, ut contemnat præceptum, sic est speciale peccatum; sed quando ex aliqua causa, puta quando ex concupiscentia, tunc est conditio consequens peccatum, non tamen speciale peccatum.

Aliud autem vocatur prævaricatio. Ps. CXVIII, 115: prævaricantes reputavi, etc..

Item aliud ponit ex parte pœnæ, cum dicit accepit iustam mercedis retributionem.

Retributio enim respicit quantitatem culpæ, ut qui magis peccavit, magis puniatur. Merces vero respicit qualitatem, ut qui igne libidinis peccaverit, igne crucietur. Accipiet ergo mercedem bonam pro bonis, et malam pro malis. Et sic merces accipitur in bonum et in malum, inquantum importat iustitiam distribuendi. Iustam dicit propter æqualitatem pœnæ, ut scilicet secundum mensuram peccati sit plagarum modus. De pœnis autem habetur Lev. XXVI et Deut. XXVIII. Glossa dicit: iustam, ne putetur perire iustitia propter misericordiam.

Consequenter cum dicit quomodo nos effugiemus, etc., ponit consequens suæ conditionalis, in quo describit conditionem novi testamenti, ubi tria facit.

Primo enim ostendit necessitatem observandi; secundo originem novi testamenti; tertio firmitatem veritatis ipsius.

Secundum, ibi quæ cum initium accepisset. Tertium, ibi contestante Deo.

Dicit ergo. Si sermo factus per Angelos punit prævaricatores et inobedientes, quomodo nos effugiemus, etc.. In quo denotat periculum quod imminet non observantibus.

Supra autem vetus testamentum vocavit salutem. Cuius ratio est, quia sermo ordinatur ad cognitionem tantum, hoc enim facit vetus testamentum, quia per ipsum est cognitio peccati. Rom. III, 20: per legem cognitio peccati. Item cognitio Dei. Ps. CXLVIII, 9: non fecit taliter omni nationi. Et alibi LXXV, 1: notus in Iudæa Deus, etc.. Non tamen conferebat gratiam, sed in novo testamento confertur gratia Io. I, 17: gratia et veritas per Iesum Christum facta est, quæ ducit ad salutem æternam. Io. VI, 69: Domine, ad quem ibimus? verba vitæ æternæ habes.

Ps. CXVIII, 140: ignitum eloquium tuum vehementer.

Item, commendat ipsam ex quantitate. Et dicit tantam, id est valde magnam. Et certe valde magna est, si consideres a quibus periculis liberat: quia non solum liberat a periculis mortis corporalis, sed etiam spiritualis.

Matth. I, 21: ipse enim salvum faciet populum suum a peccatis eorum. Item magna est, quia est universalis, id est, non unius populi tantum, nec ab uno periculo, sed est omnium hominum et ab hostibus omnibus.

I Tim. IV, 10: qui est salvator omnium, maxime autem fidelium. Lc. I, 74: sine timore de manu inimicorum nostrorum liberati, etc..

Item magna est, quia æterna. Is. XLV, 17: salvatus est Israel in Domino salute sempiterna.

Et ideo non est negligenda, sed debemus esse solliciti ad obtinendum eam. Iud. XVIII, 9: vidimus terram valde opulentam et uberem. Et sequitur: nolite negligere, nolite cessare, etc.. Et vere non debemus negligere, quia si negligentes fuerimus, puniemur, non tantum perdendo bonum, sed etiam incurremus malum, scilicet æternæ damnationis, quod effugere non poterimus. Ideo dicit quomodo nos effugiemus? Matth. III, 7: quis demonstrabit vobis fugere a ventura ira? Iob XI, 20: effugium peribit ab eis. Ps. CXXXVIII, 6: quo ibo a spiritu tuo, et quo a facie tua fugiam? originem doctrinæ novi testamenti ostendit, cum dicit quæ cum initium accepisset, etc.. Ubi ponit duplicem eius originem.

Prima fuit non per Angelos, sed per ipsum Christum. Supra I, 2: locutus est nobis in filio. Io. I, 18: unigenitus qui est in sinu patris, ipse enarravit.

Et ideo dicit quæ cum accepisset initium enarrandi per Dominum, quia habet duplex initium: unum simpliciter, et illud est ab æterno, et hoc est per seipsum verbum.

Eph. I, 4: elegit nos in ipso ante mundi constitutionem. Aliud est initium enarrationis, et istud fuit in tempore per verbum incarnatum.

Secunda origo fuit per apostolos qui audierunt a Christo. Unde dicit ab eis qui audierunt, id est, per ipsorum prædicationem.

I Io. I, 1: quod fuit ab initio, quod vidimus et audivimus, etc.. Lc. I, 2: sicut narraverunt nobis, qui ab initio ipsi viderunt.

Firmitatem deinde eius ponit, quæ maior est quam firmitas veteris testamenti, quod ostendit ex testimonio Dei qui mentiri non potest. Unde dicit confirmata est, Deo contestante, etc..

Sciendum est autem quod testimonium est per loquelam: loquela est signum sensibile.

Deus autem duplici signo sensibili contestatus est, scilicet miraculis et donis spiritus sancti.

Quantum ad primum dicit, quod confirmata est, contestante Deo signis, quoad minora miracula, ut sanatio claudi, vel febris. De primo Act. III, 6 et XIV, 7; de secundo autem Act. Ult.. Portentis, quantum ad maiora, sicut suscitatio mortui. Act. IX, 40: Thabita, surge, etc..

Dicitur autem portentum, quasi porro vel procul tensum, quod scilicet aliquid in longinquum demonstrat. II par. XXXII, 31: in legatione principum Babylonis, qui missi fuerant ad eum, ut interrogarent de portento, quod scilicet fuerat sol retrogressus, etc..

Præcipuum vero portentum est, quod Deus factus est homo. Is. VIII, 18: ego et pueri mei, quos mihi dedit Deus in portentum, quod scilicet ego sum homo, et quod pueri mei hoc crederent. Mirum enim fuit quod cor humanum hoc potuit credere.

Dicit variis virtutibus, ut signa et portenta referantur ad ea, quæ excedunt virtutem naturæ.

Ut signum dicatur quod est præter et supra naturam, non tamen contra; sed portentum est, quod est contra naturam, ut partus virginis, suscitatio mortui. Sed virtus referatur ad ea quæ sunt secundum naturam quantum ad substantiam facti, sed non quantum ad modum fiendi, sicut sanatio febris, quod utique possunt medici, licet non statim.

Vel virtutes referantur ad virtutes mentis, quas Dominus suis prædicatoribus dedit, scilicet fides, spes, et charitas.

Sed quantum ad secundum, scilicet quantum ad dona, dicit et spiritus sancti distributionibus.

Sed contra, ut dicitur Sap. VII: spiritus sanctus unus est. Quomodo ergo distribuitur? dicendum est quod non distribuitur secundum essentiam, sed inquantum dona eius distribuuntur.

I Cor. XII, 4: divisiones gratiarum sunt, idem autem spiritus. Omnes autem gratiæ attribuuntur spiritui sancto, quia dantur ex amore. Amor vero appropriatur spiritui sancto. Gregorius: certe spiritus sanctus amor est.

Vel distributionibus, id est, per distributiones, quæ fiunt a spiritu sancto, quia alii datur sermo sapientiæ, alii sermo scientiæ, alii operatio miraculorum, alii prophetia, et sic de aliis. Et hoc totum non pro meritis, nec ex necessitate naturæ, sed per ipsius voluntatem.

Io. III, 8: spiritus ubi vult spirat, etc., et I Cor. XII, 11: hæc omnia operatur unus atque idem spiritus, etc.. Mc. Ult.: Domino cooperante et sermonem confirmante sequentibus signis.

Lectio 2

Supra fecit apostolus quamdam comparationem, ostendens esse maiorem necessitatem observandi præcepta Christi quam legis datæ per Angelos, hic confirmat consequentiam, ubi duo facit.

Primo enim confirmat dictam consequentiam, ostendens maiorem esse potestatem Christi quam Angelorum; secundo probat idem per auctoritatem, ibi testatus est autem quidam.

Dicit ergo, quod maiora supplicia sustinebunt qui faciunt contra mandata Christi, quam qui faciunt contra mandata Angelorum, quia ipse Christus Dominus est, et magis punitur qui peccat contra Dominum, quam qui peccat contra servos.

Et quod Christus sit Dominus, ostendit, quia non subiecit Deus orbem terræ futurum subiectum Christo, Angelis. Et duo facit.

Primo ostendit quia orbis non est subiectus Angelis; secundo ostendit de quo orbe intendit, ibi de quo loquimur.

Orbis enim non est subiectus Angelis.

Iob XXXIV, 13: quem constituit alium super terram, aut quem posuit super orbem quem fabricatus est? sed contra Dan. X, 20 dicitur Angelus princeps regni Græcorum et Persarum. Et Deut. XXXII, 8: constituit fines populorum iuxta numerum filiorum Dei, secundum aliam litteram.

Et dicendum est, quod non est eis subiectus vice dominii, sed vice cuiusdam ministerii.

Tota enim creatura corporalis ministratur per Angelos. Ps. CII, 21: ministri eius qui facitis, etc.. Supra I, 14, omnes administratorii dicuntur.

Vel enim non subiecit orbem terræ Angelis, orbem dico futurum, scilicet mundum istum, qui dicitur futurus, quia in Scriptura quandoque dicitur futurum non respectu nostri, sed respectu eius cui comparatur, sicut idem apostolus dicit, Rom. V, 14, de Adam respectu Christi, qui est forma futuri; Christus enim non est futurus respectu sui, sed respectu Adæ. Sic hic orbis futurus dicitur, non respectu nostri, sed respectu Christi, qui est ab æterno, cum orbis sit in tempore.

Et quia Manichæi dicunt orbem subiectum malo Deo, non autem bono, ideo subdit de quo loquimur, quia non de alio, sed de isto.

Vel supra I, 11 s. Dixerat ipsi peribunt, scilicet cæli, et mutabuntur, quod, sicut ibi dictum fuit, intelligitur quo ad statum, non quo ad substantiam, ita quod duplex est status mundi. Unus, qui nunc est præsens. II Pet. III, 7: cæli qui nunc sunt, etc., eodem verbo repositi, sunt reservati igni, etc.. Et alius est futurus. In orbe autem isto qui nunc est, nec omnia sunt ei subiecta, ut supra dictum est, et hoc per executionem potentiæ, licet subiecta sint per auctoritatem; sed tunc in illo statu futuro erit ei orbis subiectus. Et ideo subdit de quo loquimur.

Consequenter probat per auctoritatem, cum dicit testatus est autem quidam.

Ubi tria facit.

Primo enim commendat auctoritatem testimonii inducendi; secundo inducit testimonii veritatem, ibi quid est homo quod memor es eius? tertio explicat sensum testimonii, ibi in eo enim quod ei omnia.

Circa testimonium vero ponit primo, quod verba veteris testamenti sunt quædam testimonia Christi. Io. V, 39: scrutamini Scripturas, etc.. Et Paulo post: et illæ sunt, quæ testimonium perhibent de me. Et ideo dicit testatus est autem.

Secundo, quia apud Iudæos erant quædam Scripturæ minus notæ, et quædam magis notæ, et ideo maioris dignitatis sunt Scripturæ Psalmorum, quibus ipsi utebantur in omnibus sacrificiis suis. Et ideo dicit in quodam loco, noto scilicet et manifesto.

Tertio ponit auctoritatem dicentis, scilicet David, qui scilicet fuit maximæ auctoritatis.

II Reg. XXIII, 1: dixit vir cui constitutum est de Christo Dei Iacob, egregius psaltes Israël.

Deinde inducit testimonium, cum dicit quid est homo, etc..

Ubi tria facit.

Primo enim ponit mysterium incarnationis; secundo passionis, ibi minuisti eum Paulo minus ab Angelis; tertio mysterium exaltationis, ibi gloria et honore.

Circa primum duo tangit: primo causam incarnationis, secundo ipsam incarnationem, ibi aut filius hominis.

Causa autem incarnationis est memoria Dei de homine, et ideo dicit quid est homo, ut legatur despective; quasi dicat: homo valde modicum quid est respectu Dei. Is. XL, 17: omnes gentes quasi non sint sic coram eo, et quasi nihilum et inane reputatæ sunt ei.

Si enim aliquis diligit aliquem, et dimittit eum diu in miseriis, nec subvenit, videtur eius oblivisci. Deus autem humanum genus dilexit, et quia ipsum fecit ad imaginem suam, et quia in medio Paradisi ipsum posuit. Sed post peccatum, quia non statim ei subvenit, videtur eius fuisse oblitus.

Sed tunc videtur eius memor fuisse cum reparatorem misit.

Ps.: memento nostri, Domine, in beneplacito tuo, etc.. Et ideo dicit quid est homo, etc., quasi dicat: si consideremus vilitatem hominis, mirum est, quod memor es eius, qui tam vilis et parvus est; vilis, inquam, et parvus in natura, maxime quantum ad vilem substantiam. Gen. II, 8: formavit Deus hominem de limo terræ. Is. LXIV, 8: et nunc, Domine pater noster es tu, nos vero lutum, etc.. Vilis in culpa. Unde Augustinus super Ioannem: nihil fiunt homines cum peccant. Abd.: ecce parvulum dedi te in gentibus, contemptibilis tu es valde, etc..

Vilis et infirmus in pœna. Iob XIV, 1: homo natus de muliere, brevi vivens tempore. Am. VII, 5: quis suscitabit Iacob? scilicet prostratum, quia parvulus est.

Secundo ponit ipsam incarnationem, cum dicit filius hominis.

Ubi sciendum est, quod in Scriptura sacra Christus vocatur filius hominis, sicut patet Dan. VII, 13, et in evangelio in multis locis; et huius ratio est, quia alii sunt filii hominum Ps.: filii hominum usquequo gravi corde? sed Christus tantum filius est hominis, scilicet virginis beatæ.

Et ipse a Deo visitatur. Aliquando visitatio in Scriptura refertur ad beneficium, sicut dicitur Gen. XXI, 1: visitavit Dominus Saram, etc.. Quandoque autem ad pœnam. Ps.: visitabo in virga iniquitates eorum. Hic autem refertur ad beneficium.

Visitas, id est, excellentissimum beneficium ei confers, quia facis eum filium Dei, ex hoc scilicet quod humanitas assumpta est a verbo in unitatem suppositi. Vel hoc dicit propter plenitudinem Christi. Io. I, 14: plenum gratia et veritate, etc..

Vel referendum est utrumque ad Christum, ut sit sensus: memor es eius in incarnatione, in qua humanitas assumpta est a Christo, sed visitas in resurrectione.

Vel referendum est utrumque ad humanum genus. Quilibet autem filius hominis est homo, non autem quilibet homo est filius hominis, Adam enim non fuit filius hominis.

Dicitur ergo homo qui gerit imaginem hominis terreni, Adæ scilicet. Et iste homo dicitur peccator. Sed filius hominis dicitur, qui gerit imaginem hominis cælestis, scilicet Christi, qui dicitur filius hominis. I Cor. XV, 49: sicut portavimus imaginem terreni, portemus et imaginem cælestis. Homo ergo simpliciter dicitur peccator. Et quia iste longe est a Deo, quia longe a peccatoribus salus, dicitur Deus eius esse memor, sicut homo memoratur eius, quod longe est ab ipso. Sed cum de peccatore fit iustus, sic filius hominis visitatur per gratiam. Iob X, 12: visitatio tua custodivit spiritum meum.

Consequenter ponit mysterium passionis, cum dicit minuisti eum Paulo minus ab Angelis.

Ubi sciendum est, quod ordine naturæ, corruptibilia ac passibilia minora sunt incorruptibilibus et impassibilibus. Angeli autem secundum naturam sunt impassibiles et immortales.

Unde quando Christus dignatus est passionem et mortem sustinere, minoratus est ab ipsis, non quod plenitudinem suam amiserit, vel in aliquo diminutus fuerit, sed parvitatem nostram sibi assumpsit. Et hoc significatum fuit Lc. XXII, 43, ubi dicitur, quod apparuit illi Angelus Domini confortans eum, non quod indigeret ipso, sed ut ostenderet se minoratum ab ipsis per passionem.

Dicit autem Paulo minus propter duo. Primo quia omnis creatura corporea est modicum quid, per comparationem ad rationalem, quia corporea comprehenditur certis limitibus quantitatis, non autem rationalis, sed semper plus potest in magis intelligibile: Christus autem est minoratus ab Angelis, non quantum ad divinitatem, nec quantum ad animam, sed solo corpore. Et sic dixit, Paulo minus, propter quantitatem. Secundo dicitur Paulo minus quantum ad durationem, quia modicum duravit. Is. LIV, 7: in modico dereliqui te, etc..

Nec mirum est quod in passibilitate corporis est minoratus ab Angelis, cum etiam in hoc sit minoratus ab homine, secundum illud Ps. XXI, 6: ego autem sum vermis et non homo, et hoc propter turpitudinem mortis, de qua Sap. II, 20: morte turpissima condemnemus eum.

Si autem quod dictum est: quid est homo, etc., utrumque referatur ad hominem, sic homo dicitur minoratus ab Angelis tripliciter: primo quantum ad cognitionem, sed Paulo minus, quia non quantum ad cognitionis genus, quia et homo et Angelus communicant in uno genere cognitionis, sed quantum ad modum, quia excellentiori modo cognoscunt Angeli quam homines. Secundo vero quo ad corpus, quia licet Angelus et anima sint unius naturæ, scilicet intellectualis, anima tamen unitur corpori, sed etiam in hoc modicum, quia non tollitur dignitas animæ per huiusmodi unionem, sed aliquo modo aggravatur et impeditur ab altiori contemplatione.

Sap. IX, 15: corpus quod corrumpitur, aggravat animam. Tertio quantum ad dona, et hoc Paulo minus, non quantum ad dona gratuita, Matth. XXII, 30: erunt sicut Angeli Dei in cælis, sed quantum ad naturalia.

Deinde cum dicit gloria et honore, etc., ostendit mysterium exaltationis, ubi tria facit.

Primo ostendit eius gloriam; secundo honorem, ibi et honore, etc.; tertio potestatem, ibi constituisti eum, etc..

Apoc. V, 12 s.: dignus est agnus qui occisus est, accipere virtutem, et divinitatem, et sapientiam, et fortitudinem, et honorem, et gloriam, et benedictionem in omnem creaturam, etc..

Dicit ergo primo coronasti eum gloria, id est, claritate. Gloria enim claritatem importat.

Christus autem duplici gloria coronatus est, scilicet claritate corporis. Ad Phil. III, 21: qui reformabit corpus humilitatis nostræ, configuratum corpori claritatis suæ. Ista claritas sibi promittitur Io. XII, 28: et clarificavi animam, scilicet implendo splendoribus gratiæ, et iterum clarificabo, scilicet corpus immortalitatis gloria.

Alia claritas est in confessione omnium populorum. Phil. II, 11: et omnis lingua confiteatur.

Ps. XX, 5: gloriam et magnum decorem impones super eum.

Consequenter ostendit eius honorem, cum dicit et honore, etc..

Differt autem honor a gloria, sicut effectus a causa. Est enim honor reverentia exhibita in testimonium excellentiæ, unde est testificatio bonitatis eius. Honor ille est, ut omnis creatura revereatur ipsum sicut et patrem.

Io. V, 23: ut omnes honorificent filium sicut et patrem.

Et dicit coronasti, scilicet in signum victoriæ, quia corona datur vincenti. I Cor. IX, 25: illi quidem ut corruptibilem coronam accipiant, etc.. II Tim. II, 5: non coronabitur nisi qui legitime certaverit. Christus autem per certamen passionis meruit hanc gloriam et honorem. Phil. II, 8: factus est obediens usque ad mortem, et sequitur: propter quod et Deus exaltavit illum, etc..

Ista autem prout conveniunt Christo inquantum Deus est, non sunt præmium, sed magis illi naturalia; sed inquantum homo est, sunt præmium victoriæ passionis eius.

Sed potestatem eius ostendit, primo quantum ad auctoritatem eius; secundo quantum ad effectum, ibi omnia subiecisti, etc..

Quantum ad primum dicit constituisti, quod potest tripliciter intelligi. Uno modo quod constitutus est super omnia loca, et hoc in ascensione. Eph. IV, 10: ascendit super omnes cælos, ut adimpleret omnia.

Secundo dignitate. Eph. I, 20 s.: constituens eum ad dexteram suam super omnem principatum et potestatem, etc.. Tertio potestate, quia super omnem creaturam. Matth. Ult.: data est mihi omnis potestas in cælo, etc..

Sed Christus inquantum Deus non est constitutus, sed natus; sed constitutus est inquantum homo. Supra I, 2: quem constituit hæredem universorum, etc..

Effectus potestatis est, quia omnia subiecisti sub pedibus eius. Utitur autem propheta præterito pro futuro propter maiorem certitudinem. Iam enim factum est in æterna Dei prædestinatione.

Et dicit sub pedibus eius, id est, humanitate, vel cum omnimoda subiectione. Ps. CIX, 2: donec ponam inimicos tuos, etc..

Vel sub pedibus eius, id est, sub humanitate eius; sicut enim per caput Christi intelligitur Deus, I Cor. XI, 3, ita etiam per pedes Christi intelligitur humanitas eius. Ps.: adorabimus in loco, ubi steterunt pedes eius.

Si vero exponatur hoc sic, homo dicitur coronatus gloria quantum ad cognitionem intellectualem, qua præeminet cæteris animalibus. I Cor. XI, 7: vir quidem gloria et imago Dei est, etc.. Iob XXXV, 11: qui docet nos super iumenta terræ. Item honore, inquantum ipse solus super omnia animalia est Dominus suorum actuum, et non subiicitur necessitati rerum mutabilium quantum ad animam, cum sit liberi arbitrii. Item potestate, quia constituisti eum super omnia opera, uno modo, ut per ly omnia intelligantur omnes creaturæ quæ sunt infra hominem.

Gen. I, 26: præsit piscibus maris et volatilibus cæli, etc.. Alio modo ut ly omnia supponat pro tota universitate creaturæ, quia etiam cælestia corpora et Angeli deserviunt homini. Ps. XC, 11: Angelis suis Deus mandavit de te, ut custodiant te, etc..

Consequenter cum dicit in eo enim, etc., exponit sensum testimonii. Ubi apostolus duo facit.

Primo enim exponit quantum ad eius sublimitatem; secundo quantum ad minorationem, ibi eum autem qui modico.

Circa primum duo facit, quia primo ostendit qualiter dictum prophetæ sit intelligendum; secundo ostendit illud nondum esse impletum, ibi nunc autem.

Cum ergo dicit in eo enim quod ei subiecit, ostendit qualiter sit intelligendum; quia enim Scriptura dicit omnia subiecta esse Christo, nihil dimisit non subiectum ei. Unde ly omnia non est distributio accommoda ad aliqua genera, sed absolute ad omnia, quia omnia generaliter ei et universaliter subiecta sunt. Verum est præter eum qui subiecit sibi omnia, ut dicitur I Cor. XV, 28; sicut dicitur cælum tegit omnia. Verum alia a se.

Sed tunc arguit sic Arrius: pater omnia subiecit filio, ergo filius minor est ipso patre.

Respondeo. Dicendum est, quod verum est quod pater omnia subiecit filio secundum naturam humanam, in qua minor est patre, Io. XIV, 28: pater maior me est; sed secundum naturam divinam ipse Christus subiecit sibi omnia.

Consequenter cum dicit nunc autem necdum videmus omnia subiecta ei, ostendit hoc nondum esse impletum, quia infideles peccatores et Dæmones nondum sunt ei subiecti. Rom. X, 16: sed non omnes obediunt evangelio. Ex. X, 3: usquequo non vis mihi subiici, etc.. Et sic peccatores non sunt subiecti Christo, per rebellionem voluntatis, sed per potentiam omnes subiiciuntur ei modo quantum ad auctoritatem, sed in futuro omnes quantum ad executionem.

Unde hæc est expositio eius quod supra dixit orbem terræ futurum.

Lectio 3

Supra apostolus volens probare excellentiam Christi super Angelos, induxit auctoritatem prophetæ, in qua aliquid erat quod pertinet ad Christi dignitatem, sicut illud omnia subiecisti, etc.. Et ipse illud exposuit.

Aliquid autem quod pertinet ad eius passionem, scilicet minuisti eum, etc.. Istud autem videtur repugnare suo principali intento, quo scilicet intendit Christum præferre Angelis. Et ideo hoc in parte ista diffuse exponit.

Ubi duo facit, quia primo ostendit

secundum quid sit ista minoratio intelligenda, quia scilicet secundum passionem; secundo agit de convenientia passionis, ibi decebat enim.

Circa primum duo facit, quia primo ostendit illud quod est dictum; secundo describit ipsam passionem, ibi ut gratia Dei.

Dicit ergo eum autem, etc.. Continuetur sic: ita dictum est quid est homo, etc. Gloria et honore, etc. Omnia subiecisti, etc. Minuisti eum, etc. Et hæc propheta de Christo prædixit, sed iam multa de istis videmus impleta. Pro certo ergo tenemus, quod quæ restant sunt implenda, scilicet quod omnia subiicientur ei, etc.. Gregorius: præteritorum exhibitio, futurorum est certitudo.

Et potest sic construi nos eum qui modico quam Angeli minoratus est, videmus esse Iesum: nec solum hoc, sed gloria et honore coronatum, propter passionem mortis, quæ fuit causa illius exaltationis. Phil. II, 9: propter quod et Deus exaltavit illum, etc.. Et dicit mortis, quia non qualemcumque passionem sustinuit, sed acerrimam et turpissimam. Sap. II, 20: morte turpissima condemnemus eum.

Vel aliter nos videmus Iesum, et quasi quæreretur ab ipso quem diceret, ideo respondens dicit: scilicet eum qui per passionem mortis modico minoratus est quam Angeli, cum gloria et honore coronatum; quasi dicat: hæc minoratio non est intelligenda in Christo nisi propter passionem mortis. Nec est mirum, quia quantum ad hoc non solum Angelis, sed etiam hominibus est minor. Is. LIII, 2 s.: desideravimus eum novissimum virorum, etc.. Dicit autem Glossa, et est Augustini contra Maximinum, quod Christus non est minoratus ab Angelis propter conditionem naturæ humanæ, sed propter passionem.

Natura enim mentis humanæ, quam Christus sine peccato assumpsit, nihil est maius quam sola trinitas.

Minor ergo Angelis corpore, quia passio est secundum corpus. Quod videtur esse contra Dionysium qui dicit, quod Angeli naturali participatione luminis maiores sunt quam homines.

Et dicendum est, quod de natura mentis humanæ et angelicæ dupliciter possumus loqui. Uno modo secundum naturalia sola, et sic natura Angelorum excellentior est et nobilior, quam natura mentis humanæ, quia Angelus accipit cognitionem divinæ veritatis in quadam excellentia et plenitudine intellectualis luminis, sed homo ex creaturis. Alio modo possumus accipere naturam utriusque sine peccato, in ordine ad beatitudinem obtinendam, et sic sunt æquales. Lc. XX: erunt sicut Angeli in cælo. Christus tamen quantum ad excellentiam gratiæ, secundum mentem humanam maior est Angelis.

Ista igitur minoratio non est secundum naturam divinitatis, nec absolute secundum naturam humanam, nisi inquantum passus est secundum illam.

Possumus autem dicere quod Christus triplici gloria fuit coronatus, scilicet gloria sanctificationis, quam habuit in primo instanti suæ conceptionis; item gloria divinæ fruitionis, quia ab ipso instanti suæ conceptionis fuit comprehensor; item gloria impassibilitatis, quam meruit post passionem.

Deinde cum dicit ut gratia Dei, describit ipsam passionem, et describit eam tripliciter.

Primo ex causa, cum dicit ut gratia Dei; secundo ex utilitate, cum dicit pro omnibus; tertio ex modo, cum dicit gustaret.

Causa enim fuit sola gratia Dei.

Unde continuatur sic: videmus Iesum qui minoratus est, ex hoc ut gratia Dei, etc.. Ex ipsa enim factum est, quod filium suum unigenitum dedit. Io. III, 16: sic enim dilexit Deus mundum, ut filium suum unigenitum daret. Rom. V, 8: commendat autem Deus charitatem suam in nobis, quia cum adhuc peccatores, etc..

Vel secundum quod dicit Glossa Augustini, ut gratia, id est, ipse Christus, qui est gratia Dei. Et sic gratia est nominativi casus. Dicitur autem Christus gratia, quia auctor est gratiæ. Io. I, 17: gratia et veritas per Iesum Christum facta est. Vel quia est gratis datus.

Is. IX, 6: filius datus est nobis. Ut sit sensus, quod ipse minoratus est, ut ipse qui gratia Dei, etc.. Utraque positio est secundum Glossam.

Pro omnibus, ecce utilitas.

Pro omnibus autem dupliciter potest intelligi.

Vel ut sit distributio accommoda, scilicet pro omnibus prædestinatis, pro istis etiam tantum habet efficaciam. Vel absolute pro omnibus quantum ad sufficientiam. Sufficiens enim quantum ad se omnibus est. I Tim. IV, 10: qui est salvator omnium, maxime autem fidelium. Chrysostomus: pro omnibus hominibus generaliter mortuus est, quia omnibus pretium sufficit. Et si omnes non credunt, ipse tamen quod suum est implevit.

Gustaret, ecce modus. Gustat enim qui non multum comedit, nec bibit. Quia ergo Christus non perseveravit in morte, sed statim surrexit, ideo gustavit. Ps. CIX, 7: de torrente in via bibit, etc.. Viator festinat.

Item gustus est discretivus saporis, unde qui gustat magis discernit quam qui bibit. Ut ergo designet quod mortem et dolorem sensit, et sic mors non fuit phantastica, ut dicit Manichæus et Apollinaris, ideo dicit gustavit.

Thren. I, 12: o vos omnes qui transitis per viam, etc..

Modus vero ponitur cum dicitur gustaret.

Simile habetur Matth. XXVI, 39: pater, si possibile est, transeat a me calix iste; et hoc propter tres rationes. Primo propter mortis amaritudinem exprimendam, cuius experientia est per gustum. Thren. I, 12: o vos omnes qui transitis per viam. Is. XXIV, 9: amara erit potio bibentibus eam.

Secundo quia sicut gustare vel non gustare est in potestate gustantis, sic et passio Christi fuit voluntaria.

Io. X, 18: potestatem habeo ponendi animam meam. Tertio quia gustare est parum sumere, Christus autem parum perseveravit in morte, secundum illud Ps. XV, 10: non derelinques animam meam in inferno, etc..

Deinde cum dicit decebat enim eum, etc., ostendit convenientiam ex utilitate.

Deus enim pater est qui fuit causa mortis.

Ipse enim est per quem omnia, sicut per causam efficientem, et propter quem omnia, sicut per causam finalem. Propter ipsum enim sunt omnia, quia propter bonitatem suam communicandam.

Et hæc fuit causa movens ad producendum res, et ita finaliter sunt omnia propter Deum. Prov. XVI, 4: universa propter semetipsum operatus est Dominus. Sunt etiam effective per ipsum. Ps. CXLV, 4: qui fecit cælum et terram, mare et omnia quæ in eis sunt. Est ergo omnium principium et finis. Apoc. I, 8: ego sum alpha et omega, principium et finis. Rom. XI, 36: ex ipso, et per ipsum, et in ipso sunt omnia. Decebat ergo ipsum, quia actor est omnium, omnibus providere. Sap. VI, 8: æqualiter illi cura est de omnibus.

Secundo conveniens fuit ex parte causæ, quæ, ut dictum est, fuit gratia Dei; gratia vero ordinatur ad gloriam. Rom. VI, 23: gratia Dei, vita æterna, Deus autem ab æterno prædestinavit quos debet adducere in gloriam.

Et isti sunt omnes illi, qui sunt participes filiationis filii eius, quia si filii, et hæredes, Rom. VIII, 17. Et ideo dicit qui multos filios in gloriam adduxerat, quasi dicat: ipse habet unum filium perfectum naturaliter.

Mc. XII, 6: adhuc ergo habens filium unum charissimum, etc.. Qui est naturaliter splendor gloriæ, supra I, 3. Alii autem sunt adoptivi, et ideo adducendi sunt in gloriam. Unde dicit qui adduxerat, id est, adducendos præordinaverat.

Et quid decebat eum? hoc scilicet quod ipse est auctor salutis eorum, etc..

Salus ista in duobus consistit, scilicet quod fiant filii, et quod inducantur in hæreditatem.

Quod autem sint filii, habent per filium naturalem. Quos præscivit et prædestinavit, conformes fieri imaginis filii sui, Rom. VIII, 29. Gloriam autem et hæreditatem non consequuntur nisi per eum, cuius naturaliter est hæreditas, qui est splendor gloriæ. Quia ergo per filium consequimur ista duo, ideo ipse convenienter dicitur auctor salutis. Matth. I, 21: ipse salvum faciet populum suum a peccatis eorum. Infra XII, 2: aspicientes in auctorem fidei, et consummatorem Iesum.

Decebat ergo quod pater auctorem salutis mitteret, scilicet filium, ut expositum est, qui multos filios adduxerat per ipsum in gloriam.

Et sic patet convenientia ex parte causæ.

Per passionem consummari, id est, per fidem.

Ipse enim inquantum est filius naturalis, est totaliter perfectus, sed quia in passione minoratus fuit, debuit per meritum passionis perfici. Ex ista ergo consummatione, patet convenientia modi, de quo dixerat quod gustavit. Tantum enim gustavit mortem, quia non accepit eam, nisi ut per meritum passioni consummaretur. Ipsa enim eius consummatio est eius glorificatio. Lc. Ult.: oportet Christum pati, et ita intrare in gloriam suam. Gustavit etiam, quia, cum ipse adduxerit filios in gloriam, sicut medicus gustat medicinam ne infirmus abhorreat sed ut securius bibat, ita ipse gustavit mortem, ut quia sine morte ingrediente necessitate, non est salus, nullus mortem refugiat.

Consequenter cum dicit qui enim sanctificat, probat quod dixerat.

Ubi duo facit, quia primo probat propositum suum ex parte patris consummantis; secundo ex parte Christi consummati, ibi quia ergo pueri.

Adhuc circa primum duo facit, quia primo proponit intentum; secundo probat per auctoritatem, ibi propter quam causam.

Dicit ergo qui enim sanctificat, et qui sanctificantur, ex uno omnes. Sciendum est autem quod supra apostolus tria dixerat. Primo quod Christus est causa salutis, in quo ostendit nos dependere ab ipso, sicut a salvatore; secundo, ostendit quod pater est consummator ipsius Christi per meritum passionis, et in hoc Christus dependet a patre; tertio, quod pater nos adducit in gloriam, in quo etiam nos dependere a Deo ostendit; et secundum hoc apostolus hic tria facit.

Primo enim ostendit quod dependemus a Christo. Sanctificatus enim dependet a sanctificato, Christus autem est sanctificans. Infra XIII, 12: Iesus ut sanctificaret per suum sanguinem, etc.. Bene ergo dictum est, quod quia est actor et sanctificator, dependemus ab ipso, ipse vero a patre, a quo habet quod sanctificet, quod est secundum. Sed omnes, ipse scilicet qui sanctificat et nos qui sanctificamur, ex uno, scilicet ex patre, quod est tertium. Rom. VIII, 17: hæredes Dei, cohæredes autem Christi.

Consequenter ista tria probat per tres auctoritates. Et primo quod Christus tamquam mediator et actor salutis ea, quæ Dei sunt, in nos refert.

Unde dicit: propter quam causam, quia scilicet nos et ipse ex patre dependemus et sumus ex uno Deo patre, non confunditur eos vocare fratres, quia scilicet ex eodem patre. Mal. II, 10: numquid non pater unus omnium nostrum? Rom. VIII, 29: ut sit ipse primogenitus in multis fratribus. Ideo dicitur in Ps. XXI, 22: nuntiabo nomen tuum fratribus meis. Et Io. XX, 17: vade ad fratres meos.

Sed nota quod dicit non confunditur, etc.; quia aliqui de vili plebe nati, si promoventur, confunduntur cognoscere consanguineos suos. Prov. XIX, 7: fratres hominis pauperis oderunt eum. Non sic autem Christus, sed dicit nuntiabo nomen tuum fratribus meis.

Io. XVII, 5 s.: pater, manifestavi nomen tuum hominibus quos dedisti mihi. Io. I, 18: unigenitus qui est in sinu patris, etc..

Istius Annuntiationis ostendit fructum, cum dicit in medio ecclesiæ laudabo te, quasi dicat: per hoc congregatur tibi magna ecclesia, in cuius medio laudabo te. Et dicit in medio, quia sicut columna in medio domus ipsam sustentat, lucerna in medio domus illuminat, cor in medio corpus vivificat, ita Christus in medio ecclesiæ.

Item in medio, quia non ad unum populum tantum, sicut Moyses, missus fuit, Ps. LXXV, 1: notus in Iudæa Deus, sed ad salutem totius mundi, Ps. LXXIII, 12: operatus es salutem in medio terræ, et ideo dicitur Lc. Ult.: stetit Iesus in medio discipulorum.

Sciendum est circa hoc, quod ante legem consuetudo erat, quod omnes primogeniti erant sacerdotes, et hoc pertinebat ad ius primogenituræ. Christus autem est frater sicut primogenitus, et ideo est sacerdos. Sacerdos autem populum sanctificans, medius est inter Deum et populum. Deut. V, 5: ego illo tempore sequester fui. Et ideo pertinet ad ipsum nunciare quæ Dei sunt ad populum; secundo, quæ populi sunt referre in Deum. Primum facit dicendo, et ideo dicit nuntiabo nomen tuum fratribus meis, id est, ducam eos in notitiam tui, et hoc est sanctificare eos. Io. XVII, 17: sanctifica eos in veritate, etc.. Secundum faciendo, dum facit homines ex affectu in Deum prorumpere in laudem Dei, et ideo dicit in medio ecclesiæ.

Deinde cum dicit et iterum, etc., ostendit quod ipse Christus dependet ex patre per hoc quod dicit ego ero fidens in eum. Hoc secundum Hieronymum habetur Is. VIII, 17, ubi nos habemus: expectabo Dominum, qui abscondit faciem suam a domo Iacob, etc.. Sed Is. XII, 2 expresse habetur: fiducialiter agam, et non timebo.

Ego ero fidens in ipso pro gloria capitis et membrorum, quod supra dixit consummationem.

Ps. XXX, 1: in te, Domine, speravi.

Ostendit autem quam spem habet, quia non quamcumque, sed firmam, quæ dicitur fiducia.

Spes enim et si non sit de impossibili, tamen habet timorem coniunctum quandoque, et tunc proprie dicitur spes. Spes quandoque est firma et sine timore, et tunc proprie dicitur fiducia. Et istam habuit Christus.

Dicit ergo fidens ero in eum, id est, habebo fiduciam in adiutorio eius, scilicet patris, pro gloria corporis quod resuscitabit, et membrorum et animæ. Ps. XXXI, 1: in te, Domine, speravi, etc.. Ier. XXIV: beatus vir qui confidit in Domino.

Sed contra, sancti dicunt, quod in Christo nec fides, nec spes est, sed sola charitas.

Respondeo. Dicendum, quod aliud est spes, aliud fiducia; nam spes est expectatio futuræ beatitudinis, et hæc non fuit in Christo, quia ab instanti suæ conceptionis beatus fuit; fiducia autem est expectatio cuiuscumque auxilii; et secundum hoc fuit in Christo fiducia, inquantum secundum humanam naturam, expectabat a patre auxilium in passione. Unde cum ibi invenitur quod Christus dicatur habere spem, non est intelligendum ratione principalis obiecti, quod est beatitudo, sed ratione gloriæ resurrectionis, et gloriæ corpori collatæ.

Deinde cum dicit et iterum, etc., ostendit tertium, scilicet quod refert nos in Deum, dicens ecce ego. Et habetur Is. VIII, 18. Quasi dicat: relatus sum in Deum, ego, inquam, qui sum fidens. Et similiter pueri mei, quos in Deum reduco, scilicet discipuli mei. Io. Ult.: pueri, numquid pulmentarium habetis? quos dedit mihi Deus. Io. XVII, 6: tui erant, et mihi eos dedisti.

Isti dicuntur pueri propter puritatem.

I Reg. XXI, 4: si mundi sunt pueri et maxime a mulieribus; et Paulo post, ibidem, 5, sequitur: fuerunt vasa puerorum sancta. Item propter simplicitatem. I Cor. XIV, 20: nolite pueri effici sensibus, sed malitia parvuli estote.

Item propter humilitatem. Matth. XVIII, 3: nisi conversi fueritis, et efficiamini sicut parvuli, etc..

Item propter facilitatem ad bonum: sinite parvulos venire ad me.

Et ostendit quod non solum ipse est a Deo, sed etiam pueri; unde subdit quos dedit mihi Dominus, et sic verum fit quod dixit: qui sanctificat et qui sanctificantur ex uno omnes, quia Io. VI, 44: nemo potest venire ad me, nisi pater qui misit me traxerit eum.

Lectio 4

Supra ostendit apostolus convenientiam mortis Christi ex parte patris mortem imponentis, hic ostendit idem ex parte ipsius Christi mortem patientis.

De Christo vero dixit quod erat auctor salutis fidelium, ideo hic intendere quomodo per passionem effectus est auctor salutis eorum.

Et circa hoc tria facit.

Primo enim ostendit conditionem naturæ, per quam mori potuit et pati; secundo ostendit utilitatem quam per mortem attulit, ibi ut per mortem; tertio probat quod proposuerat, ibi nusquam enim Angelos.

Dicit ergo primo: ita dixi quod ipse et pueri sunt ex uno omnes et quod vocavit eos fratres, ergo conveniens fuit quod esset eis similis, non tantum quia impartitur eis participationem naturæ divinæ, quod est ex dono gratiæ, sed etiam quia ipse naturam eorum assumpsit. Unde dicit quia ergo pueri communicaverunt carni et sanguini, et ipse similiter participavit eisdem.

Ubi notandum est, quod nomine carnis et sanguinis, aliquando ipsa natura carnis et sanguinis intelligitur, Gen. II, 23: hoc nunc os ex ossibus meis, et caro de carne mea, ut sic per carnem intelligas corpus, secundum illud Iob X, 11: pelle et carnibus vestisti me; per sanguinem vero intelligas animam, non quod anima sit ipse sanguis, sed quia non conservatur in corpore sine sanguine.

Aliquando vero per carnem et sanguinem intelliguntur vitia carnis et sanguinis.

Matth. XVI, 17: caro et sanguis non revelavit tibi.

Aliquando vero ipsa corruptibilitas carnis et sanguinis. I Cor. XV, 50: caro et sanguis regnum Dei non possidebunt, neque corruptio incorruptionem. Sed hic non intelligitur de vitiis: Christus enim assumpsit naturam sine peccato, sed cum passibilitate, quia assumpsit carnem similem peccatrici. Rom. VIII, 3: in similitudinem carnis peccati. Ipse ergo communicavit vel pueris, vel etiam carni et sanguini, et totum similiter, quia scilicet non carni phantastice, ut dixit Manichæus, nec accidentaliter, ut dixit Nestorius, sed veræ carni et sanguini, sicut et pueri, et in unitate personæ.

Quod autem hic dicitur quod Christus communicavit carni et sanguini, non est intelligendum secundum quod dicunt vitia carnis et sanguinis, quia non assumpsit culpam, nec commisit; sed secundum quod dicunt ipsam substantiam carnis animatæ, quia carnem et animam assumpsit. Item est intelligendum de passibilitate carnis, quia assumpsit naturam nostram passibilem. Ut sit sensus quia pueri, idest fideles, habuerunt naturam passibilem, et ipse, scilicet Christus, participavit eisdem, vel pueri, scilicet in natura carnis et sanguinis, vel eisdem, id est, carni et sanguini, non quidem phantastice, ut delirat Manichæus, nec accidentaliter, ut fingit Nestorius, sed similiter, scilicet nobis, id est, eo modo quo nos participamus, id est, secundum rei veritatem, scilicet personaliter et substantialiter. Nos enim participamus eis in persona, et Christus etiam similiter assumpsit ea in unitatem personæ. Io. I, 14: verbum caro factum est. Potest etiam per carnem et sanguinem intelligi caro et sanguis Christi, secundum illud Io. VI, 55: qui manducat meam carnem et bibit meum sanguinem: quibus pueri, scilicet apostoli, communicaverunt in cœna, et Christus similiter participavit eisdem, scilicet carni et sanguini, quia ipse similiter sumpsit, ut Chrysostomus expresse dicit super Matth. XXVI: ipse (inquit) Christus bibit sanguinem suum. Unde Lc. XXII, 15: desiderio desideravi, etc..

Consequenter ostendit utilitatem quam per mortem attulit, cum dicit ut per mortem destrueret, etc..

Et circa hoc facit duo.

Primo enim ostendit utilitatem istam ex parte diaboli, qui tenebat; secundo ex parte nostra, qui tenebamur, ibi ut liberaret eos.

Dicit ergo: ideo participavit carni et sanguini, id est, assumpsit naturam in qua posset pati et mori, quod non poterat in divina, ut per mortem destrueret eum qui habebat mortis imperium, id est diabolum.

Sed quomodo habet diabolus mortis dominium? hoc enim est solius Dei. I Reg. II, 6: Dominus vivificat, et mortificat, et Deut. XXXII, 39: ego occidam, et ego vivere faciam.

Respondeo. Dicendum est quod aliter habet dominium mortis iudex, quia scilicet quasi mortem infligens, cum per mortem punit; aliter latro, quasi scilicet mortem sibi ex demerito acquirens. Primo modo Deus habet mortis imperium. Gen. II, 17: quacumque die comederis ex eo, morte morieris. Secundo modo diabolus, qui suadendo homini peccatum, morti ipsum addixit. Sap. II, 24: invidia diaboli mors intravit in orbem terrarum.

Dicit autem destrueret, non quantum ad substantiam quam habet incorruptibilem, non quantum ad malitiam, ut aliquando diabolus bonus fiat (ut dicit Origenes), sed quantum ad potestatis dominium. Io. XII, 31: nunc iudicium est mundi, nunc princeps mundi huius eiicietur foras. Col. II, 15: expolians principatus et potestates traduxit confidenter, palam triumphans illos in semetipso.

Et hoc factum est per mortem Christi triplici ratione. Una est ex parte Christi. Iustitiæ enim est vera ratio, ut victor victum sibi subiiciat. II Pet. II, 19: a quo enim quis superatus est, huius et servus est. Christus enim vicit diabolum. Apoc. V, 5: vicit leo de tribu Iuda. Et ideo iustum est diabolum sibi esse subiectum. Lc. XI, 21: cum fortis armatus custodit atrium suum, etc..

Alia ratio est ex parte diaboli. Iustitia enim exigit, quod qui male utitur potestate sibi concessa, amittat eam. Diabolo autem data est permissive in peccatores quos seduxit, sed non in bonos. Quia ergo hanc extendere præsumpsit etiam in ipso Christo, qui peccatum non fecit Io. XIV, 30: venit princeps mundi huius, et in me non habet quicquam ideo meruit illam perdere.

Tertia ratio est ex parte nostri, quia iustum est, quod victus sit servus victoris, ut dictum est. Homo autem per peccatum servus erat diaboli Io. VIII, 34 s.: qui facit peccatum servus est peccati et ita subiectus diabolo, et obnoxius peccato. Christus autem solvit pretium pro peccato nostro. Ps.: quæ non rapui, tunc exsolvebam. Sublata ergo causa servitutis, scilicet peccato, per Christum est homo liberatus.

Sciendum est autem, quod nulla alia satisfactio fuit conveniens.

Homo enim erat debitor, unus autem bene potest satisfacere pro alio ex charitate. Nullus autem pro tota humana natura, quia non habet potestatem super illam. Nec etiam ipsum humanum genus sufficienter poterat satisfacere, quia totum erat peccato obnoxium. Nec etiam Angelus, quia ista satisfactio est ad gloriam, quæ excedit facultatem naturæ Angeli.

Oportuit ergo esse hominem qui deberet satisfacere, et Deum, qui solus habet potestatem super totum humanum genus, qui posset pro toto humano genere satisfacere. Per mortem ergo Dei et hominis destruxit eum qui habet mortis imperium.

Consequenter cum dicit ut liberaret eos, etc., ponitur alia utilitas ex parte nostra.

Circa quod sciendum est, quod homo intantum est servus peccati, inquantum inducitur ad peccandum. Inter omnia vero duo sunt, quæ inducunt ad peccandum efficacissime, scilicet præsentium bonorum amor male inflammans, præsentium etiam pœnarum timor male humilians. De his Ps. LXXIX, 17: incensa igni, quantum ad primum, et suffossa, quantum ad secundum.

Hæc autem duo in idem reducuntur, quia quanto quis amat bonum aliquod, tanto timet malum sibi contrarium. Ista sunt quibus homo ligatur et detinetur in peccato, magis tamen per timorem movetur, quam per amorem.

Unde videmus, quod sævæ bestiæ pœnarum timore retrahuntur a maximis voluptatibus, et sic timor maxime ligat homines. Inter omnes autem, timor mortis est maximus. Est enim finis terribilium. Unde si homo timorem istum superat, superat omnes; et hoc superato, superatur omnis amor mundi inordinatus.

Et ideo Christus per mortem suam fregit hoc ligamen, quia abstulit timorem mortis, et per consequens amorem vitæ præsentis.

Quando enim considerat homo, quod filius Dei, Dominus mortis, mori voluit, non timet mori. Et inde est quod ante mortem Christi dicebat ille in Eccli. XLI, 1: o mors, quam amara est memoria tua. Sed post mortem Christi clamat apostolus, Phil. I, 23: desiderium habens dissolvi et esse cum Christo.

Unde Matth. X, 28: nolite timere eos qui occidunt corpus, etc..

Dicit ergo ut liberaret eos, qui timore mortis obnoxii erant servituti, scilicet peccati, per totam vitam, quam nimis appetebant.

Vel aliter: homo enim duplici servituti erat obnoxius, scilicet legis et peccati.

Unde Act. XV, 10 lex dicitur iugum, quod nec nos, nec patres nostri portare potuimus.

Manus enim Moysi erant graves, ex. XVII, 12; Gal. IV, 5: ut eos qui sub lege erant redimeret. Erant enim obnoxii servituti peccati. Ab ista duplici servitute Christus nos liberavit. Differentia autem inter novum et vetus testamentum est timor, et amor. In novo est amor. Io. XIV, 15: si diligitis me, mandata mea servate. Vetus autem fuit lex timoris. Rom. VIII, 15: non enim accepistis spiritum servitutis iterum in timore. Et ideo dicit ut liberaret eos qui timore mortis corporalis, quam infligebat lex, per totam vitam obnoxii erant servituti legis.

Sed quæritur cur statim non liberavit a morte, sed a timore mortis? respondeo. Dicendum est, quod statim liberavit nos a morte quantum ad causam, sed ab ipsa morte nondum, quamvis liberaverit a timore mortis. Cuius ratio est, quia si liberasset a morte corporali, homines servirent Christo tantum propter bonum corporale, et sic periret meritum fidei et spei; similiter etiam ipsæ pœnæ sunt nobis meritoriæ ad vitam æternam. Act. XIV, 21: per multas tribulationes, etc..

Et notandum, quod liberavit nos a timore mortis, primo ostendendo futuram immortalitatem, et ex hoc homo parvipendit mortem temporalem. I Cor. XV, 20: Christus resurgens primitiæ dormientium, etc.. Secundo prægustando voluntarie mortem, ex quo promptiores efficimur ad subeundum mortem pro Christo. I Pet. II, 21: Christus passus est pro nobis, vobis relinquens exemplum, etc.. Tertio aperiendo aditum ad gloriam, qui ante mortem suam non patebat, et ex hoc non solum non timemus mortem, sed desideramus eam. Phil. I, 23: desiderium habens dissolvi et esse cum Christo, etc..

Consequenter cum dicit nusquam enim Angelos apprehendit, probat apostolus utilitatem, quam mors Christi attulit.

Et circa hoc tria facit.

Primo enim ostendit, quod Christus per mortem nos liberavit, quod probat ex conditione naturæ passibilis quam assumpsit; secundo concludit similitudinem, ibi unde debuit; tertio ostendit similitudinis utilitatem, ibi ut misericors fieret.

Dicit ergo: ita dixi quod Christus per mortem suam liberavit nos a peccatis et morte. Nec est dubium, quod quantum ad conditionem naturæ Angelus maior est homine, sed quia Angelus non fuit obnoxius servituti, nec dignus morte, ideo non assumpsit Angelum. Quod si assumpsisset Angelum, hoc utique fuisset propter dignitatem naturæ; sed nusquam legimus quod assumpsit eum, sed tantum semen Abrahæ, id est, humanam naturam, non tamen idealem, sed in individuo et atomo, et ex semine Abrahæ. Matth. I, 1: filii Abraham, etc.. Et hoc addit, ut Iudæi qui gloriantur se esse de genere Abrahæ, magis venerentur Christum.

Signanter vero dicit apprehendit, quia illud proprie dicitur apprehendi quod fugit. Non solum autem ipsa natura humana fugiebat a Deo, sed etiam ipsi filii Abrahæ. Zac. VII, 11: averterunt scapulam, etc.. Ista autem apprehensio naturæ humanæ in unitatem personæ filii Dei, naturam nostram supra modum exaltat; unde dicit Chrysostomus: magnum revera et mirabile et stupore plenum est, carnem nostram sursum sedere, et adorari ab Angelis et Archangelis. Hoc ego sæpius in mente versans excessum patior, magna de genere humano imaginans.

Sed videtur quod magis debuerit naturam angelicam apprehendere quam humanam naturam: similitudo enim est ratio faciens ad congruitatem incarnationis divinæ personæ. In natura autem angelica invenitur expressior similitudo Dei quam in humana, quia ipsa est signaculum similitudinis, Ez. XXVIII, 12. Magis ergo videtur quod debuerit apprehendere Angelum, quam semen Abrahæ.

Præterea: in natura angelica invenitur peccatum sicut in humana. Iob IV, 18: in Angelis suis reperit pravitatem. Si ergo apprehendit naturam humanam ut liberaret eam a peccato, videtur quod multo magis apprehendere debuerit angelicam.

Respondeo. Dicendum, quod assumptibilis dicitur aliqua natura a filio Dei secundum congruentiam ad unitatem personæ. Ista autem congruentia attenditur quantum ad duo, scilicet quantum ad dignitatem, ut illa natura sit assumptibilis, quæ nata est attingere ipsum verbum per suam operationem, amando et cognoscendo ipsum, et quantum ad necessitatem, ut scilicet subiaceat peccato remediabili.

Primum et secundum sunt in humana natura, quæ apta nata est Deum amare et cognoscere, et peccatum ipsius remediabile fuit, et ideo est assumptibilis. Naturæ autem angelicæ licet adsit primum, deest tamen secundum; nam peccatum est irremediabile, non quidem ex gravitate culpæ, sed ex conditione naturæ seu status. Quod est hominibus mors, est Angelis casus, ut dicit Damascenus. Manifestum autem quod omnia peccata hominis, sive sint parva, sive sint magna, ante mortem sunt remissibilia, post mortem vero sunt irremissibilia et perpetuo manent, et ideo natura angelica inassumptibilis est.

Et per hoc patet solutio ad obiecta, quia licet in natura angelica sit congruentia dignitatis, deest tamen congruentia necessitatis.

Deinde cum dicit unde debuit per omnia fratribus assimilari, ex prædictis concludit similitudinem, quasi dicat: quia ergo non apprehendit Angelos, sed semen Abrahæ, ideo debuit per omnia assimilari fratribus. Per omnia inquam, in quibus sunt fratres, non in culpa, sed in pœna, et ideo debet habere passibilem naturam. Unde infra IV, 15: tentatum autem per omnia pro similitudine absque peccato, quantum scilicet ad pœnam, non tentationem culpæ. Item sunt fratres quantum ad gratiam. I Io. III, 1: videte qualem charitatem dedit nobis Deus pater, ut filii Dei nominemur et simus. Rom. VIII, 29: quos præscivit et prædestinavit conformes fieri, etc..

Consequenter ponit utilitatem istius similitudinis, dum dicit ut misericors fieret, ubi duo facit, quia primo ponit eam; secundo exponit ipsam, ibi in eo enim, etc..

Nam Christus secundum quod mediator est, duplex habet officium. Unum quo præponitur toti humano generi sicut iudex.

Io. V, 27: potestatem dedit ei iudicium facere, etc.. Aliud per comparationem ad Deum, apud quem pro nobis quasi advocatus interpellat, quia assistit vultui eius pro nobis, infra VII, 25 et I Io. II, 1: advocatum habemus apud patrem Iesum Christum, etc..

In iudice autem maxime desideratur misericordia, et præcipue a reis; in advocato desideratur fidelitas. In Christo autem insinuat apostolus illa duo esse per passionem eius.

Humanum enim genus in Christo, inquantum est iudex, desiderabat misericordiam; inquantum advocatus, fidelitatem. Et ista duo exhibuit Christus per passionem. Unde quantum ad primum dicit quod per passionem assimilatus est fratribus, ut misericors fieret.

Sed numquid non fuit misericors ab æterno? videtur quod sic, quia miserationes eius super omnia opera eius, Ps. CXLIV, 9. Item, ab initio habuit misericordiam.

Iob XXXI, 18: ab infantia crevit mecum miseratio.

Respondeo. Dicendum est, quod miseratio dicitur quasi miserum cor super aliena miseria, et hoc est dupliciter. Uno modo per solam apprehensionem, et sic Deus sine passione nostram miseriam apprehendit. Ipse enim cognovit figmentum nostrum, ut dicitur in Ps. CII, 14. Alio modo per experientiam, et sic Christus potissime in passione expertus est miseriam nostram.

Et sic dicitur, ut qui erat misericors per apprehensionem nostræ miseriæ, fieret misericors per experientiam. Is. LVIII, 9: clamabo et dicam: ecce adsum, quia misericors sum Dominus Deus tuus.

Et inde est, quod misericordiam fecit, ut patet de muliere deprehensa in adulterio. Misericordiam docuit, Matth. V, 7: estote misericordes, etc.. Misericordiam mandavit, Matth. XII, 7: discite quid est, misericordiam volo, et non sacrificium, etc.. Item ipse est fidelis advocatus.

Et ideo dicitur fidelis pontifex. Infra IX, 11: Christus assistens pontifex futurorum bonorum. Et requiritur quod sit fidelis. I Cor. XIV, 2: hic iam quæritur inter dispensatores ut fidelis quis inveniatur. Et hoc totum, ut repropitiaret delicta populi, scilicet pro quo mortem sustinere voluit. Ipsa enim passio allegatio est, et fidelium interpellatio.

Deinde cum dicit in eo enim, etc., exponit istam utilitatem et continuatur sic, quasi dicat: non loquor de Christo inquantum Deus, sed inquantum est homo. Et ideo in eo, idest, in illa natura quam assumpsit, ut experiretur in se nostram causam esse suam. Unde dicit et tentatus et passus est; ideo potens est et eis qui tentantur auxiliari.

Vel aliter: ideo factus est misericors et fidelis, quia in eo quod passus et tentatus est, habet quamdam convenientiam ad hoc quod misereatur. Et dicit tentatus, non a carne, sed ab hoste. Matth. IV, 1: ductus est Iesus in desertum a spiritu, ut tentaretur a diabolo.

In ipso enim non fuit aliqua rebellio partis inferioris ad superiorem, sed passus est in carne pro nobis. I Pet. II, 21: Christus passus est pro nobis, etc.. Et IV, 1: Christo ergo in carne passo, et vos eadem cogitatione armamini.

Capitulus III

Lectio 1

Sicut supra dictum fuit, lex vetus ex tribus habuit auctoritatem, scilicet ex Angelo, ex Moyse, et ex Aaron pontifice. Apostolus autem supra prætulit Christum auctorem novi testamenti Angelis, per quos lex data fuit, hic intendit ipsum præferre Moysi, qui fuit promulgator, et quasi legislator veteris testamenti.

Et circa hoc facit duo.

Primo enim præfert Christum Moysi; secundo concludit ex hoc, quod sit efficacissime obediendum Christo, ibi quapropter sicut.

Circa primum duo facit.

Primo præmittit dignitatem Christi; secundo ostendit quid sit commune Christo et Moysi, ibi amplioris.

Circa primum duo facit, quia primo ponit conditionem eorum ad quos loquitur; secundo ponit conditionem eius de quo loquitur, ibi considerate.

Illos autem ad quos loquitur describit tripliciter.

Primo ex charitate. Unde dicit fratres, quasi diceret: quia ex semine Abrahæ fratres estis et Christi, et inter vos ad invicem.

Matth. XXIII, 8: omnes vos fratres estis, etc..

Item fratres Christi. Supra II, 11: non confunditur eos vocare fratres. Hanc autem fraternitatem facit charitas. Ps. CXXXII, 1: ecce quam bonum et quam iucundum, etc..

Secundo etiam describit eos ex sanctitate, cum dicit sancti. Et hoc propter sacramentorum perceptionem, qua sanctificamur a Christo.

I Cor. VI, 11: sed abluti estis, sed sanctificati estis, etc..

Tertio describit eos ex vocatione, cum dicit vocationis cælestis participes. Ista autem vocatio dupliciter potest intelligi cælestis esse.

Vel ratione finis, vel ratione principii. Ratione quidem finis, quia vocati sunt non ad terrena, sicut in veteri testamento, sed vocati sunt ad cælestia regna. I Thess. II, 12: vocavit nos ad suum regnum et gloriam.

I Petr. II, 9: qui de tenebris vocavit in admirabile lumen suum. Ratione vero principii, quia non est ex meritis nostris, nec ex humana adinventione, sed sola cælesti gratia.

Gal. I, 6: vocavit per gratiam suam.

Rom. VIII, 30: quos autem prædestinavit, hos et vocavit. Is. XLI, 2: qui suscitavit ab oriente iustum, vocavit eum, ut sequeretur se.

Dicit autem participes, quia non solum Iudæi vocati sunt ad gratiam fidei et novi testamenti, sed etiam gentes. Col. I, 12: dignos nos fecit in partem sortis sanctorum in lumine.

Quia ergo estis in charitate, et sancti, et vocati ad cælestia, debetis libenter audire loqui de eo, per quem ista vobis proveniunt.

Consequenter describit illum de quo loquitur, cum dicit considerate. Infra XII, 2: aspicientes in auctorem fidei et consummatorem Iesum, etc.. Sed quem? apostolum, inquit, et pontificem confessionis nostræ Iesum.

Apostolus enim in sequentibus præfert Christum Moysi et Aaron, et ideo adscribit ei utriusque dignitatem; Moysi, scilicet quia missus fuit a Deo. Ps.: misit Moysen servum suum. Aaron vero, qui pontifex fuit. Ex. XXVIII, 1: applica quoque ad te Aaron, etc.. Christus autem excellentius missus fuit apostolus, quam Moyses. Ex. IV, 13: obsecro, Domine, mitte quem missurus es, quasi dicat: alium digniorem missurus es.

Item ipse est pontifex et sacerdos. Ps. CIX, 5: tu es sacerdos in æternum secundum ordinem Melchisedech.

Quasi ergo præmittit hic conditionem suam principalem, dicens unde, id est, ergo, fratres, considerate apostolum, quasi dicat: prætermittatis considerare illum apostolum, id est, missum Moysen et pontificem Aaron, et considerate apostolum et pontificem confessionis nostræ, id est, illum quem nos confitemur. Hoc est enim necessarium ad salutem, ut confiteamur eum. Rom. X, 10: corde creditur ad iustitiam, ore autem confessio fit ad salutem.

Vel confessionis, id est, sacrificii spiritualis.

Omnis enim sacerdos ordinatur ad sacrificia offerenda. Duplex autem est sacrificium, scilicet corporale vel temporale. Et ad hoc institutus fuit Aaron. Aliud autem est sacrificium spirituale, quod est in fidei confessione.

Ps. XLIX, 23: sacrificium laudis honorificabit me. Et ad istud sacrificium institutus est Christus, non ad tauros. Is. I, 11: holocausta arietum et adipem pinguium, et sanguinem vitulorum, et agnorum, et hircorum nolui. Et Paulo post, sequitur: ne offeratis ultra sacrificium frustra.

Deinde cum dicit qui fidelis, etc., comparat Christum Moysi. De Aaron infra facit mentionem specialem.

Et ponit primo hic, ut dictum est, illud in quo conveniunt; secundo, in quo Christus superat Moysen, ibi amplioris enim gloriæ.

Commune Christo et Moysi est fidelitas ad Deum; et ideo dicit qui fidelis est. Ubi sciendum est, quod totum hoc, quod hic dicitur de Moyse, fundatur super illud quod habetur Num. XII, 7, ubi Dominus ostendit excellentiam Moysi, postquam iurgati sunt contra ipsum Aaron et maria, ubi ponuntur hæc verba, quæ apostolus hic allegat.

Ibi enim dicitur sic: at non talis servus meus Moyses, qui in omni domo mea fidelissimus est.

Ubi, si bene attendimus, magis

commendatur Moyses, quam in aliquo loco bibliæ. Et ideo apostolus tamquam excellentissimum ad commendationem Moysi hoc accipit.

Hoc autem potest convenire et Christo et Moysi. De Moyse enim patet ex ipsa historia allegata. De Christo etiam intelligitur, quia ipse secundum quod homo, fidelis est ei qui fecit eum, scilicet Deo patri, qui fecit eum, scilicet apostolum et pontificem, non secundum divinam naturam, quia sic non est factus, nec creatus, sed genitus, sed secundum humanam. Rom. I, 3: qui factus est ei ex semine David secundum carnem.

Fidelis autem fuit Deo patri, primo non attribuens sibi quod habebat, sed patri. Io. VII, 16: mea doctrina non est mea. Secundo quia gloriam eius quærebat, non suam.

Io. VIII, 50: ego gloriam meam non quæro.

Et VII, 18 dicitur: qui quærit gloriam eius, qui eum misit, hic verax est, et iniustitia in illo non est. Tertio, quia perfecte obedivit patri. Phil. II, 8: factus obediens usque ad mortem.

Fidelis ergo est Christus ei qui fecit eum.

Sicut et Moyses, et hoc in omni domo eius, quæ domus est universitas fidelium, de qua Ps. XCII, 7: domum tuam decet sanctitudo, Domine.

Vel in omni domo eius, id est, in toto mundo non tantum in Iudæa, sicut Moyses.

Is.: dedi te in lucem gentium, ut sis salus mea usque ad extremum terræ.

Deinde cum dicit amplioris enim gloriæ, præfert Christum Moysi, et hoc quantum ad duo.

Primo quantum ad potestatem; secundo quantum ad conditionem, ibi et Moyses.

Commendando autem Christum, commendat ipsum habuisse honorem in omni domo, sicut Moyses; sed quod Christus ipsum excellat ostendit. Ubi primo ponit rationem; secundo manifestat, ibi omnis namque.

Ratio autem apostoli est, quod maior gloria debetur illi qui fecit domum, quam illi qui eam inhabitat; Christus autem fabricavit domum. Ps. LXXIII, 16: tu fabricatus es auroram et solem. Prov. IX, 1: sapientia ædificavit sibi domum, id est, ecclesiam. Ipse enim Christus, per quem gratia et veritas facta est, tamquam legislator ædificavit ecclesiam. Moyses autem tamquam legis pronuntiator; et ideo solum ut pronuntiatori debetur gloria Moysi. Unde et resplenduit facies eius, de qua Ex. XXXIV, 29 et II Cor. III, 7: ita ut non possent filii Israel intendere in faciem Moysi propter gloriam vultus eius.

Continuatur ergo sic littera: tu dicis quod Christus est fidelis sicut Moyses, quare ergo dimittemus ne consideremus? certe quia amplioris gloriæ dignus est habitus præ Moyse, quanto ampliorem gloriam habet Dominus domus qui fabricavit illam. Quasi dicat: etsi Moyses multum sit honorabilis, tamen Christus honorabilior est, sicut fabricator domus, et sicut legislator principalis.

Iob XXXVI, 22: ecce Deus excelsus in fortitudine sua, et nullus ei similis in legislatoribus. Si ergo debetur gloria Moysi, ampliori dignus est Christus.

II Cor. III, 9: si ministratio damnationis in gloria est, multo magis ministerium iustitiæ erit in gloria.

Consequenter probat minorem suæ rationis, cum dicit omnis namque domus fabricatur ab aliquo. Minor autem est, quod Christus fabricavit domum istam; et hoc probat primo, quia omnis domus indiget fabricatore; secundo, quia ista domus de qua loquitur, a Christo fabricata est, ibi qui autem omnia.

Primo ergo probat quod ista domus sicut et quælibet alia indiget fabricatore, quia diversa non coniunguntur nisi ab aliquo uno, sicut patet de domo artificiali, in qua ligna et lapides, ex quibus composita est, uniuntur ab aliquo. Aggregatio autem fidelium, quæ est ecclesia et domus Dei, ex diversis collecta est, scilicet Iudæis et gentibus, servis et liberis. Et ideo ecclesia sicut et omnis domus ab aliquo uniente fabricatur.

Huius rationis ponit tantum conclusionem, supponens veritatem præmissarum ex facti evidentia. I Pet. II, 5: ipsi tamquam lapides vivi superædificamini domos spirituales, etc.. Eph. II, 20: superædificati supra fundamentum apostolorum et prophetarum, etc..

Deinde cum dicit qui autem creavit omnia, Deus, probat quod Christus sit istius domus ædificator, ipse enim est Deus qui fecit omnia. Et si hoc intelligitur de toto mundo, planum est. Ps. XXXII, 9: ipse dixit, et facta sunt, etc.. Est autem alia creatio spiritualis, quæ fit per spiritum. Ps. CIII, 30: emitte spiritum tuum, et creabuntur, et renovabis faciem, etc.. Et hæc fit a Deo per Christum. Iac. I, 18: voluntarie genuit nos verbo veritatis, ut simus initium aliquod creaturæ eius. Eph. II, 10: ipsius factura sumus, creati in Christo Iesu in operibus bonis.

Deus ergo istam domum, scilicet ecclesiam, ex nihilo, scilicet de statu peccati, in statum gratiæ creavit. Ergo Christus per quem fecit omnia supra I, 2: per quem fecit et sæcula.

Io. I, 3: omnia per ipsum facta sunt, et sine ipso, etc., est excellentior, utpote quia habet potestatem factoris, quam Moyses, qui solum fuit pronuntiator.

Deinde cum dicit et Moyses quidem, præfert Christum Moysi quantum ad conditionem, et circa hoc duo facit.

Primo enim ponit rationem suam; secundo manifestat eam, ibi quæ domus.

Ratio autem sua talis est: constat quod amplioris gratiæ est Dominus et in domo propria, quam famulus et in domo Domini.

Sed Moyses est fidelis sicut servus et in domo Domini, Christus vero sicut Dominus et in domo sua, ergo, etc..

Circa quod sciendum est quod apostolus valde diligenter notat verba illa, scripta de Moyse, in quibus duo dicuntur de ipso: vocatur enim servus, vocatur etiam fidelis non in domo propria, sed in domo Dei nostri. Et quantum ad ista duo, præfert Christum Moysi. Primo enim ostendit quid conveniat Moysi; secundo quid conveniat Christo, ibi Christus vero tamquam filius.

Dicit ergo quod Moyses fidelis erat tamquam servus, id est, sicut fidelis dispensator.

Matth. XXV, 21: euge, serve bone et fidelis, quia in pauca fuisti fidelis, supra multa te constituam. Christus autem quodammodo servus est, scilicet secundum carnem, Phil. II, 7: formam servi accipiens, sed Moyses fuit famulus Dei in verbis Dei proponendis filiis Israel.

Ex quo patet, quod quia erat fidelis famulus, illa quæ dicebat ordinabantur ad alium, scilicet ad Christum. Et hoc erat in testimonium eorum, quæ dicenda erant. Io. V, 46: si crederetis Moysi, crederetis forsitan et mihi, de me enim ille scripsit. Act. X, 43: huic omnes prophetæ testimonium perhibent.

Quia ergo erat famulus, ideo erat non in domo propria, sed in aliena; et quia ea quæ dicebat erant in testimonium eorum quæ dicenda erant de Christo, ideo Moyses omniquaque minor fuit Christo.

Deinde cum dicit Christus vero, ostendit quid conveniat Christo, quia scilicet Christus non est sicut servus, sed tamquam filius in domo patris, et per consequens sua, quia hæres naturalis. Supra I, 2: quem constituit hæredem universorum, etc. Ecclesia enim est domus Christi. Prov. XIV, 1: sapiens mulier ædificat domum. Ps. II, 7: Dominus dixit ad me: filius meus es tu, etc.. Matth. III, 17: filius meus dilectus, etc..

Est ergo non servus, sed filius, et in domo sua: sed Moyses est servus, et in domo aliena. Io. VIII, 35: filius manet in æternum.

Deinde cum dicit quæ domus sumus nos, ostendit quæ sit ista domus.

Ista domus sunt fideles, et sunt domus Christi, qui credunt in Christum. I Tim. III, 15: in domo Dei, quæ est ecclesia. Et etiam quia Christus habitat in ipsis. Eph. III, 17: habitare Christum per fidem in cordibus vestris. Hæc ergo domus nos fideles sumus.

Ad hoc autem, quod simus domus Dei, quatuor oportet, quæ requiruntur circa domum, quæ non sunt in tabernaculo. Et ista tangit apostolus. Primo, quod spes nostra et fides sit certa et permanens: tabernaculum autem etsi sit firmum, tamen cito moveri potest. Et significat illos qui ad tempus credunt, et in tempore tentationis recedunt; sed illi sunt domus, qui verbum Dei retinent. Et ideo dicit si retineamus fiduciam. Dictum est supra, quod fiducia est spes cum expectatione firma et sine timore. II Cor. III, 4: fiduciam talem habemus per Christum ad Deum.

Secundo quod sit ordinate disposita. Et ideo dicit spei gloriam, id est, ad gloriam Dei ordinatam, ita quod, contemptis aliis, gloriemur in spe gloriæ. Ier. IX, 24: in hoc glorietur qui gloriatur, scire et nosse me.

Tertio quod perseverans. Unde dicit usque in finem. Matth. X, 22: qui perseveraverit usque in finem, hic salvus erit.

Quarto quod sit firma, ut scilicet nulla adversitate moveatur. Unde dicit firmam. Infra VI, 18 s.: confugimus ad tenendam propositam spem, quam sicut anchoram habemus animæ tutam et firmam.

Lectio 2

Supra probavit apostolus, quod Christus est maioris excellentiæ quam Moyses, hic concludit quod magis est obediendum Christo. Et hoc facit per auctoritatem prophetæ David in Ps. XCIV.

Ubi tria facit, quia primo proponit auctoritatem, quæ continet quamdam exhortationem; secundo exponit eam, ibi videte, fratres; tertio ex auctoritate et expositione arguit, IV, ibi timeamus ergo.

Circa primum tria facit.

Primo enim insinuat auctoritatem verborum sequentium; secundo ponit exhortationem, quæ est in auctoritate, ibi hodie si vocem; tertio ponit quamdam similitudinem, ibi sicut in exacerbatione, etc..

Auctoritas verborum est ex hoc, quod non sunt prolata humana adinventione, sed a spiritu sancto. Unde dicit quapropter sicut dicit spiritus sanctus.

Quasi dicat: Christus est amplioris gratiæ quam Moyses; ergo si audivimus Moysen, non debemus obdurare corda nostra ad audiendum Christum.

Ipse autem verba veteris testamenti allegat pro novo, ne credatur, quod tantum sint referenda ad vetus testamentum, imo etiam ad novum, et ad aliud tempus referri debent.

Et sunt verba spiritus sancti, quia, ut dicitur II Pet. I, 21: non humana voluntate allata est aliquando prophetia, sed spiritu sancto inspirati locuti sunt sancti Dei homines. Ipse enim David dicit, II Reg. XXIII, 2 de seipso: spiritus Domini locutus est per me.

In hoc ergo ostendit auctoritatem esse veram, quia scilicet est a spiritu sancto, contra Manichæum.

Deinde cum dicit hodie si vocem, etc., ponit monitionem, ubi facit tria.

Primo enim describit tempus cum dicit hodie; secundo subdit beneficium, ibi si vocem; tertio subiungit monitionem suam, ibi nolite obdurare.

Tempus est hodie, scilicet tempus diei. Tempus enim legis veteris dicebatur nox, quia erat tempus umbræ. Infra X, 1: umbram enim habens lex futurorum bonorum.

Sed tempus novi testamenti, quia repellit umbram noctis legis, dicitur dies.

Rom. XIII, 12: nox præcessit, dies autem appropinquavit.

Dicitur etiam istud tempus dies, propter ortum solis iustitiæ. Matth. III: vobis timentibus nomen meum orietur sol, etc.. Hunc diem non sequitur nox, sed clarior dies, quando scilicet ipsum solem iustitiæ videbimus revelata facie in rota sua, quando ipsum videbimus per essentiam.

Et in hac die exhibetur nobis beneficium.

Nam sequitur si vocem eius audieritis, quia audimus vocem eius, quod non erat in veteri testamento, in quo audiebantur tantum verba prophetarum. Supra I, 1 s.: olim Deus loquens patribus in prophetis, novissime vero diebus istis locutus est nobis in filio. Is. LII, 6: propter hoc sciet populus meus nomen meum in die illa, quia ego ipse qui loquebar ecce adsum. Cant. II, 14: sonet vox tua in auribus meis.

In hoc enim exhibetur nobis beneficium tantum desideratum. Lc. XIX, 42: in hac die tua, quæ ad pacem tibi, etc..

Si ergo tantum est beneficium, ecce monitio: nolite obdurare corda vestra. Cor durum sonat in malum. Durum est quod non cedit, sed resistit impellenti, nec recipit impressionem. Et sic dicitur cor hominis durum, quando non cedit divinæ iussioni, nec de facili recipit divinas impressiones. Eccli. III, 27: cor durum male habebit in novissimo.

Rom. II, 5: secundum duritiam tuam, et cor tuum impœnitens thesaurizas tibi iram in die iræ.

Hæc autem induratio ex duobus causatur.

Ex uno quasi negative, scilicet ex Deo non apponente gratiam. Rom. IX, 18: cuius vult Deus miseretur, et quem vult indurat.

Ex alio vero positive, et hoc modo indurat peccator seipsum, non obediendo Deo, et non aperiendo cor suum gratiæ. Zach. VII, 12: cor suum posuerunt ut adamantem, ne audirent legem et verba, quæ misit Dominus exercituum spiritu suo per manum prophetarum priorum. Nolite ergo obdurare corda vestra, id est, nolite corda claudere spiritui sancto. Act. VII, 51: vos semper spiritui sancto restitistis.

Consequenter ponit similitudinem cum dicit: sicut in exacerbatione.

Et hæc est similitudo ex facto præterito; nam fideles instruuntur de his, quæ sunt agenda in novo testamento ex iis quæ facta sunt in præterito, secundum illud Rom. XV, 4: quæcumque scripta sunt, ad nostram doctrinam scripta sunt.

Facit autem duo circa hoc, quia primo proponit exemplum in generali, ponendo culpam; secundo in speciali, ibi ubi tentaverunt me, etc..

Ut autem sequamur expositionem apostoli, oportet ponere in ista littera sensus, qui conveniunt expositioni.

Legimus autem inter alias duas culpas filiorum Israel gravissime punitas. Una fuit inobedientiæ quam habuerunt in facto exploratorum: de quo Num. XIII et XIV. Pro quo facto indignatus Dominus voluit totum populum delere. Unde iuravit quod nullus intraret terram promissionis, exceptis duobus, scilicet Caleb et Iosue. Istud autem vocat specialiter exacerbationem, quia licet per alia peccata offendissent Deum, tamen per illud exacerbaverunt ipsum, quia sicut fructus acerbus, qui opponitur maturo, non est aptus ad cibum, sic tunc ira Dei fuit inflexibilis.

Ps. LXXVII, 40: exacerbaverunt eum in deserto, et tentaverunt eum in inaquoso.

Bar. IV, 7: exacerbastis eum qui fecit vos.

Aliud peccatum fuit peccatum tentationis.

Frequenter enim tentaverunt Deum, quia quandoque pro aqua, quandoque pro carnibus, quandoque vero pro pane: ita quod decies tentaverunt ipsum.

Num. XIV, 22: tentaverunt me iam per decem vices. Iob XIX, 3: en decies confunditis me. Et ideo dicit secundum diem tentationis.

Posset autem aliquis putare quod idem esset peccatum exacerbatio et tentatio, ita quod vellet apostolus dicere: nolite obdurare corda vestra sicut in exacerbatione, quæ fuit in die tentationis. Sed hoc est contra expositionem apostoli. Ideo dicendum est sic: nolite obdurare corda vestra sicut in exacerbatione, et iterum sicut in die tentationis, ita quod sint duo peccata. Unde Ps. LXXVII, 41: conversi sunt, et tentaverunt Deum, et sanctum Israel exacerbaverunt.

Consequenter prosequitur culpas in speciali, cum dicit ubi tentaverunt me patres vestri, etc..

Et circa hoc duo facit, quia primo ponit peccatum tentationis; secundo peccatum exacerbationis, ibi et dixi semper.

Circa primum tria facit.

Primo enim ponit peccatum tentationis; secundo ostendit eius gravitatem, ibi probaverunt; tertio ponit pœnam, ibi propter quod offensus fui.

Dicit ergo, quod in eis fuit peccatum tentationis in deserto, quia ibi tentaverunt me patres vestri: et loquitur in persona Domini.

Ubi sciendum est, quod tentare est experimentum sumere de re quam quis ignorat.

Unde quod quis tentat Deum, procedit ex infidelitate.

Sed sciendum est quod aliquando aliquis tentat Deum, non cum intentione tentandi et experiendi, verumtamen se habet ad modum tentantis. Qui enim utitur re sua propter utilitatem, non tentat proprie: puta si aliquis fugiens currat super equum suum, et si tentat, non tamen cum intentione tentandi. Sed quando ad nihil utile est quod facit, tunc tentat. Item si aliquis exponat se alicui periculo compulsus necessitate, sub spe divini auxilii, non tentat Deum. Si autem sine aliqua necessitate, tunc tentat Deum. Et sic dicit ipse, Matth. IV, 7: non tentabis Dominum Deum tuum, quia necessitas nulla erat quod mitteret se deorsum.

Sic isti tentaverunt Dominum, quia dubitaverunt de potestate Dei, clamantes contra Moysen, ac si Deus non posset eis dare cibum, cum potentiam suam in maioribus experti fuissent: et ideo erat peccatum infidelitatis, quod est maximum.

Deinde ponitur gravitas culpæ, cum dicit probaverunt me, etc.. Quanto enim aliquis maiora beneficia Dei recipit, et maiorem certitudinem divinæ potestatis habet, et postmodum dubitat, tanto gravius peccat. Isti vero viderunt signa et prodigia in terra Aegypti, apertionem maris et alia miracula, et tamen non crediderunt. Unde Num. XIV, 22: homines qui viderunt maiestatem meam, et signa quæ feci in Aegypto et in solitudine, et tentaverunt me iam decem vices, etc..

Et ideo dicit probaverunt, id est, experiri voluerunt, et viderunt, id est, experti sunt, opera mea, id est, effectus qui non poterant esse, nisi virtutis infinitæ esset ille qui opera faciebat. Et hoc totum non uno die, sed quadraginta annis, quibus scilicet manserunt in deserto, quia semper habuerunt manna et columnam ignis et nubis; vel probaverunt quod viderunt me, quia scilicet in nulla defeci eis.

Illud tamen quod dicit, quadraginta annis, secundum intentionem apostoli refertur ad priora, sed secundum intentionem Psalmistæ refertur ad sequentia, ut dicatur quod offensus vel infensus ei fuit quadragesimo anno.

Et sic habet littera Hieronymi.

Deinde cum dicit propter quod offensus fui, ponitur pœna peccati: et est duplex littera, scilicet offensus, vel proximus, et idem est.

Propter quod, id est, propter peccatum, fui offensus, id est, indignatus, non quod ira sit in Deo, nisi similitudinarie, quia punit sicut iratus: de qua pœna frequenter habetur in Ex. XXII: dimitte me, ut irascatur furor meus, etc., et in Lib. Numerorum.

Sæpe enim prostrati sunt. Unde I Cor. X, 5 agit de pœna istius peccati.

Vel proximus fui, scilicet puniendo ipsos.

Quando enim Dominus subvenit bonis, et punit malos, tunc est prope ipsos; sed quando dissimulat peccata hominum propter pœnitentiam, et dissimulat afflictionem iustorum, ut crescat ipsorum meritum, tunc videtur etiam longe. Iob XXII, 14: nubes latibulum eius, nec nostra considerat, et circa cardines cæli perambulat.

Vel proximus, quantum ad divinam misericordiam, quia hoc ipsum, quod punit eos temporaliter, magnum misericordiæ signum est. Augustinus: hic ure, hic seca, ut in æternum parcas.

Deinde cum dicit et dixi, etc., ponit peccatum exacerbationis in speciali. Et hoc patet per hoc quod infra dicitur quibus iuravi non introire, etc..

Et circa hoc facit duo.

Primo enim ponit culpam; secundo subdit pœnam, ibi quibus iuravi in ira mea, etc..

Culpam autem duplicem ponit.

Una est in obstinatione in malo; alia est in recessu a bono. Et istam ponit, ibi ipsi vero non cognoverunt vias meas.

Dicit ergo: ego sic fui eis proximus, scilicet puniendo eos. Et dixi, scilicet prævisione æterna, hi errant corde semper. Deut. XXXI, 27: semper contentiose egistis contra Dominum. Ier. XIII, 23: si potest Aethiops mutare pellem suam, etc..

Sic ergo uno modo aliquis exacerbat Deum quando obstinate adhæret malo; alio modo, quando contemnit bonum. Unde dicit ipsi vero non cognoverunt vias meas, hoc est, non quantum ad simplicem ignorantiam, sed ad affectatam, ut sit sensus: non cognoverunt, id est, cognoscere noluerunt. Iob XXI, 14: scientiam viarum tuarum nolumus.

Ps. XXXV, 3: noluit intelligere ut bene ageret. Vel non cognoverunt, id est, non approbaverunt, sicut dicit apostolus II Tim. II, 19: cognovit Dominus qui sunt eius.

Consequenter ostendit pœnam cum dicit quibus iuravi. In quo verbo ponit immobilitatem, in hoc quod vult iuramenta firma.

Quando enim Deus vel Angelus inveniuntur iurare, signum est immobilitatis eius de quo iuravit. Ps. CIX, 5: iuravit Dominus, et non pœnitebit eum, etc.. Verumtamen aliquando non iurat nisi sub conditione, quia scilicet si non pœniteant, hæc mala evenient eis. Ponit etiam quod pœna ista non est ad comminationem, sed magis ad exterminationem, quia dicit in ira. Ps. VI, 1: Domine, ne in ira tua corripias me.

Iuravit ergo in ira si introibunt in requiem meam. Constructio est defectiva ad modum irati, qui truncat verba sua. Et accipitur ly si pro non, id est, non introibunt in requiem meam.

Est autem triplex requies. Una est temporalis, de qua Lc. XII, 19: habes multa bona reposita in annos plurimos, requiesce, etc.. Secunda est requies conscientiæ. Eccli. LI, 35: modicum laboravi, et inveni requiem multam.

Tertia est requies gloriæ æternæ. Ps. IV, 8: in pace in idipsum dormiam et requiescam.

Potest ergo exponi illud, quod dicitur hic de qualibet istarum, ut dicatur: ipsi vero nec in requiem terræ promissionis, nec in requiem conscientiæ, nec in requiem fruitionis æternæ introierunt.

Lectio 3

Supra apostolus per auctoritatem Psalmistæ ostendit, quod firmiter obediendum est Christo. In auctoritate vero posuit tria, monitionem, culpam, et pœnam; hic exponit ista tria per ordinem.

Primum facit hic, videte; secundum, ibi quidam; tertium, ibi quibus autem iuravit.

In admonitione vero sunt duo, scilicet ipsa monitio, et ipsius monitionis conditio. Unde ista duo exponit.

Primo primum, hic; secundo secundum, ibi participes enim Christi.

In prima vero admonitione ad duo hortatur, scilicet ad sollicitam considerationem; secundo ad mutuam admonitionem, ibi sed adhortamini.

Dicit ergo videte. Unusquisque enim in se debet considerare in quo statu sit. Gal. VI, 4: opus suum probet unusquisque.

Ier. II, 23: vide vias tuas in convalle.

Videte ergo, fratres, quantum ad quemlibet in se, quia quilibet est pars societatis, et unicuique mandavit Deus de proximo suo, Eccli. XVII, 12. Videte, id est, probate unus alium, ne forte sit in aliquo vestrum, etc., quasi dicat: multi inter vos sunt in statu perfecto, tamen propter fragilitatem et arbitrii libertatem posset esse malum in aliquo vestrum. Iob IV, 18 s.: ecce qui serviunt ei, non sunt stabiles, et in Angelis suis reperit pravitatem, quanto magis hi qui habitant domos luteas, et terrenum habent fundamentum? Io. VI, 71: nonne ergo duodecim vos elegi, et unus ex vobis diabolus est? non ergo aliquis sit tantum sollicitus de se; sed etiam de quolibet suæ societatis.

Sed quid? ne sit in aliquo vestrum cor malum incredulitatis. Ecce malum de quo loquitur apostolus, scilicet cor incredulum, id est, non firmum in fide, in quo consistit malitia animæ: quia sicut bonum animæ est in adhærendo Deo Ps. LXXII, 27: mihi autem adhærere Deo bonum est, quod scilicet est per fidem ita recedere a Deo per incredulitatem est malum hominis. Ier. II, 19: scito et vide, Israël, quia malum et amarum est reliquisse te Dominum, etc.. Et ideo dicit discedendi, quia per incredulitatem recedit a Deo vivo. Ier. II, 13: me dereliquerunt fontem aquæ vivæ.

Dicit autem a Deo vivo, quia et est vita in se et est vita animæ. Io. I, 4: in ipso vita erat. Quod ideo dicit, ut ostendat quod per recessum a Deo, homo incurrit mortem spiritualem.

Sed si inveniatur istud malum in aliquo, numquid desperandum est? non, sed magis debet exhortari, id est, admoneri: ideo dicit sed adhortamini vosmetipsos per singulos dies, id est, continue scilicet discutiendo conscientiam suam, et inducendo ad bonum, donec hodie cognominatur, id est, donec durat præsens tempus gratiæ, quod est totum sicut unus dies. Io. IX, 4: me oportet operari opera eius qui misit me, donec dies est.

Et hoc ideo ut non obduretur aliquis ex vobis fallacia peccati. Sicut enim supra dictum est cor obduratur per obstinationem in malum. Sed per hoc aliquis firmiter inhæret peccato, quia fallitur. Naturale enim est appetitui adhærere bono; sed recedit a bono, quia decipitur. Prov. XIV, 22: errant

619

qui operantur malum; et Prov. XIII, 13, secundum aliam litteram: animæ dolosæ errant in peccatis. Sap. V, 6: ergo erravimus a via veritatis.

Consequenter cum dicit participes, etc., exponit conditionem monitionis, quasi dicat: ista conditio magis est efficax quam illa, quia illi tantum audierunt, nos autem participes facti sumus Christi. Et loquitur proprie, quia in veteri testamento erat tantum auditus, nec conferebatur gratia ex opere operato; sed in novo testamento et est auditus fidei et datur gratia ipsi operanti. Unde sumus facti participes Christi. Io. I, 16: de plenitudine eius accepimus omnes.

Sumus autem participes gratiæ, primo per susceptionem fidei. Eph. III, 17: habitare Christum per fidem in cordibus vestris. Secundo per sacramenta fidei. Gal. III, 27: quicumque in Christo baptizati estis, Christum induistis. Tertio per participationem corporis Christi. I Cor. X, 16: panis quem frangimus, nonne participatio corporis Domini est? sciendum autem quod duplex est participatio Christi. Una imperfecta, quæ est per fidem et sacramenta; alia vero perfecta, quæ est per præsentiam et visionem rei; primam iam habemus in re, sed secundam in spe. Tamen cum hoc spes habet hanc conditionem, scilicet si perseveramus. Unde dicit si tamen initium, etc.. Quicumque enim in Christo baptizatur, suscipit quamdam novam naturam, et formatur quodammodo Christus in ipso. Gal. IV, 19: filioli mei, quos iterum parturio donec formetur in vobis Christus.

Hoc quidem in nobis vere perficietur in patria, sed hic tantum initium, et hoc per fidem formatam, quia informis mortua est.

Iac. II, 20: fides sine operibus mortua est.

Unde ista non est nobis initium participationis Christi, sed fides formata. Infra XI, 1: est autem fides sperandarum substantia rerum, id est, fundamentum, et quasi initium.

Dicit ergo: sumus participes Christi, si tamen tenemus usque in finem firmum initium substantiæ eius, scilicet fidem formatam.

Sed contra: videtur quod timor magis sit initium, quia dicit Ps. CX, 9: initium sapientiæ timor Domini.

Respondeo. Dicendum est, quod fides formatur per charitatem. Charitas autem non est sine timore casto. Et ideo fides formata semper habet timorem istum secum annexum.

Unde et fides et timor sunt initium.

Illud autem quod addit dum dicitur, hodie, etc., totum expositum est.

Deinde cum dicit quidam enim audientes, exponit quod dixerat de culpa illorum, quasi dicat: vos estis effecti participes Christi, si non obduraveritis corda vestra sicut isti qui audierunt, sed exacerbaverunt, sed non universi, id est, non tamen omnes. Duo enim, scilicet Caleb et Iosue, permanserunt, ut habetur Num. XIV, 6, et alios etiam confortabant.

Et per hoc datur intelligi, quod cum non tota ecclesia cadat, sed tantum aliqui, licet plures, quod nihilominus mali punientur, sed non boni, sicut in illis duobus. III Reg. XIX, 18: reliqui mihi septem millia virorum, qui non curvaverunt genua sua Baal.

Rom. XI, 5: reliquiæ secundum electionem Dei salvæ factæ sunt.

Deinde cum dicit quibus autem, etc., exponit illud quod dixerat de pœna.

Et primo illud quod dixerat offensus fui; secundo illud quod dixerat iuravi in ira, etc., ibi quibus autem iuravit, etc..

Dicit ergo quibus autem offensus est quadraginta annis? nonne, etc.. Ex quo patet, quod istud quod supra dixit, quadraginta annis, refertur ad illud offensus fui.

Unde dicit, quod fuit eis offensus per illos quadraginta annos.

Unde sciendum est, quod omnes qui egressi sunt de Aegypto, mortui sunt in deserto, sicut dicitur Ios. V, 4. Non tamen omnes prostrati sunt; sed aliqui vel a Deo, sicut quando aperta est terra, et deglutivit Dathan et Abiron, sicut dicitur in Ps. CV, 17, et de hoc habetur Num. XVI, 31 ss.. Aliqui vero prostrati sunt a Moyse, sicut patet in conflatione vituli, sicut patet Ex. XXXII, 16. Aliqui vero ab hostibus, sicut patet in pluribus locis. Et ista satis habentur I Cor. X, 1 ss.. Aliqui vero morte propria mortui sunt. Non ergo omnes prostrati sunt. Unde non fuit pœna generalis, sed pœna specialis fuit. Et nullus præter illos duos qui dicti sunt, introierunt terram promissionis.

Et de ista terra dicit quibus autem iuravit, id est firmiter statuit, non introire in requiem, nisi illis qui fuerunt increduli, verbis scilicet exploratorum? unde patet, quod propter incredulitatem non potuerunt intrare in requiem ipsius; et propter hoc dicit videmus, quia experti sunt, quod propter incredulitatem suam non potuerunt intrare. Vel videmus nos, scilicet per pœnam illam, quæ dicta est, quia non potuerunt, etc..

Capitulus IV

Lectio 1

Præmisit supra apostolus auctoritatem David et exposuit, nunc autem arguit ex ipsa.

Et circa hoc facit duo.

Primo enim inducit sollicitudinem introeundi; secundo monet quod properemus ingredi; ibi festinemus ergo.

Circa primum duo facit.

Primo enim incutit sollicitudinem timoris; secundo ostendit quod de hoc debet sollicitudo imminere, ibi etenim et nobis.

Dicit ergo: dictum est quod infensus est illis, qui non crediderunt, ita quod iuravit quod non introibunt in requiem eius, ergo et nos timeamus, scilicet timore casto et sollicitudinis. Prov. XXVIII, 14: beatus homo qui semper est pavidus.

I Cor. X, 12: qui se existimat stare,

videat ne cadat. Timor enim huiusmodi est utilis admonitio ad bonum, et est comes trium spiritualium virtutum, scilicet spei, fidei, et charitatis.

Eccli. XXIV, 24: ego mater pulchræ dilectionis, et timoris, et agnitionis et sanctæ spei.

Sed quid timere debemus? ne forte relicta pollicitatione, etc.. Beatitudo enim, sive felicitas, in hoc consistit, ut homo ingrediatur illam. Tob. XIII, 20: beatus ero, si fuerint reliquiæ seminis mei ad videndum claritatem Ierusalem. Infra XII, 15: contemplantes ne forte quis desit gratiæ Dei. Quia, ut dicit Chrysostomus, maior est pœna damnatis de hoc quod sunt exclusi a visione Dei, quam aliæ pœnæ quas habent.

Et dicit existimetur, scilicet divino iudicio.

Matth. XXV, 41: ite, maledicti, in ignem æternum.

Vel existimetur secundum humanam opinionem. Eph. V, 5: hoc scitote intelligentes quod omnis fornicator, aut immundus, aut avarus, quod est idolorum servitus, non habet hæreditatem in regno Christi et Dei. Timendum est ergo ne aliquis ex vobis existimetur deesse, quia vobis facta est promissio intrandi.

Is. XXXII, 18: sedebit populus meus in pulchritudine pacis, in tabernaculis fiduciæ, in requie opulenta. Apoc. XIV, 13: amodo iam dicit spiritus, ut requiescant a laboribus suis.

Timendum est ergo ne propter culpam nostram non ingrediamur relicta pollicitatione, id est, promissione, quam relinquimus deserendo spem, fidem et charitatem, per quam possumus introire. Et hoc fit per peccatum mortale.

Consequenter cum dicit etenim nobis, ostendit quod nobis imminet ista sollicitudo.

Et circa hoc facit duo.

Primo enim proponit intentionem suam; secundo probat eam, ibi ingrediemur.

Circa primum duo facit, quia primo ostendit quod nobis facta est ista promissio; secundo quod ista promissio non sufficit, ibi sed non profuit.

Dicit ergo etenim nobis nuntiatum, id est, nobis promissum est.

Unde sciendum est quod illa quæ in veteri testamento promissa sunt temporaliter, intelligenda sunt spiritualiter. Omnia enim in figura contingebant illis, I Cor. X, 11, et Rom. XV, 4: quæcumque scripta sunt, ad nostram doctrinam scripta sunt.

Deinde cum dicit sed non profuit, etc., ostendit quod non sufficit promissio, quin nihilominus debeamus esse solliciti. Unde dicit quod sermo auditus et non creditus in nullo eis profuit. Non enim auditores legis iustificabuntur, sed factores, Rom. II, 13. Et dicit non admixtus fidei, quia sicut ex intellectu et intellecto fit unum, ita ex corde credentis et ipsa fide formata fit unum. I Cor. VI, 17: qui adhæret Deo unus spiritus est.

Illud autem quod dicit ex his quæ audierunt, potest esse ratio quare sermo non est admixtus fidei. Hoc enim fuit ex his, quæ audierunt ab exploratoribus, quibus fuerunt increduli. Vel potest esse determinatio fidei, quæ debet esse ex his quæ audierunt. Fides enim ex auditu, Rom. X, 17. Verba enim Dei sic sunt efficacia, quod statim audita debent esse credita. Ps. XCII, 7: testimonia tua credibilia facta sunt nimis.

Deinde cum dicit ingrediemur enim, etc., probat propositum, et circa hoc facit tria.

Primo enim ostendit, quod nobis est necessarium credere sicut illis; secundo adducit duas auctoritates ad probandum intentum suum, ibi et quidem operibus; tertio ex illis arguit, ibi quoniam ergo superest.

Dicit ergo: nobis factus est sermo sicut et illis, quia ingrediemur in requiem.

Ps. IV, 8: in pace in idipsum dormiam et requiescam.

Iob XI, 19: requiescet, et non erit qui te excitabit.

Est autem duplex requies. Una in bonis exterioribus, et ad istam egreditur homo a requie mentis; alia est in bonis spiritualibus, quæ est intima, et ad istam ingreditur.

Matth. XXV, 21: intra in gaudium Domini tui. Cant. I, 3: introduxit me rex in cellaria sua.

Deinde ponit auctoritatem sicut iuravi, etc., et hoc expositum est.

Deinde cum dicit et quidem operibus, etc., ponit duas auctoritates. Unam legis, quæ habetur Gen. II, 2; aliam quæ frequenter posita est, quæ habetur in Ps. XCIV, 8.

Dicit ergo quantum ad primum et quidem operibus ab institutione mundi perfectis; dixit, etc.. Hoc potest legi dupliciter: uno modo quod non sit ibi, enim, sed dixit, in quodam loco, etc.. Et est planior littera, ut sit sensus: dico quod ingrediemur in requiem, quæ præfigurata est ab institutione mundi, de qua requie præfigurata per diem septimam dixit, scilicet spiritus sanctus qui loquitur in Scriptura quia spiritu sancto inspirati locuti sunt sancti Dei homines, II Pet. I, 21 in quodam loco, famoso, scilicet Gen. II, 2, de die septima: et sic requievit Deus ab operibus suis. Operibus, inquam, ab institutione mundi perfectis. Vel dixit spiritus sanctus in quodam loco de die septima: et hoc dixit postquam narraverat opera sex dierum ipsis perfectis ab institutione mundi.

Si vero sit ibi dicit enim, sic est defectiva constructio, et est sensus: nuntiatum est nobis quod ingrediemur, et hoc operibus ab institutione mundi perfectis, sed quando et quomodo nuntiatum est, quia dixit, in quodam loco, etc..

Dicit autem operibus perfectis, ad denotandum opera sex dierum, quæ fuerunt perfecta.

Dicit vero ab institutione mundi, quia

primo constitutus est mundus, et post sex dies distincte perfectus est in singulis partibus suis.

De distinctione autem istorum dierum diversimode loquuntur sancti. Aliter enim accepit Augustinus ab aliis sanctis, sicut patet prima parte summæ, quæst. LXXIV, art. 2 et 3. Tamen quomodocumque dicatur, manifestum est quod opera illa perfecta fuerunt.

Est enim in ipsis duplex perfectio. Una secundum partes mundi, quæ sunt cælum, et quatuor elementa. Et hæc attenditur penes earum essentias, sicut habetur in prima parte summæ, quasi ubi supra. Et hoc fuit per opus creationis, quod fuit prima die; et per opus distinctionis, quod fuit secunda et tertia die. Et in hoc concordat Augustinus cum aliis.

Alia perfectio est secundum singulas partes.

Et hæc perfectio pertinet ad opus ornatus.

Et iste ornatus quantum ad superiora fuit quarta die; quantum ad mediam, scilicet ærem et aquam, quinta die; quantum vero ad terram, quæ est infimum elementum, fuit sexta die.

Ista vero perfectio convenit numero senario, qui consurgit ex suis partibus aliquotis simul sumptis, quæ sunt unum, duo, et tria; quia sexies unum sunt sex, similiter ter bis, et bis ter, et unum, duo, tria, sunt sex; quia ergo senarius est primus numerus perfectus, quia licet ternarius conveniat aliqualiter his quæ dicta sunt, quia ter unum, tria sunt, et unum et duo, tria sunt; tamen bis unum non faciunt tria, similiter semel duo non faciunt tria, sed tantum duo. Ideo per ipsum senarium designatur perfectio rerum.

Post perfectionem vero promittitur quies, quæ nulli datur nisi operanti. Et sic in septima die qua mutatus est status mundi, sicut in qualibet alia erat quædam variatio. Unde in ipsa incepit status propagationis, propter quod et connumeratur aliis, ideo in septima mundi ætate est status quiescentium.

Secundum Augustinum tamen ista septima dies nihil aliud est quam cognitio angelica relata ad quietem Dei ab operibus.

Sed contra: si quievit die septima, quis ergo fecit eam, si non est opus Dei? præterea Io. V, 17: pater meus usque modo operatur, et ego operor.

Respondeo. Dicendum est quod accipitur ibi quies non secundum quod opponitur labori, sed secundum quod opponitur motui.

Deus enim etsi producendo non moveatur, tamen quia de ipso non loquimur nisi per sensibilia, in quibus non est operatio sine motu, ideo omnis operatio, large loquendo, dicitur motus, et sic dicitur quievisse, quia cessavit novas species producere: quia illa, quæ postea facta sunt, fuerunt in illis rebus tunc productis: vel secundum virtutem activam, sicut in animalibus perfectis, vel secundum rationes seminales, vel secundum materiam, sicut mineralia. Ideo tunc non fuit mortuus suscitatus, sed fuit factum corpus, quod posset suscitari. Quædam autem fuerunt tunc secundum similitudinem, ut animæ rationales, quæ tantum fiunt a Deo.

Sic ergo requievit Deus ab operibus producendis, quia omnia aliquo modo præcesserunt, ut dictum est, tamen usque modo operatur, conservando et gubernando quæ condidit. Et sic septimam diem Deus fecit sicut quamlibet aliam, quia tunc fuit aliquid additum, quia tunc incepit status propagationis.

Quælibet autem additio variabat statum mundi, ut dictum est, et faciebat unum diem.

Vel secundum Augustinum non dicit simpliciter requievit, sed requievit ab operibus suis. Ab æterno enim requievit in seipso, sed tunc etiam requievit non in operibus, sed ab operibus. Aliter enim operatur Deus, et quilibet alius artifex. Artifex enim agit propter indigentiam suam, sicut domificator facit domum, ut in ipsa quiescat. Similiter faber facit cultellum propter lucrum. Unde desiderium cuiuslibet artificis quietatur in opere suo. Sed non sic est de Deo, quia non agit propter indigentiam suam, sed propter bonitatem communicandam. Unde non quiescit in opere, sed ab opere producendo, et quiescit tantum in sua bonitate.

Consequenter autem ponit auctoritatem David, quæ iam exposita est.

Consequenter cum dicit quoniam ergo superest, etc., arguit ex præmissis.

Et circa hoc facit duo.

Primo enim accipit sensum secundæ auctoritatis illius si vocem eius audieritis, etc.; secundo arguit ex primo, ibi itaque relinquitur, etc..

Circa primum duo facit, quia primo trahit duo a secunda auctoritate; secundo ostendit quod hæc duo intelliguntur in ipsa, ibi nam si eis Iesus.

Accipit ergo duo quæ intelliguntur in ipsa, ibi nam iustum est, scilicet quod antiqui patres non introierunt. Aliud est, quod tempore David adhuc restabat alia quies præstanda.

Licet enim ipsi fuisset promissa requies præstanda in terra promissionis, tamen per hoc quod post longum tempus dicit: hodie si vocem, etc., ostendit quod alia requies restat.

Aliter enim non faceret mentionem de requie, dicens hodie, etc.. Est ergo quædam requies in quam nobis intrandum est, in quam illi non intraverunt propter incredulitatem.

Et ideo, quoniam illi non intraverunt, restat ergo quosdam intrare, quibus promissio facta est, quia hi quibus prius nuntiatum est non introierunt, id est, Iudæi quibus promissio facta est.

Restat ergo quosdam intrare, cuius ratio est, quia si Deus creavit hominem ad æternam beatitudinem, quia ad imaginem et similitudinem suam creavit illum, ideo præparavit ei requiem. Licet ergo aliquis ex merito culpæ suæ excludatur, non tamen vult Deus quod illa præparatio sit frustra. Et ideo superest ut quidam intrent, ut patet de vocatis ad nuptias. Matth. XXII, 8: nuptiæ quidem paratæ sunt, sed qui invitati fuerant, non fuerunt digni, etc..

Et ideo terminat, id est, determinat nobis, diem septimam, id est, diem gratiæ, dicendo in David: hodie si vocem, etc.. Et repetit auctoritatem, quæ exposita est.

Sciendum est autem, quod Deus homini præparavit beatitudinem pro requie, nec vult istam præparationem esse frustra; sed si unus non intrabit, alius intrabit, sicut ostenditur in illa parabola de nuptiis. Matth. XXII, 2 ss.: tene quod habes, ut nemo accipiat coronam tuam; quasi dicat: si tu non accipias, alius habebit. Iob XXXIV, 24: conteret multos, et innumerabiles, et stare faciet alios pro eis.

Deinde cum dicit nam si eis Iesus, etc., probat quod supersit alios intrare, quia si Iesus Nave, id est Iosue, filiis Israel, finalem requiem præstitisset, numquam de alia, etc., id est, non immineret nobis alia requies, nec de alia aliqua propheta David loqueretur post illam diem. Unde manifestum est, quod illa requies fuit signum requiei spiritualis.

Lectio 2

Supra apostolus duas auctoritates assumpsit, unam de Gen. II, 2, aliam vero de Ps. XCIV, 8, et conclusit intentionem suam ex secunda auctoritate, scilicet Psalmi. Hic concludit idem ex prima.

Et circa hoc facit duo.

Primo enim ponit conclusionem; secundo ponit rationem consequentiæ, ibi qui enim ingressus.

Circa primum sciendum est quod apostolus in serie omnium istorum verborum facit mentionem de triplici requie. Prima est requies Dei ab operibus suis; secunda est requies temporalis, quam habuerunt filii Israel in terra promissionis; tertia est requies æterna, quæ per istas duas designatur.

Sed apostolus hic, antequam faciat mentionem de requie æterna, dicit quod post terrenam adhuc relinquitur, idest remanet, sabbatismus populo Dei, qui in veteri lege per sabbatum repræsentabatur, scilicet requies æterna.

Is. LVIII, 13: vocaberis sabbatum delicatum et sanctum Domini. Is. LXVI, 23: erit mensis ex mense et sabbatum ex sabbato, idest requies perpetua.

Et dicit sabbatismus, quia sicut in veteri lege sabbatum repræsentabat requiem Dei ab operibus suis, de qua dicitur Gen. II, 2, ita illa requies erit sanctorum ab operibus suis.

Apoc. XIV, 13: amodo iam dicit spiritus, ut requiescant a laboribus suis.

Unde subdit qui enim ingressus est in requiem eius, quia sicut Deus sex diebus operatus est, et septima requievit, ita per sex dies præsens tempus propter perfectum numerum significatur.

Qui ergo perfecte operatur, in septima requiescit ab operibus suis, sicut et a suis Deus, non autem a quibuscumque operibus, quia sunt ibi quædam opera perpetua, videre scilicet, amare, et laudare: Apoc. IV, 8: non habebant requiem nocte ac die, dicentia: sanctus, sanctus, sanctus, etc. Sed ab operibus laboriosis. Is. XL, 31: qui sperant in Domino, habebunt fortitudinem, assument pennas ut aquilæ, current et non laborabunt, ambulabunt et non deficient.

Deinde cum dicit festinemus, inducit ad festinationem.

Et circa hoc facit duo.

Primo enim ponit monitionem; secundo subdit rationem de introitu illius requiei, ibi vivus est.

Item circa primum duo facit.

Primo enim monet ad festinandum; secundo ostendit tardantis periculum, ibi ut ne in idipsum.

Dicit ergo: quia igitur relinquitur sabbatismus, etc., festinemus ergo ingredi in illam requiem.

Et signanter dicit ingredi, quia non est in bonis exterioribus ad quæ est egressus, sed est in bonis interioribus. Ex. XV, 17: introduces eos, et plantabis, etc.. Matth. XXV, 21: intra in gaudium Domini tui.

Est ergo multiplex ratio, quare festinandum est intrare. Una est, quia longinqua est via.

Prov. VII, 19: abiit via longissima. Lc. XIX, 12: homo quidam nobilis abiit in regionem longinquam. Dicitur autem longinqua propter distantiam status, quia ibidem plenitudo omnis boni, et immunitas ab omni malo; est etiam desideranti perfecta visio et tentio, hic autem sunt omnia contraria istis. Item festinandum est, quia tempus est valde breve.

Iob XIV, 5: breves dies hominis sunt.

Item, quia istud tempus cum hoc, quod est breve et modicum, est etiam incertum. Eccle. IX, 12: nescit homo finem suum. Item, propter urgentem vocationem. Interior enim vocatio urget nos per stimulum charitatis. Is. LIX, 19: cum venerit quasi fluvius violentus, quem spiritus Domini cogit, etc.. II Cor. V, 14: charitas Christi urget nos. Ps. CXVIII, 32: viam mandatorum tuorum cucurri.

Item, propter periculum tardantis, sicut patet de fatuis virginibus, Matth. XXV, 1 ss., quæ tarde venientes intrare non potuerunt.

Et ideo dicit ut ne in idipsum quis incidat incredulitatis exemplum. Quasi dicat: antiqui non potuerunt ingredi propter incredulitatem.

Unde caveamus, alienæ culpæ exemplo, ne simus increduli, et exemplo pœnæ, ut scilicet non excludamur sicut ipsi. Lc. I, 39: abiit in montana cum festinatione.

Ad hoc enim ostenduntur nobis præteritæ pœnæ aliorum, ut caveamus. Prov. XIX, 25: pestilente flagellato, stultus sapientior erit.

Glossa: peius est, nisi caveatis.

Ex hoc videtur quod ille qui non corrigitur punitione alterius, gravius punietur.

Sed contra, quia iam peccatum Adæ, quia non peccavit exemplo alterius, esset minus grave.

Respondeo. Dicendum est quod semper istæ locutiones intelligendæ sunt cæteris paribus. Contingit enim duo peccata in se considerata, non esse unum gravius altero, tamen propter aliquam circumstantiam advenientem, aggravatur unum et non aliud: sicut duo adulteria de se æqualia sunt, tamen illud quod est ex certa malitia gravius est, quam illud quod est ex passione vel infirmitate.

Et similiter verbum otiosum gravius est, quando fit ex certa malitia.

Quomodo autem festinandum sit, docet apostolus I Cor. IX, 25, quia qui currit, et qui certat ab omnibus se abstinet.

Festinandum est ergo, deponendo impedimenta, non solum ut abstineamus a peccatis, sed etiam ut occasiones peccatorum vitemus.

Prov. IV, 11: ducam te per semitas, etc..

Sed contra Prov. XIX, 2: qui festinus est pedibus offendet.

Respondeo. Duplex est festinantia, scilicet præcipitationis: et hæc est reprehensibilis; alia tenuitatis et celeritatis; et hæc est laudabilis.

Nam, sicut dicit Philosophus, omnes homines oportet consiliari diu, operari autem consiliata festinanter; quando ergo festinantia tollit consilium, tunc præcipitat, et est vitiosa, et secundum hanc verificatur obiectio, sed festinantia, quæ est in executione consiliatorum, est virtuosa, et laudatur, et ad hanc hortatur hic apostolus.

Deinde cum dicit vivus est enim sermo Dei, etc., ponit rationem prædictæ monitionis, et præcipue quantum ad periculum.

Hæc autem ratio sumitur ex parte Christi.

In ipso autem est duplex natura: una, scilicet divina, secundum quam est verbum patris; alia est humana, secundum quam est pontifex offerens se in cruce.

Primo ergo ponit rationem sumptam ex parte divinitatis; secundo rationem sumptam ex parte humanitatis, ibi habentes igitur.

De filio autem Dei dicit tria.

Primo enim assignat eius virtutem, quia vivus est sermo Dei; secundo eius cognitionem, ibi et discretor; tertio eius auctoritatem, ibi ad quem nobis sermo.

Virtutem eius ostendit tripliciter.

Primo quantum ad naturam; secundo quantum ad potestatem, ibi et efficax; tertio quantum ad operationem, ibi et penetrabilior.

Dicit ergo vivus est sermo Dei.

Ista littera de se videtur habere difficultatem, tamen considerando aliam translationem, planior est. Ubi enim nos habemus sermo, in Græco habetur logos, quod est idem quod verbum. Unde sermo, id est, verbum. Et sic etiam exponit Augustinus illud Io. XII: sermo quem locutus sum, id est, ego ipse qui sum verbum. Sap. XVIII, 15: omnipotens sermo tuus, Domine, exiliens de cælo a regalibus sedibus venit. Et similiter hic sermo Dei est vivus, id est, verbum Dei vivum.

Verbum enim Dei ab æterno conceptum, in paterno intellectu est verbum primordiale, de quo Eccli. I, 5 dicitur: fons sapientiæ verbum Dei in excelsis. Et quia est primordiale, ideo ab ipso derivantur omnia alia verba, quæ nihil aliud sunt quam quædam conceptiones expressæ in mente Angeli, vel nostra. Unde illud verbum est expressio omnium verborum, quasi fons quidam. Et illa, quæ dicuntur de illo verbo, quodammodo aptantur ad alia verba, secundum suum modum.

De illo autem dicitur, quod est vivus. Dicitur autem res viva, quamdiu habet motum et operationem suam. Sicut enim fons scaturiens dicitur vivus, sic et verbum illud quod habet perpetuum vigorem. Ps. CXVIII, 89: in æternum, Domine, verbum tuum permanet in cælo. Io. V, 26: sicut enim pater habet vitam in semetipso, sic dedit et filio vitam habere in semetipso.

Vel potest referri ad humanam naturam.

Est enim vivus, licet ab aliis reputetur mortuus, quia cum resurrexit, iam non moritur.

Apoc. I, 18: fui mortuus, et ecce sum vivens in sæcula sæculorum. Similiter etiam sermo Scripturæ est vivus et indeficiens. Rom. IX, 6: non autem quod exciderit verbum Dei.

Consequenter cum dicit et efficax, ostendit eius potestatem.

Dicitur autem verbum efficax propter maximam virtutem et infinitam vim effectivam quam habet. Per ipsum enim facta sunt omnia Io. I, 3, et Ps. XXXII, 6: verbo Domini cæli firmati sunt. Item est efficax quia ex ipso omnia verba prolata a Deo, mediante Angelo vel homine, efficaciam habent. Eccle. VIII, 4: sermo illius potestate plenus est.

Is. LV, 11: verbum quod egredietur de ore meo, non revertetur ad me vacuum, sed faciet quodcumque volui, etc..

Deinde cum dicit et penetrabilior, ostendit eius operationem.

Et circa hoc facit duo.

Primo ponit eius operationem; secundo exponit, ibi et pertingens.

Dicit ergo et penetrabilior. Illud proprie dicitur penetrare, quod ingreditur profunda rei.

Hoc autem potest esse dupliciter. Uno modo, quia operatur in intimis rei. Is. XXVI, 12: omnia enim opera nostra operatus es in nobis. Alio modo, quia cognoscit intima rei. Io. II, 25: opus ei non erat, ut quis testimonium perhiberet de homine, ipse enim sciebat quid esset in homine. Eccli. XXIV, 45: penetrabo inferiores partes terræ. Operatio enim Dei et cognitio pertingit et penetrat intima rei. Unde dicit omni gladio ancipiti.

Inter omnia enim gladius est penetrabilior propter acumen, et maxime gladius anceps, qui scilicet est acutus ex duabus eius partibus.

Et ideo, quia verbum Dei acutum est, et ad operandum et ad cognoscendum, ideo comparatur gladio ancipiti. Eph. VI, 17: et gladium spiritus, quod est verbum Dei. Is. XXVII, 1: in illa die visitabit Dominus in gladio suo duro, et grandi, et forti, etc..

Vel dicitur anceps quantum ad operationem, quia habet aciem ad bona promovenda, et mala destruenda. Apoc. I, 16: ex ore ipsius procedebat gladius ex utraque parte acutus.

Vel quantum ad cognitionem; et dicitur omni gladio ancipiti, id est, omni humano intellectu, qui dicitur anceps, quia habet viam ad utramque partem conclusionis, quousque veniat ad finem perscrutationis, et ibi figit acumen suum, scilicet in veritate.

In ordine enim causarum videmus quod semper causa prior intimius operatur quam causa posterior. Unde illud quod natura producit est intimius, quam illud quod producitur per artem. Quia ergo Deus est prima causa simpliciter, ideo eius operatione producitur illud quod est intimius ipsi rei, scilicet esse eius.

Consequenter cum dicit et pertingens, etc., manifestat quod dixerat de operatione.

Et circa hoc facit duo, quia primo ostendit hoc quantum ad spiritualia, secundo quantum ad corporalia, ibi compagum quoque et medullarum.

Secundum enim apostolum tria sunt in homine, scilicet corpus, anima et spiritus.

I Thess. V, 23: integer spiritus vester, anima et corpus, etc.. Quid enim sit corpus notum est. Anima autem est, quæ dat corpori vitam; spiritus vero in rebus corporalibus dicitur quid subtile, et ideo significat substantias immateriales. Is. XXXI, 3: Aegyptus homo et non Deus, et equi eorum caro et non spiritus. Spiritus ergo in nobis dicitur illud, per quod communicamus cum substantiis spiritualibus. Anima vero illud per quod communicamus cum brutis. Et sic spiritus est mens humana, scilicet intellectus et voluntas.

Ex hoc autem dicunt aliqui, quod in nobis sunt diversæ animæ. Una scilicet quæ perficit et vivificat corpus, et ista dicitur anima proprie; alia vero est spiritus habens intellectum quo intelligimus, et voluntatem qua volumus. Et ideo ista duo magis dicuntur substantiæ, quam animæ.

Hoc autem damnatum est in libro de ecclesiasticis dogmatibus. Et ideo dicendum est, quod una et eadem est essentia animæ, quæ per essentiam suam vivificat corpus, et per potentiam suam, quæ dicitur intellectus, est principium intelligendi. Et per istam intelligit æterna.

Quod quomodo sit, sic patet. Videmus enim quod quanto forma est perfectior, tanto operatio eius minus subditur materiæ; sicut patet quod formæ elementorum, quia sunt imperfectissimæ, non extenduntur ultra materiam.

Cum ergo anima inter omnes formas sit nobilissima, oportet quod habeat aliquam operationem, et præcipue anima rationalis, quæ omnino excedit potentiam materiæ. Et istam operationem vocamus intelligere, ad quam sequitur sua inclinatio, scilicet velle.

Est autem triplex differentia inter operationes animæ, ita quod anima dicatur ad quam pertinent potentiæ, quibus anima operatur cum corpore; ad spiritum vero illæ, quibus operatur sine corpore. Prima autem differentia inter istas potentias et operationes ab ipsis procedentes est ipsius rationis ad sensualitatem, quæ est potentia, per quam anima operatur cum corpore, quia ratio apprehendit immaterialia, sensualitas vero materialia et sensibilia. Secunda differentia est partium sensualitatis, quia alium statum et ordinem habet sensualitas, secundum quod tendit in proprium obiectum ex natura sua, et alium secundum quod regulatur a ratione.

Ipsa enim concupiscibilis aliter consideratur ut est vis quædam in ordine ad obiectum suum, et aliter ut participat ratione. Tertia differentia est partium ipsius rationis, secundum diversa obiecta ipsius, quia vel tendit in Deum, et hoc est supremum in ipsa; vel in effectus spirituales, vel in effectus temporales.

Omnes autem istas divisiones et differentias operatur et discernit verbum Dei, scilicet quomodo sensualitas distinguatur a ratione, differentiam etiam ipsius sensualitatis in se, differentiam etiam partium rationis, et quid proveniat in anima ex consideratione spiritualium et terrenorum.

Alio modo potest exponi secundum Glossam, dupliciter, ut per animam intelligantur peccata carnalia, quæ fiunt actu et delectatione corporis, ut luxuria, gula et huiusmodi; per spiritum vero peccata spiritualia, quæ fiunt actu mentis, ut superbia, inanis gloria, et huiusmodi. Vel per animam intelligantur malæ cogitationes, per spiritum vero bonæ. Et sic est sensus: *pertingens*, id est discernens, *usque ad divisionem animæ et spiritus*, id est inter carnalia et spiritualia peccata, vel inter bonas et malas cogitationes.

Consequenter cum dicit *compagum quoque et medullarum*, declarat illud quod dixerat de operatione Dei, quantum ad temporalia.

Sciendum est autem quod aliquid non potest penetrando pertingere ad aliquid propter duo: unum est propter colligationem, aliud autem est propter inclusionem. Neutrum istorum potest impedire verbum Dei. In nobis quidem sunt quædam colligationes, scilicet nervorum et arteriarum. Quædam etiam sunt valde inclusa et occulta, sicut medullæ quæ in ossibus includuntur;

omnia autem ista divino prospectui manifesta sunt et subdita. Et ideo nihil est ei difficile ad penetrandum.

Vel per compages potest intelligi coniunctio, quæ est inter partes animæ ad invicem, ut inter animam et spiritum; quasi dicat: non solum pertingit ad cognoscendum differentiam et divisionem animæ et spiritus; sed etiam ad cognoscendum quomodo coniunguntur.

Cognoscit enim quomodo sensualitas regitur ratione. Medulla autem potest intelligi illud, quod latet in ratione et sensualitate.

Matth. X, 28: timete eum qui potest et animam et corpus mittere in Gehennam.

Deinde cum dicit et discretor cogitationum, agit de cognitione verbi.

Et circa hoc facit duo.

Primo enim ostendit quod omnia subduntur cognitioni eius; secundo ostendit quomodo cognoscit, ibi omnia autem nuda.

Ex duobus autem contingit, quod aliquid non cognoscatur, scilicet aut quia est intra aliquod occultatum. Et sic maxime sunt occulta, quæ latent in corde, quia ipsum est valde profundum et inscrutabile. Ier. XVII, 9: pravum est cor hominis et inscrutabile; secundum vero septuaginta interpretes habetur sic: profundum est cor hominis, etc.. In corde vero latent cogitationes. Istas autem cognoscit verbum Dei. Is. I, 16: auferte malum cogitationum vestrarum ab oculis meis, et ideo quantum ad hoc dicit discretor cogitationum.

Alio modo non cognoscitur aliquid, quia est omnino ignotum et invisibile, et sic ea quæ sunt in voluntate, sunt ignota. In voluntate autem est ipsa intentio finis, quæ de natura sua est invisibilis. Quid enim homo facit vel cogitat manifestatur per opus, sed qua intentione hoc faciat, penitus est incertum. Ista autem non sunt occulta Deo.

Ideo adiungit et intentionum cordis. Ps. VII, 9: scrutans corda et renes, id est cogitationes et intentiones.

Sciendum est autem, quod illud quod dicit penetrans, referri potest ad operationem, ut dictum est. Et sic differunt penetrans et discretor.

Si autem referatur ad cogitationem, tunc quod hic dicit et discretor est expositio illius, quasi dicat: tu dicis quod est penetrabilior, etc.; verum est, quia est etiam discretor compagum et medullarum, id est cogitationum et intentionum. Compages enim dicuntur quædam colligationes; et sic cogitatio, in qua est quasi quædam colligatio terminorum, potest dici compago, dum de uno tendit in aliud. Is. LVIII, 6: dissolve colligationes impietatis. Item Is. V, 18: væ qui trahitis iniquitates in funiculis vanitatis. Item medulla est intima latens in ossibus. Iob XXI, 24: medullis ossa illius irrigantur.

Deinde cum dicit et non est ulla creatura invisibilis in conspectu eius, ostendit quod illud quod secundum naturam est invisibile, non est occultum Deo.

Quod enim aliquid non videatur a nobis, hoc est quia simplicius et subtilius est oculo nostro, sive corporali sive intellectuali: sicut sunt substantiæ separatæ, quas in vita ista videre non possumus. Divino autem intellectu nihil est simplicius vel subtilius, ergo nulla creatura est invisibilis in conspectu eius.

Sed numquid cognoscit in universali tantum, sicut quidam voluerunt? non, sed omnia nuda et aperta sunt oculis eius. Per oculum autem intelligitur vis cognitiva. Intelliguntur enim spiritualia per sensibilia.

Signanter autem dicit in plurali oculos, propter diversitatem intellectorum, quia non cognoscit unum tantum, sed etiam multitudinem rerum.

Dicit etiam nuda et aperta. Dupliciter enim cognoscitur aliquid. Uno modo in superficie; alio modo in profundo, sicut homo nudus videtur in superficie, non autem vestitus; sed omnia Deo manifesta sunt, quæ videntur in superficie. Nihil enim est extra, quod impediat cognitionem Dei, sicut vestis impedit ne videatur homo. Et ideo dicit nuda.

Iob XXVI, 6: nudus est infernus coram illo.

Dicit etiam aperta, quia nihil est ita occultum in re, quod Dei cognitionem effugiat.

Sed contra Hab. I, 13: mundi sunt oculi tui, ne videas malum, et aspicere ad iniquitatem non poteris; non ergo omnia nuda sunt.

Respondeo. Dicendum quod in Deo est scientia simplicis intelligentiæ, et scientia approbationis.

Primo modo cognoscit omnia, etiam mala, et ea quæ non sunt; secundo cognoscit bona, quantum ad ea quæ sunt.

Consequenter ostendit perfectionem auctoritatis ipsius, cum dicit ad quem nobis sermo. Ista vero auctoritas est auctoritas iudicandi. Act. X, 42: ipse est, qui constitutus est a Deo iudex vivorum ac mortuorum.

Ad istum ergo est nobis sermo, ut scilicet reddamus rationem de operibus nostris.

II Cor. V, 10: omnes nos manifestari oportet ante tribunal Christi, ut referat unusquisque propria corporis prout gessit, sive bonum, sive malum sit.

Et ideo, quia sic est potens, sic sciens, et sic magnus, festinemus ergo ingredi, etc..

Ad iudicium enim faciendum tria requiruntur: primo quidem potestas subditos cœrcendi. Eccle. VII, 6: noli fieri iudex, nisi valeas virtute irrumpere iniquitates. Et hæc convenit Christo, secundum illud Matth. Ult.: data est mihi omnis potestas, etc.. Secundo requiritur rectitudinis zelus, ut scilicet aliquis non ex odio vel livore, sed ex amore iustitiæ, iudicium proferat. Prov. III, 12: quem diligit Dominus, corripit, et quasi patri, etc.. Et hic amor iustitiæ potissimum est in Christo. Is. XI, 5: et erit iustitia cingulum lumborum eius, etc.. Tertio requiritur sapientia, secundum quam formatur iudicium. Eccli. X, 1: iudex sapiens iudicabit populum suum, etc.. Christus autem est Dei virtus, et Dei sapientia, I Cor. I, 24.

Hæc autem iudiciaria potestas convenit Christo, secundum quod est homo, Io. V, 27: potestatem dedit ei iudicium facere, quia filius hominis est, non quidem propter conditionem naturæ, secundum Augustinum, quia sic omnes homines huiusmodi potestatem haberent, sed propter gratiam capitis, quam Christus in humana natura accepit.

Competit autem Christo hoc modo iudiciaria potestas secundum humanam naturam, propter tria: primo propter convenientiam et affinitatem ipsius ad homines. Sicut enim Deus per causas medias, tamquam propinquiores effectibus, operatur, ita iudicat per hominem Christum, homines, ut sit suavius iudicium. Non enim habemus pontificem, qui non possit compati, etc., ut dictum est.

Secundo quia in finali iudicio, ut Augustinus dicit super Ioan., erit resurrectio corporum mortuorum, quæ suscitat Deus per filium hominis, sicut per eumdem Christum suscitat animas, inquantum est filius Dei. Tertio quia, ut Augustinus dicit in libro de verbis Domini, rectum erat, ut iudicandi viderent iudicem. Iudicandi autem sunt boni et mali;

restat ergo, ut in iudicio forma hominis bonis et malis ostenderetur, et forma Dei solis bonis servaretur.

Hæc autem potestas primo homini competit, et propter divinam personam et propter capitis dignitatem et propter plenitudinem gratiæ habitualis, et etiam ista ex meritis adeptus est. Quod quidem congrue factum est, ut secundum Dei iustitiam iudex esset, qui pro Dei iustitia pugnavit et vicit, et iustitia reos damnaret qui iniuste iudicatus est. Apoc. III, 21: vici, et sedi in throno patris, per quem intelligitur iudiciaria potestas.

Ps. IX, 4: sedens super thronum, qui iudicas iustitiam. Augustinus, de verbis Domini: sedebit iudex, qui stetit sub iudice, damnabitque reos, qui falso reus factus est.

Lectio 3

Supra apostolus monuit ad festinandum ingredi in requiem Dei, et ad hoc inducendum posuit magnitudinem Christi quantum ad divinam naturam, hic ostendit idem quantum ad humanam naturam, et circa hoc tria facit.

Primo enim ponit eius dignitatem; secundo ostendit eius pietatem, ibi non enim habemus; tertio inducit ad habendum de eo fiduciam, ibi adeamus.

Dicit ergo: ita dictum est, quod nobis est sermo ad eum, qui est vivus sermo, verus iudex et pontifex, ergo habentes pontificem magnum. Ps.

CIX, 5: *tu es sacerdos in æternum*, etc.. Nec tantum pontifex, sed etiam magnus. Zach. III, 1: *et ostendit mihi Dominus Iesum sacerdotem magnum, stantem coram Angelo*, etc.. Hic autem dicitur magnus, quia non est pontifex tantum bonorum temporalium, sed et futurorum. Infra IX, 11: *Christus assistens pontifex futurorum bonorum*, etc..

Duo autem pertinebant ad magnum pontificem: unum quo ad officium, scilicet semel in anno cum sanguine intrare in sancta sanctorum, sicut habetur infra IX, 7, et Lev. XVI, 2 s.. Hoc autem præcipue convenit Christo.

Ille enim intrat cum sanguine in sancta figuralia; sed Christus per proprium sanguinem intravit in sancta, id est, sacra cælestia.

Et ideo dicit *qui penetravit cælos*, id est, propria virtute penitus intravit. Secundum est quod debebat esse ex certa tribu, scilicet de stirpe Aaron, sicut dicitur Ex. XXIX, et Num. XVI et XVII. Hoc autem competit Christo, qui est nobilioris originis: unde dicitur filius Dei. Matth. III, 17: *hic est filius meus dilectus*. Ps. II, 7: *filius meus es tu*, etc..

Quia ergo habemus hunc pontificem, *teneamus confessionem*, id est, inhæreamus corde, quia, ut dicitur Rom. X, 10: *corde creditur ad iustitiam, ore autem confessio fit ad salutem*.

Hanc autem confessionem requirit a nobis Christus pontifex maximus. Matth. X, 32: *qui me confessus fuerit coram hominibus*, etc..

Sed dicit *spei nostræ*, quod dupliciter potest intelligi: uno modo, quod confessio prout hic sumitur, sit confessio fidei. Fides autem est principium spei, sicut habetur ex Glossa.

Matth. I, 2: *Abraham autem genuit Isaac*, id est, fides genuit spem, non quidem quantum ad habitum, sed quantum ad ordinem actus. Nullus enim potest sperare, nec debet, nisi quod potest consequi. Quod autem possimus consequi æterna, habemus per fidem.

Vel confessionem spei, id est, eius de quo speramus, scilicet videre primam veritatem.

Deinde cum dicit *non enim habemus pontificem*, ne forte credatur, quod non possit aliquid agere præter id quod exigit eius iustitia, ostendit in ipso etiam esse misericordiam et pietatem, et ista respiciunt miseriam, et hoc præcipue convenit Christo.

Unde dicit *qui non possit compati infirmitatibus nostris*. Sciendum est autem, quod ly *posse* aliquando importat non nudam potentiam, sed promptitudinem et aptitudinem Christi ad subveniendum, et hoc quia scit, per experientiam, miseriam nostram, quam, ut Deus, ab æterno scivit per simplicem notitiam.

Ps. CII, 14: *misericors est Deus timentibus se, quoniam ipse cognovit figmentum nostrum*.

Unde subdit pro similitudine, scilicet *nostri, tentatum*.

Est autem triplex tentatio. Una quæ est a carne, quando scilicet caro concupiscit adversus spiritum, ut dicitur Gal. V, 17. Et ista non est sine peccato, quia, ut dicit Augustinus, nonnullum peccatum est, cum caro concupiscit adversus spiritum, quia hoc est carnem concupiscere. Sed hoc non fuit in Christo. Et ideo dicit absque peccato, id est, absque minimo motu peccati. I Pet. II, 22: qui peccatum non fecit, nec inventus est dolus in ore eius. Et ideo dicitur agnus Dei, Io. I, 29.

Alia est tentatio ab hoste et a mundo, et hoc dupliciter: vel alliciendo per prospera, vel terrendo per adversa. Et his duobus modis fuit tentatus Christus.

Prosperis. Quicquid enim pertinet ad prosperitatem huius vitæ, vel pertinet ad concupiscentiam carnis, vel ad concupiscentiam oculorum, vel ad superbiam vitæ. De primo enim tentavit eum diabolus, quando tentavit eum de gula, quæ est mater luxuriæ. Matth. IV, 3: si filius Dei es, dic ut lapides isti panes fiant. Item de inani gloria, cum dicit: mitte te deorsum. Item de concupiscentia oculorum, dicens: hæc omnia tibi dabo, etc..

Lc. IV, 13: consummata omni tentatione, diabolus recessit ab illo usque ad tempus.

Item fuit tentatus per adversa et insidias a Pharisæis, quia volebant eum capere in sermone, Matth. XXII, 15, item per contumelias, Matth. XXVII, 40: vah, qui destruis templum Dei, etc., item per flagella et tormenta. Excepta ergo tentatione, quæ est cum peccato, per omnia similis nobis tentatus est.

Dicit autem secundum similitudinem, quod potest dupliciter exponi. Uno modo, quod ly secundum denotet causam finalem, quasi dicat: ideo tentatus est, ut daret nobis exemplum, ut secundum similitudinem eius, tentationem sustineremus et omnia conaremur vincere. I Pet. II, 21: Christus passus est pro nobis, vobis relinquens exemplum, etc..

Vel potest denotare consequentiam, quasi dicat: ideo tentatus est, ut per omnia tam in temporalibus quam in omnibus aliis, nisi in solo peccato, similis esset nobis. Si enim fuisset sine tentationibus, non fuisset eas expertus, et sic non compateretur. Si vero habuisset peccatum, non potuisset nos iuvare, sed magis indiguisset adiutorio.

Deinde cum dicit adeamus ergo cum fiducia, etc., inducit ad habendam fiduciam de ipso, quasi dicat: ex quo sic potest compati, adeamus cum fiducia. Is. XII, 2: ecce Deus salvator meus, fiducialiter agam, etc..

Adeamus dico ad thronum. Thronus dicitur sedes regis: Christus autem rex est. Ier. XXIII, 5: regnabit rex et sapiens erit, etc..

Hic autem thronus duplicem habet statum.

Unum iustitiæ in futuro. Ps. IX, 4: sedisti super thronum, qui iudicas iustitiam. Hoc erit in futuro. Ps. LXXIV, 2: cum accepero tempus, ego iustitias iudicabo. Est alius thronus gratiæ, de quo hic. Ideo additur gratiæ eius, scilicet in præsenti, quando est tempus miserendi. Zach. IV, 7: exæquabit gratiam gratiæ. Per gratiam autem Christi liberamur ab omni miseria, quia liberamur a peccato, quod facit miseros populos, Prov. XIV, 34, et ideo dicit ut misericordiam consequamur.

Item per gratiam Christi iuvamur ad bona operanda. Et ideo dicit et gratiam inveniamus.

Lc. I, 30: invenisti gratiam apud Dominum.

Et hoc in auxilio opportuno, quo adiuvemur ad bene operandum. Ps. CXX,, 2: auxilium meum a Domino, istud autem auxilium est per gratiam. I Cor. XV, 10: abundantius illis laboravi, non autem ego, sed gratia Dei mecum. Hoc autem oportet esse congruo tempore, ideo dicit auxilio opportuno. Omni enim negotio tempus et opportunitas. Eccle. VIII, 6. Hoc est tempus præsens, quod est tempus miserendi.

Capitulus V

Lectio 1

Sicut a principio huius epistolæ dictum fuit, intentio apostoli est ostendere Christum excellentiorem esse omnibus his ex quibus lex habet auctoritatem, scilicet Angelis, quorum ministerio data fuit, Gal. III, 19: ordinata per Angelos, et Moyse, qui fuit legislator, Io. I, 17: lex per Moysen data est, et sacerdotio et pontificatu Aaron, per quem lex administratur. Expeditis ergo duobus primis, hic prosequitur de tertio, scilicet de eminentia sacerdotii Christi ad sacerdotium Aaron.

Et circa hoc duo facit.

Primo enim ostendit Christum esse pontificem; secundo ostendit ipsum esse excellentiorem pontifice veteris legis, in VII cap., ibi hic enim Melchisedech.

Item in prima parte duo facit.

Primo ostendit Christum esse pontificem; secundo præparat aures auditorum ad consequentia, ibi de quo nobis grandis.

Adhuc circa primum duo facit.

Primo ostendit, quæ requirantur ad pontificem; secundo ostendit illa convenire Christo, et sic concludit ipsum esse pontificem, ibi sic et Christus non semetipsum, etc..

Item in prima parte tria facit.

Primo describit pontificale officium; secundo ostendit pietatem quæ pontifici necessaria est, ibi qui condolere; tertio ostendit modum perveniendi ad pontificatum, ibi nec quisquam sumit.

Circa officium quatuor ponit. Primo gradus altitudinem, ibi ex hominibus assumptus; secundo pontificatus utilitatem, ibi pro hominibus; tertio materiam, ibi in his quæ ad Deum; quarto ad actum, ibi ut offerat dona.

Istud autem officium convenit homini, non Angelo. Et ideo dicit, quod ita dictum est, quod habemus pontificem magnum, et talis est Christus. Namque, pro quia, omnis pontifex ex hominibus assumptus, et sic debet etiam esse de numero hominum.

Voluit autem Deus, ut homo habeat similem sui, ad quem currat. Unde et ecclesia ordinavit, quod quando utilis invenitur aliquis de collegio, non eligatur extraneus.

Os. II, 15: dabo eis vinitores ex eodem loco.

Deut. XVII, 15: eum constitues quem Dominus Deus tuus elegerit de numero fratrum tuorum. Non poteris alterius gentis hominem regem facere, qui non sit frater tuus.

Dicit autem assumptus, quia debet alios excellere, sicut patet de Saule, I Reg. X, 23.

Et ideo Christus, Io. Ult., interrogat Petrum quem volebat præficere, si diligeret ipsum plus aliis.

Finis et utilitas est quia pro hominibus constituitur, id est, pro ipsorum utilitate.

Non enim constituitur propter gloriam, non propter cumulandas divitias, nec propter consanguineos ditandos. II Cor. IV, 5: nos autem servos vestros per Iesum; et ult.: secundum potestatem, quam Deus dedit mihi in ædificationem, et non in destructionem.

Si vero aliquis quærit quod suum est, non est pastor, sed mercenarius.

Materia dignitatis est quia pontifex principatur. Nam sicut principatur dux vel rector in civitate, ita iste pontifex in his quæ ad Deum, supple: ordinantur. Ex. IV, 16: tu eris ei in his, quæ ad Deum pertinent, etc.. II Cor. X, 4: arma militiæ nostræ non sunt carnalia, etc..

Sicut ergo illa quæ pertinent ad Dei cultum excedunt temporalia, ita dignitas pontificalis excedit omnes alias dignitates. Non ergo pontifices debent se implicari negotiis sæcularibus, prætermissis his, quæ sunt ad Deum. II Tim. II, 4: nemo militans Deo, etc..

Actus pontificis est, ut offerat dona, id est, voluntarie oblata, non extorta.

Ex. XXV, 2: ab omni homine, qui offert ultroneus, accipietis. Et sacrificia pro peccatis, id est, quæ sibi offeruntur pro satisfactione peccatorum. Lev. IV, 26: pro eis rogabit sacerdos, et pro peccatis eius, et dimittentur ei. In quo designatur, quod omne quod offertur, sive voluntarium et votivum, sive pro satisfactione, debet offerri secundum dispositionem prælati.

Consequenter cum dicit qui condolere, ostendit quid requiratur ad usum, scilicet pietas.

Et circa hoc tria facit.

Primo ostendit, quod ad usum pontificis requiritur misericordia et pietas; secundo ostendit, quod requiritur misericordiæ motivum, ibi quoniam et ipse; tertio ostendit misericordiæ signum, ibi et propterea.

Dicit ergo: dico, quod debet esse in

his, quæ sunt ad Deum, tamen debet esse medius inter hominem et Deum. Deut. V, 5: *ego medius et sequester fui Dominum et vos.* Sicut ergo per devotionem orationis debet tangere Deum tamquam unum extremum, sic per misericordiam et compassionem debet tangere alterum extremum, scilicet hominem.

Et ideo dicit *qui condolere possit.*

II Cor. XI, 29: *quis infirmatur et ego non infirmor?* e contrario, Am. VI, 6: *nihil patiebantur super contritione Ioseph.*

Duplex est autem defectus. Quidam enim deficiunt ex ignorantia. Et ideo dicit *his qui ignorant.* Est autem proprie ignorare, carere scientia eorum quæ quis debet scire. Quidam vero ex certa scientia. Et quantum ad hoc dicit *et errant.*

Motivum pietatis ponit, cum dicit *quoniam et ipse,* etc.. Istud motivum est infirmitas.

Et illi qui præsunt aliquando infirmantur.

II Cor. IV, 7: *habemus thesaurum istum in vasis fictilibus.* Et ratio huius est, ut ex se aliorum infirmitatibus compatiantur: et ideo Dominus permisit cadere Petrum.

Eccli. XXXI, 18: *intellige quæ sunt proximi tui ex teipso.* Et ideo dicit *quoniam et ipse circumdatus est infirmitate,* scilicet quantum ad pœnalitates et culpam. Ps. VI, 2: *miserere mei, Deus, quoniam infirmus sum.* Sap. IX, 5: *homo infirmus, et exigui temporis,* etc..

Et nota quod dicit *circumdatus.* Carnales enim habent infirmitatem peccati in interioribus.

Ratio enim et voluntas in ipsis subditæ sunt peccato. Sancti vero habent in exterioribus, quia non sunt subiecti peccato, tamen sunt circumdati fragilitate carnis. Rom. VII, 25: *mente servio legi Dei, carne autem legi peccati.*

Signum autem huius est, quia et in veteri lege, sicut patet Lev. IX, 7 et XVI, 6, et etiam modo, sicut patet in canone Missæ, cum dicitur *nobis quoque peccatoribus,* statutum est, quod sacerdos offerat etiam pro se, quod non fieret nisi esset infirmitas peccatorum, quibus est circumdatus, non oppressus.

Si enim sit in mortali peccato, non debet celebrare. Et ideo dicit *propterea debet, quemadmodum pro populo, etiam pro semetipso offerre pro peccatis.*

Consequenter ponit modum perveniendi ad pontificatum, cum dicit *nec quisquam.*

Hoc est enim contra naturam, quod aliquid perducat se ad statum altiorem sua natura, sicut ær non facit seipsum ignem, sed fit a superiore. Unde disciplina Dei non habet, quod quisquam sibi sumat honorem favore, pecunia, potentia. Am. VI, 14: *in fortitudine enim nostra assumpsimus nobis cornua.*

Os. VIII, 4: *ipsi regnaverunt, et non ex me.* Sed debet vocari a Deo sicut Aaron.

Ex. XXVIII, 1: *applica ad te Aaron*. Et ideo Dominus confirmavit sacerdotium eius, sicut patet Num. XVII, 5 ss., per virgam quæ floruit.

Tales ergo debent assumi, qui non se ingerunt.

Unde antiquitus signo visibili ostendebantur, sicut patet de beato Nicolao, et multis aliis.

Consequenter cum dicit *sic et Christus, etc.*, ostendit quomodo Christus sit pontifex.

Et circa hoc duo facit.

Primo enim ostendit, quomodo dicta conveniunt Christo; secundo ex hoc concludit intentum, ibi *appellatus est a Deo, etc.*.

Circa primum tria facit.

Primo enim ostendit, quod Christus factus est pontifex non a se, sed a Deo; secundo agit de ipsius officio, ibi *qui in diebus carnis*; tertio de ipsius misericordia, ibi *et quidem cum esset*.

Circa primum duo facit, quia primo ostendit, quod Christus non promovit seipsum; secundo ostendit a quo sit promotus, ibi *sed qui locutus*.

Dicit ergo *Christus non semetipsum clarificavit*. Circa quod sciendum est, quod non dicit: non fecit seipsum pontificem, sed dicit *non clarificavit, etc.*. Sunt enim quidam qui se clarificant, ut fiant, sicut hypocritæ, qui demonstrant in se aliqua, ut eligantur, vel præbendas consequantur; nullus tamen facit se pontificem: Christus vero non solum non fecit se pontificem, sed nec se clarificavit ut pontifex fieret. Io. VIII, 50: *ego gloriam meam non quæro*, et Paulo post sequitur: *est pater meus qui glorificat me*. Et hoc est verum, inquantum homo, quia inquantum Deus habet eamdem gloriam cum patre.

Deinde cum dicit *sed qui locutus*, ostendit, a quo est promotus. Et primo ostendit, a quo est clarificatus; secundo quomodo est pontifex designatus, ibi *et in alio loco*.

Clarificatus autem est divino iudicio, quia, scilicet Dominus, locutus est ad ipsum, in Ps. II, 7, *filius meus es tu, etc.*. Et hoc est expositum supra. Item Matth. IX, 17: *hic est filius meus dilectus, in quo mihi complacui, etc.*. Cum ergo ostendit eum ab æterno genitum.

Ostendit gloriam eius. Supra I, 3: *qui cum sit splendor gloriæ, etc.*.

Pontificatus etiam accipitur a Deo inquantum homo, quemadmodum in alio loco dicit, scilicet in Ps. CIX, 5: *tu es sacerdos, etc.*.

Utitur autem apostolus auctoritate Psalmorum tamquam magis famosa et maioris auctoritatis, utpote magis frequentata.

Dicit autem *sacerdos*, quia se obtulit Deo patri. Eph. V, 2: *dilexit nos, et tradidit semetipsum pro nobis oblationem et hostiam Deo*.

Et ne credatur tale esse sacerdotium Christi, sicut fuit in veteri lege, distinguit ipsum quantum ad duo. Primo quantum ad dignitatem, quia *in æternum*. Illud enim fuit temporale, erat enim figurale, et ideo non est perpetuum, sed transit veniente figurato. Sed sacerdotium Christi est æternum, quia est de veritate, quæ est æterna. Item hostia eius habet virtutem introducendi in vitam æternam.

Item durat in æternum. Secundo quantum ad ritum, quia offerebantur animalia; hic autem panis et vinum. Et ideo dicit secundum ordinem Melchisedech. Istud autem infra exponetur.

Deinde cum dicit qui in diebus, etc., ostendit quod illud quod pertinet ad officium pontificale, convenit Christo. Et primo ostendit eius conditionem; secundo actum eius, ibi preces; tertio efficaciam, ibi cum clamore valido.

Conditio eius est, quod fuit unus ex hominibus, quia, ut dictum est, pontifex ex hominibus assumitur. Et ideo dicit qui in diebus carnis suæ. Ponitur autem hic caro pro tota natura humana, sicut illud Io. I, 14: verbum caro factum est.

Sed numquid modo non sunt dies carnis eius? et videtur quod sic, per illud Lc. Ult.: spiritus carnem et ossa non habet, sicut me videtis habere. Quare ergo magis dicitur tempus ante passionem et resurrectionem suam, tempus vel dies carnis, quam nunc? dicendum est, quod caro quandoque sumitur pro fragilitate carnis, sicut I Cor. XV, 50: caro et sanguis regnum Dei possidere non possunt. Christus autem tunc habuit carnem fragilem et corruptibilem. Et ideo dicit in diebus carnis suæ, id est, in quibus gerebat carnem similem peccatrici, non peccatricem.

Actus autem eius fuit, quia obtulit preces et supplicationes. Hoc est spirituale sacrificium, quod Christus obtulit. Dicuntur autem preces, id est, petitiones. Iac.

Ult.: multum enim valet deprecatio iusti assidua. Supplicationes vero dicuntur quantum ad humilitatem orantis, sicut genuflexiones.

Matth. XXVI, 39: procidit in faciem suam orans.

Ad quem? ad Deum, scilicet Deum patrem, qui salvum illum facere posset a morte. Hoc autem poterat facere dupliciter. Uno modo ne moreretur. Unde dicitur Matth. XXVI, 39: pater, si fieri potest, etc.. Item ut mortuum resuscitaret.

Ps. XV, 10: non derelinques in inferno animam meam. Item XL, 10: tu autem, Domine, miserere mei, et resuscita me.

Ad istud sacrificium spirituale ordinatur sacerdotium Christi. Unde respondet ei quod dictum est supra ut offerat dona, etc.. Ps. XLIX, 23: sacrificium laudis honorificabit me.

Os. XIV, 3: reddemus vitulos labiorum nostrorum.

Efficacia ostenditur ex modo orandi.

Duo autem sunt necessaria oranti, scilicet fervens affectio; item dolor et gemitus. De his duobus Ps. XXXVII, 9: Domine, ante te omne desiderium meum, quantum ad primum: et gemitus meus a te non est absconditus, quantum ad secundum.

Christus autem ista duo habuit; ideo propter primum dicit cum clamore valido, id est, cum intentione efficacissima. Lc. XXII, 43: factus in agonia prolixius orabat, etc.. Et XXIII, 46 clamans ait: pater, etc..

Secundum, cum dicit et lacrymis. Per lacrymas enim exprimit apostolus interiorem gemitum orantis. Hoc autem non legitur in evangelio; sed probabile est, quod sicut ipse lacrimatus est in resuscitatione Lazari, ita et in passione sua. Nam ipse multa fecit, quæ non sunt scripta.

Non tamen flevit pro se, sed pro nobis, quibus passio sua profuit. Sibi autem profuit, inquantum per ipsam meruit exaltari.

Phil. II, 9: propter quod et Deus exaltavit illum, etc.. Et ideo exauditus est pro sua reverentia, quam scilicet super omnes habebat ad Deum. Is. XI, 3: et replebit eum spiritus timoris Domini.

Sed contra, videtur quod non fuit exauditus, primo pro se, quia non transivit calix ab ipso, quod tamen petebat. Item nec pro aliis, quia non fuit indultum Iudæis, quibus petebat indulgeri. Lc. XXIII, 34: pater, dimitte illis, etc..

Dicendum est, quod Christus in omnibus, quæ voluit fieri, fuit exauditus. Ipse autem secundum appetitum sensualitatis et secundum voluntatem, inquantum est quidam appetitus naturalis, refugiebat mortem. Et quantum ad hoc orabat, ut ostenderet se verum hominem.

Sed voluntate consequente rationem deliberatam, volebat mori. Unde dicit, Lc. XXII, 42: verumtamen non sicut ego volo, sed sicut tu.

Item nolebat, quod ignosceretur omnibus, sed illis tantum, qui crediderunt. Et multi postea conversi sunt.

Lectio 2

Supra posuit tria, quæ pertinent ad pontificem, et ostendit duo illorum convenire Christo, scilicet officium, et modum perveniendi ad ipsum, hic prosequitur tertium, scilicet pietatem et misericordiam, quam pontifex debet habere.

Et circa hoc duo facit.

Primo ostendit illud quod passus est; secundo quæ utilitas consecuta est etiam aliis, ibi et consummatus.

Dicit ergo: ita dixi, quod pontifex debet esse talis, quod possit compati. Talis autem est Christus. Cum enim sit filius Dei ab æterno, et secundum hoc nec pati posset, nec compati, assumpsit naturam in qua posset pati, et sic etiam posset compati.

Et hoc est quod dicit: quia cum esset filius Dei, scilicet ab æterno, didicit obedientiam ex tempore.

Contra. Addiscere est ignorantis; Christus autem ab æterno, ut Deus, et ab instanti conceptionis suæ habuit plenitudinem scientiæ, inquantum homo; ergo nihil ignoravit, nec per consequens didicit.

Respondeo. Dicendum est, quod duplex est scientia: scilicet simplicis notitiæ, et quantum ad istam procedit argumentum: quia scilicet nihil ignoravit. Est etiam scientia experientiæ, et secundum istam didicit obedientiam. Unde dicit didicit ex iis quæ passus est, id est, expertus est.

Et loquitur apostolus sic: quia qui didicit aliquid, voluntarie accessit ad illud sciendum.

Christus autem voluntarie accepit infirmitatem nostram. Et ideo dicit, quod didicit obedientiam, id est, quam grave sit obedire: quia ipse obedivit in gravissimis et difficillimis: quia usque ad mortem crucis, Phil. II, 8.

Et hic ostendit, quam difficile sit bonum obedientiæ. Quia qui non sunt experti obedientiam, et non didicerunt eam in rebus difficilibus, credunt quod obedire sit valde facile. Sed ad hoc quod scias quid sit obedientia, oportet quod discas obedire in rebus difficilibus, et qui non didicit obediendo subesse, numquam novit bene præcipiendo præesse. Christus ergo licet ab æterno sciret simplici notitia quid est obedientia, tamen didicit experimento obedientiam ex iis quæ passus est, id est, difficilibus, scilicet per passiones et mortem.

Rom. V, 19: per obedientiam unius iusti constituti sunt multi.

Deinde cum dicit et consummatus, etc., ostendit fructum passionis, qui fuit duplex. Unus in Christo, alius in membris eius.

In Christo fructus fuit glorificatio, et ideo dicit et consummatus. Nam ab instanti conceptionis suæ fuit consummatus perfectus, quantum ad beatitudinem animæ, inquantum ferebatur in Deum; sed tamen habuit passibilitatem naturæ. Sed post passionem habuit impassibilitatem.

Et ideo, quia secundum hoc ex toto perfectus est, convenit sibi alios perficere. Hæc est enim natura perfecti, quod possit sibi simile generare. Et ideo dicit quod perfectus est. Quia enim per meritum obedientiæ pervenit ad istam consummationem. Prov. XXI, 28: vir obediens loquitur victorias factus est omnibus obtemperantibus sibi causa salutis, non temporalis, sed æternæ. Is. XLV, 17: salvatus est Israel in Domino salute æterna.

Et ideo dicit appellatus a Deo pontifex iuxta ordinem Melchisedech, et hoc est supra expositum.

Deinde cum dicit de quo nobis grandis sermo, etc., præparat animos auditorum ad sequentia, quæ dicenda sunt de pontificatu Christi.

Et circa hoc duo facit.

Primo enim ostendit eorum tarditatem; secundo suam intentionem, cum dicit, VI cap. Quapropter intermittentes.

Iterum prima in duas, quia primo ostendit tarditatem; secundo ostendit ipsam esse culpabilem, ibi etenim cum deberetis.

Item circa primam partem duo facit:

primo ostendit dicendorum magnitudinem; secundo ipsorum tarditatem ad ea capienda, ibi quoniam imbecilles.

Dicit ergo: ita dixi, quod appellatus est pontifex, de quo, scilicet pontificatu, grandis nobis sermo est, quia de magnis.

Prov. VIII, 6: de rebus magnis locutura sum. Item grandis, quia de utili, scilicet de salute animarum. I Tim. I, 15: fidelis sermo et omni acceptione dignus, quia Christus Iesus venit in hunc mundum peccatores salvos facere.

Iste sermo est interpretabilis ad docendum, quod potest dupliciter exponi. Vel quod fiat ibi vis negationis: interpretabilis, id est, non exponibilis, quia non potest ad perfectum exponi. Quæ enim ad Christum pertinent nullus sermo exprimere potest. Eccli. XLIII, 32 s.: glorificantes Dominum quantumcumque potueritis, supervalebit adhuc et admirabilis magnificentia eius: benedicentes Dominum, exaltate illum quantum potestis, maior est enim omni laude. Alio modo affirmative: interpretabilis, id est indigens interpretatione propter altitudinem et magnitudinem et profunditatem eius. Prov. I, 6: animadvertet parabolam et interpretationem, etc.. Interpretatio enim Scripturæ numeratur inter dona spiritus sancti, I Cor. XII, 10.

Indiget etiam, ut dicatur interpretatio eius propter tarditatem nostram.

Et ideo subdit ipsam tarditatem, cum dicit quoniam imbecilles facti estis ad audiendum.

Illi qui sunt debilis intellectus non possunt alta intelligere, nisi eis exponantur per singula.

Io. XVI, 12: adhuc multa habeo vobis dicere, sed non potestis portare modo. I Cor. III, 1: non potui vobis loqui quasi spiritualibus, etc..

Deinde cum dicit etenim cum deberetis, ostendit istam tarditatem esse culpabilem.

Et circa hoc tria facit: primo enim ostendit culpam tarditatis; secundo adhibet similitudinem, ibi et facti estis; tertio exponit, ibi omnis enim qui lactis.

Culpa enim alicuius est quando diu audivit, si adhuc sit tardus; secus autem est, si sit novus auditor. Negligentia enim non est sine culpa. Ideo dicit cum deberetis esse Magistri, scilicet aliorum, propter tempus, quo scilicet audierant legem et prophetas.

Io. V, 39: scrutamini Scripturas, etc.. Item ipsum Christum. Item apostolos et multos ab ipsis conversos. Io. XIV, 9: tanto tempore, vobiscum sum, et non cognovistis me.

Rursum indigetis, quasi dicat: magis deberetis docere, quam doceri, tamen indigetis ut vos doceamini quæ sint elementa exordii sermonum Dei.

Elementa enim dicuntur illa quæ primo traduntur in grammatica, quando ponuntur ad litteras: ista vero sunt ipsæ litteræ.

Exordia ergo sermonum Dei et prima principia et elementa, sunt articuli fidei et præcepta Decalogi. Qui ergo diu studuisset in theologia et illa nesciret, tempus curreret contra ipsum. Ideo dicit indigetis ut doceamini quæ sint elementa exordii sermonum Dei, id est prima principia. II Tim. III, 7: semper discentes, et numquam ad scientiam veritatis pervenientes. Is. LXV, 20: puer centum annorum morietur, peccator centum annorum maledictus erit.

Deinde cum dicit et facti estis, ponit ad hoc similitudinem.

Sciendum est ergo, quod doctrina sacra est sicut cibus animæ. Eccli. XV, 3: cibavit illum pane vitæ et intellectus. Et XXIV, 29: qui edunt me, adhuc esurient: et qui bibunt me, adhuc sitient. Sacra ergo doctrina est cibus et potus, quia animam potat et satiat.

Aliæ enim scientiæ tantum illuminant intellectum, hæc autem illuminat animam. Ps. XVIII, 8: præceptum Domini lucidum illuminans oculos. Et etiam nutrit et roborat animam.

In cibo autem corporali est differentia. Alio enim cibo utuntur pueri, et alio perfecti. Pueri enim utuntur lacte, quasi magis tenui et connaturali, et de facili convertibili, sed adulti utuntur cibo solidiori. Sic in sacra Scriptura, illi qui de novo incipiunt, debent audire levia, quæ sunt quasi lac; sed eruditi debent audire fortiora. Et ideo dicit facti estis quibus lacte opus sit, scilicet sicut pueri. I petr. II, 2: sicut modo geniti infantes rationabile sine dolo lac concupiscite, etc.. I Cor. III, 1 s.: tamquam parvulis in Christo lac vobis potum dedi, non escam, et hoc est, quod sequitur non solido cibo, id est alta doctrina, quæ est de arcanis et secretis Dei, quæ confirmant et confortant.

Deinde cum dicit omnis enim qui lactis, exponit similitudinem, et primo exponit illud quod dixit de lacte; secundo illud quod dixit de solido cibo, ibi perfectorum autem.

Circa primum duo facit; primo enim ponit expositionem; secundo expositionis rationem, ibi parvulus enim.

Dicit ergo: ita dico, quod indigetis lacte sicut pueri, omnis enim qui lactis est participes, expers est sermonis iustitiæ, id est omnis, qui indiget nutriri lacte, expers est, id est non potest habere partem in sermonibus iustitiæ perfecte intelligendis. Matth. V, 20: nisi abundaverit iustitia vestra plusquam Scribarum. Prov. XV, 5: in abundanti iustitia virtus maxima est. Huiusmodi autem non sunt participes pueri. Is. XXVIII, 9: quem docebit scientiam, aut quem intelligere faciet auditum? ablactatos a lacte, avulsos ab uberibus.

Sed contra: quia apostolus superius multa valde difficilia tradidit eis, scilicet de mysterio trinitatis et de sacramento incarnationis, et multa alia ardua: ergo vel non erant parvuli, vel talia tradenda sunt parvulis.

Respondeo. Dicendum est secundum

Augustinum, quod non est intelligendum, quod in doctrina fidei alia sunt tradenda maioribus et perfectis, et alia imperfectis. Non enim est inter eos ista differentia. Eadem enim utrisque sunt tradenda, sed parvulis proponenda sunt, sed non exponenda, nec pertractanda: quia intellectus eorum magis deficeret, quam elevaretur.

Lac secundum Glossam est, sicut: verbum caro factum est.

Contra. Non minoris difficultatis est hoc intelligere, quam quomodo verbum erat apud Deum. Unde Augustinus dicit, quod istud invenitur in libris Platonis, non tamen illud.

Ipse autem Augustinus non poterat suspicari quid sacramenti haberet: verbum caro factum est.

Respondeo. Dicendum est quod cognoscere verbum caro factum est, per simplicem fidem est satis facile, quia potest cadere in imaginationem et aliqualiter in sensum, sed verbum apud Deum, omnino excedit omnem sensum, et non nisi per rationem potest et cum multa et maxima difficultate comprehendi.

Consequenter assignat rationem, cum dicit parvulus enim est, non quidem ætate, sed sensu.

Tripliciter autem aliquis dicitur parvulus.

Est enim aliquis parvulus per humilitatem, Matth. XI, 25: revelasti ea parvulis, ætate, Gal. IV, 1: quanto tempore hæres parvulus est, etc., sensu, I Cor. XIV, 20: nolite pueri effici sensibus, sed malitia parvuli estote, sensibus autem perfecti sitis. Et isto modo accipitur hic parvulus.

Deinde cum dicit perfectorum autem est solidus cibus, exponit illud quod dixerat de cibo solido.

Hoc enim patet in corporalibus, quod quando homo pervenit ad ætatem perfectam, utitur fortiori et nobiliori et solidiori cibo.

Sic spiritualis, quando pervenit ad perfectionem spiritualem, debet ei proponi doctrina solidior.

Ista autem perfectio duplex est: una est perfectio secundum intellectum, quando aliquis habet iudicium intellectus ad recte discernendum et iudicandum de his quæ sibi proponuntur. Alia est perfectio secundum affectum, quam facit charitas, quæ est cum aliquis totaliter Deo inhæret. Unde Matth. V, 48, post præcepta charitatis dicitur estote ergo perfecti, etc.. Est autem perfectio charitatis, ut dicit Augustinus, ubi nulla est cupiditas. Quando enim quis magis ascendit in Deum, tanto plus contemnit temporalia.

Ps. LXXII, 24: quid enim mihi est in cælo, etc..

Hoc enim habet sacræ Scripturæ doctrina, quod in ipsa non tantum traduntur speculanda, sicut in geometria, sed etiam approbanda per affectum. Unde Matth. V, 19: qui autem fecerit et docuerit, etc.. In aliis ergo scientiis sufficit quod homo sit perfectus secundum intellectum, in istis vero requiritur quod sit perfectus secundum intellectum et affectum. Loquenda sunt igitur alta mysteria perfectis. I Cor. II, 6: sapientiam loquimur inter perfectos.

Unusquisque enim secundum quod est dispositus, sic iudicat; sicut iratus aliter iudicat durante passione, et aliter ipsa cessante. Et similiter incontinens aliter iudicat aliquid esse bonum tempore passionis, aliter post. Et ideo dicit Philosophus, quod unusquisque qualis est, talis sibi finis videtur. Et quia quæ in sacra Scriptura traduntur, pertinent ad affectum, et non tantum ad intellectum, ideo oportet esse perfectum in utroque.

Et ideo apostolus volens ostendere qui sint perfecti, quibus sit tradendus iste solidus cibus, dicit quod sunt illi, qui pro sua consuetudine habent sensus exercitatos.

Unde in ista perfectione quatuor sunt attendenda, scilicet ipsa perfectio in se in quo consistat, et quantum ad hoc dicit qui habent sensus exercitatos. Et convenienter loquitur. In hoc enim exprimit utramque perfectionem, quia (ut dicit Philosophus) intellectus prout iudicat de appetendis et agendis dicitur sensus, quia est relatus ad aliquid particulare: unde non accipitur hic sensus pro sensu exteriori. Qui ergo sentit quæ Dei sunt, perfectus est. Phil. III, 15: quicumque perfecti sumus, hoc sentiamus. I Cor. II, 16: nos autem sensum Christi habemus. Qui vero non sentiunt nisi carnalia, Deo placere non possunt, ut patet Rom. VIII, 8.

Secundo attendenda est dispositio eius in quo est, quia debet esse exercitatus. I Tim. IV, 7: exerce teipsum ad pietatem. Qui enim non est exercitatus, non potest habere rectum iudicium, quod ad hoc requiritur.

Eccli. XXXIV, 9: vir in multis expertus cogitabit multa. Item qui non est expertus, pauca recognoscit.

Tertio causa huius exercitationis est consuetudo, non scilicet otium, sed frequentia actus.

Et ideo dicit pro consuetudine, scilicet recte agendi. Prov. XXII, 6: adolescens iuxta viam suam, etiam cum senuerit, non recedet ab ea.

Si ergo vis esse perfectus, non des te otio, sed assuesce te bonis a iuventute.

Quarto finis huius exercitii, quia scilicet ad discretionem boni et mali. Tunc enim perfectus est, quando discernit inter bonum et malum. Is. VII, 15: sciat eligere bonum, et reprobare malum. Hæc autem sunt tria, scilicet: discretio inter bonum et malum, inter bonum et melius, inter malum et peius.

Multa enim sunt, quæ videntur bona, et tamen sunt mala. Prov. XIV, 12: est via quæ videtur homini recta, novissima vero eius deducunt ad inferos.

In his ergo requiritur rectitudo iudicii.

Capitulus VI

Commentaria in Epistolas S. Pauli

Lectio 1

Supra apostolus fecit mentionem de pontificatu Christi secundum ordinem Melchisedech, et ostendit tarditatem eorum quibus scribebat, hic redit ad suum propositum.

Et circa hoc tria facit quia primo aperit intentionem suam; secundo ostendit eius difficultatem, ibi et hoc faciemus; tertio declarat intentionem, ibi confidimus.

Circa primum duo facit quia primo manifestat suum propositum; secundo exponit quod dicit, ibi non rursum.

Propositum suum est quod, prætermissis his quæ pertinent ad inchoationem doctrinæ christianæ, vult prosequi alia altiora.

Unde dicit: iam dictum est, quod perfectis opus est solido cibo, quapropter intermittentes sermonem inchoationis doctrinæ Christi, per quam Christus inchoat esse in nobis, quod est per doctrinam fidei. Eph. III, 17: habitare Christum per fidem in cordibus nostris. Feramur ad perfectionem, id est, ad ea quæ spectant ad perfectionem doctrinæ Christi. I Cor. XIII, 11: quando factus sum vir, evacuavi quæ erant parvuli.

Hoc autem secundum Glossam ad duo referri potest, scilicet vel ad intellectum, ut scilicet ex quo homo provectus est, debet intermittere puerilia et vacare perfectis. I Cor. II, 6: sapientiam loquimur inter perfectos.

Vel ad effectum. Et est sensus, quod non semper est standum in sensu incipientium, sed oportet tendere ad statum perfectorum. Gen. XVII, 1: ambula coram me, et esto perfectus.

Hic est duplex obiectio. Et primo, de hoc quod dicit intermittentes inchoationem, quia numquam debet intermitti inchoatio.

Ps. LXXVI, 10: et dixi: nunc cœpi. Iob XXVII, 6: iustificationem quam cœpi tenere non deseram.

Respondeo. Dicendum est, quod contingit dupliciter intermittere inchoationem. Vel quantum ad æstimationem, et sic semper debet homo esse sicut incedens et tendens ad maiora.

Phil. III, 12: non quod iam cœperim, aut quod iam perfectus sim. Vel quantum ad progressum ad perfectionem, et sic semper debet niti homo transire ad statum perfectum.

Phil. III, 13: quæ retro sunt obliviscens, ad ea quæ priora sunt me extendens.

In via enim Dei non progredi, ait Bernardus, est regredi.

Alia obiectio est de hoc quod dicit feramur ad perfectionem. Perfectio enim consistit in consiliis. Matth. XIX, 21: si vis perfectus esse, vade, et vende omnia, etc.. Non omnes autem tenentur ad consilia; igitur.

Respondeo. Dicendum est, quod duplex est perfectio. Una, scilicet exterior, quæ consistit in actibus exterioribus, qui sunt signa interiorum, sicut virginitas, voluntaria paupertas.

Et ad hanc non omnes tenentur. Alia est interior, quæ consistit in dilectione Dei et proximi. Col. III, 14: *charitatem habete, quod est vinculum perfectionis*. Et ad perfectionem huiusmodi non omnes tenentur, sed omnes tenentur ad eam tendere, quia si quis nollet plus diligere Deum, non faceret quod exigit charitas.

Dicit autem *feramur*, et hoc secundum impulsionem a spiritu sancto. Rom. VIII, 14: *qui spiritu aguntur, hi filii Dei sunt*. Vel sicut portati a Deo, qui portat infirmitatem nostram. Is. XLVI, 3: *audite me, domus Iacob, et omne residuum domus Israel, qui portamini a meo utero*. Vel sicut portati ab invicem. Gal. VI, 2: *alter alterius onera portate*.

Deinde cum dicit *non rursum*, exponit quod dixit, et intendit ostendere quæ sunt illa quæ faciunt ad inchoationem doctrinæ Christi. Et utitur similitudine.

Per fidem enim anima ædificatur in spirituali ædificio. Sicut ergo in corporali ædificio, primo ponitur fundamentum, ita hic prima rudimenta doctrinæ Christi sunt quasi fundamenta.

Sed contra: quia infra XI, 1, ponitur fides esse fundamentum; fides autem una est. Eph. IV, 5: *unus Dominus, una fides, unum baptisma*. Hic autem ponit sex fundamenta; ergo videtur quod male.

Respondeo. Dicendum est, quod fides fundamentum est virtutum. Ista autem, quæ ponit hic, sunt fundamenta doctrinæ Christi.

Et dicit *non rursum iacientes fundamentum*, etc., quasi ita firmiter ponamus quod non oporteat iterato ponere. Vel quia dudum posuistis, et non oportet iterare.

Multum autem signanter ordinat ista apostolus. Sicut enim in via generationis et cuiuscumque motus, prius est recessus a termino a quo et post accessus ad terminum ad quem, ita dicit hic, quia pœnitentia est recessus a peccato, et sic est quasi quoddam fundamentum in ista vita. Nemo enim, secundum Augustinum, suæ voluntatis arbiter, potest novam vitam inchoare, nisi pœniteat eum præteritæ. Unde Dominus in principio prædicationis dicit: *pœnitentiam agite*, Matth. IV, 17. Et ideo dicit *pœnitentiæ ab operibus mortuis*. Opera enim mortua dicuntur, vel quæ secundum se sunt mortua, vel quæ sunt mortificata. Res dicitur viva, quando habet officium propriæ virtutis, a quo cum deficit, dicitur mortua. Opera enim nostra sunt ordinata ad beatitudinem, quæ est finis hominis. Et ideo quando non ducunt ad beatitudinem, nec ordinari possunt, dicuntur mortua: et hæc sunt opera facta in peccato mortali. Infra IX, 14: *sanguis Christi, qui per spiritum sanctum obtulit seipsum immaculatum Deo, emundabit conscientias nostras ab operibus mortuis*. Opera vero facta in charitate per peccatum mortificantur; unde non habent virtutem, ut mereantur vitam æternam.

Ez. XVIII, 24: *omnes iustitiæ eius quas fecerat, non recordabuntur*. Pœnitentia vero facit, quod ista reviviscunt: unde tunc iterum reputantur ad vitam æternam.

In accessu vero ad terminum primo est fides, et ideo dicit fundamentum fidei ad Deum. Proprium autem fidei est, quod credat homo et assentiat non visis a se, sed testimonio alterius. Hoc autem testimonium vel est hominis tantum: et istud non facit virtutem fidei, quia homo et fallere et falli potest. Vel istud testimonium est ex iudicio divino: et istud verissimum et firmissimum est, quia est ab ipsa veritate, quæ nec fallere, nec falli potest. Et ideo dicit, ad Deum, ut scilicet assentiat his quæ Deus dicit. Io. XIV, 1: creditis in Deum, et in me credite.

Secundo, in isto processu sunt sacramenta fidei. Hæc autem sunt duo sacramenta intrantium; de his enim tantum agit hic apostolus. Et ista sunt baptismus primum, per quem regeneramur, et secundum est confirmatio, per quam confirmamur.

Quantum ad primum dicit baptismatum.

Sed contra Eph. IV, 5: una fides, unum baptisma. Non ergo plura sunt baptismata.

Respondeo. Dicendum est, quod triplex est baptismus, scilicet fluminis, flaminis, et sanguinis; sed duo ultima non habent vim, nisi referantur ad primum, quia illa oportet habere in proposito, si non adsit facultas, in habentibus usum liberi arbitrii. Et ideo non sunt tria sacramenta; sed unum sacramentum, per quod regeneramur ad salutem. Io.

III, 5: nisi quis renatus fuerit ex aqua et spiritu sancto, etc..

Inter ista vero baptismus sanguinis plus habet de effectu baptismi, si tamen primum fuerit in proposito, vel contrarium non teneatur in mente, sicut patet de innocentibus, qui non erant in opposita dispositione. Baptismus enim virtutem habet ex merito passionis Christi. Rom. VI, 3: quicumque baptizati sumus in Christo Iesu, in morte ipsius baptizati sumus. Sicut ergo qui baptizatur, conformatur morti Christi sacramentaliter, ita martyr realiter. Et ideo istud baptisma habet totum effectum baptismi, quantum ad hoc quod purgat omnem culpam et pœnam peccati, non tamen imprimit characterem aliquem.

Et ideo si recipiens martyrium sine baptismo aquæ resurgeret, esset baptizandus.

Pœnitentia vero non tantum habet de effectu baptismi, quia non tollit omnem pœnam, licet tollat culpam. Sicut autem martyr conformat se morti Christi per exteriorem passionem, ita pœnitens per interiorem. Gal. V, 24: qui Christi sunt, carnem suam crucifixerunt cum vitiis et concupiscentiis. Ideo potest esse tanta, quod tolleret omnem culpam et pœnam, sicut patet in latrone et Magdalena. Unde pœnitentia dicitur baptismus, inquantum supplet baptismi vicem. Et quia non licet illud iterari, ideo instituta est pœnitentia.

Ista ergo dicuntur baptismata, quia habent effectum baptismi; sed tantum unum baptisma, quia non agunt nisi illud habeatur in proposito.

Secundum sacramentum intrantium est in ipsa manuum impositione. Ideo dicit impositionis quoque manuum.

Hæc autem est duplex. Una est miracula faciens, sicut quando Christus per manus impositionem curabat infirmos Lc. IV, 40: singulis manus imponens curabat eos et hæc non est sacramentalis.

Alia est sacramentalis, et hæc est duplex.

Una in sacramento ordinis. I Tim. V, 22: manus nemini cito imposueris. Alia est in sacramento confirmationis ad renovationem.

Tit. III, 5: per lavacrum regenerationis et renovationis spiritus sancti, etc.. In confirmatione enim datur spiritus ad robur, ut scilicet audacter homo confiteatur nomen Christi coram hominibus. Sicut enim in esse naturæ prius generatur homo, et postea augetur et roboratur, ita in esse gratiæ.

Tertio sequitur terminus motus, ad quem motus terminatur, et ille est duplex.

Duo enim expectamus: primum est resurrectio corporum et ista est fidei fundamentum, quia sine hac inanis est fides nostra, I Cor. XV, 14. Ideo dicit de resurrectione mortuorum.

Item expectamus remunerationem, quæ fiet per iudicem. Eccle. XII, 14: cuncta quæ fiunt adducet Deus in iudicium. Et ideo dicit iudicii æterni, non quod illud iudicium duret per mille annos, sicut voluit Lactantius, sed totum erit in momento. Sed dicitur æternum, quia sententia quæ ibi dabitur, in æternum durabit. Matth. XXV, 46: ibunt hi in supplicium æternum: iusti autem in vitam æternam.

Et sciendum est, quod omnia ista, quæ dicit se velle hic tractare, sunt quasi quædam rudimenta fidei. Unde prædicat ea novitiis Act. XVII, 18 ss. Et in multis aliis locis.

Deinde cum dicit et hoc faciemus, ostendit difficultatem propositi sui exequendi: difficile enim est, et in se, et respectu auditorum.

Unde tria facit.

Primo innuit, quod in hoc potissime indigeat divino auxilio; secundo subdit quorumdam imbecillitatem, ibi impossibile est enim; tertio adducit quamdam similitudinem, ibi terra enim.

Dicit ergo: feramur ad perfectum, et hoc faciemus, siquidem permiserit Deus.

Minus autem dicit, et plus significat. Nam non est tantum necessarium quod Dominus permittat, sed oportet quod omnia faciat.

Sap. VII, 16: in manu Dei nos et sermones nostri. Et ideo debet omnia ponere sub confidentia divini auxilii.

Io. XV, 15: sine me nihil potestis facere.

Iac. IV, 15: pro ut dicatis, si Deus voluerit, et si vixerimus faciemus.

Deinde cum dicit impossibile est,

ostendit imbecillitatem eorum: erant enim imbecilles ad audiendum. Sicut in corporalibus nullus status est ita periculosus, sicut recidivantium, ita in spiritualibus, qui post gratiam cadit in peccatum, difficilius surgit ad bonum.

Et circa hoc facit tria: primo proponit bona quæ perceperant; secundo difficultatem causatam in eis ex recidivo, ibi et prolapsi sunt; tertio assignat rationem, ibi rursus crucifigentes.

Bona autem quædam sunt præsentia, quædam vero futura.

Ipsi vero in præsenti habuerunt spiritualem regenerationem, et quantum ad hoc dicit illuminati, scilicet per baptismum. Et congrue dicitur baptismus illuminatio, quia baptismus est principium regenerationis spiritualis, in qua intellectus illuminatur per fidem. Eph. V, 8: eratis aliquando tenebræ, nunc autem lux in Domino.

Habent etiam bonorum Dei participationem, et quantum ad hoc dicit et gustaverunt donum cæleste. Donum istud est gratia, et dicitur cæleste, quia a cælis Deus eam dat.

Ps. LXVII, 19: dedit dona hominibus, et Iac. I, 17: omne datum optimum, et omne donum perfectum desursum est, descendens a patre luminum.

Est etiam in eis participatio divinæ bonitatis.

II Pet. I, 4: per quem, scilicet Christum, maxima nobis et pretiosa promissa donavit.

Ideo dicit participes facti spiritus sancti.

Omnia enim dona dantur ex amore: et ideo istam participationem attribuit spiritui sancto. Est autem participare, partem capere.

Solum autem Christus spiritum sanctum habuit ad plenitudinem. Io. III, 34: non enim ad mensuram dat Deus spiritum. Alii enim sancti de eius plenitudine receperunt, et participes facti sunt, non quidem substantiæ, sed distributionum eius. Supra II, 4: et variis spiritus sancti distributionibus. I Cor. XII, 4: divisiones gratiarum sunt, idem autem spiritus, etc..

Item in præsenti habuerunt doctrinæ eruditionem.

Et quantum ad hoc dicit gustaverunt nihilominus bonum Dei verbum. Verbum istud dicitur bonum, quia est verbum vitæ æternæ. Io. VI, 69: Domine, ad quem ibimus? verba vitæ æternæ habes. Ps. CXVIII, 103: quam dulcia faucibus meis eloquia tua. Dicit autem gustaverunt, quia non solum illuminat intellectum, sed etiam reficit affectum, in quo est quædam saporatio. Ps. XXXIII, 8: gustate et videte, quoniam suavis est Dominus.

Bona autem futura habuerunt in spe. Rom. VIII, 24: spe salvi facti sumus. Et ideo dicit virtutesque sæculi venturi. Horum autem quædam habent non solum in spe, sed etiam in quadam inchoatione, et illæ sunt dotes animæ, scilicet visio, tentio et fruitio, et illa habentur in quadam inchoatione, inquantum fides, spes et charitas, quæ istis respondent, habentur in præsenti. Alia autem sunt bona, quæ solum habentur in spe, ut dotes corporis, scilicet subtilitas, agilitas, impassibilitas, claritas.

Consequenter cum dicit et prolapsi sunt, ostendit difficultatem ad resurgendum, causatam ex casu.

Ubi notandum est, quod non dicit lapsi simpliciter, sed prolapsi, id est, totaliter lapsi: quia si lapsi tantum essent, non ita difficile foret resurgere. Prov. XXIV, 16: septies in die cadit iustus, et resurgit.

Quod si diceret apostolus illos qui prolapsi sunt impossibile esse resurgere, tunc posset dici, quod in hoc notat maximam difficultatem resurgendi, scilicet et propter peccatum, et propter superbiam, sicut patet in Dæmonibus.

Sed quia dicit illos, qui semel prolapsi sunt non posse rursus renovari ad pœnitentiam, nec est aliquod peccatum in hoc mundo, a quo non possit homo pœnitere, ideo aliter est intelligendum.

Unde sciendum est, quod ex hoc loco sumpsit Novatus quidam, qui fuit presbyter ecclesiæ Romanæ, occasionem errandi. Voluit enim, quod nullus post baptismum posset ad pœnitentiam resurgere. Sed ista positio falsa est, sicut dicit Athanasius in epistola ad Serapionem, quia ipse Paulus recepit incæstuosum Corinthium, sicut patet II Cor. II, 5 ss., et similiter Gal. IV, 19, quia dicit: filioli mei, quos iterum parturio, etc.. Est ergo intelligendum, sicut dicit Augustinus, quod non dicit quod impossibile est pœnitere, sed quod impossibile est rursus renovari, id est baptizari.

Tit. III, 5: per lavacrum regenerationis et renovationis, etc.. Numquam enim posset homo sic pœnitere, quod posset iterum baptizari.

Et hoc dicit apostolus, quia secundum legem Iudæi multoties baptizantur, sicut patet Mc. VII, 3 s.. Et ideo ad istum errorem removendum, dicit hoc apostolus.

Deinde cum dicit rursus crucifigentes, etc., assignat rationem quare baptismus non iteratur, quia scilicet baptismus est quædam configuratio mortis Christi, sicut patet Rom. VI, 3: quicumque in Christo baptizati sumus. Hæc autem non iteratur, quia Christus resurgens ex mortuis iam non moritur, Rom. VI, 9. Qui ergo iterato baptizantur, rursum Christum crucifigunt.

Vel aliter, quod denotetur repugnantia gratiæ Christi, ut scilicet velint frequenter peccare et post iterum baptizari, ut scilicet non referatur ad iterationem baptismi, sed ad lapsum eorum, qui peccant. Qui scilicet quantum in ipsis est, rursus crucifigunt Christum, quia Christus pro peccatis nostris mortuus est semel, I Pet. III, 18. Cum ergo peccas baptizatus, quantum in te est, das occasionem, ut iterum Christus crucifigatur, et sic contumelia fit Christo, in cuius sanguine te lotum maculas.

Apoc. I, 5: dilexit nos, et lavit nos a peccatis nostris in sanguine suo.

Lectio 2

Supra ostendit apostolus difficultatem ad suum propositum exequendum, provenientem ex eorum culpa, hic adducit ad hoc quamdam similitudinem. Et primo quantum ad bonam terram; secundo quantum ad malam, ibi proferens autem.

Sciendum est autem, quod secundum unam expositionem, supra voluit apostolus illos, qui semel baptizati sunt, non posse iterum baptizari, vel renovari ad pœnitentiam.

Alia autem est expositio, quæ ibi dimissa fuit, quod impossibile est eos, qui in hac vita semel illuminati sunt, rursum in alia vita renovari ad pœnitentiam. Eccle. IX, 10: quicquid potest manus tua facere, instanter operare: quia nec opus, nec ratio, nec sapientia, nec scientia est apud inferos, etc.. Io. IX, 4: venit nox, quando nemo potest operari.

Rursus ergo exponatur, id est post hanc vitam. Et huius ratio est. Duo enim causant pœnitentiam. Unum est quod dat efficaciam, scilicet meritum passionis Christi. I Io. II, 2: ipse est propitiatio pro peccatis nostris. Aliud autem est exemplum pœnitendi, quod habemus in Christo per considerationem, scilicet considerando austeritatem, paupertatem et tandem passionem. I Pet. II, 21: Christus passus est pro nobis, vobis relinquens exemplum, etc..

Sic ergo intelligitur quod dicit rursus crucifigentes, id est crucis Christi fructum percipientes, et hoc quantum ad id quod dat efficaciam pœnitentiæ, et ostentui habentes, quantum ad exemplum pœnitendi. Et sic accipitur ostentum in bonum.

Ista vero similitudo, quæ ponitur hic, de terra potest referri, vel ad id quod supra dictum est feramur ad perfectionem: et tunc erit sensus, quod si feramur, habebimus benedictionem sicut terra bona.

Vel potest continuari ad dictum immediate, secundum expositionem utramque sive de baptismo sive de alia vita. Illa tamen de baptismo magis est litteralis; et sic est sensus: sicut terra culta, si iterato profert spinas, non colitur, sed comburitur: sic homo peccans post baptismum, ulterius non abluitur.

Et tangitur circa bonam terram primo beneficium impensum; secundo fructum quem profert, ibi et generans herbam; tertio præmium, ibi accipit benedictionem.

Terra ista est cor humanum. Lc. VIII, 15: quod autem cecidit in terram bonam, hi sunt qui in corde bono et optimo, etc.. Quod dicitur terra, quia sicut terra indiget pluvia, ita homo indiget gratia Dei. Ps. LXIV, 9: visitasti terram, et inebriasti eam.

Is. LV, 10: quomodo descendit imber et nix de cælo, et illuc ultra non revertitur, sed inebriat terram, et infundit eam, et germinare eam facit, etc.. Sed beneficium, quod percipit, et doctrina fidei, est quasi imber superveniens, quam pluit in cordibus auditorum, mediantibus prædicatoribus et doctoribus. Is. V, 6: mandabo nubibus, ne pluant super eam imbrem. Iob XXXVI, 27 s.: effudit imbres ad instar gurgitum, qui de nubibus fluunt, etc..

Hunc imbrem bibit quando quod audit, intelligit, et ad illud afficitur. Is. LV, 1: omnes sitientes venite ad aquas, etc..

Ista doctrina est super se, id est desuper veniens, et hoc quantum ad principium huius doctrinæ. Vel super se, quia quædam doctrina est de terra, qua scilicet homo inhæret terrenis; alia est de cælis, quæ scilicet docet cælestia. Iac. III, 15: non est ista sapientia desursum descendens, sed terrena, animalis, diabolica, et post sequitur ibidem: quæ autem desursum est sapientia primum quidem pudica est, etc.. Vel super se, id est, super facultatem humanæ rationis.

Nam aliæ scientiæ sunt secundum humanam rationem inventæ, hæc autem divinitus inspirata.

Eccli. III, 25: plurima supra sensum hominum monstrata tibi sunt.

Dicit autem non semper, nec raro, sed sæpe, quia, ut dicit Augustinus, et habetur in Glossa, si semper, vilescit; si raro, non sufficit et negligitur. Iob XVI, 2: audivi frequenter talia.

Fructus est, quia generat herbam opportunam cultoribus. Ista sunt bona opera, quæ facit homo per doctrinam susceptam.

Gen. I, 11: germinet terra herbam virentem, etc..

Ista terra colitur primo a Deo. Io. XV, 1: pater meus agricola est, etc.. Colitur etiam a prælato. I Cor. III, 6: ego plantavi, Apollo rigavit, etc.. Colitur etiam ab homine ipso. Prov. XXIV, 27: diligenter exerce agrum tuum.

Est autem opportuna Deo ad gloriam.

I Cor. X, 31: omnia in gloriam Dei facite. Aliis ad meritum, et ad gloriam. I Thess. II, 20: vos enim estis gloria nostra et gaudium. Ipsi vero operanti ad vitam æternam. Rom. VI, 22: habetis fructum vestrum in sanctificationem: finem vero vitam æternam.

Deinde cum dicit accipit benedictionem a Deo, ostendit præmium, scilicet benedictionem divinam. Ista autem benedictio nihil aliud est, quam factio bonitatis in nobis: quæ quidem in præsenti vita fit imperfecta, sed in futuro erit perfecta. I Pet. III, 9: in hoc vocati estis, ut benedictionem hæreditate possideatis.

Deinde cum dicit proferens, etc., agit de mala terra; ubi tria facit: primo supponit beneficium, quod dictum est; secundo ponit malum fructum, dicens proferens autem; tertio ostendit pœnam, ibi reproba est.

Fructus ergo sunt spinæ, id est, minora peccata, et tribuli, id est, maiora, quæ pungunt conscientiam propriam, quandoque etiam alienam, illa scilicet quæ sunt contra proximos.

Gen. III, 18: *spinas et tribulos germinabit tibi.*

In pœna vero ponit tria, scilicet divinam reprobationem, iudiciariam condemnationem, ibi *maledicto proxima,* et finalem punitionem, ibi *cuius consummatio, etc..* Quantum ad primum dicit *reproba est.* Sicut enim prædestinatio est principium remunerationis, ita reprobatio signum est condemnationis. Quod ergo aliquis frequenter rigetur præceptis salutaribus, signum est reprobationis, si persistat in peccatis. Ier. VI, 30: *argentum reprobum vocate eos, quia Dominus proiecit eos.*

Condemnatio est, quia proxima maledicto.

Matth. XXV, 41: *ite, maledicti, in ignem æternum.*

Punitio est cuius consummatio in combustionem. Is. IX, 5: *vestimentum mixtum sanguine erit in combustionem, et cibus ignis.*

Lectio 3

Quia apostolus multa, quæ dura videbantur, de statu istorum dixerat, modo, ne ex illis desperarent, ostendit qua intentione hoc dixerit, scilicet ut ipsos a periculis retraheret.

Unde circa hoc duo facit.

Primo enim ostendit fiduciam, quam de ipsis habebat; secundo subdit rationem confidentiæ, ibi *non enim iniustus est Deus.*

Dicit ergo: ita dixi, quod terra quæ profert spinas et tribulos, etc.. Et ne credatis, quod ego tales vos reputem, *confidimus de vobis, dilectissimi,* et hoc propter fidem et charitatem, *meliora et viciniora saluti.*

Ubi commendat statum ipsorum ex duobus, scilicet ex eo quod iam erant: quia ex eo quod dicit *meliora,* supponit quod erant in bono statu, et ex eo quod expectabant in futurum, unde dicit *viciniora saluti.* Rom. XIII, 11: *nunc autem propior est nostra salus quam cum credidimus.* Quanto enim quis proficit in bonis, tanto magis appropinquat saluti. Sequitur *tametsi ita loquimur,* id est, quia etsi sic loquimur, hoc est ut reddamus vos cautos, et hoc procedit ex charitate. Ps. CXL, 6: *corripiet me iustus in misericordia, et increpabit me, etc..*

Deinde cum dicit *non est enim iniustus Deus, ut obliviscatur, etc.,* ostendit rationem confidentiæ, quæ duplex est.

Una ex bonis ipsorum præteritis; alia ex promissione Dei, ibi *Abrahæ namque, etc..*

Quia vero apostolus duo dixerat: unum scilicet quod de ipsis confidebat; aliud quod aspere ipsis loquebatur, ideo duo facit: primo enim assignat rationem primi; secundo rationem secundi, ibi *cupimus, etc..*

Ratio autem quare ipse de his confidat, hæc est, quia recordatur multorum bonorum quæ ipsi fecerunt. Unde dicit *confidimus autem, etc..* Et quare? quia non est iniustus Deus, ut obliviscatur operis vestri.

Contra Ez. XVIII, 24: si averterit se iustus a iustitia sua, etc.. Et Paulo post ibidem sequitur: omnes iustitiæ eius non recordabuntur.

Et ibi subditur: non est æqua via Domini.

Respondeo. Dicendum est, quod homo, qui cadit post gratiam, dupliciter se potest habere.

Uno modo, quod in malo perseveret, et tunc Deus omnes iustitias eius obliviscitur; alio modo, quod pœniteat, et tunc bonorum præcedentium recordatur, quia reputantur sibi ad meritum. Unde dicit Glossa, quod mortificata reviviscunt.

Sed tunc videtur dubium, quia constat quod iustitia respicit meritum: si ergo iustitia Domini exigit quod Deus non obliviscatur si pœniteat, sicut dicit Glossa, ergo cadit sub merito quod resurgat a peccato, et sic meretur gratiam, quod est impossibile.

Respondeo. Dicendum est quod duplex est meritum. Unum quod innititur iustitiæ, et istud est meritum condigni; aliud quod soli misericordiæ innititur, quod dicitur meritum congrui. Et de isto dicit quod iustum est, id est congruum, quod homo, qui multa bona facit, mereatur. Ista enim misericordia est adiuncta quodammodo iustitiæ, plusquam in illo, qui numquam aliud fecit. Et isto modo non obliviscitur Deus operis et dilectionis.

Soli enim charitati debetur vita æterna. Io. XIV, 23: si quis diligit me, sermonem meum servabit. Quicquid enim non est ex charitate, non est meritorium. I Cor. XIII, 3: si charitatem non habeam, nihil prodest.

Et ideo, hic non dicit tantum operis vestri, sed addit dilectionis, quia etiam, sicut dicit Gregorius, non est amor Dei otiosus; operatur enim magna, si est, si operari renuit amor non est. I Io. III, 18: non diligamus verbo neque lingua, sed opere et veritate. Ideo subdit quam ostendistis in nomine ipsius. Col. III, 17: omne quodcumque facitis in verbo, aut in opere, omnia in nomine Domini nostri Iesu Christi, etc..

Quid autem ostenderint et in quo, ostendit, quia ministrastis sanctis, scilicet subveniendo necessitatibus sanctorum. Matth. XX, 26: quicumque voluerit inter vos fieri maior, sit vester minister. Rom. XII, 13: necessitatibus sanctorum communicantes.

Et quia in omnibus est necessaria continuatio, ideo subdit et ministratis. Et ideo si peccastis, ex divina misericordia adiuncta iustitiæ dabit veniam.

Consequenter cum dicit cupimus autem, assignat rationem quare ita dure locutus fuerat, scilicet ex desiderio salutis ipsorum.

Unde circa hoc tria facit quia primo ostendit suum desiderium; secundo subdit imminens periculum, ibi ut non segnes efficiamini; tertio declarat per exemplum, ibi verum imitatores.

Dicit ergo: diximus ista non quasi desperantes de vobis, sed magis quia cupimus unumquemque, id est, de unoquoque, vestrum. Phil. I, 8: testis est mihi Deus quomodo cupiam vos omnes in visceribus Iesu Christi.

Sed quid cupimus? ostendere eamdem sollicitudinem, id est, ut sitis solliciti ostendere per exhibitionem operis, hanc sollicitudinem ad bona, quam semper habuistis. Unde patet, quod ad opera pietatis requiritur sollicitudo.

Lc. X, 41: Martha, Martha, sollicita es, etc..

Item ad propriam salutem. II Tim. II, 15: sollicite cura teipsum probabilem exhibere Deo.

Et quare? ad expletionem spei, scilicet adimplendo quod cœpistis, consequamini quod speratis. Rom. V, 5: spes non confundit.

Et hoc totum usque in finem. Qui enim perseveraverit usque in finem, hic salvus erit.

Deinde cum dicit ut non segnes efficiamini, ostendit periculum, quod est pigritia.

Et est segnities timor futuræ bonæ operationis propter timorem, scilicet vel ne deficiat, vel ne pœniteat. Prov. XXII, 13: piger dicit: leo est in via. Unde pigri semper allegant impedimenta.

Deinde cum dicit verum imitatores, etc., ponit exemplum, quasi dicat: non sitis pigri, sed magis imitamini, accipiendo exemplum in prophetis. Iac. V, 10: accipite exemplum patientiæ, etc., et sequitur: prophetas.

Et in aliis sanctis, scilicet apostolis.

I Cor. II: imitatores mei estote, sicut et ego Christi. Sitis ergo imitatores eorum qui fide, sine qua impossibile est placere Deo, infra XI, 6; et patientia contra adversa, hæreditabunt promissiones. Per fidem enim formatam et patientiam acquiritur hæreditas promissa. Infra XI, 33: sancti per fidem vicerunt regna, operati sunt, etc..

Lectio 4

Supra apostolus ostendit causam quare de istis confidebat, et hoc propter bona quæ fecerunt, hic ostendit idem ex promissione facta patribus.

Unde circa hoc facit duo.

Primo enim præmittit promissionem; secundo assignat rationem dictorum, ibi homines enim.

Circa primum tria facit.

Primo enim ostendit cui facta sit promissio; secundo ostendit promissionis modum esse convenientem, ibi quoniam neminem, etc.; tertio promissionis effectum, ibi et sic longanimiter.

Promissio facta est Abrahæ. Gal. III, 16: Abrahæ dictæ sunt promissiones, etc.. Et huius est ratio, quia per fidem inhæremus Deo, et ideo per fidem consequimur promissiones. Primum enim exemplum fidei fuit in

Abraham, et hoc quia primus recessit a consortio infidelium. Gen. XII, 1: egredere de terra tua, etc.. Secundo, quia primus aliquid credidit, quod erat supra naturam. Rom. IV, 18: qui contra spem, in spem credidit.

Unde Gen. XV, 6: credidit Abraham Deo, et reputatum est ei ad iustitiam. Primus enim accepit signaculum fidei, scilicet circumcisionem, Rom. IV, 11.

Modus promissionis est quantum ad duo: primo quantum ad iuramentum interpositum; secundo quantum ad verba promissionis, ibi nisi benedicens benedicam tibi, etc..

Dicit ergo: Deus volens ostendere promissionem suam firmam et stabilem, quia non habuit maiorem se, per quem iuraret Ps. CXII, 4: excelsus super omnes gentes Dominus, etc. Iuravit per semetipsum. Gen. XXII, 16: per memetipsum iuravi, dicit Dominus, etc..

In quo habes exemplum, quod iuramentum de se non est illicitum, quia Scriptura nihil Deo attribuit quod de se sit peccatum. Intendit enim Scriptura nos ad Deum ordinare et ducere. Eph. V, 1: estote imitatores Dei sicut filii, etc.. Tamen interdicitur frequentia iuramenti. Eccli. XXIII, 9: iurationi non assuescat os tuum, etc.. Item iuramentum in vanum. Ex. XX, 7: non assumes nomen Dei tui in vanum.

Consequenter cum dicit nisi benedicens, etc., ostendit modum promissionis; quasi dicat non credatur mihi, nisi benedicam tibi, ut sit modus iurandi quasi per executionem. Dicit autem benedicens, quod pertinet ad bonorum collationem. Benedictio enim Domini divites facit, sicut dicitur Prov. X, 22. Et multiplicans multiplicabo te, quod etiam pertinet ad prolis numerositatem.

Et utrumque fuit Abrahæ promissum, sicut patet Gen. XIV et XXV.

Ingeminat autem dicendo benedicens benedicam, ut designet bona temporalia et spiritualia, et continuitatem benedictionis. Vel benedicens benedicam in multitudine prolis sanctæ, quæ Gen. XV, 5 designatur per stellas cæli, ubi dicitur suspice cælum, et numera stellas, si potes, etc.. Et multiplicans multiplicabo in numerositate prolis malæ et perversæ, quæ ibidem, scilicet XXII cap., designatur per arenam maris. Ingeminatur etiam multitudo, quod est propter numerositatem prolis bonæ vel malæ; vel propter continuitatem multitudinis. Vel benedicam in bonis gratiæ, et multiplicabo in bonis gloriæ.

Ps. XXX, 19: quam magna multitudo dulcedinis tuæ, Domine, etc..

Effectus promissionis fuit, quia longanimiter ferens, adeptus est repromissionem.

Longanimitas est non solum in faciendo magnum aliquid, sed etiam in expectando in longum. Abraham autem promissionem habuit, nec unquam passum pedis terræ possedit, ut dicitur Act. VII, 5. Et usque in senectutem prolem non suscipit, et tamen a spe non decidit. Iac. V, 10: accipite exemplum, fratres mei, mali exitus, et longanimitatis, et laboris, et patientiæ prophetas, etc.. Is. LI, 2: attendite ad Abraham patrem vestrum, etc..

Deinde cum dicit homines enim per maiorem sui iurant, ponit rationem prædictorum, et circa hoc facit tria.

Primo enim ponit humanam consuetudinem; secundo assignat rationem consuetudinis, ibi in quo abundantius; tertio subdit fructum rationis, ibi ut per duas res immobiles.

Consuetudo enim humana duplex ponitur una quantum ad id per quod iuratur; alia quantum ad effectum iuramenti, ibi et omnis controversiæ.

Illud autem per quod iuratur, est maius, et hoc rationabiliter. Nihil enim aliud est iurare, nisi dubium confirmare. Sicut ergo in scientiis nihil confirmatur, nisi per id quod est magis notum: ita quia nihil certius est apud homines, quam Deus, ideo per ipsum, tamquam per maius et certius, iuratur.

Sed contra. Quandoque enim iuratur per filium, qui minor est, ut cum dicitur: per Christum. Aliquando vero per creaturam, sicut Ioseph iuravit per salutem Pharaonis, Gen. XLII, 15.

Respondeo. Dicendum est, quod duplex est modus iurandi per Deum: uno modo per simplicem attestationem; ut cum absolute dicitur: per Deum ita est quasi dicat: testis est mihi Deus, quod ita est, sicut dico.

Rom. I, 9: testis est mihi Deus, cui servio in spiritu meo.

Aliquando vero per execrationem, quod fit quando aliquid obligatur ad vindictam Deo, si non sit ita, puta caput, vel anima, vel aliquid huiusmodi, sicut iuravit apostolus. II Cor. I, 23: testem Deum invoco in animam meam, quasi dicat: obligo animam meam pro testimonio, pro quo ipsum nomen Dei assumo. Et istud est gravissimum.

Per creaturam autem iuratur non inquantum est talis, sed inquantum in ipsa relucet aliquod indicium divinæ potestatis. Quia enim omnis potestas a Deo est, Rom. XIII, 1, inquantum aliquis exercet potestatem super aliquam multitudinem: si iuratur per ipsum, iuratur per Deum, cuius potestas in ipso relucet.

Et sic iuravit Ioseph per salutem Pharaonis.

Hoc est ergo, quod dicit homines per maiorem sui jurant.

Sciendum est autem, quod a iuramento sunt excludendi alias periuri, quia debet iuramento maxima reverentia exhiberi, et ex retro actis præsumitur, quod debitam reverentiam iuramento non exhibebunt. Item ad ipsum non sunt cogendi pueri ante annos pubertatis, quia nondum habent perfectum usum rationis, quo sciant iuramento debitam reverentiam exhibere. Item personæ magnæ dignitatis, quia iuramentum requiritur ab eis, de quarum dicto, vel facto dubitatur.

Derogat autem hominibus magnæ auctoritatis, ut dubitetur de veritate eorum quæ dicunt. Unde et in decretis, II quæst. IV dicitur, quod sacerdos ex levi causa iurare non debet.

Causæ autem in quibus liceat iurare hæ sunt: pro pace firmanda, sicut Laban iuravit, Gen. XXXI, 44 ss.; secundo pro fama conservanda; tertio pro fidelitate tenenda, sicut feudatarii iurant dominis; quarto pro obedientia implenda, si præcipitur a superiori aliquid honestum; quinto pro securitate facienda; sexto pro veritate attestanda. Sic iuravit apostolus, Rom. I, 9: testis est mihi Deus, etc..

Deinde cum dicit et omnis controversiæ, etc., ponit effectum iuramenti qui in hoc consistit, quod per iuramentum finitur omnis controversia. Sicut enim in scientiis, quando resolvitur usque ad prima principia demonstrabilia, quiescitur, ita divina lege introductum est, quod cum pervenitur ad primam veritatem est status, quod fit quando ipsa in testimonium invocatur. Ex. XXII, 8: applicabitur ad deos, et iurabit, et sic sopitur omnis quæstio et controversia.

Deinde cum dicit in quo abundantius, ponit rationem, quare Deus voluit iurare, scilicet ad ostendendam firmitatem promissionis suæ.

Unde dicit in quo, id est, eo ipso Deus interposuit iuramentum, volens abundantius ostendere, etc.. Abundans enim fuit, quod promisit, sed abundantius fuit, quod iuravit.

Volens, inquam, ostendere hæredibus pollicitationem, id est rei pollicitæ. Rom. IX, 8: qui filii sunt promissionis æstimantur in semine.

Ostendere, inquam, immobilitatem.

Sciendum est, quod in his quæ a Deo procedunt, duo sunt consideranda, scilicet ipse processus rerum, et consilium Dei a quo talis processus causatur. Consilium Dei est omnino immobile. Is. XLVI, 10: consilium meum stabit, et omnis voluntas mea fiet. Sed dispositio est bene mutabilis. Nam Dominus aliquando pronuntiat aliquid, secundum quod exigit ordo et processus rerum, sicut patet, Is. XXXI: dispone domui tuæ, quia morieris tu, et non vives. Habebat enim cursus infirmitatis, quod ex illa moreretur. Et similiter ion. III, 4: adhuc quadraginta dies, et Ninive subvertetur, quia ipsa meruerat subversionem sui ipsius. Ier. XVIII, 7 s.: repente loquar adversus gentem, et adversus regnum, ut eradicem, et destruam, et disperdam illud.

Si pœnitentiam egerit gens illa a malo suo, quod locutus sum adversus eam, agam et ego pœnitentiam super malo, quod cogitavi ut facerem ei. Et tunc prophetia est comminationis.

Quandoque vero pronuntiatur aliquid secundum quod respicit consilium Dei æternum: et super hoc Deus numquam pœnitet, nec illud retrahit. I Reg. XV, 29: triumphator in Israel non parcet, et pœnitudine non flectetur.

Tamen sciendum est, quod quandocumque Dominus promittit

aliquid sub iuramento, est prophetia praedestinationis, quae est ostensiva divini consilii; et ista promissio penitus immutabilis est.

Deinde cum dicit ut per duas res, etc., ostendit fructum promissionis: et primo ostendit, quis sit ille fructus; secundo quis consequatur hunc fructum, ibi quam sicut anchoram.

Fructus autem est, ut spes nostra sit certa: unde dicit ut habeamus fortissimum, id est firmissimum, solatium spei, per duas res immobiles, quibus impossibile est mentiri, scilicet per Deum, qui promittit, qui non mentitur, Num. XXIII, 19: non est Deus, ut filius hominis, ut mentiatur, et per iuramentum, in quo est maior confirmatio veritatis.

Sciendum est autem, quod sicut delectatio sensibilis est experientia sensibilis, et memoria de praeterito, ita spes de futuro. I Mach. II, 61: omnes qui sperant in ipso, non infirmantur.

Is. XL, 31: qui sperant in Domino, mutabunt fortitudinem, assument pennas, ut aquilae, current, et non laborabunt, etc.. Habeamus, inquam, nos, qui confugimus a malis, scilicet mundi, et ab impugnatione hostis, ad tenendam propositam nobis spem. Ps. LXXXIX, 1: Domine, refugium factus es nobis.

Prov. XVIII, 10: turris fortissima nomen Domini. Ad ipsam currit iustus, et exaltabitur.

Deinde cum dicit quam sicut anchoram, ostendit quod fideles promissionem istam consequantur, et utitur quadam similitudine.

Comparat enim spem ipsi anchorae, quae sicut in mari navem immobilitat, ita spes animam firmat in Deo in hoc mundo, qui est quasi quoddam mare. Ps. CCIII, 25: hoc mare magnum et spatiosum manibus. Ista tamen anchora debet esse secura, ut scilicet non deficiat. Unde fit de ferro. II Tim. I, 12: scio enim cui credidi, et certus sum, etc.. Item debet esse firma, ut scilicet non cito a navi removeatur: ita homo debet alligari isti spei, sicut anchora navi alligatur.

Est autem differentia inter anchoram et spem, quia anchora in imo figitur; sed spes in summo, scilicet in Deo. Nihil enim in praesenti vita est firmum, ubi posset anima firmari et quiescere. Unde Gen. VIII, 9, dicitur, quod columba non invenit ubi requiesceret pes eius. Et ideo dicit, quod debet incedere usque ad interiora velaminis.

Apostolus enim per sancta, quae erant in tabernaculo, intelligit statum praesentem ecclesiae, sed per sancta sanctorum, quae per velum distinguebantur a sanctis, intelligit statum futurae gloriae. In illo ergo vult quod figatur anchora spei nostrae, qui est modo velatus ab oculis nostris. Is. LXIV, 4: oculus non vidit, Deus, absque te, quae praeparasti expectantibus te. Ps. XXX, 19: quam magna multitudo dulcedinis tuae, Domine, quam abscondisti timentibus te.

Hanc ibi fixit praecursor noster, qui ibi ingressus est. Unde Io. XIV, 2: vado parare vobis locum. Mich. II, 13:

ascendit pandens iter ad eos. Et ideo dicit, quod ipse tamquam præcursor pro nobis ingressus est interiora velaminis, et ibi fixit spem nostram, sicut dicitur in collecta, in vigilia, et in die ascensionis.

Tamen quia intra velum non licebat intrare nisi summo sacerdoti, Lev. XVI, 2, ideo dicit, quod Iesus, qui pro nobis ingressus est, factus est pontifex in æternum secundum ordinem Melchisedech.

Ecce quam eleganter redit apostolus ad propositum suum. Ipse enim cœperat loqui de sacerdotio, et tamen fuerat multum digressus: sed nunc ad istud redit, sicut patet.

Capitulus VII

Lectio 1

Supra apostolus, V cap., probavit Christum esse sacerdotem. In VI autem capite interposuit quædam ad præparandos animos auditorum; hic redit ad suum propositum.

Intendit enim probare excellentiam sacerdotii Christi ad sacerdotium leviticum.

Et circa hoc facit duo primo enim ostendit excellentiam sacerdotii Christi ad sacerdotium veteris testamenti; secundo ostendit quod fideles debent sacerdoti Christo reverenter subdi. Et hoc in medio decimi capitis, ibi habentes itaque, fratres, fiduciam.

Circa primum duo facit.

Primo enim ostendit prærogativam sacerdotii Christi super leviticum ex parte personæ ipsius sacerdotis; secundo ex parte ministerii, VIII cap. Ibi capitulum autem.

Circa primum duo facit quia primo ostendit existentiam sacerdotii Christi ex promissione divina; secundo ostendit necessitatem sacerdotii eius, ibi talis enim decebat.

Promissionem vero ostendit per illud Ps. CIX, 5: iuravit Dominus, et non pœnitebit eum, etc.. Unde tria ostendit ad propositum suum probandum.

Primo illud quod dicitur secundum ordinem Melchisedech; secundo illud quod dicitur iuravit, ibi et quantum est non sine iureiurando; tertio illud quod dicitur tu es sacerdos, ibi et alii quidem plures.

Circa primum duo facit quia primo ostendit similitudinem Christi ad Melchisedech; secundo ex hac similitudine præfert sacerdotium Christi levitico, ibi intuemini autem.

Circa primum duo facit quia primo describit conditiones Melchisedech; secundo ostendit, quomodo conveniunt Christo, ibi primum quidem.

Describit autem Melchisedech primo ex nomine, cum dicit hic autem Melchisedech.

Sic enim nominat eum Scriptura, Gen. XIV, 18, ubi habetur historia, quam apostolus hic supponit. Et secundum Glossam, Hebræi dicunt ipsum fuisse Sem primogenitum Nœ, et tunc quando Abraham habuit victoriam, erat annorum 390, alias 309. Et occurrit Abrahæ nepoti suo.

Secundo describit eum a dignitate.

Erat enim rex et sacerdos.

Quantum ad primum dicitur rex Salem. Et secundum aliquos, Salem dicitur Ierusalem.

Sed contra est Hieronymus in quadam epistola, quia, ut ipse dicit, non poterat esse quod ei occurreret a Ierusalem, quod probat ex situ. Alii autem dicunt, quod Salem dicitur ille locus, de quo dicitur Io. III, 23, quod iuxta illum Ioannes baptizabat, et mœnia illius loci erant adhuc tempore Hieronymi.

Quantum ad secundum dicit sacerdos Dei summi. Antiquitus enim ille, qui inter filios erat antiquior, erat sacerdos. Sed verum est, quod tempore Abrahæ multum invaluerat cultus idolorum. Et ideo ne credant, quod esset sacerdos idolorum, additur Dei summi, scilicet per essentiam, non per participationem, vel nuncupationem. Deus enim est creator omnium eorum, qui dicuntur dii, sive per participationem, sive per errorem. Ps. XCIV, 3: rex magnus super omnes deos. Is. LXI, 6: vos sacerdotes Domini vocabimini, etc..

Tertio describit eum ab officio, ibi qui obviavit, etc.. Sacerdos enim medius est inter Deum et populum. Debet enim aliquid populo conferre, scilicet spiritualia, et aliquid ab eo accipere, scilicet temporalia. I Cor. IX, 11: si nos vobis spiritualia seminavimus, non magnum est si carnalia vestra metamus.

Primo ergo debet exhiberi Ps. CXVII, 25: benediximus vobis in nomine Domini, et Gen. XIV, quod quatuor reges vicerunt quinque reges, et captivum duxerunt Lot nepotem Abrahæ. Isti quatuor reges sunt quatuor vitia principalia, opposita quatuor cardinalibus virtutibus, quæ captivum detinent affectum nepotem rationis, victis quinque sensibus corporis. Qui enim superat et liberat affectum, debet confortari a sacerdote. Is. XXI, 14: occurrentes sitienti ferte aquam; et Is. XXXV, 3: confortate manus dissolutas, etc..

Secundo sacerdos debet confortare per sacramentorum administrationem benedicendo.

Unde benedixit ei. Ps. CXVII, 25: benediximus vobis in nomine Domini. Hoc autem fit impendendo sacramenta, per quæ confortatur homo in gratia. Num. VI, 27: invocabunt nomen meum super filios Israel, et ego benedicam eis, nam Deus benedicit auctoritate, sed sacerdos ministerio. Et decimas, scilicet ad sustentationem, divisit, scilicet Abraham, id est, recte distribuit.

Sed contra: quia, ut patet num. XVIII, ex lege est datio decimarum, non ergo sunt ante legem.

Respondeo. Dicendum est, quod cæremonialia veteris testamenti sunt quædam determinationes præceptorum iuris naturalis et præceptorum Moralium. Et ideo quantum ad hoc, quod habebant de iure naturali, servabantur ante legem tantum pro voto observantium, et sine aliquo præcepto. Quod enim aliquid offeratur Deo in recognitionem creationis et dominii, hoc est naturale; sed quod offeratur vitulus et hœdus, hoc est cæremoniale.

Similiter de iure naturali est, quod ministri servientes Deo, sustententur a populo, sicut enim patet Gen. XLVII, 22, hoc servabatur etiam apud gentiles. Unde sacerdotes, quia pascebantur de horreis publicis, non sunt compulsi vendere possessiones suas; et ideo fuerunt ante legem. Sed determinatio huius partis est per legem. Lev. XXVII, 30: omnes decimæ Domini sunt. Et in huius signum Iacob ante legem, in loco in quo postea fuit ædificatum templum, vovit se daturum decimas.

Et hoc specialiter, quia ad hoc Dei cultus proprie exhibetur, ut significetur, quod homo quicquid habet, a Deo accepit: et totam perfectionem suam ab ipso expectat. Numerus enim denarius est perfectus, quia consurgit ex partibus suis aliquotis: quia unum, duo, tria, quatuor faciunt decem. Usque etiam ad ipsum ascendit numerus, et omnes alii non sunt nisi quædam repetitio et additio super denarium.

Omnes ergo sunt imperfecti usque dum pervenitur ad ipsum. Et similiter a Deo est omnis perfectio. Ut ergo significaret, quod a Deo est complementum omnis perfectionis, ideo dedit decimas.

Deinde cum dicit primum quidem, ostendit similitudinem Christi et Melchisedech.

Et circa hoc facit duo primo enim inducit similitudinem quantum ad conditionem personæ; secundo quantum ad sacerdotium, ibi assimilatus autem filio Dei.

Prima in duas quia primo ponit similitudinem quantum ad ea, quæ in Scriptura commemorantur; secundo quantum ad ea quæ in ipsa tacentur, ibi sine patre.

In Scriptura autem duo dicuntur de ipso. Primum quidem, nomen, scilicet Melchisedech., qui interpretatur rex iustitiæ: et significat Christum, qui fuit rex. Ier. XXIII, 5: et regnabit rex, et sapiens erit, et faciet iudicium et iustitiam in terra. Nec solum dicitur iustus, sed etiam rex iustitiæ: quia factus est nobis sapientia et iustitia, I Cor. I, 30.

Aliud quod dicitur de ipso, est conditio.

Unde dicitur rex Salem, quod est rex pacis.

Hoc autem convenit Christo. Ipse enim est pax nostra, Eph. II, 14; Ps. LXXI, 7: orietur in diebus eius iustitia et abundantia pacis.

Et in hoc docet apostolus uti interpretatione nominum in prædicationibus.

Et bene coniungit iustitiam et pacem, quia nullus facit pacem, qui non servat iustitiam.

Is. XXXII, 17: erit opus iustitiæ, pax. In mundo isto gubernantur in iustitia, sed in futuro in pace. Is. XXXII, 18:

sedebit populus meus in pulchritudine pacis.

Deinde cum dicit sine patre, ponit similitudinem quantum ad ea, quæ tacentur de ipso, quia in Scriptura non fit mentio de patre, vel matre eius, nec de genealogia ipsius.

Unde ex hoc aliqui antiqui assumpserunt materiam erroris: ut quia solus Deus est sine principio et sine fine, dicerent istum Melchisedech. fuisse filium Dei. Istud autem damnatum est sicut hæreticum.

Unde sciendum est, quod in veteri testamento, quandocumque fit mentio de aliqua solemni persona, narrantur pater et mater, et tempus nativitatis et mortis, sicut de Isaac et multis aliis. Hic autem subito introducitur Melchisedech., nulla penitus facta mentione de generatione sua, et pertinentibus ad ipsam. Et hoc utique rationabiliter. Inquantum enim dicitur sine patre, significatur nativitas Christi de virgine, quæ fuit sine patre. Matth. I, 20: quod enim in ea natum est, de spiritu sancto est. Illud autem, quod est proprium Dei, non debet attribui creaturæ. Solius vero Dei patris est esse patrem Christi. Ergo in nativitate illius, qui ipsum præfigurabat, non debuit fieri mentio de patre carnali.

Item quantum ad generationem æternam dicit sine matre. Et hoc ne intelligas istam generationem esse materialem, sicut mater dat materiam genito, sed est spiritualis; sicut splendor a sole. Supra I, 3: qui cum sit splendor, etc..

Item quando fit generatio a patre et matre, non totum est a patre, sed materia administratur a matre. Ad excludendum ergo imperfectionem a Christo, et ad designandum, quod totum quod habet, est a patre, non fit aliqua mentio de matre. Unde versus est sine matre Deus, est sine patre caro.

Ps. CIX, 4: ex utero ante Luciferum genui te, scilicet ego solus.

Sine genealogia. Et duplici de causa non ponitur genealogia eius in Scriptura: una ad designandum, quod generatio Christi est ineffabilis.

Is. LIII, 8: generationem eius quis enarrabit? alia ad designandum, quod Christus, qui introducitur ut sacerdos, non pertinet ad genus leviticum, nec ad genealogiam veteris legis. Et hæc est intentio apostoli.

Unde subdit neque initium dierum habens, neque finem vitæ. Hoc autem dicit, non quia Christus non sit natus in tempore neque mortuus, sed propter æternam eius generationem, in qua natus est sine initio cuiuscumque temporis.

Unde Io. I, 1: in principio erat verbum, id est, tempore quocumque dato ante erat verbum, ut exponit Basilius. Est enim ante omnes dies, quia per ipsum factus est mundus, cum quo incœperunt dies. Item nec finem vitæ: verum est quantum ad divinitatem, quæ est æterna. Quantum etiam ad humanitatem, iam non habet finem vitæ, quia Christus resurgens ex mortuis, iam non moritur, Rom. VI, 9. Et infra XIII, 8:

Christus Iesus heri et hodie, ipse et in sæcula.

Deinde cum dicit assimilatus autem filio Dei, etc., ostendit similitudinem quantum ad sacerdotium.

Sciendum est tamen, quod solet dici, quod posteriora assimilantur prioribus, et non e converso. Et ideo ne credatur, quod sacerdotium Christi sit posterius sacerdotio Melchisedech., hoc removet apostolus, quia et si Christus inquantum homo natus sit post eum et ex tempore, tamen inquantum Deus et filius Dei est ab æterno.

Et ideo Melchisedech. secundum omnia ista assimilatus est illi, qui est filius Dei, et hoc inquantum manet sacerdos in perpetuum, quod potest dupliciter exponi. Uno modo, quia non fit mentio de fine sacerdotii eius, nec successore ipsius. Os. XII, 10: in manibus prophetarum assimilatus sum. Item est sacerdos in perpetuum, quia figuratum eius, scilicet sacerdotium Christi, in perpetuum est. Unde et in Scriptura pluries repetitur, ritu perpetuo.

Ex. XXVII, 21: cultus perpetuus erit. Lev. XXIV, 3: cultu, rituque perpetuo, quia illud quod figurabatur per istud, perpetuum erat.

Per hoc enim apostolus continuat sequentia ad præcedentia.

Lectio 2

Supra ostendit apostolus quomodo Melchisedech. assimilatus est filio Dei, hic ostendit præeminentiam sacerdotii Melchisedech. ad sacerdotium leviticum.

Et circa hoc facit duo.

Primo enim excitat attentionem; secundo ostendit propositum, ibi et quidem de filiis.

Excitat autem ipsos, quia grandia et maxima dicturus erat. Prov. VIII, 6: audite me, quia de rebus magnis locutura sum.

Et ideo dicit intuemini, id est diligenter considerate, quantus, id est, quam magnæ dignitatis sit hic cui Abraham patriarcha decimas solvit, et hoc de præcipuis. Mal. I, 14: maledictus dolosus, qui habet in grege suo masculum: et votum faciens, immolat Domino debile.

Dicitur autem Abraham patriarcha, id est, princeps patrum, non quia non habuerit patrem, sed quia sibi facta est promissio de paternitate gentium. Gen. XVII, 4: eris pater multarum gentium. Eccli. XLIV, 20: Abraham magnus pater multitudinis gentium. Rom. IV, 17: patrem multarum gentium posui te ante Deum cui credidisti.

Deinde cum dicit et quidem de filiis, ostendit præeminentiam sacerdotii Melchisedech. ad leviticum.

Et circa hoc facit duo.

Primo enim ostendit propositum; secundo ex hoc concludit intentum, scilicet quod sacerdotium Christi præfertur sacerdotio levitico, ibi si ergo consummatio.

Iterum prima in duas quia primo

ostendit propositum; secundo removet quamdam responsionem, ibi et ut ita dictum.

Prima iterum in duas.

Primo ostendit præeminentiam quantum ad id, in quo ipse usus est sacerdotio suo; secundo quantum ad conditionem sacerdotii, ibi et hic quidem decimas.

Ad sacerdotem vero duo pertinent, ut dictum est supra, scilicet accipere, et benedicere.

Duo ergo facit quia primo ostendit excellentiam quantum ad acceptionem decimarum; secundo quantum ad benedictionem, ibi et hunc qui habebat.

Circa primum adhuc duo facit quia primo ostendit de quibus competit accipere decimas; secundo quomodo hoc excellentius faciebat Melchisedech., ibi cuius autem generatio.

Dicit ergo et quidem accipientes sacerdotium de filiis levi. In hoc ostendit quibus competit accipere decimas, quia sacerdotibus.

Sciendum est autem, quod illi de tribu levi erant deputati divino cultui. Inter ipsos autem soli illi de stirpe Aaron erant sacerdotes. Ex. XXVIII, 1: applica Aaron, etc..

Et isti quia per Aaron erant de tribu levi, sumebant decimas.

Sed contra. Ergo secundum hoc soli sacerdotes accipiebant decimas, quod est contra illud Num. XVIII, 21: filiis levi dedi omnes decimas Isrælis, etc..

Respondeo. Dicendum est, quod Levitæ non accipiebant eas, nisi quia ministrabant sacerdotibus. Et ita non propter se, sed propter sacerdotes dabantur eis. Item, Levitæ accipiebant decimas decimatas, sic Num. XVIII, 26. Et ita soli sacerdotes accipiebant, et non solvebant.

Secundo ostendit quo iure accipiebant, quia ex mandato legis. Unde dicit mandatum habent decimas sumere.

Contra. Si hoc est mandatum legis, cum servare mandata legis modo sit peccatum, videtur illicitum modo dare, vel accipere decimas.

Respondeo. Dicendum est, quod in lege fuerunt quædam pure cæremonialia, sicut circumcisio, immolare agnum, et huiusmodi. Et ista quia erant figurativa tantum, non licet modo servare. Erant enim figura futuri. Unde qui modo servaret significaret Christum adhuc futurum. Quædam vero erant pure moralia, et ista modo servanda sunt, et de talibus fuit datio decimarum, sicut supra dictum est.

Unde decimatio et in lege data est, et in novo testamento. Matth. X, 10: dignus est operarius cibo suo. Lc. X, 7: dignus est operarius mercede sua. Sed determinatio talis portionis modo est ab ecclesia, sicut et in veteri testamento fuit ex lege.

Alia vero fuerunt partim cæremonialia, et partim moralia, sicut iudicialia: et ista quantum ad id quod cæremonialia sunt, non licet servare; sed quantum ad morale, debent, tamen non est necesse in propria forma servari.

Alia obiectio: quia si esset mandatum, et adhuc est, ergo peccat qui non accipit, et peccant ubi non accipiuntur.

Respondeo. Dicendum est quod aliqui dicunt quod nulli licet abrenunciare iuri accipiendarum decimarum, sed bene licet dimittere usum accipiendi propter scandalum, et hoc exemplo apostoli, qui sumptus non accipiebat ab aliquibus.

Et sic dicunt mandatum esse, quod iuri non renuntient. Melius tamen dici potest, quod non est intelligendum quod eis præceptum sit sumere, sed pro se habent introductum hoc mandatum, quod accipere possint, et alii teneantur reddere.

Tertio ostendit a quibus accipiebant, quia a populo, scilicet a fratribus suis secundum legem, quamquam ipsi, Levitæ, exierint de lumbis Abrahæ.

Quia enim aliquis posset dicere, quod sicut Melchisedech. accepit decimas ab Abraham, ita Levitæ a filiis eius, ergo non præfertur illud sacerdotium isti. Ideo hoc excludit, et dicit quod ipsimet Levitæ erant de semine Abrahæ, et sic erant inferiores eo cui decimas solverunt, scilicet Abraham.

Deinde cum dicit cuius autem, ostendit quomodo excellentius conveniebat Melchisedech. accipere decimas, quia nec ipse erat de genere Abraham; unde generatio eius non annumeratur cum eis, scilicet Levitis.

Item ex mandato legis licebat eis sumere decimas, et sic eorum sacerdotium erat subiectum observantiis legis.

Sed ille non ex mandato cuiuscumque legis, sed per se sumpsit decimas. Ideo sacerdotium eius erat figura sacerdotii Christi, quod non est subditum legi. Item ipsi accipiebant a populo infimo, scilicet a fratribus, ille autem a summo, scilicet ab Abraham.

Deinde cum dicit et hunc qui habebat, etc., ostendit excellentiam eius ex parte benedictionis, et est sua ratio talis: Gen. XIV, 19, dicitur, quod Melchisedech. benedixit Abrahæ; sed maior est qui benedicit, illo cui benedicitur: ergo, etc.. Et ideo dicit, quod Melchisedech. ipse benedixit Abraham, qui habebat repromissionem.

Contra infra XI, 39: non acceperunt repromissionem, etc..

Respondeo. Dicendum est, quod non accepit Abraham repromissionem, id est, rem promissam, quia non fuit eam consecutus, habuit tamen ipsam in fide et spe, et ad ipsum specialiter facta est repromissio.

Deinde cum dicit sine ulla autem contradictione, quod minus est a meliore benedicitur, ponit maiorem suæ rationis.

Sed hic sunt tres obiectiones. Prima est de hoc quod dicit quod minor a maiore benedicitur.

Et ex isto loco pauperes Lugdunenses dicunt quod quicumque iustus maior est peccatore, et sic iustus laicus non

669

benedicitur a malo sacerdote, sed e converso.

Unde volunt, quod omnis iustus est sacerdos, et nullus peccator est sacerdos.

Respondeo. Dicendum est, quod iste error nimis perniciosus est: quia si bonitas ministri requiratur ad collationem sacramenti, in quo est ipsa salus, sequitur quod nullus sit certus suæ salutis, nec sciret se recte baptizatum, quia non potest scire, si sacerdos sit iustus. Nullus etiam poterit esse minister, quia nemo scit utrum odio, vel amore dignus sit, Eccle. IX, 1.

Et ideo dicendum est quod aliquis potest aliquid facere dupliciter: aut auctoritate propria, aut auctoritate alterius. Quando autem auctoritate propria, tunc requiritur quod sit iustus. Sacerdos autem tantum est minister.

Unde non agit nisi in virtute Christi. I Cor. IV, 1: sic nos existimet homo, ut ministros Christi, et dispensatores ministeriorum Dei. Et ideo non nocet sive bonus, sive malus fuerit; quia Christus est, qui in ipso benedicit, et sic sine ulla contradictione, qui benedicit, maior est.

Secunda obiectio est, quia cum Christus sit maior omni sacerdote, quomodo potest corpus Christi a sacerdote consecrari? respondeo. Dicendum est, quod sacerdos benedicit materiam, non autem corpus Christi.

Item non agit auctoritate propria, sed auctoritate Christi, qui, inquantum Deus, maior est corpore suo.

Item tertia obiectio est, quia non videtur verum, quod maior benedicat semper minorem, quia Papa consecratur ab episcopo, et archiepiscopus a suffraganeo, qui tamen sunt minores.

Respondeo. Dicendum est: nec episcopus consecrat Papam, nec suffraganei archiepiscopum, sed hunc hominem, ut sit Papa, vel archiepiscopus. Item facit hoc ut minister Dei, qui maior est, quam Papa.

Deinde cum dicit et hic quidem, etc., ostendit præeminentiam sacerdotii ex parte sacerdotis ex conditione ipsius.

Et facit talem rationem: illud est excellentius, quod non corrumpitur, sed in sacerdotio levitico homines morientes, id est, per mortem succedentes, accipiunt decimas, sed ibi, id est, in sacerdotio Melchisedech., contestatur, Scriptura, quia vivit, id est, non facit mentionem de morte eius: non quia non mortuus sit, sed quia significat sacerdotium, quod manet in æternum. Christus enim resurgens a mortuis, iam non moritur, Rom. VI, 9, et Apoc. I, 18: fui mortuus, et ecce sum vivus, etc..

Consequenter cum dicit et, ut ita dictum sit, etc., respondet cuidam obiectioni.

Posset enim dici: verum est quod Melchisedech. maior est quam Abraham, qui ei dedit decimas, sed levi maior est quam Melchisedech.

Et ideo dicit apostolus, quod hoc non valet, quia, ut ita dictum sit, per Abraham, id est, mediante Abraham, et levi decimatus est, ab eo supple, qui decimas accepit, id est, a Melchisedech. Et sic adhuc est ipse maior quam levi.

Sed contra. Si alicuius episcopi pater dat decimas, non tamen propter hoc oportet quod episcopus sit minor illo, qui decimas recipit.

Ergo nec similiter in proposito.

Respondeo. Dicendum est, quod non est simile, quia tota dignitas illius generis etiam sacerdotum, erat ex Abraham; non autem sic est de episcopo, quia tota dignitas eius ex Christo est, non ex patre suo.

Deinde cum dicit adhuc enim in lumbis, etc., manifestat quod dixerat, et dicit, quod levi adhuc erat in lumbis patris Abraham quando dedit decimas Melchisedech., qui occurrit sibi, et sic Abraham decimato, decimatus est etiam levi.

Sed contra: quia sic etiam erat Christus in lumbis eius, sicut et levi. Matth. I, 1: filii David, filii Abraham. Et ideo si propter hoc maior est Melchisedech. quam levi, quia levi fuit decimatus, non videtur ratio quare Christus non fuerit decimatus: et sic adhuc Melchisedech. maior Christo erit.

Et eadem difficultas est de peccato originali: quia, ut dicitur Rom. V, 12: in quo omnes peccaverunt, id est, in Adam, et ideo videtur quod Christus, qui eodem modo fuit in ipso sicut nos, ipsum peccatum originale contraxerit.

Respondeo. Dicendum est, quod totum hoc intelligitur in his, qui in Abraham sive in Adam fuerunt, secundum rationem seminalem et corpulentam substantiam, quo modo Christus non fuit ibi, sed tantum secundum corpulentam substantiam: Christus enim fuit conceptus quo ad corpus de materia purissima et sanctissima beatæ virginis: ut habetur declaratum tertio sententiarum, tertia distinctione.

Lectio 3

Supra probavit apostolus præeminentiam sacerdotii Melchisedech. ad leviticum, hic ab eodem concludit excellentiam sacerdotii Christi, respectu sacerdotii levitici.

Sicut etiam supra dictum est, a principio huius septimi capitis, apostolus per tria probat ex auctoritate Psalmistæ propositum suum. Primo per illud secundum ordinem Melchisedech., probavit ergo præeminentiam Melchisedech. ad levi. Et ideo secundum ordinem sacerdotii Melchisedech., probat præeminentiam Christi ad sacerdotium leviticum.

Unde facit hic magnam vim de isto verbo, secundum ordinem.

Et facit duas rationes, quarum una concludit quod sacerdotium Christi præfertur sacerdotio levitico.

Secunda, quod etiam evacuat illud, et illam ponit ibi et amplius adhuc manifestum est, etc..

In prima ratione, quæ est conditionalis, ponit duo antecedentia, et per consequens duo consequentia, ibi quid adhuc, etc..

Et ratio sua talis est: si sacerdotium leviticum fuisset perfectum, per cuius ministerium erat administratio legis, non fuisset necessarium quod surgeret alius sacerdos secundum alium ordinem, per quem etiam alia lex ministraretur, sicut per leviticum lex vetus.

Sed surgit alius sacerdos secundum alium ordinem, scilicet secundum ordinem Melchisedech.

Ergo illud imperfectum erat. Sicut ergo surgit aliud sacerdotium, ita necesse est surgere aliam legem.

In ista ratione manifestum est quod sunt duo antecedentia, unum pertinens ad sacerdotium, aliud ad legem. Dicit ergo, quantum ad primum antecedens, quod si esset consummatio per sacerdotium leviticum. Quantum vero ad secundum dicit, quod si per sacerdotium lex administraretur, quod probat, quia sub ipso, id est, per eius administrationem, populus legem accepit, non quod sacerdotium præcederet legem, sed magis e converso. Unde istud secundum antecedens ponit ibi, cum dicit sub ipso enim, etc..

Mal. II, 7: labia sacerdotis custodient scientiam, et legem de ore eius requirent.

Facit autem mentionem specialiter de sacerdotio, ut transferat se ad legem, quæ per officium sacerdotale administrabatur: non enim, ut dicit Glossa, potest esse sacerdos sine testamento et lege et præceptis.

Sacerdotium vero non consummabat, id est, perficiebat. Tota enim perfectio sua erat per legem quam administrabat. Sed, ut iam dicetur, nullum ad perfectum adduxit lex, quia nec ad perfectionem iustitiæ. Matth. V, 20: nisi abundaverit iustitia vestra plusquam Scribarum, etc.. Item non dabat consummationem patriæ, quia non introducebat in vitam. Et in huius signum ipse legislator non potuit intrare terram promissionis. Deut.

Ult.. Has autem duas perfectiones habemus per Christum. Is. X, 22: consummatio abbreviata inundabit iustitiam. Rom. IX, 28: verbum consummans et abbrevians in æquitate. Hæc sunt ergo antecedentia.

Consequentia vero ponit, cum dicit quid adhuc, etc.. Et hoc quantum ad primum, quasi dicat: si illud fuisset consummatum et perfectum, quid adhuc fuit necessarium surgere alium, etc.. Id est, non dixisset secundum ordinem Melchisedech., sed secundum ordinem Aaron, quod quia non fecit, ergo erat imperfectum. Hæc est tota prima ratio, per quam patet, quod sacerdotium Christi præfertur levitico.

Secunda ratio probat quod etiam ipsum evacuat, quia perfectum evacuat imperfectum.

I Cor. XIII, 10: cum venerit quod perfectum est, evacuabitur quod ex parte est. Ergo sacerdotium Christi evacuat sacerdotium leviticum.

Est ergo primum consequens, quod sacerdotium Christi evacuat sacerdotium leviticum.

Secundum consequens est quod etiam evacuatur lex quæ per illud administrabatur.

Et istud ponit cum dicit quod translato enim sacerdotio, necesse est, ut legis translatio fiat. Erat enim lex sub administratione sacerdotii; ergo mutato sacerdotio, necesse est quod lex mutetur.

Et huius ratio est, quia mutato fine, necesse est quod mutentur ea quæ sunt ad finem, sicut qui mutat propositum eundi per aquam, mutat propositum quærendi navem.

Omnis autem lex ordinatur ad conversationem humanam secundum aliquod regimen.

Unde secundum Philosophum in politicis, mutata conversatione, necesse est mutari legem.

Sicut autem lex humana ordinatur ad regimen humanum, ita spiritualis et divina ad regimen divinum. Hoc autem regimen designatur per sacerdotium. Translato ergo sacerdotio, necesse est transferri legem.

Signanter autem loquitur, quia non dicit: sacerdote translato. Lex enim non respicit personam sacerdotis. Unde mortuo sacerdote, non mutatur lex, nisi forte sit illa introducta propter personam eius; sed mutato sacerdotio mutatur totus modus, et ordo regiminis.

Et de ista mutatione habetur Ier. III: feriam domui Israël, et domui Iuda fœdus novum, non secundum pactum quod pepigi cum patribus vestris, etc.. Rom. VIII, 2: lex spiritus vitæ in Christo Iesu liberavit me a lege peccati et mortis. Lex enim vetus dicitur lex peccati et mortis, per occasionem acceptam, quia scilicet gratiam non conferebat ex opere operato; sicut sacramenta novæ legis.

Sed obiicit hic Manichæus: si lex vetus fuit data per divinam providentiam, cum illa sit immutabilis, etiam ipsa lex esset immutabilis, et per consequens non debuit mutari. Cum ergo mutata sit, ergo non est data per divinam providentiam.

Respondeo. Dicendum est, secundum quod dicit Augustinus contra faustum, sicut sapiens dispensator una et eadem dispositione et providentia secundum diversitatem temporum et personarum dat alia et alia præcepta: sicut et alia hyeme, alia æstate, alia pueris, alia senibus, alia perfectis, alia imperfectis, et tamen est eadem providentia, ita divina providentia immobili permanente, mutata est lex propter mutationem temporum; quia ante adventum debuerunt dari præcepta, quæ figurarent venturum, sed post adventum, quæ significent venisse. Item data sunt illis præcepta sicut pueris: in novo vero sicut perfectis.

Unde lex dicitur pædagogus, quod est

proprie puerorum. Unde si in lege dicitur aliquid, quod sonet perpetuitatem, hoc est ratione figurati.

Item Glossa dicit hic quod ista translatio sacerdotii fuit figurata I Reg. II, quando sacerdotium fuit translatum ad Samuelem, qui non fuit de tribu levi.

Contra: quia Samuel non fuit sacerdos, immo magis hoc fuit figuratum in translatione sacerdotii Abiathar ad Sadoch, qui etiam erat Levita.

Et dicendum est, quod licet Samuel non esset sacerdos, tamen aliquid sacerdotale egit; quia et sacrificium obtulit, et reges unxit, scilicet Saul et David. Et quantum ad hoc, translatum est ad ipsum sacerdotium. Et sic dicitur in Ps. XCVIII, 6: Moyses et Aaron in sacerdotibus eius, et Samuel inter eos qui invocant nomen eius.

Item contra illud quod dicit Glossa quod non erat de tribu levitica, quia Helcana qui fuit pater eius, et ipse numeratur inter filios levi.

Respondeo. Dicendum est, quod Samuel quantum ad aliquid fuit de tribu Iuda, et hoc quantum ad matrem; sed quantum ad patrem de tribu levi, non tamen de Aaron; sed quantum ad locum, fuit de monte Ephraim. Licet enim undecim tribus habuerint certas provincias, non tamen tribus levi; sed inter ipsas accepit possessionem, et sic habitabat in monte Ephraim.

Deinde cum dicit in quo enim, etc., manifestat quod dixit, et primo quod sacerdotium sit translatum; secundo hoc exponit, ibi manifestum est enim.

Dicit ergo: dictum est, quod translatum est sacerdotium, quia ille cui dixit propheta tu es sacerdos, est de alia tribu, scilicet de Iuda, non de levi; sicut patet Matth. I. De qua tribu nullus præsto fuit altari, id est, altaris ministerio, scilicet de Iuda.

Sed contra: rex Ozias ingressus est templum, ut poneret incensum, II par. XXVI, 16.

Respondeo. Dicendum est, quod licite nullus præsto fuit altari, vel etiam nullus impune.

Ipse enim Ozias graviter fuit punitus, quia usque ad mortem fuit leprosus.

Et si dicas contra illud quod dicitur nullus, quod beata virgo fuit de tribu et stirpe Aaron, quia erat cognata Elisabeth, quæ fuit de filiabus Aaron, Lc. I, 5, respondeo: dicendum est quod inter stirpes, sacerdotalis et regia erant præclariores, unde et frequenter coniunctæ fuerunt per matrimonium, sicut patet de primo summo sacerdote, qui accepit uxorem filiam Aminadab sororem Naasson, qui fuit dux in tribu Iuda, Ex. VI, 23. Et etiam IV Reg. XI, 2 et II par. XXII, 11, Ioiada sacerdos duxit in uxorem Iosabeth filiam regis Ioram. Unde potuit esse, quod aliqua parte Elisabeth esset de tribu Iuda.

Deinde cum dicit manifestum est, exponit quod dixit, dicens quod manifestum est, quod Dominus ortus est de tribu Iuda, Apoc. V, 5: vicit leo de tribu Iuda, etc.. In qua nihil, etc..

Lex enim mandavit nullum assumi ad ministerium tabernaculi, nisi tantum de tribu levi; unde in tribu Iuda nihil de sacerdotibus locutus est Moyses.

Deinde cum dicit et amplius adhuc, etc.. Quia superius posuit unam rationem ad probandum quod sacerdotium Christi præfertur levitico, et ipsum evacuat, et ideo hic ponit aliam, in qua ostendit rationem evacuationis, et transmutationis illius; et utitur quadam conditionali in qua primo ponit duo antecedentia; secundo duo consequentia, ibi reprobatio.

Circa primum duo facit quia primo ponit illa antecedentia; secundo manifestat quod dixit, ibi contestatur enim.

Ratio sua talis: si novus sacerdos surgit, hoc non erit secundum legem carnalis mandati, sed secundum legem vitæ æternæ et insolubilis. Et huius ratio est quia primus fuit secundum legem illam, oportet ergo quod novus sit secundum aliam legem, si tamen surgit aliquis novus. Sed dicendum est, quod surgit alius novus.

In maiori ergo sunt duo, quorum unum pertinet ad vetus testamentum, scilicet quod est mandatum carnale, et hoc quia habebat quasdam observantias carnales, sicut circumcisionem, et purificationes carnales. Item quia promittebat pœnas et præmia carnalia. Is. I, 19: si volueritis et audieritis me, bona terræ comedetis. Infra IX, 10: iustitiis carnis usque ad tempus correctionis impositis.

Et istud antecedens ponit, cum dicit amplius manifestum est, etc.. Et patet, quod pertinet ad novum testamentum, quod non dispensatur per carnalia, sed consistit in spiritualibus.

Est enim secundum spiritualem virtutem, per quam generatur in nobis vita perpetua. Et hoc quia promittuntur in ipso bona et pœnæ perpetuæ. Infra IX, 11: Christus assistens pontifex, etc.. Matth. XXV, 46: tunc ibunt hi in supplicium æternum, iusti vero in vitam æternam. Item non consistit in carnalibus observantiis, sed in spiritualibus.

Io. VI, 64: verba quæ ego locutus sum vobis, spiritus et vita sunt. Et dicit, quod est secundum virtutem vitæ insolubilis.

Consequenter cum dicit contestatur enim, etc., manifestat quod dixerat, et facit vim in hoc, quod dicit in æternum, quia si sacerdotium est æternum, manifestum est quod dicit perpetuitatem.

Deinde cum dicit reprobatio quidem fit, etc., ponit duo consequentia. Et primo de evacuatione veteris testamenti; secundo de institutione novi, ibi introductio vero.

Primum est quod vetus testamentum fuit per legem carnalis mandati et introducitur aliud: ergo primum mutatur. Et hoc est quod dicit, quod fit prioris mandati reprobatio.

Sed contra: non reprobatur nisi malum.

Is. VII, 15: ut sciat reprobare malum. Illud autem mandatum non est malum. Rom. VII, 13: lex quidem sancta, et mandatum sanctum, et iustum, et bonum.

Respondeo. Dicendum est, quod non erat malum secundum se, sed ut inconveniens tempori.

Non enim servanda sunt in novo sacerdotio, quæ fuerunt in antiquo. Ps. XXXIX, 6 s.: holocaustum et pro peccato non postulasti, tunc dixi: ecce venio.

Et ideo dicitur, quod illud reprobatur; et hoc propter infirmitatem et inutilitatem. Illud autem dicitur infirmum, quod non potest exequi effectum suum: proprius autem effectus legis et sacerdotii est iustificare. Hoc autem non lex potuit facere. Rom. VIII, 3: nam quod erat impossibile legi, in quo infirmabatur secundum carnem. Gal. IV, 9: quomodo convertimini iterum ad infirma et egena elementa, quibus denuo vultis servire? item, inutile dicitur quod non valet ad finem consequendum. Hoc autem non potest lex, quia non adducebat ad beatitudinem, quæ finis est hominis. Sed tamen suo tempore fuit utilis, inquantum disponebat ad fidem. Infra XI, 13: iuxta fidem omnes defuncti sunt, non acceptis repromissionibus.

Quare autem sit infirmum et inutile, ostendit cum dicit nil enim ad perfectum, nec scilicet iustitiæ, nec patriæ, adduxit. Unde erat imperfecta, sed perfecta fuit per Christum.

Consequenter cum dicit introductio vero, ponit consequens secundum ex secundo antecedente, dicens introductio vero melioris spei, supple: fit per novum sacerdotem, per quam proximamus ad Deum. Si enim novus surgit, est secundum virtutem vitæ indissolubilis: hoc est antecedens; et introductio melioris, etc.: et hoc est consequens.

I Pet. I, 3: regeneravit nos in spem vivam per resurrectionem Iesu. Item per ipsum proximamus Deo. Per peccatum enim disiungimur ab ipso. Is. LIX, 2: iniquitates vestræ diviserunt inter vos et Deum vestrum, et peccata vestra absconderunt faciem eius a vobis. Hic est ergo ille, qui hoc removet, quod facit nos approximare Deo; hic autem est ille novus sacerdos, scilicet Christus, qui tollit peccata mundi, Io. I, 29. Iustificati ergo ex fide pacem habeamus ad Deum per Dominum nostrum Iesum Christum, per quem accessum habemus in gratiam istam Rom. V, 1 s..

Lectio 4

Supra apostolus ex una parte auctoritatis Psalmistæ probavit, quod sacerdotium Christi præfertur levitico, et ipsum evacuat, hic idem probat ex aliis duabus partibus et primo ex hoc, quod dicit iuravit Dominus; secundo ex hoc quod dicit tu es sacerdos, ibi et alii quidem plures, etc..

Facit autem primo talem rationem: illud quod instituitur sine iuramento, minus validum est, quam quod instituitur cum iuramento; sacerdotium autem Christi institutum est cum iuramento, sicut patet, quia dicit iuravit Dominus. Sacerdotium vero Aaron, non, sicut patet Ex. XXVIII, 1: applica ad te Aaron, etc.. Ergo, etc..

Quantum ad maiorem dicit et quantum est, supple quod, non sine iureiurando, alii quidem sine iureiurando sacerdotes facti sunt; hic autem, etc.. Omnia ista ponuntur ad probandum, quod sacerdotium Christi sit firmius, quia supra dictum est omnis promissio, facta in veteri testamento per iuramentum, signum est consilii divini immobilis. Et ideo, quia ad David et ad Abraham facta fuit ista promissio de Christo cum iuramento, specialiter dicitur Christus filius ipsorum.

Istud autem iuramentum designat æternitatem potestatis Christi. Dan. VII, 14: potestas eius, potestas æterna. Lc. I, 33: et regni eius non erit finis.

Intantum melioris, etc., quia sacerdotium est firmius, quod patet, quia per iuramentum ordinatum est, ideo oportet aliquid melius et firmius per ipsum haberi. Unde potest legi præcedens littera suspensive usque huc: quod, inquantum est non sine iuramento, intantum melioris, etc..

Sciendum est autem quod sacerdos est medius inter Deum et populum. Deut. V, 5: ego medius et sequester fui. Et ideo, quia sequester est mediator, sacerdos debet Deum et populum ad concordiam reducere. Et hoc fit, quasi per pactum de bonis temporalibus, in quibus non conquiescebat affectus nisi carnalium, secundum illud Ps. XV: quid enim mihi est in cælo, etc.. Et ideo oportuit, ut superveniret alius sacerdos, qui esset sponsor, id est promissor melioris testamenti, et melioris pacti, quia de bonis spiritualibus et stabilibus. Et hic est Iesus. Ier. XXXI, 31: feriam domui Iuda fœdus novum, non secundum pactum quod pepigi, etc.. Matth. IV, 17: pœnitentiam agite, appropinquabit enim regnum cælorum.

Deinde cum dicit et alii quidem plures, etc., utitur alia clausula posita in auctoritate tu es sacerdos in æternum.

Et circa hoc facit duo.

Primo enim ostendit quare hæc clausula in æternum apponitur; secundo ex hoc ostendit sacerdotium Christi esse maioris efficaciæ, quam sacerdotium veteris testamenti, ibi unde et salvare.

Ostendit autem, quod iste sit verus sacerdos, quia alii prohibebantur morte permanere, quia omnes necessitatem habebant moriendi. Unde Aaron mortuo, successit Eleazar, sicut patet Num. XX, 26, et sic deinceps. Sicut autem videmus in naturalibus, quæ sunt signa spiritualium, quod incorruptibilia non multiplicantur sub eadem specie, unde non est nisi unus sol: ita in spiritualibus in veteri testamento, quod fuit imperfectum, multiplicati fuerunt sacerdotes. Et hoc fuit signum quod illud sacerdotium erat corruptibile, quia incorruptibilia non multiplicantur eadem specie, ut dictum est, sed iste sacerdos, scilicet Christus, est immortalis. Manet enim in æternum, sicut verbum patris æternum, ex cuius æternitate redundat etiam æternitas in corpus eius, quia Christus resurgens ex mortuis iam non moritur, Rom. VI, 9. Et idcirco ex eo quod manet in æternum, habet sacerdotium sempiternum. Et ideo solus Christus est verus sacerdos, alii autem ministri eius. I Cor. IV, 1: sic nos existimet homo, ut ministros Christi.

Deinde cum dicit unde et salvare, etc., ostendit efficaciam eius.

Et circa hoc duo facit, quia primo ostendit efficaciam eius; secundo modum ipsius efficaciæ, ibi accedens, etc..

Efficacia eius est, quia causa est semper potentior suo effectu, et ideo causa temporalis non potest producere effectum æternum.

Sacerdotium vero Christi est æternum, non autem leviticum, ut est probatum.

Ergo Christus potest salvare in perpetuum.

Hoc autem non posset fieri, nisi haberet virtutem divinam. Is. XLV, 17: salvatus est Israel in Domino salute æterna.

Modus autem est quia accedens, etc.. Et describit istum modum a tribus, scilicet ab excellentia virtutis, naturæ et pietatis.

Virtutis quidem, quia accedit per semetipsum.

Sed contra. Accedens ad aliquem, distat ab ipso, Christus autem non distat a Deo.

Respondeo. Dicendum est, quod apostolus in verbis istis ostendit duplicem naturam, scilicet humanam, secundum quam convenit ei accedere, quia in ipsa distat a Deo; non autem accedit a statu culpæ ad statum gratiæ, sed per contemplationem intellectus et affectus, et adeptionem gloriæ. Et naturam divinam, per hoc quod dicit eum per semetipsum accedere ad Deum. Si enim esset purus homo, non posset per se accedere. Io. VI, 44: nemo potest venire ad me, nisi pater qui misit me traxerit eum. Et ideo cum apostolus dicit quod per semetipsum accedit, ostendit virtutem eius. Is. LXIII, 1: gradiens in multitudine fortitudinis suæ. Ergo accedit inquantum homo, sed per semetipsum inquantum Deus.

Excellentiam vero naturæ ostendit inquantum dicit semper vivens. Aliter enim sacerdotium eius finiretur. Apoc. I, 18: fui mortuus, et ecce sum vivens in sæcula sæculorum.

Excellentiam pietatis ostendit, quia dicit ad interpellandum pro nobis, quia licet sit ita potens, ita altus, tamen cum hoc est pius, quia interpellat pro nobis. I Io. II, 1: advocatum habemus apud patrem Iesum Christum, etc..

Interpellat autem pro nobis, primo humanitatem suam, quam pro nobis assumpsit, repræsentando.

Item sanctissimæ animæ suæ desiderium, quod de salute nostra habuit exprimendo, cum quo interpellat pro nobis.

Alia littera habet: accedentes per ipsum, et tunc designantur illi quos salvat, quia accedentes per fidem eius ad Deum. Rom. V, 1 s.: iustificati igitur ex fide, pacem habeamus ad Deum per Dominum Iesum Christum, per quem accessum habemus.

Deinde cum dicit talis enim decebat, etc., ostendit ex excellentia Christi excellentiam eius sacerdotii.

Et circa hoc facit duo.

Primo enim ostendit, quod ei conveniunt perfectiones conditionum, quæ requirebantur ad sacerdotium veteris legis; secundo ostendit, quod sibi desunt imperfectiones eius, ibi qui non habet necessitatem.

Ponit autem quatuor conditiones de ipso, quæ debent esse in sacerdote legali.

Primo quod sit sanctus Lev. XXI, 6: incensum enim Domini et panes Dei sui offerunt, et ideo sancti erunt. Hanc autem perfecte habuit Christus. Sanctitas enim importat puritatem consecratam Deo. Christus autem a principio conceptionis suæ Deo consecratus fuit. Lc. I, 35: quod enim ex te nascetur, sanctum vocabitur. Matth. I, 20: quod enim in ea natum est, de spiritu sancto est, et Dan. IX, 24: ungatur sanctus sanctorum.

Secundo quod sit innocens. Lev. XXII, 9: custodiant præcepta mea, ut non subiaceant peccato. Proprie autem dicitur innocentia puritas ad proximum. Ps. XXIII, 4: innocens manibus, etc.. Christus autem summe innocens fuit, utpote qui peccatum non fecit. Ps. XXV, 1: ego in innocentia mea ingressus sum.

Tertio quod esset impollutus, et hoc quo ad se. Lev. XXI, 17: homo de semine tuo, qui habuerit maculam, non offerat panes Dei sui. De Christo autem dicitur in figura. Ex. XII, 5: erit autem agnus sine macula, etc..

Quarto quod non commisceretur cum coinquinatis.

Lev. XXI, 15: non commisceat stirpem generis sui, vulgo gentis suæ. Christus autem fuit perfectissime a peccatoribus segregatus.

Ps. I, 1: beatus vir qui non abiit in consilio impiorum, etc.. Quod quidem verum est quantum ad similitudinem vitæ. Sap. II, 15: dissimilis est aliis vita illius. Non tamen quantum ad conversationem, quia cum hominibus conversatus est, Bar. III, 38. Et hoc propter illorum conversationem. Matth. IX, 11: quare cum peccatoribus manducat Magister vester? et intantum segregatus est, quod etiam factus est excelsior cælis, id est, super omnem cælestem creaturam, sublimata est humana natura in ipso. Supra I, 3: sedet ad dexteram maiestatis in excelsis, etc.. Ergo iste est sacerdos valde sufficiens.

Consequenter cum dicit qui non habet, etc., removet ab eo, quod erat imperfectionis in sacerdote legali. Hoc autem erat, quia ille indigebat sacrificio expiationis, ut patet Lev. XVI, 5: immolabit vitulum pro se, et hircum pro populo. Ergo orabat pro se.

Item, non tantum semel orabat pro se, sed frequenter. Et huius ratio est, quia lex instituit homines sacerdotes habentes infirmitatem.

Sap. IX, 5: homo infirmus et exigui temporis, etc.. Sed sermo, divinus, qui post legem est, interposito iureiurando, constituit filium, qui nullam de istis imperfectionibus habet, sed omnino perfectum, in æternum, scilicet sacerdotem duraturum. Non enim obtulit pro peccatis suis, sed tantum pro nostris. Is. LIII, 5: vulneratus est propter iniquitates nostras. Item nec frequenter pro nobis, sed tantum semel. I Pet. III, 18: Christus semel pro peccatis nostris mortuus est. Unica enim eius oblatio sufficit ad exhaurienda peccata totius generis humani.

Capitulus VIII

Lectio 1

Supra probavit apostolus excellentiam sacerdotii Christi ad sacerdotium leviticum ex parte personæ, hic probat idem ex parte ipsius sacerdotii, et circa hoc facit duo.

Primo enim ostendit sacerdotium Christi esse excellentius sacerdotio veteris legis, et primo hoc in generali; secundo in speciali, ibi habuit quidem et prius, scilicet IX cap..

Prima in duas.

Primo enim ponit intentum; secundo manifestat propositum suum, ibi omnis enim pontifex.

Circa primum duo facit quia primo ponit modum tradendi; secundo præmittit quæ debent dicere, ibi talem habemus pontificem, etc..

Dicit ergo capitulum, etc.. Capitulum est brevis complexio continens multa, et dicitur a capite; quia, sicut in capite virtute et quasi summarie continentur omnia quæ sunt in corpore, sic in capitulo illa quæ dicenda sunt. Ergo dicemus in quodam capitulo, et quasi in quadam summa, super ea quæ dicuntur.

Ly super, potest dicere appositum, et tunc erit sensus: quæ summarie dicenda sunt superapponentur præmissis. Vel potest designare excessum, et tunc est sensus: ea quæ dicenda sunt in summa et capitulo sunt maiora.

Deinde cum dicit talem habemus pontificem, etc., præmittit quæ debet dicere.

Et primo dignitatem huius sacerdotii; secundo officium eius, ibi sanctorum minister.

Dignitas eius est, quia talem habemus pontificem, qui consedit ad dexteram sedis magnitudinis in excelsis. Sedes est iudiciaria potestas, quæ aliquibus convenit tamquam ministris Dei, sicut omnibus regibus, quia adorabunt eum omnes reges terræ, ut dicitur in Ps. LXXI, 11, et omnibus prælatis, I Cor. IV, 1: sic nos existimet homo ut ministros Christi. Sedes ergo magnitudinis est excellentissima potestas iudicandi. Item pars dextera est potentior in animali, et significat bona spiritualia. Quia ergo Christus habet iudiciariam potestatem, dicitur sedere. Pater enim omne iudicium dedit filio, Io. V, 22.

Quia vero post Deum habet hoc, excellentissime, sedet in dextera magnitudinis in excelsis, id est, in potioribus bonis. Supra I, 3: sedet ad dexteram maiestatis in excelsis.

Hoc autem quod dicitur consedere, vel consedet, potest referri ad Christum, secundum quod est Deus; et sic consedet quia habet eamdem auctoritatem iudicandi, quam habet pater, sed distinctus est in persona. Et sic ly magnitudinis accipitur pro persona patris. Vel secundum quod homo, et hoc magis proprie ad intentionem apostoli, quia loquitur de pontificatu Christi, qui est pontifex inquantum homo. Et sic consedet, quia humanitas assumpta habet quamdam associationem ad deitatem, et consedet ad iudicandum.

Ps. VIII, 1: elevata est magnificentia tua super cælos. Io. V, 27: potestatem dedit ei iudicium facere, quia filius hominis est.

Et sic apparet dignitas sacerdotis.

Consequenter cum dicit sanctorum minister, ostendit dignitatem officii eius.

Dicitur autem minister sanctorum, id est, sanctarum ædium, scilicet sanctuariorum. Ministri enim antiqui accipiebant ministerium, ut custodirent sacra, et servirent tabernaculo.

Hoc autem excellentius habet Christus, qui est minister, non quidem inquantum Deus, quia sic est auctor, sed inquantum homo.

Lc. XII, 37: transiens ministrabit illis. Humanitas enim Christi est sicut organum divinitatis.

Est ergo minister sanctorum, quia ministrat sacramenta gratiæ in præsenti, et gloriæ in futuro.

Item est minister tabernaculi veri, quod est, vel eius ecclesia militans. Ps.: quam dilecta tabernacula tua, Domine virtutum.

Vel triumphans. Is. XXXIII, 20: tabernaculum, quod nequaquam transferri poterit.

Ps. XIV, 1: Domine, quis habitabit in tabernaculo tuo, etc.. Homo autem Christus minister est, quia omnia bona gloriæ per ipsum dispensantur.

Dicit autem veri, propter duo. Primo propter differentiam ad vetus, quod erat figurale istius. I Cor. X, 11: omnia in figura illis contingebant. Istud autem est veritas istius.

Est ergo verum, id est, veritatem continens respectu figuræ. Secundo quia illud factum est per hominem: istud autem, scilicet vel gratiæ, vel gloriæ est a solo Deo. Ps. LXXXIII, 12: gratiam et gloriam dabit Dominus.

Rom. VI, 23: gratia Dei, vita æterna.

Et ideo dicit quod fixit Deus, et non homo. II Cor. V, 1: scimus quoniam si terrestris domus nostra huius habitationis dissolvatur, quia ex Deo habemus domum non manufactam æternam in cælis.

Deinde cum dicit omnis enim pontifex, etc., explicat in speciali.

Et circa hoc facit tria.

Primo enim ostendit Christum esse ministrum aliquorum sanctorum; secundo quod non veteris legis, ibi si ergo esset; tertio quod aliquorum maiorum, ibi nunc autem melius.

Facit autem primo talem rationem: omnis pontifex ad hoc constituitur, ut offerat munera et hostias, et secundum hoc dicitur minister sanctorum. Christus autem est pontifex, ut supra probatum est.

Ergo necesse est ipsum habere aliqua, quæ offerat. Supra V, 1: omnis pontifex ex hominibus assumptus, etc.. Hostia est de animalibus, munera de quocumque alio. Lev. XXI, 6: incensum et panes Dei sui offerunt. Quia vero necesse fuit Christum habere quod offerret, ipse seipsum obtulit.

Fuit autem talis oblatio munda, quia caro eius nullam maculam peccati habuit. Ex. XII, 5: erit agnus sine macula, masculus, anniculus.

Item fuit congrua, quia congruum est, quod homo pro homine satisfaciat. Infra IX, 14: obtulit semetipsum immaculatum Deo.

Item apta ad immolandum, quia caro eius mortalis erat. Rom. VIII, 3: mittens Deus filium suum in similitudinem carnis peccati.

Item est idem ei cui offertur. Io. X, 30: ego et pater unum sumus. Item unit Deo illos pro quibus offertur. Io. XVII, 21: ut omnes unum sint, sicut tu, pater, in me, et ego in te, ut et ipsi in nobis unum sint.

Deinde cum dicit si ergo esset, ostendit quod Christus non est minister legalium.

Et circa hoc facit tria quia primo inducit quamdam consequentiam; secundo ostendit ipsam rationem, ibi cum essent; tertio probat eam per auctoritatem, ibi sicut responsum est Moysi.

Consequentia vero talis est: ergo si esset super terram, hoc est antecedens, nec esset sacerdos, et hoc est consequens.

Unde consequentia est una conditionalis. Et legitur multis modis.

Primo sic, et est secundum Glossam, nec ponitur hic nominativus; et ideo sic intelligitur: si enim illud quod offertur esset super terram, etc.; quod dupliciter intelligitur. Uno modo, ut sit sensus: si illud quod offertur esset aliquod terrenum, Christus non esset sacerdos, quasi dicat: nulla necessitas esset sacerdotii eius, quia multi essent qui talia offerrent.

Sed numquid caro Christi terrena non erat? respondeo. Dicendum est quod materialiter est terrena. Iob IX, 24: terra data est in manus impii. Sed dicitur non esse terrena: primo ratione unionis, Io. III, 31: qui de cælo venit, super omnes est, id est, filius Dei qui illam sibi univit. Item ratione virtutis activæ, scilicet spiritus sancti, qui eam formavit. Item ratione fructus; quia oblatio eius non ordinatur ad consequendum aliquid terrenum, sed cæleste. Io. VIII, 23: vos de mundo hoc estis, ego non sum de hoc mundo.

Hæc est prima expositio et melior.

Secunda talis est etsi, id est, quamvis illud quod offertur, esset super terram, quia necessarium est aliquid offerri, non esset sacerdos, seu alius idoneus: quia nullus posset idoneus inveniri ad offerendum istud.

Tres sunt aliæ lecturæ, in quibus subintelligitur offerens: et primo in generali, ut sensus sit: si esset aliquis sacerdos terrenus, qui posset offerre pro cælestibus, Christus non esset sacerdos. Alia est de Christo specialiter, sic: si Christus esset sacerdos terrenus, non competeret ei ius sacerdotii, cum essent qui secundum legem offerrent munera.

Aliter sic: si Christus adhuc esset super terram, ita scilicet quod nondum ascendisset, non esset sacerdos, quia non complevisset sacerdotium suum.

Sed secundum primam expositionem continuatur littera sic et probat, quia multi essent, qui secundum legem offerrent talia munera, scilicet illi, qui deserviunt exemplari et umbræ cælestium. Sacramenta legalia fuerunt figura aliorum, quantum ad duo, scilicet quantum ad cognitionem, et quantum ad rerum expletionem.

Quantum ad cognitionem, cum dicit exemplari, quia in veteri lege, quasi in quodam exemplari poterat legi id ad quod nostra cognitio debet ferri.

Sed videtur, quod loquatur improprie.

Exemplar enim prius est exemplato, quod proprie dicitur exemplum. Sed cælestia sunt priora, nec facta sunt ad similitudinem veteris legis, sed magis e converso.

Respondeo. Dicendum est, quod prius dicitur dupliciter: uno modo simpliciter, et sic procedit obiectio. Vel quo ad nos, et sic verum est quod illa non sunt priora.

Quantum ad secundum dicit umbræ, quia sicut umbra repræsentat corpus, nec tamen illud attingit: ita et illa repræsentabant novum testamentum. Infra X, 1: umbram habens lex futurorum, etc..

Consequenter probat per auctoritatem rationabilitatem consequentiæ, cum dicit sicut responsum est Moysi, scilicet a Domino, Ex. XXV, 40: vide, scilicet diligenter considerando, et facito omnia secundum exemplar, etc.. Quia naturaliter inferiora tendunt in similitudine superiorum. Dominus enim per sensibilia voluit nos ad intelligibilia et spiritualia manuduci. Iob XXXVIII, 33: numquid nosti ordinem cæli, et pones rationem eius in terra, etc..

Lectio 2

Supra apostolus probavit Christum esse pontificem, et per consequens ministrum sacramentorum, non tamen secundum veterem legem, hic ostendit ipsum esse ministrum maiorum et meliorum, quam illa fuerint.

Et circa hoc facit tria.

Primo enim præmittit intentum; secundo assignat causam eius; tertio probat.

Secundum, ibi quanto et melioris.

Tertium, ibi nam si illud.

Dicit ergo: dico quod non habet aliquid terrenum offerre, sed nunc, id est tempore gratiæ, sortitus est, id est sorte accepit, melius ministerium, id est dignius sacerdotium.

Dicitur sacerdotium Christi ministerium, quia non competit nisi inquantum homo fuit minister. Rom. XV, 8: dico enim Christum Iesum ministrum fuisse, etc..

Dicit autem sortitus est, id est, sorte accepit, quia illud quod habetur per sortem expectatur a Domino. Ps. XXX, 15: in manibus tuis sortes meæ. Et ideo omnia quæ fiunt secundum distributionem divini arbitrii, dicuntur sorte dari, et talia sunt effectus gratiæ.

Eph. I, 11: sorte vocati sumus, id est, divina electione, quia quando contingit deficere iudicium humanum, solent se homines conferre ad electionem et dispositionem divinam, mittentes sortem, sicut patet Act. I, 26, de electione Matthiæ. Unde Prov. XVI, 33: sortes mittuntur in sinum, sed a Domino temperantur. Christus quidem istud ministerium sorte, id est, dispositione divina, consecutus est.

Deinde cum dicit quanto et melioris, etc. Assignat causam quare ministerium hoc maius est.

Omnis enim sacerdos mediator est. Iste autem mediator est melioris fœderis, scilicet hominis ad Deum. Mediatoris enim est extrema conciliare. Iste vero ad nos divina attulit, quia per ipsum facti sumus divinæ consortes naturæ, ut dicitur II Pet. I, 4. Ipse etiam nostra offert Deo. Et ideo dicit apostolus I Tim. II, 5: mediator Dei et hominum homo Christus Iesus. Ibi promittebantur temporalia.

Is. I, 19: si volueritis et audieritis me, bona terræ comedetis. Hic autem cælestia, sicut supra dictum est. Sic ergo istud melius est quantum ad id, quod Dominus hominibus promittit.

Item in illo dicuntur quædam, quæ pertinent ad cultum Dei, et ista sunt cæremonialia: quædam vero, quæ ad rectitudinem vitæ, et ista sunt præcepta moralia, quæ manent: alia vero, non. In novo autem adduntur consilia illis præceptis, quæ dantur perfectis, qui sunt capaces spiritualium. Et sic manent præcepta eadem, sed promissa diversa.

Item sacramenta sunt diversa; quia ibi erat figura tantum, hic autem figuræ veritas expressa. Per omnia ergo testamentum illud est melius.

Deinde cum dicit num si illud, etc., probat quod illud testamentum, cuius Christus mediator est, melius est. Et facit talem rationem: si primum testamentum non habuisset culpam, non quæreretur aliud ad corrigendum defectum ipsius; sed quæritur, ergo, etc.. Antecedens ponitur, et patet in littera.

Sed contra Rom. VII, 7: lex ergo peccatum est? absit. Ergo male dicit, quod non vacabat a culpa.

Respondeo. Dicendum est quod aliquid potest convenire legi dupliciter: vel secundum se, et sic erat bona, vel ratione illorum quibus data est, et sic dicitur habere culpam propter duo. Primo quia non dabat virtutem ad purgandum commissa. Infra X, 4: impossibile est sanguine taurorum aut hircorum auferri peccata. Secundo, quia non dabat gratiam adiutricem ad vitandum peccata, sed ad cognoscendum tantum: et sic erat occasio peccati. Rom. VII, 7: concupiscentiam nesciebam, nisi lex diceret: non concupisces. Et sic dicitur non vacasse a culpa, quia homines in ipsa relinquebantur in culpa.

Sed dicit non inquireretur locus. Sicut enim corpus numquam perfecte quiescit, sed semper movetur, quousque pertingat ad locum suum, sic quamdiu habetur aliquid imperfecte, non quiescit desiderium, sed semper tendit ultra, usque dum veniet ad perfectum.

Inquirebatur ergo locus istius ab homine qui desiderabat; sed magis a Deo, qui propter nostræ salutis desiderium dicitur inquirere.

Deinde cum dicit vituperans enim, etc., probat veritatem consequentis, scilicet quod inquiritur locus testamenti, et hoc per auctoritatem Ier. XXXI, 31: ecce venient dies, etc..

Et circa hoc facit duo.

Primo enim præmittit auctoritatem; secundo arguit ex ipsa, ibi dicendo autem novum.

Prima in duas.

Primo enim præmittit prophetiam de novi testamenti datione; secundo describit ipsum, ibi non secundum testamentum, etc..

Iterum prima in tres.

Primo enim ostendit temporis dationis opportunitatem; secundo novi testamenti perfectionem, ibi consummabo testamentum novum; tertio quibus datum fuit, ibi super domum Iuda.

Dicit ergo vituperans enim Dominus, non quidem legem, sed eos, qui scilicet erant sub lege, dicit: ecce dies veniunt, etc.. Hæc est auctoritas, quæ est Ier. XXXI, 31; et non habetur omnino sub istis verbis, sed mutantur pauca. Ibi enim dicitur sic: ecce dies veniunt, dicit Dominus, et feriam domui Israel, et domui Iuda fœdus novum, non secundum pactum, quod pepigi cum patribus vestris in die qua extendi manum meam ut educerem eos de terra Aegypti, pactum quod irritum fecerunt, et ego dominatus sum eorum. Sic ergo patet quod pacta mutantur.

Dicit ergo quantum ad temporis opportunitatem ecce dies veniunt, id est tempus gratiæ, quod comparatur diei, quod illuminatum est a sole iustitiæ. Rom. XIII, 12: nox præcessit, dies autem appropinquavit.

Quantum ad perfectionem novi testamenti dicit consummabo novum testamentum.

Et dicit consummabo, quod sonat ad perfectionem.

Apoc. XXI, 5: ecce nova facio omnia.

Istud autem verbum consummabo, non habetur ibi, sed utitur eo apostolus ad designandum perfectionem novi testamenti. Is. X, 23: consummationem et abbreviationem faciet Dominus super terram. Fuit enim novum testamentum perfectum quantum ad eruditionem vitæ, quæ non extenditur tantum ad generalem iustitiæ eruditionem, sed ad perfectam. Matth. V, 20: nisi abundaverit iustitia vestra, etc.. Item in veteri testamento erant tantum figuralia: in novo vero, veritas figurarum: et ita novum consummat et perficit vetus.

Quantum ad tertium dicit super domum Israel, et Iuda. Sed numquid datur tantum Iudæis? non. Rom. IX, 6: non omnes, qui sunt ex Israel, hi sunt Israelitæ, et sequitur: non qui filii carnis, hi sunt filii Dei, sed qui filii sunt promissionis, æstimantur in semine. Illi ergo qui sortiti sunt gratiam Dei, sunt Israel per fidem, et Iuda per confessionem. Rom. X, 10: corde creditur ad iustitiam, etc..

Dicitur autem super domum, etc., triplici ratione. Una, quia Christus in propria persona prædicavit Iudæis, non gentibus.

Matth. XV, 24: non sum missus nisi ad oves, quæ perierunt domus Israel.

Secunda, quia gentiles facti sunt participes novi testamenti, sicut oleaster insertus in bonam olivam participat pinguedinem eius, Rom. XI, 24.

Alia, quia tempore Roboam et Ieroboam divisus fuit regnum Iuda a regno decem tribuum, quæ quidem remanserunt in idololatria, sed regnum Iuda magis adhæsit Deo, licet non ex toto. Et ideo utrosque tetigit.

Deinde cum dicit non secundum testamentum, describit novum testamentum et primo per differentiam ad vetus; secundo per proprias conditiones, ibi quia hoc est testamentum.

Iterum prima in duas.

Primo ostendit distinctionem novi et veteris testamenti; secundo infirmitatem veteris, ibi in die in qua.

Posset enim aliquis dicere: numquid istud novum est isti simile? ideo quasi respondens dicit: non. Quia non secundum id quod feci cum patribus eorum, in quo ostendit quod non est servandum vetus cum novo. Gal. V, 1: state et nolite iterum iugo servitutis contineri. Matth. IX, 17: neque mittunt vinum novum in utres veteres, etc..

Et Rom. VII, 6: serviamus in novitate spiritus, et non in vetustate litteræ.

Quia si aliquid inveniatur in veteri, quod gentibus indicatur ad servandum, referendum est ad intellectum spiritualem, sicut dicitur Is. XIX, 21: colent eum in hostiis et muneribus: quod totum est spiritualiter intelligendum.

Deinde cum dicit in die qua apprehendi, etc., ostendit defectum veteris testamenti et primo ex eius traditione; secundo ex eventu, ibi quoniam ipsi.

Vetus enim testamentum traditum est servis et infirmis. Servis quidem, quia quandoque exierunt de servitute Aegypti. Et quantum ad hoc dicit ut educerem illos, etc..

Gal. IV, 24: unum quidem in servitutem generans, etc.. Item quia erat lex timoris servilis.

Rom. VIII, 15: non accepistis spiritum servitutis iterum in timore, etc.. Augustinus: brevis differentia veteris et novi testamenti, timor et amor. Item infirmis, quia per se non poterant se iuvare. Et quantum ad hoc dicit apprehendi manum eorum, quod est infirmorum. Ps. LXXII, 23: tenuisti manum dexteram meam. Rom. VIII, 3: quod impossibile erat legi in quo infirmabatur.

Dicit autem patribus eorum, scilicet Abraham, Isaac et Iacob, cum quibus iniit fœdus speciale. Ps. CIV, 8 s.: memor fuit in sæculum testamenti sui verbi quod mandavit in mille generationes, quod disposuit ad Abraham, etc.. Sed istis in exitu de Aegypto promisit carnalia.

Deinde cum dicit quoniam ipsi non, etc., ostendit defectum veteris testamenti ex eventu; et primo quantum ad culpam, et ideo dicit quoniam ipsi non permanserunt in testamento meo, quia scilicet non erat scriptum in cordibus ipsorum. Unde statim post legem datam fecerunt vitulum conflatilem.

Ex. XXXII, 8 et Ps. CV, 20: fecerunt vitulum in Oreb, et adoraverunt sculptile.

Et quantum ad pœnam. Ideo dicit et ego neglexi eos. Illud enim aliquis dicitur negligere, quod permittit perire. Et sic neglexit eos, quia permisit eos perire ab exterminatore, ut dicitur I Cor. X, 10; et Ps. CXVIII, 118: sprevisti omnes discedentes a iudiciis tuis.

Alia littera: et ego dominatus sum eorum, id est, puniendo ostendi me esse Dominum ipsorum.

Deinde cum dicit quia hoc est testamentum, etc., describit conditiones novi testamenti.

Et circa hoc facit duo.

Primo ponit modum editionis eius; secundo effectum ipsius, ibi et ero eis in Deum.

Dicit ergo quia hoc est, id est tale est, testamentum quod disponam domui Israel, etc.; dispositio importat congruitatem ordinis. Et ideo dicit post dies illos, id est, post legem datam. Debuit enim post legem veterem dari nova lex, sicut primo datur pædagogus, postea Magister, ut prius homo recognoscat infirmitatem suam. In hoc ergo patet congruitas temporis dandi novum testamentum.

Modus autem tradendi duplex est. Unus per exteriora, sicut proponendo verba ad cognitionem alicuius. Et hoc potest homo facere, et sic traditum fuit vetus testamentum.

Alio modo interius operando. Et hoc proprium est Dei. Iob XXXII, 8: inspiratio omnipotentis dat intelligentiam. Et hoc modo datum est novum testamentum, quia consistit in infusione spiritus sancti, qui interius instruit. Non autem sufficit tantum cognoscere, sed requiritur operari. Et ideo primo illuminat intellectum ad cognoscendum. Et ideo dicit dabo leges meas, etc.. Et dicit in plurali, propter diversa præcepta et consilia.

Et hoc facit spiritus sanctus. I Io. II, 27: unctio eius docet vos. Io. XIV, 26: ille vos docebit omnia, etc..

Item ad bene operandum inclinat affectum, unde imprimitur cordi. Et quantum ad hoc dicit in corde eorum superscribam eas, id est, super cognitionem Scribam charitatem.

Super omnia autem charitatem habete, etc., Col. III, 14, et Rom. V, 5: charitas Dei diffusa est in cordibus nostris, etc.. Et hæc est epistola, de qua subdit, II Cor. III, 3: non atramento, sed spiritu Dei vivi; non in tabulis lapideis, sed in tabulis cordis carnalibus.

Lectio 3

Supra posuit apostolus conditiones novi testamenti ex editione ipsius nunc ponit tres effectus ipsius.

Primus est hominis ad Deum perfecta coniunctio; secundus est Dei perfecta cognitio, ibi et non docebit; tertius est peccatorum remissio, ibi quia propitius ero.

Circa primum sciendum est, quod ad hoc quod homo iungatur Deo, requiritur auxilium divinæ gratiæ, quia ad hoc non potest propria virtute. Ier. XXXI, 3: in charitate perpetua dilexi te, ideo attraxi te miserans.

Primo ergo tangitur illa coniunctio ex parte Dei; secundo ex parte hominis, ibi et ipsi erunt.

Dicit ergo ero illis in Deum. Nomen Dei significat universalem providentiam. Tunc ergo est nobis in Deum, quando habet curam de nobis, et corda nostra ad se trahit, et hoc est respectu iustorum specialiter.

Ex hoc ergo quod ero eis in Deum, sequitur secundum, scilicet quod ipsi erunt mihi in populum, id est, exhibebunt se mihi in populum. Sicut enim dicit Augustinus, II de Civit. Dei, 21: populus est cœtus multitudinis, iuris consensu et utilitatis communione sociatus. Quando ergo consentiunt in ius divinæ legis, ut sint adinvicem utiles et tendant in Deum, tunc est populus Dei.

Apoc. XXI, 3: ipsi populus eius erunt, et ipse Deus cum eis erit eorum Deus.

Deinde cum dicit et non docebit, etc., ponit secundum effectum novi testamenti.

Et circa hoc duo facit.

Primo enim ponit signum effectus illius; secundo effectum ipsum, ibi quia omnes, etc..

Signum perfectæ cognitionis est, quando quis non indiget doceri, quia doctrina est via ad acquisitionem scientiæ, et ideo cessat doctrina, acquisita perfecte scientia.

Sed numquid in novo testamento unus non docet alium? et videtur quod non, per litteram istam.

Sed contra, quia apostolus vocat se doctorem gentium, I Tim. II, 7, et Eph. IV, 11: alios pastores, et doctores; Rom. XII, 7: sive qui docet in doctrina.

Respondeo. Dicendum est quod hoc quod dicitur hic, potest dupliciter intelligi. Uno modo de præsenti statu, et sic non verificatur universaliter de omnibus, sed tantum de primis fundatoribus novi testamenti, scilicet apostolis, qui immediate fuerunt instructi a Deo, quando aperuit illis sensum, ut intelligerent Scripturas. Lc. Ult.. Apostoli ergo facti sunt perfecte cognoscentes, et non ab aliis instructi, sed simul a Christo acceperunt sapientiam infusam.

Alio modo, quod referatur ad statum patriæ futurum, ad quam per novum testamentum introducimur, non per vetus. Et sic universaliter verum est quod dicitur hic.

Sed contra: homines beati sunt æquales Angelis, non maiores, sed secundum Dionysium unus Angelus docet alium illuminando ipsum: ergo et homo beatus alium docebit.

Respondeo. Dicendum est quod duplex est cognitio in beatis Angelis. Una quæ beatos facit, scilicet cognitio divinitatis, quæ sola beatos facit; sicut dicit Augustinus in libro Confess.: beatus qui te novit, etc.. Alia est quæ est omnium quæ sunt aliud a Deo, cuiusmodi sunt effectus Dei, et ista non beatificant.

Quantum ergo ad primam unus non docet alium; quia unus non beatificatur mediante alio, sed a Deo immediate. Ps. XXXV, 9: in lumine tuo videbimus lumen. Sed quantum ad aliam, quæ est aliquorum mysteriorum, unus docet alium. Et hoc forte usque ad finem mundi, quamdiu durat executio effectuum Dei. Et ideo addit dicens: cognosce Dominum, quasi dicat: non accipit Dei cognitionem.

Et dicit proximum suum et fratrem suum, quia, etsi secundum Augustinum omnes homines sint ex charitate diligendi, si tamen non possis omnibus prodesse, tamen illis specialiter debes prodesse, qui tibi coniunguntur, vel naturaliter, sicut sunt consanguinei, quos hic vocat fratres, vel alia coniunctione, et sic proximus est.

Omnes enim scient me a minimo usque ad maiorem eorum. Hæc est causa quare unus non docebit alium, quia omnes noscent Dominum. I Io. III, 2: videbimus eum sicuti est. In hac vero visione consistit beatitudo. Io. XVII, 3: hæc est vita æterna ut cognoscant te solum verum Deum, etc..

Ier. IX, 24: in hoc glorietur qui gloriatur, scire et nosse me. Et hanc doctrinam habent beati non ab aliquo alio, sed a solo Deo tantum. Is. LIV, 13: ponam universos filios tuos doctos a Domino.

Illud autem, quod dicit a minimo potest dupliciter intelligi. Uno modo quod dicantur maiores sancti antiquiores. Et sic maior et minor dicuntur secundum ordinem temporis.

Omnes ergo cognoscent, quia singuli accipient singulos denarios, Matth. XX, 9 ss.. Vel hoc dicit ad ostendendum differentiam præmiorum, quia licet omnes cognoscant, tamen unus magis alio cognoscet. Matth. V, 19: qui fecerit et docuerit, hic magnus vocabitur in regno cælorum.

Præmium enim correspondet merito; et hoc contra illos, qui dicunt pœnas et omnia merita esse æqualia, et per consequens præmia æqualia. Contra quos dicitur I Cor. XV, 41: stella differt a stella in claritate.

Deinde cum dicit quia propitius, etc., ponit tertium effectum, qui est culpæ remissio, quod non poterat vetus testamentum.

Infra X, 4: impossibile est sanguine taurorum et hircorum auferri peccata.

Dicit ergo propitius ero. Differunt autem iniquitas et peccatum, quia iniquitas opponitur iustitiæ, quæ quidem proprie semper est ad alium. Ideo iniquitas dicitur, qua quis nocet alteri. Iob XXXV, 8: homini qui similis tui est, nocebit iniquitas tua. Peccatum autem dicitur omnis defectus actionis, quia importat deordinationem. Et sic iniquitas proprie est in proximum, sed peccatum est in seipsum: et hoc proprie loquendo, large tamen idem est iniquitas et peccatum.

Et quantum ad hoc dicit quia propitius ero iniquitatibus eorum, scilicet in præsenti pœnam relaxando, nec memorabor peccatorum eorum, scilicet in futuro peccata puniendo.

Ez. XVIII, 22: omnium iniquitatum eius quas operatus est non recordabor. Ps. LXXVIII, 9: propitius esto peccatis nostris, etc., item 8: ne memineris iniquitatum nostrarum, etc.. Rom. XI, 29: sine pœnitentia enim sunt dona et vocatio Dei, etc.; id est, Deus non pœnitet, quod hic peccata remiserit, quasi iterum puniendo.

Deinde cum dicit dicendo autem novum, etc., quasi posita auctoritate arguit ex ipsa, et facit talem rationem: novum non dicitur nisi in comparatione ad vetus, sed omne quod dicitur vetus significat quasi sit prope cessationem; ergo dicendo novum, veteravit prius, id est, dedit intelligere quod prius sit vetus. Quod autem antiquatur et senescit, prope interitum est.

Si ergo illud est vetus, abiiciendum est. Lev. XXVI, 10: novis supervenientibus, vetera proiicietis. Dicendo ergo novum, designat cessationem veteris. Proprie autem nihil antiquatur, nisi quod subiacet tempori, quæ autem subiacent tempori cessant in tempore. Oportet ergo illud vetus cessare.

Dicit autem antiquatur, propter res inanimatas, sed senescit, propter animatas.

Sciendum tamen est, quod ubi habemus peccatorum, alia littera habet peccati; et tunc refertur ad peccatum originale quod omnibus est commune.

Capitulus XI

Lectio 1

Supra ostendit apostolus dignitatem novi testamenti respectu veteris in generali, hic ostendit idem in speciali, descendendo ad singula, quæ erant in utroque testamento.

Et circa hoc facit duo.

Primo enim comparat ea, quæ sunt veteris testamenti ad ea quæ sunt novi, ut super hoc ostendat dignitatem novi; secundo manifestat quædam, quæ supposuerat, X cap., ibi umbram enim habens.

Circa primum tria facit, quia primo exponit illud, quod fuit in veteri testamento; secundo ostendit significatum suum, ibi hoc significante spiritu; tertio ex his arguit ad propositum, ibi et ideo novi testamenti.

Iterum prima in duas.

Primo enim describit conditionem veteris testamenti; secundo prosequitur, ibi tabernaculum enim factum.

Circa primum sciendum est quod tam vetus quam novum testamentum ad hoc instituta sunt, ut per ipsa anima accedat ad Deum. Ad hoc autem duo sunt necessaria, scilicet recessus a peccato, et unio ad Deum. Primum fit per iustificationem; secundum per sanctificationem, et in utroque testamento fit iustificatio et sanctificatio.

Unde dicit: sic dictum est, quod prius veteravit.

Sed quale fuit illud vetus? tale quod habuit quidem et prius iustificationes culturæ, scilicet latriæ, secundum Græcum. In veteri enim fuerunt quædam ablutiones per quas mundabantur, non quidem a macula peccati, sed a quibusdam irregularitatibus quibus impediebantur a cultu Dei, sicut ex tactu mortui vel alicuius immundi, non poterant intrare tabernaculum, nisi expiati per aliquas ablutiones. Et ideo dicebantur iustificationes culturæ, quia scilicet per ea fiebat idoneus ad cultum divinum. Et de hoc habetur lev. XXII. Hieronymus: iustificationes, id est, ablutiones, quibus purificatis licebat accedere.

Sed sanctificatio eorum erat.

Et sanctum sæculare. Sæculum quandoque sumitur pro quacumque duratione.

Ps. CX, 3: in sæculum sæculi. Quandoque significat mundum istum. II Tim. IV, 9: demas me dereliquit diligens hoc sæculum.

Illa ergo sanctificatio potest dici sæcularis, quia temporalis erat, et non perpetua.

Sed littera Græca non sic accipit, quia dicit sanctum mundanum. Unde est differentia inter novum testamentum et vetus, quia licet utrumque sit corporale, tamen novum continet gratiam, et sacrum est, in quo sub tegumento rerum visibilium divina virtus salutem secretius operatur, quod non erat in veteri testamento, quoniam in se nullam continebat gratiam. Gal. IV, 9: quomodo iterum convertimini ad infirma et egena elementa? deinde cum dicit tabernaculum, etc., exponit illud quod dixit.

Et primo quantum ad dispositionem tabernaculi; secundo quantum ad ministerium sacerdotum, ibi his vero ita, etc..

Circa primum propter intellectum litteræ, sciendum est quod Dominus in deserto præcepit fieri tabernaculum, quod haberet triginta cubitos vel passus in longitudine, et decem in latitudine, ita quod Ostium erat ad orientem, ante quod dependebat velum super quatuor columnas, et quoddam tentorium, in quo erat altare holocaustorum.

Sed de hoc nihil ad propositum, quia apostolus de hoc non facit aliquam mentionem, sed in tabernaculo versus occidentem spatio decem cubitorum longitudinis, et decem latitudinis appendebatur velum super quatuor columnas; et istud dividebat partem unam decem cubitorum ab alia viginti cubitorum.

Pars autem viginti cubitorum dicitur sancta, et tabernaculum primum; sed illa decem dicitur sancta sanctorum et tabernaculum secundum.

Ista distinctio dupliciter potest exponi.

Uno modo, quia ea quæ fuerunt in veteri testamento, fuerunt figura novi testamenti.

Novum etiam est figura cælestis patriæ.

Sic ergo per primum tabernaculum, vetus testamentum; et per secundum, novum.

Alio modo per primum tabernaculum, præsens ecclesia; per secundum, cælestis gloria.

Inquantum ergo significat vetus testamentum, est figura figuræ; sed inquantum significat præsentem ecclesiam, quæ adhuc significat futuram gloriam, est figura veritatis, quantum ad utrumque.

Circa hoc ergo duo facit, quia primo describit illud quod erat in primo; secundo illud, quod erat in secundo, ibi post velamentum.

In primo autem tria erant, scilicet candelabrum aureum ad meridiem, quod ita erat factum. Ex uno enim longo hastili procedebant sex calami, quasi sex brachia, scilicet tres a dextris et tres a sinistris. Et sic in summitate erant septem rami et in quolibet erat una lucerna, quæ ardebat. Item in quolibet calamo erant quatuor, scilicet calamus, qui erat ex tribus partibus quasi tribus petiis, scilicet cyphi, spherulæ, et lilia: quia ibi duæ partes iungebantur. In fine cuiuslibet partis erat quasi quidam cyphus, in quo duo cyphi iunguntur in nucis modum, et duæ spherulæ volubiles, et duo quasi folia lilii hinc et inde.

Item in parte aquilonari erat mensa aurea in modum altaris, super quam ponebantur in sabbato duodecim panes calidi, et super quemlibet thus lucidum in patena aurea. Et stabant illi panes, qui dicebantur propositionis, usque ad diem sabbati, ubi oportebat illos amoveri, et reponebantur alii loco illorum.

Item in medio erat altare aureum ad adolendum thymiama boni odoris, et hoc ad litteram, ne domus fœteret propter multitudinem immolatitii sanguinis.

Per candelabrum autem quod illuminat, et per mensam designatur ad litteram, quod qui altari servit de altari vivat.

Dicit ergo tabernaculum prius, id est, anterior pars tabernaculi, factum est in quo erant candelabra, quæ unum erant quantum ad substantiam, sed plura quantum ad ramos, et hoc ad meridiem, et mensa ad Aquilonem, et propositio panum, id est, panes propositionis per hypallagen, sicut perflavit fistula buccas, et ista pars dicitur sancta. De hoc habetur diffuse Ex. XXV, XXVI et XXVII.

Deinde cum dicit post velamentum, etc., describit ea, quæ erant in secundo tabernaculo, scilicet arca testamenti, de lignis sethin imputribilibus, circumtecta ex omni parte, id est, tam intus quam extra, auro. In arca autem erant tria, scilicet urna aurea habens manna, et hoc in memoriam illius beneficii eis præstiti, Ex. XVI, 32 ss., et virga Aaron quæ fronduerat, Num. XVII, 8, in memoriam sacerdotii Aaron ne alius extraneus præsumeret accedere; et tabulæ testamenti, Ex. XXV, 21, in memoriam legis.

Item super arcam duo Cherubim qui tangebant se duabus alis, et tangebant alis duabus latera tabernaculi. Inter duas autem alas quibus tangebant se, erat tabula aurea eiusdem longitudinis et latitudinis, et arca, scilicet duorum cubitorum in longitudine, cubiti et semis in latitudine, et erat supereminens, quæ dicebatur propitiatorium. Unde erat quasi sedes, de qua Deus exaudiret ad repropitiandum populo. Ps. LXXIX, 2: qui sedes super Cherubim, etc.. Arca vero erat quasi scabellum pedum. Illi duo Cherubim versis vultibus ad seipsos respiciebant in propitiatorium.

Hic autem addit apostolus quartum, scilicet thuribulum aureum, de quo dicunt aliqui, quod erat altare inter sancta, ut dictum est.

In sancta quod erat exterius introibant sacerdotes omni die ad expletionem mysteriorum; sed in sancta sanctorum sacerdos summus semel in anno cum sanguine, et tunc implebat thuribulum illud thymiamate, ita quod ex fumo ascenderet nebula, quæ operiret sancta sanctorum, ne posset videri ab his qui extra erant.

Ista ergo sunt illa, quæ erant post velamentum, quod erat secundum, quod dicitur sancta sanctorum pro dignitate, sicut dicitur virgo virginum antonomastice, aureum habens thuribulum, et arca in qua erat urna, etc. Super quam, scilicet arcam, non quod haberent super eam pedes, sed alas tantum, Cherubim gloriæ, id est, gloriose facta, obumbrantia propitiatorium, scilicet alis suis, de quibus non est modo dicendum, id est, prosequendum, per singula.

Sed contra, quia III Reg. VIII, 9 dicitur, quod in arca non est aliud nisi duæ tabulæ.

Respondeo. Dicendum est, quod verum est ex principali intentione, quia ad hoc fuit arca principaliter facta, sicut patet Ex. XXV.

Quid autem ista significent, sciendum est, quod omnes cæremoniæ legis ordinabantur ad usum, secundum statum illum; ad aliud vero secundum quod erant figurativa, prout scilicet repræsentabant Christum.

Quo ad primum omnia instituta fuerunt ad repræsentandum magnificentiam Dei. Illa autem non repræsentabantur, nisi in effectibus.

Isti autem effectus habent quasi duplex sæculum: unum superius, scilicet substantiarum incorporearum, et istud repræsentatur per sancta sanctorum. Aliud est istius mundi inferioris sensibilis, et istud repræsentatur per sancta.

In mundo autem superiori sunt tria, scilicet Deus, rationes rerum, et Angeli. Deus autem omnino est incomprehensibilis, et ideo erat sedes sine sedente, quia non potest comprehendi a creatura nisi ex effectibus. Illa autem sedes erat propitiatorium, ut dictum est.

Angeli autem significantur per Cherubim propter sapientiam. Unde et Philosophi Angelos dicunt substantias intellectuales. Erant duo ad designandum quod non erant ibi positi ad colendum, quia dictum erat eis, Deut. IV: audi, Israel, Dominus Deus tuus unus est. Quod respiciunt in propitiatorium designat, quod non recedunt a contemplatione Dei. Matth. XVIII, 10: Angeli eorum in cælis semper vident faciem patris, etc..

Rationes rerum signantur per arcam. Illa vero, quæ sunt in hoc mundo, vel pertinent ad sapientiam, quæ per tabulas significatur, vel ad potentiam, quæ per virgam, vel ad bonitatem, quæ per manna, quod erat dulce, quia quicquid est dulcedinis in creatura, totum est ex bonitate Dei. Quia vero ratione rerum, quæ sunt intelligibiliter in Deo, sunt sensibiliter in creaturis corporalibus, ideo sicut in tabulis erat lumen intellectuale, ita in sanctis erat lumen corporale. Ibi manna, hic panes; ibi virga, hic altare, quod pertinet ad officium sacerdotis.

Sed inquantum per ista figurabatur Christus, omnia ista inveniuntur in ipso.

Et primo quantum ad sancta. Ipse enim est candelabrum luminis. Io. VIII, 12: ego sum lux mundi. In isto sunt sex ordines, tres a sinistris, scilicet perfecti veteris testamenti, et tres a dextris, scilicet novi testamenti. Isti designantur Ez. XIV, 14: per Noe, prælati; per Daniel, contemplativi;

per iob, activi.

Isti calami lumen accipiunt, et infunduntur, quia, sicut dicitur I Petr. IV, 10: unusquisque sicut accepit gratiam, in alterutrum illam administrantes. Cyphi sunt propinantes potum sapientiæ. Sphærulæ propter promptitudinem obedientiæ. Lilia propter finem vitæ æternæ. Septem lucernæ sunt septem dona spiritus sancti.

Item Christus est mensa refectionis. Duodecim panes sunt doctrina duodecim apostolorum et successorum suorum, qui ponuntur in sabbato spei usque ad sabbatum spei, etsi interim unus removetur per mortem, alter substituitur. Sed in magno sabbato removebuntur omnes.

In inferiori erat propitiatorium, et Christus est propitiatio pro peccatis nostris, I Io. II, 2. Duo Angeli sunt duo testamenta concorditer Christum respicientia. Vel omnes Angeli Christo servientes concorditer et unanimiter.

Matth. IV, 11: accesserunt Angeli et ministrabant ei. Dan. VII, 10: millia millium ministrabant ei. Supra I, 14: omnes sunt administratorii spiritus. Ipsi desiderant in Christum prospicere, I Pet. I, 12. Item obumbrant propitiatorium, id est, Christi ecclesiam custodiunt. Vel quia ipsorum ministerio fiebant visiones et apparitiones in quibus obumbratione figurabatur Christus.

Arca aurata de lignis sethin est caro Christi pura et pretiosissima, quæ et dicitur urna aurea propter sapientiam, plena dulcedine divinitatis.

Tabulæ sunt eius sapientia; virga est sacerdotium eius æternum; vel virga est potestas Christi; manna dulcedo gratiæ, quæ datur per sacerdotium Christi, vel per obedientiam mandatorum, sicut homo obedit potestati.

Sed quia nullus habet sic gratiam quin peccet, excepto Christo et matre eius, ideo necesse est habere propitiatorium.

Sciendum est autem quod Glossa super locum istum multum diffuse ista exponit.

Lectio 2

Supra descripsit apostolus ea, quæ pertinent ad vetus testamentum quantum ad dispositionem tabernaculi, hic prosequitur de officio ministrorum.

Et primo de his, quæ spectant ad sancta; secundo autem de his, quæ spectant ad sancta sanctorum, ibi in secundo autem.

Ad intellectum autem litteræ huius, sciendum est quod, sicut supra dictum est, in parte anteriori ipsius tabernaculi circa medium erat altare thymiamatis vel incensi, quod idem est, et candelabrum. Ex parte vero meridionali, et ex opposito mensa propositionis.

Sacerdos ergo quolibet die, mane et vespere, intrabat sancta propter duo, scilicet ad parandum lucernas, et adolendum thymiama, ut lumen et bonus odor iugiter esset in sanctis.

Dicit ergo: his vero, scilicet quæ pertinent ad speciem tabernaculi, ita compositis, id est, ordinatis, semper, id est, quotidie, mane scilicet et sero, intrabant sacerdotes consummantes officia sacrificiorum, non quod in sancta sacrificarent, quia sacrificabant super altare holocaustorum, quod erat ante fores tabernaculi sub divo, sed adoletionem thymiamatis et devotionem offerentium, vocat sacrificium.

Deinde cum dicit in secundo autem, ponit officium ministrorum quantum ad sancta sanctorum.

Circa quod sciendum est quod, sicut dicitur Lev. XVI, 2 ss., summus sacerdos in die expiationis (quæ fiebat decima die septimi mensis, scilicet Septembris, qui septimus est a Martio nostro, qui apud Hebræos concurrit pro parte cum Aprili, in quo incipiunt anni, Ex. XII, 2: mensis iste principium vobis mensium, primus erit in mensibus anni: ipsi enim incipiunt mensem in lunatione, quæ semper incipit in Martio, nisi impediat embolismus) offerebat pro se et tota domo sua vitulum, et hircum pro peccato populi, et, istis immolatis, accipiebat de sanguine ipsorum, et implebat thuribulum prunis altaris holocaustorum, quod erat in atrio ante fores tabernaculi, et cum omnibus his intrabat in sancta sanctorum, et cum sanguine expiabat tabernaculum, aspergendo sanguinem contra velum, et post egrediebatur. Et cum eodem sanguine liniebat cornua altaris thymiamatis: hoc autem semel in anno faciebat.

Unde dicit in secundo autem, scilicet tabernaculo, quod dicitur sancta sanctorum, semel in anno intrabat solus pontifex.

Glossa dicit quod pluries poterat sine sanguine, sed non cum sanguine, nisi semel. De hoc autem non habetur nisi tantum quando movenda sunt castra, quia tunc intrabant Aaron et filii eius, et involvebant, et dispensabant onera Levitarum, sicut patet Num. IV, 5 ss.: semel tamen in anno intrabat summus sacerdos solus cum sanguine, quando offerebat pro sua et populi ignorantia, id est pro peccatis nostris. Prov. XIV, 22: errant qui operantur malum. Omnis enim malus ignorat, ut habetur III Ethic.. De hoc habetur Lev. XVI, ubi traditur ritus iste.

Mystice vero per primum tabernaculum designatur præsens ecclesia, in qua fideles debent seipsos sacrificare. Rom. XII, 1: exhibeatis corpora vestra hostiam viventem, sanctam, Deo placentem. Ps. L, 18: sacrificium Deo spiritus contribulatus. Item debent sacrificare sua in eleemosynis. Infra XIII, 16: talibus enim hostiis promeretur Deus. Sed in sancta sanctorum, id est, in patriam cælestem intrat solus pontifex, scilicet Christus, in anima et corpore.

Tamen secundum litteram intentio apostoli est, quod per sancta intelligatur vetus lex; per sancta sanctorum status novi testamenti et cælum, quia per novam legem intratur in cælum.

Et ideo subdit hoc significante spiritu sancto, ubi exponit quid significatur per hoc, et primo quantum ad vetus testamentum; secundo quantum ad novum, ibi Christus assistens.

Item in prima parte primo ponit officium ministrorum quantum ad primum; secundo subdit positionis rationem iuxta quam munera.

Sciendum autem quod in primo intrabant sacerdotes quotidie, sed in secundo quod erat ultra velum, non nisi pontifex solus semel in anno. Unde quantum ad ministros illos erant ibi duo: unum quod in primo quotidie intrabant, aliud quod ante secundum erat eis velum. Unde interpositio veli significat quod cælestia erant eis velata.

Item quod non intrabant, significat quod vetus testamentum non est via intrandi cælum ante adventum Christi.

Dicit ergo: dico quod hoc sic perfectum est, hoc significante spiritu sancto. II Pet. I, 21: non humana voluntate allata est aliquando prophetia, sed spiritu sancto inspirati, locuti sunt sancti Dei homines. Et hoc est contra hæreticos, qui dicunt vetus testamentum non esse a spiritu sancto, sed a Deo malo.

Quid significante? nondum propalatam esse sanctorum viam, adhuc priore tabernaculo, id est, veteri testamento significato per primum tabernaculum, habente statum. Durante enim veteri testamento, via sanctorum, scilicet Christus, qui dicit, Io. XIV, 6: ego sum via, nondum venerat; ipse enim est Ostium per quod patet introitus in sancta sanctorum.

Io. X, 7: ego sum Ostium. Sed non erat propalatus, quia adhuc latebat sub figuris litteræ obumbratus. Infra X, 1: umbram habens lex futurorum, etc.. Quæ parabola est instantis, id est, præsentis, temporis; vel instantis, id est, ducens nos ad ea, quæ contingunt in præsenti tempore.

Deinde cum dicit iuxta quam, ponit rationem quare durante statu veteris legis non patebat introitus in sancta sanctorum.

In illa enim sancta nullus intrat nisi perfectus. Is. XXXV, 8: via sancta vocabitur, non transibit per eam pollutus. Et ideo ibi non erat mundatio et perfectio, nec erat introitus in illam. Sed vetus testamentum non poterat perfectum facere servientem, quia nondum erat oblatum sacrificium satisfaciens pro peccato totius humani generis.

Et ideo dicit iuxta quam, scilicet vel parabolam vel figuram, offeruntur munera et hostiæ.

Quod refertur ad illud quod dicit, sacrificiorum officia consummantes, quia oblationes et munera, quæ sunt de omnibus; hostiæ autem, quæ tantum sunt de animalibus, non offerebantur in sancta sanctorum, sed in sancta vel ad fores tabernaculi.

Ista autem non poterant mundare, quia non possunt facere perfectum servientem, servitute latriæ, quæ pertinet ad cultum divinum.

Perfectum, dico, iuxta conscientiam.

Est enim duplex mundatio. Una a macula, et reatu peccati. Et quantum ad conscientiam, hoc non potest lex. Infra X, 4: impossibile est sanguine taurorum et hircorum auferri peccata. Is. I, 13: ne offeratis ultra sacrificium frustra. Mich. VI, 7: numquid placari potest Deus in millibus arietum aut in millibus hircorum pinguium? alia mundatio erat quantum ad culturam, ut scilicet liceret eis ministrare in illis sacrificiis: et sic mundabat.

Sed numquid in veteri lege fuerunt multi perfecti? et videtur quod sic. Dictum est enim Abrahæ Gen. XVII, 1: ambula coram me, et esto perfectus. Moyses etiam et multi alii valde sancti et perfecti fuerunt.

Respondeo. Dicendum est, quod licet tunc multi perfecti et sancti fuerint, hoc tamen non fuit ex operibus legis. Supra VII, 19: nihil ad perfectum adduxit lex. Sed hoc fuit per fidem Christi. Gen. XV, 6: credidit Abraham Deo, et reputatum est illi ad iustitiam.

Hoc ergo non erat virtute cæremoniarum aut legalium. Unde frequenter ibi dicitur orabit pro eo sacerdos et dimittetur illi, Lev. V, 10, et in multis aliis locis. Quod ergo mundaret, hoc erat ex fide. Sed in novo testamento dicitur Marc. Ult.: qui crediderit et baptizatus fuerit, salvus erit. Sine sacramentis enim novæ legis non est salus.

Io. III, 5: nisi quis renatus fuerit ex aqua et spiritu sancto, etc..

Sed quare non mundabant conscientiam? quia consistebant in cibis et potibus, peccatum vero est in conscientia. Illud autem, quod est pure corporale non mundat animam, quia non agit in animam. In sacrificiis autem illis erant cibi et potus, etc., quæ pertinent ad corpus, et ideo non poterant mundare conscientiam.

Dicit ergo in cibis et potibus, id est, in discretione ciborum et potuum interdictorum in veteri lege, quia abstinere ab his non mundat conscientiam. Vel ut hoc referatur ad usum sacrificiorum, quia comedebantur a sacerdotibus illa, quæ offerebantur pro peccatis, et ab aliis, quæ pro aliis. Ista enim non mundabant conscientiam. Ier. XI, 15: numquid carnes sanctæ auferent a te malitias tuas? et variis baptismatibus, id est, lotionibus, quia sicut dicitur Mc. VII, 3 s.: Iudæi servabant baptismata calicum et urceorum, et a foro redeuntes non comedunt nisi baptizentur. Contra quos dicit Dominus Matth. XXIII, 25: væ vobis, Scribæ et Pharisæi hypocritæ, qui mundatis quod de foris est calicis et paropsidis, intus autem estis pleni rapina et immunditia.

Verumtamen apostolus non loquitur hic de superstitionibus Pharisæorum, et ideo oportet currere ad alias lotiones præceptas in lege, sicut est de aqua in qua lavabantur sacerdotes, et de aqua purificationis in mundatione leprosi vel polluti. Unde frequenter dicitur lavabunt vestimenta sua, etc.. Et hæc dicuntur hic baptismata.

Et iustitiis carnis: ad hoc addit universaliter de omnibus. Vocat ista cæremonialia iustitias carnis, id est, carnales, quia pertinebant tantum ad corporalem munditiam, nec erat in eis aliqua virtus spiritualis.

Et ne aliquis dicat: quare ergo instituta sunt, si non poterant perficere? quia iam videretur quod Deus ea inutiliter instituerit.

Hoc removet cum dicit usque ad tempus correctionis impositis, quasi dicat: hoc verum est quod fuissent inutiliter instituta si semper deberent durare. Sed sicut puero primo oportet dare pædagogum, quando autem iam pervenit ad ætatem perfectam, tunc datur ei modus se habendi secundum iudicium rectoris reipublicæ: ita in veteri lege ea, quæ spectant ad imperfectionem instituta fuerunt, sed quando venit tempus perfectum, tunc debuerunt institui illa quæ ducunt ad perfectionem. Et ideo dicit usque ad tempus correctionis, id est, in quo corrigeretur, non quidem sicut mala, sed sicut imperfecta. Lex enim bona est, Rom. VII, 12.

Ps. LXXXIX, 10: supervenit mansuetudo, et corripiemur.

Lectio 3

Supra posuit apostolus significationem eorum, quæ pertinent ad vetus testamentum et primum tabernaculum, hic ponit conditiones eorum, quæ pertinent ad secundum tabernaculum, quod repræsentabat novum testamentum.

Et circa hoc duo facit.

Primo enim ponit illam significationem; secundo probat quoddam quod supposuerat, ibi si enim sanguis hircorum.

Sciendum est autem quod si considerentur supradicta, quinque dicta sunt de secundo tabernaculo, scilicet quis intrabat, quia solus pontifex; secundo, dignitas et conditio loci quo intrabat, quia dicebatur sancta sanctorum; tertio, quomodo intrabat, quia cum sanguine; quarto, quando intrabat, quia semel in anno; quinto, quare intrabat, quia pro expiatione peccatorum. Hic autem apostolus illa quinque explicat.

Et primo quis sit ille qui intrat, quia Christus. Pontifex enim est princeps sacerdotum.

Talis autem est Christus. I Pet. V, 4: cum apparuerit princeps pastorum, etc.. Supra IV, 14: habentes ergo pontificem magnum qui penetravit cælos Iesum, etc..

Sed quilibet pontifex dispensator est alicuius testamenti. In quolibet autem testamento duo consideranda sunt, scilicet finis repromissus in illo testamento, et ea quæ traduntur in illo. Bona autem repromissa in veteri testamento erant bona temporalia. Is. I, 19: si volueritis et audieritis me, bona terræ comedetis. Ille ergo pontifex erat bonorum temporalium. Sed Christus est pontifex bonorum cælestium. Matth. V, 12: gaudete et exultate, quoniam merces vestra copiosa est in cælis. Est ergo pontifex futurorum bonorum, quia per pontificatum eius introducimur in bona futura. Ps. LXIV, 5: replebimur in bonis domus tuæ.

Item in veteri dispensabantur figuralia; sed Christus dispensat spiritualia, quæ per illa figurabantur. Lc. XI, 13: pater vester de cælis dabit spiritum bonum petentibus se.

Sic ergo per bona futura possunt intelligi vel bona cælestia, et hoc respectu novi testamenti; vel bona spiritualia respectu veteris, quod eorum figura erat.

Iste pontifex non est negligens, sed assistens.

Pontifex enim mediator est inter Deum et populum: Christus vero mediator est: I Tim. II, 5: mediator Dei et hominum homo Christus Iesus. Deut. V, 5: ego medius et sequester fui inter Dominum et vos. Et ideo ipse assistit patri ad interpellandum pro nobis, supra VII, 25; Rom. VIII, 34: Christus Iesus qui etiam interpellat pro nobis. Item assistens nobis ad auxiliandum. Ps. XV, 8: a dextris est mihi ne commovear. Act. VII, 55: ecce video cælos apertos et Iesum stantem a dextris Dei.

Sic ergo patet quis intrabat.

Secundo ostendit dignitatem interioris tabernaculi, quia dicit per amplius, et conditionem, quia et perfectius, utpote quia est immobile. Is. XXXIII, 20: oculi tui videbunt tabernaculum quod nequaquam ultra transferri poterit. Hoc autem est tabernaculum cælestis gloriæ. Ps. XIV, 1: Domine, quis habitabit in tabernaculo tuo? dicitur autem tabernaculum, quia est locus peregrinorum.

Non enim debetur nobis ex conditione naturæ; sed tantum per gratiam. Is. XXXII, 18: sedebit populus meus in pulchritudine pacis, in tabernaculis fiduciæ, in requie opulenta.

Est ergo peramplius propter multitudinem bonorum immensam, quod designatur in auctoritate prædicta: sedebit, etc.. Bar. III, 24: o Israel, quam magna est domus Dei.

Illud autem quod dicitur per amplius, dupliciter legitur: uno modo, quod sit una dictio, quasi valde peramplius, et sic construitur littera: Christus assistens pontifex futurorum bonorum intravit in sancta sanctorum, dico quæ sunt tabernaculum peramplius.

Alio modo, quod ly per sit præpositio, quod magis exprimitur in Græco, et tunc construitur sic: Christus introivit in sancta per tabernaculum amplius, id est, magis amplum et perfectum. Item perfectius, quia ibi cessabit omnis imperfectio. I Cor. XIII, 10: cum venerit quod perfectum est, evacuabitur quod ex parte est. Item est alterius conditionis, quia istud factum fuit manu hominis, hoc autem non; sed manu Dei. Ex. XV, 17: sanctuarium tuum, Domine, quod fundaverunt manus tuæ, etc.. II Cor. V, 1: scimus enim, quia si terrestris domus nostra huius habitationis dissolvatur, quod ædificationem habemus ex Deo domum non manufactam sed æternam in cælis. Infra XI, 10: expectabat enim fundamenta habentem civitatem, cuius artifex est et conditor Deus.

Et ideo dicit non manufactum, id est, non huius creationis, quia non est manufactum, sicut vetus; nec est huius creationis, id est, in bonis sensibilibus creatis, sed est in bonis spiritualibus.

Vel per tabernaculum potest Christi corpus intelligi, in quo contra diabolum pugnavit. Ps. XVIII, 5: in sole posuit tabernaculum suum. Quod est peramplius, quia in ipso habitat omnis plenitudo divinitatis corporaliter, Col. II, 9. Item perfectius est, quia vidimus gloriam eius, gloriam quasi unigeniti a patre plenum gratiæ et veritatis, Io. I, 14.

Item non manufactum, quia non ex virili semine. Dan. II, 45: abscissus est lapis de monte sine manibus.

Tertio ostendit quomodo intrabat, quia non sine sanguine, sed ille cum sanguine vitulorum et hircorum, sicut dicitur Lev. XVI, Christus vero non sic, scilicet sanguine alieno.

Ideo dicit neque per sanguinem hircorum aut vitulorum, sed per proprium sanguinem, quem pro salute nostra immolavit in cruce. Matth. XXVI, 28: hic est sanguis meus novi testamenti qui pro vobis et pro multis effundetur in remissionem peccatorum.

Dicit autem pluraliter vitulorum et hircorum, non quod simul essent plures, sed quia per diversos annos pluries intrabat.

Christus autem significatur per hircum propter similitudinem carnis peccati, Rom. VIII, 3.

Item per vitulum propter fortitudinem, et quia utitur duobus testamentis tamquam duobus cornibus. Hab. III, 4: cornua in manibus eius.

Quarto quando intrabat, quia semel in anno: Christus autem per totum tempus, quod est quasi annus. Introivit semel in sancta, et semel etiam fudit sanguinem suum.

I Pet. III, 18: Christus semel pro peccatis nostris mortuus est. Rom. VI, 10: quod enim mortuus est peccato, mortuus est semel. Item semel intravit, nam ex quo intravit cælestia, semper est ibi. Et ideo dicit quod intravit semel in sancta.

Quinto ostendit quare intravit, quia ad offerendum pro populi ignorantia, non pro sua, quia non habebat. Sanguis enim Christi magis quam ille valet ad hoc, quia per ipsum inventa est æterna redemptio, quasi dicat: per istum sanguinem redempti sumus, et hoc in perpetuum, quia virtus eius est infinita.

Infra X, 14: una oblatione consummavit in sempiternum sanctificatos. Ps. CX, 8: redemptionem misit Dominus populo suo.

Hoc autem quod dicit inventa, ad duo potest referri, scilicet et ad desiderium Dei, quod habebat de salute nostra. Iob XXXIII, 24: inveni in quo ei propitier. Ez. XVIII, 32: nolo mortem peccatoris. Item ad desiderium patrum, quo desiderabant redimi.

Nullus autem invenit modum ita

congruum sicut Christus. Et ideo signanter dicit inventa.

Deinde cum dicit si enim sanguis, etc., probat unum quod supposuit, scilicet istud ultimum: æterna redemptione inventa; quasi dicat: ita dixi, quod per proprium sanguinem fecit æternam redemptionem, in quo apparet eius maxima efficacia. Quod autem ita sit probo per locum a minori, quia si sanguis brutorum animalium faciebat quod minus est, sanguis Christi poterit facere quod maius est.

Unde circa hoc facit duo.

Primo enim ponit antecedens; secundo consequens, ibi quanto magis sanguis Christi? circa primum sciendum est, quod in veteri lege erat duplex mundatio. Una quæ fiebat in die expiationis, de qua habetur Lev. XVI, 29; et de ista iam dictum est, et ista videbatur directe ordinari ad emundationem a peccato. Alia erat contra irregularitatem legis, de qua dicitur Num. XIX, 2 ss., quod præcepit Dominus quod Eleazar acciperet vaccam Rufam a Moyse sine macula, ætatis integræ, quæ non traxisset iugum, et eductam extra castra immolaret in conspectu populi, et tingeret digitum in sanguine eius, et aspergeret septies contra tabernaculum, et quod combureret totam, scilicet carnem, pellem, et etiam fimum eius cum hyssopo, ligno cedrino et cocco bis tincto, quo facto vir mundus colligebat cineres, et in loco mundo effundebat extra castra. Et de ipsis ponebantur in aqua, qua immundus, qui scilicet tetigisset cadaver mortui, aspergebatur die tertio et septimo cum hyssopo, et ita mundabatur, nec aliter poterat mundari. Ista est sententia apostoli.

Itaque quantum ad primum dicit si enim sanguis hircorum aut taurorum. Quantum vero ad secundum dicit et cinis vitulæ aspersus sanctificat inquinatos, non gratiam conferendo, sed ad emundationem carnis, id est, ab irregularitate, quia carnaliter impediebantur, quasi immundi a cultu divino, non tamen auferebant peccata. Sed tantum, ut dicit Augustinus, aliquando virtute illius aspersionis mundabantur a lepra corporali. Et ideo dicit ad emundationem carnis.

Deinde cum dicit quanto magis, etc., ponit consequens; quasi dicat: si sanguis et cinis hoc possunt, quid poterit sanguis Christi? certe multo plus.

Et ponit apostolus tria, quæ ostendunt efficaciam sanguinis Christi. Primo quis est ille cuius est sanguis ille, qui scilicet est Christus.

Ex quo patet quod eius sanguis mundat.

Matth. I, 21: ipse enim salvum faciet populum suum a peccatis eorum.

Secundo causam quare Christus sanguinem suum fudit, quia hoc fuit spiritus sanctus, cuius motu et instinctu, scilicet charitate Dei, et proximi, hoc fecit. Is. LIX, 19: cum venerit quasi fluvius violentus quem spiritus Domini cogit. Spiritus autem mundat. Is. IV, 4: si abluerit Dominus sordes filiarum sion, et sanguinem

Ierusalem laverit de medio eius in spiritu iudicii et spiritu ardoris. Et ideo dicit per spiritum sanctum obtulit semetipsum.

Eph. V, 2: Christus dilexit nos, et tradidit semetipsum pro nobis oblationem et hostiam Deo in odorem suavitatis.

Tertio conditionem eius, quia est immaculatus.

Ex. XII, 5: erit agnus absque macula masculus anniculus. Eccli. XXXIV, 4: ab immundo quis mundabitur? sed numquid sacerdos immundus potest mundare? respondeo. Dicendum est quod non, si ageret in propria virtute; sed agit virtute sanguinis Christi, qui est sicut causa prima. Et ideo non egisset, nisi fuisset immaculatus.

Sciendum tamen quod sanguis illorum animalium mundabat tantum ab exteriori macula, scilicet a contactu mortui; sed sanguis Christi mundat interius conscientiam, quod fit per fidem Act. XV, 9: fide purificans corda eorum inquantum scilicet facit credere quod omnes qui Christo adhærent, per sanguinem eius mundantur. Ergo iste emundat conscientiam.

Item ille emundabat a tactu mortui, sed iste ab operibus mortuis, scilicet peccatis, quæ tollunt Deum ab anima, cuius vita est per unionem charitatis.

Item ille mundabat ut possent accedere ad figurale ministerium, sed sanguis Christi ad spirituale obsequium Dei. Ps. C, 6: ambulans in via immaculata hic mihi ministrabat.

Et ideo dicit ad serviendum Deo. Item Deus est vita. Io. XIV, 6: ego sum vita. Et Deut. XXXII, 40: vivo ego in æternum. Conveniens ergo est ut serviens ei sit vivens.

Ideo dicit vivent. Et secundum rectorem vel iudicem populi, sic et ministri eius, ut dicitur Eccli. X, 2. Qui ergo vult Deo digne servire debet esse vivens sicut et ipse.

Totam istam figuram diligenter exponit Glossa, et est Augustini, de quæstionibus numerorum.

Lectio 4

Supra exposuit apostolus illa, quæ agebantur in veteri testamento, et aperuit illorum mysticam expositionem, hic ex his arguit ad propositum, scilicet quod novum testamentum præfertur veteri; quia potest quod non poterat vetus.

Et circa hoc facit duo.

Primo enim proponit conclusionem intentam; secundo probat quoddam quod supposuerat, ibi ubi enim testamentum.

Iterum prima in duas.

Primo enim concludit ex dictis, quod Christus est mediator; secundo hoc ostendit, non potuisse vetus testamentum, ibi quæ erant sub priori.

Dicit ergo: et ideo, quia scilicet Christus intravit in sancta, æterna redemptione inventa, id est, perducens ad æterna, quod vetus non poterat facere, unde oportet quod istud testamentum sit aliud ab illo, sicut novum a veteri. Ier. XXXI, 31: feriam domui Israël et domui Iuda, etc.. Apoc. XXI, 5: ecce nova facio omnia. Ideo huius novi testamenti mediator est Christus inter Deum et hominem. I Tim. II, 5: mediator Dei et hominum, homo Christus Iesus.

In omni autem testamento est aliquid quod promittitur, et aliquid per quod testamentum confirmatur. In novo autem testamento promittuntur cælestia et spiritualia. Item ista promissio per mortem Christi confirmata est. Et ideo Christus mediator est novi testamenti, ut repromissionem æternæ beatitudinis ac hæreditatis æternæ, recipiant qui vocati sunt.

Et dicit vocati, quia hoc munus non est ex operibus, sed ex vocatione Dei. Rom. VIII, 30: quos autem prædestinavit, hos et vocavit.

I Thess. II, 12: contestati sumus ut ambularetis digne Deo, qui vocavit vos in suum regnum et gloriam. Unde dicit æternæ hæreditatis, id est, æternæ gloriæ, quæ est hæreditas nostra. I Pet. I, 3 s.: regeneravit nos in spem vivam per resurrectionem Iesu Christi ex mortuis, in hæreditatem incorruptibilem, et incontaminatam, et immarcescibilem conservatam in cælis. Ps. CXXVI, 4: ecce hæreditas Domini. Item: Dominus pars hæreditatis meæ.

Istam autem hæreditatem habemus per mortem Christi. Unde dicit ut morte intercedente.

I Pet. III, 9: in hoc vocati estis, ut benedictionem hæreditate possideatis. Huius mortis effectus est redemptio a prævaricatione peccati. I Petr. I, 18 s.: non corruptibilibus auro et argento redempti estis de vestra vana conversatione, sed pretioso sanguine agni immaculati.

Sed numquid in veteri testamento poterat fieri ista redemptio a peccatis? et respondet, quod non, quia illæ prævaricationes erant sub priori testamento; quasi dicat: quia virtute sacramentorum prioris testamenti removeri non poterant. Rom. III, 9: causati sumus Iudæos et Græcos omnes sub peccato esse.

Sed contra, quia David et multi alii sancti habuerunt remissionem peccatorum.

Respondeo. Dicendum est, quod quantum ad istum effectum, qui est introitus cæli, non, quia per mortem Christi aperta est ianua vitæ.

Nullus enim ante mortem Christi intravit.

Zach. IX, 11: tu vero in sanguine testamenti tui eduxisti vinctos tuos de lacu, in quo non est aqua. Sed quantum ad maculam, sic ipsi consecuti sunt; sed non virtute sacramentorum veteris legis, sed in fide Christi.

Sic ergo novum testamentum est excellentius quam vetus, quia confirmatum est morte Christi, per quam remittuntur peccata, et quia exhibet promissionem.

Deinde cum dicit ubi enim testamentum, probat illud quod

supposuit, scilicet quod novum testamentum sit confirmatum per mortem Christi.

Et primo probat hoc per auctoritatem legis humanæ; secundo per auctoritatem legis divinæ, ibi unde nec primum.

Dicit ergo: dictum est, quod novum testamentum confirmatur per mortem Christi intercedentem, quia ad hoc quod testamentum valeat, oportet quod mors testatoris interveniat; et ideo novum testamentum non haberet robur, nisi intervenisset mors Christi.

Unde dicitur Io. XI, 50: expedit vobis, ut unus moriatur homo pro populo.

Mors autem testatoris ad duo necessaria est. Primo ut testamentum habeat firmitatem, quia cum sit expressivum ultimæ voluntatis, potest semper mutari ante mortem. Unde dicit, quod testamentum confirmatum est in mortuis, id est, per mortem. Et isto modo confirmatum est novum testamentum per mortem Christi. Matth. XXVI, 28: hic est sanguis meus novi testamenti, scilicet confirmator et dedicator.

Secundo necessaria est mors testatoris ad hoc ut testamentum valeat et habeat efficaciam.

Unde dicit alioquin nondum valet, quia nullus potest petere aliquid, nec etiam hæredes hæreditatem ex VI testamenti, nisi post mortem testatoris. Ideo Christus voluit mortem suam pro nobis interponere.

Deinde cum dicit unde nec primum.

Hoc idem probat per auctoritatem legis divinæ, scilicet per illud quod habetur in veteri testamento.

Et circa hoc duo facit.

Primo enim ostendit convenientiam inter utrumque testamentum; secundo ostendit differentiam, ibi necesse est ergo.

Circa primum duo facit, quia primo proponit; secundo manifestat, ibi lecto enim.

Dicit ergo: ita dictum est, quod ad hoc quod testamentum valeat, necesse est, quod mors testatoris interveniat. Nec hoc debet videri mirum, quia nec primum testamentum dedicatum, id est, confirmatum, est sine sanguine. Ille autem sanguis figurabat sanguinem Christi. Omnia enim in figura contingebant illis, I Cor. X, 11.

Deinde cum dicit lecto enim, probat propositum, scilicet quod illud testamentum non est confirmatum sine sanguine.

Et probat hoc quantum ad tria, in quibus fuit usus sanguinis.

Primo quantum ad legis editionem; secundo quantum ad tabernaculi consecrationem, ibi etiam tabernaculum; tertio quantum ad vasorum expiationem, ibi et omnia pene in sanguine.

Circa primum sciendum est, quod apostolus tangit hic historiam, quæ habetur Ex. XXIV, 7, ubi dicitur, quod postquam Moyses legerat coram populo mandata Domini, ipsisque respondentibus: omnia quæ locutus est Dominus faciemus, et erimus obedientes, accepit Moyses sanguinem quem præceperat servare de duodecim vitulis, et aspersit librum legis et populum quasi in confirmationem testamenti. Et ideo dicit lecto enim omni mandato, etc., quia necessarium fuit ut legeretur. Illa enim lectio fuit legis promulgatio. Oportebat enim legem promulgari.

Accipiens, etc.. Hic est duplex obiectio litteralis. Una, quia Ex. XXIV nulla fit mentio de hirco, sed de duodecim vitulis.

Secunda, quia ibi etiam non fit mentio de aqua et cocco et hyssopo.

Responsio ad ista duo est duplex. Una, scilicet quia apostolus nutritus erat in lege; unde sciebat, quod ille usus erat in emundationibus secundum legem, quod aspersio fiebat de sanguine hircorum et vitulorum et aqua admixta cum hyssopo et lana coccinea, tamquam aspersorio, et ideo licet non agatur de his in exodo, tamen apostolus hoc accepit ex consuetudine ritus legalis.

Vel potest dici, quod ista fuit prima consecratio.

Et ideo quasi virtute continebantur in ipsa aliæ sanctificationes futuræ, inter quas potissime fuit illa quæ fiebat in die expiationis, de qua Lev. XVI, et alia de vitula Rufa, Num. XVI. In prima autem erat sanguis vituli et hirci; in secunda vero aqua et lana coccinea et hyssopus. Quia ergo illa in prima continebat istas duas, ideo apostolus totum retulit ad istam.

Dicit ergo accipiens sanguinem, etc., librum et omnem populum aspersit, dicens: hic est sanguis testamenti, quod mandavit ad vos Deus, scilicet confirmator testamenti. Eccli. XXIV, 33: legem mandavit nobis Moyses in præceptis iustitiarum.

Iste enim sanguis fuit figura sanguinis Christi, per quem novum testamentum confirmatum est. Et ideo Christus verbis istis usus est. Matth. XXVI, 28: hic est sanguis novi testamenti, scilicet confirmativus. Figurabatur autem per sanguinem hirci propter similitudinem carnis peccati, et vituli propter fortitudinem. Miscetur autem cum aqua, quia baptismus a sanguine Christi efficaciam habet; aspergitur autem cum hyssopo, qui mundat pectus, per quod significatur fides. Act. XV, 9: fide purificans corda eorum. Et lana coccinea, quæ est rubei coloris, per quam significatur charitas. Cant. V, 10: dilectus meus candidus et rubicundus. Quia per fidem et dilectionem passionis Christi mundatur populus. Aspergitur et liber legis, quia passio Christi adimplevit legem. Io. XIX, 30: consummatum est. Matth. V, 17: non veni solvere legem, sed adimplere.

Deinde cum dicit etiam tabernaculum, ponit consecrationem tabernaculi, quia tabernaculum et omnia vasa ministerii similiter aspersit sanguine.

Sed contra, quia nondum factum erat tabernaculum, sed XXV cap. Mandatur de consecratione tabernaculi.

Respondeo. Dicendum est, quod licet

non sit idem sanguis quo aspersus est populus et tabernaculum, tamen etiam tabernaculum mundatum est sanguine. Unde potest sic construi: usus est sanguine, etiam quando sanctificavit tabernaculum.

Sed contra, quia Num. Et Lev. VIII dicitur, quod unxit tabernaculum oleo dicitur, quod unxit tabernaculum oleo.

Respondeo. Dicendum est, quod non loquitur de illa sanctificatione, qua primo consecratum est tabernaculum et vasa eius, sed de illa, quæ fiebat in die expiationis. Vel melius dicendum est, quod etiam in prima usus est sanguine, quia ibi dicitur quod unxit illud oleo, et postea quod aspersit. Oleum autem non est aspersivum, unde intelligitur quod primo unxit illud, et postea aspersit sanguine.

Et ista duo sunt necessaria ad sanctificationem, scilicet virtus sanguinis Christi, et oleum misericordiæ, quibus sanctificatur tabernaculum, id est ecclesia, et vasa, id est ministri.

Deinde cum dicit et omnia pene in sanguine secundum legem mundantur, exequitur de cæteris mundationibus legalibus.

Erat autem duplex mundatio: una a corporali macula, sicut lepra; alia a spirituali, scilicet peccato. Prima poterat pertinere ad res inanimatas, sicut patet de lepra domorum.

Et mundatio ab ista immunditia fiebat cum sanguine animalis immolati, vel aqua expiationis, quæ erat confecta cum sanguine vitulæ Rufæ.

Et ideo dicit pene omnia, et non omnia simpliciter. Vel pene omnia, ita quod ly pene sit determinativum de ly mundantur, id est, pene mundantur, quia non perfecte mundabantur: hoc tantum fit per sacramentum novæ legis. Vel potest determinare ly omnia. Non enim omnia mundabantur sanguine, quia, ut dicitur Num. XXXI, 23, quicquid potest ignem sustinere purgatur per ignem: quæ vero non poterant, purgantur aqua expiationis.

Sed ad mundationem a macula peccati, necessaria est sanguinis effusio, quia requirebatur ad sacrificium. Et ideo dicit, quod sine sanguinis effusione non fit peccatorum remissio.

Per quod figurabatur quod remissio peccati erat fienda per sanguinem Christi. Unde in veteri lege non virtute sacramenti, sed virtute fidei Christi fiebat remissio peccatorum.

Unde frequenter ibi dicitur rogabit pro eo sacerdos, et remittetur.

Lectio 5

Supra ostendit apostolus, quid sit commune novo et veteri testamento, inquantum vetus et novum conveniunt, hic ostendit differentiam utriusque.

Et circa hoc duo facit.

Primo enim ostendit, quod in novo est melior mundatio; secundo quod perfectior, ibi neque ut sæpe.

Iterum prima in duas.

Primo enim ostendit, quod quantum ad illud quod mundatur, et quantum ad id quo mundatio efficitur, sit melior mundatio in novo; secundo manifestat quod dixit, ibi non enim in manufacta.

Dicit ergo necesse est ergo exemplaria cælestium, scilicet ipsum tabernaculum, quod, quoad nos, est exemplar, licet simpliciter sit exemplatum et figura illius, et ideo minoris dignitatis, quia figuratum nobilius est quam figura, sicut corpus quam umbra.

His, scilicet sacrificiis, mundari, ipsa autem cælestia, scilicet novum testamentum, melioribus hostiis quam istis; melioribus quidem, quia alia mundabantur sanguine animalium, sed in novo testamento fit mundatio sanguine Christi. Semper autem meliora melioribus mundantur. Ista autem erant cælestia, id est, figura cælestium. Si ergo illa mundabantur sanguine, oportet ista cælestia mundari meliori sanguine.

Sed contra. In cælo nulla est immunditia.

Respondeo. Dicendum est, quod cælestia intelliguntur secundum Glossam ea quæ pertinent ad statum præsentis ecclesiæ, quæ dicuntur cælestia. Item homines fideles gerunt imaginem cælestium, inquantum mente conversantur in cælis.

Vel aliter et melius, quod per cælestia intelligatur cælestis patria. Et loquitur hic apostolus eo modo quo in veteri testamento dicebatur emundari tabernaculum, non quod haberet in se aliquam immunditiam, sed quia mundabantur quædam irregularitates, quibus impediebantur accedere ad sanctuarium. Et dicuntur mundari cælestia, inquantum per sacramentum novæ legis purgantur peccata, quæ impediunt ab ingressu cælestium.

Item dicit hostiis, in plurali. Contra: quia tantum est una hostia Christi. Infra X, 14: una enim oblatione consummavit in æternum sanctificatos.

Respondeo. Licet una sit in se, tamen pluribus hostiis veteris legis figurabatur.

Ex loco habetur, quod hostiæ veteris legis erant bonæ. Melius enim non dicitur, nisi respectu boni.

Deinde cum dicit non enim in manufactis, etc., ostendit, quod cælestia mundantur melioribus hostiis. Pontifex enim expiabat sanctuarium, quod erat manufactum, sed Christus intravit non in manufacta sancta, quæ erant quo ad nos exemplaria verorum, sed in ipsum cælum, quod non in se, sed quo ad nos expiavit, ut dictum est, sed non expiavit carnalibus hostiis, quia Christus non venit ad offerendum talia. Ps. XXXIX, 6: holocaustum et pro peccato non postulasti.

Item: holocaustis non delectaberis. Item supra VII, 14: manifestum, quod de tribu Iuda ortus est Dominus, de qua nullus præsto fuit altario, sed introivit in ipsum cælum.

Mc. Ult.: Dominus quidem Iesus

assumptus est in cælum. Act. I, 11: hic Iesus qui assumptus est a vobis in cælum.

Sed quare? ut appareat pro nobis vultui Dei. Et loquitur apostolus alludendo ritui veteris legis, secundum quam pontifex qui intrabat sancta sanctorum, stabat coram propitiatorio ut oraret pro populo: ita et Christus intravit cælum, secundum quod homo, ut astaret Deo pro salute nostra.

Sed ista differenter, quia sacerdos, impediente fumo qui ascendebat de thuribulo, non videbat sancta sanctorum, nec videbat aliquem vultum; sed Christus apparet vultui Dei, non quod sit ibi facies corporalis, nec aliqua nebula, sed cognitio manifesta.

Sed numquid Christus existens in terra, non poterat apparere vultui Dei, cum Deus omnia videat? respondeo. Dicendum quod, sicut Augustinus loquens Deo dicit: mecum eras, et tecum non eram, quia scilicet Deus est in omnibus per essentiam, præsentiam et potentiam, mali autem non sunt cum Deo per gratiam: ita dicitur Christus introisse ut appareat vultui Dei, quia, licet semper videret eum clara visione, ut perfecte beatus, tamen status viatoris inquantum huiusmodi non habet hoc, sed tantum status cælestis. Et ideo quando ascendit perfecte beatus in corpore et anima intravit, ut appareat vultui Dei, id est, intravit locum ubi Deus manifeste videtur.

Et hoc pro nobis. Ad hoc enim ascendit ut pararet nobis viam. Io. XIV, 2 s.: vado parare vobis locum. Iterum autem veniam et assumam vos ad meipsum. Mich. II, 13: ascendit pandens iter ante vos. Corpus enim debet sequi caput suum. Matth. XXIV, 28: ubicumque fuerit corpus, ibi congregabuntur et aquilæ.

Deinde cum dicit neque ut sæpe, ostendit quod mundatio novi testamenti est perfectior quam veteris. Hoc autem ostendit per duo. Primo per hoc quod illa reiterabatur quolibet anno, hæc autem tantum semel.

Item quantum ad effectum, quia illa non poterat auferre peccata, quod ista potest.

Circa hoc ergo duo facit.

Primo enim ostendit primum; secundo secundum, ibi umbram habens.

Sciendum est autem quod apostolus supra dixerat tria de Christo. Primo scilicet quod est pontifex; secundo quæ sit dignitas loci quem intravit; tertio quomodo introivit, scilicet cum sanguine; ista autem tria iam declaravit: hic declarat quando intravit, quia sicut pontifex legalis semel in anno, Christus semel tantum. Et hoc erat quartum.

Unde circa hoc tria facit.

Primo enim ostendit quid fiebat in veteri testamento; secundo quod esset inconveniens istud fieri in novo testamento, ibi alioquin; tertio ostendit quid fiat in novo testamento, ibi nunc autem semel.

In veteri enim testamento pontifex,

licet non intraret nisi tantum semel in anno, tamen quolibet anno ex præcepto legis oportebat ipsum intrare cum sanguine alieno, sicut dicitur Lev. XVI, 14. Christus autem intravit non in manu facta, etc.. Nec ut sæpe offerat seipsum, quemadmodum pontifex intrabat in sancta per singulos annos cum sanguine alieno.

Deinde cum dicit alioquin oportebat, etc., probat quod esset inconveniens istud fieri in novo testamento, quia sequeretur maximum inconveniens, quia cum Christus intraret per proprium sanguinem, sequeretur quod oportuisset eum frequenter pati ab origine mundi. Non sic autem est de veteri hostia, quia illa offerebatur pro peccatis filiorum Israël. Ille autem populus incepit spiritualiter quando data fuit lex, et ideo non oportet eam offerri ab origine mundi. Christus autem seipsum obtulit pro peccatis totius mundi, quia ipse propitiatio nostra factus est pro peccatis nostris et totius mundi, I Io. II, 2. Et sic, si sæpe offerretur, oportuisset ipsum nasci, et pati ab origine mundi, quod fuisset maximum inconveniens.

Sed contra Apoc. XIII, 8: agnus, qui occisus est ab origine mundi. Respondeo.

Verum est occisus, id est, præfiguratus ab origine mundi occidi, sicut in occisione Abel.

Deinde cum dicit nunc autem, ostendit quid fiat in novo, et circa hoc facit duo.

Primo quare non iteratur hostia in novo testamento, dat duas causas; secundo explicat eas, ibi et quemadmodum, etc..

Dicit ergo nunc ergo Christus semel apparuit in consummatione sæculorum.

I Cor. X, 11: nos sumus in quos fines sæculorum devenerunt.

Et hoc dicit propter numerum annorum, quia iam sunt plus quam mille anni ex quo hoc dixit. Aetates enim mundi accipiuntur secundum ætates hominis, quæ principaliter distinguuntur secundum statum proficiendi, non secundum numerum annorum. Ita prima ætas fuit ante diluvium, in qua nec lex scripta, nec punitio, sicut infantia. Alia a Nœ usque ad Abraham, et sic de aliis, ita quod ultima ætas est status præsens, post quem non est alius status salutis, sicut nec post senium. Sicut autem in aliis ætatibus hominis est numerus annorum determinatus, non autem in senio, quia senium incipit a sexagesimo anno, et aliqui vivunt per centum et viginti annos, ita non est determinatum, quantum iste status mundi debeat durare, tamen est consummatio sæculorum, quia non restat alius ad salutem.

In isto autem Christus semel apparuit, cuius ponit duas rationes, quia scilicet semel tantum offerebatur. Prima est, quia in veteri testamento non auferebantur peccata, quod fit per hostiam Christi. Alia est, quia sacerdos legalis non offerebat proprium sanguinem, sicut Christus. Unde dicit, quod apparuit ad destitutionem peccati per hostiam, scilicet sui ipsius, et ideo illa reiteratur, non autem ista. I Pet. III, 18: Christus semel pro peccatis nostris mortuus est.

Deinde cum dicit et quemadmodum, explicat istas rationes.

Et primo secundam, secundo primam, ibi umbram habens lex.

Secundam explicat per similitudinem aliorum hominum, unde circa hoc facit duo.

Primo enim ostendit, quid accidit aliis hominibus; secundo ostendit, quid accidit in Christo, ibi sic et Christus semel.

In quolibet enim homine duo invenimus, scilicet necessitatem moriendi; item quod resurgat, non ut emundetur, sed ut iudicetur de factis eius. Primum tangit cum dicit et quemadmodum statutum est hominibus semel mori.

Sed contra. Videtur quod hoc non sit statutum, sed magis homo peccando hoc fecerit, quia Sap. I, 13, dicitur, quod Deus mortem non fecit, nec lætatur in perditione vivorum. Et Paulo post: impii autem manibus et verbis accersierunt sibi illam.

Respondeo. Dicendum est, quod in morte tria sunt consideranda, scilicet causa naturalis, et quantum ad hoc ex conditione naturæ statutum est hominem semel mori, inquantum componitur ex contrariis. Secundo donum inditum: et quantum ad hoc in conditionem datum est homini beneficium originalis iustitiæ, per quam anima continebat corpus, ut posset non mori. Tertio meritum mortis, et sic homo peccando meruit illud beneficium amittere, et sic mortem incurrit. Unde dicit, quod impii manibus, scilicet pomum vetitum contrectando, accersierunt mortem.

Homo ergo demerendo causa est mortis, sed Deus, ut iudex. Stipendia enim peccati mors, Rom. VI, 23.

Semel; quod quidem verum est de communi consuetudine, licet aliqui fuerint resuscitati, sicut Lazarus et filius viduæ, qui postea mortui sunt.

Quantum autem ad secundum dicit post hoc autem iudicium, quia postquam resurgent, non iterum morientur, sed statim iudicium sequetur. Omnes enim manifestari oportet ante tribunal Christi, ut referat unusquisque propria corporis prout gessit, ut dicitur II Cor. V, 10.

Deinde cum dicit sic et Christus, etc., ostendit quomodo hæc conveniunt Christo.

Et quantum ad primum dicit, quod sic et Christus semel oblatus est. Et in hoc convenit cum aliis. Sed differt in duobus: primo, quia cum Christus non descenderit ab Adam per rationem seminalem, sed quantum ad corpulentam substantiam, non contraxit peccatum originale, et ideo non fuit debitor illius status. Gen. II, 17: in quacumque die comederis ex eo, morte morieris. Sed propria voluntate mortem assumpsit. Io. X, 18: nemo tollit a me animam meam, etc.. Ideo dicit, quod oblatus est. Is. LIII, 7: oblatus est quia ipse voluit. Et

I Pet. III, 18: Christus semel pro peccatis nostris mortuus est.

Secundo differt, quia mors nostra est effectus peccati. Rom. VI, 23: stipendia peccati mors. Sed mors Christi est destructiva peccati.

Ideo dicit ad multorum exhaurienda peccata, id est, removenda. Nec dicit omnium, quia mors Christi, etsi sit sufficiens pro omnibus, non tamen habet efficaciam, nisi quantum ad salvandos. Non enim omnes subiiciuntur ei per fidem et bona opera.

Quantum ad secundum dicit: secundo autem sine peccato apparebit. De secundo adventu dicit duo. Primo ponit differentiam eius ad primum, quia secundus erit sine peccato. In primo enim, etsi peccatum non habuerit, tamen venit in similitudinem carnis peccati, Rom. VIII, 3. Item in primo factus est hostia pro peccato. II Cor. V, 21: eum qui peccatum non noverat, pro nobis peccatum fecit. In secundo vero ista non erunt, ideo dicit, quod apparebit sine peccato.

Secundo ponit illud, quod est proprium secundo adventui, quia non apparebit ut iudicetur, sed ut iudicet, remunerans pro meritis.

Unde dicit, quod apparebit. Et quidem licet omnibus, etiam his qui eum pupugerunt secundum carnem, tamen secundum divinitatem solum electis, expectantibus se per fidem, in salutem eorum. Is. XXX, 18: beati omnes, qui expectant eum. Phil. III, 20 s.: salvatorem expectamus Dominum Iesum Christum, qui reformabit corpus humilitatis nostræ, configuratum corpori claritatis suæ.

Capitulus X

Lectio 1

Supra apostolus consideratis his, quæ aguntur in utroque testamento, ostendit præeminentiam novi testamenti ad vetus, hic probat unum quod supponit, scilicet quod vetus non poterat mundare peccata. Et hoc est ultimum illorum quinque, quæ præmiserat de Christo.

Et circa hoc duo facit.

Primo enim ostendit defectum veteris testamenti circa abolitionem culpæ; secundo ex hoc comparat sacerdotem novi testamenti ad sacerdotem veteris testamenti, ibi omnis quidem sacerdos.

Iterum prima in duas.

Primo enim proponit, quod intendit; secundo probat per auctoritatem Scripturæ, ibi ideo ingrediens mundum.

Item prima in duas.

Primo enim proponit intentum suum; secundo probat, ibi alioquin cessant.

Circa primum sciendum est, quod apostolus ex conditione et ritu veteris legis concludit ipsum defectum. Per peccatum autem fit privatio futurorum bonorum, et ideo quasi illud peccatum pertineat ad bona futura, scilicet cælestia, ad illa bona se habet lex vetus sicut umbra ad corpus, sed nova lex sicut imago. Umbra autem et imago quantum ad hoc conveniunt quod utrumque repræsentat, sed umbra in communi, et quantum ad naturam speciei, imago vero in particulari, et quantum ad naturam individui, et in speciali. Sic etiam nova lex quantum ad bona futura repræsentat expressius quam vetus.

Primo quia in verbis novi testamenti fit expressa mentio de bonis futuris et promissio, non autem in veteri, sed tantum de carnalibus.

Secundo quia virtus novi testamenti consistit in charitate, quæ est plenitudo legis.

Et ista charitas licet sit imperfecta, ratione fidei cui inhæret, tamen est similis charitati patriæ.

Unde nova lex dicitur lex amoris. Et ideo dicitur imago, quia habet similitudinem expressam bonorum futurorum. Sed lex vetus illam repræsentat per quædam carnalia, et valde a remotis: et ideo dicitur umbra. Col. II, 17: quæ sunt umbra futurorum.

Hæc est ergo conditio veteris testamenti, quod habet umbram futurorum, non rerum imaginem.

Ritus autem erat, quod per singulos annos offerebant in festo expiationis easdem hostias, scilicet sanguinem hircorum et taurorum pro eodem, scilicet pro peccato, sicut patet Lev. XXIII.

Ex his duobus concludit intentum, scilicet quod lex habens umbram futurorum bonorum, non rerum imaginem, non potest facere perfectos accedentes, scilicet pontifices, eisdem hostiis, quas offerunt indesinenter, id est, per singulos annos. Supra VII, 19: neminem ad perfectum adduxit lex. Sed ista perfectio reservatur novæ legi, quæ consistit in charitate, quæ est vinculum perfectionis, Col. III, 14. Ideo dicitur Matth. V, 48: estote ergo perfecti.

Deinde cum dicit alioquin cessassent, probat ex duobus intentum: et primo ex ritu; secundo ex conditione oblatorum, ibi impossibile enim.

Ad probandum autem quod lex non mundabat perfecte, assumit duo.

Primum est quod in ipsa fiebat frequens reiteratio earumdem hostiarum, et est ratio talis: cultores si fuissent per easdem hostias semel mundati, quia non haberent ultra conscientiam peccati, cessassent offerre, et si cessassent, non offerre indigerent. Tunc autem non cessabant, quia, ut dictum est, per singulos annos easdem hostias offerebant. Quia ergo non cessabant idem semper offerre, signum est quod non mundabantur. Matth. IX, 12: non est opus valentibus medicus, sed male habentibus.

Sed contra quia posset dici, quod ratio non est efficax. Posset enim dici, quod mundabat illa oblatio a præteritis, non a futuris, et ideo quia frequenter peccabant, oportebat frequenter iterari oblationem.

Respondeo. Dicendum est, quod

modus loquendi apostoli hoc excludit: quia cum peccatum sit quoddam spirituale, quod opponitur cælesti, oportet illud per quod mundatur peccatum, esse spirituale et cæleste, et per consequens habere virtutem perpetuam. Unde supra loquens de virtute sacrificii Christi attribuit ei virtutem perpetuam, dicens æterna redemptione inventa. Quod autem habet virtutem perpetuam sufficit ad committenda, et commissa, et ideo non oportet ipsum amplius iterari. Unde Christus una oblatione mundavit in æternum sanctificatos, sicut dicitur infra.

Item hoc quod hic dicitur, quod non iteretur: contra, quia nos quotidie offerimus.

Respondeo. Dicendum est, quod non offerimus aliam quam illam quam Christus obtulit pro nobis, scilicet sanguinem suum. Unde non est alia oblatio, sed est commemoratio illius hostiæ quam Christus obtulit. Lc. XXII, 19: hoc facite in meam commemorationem.

Secundum quod præmittit est, quia in veteri testamento fiebat commemoratio per singulos annos de peccatis suis et populi, ergo non erant abolita. Unde dicit, quod in ipsis fit commemoratio, etc., quod verum est. In generali enim fiebat mentio de peccatis, scilicet quod erat conscius peccati, sed in speciali fit mentio in novo. Iac. V, 16: confitemini alterutrum peccata vestra.

Deinde cum dicit impossibile est enim, etc., probat idem ex conditione oblatorum.

Solemnius enim quod erat inter ipsa, erat oblatio hircorum et vitulorum, quæ fiebat in die expiationis. Et cum ista esset quædam repræsentatio obscura et imperfecta cælestium, sicut umbra, impossibile est sanguine istorum auferri peccatum. Quod verum est propria virtute. Sed si alicui dimittebantur, hoc erat virtute sanguinis Christi, qui in illo præfigurabatur. Ier. XI, 15: numquid carnes sanctæ auferent a te malitias tuas, in quibus gloriata es? quasi dicat: non.

Deinde cum dicit ideo ingrediens mundum, etc., inducit auctoritatem Scripturæ, et circa hoc facit duo.

Primo enim ponit eam; secundo exponit eam, ibi superius dicens.

Ista auctoritas potest dividi in duas, secundum Glossam, quia primo agit de incarnatione Christi præfigurata in legalibus; secundo de passione Christi, ibi tunc dixi.

Tamen, secundum intentionem apostoli potest aliter dici, quod primo tangit illud, quod pertinet ad reprobationem veteris testamenti; secundo, illud quod pertinet ad acceptionem novi testamenti, ibi tunc dixi.

Ista autem auctoritas convenit Christo secundum quod ingreditur in mundum; ergo quia illa non poterant auferre peccata, ideo filius Dei ingrediens in mundum dicit.

Contra, quia dicitur Io. I, 10: in mundo erat. Respondeo. Dicendum est, quod verum est quod erat in mundo, quasi regens totum, inquantum dicitur esse in omnibus per essentiam, præsentiam et potentiam, sed est extra mundum, quia a mundo non comprehenditur, sed habet bonitatem separatam a toto mundo, a quo causatur bonitas universi.

Sed quia propter nos factus est humanæ naturæ suppositum, dicitur ingredi in mundum propter eius assumptionem, sicut supra I, 6: cum iterum introducit primogenitum in orbem terræ, etc..

Ingrediens ergo in mundum dicit.

Sed quid dicit? hostiam et oblationem noluisti.

Ponit autem quatuor, quæ erant in veteri testamento, quia sacrificium aut erat de inanimatis, puta pane vel thure, et tunc dicebatur oblatio. Vel de animatis, et tunc vel ad placandum Deum, et dicitur holocaustum, quod erat dignissimum, quia totum comburebatur et cedebat in honorem Dei.

Aut erat pro emundatione peccati, et dicitur sacrificium pro peccato. Et istud habebat duplicem partem, quia una pars comburebatur in altari, altera cedebat in usum ministrorum.

Aut erat pro beneficiis Dei, et istud minus dignum, quia tantum tertia pars comburebatur, et dabatur ministris una, alia offerentibus.

Et istud dicitur sacrificium pacificorum.

Istis omnibus in novo testamento respondet oblatio corporis Christi, quia per corpus Christi placatus est Deus, scilicet in oblatione ipsius in cruce. Rom. V, 10: cum inimici essemus, reconciliati sumus Deo per mortem filii eius. Item per ipsum ablatum est peccatum. I Pet. III, 18: Christus semel pro peccatis nostris mortuus est. Item per ipsum introducimur in bona æterna, et promovemur ad beneficia Dei.

Dicit ergo hostiam, scilicet sacrificium, et oblationem noluisti; et interponit post corpus autem aptasti mihi, id est, aptum fecisti immolationi. Et hoc quantum ad duo.

Primo quia fuit purissimum, ut deleret omne peccatum. Ex. XII, 5: erit agnus absque macula.

Item quia fuit passibile, ut posset immolari.

Rom. VIII, 3: misit Deus filium suum in similitudinem carnis peccati. Istud autem corpus est vera hostia et vera oblatio. Eph. V, 2: tradidit semetipsum pro nobis oblationem et hostiam Deo in odorem suavitatis.

Holocautomata et pro peccato non tibi placuerunt.

Maius est placere quam velle, quia illa placent quæ in se habent aliquid ut ea velimus. Volumus autem aliquando aliqua non propter se, sed propter aliud. Quia ergo holocausta digniora erant, de quibus tamen dicit, quod non placuerunt, ergo multo minus alia.

Sed contra, quia Lev. I, 9, dicitur quod adolebat ea sacerdos super altare in holocaustum et suavem odorem Domino.

Præterea, si noluit ea, quare præcepit hæc sibi offerri? respondeo. Dicendum est quod hoc, quod Deus dicit illa nolle, potest dupliciter intelligi.

Uno modo, quod non vult ea pro tempore isto, in quo adveniente veritate cessat umbra, unde modo peccaret qui ea offerret.

Alio modo quod non vult ea propter peccata offerentium. Is. I, 15: manus enim vestræ sanguine plenæ sunt.

Tertia responsio ad quam apostolus tendit, est, quia ista numquam secundum se placuerunt Deo, nec accepta fuerunt, sed propter duo dicuntur accepta. Primo quia erant figura Christi, cuius passio Deo accepta fuit.

Non enim delectabatur in occisione animalium, sed in fide passionis eius. Omnia enim in figura contingebant illis, I Cor. X, 11.

Secundo ut nos ab idololatria revocaret per ista sacrificia; unde in prima legis datione nulla fit mentio de sacrificiis, sed tantum postquam fecerunt vitulum. Unde Ier. VII, 22: non sum locutus cum patribus vestris, et non præcepi eis in die qua eduxi eos de terra Aegypti, de verbo holocaustorum et victimarum.

Deinde cum dicit tunc dixi, etc., prosequitur de approbatione novi testamenti, et secundum Glossam sic legitur: tunc, scilicet quando aptasti corpus mihi, scilicet in conceptione, dixi: ecce venio, id est, venire proposui, scilicet ad passionem. I Io. V, 6: hic est qui venit per aquam et sanguinem Iesus Christus.

Vel melius est quod referatur ad adventum in mundum sic: tunc, scilicet quando holocausta non placuerunt tibi, dixi: venio per incarnationem. Io. XVI, 28: exivi a patre, et veni in mundum. Et hoc ut offerrem me ad passionem. Et ideo dicit: ecce.

Sed numquid istud sacrificium erit acceptum? certe sic, quia in capite libri scriptum est de me. Iste liber est Christus secundum humanam naturam, in quo scripta sunt omnia necessaria homini ad salutem.

Is. VIII, 1: sume tibi librum grandem. Caput autem Christi est Deus, I Cor. XI, 3. In capite libri, id est in ordinatione Dei, qui est caput Christi, qui est liber, scriptum est quod filius Dei incarnari deberet et mori.

Vel liber, id est, Psalterium, cuius primus Psalmus est de Christo.

Vel melius, liber vitæ, qui nihil aliud est quam notitia, quam Deus habet de prædestinatione sanctorum, qui salvantur per Christum.

Ergo in isto libro scriptum est de me, quia sancti per me prædestinati sunt.

Eph. I, 4: elegit nos in ipso ante mundi constitutionem.

Rom. VIII, 29: quos præscivit et prædestinavit conformes fieri imaginis filii sui. Si ergo prædestinatio dicitur liber, manifestum est quod Christus caput est libri.

Apoc. XXI, 27: qui non sunt scripti in

libro vitæ agni. Qui simpliciter est prædestinatus.

Rom. I, 4: qui prædestinatus est filius Dei in virtute.

Ergo in capite libri, id est, in me, secundum divinam naturam, scriptum est de me secundum naturam humanam, ut faciam voluntatem, scilicet tuam, id est, hoc præordinatum est, ut per gratiam tuam faciam voluntatem tuam, offerendo meipsum ad redemptionem humani generis.

Deinde cum dicit superius dicens, exponit auctoritatem præmissam.

Et circa hoc facit duo.

Primo enim assignando ordinem dicendorum ponit differentiam inter novum et vetus testamentum; secundo exponit specialiter quoddam suppositum in auctoritate, ibi in qua voluntate.

Dictum est autem, quod duo tangebantur in auctoritate allegata. Unum quod pertinet ad reprobationem veteris testamenti, aliud autem ad approbationem novi testamenti.

Reprobatur autem vetus testamentum dupliciter, tum quia Deus sacrificia eius non vult, tum quia sibi non placent, et sic David propheta, dicens superius, id est, in principio.

Et quid dicit? quia hostias, et oblationes, et holocautomata, et pro peccato noluisti.

Is. I, 11: holocaustum arietum, et adipem pinguium, et sanguinem vitulorum, et agnorum, et hircorum, nolui, etc.. Noluisti, verum est secundum se, nec placita sunt tibi, quæ secundum legem offeruntur, id est, in his non delectaris, Ps. L, 17: holocaustis non delectaberis, nisi quia sunt figura, vel inquantum per ipsa retrahebantur ab idololatria.

Hoc ergo primo dicens, subiungit tunc dixi, scilicet quando carnem aptasti mihi ad passionem, vel quando ista non placuerunt: ecce venio, vel ad incarnationem vel ad passionem.

Sed, ad quid? ut faciam voluntatem tuam. Io. VI, 38: descendi de cælo, ut faciam voluntatem eius qui misit me. Io. IV, 34: meus cibus est, ut faciam voluntatem eius qui misit me.

Propheta ergo hoc dicens, aufert primum ut sequens statuat. In quo ostendit differentiam veteris et novi testamenti, quia loquens de veteri dicit, quod non vult, nec placent Deo, scilicet secundum se; ergo auferuntur.

Sed quando de novo loquitur, dicit quod vult, quia ad hoc venio ut faciam voluntatem tuam. Ergo novum statuitur, id est, firmatur esse secundum voluntatem Dei. Lev. XXVI, 10: vetera, novis supervenientibus, proiicietis.

Deinde cum dicit in qua voluntate, exponit illud quod dixerat de voluntate Dei, ad quam implendam venit Christus, scilicet quæ sit illa voluntas. Hæc autem est sicut dicitur I Thess. IV, 3: hæc est voluntas Dei, sanctificatio vestra. Ideo dicit in qua voluntate sanctificati sumus, et hoc, per oblationem corporis Christi Iesu, scilicet factam.

Eph. V, 2: obtulit semetipsum oblationem et hostiam Deo. Et hoc, semel. I Petr. III, 18: Christus semel pro peccatis nostris mortuus est.

Deinde cum dicit et omnis quidem sacerdos, ostendit comparationem sacerdotis novi et veteris testamenti.

Sciendum autem, quod in lege erant duo solemnia sacrificia. Unum in die expiationis, quod fiebat per solum summum pontificem, de quo multa iam dicta sunt. Aliud erat iuge sacrificium, in quo unus agnus offerebatur in mane, et alius in vespere, de quo Num. XXVIII, 4.

De isto etiam intendit hic apostolus, et circa hoc tria facit.

Primo enim ponit illud quod pertinet ad sacerdotem veteris testamenti; secundo ponit illud quod pertinet ad sacerdotem novi; tertio confirmat per auctoritatem.

Secundum, ibi hic autem unam, tertium, ibi contestatur autem.

Dicit ergo omnis sacerdos, etc..

Dicit omnis, ad differentiam sacrificii expiationis, quod tantum per summum sacerdotem fiebat; sed in isto omnis sacerdos præsto est, tota die ministrans, et sæpe offerens easdem hostias, quia semper offerebat agnum.

Quæ, scilicet hostiæ feriales, non poterant auferre peccata, quia iterabantur. Ier. XI, 15: numquid carnes sanctæ auferent a te malitias tuas in quibus gloriata es? per istud iuge sacrificium figuratur Christus, et æternitas eius qui est agnus immaculatus.

Deinde cum dicit hic autem unam pro peccatis, ostendit illud quod pertinet ad sacerdotium Christi.

Et circa hoc facit duo.

Primo enim ponit intentum; secundo assignat rationem, ibi una enim.

Dicit ergo hic autem, scilicet Christus, offerens unam hostiam pro peccatis, auferentem scilicet peccata. Illa vero vetus lex multas offerebat hostias non expiantes peccata; hic ergo, scilicet Christus, offerens unam hostiam, quia semel pro peccatis nostris semetipsum obtulit, sedet, non tamquam minister, sicut sacerdos legalis qui semper præsto est, sed tamquam Dominus. Ps. CIX, 1: dixit Dominus Domino meo: sede a dextris meis. Mc. Ult.: sedet a dextris Dei. In dextera Dei patris, quantum ad æqualitatem potestatis secundum divinitatem, sed in potioribus bonis secundum humanitatem. Supra I, 3: sedet ad dexteram maiestatis, etc.. Et hoc in sempiternum. Non enim iterum morietur, quia Christus resurgens ex mortuis, etc.. Rom. VI, 9; Dan. VII, 14: potestas eius, potestas æterna.

De cætero expectans donec ponantur inimici eius scabellum pedum eius.

Ista expectatio non innuit aliquam anxietatem in Christo, sicut in hominibus. Spes quæ differtur affligit animam, ut dicitur Prov. XIII, 12. Sed designat voluntatem miserendi, quam Deus habet erga nos. Is. XXX, 18: expectat Dominus, ut misereatur nostri.

Subiiciuntur ergo pedibus eius, id est humanitati Christi aliqui volentes, et in hoc salus ipsorum consistit, scilicet in faciendo voluntatem eius. Ex. X, 3: usquequo non vis mihi subiici? sed mali nolentes ipsi subditi sunt, quia etsi voluntatem eius per se non implent, tamen de ipsis impletur quantum ad opus iustitiæ. Et sic omnia sunt ei subiecta aliquo istorum modorum. Ps. VIII, 7: omnia subiecisti sub pedibus eius.

Deinde cum dicit una enim oblatione, assignat rationem, scilicet quare sedet tamquam Dominus, et non tamquam minister, sicut sacerdos legalis, quia ille per hostiam unam non auferebat peccata, et ideo oportebat plures alias offerre et frequenter.

Supra V, 1: omnis enim pontifex ad offerenda munera et hostias constituitur. Sed hostia, quam Christus obtulit, aufert omnia peccata.

Supra IX, 28: Christus semel oblatus est ad multorum exhaurienda peccata.

Et ideo dicit quod una oblatione consummavit, id est, perfecit, quod fecit reconciliando et coniungendo nos Deo tamquam principio, sanctificatos in sempiternum, quia hostia Christi, qui Deus est et homo, habet virtutem æternam sanctificandi. Infra XIII, 12: Iesus ut sanctificaret per suum sanguinem populum, etc.. Per Christum enim perficimur et coniungimur Deo. Rom. V, 2: per quem accessum habemus ad Deum.

Deinde cum dicit contestatur autem, confirmat quod dixerat per auctoritatem, quæ sumpta est ex Ier. XXXI, 33, quæ, quia supra cap. Octavo exposita est, ad præsens intermittitur.

Et tamen potest dividi in duas partes. Primo ponit auctoritatem; secundo ex ea arguit, ibi ubi autem horum remissio.

Et facit talem rationem: in novo testamento remittuntur peccata per oblationem Christi, quia in remissionem peccatorum effusus est sanguis Christi; ergo in novo testamento, in quo peccata et iniquitates remittuntur, ut dictum est in auctoritate, non est oblatio pro peccato, supple, amplius iteranda.

Matth. IX, 12: non est opus valentibus medicus, sed male habentibus. Ubi ergo est horum remissio, etc.. Fieret enim iniuria hostiæ Christi.

Lectio 2

Postquam ostendit apostolus multiplicem eminentiam sacerdotii Christi respectu sacerdotii legalis, hic iuxta consuetudinem suam concludit, monendo quod isti sacerdotio fideliter inhærendum est.

Hoc enim semper supra fecit, quod post commendationem ponit admonitionem, quia ad hoc susceperat commendare gratiam

Christi, ut alliciat eos ad obediendum Christo, et recedendum a cæremonialibus legis.

Circa hoc ergo duo facit, quia primo ponit monitionem; secundo assignat rationem, ibi voluntarie enim.

Sciendum est autem circa primum quod duo dixerat de sacerdotio Christi, scilicet virtutem ritus eius, quia per proprium sanguinem; item dignitatem ipsius, quia pontifex in æternum. Et ideo in monitione sua resumit ista duo. Unde monendo, quod fideliter obediendum est Deo Christo, primo ponit illa duo; secundo ponit suam monitionem, ibi accedamus cum bono corde.

Item prima in duas, quia primo resumit ritum sacerdotii eius; secundo dignitatem, ibi et sacerdotem magnum.

Dicit ergo itaque, fratres, scilicet per mutuam charitatem, habentes fiduciam in introitu, etc.. Eph. III, 12: in quo habemus fiduciam et accessum in confidentia, etc..

Ex. XV, 17: introduces eos, et plantabis in monte hæreditatis tuæ firmissimo habitaculo, etc.. Ps. CXXI, 1: lætatus sum in his quæ dicta sunt mihi, in domum Domini ibimus.

Et hoc in sanguine Christi, quia hic est sanguis novi testamenti, id est, novæ promissionis, scilicet cælestium.

Sed quomodo habeamus fiduciam introeundi ostendit, quia Christus per suum sanguinem initiavit, id est inchoavit, novam viam nobis. Mich. II, 13: ascendit pandens iter ante eos. Io. XIV, 3: si abiero et præparavero vobis locum, etc.. Is. XXXV, 8: sancta via vocabitur, et pollutus non transibit per illam. Hæc est ergo via eundi in cælum.

Et est nova quia ante Christum nullus invenit eam, quia nemo ascendit in cælum nisi qui descendit de cælo, Io. III, 13. Et ideo qui vult ascendere, debet ipsi tamquam membrum capiti suo adhærere. Apoc. II, 7: vincenti dabo edere de ligno vitæ, quod est in Paradiso Dei mei. Et III, 12: et Scribam super eum nomen novum, et nomen civitatis novæ Ierusalem, quia scilicet de novo introducuntur. Viventem, id est, semper perseverantem, in quo apparuit virtus deitatis, quia semper vivit.

Sed quæ sit ista via ostendit subdens per velamen, id est, carnem suam. Sicut enim sacerdos per velum intrabat in sancta sanctorum, ita si volumus intrare sancta gloriæ, oportet intrare per carnem Christi, qui fuit velamen deitatis. Is. XLV, 15: vere tu es Deus absconditus. Non enim sufficit fides de deitate, si non adsit fides de incarnatione.

Io. XIV, 1: creditis in Deum, et in me credite.

Vel per velamen, id est, per carnem suam datam nobis sub velamento speciei panis in sacramento. Non enim proponitur nobis sub specie propria propter horrorem, et propter meritum fidei.

Consequenter commendat dignitatem sacerdotis, cum dicit et sacerdotem magnum, qui scilicet nobis initiavit viam, quasi dicat: habentes fiduciam intrandi per sacerdotem, scilicet Iesum. Ps. CIX, 5: tu es sacerdos in æternum.

Qui dicitur magnus, quia sacerdotium eius non est tantum super unum populum, sicut Aaron, sed super domum Dei totam scilicet ecclesiam militantem et triumphantem. I Tim. III, 15: ut scias quomodo oporteat te conversari in domo Dei, quæ est ecclesia. Et dicit super, quia Moyses fuit fidelis in omni domo, tamquam famulus, Num. XII, 7; sed Christus super totam domum, sicut filius, qui est Dominus omnium. Matth. Ult.: data est mihi omnis potestas in cælo et in terra. De hoc etiam supra III.

Deinde cum dicit accedamus, ponit monitionem suam, ut scilicet ex quo talis et tantus est, fideliter est ei adhærendum.

Quod fit tribus modis, scilicet per fidem, spem, et charitatem. I Cor. XIII, 13: nunc autem manent fides, spes, charitas.

Primo ergo monet ad ea, quæ sunt fidei; secundo ad ea, quæ sunt spei, ibi teneamus spei; tertio ad ea, quæ sunt charitatis, ibi et consideremus.

Sed quantum ad primum duo sunt necessaria, scilicet ipsa fides, quia sine fide impossibile est placere Deo, et fidei sacramentum.

Quantum ad primum dicit accedamus, ad ipsum, cum vero, non ficto, corde. IV Reg. XX, 3 et Is. XXXVIII, 3: memento quomodo ambulaverim coram te in veritate, et in corde perfecto. Hoc autem fit quando opus concordat cordi. Accedamus etiam in plenitudine fidei. Infra XI, 6: accedentem ad Deum oportet credere, etc.. Nec sufficit qualiscumque fides, sed requiritur fides plena, quod fit duobus modis, scilicet et quantum ad materiam fidei, ut credantur omnia quæ proponuntur ad credendum, et quod sit fides formata, quod est per charitatem. Rom. XIII, 10: plenitudo enim legis est dilectio.

Quantum ad sacramentum fidei dicitur aspersi corda vestra, quod alludit ei, quod dicitur Num. XIX, ubi ponitur ritus vitulæ Rufæ, de cuius aqua aspergebatur mundandus die tertio, sed die septimo alia aqua lavabatur corpus eius, et vestimenta. Per aspersionem aquæ vitulæ Rufæ figurabatur passio Christi, quia die tertia, scilicet in fide trinitatis in baptismo mundamur a peccatis.

Et quantum ad hoc dicit aspersi corda, non corpora. Infra XII, 24: accessistis ad sanguinis aspersionem. Aspersi ergo corda non a tactu mortui, sicut per aquam vitulæ Rufæ, sed a conscientia mala.

De ablutione autem, quæ fiebat septima die, dicit et abluti corpus aqua munda. Non enim in baptismo operatur tantum virtus passionis, sed etiam infunduntur in ipso dona spiritus sancti. Unde in septima die, id est in plenitudine donorum spiritus sancti, totus homo abluitur intus et extra ab omni peccato tam actuali quam originali, quod est quasi corporale, quia anima ipsum contrahit per unionem ad carnem fœdam.

Dicitur autem spiritus sanctus aqua quia mundat. Act. XV, 9: fide purificans corda ipsorum. Ez. XXXVI, 25: effundam super vos aquam mundam, et mundabimini ab omnibus inquinamentis vestris, et ab universis idolis vestris mundabo vos. Zach. XIII, 1: erit fons patens domui David, et habitantibus Ierusalem, in ablutionem peccatoris et menstruatæ.

Tit. III, 5: per lavacrum regenerationis et renovationis spiritus sancti. Et in huius signum super Christum baptizatum descendit spiritus sanctus in corporali specie.

Deinde cum dicit teneamus spei nostræ, ponit illud quod pertinet ad spem.

Et circa hoc facit duo.

Primo enim hortatur ad spei certitudinem; secundo subdit rationem, ibi fidelis enim est qui.

Sciendum est autem, quod per fidem Christi datur nobis spes salutis æternæ, et introitus in cælum. I Pet. I, 3: regeneravit nos in spem vivam. Unde dicit teneamus, et non dicit spem, sed spei nostræ confessionem, quia non sufficit habere spem in corde, sed etiam oportet confiteri ore.

Rom. X, 10: corde creditur ad iustitiam, ore autem confessio fit ad salutem. Item oportet confiteri eam non solum verbo, sed etiam factis, contra quosdam, de quibus Tit. I, 16: confitentur se nosse Deum, factis autem negant.

Fit autem ista confessio per opera, per quæ tenditur ad res speratas. Apoc. III, 11: tene quod habes ne alius accipiat coronam tuam. Indeclinabilem, id est, ut ab ista confessione non declinemus, neque per prospera, neque per adversa. Ps. CXXIV, 5: declinantes autem in obligationes, adducet Dominus cum operantibus iniquitatem. Is. XXX, 21: hæc est via, ambulate in ea, et non declinetis neque ad dexteram, neque ad sinistram.

Et ratio huius est, quia ille qui repromisit, est fidelis, et ideo mentiri non potest. Ps. CXLIV, 13: fidelis Dominus in omnibus verbis suis. Deut. XXXII, 4: Deus fidelis, et absque ulla iniquitate.

Consequenter cum dicit et consideremus, etc., ponit illud quod pertinet ad charitatem, et circa hoc facit tria.

Primo enim facit, quod dictum est; secundo removet contrarium charitati, ibi non deserentes; tertio assignat rationem ex congruitate temporis, ibi et tanto magis, etc..

Circa primum sciendum est, quod licet charitas principaliter inhæreat Deo, tamen manifestatur per charitatem proximi.

I Io. IV, 20: qui enim non diligit fratrem suum quem videt, Deum quem non videt, quomodo potest diligere? ergo ad charitatem pertinet, quod diligatur proximus. Ideo dicit consideremus invicem, ut scilicet ea, quæ proximi sollicite faciamus. Eccli. XVII, 12: et unicuique mandavit Deus de proximo suo.

Sed quia aliqui ea quæ sunt proximi considerant zelo invidiæ, aliqui vero zelo odii, contra quos dicitur Prov. XXIV, 15: *ne quæras impietatem in domo iusti,* ideo dicit in provocationem charitatis, id est, ut provocemus eos ad charitatem. Rom. XI, 13 s.: *quamdiu apostolus gentium sum, ministerium meum honorificabo, si quo modo ad æmulandum provocem carnem meam, et salvos faciam aliquos ex illis.* Ista autem provocatio procedit ex dilectione, quæ extenditur ad opus exterius. I Io. III, 18: *non diligamus verbo neque lingua, sed opere et veritate.*

Sicut enim dicit Gregorius, non est amor Dei otiosus, operatur enim magna si est, si autem operari renuit, amor non est.

Probatio ergo dilectionis, exhibitio est operis.

Ideo subdit et bonorum operum. Col. I, 10: *in omni opere bono fructificantes.*

Deinde removet contrarium charitati, cum dicit non deserentes, etc.. Quia enim charitas est amor, proprium autem amoris est unire, quia, ut dicit Dionysius, amor est vis unitiva Io. XVII, 22 s.: *ut sint unum sicut et nos unum sumus, et cognoscat mundus, quia dilexisti eos, sicut et me dilexisti* ideo recedere ab invicem, est directe oppositum charitati. Et ideo dicit non deserentes collectionem nostram, scilicet ecclesiæ, quam aliqui deserunt tripliciter. Scilicet propter persecutiones apostatantes a fide. Et isti significantur per illos, de quibus dicitur Io. VI, 67, quod *abierunt retro, et iam cum illo non ambulabant.* Matth. XIII, 21: *facta tribulatione et persecutionibus propter verbum continuo scandalizantur.* Lc. VIII, 13: *ad tempus credunt, et in tempore tentationis recedunt.*

Secundo, mali prælati qui dimittunt oves in periculo. Io. X, 13: *mercenarius fugit, quia mercenarius est.* Aliqui vero ex superbia, quia cum possent esse utiles ad regendum, cum nota superbiæ ab aliis se separant, Iud. V, 19: *hi sunt qui segregant se ab aliis, animales, spiritum non habentes,* quasi sub specie maioris perfectionis.

Et forte tales erant in tempore illo.

Ideo sequitur sicut consuetudinis est quibusdam.

Contra quos dicitur I Cor. XI, 16: *si quis videtur contentiosus esse, nos talem consuetudinem non habemus in ecclesia Dei.*

Sed quid debent facere subdit sed consolantes, quasi dicat: si videas, quod socius tuus male se habet, non deseras eum, sed consolare, non sicut illi qui deserunt collectionem, de quibus dicit sicut est consuetudinis quibusdam, etc..

Consequenter cum dicit et tanto magis, assignat causam huius.

Posset enim aliquis dicere: quare debemus nos in fide proficere? quia motus naturalis quanto plus accedit ad terminum, magis intenditur.

Contrarium est de violento. Gratia autem inclinat in modum naturæ; ergo qui sunt in gratia quanto plus accedunt ad finem, plus debent crescere. Et ideo dixit non deserentes, sicut quidam, sed consolantes. Et hoc, tanto magis quanto videritis appropinquantem diem, id est terminum. Rom. XIII, 12: nox præcessit, dies autem appropinquavit.

Prov. IV, 18: iustorum semita, quasi lux splendens proficit, et crescit usque ad perfectum diem.

Lectio 3

Supra apostolus posita commendatione excellentiæ sacerdotii Christi, et subiuncta admonitione ut illius sacerdotio adhæreant per fidem et charitatem, hic probat monitionem suam per rationem.

Et hoc facit dupliciter, primo terrendo, secundo demulcendo, ibi rememoramini autem pristinos dies.

Circa primum duo facit quia primo terret eos ad observandum monitionem suam propter subtractionem remedii; secundo propter expectationem iudicii, ibi terribilis autem.

Dicit ergo voluntarie, etc., quod dupliciter exponitur: uno modo secundum Glossam quæ videtur facere differentiam inter peccantes volentes et voluntarie; ita quod volens peccat, qui quasi passione ductus consentit in peccatum, de quo ante non cogitavit; voluntarie autem qui ex certa malitia, cuius voluntas prona est ad peccandum, ut statim cedat. Ier. VIII, 6: omnes conversi sunt ad cursum suum quasi equus vadens impetu ad prœlium, nec postea pœnitet.

Prov. II, 14: lætantur cum malefecerint, et exultant in rebus pessimis. Ergo voluntarie peccantibus, id est, in voluntate peccandi permanentibus.

Et exaggerando subdit post acceptam notitiam veritatis. II Pet. II, 21: melius erat illis viam iustitiæ non agnoscere, quam post agnitionem retrorsum converti. Iam non relinquitur hostia pro peccatis, id est, hostia quam Christus obtulit pro remissione peccatorum, non est nobis utilis, quia illis dimittuntur peccata, qui de ipsis pœnitent. Matth. XXVI, 28: hic est sanguis novi testamenti, qui pro multis effundetur, scilicet efficaciter.

Sed de malis dicitur Is. XLIX, 4: in vacuum laboravi sine causa, et vane fortitudinem meam consumpsi. Ier. VI, 29: frustra conflavit conflator, malitiæ eius non sunt consumptæ.

Sed melius potest dici, et secundum intentionem apostoli, quia, secundum Augustinum, liberum arbitrium habet multiplicem statum, quia in statu extra gratiam, antequam reparetur per gratiam, non est in potestate nostra peccare mortaliter vel non peccare, et hoc propter præconceptionem finis, et habitum inclinantem; quod quidem verum est secundum magnum tempus, sed per aliquam moram, si operetur ex præmeditatione, potest vitare hoc peccatum vel illud.

Sed postquam per gratiam reparatus est homo omnino, in potestate eius est vitare peccatum mortale, et etiam veniale in particulari, non autem omnino in universali, et hoc est propter auxilium gratiæ salvantis.

Et ideo dicit nobis peccantibus voluntarie post acceptam notitiam veritatis, id est, post acceptam gratiam, per quam habetur notitia peccati, quia ante notitiam peccati peccatum nostrum a Deo nobis non imputatur, unde quasi dicitur ipsum ignorare, quia non imputat nobis. Sed post, iam non est pro peccatis hostia. Ante enim reparationem, quæ facta est per Christum, relinquebatur hostia ista quæ expectatur, sed nunc iam non expectatur alia mors eius, ita nec post baptismum semel acceptum expectatur alius baptismus.

Deinde cum dicit terribilis autem, deterret expectatione divini iudicii.

Et circa hoc duo facit: primo enim terret, secundo subdit rationem, ibi irritam quis faciens.

Sic ergo dictum est, quod non relinquitur ultra hostia. Quid ergo? illud quod supra dictum est cap. IX quod post mortem est iudicium. Iob XIX, 29: scitote esse iudicium.

Istius iudicii expectatio est valde terribilis, tum propter conscientiam peccatorum Iac. III, 2: in multis offendimus omnes, tum etiam propter imperfectionem iustitiarum nostrarum Is. LXIV, 6: iustitiæ nostræ quasi pannus menstruatæ. Ps. CXVIII, 120: a iudiciis tuis timui. Abac. III, 16: audivi et conturbatus est venter meus.

Est afflictiva. Unde dicit et ignis æmulatio, id est pœna ignis, quæ infligitur ex zelo et æmulatione divinæ iustitiæ. Ex. XX, 5: ego sum Dominus Deus tuus fortis zelotes, etc.. Zelus autem est amor sponsi. Sicut ergo sponsus non parcit sponsæ malæ, sic nec Deus animæ peccatrici. Prov. VI, 34: zelus et furor viri non parcet in die vindictæ. Sequitur quæ consumptura est adversarios. Ps. C. Xcvi, 3: ignis ante ipsum præcedet et inflammabit in circuitu inimicos eius, quia ignis qui præcedet faciem iudicis, corpora viventium incinerabit, et reprobos detrudet in infernum, et corpora eorum consumet, non totaliter consumendo, sed in perpetuum cruciando.

Consequenter cum dicit irritam quis faciens, probat quod dixerat de terrore iudicii, et primo per locum a minori; secundo per auctoritatem, ibi scimus autem illum.

Primum accipit ex lege. Tanto enim aliquis est reus maioris pœnæ, quanto rem magis sacram contemnit. Cum ergo vetus testamentum non sit ita sanctum sicut novum, et transgressor illius gravissime puniebatur; ergo transgressor novi longe gravius debet puniri.

Circa istud argumentum duo facit: primo enim ponit istud quod fiebat in veteri; secundo illud quod fiendum est in novo, ibi quanto magis.

Quantum ad vetus ponit culpam et pœnam. Culpam, cum dicit irritam quis faciens legem Moysi. Irritum dicitur quod non sortitur debitum finem. Lex autem non solum vetus, sed etiam quælibet, datur ut inducat homines ad virtutem, et faciat abstinentes a vitiis. Et ideo qui transgreditur legem, et vacat vitiis, quantum est in se, legem irritam facit. Matth. XV, 6: irritum fecistis mandatum Dei propter traditiones vestras.

Gen. XVII, 14: masculus, cuius præputii caro circumcisa non fuerit, peribit de populo suo, quia pactum meum irritum fecit.

Et pœnam ostendit, cum dicit sine ulla miseratione. Et ista pœna est valde gravis, quia infligit mortem. Unde dicit moritur.

Ex. XXII, 18: maleficos non patieris vivere. Item quia irremissibilis. Unde dicit sine ulla miseratione. Deut. XIX, 12 s.: morietur, nec misereberis eius.

Sed numquid lex Dei excludit misericordiam? constat quod non. Os. VI, 6: misericordiam volui, et non sacrificium.

Respondeo. Dicendum est, quod differunt misericordia, clementia et venia: quia misericordia est quando homo ex quadam passione cordis et animi movetur ad remittendum pœnam, et hoc aliquando est contra iustitiam, et istam prohibet. Venia autem est, quando propter aliquam utilitatem publicam remittit aliquid de pœna debita. Clementia est quando non solum de pœna aliquid, sed etiam de culpa remissius iudicat. Ista duo non prohibentur, sed misericordia primo modo dicta, quia est contra iustitiam, et inducit dissolutionem.

Moritur ergo et hoc, duobus vel tribus testibus, supple convictus. Deut. XVII, 6: in ore duorum vel trium testium stat omne verbum.

Causa autem quare lex numerum testium determinat secundum Augustinum est, ut per hoc designetur immobilitas veritatis, quæ est in sancta trinitate. Nec refert si nominentur duæ personæ vel tres, quia semper in duabus intelligitur tertia, scilicet spiritus sanctus, qui est nexus amborum. Ista ratio mystica est.

Sed litteralis est, ut quia in iudicio unus affirmat, alter negat, non plus credendum est uni quam alteri. Multitudini autem est credendum.

Omnis autem multitudo completur numero ternario. Et ideo sufficit, quod sint duo cum accusante, sed tertius testis superadditur ex abundanti.

Deinde cum dicit quanto magis, ponitur id quod spectat ad novum testamentum.

Et primo ponit pœnam; secundo culpam, ibi qui filium Dei.

Quantum ad pœnam dicit: quanto magis putatis deteriora mereri supplicia.

Quia enim in novo testamento per Christum prædicatum est, ideo peccans in ipso, gravius punitur. Matth. XI, 22: verumtamen dico vobis, quod Tyro et Sidoni remissius erit quam vobis in die iudicii.

Sed numquid plus punitur peccator christianus, quam infidelis? quia si sic, melius esset quod omnes essent infideles.

Respondeo. Dicendum est, quod aliud est de illis qui fidem contemnunt, quia isti proprie sunt contemptores; aliud de illis, qui ex ignorantia fidem non annuntiatam, non tenent, et talibus peccatum infidelitatis non imputatur.

Sed qui fidem annuntiatam contemnit, gravius punitur, quia peccatum infidelitatis maximum est. Si ergo comparamus christianum et Iudæum qui non contemnit, et uterque sit adulter, tunc gravius punietur christianus quam Iudæus, quia non solum pro adulterio, sed etiam quia magis ingratus est.

Sed numquid universaliter verum est, quod semper idem peccatum in specie gravius punitur in maiori? respondeo. Dicendum est, quod dupliciter peccatur. Uno modo ex surreptione. Et sic quando aliquis dat se operibus divinis, si ex surreptione peccat, minus punitur. II par. XXX, 18 s.: Dominus bonus propitiabitur cunctis, qui in toto corde requirunt Deum patrum suorum. Ps. XXXVI, 24: cum ceciderit, non collidetur. Sed si ex contemptu, magis peccat, quia cum sit in statu altiori, magis contemnit. Et de talibus loquitur hic, qui sunt magis ingrati.

Quantum vero ad culpam dicit qui filium Dei conculcaverit. Sciendum vero est, quod apostolus gravitatem culpæ eorum, qui peccant in novo testamento, ostendit ex beneficiis nobis a Deo in illo collatis. Deus autem nobis dedit quicquid maximum et pretiosum habebat, scilicet filium suum unigenitum.

II Pet. I, 4: per quem maxima nobis et pretiosa promissa donavit. Dedit etiam spiritum sanctum. Ioel II, 28: effundam de spiritu meo super omnem carnem. Rom. V, 5: charitas Dei diffusa est in cordibus nostris per spiritum sanctum, qui datus est nobis. Ingratitudo autem super tantis beneficiis aggravat peccatum.

Circa ingratitudinem vero super datione filii duo consideranda sunt ac ponderanda, scilicet mysterium incarnationis, in qua datus est nobis, et sacramentum passionis, in qua pro nobis se obtulit. Supra IX, 14: sanguis Christi, qui per spiritum sanctum semetipsum obtulit immaculatum Deo, etc..

Et ideo quantum ad primum dicit qui filium Dei, scilicet pro nobis incarnatum, conculcaverit, id est vilipenderit, scilicet non credendo quod fides filii Dei sit sufficiens ad salutem, sicut illi qui legalia servabant, Gal. III, 1: ante quorum oculos Christus proscriptus est. Item non obediendo eius mandatis, nec vivendo secundum doctrinam eius.

I Reg. II, 30: qui autem contemnunt me, erunt ignobiles.

Quantum ad secundum dicit: et sanguinem testamenti, id est, Christi sanguinem confirmativum novi testamenti. Matth. XXVI, 28: hic est sanguis meus novi testamenti, etc..

Pollutum duxerit, id est, reputaverit

pollutum, ut scilicet non possit mundare, sicut pollutus in se non mundat. Eccli. XXXIV, 4: ab immundo quis mundabitur? quasi dicat: nullus scilicet, secundum quod mundatio tantum fiebat per sanguinem animalium.

Item pollutum duxit, qui virtute eius in baptismo ablutus, peccat redeundo ad vomitum.

Apoc. I, 5: dilexit nos, et lavit nos a peccatis nostris in sanguine suo. Et ideo dicit in quo sanctificatus est, id est, per quem sanctificatus est. I Cor. VI, 11: abluti estis, sanctificati estis in nomine Domini nostri Iesu Christi. Mal. I, 11: in omni loco offertur oblatio munda nomini meo, quia magnum est nomen meum in gentibus. Item qui peccat post alia sacramenta, etiam potest dici sanguinem Christi pollutum ducere.

Item aggravatur peccatum ex contemptu spiritus sancti. Et ideo dicit et spiritui gratiæ iniuriam fecerit, id est, contumeliam, quam facit qui non credit, quod gratia spiritus sancti sit data per Christum, ut habetur Io. XIV, 16: rogabo patrem, et alium Paraclitum dabit vobis, et sufficiat ad salutem sine legalibus, ut scilicet remissionem peccatorum adscribat observantiis legis.

Vel conculcat Christum, qui libere absque timore sanguinem Christi polluit, qui eo indigne communicat spiritui gratis dato.

Eph. II, 8: donum enim Dei est, et non ex operibus. Contumeliam, iniuriam, facit, qui Christum per peccatum a se abiicit. Sap. I, 5: corripietur, id est, expelletur, a superveniente iniquitate. Eph. IV, 30: nolite contristare spiritum sanctum Dei. I Thess. 5, 19: spiritum nolite extinguere.

Deinde cum dicit scimus enim, etc., probat quod dixit per auctoritates.

Et circa hoc facit duo: primo enim probat ponendo auctoritates; secundo concludit ex eis, ibi horrendum est.

Dicit ergo scimus, illum, qui dixit (Deut. XXXII, 35, secundum aliam litteram): mihi vindictam, supple servate. Littera nostra habet: mea est ultio. Et numquid reddes? immo et ego retribuam.

Sed contra. Si soli Deo servatur vindicta, quare iudices vindicant? respondeo. Ad hoc respondet apostolus, Rom. XIII, 4, quod iudex est minister Dei. Unde non iudicat propria auctoritate, sed Dei.

Secunda auctoritas est ibidem iudicabit Dominus populum suum. Si suum, ergo multo magis inimicos. I Pet. IV, 18: si iustus vix salvatur, impius et peccator ubi parebit? vel populum suum, id est qui fidem suam non contemnunt, quia infideles damnabuntur, et non iudicabuntur iudicio discussionis. In iudicio enim, ut dicit Gregorius, quatuor erunt ordines. Quidam qui non iudicabuntur, sed iudicabunt et salvabuntur, scilicet apostoli, et apostolici viri. Quidam qui iudicabuntur et salvabuntur, ut mediocriter boni. Quidam, qui iudicabuntur et damnabuntur, ut mali fideles.

Quidam, qui non iudicabuntur et damnabuntur, ut omnes infideles.

Deinde cum dicit horrendum est, ponit conclusionem. Ex quo enim vindicta reservanda est Deo, qui iudicabit populum suum, horrendum est incidere in manus Dei viventis.

Quanto enim iudex iustior et fortior est, tanto magis timendum est. Ps. VII, 12: Deus iudex iustus et fortis. Ergo horrendum est incidere in manus eius. Dan. XIII, 23: melius est mihi absque opere incidere in manus vestras.

Eccli. II, 22: si pœnitentiam non egerimus, incidemus in manus Domini, et non in manus hominum.

Sed contra, II Reg. Ult., David tamquam melius præelegit incidere in manus Dei.

Respondeo. Dicendum est, quod homo peccat offendendo hominem, et offendendo Deum. Melius autem est incidere in manus hominis offendendo ipsum, quam in manus Dei ipsum offendendo. Vel dicendum est, quod melius est peccantem et contemnentem incidere in manus hominis, peccantem vero sed pœnitentem in manus Dei. Et sic elegit David. Vel dicendum est quod usque ad iudicium non est horrendum in manus Dei incidere, qui iudicat misericorditer quamdiu est pater misericordiarum, sed post iudicium horrendum est incidere in manus Dei, quando sicut Deus ultionum iustitias iudicabit. Modo enim sicut circumdatus infirmitate, quam aliquando expertus est, ex compassione misericorditer iudicat.

Lectio 4

Supra apostolus monuit ad inhærendum Christo per fidem, spem, et charitatem.

Ad quod induxit per rationes terrentes, hic ponit rationes demulcentes, sicut bonus medicus postquam secuit, ponit unctiones lenientes. Inter omnia enim commendatio de bene gestis est unum quod maxime provocat ad bonum inceptum continuandum. Virtus enim laudata crescit in immensum. Pondus et immensum gloriæ calcar habet.

Et circa hoc facit duo: primo enim commemorat eis bona quæ fecerant; secundo hortatur ad implendum quod restat, ibi nolite itaque amittere.

Circa primum facit tria primo enim in generali commemorat tribulationes, quas pro fide passi sunt; secundo describit tribulationum modos, ibi et in altero; tertio exponit eas in speciali, ibi nam et vinctis.

Quia ergo ex bene gestis homo exercitatur ad melius, sicut aliquando ex malis e contrario desperat de seipso, ideo recitat bona eorum, dicens rememoramini. Ier. II, 2: recordatus sum tui, id est, bonorum, quæ egisti. Dies pristinos, id est primordia conversionis vestræ, in quibus illuminati per fidem, quæ illuminat animam et purgat. Act. XV, 9: fide purificans corda eorum. Is. LX, 1: surge, illuminare, Ierusalem.

Hoc autem est per fidem Christi. Eph. III, 17: habitare Christum per fidem, etc..

Lc. I, 79: illuminare his qui in tenebris, et in umbra mortis sedent. Primum enim lumen animæ est fides.

Sustinuistis magnum certamen passionum, id est, magnas passiones contra vos certantes, vobis illatas ab his qui Christum persequebantur in vobis. Act. IX, 4: Saule, Saule, quid me persequeris? me, inquam, in membris meis, quia, ut dicit Augustinus, in sermone super verbo isto, membris in terra positis caput de cælo clamat. Sap. X, 12: certamen forte dedit illi, ut vinceret. II Tim. IV, 7: certavi bonum certamen. Sicut enim dicitur Act. VIII, 1, facta est persecutio magna in ecclesia post mortem stephani. I Thess. II, 14: vos enim imitatores facti estis ecclesiarum Dei, quæ sunt in Iudæa, quoniam eadem passi estis vos a contribulibus vestris, sicut et ipsi a Iudæis. Si ergo a principio incepistis sustinere, vituperabile esset modo deficere.

Consequenter cum dicit et in altero, ostendit quæ fuerint illæ tribulationes.

Dupliciter enim patitur aliquis, scilicet in se tribulationem sustinendo, et in alio alienæ tribulationi compatiendo. Utroque autem modo illi passi sunt.

Quantum ad primum dicit in altero, scilicet quantum ad vos, facti estis spectaculum opprobriis, quod gravissimum est sapienti.

Quod enim unus fatuus irridetur, non est grave, etiam si multa ei irrisio ab aliis inferatur: sapienti vero grave est; sed si tribuletur et irrideatur a tribulante, hoc gravissimum est. In hoc ergo ostendit magnitudinem afflictionis ipsorum, quia facti erant spectaculum, id est, quia nullus eis compatiebatur, immo magis irrisori congaudebant in afflictionibus ipsorum, scilicet in opprobriis. Ps. LXVIII, 10: opprobria exprobrantium tibi ceciderunt super me. Et tribulationibus. Ps. XXXIII, 20: multæ tribulationes iustorum.

I Cor. IV, 9: spectaculum facti sumus mundo, scilicet ad irrisionem, et Angelis, ad congratulationem, et hominibus, scilicet ratione utentibus, ad imitationem.

Quantum ad secundum dicit, quod in altero effecti sunt socii taliter conversantium, id est eorum, qui talia patiebantur; et hoc per compassionem, et per subministrationem.

Rom. XII, 13: necessitatibus sanctorum, etc..

Deinde cum dicit nam et vinctis compassi estis, ponit quod dixerat, et primo quantum ad secundum, scilicet quomodo sunt compassi. Inter Iudæos enim multi erant vincti, sicut de Paulo dicitur Act. VIII, 3, quod devastabat ecclesiam tradens in custodiam viros et mulieres. Istis compassi sunt ministrando necessaria. Matth. XXV, 36: in carcere eram, et venistis ad me.

Quantum ad primum dicit et rapinam bonorum vestrorum, scilicet pro hac causa factam, quia scilicet vinctis ministrabant, cum gaudio suscepistis. Iac. I, 2: omne gaudium existimate, fratres, etc.. Act. V, 41: ibant apostoli gaudentes, etc..

Sed quare cum gaudio? numquid amandæ sunt tribulationes? certe videtur quod non, quia dicit Augustinus: tolerari iubes eas, non amari.

Respondeo. Dicendum est, quod non amantur propter se, sed propter aliud, et sic isti amabant eas.

Unde subdit cognoscentes vos habere meliorem et manentem substantiam, scilicet alias divitias principaliores, quæ augentur ex subtractione istarum, quibus dicuntur meliores.

Temporales enim vanæ sunt, quia sunt in his quæ sunt infra hominem; spirituales autem in ipso Deo, scilicet in fruitione Dei.

Is. XXXIII, 6: divitiæ salutis sapientia et scientia, timor Domini ipse est thesaurus eius.

Item sunt manentes, quia istæ deficiunt in se et auferri possunt, illæ vero non. Matth. VI, 19: nolite thesaurizare vobis thesauros in terra, ubi ærugo et tinea demolitur, et ubi fures effodiunt, etc..

Deinde cum dicit nolite itaque, ostendit quid eis restat faciendum, scilicet confidentiam acceptam ex bonis operibus conservare.

Et circa hoc facit tria: primo enim ponit monitionem; secundo docet modum monitionem servandi, ibi patientia enim; tertio probat per auctoritatem, ibi adhuc enim modicum.

Dicit ergo: ex quo tot bona in primordiis conversationis vestræ operati estis, ex quibus multam confidentiam debetis habere apud Deum, nolite itaque amittere confidentiam vestram, quod profecto sequeretur si a bonis desisteretis, quæ magnam habet remunerationem.

Matth. V, 12: gaudete in illa die et exultate, quoniam merces vestra copiosa est in cælis. Gen. XV, 1: ego protector tuus sum, et merces tua magna nimis.

Modus servandi est patientia.

Unde dicit patientia enim vobis necessaria est. Sicut autem mansuetudo est moderativa iræ, ita patientia ponit modum in tristitiis, ut scilicet non excedant modum rationis. Contingit autem aliquando tristitia ex malis illatis, aliquando vero ex bonis dilatis. Prov. XIII, 12: spes quæ differtur affligit animam.

Quantum autem ad primum dicitur patientia, sed quantum ad secundum dicitur longanimitas. Hic accipitur patientia pro utroque, et quantum ad sufferentiam malorum, et quantum ad longanimitatem bonorum dilatorum.

Dicit ergo, quod quantum ad utrumque patientia nobis necessaria est. Prov. XVI, 32: melior est patiens forti viro. Lc. XXI, 19: in patientia vestra possidebitis animas vestras.

Iac. I, 4: patientia opus perfectum habet.

Et ad quid est necessaria? ut

voluntatem Dei facientes reportetis repromissionem, id est, implentes voluntatem Dei, quæ fit per impletionem mandatorum Dei, quia mandata sunt signa voluntatis Dei, unde facientes voluntatem Dei, scilicet voluntatem signi. Sic enim aliquando accipitur voluntas Dei in Scriptura. Ps. CII, 21: ministri eius, qui facitis voluntatem eius. Et sic reportabitis promissionem, id est, rem promissam, quæ operantibus datur. Matth. XX, 8: voca operarios, et redde illis mercedem. Lc. XXI, 19: in patientia vestra possidebitis animas vestras. Matth. XXIV, 13: qui perseveraverit usque in finem, hic salvus erit. Ier. XVIII, 7: repente loquar adversus gentem, et adversus regnum, ut eradicem et disperdam illud, etc..

Deinde cum dicit adhuc autem modicum, probat quod dixit, per auctoritatem.

Et circa hoc facit duo: primo enim ponit eam; secundo applicat ad propositum, ibi nos autem.

Prima in tres.

Primo enim proponit proximum adventum remunerationis; secundo ostendit conditionem remunerationis, ibi iustus autem meus; tertio declarat periculum, ne perdatur remuneratio, ibi quod si subtraxerit.

Circa primum sciendum est, quod auctoritas ista sumpta videtur de Hab. II, 4.

Tamen principium sumptum est de Aggæo, II cap.. Quod ideo forte fecit, quia utrumque intellexit de eodem adventu. Habacuc enim sic dixit adhuc visus procul. Aggæus autem adhuc modicum. Et ideo utitur verbis unius quasi verbis alterius.

Vel melius, quia apostolus loquitur de tempore suo, scilicet post incarnationem et resurrectionem, a quo minus restat usque ad iudicium quam a tempore prophetæ. Et ideo magis utitur verbo Aggæi quantum ad principium, tamen in fine auctoritates concordant.

Vel etiam potest dici, quod loquitur quasi ex seipso, cui non minus credendum est, quam prophetæ.

Est autem duplex adventus Domini secundum duplex iudicium. Unus generalis, scilicet in fine in universali iudicio; alius specialis in morte uniuscuiusque. Quantum ergo ad utrumque dicit adhuc modicum, quantum ad brevitatem temporis. Et quidem quantum ad primum, et si multum sit quantum ad tractum temporis et quo ad nos, breve tamen est quantum ad æternitatem.

Ps. LXXXIX, 4: mille anni ante oculos tuos tamquam dies hesterna, quæ præteriit. Apoc.

Ult.: ecce venio cito.

Sed quantum ad specialem, qui est in morte, de quo Io. XIV, 3: iterum veniam et accipiam vos ad meipsum, non multum refert utrum sit parum, vel multum, quia talis erit unusquisque in iudicio qualis exibit. Et ideo studendum est, ut in morte appareamus boni, quia ubi te invenero, ibi te iudicabo. Et ideo dicit modicum et aliquantulum, quia tribulationes non sunt multum magnæ duratione, quia si multum premunt, interimunt: si vero parum premunt, non cito finiuntur.

II Cor. IV, 17: *id enim quod in præsenti est tribulationis momentaneum et leve, supra modum operatur in nobis æternum gloriæ pondus.*

Veniet ergo cito, et non tardabit, sive in morte sive in iudicio. Iac. V, 9: *ecce iudex ante ianuam assistit.*

Qui sunt etiam remunerandi, ostendit cum subdit *iustus autem meus ex fide vivit.* Hæc eadem auctoritas habetur Rom. I, 17 et Gal. III, 11.

Solis autem iustis debetur remuneratio. Ps. XXXVI, 39: *salus autem iustorum a Domino.*

Est autem duplex iustitia. Una quo ad humanum iudicium. Rom. X, 3: *ignorantes Dei iustitiam, et suam quærentes statuere.* Alia quo ad divinum. Lc. I, 6: *erant autem iusti ante Deum.* Istam autem iustitiam requirit Deus. Et ideo dicit *iustus meus,* scilicet iustitia, quæ ad me ordinatur, id est, qui est mihi iustus et propter me.

Illud autem per quod homo iustificatur, est fides. Rom. III, 22: *iustitia Dei est per fidem Iesu Christi.* Cuius ratio est, quia per hoc est homo iustus quod ordinatur in Deum: illud autem per quod primo homo ordinatur in Deum, est fides. Et ideo dicit *iustus meus ex fide.* Infra XI, 6: *accedentem ad Deum oportet credere.*

Nec solum per fidem iustitia, sed etiam per fidem iustificatus vivit. Sicut enim per animam vivit corpus, ita anima per Deum. Unde sicut per illud per quod primo unitur anima corpori, vivit corpus, ita per id per quod primo unitur Deus animæ, vivit anima, hoc autem est fides, quia fides est primum in vita spirituali. Is. VII, 9: *si non credideritis, non permanebitis,* sicut domus non permanet, destructo fundamento. Gal. II, 20: *quod autem nunc vivo in carne, in fide vivo filii Dei.* Fides autem si non est formata charitate, mortua est, et ideo non vivificat animam sine charitate. Gal. V, 6: *fides quæ per charitatem operatur.* I Io. III, 14: *nos scimus, quia translati sumus de morte ad vitam, quoniam diligimus.*

Vel: *iustus meus ex fide vivit,* id est, apud me reputatur et habet vitam gloriæ, sine actuali passione, si non datur opportunitas patiendi.

Deinde cum dicit *quod si subtraxerit se,* ostendit periculum imminens non permanenti in iustitia fidei. Quia enim in potestate habentis fidem est ipsam perdere vel servare, ideo dicit *si subtraxerit se,* scilicet a fide et a iustitia, *non placebit animæ meæ.* Littera nostra habet *non erit recta anima eius.* Et est idem sensus. Dicit Hieronymus quod ubicumque aliter scriptum est in Hebræo, quam in septuaginta, apostolus utitur sicut didicit a Gamaliele, ad cuius pedes didicit legem.

Non placebit ergo animæ meæ, id est, voluntati meæ. Voluntas enim Dei debet esse regula actionum nostrarum. Qui ergo non concordat voluntati Dei, non est recta anima eius.

Deinde cum dicit nos autem non sumus adaptat ad propositum, quasi dicat: sic erit his, qui se fidei subtrahunt. Sed nos non sumus filii subtractionis in perditionem.

Ille dicitur filius alicuius quod in ipso dominatur.

Et sic dicitur aliquis filius mortis, scilicet in quo dominatur illud per quod a Deo reprobatur. Canonica Iudæ: hi sunt qui segregant semetipsos, animales spiritum non habentes. In perditionem, scilicet animæ. Ps. LXXII, 26: perdidisti omnes qui fornicantur abs te. Ps. I, 6: et iter impiorum peribit. Sed filii Dei, id est, renati in Christo per fidem, in acquisitionem, id est in salutem, animæ. Qui enim mandata Dei custodit, salvat animam suam.

Matth. XIX, 17: si vis ad vitam ingredi, serva mandata. I Thess. V, 5: non sumus filii noctis, neque tenebrarum. Ergo non deficiamus a fide.

Capitulus XI

Lectio 1

Supra apostolus multipliciter ostendit excellentiam Christi, præferens ipsum Angelis, Moysi et Aaron, et monuit fideles debere coniungi ipsi Christo, quæ coniunctio, quia præcipue et inchoative fit per fidem, Eph. III, 17: habitare Christum per fidem in cordibus vestris, ideo apostolus procedit ad commendationem fidei.

Et circa hoc facit tria: primo enim describit fidem; secundo ponit exempla diversa de ipsa, ibi in hac enim; tertio hortatur ad ea quæ sunt fidei, XII cap., ibi ideoque vos tantam.

Cap., ibi ideoque vos tantam.

Diffinitionem fidei ponit complete quidem, sed obscure. Unde sciendum est, quod volens perfecte diffinire virtutem aliquam, oportet quod tangat materiam eius propriam, circa quam est, et finem eius, quia habitus cognoscitur per actum et actus per obiectum. Et ideo oportet tangere actum et ordinem ad obiectum et finem. Sicut volens diffinire fortitudinem, oportet tangere propriam eius materiam circa quam est, scilicet timores et audacias, et finem, scilicet bonum reipublicæ, ut dicatur quod fortitudo est virtus moderativa illorum, propter bonum reipublicæ.

Cum autem fides virtus theologica habeat idem pro obiecto et fine, scilicet Deum: primo ergo ponit ordinem et finem; secundo materiam propriam, ibi argumentum non apparentium.

Sciendum vero est, quod actus fidei est credere, qui est actus intellectus determinati ad unum, ex imperio voluntatis.

Unde credere est cum assensu aliquid cogitare, ut dicit Augustinus in libro de prædestinatione sanctorum. Et ideo obiectum fidei et finis voluntatis oportet sibi correspondere.

Veritas autem prima est obiectum fidei, in quo quidem consistit finis voluntatis, scilicet beatitudo, quæ differenter est in via et in patria, quia in via veritas prima non est habita et per consequens nec visa, quia in his, quæ sunt supra animam, idem est videre et habere, ut dicit Augustinus, LXXIII quæst., sed tantum est sperata. Rom. VIII quæst., sed tantum est sperata. Rom. VIII, 25: quod enim non videmus speramus.

Quod enim videt quis, quid sperat? ergo veritas prima non visa, sed sperata est finis voluntatis in via, et per consequens obiectum fidei, quia idem est sibi pro fine et obiecto.

Finis autem ultimus simpliciter ipsius fidei in patria, quem intendimus ex fide, est beatitudo, quæ in aperta visione Dei consistit.

Io. XVII, 3: hæc est vita æterna, ut cognoscant te solum verum Deum, etc.. Et XX, 29: beati qui non viderunt et crediderunt. Huiusmodi autem est spes fidelium. I Pet. I, 3: regeneravit nos in spem vivam. Finis ergo fidei in via est assecutio rei speratæ, scilicet beatitudinis æternæ. Et ideo dicit sperandarum rerum.

Sed quæritur hic quare cum fides sit prior quam spes, diffinitur per ipsam: quia posterius debet diffiniri per prius, et non e converso.

Respondeo. Dicendum est, quod ex iam dictis patet solutio, quia dictum est, quod idem est obiectum et finis fidei. Cum ergo assecutio rei speratæ sit finis eius, oportet quod etiam sit obiectum ipsius.

Dicebatur autem supra, quod omnis habitus debet diffiniri per ordinem actus ad obiectum.

Verum autem et bonum etsi in se considerata convertantur quantum ad supposita, tamen inquantum differunt ratione, diverso ordine se habent ad invicem, quia et verum est quoddam bonum, et bonum est quoddam verum. Et similiter intellectus et voluntas, quæ distinguuntur penes distinctionem veri et boni, habent inter se diversum ordinem. Inquantum enim intellectus apprehendit veritatem et quidquid in ipsa continetur, sic verum est quoddam bonum, et sic est bonum sub vero. Sed inquantum voluntas movet, sic verum est sub bono. In ordine ergo cognoscendi, intellectus est prior, sed in ordine movendi voluntas est prior.

Quia ergo intellectus movetur ad actum fidei ex imperio voluntatis, ut dictum est, in ordine movendi voluntas est prior. Ideo non diffinitur prius per posterius, quia, ut dictum est, in diffinitione fidei oportet ponere ordinem actus ad obiectum, quod idem est quod finis. Finis autem et bonum idem sunt, ut habetur II physicorum. In ordine autem ad bonum voluntas, cuius est spes sicut subiecti, est prior.

Quare autem non dicit diligendarum, sed sperandarum? ratio est, quia charitas est præsentium et absentium. Quia ergo finis non habitus, est obiectum fidei, ideo dicit sperandarum rerum.

Nec obstat, quod res speranda est

obiectum spei. Quia oportet, quod fides sicut ad finem ordinetur ad obiectum illarum virtutum quibus perficitur voluntas, cum fides pertineat ad intellectum secundum quod imperatur a voluntate.

Sed cum fides sit una, quia ab unitate obiecti dicitur habitus unus, quare non dicitur rei sperandæ, sed rerum sperandarum? respondeo. Dicendum est, quod beatitudo, quæ in se essentialiter est una, quia consistit in Dei visione, quæ in se est una, est principium et radix ex qua multa bona derivantur, quæ sub ipsa continentur: sicut dotes corporis, societas sanctorum, et multa alia.

Ut ergo ostendat omnia ista pertinere ad fidem, loquitur in plurali.

Illud autem, quod dicitur, substantia, potest multipliciter exponi. Uno modo causaliter, et tunc habet duplicem sensum.

Unum quod est substantia, id est, faciens in nobis substare res sperandas, quod facit duobus modis. Uno modo quasi merendo. Ex hoc enim, quod captivat et submittit intellectum suum his quæ sunt fidei, meretur quod aliquando perveniat ad videndum hoc quod sperat. Visio enim est merces fidei. Alio modo quasi per suam proprietatem præsentialiter faciat, quod id quod creditur futurum in re, aliquo modo iam habeatur dummodo credat in Deum.

Alio modo exponi potest substantia essentialiter, quasi fides sit substantia, id est, essentia rerum sperandarum. Unde in Græco habetur hypostasis rerum sperandarum. Essentia enim beatitudinis nihil aliud est, quam visio Dei. Io. XVII, 3: hæc est vita æterna ut cognoscant te solum verum Deum, etc..

Unde de Trinit. Cap. X, dicit Augustinus: hæc contemplatio promittitur nobis actionum omnium finis, etc.. Ipsa ergo plena visio Dei est essentia beatitudinis.

Hoc autem videmus in scientiis liberalibus, quod si quis aliquam velit addiscere, oportet eum primo accipere principia ipsius, quæ oportet credere cum sibi traduntur a Magistro.

Oportet enim credere eum qui discit, ut habetur poster.. Et in illis principiis quodammodo continetur tota scientia, sicut conclusiones in præmissis, et effectus in causa.

Qui ergo habet principia illius scientiæ, habet substantiam eius, puta geometriæ. Et si geometria esset essentia beatitudinis, qui haberet principia geometriæ, haberet quodammodo substantiam beatitudinis.

Fides autem nostra est, ut credamus quod beati videbunt et fruentur Deo. Et ideo si volumus ad hoc pervenire, oportet ut credamus principia istius cognitionis. Et hæc sunt articuli fidei qui continent totam summam huius scientiæ, quia beatos nos facit visio Dei trini et unius. Et hic est unus articulus.

Unde hoc credimus, et ideo dicit substantia rerum sperandarum. I Cor.

XIII, 12: videmus nunc per speculum et in ænigmate, tunc autem facie ad faciem; quasi dicat: tunc erimus beati quando videbimus facie ad faciem illud quod nunc videmus in speculo et in ænigmate.

In his ergo verbis ostenditur ordo actus fidei ad finem, quia fides ordinatur ad res sperandas quasi quoddam inchoativum, in quo totum quasi essentialiter continetur, sicut conclusiones in principiis.

Consequenter cum dicit argumentum non apparentium, tangit actum fidei circa propriam eius materiam.

Actus autem proprius fidei, etsi sit in ordine ad voluntatem, ut dictum est, tamen est in intellectu sicut in subiecto, quia obiectum eius est verum, quod proprie pertinet ad intellectum.

In actibus autem intellectus differentia est.

Quidam enim sunt habitus intellectus, qui important omnimodam certitudinem ad completam visionem eius quod intelligitur, sicut patet de intellectu, qui est habitus primorum principiorum, quia, qui intelligit quod omne totum est maius sua parte, videt hoc, et est certus. Hoc etiam facit habitus scientiæ, et sic talis habitus intellectus et scientia, faciunt certitudinem et visionem. Quædam vero alia sunt, quæ neutrum faciunt, scilicet dubitatio et opinio.

Fides vero tenet medium inter ista, quia dictum est quod fides facit assensum in intellectu, quod potest esse dupliciter. Uno modo quia intellectus movetur ad assentiendum ex evidentia obiecti, quod est per se cognoscibile, sicut in habitu principiorum, vel cognitum per aliud quod est per se cognoscibile, sicut patet in scientia astronomiæ.

Alio modo assentit alicui non propter evidentiam obiecti a quo non movetur sufficienter; unde non est certus, sed vel dubitat, scilicet quando non plus habet rationem ad unam partem, quam ad aliam, vel opinatur, si habet quidem rationem ad unam partem, non omnino quietantem ipsum, sed cum formidine ad oppositum.

Fides autem neutrum horum dicit simpliciter, quia nec cum primis est sibi evidens, nec cum duobus ultimis dubitat, sed determinatur ad alteram partem, cum quadam certitudine et firma adhæsione per quamdam electionem voluntariam.

Hanc autem electionem facit divina auctoritas, per quam electionem determinatur intellectus, ut firmiter inhæreat his quæ sunt fidei, et eis certissime assentiatur. Et ideo credere est cum assensu cognoscere. Propria ergo materia habitus fidei sunt non apparentia.

Apparentia enim agnitionem habent, non autem fidem, ut dicit Gregorius.

Actus autem fidei est certa adhæsio, quam vocat apostolus argumentum, accipiens causam pro effectu, quia argumentum facit fidem de re dubia. Est enim argumentum ratio rei dubiæ faciens fidem ut dicit Bœtius.

Vel si sequamur etymologiam nominis qua dicitur argumentum, quasi arguens mentem, tunc accipit effectum pro causa, quia ex certitudine rei provenit, quod mens cogatur ad assentiendum. Unde argumentum dicitur non apparentium, id est, certa apprehensio eorum quæ non videt.

Quod si quis velit verba ista ad debitam formam reducere, posset dicere, quod fides est habitus mentis qua inchoatur vita æterna in nobis, faciens intellectum assentire non apparentibus. Ubi enim nos argumentum habemus, habet alia littera convictio quia per auctoritatem divinam convincitur intellectus ad assentiendum his quæ non videt.

Patet ergo quod apostolus complete diffinit fidem, licet obscure.

Per istam enim diffinitionem distinguitur fides ab omnibus quæ pertinent ad intellectum.

Per hoc enim quod dicitur argumentum, distinguitur fides ab opinione, dubitatione et suspicione, quia per ista non habetur firma adhæsio intellectus ad aliquid. Per hoc autem quod dicitur non apparentium, distinguitur ab habitu principiorum et scientia. Et per hoc quod dicitur rerum sperandarum, distinguitur a fide communiter sumpta, quæ non ordinatur ad beatitudinem. Nam per propriam diffinitionem unumquodque innotescit, et distinguitur a quolibet alio, sicut est hic. Unde et ad istam omnes aliæ reducuntur.

Sed videtur quod male dicat, non apparentium, quia, ut dicitur Io. XX, 28: Thomas vidit et credidit. Item credimus esse Deum unum, quod tamen demonstratur a philosophis.

Respondeo. Dicendum est quod fides dupliciter accipitur. Uno modo proprie, et sic est non visorum et non scitorum, ut patet ex prædictis. Et propterea, quod non potest maior certitudo haberi de conclusione, quam de principio a quo elicitur, quia semper principia sunt notiora conclusionibus, ideo cum principia fidei non habeant evidentiam, nec per consequens conclusiones. Et ideo intellectus non assentitur conclusionibus tamquam scitis nec tamquam visis. Alio modo communiter, et sic excludit omnem certam cognitionem, et sic loquitur Augustinus in quæst.

Evangelii, quod fides est de quibusdam quæ videntur. Apostolus autem loquitur de prima.

Et quidem de Thoma dicendum est, quod, sicut dicit Gregorius, aliud vidit, aliud credidit, quia vidit humanitatem, et credidit divinitatem.

Ad istud de demonstratione, dicendum est quod nihil prohibet aliquid esse visum uni quod est creditum alteri, sicut patet in diversis statibus. Quod enim non est visum in via, videtur in patria. Unde quod ego credo, Angelus videt. Similiter quod est visum a prophetis, ut quod Deus est unus incorporeus, hoc est credendum ab idiotis, sicut idiota credit eclipsim, quam astrologus videt.

Et de talibus est fides secundum quid tantum.

Quædam autem sunt, quæ simpliciter excedunt statum præsentis viæ, et de talibus est fides simpliciter.

Lectio 2

Supra posuit descriptionem fidei, hic ostendit eam per exemplum.

Et circa hoc facit duo.

Primo enim in generali manifestat propositum suum; secundo in speciali, ibi fide intelligimus.

Quantum ad primum sic continuatur: sic ergo describo et commendo fidem, nec hoc est de novo, in hac enim, scilicet fide, senes, id est sancti patres, testimonium consecuti sunt, id est, crediderunt, et per fidem instituti sunt. Gen. XV, 6: credidit Abraham Deo, et reputatum est illi ad iustitiam.

Ps. CXV, 1: credidi propter quod locutus sum. Inter omnes autem patres veteris testamenti, illi duo specialiter, scilicet David et Abraham, habent testimonium fidei.

Fide intelligimus, etc.. In speciali declarat per exempla antiquorum.

Et primo quantum ad id quod crediderunt et docuerunt; secundo quantum ad id quod fecerunt, ibi fide Abel; tertio quantum ad id quod passi sunt, ibi alii autem distenti sunt.

Doctrina autem in veteri testamento duplex fuit. Una aperte posita; alia vero sub velamine figurarum et mysteriorum velata fuit. Prima de unitate Dei et creatione mundi; secunda de mysterio incarnationis et reparationis. Unde sicut ipsi in memoriam creationis colebant sabbata, ita nos in memoriam resurrectionis servamus dominicam.

Quantum ergo ad doctrinam de mundi creatione, dicit fide intelligimus, etc.. Quod potest dupliciter legi: uno modo, quod verbo Dei sit ablativi casus. Et est sensus: nos sicut antiqui, fide, id est per doctrinam fidei, scilicet veteris testamenti Gen. I, 3: dixit Deus: fiat, etc., Ps. XXXII, 9: ipse dixit, et facta sunt, intelligimus sæcula esse aptata, id est disposita, verbo Dei, id est, per imperium Dei. Hoc autem pertinet ad fidem, quod scilicet hoc intelligimus, quia cum fides sit de invisibilibus, etiam sæcula facta sunt de invisibilibus, scilicet de materia prima, quæ nuda et privata omni forma invisibilis est, et omni specie et dispositione carens.

Ideo dicit ut ex invisibilibus visibilia fierent.

Sed hoc est satis ruditer dictum, licet sit verum.

Secundo modo, quod verbo sit dativi casus.

Et tunc est sensus: intelligimus per fidem ut prius sæcula essent aptata, id est, convenientia et correspondentia verbo, ut ex invisibilibus, etc..

Propter quod sciendum est, quod verbum Dei est ipse conceptus Dei, quo seipsum et alia intelligit. Deus autem comparatur ad creaturam, sicut artifex ad opus suum. Hoc autem videmus quod artifex, illud quod producit extra, producit in similitudinem conceptus sui. Unde facit domum in materia ad similitudinem domus, quam in mente sua formavit; quod si domus extra conveniat domui præconceptæ, est opus debito modo ordinatum; si non, non. Quia vero tota creatura optime disposita est, utpote producta ab artifice, in quo non potest cadere error, vel aliquis defectus, ideo plenissime secundum modum suum convenit divino conceptui. Unde Bœtius. de consolatione: pulchrum pulcherrimus ipse mundum mente gerens, similique imagine formans. Ideo dicit intelligimus fide sæcula, id est, totam universitatem creaturæ, aptata, id est, convenienter respondentia, verbo, id est conceptui Dei, sicut artificiatum arti suæ. Eccli. I, 10: effudit illam, scilicet sapientiam suam, super omnia opera sua.

Sequitur ut ex invisibilibus, etc..

Sed quia apud antiquos communis animi conceptus erat, quod ex nihilo nihil fit, II physicorum, ideo quando videbant aliquod novum opus, dicebant quod esset factum ex aliquibus invisibilibus. Unde vel ponebant quodlibet esse in quolibet, sicut Empedocles et Anaxagoras: de quo nihil ad præsens; alii vero latitationem formarum, sicut ipse Anaxagoras; alii ab ideis, sicut Plato; alii ab intelligentia, sicut Avicenna. Unde secundum omnes istos visibilia facta sunt ex invisibilibus rationibus idealibus.

Nos autem dicimus secundum modum prædictum, quod ex invisibilibus rationibus idealibus in verbo Dei, per quod omnia facta sunt, res visibiles sunt productæ. Quæ rationes, et si realiter idem sunt, tamen per diversos respectus connotatos respectu creaturæ differunt secundum rationem. Unde alia ratione conditus est homo, et alia equus, ut dicit Augustinus in libro LXXXIII quæstionum.

Quæstionum.

Sic ergo sæcula aptata sunt verbo Dei, ut ex invisibilibus rationibus idealibus in verbo Dei, visibilia, id est omnis creatura, fierent.

Omnia autem ista verba expresse sunt contra Manichæos. Ipsi enim dicunt, quod non est curandum quid homo credat, sed tantum quid faciat. Sed apostolus principium omnis operis ponit fidem; unde dicit, quod est substantia, id est fundamentum. Sine fide ergo frustra sunt opera.

Item dicunt, quod non est credendum nisi unde habetur ratio. Contra quod dicit non apparentium.

Item damnant vetus testamentum, dicentes quod a malo principio, scilicet a diabolo, conditum sit. Contra quod dicit, quod in hac fide testimonium consecuti sunt senes.

Deinde cum dicit fide Abel, etc., ostendit quid patres antiqui fecerunt.

Et primo hoc ostendit de patribus qui fuerunt ante diluvium; secundo de patribus, qui fuerunt ante legem, ibi fide qui vocatur Abraham; tertio de his, qui fuerunt sub lege, ibi fide Moyses.

Ante diluvium fuerunt tres specialiter Deo accepti, scilicet Abel, Enoch, Noe.

Primo ergo ponit fidem Abel; secundo fidem Enoch, ibi fide Enoch; tertio fidem Noe, ibi fide Noe.

De Abel autem ostendit quid per fidem fecerit, et quid inde consecutus sit.

Per fidem Abel obtulit sacrificium. Unde sicut confessio est testimonium fidei interioris, ita ex cultu exteriori in sacrificio commendatur fides eius. Et ex eo quod obtulit sacrificium electum, quia de primo genitis gregis et de adipibus eorum, ostenditur electa fides eius. Optimum enim sacrificium signum fuit electæ fidei et probatæ. Mal. I, 14: maledictus fraudulentus, qui habet in grege suo masculum, et votum faciens immolat debile Domino. De sacrificio autem Cain nulla fit mentio quantum ad excellentiam, sed solum, quod obtulit de fructibus terræ.

Dicit ergo, quod Abel fide obtulit plurimam hostiam, non quantitate, sed pretiositate, quam Cain, id est, meliorem hostiam obtulit quam Cain, scilicet Deo, quia ad honorem Dei. Aliter enim non placuisset Deo.

Glossa dicit fide plurima, sed hoc non habetur in Græco, quia plurima est ibi accusativi casus; quod patet ex modo loquendi, qui est comparativus, nisi dicatur: fide plurima, id est, meliore et præstantiore quam Cain obtulisse, quia ut dictum est, sacrificium exterius signum fuit fidei interioris.

Ex fide autem duo consequuntur, unum in vita, scilicet testimonium iustitiæ.

Unde dicit consecutus est testimonium esse iustus, scilicet per fidem. Matth. XXIII, 35: a sanguine Abel iusti, etc.. Tamen non propter hoc testimonium Christi dicit ipsum consecutum fuisse testimonium iustitiæ, quia non intendit hic introducere nisi auctoritates veteris testamenti, scilicet propter id quod dicitur Gen. IV, 4: respexit Dominus ad Abel et ad munera eius; quia respectus Domini est specialiter super iustos. Ps. XXXIII, 15: oculi Domini super iustos.

Et hoc, testimonium perhibente Deo muneribus eius. Quod forte fuit, quia igne cælesti incendebantur munera. Et hoc fuit respectus Dei. Prius tamen respexit ipsum offerentem, quam oblationem eius, quia ex bonitate offerentis acceptatur oblatio, quæ non est sacramentalis, quia sacramentalem bonitatem non immutat malitia ministri: quantum autem ad offerentem, ut sibi prosit oblatio, requiritur bonitas in ipso.

Aliud testimonium consecutus est post mortem.

Unde dicit et per illam defunctus adhuc loquitur, quia, ut dicit Glossa, post mortem adhuc commendatur fides eius, quia datur nobis materia loquendi de ipso, ut de fide eius, et patientia, demus exempla ad exhortandum alios ad patientiam.

Sed hæc non est intentio apostoli,

quia omnia, quæ accepit hic sumit ex Scripturis.

Unde intelligitur de eo quod dicitur Gen. IV, 10: vos sanguinis fratris tui clamat ad me de terra. Infra XII, 24: melius loquentem quam Abel. Hoc enim accepit per illam, id est, per meritum fidei, quod defunctus, id est, sanguis defuncti, clamet ad Deum et loquatur Deo.

Deinde cum dicit fide Enoch, etc., commendat Enoch.

Et primo ponit intentum suum; secundo probat, ibi et non inveniebatur.

Non facit autem apostolus mentionem de operibus eius, quia Scriptura modicum loquitur de hoc, sed tantum ostendit quid ei fecerit Deus, quia fide, id est, per meritum fidei, translatus a conversatione huius vitæ, in alia conservatur a morte. Unde dicit ne videret mortem. Gen. V, 24: non apparuit, quia tulit eum Deus.

Et verum est, quod nondum est mortuus, sed tamen quandoque morietur, quia sententia, quam Dominus primis parentibus peccantibus inflixit quocumque die comederis, etc., in omnes qui quocumque modo nascuntur ex Adam permanebit, sicut etiam in Christo.

Ps. LXXXVII, 49: quis est homo, qui vivet et non videbit mortem? mors autem duorum dilata est, scilicet Enoch et Eliæ.

Et ratio est, quia doctrina veteris testamenti ordinatur ad promissa novi testamenti, in quo nobis spes vitæ æternæ promittitur.

Matth. IV, 17: pœnitentiam agite, appropinquavit enim regnum cælorum. Et ideo data sententia mortis voluit Dominus ducere homines in spem vitæ; quod fecit in patribus utriusque status, scilicet naturæ, legis et gratiæ.

Unde in primo statu dedit spem evadendi necessitatem mortis, et hoc in Enoch; in lege, in Elia; in tempore gratiæ, in Christo, per quem datur nobis effectus huius promissionis.

Et ideo alii morientur, sed Christus resurgens ex mortuis iam non moritur. Sed duo primi morientur per Antichristum. Sic ergo translatus est ne videret mortem, non solum ut non sentiret mortem, et hoc in illa generatione.

Deinde cum dicit et non inveniebatur, etc., probat quod hoc habuit per meritum fidei et primo probat quod translatus est; secundo quod hoc propter fidem habuit, ibi ante translationem enim.

Et primum probat per auctoritatem Gen. V, 24, quam sub aliis verbis ponit, quia ibi dicitur non apparuit, quia tulit eum Deus, hic autem dicit et non inveniebatur, quia transtulit eum Deus. Et idem est sensus. Sap. IV, 10: placens Deo factus est dilectus, et vivens inter peccatores translatus est. Sicut enim conveniens fuit quod homo propter peccatum expelleretur de Paradiso, ita quod iustus introduceretur. Iste enim per Seth septimus ab Adam optimus fuit, sic Lamech per Cain septimus ab Adam pessimus fuit, utpote qui contra naturam primus introduxit bigamiam.

Deinde cum dicit ante translationem, probat quod propter meritum fidei fuerat translatus, quia antequam transferretur, dicit de ipso Scriptura, quod ambulavit cum Deo, quod est consentire et placere Deo, propter hoc autem tulit eum Deus; sed sine fide impossibile est ambulare cum Deo, et Deo placere, ergo, etc..

Totam istam rationem quantum ad præmissas ponit. Et primo maiorem, quia habuit testimonium ante translationem placuisse Deo, et ideo, transtulit eum Deus. Eccli. XLIV, 16: Enoch enim placuit Deo et translatus est in Paradisum, ut det gentibus sapientiam.

Quod autem placuerit ostendit Scriptura, quæ dicit quod ambulavit cum Deo. Mal. II, 6: in pace et æquitate ambulavit mecum. Ps. C, 6: ambulans in via immaculata, hic mihi ministrabat.

Minorem subdit, dicens sine fide autem impossibile est placere Deo. Eccli. I, 34 s.: bene placitum est illi fide. Rom. III, 28: arbitramur iustificari hominem per fidem.

Probat autem minorem cum dicit accedentem ad Deum oportet credere. Nullus enim potest Deo placere, nisi accedat ad ipsum.

Iac. IV, 8: appropinquate Deo, et appropinquabit vobis. Ps. XXXIII, 6: accedite ad eum et illuminamini. Sed nullus accedit ad Deum nisi per fidem, quia fides est lumen intellectus.

Ergo nullus potest Deo placere nisi per fidem. Accedentem autem per fidem oportet credere Domino.

Sicut enim videmus in quolibet motu naturali, quod oportet quod mobile ex motu duo intendat ne motus sit frustra, scilicet aliquem certum terminum et certam causam, quare moveatur, prius autem est terminus, quam effectus motus consequatur, sic etiam in motu quo aliquis accedit ad Deum, terminus motus est ipse Deus. Unde dicit oportet credere accedentem, quia est. Quod dicit propter eius æternitatem. Ex. III, 14: qui est, misit me.

Secundo quod sciat, quod Deus habeat providentiam de rebus. Aliter enim nullus iret ad ipsum, si non speraret aliquam remunerationem ad ipso. Unde dicit et inquirentibus se remunerator sit. Is. XL, 10: ecce Dominus veniet, ecce merces eius cum eo.

Merces autem est illud quod homo quærit in labore. Matth. XX, 8: voca operarios, et redde illis mercedem. Quæ merces nihil est aliud quam Deus, quia nihil extra ipsum debet homo quærere. Gen. XV, 1: ego protector tuus sum et merces tua magna nimis.

Deus enim nihil aliud dat nisi seipsum. Ps. XV, 5: Dominus pars hæreditatis meæ et calicis mei. Thren. III, 24: pars mea Dominus, dixit anima mea, etc.. Et ideo dicit remunerator est inquirentibus eum.

Non aliud.

Ps. CIV, 4: quærite Dominum et confirmamini, quærite faciem eius semper.

Sed numquid duo hæc sufficiunt ad salutem? respondeo. Dicendum est quod post peccatum primi parentis, nemo potuit salvari a reatu culpæ originalis, nisi per fidem mediatoris; sed ista fides diversificata est quantum ad modum credendi secundum diversitatem temporum et statuum. Nos autem quibus est tantum beneficium exhibitum, magis tenemur credere, quam illi qui fuerunt ante adventum Christi: tunc etiam aliqui magis explicite, sicut maiores, et illi quibus facta fuit aliquando revelatio specialis. Illi etiam, qui sub lege, magis explicite quam ante legem, quia data fuerunt eis aliqua sacramenta, quibus quasi per figuram repræsentabatur Christus; sed gentiles, qui fuerunt salvati, sufficiebat eis, quod crederent Deum esse remuneratorem, quæ remuneratio non fit nisi per Christum.

Unde implicite credebant in mediatorem.

Contra autem illud quod dicit, quod oportet credere quod Deus est, instatur, quia dictum est supra, quod creditum non potest esse scitum, nec visum, Deum autem esse, est demonstratum.

Respondeo. Dicendum est, quod de Deo potest multipliciter haberi notitia. Uno modo per Christum, inquantum scilicet est pater unigeniti et consubstantialis, et alia quæ specialiter Christus de Deo patre et filio et spiritu sancto docuit, quantum ad unitatem essentiæ, et trinitatem personarum. Et hoc tantum est creditum, nec in veteri testamento fuit explicite creditum nisi a maioribus tantum.

Secundo modo, quod solus Deus colendus est, et sic etiam erat creditum a Iudæis.

Tertio modo, quod est unus Deus, et hoc notum est etiam ipsis philosophis, et non cadit sub fide.

Deinde cum dicit fide Nœ, ostendit quid Nœ fecit per fidem et quid inde consecutus est, ibi et iustitiæ.

De ipso autem narrat quinque, quæ fecit.

Primo quod dictis Dei credidit de futuro iudicio, quod tamen nondum videbatur. Unde dicit fide Nœ responso accepto de his quæ adhuc non videbantur, supple: crediderat.

Secundo ex fide timuit. Fides enim est principium timoris. Eccli. XXV, 16: timor Dei initium dilectionis eius, fidei autem initium agglutinandum est ei, scilicet timori. Et ideo dicit metuens, scilicet diluvium promissum, quod tamen non videbatur. Ergo fides est de invisibilibus. Tertio mandatum Dei implevit, faciendo arcam. Unde dicit aptavit arcam, id est, secundum dispositionem Dei convenientem fecit. Quarto a Deo salutem speravit. Unde dicit in salutem domus suæ, id est, familiæ suæ, quia illi soli salvi facti sunt. I Pet. III, 20: pauci, id est octo animæ salvæ factæ sunt per aquam. Quinto ex hoc quod propter fidem prædictam fecit, damnavit mundum, id est, mundanos damnabiles ostendit. Revelatio autem sibi de fabricanda arca, responsum fuit desiderio eius et iustitiæ, quæ est per fidem.

Deinde cum dicit et iustitiæ quæ, ostendit quid per fidem consecutus est. Sicut enim post mortem alicuius aliquis succedit in hæreditatem eius, sic etiam quia a principio mundi non totaliter defecerat iustitia in mundo, quia adhuc durabat mundus, sed in diluvio quasi totus periit mundus, ideo ipse Noe quasi hæres factus est propter fidem suam, vel iustitiæ, quæ habetur per fidem; vel sicut patres sui iustificati fuerunt per fidem, ita ipse factus hæres est iustitiæ per fidem, scilicet imitator per fidem paternæ iustitiæ.

Lectio 3

Supra posuit apostolus exemplum fidei in patribus, qui fuerunt ante diluvium, qui fuerunt communiter patres tam gentilium, quam Iudæorum, hic specialiter descendit ad patres, qui fuerunt post diluvium, qui specialiter fuerunt patres Iudæorum.

Et primo ponit exemplum fidei Abrahæ, qui fuit pater credentium. Unde et primus accepit signaculum fidei ante legem. Et primo ostendit quid fecerit Abraham; secundo quid fecerit Isaac; tertio quid fecerit Iacob; quarto quid fecerit Ioseph.

Secundum, ibi fide de futuris; tertium, ibi fide Iacob; quartum, ibi fide Ioseph.

Iterum prima in duas.

Primo enim ponit quid fecerit quantum ad exteriorem et humanam cognitionem; secundo quid fecerit quantum ad Deum, ibi fide obtulit.

Circa primum tria facit.

Primo enim ostendit quid fecerit quantum ad habitationem; secundo quid fecerit quantum ad generationem, ibi fide et ipsa Sara; tertio quid fecerit quantum ad suam conversationem, ibi iuxta fidem.

Item quantum ad habitationem duo ostendit primo quid fecerit quantum ad primam loci mutationem; secundo quantum ad alterius inhabitationem, ibi fide moratus.

Ut autem ostendat exemplum suum de Abraham magnæ auctoritatis esse, primo ponit celebritatem nominis eius, dicens: ille qui vocatur, scilicet a Deo. Gen. XVII, 5: vocaberis Abraham. Item vocatur ab hominibus.

Eccli. XLIV, 20: Abraham magnus pater multitudinis gentium. Talis ergo a Deo vocatus et ab hominibus prædicatus, dignus est exemplo.

Secundo ponit exemplum eius, dicens quia fide obedivit. Per fidem enim informamur ad obediendum Deo de invisibilibus. Rom. I, 5: ad obediendum fidei, etc.. Exire in locum quem accepturus erat in hæreditatem, de quo Gen. XII, 1: egredere de terra tua, et de cognatione tua, et de domo patris tui, et veni in terram, quam monstravero tibi. Dominus autem terram illam debebat sibi dare in hæreditatem. Gen. XIII, 15: omnem terram quam conspicis tibi dabo.

Sed numquid non ipse cum patre suo Thare exierat de terra sua? ergo non exivit ex præcepto Domini, sed per patrem.

Respondeo. Dicendum est, quod cum patre exiverat reversurus iterum, sed ex præcepto Domini exiverat in Mesopotamiam Syriæ, ubi mortuo patre intendebat remanere, sed ex mandato Domini venit in terram Chanaan.

Et numquid erat hoc mirabile, ut sic de hoc oporteret habere fidem, et credere Deo? sic, quia exivit nesciens quo iret, id est, ut iret ad rem ignotam. Quod autem est ignotum, est invisibile.

Per illam obedientiam Abrahæ nobis designatur, quod debemus ab omni affectione carnali exire, si volumus hæreditatem nostram habere. Ps. XLIV, 11: obliviscere populum tuum et domum patris tui. Is. LXIV, 4: oculus non vidit, Deus, absque te quæ præparasti expectantibus te. Unde hæreditas ista est nobis ignota.

Deinde cum dicit fide demoratus est, etc., ostendit quid per fidem fecerit quantum ad inhabitationem. Et primo quid fecerit, ostendit; secundo subdit causam quare, ibi expectabat enim.

Videmus enim, quod aliquando aliquis exiit de terra nativitatis suæ, et vadit alibi, ut faciat mansionem suam perpetuam.

Sic non fecit Abraham; sed sicut advena fuit in terra Chanaan, et sicut advena mortuus est in ipsa, quod patet quia non fecit ibi domum nec firmam mansionem, sed habitavit in casulis et tabernaculis, quæ sunt habitacula mobilia. Unde semper fit mentio de tabernaculis quando loquitur de Abraham. Unde ex præcepto Domini habitavit ibi ut advena.

Act. VII, 5: non dedit illi in ea hæreditatem nec passum pedis. Gen. XXI, 34: fuit colonus terræ Philisthinorum diebus multis. Quod quidem verum est quantum ad id quod Dominus ei gratis donaturus esset, non quantum ad id quod emit.

Unde dicit, quod fide demoratus est in terra repromissionis, quia fuit ei frequenter promissa, sicut patet Gen. XII usque ad XXI cap., tamquam in aliena, quod patet, quia cap., tamquam in aliena, quod patet, quia habitando in casulis, quæ dicuntur a cadendo, et in tentoriis mobilibus, et quia animo non redeundi in patriam suam, etiam si plus vixisset, patet, quia cum Isaac et Iacob habitavit non quidem simul, sed successive, qui erant filii promissionis, quia ipsis facta est promissio, Gen. XVII, 2 et XXVIII, 3.

Et dicit cohæredibus repromissionis, in quo datur nobis intelligi, quod in mundo isto debemus conversari sicut alieni et advenæ.

I Cor. VII, 31: qui utuntur hoc mundo tamquam non utantur. Infra ult.: non enim habemus hic manentem civitatem, sed futuram inquirimus.

Deinde cum dicit expectabat enim, ostendit quare morabantur sicut advenæ, quia scilicet non reputabant se aliquid habere super terram, sed quærebant hæreditatem, cælestem civitatem. Ps. CXXI, 2 s.: stantes erant pedes nostri in atriis tuis, Ierusalem: Ierusalem quæ ædificatur ut civitas. Is. XXXIII, 20: oculi tui videbunt Ierusalem habitationem opulentam, tabernaculum, quod nequaquam ultra transferri poterit. Non tabernaculum mobile.

Et dicitur civitas primo propter civium unitatem, quæ unitas est per pacem. Ps. CXLVII, 1: lauda, Ierusalem, Dominum, etc., et sequitur: qui posuit fines tuos pacem. Is. XXXII, 18: sedebit populus meus in pulchritudine pacis, et in tabernaculis fiduciæ, et in requie opulenta. Io. XVII, 22: ut sint unum sicut et nos unum sumus. Secundo est ordinata, quod fit maxime propter iustitiam, et non ad malum faciendum. Ibi autem est perpetua iustitia. Ez. XLVIII, 35: nomen civitatis ex illa die: Dominus ibidem. Tertio per se sufficiens ad omnia quæ sunt necessaria.

Quodcumque enim necessarium perfectissime ibi erit, quia ibi est status bonorum omnium aggregatione perfectus. Ps. CXXI, 3: Ierusalem, quæ ædificatur ut civitas, cuius participatio eius in idipsum.

Ista civitas habet fundamenta, in quo significat eius stabilitatem. Is. XXXIII, 20: tabernaculum quod nequaquam ultra transferri poterit. Sunt autem fundamenta prima pars ædificii. Unde Angeli sunt eius civitatis fundamenta.

Ps. LXXXVI, 1: fundamenta eius in montibus sanctis. Homines enim assumentur ad ordines Angelorum. Ecclesiæ vero fundamenta sunt apostoli, Apoc. XXI, 14.

Auctor autem huius civitatis est ipse Deus, non humanæ artis sapientia.

II Cor. V, 1: scimus quoniam si terrestris domus nostra huius habitationis dissolvatur, quod ædificationem a Deo habemus domum non manufactam, sed æternam in cælis.

Ad cuiuslibet autem civitatis ædificationem duo requiruntur. Primum est auctoritas principis, qua mediante firmetur, quia dicitur conditor eius, a quo et ipsa nomen accipit, sicut a Romulo Roma. Et sic illius civitatis dicitur Deus conditor eius. Ps. XLVII, 9: in civitate Dei nostri Deus fundavit eam in æternum.

Secundum est modus disponendi ipsam, qui commendat sapientiam artificis. Et sic Deus dicitur artifex eius, quia ordinata est secundum dispositionem et sapientiam Dei. Ps. XLVII, 1: magnus Dominus et laudabilis nimis in civitate Dei nostri, etc.. Debita enim dispositio operis commendat opificem. Nusquam autem ita reluceat divina sapientia sicut ibi. Et ideo nimis laudabilis dicitur.

Deinde cum dicit fide et ipsa Sara, ostendit quid ibi per fidem uxor eius consecuta est.

Et circa hoc duo facit quia primo ostendit quid consecuta est ipsa;

secundo quid consecutum est in filiis, ibi propter quod et ab uno.

In uxore autem eius Sara duo defectus erant, propter quos omnino videbatur quasi impossibile ipsam posse concipere. Unde credere illa fuit magnæ fidei. Unum erat, quia sterilis. Gen. XI, 30: erat autem Sara sterilis. Aliud, quia iam propter defectum ætatis non erat naturaliter apta ad generationem.

Gen. XVIII, 11: desierant Saræ fieri muliebria. Item ipsa dicit ibidem: ego iam senui, et Dominus meus vetulus est. Istos duos defectus tangit apostolus. Primum cum dicit Sara sterilis; secundum cum dicit et præter tempus ætatis.

Tamen, his non obstantibus, ipsa accepit virtutem in conceptione seminis fide, scilicet vel sua, vel Abrahæ, quia etsi erat impossibile secundum naturam, quod nonagenaria de centenario conciperet, tamen uterque credidit Deo, cui nihil est difficile. Unde dicit, quod fidelem credidit esse eum, qui repromiserat.

Sed contra, quantum ad Abraham, et videtur, quod non credidit, quia Gen. XVII, 17, dicitur, quod risit dicens in corde suo: putasne centenario nascetur filius, et Sara nonagenaria pariet? iterum quantum ad Saram, Gen. XVIII, 12, dicitur, quod risit occulte, dicens: postquam ego consenui et Dominus meus vetulus est, voluptati operam dabo? respondeo. Dicendum est, quod quantum ad Abraham, risus eius non fuit dubitationis sed admirationis.

Unde, Rom. IV, 20 s., non hæsitavit diffidentia, sed confortatus est fide dans gloriam Deo plenissime, sciens quod quicquid promisit Deus, potens est et facere.

Unde nec reprehenditur risus eius a Deo, qui corda omnium novit.

Sara autem primo dubitavit in prima promissione; sed quando Angelus recurrit ad potentiam Dei, cum dixit: numquid Deo quicquam est difficile? tunc credidit, et hæc fuit quasi secunda promissio. Et ideo dicit, quod repromisit, quia in promittendo primo non credidit, sed in repromittendo.

Sed sciendum est, quod omnes conceptus miraculosi, qui fuerunt in veteri testamento, fuerunt quasi figura illius maximi miraculi, quod fuit in Christi incarnatione.

Oportuit enim nativitatem eius ex virgine per aliqua præfigurari, ad præparandos animos ad credendum. Non tamen potuit præfigurari ex æquo, quia necessario figura deficit a figurato.

Et ideo Scriptura partum virginis ostendit per partum sterilium, scilicet Saræ, Annæ, et Elisabeth.

Sed differentia est, quia Sara a Deo miraculose accepit virtutem concipiendi, sed tamen ex humano semine. Et ideo dicitur hic in conceptione seminis. Beata vero virgo sine semine. Unde in Sara virtus divina præparavit materiam ad concipiendum tantum ex semine; sed in beata virgine etiam præparavit illam purissimam materiam ex sanguine, et cum hoc fuit ibi virtus spiritus sancti loco seminis. Non enim ex virili semine, sed mystico spiramine factum est verbum Dei caro.

Deinde cum dicit propter quod et ab uno, ostendit quid consecutum est in filiis ex virtute Dei, scilicet multiplicatio seminis.

Ubi primo consideranda est radix huius multitudinis, quæ fuit una, scilicet Abraham; unde dicit propter quod, scilicet meritum fidei, ab uno, scilicet Abraham. Is. LI, 2: unum vocavi eum, et benedixi ei, et multiplicavi eum.

Secundo consideranda est conditio eius, quia iam emortuus. Unde dicit et hoc emortuo, quia iam vetulus erat, ut supra dictum est.

Sed contra, quia mortua Sara multos filios genuit ex alia uxore, sicut patet Gen. XV, 1 ss..

Ergo male dicit emortuo. Respondeo. Dicendum est, quod vetulus bene generat ex iuvencula, non autem ex vetula. Et sic erat in ipso mortua virtus generandi quantum ad Saram, non tamen ad alias. Vel dicendum est, quod intelligitur ab uno, scilicet utero Saræ, iam emortuo. Rom. IV, 19: et emortuam vulvam Saræ. Is. LI, 2: attendite ad Abraham patrem vestrum et ad Saram, quæ peperit vos.

Tertio consideranda est differentia inter illos, qui ex Abraham processerunt. Sicut enim non omnes, ut dicitur Rom. IX, 6 s., qui sunt ex Israel, hi sunt Israëlitæ, sic nec hi qui sunt ex semine Abrahæ omnes sunt filii, sed qui filii sunt promissionis æstimantur in semine. Ideo eius progenies dividitur in duas, scilicet in bonos et malos. Boni significantur per stellas, de quibus dicit, quod orti sunt tamquam sidera cæli in multitudinem. Bar. III, 34: stellæ dederunt lumen in custodiis suis, et lætatæ sunt. Mali vero significantur per arenam maris contiguam, quia mali Iudæi de semine Abrahæ conformantur gentilitati.

Arena autem fluctibus maris undique concutitur, ita et mali turbinibus mundi. Is. LVII, 20: cor impii quasi mare fervens.

Iudæi autem non omnino fuerunt arena, sed quasi arena, quia communicabant cum gentibus in malis. Unde possunt dici terminus maris. Ier. V, 22: posui arenam terminum mari. Item arena sterilis est et infructuosa, ita etiam peccatores sunt steriles ab omni opere boni fructus. Unde dicit, quod etiam orti sunt sicut arena quæ est ad oram maris innumerabilis. Et est sermo hyperbolicus.

Vel dicitur innumerabilis, non quia non possit numerari, sed quia non de facili potest numerari. Gen. XXII, 17: multiplicabo semen tuum sicut stellas cæli, et velut arenam, quæ est in littore maris.

Lectio 4

Supra commendavit apostolus fidem Abrahæ quantum ad habitationem, et generationem, hic commendat ipsum quantum ad suam conversationem usque ad mortem.

Et circa hoc facit tria primo enim ostendit quid per fidem fecit; secundo ponit unum quod pertinet ad fidem, ibi qui enim hoc dicunt; tertio ostendit quid per fidem recepit, ibi ideo non confunditur Deus.

Fidem Abrahæ et filiorum eius commendat ex perseverantia, quia usque ad mortem perseveraverunt in fide. Matth. X, 22 et XXIV, 13: qui autem perseveraverit usque in finem, hic salvus erit. Ideo dicit iuxta fidem omnes isti defuncti sunt, præter Enoch.

Vel omnes isti, scilicet Abraham, Isaac et Iacob. Et hoc est melius dictum, quia istis solum facta est promissio.

Item commendat eos a longa promissorum dilatione. Unde dicit non acceptis repromissionibus.

Sed contra, videtur quod receperint promissionem.

Ez. XXXIII, 24: unus erat Abraham, et hæreditate possedit terram.

Respondeo. Dicendum est, quod possedit, id est, possidendi primus promissionem accepit, non tamen actu possedit, ut patet act. VII, 5.

Sequitur sed a longe eas aspicientes, quod erat per fidem, quasi dicat: intuentes visu fidei. Et forte de loco isto sumptum est illud responsorium in prima dominica adventus: aspiciens a longe, etc..

Is. XXX, 27: ecce nomen Domini venit de longinquo. Et salutantes, id est, venerantes.

Et loquitur, secundum Chrysostomum, ad similitudinem nautarum, qui quando primo vident portum prorumpunt ad laudem, et salutant civitatem ad quam vadunt. Ita sancti patres videntes per fidem Christum venturum, et gloriam quam per ipsum consecuturi erant, salutabant, id est, venerabantur ipsum. Ps. CXVII, 26: benedictus qui venit in nomine Domini, Deus Dominus, etc.. Io. VIII, 56: Abraham pater vester exultavit, ut videret diem meum; vidit, et gavisus est.

Item commendat fidem ipsorum ex sincera confessione; quia, ut dicitur Rom. X, 10: corde creditur ad iustitiam, ore autem confessio fit ad salutem. Et ideo dicit et confitentes, quia peregrini et hospites sunt super terram; isti enim tres vocaverunt se advenas et peregrinos. Nam, Gen. XXIII, 4, dicit Abraham: advena sum et peregrinus apud vos. Dicitur etiam a Domino ad Isaac, gen. XXVI, 2 s.: quiesce in terra quam dixero tibi, et peregrinare in ea. Iacob etiam, XLVII, 9, dicit: dies peregrinationis vitæ meæ.

Dicitur autem peregrinus, qui est in via tendendi ad alium locum. Is. XXIII, 7: ducent eam longe pedes sui ad peregrinandum.

Sed advena est ille, qui habitat in terra aliena, nec intendit ulterius ire. Isti autem non solum confitebantur se esse advenas, sed etiam peregrinos. Sic etiam sanctus vir non facit mansionem suam in mundo, sed semper satagit tendere ad cælum. Ps. XXXVIII, 12: advena ego sum apud te et peregrinus, sicut omnes patres mei.

Deinde cum dicit qui enim hoc dicunt, ostendit quod ista confessio pertineat ad fidem. Nullus enim est hospes et peregrinus, nisi qui est extra patriam et tendit ad illam. Cum ergo isti confitentur se esse hospites et peregrinos super terram, significant se tendere ad patriam suam, scilicet cælestem Ierusalem. Gal. IV, 26: illa quæ sursum est Ierusalem libera est. Et hoc est, quod dicit qui enim hoc dicunt, significant se patriam inquirere.

Sed quia forte posset aliquis dicere, quod verum est, quod ipsi erant peregrini in terra Philisthæorum et chananæorum, inter quos habitabant, tamen intendebant redire in terram unde exierant, hoc removet, dicens et siquidem ipsius, scilicet patriæ suæ, meminissent, de qua exierant, habebant utique tempus revertendi, quia prope erant. Nunc autem meliorem appetunt, id est, cælestem; unde Gen. XXIV, 6, dixit Abraham servo suo: cave ne quando filium meum reducas illuc. Ps. LXXXIII, 11: elegi abiectus esse in domo Dei mei, magis quam habitare in tabernaculis peccatorum. Item XXVI, 4: unam petii a Domino, hanc requiram, ut inhabitem in domo Domini omnibus diebus vitæ meæ. Ipsi ergo patriam istam inquirebant, non domum paternam unde exierunt. In quo significatur, quod illi qui exeunt de vanitate sæculi, non debent illuc redire mente. Ps. XLIV, 10: obliviscere populum tuum et domum patris tui.

Lc. IX, 62: nemo mittens manum ad aratrum et respiciens retro, aptus est regno Dei. Phil. III, 13: quæ retro sunt obliviscens, in anteriora me extendens.

Patet autem, quod ista eorum verbo et facto confessio, pertinet ad fidem, quia ipsi illud quod solum eis promissum fuerat nec exhibitum, firmissime crediderunt etiam usque ad mortem. Unde iuxta fidem, id est, iuxta se habentes fidem suam quasi sociam et inseparabilem, defuncti. Apoc. II, 10: esto fidelis usque ad mortem.

Deinde cum dicit ideo non confunditur, ostendit quid ex fide sua meruerunt accipere, hoc autem fuit honor maximus.

Reputatur autem maximus honor quando denominatur aliquis ab aliquo solemni officio, vel servitio, magni et excellentis Domini, vel principis, sicut notarius Papæ, vel cancellarius regis. Maior autem honor est quando ille magnus Dominus vult nominari ab his qui serviunt ei. Sic autem est de istis tribus, Abraham, Isaac et Iacob, quorum Dominus rex magnus super omnes deos, specialiter vocat se eorum Deum, unde Ex. III, 6: ego sum Deus Abraham, Deus Isaac, et Deus Iacob; unde dicit ideo non confunditur Deus vocari Deus eorum.

Et huius potest triplex ratio assignari.

Prima, quia Deus per fidem cognoscitur.

Isti autem leguntur primo separasse se per cultum specialem ab infidelibus; unde et Abraham primus accepit signaculum fidei, Rom. IV, 18: ut fieret pater multitudinis gentium.

Et ideo proponuntur nobis in exemplum, sicut illi per quos Deus primo cognitus est, et per eos Deus nominatus est, ut obiectum fidei. Et idcirco ab eis voluit nominari.

Secunda, secundum Augustinum in Glossa, quia in istis latet aliquod mysterium.

In istis enim invenimus similitudinem generationis qua Deus regeneravit filios spirituales.

Videmus autem in ipsis quadruplicem modum generandi. Primus modus est liberorum per liberas, sicut Abraham per Saram genuit Isaac, qui genuit per Rebeccam Iacob. Iacob autem octo patriarchas per Liam et Rachelem.

Secundus modus fuit liberorum per ancillas, sicut Iacob per Balam et Zelpham genuit Dan, et Nephtalim, Gad, et Aser. Tertius modus fuit servorum per liberas, sicut Isaac genuit per Rebeccam Esau, de quo dictum est: maior serviet minori. Quartus modus fuit servorum per ancillam, sicut per Agar genuit Abraham Ismæl.

In hoc ergo designatur diversus modus, quo Dominus spirituales filios generat, quia aliquando bonos per bonos, sicut Timotheum per Paulum; aliquando bonos per malos, et ista est generatio liberorum per ancillas; aliquando malos per bonos, sicut Simonem magum per Philippum. Et ista generatio servorum per liberas. Malorum autem generatio per malos reputatur in semine. Unde Gal. IV, 30: eiice ancillam et filium eius.

Tertia ratio, et videtur magis secundum intentionem apostoli, quia consuetum est, quod rex vocatur a principali civitate, vel a patria tota, sicut rex Ierusalem, Romanorum, rex Franciæ. Et ideo Deus proprie vocatur rex et Deus illorum, qui specialiter spectant ad civitatem illam Ierusalem cælestem, cuius artifex et conditor est Deus. Et quia isti verbo et facto ostendebant se ad illam civitatem pertinere, ideo dicitur Deus illorum; unde dicit paravit enim illis civitatem, id est, conditor civitatis illius, quam ipse habebat propriam.

Deinde cum dicit fide obtulit, ponit unum aliud exemplum insigne circa fidem Abrahæ, inquantum respicit Deum, scilicet illud maximum sacrificium eius, quando ad mandatum Domini voluit unigenitum suum immolare filium, Gen. XXII, 1 ss..

Et de hoc ostendit tria.

Primo quid fecerit; secundo quod hoc ad fidem pertinet, ibi et unigenitum; tertio quid ex hoc recepit, ibi unde eum et in parabolam.

Dicit ergo Abraham cum tentaretur, obtulit, id est, offerre voluit, fide Isaac, sicut patet per totum duodecimum cap. Gen..

Hic est duplex quæstio. Una quia innocentem occidere est contra legem naturæ, et ita peccatum; ergo volendo offerre peccavit.

Respondeo. Dicendum est, quod ille

qui ex mandato superioris interficit, si ille licite præcipit, alius licite obedit, et potest licite exequi ministerium suum. Deus autem habet mortis et vitæ auctoritatem. I Reg. II, 6: Dominus mortificat et vivificat. Deus autem subtrahendo vitam alicui etiam innocenti, nulli facit iniuriam. Unde et quotidie, dispositione divina, multi nocentes et innocentes moriuntur.

Et ideo Dei mandatum licite poterat exequi.

Item quæritur de hoc quod dicit cum tentaretur.

Deus enim nullum tentat, quia tentare est ignorantis.

Respondeo. Dicendum est, quod diabolus tentat, ut decipiat. I Thess. III, 5: ne forte tentaverit vos, qui tentat. Hoc patet in tentatione qua tentavit Christum, Matth. IV, 1 ss.

Homo vero tentat, ut cognoscat. III Reg. X, 1, dicitur de regina Saba, quæ venit ad Salomonem, ut tentaret eum in ænigmatibus.

Sic non tentat Deus, quia omnia novit, sed tentat ut homo sibi ipsi innotescat quantæ fortitudinis et fragilitatis sit in se. Deut. VIII, 2: ut tentaret te, et nota fierent quæ in animo tuo versabantur; II par. XXXII, 31, de Ezechia tentato, ut cognosceretur cor eius.

Item ut alii tentatum cognoscant, qui ex hoc eis proponitur in exemplum, sicut Abraham et Iob. Eccli. XLIV, 21: Abraham in tentatione inventus est fidelis.

Deinde cum dicit et unigenitum, etc., multum subtiliter ostendit, quod illa obedientia pertinebat ad fidem.

Sicut enim supra dictum est, Abraham licet multum senex credidit Deo promittenti quod in Isaac benedicturus esset ei in semine, credebat etiam Deum posse mortuos suscitare.

Cum ergo præcipiebatur ei quod occideret, non erat spes ultra iam de Sara iam valde antiqua, quia Isaac erat iam adolescens, posse habere filium. Et ideo cum crederet, obediendum mandato Dei, non restabat nisi quod crederet resuscitari Isaac per quem debebat ei vocari semen. Unde dicit et unigenitum, scilicet Saræ, in quo, scilicet filio nato, debebat Deus pactum promissum complere, sicut patet Gen. XVII, 19. Vel unigenitum, scilicet inter liberos. Gen. XXII, 2: tolle filium tuum unigenitum Isaac. In quo susceperat repromissiones.

Ad quem etiam dictum est, id est, ratione cuius, etc.. Arbitrans, id est, firmiter credens, quia a mortuis potens est Deus eum suscitare. Hoc ergo fuit argumentum fidei maximum, quia articulus resurrectionis est unus de maioribus.

Deinde cum dicit unde eum et in parabolam accepit, ostendit quid per fidem meruit, quia cum iam non restaret aliud nisi immolari ipsum, vocavit eum Angelus, et arietem hærentem cornibus, loco filii immolavit.

Hoc autem fuit parabola, idest figura,

Christi futuri. Aries enim hærens cornibus inter vepres, est humanitas confixa cruci, quæ passa est. Isaac, id est, divinitas, evasit, cum Christus vere mortuus est et sepultus. Et sic patet, quod ista figura valde complete adæquat figuratum. Accepit ergo eum, scilicet Isaac in parabolam, id est, figuram Christi crucifigendi et immolandi.

Lectio 5

Supra posuit apostolus exemplum de fide Abrahæ, hic ponit exemplum de fide Isaac, Iacob et Ioseph.

Et primo de fide Isaac. Dicit ergo, quod Isaac fide de futuris, id est quæ se extendebat ad futura, benedixit Iacob et Esau.

Vel benedixit de futuris, id est, pro futuris, vel benedictione, quæ se extendebat ad futura.

Verba enim sua non habebant efficaciam nisi ex virtute Dei, per quam quidem benedictionem minor prælatus fuit maiori.

Quod non fuit quantum ad personas eorum, sed quantum ad duos populos, qui ex ipsi exierunt. Ps. CVII, 10: in Idumæam extendam calceamentum meum. Fuerunt enim Idumæi, qui egressi sunt de Esau subiecti filiis Israel.

In quo significabatur, quod minor populus, scilicet gentium, per fidem debebat prævenire populum maiorem, scilicet Iudæorum.

Matth. VIII, 11 s.: multi ab oriente et occidente venient et recumbent cum Abraham, Isaac et Iacob in regno cælorum, filii autem regni eiicientur in tenebras exteriores.

Ista vero benedictio, quæ erat de fide gentium futura, per fidem facta fuit, qua respicit aliquid futurum.

Deinde cum dicit fide Iacob moriens singulos filiorum benedixit, prosequitur de fide Iacob, et ponit illud quod ipse fecit in benedicendo duobus filiis Ioseph, sicut habetur Gen. XLVIII, 16-20, ubi dicitur, quod cum nuntiatum fuisset Ioseph, quod pater eius ægrotaret, adduxit duos filios suos, quibus Iacob benedixit cancellatis manibus, in hoc præferens Ephraim Manasse quantum ad dignitatem, quia de Ephraim fuit dignitas regalis, scilicet Ieroboam. Hæc autem benedictio fuit per fidem, quia revelatum ei fuit, quod ita futurum erat. Quæ quidem benedictio referebatur ad populum, qui egressus est ab ipsis, non ad personas ipsorum.

Item, per fidem adoravit fastigium virgæ eius; hoc habetur Gen. XLVII, 31, ubi dicitur, quod fecit Ioseph iurare, quod sepeliret eum in sepulchro patrum suorum, et post iuramentum, tamquam securus de promisso, adoravit ad caput lectuli, ut dicit littera nostra; vel fastigium virgæ eius, ut dicunt septuaginta; vel super fastigium, ut habetur in Græco.

Et totum hoc potest stare, quia ipse erat senex, et ideo portabat virgam, vel recepit sceptrum Ioseph donec iurasset, et antequam redderet ei adoravit, non ipsam virgam, nec Ioseph, ut quidam male putaverunt, sed ipsum Deum innixum ad cacumen, vel super fastigium virgæ eius. Ad quod motus fuit ex consideratione potestatis Christi, quam potestas Ioseph præfigurabat. Ipse enim tamquam præfectus Aegypto portabat sceptrum, in signum potestatis Christi. Ps. II, 9: reges eos in virga ferrea.

Vel si adoravit fastigium, idem est sensus, quia adoravit Christum significatum per virgam illam, sicut et nos adoramus crucifixum et crucem, ratione Christi passi in ipsa. Unde proprie non adoramus crucem, sed Christum crucifixum in ipsa.

Deinde cum dicit fide Ioseph, prosequitur exemplum de fide Ioseph, ubi ponit duo, quæ habentur Gen. Ult.

Ubi dixit fratribus suis: visitabit vos Dominus, et mandavit ossa sua inde portari. Unde fides eius fuit quantum ad duo, primo quia credidit promissionem factam debere impleri per reditum filiorum Israel in terram promissionis; secundo, quia in ipsa credebat Christum esse nasciturum et resurrecturum et multos cum ipso, unde desiderabat habere partem in illa resurrectione. Et hoc est quod dicit, quod Ioseph moriens fide, id est, per fidem, memoratus est de profectione filiorum Israel, et hoc quantum ad primum; et de ossibus suis mandavit, quantum ad secundum.

Sed quare non fecit se statim portari sicut pater suus? respondeo. Dicendum est, quod hoc non potuit, quia non habebat tunc tantam potestatem sicut habebat in morte patris. Et ideo tunc poterat hoc facere, quod tamen circa mortem suam non potuit.

Secundo, quia sciebat, quod multas afflictiones debebant sustinere filii Israel post mortem eius. Ut ergo haberent certam spem de liberatione sua, et reditu ad terram promissionis, voluit ad solatium corpus suum remanere cum ipsis. Unde et Moyses tulit illud secum, sicut et quælibet tribus corpus patris sui, ut dicit Hieronymus.

Deinde cum dicit fide Moyses, prosequitur de patribus, qui fuerunt sub lege.

Hoc enim tempus incepit a Moyse. Eccli. XXIV, 33: legem mandavit Moyses in præceptis iustitiarum. Io. I, 17: lex per Moysen data est. Istud autem tempus distinguitur in tria, scilicet ante exitum de Aegypto, in exitu, et post exitum.

Unde tria facit.

Primo enim ostendit quid factum sit ante exitum; secundo quid in exitu, ibi fide reliquit Aegyptum; tertio quid in terra promissionis, ibi quid adhuc dicam.

Circa primum duo facit.

Primo enim ostendit quid sit factum in nativitate Moysi; secundo quod ipse fecit, ibi fide Moyses.

Ubi tangitur historia, quæ ponitur Ex. I, quod Pharao mandavit occidi masculos ne multiplicarentur. Secundo habetur quod parentes Moysi videntes ipsum elegantem, absconderunt eum mensibus tribus, quod attribuit apostolus fidei ipsorum. Credebant enim aliquem nasciturum, qui liberaret eos ab illa servitute. Unde ex elegantia pueri æstimabant aliquam virtutem Dei esse in illo. Ipsi enim erant rudes et rustici, sudantes in operibus luti et lateris. Eccli. XIX, 26: ex visu cognoscitur vir.

Ex quo habetur, quod licet fides sit de invisibilibus, tamen per aliqua signa visibilia possumus niti ad ipsam. Mc. Ult.: sermonem confirmante sequentibus signis.

Quod autem ipsi hoc fecerunt ex fide, non ex affectu carnali, patet, quia non timuerunt regis edictum. Unde exponebant se periculo personarum, quod non fecissent nisi credidissent aliquid magnum futurum de puero.

Matth. X, 28: nolite timere eos qui occidunt corpus, etc..

Sed contra, quia ipsi postea exposuerunt ipsum; ergo non propter fidem servabant ipsum.

Respondeo. Dicendum est, quod exposuerunt ipsum non ad necandum, sed ne surriperetur eis, unde posuerunt eum in fiscella, committentes eum divinæ providentiæ. Credebant enim probabiliter, quod fuisset interfectus si fuisset apud eos inventus.

Deinde cum dicit fide grandis effectus, ostendit quid ipse Moyses per fidem fecerit, et primo quid fecit; secundo ostendit, quod illud factum pertinebat ad fidem, ibi aspiciebat enim.

Tangit enim historiam, quæ habetur Ex. II, 9 s., ubi dicitur, quod filia Pharaonis fecit ipsum a matre pueri nutriri, et quod adoptavit eum in filium. Ipse autem negavit se esse filium eius, non quidem verbo, sed facto, quia contra voluntatem Pharaonis interfecit Aegyptium, qui læserat Hebræum.

Et hoc est, quod dicit grandis effectus per fidem, negavit se esse filium filiæ Pharaonis.

Quo autem affectu hoc fecerit, ostendit cum subdit magis eligens. In quo ostenditur mirabilis virtus eius. Duo enim sunt quæ maxime homines appetunt, scilicet iucunditatem et delectationem circa bona exteriora, et his contraria maxime fugiunt, scilicet dolorem et afflictionem, quæ opponitur primo, paupertatem et abiectionem quæ opponitur secundo. Ista autem duo elegit Moyses, scilicet quia præposuit dolorem et afflictionem iucunditati peccati temporalis, quæ scilicet semper est cum peccato. Item paupertatem præposuit divitiis propter Christum. Prov. XVI, 19: melius est humiliari cum mitibus, quam dividere spolia cum superbis. Psalmo LXXXIII, 11: elegi abiectus esse in domo Dei magis quam habitare in tabernaculis peccatorum.

Quantum ergo ad primum dicit magis eligens affligi cum populo Dei, scilicet quem Pharao affligebat, quam habere iucunditatem peccati temporalis, id est, transitorii. Quod fuisset si cum Aegyptiis afflixisset filios Israël.

Quantum autem ad secundum, scilicet quod præelegit paupertatem, dicit maiores divitias æstimans improperium Christi, id est, pro fide Christi; eadem enim est fides antiquorum et nostra. Vel improperium Christi, quod scilicet sustinuit a fratribus suis, sicut dictum est: numquid interficere tu me vis, sicut occidisti heri Aegyptium? quod improperium fuit figura, quod Christus suscipere deberet improperium a Iudæis. Ps. LXVIII, 21: improperium expectavit cor meum et miseriam.

Maiores autem divitias, credidit esse duo prædicta, thesauris Aegyptiorum. Is. XXXIII, 6: divitiæ salutis sapientia et scientia.

Deinde cum dicit aspiciebat enim, ostendit quod prædicta facta Moysi pertinebant ad fidem Christi.

Sciendum est autem, quod quædam sunt secundum se bona et delectabilia, quædam autem secundum se tristia et mala. Mala autem nullus propter se præelegit, sed propter finem; sicut infirmus præelegit potionem amaram et tristia delectabilibus ratione alicuius maioris boni, quod per hoc potest consequi.

Et sic sancti, propter spem finis ultimi æternæ felicitatis, præeligunt afflictiones et paupertatem divitiis et voluptatibus, quia per ista impediuntur a consecutione finis sperati.

Matth. V, 11: beati eritis cum male dixerint vobis homines, et persecuti vos fuerint, etc..

Et sequitur: gaudete et exultate, quoniam merces vestra copiosa est in cælis. Gen. XV, 1: ego protector tuus sum, et merces tua magna nimis.

Et ideo dicit, quod hoc faciebat, quia aspiciebat, oculis scilicet fidei, in remunerationem, quam scilicet ex hoc sperabat. Unde fides est substantia sperandarum rerum, argumentum non apparentium, ut supra dictum est, etc..

Lectio 6

Supra posuit apostolus fidem Moysi, quantum ad id quod fecit in Aegypto, hic quantum ad id quod fecit in exitu de Aegypto.

Et circa hoc facit tria.

Primo enim ostendit quid fecerit in exitu de Aegypto; secundo ostendit modum exeundi, ibi fide celebravit; tertio quid per fidem factum est cum populo infideli, ibi fide Rahab.

Dicit ergo, quod Moyses fide, id est per fidem, reliquit Aegyptum. Sicut autem habetur Ex. XII, 37, primo fugit de Aegypto, interfecto Aegyptio; secundo autem exivit quando simul omnes filios Israel eduxit.

Glossa autem exponit de secundo exitu, quia sequitur non veritus animositatem, id est, indignationem, regis. In primo enim exitu legitur, Ex. II, 14, eum timuisse. Prov. XIV, 35: iracundiam regis inutilis sustinebit.

In secundo vero non timuit. Prov. XXVIII, 1: iustus quasi leo confidens, absque terrore erit. Potest tamen referri ad primum.

Sed numquid tunc non timuit? respondeo. Dicendum est, quod in timore duo consideranda sunt. Unum, quod aliquando potest esse vituperabile, scilicet quando propter timorem facit aliquid non faciendum, vel dimittit faciendum. Et sic non timuit Moyses, quia propter timorem non dimisit iuvare fratres suos.

Aliud est, quod potest esse laudabile, quando scilicet salva fide, refugit periculum propter timorem instantem. Matth. X, 23: cum persequentur vos in civitate ista, fugite in aliam. Si enim aliquis salva honestate sua posset vitare periculum et non vitaret, stultus esset et tentaret Deum, quod est diabolicum.

Et sic Iesus cessit volentibus ipsum lapidare, nec ad suggestionem diaboli voluit se præcipitare: ita et Moyses confidens de divino auxilio, fugit propter timorem regis ad tempus. Et probat, quod hoc fecit ex fide, quia fides est de invisibilibus.

Et iste sustinuit, id est, expectavit Deum invisibilem, et eius adiutorium, tamquam videns.

Ps. XXVI, 14: confortetur cor tuum, et sustine Dominum. I Tim. I, 17: regi autem sæculorum immortali, invisibili, etc.. Moyses enim in utroque exitu expectabat Dei adiutorium, unde in primo dicit, Ex. II, 22: Deus patris mei adiutor meus. In secundo vero, Ex. XIV, 14: vos tacebitis, et Dominus pugnabit pro vobis.

Deinde cum dicit fide celebravit Pascha, ostendit quid fecerit quantum ad modum transeundi. Et primo ponit illud quod fuit factum ad præparationem transitus; secundo quantum ad ipsum transitum, ibi fide transierunt; tertio quantum ad id quod per fidem factum fuit quantum ad introitum terræ promissionis, ibi fide muri Iericho.

Quantum ad primum ponit historiam, quæ habetur Ex. XII, ubi Dominus mandavit illis ante exitum filiorum Israël, scilicet eadem nocte, immolari agnum et de sanguine eius utrumque postem et superliminare liniri, carnes eius assas cum azymis et lactucis agrestibus comedi, cum multis aliis, quæ observanda erant, ut ibi habet videri.

Et hoc vocabatur Pascha, scilicet esus agni, et effusio sanguinis, quæ duo concurrebant ad transitum illum quem facturi erant in proximo.

Dicitur autem Pascha a paschin Græce, quod Latine est passio, vel a phase, quod Hebraice idem est quod transitus. In hoc autem figurabatur, quod Christus per passionem transiret ex hoc mundo. Io. XIII, 1: ut transeat ex hoc mundo. Item quod nos per meritum mortis eius a terrenis ad cælestia, ab inferno transimus ad cælum. Eccli. XXIV, 26: transite ad me, omnes qui concupiscitis me.

Quod quidem fuit per virtutem sanguinis Christi. Supra X, 19: habentes itaque fiduciam, fratres, in introitu sanctorum in sanguinem Christi.

Fuit autem in illo Paschate duplex transitus.

Unus quo transibat Dominus percutiens Aegyptios; alius quo populus transibat. Sic etiam sanguine Christi, qui est agnus immaculatus, debent liniri postes fidelium, intellectus scilicet et affectus. Dicit ergo fide, id est per fidem, celebravit Pascha, id est esum agni, et sanguinis effusionem, ad liniendum postes domorum. Et quare hoc faciebat? ne scilicet qui vastabat primogenita, Aegyptiorum, tangeret eos. Ps. LXXVII, 51: percussit omne primogenitum in terra Aegypti.

Sed quæritur quorum ministerio hoc factum sit, utrum scilicet bonorum, vel malorum Angelorum, quia videtur quod per malos. Ps. LXXVII, 49: immissionem per Angelos malos.

Respondeo. Dicendum est, quod non est inconveniens de quibuscumque. Unde sciendum est quod pœnarum inflictio fit interdum per bonos Angelos. Sicut enim dicit Dionysius IV cap. De divinis nominibus, punire malum non est malum, sed malum facere est malum. Punitio enim est opus iustitiæ, sicut patet de Angelo, qui contrivit castra Assyriorum, Is. XXXVII, 36, qui creditur fuisse bonus Angelus. Unde talis punitio indifferenter fit per bonos et malos; sed differenter a bono et a malo, quia bonus non punit nisi exercendo iustitiam divinam in malos. Et in Scripturis operatio tam diaboli, quam boni Angeli, cuiusmodi est hæc, attribuitur Deo.

Malus autem etsi obsequatur divinæ iustitiæ, tamen non ex intentione iustitiæ hoc agit, sed ex perversitate voluntatis suæ affligit bonos et malos, et libentius bonos si permittatur, sicut patet de Iob. Iste Angelus, qui dixit Moysi: transibit Dominus percutiens Aegyptum, bonus Angelus fuit, cum ipse aliquando loquatur in persona sua. Bono autem Angelo aliquando subministrat spiritus nequam, unde adhibitum fuit ibi ministerium eius, licet ex intentione suæ malæ et perversæ voluntatis, voluntarie operantis ad cædem.

Et ideo dicit iram et tribulationum immissionem per Angelos malos. Non ergo tangebat eos, qui erant sanguine signati, malus Angelus terrore et timore Dei, utpote non permissus. Bonus autem inde terrebatur admirando virtutem Dei.

Deinde cum dicit fide transierunt, etc., ostendit quid egit in ipso transitu.

Et primo ostendit hoc, secundo ostendit quod illud pertinebat ad fidem, ibi quod experti.

Dicit ergo, quod fide, id est, per fidem, transierunt mare rubrum tamquam per aridam terram. Duo enim ibi per fidem facta sunt. Unum, quod homo fecit, scilicet quod commiserunt se ad transeundum, quod non fuit nisi per fidem. Aliud fuit ex parte Dei, scilicet quod aquæ fuerunt eis pro muro.

Hoc etiam fuit per fidem. Operatio enim miraculorum attribuitur fidei. Matth. XVII, 19: si habueritis fidem sicut granum synapis, dicetis monti huic: transi hinc, et transibit.

Ergo hoc fide factum est, id est, hoc meruit fides. Et hoc habetur Ex. XIV et XV.

Deinde ostendit, quod hoc pertinet ad fidem, quia Aegyptii hoc experti, id est, volentes experiri, devorati sunt, quia scilicet non habuerunt fidem. Ex. XV, 12: extendisti manum tuam, et devoravit eos terra.

Deinde cum dicit fide muri Iericho. corruerunt, circuitu dierum septem.

Agit de eo, quod per fidem factum est in introitu terræ promissionis.

De hoc habetur Iosue VI, ubi dicitur, quod ad mandatum Domini, sacerdotes septem diebus cum arca testamenti circuierunt primam civitatem ultra Iordanem, scilicet Iericho., et septima die septimo circuitu, muri eius corruerunt: hoc fuit aliquid ex parte hominis, scilicet quod ex mandato Domini circuierunt, credentes mandatum Domini debere impleri.

Aliquid autem ex parte Dei, scilicet quod sic ad circuitum eorum muri corruerunt.

Moraliter Iericho. interpretatur luna, sive defectus, et significat mundum istum. Muri eius sunt impedimenta quibus aliquis detinetur in mundo. Per buccinas quibus Levitæ et sacerdotes intonabant, vox prædicatorum significatur. Per circuitum septem dierum totus designatur decursus præsentis temporis, qui per septem dies completur. Per quæ datur intelligi, quod omnia impedimenta mundi cadunt ad continuam vocem prædicationis. II Cor. X, 4 s.: arma militiæ nostræ non sunt carnalia, sed potentia Deo ad destructionem munitionum, consilia destruentes, et omnem altitudinem extollentem se adversus scientiam Dei.

Deinde cum dicit fide Rahab meretrix, ostendit quid factum sit per fidem ab aliquo de populo infideli, scilicet a Rahab, de qua Iosue V et VI. Cum enim Iosue misisset exploratores ad explorandum Iericho., ipsi evaserunt auxilio istius mulieris, quæ dicitur meretrix, id est, idololatra. Vel, ad litteram, meretrix erat, ad quam ingressi sunt non ad peccandum, sed ad latendum. Domus enim talium patent, maxime de nocte. Isti etiam venerant de nocte. Domus etiam eius coniuncta erat muro. Meretrices autem absque exceptione accipiunt indifferenter, et ideo melius poterant apud eam occultari. Ista ergo per fidem liberata fuit. Unde dicit Rahab meretrix, fide, id est, per fidem, recipiens exploratores cum pace, non periit cum incredulis, qui corporaliter perierunt, quia exploratores iuraverant ei ipsam liberare, et omnem domum patris sui, quod et fecerunt.

Quare autem magis declinaverint ad ipsam, potest dici, quia ut ipsa minus posset inculpari, indifferenter omnes recipiens. Nec erat conveniens, ut salus ipsorum fieret alicui salvanti ipsos occasio mortis. In hoc autem quod ex ipsa receptione ipsorum liberata est designatur quod recipientes prædicatores evangelii liberantur a morte æterna. Matth. X, 41: qui recipit prophetam in nomine prophetæ, mercedem prophetæ accipiet.

Lectio 7

Supra posuit apostolus ea, quæ facta sunt a patribus per fidem ante introitum, et in ipso introitu terræ promissionis, hic accedit ad narrandum exempla illorum, qui fuerunt in ipsa terra promissionis; quæ, quia multa sunt, ideo breviter, præmissis nominibus patrum, ponit in generali præcipua facta ipsorum, ponens causam illius brevitatis.

Et circa hoc facit tria.

Primo ponit nomina patrum et causam quare breviter vult eorum facta pertransire; secundo ostendit quid fecerunt per fidem, ibi qui per fidem vicerunt; tertio, quid per fidem receperunt, ibi adepti sunt.

Dicit ergo quid adhuc dicam? quasi dicat: perveni usque ad tempus introitus terræ promissionis, in quo pauca respectu dicendorum dicta erant. Remanent enim tot dicenda, quot non possent explicari. Deficiet enim tempus me enarrantem, id est, si velim enarrare, non sufficiet mihi tempus epistolaris enarrationis, quæ debet esse succincta.

Unde Hieronymus ad Paulinum, VI cap.: neque enim epistolaris angustia longius cap.: neque enim epistolaris angustia longius evagari patiebatur. Vel tempus, intellige, vitæ. Isto modo loquitur Io. Ult.: sunt quidem et alia multa, quæ fecit Iesus, etc., ubi dicit Glossa quod loquitur hyperbolice, nec tamen est falsum, sed est figurativa locutio. Ps. XXXIX, 5, ubi nos habemus, annuntiavi et locutus sum, multiplicati sunt super numerum, dicit littera Hieronymi: si annuntiare voluero, plura sunt, quam narrari queant.

Sciendum tamen, quod aliqui istorum aliqua mala fecerunt, et aliqua bona, unde non numerantur hic nisi quantum ad bona quæ fecerunt, vel receperunt. Tamen probabile est quod fuerint finaliter sancti ex quo apostolus nominat eos in catalogo sanctorum.

Primo ergo ponit Gedeonem, de quo Iud. VI, 11 ss.; quem præmittit, et quia nihil mali fecit, et quia fecit factum multum insigne, et forte etiam quia accepit maximum signum incarnationis Christi in vellere et rore, de quo dicitur in Ps. LXXI, 6: descendet sicut pluvia in vellus.

Secundo ponit Barach, de quo Iud. IV, qui non fuit ita insignis sicut Gedeon, cui etiam illa victoria non fuit reputata, sed magis mulieri, et ideo forte postponit ipsum.

Tertio ponit Samson, de quo Iud. XIII. De quo specialiter videtur, quod non deberet hic numerari, quia in morte peccavit interficiendo se. Augustinus autem, I de CIV. Dei, dicit, quod excusatur, quia creditur hoc fecisse mandato Dei, cuius signum est, quia non potuisset domum tantam propria virtute subvertere, sed virtute Dei, quæ non adiuvat ad malum.

Quarto ponit Iephte, de quo Iud. XI. Istum postponit Samsoni, quia non fecit tot facta insignia sicut ille.

Dubitatur autem de Iephte, si immolando filiam suam ex voto peccaverit, videtur quod non, quia dicitur ibi irruit spiritus Domini in Iephte, et post hoc sequitur: votum suum et victoria.

Contra. Dicit Hieronymus quod fuit in vovendo indiscretus, et in reddendo impius.

Respondeo. Dicendum est, quod fuit ibi aliquid a spiritu sancto, scilicet motus ad vovendum in generali, quod scilicet immolaret quidquid occurreret sibi immolabile, aliquid autem ex proprio suo spiritu, scilicet quod immolavit quod non debuit, et in hoc peccavit, sed post pœnituit. Similiter Gedeon peccavit faciendo Ephod et in tentando Deum in petitione signi in vellere, et postea pœnituit, sicut et David, de quo subdit dicens et David et Samuel, de quibus scilicet in libris regum agitur.

Et aliis prophetis, de quibus si vellem dicere, tempus deficiet.

Sed tunc quæstio est utrum omnes isti, qui dicti sunt, fuerunt prophetæ.

Respondeo. Dicendum est quod spiritus sanctus movet mentem prophetæ, sicut agens principale movet instrumentum suum. Potest autem spiritus sanctus movere ad tria, scilicet ad cognoscendum, ad loquendum et ad faciendum. Et quodlibet istorum dupliciter.

Ad cognoscendum, scilicet quandoque cum intellectu eius quod videtur, sicut fuit Isaias et alii prophetæ, unde dicti sunt et videntes.

I Reg. IX, 9: qui hodie dicitur propheta, olim dicebatur videns. Aliquando autem sine cognitione eius quod videtur, sicut patet in somnio Pharaonis, et in visione Balthassar.

Ad loquendum etiam movet dupliciter, quandoque ad sciendum id de quo loquitur, sicut patet de David: quandoque autem nescit, sicut Caiphas, et forte Balaam.

Similiter etiam quandoque movet ad faciendum, et scit quid facit, sicut Ieremias, qui abscondit lumbare suum super Euphratem.

Quandoque autem nescit, sicut dicit Augustinus super Ioannem, de militibus, qui diviserunt sibi vestimenta Christi, non tamen cognoscebant mysterium, ad quod illa divisio ordinabatur.

Hoc est ergo de ratione prophetæ, quod cognoscat illud quod videt, vel dicit, vel facit.

Quando autem non cognoscit, non est vere propheta, sed participative tantum. Et sic dicit Ioannes Caipham prophetasse, quia habuit aliquid prophetiæ. Iste autem motus spiritus sancti dicitur instinctus secundum Augustinum.

Deinde cum dicit qui per fidem vicerunt regna, ostendit quid sancti, de quibus locutus est, fecerunt, et primo ostendit hoc in generali; secundo descendit ad quædam specialia, ibi obturaverunt ora leonum.

Primo autem ponit facti ipsorum meritum; secundo præmium, ibi adepti sunt.

Circa primum sciendum est, quod inter omnes actus exteriores virtutum Moralium actus fortitudinis et iustitiæ videntur esse præcipui, quia maxime pertinent ad bonum commune. Per fortitudinem enim res publica defenditur ab hoste, per iustitiam vero conservatur. Unde apostolus ex utroque actu commendat sanctos patres.

Ab actu quidem fortitudinis, cum dicit, quod isti per fidem vicerunt regna, id est, reges, vel etiam regna ipsorum, sicut David et Iosue. Nihilominus tamen sancti spiritualiter per fidem vicerunt regna, scilicet regnum diaboli, de quo Iob XLI, 25: ipse est rex super universos filios superbiæ. Item carnis.

Rom. VI, 12: non ergo regnet peccatum in vestro mortali corpore. Item regnum mundi.

Io. XVIII, 36: regnum meum non est de hoc mundo. Isti autem vincunt per fidem. I io. V, 4: hæc est victoria quæ vincit mundum, fides nostra. Nullus enim potest præsentia contemnere, nisi propter spem futurorum bonorum. Per contemptum enim principaliter vincitur mundus. Et ideo quia fides ostendit nobis invisibilia, propter quæ contemnitur mundus, ideo vincit mundum fides nostra.

Ab actu autem iustitiæ commendat eos, cum dicit operati sunt iustitiam.

Aliquando autem iustitia est virtus generalis, quando scilicet obedit legi divinæ. Ps. X, 7: iustus Dominus, et iustitias dilexit. Et II Mach. IX, 12: iustum est subditum esse Deo.

I Io. III, 7: qui iustitiam facit, iustus est.

Aliquando autem est virtus specialis, et ista consistit in actionibus et communicationibus humanis, quando scilicet reddit quis unicuique quod suum est. Utramque autem iustitiam habuerunt sancti. Is. LIV, 17: hæc est hæreditas servorum Dei, et iustitia apud me, dicit Dominus. Eccli. I, 33: concupiscens sapientiam, serva iustitiam, scilicet obediendo mandatis. Item ipsam exercendo in populo.

Ps. CXVIII, 121: feci iudicium, et iustitiam, etc..

Deinde cum dicit adepti sunt, ostendit quid receperunt, quia adepti sunt repromissiones. Promissio enim Dei efficax est, quia numquam deficit Deus in promissis.

Rom. IV, 21: quæcumque promisit Deus potens est et facere. Ps. CXLIV 13: fidelis Deus in omnibus verbis suis.

Sed contra. Supra eodem: iuxta fidem defuncti sunt, non acceptis repromissionibus.

Respondeo. Dicendum est, quod illud quod hic dicitur, tripliciter potest intelligi. Uno modo quod promissio Dei sit illa specialis qua promittit sanctis vitam æternam. Et istam nullus accepit ante adventum Christi.

Rom. XV, 8: *ad confirmandas promissiones patrum*. Secundo pro promissione de terra promissionis habenda. Et istam non acceperunt priores patres tres, scilicet Abraham, Isaac et Iacob, sed tantum patres posteriores, sicut Iosue et alii sancti. Tertio pro promissione particulari, scilicet eius quod unicuique promissum fuit, sicut David regnum, et Ezechiæ sanitas. Et istas promissiones consecuti sunt.

Deinde cum dicit *obturaverunt ora leonum*, ponit quædam particularia beneficia aliquibus collata. Et primo quæ pertinent ad remotionem mali; secundo illa quæ pertinent ad executionem boni, ibi *fortes facti sunt in bello*.

Malum autem nocivum hominis est duplex.

Unum exterius, aliud interius. Secundum ponit, ibi *convaluerunt*.

Exterius autem malum est duplex, quia aut illatum est a creatura irrationali, aut rationali.

Secundum ponit, ibi *effugaverunt*.

Ab irrationali duplex, scilicet vel ab inanimata vel ab animata. Nocumentum illatum ab inanimata tangit, ibi *extinxerunt impetum*.

Quantum ergo ad animata dicit *obturaverunt ora leonum*. Loquitur autem in plurali, licet non fuerit nisi unus, scilicet Daniel; sicut etiam dicitur Matth. II, 20: *defuncti sunt enim qui quærebant animam pueri*: nullus autem tunc quærebat Christum occidere nisi solus Herodes.

Cuius ratio est, quia loquitur de omnibus sanctis communiter, quasi de uno collegio sanctorum, et quod unus facit, imputatur aliis, et etiam omnibus, quod fit per virtutem spiritus sancti, quæ est communis omnibus. Unde etiam in isto contextu loquitur tamquam de pluribus.

Potest etiam dici quod hoc completum est in David, qui, sicut ipse dicit I Reg. XVII, 36, leonem et ursum interfecit. Et etiam Samson. Iud. XIV, 6. Per leonem autem spiritualiter intelligitur diabolus. I Pet. V, 8: *adversarius vester diabolus* etc.. Qui ergo insultus eius reprimit, os leonum obturat. Iob XXIX, 17: *conterebam molas iniqui, et de dentibus eius auferebam prædam*.

Nocumentum a re inanimata removet cum dicit *extinxerunt impetum ignis*, sicut habetur de tribus pueris in Dan. III, 24 ss.. Item ad preces Moysi et Aaron extinctus est ignis qui missus a Domino devorabat populum murmurantem, sicut patet Num. XI, XVI.

Ignis iste est interior motus concupiscentiæ vel iræ. Qui ergo refrænat illum motum, extinguit impetum ignis. Ps. LVII, 8: *supercecidit ignis, et non viderunt solem*.

Remotionem nocumenti per rationalem creaturam illatam tangit cum dicit *effugaverunt aciem gladii*, id est, aciem hostis cum gladiis acutis. Hoc autem frequentissime factum fuit per ipsos, sicut patet de Iosue, Gedeone, et David. Per gladium autem mala suasio intelligitur. Ps.

LVI, 4: lingua eorum gladius acutus. Istos gladios fugat, qui malam linguam tacere facit. Eccli. XXVIII, 28: sepi aures tuas spinis, et noli audire linguam nequam. Prov. XXV, 23: ventus Aquilo dissipat pluvias, et facies tristis linguam detrahentem.

Nocumentum interius est infirmitas, de cuius remotione dicit convaluerunt de infirmitate, sicut specialiter apparet de ezechiele, IV Reg. XX, 5 ss. Et Is. XXXVIII, 1 ss.. Ista autem infirmitas est peccatum.

Ps. VI, 2: miserere mei, Domine, quoniam infirmus sum. Convalescit ergo, qui resurgit.

Deinde cum dicit fortes facti sunt, ponit beneficia quantum ad assecutionem boni, et ponit tria. Primum pertinet ad hoc, quod fortiter egerunt. Unde dicit fortes facti sunt in bello, sicut patet de Iosue. Eccli. XLVI, 1: fortis in bello Iesus Nave, successor Moysi in prophetis, etc.. Sic patet etiam de multis aliis.

Secundum pertinet ad effectum illius fortitudinis.

Unde dicit castra verterunt exterorum, sicut patet de Machabæis, et de David.

Ps. XXVI, 3: si consistant adversum me castra, non timebit cor meum.

Sed tertium pertinet ad effectum fortitudinis divinæ. Unde dicit acceperunt mulieres de resurrectione mortuos suos, id est, per resurrectionem, quod aliqui, male intelligentes, exposuerunt mortuos suos id est, viros suos resuscitatos; per hoc asserentes, quod per mortem non solvitur matrimonium, quod falsum est, etiamsi resurgeret. Et est contra apostoli, Rom. VII, 3: si dormierit vir eius, liberata est a lege viri.

Unde sciendum est, quod etiam in effectibus sacramentorum est quædam differentia.

Quædam enim sacramenta imprimunt characterem, sicut baptismus, confirmatio, et ordo.

Et quia character in anima perpetuo manet, ideo baptizatus, vel confirmatus, vel ordinatus, si resuscitaretur, non debet iterari aliquod illorum sacramentorum. Alia vero sacramenta non imprimunt characterem, sicut pœnitentia, extrema unctio, et sic de aliis, quia sunt contra aliquid iterabile, et ideo iterari possunt. Inter illa autem est matrimonium, et ideo non dicit vivos, sed mortuos, quia matres filios suos mortuos receperunt per resurrectionem, quorum resurrectio fuit quoddam præsagium futuræ resurrectionis inchoatæ per Christum.

De istorum resurrectione, vel magis resuscitatione, habetur III Reg. XVII, et IV Reg. IV. Tamen isti sic resuscitati sunt iterum mortui, Christus autem resurgens ex mortuis iam non moritur, Rom. VI, 9. Unde resurrectio eius fuit initium futuræ resurrectionis.

I Cor. XV, 20: Christus resurrexit a mortuis primitiæ dormientium.

Sicut autem ista temporalia beneficia

illis data sunt tamquam infirmis, ad sustentationem per meritum fidei ipsorum, ita fuerunt figura futurorum bonorum, quæ nobis ex merito fidei dabuntur. Mc.: signa autem eos qui crediderint, hæc sequentur, etc.. Quæ Gregorius exponit de bonis spiritualibus.

Lectio 8

Supra posuit apostolus exempla sanctorum patrum antiquorum, qui multa et magna fecerunt propter fidem, hic ponit exempla illorum, qui multa propter fidem passi sunt.

Et circa hoc facit duo.

Primo enim ostendit quomodo passi sunt propter fidem; secundo ostendit quomodo promissiones eis factæ dilatæ sunt, et quare, ibi et hi omnes testimonio.

Circa primum duo facit, quia primo ponit mala ab aliis eis illata; secundo mala propria voluntate assumpta, ibi circuierunt in melotis.

Ab aliis autem illata sunt eis mala dupliciter, quia quædam in vita, quædam vero in morte. Et ista duo ponit, ibi lapidati sunt.

In vita vero mala tripliciter illata sunt eis, quia quædam quantum ad corporalem afflictionem, quædam quantum ad irrisionem, quædam quantum ad inclusionem.

Quantum ad primum dicit alii autem, etc., quasi dicat: ita dictum est, quod quidam multa bona receperunt propter fidem, vel in amotione mali, vel in executione boni temporalis, in quibus figuratur vetus testamentum, quod conferebat bona temporalia.

Sed alii multa propter fidem passi sunt, quorum quidam distenti sunt in eculeis: sicut dicitur I Mach. II, 1, et II Mach. VI, 10 de pueris suspensis ad cervices matrum, et VII, 1 de septem fratribus.

In istis sanctis primo figurabatur novum testamentum. Unde dicit non suscipientes redemptionem, id est, liberationem. Qui enim subiicitur pœnæ, est quodammodo servus pœnæ. Et ideo liberari a pœna, dicitur redemptio. Ps. LXXVII, 42: die qua redemit eos de manu tribulantis.

Sed quare non fuerunt liberati, ostendit, quia hoc non fuit propter hoc quin Deus haberet providentiam de ipsis, sed ut invenirent vitam æternam, quæ melior est, quam liberatio in quacumque pœna præsenti, vel quæcumque resurrectio vitæ præsentis, et ideo dicit ut meliorem invenirent resurrectionem.

Iob XIX, 25: in novissimo die de terra surrecturus sum. Is. XXVI, 19: vivent mortui tui, interfecti mei resurgent.

Vel dicit meliorem, quia ex hoc ipso, quod maiora pro Christo passi sunt, maius præmium recipient. Sicut enim dicitur I Cor. XV, 41: stella differt a stella in claritate, sic erit resurrectio mortuorum. Qui enim fuerunt maiores in merito, maiores erunt in præmio.

Et ideo apostoli præferuntur martyribus, martyres vero omnibus aliis. Maiores enim merito, maiores sunt præmio. Præcipua vero sunt merita martyrum. Io. XV, 13: maiorem hac dilectionem nemo habet, etc.. Nec tamen quilibet martyr maior est quolibet confessore, sed aliquis martyr potest esse maior aliquo confessore; et e converso, aliquis confessor aliquo martyre, licet non universaliter.

Potest enim comparari unus alteri, vel quantum ad genus operis, vel quantum ad gradus charitatis. Nullus autem actus quantum est de se, est ita meritorius, sicut quo quis moritur propter Christum, quia dat illud quod habet charius, scilicet vitam propriam. Matth. V, 10: beati qui persecutionem patiuntur propter iustitiam. Si vero consideretur radix omnis meriti, quæ est charitas, I Cor. XIII, 2, sic opus procedens ex maiori charitate, est magis meritorium. Et sic potest unus simplex confessor esse maioris meriti apud Deum.

Apostolus autem loquitur in genere operis, dicens ut scilicet meliorem, id est maiorem et clariorem, invenirent resurrectionem. Unde ly meliorem importat comparationem status præsentis vitæ ad futuram resurrectionem, vel comparationem claritatis resurrectionis unius resurgentis ad claritatem alterius.

Deinde cum dicit alii ludibria, ponit mala illis illata in vita quantum ad irrisionem factam in verbis, dicens, quod alii experti sunt ludibria, sicut patet de Samson, de tobia et iob, et Isaia. Is. L, 6: faciem meam non averti ab increpantibus et conspuentibus in me. Ieremias etiam dicit XX, 8: factus est mihi sermo Domini in opprobrium et derisum.

Quantum vero ad facta dicit, quod experti sunt verbera. Sicut patet de michæa, de quo III Reg. Ult. Dicitur quod percussit eum Sedecias in maxillam. In quibus omnibus præsignabantur passiones novi testamenti. I Cor. IV, 9: spectaculum facti sumus mundo, et Angelis, et hominibus.

Deinde cum dicit insuper et vincula, ponit mala sanctis illata quantum ad inclusionem. Unde dicit insuper et vincula, sicut ieremias, de quo Ier. XX, 2 dicitur quod positus fuit in nervo. Nec solum vincula, sed etiam carceres, sicut Ier. XXXVII, 14 et XXXVIII, 6 et michæas, III Reg. Ult..

Consequenter ostendit mala illata quantum ad mortem cum dicit lapidati sunt.

Quod quidem genus mortis tunc erat commune apud omnes Iudæos. Matth. XXIII, 37: Ierusalem, Ierusalem, quæ occidis prophetas, et lapidas eos qui ad te missi sunt. Sic lapidatus est Naboth, III Reg. XXI, 13, et ieremias, de quo legitur, quod Iudæi lapidaverunt eum in Aegypto lapidibus quos absconderat sub muro latericio domus ipsius Pharaonis. Et licet epiphanius dicat quod fuit tractus, tamen communiter ponitur quod fuit lapidatus. Zacharias etiam filius ioiadæ fuit lapidatus, ut legitur II par. XXIV, 21.

Secundum genus mortis inconsuetum et crudele ponit cum dicit secti sunt. Hoc dicit propter Isaiam, quem

Manasses fecit secari serra lignea. Et loquitur pluraliter, licet non fuerit nisi unus, secundum consuetudinem Scripturæ, propter causam supradictam.

Tertium genus cum dicit tentati sunt, ut scilicet consentirent. Quod dicit propter matathiam et filios eius I Mach. II, 15, et propter eleazarum II Mach. VI, 43, et propter historiam de septem fratribus II Mach. VII.

Et tandem occiderunt eos Thren. IV, 9: melius fuit occisis gladio, quam interfectis fame.

Specialiter tamen urias fuit occisus a David II Reg. XI, 15 et iosias IV Reg. XXIII, 29.

Deinde cum dicit circuierunt in melotis, ponit mala voluntarie assumpta. Et ista ad tria reducuntur, scilicet ad exteriorem cultum, ad personæ statum, ibi egentes, et ad habitationis locum, ibi in solitudinibus.

Quantum ergo ad cultum dicit circuierunt in melotis, et in pellibus caprinis.

Melota est vestis facta de pilis camelorum, ut quidam dicunt; vel melius, quod taxus habet pellem hirsutam, de qua fit vestis, quæ dicitur melota. Pellis caprina cum hoc quod est hirsuta, est etiam vilis. Et hæc dicuntur de elia IV Reg. I, 8, quod erat vir pilosus, et zona pellicea accinctus renibus.

Et de talibus vestibus dicit Augustinus in Lib. De sermone Domini, quod potest esse in tali veste intentio mala, si quis utatur ad vanam gloriam, bona autem, si ad contemptum mundi, et macerationem carnis. Præcipue autem, qui profitentur statum pœnitentiæ, debent ostendere signa professionis. Et ideo licet eis uti talibus vestibus, non tamen ad ostentationem, et sic utebantur prophetæ.

Quantum autem ad statum personæ dicit egentes, quia carebant divitiis, in quo præfigurabant statum perfectionis novi testamenti, de quo dicitur Matth. XIX, 21: si vis perfectus esse, vade et vende omnia quæ possides. Et hoc fuit specialiter de elia, qui pastus fuit a corvis, et a muliere vidua. III Reg. XVII, 6. Ps. LXXXVII, 16: pauper ego sum in laboribus. Idem LXIX, 6: egenus et pauper ego sum. Item angustiati, sicut patet de elia, qui fugit a facie iezabel, et de David, qui fugit a facie Absalon. Item afflicti labore corporali, sicut de elia, qui dormivit lassus subter unam iuniperum, III Reg. XIX, 4.

Et subdit quibus dignus non erat mundus.

Sicut dicit Dionysius in epistola ad ioannem evangelistam, mali aliquando per ea quæ faciunt, ostendunt indicia suæ damnationis; unde dicit quod per hoc, quod mali separaverunt a se beatum ioannem, ostendebat Deus quod erant indigni societate eius. Et ideo dicit apostolus quod mundus non erat dignus eis, quasi dicat: quia mundani non erant digni societate iustorum. Io. XV, 19: ego elegi vos de mundo, propterea odit vos mundus.

Deinde cum dicit in solitudinibus, ostendit hoc quantum ad locum, quia propriam mansionem non habebant, sed errabant in solitudinibus, et in montibus, et in speluncis, et in cavernis terræ, quæ sunt loca apta ad contemplationem et pœnitentiam.

Dicitur autem spelunca, quæ fit arte, sed caverna, quæ est a natura vel ab aliquo accidente, sicut ex corrosione aquarum. Ista patent de David, I Reg. XXII, 1 et XXIII, 14 ss.

Et de elia, III Reg. XIX, 9.

Deinde cum dicit et hi omnes, ostendit quod eis dilatæ sunt promissiones.

Et ne putetur, quod hoc fuerit propter defectum meriti, ideo, secundo, designat rationem illius dilationis, ibi Deo pro nobis.

Dicit ergo, quod hi omnes testimonio fidei probati inventi sunt, id est, per fidem habent testimonium, quod sunt probati, id est, approbati a Deo, II Cor. X, 18: non enim qui seipsum commendat ille probatus est, sed quem Deus commendat. Sap. III, 6: tamquam aurum in fornace probavit eos. Et tamen non acceperunt repromissionem, scilicet gloriæ, vel promissam vitam, usque ad Christum. Ps. LXXXVIII, 39: distulisti Christum.

Temporales enim acceperunt, non autem spirituales. Supra eodem: defuncti sunt non acceptis promissionibus.

Deinde cum dicit Deo pro nobis, ostendit rationem dilationis, ex quo aliqui sumpserunt causam, vel occasionem erroris, qui dicunt quod nullus in Paradisum intrabit usque ad ultimam consummationem, quæ erit per finalem resurrectionem. Sed hoc est contra apostolum, II Cor. V, 1: scimus, quod si terrestris domus nostra huius habitationis dissolvatur, quod ædificationem habemus ex Deo domum non manufactam, sed æternam in cælis.

Ista ergo consummatio de qua loquitur apostolus potest referri ad præmium essentiale, scilicet ad beatitudinem, quæ habetur per Christum Mich. II, 13: ascendit pandens iter ante eos quam non habuerunt sancti veteris testamenti. Vel potest referri ad stolam corporis, quæ non dabitur universaliter, usque post resurrectionem universalem, licet forte aliqui iam habeant ipsam ex speciali privilegio. Non ergo sine nobis consummantur, sed perficiuntur duplici stola, ut, sicut dicit Glossa in communi gaudio omnium maius fiat gaudium singulorum. Unde in hoc nobis Deus providit. Et ideo dicit Deo pro nobis aliquid melius providente.

Ps. CXXXII, 1: ecce quam bonum et quam iucundum habitare fratres in unum. Magis enim gaudet homo cum pluribus gaudentibus.

Glossa: si isti tenuerunt fidem, qui tamdiu expectaverunt, multo magis teneamus nos, qui statim recipimus. Lc. XXIII, 43: hodie mecum eris in Paradiso.

Capitulus XII

Lectio 1

Supra apostolus multipliciter commendavit fidem, per quam membra Christo capiti coniunguntur, hic ponit moralem monitionem, exhortans ut fidem, quam tenent corde, operibus demonstrent, sicut etiam monet Iacobus, cap. II canonicæ suæ.

Et primo docet quomodo se debeant habere circa mala, secundo quomodo debeant se habere circa bona, cap. XIII, ibi charitas fraternitatis.

Est autem duplex malum, scilicet pœnæ et culpæ.

Primo ergo docet quomodo se debent habere circa mala pœnalia toleranda; secundo circa mala culpæ vitanda, ibi propter quod remissas, etc..

Ad tolerandum autem malum pœnæ, primo inducit exemplo antiquorum; secundo, exemplo Christi, ibi aspicientes in auctorem; tertio auctoritate Scripturæ, ibi et obliti estis.

Quantum ergo ad primum dicit ideoque nos habentes tantam nubem testium interpositam. Quasi dicat: ita dictum est, quod sancti testimonio fidei probati, nec tamen habuerunt repromissiones, et tamen cum hoc non defecerunt in expectando; ergo nos qui habemus tantam nubem testium interpositam, etc..

Sancti dicuntur testes Dei, quia verbo et facto glorificabatur Deus per eos. Matth. V, 16: sic luceat lux vestra coram hominibus, ut videant opera vestra bona, et glorificent patrem vestrum, qui in cælis est. Is. XLIII, 10: vos testes mei, dicit Dominus.

Dicuntur autem sancti nubes, primo propter conversationis sublimitatem. Is. LX, 8: qui sunt isti, qui ut nubes volant? secundo propter doctrinæ fœcunditatem. Iob XXVI, 8: qui ligat aquas in nubibus suis, ut non erumpant pariter deorsum. Et XXXVI, 28: effundit imbres ad instar gurgitum, qui de nubibus fluunt. Tertio propter spiritualis consolationis utilitatem. Sicut enim nubes præstant refrigerium, sic exempla sanctorum. Is. XVIII, 4: et sicut nubes roris in die messis.

Hanc ergo nubem testium habemus impositam, quia ex vita sanctorum quodammodo inducitur nobis necessitas ad imitandum.

Iac. V, 10: exemplum accipite, fratres, exitus mali et longanimitatis, laboris, et patientiæ prophetas. Augustinus: sicut spiritus sanctus loquitur in Scriptura, ita in gestis sanctorum, quæ nobis sunt forma et præceptum vitæ. Hoc est ergo exemplum sanctorum, quod inducit.

Sed quia ad conformandum se ad aliquod exemplar, interdum ex impedimento superveniente impeditur homo, ideo removet illud quod potissime potest impedire. Illud autem est pondus peccati. Tribulatio autem est quasi quidam agon. I Cor. IX, 25: omnis qui in agone contendit, ab omnibus se abstinet.

Sicut autem in cursu et certamine

oportet omnia aggravantia deponere, ita et in agone tribulationis. II Tim. IV, 7: bonum certamen certavi, cursum consummavi. Qui ergo in tribulatione vult bene ad Deum currere, oportet impedimenta deponere.

Ista impedimenta vocavit ipse apostolus pondus et circumstans peccatum.

Per pondus autem potest intelligi peccatum perpetratum; quod dicitur pondus, quia animam deprimit ad infima, et inclinat ad aliud.

Ps. XXXVII, 5: sicut onus grave gravatae sunt super me. Gregorius: peccatum quod per poenitentiam non diluitur, mox suo pondere ad aliud trahit. Per circumstans peccatum, potest intelligi occasio peccandi, quae quidem est in omni quod circumstat, scilicet in mundo, carne, proximo, Daemone. Deponentes ergo omne pondus, id est, peccatum perpetratum, quod dicitur pondus, et circumstans nos peccatum, scilicet occasionem peccandi.

I Petr. II, 1: deponentes omnem malitiam et omnem dolum.

Vel pondus potest intelligi taedium tribulationis.

Sic enim frequenter tribulatio dicitur onus per prophetas, sicut onus Damasci, id est tribulatio; quasi dicat: non sit vobis grave pati pro Christo. Circumstans peccatum dicitur tentatio nobis immissa ex circuitu hostis. I Pet. V, 8: adversarius vester diabolus, etc..

Vel pondus affectio terrena; per circumstans autem peccatum affectio carnalis, quae scilicet causatur in nobis a carne circumstante; quasi dicat: deponatis affectionem tam temporalium, quam carnalium, si vultis libere currere.

Unde subdit monitionem, dicens curramus per patientiam ad certamen nobis propositum, non solum illatum, quod tamen sustineamus patienter. Sed nos ipsi voluntarie curramus. Ps. CXVIII, 32: viam mandatorum tuorum cucurri. Hoc autem certamen vobis propositum est cum iustitia. Eccli. IV, 33: usque ad mortem certa pro iustitia.

Deinde cum dicit aspicientes, etc., ponit exemplum Christi.

Et circa hoc duo facit.

Primo enim ostendit quare passio Christi habenda est in exemplum, et quid in ipsa considerandum est; secundo ostendit fructum istius considerationis, ibi recogitate eum.

Sicut enim dicitur Eph. II, 8: gratia salvati estis per fidem, Christus autem est auctor fidei, si ergo vis salvari, debes intueri exemplar illud. Unde dicit aspicientes in Iesum passum.

Hoc significatum fuit per serpentem aeneum elevatum pro signo, in quem aspicientes curabantur.

Num. XXI, 9, et Io. III, 14: sicut Moyses exaltavit serpentem in deserto, ita exaltari oportet filium hominis, ut omnis qui credit in ipsum, non pereat, sed habeat vitam æternam. Si ergo vis salvari, respice in faciem Christi tui.

Ipse enim est auctor fidei dupliciter.

Primo eam docendo verbo. Supra I, 2: locutus est nobis in filio. Io. I, 18: unigenitus, qui est in sinu patris, ipse enarravit.

Secundo eam in corde imprimendo. Phil. I, 29: vobis donatum est pro Christo non solum ut in ipsum credatis, etc..

Item ipse est consummatio fidei dupliciter.

Uno modo ipsam miraculis confirmando. Io. X, 38: si mihi non vultis credere, operibus credite. Item fidem præmiando. Cum enim fides sit imperfecta cognitio, eius præmium consistit in ipsius cognitionis perfectione.

Io. XIV, 21: ego diligam eum, et manifestabo ei meipsum. Hoc autem significatum fuit Zach. IV, 9, ubi dicitur: manus zorobabel fundaverunt domum istam, scilicet ecclesiam, cuius fundamentum est fides, et manus eius perficient eam. Nam manus Christi, qui de genere zorobabel descendit, fundat ecclesiam in fide, et fidem gloria consummat.

Videmus enim nunc in speculo, et ænigmate; tunc autem facie ad faciem, I Cor. XIII, 12.

Augustinus, I de Trinit. X: contemplatio est merces fidei, cui mercedi per fidem corda mundantur, sicut scriptum est: fide mundans corda eorum.

In passione enim Christi tria consideranda sunt. Primo quid contempsit; secundo quid sustinuit; tertio quid promeruit.

Quantum ad primum dicit qui proposito sibi gaudio; istud autem gaudium fuit istud gaudium terrenum quo a turba quam paverat quærebatur, ut facerent eum regem, quo ipse contempsit fugiendo in montem, Io. VI, 15.

Unde Eccle. II, 2: risum reputavi errorem, et gaudio dixi: quid frustra deciperis? vel proposito sibi gaudio æternæ vitæ pro præmio.

Sustinuit crucem, hoc est secundum, scilicet quid sustinuit, quia crucem. Phil. II, 8: humiliavit semetipsum factus obediens usque ad mortem, mortem autem crucis. In quo ostenditur et cruciatus acerbitas, quia ibi affixus fuit manibus et pedibus, et mortis vilitas et ignominia, quia hoc erat ignominiosum genus mortis. Sap. II, 20: morte turpissima condemnemus eum.

Quantum autem ad tertium, scilicet quod promeruit, quia sessionem ad dexteram patris.

Unde dicit atque in dextera sedis Dei sedet. Exaltatio enim humanitatis Christi fuit præmium passionis eius. Hebr. I, 3: sedet ad dexteram maiestatis in excelsis.

Deinde cum dicit recogitate eum, ostendit quis sit fructus huius considerationis. Et primo monet ad diligentem exempli considerationem; secundo ostendit utilitatem, ibi ut non fatigemini; tertio subdit rationem, ibi non enim usque.

Dicit ergo: ita dictum est, aspicientes, etc., nec hoc solum, sed etiam recogitate eum, id est iterum cogitate. Prov. III, 6: in omnibus viis tuis cogita illum.

Et huius ratio est, quia in quacumque tribulatione invenitur eius remedium in cruce.

Ibi enim est obedientia ad Deum. Phil. II, 8: humiliavit semetipsum factus obediens. Item pietatis affectus ad parentes; unde ibi gessit curam de matre sua. Item charitas ad proximum; unde ibi pro transgressoribus oravit.

Lc. XXIII, 34: pater, dimitte illis, non enim sciunt quid faciunt. Eph. V, 2: ambulate in dilectione, sicut Christus dilexit nos, et tradidit semetipsum pro nobis. Item fuit ibi patientia in adversis. Ps.: obmutui et humiliatus sum, et silui a bonis, et dolor meus renovatus est. Is. LIII, 7: sicut ovis ad occisionem ducetur, et quasi agnus coram tondente se obmutescet, et non aperiet os suum. Item in omnibus finalis perseverantia; unde usque ad mortem perseveravit. Lc. XXIII, 46: pater, in manus tuas commendo spiritum meum. Unde in cruce invenitur exemplum omnis virtutis, Augustinus: crux non solum fuit patibulum patientis; sed etiam cathedra docentis.

Recogitate ergo eum qui sustinuit.

Sed quid cogitandum? tria, scilicet genus passionis, unde sustinuit contradictionem, id est, afflictionem in verbis. Unde dicebant: vah qui destruis templum Dei. Ps. XVII, 44: eripies me de contradictionibus populi.

Rom. X, 21: expandi manus meas ad populum non credentem, sed contradicentem mihi. Lc. II, 34: et in signum cui contradicetur.

Et contradictionem talem, id est, tam gravem et ignominiosam. Thren. I, 12: o vos omnes, qui transitis per viam, attendite et videte si est dolor sicut dolor meus.

Secundo a quibus passus est, quia a peccatoribus, pro quibus patiebatur. I Petr. III, 18: Christus semel pro peccatis nostris mortuus est, iustus pro iniustis.

Tertio persona patientis. Ante passionem enim ab origine mundi passus est in membris suis, sed tunc in propria persona. Unde dicit adversus semetipsum. Is. XLVI, 4: ego feci et ego feram. Ps. LXVIII, 5: quæ non rapui tunc exsolvebam. I Petr. II, 24: peccata nostra ipse pertulit in corpore suo super lignum.

Utilitatem ostendit cum dicit ut non fatigemini. Consideratio enim passionis Christi facit nos non deficere. Gregorius: si passio Christi ad memoriam revocatur, nihil adeo durum est, quod non æquanimiter toleretur.

Unde non deficiatis, tamquam fatigati animo, a veritate fidei. Is. XL, 31: current et non laborabunt, ambulabunt et non deficient. II Thess. III, 13: nolite deficere benefacientes.

Rationem autem huius ponit, dicens

nondum enim usque ad sanguinem restitistis.

Quasi dicat: non debetis deficere in tribulationibus vestris pro vobis, quia nondum tantum sustinuistis sicut Christus. Ipse enim sanguinem suum fudit pro nobis. Matth. XXVI, 28: hic est sanguis novi testamenti, qui pro multis effundetur. Vos autem rapinam bonorum vestrorum sustinuistis.

Maius autem est de genere operis vitam dare, quam substantiam corporalem, licet aliquando ex radice operis, scilicet ex charitate, possit esse minus, sicut supra dictum est.

Unde dicit: nondum enim restitistis repugnantes adversus peccatum, usque ad sanguinem, scilicet fundendum pro Christo.

Lectio 2

Supra induxit apostolus ad mala patienter sustinenda exemplo antiquorum patrum et Christi, hic monet ad idem ex auctoritate Scripturæ, unde circa hoc tria facit.

Primo enim ponit auctoritatem; secundo ostendit sensus eius, ibi in disciplina perseverate; tertio arguit ad propositum ex præmissis, ibi quod si extra disciplinam.

Ponit auctoritatem, quæ habetur Prov. III, 11; sed sub aliis verbis, quam littera nostra habeat. Ibi enim habemus sic: disciplinam Domini, fili mi, ne abiicias, nec deficias cum ab eo corriperis. Quem enim diligit Dominus, corripit et quasi pater in filio complacet sibi. Quia vero apostolus inducit auctoritatem istam causa consolationis, ideo utitur aliis verbis. Unde dicit et obliti estis consolationis, quasi dicat: mirum est si obliti estis. Ps. Xciii, 19: secundum multitudinem dolorum meorum in corde meo consolationes tuæ lætificaverunt animam meam. Idem: in æternum non obliviscar iustificationes tuas.

Dicit autem, consolationis, id est Dei consolantis, et est emphatica locutio. II Cor. I, 3 s.: benedictus Deus et pater Domini nostri Iesu Christi, pater misericordiarum, et Deus totius consolationis, qui consolatur nos in omni tribulatione nostra.

Sequitur quæ vobis, id est Deus consolationis, loquitur tamquam filiis. Ergo si punit, non odit: sed eius punitio ordinatur ad bonum, quia loquitur vobis tamquam filiis.

Verba autem auctoris ponit, dicens fili mi, etc.. Et subdit rationem, ibi quem enim diligit, etc.. In auctoritate vero prohibet duo; quia prohibet odium disciplinæ, et impatientiam ad ipsam.

Propter primum dicit fili mi, noli negligere, sicut quidam qui odiunt disciplinam, de quibus dicitur, Prov. IX, 8: noli arguere derisorem, ne oderit te. Amos V, 10: odio habuerunt loquentem in porta, et corripientem perfecte abominati sunt. Dicit ergo apostolus noli negligere disciplinam Domini, quasi dicat: cum Deus te flagellat causa disciplinæ, noli negligere, id est, negligenter habere fastidiendo. Sap. III, 11: sapientiam et disciplinam qui abiicit infelix est.

Propter secundum dicit et ne fatigeris dum ab eo argueris. Quidam enim etsi correctionem duram non odiant, tamen impatienter portant, et ideo dicit neque fatigeris, etc..

Tunc enim homo spiritualiter fatigatur, quando contristatur intantum, quod deficit. Supra eodem: ut non fatigemini animis vestris deficientes. Eccli. VI, 26: ne acidieris in vinculis illius.

Deinde cum dicit quem enim diligit Dominus, castigat, assignat causam. Sicut autem dicit Philosophus, verbum castigationis communiter accipitur in pueris et in concupiscentia.

Dicimus enim castum, cuius concupiscentia castigata est. Similiter puer dicitur castigatus, qui est bene disciplinatus. Quod enim de se habet pronitatem ad malum, indiget refrænante. Talis autem est concupiscentia, et pueri, qui de se sequuntur impetus suos, ideo indigent castigante.

Ille ergo, qui castigat, ideo hoc facit ne tendant in malum. Et quia sensus nostri, et cogitatio nostra prona sunt ad malum, ut dicitur Gen. VIII, 21, ideo Dominus castigat nos, ut retrahat nos a malo. Ps. CXVII, 18: castigans castigavit me Dominus, et morti non tradidit me. Ier. XXXI, 18: castigasti me, et eruditus sum quasi iuvenculus indomitus.

In hoc autem castigat, quia flagellat, non quidem ad condemnationem, sed ad salutem.

Unde dicit, quod flagellat omnem filium quem recipit. Et ideo, qui non flagellantur non sunt de numero filiorum. Ps. LXXII, 5: in labore hominum non sunt, et cum hominibus non flagellabuntur, unde est signum quasi æternæ reprobationis. Ez. XVI, 42: auferetur zelus meus a te. Nec mirum si flagellat omnem filium quem recipit per adoptionem: quia proprio filio suo non pepercit.

Lc. Ult. 26: oportuit Christum pati.

Consequenter cum dicit in disciplina perseverate, ostendit sensum auctoritatis præallegatæ: et primo ostendit sensum monitionis; secundo sensum rationis assignat, ibi tamquam filiis; tertio ostendit rationem istam esse convenientem, ibi quis enim filius.

Monitio autem apostoli fuerat, quod non debebant neglıgere disciplinam Domini, nec etiam fatigari. Utrumque autem comprehendit in his verbis. Non negligere enim, nec etiam fatigari sub disciplina, non est aliud quam in disciplina perseverare. Unde Iob VI, 10: hæc mihi sit consolatio, ut affligens me dolore, non parcat. Ps. II, 12: apprehendite disciplinam, etc..

Quare autem non debemus negligere, dixerat quia quem diligit Dominus, etc., unde hic dicit tamquam filiis vobis se offert Deus.

Quasi dicat: ideo perseverate, quia offert se tamquam filiis. Ier. III, 19: patrem vocabis me, et post me ingredi non cessabis.

Consequenter ostendit istam

rationem esse convenientem, dicens quis enim filius quem non corripit pater? ad patrem enim pertinet corrigere filium suum. Prov. XIII, 24: qui parcit virgæ, odit filium suum: qui autem diligit illum, instanter erudit. Eccli. XXX, 8: equus indomitus evadet durus, et filius remissus evadet præceps. Et ideo necessaria est correctio: sicut Paulo datus stimulus carnis, ne per superbiam corrueret, II Cor. XII, 7.

Deinde cum dicit quod si extra disciplinam, etc., arguit ex præmissis, et primo deducendo ad inconveniens; secundo ex quodam exemplo, ibi deinde patres, etc.; tertio ex utilitate consequente, ibi omnis autem disciplina, etc..

Circa primum facit talem rationem: omnes sancti, qui Deo placuerunt per multas tribulationes transierunt, per quas filii Dei facti sunt. Ergo qui in disciplina non perseverat, non est filius, sed magis adulter, id est, adulterio natus.

Istius rationis ponit tantum conclusionem, dicens: si estis extra disciplinam, non estis filii, sed adulteri: quia disciplinæ facti sunt participes omnes, scilicet sancti. II Tim. III, 12: omnes qui pie vivere volunt in Christo, persecutionem patientur. Iudith VIII, 23: omnes qui Deo placuerunt, per multas tribulationes transierunt fideles.

Nec oportet quod semper sancti habeant exteriores tribulationes, cum interius affliguntur ex mala conversatione perversorum. II petr. II, 8: habitans Lot apud eos, qui de die in diem animam iustam iniquis operibus cruciabant.

Filius autem proprie dicitur, qui est ex legitimo patre. Mater nostra est ecclesia, cuius sponsus est ipse Deus. Os. II, 20: sponsabo te mihi in fide. Adulter autem est diabolus et mundus. Qui ergo nati sunt ex spiritu diaboli, vel mundi, sunt filii adulterini.

Is. LVII, 3: accedite huc, filii auguratricis, et adulteri, et fornicariæ. Patet ergo, quod proprie non sunt filii, nisi de legitimo patre nati.

Consequenter cum dicit deinde patres, etc., ponit secundam rationem sumptam ex eo quod experti sumus, scilicet ex correctione paterna. Quæ quidem ratio procedit ex duplici differentia, quæ est inter Deum patrem, et patrem carnalem.

Est autem hæc prima differentia Dei patris ad patrem carnalem. Homo enim generat hominem quantum ad corpus, non quantum ad animam, quæ est per creationem, et non traducitur. II Mach. VII, 22: neque enim ego spiritum et animam donavi vobis. Unde dicit quod nos habuimus patres carnis nostræ eruditores. Eccli. VII, 25: filii tibi sunt? erudi illos. Et reverebamur eos. Ex. XX, 12: honora patrem tuum, et matrem, etc..

Deus autem excellentius est pater noster, scilicet quantum ad animam, quam immediate creat. Eccle. Ult.: spiritus redeat ad Deum, qui dedit illum. Item iustificat animam, adoptando nos in filios. Rom. VIII, 16: spiritus testimonium reddit spiritui nostro, quod sumus filii Dei. Ideo dicit num multo magis obtemperabimus patri spirituum, id est, animarum nostrarum, quæ dicuntur spiritus, quia non sunt ex materia, et vivemus? finis enim obedientiæ est vita æterna. Io. VIII, 52: si quis sermonem meum servaverit, mortem non gustabit in æternum. Supra V, 9: factum est omnibus obtemperantibus sibi causa salutis æternæ.

Secunda vero differentia est correctionis humanæ ad divinam, quæ in duobus differunt, et, primo quantum ad finem, quia finis humanæ correctionis est aliquid transitorium: est enim ad bene conversandum in hac vita, quæ est paucorum dierum. Secundo quantum ad rationem, quia homo corrigit secundum voluntatem, quæ falli et errare potest, et tamen obedimus ei.

In correctione autem divina, non sic: quia erudit nos ad aliquid utile in sempiternum, scilicet ad recipiendum sanctificationem, quæ scilicet est ipsemet Deus. Is. VIII, 13 s.: Dominus exercituum, ipsum sanctificate. Ipse pavor vester, ipse terror vester, et erit vobis in sanctificationem. Et ideo dicit et illi quidem erudiebant nos in tempore paucorum dierum, et hoc quantum ad primum; et secundum voluntatem suam, et hoc quantum ad secundum; hic autem ad id quod utile est. Is. XLVIII, 17: ego Dominus docens te utilia. Et hoc in recipiendo sanctificationem, id est, in sanctificationem ab ipso recipiendam; et ideo debemus magis recipere disciplinam eius.

Sequitur omnis autem disciplina, etc.. Hæc est tertia ratio, quæ sumitur ex utilitate correctionis. Cum autem pœnæ sint quædam medicinæ, idem iudicium videtur esse de correctione et de medicina. Sicut autem medicina in sumptione amara est quidem et abominabilis, tamen eius finis est valde dulcis et desiderabilis, ita et disciplina, quia gravis est ad sustinendum sed adducit fructum optimum.

Sciendum est autem, quod disciplina dicitur a discendo. Pueri autem, qui addiscunt, flagellis erudiuntur. Et ideo disciplina aliquando sumitur pro scientia, ut in principio primi posteriorum: omnis doctrina, et omnis disciplina, etc., quæ Græce dicitur epistemon.

Aliquando autem sumitur pro correctione, et Græce dicitur pædia, sed in Latino non habet nomina ita distincta.

Dicit ergo, quod omnis disciplina, scilicet quæ est eruditio per flagella et molestias, in præsenti videtur esse non gaudii, sed mæroris, quia exterius habet tristitiam in sustinendo, sed interius habet dulcedinem ex intentione finis. Et ideo dicit videtur, et non dicit est. II Cor. VI, 10: quasi tristes, semper autem gaudentes. Io. XVI, 21: mulier cum parit, tristitiam habet, etc.. II Cor. IV, 17: id enim quod in præsenti est momentaneum, et leve tribulationis nostræ, supra modum in sublimitate æternum gloriæ pondus operatur in nobis.

Et ideo dicit postea reddit fructum.

Fructus enim importat dulcedinem; unde frui est delectari in fine adepto.

Pacatissimum. Fructus enim habetur hic cum perturbatione exteriorum incommodorum, et tentationum interiorum, et ideo non est pacatissimus, sicut ibi. In gloria siquidem nihil erit interius remordens conscientiam, nec impellens ad culpam, nec exterius contristans. Ibi enim, ut dicit Augustinus, erit quidquid voles: ergo ille fructus est pacatissimus.

Pacatus quidem in tranquillitate conscientiæ, pacatior in susceptione primæ stolæ, sed pacatissimus in susceptione secundæ.

Is. XXXII, 18: sedebit populus meus in pulchritudine pacis, in tabernaculis fiduciæ, in requie opulenta. Prov. III, 14: primi et purissimi fructus eius.

Reddet ergo fructum iustitiæ, id est, quem meretur iustitia. Seminanti enim iustitiam merces fidelis, Prov. XI, 18; ibid.: fructus iusti, lignum vitæ. Vel iustitiæ, ad iustitiam apprehendendam. Os. X, 12: seminate vobis in veritate iustitiam, et metite in ore misericordiæ. Ps. CXXV, 7: euntes ibant et flebant, etc..

Sed non redditur fructus, nisi exercitatis per eam, id est, per disciplinam. Supra V, 14: perfectorum est cibus solidus eorum, qui pro consuetudine exercitatos habent sensus.

Lectio 3

Supra monuit apostolus qualiter nos debemus habere ad mala pœnalia sustinenda, hic monet qualiter nos debemus habere ad mala culpæ vitanda.

Et circa hoc duo facit.

Primo enim ponit monitiones suas; secundo assignat rationes ipsorum, ibi non enim accessistis.

Circa primum duo facit.

Primo enim monet hominem peccantem; secundo nondum peccantem, ibi pacem sequimini.

Est autem duplex peccatum, scilicet omissionis, et transgressionis.

Primo ergo monet ad dimittendum peccatum omissionis; secundo ad dimittendum peccatum transgressionis, ibi et gressus rectos.

Peccatum autem omissionis duplex est. Unum quando quis omittit bonum facere; aliud, omittendo mala et adversa tolerare.

Quantum ad primum dicit propter quod, scilicet quia disciplina affert fructum pacatissimum, ideo ut vos hunc fructum percipere possitis, erigite manus remissas. Manus enim, cum sit organum organorum, remissa dicitur, quando vacat a bonis operibus, et ideo erigenda est per rectam intentionem ad operandum, quæ Deo placent. Thren. III, 41: levemus corda nostra cum manibus ad Deum.

Ps. CXL, 2: elevatio manuum, etc.. Manus enim remissa inducit egestatem et servitutem.

Prov. X, 4: egestatem operata est

manus remissa: manus autem fortium divitias parat.

Item XII, 24: manus fortium dominabitur, quæ autem remissa est, tributis serviet. In huius signum quando Moyses elevabat manus, vincebat Israel; quando vero remittebat, superabat Amalec, Ex. XVII, 11.

Quantum ad illud peccatum omissionis dicitur erigite genua dissoluta. In genibus totum pondus corporis sustenatur. Habent ergo genua dissoluta qui non habent fortitudinem fortiter tolerandi adversa; hæc ergo remissio abiicienda est. Iob IV, 3: manus lassas roborasti, et genua trementia confortasti, vacillantes confirmaverunt sermones tui. Is. XXXV, 3: confortate manus dissolutas, et genua debilia roborate. Manus ergo et genua erigite, ut nec otio torpeatis, nec debilitate hæsitetis.

Deinde cum dicit et gressus rectos, improbat peccatum transgressionis. Istud autem peccatum est obliquitas quædam et curvitas. Rectum enim dicitur cuius medium non exit ab extremis, id est, cuius operatio non recedit ab intentione et fine debito.

Triplex autem est obliquitas, scilicet in affectu, in operatione et intellectu. Istas tres monet declinare.

Ex affectione autem iniqua sequitur obliquitas in intellectu, et depravatio in affectu.

Et ideo quantum ad primum, quod est aliorum radix, dicit facite gressus rectos pedibus vestris, id est, rectas affectiones. Sicut enim pedes portant corpus, ita mentem portant affectiones. Recti ergo pedes sunt affectiones rectæ. Ez. I, 7: pedes eorum, pedes recti.

Rectificate ergo affectiones, quibus totum corpus portatur spiritualiter. Is. XL, 3: rectas facite in solitudine semitas Dei vestri. Hoc est, quantum in vobis est date operam ad hoc. Sed proprie rectificare est solius Dei.

Ps. XVI, 5: dirige gressus meos in semitis tuis.

Quantum ad secundum dicit ut ne claudicans quis, quantum ad actionem exteriorem.

Sicut enim tibia dicitur clauda, quando non sequitur regulam potentiæ gressivæ, ita operatio claudicat quando sive ad dexteram, id est in prosperis, sive ad sinistram, id est in adversis, non sequitur regulam legis divinæ.

Is. XXX, 21: hæc est via, ambulate in ea, et non declinetis neque ad dexteram, neque ad sinistram. Vel, claudicat, qui cæremonialia observat cum evangelio.

Quantum ad obliquitatem intellectus, dicit erret. Malam enim operationem sequitur error intellectus. Prov. XIV, 22: errant omnes qui operantur malum. Sap. II, 21: hoc cogitaverunt, et erraverunt, excæcavit enim eos malitia eorum.

Qui ergo vult illas duas curvitates cavere, habeat pedes et affectiones rectas. Et ideo dicit magis autem sanetur. Sicut enim sanitas corporis consistit in contemperatione humorum, ita sanitas spiritualis in ordinatione affectuum. Ier. XVII, 14: sana me, Domine, et sanabor.

Deinde cum dicit pacem sequimini, etc., monet non peccantem ad vitandum peccatum.

Et circa hoc duo facit.

Primo enim præmittit quædam remedia, quæ valent ad omnia peccata vitanda; secundo specialiter monet ad vitationem eorum, ibi ne qua radix.

Circa primum sciendum est, quod actionum humanarum sunt diversi fines. Quædam enim ordinantur ad alium, sicut iustitia, quæ ordinat hominem ad proximum. Et istarum finis est pax. Unde Is. XXXII, 17: erit opus iustitiæ pax. Quædam ad ipsum operantem, sicut ieiunare, et istorum finis est puritas. Non enim ieiunamus nisi propter munditiam et puritatem.

Quantum ergo ad primum dicit pacem sequimini, id est, non solum habete, sed quæratis quomodo cum aliis habeatis. Rom. XII, 18: si fieri potest quod in vobis est, cum omnibus hominibus pacem habentes. Ps. XXXIII, 15: inquire pacem, et persequere eam. Quantum ad secundum dicit et sanctimoniam.

II Cor. VII, 1: mundemus nos ab omni inquinamento carnis, et spiritus.

Quod autem ista remedia sint necessaria, ostendit per duo damna, quæ incurrimus sine ipsis, scilicet damnum gloriæ in futuro, et gratiæ in præsenti.

Quantum ad primum dicit, quod sine pace et sanctimonia nemo videbit Deum, in quo consistit beatitudo. Io. XVII, 3: hæc est vita æterna, etc.. Quasi dicat: sine pace quo ad proximum, et munditia et puritate quo ad seipsum, nemo potest esse beatus. Matth. V, 9: beati pacifici, quoniam filii Dei vocabuntur.

Solum autem filiis debetur hæreditas divinæ visionis. Item Apoc. XXI, 27: non intrabit in ea aliquid coinquinatum. Ps. XIV, 1: Domine, quis habitabit in tabernaculo tuo, etc.. Item: quis ascendet in montem Domini, etc..

Quantum ad secundum damnum, scilicet gratiæ Dei in præsenti, dicit contemplantes, ne quis desit gratiæ Dei. Gratia enim per discordiam et immunditiam amittitur. I Cor. XIV, 33: non est Deus dissensionis, sed Cor. XIV, 33: non est Deus dissensionis, sed pacis. Ps. LXXV, 3: in pace factus est locus eius. Hab. I, 13: mundi sunt oculi tui, Domine, ne videant malum, et respicere ad iniquitatem non poteris. Sap. I, 5: spiritus sanctus disciplinæ effugiet fictum, et corripietur a superveniente iniquitate.

Figurative autem loquitur apostolus. Gratia enim etsi non habeatur ex meritis, alioquin gratia non esset gratia, tamen oportet quod homo faciat quod in se est. Deus autem, voluntate sua liberalissima, dat eam omni præparanti se. Apoc. III, 20: ecce sto ad Ostium et pulso, si quis aperuerit mihi, intrabo ad eum. I Tim. II, 4: qui vult omnes homines salvos fieri. Et ideo gratia Dei nulli deest, sed omnibus, quantum in se est, se communicat: sicut nec sol deest oculis cæcis. Dicit ergo contemplantes ne quis desit gratiæ Dei.

Sed contra. Quia si gratia non datur ex operibus sed tantum ex hoc quod aliquis non ponit obstaculum, ergo habere gratiam dependet ex solo libero arbitrio, et non ex electione Dei, quod est error Pelagii.

Respondeo. Dicendum est quod hoc ipsum, quod aliquis non ponit obstaculum, ex gratia procedit. Unde si aliquis ponat, et tamen moveatur cor eius ad removendum illud, hoc est ex dono gratiæ Dei vocantis per misericordiam suam. Gal. I, 15: cum autem placuit ei qui me segregavit ex utero matris meæ, et vocavit per gratiam suam, etc.. Hoc autem donum gratiæ non est gratum faciens.

Quod ergo a quibusdam removetur istud obstaculum, hoc est ex misericordia Dei: quod autem non removetur, hoc est ex iustitia eius.

Non autem dicit, ne tu desis, sed ne quis, idest quicumque, quia quilibet debet esse sollicitus de proximo. Eccli. XVII, 12: unicuique mandavit de proximo suo.

Deinde cum dicit ne qua radix, specialiter descendit ad monitionem vitationis peccatorum contrariorum unicuique prædictorum remediorum. Et primo monet vitare peccata contraria paci; secundo contraria sanctimoniæ, ibi ne quis fornicator.

Dicit ergo ne qua radix amaritudinis, etc.. Illud dicitur amarum, quod non potest gustari nisi cum offensa. Conversatio ergo alicuius dicitur amara, quando non potest esse sine offensa eorum cum quibus conversatur.

Quod contra dicitur de sapientia.

Sap. VIII, 16: non habet amaritudinem conversatio illius, nec tædium convictus eius, sed lætitiam et gaudium. Qui ergo in sapientia scit conversari, non est amaræ conversationis, quod fit quando non habet dura verba vel facta. Et ideo dicit contemplantes ne qua radix amaritudinis, id est, amaritudo paulatim inchoata et in corde radicata, sursum germinans impediat pacem, et per consequens gratiam et visionem Dei. Deut. XXIX, 18: ne sit inter vos radix germinans fel et amaritudinem.

Os. XII, 14: ad iracundiam provocavit me ephraim in amaritudinibus suis.

Vel radix amaritudinis est mala cogitatio noxiæ delectationis, quæ sursum germinat, quando per consensum ad opus venitur. Et per illam inquinantur multi, quia non solum ille in quo est, sed et alii malo eius exemplo.

I Cor. V, 6: modicum fermentum totam massam corrumpit.

Deinde cum dicit ne quis fornicator, monet vitare peccata contraria sanctimoniæ, cui specialiter opponuntur peccata carnalia, scilicet luxuria et gula, quæ perficiuntur in delectatione carnali, per quam mens inquinatur. Unde ista mentem et carnem inquinant. Et ideo specialiter monet ista vitari.

Et primo luxuriam, dicens contemplantes.

Et non solum quilibet in seipso, sed ne quis fornicator, ita quod quilibet in proximo suo hoc contempletur. Augustinus: invicem vestram pudicitiam custodite, etc.. Eph. V, 3: fornicatio autem et omnis immunditia aut avaritia nec nominetur in vobis, sicut decet sanctos. Tob. IV, 13: attende tibi ab omni fornicatione.

Secundo prohibet gulam, dicens aut profanus, et dicitur quasi procul a fano, et tales sunt gulosi qui de ventre suo Deum faciunt.

Sicut esau. Quod dixerat, ostendit in exemplo esau, qui propter gulam vendidit primogenita.

Sic etiam gulosus pro minima esca vendit hæreditatem æternam. Prov. VI, 26: pretium scorti vix est unius panis. Esau autem non solum fuit gulosus, sed etiam luxuriosus: quia contra voluntatem parentum duxit uxores alienigenas. Ius autem primogeniti erat, quod habebat duplicem portionem, et ante sacerdotium Aaron habebat honorem sacerdotalem. Unde in hoc commisit ipse simoniam.

Ergo videtur quod etiam Iacob qui illud emit, similiter commisit simoniam, quod falsum est. Iacob enim per spiritum sanctum intellexit illud sibi deberi, iuxta illud Mal. I, 2 s.: Iacob dilexi, esau autem odio habui.

Et ideo non emit, sed quod sibi debebatur ab iniusto possessore redemit. Et hoc est quod dicit qui, scilicet esau, propter unam escam vendidit primitiva sua, vel primogenita, ut dicitur Gen. XXV et XXVII.

Et pœnam consecutam ostendit, subdens scitote enim quoniam et postea cupiens hæreditare benedictionem, reprobatus est. Sicut enim dicitur Gen. XXVII, 30 ss., postquam Isaac benedixerat Iacob, venit esau et petiit benedictionem, quod tamen non obtinuit, licet pater fecisset ignorans, quia in illo stupore quem habuit, factus in extasi, edoctus est a spiritu sancto, quod non retractaret quod fecerat. Unde dicit: benedixi ei, et erit benedictus. Et sic esau, consilio spiritus sancti, reprobatus fuit.

In quo datur intelligi quod nullus debet negligere dum adhuc vivit benefacere, quantumcumque sit reprobatus in præscientia divina, quia post vitam ad hæreditatem Dei, etiam si desideretur, naturaliter non pervenitur.

Sequitur non enim invenit pœnitentiæ locum, quamquam cum lacrymis inquisisset eam. Sicut enim dicitur gen. XXVII, 34, irrugiit clamore magno, etc..

Sed contra, quia dicitur Ez. XVIII, 27: quacumque hora ingemuerit peccator, etc..

Respondeo. Dicendum est quod quamdiu præsens vita agitur, potest agi vera pœnitentia.

Interdum tamen aliquis pœnitet, non propter amorem iustitiæ, sed propter timorem pœnæ, vel damni temporalis. Et sic pœnituit esau, non quia vendiderat primogenita, sed quia perdiderat. Unde non dolebat de peccato venditionis, sed de damno perditionis. Et ideo pœnitentia eius non fuit accepta, quia non erat vera. Sic enim pœnitent damnati in inferno, ut dicitur Sap. V, 3: pœnitentiam agentes, non quia peccaverunt, sed quia exclusi sunt.

Tamen secundum Glossam hoc quod dicit hic fornicator et profanus, aliter intelligi potest, ut fornicator dicatur, qui cum fide carnales cæremonias observat: sicut habens concubinam cum uxore propria. Sed profanus, id est, procul a fano, sicut penitus infidelis.

Lectio 4

Supra posuit apostolus monitionem ad vitandum mala culpæ, hic assignat istius monitionis rationem, quam sumit ex comparatione novi et veteris testamenti.

Et circa hoc duo facit: primo enim ponit comparationem illam; secundo ex ipsa arguit, ibi videte ne recusetis.

Circa primum duo facit; quia primo proponit ea quæ pertinent ad vetus testamentum; secundo ea quæ ad novum testamentum, ibi sed accessistis.

Circa primum sciendum est, quod, ut dicit Augustinus, brevis differentia legis et evangelii est timor et amor.

Lex enim tamquam pædagogus noster fuit in Christo: parvuli autem terroribus ducendi sunt. Prov. XIX, 25: pestilente flagellato, stultus sapientior erit. Et ideo hic dicit apostolus, quod in datione legis facta sunt quædam terribilia. Unde primo ponit illa quibus territi sunt hi quibus lex dabatur; secundo agit de terrore legislatoris, ibi Moyses dixit.

Quantum ad primum tria ponit, scilicet terrorem quantum ad visa; secundo quantum ad audita, ibi et procellam; tertio quantum ad comminationes, ibi et si bestia tetigerit.

Et ista tria referuntur ad tria, quæ ibi erant terribilia, scilicet ex parte Dei, ex parte legis datæ, et ex parte ministrorum legis.

Quantum ad primum, scilicet ex parte Dei, ponit tria terribilia, scilicet zelum ad puniendum, severitatem pœnæ, et occultationem dantis legem.

Zelus designatur per ignem. Deut. IV, 24: Dominus Deus tuus ignis consumens est, Deus æmulator. Mal. III, 2: ipse enim quasi ignis conflans. Unde ipse Deus frequenter vocat se zelotem, quia crimen sponsæ non dimittit inultum. Ex. XX, 5: ego enim sum Dominus Deus tuus fortis zelotes. Et XXXIV, 14: Dominus zelotes nomen eius. Prov. VI, 34: zelus et furor viri non parcet in die vindictæ.

Unde dicitur hic non enim accessistis sicut illi ad tractabilem et accessibilem ignem. Ille enim ignis, ut dicitur Ex. XIX, 18, erat corporalis, et ideo palpabilis et sensibilis, et etiam in certo loco, ut ad ipsum posset accedi. In nova autem lege datus fuit ignis spiritus sancti, Act. II, 4. Sicut enim Iudæis quinquagesimo die ab egressu de Aegypto apparuit ignis æmulationis, ita discipulis quinquagesimo die a die resurrectionis, ignis spiritus sancti non palpabilis, sed mente perceptibilis.

Thren. I, 13: de excelso misit in ossibus meis ignem, et erudivit me. Iste ignis infinitus est natura et loco, lucem enim habitat inaccessibilem, I Tim. VI, 16. Et ideo non est accessibilis.

Severitas pœnæ significatur per turbinem, qui est ventus cum aqua. Iob IX, 17: in turbine conteret me.

Vel potest referri ad tentationes. Lex enim non refrænabat concupiscentiam, quia non dabat gratiam adiutricem ex opere operato, sed tantum cohibebat actum, et ideo generabat turbinem tentationum.

Occultatio autem dantis legem, significatur per caliginem: in qua figurabatur quod status legis occultus erat, id est, velatus.

II Cor. III, 15: usque in hodiernum diem, cum legitur Moyses, velamen positum est super cor eorum. Sed in nova lege istud velamen ablatum est, in cuius signum in passione Christi velum templi scissum est, quia nos revelata facie gloriam Domini speculamur, ubi supra.

Item caligo illa significabat divinam excellentiam.

Sicut enim illud quod in caligine est, clare videri non potest, et lux excellens hebetat oculum, ita et facit ipsum caligare qui lucem habitat inaccessibilem.

Deinde cum dicit et procellam, ponit terribilia quantum ad auditum, quæ sumuntur ex parte legis. In lege autem tria erant valde terribilia, scilicet magnitudo comminationum, gravitas præceptorum et multiplicatio ipsorum.

Quantum ad primum dicit et procellam, quæ proprie est conturbatio maris: large autem dicitur turbatio æris cum turbine et pluvia; unde significat austeritatem comminationum quæ erant in veteri lege. Deut. XXIX, 23 ss.. Sonitus tubæ significat gravitatem præceptorum, ad quorum adimpletionem indicebatur homini quasi bellum contra seipsum.

Vox verborum significat multitudinem præceptorum. Verborum, inquam, Dei per subiectam creaturam, scilicet per Angelum.

Gal. III, 19: ordinata per Angelos, etc..

Deus enim per Angelos ibi loquebatur.

Quæ omnia a Deo terribilia fuerunt, quod illi qui vocem illam audierunt, excusaverunt se ne eis fieret verbum. Unde dicitur ex. XX, 19: perterriti, atque timore percussi fuerunt, et steterunt procul dicentes Moysi: loquere tu nobis, et audiemus: non loquatur nobis Dominus, ne moriamur.

Causam autem huius excusationis subiungit, dicens: quia non poterant verba Dei portare. Unde non portabant, id est, non sustinebant, quod dicebatur. Deut. V, 26: quid est omnis caro, ut audiat vocem Dei viventis, qui de medio ignis loquitur, sicut nos audivimus, et possit vivere? tunc autem dicuntur non portari verba Dei, quando vel intellectu non capiuntur, vel excedunt affectum.

Consequenter ponit pœnæ comminationem, dicens et si bestia tetigerit montem, lapidabitur. Ex. XIX, 12 s., ubi dicitur: omnis qui tetigerit montem, morte morietur.

Manus non tanget eum, sed lapidibus opprimetur, aut confodietur iaculis, sive iumentum fuerit, sive homo, non vivet. Apostolus autem ad maiorem terrorem non facit mentionem hic nisi de iumentis, quæ iubentur in lege occidi, ad ostendendum gravitatem peccati.

Tamen mystice mons est altitudo mysteriorum divinorum: bestia vero est homo bestialiter vivens. Ps. XLVIII, 13: homo cum in honore esset, non intellexit, comparatus est iumentis insipientibus, etc.. Hæc bestia duobus modis tangit montem. Uno modo blasphemando.

Ps. LXXII, 9: posuerunt in cælum os suum. Lev. XXIV, 14: educ blasphemum extra castra, et lapidet eum universus populus. Alio modo ingerendo se indigne divinis. Prov. XXV, 27: qui perscrutator est maiestatis, opprimetur a gloria.

Ex his concludit, quod intendit, scilicet quod ista valde terribilia erant, quia etiam nec iumentis parcebatur; unde dicit, quod ita terribile est quod dicebatur. In quo designatur differentia novi et veteris testamenti: quia vetus testamentum datum fuit in terrore, ut corda Iudæorum, quæ prona erant ad idololatriam, terrerentur. Novum autem datum est in amore. Rom. VIII, 15: non accepistis spiritum servitutis iterum in timore, sed accepistis spiritum adoptionis filiorum, in quo clamamus: abba pater. Unde et Christus non terrores in principio prædicationis suæ præmisit, sed regnum cælorum promisit. Matth. IV, 17: pœnitentiam agite, appropinquabit enim regnum cælorum.

Prov. Ult.: lex clementiæ in lingua eius.

Deinde cum dicit Moyses dixit, agit de timore legislatoris, scilicet Moysi. Lex enim per Moysen data est, Io. I, 17. Si ergo ipse Moyses in legis datione territus fuit, ita ut diceret, ut dicit apostolus hic, exterritus sum, scilicet interius, et tremebundus, exterius, qui fuit perfectissimus inter omnes, signum erat quod ipsa lex terribilis erat etiam ipsis perfectis, quia non dabat gratiam, ut dictum est, sed tantum ostendebat culpam.

Unde ipsa fuit grave iugum, de quo dicit Petrus, Act. XV, 10, quod hoc est iugum quod neque nos, neque patres nostri portare potuimus. Sed lex Christi iugum suave est, quia charitas Dei diffusa est in cordibus nostris per spiritum sanctum, qui datus est nobis,

Rom. V, 5.

Unde sciendum est, quod ista littera quam ponit hic apostolus, non est Ex. XX; sed forte accepit eam apostolus Ex. III, ubi in visione rubi territus fuit et dixit: non sum eloquens ab heri et nudius tertius. Ex quo dixit vel facto saltem etsi non verbo: exterritus sum et tremebundus. Vel forte apostolus utitur alia littera quam nos non habemus.

Ex quo apparet, quod lex vetus fuit lex timoris.

Deinde ponit conditiones novi testamenti, dicens sed accessistis. Ubi ostendit, quæ nobis in ipso proponuntur. Et sunt tria nobis promissa, scilicet spes futuræ gloriæ, participatio ecclesiæ, et familiaritas Dei.

Secundum ostendit, cum dicit et ecclesiam primitivorum.

Tertium, ibi et iudicem omnium Deum.

In cælesti autem gloria duo sunt, quæ potissime bonos lætificabunt, scilicet fruitio deitatis, et communis sanctorum societas.

Nullius enim boni possessio iucunda est sine socio, ut dicit bœtius; et Ps. CXXXII, 1: ecce quam bonum, et quam iucundum habitare fratres in unum.

Fruitio autem in duobus consistit, scilicet in visione intellectus, et in delectatione affectus; ut enim dicit Augustinus, fruimur cognitis in quibus voluntas delectata conquiescit.

Propter visionem enim dicit accessistis ad montem sion. Sion enim significat altitudinem divinæ contemplationis. Is. XXXIII, 20: respice sion civitatem solemnitatis nostræ.

Iucunditas et delectatio affectus significatur per Ierusalem, civitatem cælestem Dei viventis.

Ibi enim erit visio experimentalis pacis, quia nihil erit perturbans sive interius sive exterius. Unde dicitur civitas Dei, id est, civium unitas. Ps. CXXI, 3: Ierusalem, quæ ædificatur ut civitas. Item CXLVII, 1: lauda, Ierusalem, Dominum, lauda Deum tuum, sion. Sequitur: qui posuit fines tuos pacem et adipe frumenti satiat te. Gal. IV, 26: illa, quæ sursum est, Ierusalem libera est. Unde nihil ultra erit desiderandum. Cant. VIII, 11: ex quo facta sum coram eo quasi pacem reperiens.

Complementum autem sanctorum est communis societas, de qua dicit multorum millium Angelorum frequentium, id est, assiduitatem, quia semper ibi sunt. Matth. XVIII, 10: Angeli eorum in cælis semper vident faciem patris mei, qui in cælis est.

Quod autem sint multa millia, patet Dan. VII, 10: millia millium ministrabant ei, et decies centena millia assistebant ei. Iob XXV, 3: numquid est numerus militum eius? Apoc. V, 11: et erat numerus eorum millia millium.

Is. XXII, 2: urbs frequens civitas exultans.

Et ecclesiam primitivorum, qui conscripti sunt in cælis. Hæc de participatione ecclesiæ. Dicitur autem ecclesia domus Dei, I Tim. III, 15. Primitivi sancti sunt apostoli, qui primitus et abundantius dona gratiæ perceperunt, per quos derivata sunt in posteros. Rom. VIII, 23: non solum autem illa, sed et nosipsi primitias spiritus habentes.

Eph. II, 20: superædificati super fundamentum apostolorum et prophetarum, etc..

Sicut autem antiquitus apud Romanos senatores qui assumebantur ad magnas dignitates describebantur, quos primus Pompilius in tabulis aureis scripsit, et dicebantur patres conscripti; ita apostolus hic, ad ostendendum dignitatem apostolorum, dicit quod conscripti sunt in cælis, cuius Scripturæ liber est notitia quam Deus apud se habet de salvandis. Unde sicut ibi illud quod scribitur non de facili a memoria labitur, ita illi qui ibi per finalem iustitiam scripti sunt, infallibiliter salvabuntur. Et dicitur liber ille, liber vitæ. Luc. X, 20: gaudete et exultate, quia nomina vestra scripta sunt in cælis.

Deinde cum dicit et iudicem omnium, ostendit quomodo consecuti sumus Dei familiaritatem.

Et primo familiaritatem patris, quia dicit accessistis ad iudicem omnium Deum patrem, scilicet a quo est auctoritas iudiciaria in divinis. Quod enim filius iudicet, habet a patre. Gen. XVIII, 25: non est hoc tuum, qui iudicas omnem terram. Illud autem, quod dicitur Io. V, 22, quod pater omne iudicium dedit filio, intelligitur quantum ad corporalem præsentiam; quia sola persona filii apparebit in iudicio.

Iste autem accessus est per fidem et charitatem.

Rom. V, 1 s.: iustificati igitur per fidem, pacem habeamus ad Deum, per Dominum nostrum Iesum Christum, per quem accessum habemus per fidem in gratiam istam, etc..

Secundo familiaritatem spiritus sancti, cum dicit et spiritum sanctum iustorum.

Secundum Glossam hic est triplex littera.

Una est melior, quæ habetur in Græco: et spiritum iustorum perfectorum, id est: accessistis ad spiritum sanctum, qui facit perfectos in iustitia. Iob XXXII, 8: ut video, spiritus est in hominibus. I Cor. III, 16: nescitis, quia templum Dei estis vos, et spiritus Dei habitat in vobis? omnis enim iustitia et perfectio est a spiritu sancto.

Alia littera: et spirituum iustorum perfectorum, et est sensus: accessistis ad Deum, qui quidem est iudex omnium, sed est quasi hæreditas spirituum iustorum perfectorum.

Thren. III, 24: pars mea, Dominus, dicit anima mea.

Tertia littera est: et spiritus iustorum perfectorum, id est: ut habeamus societatem cum spiritibus sanctorum, qui sunt iusti et perfecti; sed prima melior est et planior.

Tertio quantum ad familiaritatem filii, dicit et testamenti novi mediatorem Iesum, quasi dicat: accessistis ad Christum, qui est mediator illius novi pacti, in quo nobis promittuntur spiritualia. Non sic autem Moyses. Unde supra: ideo novi testamenti est mediator. I Tim. II, 5: mediator Dei et hominum homo Christus Iesus.

Modus autem istius mediationis fuit effusio sanguinis Christi; quia, ut dictum est supra IX, 22: sine sanguinis effusione, non fit peccatorum remissio. Et ideo dicit accessistis ad aspersionem sanguinis. Supra X, 22: aspersi corda a conscientia mala. Supra IX, 13: si enim sanguis hircorum et taurorum, et cinis vitulæ aspersus inquinatos sanctificat, etc.. Et loquitur apostolus secundum ritum veteris legis, ubi post dationem veteris legis, populus aspersus est sanguine, qui erat figura sanguinis Christi, quo fideles mundandi erant.

Sequitur melius loquentem quam Abel. Effusio enim sanguinis Christi figurata fuit in effusione sanguinis omnium iustorum, qui fuerunt ab origine mundi. Apoc. XIII, 8: agnus qui occisus est ab origine mundi, id est, occidi prævisus. Et ideo effusio sanguinis Abel signum fuit istius effusionis. Sed Christi sanguis melius loquitur, quam sanguis Abel: quia iste clamat vindictam, sed sanguis Christi ibi clamat veniam. Lc. XXIII, 34: pater, ignosce eis. Is. LIII, 12: pro transgressoribus oravit. Matth. XXVI, 28: hic est sanguis novi testamenti, qui pro multis effundetur in remissionem peccatorum.

Vel melius loquentem, id est melius loqui facientem, quia sanguis Abel facit nos loqui Abel esse hominem purum et iustum, sed sanguis Christi facit nos loqui Christum verum Deum iustificantem.

Lectio 5

Supra posuit apostolus conditionem utriusque testamenti, hic ex hoc arguit, et circa hoc facit duo.

Primo enim arguit; secundo inducit conclusionem principaliter, ibi itaque regnum immobile.

Circa primum duo facit.

Primo enim præmittit intentionem suam; secundo arguit ad propositum, ibi si enim illi.

Dicit ergo: ita dictum est, quod sanguis Christi melius loquitur quam sanguis Abel. Videte ergo, ne recusetis vel condemnetis loquentem, id est, quod loquitur implete.

Duo autem nobis loquitur sanguis Christi: primo enim loquitur nobis commemorando suum beneficium, quo datur nobis remissio peccatorum. Qui ergo iterum peccat, loquentem contemnit. Item loquitur exhortans ad imitandum. I Pet. II, 21: Christus passus est pro nobis, vobis relinquens exemplum, ut sequamini vestigia eius. Qui ergo non tollit crucem suam ad ipsum sequendum, recusat loquentem. Ps. XCIV, 8: hodie si vocem eius audieritis, nolite obdurare corda vestra. Matth. XVII, 5: hic est filius meus dilectus, in quo mihi bene complacui, ipsum audite.

Deinde cum dicit si enim illi, arguit comparando locutionem veteris testamenti ad locutionem novi testamenti. Et hoc quantum ad duo, scilicet quantum ad modum loquendi, et quantum ad efficaciam locutionis.

Modus loquendi, quia ipse loquebatur super terram: hic autem est de cælo.

Unde dicit si illi, scilicet antiqui patres, recusantes eum, qui loquebatur super terram, scilicet Christum. Is. LII, 6: ego ipse qui loquebar, ecce adsum, scilicet per Angelos vel prophetas. Supra I, 1: multifarie multisque modis olim loquens patribus in prophetis. Vel eum, id est, Angelum, per quem lex data est Moysi. Gal. III, 19: ordinata per Angelos. Supra II, 2: si enim, qui per Angelos dictus est sermo, factus est firmus, etc.. Act. VII, 38: hic est Moyses, qui fuit in ecclesia in solitudine, cum Angelo, qui loquebatur ei in monte sinai, etc.. Non effugerunt, scilicet ultionem divinæ legis.

Iob XI, 20: effugium peribit ab eis. Supra II, 2: omnis prævaricatio et inobedientia accepit iustam mercedis retributionem.

Sequitur conclusio per locum a minori: si illi qui recusaverunt loquentem de terra, non effugerunt, multo magis nos, qui avertimus nobis loquentem de cælo, non debemus recusare, quia scilicet minus possemus effugere. Ille enim, qui nobis loquitur in novo testamento, Christus scilicet, iam est in cælis. Mc. XVI, 19: Dominus quidem Iesus, postquam locutus est eis, assumptus est in cælum. Deut. IV, 36: de cælo audire te fecit vocem suam, ut doceret te.

Doctrina ergo veteris testamenti est doctrina Christi loquentis de terra propter duo.

Primo, quia ibi sub figura terrenorum traduntur cælestia. Item ibi promittebantur terrena.

Sed doctrina novi testamenti est Christi loquentis de cælo, quia terrena convertimus in significationem cælestium, per intellectum mysticum. Item in ipso promittuntur cælestia.

Matth. V, 12: ecce enim merces vestra copiosa est in cælis. Io. III, 12: si terrena dixi vobis, et non creditis, quomodo si dixero vobis cælestia credetis? consequenter comparat ad invicem utrumque testamentum quantum ad efficaciam locutionis.

Et de efficacia quidem locutionis veteris testamenti dicit cuius vox movit terram tunc, id est fecit commotionem in terra multipliciter; quia per signa in Aegypto, per divisionem maris, per motum terræ in deserto.

Ps. LXVII, 9: terra mota est, etenim cæli distillaverunt, etc.. In quo significatur, quod tota illa locutio commovebat corda per terrena promissa.

Deinde cum dicit nunc autem repromittit, subiungit quantum ad efficaciam novi testamenti, et probat eam per auctoritatem prophetæ, et post exponit eam, ibi quod autem dixit.

Auctoritas illa ponitur Aggæi II, non tamen secundum litteram nostram. Nos enim sic habemus: adhuc unum modicum est, et ego movebo, etc.. Apostolus autem accipit sic adhuc semel, et ego movebo non solum terram, sed etiam cælum. Et est sensus idem.

Et manifestum est, quod ista prolata fuerunt tempore veteris testamenti circa finem eius, scilicet post reditum transmigrationis eius, quo tempore nihil restabat de veteri testamento. Ergo manifestum est, quod illud quod promittebatur, erat implendum in novo testamento, scilicet novum cælum et nova terra. Is. LXV, 17: ecce ego creo novos cælos, et terram novam. Quæ quidem creatio ostensa est in spiritu ioanni. Apoc. XXI, 1: et vidi cælum novum et terram novam. In illa enim innovatione movebuntur cæli.

Potest autem cælum dupliciter accipi. Uno modo cælum æreum, et istud igne ultimæ flagrationis purgabitur, ut supra dictum est, cap. X. Alio modo cælum sidereum, et istud non purgabitur, sed mutabitur quantum ad novum statum, quia cessabit a motu, et augebitur claritas partium eius; quia lux lunæ erit ut lux solis, et lux solis septempliciter, ut dicitur Is. XXX, 26. Dicit ergo nunc autem, id est, per novum testamentum, repromittit dicens: adhuc semel et ego non solum movebo terram, sed etiam cælum.

Consequenter cum dicit quod autem dicit, etc., exponit verba prophetiæ, et facit magnam vim in hoc quod dicit adhuc semel. Quod enim dicit adhuc, ostendit quod mobilia sunt. Sed quod dicit semel, ostendit quod a statu mobilitatis et corruptibilitatis mutanda sunt ad statum incorruptionis et immutabilitatis.

Si enim post motionem illam remanerent in statu mutationis, non diceret semel, sed iterum et iterum, quod est contra Origenem, qui voluit quod mundus in infinitum renovabitur ac recuperabitur. Dicit ergo quod autem dicit: adhuc semel, declarat translationem mobilium, ad statum scilicet immobilitatis.

Et quasi aliquis quæreret, utrum Deus hoc possit facere, subdit tamquam factorum. Omnia enim facta divinæ potestati subiiciuntur.

Unde sicut ex nihilo fecit ea Deus, ita potest ea pro suæ voluntatis arbitrio immutare. Et hoc ut maneant ea quæ sunt immobilia, id est, quantum ad essentias suas principales remaneant immobilia, sed quantum ad aliquas accidentales dispositiones immutabuntur. Ps. Ci, 28: et sicut opertorium mutabis eos, et mutabuntur, etc.. Quæ supra sunt exposita.

Ex his patet, quod ista in veteri testamento, etsi movebantur, non tamen ad statum incorruptionis et immutabilitatis; sed hoc fit tantum in novo, in signum quod promissa veteris testamenti erant mutabilia, non autem novi.

Deinde cum dicit itaque regnum immobile, ponit conclusionem principaliter intentam. Postquam enim multipliciter commendavit gratiam et beneficia per Christum nobis collata et conferenda, principaliter intendit nos inducere ad serviendum ei. Et hoc concludit, quod ex quo nobis in novo testamento promittuntur bona immobilia, debemus Christo, qui repromittit, servire in timore et reverentia. Et hæc est conclusio principalis.

Unde primo resumit beneficium exhibitum, dicens itaque ex quo, scilicet Deus nobis repromittit cælum et terram immobilia, per quæ designantur bona futura immobilia et sempiterna, habemus, id est, reddimus, gratiam, id est, gratiarum actionem.

II Cor. IX, 15: gratias ago Deo super inenarrabili dono eius. Et hoc suscipientes, id est, quia suscipimus etsi non in re, tamen in spe promissionis regnum immobile. Ps. CXLIV, 13: regnum tuum, regnum omnium sæculorum. Lc. I, 33: regni eius non erit finis.

Vel per gratiam intelligitur donum gratiæ, quod in præsenti recipimus tamquam pignus æternæ gloriæ. Et ideo dicit itaque suscipientes regnum immobile, id est futuræ gloriæ, quod nobis promittitur. Lc. XII, 32: nolite timere, pusillus grex, quia complacuit patri vestro dare vobis regnum. Quod enim speramus, habemus, scilicet gratiam, quam tamquam quoddam gloriæ inchoativum accipimus.

Sicut enim natura non deficit in necessariis, multo minus Deus. Et ideo dat nobis spem illius regni, et per consequens gratiam per quam perveniamus. Rom. V, 2: accessum habemus per fidem in gratiam.

Ps. LXXXIII, 12: gratiam et gloriam dabit Dominus.

Sequitur per quam serviamus placentes Deo cum metu et reverentia, ubi inducit ad obsequium ut a nobis requisitum.

Dictat enim ratio naturalis, quod ei a quo multa beneficia recipimus, obligamur ad reverentiam et ad honorem exhibendum; ergo multo fortius Deo, qui nobis maxima donavit, et infinita repromisit, et ideo dicit quod per istam gratiam, scilicet nobis datam et dandam, serviamus Deo placentes, cum metu et reverentia.

Non enim sufficit tantum servire Deo, quod potest fieri per actionem exteriorem, nisi etiam placeamus ei per intentionem rectam, et per amorem. Sap. IV, 10: placens Deo factus est dilectus. Ps. CXIV, 9: placebo Domino in regione vivorum. Maxime autem servitur Deo per obsequium interius, Ps. L et Lc. I, 74 s.: serviamus illi in sanctitate et iustitia.

Deus autem propter creationem dicitur Dominus; propter regenerationem vero pater.

Domino debetur timor, sed patri amor et reverentia. Mal. I, 6: filius honorat patrem, et servus Dominum timebit. Si ergo pater ego sum, ubi est honor meus? et si Dominus ego sum, ubi timor meus? ergo Deo serviendum est cum metu et reverentia. Ps. II, 11: servite Domino in timore, et exultate ei cum tremore.

Quod autem ita debeamus servire Deo, probat per auctoritatem sumptam deut. IV, 24: etenim Deus noster ignis consumens est.

Hoc autem, quod Deus dicitur ignis, non dicitur hoc, secundum Dionysium, quod sit aliquod corporeum, sed quia intelligibilia designantur per sensibilia, inter quæ ignem reperimus habere maiorem nobilitatem, et maiorem claritatem; item maiorem activitatem; item maiorem altitudinem in situ; item est magis purgativus et consumptivus.

Ideo Deus præcipue nominatur ignis, propter eius claritatem, quia lucem habitat inaccessibilem, I Tim. VI, 16. Item quia maxime activus. Is. XXVI, 12: omnia opera nostra operatus est in nobis. Item altior est in situ.

Ps. CXII, 4: excelsus super omnes gentes Dominus, etc.. Item purgat peccata, et quasi consumit. Unde dicit hic, quod est ignis consumens, scilicet peccata. Mal. III, 2: ipse enim quasi ignis conflans, et sequitur: et purgabit filios levi. Supra I, 3: purgationem peccatorum faciens. Item consumit peccatores puniendo. Supra X, 27: terribilis autem quædam expectatio iudicii et ignis æmulatio, quæ consumptura est adversarios.

Et ideo quia ista nobis promissa sunt, Is. X, 17: erit lumen Israel in igne, et sanctus eius in flamma, Ps. XCVI, 3: ignis ante ipsum præcedet, et inflammabit in circuitu inimicos eius et ideo debemus studere ad serviendum et placendum Deo.

Capitulus XIII

Lectio 1

Postquam supra monuit eos apostolus, qualiter se debent habere ad perferenda mala, hic monet quomodo se debeant habere ad operandum bona. Unde secundum Glossam ab isto loco incipit moralis instructio post commendationem et exhortationem ad imitandum ipsum.

Et circa hoc duo facit; primo enim hortatur ipsos ad bona; secundo orat pro eis, ibi Deus autem pacis.

Circa primum tria facit: primo enim ostendit, quomodo debent bonum operari, quantum ad proximos; secundo quantum ad seipsos, ibi honorabile connubium; tertio quantum ad prælatos, ibi mementote præpositorum.

Dicit ergo quantum ad primum sic: dictum est, quod promissum est nobis regnum immobile, ad quod si volumus pervenire, necesse est nos charitatem habere. Ergo charitas fraternitatis maneat in vobis. I io. IV, 20: qui non diligit fratrem suum, quem videt, Deum quem non videt, quomodo potest diligere? item I Petr. II, 17: omnes invicem honorate, fraternitatem diligite.

Quia vero charitas non est otiosa, ut dicit Gregorius, ideo hortatur ad opera charitatis.

I Io. III, 18: non diligamus verbo neque lingua, sed opere et veritate. Ideo dicit, quod debemus ostendere charitatem peregrinis per hospitalitatem, vinctis per compassionem, pauperibus per subventionem. Et primum ponit, ibi et hospitalitatem nolite oblivisci; secundum, ibi mementote vinctorum; tertium, ibi et laborantium.

Dicit ergo quantum ad primum nolite oblivisci hospitalitatem. Et dicit oblivisci quia isti aliquando in prosperitate sua multum fuerant hospitales, sed modo depauperati erant, et ideo non ita bene poterant; tamen animat eos ad continuandum secundum possibilitatem suam. Rom. XII, 13: hospitalitatem sectantes. Et specialiter facit mentionem de hospitalitate, quia qui peregrinos recipit, **tria opera misericordiæ** simul implet, quia et recipit, et cibat, et potat. I Petr. IV, 9: hospitales invicem sine murmuratione.

Et subdit rationem, quia per hanc multi placuerunt, Angelis hospitio receptis, sicut patet de Abraham et Lot, Gen. XIX, 2 ss..

Alia littera habet: per hanc quasi nescientes, receperunt Angelos; quia non credebant eos esse Angelos, quod verum est in principio; unde quod Abraham adoravit eos, putavit quod essent viri sancti a Deo missi, et adoravit eos adoratione duliæ, quæ exhibetur sanctis, et quasi hominibus cibos obtulit.

Sed postmodum intellexit eos Angelos, in quibus Deus loquebatur, et locutus est eis sicut Deo, dicens: non est hoc tuum, qui iudicas omnem terram, et similiter Lot.

Quantum ad secundum dicit mementote vinctorum illorum, scilicet qui propter Deum missi sunt in carcerem; mementote visitando et redimendo, tamquam essetis simul corporaliter cum eis vincti.

Hoc enim est aliud opus misericordiæ.

Matth. XXV, 36: in carcere eram, et venistis ad me. Contra quod Is. XIV, 17, dicitur: vinctis eius non aperuit carcerem. Hoc ipsi aliquando fecerunt, sicut patet supra X, 34.

Specialiter autem hoc pertinet ad opus misericordiæ, alienam miseriam suam reputare.

Quantum ad tertium dicit et laborantium, sive labore corporali. Ps. CXXVII, 2: labores manuum tuarum, quia manducabis.

Sive sollicitudine spirituali. II Tim. II, 6: laborantem agricolam oportet primum de fructibus percipere. Sive in malis sustinendis.

Eccle. I, 17: et cognovi, quod in his quoque esset labor et afflictio spiritus. Breviter, tota præsens vita labor quidam est.

Iob V, 7: homo ad laborem nascitur, et avis ad volatum.

Supple: mementote, tamquam et ipsi in corpore morantes. Per quod experti estis, quid necesse sit laborantibus. Eccli. XXXI, 18: intellige quæ sunt proximi tui ex teipso.

Matth. VII, 12: omnia quæcumque vultis, ut faciant vobis homines, eadem et vos facite illis.

Deinde cum dicit honorabile connubium, monet bona facere quantum ad seipsum.

Et circa hoc duo facit.

Primo enim ponit monitionem contra concupiscentias carnalium delectationum; secundo contra cupiditatem rerum exteriorum ibi sint mores sine avaritia.

Primo ergo ponit monitionem, dicens honorabile, etc.. Circa quod sciendum est, quod circa venerea contingit dupliciter peccatum. Uno modo per illicitam coniunctionem soluti cum soluta, et quantum ad hoc dicit honorabile connubium, supple: sit in omnibus, qui continere nolunt, non coniunctio fornicatoria. Et dicitur honorabile, quando fit secundum debitas circumstantias matrimonii. Ex quo patet quod actus matrimonialis potest esse sine peccato, quod est contra hæreticos. I Cor. VII, 28: si nupserit virgo, non peccavit. Unde Dominus ad ostendendum bonum esse actum matrimonii, primum signum fecit in nuptiis et matrimonium nobilitavit præsentia sua corporali et nasci voluit de coniugata.

Alio modo per violentiam thori maritalis, quando scilicet vir accedit ad alterius uxorem, vel mulier ad alterius virum. Et quantum ad hoc dicit et thorus immaculatus. Et Sap. XIV, 24: neque vitam, neque nuptias mundas iam custodiunt, sed alius alium per iniustitiam occidit, aut adulterans contristat.

Item III, 13: felix sterilis et incoinquinata, quæ nescivit thorum in delicto, habebit fructum in respectione animarum sanctarum.

Subdit autem apostolus rationem, dicens fornicatores enim et adulteros iudicabit Deus. In quo elidit errorem aliquorum dicentium, quod Deus peccata carnalia non punit, nec curat. Eph. V, 6: nemo vos seducat inanibus verbis, propter hæc enim, scilicet propter peccata carnalia, quæ præmiserat, venit ira Dei in filios diffidentiæ.

Ideo dicit hic fornicatores, propter hoc quod dixit honorabile connubium, et adulteros, propter hoc quod dixit thorus immaculatus, Deus iudicabit, id est, condemnabit. Eph. V, 5: omnis fornicator aut immundus, aut avarus, quod est idolorum servitus, non habet partem in regno Dei et Christi.

Deinde cum dicit sint mores, prohibet cupiditatem bonorum exteriorum: circa quæ contingit peccare duobus modis.

Uno enim modo per tenacitatem; alio modo per cupiditatem. Liberalitas enim est virtus, quæ ponit medium circa pecunias, quantum ad dationem et quantum ad acceptionem.

Quantum ad primum, scilicet contra tenacitatem, dicit sint mores sine avaritia. Avarus enim dicitur nimis tenax, quasi avidus æris. Unde Eccli. X, 9: avaro nihil est scelestius.

Quantum ad secundum dicit contenti præsentibus. Illi qui super his quæ habent, volunt alia cumulare, non sunt contenti præsentibus.

I Tim. VI, 8: habentes alimenta et quibus tegamur, his contenti simus.

Vel quod dicitur sint mores sine avaritia, prohibet avaritiam quantum ad cupiditatem et tenacitatem. Cum vero dicit contenti præsentibus, excludit causam avaritiæ, scilicet sollicitudinem. Matth. VI, 34: nolite solliciti esse, etc.. Non enim prohibetur, quod homo non sollicitetur de rebus in posterum necessariis, sed quod cura et sollicitudo non præoccupet mentem. Sic enim qui præoccupat futuram sollicitudinem, sollicitus est in crastinum.

Deinde cum dicit ipse enim dixit, ponit monitionis rationem. Et est ratio, quare non debemus superflue esse solliciti, sed tamen facere quod in nobis est, scilicet cum fiducia divini auxilii. Ipse enim dixit, ios. I, 5: non te deseram, scilicet quin ministrem tibi necessaria, neque derelinquam, scilicet fame perire. Ps. XXXVI, 25: non vidi iustum derelictum, nec semen eius quærens panem.

Vel non derelinquam, quin liberem te a malis.

Et ex hoc causatur fiducia in corde, ita ut confidenter dicamus. Is. XII, 2: fiducialiter agam, et non timebo.

Et quid dicemus? illud Ps. CXVII, 6: Dominus mihi adiutor, non timebo quid faciat mihi homo. Adiutor inquantum a malis liberat. Ps. XLV, 2: adiutor in tribulationibus, quæ invenerunt nos nimis. Et ideo non timebo quid faciat mihi homo, id est, adversarius quicumque carnalis. Is. LI, 12: quis tu, ut timeas ab homine mortali? vel diabolus, qui dicitur homo ab homine victo; sicut scipio Africanus a devicta Africa dictus est Africanus. Matth. XIII, 28: inimicus homo hoc fecit.

Deinde cum dicit mementote præpositorum, etc., ostendit quomodo debent bonum operari, quantum ad prælatos.

Et circa hoc facit duo: primo enim ostendit, quomodo se debent habere ad mortuos, scilicet ut eorum sequantur exempla; secundo quomodo ad viventes, scilicet ut eis obediant, ibi obedite præpositis vestris.

Quantum ad primum duo facit.

Primo enim ostendit, quomodo bonorum doctrinam imitentur; secundo quomodo malorum doctrinam devitent, ibi doctrinis variis.

Dicit ergo mementote præpositorum vestrorum, qui vobis locuti sunt verbum Dei, id est, apostolorum qui vobis prædicaverunt.

Is. LI, 2: attendite ad Abraham patrem vestrum, etc.. Non solum autem prædicaverunt verbo, sed etiam facto ostenderunt.

Mc. Ult.: sermonem confirmante sequentibus signis.

Non solum mementote verborum, sed

etiam intuemini exitum. I Mach. II, 51: mementote operum patrum, quæ fecerunt in generationibus suis, et accipietis gloriam magnam, etc.. Iac. V, 10: exemplum accipite, fratres mei, mali exitus, et longanimitatis, et laboris, et patientiæ, prophetas qui locuti sunt in nomine Domini, etc..

Sed non solum hoc imitemini, scilicet exitum, ut scilicet pro Christo patienter sustineatis, sed etiam conversationem, ad bonam enim mortem venitur per bonam conversationem; imitamini etiam fidem illorum ut ab illa non declinetis.

Sequitur Iesus Christus heri, et hodie ipse et in sæcula; secundum Glossam sic introducitur littera ista: ipse enim supra dixerat, quod scilicet dictum est Iosue I, 5: non te deseram, neque derelinquam; poterant isti dicere: ille cui hoc dictum est, bene debebat confidere de Dei adiutorio, nos autem non sic, quibus non est dictum. Hoc removet apostolus, dicens quod Christus, qui hoc dixit Iosue, manet in æternum. Et ideo sicut tunc potuit ipsum iuvare, ita potest modo auxiliari nobis. Ideo dicit Iesus Christus heri et hodie, etc..

Vel potest referri ad immediate dictum.

Iam enim dixerat, quod deberent imitari apostolos.

Poterant dicere, quod non est simile, quia illi immediate instructi fuerunt a Christo et servierunt sibi, nos autem non sic. Et ideo dicit apostolus quod Christus manet ideo et instruit nos ad serviendum sibi. Unde dicit Iesus Christus heri, scilicet in tempore primitivorum apostolorum, et hodie scilicet in tempore isto; ipse et in sæcula.

Matth. Ult.: ecce ego vobiscum sum usque ad consummationem sæculi.

Apoc. I, 8 dicit Dominus Deus qui erat, et qui est, et qui venturus est, omnipotens.

Ps. Ci, 28: tu autem idem ipse es, et anni tui non deficient. In hoc ergo ostendit apostolus æternitatem Christi.

Lectio 2

Supra monuit apostolus ad imitandum exempla et conversationem eorum, qui decesserunt, hic monet ad insistendum doctrinæ eorum.

Et circa hoc duo facit.

Primo enim ponit monitionem suam; secundo assignat rationem, ibi habemus altare.

Iterum prima in duas.

Primo enim ponit monitionem suam in generali; secundo explicat ipsam, ibi optimum enim est gratia.

Dicit ergo nolite abduci variis et peregrinis doctrinis, quasi dicat: ita dixi quod debetis imitari fidem apostolorum. Ergo a doctrina ipsorum per quamcumque aliam doctrinam nolite abduci, id est removeri.

Ubi sciendum est, quod cum veritas

consistat in medio, cuius est unitas, et ideo uni vero multa falsa opponi possunt, sicut uni medio multa extrema. Doctrina ergo fidei una est, quia a puncto in punctum non convenit ducere nisi unam rectam lineam. Omnes aliæ doctrinæ multæ sunt, quia a recto multis modis contingit deviare. Et ideo dicit doctrinis variis, id est divisis. Os. X, 2: divisum est cor eorum, nunc interibunt. Hæ sunt illæ doctrinæ, de quibus I Tim. IV, 1 s.: doctrinis Dæmoniorum in hypocrisi loquentium mendacium. Item sunt peregrinæ, scilicet a fide catholica; a nobis autem tales doctrinæ non sunt sustinendæ, quia non sumus hospites et advenæ, sed sumus cives sanctorum et domestici Dei, Eph. II, 19.

Deinde cum dicit optimum est enim gratia, explicat in speciali, quæ sunt variæ et peregrinæ doctrinæ.

Unde sciendum est, quod in primitiva ecclesia fuit unus error, quod ad salutem necessaria erat observantia legalium, quæ præcipue consistebat in quibusdam cibis sumendis, puta agni paschalis, Ex. XII, 3 ss., et in abstinendo a quibusdam cibis, sicut patet Lev. XI, et in aliis multis locis. Alius error fuit, quod passim licebat uti delectationibus corporalibus. Et iste fuit error Nicolaitarum.

Et de utroque possunt hæc verba exponi, sed magis proprie de primo.

Dixit ergo supra: nolite abduci a veritate fidei, per varias et peregrinas doctrinas. II Thess. II, 2: non cito moveamini a sensu Thess. II, 2: non cito moveamini a sensu vestro. Gal. I, 6: miror quod sic tam cito transferimini ab eo qui vos vocavit in gratiam Christi in aliud evangelium. Deus enim a nobis requirit Cor. Prov. XXIII, 26: præbe, fili mi, cor tuum mihi. Et ideo optimum est gratia stabilire, nam debet esse firmum et stabile. Contra quod dicitur Ps. XXXIX, 13: cor meum dereliquit me. Hoc autem non stabilitur escis corporalibus, sed per gratiam iustificantem. Rom. III, 24: iustificati gratis per gratiam ipsius et per redemptionem, quæ est in Christo Iesu. Et ideo dicit non escis, quæ non profuerunt. Rom. XIV, 17: non est regnum Dei esca et potus, sed iustitia et pax, etc.. Non est ergo stabilimentum cordis in moderata vel superflua sumptione cibi, sed magis in gratia Dei. Ps. CXI, 7 s.: paratum cor eius sperare in Domino, confirmatum est cor eius, non commovebitur, donec, etc.. Spes autem est quasi anchora stabiliens corda. Supra VI, 18 s.: confugimus ad tenendam propositam nobis spem, quam sicut anchoram habemus animæ tutam et firmam.

Et dicit, quod non profuerunt ambulantibus in eis, id est sperantibus in eis, quia illis qui eis utuntur ad necessitatem prosunt ad salutem corporis; sed qui totum studium ponunt in eis, ambulant in ipsis, et talibus nec proficiunt ad salutem animæ nec corporis.

Ier. XI, 15: numquid carnes sanctæ auferent a te malitias tuas, in quibus gloriata es? deinde cum dicit habemus altare, assignat rationem, et est valde subtilis.

Sicut enim legitur Lev. XVI, 29 s., decima die septimi mensis, summus sacerdos sanguinem vituli et hirci inferebat intra sancta, pro sua ignorantia, et illorum corpora cremabantur extra castra. Et quia erat oblatio sacerdotum, non comedebantur carnes eorum.

Quod enim offerebant pro peccato sacerdotum non comedebant, sed extra castra comburebant.

Ex ista ergo figura trahit apostolus mysterium.

Per sanguinem enim illum figurabatur sanguis Christi, ut supra dictum est, cap. IX.

Vitulus enim et hircus Christum figurabant, quia vitulus erat hostia sacerdotalis, et hircus immolabatur pro peccato. In quo figurabatur, quod Christus debebat immolari pro peccato, non suo, sed populi.

Vitulus ergo et hircus immolatus, est Christus sacerdos seipsum offerens pro peccatis nostris. Sanguis ergo Christi illatus est intra sancta, et caro cremata est extra castra. Ubi duplex est significatum. Unum, quod Christus in civitate immolatus est linguis Iudæorum.

Unde et marcus dicit ipsum hora tertia crucifixum, licet hora sexta fuerit in cruce levatus.

Aliud quod per virtutem passionis suæ Christus intra cælestia sancta nos introducit ad patrem. Quod autem corpora illorum cremabantur extra castra, quantum ad caput nostrum, significat quod Christus passurus erat extra portam: quantum vero ad nos, qui sumus membra, significat quod pro illis, qui sunt extra castra legalium vel exteriorum sensuum, immolatur Christus. Qui enim erant in castris, de carnalibus illis non comedebant.

Hæc est ergo figura, quam proponit apostolus, cuius primo ponit significatum; secundo ponit figuram, ibi quorum enim animalium; tertio inducit conclusionem exeamus igitur.

Dicit ergo: stabiliamus corda nostra non escis, sed gratia. Aliter enim non possumus, quia habemus altare. Istud altare vel est crux Christi, in qua Christus pro nobis immolatus est; vel ipse Christus, in quo, et per quem preces nostras offerimus.

Et hoc est altare aureum, de quo dicitur Apoc. VIII. De isto ergo altari non habent potestatem edere, id est, fructum passionis Christi percipere et ipsi tamquam capiti incorporari, qui tabernaculo legalium deserviunt.

Gal. V, 2: si circumcidimini, Christus vobis nihil proderit.

Vel tabernaculo corporis deserviunt, qui carnales delectationes sequuntur. Rom. XIII, 14: carnis curam ne feceritis in desideriis.

Talibus enim nihil prodest. I Cor. XI, 29: qui enim manducat et bibit indigne, iudicium sibi manducat et bibit. Dicitur autem corpus tabernaculum, quia in ipso tamquam in bello habitamus contra hostes, et modicum manet. II Petr. I, 14: velox est depositio tabernaculi mei. Et ideo non est ei deserviendum.

Deinde cum dicit quorum enim animalium, prosequitur figuram ipsam.

Et primo figuram veteris legis; secundo figuram novi testamenti, ibi propter quod et Iesus.

Quantum ad primum dicit quorum enim animalium, etc..

Et potest legi littera ista duobus modis.

Uno modo sic: horum animalium corpora cremantur extra castra, scilicet vituli et hirci, quorum sanguis infertur in sancta per pontificem pro peccato sacerdotum et multitudinis.

Aliter sic, ut per illa animalia intelligatur Christus vel sancti eius. Per omnes enim hostias veteris legis figurabatur Christus et per consequens membra eius: Christi ergo corpus, cuius sanguis illatus est in sancta cælestia pro peccato totius mundi, igne passum in ara crucis, extra portas Ierusalem, quasi extra castra crematum est. Vel etiam sancti extra castra, id est extra communem societatem hominum, igne charitatis, ieiuniis, orationibus et aliis operibus misericordiæ se cremant. Quorum, id est, pro quibus efficaciter sanguis Christi in sancta illatus est. Primus sensus litteralis est.

Propter quod, adaptat id quod fuit in novo testamento figuræ veteris testamenti, ut sit consonantia inter ipsa. Unde dicit propter quod et Iesus, etc.. Et patet totum.

Deinde cum dicit exeamus igitur ad eum, inducit duas conclusiones. Secunda, ibi per ipsum ergo.

Quantum ad primum dicit: ita dictum est quod nos habemus altare, quod est extra castra. Duo ergo debemus facere, scilicet ad ipsum accedere, et super illud sacrificare.

Modus accedendi ponit primo, dicens, quod sicut Christus passus est et improperium passionis extra portam sustinuit, sic et nos exeamus ad eum extra castra, id est, extra communem societatem carnalium, vel extra observantiam legalium, vel extra sensus corporis.

Portantes improperium eius, scilicet Christi, id est signa passionis Christi, per quæ Christus factus est opprobrium hominum et abiectio plebis. Ps. LXVIII, 21: improperium expectavit cor meum et miseriam. Vel improperium portemus, id est, renuntiemus legalibus, adveniente veritate, propter quod sumus Iudæis improperium, id est propter signa pœnitentiæ quæ a carnalibus improperantur.

Supra XI, 26: maiores divitias æstimans thesauris Aegyptiorum, improperium Christi.

Sicut enim accusatus est Christus, quod subverteret legem, ita apostolo improperabatur, quod prædicaret non debere servari legalia.

Gal. V, 11: ego autem, fratres, si circumcisionem adhuc prædico, quid adhuc persecutionem patior? subdit autem rationem eius, dicens non enim habemus hic manentem civitatem, sed futuram inquirimus.

Homo enim libenter manet in loco suo proprio. Finis enim noster non sunt legalia, nec temporalia, sed finis noster Christus est. Rom. X, 4: finis noster Christus est, ad salutem omni credenti. Non ergo habemus hic manentem civitatem, sed ubi est Christus: ergo exeamus ad ipsum. Col. III, 1: si consurrexistis cum Christo, quæ sursum sunt quærite, ubi Christus est in dextera Dei sedens, etc.. Is. XXXIII, 20: respice sion, civitatem solemnitatis nostræ. Supra XI, 10: expectabat fundamenta habentem civitatem, cuius artifex et conditor Deus. Item meliorem civitatem appetunt, id est cælestem. Ad ipsum enim intendimus transferri, sicut ad locum et altare nostrum.

Ergo exeundum est ad illud.

Deinde cum dicit per ipsum ergo afferamus, ponit secundam conclusionem, quod scilicet super istud altare sacrificare debemus, et qualia sacrificia.

Duplex est autem sacrificium, quod super altare Christi offerre debemus, scilicet devotionem ad Deum, et miserationem ad proximum.

Quantum ad primum dicit quod postquam non sunt offerenda sacrificia legalia, Ps. XXXIX, 7: sacrificium et oblationem noluisti ergo per ipsum, id est per Christum, offeramus semper Deo hostiam laudis. Ps. XLIX, 23: sacrificium laudis honorificabit me.

Istud autem sacrificium laudis vocat fructum labiorum, id est confessionem vocis.

Melius enim laudatur Deus ore, quam occisione animalium. Unde dicit fructum labiorum confitentium nomini eius. Hoc est enim necessarium. Rom. X, 10: corde creditur ad iustitiam, ore autem confessio fit ad salutem.

Os. XIV, 3: reddemus vitulos labiorum nostrorum.

Is. LVII, 19: creavi fructum labiorum, pacem.

Hoc autem sacrificium debet esse semper, id est continue: sicut in lege erat iuge sacrificium, sicut patet Num. XXVIII. Ps. XXXIII, 2: benedicam Dominum in omni tempore, semper laus eius in ore meo.

Aliud sacrificium ponit, cum dicit beneficentiæ autem et communionis nolite oblivisci, quasi dicat: olim opere exhibebatis opera misericordiæ, modo autem saltem corde, si non potestis opere. Et ideo dicit nolite oblivisci beneficentiæ, id est, liberalitatis, quantum ad ea quæ datis. Largus enim beneficus dicitur. Gal. VI, 9: bonum autem facientes, non deficiamus. Eccli. XII, 6: benefac humili, et non dederis impio.

Et nolite oblivisci communionis, quantum ad ea quæ servatis, ut tempore suo communicetis.

Act. II, 44: omnes etiam qui credebant, erant pariter et habebant omnia communia.

Rom. XII, 13: necessitatibus sanctorum communicantes. Vel communionis, scilicet charitatis, per quam sunt omnia communia.

Quare autem istud duplex beneficium offerre debeamus, ostendit dicens quia talibus hostiis promeretur, passive, Deus, id est, possumus Deum mereri talibus sacrificiis: ipse enim est merces nostra, quam istis operibus possumus acquirere. Gen. XV, 1: ego protector tuus sum, et merces tua magna nimis. Ps. L, 21: tunc acceptabis sacrificium iustitiæ, etc.. Is. XIX, 21: colent eum in hostiis et muneribus, et vota vovebunt Domino, et solvent.

Lectio 3

Supra monuit apostolus, quomodo se debent habere ad prælatos mortuos, ut scilicet in fide ipsorum permaneant, hic monet eos, qualiter se debeant habere ad viventes, et primo quomodo ad alios; secundo quomodo ad seipsum Paulum, ibi orate pro nobis, etc..

Dicit ergo obedite præpositis vestris. Ubi considerandum est, quod duo debemus prælatis, scilicet obedientiam ut ipsorum mandata impleamus, unde dicit obedite.

I Reg. XV, 22: melior est obedientia quam victimæ. Item reverentia, ut eos honoremus tamquam patres, et ipsorum disciplinam toleremus, et ideo dicit subiacete eis. I pet. II, 13: subiecti estote omni humanæ creaturæ.

Rom. XIII, 2: qui potestati resistit, Dei ordinationi resistit.

Rationem subiectionis subdit, dicens ipsi enim pervigilant. Quare enim debeamus obedire et subiici prælatis, hoc est ideo quia incumbit eis labor et periculum imminet.

Unde, quantum ad laborem sollicitudinis, qui eis incumbit de regimine subditorum, dicit quod ipsi pervigilant, id est perfecte vigilant.

Rom. XII, 8: qui præest in sollicitudine.

Vigilare enim super gregem commissum incumbit prælatis. Unde Lc. II, 8 dicitur: pastores, per quos designantur prælati, erant vigilantes et custodientes vigilias noctis super gregem suum; quia dum dormiunt homines, inimicus homo superseminat zizania in medio tritici, ut dicitur Matth. XIII, 24 ss..

Quantum autem ad periculum quod imminet, dicit quasi pro animabus vestris reddituri rationem. Hoc est enim maximum periculum, hominem de factis alterius rationem reddere, qui pro suis non sufficit. III Reg. XX, 39: custodi virum istum, qui si Reg. XX, 39: custodi virum istum, qui si lapsus fuerit, erit anima tua pro anima illius.

Reddent enim prælati in die iudicii rationem de sibi commissis, quando fiet eis illa quæstio Ier. XIII, 20: ubi est grex qui datus est tibi, pecus inclytum tuum? quid dices, cum visitaverit te? tu enim docuisti eos adversum te, scilicet loquendo bona et faciendo mala, et erudisti in caput tuum, per mala tua exempla. Gregorius: scire debent prælati, quod tot mortibus digni sunt, quot exempla perditionis ad subditos transmittunt.

Prov. VI, 1 s.: fili, si spoponderis pro amico tuo, defixisti apud extraneum manum tuam, illaqueatus es verbis oris tui, et captus propriis sermonibus. Fac ergo quod dico, fili mi, et temetipsum libera, quia incidisti in manum proximi tui. Discurre, festina, suscita amicum tuum, etc..

Prælatus enim manu, id est exemplo boni operis, et ore, id est prædicatione, obligat se Christo pro subditis. Dicitur autem Christus extraneus, quia, ut dicit bernardus, amicus est in sponsione, sed extraneus in exigenda ratione.

Sed non videtur, quod aliquis teneatur reddere rationem nisi pro se tantum.

II Cor. V, 10: omnes nos manifestari oportet ante tribunal Christi, ut recipiat unusquisque propria corporis, prout gessit.

Respondeo. Dicendum est, quod quilibet principaliter reddet rationem de factis suis.

Sed inquantum actus sui quodammodo pertinent ad alium, in tantum reddet rationem de illo. Facta autem prælati pertinent ad subditos, secundum illud Ez. III, 17: fili hominis speculatorem dedi te domui Israel, et audies de ore meo verbum, et annuntiabis eis ex me. Ubi sequitur quod si prælatus (qui nomine speculatoris intelligitur) non annuntiaverit impio, ipse quidem impius in iniquitate sua morietur, sed sanguis de manu speculatoris requiretur.

Si igitur pervigilant, quasi reddituri rationem pro nobis, et nos debemus quod in nobis est facere, scilicet obedire et non rebellare, ut ipsi cum gaudio hoc faciant, et non gementes, idest sustineant periculum et laborem pro nobis cum gaudio et non cum gemitu, quia bonus prælatus multum gaudet, quando videt subditos bene operantes; quia tunc labor suus non est inanis. III Io. 4: maiorem horum non habeo gratiam, quam ut audiam filios meos in veritate ambulare.

Phil. IV, 1: itaque, fratres mei charissimi et desideratissimi, gaudium meum et corona mea, sic state in Domino charissimi. Ipsi autem gemunt in rebellione vestra. Gal. IV, 19: filioli mei, quos iterum parturio donec formetur Christus in vobis. Ier. IX, 1: quis dabit capiti meo aquam, et oculis meis fontem lacrymarum, et plorabo die ac nocte interfectos filiæ populi mei? gemunt etiam compatiendo, quando propter rebellionem nostram non consequimur fructum laborum ipsorum, qui est fructus æternæ hæreditatis. Is. XXXIII, 7: ecce videntes clamabunt foris, Angeli pacis amare flebunt.

Subdit autem rationem, quare debemus obedire eis, quia hoc enim non expedit vobis, quod scilicet ipsi gemant pro nobis ex rebellione nostra. Deus enim vindicabit pro ipsis. Ps. CV, 16 s.: irritaverunt Moysen in castris Aaron sanctum Domini. Aperta est terra, et deglutivit Dathan, et operuit super congregationem Abiron. Is. LXIII, 10: ipsi autem ad iracundiam provocaverunt eum, et afflixerunt spiritum sanctum eius. Sequitur: et conversus est eis in inimicum, et ipse debellavit eos.

Nota autem quod dicit non expedit vobis, non enim dicit: non expedit illis. Gemere enim pro commissis subditorum bene expedit prælatis. Sic gemebat Samuel super reprobatione Saulis, I Reg. XV, 35.

Deinde cum dicit orate pro nobis, monet apostolus, qualiter se debeant habere ad ipsum. Petit enim quod ipsi orent pro eo. Simile habetur Rom. XV, 30: obsecro vos, fratres, per Dominum nostrum Iesum Christum, et per charitatem spiritus sancti, ut adiuvetis me in orationibus vestris, quia, sicut dicit Glossa, impossibile est, id est, valde difficile, preces multorum non exaudiri.

Matth. XVIII, 19: si duo ex vobis consenserint super terram, de omni re quamcumque petierint, fiet eis a patre meo.

In hoc ergo, quod apostolus, qui certus erat quod Deo erat acceptus, petit orari pro se, percutit superbiam aliquorum qui dedignantur ab aliis preces petere, ut dicit Glossa.

Rationem suæ petitionis assignat, dicens confidimus enim, etc.; quod potest duobus modis intelligi.

Uno modo respectu ipsorum, quorum petit orationes: quia cum apostolus Iudæis non prædicaret, sed tantum gentibus, non videbatur eis acceptus. Et ideo poterant se excusare, ne exaudirent petitionem eius; et ideo dicit, quasi se excusando, quod ipse non habet conscientiam quin bonum ipsorum velit.

Unde dicit confidimus enim, quia habemus bonam conscientiam, volentes vos etiam bene conversari in omnibus. Per quod dat intelligere, quod intendit eis prodesse cum poterit.

Quia vero bonum conscientiæ est a solo Deo, ideo illud attribuit fiduciæ quam gerit de ipso.

Vel potest referri ad ipsum apostolum, quia cum non prædicaret Iudæis, non videbatur dignus quod orationes pro ipso fierent, quia Dominus non exaudiret eos, quia hostis fidei ipsorum videbatur, sicut dicitur Ier. VII, 16: tu ergo noli orare pro populo hoc, neque assumas pro eis laudem et orationem, et non obsistas mihi, quia non exaudiam te.

Hoc ergo removet apostolus dicens orate pro nobis quia non habemus conscientiam alicuius peccati nec alicuius malefacti, sed confidimus. Nec ait certi sumus, quia delicta quis intelligit? Eccle. IX, 1: nescit homo utrum amore an odio dignus sit. I Cor. IV, 4: nihil conscius sum, sed in hoc Cor. IV, 4: nihil conscius sum, sed in hoc non iustificatus sum.

Quia ergo bonam conscientiam habemus, bene volentes conversari in omnibus, ideo non repugnat mihi quin orationes vestræ sint utiles.

Deinde cum dicit amplius autem deprecor, assignat aliam rationem, quare debent orare pro ipso; quia scilicet hoc erit eis utile.

Commentaria in Epistolas S. Pauli

Unde dicit amplius, id est propter aliud, deprecor hoc vos facere, scilicet orare, quo restituar vobis celerius, quod erit ad utilitatem vestram. Rom. I, 11: desidero videre vos, ut aliquid impartiar vobis gratiæ spiritualis.

Apostolus autem, qui sic pro omnibus factis suis recurrit ad orationem, insinuat nobis quod omnes viæ eius et facta ordinabantur ab ipso, secundum Dei dispositionem. Iob XXXVII, 11 s.: nubes spargunt lumen suum, quæ lustrant cuncta per circuitum, quocumque eas voluntas gubernantis duxerit. Per nubes enim prædicatores et apostoli intelliguntur.

Is. LX, 8: qui sunt isti qui ut nubes volant? deinde cum dicit Deus autem pacis, orat apostolus pro ipsis, et primo orat; secundo aliquid ab ipsis petendo se excusat, ibi rogo autem vos, fratres.

Circa primum, prius describit eum quem orat, dicens Deus autem pacis. Proprius enim effectus Dei est facere pacem. Non enim est Deus dissensionis, sed pacis, I Cor. XIV, 33. Item II Cor. XIII, 11: pacem habete, et Deus pacis et dilectionis erit vobiscum.

Pax enim nihil aliud est, nisi unitas affectuum.

Quos unire est proprium solius Dei, quia per charitatem, quæ a solo Deo est, uniuntur corda. Deus enim novit colligere et unire, quia Deus est charitas, quæ est vinculum perfectionis. Unde ipse habitare facit unanimes in domo, Ps. LXVII, 7. Homo inter se et Deum, pacem fecit per mysterium Christi.

Et ideo dicit qui eduxit de mortuis pastorem magnum ovium. Quandoque autem dicitur Christus suscitatus per virtutem patris. Rom. VIII, 11: si spiritus eius, qui suscitavit Iesum Christum a mortuis.

Quandoque vero dicitur seipsum suscitasse.

Ps. III, 6: ego dormivi, et soporatus sum.

Quæ tamen non sunt contraria, quia surrexit virtute Dei, quæ est una, patris et filii, et spiritus sancti. Eduxit ergo de mortuis, id est, de sepulchro, quod est locus mortuorum. Rom. VI, 4: quomodo surrexit Christus a mortuis per gloriam patris, ita et nos in novitate vitæ ambulemus.

Dicitur autem Christus magnus pastor ovium, id est fidelium et humilium. Io. X, 11: ego sum pastor bonus, etc.. Oves enim sunt qui Deo obediunt. Ibidem 16: et oves meæ, vocem meam audiunt.

Dicit autem ipsum pastorem magnum, quia omnes alii sunt vicarii eius, quia ipse pascit oves proprias; alii vero oves Christi. Io. Ult.: pasce oves meas. I Petr. V, 4: cum apparuerit princeps pastorum, percipietis immarcescibilem gloriæ coronam.

Eduxit autem ipsum in sanguine testamenti æterni, id est in virtute sanguinis Christi, per quem confirmatur testamentum novum, in quo æterna promittuntur ad differentiam veteris.

Christus enim sanguinem suum dicit sanguinem novi testamenti, apostolus autem dicit æterni. Et ideo in consecratione sanguinis in forma ponitur utrumque.

Ipse vero Christus per passionem suam meruit sibi et nobis gloriam resurrectionis, ideo dicit quod eduxit Dominum nostrum Iesum Christum de mortuis in sanguine testamenti æterni. Phil. II, 8: humiliavit semetipsum, etc.. Zach. IX, 11: tu vero in sanguine testamenti tui eduxisti vinctos de lacu, in quo non erat aqua.

Consequenter subiungit petitionem suam, cum dicit aptet vos in omni bono.

Voluntas enim humana, cum sit quædam inclinatio rationis, est principium actuum humanorum, sicut gravitas est principium motus gravium deorsum, unde se habet ad actus rationis, sicut inclinatio naturalis ad actus naturales. Res autem naturalis dicitur apta ad illud ad quod habet inclinationem. Sic etiam homo quando habet voluntatem benefaciendi, dicitur aptus esse ad illud. Deus etiam quando immittit homini bonam voluntatem, aptat eum, id est facit ipsum aptum.

Et ideo dicit aptet vos in omni bono, ut faciatis eius voluntatem, id est, faciat vos velle omne bonum. Prov. XI, 23: desiderium iustorum omne bonum.

Hæc est enim voluntas Dei, scilicet quod Deus vult nos velle. Aliter enim non est bona voluntas nostra.

Voluntas autem Dei est bonum nostrum. I Thess. IV, 3: hæc est voluntas Dei, sanctificatio vestra. Rom. XII, 2: ut probetis, quæ sit voluntas Dei bona et beneplacens et perfecta.

Dupliciter autem aptatur homo ad benefaciendum. Uno modo exterius operando, ut sic unus homo aptat alium persuadendo vel comminando. Alio modo aliquid interius exhibendo, et sic solus Deus aptat voluntatem, qui solus ipsam potest immutare.

Prov. XXI, 1: cor regis in manu Domini, quocumque voluerit, inclinabit illud.

Unde dicitur faciens in vobis. Phil. II, 13: Deus est, qui operatur in nobis velle et perficere.

Quid autem faciet? quod placitum est coram se, id est faciet vos velle quod placet ei. Hæc autem sunt fides et mansuetudo et timor Domini. Eccli. I, 34 s.: beneplacitum est ei fides et mansuetudo. Ps. CXLVI, 11: beneplacitum est Deo super timentes eum.

Hæc autem omnia habent per Christum.

Nihil enim a patre impetratur, nisi per filium.

Io. XVI, 23: si quid petieritis patrem in nomine meo, dabit vobis. Et ideo dicit per Iesum Christum. II Petr. I, 4: per quem maxima et pretiosa nobis promissa donavit.

Rom. V, 2: per quem accessum habemus, etc..

Cui scilicet Christo, est gloria in sæcula sæculorum, amen, id est, gloria sempiterna.

I Tim. I, 17: regi sæculorum immortali, invisibili, soli Deo honor et gloria in sæcula sæculorum, amen. Hæc enim gloria sibi debetur inquantum est Deus.

Deinde cum dicit rogo autem vos, fratres, etc., subdit petitionem suam, in qua excusat se; deinde concludit epistolam, ibi gratia Dei.

Circa primum tria facit quia primo ponit excusationem suam; secundo recommendationem nuntii per quem scribit; tertio ponit quasdam salutationes.

Dicit ergo quantum ad primum rogo vos, fratres, ut sufferatis verbum solatii, id est patienter portetis verba epistolæ huius, in qua etsi in aliquo vos reprehendi, totum est ad consolationem vestram. Rom. XV, 4: quæcumque scripta sunt, ad nostram doctrinam scripta sunt.

Et quare debent patienter portare, ostendit, dicens quia perpaucis, id est valde paucis, scripsi vobis, quod verum est respectu mysteriorum, quæ in ipsa continentur. In ista enim epistola fere omnia mysteria veteris testamenti continentur. Sermones autem breves valde accepti sunt, quia si sunt boni, inde avidius audiuntur, si vero mali, parum gravant.

Eccle. V, 1: pauci sunt sermones tui.

Consequenter recommendat illum, per quem scribit, dicens cognoscite fratrem nostrum timotheum dimissum, scilicet a carcere, in quo cum apostolo erat, vel a me dimissum ad prædicandum et ad vos missum.

Cognoscite, id est gratiose recipite: tum quia, ut habetur Act. XVI, 3, fuerat circumcisus; tum etiam quia si celerius venerit, cum ipso videbo vos. In quo ostendit dilectionem quam ad ipsos habebat. Hoc etiam dicit quia etsi ad ipsos non venerit, quia Romæ passus est, tamen incertus erat utrum vel ad tempus deberet dimitti.

Consequenter ponit salutationes suas. Et primo iniungit eis salutationem aliorum, dicens salutate omnes præpositos, id est apostolos adhuc viventes, et omnes sanctos, scilicet alios discipulos. Istis autem non scribit, quia non intendebat scribere, nisi contra observantes legalia. Et ideo quia ista epistola est instructiva, non intendebat instruere apostolos, quia erant antecessores sui in fide.

Secundo salutat eos ex parte aliorum, dicens salutant vos fratres de Italia. Scripsit enim epistolam istam a Roma.

Tertio, more solito concludens, et quasi pro sigillo, ponit salutationem, dicens gratia Dei cum omnibus vobis, amen, id est, peccatorum remissio, et omnia alia Dei dona, quæ per gratiam Dei habentur, sint firmiter cum omnibus vobis. Amen, confirmatio est omnium.

Finis

www.ingramcontent.com/pod-product-compliance
Lightning Source LLC
Chambersburg PA
CBHW080631230426
43663CB00016B/2832